U0856249

MVM系列 多画分液晶监视器

osee 时代奥

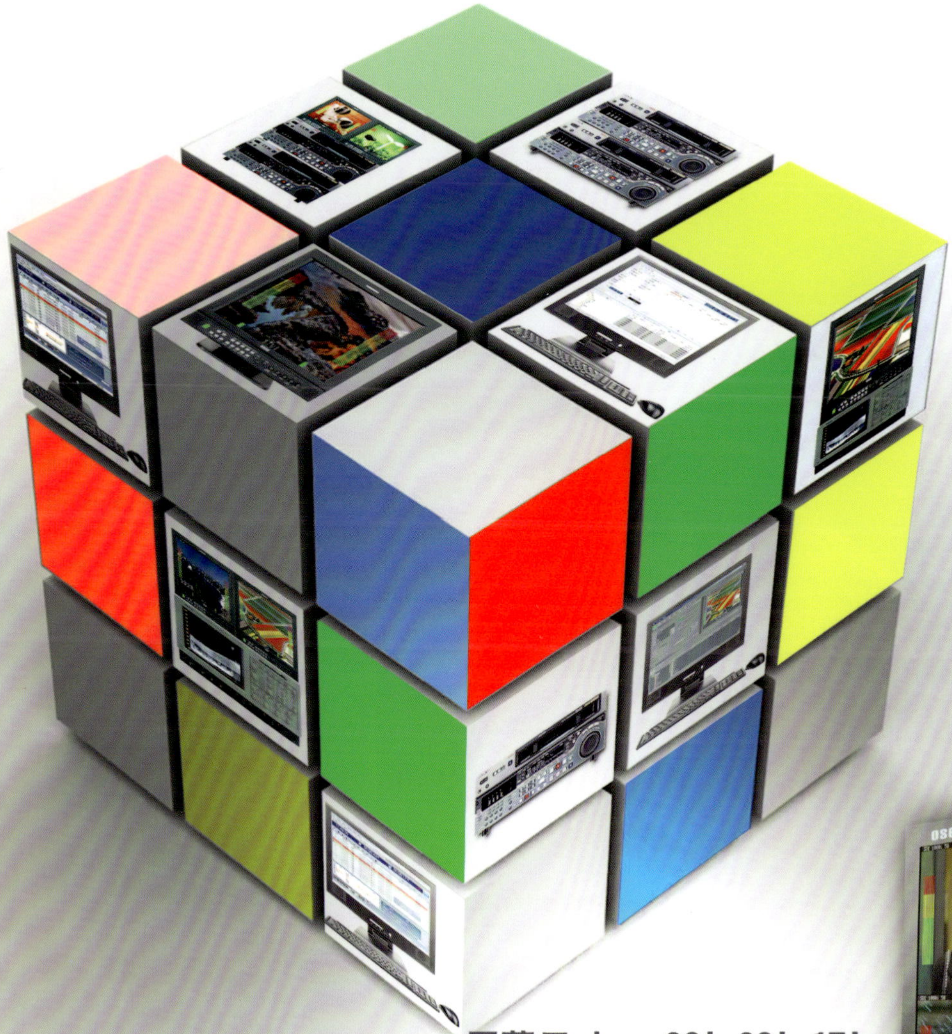

整合之道

屏幕尺寸： 23’ 20’ 17’

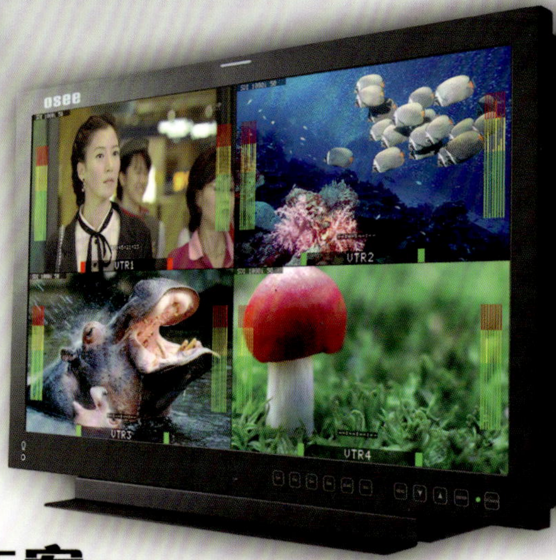

为您提供全新的桌面显示解决方案

适用于节目制作、集中上下载、播出总控、演播室以及集中监控等各种电视台业务系统；可以很好地整合您的显示系统，不但降低采购成本、提高系统质量和可靠程且可以优化桌面配置，改善办公环境。

原上载审片工位	设备名称	设备功能	设备数量
	计算机显示器	上载审片软件运行	1
	LCD 监视器	上载录像机预监	2
	LCD 监视器	审核已上载节目	1

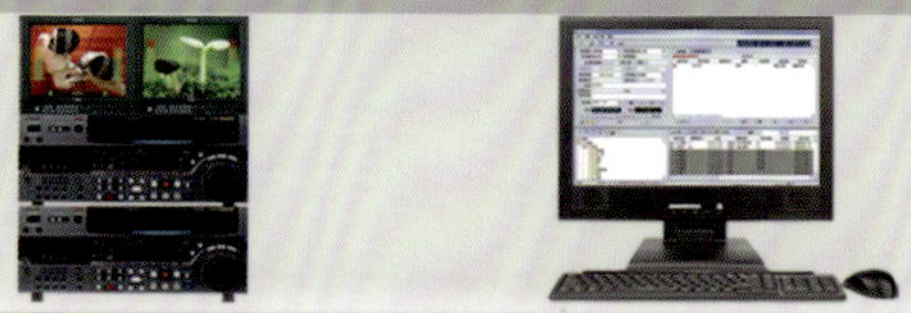

新上载审片工位

新系统配置：MVM 系列一台

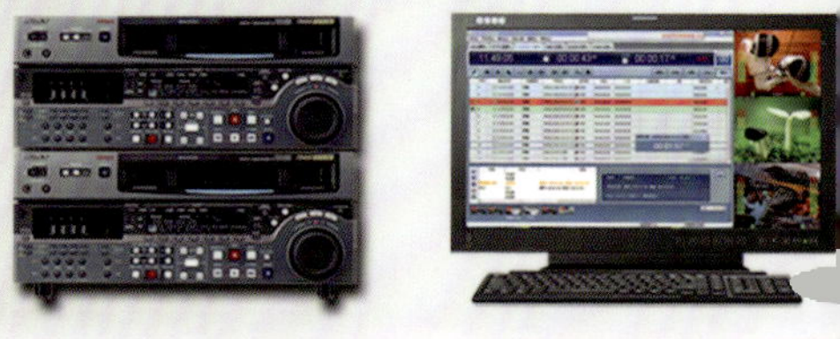

北京时代奥视数码技术有限

地址：北京市海淀区上地三街 9 号金隅嘉华大厦 D 座 702 室 电话 :010-62968823 传真 :010-62977165 邮编 :100085 网址 :http://www.osee-dig.com E-mail:sales@ose
杭州办事处： 地址：杭州市湖墅南路红石中央花苑如意居 1 幢 1-1202 室 电话： 0571-87070849 手机： 18905715555 技术服务热线： 189
成都办事处： 地址：成都市武侯区一环路南一段 20 号普利大厦 B 座 406 电话： 028-85292936 手机： 13910401939 技术服务热线： 18

起动

第八届 科讯杯 dv 国际大学生影视作品大赛

The 8th Tech-ex Cup International University Student Video Contest

主办单位:
中国教育技术协会
科讯网世界有限公司

承办单位:
山东师范大学 传媒学院
中国教育技术协会
影视传媒专业委员会
科讯交流有限公司

指定网站:
科讯优网
(http://u.tech-ex.com/)

日期:
2012年7月-2013年5月

颁奖日期:
2013年5月

颁奖地点:
山东师范大学 传媒学院

甘肃发展年鉴

GANSU DEVELOPMENT YEARBOOK

2012

甘肃发展年鉴编委会·编
Gansu Development Yearbook Editorial Board

（第三期）

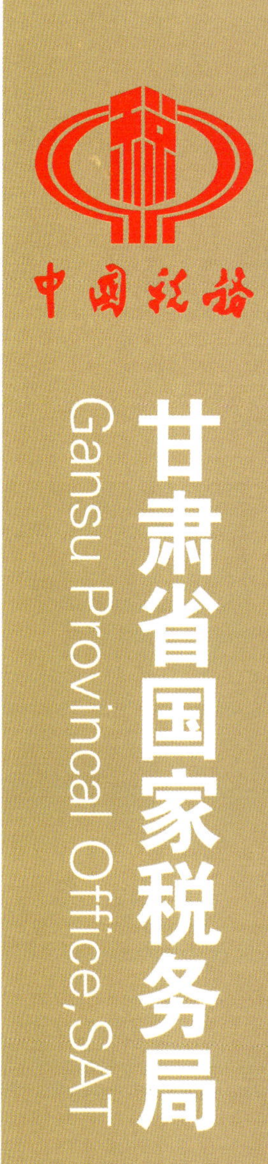

省国税局党组书记、局长牟可光做客《网上会客厅》，与网友互动话税收。

The party secretary and secretary of Gansu Provincal Office,SAT—Mu Keguang as a guest to the "Online Discussion Room" , discuss tax issues interact with net friends.

省国税局党组书记、局长牟可光（左二）、副局长贾曼莹（左一）参观国税廉政文化展。

The party secretary and secretary of Gansu Provincal Office,SAT—Mu Keguang(second from the left) and the deputy secretary—Jia Manying(first from the left) visited the culture exhibition about clean and honest administration of tax.

省国税局领导班子：（左起）总会计师刘虎、副局长张敬、纪检组长李华平、局长牟可光、副局长贾曼莹、副局长梁云才、副局长董涛、总经济师赵应堂。

The leadership groups of Gansu Provincal Office,SAT: (from left to right) chief accountant Liu Hu, deputy secretary—Zhang Jing, discipline inspection team leader—Li Huaping, secretary Mu Keguang, deputy secretary—Jia Manying, deputy secretary—Liang Yuncai, deputy secretary—Dong Tao, chief economist—Zhao Yingtang.

地址:兰州市城关区金昌南路353号
电话：0931—8416956
邮编：730030

Address: No.353,Jinchang South Road,Chengguan District, Lanzhou City
Tel: 0931—8416956
Post Code:730030

甘肃省委书记、省人大常委会主任：王三运
Secretary of CPC Gansu Provincial Committee,Director of Gansu Provincial People's Congress :Wang Sanyun

省委书记、省人大常委会主任王三运在舟曲视察三眼峪泥石流灾害治理工程。
Provincial secretary, Provincial People's Congress director—Wang Sanyun inspected debris flow disaster control engineering of Sanyan Valley in Zhouqu.

省委书记、省人大常委会主任王三运在武山县开展帮扶调研。
Provincial secretary, Provincial People's Congress director—Wang Sanyun carried out research work about helping and supporting poor households in Wushan County.

2011兰州国际马拉松赛
2011 Lanzhou International Marathon

省委书记、省人大常委会主任王三运，省委副书记、省长刘伟平等省领导亲切接见感动甘肃·2011十大陇人骄子候选人。

Provincial secretary, Provincial People's Congress director—Wang Sanyun and the deputy secretary of the Party Committee, governor—Liu Weiping together with the other provincial leaders cordially received the top ten candidates who moved the Gansu people.

12月26日，省委书记、省人大常委会主任王三运深入到中国石油兰州石化公司调研。

On December 26, Provincial secretary, Provincial People's Congress director—Wang Sanyun went to CNPC of Lanzhou Petrochemical Company to research.

7月6日，第十七届中国兰州投资贸易洽谈会隆重开幕。

On July 6, the 17th China Lanzhou Investment & Trade Fair was grandly opened.

12月22日，西峰至长庆桥至凤翔路口高速公路宣告建成通车。

On December 22, Xifeng to Changqing Bridge to Fengxiang intersection highway was declared to open and traffic.

甘肃

GANSU DEVELOPMENT YEARBOOK

发展年鉴

甘肃省委副书记、省长：刘伟平

Member of the Standing Committee of CPC Gansu Provincial Committee, Governor:Liu Weiping

1月26日，省委副书记、省长刘伟平率领省市慰问团来到武警甘肃省总队机关，亲切看望慰问官兵。

On January 26, deputy secretary of CPC Gansu provincial committee and governor—Liu Weiping together with the goodwill mission of province and city went to the Armed Police Gansu Province Corps, to visit and convey greetings to officers and men.

11月5日，甘肃省人民政府接受国家"两基"督导检查总结会在兰州召开。

On November 5, the wrap-up meeting about Gansu Provincial People's Government to accept the supervision and inspection of the country "two basic" was held in Lanzhou.

陇南灾后重建的新家园

The Reconstructed New Home after Disaster of Longnan

3月2日，甘肃省委、省政府在北京钓鱼台国宾馆隆重举行甘肃省与中央企业合作项目签约仪式。

On March 2, Gansu provincial party committee, provincial government grandly held the signing ceremony of Gansu Province and the central business cooperation projects at Beijing's Diaoyutai State Guesthouse.

省委副书记、省长刘伟平在天水视察农业生产情况。

Deputy secretary of CPC Gansu provincial committee and governor—Liu Weiping was inspecting the agricultural production in Tianshui.

12月8日，宝鸡至天水高速公路天水过境段通车仪式在天水市秦州区隆重举行，省委副书记、省长刘伟平出席仪式并剪彩。

On December 8, the opening ceremony of the Tianshui transit segment of Baoji to Tianshui Expressway was grandly held in Qinzhou District Tianshui City, deputy secretary of CPC Gansu provincial committee and governor—Liu Weiping attended the ceremony and cut the ribbon.

9月5日，省委副书记、省长刘伟平到酒钢集团榆中钢厂支持地震灾后恢复重建项目建设工地调研。

On September 5, deputy secretary of CPC Gansu provincial committee and governor—Liu Weiping went to JISCO group at Yuzhong Steel Mill to research construction site of support the earthquake recovery and reconstruction projects.

7月30日，“敦煌行·丝绸之路国际旅游节”在兰州隆重开幕。

On July 30, “Dunhuang Tour—Silk Road International Tourism Festival” was opened grandly in Lanzhou.

中国人民银行兰州中心支行

Lanzhou Central Sub-branch of the People's Bank of China

地址：兰州市城关区东岗西路698号
Address: No. 698，Donggang West Road，Chengguan Distict,Lanzhou City
电话：0931—8800596
Tel: 0931—8800596
邮编：730000
Post Code: 730000

省委常委、副省长刘永富检查指导工作。
Provincial Standing Committee,the deputy governor—Liu Yongfu was inspecting and guiding work.

原省委书记陆浩视察参观北山绿化基地。
Former Provincial secretary—Lu Hao was inspecting and visiting the north-mountain green base.

荣获2011年度省长金融奖
Awarded the 2011 Governor Financial Award

开展职工文体健身活动
Carried out Staff Arts and Sports Activities

组织开展打击防范经济犯罪宣传活动
Organized and Conducted Propaganda Activities for Fight Against and Prevent Economic Crime

荣获2008—2011年度总行级文明单位
Won the 2008-2011 Civilized Unit of Head Bank Level

全国妇联代表参观妇女小额担保贷款项目。
Representatives of China Women's Federation visited the small secured loan projects to women.

纪念建党90周年庆祝活动
Celebrated the Set up of CPC's 90th Anniversary

组织召开全省金融形势分析会
Organized and Convened the Financial Situation Analysis Conference of Gansu Province

举办金融学院专家讲坛
Held Expert Forum of Financal College

甘肃省统计局

Gansu Provincial Bureau of Statistics

地址：甘肃省兰州市东方红广场南路13号
Add:No.13.South Road,DongfangHong Square, Lanzhou,Gansu
电话：0931-8416779　Tel:0931-8416779
邮编：730000　　post Code:730000

“中国统计日”来临之际，樊怀玉局长接受专访。
With the dawn of the “China Statistics Open Day”, the secretary of Gansu Provincial Bureau of Statistics—Fan Huaiyu accepted interview.

8月23日，省长刘伟平在省政府专门听取省统计局关于1-7月全省经济形势汇报。
On August 23, governor Liu Weiping specially listened to the debrief of Gansu Provincial Bureau of Statistics about the province's economic situation in January to July at provincial government.

5月5日，国家统计局局长马建堂来甘肃调研期间亲切看望省统计局全体工作人员。
On May 5, secretary of the National Bureau of Statistics—Ma Jiantang cordially visited the entire staff of the Gansu Bureau of Statistics during the investigation in Gansu.

甘肃省社情民意调查中心挂牌成立，副省长石军、国家统计局总工程师郑京平揭牌。
Deputy governor—Shi Jun and chief engineer of the National Bureau of Statistics—Zheng Jingping were unveiling for the establish of Gansu Province Society and Public Opinion Survey Center.

举办第五届职工运动会。
The fifth Staff Games was held.

8月2日，省统计局召开视频会议安排部署企业一套表试点工作。
On August 2, Gansu Bureau of Statistics held a video conference to arranged and deployed the experimental work of enterprise set table.

中国银行业监督管理委员会甘肃监管局局长：谢凝
Secretary of CBRC Gansu Office: Xie Ning

甘肃银监局领导班子合影
Group Photo of CBRC Gansu Office's Leadership Groups

甘肃银监局召开2011年工作会议。
CBRC Gansu Office was convening the 2011 work conference.

谢凝局长深入银行开展小微企业金融服务调研。
Secretary of CBRC Gansu Office—Xie Ning went to bank to carry out research about financial services for small and micro businesses.

甘肃银监局举行"永远跟党走"文艺汇演庆祝建党 90 周年。
CBRC Gansu Office held "Follow the Party Forever" arts performances to celebrate the CPC's 90th Anniversary.

国家开发银行甘肃省分行

The State Development Bank of China Gansu Branch

国家开发银行与甘肃省政府举行高层联席会暨合作协议签字仪式。
The State Development Bank of China together with Gansu Provincial Government organized the high level Joint Committee cum cooperation agreement signing ceremony.

甘肃省委常委、常务副省长刘永富会见国家开发银行副行长郑之杰。
Gansu Provincial Standing Committee, the executive deputy governor—Liu Yongfu met the deputy governor of the State Development Bank of China—Zheng Zhijie.

国家开发银行甘肃省分行举行乔迁新址揭牌仪式。
The State Development Bank of China Gansu Branch held the new premises unveiling ceremony.

与读者出版传媒股份公司签署全面合作协议
Signed a Comprehensive Cooperative Agreement with Duzhe Publishing & Media Corp

举办庆祝建党90周年文艺晚会
Organized the Cultural Show to Celebrate the CPC's 90th Anniversary

甘肃省委常委、省委宣传部部长连辑在国家开发银行甘肃省分行主持召开开发性金融支持甘肃文化产业座谈会。

Gansu Provincial Standing Committee, Minister of Provincial Party Committee Propaganda—Lian Ji presided and convened the developmental financial support of Gansu Province culture industry symposium in State Development Bank of China Gansu Branch.

与甘肃省公路航空旅游投资集团有限公司联合举办财务顾问工作会议暨2011—2013年中期票据启动会

Jointly Organized Financial Adviser Work Conference cum 2011—2013 Medium-term Notes Kick-off Meeting with Gansu Provincial Highway Aviation Tourism Investment Group Co.,Ltd.

联合省教育厅、省财政厅和甘肃银监局召开甘肃省生源地信用助学贷款2011年工作会议。

Held the 2011 work conference of Gansu Province students source credit student loans joint with Provincial Department of Education, Provincial Department of Finance and China Banking Regulatory Commission Gansu Office.

捐款40万元支持舟曲县农村扶贫开发工作。

Donated 400 thousand yuan to support rural poverty alleviation and development work in Zhouqu County.

与兰州新区管委会联合举办兰州新区融资规划研讨会

Jointly Organized the New District of Lanzhou Financing Planning Seminar with New District of Lanzhou Administrative Committee

地址:兰州市南昌路1728号
Address:No.1728,Nanchang Road,Lanzhou City
电话:0931—8866628
Tel: 0931—8866628
邮编:730030
Post Code: 730030

建行甘肃省分行

China Construction Bank Gansu Branch

地址：兰州市秦安路59号
Address:No.59,Qinan Road,Lanzhou City
电话:0931-4891555
Tel: 0931-4891555
邮编:730030
Post Code: 730030

建行甘肃省分行党委书记、行长:艾尔肯・艾则孜
Party Secretary, Governor of China Construction Bank Gansu Branch: Erkin・Azizi

建行甘肃省分行与甘肃省农牧厅签约。
The China Construction Bank Gansu Branch signed a contract with Agriculture and Animal Husbandry Department of Gansu Province.

建行甘肃省分行召开2011年工作会议。
China Construction Bank Gansu Branch was convening the 2011 work conference.

中国建设银行举办援建舟曲教育项目捐助900万元仪式。
China Construction Bank organized ceremony of reconstruction education projects which donated 9 million yuan for Zhouqu.

招商银行兰州分行
China Merchants Bank Lanzhou Branch

地址：兰州市庆阳路9号
电话：0931-8729820
邮编：730030

Address: No.9,Qingyang Road, Lanzhou City
Tel: 0931-8729820
Post Code: 730030

兰州市政协主席王冰、市人大副主任胡康生走访慰问招商银行兰州分行。

The chairman of CPPCC of Lanzhou City—Wang Bing, deputy director of the NPC of Lanzhou City—Hu Kangsheng visited and conveyed greetings to the China Merchants Bank Lanzhou Branch.

招商银行股份有限公司副行长李浩慰问兰州分行行龄满15年员工。

The deputy governor of China Merchants Bank—Li Hao conveyed greetings to the employees of Lanzhou Branch who worked over 15 years.

近百名客户参与"大运火炬巅峰梦想"登山活动。

Nearly 100 customers of China Merchants Bank Lanzhou Branch involved in mountaineering activities of "Dayun Torch Pinnacle Dream".

招商银行兰州分行隆重召开成立15周年庆祝大会。

China Merchants Bank Lanzhou Branch held the general assembly to celebrate the establishment of 15th anniversary.

举办2011年新春音乐会

Held the 2011 New Year Concert

中信银行股份有限公司兰州分行

China Citic Bank Lanzhou Branch

地址：甘肃省兰州市城关区东岗西路638号　Address:No.638,Donggang West Road,Chengguan District,Lanzhou City
电话：0931—8890666　Tel: 0931—8890666　邮编：730030　Post Code: 730030

中信银行股份有限公司兰州分行党委书记、行长：胡宝安
Party Secretary,Governor of China Citic Bank Lanzhou Branch：Hu Baoan

中信银行监事会主席吴北英（右二）莅临中信银行兰州分行调研指导工作。
Chairman of the supervisory board of China Citic Bank—Hu Beiying(second from the right) came to China Citic Bank Lanzhou Branch to research and guide work.

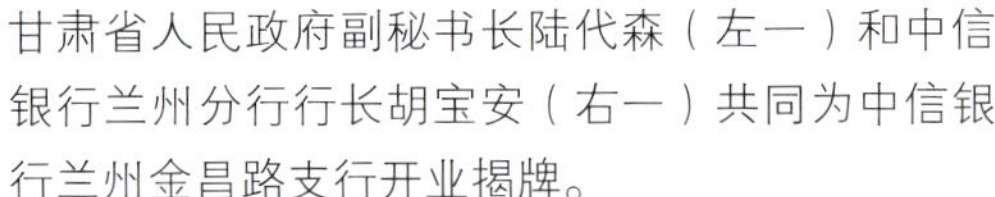

甘肃省人民政府副秘书长陆代森（左一）和中信银行兰州分行行长胡宝安（右一）共同为中信银行兰州金昌路支行开业揭牌。
Deputy secretary-general of the People's Government of Gansu Province—Lu Daisen (first from the left) and president of China Citic Bank Lanzhou Branch—Hu Baoan (first from the right) inaugurated the opening together for Lanzhou Jinchang Road Branch of China Citic Bank.

中信银行副行长张强（左二）在中信银行兰州分行调研指导工作。
The deputy governor of China Citic Bank—Zhang Qiang(second from the left)researched and guided work at China Citic Bank Lanzhou Branch.

中信银行兰州东岗支行隆重开业
Lanzhou Donggang Branch of China Citic Bank Opened Grandly

兰州新区主任李睿（前左三）前来中信银行兰州分行，就加强银政合作建设兰州新区进行商讨。
Director of New District of Lanzhou—Li Rui （third from the left in the front row）visited China Citic Bank Lanzhou Branch, discussed on strengthen cooperation between banks and government to constuct the New District of Lanzhou.

中信银行兰州分行行长胡宝安（左二）与中国信达资产管理股份有限公司甘肃分公司副总经理汪雄亚（右一）代表双方签署战略合作协议。
President of China Citic Bank Lanzhou Branch—Hu Baoan (second from the left) and deputy general manager of China Cinda Management Co.,Ltd Gansu Branch—Wang Xiongya signed a strategic cooperation agreement on behalf of the two sides.

中信银行兰州分行行长胡宝安（右一）和华龙证券有限责任公司董事长李晓安（左一）代表双方签署战略合作协议。
President of China Citic Bank Lanzhou Branch—Hu Baoan (first from the right) and chairman of the board of China Dragon Securities—Li Xiaoan (first from the left) signed a strategic cooperation agreement on behalf of the two sides.

中信银行在兰州成功举办“中信财富阶梯”战略客户银企合作论坛。
China Citic Bank successfully held the “CNCB Gateway to Wealth” banking and corporate cooperation forum of strategic customers in Lanzhou.

联合CFCA成功举办2011 “放心安全用网银”联合宣传年兰州站活动。
Combined with CFCA, China Citic Bank successfully organized the “2011 Joint Publicity Year” activity entitled as “Internet Banking Be Safe Be Easy” in Lanzhou.

华龙证券有限责任公司

CHINA DRAGON SECURITIES CO.,LTD.

由华龙证券保荐承销的佛慈制药在深交所上市。

The Foci Pharmaceutical which underwritinged by the China Dragon Securities was listed in the Shenzhen Stock Exchange.

举办3·15大型投资者教育活动

Held 3·15 Large-scale Education Activities with Investors

举办大型投资策略报告会

Held Large-scale Investment Strategy Report Conference

被评为“甘肃省十大慈善单位”

Awarded “Top Ten Charities in Gansu Unit”

华龙证券成立十周年庆典

The Tenth Anniversary Celebration of China Dragon Securities

热烈庆贺建党90周年

Celebrated the Set up of CPC's 90th Anniversary Warmly

永安财产保险股份有限公司甘肃分公司
Yong'an Property and Casualty Share Holding Co., Ltd.

客户问卷调查获奖者颁奖仪式
The Award Ceremony of Winners of Customer Questionnaire Survey

3•15消费者权益日宣传活动
Propaganda Activity of 3•15 Consumer Rights Day

客户服务宣传活动
Customer Service Propaganda Activity

拔河比赛
Tug-of-War Game

唱红歌活动
Sing Red-Song Activity

地址：兰州市城关区庆阳路169号
Address: No.169 Qingyang Road,Chengguan District,Lanzhou City
电话：0931-2183570 Tel: 0931-2183570
邮编：730030 Post Code: 730030

金川集团股份有限公司

Jinchuan Group Co., Ltd.

简 介

金川集团股份有限公司挂牌成立

Jinchuan Group Co., Ltd. was formally established.

金川集团战略引资仪式

Strategic Invest Ceremony of Jinchuan Group Co., Ltd.

金川集团股份有限公司（以下简称金川集团）是全球知名的采、选、冶配套的大型有色冶金和化工联合企业，是中国的镍、钴工业基地和铂族金属提炼中心、中国第三大铜生产企业。金川集团拥有世界第三大硫化铜镍矿床，并在全球24个国家或地区开展有色金属矿产资源开发与合作。作为国内有色金属行业领军企业，金川集团始终坚持以矿业和金属为核心的垂直一体化和相关多元化发展战略，主要致力于矿业开发，生产镍、铜、钴、铂族金属及化工产品、有色金属深加工产品和材料，同时还大力发展机械制造、工程建设、仓储物流、技术服务等业务。公司位列2012年中国企业500强第91位、制造业第34位、有色冶金及压延加工业第4位。

2011年以来，面对“后危机时代”复杂多变的市场环境，金川公司紧紧抓住我国经济发展的重要战略机遇期，结合国家建设有色金属工业强国的目标和甘肃省跨越发展的要求，坚持生产经营和资本运营并举，推进结构调整和布局优化，以技术进步和项目建设为载体，深化循环经济，大力培育战略性新兴产业，构建国际化经营的新格局，确保跨国经营战略的顺利推进，各项工作实现了重大进步，实现了“十二五”规划的良好开局。

2011年金川集团实现营业收入1218亿元，同比增长28%，成为甘肃省首家营业收入突破千亿的企业；实现利润总额43.8亿元，比上年增长88%。生产有色金属总量66.1万吨，同比增长26.8%，其中，镍产品13万吨，同比增长0.51%；铜产品52.3万吨，同比增长35.8%；化工产品总量246万吨，同比增长20%。

站在新的历史起点，金川公司提出了“打造千亿企业，建设百年金川”的宏伟战略目标，为此公司将进一步加快布局调整，完善跨国经营体系，强化资本运营，促进资源战略实施，创新体制机制，全面提升竞争实力，把公司建设成为跨国经营的矿业集团，努力锻造“世界的金川，中国的骄傲”。

金川集团与必和必拓同庆合作30周年。
Jinchuan Group Co., Ltd. and BHP Billiton Ltd. were celebrating the 30th anniversary of cooperation.

金川集团绚丽亮相兰洽会签约项目金额近50亿元。
Jinchuan Group Co., Ltd. took part in the Lanzhou Investment & Trade Fair with brilliant appearance, signed projects amounted to nearly 50 billion yuan.

金川集团公司在北京人民大会堂发布企业社会责任报告
Released a Corporate Social Responsibility Report in Beijing's Great Hall

绿意葱茏的金川国家矿山公园
The Jinchuan Mine State Park with Verdant Green

地址：金昌市金川路98号
电话：0935—8812230
邮编：737100

Address:No.98, Jinchuan Road,Jinchang City
Tel: 0935—8812230
Post Code:737100

甘肃省人口和计划生育委员会

Population and Family Planning Commission of Gansu

省统筹解决人口问题领导小组会议召开。

Provincial co-ordination solve population issues of the leading group meeting was held.

省人口委党组书记、主任苏君在庆阳市正宁县调研人口计生工作。

The party secretary ,director of Population and Family Planning Commission of Gansu—Su Jun was researching population and family planning work in Zhengning County Qingyang City.

2011年，省人口委以创建全国人口计生利益导向政策体系示范区为载体，联合相关部门，共同实施以“成才工程、致富工程、保障工程、健康工程”为主要内容的计划生育家庭幸福计划。据统计，全省有600多万人次的计划生育群众得到了8.17亿元实惠。

In 2011, the Population and Family Planning Commission of Gansu entrusted with the creation of the national population and family planning interests oriented policy system demonstration area as the carrier, joint-related departments, joint implementation the family planning family happiness plan which made “Talent Plan, Become Rich Engineering,Security Engineering, Health Project” as the main content. According to statistics, there were over 600 million person-times planned parenthood masses received the benefits of 817 million yuan.

省政府在平凉召开建设全国人口计生利益导向政策体系示范区会议。

Provincial Government held the meeting of construction of the national population and family planning benefit-oriented policy system demonstration area in Pingliang.

在全省人口计生工作会议上，副省长咸辉代表省政府与相关部门签订人口计生目标管理责任书。

Deputy governor—Xian Hui on behalf of provincial government signed the planning target management responsibility book of population and family with relevant departments in the meeting of the province's population and family planning work.

地址：兰州市东方红广场13号
电话：0931-8416799
邮编：730030

Address: No.13 Dongfanghong Square,Lanzhou City
Tel: 0931-8416799
Post Code: 730030

东航甘肃分公司地面服务部推行“尊享服务”、“绿色通道服务”、“集团客户延伸服务”、“无缝隙服务”等，受到广大旅客的好评。

The ground services department of Gansu branch implied the services of "Exclusive Services", "Green Channel Services", "Extend Services for Group Customers", "Seamless Services", which received praise of the majority of passengers.

东航甘肃分公司圆满完成天宫一号服务保障任务。

Gansu branch satisfactorily completed the support tasks of the Taigong-1.

甘肃分公司客舱部荣获全国五一巾帼奖。

The cabin department of Gansu branch won the May Day Heroine Award.

东航甘肃分公司在航班上开展三八专题服务，为女士送花。

Gansu branch launched the special services for women on the Women's Day on the flight.

先后荣获“全国安康杯优胜企业”、中国民航“安全飞行先进单位”、“全国民航先进集体”、“航空安全先进集体”、“航空安全管理先进单位”、“全国民航机务维修先进集体”、“甘肃省社会帮扶先进单位”。共涌现出全国劳模1人，省级劳模4人，省五一奖章2人。

Gansu branch has won the "National Health Cup Winning Companies", "Flight Safety Units" of China Civil Aviation," Advanced Group of China Civil Aviation ","Advanced Group of Aviation Safety", "Aviation safety management units", "Advanced Group of China Civil Aviation Aircraft Maintenance ","Advanced Units of Social Aid in Gansu". The company has trained one National Model Worker, four Provincial Model Workers. Two people won the Province May Day Medel.

《甘肃发展年鉴》编纂委员会

Gansu Development Yearbook Editorial Board

编委：（按姓氏笔划为序）

Editorial Board(in order of strokes of Chinese surname)

《甘肃发展年鉴》编辑部

Gansu Development Yearbook Editorial Department

编辑人员：（以姓氏笔划为序）

Editorial Staff (in order to strokes of Chinese surname)

编者说明

一、《甘肃发展年鉴》是由甘肃发展年鉴编委会编纂，中国统计出版社出版，国内外公开发行的大型综合性年刊。它以大量翔实可靠的资料，全面记载了甘肃政治、经济、法律及社会发展情况，是各级党政领导、经济管理部门、企事业单位、科研部门和中外投资者了解省情、市情、县情，进行科学决策、咨询和研究的重要工具书。

二、本年鉴是创刊以来的第三卷，全部为中英文对照版并配有电子版，主要记载 2011 年甘肃经济社会发展情况，但统计资料在时间上有所上溯。

三、本年鉴共分为三部分：第一部分设特载、大事记、概况、政治、法制、国民经济、建设测绘、交通通信邮政、财政金融、经济管理、社会事业、人民生活、地县概况 13 个篇目；第二部分设综合、国民经济核算、人口、就业人员和职工工资、固定资产投资、对外经济贸易、能源、财政金融保险、物价、人民生活、城市概况、资源和环境、农业、工业、建筑业、交通运输邮电通信业、批发和零售业、住宿餐饮业和旅游业、教育和科技、卫生、社会福利及其他、文化和体育、少数民族、企业景气指数共 23 个篇章；第三部分以彩色插图的形式，介绍了甘肃省名优新特产品，部分机关、企业和事业单位。为方便读者使用资料，统计资料各篇章前附有简要说明，篇末附有主要统计指标解释。

四、本年鉴的体例分为篇目、分目和条目三个层次，以条目作为基本结构单元。条目标题均用黑体字加【 】。

五、与 2011 年版《甘肃发展年鉴》相比较，本年鉴内容和篇章结构上主要做了如下调整：将原“综合核算”拆分为“综合”、“国民经济核算”篇章；将“批发零售业、住宿餐饮业和旅游业”拆分为 “批发和零售业”、“住宿、餐饮业和旅游业”篇章；将“教育科技及文化”拆分为“教育和科技”、“文化和体育“篇章，并对有关统计资料进行了不同程度的充实。根据各专业统计指标的变化，对固定资产投资篇、财政金融保险篇、资源和环境篇做了较大幅度的调整。在综合篇增加各地区私营及个体从业人员资料。在就业人员和职工工资篇增加各地区按行业分城镇单位就业人员数。在能源篇增加能源加工转换效率资料。在农业篇增加各地县农村户数及农村人口、各地县中药材种植面积和产量资料。

六、由于统计制度方法改革，有些统计指标的口径、包括范围和计算方法有所变化，使用时请注意。文稿中的数据由各单位提供，部分为初步统计数，如与统计表中不一致，以统计表为准。

七、本年鉴所使用的度量衡单位均采用国际统一标准计量单位，部分数据合计数或相对数由于单位取舍不同而产生的计算误差，均未做机械调整。

八、符号使用说明:年鉴各表中的“空格”表示该项统计指标数据不足本表最小单位数、数据不详或无该项数据；“#”表示其中的主要项；“*”或“①”表示本表下有注解。

本年鉴的编辑出版，得到省直各部门和有关企业事业单位的大力支持，我们对此表示诚挚的谢意！

编　者

2012 年 9 月

Preface

I. Gansu Development Yearbook, edited by the Gansu development yearbook editorial board and published by china statistics press, is a large-scale domestic and international public offering comprehensive annual publication. It records comprehensively Gansu political, economic, legal and social development situation by the large amount of reliable data, and is a important tool to understand the situation of the province, city, county and conduct a scientific decision-making, consult and research for every level party and government leaders, economic management department, enterprise and public institution, research departments and domestic and foreign investors.

II. The yearbook is the third volume since founded, which is all the in Chinese-English and equipped with electronic version, records mainly Gansu economic and social development situation in 2011, but its statistics materials have traced back in time.

III. The yearbook contains the following three parts: The first part contains special set, events, overview, politics, legal, national economy, construction and mapping , transport, communication and post, fiscal and finance, economy management, social career, people's livelihood and county profiles 13 contents; The second part contains total 23 sections and chapters with general survey, national accounts, population, employment and wages investment in fixed assets, foreign trade and economic cooperation, energy , government finance , financial , insurance, commodities price, people's living conditions, general survey of cities, resources and environment, agriculture, industry , construction, transport, post and telecommunication, wholesale and retail trades, hotels, catering services and tourism, education, science and technology, health, social welfare and others, culture and sports, minority ,and business climate index; The third part introduces the known, new and special products in Gansu province, some organs, enterprises and public institutions by the forms of illustrations in color. For the convenience of using information for the readers, statistics have a brief introduction at the beginning of each part. In addition, explanatory notes on main statistical indicators are provided at the end of each part.

IV. The yearbook style is divided into contents, subhead and entry three levels, and entry as the basic structural unit. The entry titles are in bold and add 【 】.

V. In comparison with Gansu Development Yearbook-2011,following adjustments have been made in this new version in terms of the statistical contents and in editing: Put the original chapter of "general survey" split into the new chapters of "general survey", "national accounts"; put the original chapter of "wholesale and retail trades, hotels, catering services and tourism" split into the new chapters of "wholesale and retail trades ", "hotels, catering services and tourism "; put the original chapter of "education, science and technology, culture" split into the new chapters of "education, science and technology ", "culture and sports ",and relevant statistics in the chapters are increased in different degree. Made substantial adjustments are made to the chapters of investment in fixed assets, government finance, financial, insurance, resources and environment, according to the changes of professional statistical indicators. Statistics of "private enterprises and self-employed individuals by region" are added into the Chapter of General Survey. Statistics of "number of employed persons in urban units by sector and region" are added into the Chapter of Employment and Wages. Statistics of "efficiency of energy conversion" are added into the Chapter of Energy. Statistics of number of "rural households and rural population by region, county", "sown areas and products of Chinese medicine by region, county" are added into the Chapter of Agriculture.

VI. As the methods of statistical system reform, some of the caliber of statistical indicators, including the scope and computational method change and please note that when used. The presentation data is provided by the units and some are preliminary statistics, if they does not accord with the statistical tables to tables shall prevail.

VII. The units of measurement used in this yearbook are internationally standard measurement units, statistical discrepancies on totals and relative figures due to rounding are not adjusted in the Yearbook.

VIII. Notations used in the yearbook: (blank space) indicates that the figure is not large enough to be measured with the smallest unit in the table, or data are unknown, or are not available; "#" indicates a major breakdown of the total; and "*" or "①" indicates footnotes at the end of the table.

Edit and publishing of the Yearbook, were strongly supported by the departments under the provincial leadership, relevant enterprises and public institutions. We express our heartfelt thanks!

Editor

September 2012

财政　金融

FINANCE AND BANKING

经济管理

ECONOMY & MANAGEMENT

社会事业

SOCIAL UNDERTAKING

人民生活

PEOPLE'S LIVING CONDITION

地县概况

GENERAL SITUATION OF PREFECTURES AND COUNTIES

统计资料

STATISTICS

一、综合

General Survey

二、国民经济核算

National Accounts

三、人口

Population

四、就业人员和职工工资
Employment and Wages

五、固定资产投资
Fixed Assets Investment

六、对外经济贸易
Foreign Trade and Economic Cooperation

七、能源
Energy

八、财政、金融、保险
Government Finance, Financial, Insurance

九、物价
Commodities Price

十、人民生活
People's Living Conditions

十一、城市概况
General Survey of Cities

十二、资源和环境
Resources and Environment

十三、农 业
Agriculture

十四、工 业
Industry

十五、建筑业
Construction

十六、交通运输、邮电通信业
Transportation, Postal And Telecommunication Service

十七、批发和零售业
Wholesale and Retail Trades

二十、卫生、社会福利及其他
Health, Social Welfare and Others

二十一、文化和体育
Culture and Sports

二十二、少数民族
Minority

二十三、企业集团及企业景气指数
Enterpriser Group and Economic Indicators

特　　载

甘肃省人大常委会工作报告

——2012 年 1 月 11 日在省第十一届人民代表大会第五次会议上

甘肃省人大常委会副主任　马尚英

各位代表：

我受省人大常委会委托，向大会报告工作，请予审议。

2011 年的主要工作

2011 年，在中共甘肃省委的领导下，省人大常委会按照省十一届人大四次会议精神，紧紧围绕全省工作大局，认真履行宪法和法律赋予的职责，主要开展了以下工作。

一、突出重点领域立法，保障经济社会依法、有序发展

2011 年是中国特色社会主义法律体系形成的第一年，我省的地方立法工作处于一个新的历史阶段。省人大常委会坚决落实省委要求，进一步创新立法理念，提高立法质量。去年，共制定地方性法规 10 件，修订地方性法规 5 件，批准制定、修订和废止民族自治地方自治条例、单行条例及兰州市制定的法规 7 件，对 3 件地方性法规草案进行了一审。

一是着眼促进改革发展，继续完善经济领域立法。制定了《甘肃省林业生态环境保护条例》、《甘肃省集体合同条例》、《甘肃省道路交通安全条例》；修订了《甘肃省公路路政管理条例》、《甘肃省旅游条例》。这些法规的制定和修订，对保护生态环境、维护劳资双方权益、推动道路交通事业发展和旅游产业发展，必将起到促进作用，进一步做到有法可依、有章可循。

二是高度关注民生，着力加强社会领域立法。制定了《甘肃省法律援助条例》、《甘肃省实施〈中华人民共和国突发事件应对法〉办法》、《甘肃省义务教育条例》、《甘肃省农民教育培训条例》、《甘肃省全民健身条例》、《甘肃省国家通用语言文字条例》和《甘肃省宗教事务条例》；修订了《甘肃省防震减灾条例》。这些法规的制定和修订，将进一步对我省的政治文明、社会文明和文化建设创造科学发展的法制环境和条件。

三是适时修订《甘肃省实施〈中华人民共和国全国人民代表大会和地方各级人民代表大会代表法〉办法》。根据新修正的《中华人民共和国全国人民代表大会和地方各级人民代表大会代表法》，省人大常委会对甘肃省实施代表法办法进行了修订，对代表的权利义务、履职规范、履职保障、履职监督等方面进一步作了规范和补充。

四是着眼促进依法行政，修改了《甘肃省人大常委会关于政府规章设定罚款限额的规定》。

五是依法审查批准民族自治地方的自治条例和单行条例。审查批准了《甘肃省临夏回族自治州自治条例》、《甘肃省阿克塞哈萨克族自治县自治条例》、《甘肃省甘南藏族自治州牲畜引进防检疫管理条例》、《甘肃省甘南藏族自治州拉卜楞寺保护与管理条例》，批准废止了《甘肃省甘南藏族自治州个体工商户和私营企业权益保护条例》。

六是审查批准兰州市制定的地方法规。批准了《兰州市城市市容和环境卫生管理办法》、《连城国家级自然保护区条例》。

二、创新方式、增强实效，监督工作取得新成效

一年来，省人大常委会认真贯彻监督法，听取和审议了“一府两院”的 12 项专项工作报告，认真组织开展执法检查，确保监督工作不断深入推进。

一是改进监督方式，加大监督力度。常委会为听取和审议省人民政府关于我省天然林资源保护工程建设情况专项工作报告，事先组织了专题调研。常委会会议在分组审议这个报告的基础上，召开联组会议进行集中审议，重点围绕林区基础设施建设、管理体制、林业后续产业发展、天保二期方案编制等提出问题和建议，省政府相关部门的负责同志到会同常委会组成人员共同讨论，回答了相关问题。对常委会提出的审议意见，省政府及时分解办理，并将办理情况适时报送省人大常委会。实践证明，这种集体监督的形式是好的，我们在今后要进一步完善这方面的工作。

二是突出监督重点，推动中心工作。常委会听取和审议了省人民政府关于重大项目建设及前期工作情况的汇报。在充分肯定成绩的同时，针对项目征地拆迁、建设筹资、建设质量和增加结构调整的项目等方面的问题向省政府提出意见建议。听取和审议了省人民政府关于生态环境保护的专题汇报，就加强农业生态环境保护等问题，提出了明确的意见。听取和审议了省人民政府关于全省“五五”普法规划实施情况和“六五”普法工作意见的报告，作出了关于进一步加强法制宣传教育的决议。

三是加强计划和财政监督。常委会听取审议了全省 2011 年上半年计划执行情况和财政预算执行情况的报告，全省政府非税收入收支和管理情况的报告和审计工作报告，省级预算超收收入安排使用情况的报告，批准了2010年省级财政决算。还听取了关于发行2011年地方政府债券并相应调整全省及省级财政预算的报告，作出了批准发行59亿元地方政府债券并调整省级财政预算的决定。在对计划、财政报告审议中，常委会侧重对土地出让金两权收入、国有资本经营收益收缴、"三公"经费清理等方面的工作提出了具体意见和建议。

四是围绕重点、热点问题开展执法检查，进一步推动依法行政。常委会组织执法检查组对清真食品管理条例的贯彻实施情况进行了检查，指出了六个方面存在的问题。对我省地质环境保护条例和气象灾害防御条例的贯彻实施情况进行了检查，提出了意见和建议。组织开展了以"关注农业污染、改善农村环境"为主题的陇原环保世纪行活动，对存在的问题进行了曝光。省人大常委会受全国人大常委会的委托，组织力量，对我省贯彻实施食品安全法、老年人权益保障法、劳动合同法的情况进行了检查，配合全国人大常委会对农村土地承包法、农村土地承包经营纠纷调解仲裁法在我省的贯彻实施情况进行了检查，将检查情况报送了全国人大常委会。

五是对"两院"工作加强监督。常委会听取和审议了省高级人民法院关于全省法院队伍建设情况的报告，常委会在审议中认为，在经济社会快速发展的形势下，人民法院依法办案和民事调解工作量空前加大，一方面要立足于建设高素质法官队伍，以适应形势要求；另一方面对法院系统在工作中面临的困难和矛盾，政府及有关部门应给予积极解决。常委会对2010年作出的《关于加强检察机关法律监督工作的决议》的贯彻实施情况进行了调查研究，协调省检察院分别与公安、审判、司法等有关方面提出具体贯彻落实意见，并积极付诸实施。

常委会对210件规范性文件进行了审查，对其中事关改革发展稳定和人民群众切身利益的16件规范性文件，召开了两次专家评审会进行了集中审查，提出了改进意见，促进了依法行政工作。进一步重视信访工作，全年受理人民群众来信来访1879件（次），其中来信715件，来访1164人（次），督促解决了一批有影响的信访案件。

三、立足服务大局，深入开展专题调研

常委会抓住事关全省工作大局和人民群众切身利益的问题，组织常委会和各专委会组成人员深入开展专题调研或集体视察，掌握了大量的第一手资料，提高了会议审议质量。

为了全面了解我省重大项目建设进展情况，常委会组织调研组进行了专题调研，就全力筹措重大项目资金、征地拆迁、项目建设质量和安全、项目竣工后营运、优化项目结构和强化政府部门协调服务职能等方面向政府提出建设性意见。

在制定《甘肃省宗教事务条例》的过程中，常委会和有关的专委会组成人员，两次赴甘南、临夏、兰州、天水、武威等州市及临潭、卓尼等县进行实地调研，分管此项工作的常委会副主任还主持召开了省级宗教团体负责人专题座谈会征求意见，就宗教事务立法的有关方针和原则，宗教团体的成立、变更、注销、活动，风景名胜区内宗教活动场所的管理，宗教教职人员和宗教团体工作人员社会保障等问题进行了广泛而深入的探讨，使民主化、科学化的立法原则得到了充分的体现。

常委会高度关注我省天然林生态保护工程建设的进展情况，组成调研组深入甘南、陇南、天水三市和白龙江、小陇山林业局的一线场（站），就我省实施天保工程建设情况进行了实地调研，对加大天保二期工程资金投入、巩固天保一期工程成果、逐步建立天然林保护长效机制等问题提出了明确要求。

常委会组织了关于临夏州经济社会跨越式发展的专题调研，提出了加大对临夏州非公有制经济转型发展、基础设施建设、生态建设和环境保护、特色优势产业发展、教育科技文化事业发展、改善民生和扶贫攻坚工作支持力度的意见。

常委会对归侨侨眷权益保护的情况进行了专题调研，提出了掌握实情、政策倾斜、资金扶持、加强侨务工作等关心困难归侨侨眷生产生活的意见和建议，推动了这项工作的落实。受全国人大常委会的委托，对我省民族地区的经济社会发展开展了调研，并将调研报告报送了全国人大常委会。

四、坚持党的领导，依法做好县乡人大换届选举指导工作

为确保县乡人大换届选举依法有序进行，自2010年3月开始，常委会积极做好换届选举的调研和法规修改等前期准备工作。常委会党组向省委提出了关于全省县乡两级人大换届选举工作的若干意见，省委及时批转全省贯彻执行。常委会依法及时作出了关于全省县乡两级人大代表换届选举时间的决定、关于全省14个市（州）及86个县（市、区）新一届人大代表名额的决定和人大常委会组成人员名额的决定。在县乡两级人大换届选举工作过程中，常委会对全省确定的104个乡镇的换届选举试点工作进行了认真指导，为选举工作的全面开展积累了经验。常委会还牵头建立了选举工作联席会议，及时研究解决换届选举中的重大问题。到去年10月底，全省县乡人大换届选举工作已圆满完成。共选举产生县人大代表15074名，选举产生乡人大代表63801名。县乡两级人大代表比例全部实现了中央"两升一降一保证一适当"的要求，保证了代表构成的广泛性和代表性。

五、不断加强和改进代表工作，依法行使任免权

常委会坚持以保障代表依法履职、促进代表意见建议办理为重点，不断加强和改进代表工作，代表作用得到进一步发挥。

一是继续加强代表服务保障工作。进一步拓宽代表知情知政渠道，通过常委会门户网站、报刊、编印寄送材料等多种形式，使人大代表及时了解人大常委会和“一府两院”的工作，为代表行使职权创造条件。进一步完善常委会组成人员联系基层人大代表，人大代表联系选举单位和选民的“两联系”制度。有计划地组织代表参加调研、视察、执法检查、建议办理、列席常委会会议、参与行政司法监督等活动，充分听取代表的意见和建议。全年共有代表400多人（次）参加了常委会的各项活动。为提高代表履职能力，常委会举办了一期省人大代表培训班，组织在甘全国人大代表参加了全国人大组织的四期代表培训班。

二是通过全国人大代表建议案，集中反映我省经济社会发展中的重点问题，积极争取全国人大常委会重视和支持。帮助我省解决了生态建设、环境治理、铁路、公路、水利等基础设施建设的一些重点、难点问题，得到了人民群众好评。2011年，常委会同省政府共同研究，从我省全国人大代表提出的议案和建议案中筛选出重点建议案9件，专题向全国人大常委会分管领导汇报，这些建议分别被列入全国人大、国务院和有关部委重点督办案。目前，通过这些建议案争取到中央计划下达和专项补助资金15亿元，其中积石山县境内公路建设项目资金7.4亿元，饮水项目资金3.89亿元，东乡县水土流失综合治理和地质灾害防治补助资金2000万元。加快甘肃河西能源基地和陇东煤电基地项目开发建设的建议得到重点处理，已列入国家“十二五”规划。15个循环经济重点项目、临夏州黄河干流流域水源涵养林建设项目得到优先安排，核桃、油橄榄等木本油料产业得到重点扶持，农村中小学“温暖工程”公用经费定额和农村沼气建设补助标准也有所提高。

三是更加注重代表建议办理实效。常委会加强与代表沟通，组织代表参加视察检查，听取办理情况汇报，使代表及时了解办理情况，提出改进意见；加强与承办单位的联系协调，督促承办单位落实办理责任、保证办理质量。在省十一届人大四次会议期间，代表提出建议873件，全部办理完毕。对代表建议中提出的问题，已经解决和基本解决的270件，占建议总数的30.9%；正在解决和列入规划逐步解决的407件，占建议总数的46.6%；暂时不能解决，留待以后研究解决的196件，占建议总数的22.5%。常委会副主任和各专委会重点督办的12件代表建议已全部得到落实。

常委会坚持党管干部和人大依法行使任免权相统一的原则，去年，共任免国家机关工作人员170人（次），其中，决定任命7人，任命76人，批准任命16人，决定免职7人，免职55人，批准免职2人，决定接受辞职7人。

六、加强自身建设，努力提高工作水平

根据新形势新任务要求，常委会继续采取措施，加强常委会和机关自身建设，推动各项工作的规范化、制度化，不断提高依法履行职责的能力。

坚持党组理论中心组学习制度，加强学习型机关建设。重点学习贯彻了十七届五中、六中全会精神、胡锦涛总书记“七一”讲话、中央和省委一系列重大决策部署、法律法规和社会经济等方面的知识，提高了政治素质和业务素质，提升了工作水平。

深入开展创先争优活动，加强机关干部职工的思想政治建设，在机关上下营造了奋发向上、团结务实的良好氛围；根据工作需要，调整充实了有关工作机构；加强了机关干部的培养选拔工作，调动了干部的积极性和创造性；强化常委会机关为人大及其常委会服务的意识，完善工作制度，机关各项工作都有了新的提高。

积极关心支持市县人大机关基础设施建设，在力所能及的条件下，帮助解决了一些实际困难。

进一步加强了人大宣传和理论研究工作，建立了新闻发布会制度，《人民之声报》、《人大研究》和甘肃人大网站建设有了新的进步。

各位代表！

2011年省人大常委会工作取得的成绩，是在省委的坚强领导下，常委会组成人员和全体人大代表共同努力的结果，也是“一府两院”密切配合、全省各级人大全力支持的结果。对此，我代表省人大常委会，表示衷心感谢！同时，我们也清醒地认识到，尽管我们尽职尽责地做了一定的工作，但离省委的要求和人民的期望还有一定的差距和不足。主要是对常委会审议意见落实情况的跟踪督办有待于进一步加强，充分发挥代表作用方面还有许多工作要做，常委会自身建设和机关工作需要在实践中不断提高。对这些问题常委会将在以后的工作中认真研究，切实改进。

2012年的主要任务

2012年，是省十一届人大常委会全面完成任期目标的重要之年。常委会工作的总体要求是：全面贯彻党的十七大、十七届四中、五中、六中全会、十一届全国人大五次会议和省党代会精神，坚持以邓小平理论、“三个代表”重要思想为指导，深入贯彻落实科学发展观，围绕省委提出的“科学发展、转型跨越、民族团结、富民兴陇”的目标，依法履行职权，不断推进民主法制建设，为促进“十二五”规划顺利实施做出新的贡献。

一、立法工作

深入推进科学立法、民主立法，不断提高立法质量。紧紧围绕全省“十二五”规划纲要的实施，全年计划制定《甘肃省农村扶贫开发条例》、《甘肃省循环经济促进条例》、《甘肃省农村公路条例》、《甘肃省残疾人保障条例》、《甘肃省职工代表大会条例》，修订《甘肃省专利保护条例》、《甘肃省邮政条例》、《甘肃省法制宣传教育条例》、《甘肃省价格管理条例》、《甘肃省实施〈中华人民共和国水土保持法〉办法》等法规。废止《甘肃省城市房屋拆迁管理办法》。做好兰州市报批的地方性法规和民族自治州、县人大常委会报批的自治条例和单行条例的审查批准工作。同时认真做好《行政强制法》实施后地方性法规的专项清理工作，协调提出省人大常委会

2013—2017年五年立法规划。

二、监督工作

深入贯彻落实监督法和甘肃省实施监督法办法，加强和改进监督工作。听取和审议省人民政府关于国民经济和社会发展计划、财政预算、审计、非税收入收支和管理等工作报告和全省保障性住房建设情况、全省档案工作情况等专项报告；省高级人民法院关于开展审判管理工作情况的专题报告；省人民检察院关于加强人民检察院基层建设、促进公正执法情况的专题报告。组织常委会组成人员和部分人大代表对《中华人民共和国残疾人保障法》、《中华人民共和国农产品质量安全法》及《甘肃省农产品质量安全条例》、《甘肃省人口与计划生育条例》、《甘肃省地震安全性评价条例》等法律法规的贯彻实施情况进行检查。

三、调查研究和决定重大事项

围绕贯彻党的十七届六中全会精神，组织做好对甘肃公共文化事业和文化产业发展的专题调研活动；围绕加强大气环境污染的治理工作，重点做好兰州市大气环境污染治理情况专题调研；以“节能减排”为主题，开展陇原环保世纪行采访调研。继续做好立法调研和审议专项工作报告的调研工作。对带有全局性、长远性的重大事项，依照法定程序作出决议、决定。

四、代表工作和人事任免

积极组织省人大代表参加常委会会议和执法检查、集体视察、专题调研等活动，努力为代表知情知政、履行职责创造条件。加强代表议案和建议办理情况的督促检查，切实增强办理实效。继续做好代表培训工作，不断提高代表履职水平。按照中央和全国人大常委会的要求及省委的统一部署，依法做好选举省十二届人大代表和全国人大代表及换届的相关工作。坚持党管干部原则和人大常委会依法行使任免权的有机统一，进一步做好人事任免工作。

五、常委会和机关自身建设

坚持人大工作的正确方向，牢固树立党的观念、政治观念、大局观念、群众观念和法制观念，不断推进常委会思想建设、组织建设、制度建设和作风建设。坚持民主集中制原则，提高科学决策、民主决策、依法决策水平。加强专门委员会建设，完善工作机制，提高常委会整体工作质量。加强学习型机关建设，努力学习理论、法律法规和专业知识，全面提高干部素质，发挥好机关参谋助手和服务保障作用。加强人大理论研究和宣传工作，加强与兄弟省（市、区）人大的工作联系，互相学习，开展交流。加强与各市（州）、县（市、区）人大常委会的联系，共同推进社会主义民主法制建设。

各位代表！

回顾过去，我们认真履职，不负使命；展望未来，我们信心满怀，任重道远。我们要在省委的坚强领导下，深入贯彻落实科学发展观和省委的决策部署，认真履行宪法和法律赋予的职责，团结全省各族人民努力奋斗，为推动全省经济转型跨越发展、社会稳定和谐发展、民族共同繁荣发展做出新的贡献，以实际行动迎接党的十八大和省第十二次党代会的胜利召开！

甘肃省政府工作报告

——2012年1月9日在甘肃省第十一届人民代表大会第五次会议上

甘肃省省长　刘伟平

各位代表：

现在，我代表省人民政府，向大会作报告，请予审议，并请政协委员和列席人员提出意见。

一、2011年工作回顾

2011年是“十二五”规划的开局年，面对复杂多变的国内外形势，在党中央、国务院的正确领导下，全省各族人民紧紧围绕省委提出的“十二五”跨越式发展的总体目标，认真贯彻落实科学发展观，加快推进经济结构调整和发展方式转变，深入实施区域发展战略，大力发展各项社会事业，努力保障和改善民生，完成了省十一届人大四次会议确定的主要目标任务，实现了“十二五”的良好开局。

——生产总值和城乡居民收入增长超过预期。预计实现生产总值 5020 亿元，增长 12.5%。地方财政收入 450.4 亿元，增长 27.4%。城镇居民人均可支配收入 14969 元，增长 13.5%；农民人均纯收入 3870 元，增长 13%。

——农业生产迈上新台阶。粮食产量突破千万吨大关，达到 1014.6 万吨，连续八年丰收。经济林果、蔬菜、中药材、现代制种等特色优势作物达到农作物播种面积的一半，草食畜牧业占养殖业比重提高了 1.6 个百分点。

——固定资产投资增长强劲。预计完成固定资产投资 4200 亿元，增长 40%。其中，完成工业投资 1500 亿元，增长 30%。

——开放合作成效显著。实现外贸进出口总额 88 亿美元，增长 20%。与 39 家央企签约合作项目投资总额超过 1 万亿元，已开工项目 82 个，到位资金 597 亿元。全省招商引资实际到位资金 1200 亿元，增长 48.5%。

——融资规模实现新突破。金融机构本外币贷款余额 5736.2 亿元，增长 25.34%，新增 1158.77 亿元。发行各类债券 292 亿元，增加 178 亿元。蓝科高新、佛慈制药挂牌交易，金川国际成功进入香港资本市场。资本市场直接融资 367 亿元，增长 208%。

——社会事业取得新进步。全面完成“两基”目标任务，顺利通过国家验收。发明专利授权量增长 55.6%。全省90%以上的博物馆、纪念馆、文化馆、图书馆、乡镇综合文化站免费开放。所有乡村医疗卫生机构和 50%以上的县级医院实施了基本药物零差率销售。人口自然增长率控制在 6.05‰以内。

一年来，我们主要抓了以下工作：

（一）价格调控监管力度不断加大

坚持把控制价格总水平过快上涨作为经济工作的重要任务，落实“米袋子”、“菜篮子”行政首长负责制，加大政策性粮油投放力度，推进“农超对接”，畅通“绿色通道”，降低农产品流通成本。实施价格预警监控和临时干预措施，向低收入困难群众发放临时价格补贴 208 亿元。加强教育、医疗收费和旅游、运输、中介服务、殡葬服务价格管理，严肃查处恶意炒作、串通涨价、哄抬物价等不法行为。居民消费品价格自去年 7 月份以来持续回落。加强房地产市场调控，新建商品房价格控制在向社会公布的目标之内。

（二）区域发展战略深入实施

兰白核心经济区建设扎实推进，兰州新区建设全面启动，基础设施初具规模，兰州经济技术开发区列为国家新型工业化军民结合产业示范基地，争取获批了白银国家新型工业化产业示范基地。酒泉—嘉峪关区域经济一体化进程加快，酒泉风电二期首批 300 万千瓦项目启动建设，河西百万千瓦级光电示范项目加快实施。金昌—武威区域经济一体化启动实施，金昌有色金属新材料循环经济基地建设加快推进。张掖现代农业国家示范区建设取得新进展。陇东能源化工基地建设取得新成效，争取获批了总产能达 2370 万吨的 4 个大煤矿“路条”。陇东南 4 市融入关中天水经济区力度不断加大。陇西列为国家中医药原料生产供应保障基地。全省各具特色、竞相发展、优势互补、互利共赢的区域发展格局正在形成。

（三）重大项目建设进展顺利

全省 58 个重大项目预计完成投资 660 亿元。建成高速公路 350 公里、二级公路 265 公里、通乡油路 1000 公里，完成农村公路通畅工程和国有林场公路改造工程 5700 公里。金昌机场、张掖机场建成通航。盐环定扬黄续建专用工程主管线建成通水。石羊河流域防沙治沙及生态恢复规划、敦煌水资源合理利用与生态保护综合规划获批实施。兰州中川机场二期扩建、庆阳机场扩建、夏河机场建设有序推进。临夏至合作、徽县至天水高速公路，兰州（新城）至永靖沿黄快速通道开工建设。兰新第二双线、兰渝、西平、天平、兰州枢纽工程等铁路建设项目和引洮供水一期及配套工程、甘南黄河重要水源补给生态功能区生态保护与建设等项目稳步推进。

（四）农业发展水平不断提升

加快推广以旱作农业和高效节水农业为主的先进适用技术，支持农业特色优势产业发展。全省蔬菜、水果、中药材产量分别增长 10.8%、6.8%和 18.6%，肉、蛋、奶产量分别增长 3.8%、7.8%和 5.1%。年销售收入过亿元的农业产业化龙头企业达到 46 个，比上年增加 5 个。病险水库（闸）除险加固、中小河流治理、灌区续建配套等水利工程全部完成年度计划。新修梯田 161 万亩，新增有效灌溉面积 16 万亩。完成高效农田节水技术推广面积 382 万亩。完成造林面积 395 万亩、退牧还草工程围栏建设任务 1140 万亩、草原围栏建设面积 10380 万亩。

（五）工业经济整体竞争实力进一步增强

金川集团 20 万吨电解铜和 5000 吨羰基铁粉、白银公司 10 万吨高纯阴极铜、酒钢东兴铝业 45 万吨合金铝、连城铝业 38 万吨节能技术改造等项目建成投产，新增有色金属产能 100 多万吨。投资规模 500 万元以上电子信息产业项目完成投资 13 亿元，增长 300%以上。省级以上企业技术中心达到 129 个，行业技术中心达到 10 个，研发新产品新技术 340 多项。新增甘肃名牌产品 61 个。预计完成规模以上工业增加值 1769 亿元，增长 16.5%；实现利润 220 亿元，增长 5%。

（六）节能减排力度进一步加大

淘汰炼铁、焦炭、铁合金、电石、水泥等落后产能 249 万吨，关闭企业 102 户。完成既有建筑节能改造 200 万平方米。率先在全国开展园区循环化改造示范。实施 170 个节能减排和循环经济项目、50 个城镇生活污水垃圾处理设施建设项目。

（七）灾后重建工作有序开展

“5•12”特大地震 8 个重灾县累计完成重建投资 622.07 亿元，投资完成率 101.2%，灾区基本生产生活条件和经济社会发展总体达到或超过灾前水平。舟曲特大山洪泥石流灾害 170 个灾后重建项目全部开工，完成投资 27.5 亿元，占规划总投资的 54.7%；城乡居民住房和水浸公共建筑维修加固全面完成，永久性供水工程建成供水；省道 313 线两河口至老城区改造基本完成；城乡受灾居民住房重建以及卫生教育、老城区与峰迭新区防洪、三眼峪和罗家峪山洪泥石流排导渠等项目完成主体工程，产业恢复、生态环境治理项目开始实施；兰州新区舟曲转移安置区楼体全部封顶，道路、供水、供电等配套设施基本建成。列入成县暴洪灾害灾后重建规划的 82 个项目已开工 74 项，累计完成投资 5.93 亿元。东乡县城特大滑坡地质灾害灾后恢复重建总体规划启动实施。

（八）改革开放积极推进

列入计划的国有企业政策性破产全面完成，省属商贸流通企业改革改制稳步推进，厂办大集体改革全面启动。集体林权制度主体改革基本完成。农村土地承包经营权流转面积达 347 万亩，比上年增加 147 万亩。兰州、金昌、嘉峪关 3 市城乡一体化试点工作继续推进，武威城乡融合发展核心区启动建设。投融资体制改革进一步深化，组建了甘肃能源集团公司、省公路航空旅游投资集团公司、省煤炭资源开发投资公司以及敦煌、麦积山、黄河三峡旅游公司，甘肃银行挂牌成立。小额贷款公司和信用担保机构快速增加，新增融资担保额113亿元，增长60%。14项国家教育体制改革试点项目启动实施。广电网络整合工作基本完成。经营性文化单位转企改制积极推进。金昌、庆阳两市公立医院改革试点进展顺利。第17届“兰洽会”签约项目522个，签约额1822.4亿元。首届“敦煌行•丝绸之路国际旅游节”成功举办。全年共接待游客5830万人次，增长36%；实现旅游收入330亿元，增长39%。

（九）民生保障和社会建设成效明显

向全省人民承诺的10项27件实事全部兑现。城乡低保平均保障标准分别提高10%和28.9%，覆盖面分别达到12.7%和16.7%。新型农村合作医疗保险、城镇居民基本医疗保险补助标准均由120元提高到200元，基本公共卫生服务人均补助水平由15元提高到25元。在65个县（市、区）开展新型农村社会养老保险、城镇居民社会养老保险试点，兰州、嘉峪关、金昌、武威、临夏、甘南6个市州城乡居民社会养老保险实现全覆盖。建成和改造中小学校舍面积180.4万平方米，全面排除了农村中小学2008年标准D级危房。改造建设了108所乡镇幼儿园。解决了191万农村人口的饮水安全问题。城镇新增就业和再就业29.5万人，城镇登记失业率3.2%。输转城乡劳动力532.8万人次，创劳务收入515.66亿元。清理拖欠农民工工资7149万元。下岗失业人员小额贷款余额完成计划的268%。易地搬迁农村1.2万户6.4万名贫困群众。新建保障性住房19万套，开工率104.6%，主体竣工率62%，完成投资183亿元。历年续建保障性住房项目竣工率92%，分配入住率75%。实施20万户农村危房改造，开工率、竣工率均达100%。开工建设5个全科医生培养基地、77个县级卫生监督所、38个县级农村急救中心。统筹解决人口问题，稳定低生育水平。深入开展全民健身系列活动。国防动员、“双拥”共建工作取得积极成效。社会科学、新闻出版、广播影视和文学艺术进一步繁荣。统计、监察、审计、质监、外事、侨务、编制等工作全面加强。地震、气象、测绘、档案、慈善和残疾人、参事、老龄、地方志、文史、文物等社会事业取得新的进展。

（十）民主法治建设和社会管理不断加强

人大代表建议和政协委员提案办结率100%。提请省人大常委会颁布地方性法规14部，出台政府规章10部。依法行政工作纳入政府目标管理。加大流动人口、特殊人群管理服务力度。加强人民调解组织建设，扩大法律援助覆盖范围。大力开展食品药品和产品质量安全专项整治。信息化建设取得新进展。全面贯彻落实党的民族政策和宗教工作基本方针，民族团结，宗教和顺。加强社会管理综合治理和重点整治，社会和谐稳定。

各位代表！

过去的一年，在困难多、任务重、压力大的情况下，我们紧盯跨越式发展的总体目标，发扬以“人一之、我十之，人十之、我百之”为主要内容的甘肃精神，攻坚克难，砥砺前行，为实现全省“十二五”跨越式发展奠定了坚实的基础。这些成绩的取得，得益于党中央、国务院的亲切关怀，得益于国家各部委的大力支持，得益于省委的坚强领导，是全省各族人民开拓创新、迎难而上，团结奋斗、顽强拼搏的结果；是全省上下抢抓发展机遇，破解发展难题，狠抓工作落实的结果；是省人大、省政协监督支持和社会各界共同努力的结果。在此，我代表省人民政府，向全省各族人民和人大代表、政协委员，向驻甘人民解放军、武警官兵以及政法干警、中央在甘单位，向各民主党派、工商联、各人民团体、无党派和社会各界人士致以崇高的敬意！向关心支持甘肃发展的中央国家机关各部门、兄弟省市区，香港、澳门特别行政区以及台湾同胞、海外侨胞和国际友人，表示衷心的感谢！

回顾一年来的工作，我们也清醒地认识到，我省经济社会发展中还存在一些突出的困难和问题。一是居民消费价格与预期控制目标还有一定差距。居民消费价格总水平上涨6%左右，高于预期控制目标2个百分点。二是降能耗、减排放与保增长的矛盾十分突出。受节能减排硬性任务的约束，传统产业发展的资源环境空间不足，节能减排形势更加严峻。三是影响工业生产的不确定因素增多。能源、原材料、运输、资金、劳动力等成本不断上升，主要产品出厂价格波动幅度较大，企业经营压力增大。四是第三产业增幅没有达到预期目标。第三产业增速与“十二五”年均增长14%的目标相差2.7个百分点。五是社会管理和公共服务亟待加强。社会管理基础薄弱，重特大事故教训深刻，安全生产形势严峻，公共服务能力和水平有待提高。六是保障和改善民生的任务依然繁重。就业压力较大，社会保障总体水平还需进一步提高。七是政府自身建设需要进一步加强。一些干部作风不实、效率不高，个别政府部门工作绩效与人民群众的愿望和要求还存在差距。对此，我们将认真分析研究，采取切实可行的措施加以解决。

二、2012年工作总体要求

今年是实施“十二五”规划承上启下的关键年。政府工作的总体要求是：以邓小平理论和“三个代表”重要思想为指导，深入贯彻落实科学发展观，牢牢把握稳中求进、好中求快的总基调，继续坚持“四抓三支撑”的总体工作思路和“中心带动、两翼齐飞、组团发展、整体推进”的区域发展战略，紧紧围绕科学发展、转型跨越、民族团结、富民兴陇的目标，更加注重开发开放，更加注重转型转移，更加注重创新创业，更加注重民族民生，更加注重安全安定，全力做好稳增长、控物价、调结构、惠民生、抓改革、促和谐的各项工作，确保完成全年各项目标任务，推动全省经济转型跨越发展、社会稳定和谐发展、民族共同繁荣发展。

经济社会发展的主要预期目标是：生产总值增长12%以上，固定资产投资增长30%以上，社会消费品零售总额增长18%以上，地方财政收入增长16%以上，进出口总额增长20%以上，城镇居民人均可支配收入增长12%以上，农民人均纯收入增长12%以上，城镇登记失业率控制在4.6%以内，人口自然增长率控制在7‰以内，居民消费价格总水平涨幅控制在4%左右，单位生产总值能耗和污染物排放完成国家下达的控制指标。

在具体工作中，重点把握好五个方面：一是正视转型跨越中的深层次矛盾，直面发展中存在的差距，进一步增强与全国同步进入全面小康的责任感、使命感和紧迫感，增强工作的针对性、灵活性和前瞻性，把困难和问题估计得更充分一些，把措施、对策考虑得更超前一些，牢牢掌握保持经济又好又快发展的主动权。二是充分利用好当前加快发展的黄金期、政策叠加的机遇期、奋力跨越的爬坡期，进一步提升敏锐把握机遇和用足用好政策的能力、科学谋划和狠抓落实的能力，在经济发展、改革开放、改善民生、促进和谐上取得更大的突破。三是紧紧围绕实现目标任务，坚持政策引领、项目带动、开放开发、创新驱动，努力推动经济转型跨越发展。四是深入实施区域发展战略，进一步发挥比较优势，抓住关键领域、关键行业和关键环节改革创新，做大做强“中心”，加速“两翼”腾飞，提升“组团”优势，增强整体实力。五是进一步加强和创新社会管理，突出抓好维护社会稳定、保障公共安全、生产安全各项工作，最大限度地减少不和谐因素，大力营造良好的发展环境。

三、全力推动经济转型跨越发展

紧紧围绕“十二五”规划确定的目标，着重抓好以下几个方面的工作：

（一）深入推进区域发展战略，促进区域经济协调发展

加大兰白核心经济区建设力度。把兰州新区和兰州、白银国家开发区、白银工业集中区作为推动兰白核心经济区加快产业发展的重要平台，加强统筹协调，促进融合发展。着力打造战略性新兴产业、石油化工、现代农业和现代物流业，培育壮大产业集群，建设高度集聚的产业发展区。强化政策引导，推动企业出城入园。注重上下游产业配套，加快产业项目落地建设。加快建设兰州新区水、电、气、暖、路等基础设施和学校、医院、文体场馆、金融机构等公共服务设施。争取国家批准设立兰州新区。加快白银高新技术产业开发区和工业集中区基础设施建设，促进循环化工、有色金属加工、稀土新材料、动力电池、电池材料、陶瓷建材等专业园区建设。

促进河西新能源基地和陇东能源化工基地加快发展。建成酒泉风电二期首批300万千瓦项目，建设5兆瓦大功率风机试验示范风电场，加快武威红砂岗风电项目建设，全省风电装机容量突破1000万千瓦。加快建设以敦煌、嘉峪关、武威为重点的光电产业基地，新增光电装机容量400兆瓦。加快河西新能源基地电力外送第二通道敦煌—格尔木750千伏输变电工程建设，推进酒泉—株洲±800千伏特高压直流输变电工程前期工作。加快陇东能源化工基地建设，创建“和谐模范油区”，支持庆阳石化争取500万吨扩能技改项目。加快陇东百万千瓦级大型坑口电站项目前期工作。

提升组团发展层次和水平。落实甘陕两省战略合作框架协议和专项合作协议，加快陇东南4市整体融入关中—天水经济区步伐，积极发展煤化工产业，推动数控机床、电工电器与电子信息产业的转型升级，构建陇东南区域经济整体发展新格局。推进酒泉—嘉峪关、金昌—武威区域经济一体化发展，着力打造有色金属、精细化工、绿色食品等循环经济产业基地。

全力抓好扶贫攻坚。认真实施新十年扶贫开发纲要，加快编制和启动实施连片特困地区扶贫攻坚规划，加大衔接争取力度，力争我省连片特困地区的58个县（市、区）有更多项目列入国家扶贫开发规划，着力解决贫困人口的脱贫致富问题。进一步落实支持少数民族地区和革命老区加快发展的政策，加大资金投入，加快民生工程、交通水利基础设施、产业项目、生态环境、基层政权和社会管理等方面的建设，推动贫困地区经济社会加快发展。清理整合土地存量，有计划地对不具备基本生存条件的贫困村庄实施移民搬迁。

（二）着力抓好项目建设，保持固定资产投资增长势头

加快重大项目建设。全年新增高速公路200公里以上；建成14条二级公路，新增通车里程800公里；建成通乡油路500公里；完成农村公路通畅工程和国有林场公路改造工程3000公里。开工建设400公里高速公路和宝鸡至兰州客运专线（含兰州西客站）、兰州至中川机场铁路、陇南机场。基本建成引洮供水一期及配套工程。继续推进靖远双永、会宁北部、引洮入潭等供水工程和积石山饮水工程建设。加快兰州、金昌、武威、白银等重点城市热电联产项目建设。继续实施农村电网升级改造工程。

确保基本完成灾后重建任务。建成榆钢灾后重建项目。加快舟曲、成县灾区城乡居民住房恢复重建，确保8月8日前受灾群众住上新房。全面恢复交通、水利、电力、通信、市政等基础设施及市场服务体系功能，抓好教育、卫生、文化等基本公共服务设施建设。加强重建项目工程质量和资金管理，强化建材、运输、施工保障，年底前基本完成各项恢复重建任务，灾区基本生产生活条件和经济社会发展超过灾前水平。东乡灾后恢复重建年底前完成城乡居民住房、学校、医院和地质灾害综合治理等项目的主体工程。

扎实做好项目争取和前期工作。积极对接国家支持甘肃发展的各项政策，围绕交通、水利等基础设施和生态环境建设、经济结构调整、保障改善民生、城市公共基础设施等重点，谋划一批、争取获批一批、开工建设一批重大项目。严格项目审批程序，提高审批效率，抓

好土地征用、“环评”、“安评”和“能评”等审批环节，落实水、电、路等建设条件。大力推进政府公共项目代建制。

（三）提升“三农”发展水平，加快农民增收步伐

夯实农业发展基础。加快病险水库（闸）除险加固、中小河流治理项目和农田水利重点县建设。大力推进区域连片开发，整理复垦土地60万亩，新修梯田150万亩。建成4~5个省级现代农业示范区，争取获批1个国家现代农业示范区。进一步推动“万村千乡市场工程”、农村集贸市场改造。加快健全技术推广、动植物疫病防控、农产品质量安全监管、信息服务、防灾减灾等农业社会化服务体系。

增强农业综合生产能力。进一步加大对旱作农业的扶持力度，坚定不移地实施“四个1000万亩”农业增产增效工程，全膜双垄沟播面积增加到1200万亩，1000万亩马铃薯实现脱毒种薯全覆盖。全膜覆土穴播小麦推广面积扩大到100万亩，推广高效农田节水技术700万亩，保持粮食总产量1000万吨的水平。加快推进牛羊产业大县建设，新建标准化养殖场（小区）1000个，肉蛋奶总产量达到160万吨。大力发展设施农业，支持市县实施新一轮“菜篮子”工程，蔬菜种植面积达到630万亩，产量达到1350万吨。

促进农民收入较快增长。认真落实强农惠农富农政策，扎实推进促农增收“六大行动”。加强现代农业科技创新和转化应用，壮大农林业特色优势产业，提高农民种养业增收水平。培育壮大一批农产品精深加工和运销龙头企业，提升农业产业化水平。大力培育农村经纪人、农产品运销专业户和农村各类流通中介组织，积极搭建农产品展销平台，支持特色优势产业主产区建设大型冷链设施，加快建立大宗农产品产销衔接机制。完成农民工技能培训55万人次，大幅度提高农民工资性和财产性收入水平，输转城乡富余劳动力500万人次，创劳务收入550亿元。

推进城乡统筹发展。积极推进城乡规划、产业布局、基础设施、公共服务一体化。加快兰州、嘉峪关、金昌3个省级试点市和11个试点县城乡一体化发展步伐，总结推广试点经验，促进城乡融合发展。加大城中村改造力度，积极稳妥推进户籍管理制度改革，加快城镇化进程。完成新一轮新农村建设试点。加强农村基础设施建设，实施“百镇千村”建设示范工程，抓好村容村貌整治，大力改善农村人居环境。

（四）继续实施工业强省战略，加快产业结构调整

利用高新技术改造传统产业。重点打造金昌镍钴铜、嘉峪关冶金、白银有色金属和兰州石油化工、有色金属新材料基地。支持扩大油气开采加工和乙烯生产能力及后续开发，积极推进煤化工产业发展。抓好大型骨干企业节能降耗、产业链延伸、装备提升等重大技改项目。利用河西风电、光伏发电资源，建设一批有市场、有资源、有效益、可持续、技术水平先进的高载能项目，提高电力就地消纳能力。大力支持金昌、天水等地加快老工业基地改造步伐。大力实施找矿突破行动，健全矿业权有形市场，加快资源勘查开发步伐，提高勘查开发效益，推动资源优势向经济优势转化。

大力培育战略性新兴产业。加快建设兰州、天水、酒泉三大装备制造业基地，推进3兆瓦以上大型、新型风机及其叶片、太阳能光伏光热发电设备的研发及产业化。加快天水华天电子科技产业园等园区建设。扩大集成电路和新型元器件等电子信息产品的生产规模，形成微电子、通信设备、电真空器件、军工电子科研生产基地。加快建设兰州生物医药产业基地。重点支持重离子束治疗肿瘤大型装置的研制及产业化。推进中药材交易中心和中医药原料生产供应保障基地建设，培育和引进有实力的企业，促进中药材精深加工、中药制剂尽快形成产业规模。

着力提升工业园区服务功能。以国家和省开发区为重点，支持园区提升产业规划编制水平、增容扩区、循环化改造，增强园区承接产业转移、集聚集约发展的能力。根据园区定位和主导产业发展方向，着力引进关联度高、辐射带动力强的龙头型、基地型大项目，不断完善产业链条，促进上下游企业共同发展。加快重点实验室、工程技术研究中心、科技创新服务平台、中小企业孵化器等创新载体建设，着力提升创新水平。支持园区配套建设物流仓储、信息服务、技术检测等服务平台。

（五）大力发展第三产业，加快培育新的经济增长点

推动旅游业跨越发展。继续加强嘉峪关文物景区、平凉崆峒山和天水麦积山风景名胜区基础设施建设，着力优化旅游要素配置，进一步提升景区接待能力和服务水平。打造品牌旅游节会，办好第二届“敦煌行•丝绸之路国际旅游节”。加快旅游、文化、体育融合发展，在开发旅游文化、拓展演艺市场、展示民族风情、举办体育赛事、推介特色旅游等方面取得新进展。支持敦煌、麦积山、黄河三峡公司等旅游企业加快发展，加快敦煌旅游公司上市进程。开展旅游人次200万以上的景区创建工作。塑造“精品丝路、多彩甘肃”整体形象，拓展重点客源市场，全年旅游接待突破7000万人次，旅游综合收入达到400亿元。

进一步加快金融业发展。落实金融监管和促进金融发展的政策措施，强化银政、银企合作和项目资金对接，满足实体经济的资金供给。鼓励支持金融机构增设县域和乡镇分支机构，完善金融服务“三农”的机制。设立政府引导基金，吸引各类创业投资机构入驻甘肃，为高新技术企业、中小企业提供融资服务。加快资源整合步伐，实现资本市场的规模化融资。支持上市公司通过并购重组和再融资做优做强。加大拟上市企业培育力度，加快上市步伐。

加快发展现代物流业。依托交通枢纽优势、产业基地建设和特色资源开发，加快兰州国家物流节点城市和现代物流

示范城市建设步伐，加大天水、平凉—庆阳、酒泉—嘉峪关、张掖、金昌—武威等区域性物流中心建设力度，积极构建面向新疆、西藏、青海乃至中亚西亚新亚欧大陆桥的国际物流大通道。引进国内外有实力的物流企业，推动物流产业做大做强。加速工业企业物流分离和外包，促进物流业与优势产业、重点企业联动发展。积极发展电子商务物流配送。力争在兰州、嘉峪关、金昌、天水等地建立海关特殊监管区。

提高民生服务业发展水平。以家政服务、社区服务、养老托幼、食品配送等为重点，建立家庭服务业公益性信息服务平台，强化社区再就业服务功能。加快社区放心粮店、蔬菜便利店建设，全面提升城市社区商业功能。在兰州、天水、酒泉等城市开展家政服务网络中心、标准化肉菜市场、肉菜质量追溯体系等建设试点工作。进一步规范中介服务市场，推动中介服务业健康发展。

积极发展会展服务业。依托区位、资源和特色产业优势，围绕新能源、新材料、马铃薯、中药材等产业和产品，提升甘肃循环经济国际项目推介会、中国•定西马铃薯大会等特色展会的层次和水平。扶持省内会展企业发展壮大，引进国内外著名会展企业在甘设立会展机构。办好第18届“兰洽会”。

（六）加快循环经济发展，推进资源节约型、环境友好型社会建设

加快创建循环经济示范区。加大财政、税收、价格、投融资等政策支持力度，推进循环经济总体规划实施方案的组织落实。加快种植养殖废弃物回收再利用。加强工业节水工作，提高工业“三废”、副产品和矿产资源综合利用水平。加快白银、金昌等再生资源回收基地建设。以金昌、白银、陇西、华亭、武威黄羊等5个园区为重点，加快35个省级以上开发区循环化改造，推进节能、节水、节地、节材、能量梯级利用和资源循环利用。加大循环经济重大共性关键技术研发推广力度，加强自主创新和国际国内合作。

扎实做好节能减排工作。全面推进工业、建筑、交通运输、农业和农村、商业和民用、公共机构六大领域节能工作。加强节能减排能力建设，组织实施一批节能减排重点项目。加快淘汰落后产能，支持传统重点行业节能减排技术改造、清洁生产项目建设。落实节能减排相关价格和资金补贴政策，加快城镇污水处理设施建设及升级改造。加强造纸、化工、印染、农产品加工等重点行业水污染治理，加快电力、钢铁、石油化工、有色金属、水泥等行业脱硫脱硝工程建设，加大尾气超标机动车淘汰工作和农业规模化畜禽养殖污染治理力度。开展资源节约型公共机构和环境友好型示范单位创建活动。

加强生态与环境保护工作。抓紧研究谋划在全省范围建立国家级生态保护和环境治理示范区。继续推进石羊河流域综合治理及防沙治沙生态恢复、敦煌水资源合理利用与生态保护、甘南黄河重要水源补给生态功能区生态保护与建设等项目建设。争取启动祁连山水源涵养区、“两江一水”生态环境保护和综合治理项目。抓好天然林保护二期、退耕还林、退牧还草、三北防护林建设等重点生态工程。继续开展森林生态效益补偿工作，落实草原生态保护补助奖励政策。扎实推进农村清洁工程和环境连片整治示范工作，切实改善农村环境质量。推进重点流域水污染防治，加大兰州、白银等重点城市大气污染治理和金昌、陇南等重点地区重金属污染防治力度。强化地下水污染防治工作，开展饮用水源保护区环境整治。强化规范化管理措施，确保医疗等危险废物得到安全处置。加强自然保护区建设，继续实施生物多样性保护战略行动计划。

四、扎实推进文化大省建设

全面贯彻党的十七届六中全会和省委十一届十四次全委扩大会议精神，把加强文化建设、明显提高各族群众文明素质作为实现全面建设小康社会奋斗目标的重点工作，加强中国特色社会主义理论体系的学习宣传，大力倡导社会主义核心价值观，弘扬和发展“甘肃精神”，充分发挥我省丰富而独特的文化资源优势，积极探索建设全国华夏文明的保护、传承和创新利用示范区，推动文化大省建设取得突破性进展，促进文化大发展大繁荣。

构建公共文化服务体系。争取国家支持，加大文化惠民工程建设力度，健全公共文化服务网络体系。启动市州图书馆、文化馆、博物馆建设工程。将社区文化中心建设纳入城乡规划，建立健全乡镇综合文化站和村文化室。提高农村电影放映补助水平，开展农村固定放映点试点工作。推动大型企业、机关单位、高校的文化设施面向公众开放，推进纪念馆、青少年宫等公共文化服务设施和爱国主义教育示范基地向社会免费开放。加强广播电视基层基础设施建设，全面实施直播卫星广播电视户户通工程。抓好全国公共文化服务体系示范区创建和全国文化先进县创建工作。加大文物古迹和非物质文化遗产保护力度，加快敦煌莫高窟保护利用、嘉峪关文化遗产保护工程等重点项目建设步伐，做好裕固、东乡、保安等特有少数民族文化遗产的保护、传承和开发利用工作。

加快发展文化产业。坚持社会效益和经济效益相统一的原则，积极谋划一批能够吸引社会投资、带动作用强、市场前景好的重大文化产业项目，支持各类所有制文化企业投资出版发行、广播影视、文娱演艺、文化旅游等比较优势产业。以兰州创意文化产业园、庆阳农耕和民俗文化产业园、临夏民族文化产业园和丝绸之路文化产业带建设为重点，规划建设一批地方特色鲜明、产业链完整、规模效应明显的文化产业园区和基地。健全完善文艺精品创作生产激励机制，采取以奖代补、贷款贴息、税收优惠等方式，扶持重点文化企业，加快文化资源和文化产品开发，打造一批体现甘肃特色、在全国乃至世界具有影响的文化品牌。举办“中国敦煌文化艺术节”。利用数字、网络、通信等技术手段改造提升传统文化产业，催生创意设

计、动漫游戏、数字出版等新兴文化业态，拓展文化产业发展空间。大力扶持发展文化市场中介组织，培育对外文化贸易主体，支持有实力的文化企业“走出去”，推进文化交流与合作。

加快文化体制改革。加快推进经营性文化单位转企改制，扶持国有或国有控股文化企业走向市场，通过兼并重组组建大型文化企业集团。引导非公经济参与国有经营性文化单位转企改制。加快推进读者出版传媒股份有限公司早日上市。深入推进甘肃日报报业集团、省广电网络公司建立现代企业制度。积极开展“三网融合”试点。探索建立文化产权交易服务平台，为文化企业提供资产评估、产权融资、股权交易、并购重组等市场化服务。支持文化企业发行企业债券和上市融资。

强化文化市场服务与管理。加快建立统一、开放、竞争、有序的现代文化市场体系，促进文化产品和要素在更大范围内合理流动。重点发展图书报刊、电子音像制品、演出娱乐、影视剧等产品市场。加大文化市场综合治理力度，开展“扫黄打非”、网络淫秽色情和低俗信息专项整治行动，取缔不良文化产品，净化文化市场。

五、加快以民生为重点的社会建设

坚持民生优先，继续实施“十大惠民工程”，不断提高人民群众生活水平和质量。

保持市场价格基本稳定。继续把控制食品价格过快上涨作为稳定物价的重点，全面落实价格调节基金制度，加强价格监测分析和预警预报工作，落实各项价格调控措施，努力实现价格调控目标。完善政府储备体系，增强市场调控能力。加强重要商品产运销衔接。严格执行蔬菜等鲜活农产品运输“绿色通道”政策。加强流通领域基础设施建设，努力提高流通效率。稳定药品价格和医疗服务收费。开展教育收费检查，规范行政事业性收费和垄断行业的服务性收费。严格住房用地供应管理，进一步挖掘企事业单位土地资源，加大住房供应结构调整，加强房地产市场调控，促进房价合理回归。

坚持为民办实事。按照关注弱势困难群体、量力而行、尽力而为、当年办结的原则，集中力量办好 10 项 32 件实事：（1）实施城乡居民职业技能培训工程；扶持高校毕业生就业 1 万名。（2）城乡居民社会养老保险全覆盖；城市低保平均补助标准提高 13%；农村低保平均补助标准提高 16%；农村五保省级补助标准由年人均 1400 元提高到 1800 元。（3）完成 16 万户农村危房改造；完成 2.25 万户城市和国有林区、工矿棚户区改造；完成 0.86 万户垦区危房改造；实施游牧民定居工程；新建 3.23 万套廉租住房；新建 2.91 万套公共租赁住房；对 10 万户城市住房困难家庭发放廉租住房租赁补贴。（4）实施农村义务教育薄弱学校改造计划；实施校车安全工程；实施校舍安全工程；实施学前教育工程；实施农村义务教育学生营养改善计划。（5）实施贫困听障儿童救治工程；建设村卫生室和发放乡村医生差额补助；新型农村合作医疗和城镇居民基本医疗保险补助标准均由 200 元提高到 240 元。（6）新建 100 个乡镇及社区体育健身中心；实施 21089 个 20 户以下自然村广播电视村村通工程；建设 1930 个农家书屋。（7）解决 180 万农村人口饮水安全；新增 6 万户农村沼气用户；建设 3000 公里建制村通沥青（水泥）路。（8）在 500 个贫困村实施整村推进项目。（9）新建和改造农村连锁超市 2000 个；建设基层邮政所 178 个。（10）为 658 个工商所配置食品安全监测仪和建设食品安全示范店 1000 户；在 500 个乡镇（街道）安装视频监控系统。

努力扩大就业。继续把促进高校毕业生就业作为就业工作的重中之重，加强高校毕业生就业服务指导和就业援助，落实扶持政策，鼓励引导高校毕业生自主创业、到各类所有制企业就业。倡导全民创业，推进创业园、孵化基地和就业见习基地建设，努力扩大小额担保贷款规模，促进退役军人、城乡妇女和返乡农民工自主创业。做好下岗职工、困难家庭和残疾人的就业工作。新增城镇就业 30 万人以上。

完善社会保障体系。努力扩大社会保险覆盖面，重点做好农民工、非公有制经济从业人员、灵活就业人员、宗教从业人员的参保工作。提高城镇职工和居民医保最高支付限额和住院费用支付比例。全面推进各类用人单位参加工伤保险，积极建立预防、治疗、康复于一体的工伤保险体系。完善城乡低保和社会救助动态管理机制、社会救助和保障标准与物价上涨挂钩的联动机制。严格被征地农民养老保险制度，维护被征地农民合法权益。积极支持公建民营、民办公助、政府购买服务等多种方式兴办老年福利服务事业。

推进教育全面发展。围绕巩固提高“两基”成果，建立并实施市县政府教育工作年度考核评估制度，努力实现县域内义务教育均衡发展。加强中小学教师队伍建设，全面提高教育质量。提高农村义务教育阶段家庭经济困难寄宿生生活补助标准。利用闲置的中小学校舍改扩建幼儿园，在农村小学附设学前班，鼓励和支持社会力量举办幼儿园，进一步扩大学前教育规模，抓紧解决适龄儿童“入园难”问题。优化整合职业教育资源，扩大职业教育招生规模，提高职业教育发展水平。鼓励高校适应经济社会发展需要，积极调整专业结构，促进产学研合作。积极发展特殊教育。大力发展继续教育和民族教育。发展和规范民办教育。

加快完善医疗卫生服务体系。不断完善覆盖城乡居民的基本医疗保障体系，提高医疗卫生机构服务能力和基本公共卫生服务水平。继续完善疾病预防控制、卫生监督及妇幼保健体系，开展重大传染病、地方病、职业病等防治工作。将儿童白血病、先天性心脏病、妇女“两癌”等重大疾病纳入医保和救助范围。加快推进乡村医生队伍建设，建立全科医生制度。积极做好基层医疗卫生机构债务清理化解工作。巩固和完善新型农村合作医疗保险监管体系，实现“一卡通”全覆盖。扶持中医药和民族医药事业发展，着力推进中医药发展综合改革试点示范省建设。

统筹发展各项社会事业。加强科研院所能力建设，抓好生产力促进中心体系建设试点工作。加快推进兰州、天水、白银、嘉峪关等“数字城市”建设，重点抓好5000家“数字企业”建设，增强信息化促进社会和企业创新发展的功能。坚持计划生育基本国策，完善计划生育利益导向机制，加大育龄群众生殖健康服务，落实流动人口计划生育工作。加快构建全民健身服务体系，开工建设甘肃奥林匹克体育中心，启动县级全民健身场馆建设。办好兰州国际马拉松赛、环青海湖国际公路自行车赛甘肃段比赛等重大体育赛事。加强国防教育，抓好民兵预备役调整改革，做好“双拥”共建工作，巩固和增进军政军民团结。健全残疾人社会保障和服务体系。支持工会、共青团、妇联等群众组织开展工作，推动老龄、慈善、外事、侨务、港澳事务、测绘、人防、档案、地方志、参事、文史、文物等事业全面发展。

完善防灾减灾和应急救援体系。加强气象、水文、地质灾害监测预警系统建设，提高地震、暴洪、泥石流、滑坡等灾害灾情监测预警能力。加强救灾物资储备、专业应急救援队伍和村级自然灾害信息员队伍建设，提高快速反应处置能力。组织防灾减灾知识宣传和技能演练，不断增强公众的防灾减灾避灾意识和能力。加大重点区域地质灾害治理力度，加快重大自然灾害防治项目建设，保护人民群众生命财产安全。

加强和创新社会管理。强化全社会诚信教育，打造诚信甘肃。进一步贯彻落实好党的民族政策和宗教工作基本方针，着力打造各民族共同团结奋斗、共同繁荣发展的示范区。加快完善企业职工利益保障机制，维护职工合法权益。加强和改进信访工作，畅通诉求表达渠道，完善“大调解”工作体系，及时有效化解矛盾。抓好社会管理创新综合试点，着力解决流动人口、特殊人群、“两新组织”和信息网络管理中的突出问题。关心农村空巢老人、留守儿童，帮助解决他们生活中的实际困难。进一步推进社会治安防控体系建设，严密防范和依法打击各类违法犯罪活动。支持各类商会、中介组织参与社会管理，提高社会管理服务能力和水平。加强矿山塌陷区综合治理，加大矿产资源、水电资源开发秩序整治力度。强化道路交通、煤矿和非煤矿山、危险化学品、建筑等行业和人员密集场所的安全管理和隐患排查整治，推进校车规范化管理，坚决遏制重特大安全事故发生。强化安全监管，提高食品药品和产品质量安全保障水平。

六、继续深化改革扩大开放

着眼于破解发展难题，统筹推进重点领域和关键环节改革，着力提高对外开放水平，不断完善科学发展的体制机制。

大力推进民生领域各项改革。深化财政体制改革，健全转移支付制度，稳步推进地方财政预算、决算公开。积极稳妥推进价格改革，完善价格形成机制。深入推进医药卫生体制改革，全面完成基层医疗卫生机构综合改革任务，积极扩大公立医院改革试点范围，抓好县级医院综合改革工作。实施好学前教育、义务教育、职业教育等教育体制改革试点项目。有序开展事业单位分类改革，基本完成事业单位清理规范工作，全面推行机构编制实名制管理。

继续推进国有企业改革。推动煤炭、有色、冶金等领域企业资产重组，实现企业资源共享和优势互补，提高企业市场竞争力和可持续发展能力，培育大企业、大集团。加大省属国有独资企业及其子公司股份制改革力度，完善法人治理结构。规范国有企业管理人员特别是高管的薪酬。积极推进商贸、建筑、农牧、交通、旅游、供销等领域企业改革。继续推进厂办大集体改革工作。

深入推进农村综合改革。继续完善以“乡财县管、村财乡管”为重点的乡镇政府和村级组织经费保障机制。大力推进村级公益事业建设一事一议财政奖补试点工作。积极稳妥推开公益性乡村债务清理化解工作。规范农村土地承包经营权流转工作，稳妥推进土地规模经营。巩固集体林权制度主体改革成果，全面推进综合配套改革，启动实施庆阳市国有林场改革试点。推进水利建设管理体制改革，创新水资源管理体制。完善扶持农民专业合作社发展的政策措施。加大对农业政策性保险的支持力度。

大力支持非公经济和中小企业发展。在准入门槛、土地使用、税收等方面强化政策引导，营造非公经济公平参与市场竞争的政策和体制环境。逐步扩大财政预算扶持中小企业发展的专项资金规模，重点支持中小企业技术创新、结构调整、节能减排，改善对中小企业的公共服务，发挥财政资金的引导作用，带动社会资金支持中小企业发展。全面清理整顿涉及中小企业的收费，凡未按规定权限和程序批准的行政事业性收费项目和政府性基金项目一律取消，进一步减轻中小企业社会负担。扩大“银政投”模式覆盖面，发行中小企业集合票据，建立信用担保机构风险补偿机制，解决中小企业“融资难”问题。健全中小企业知识产权激励机制和交易制度。大力实施商标战略，增强企业核心竞争能力。落实支持政策，引导和帮助小型微型企业健康发展。依托国有大型企业的带动作用，实现中小企业集聚发展。

加快人才培养和引进。实施创新人才工程，依托支柱产业、重点行业、重点学科和文化建设，抓好领军人才队伍建设。落实加快引进急需紧缺人才的各项政策。设立专项资金，进一步加大对留学归国人员创业基地和创业园的支持力度，吸引更多出国留学人员来甘创业发展。

提高对外开放的层次和水平。扩大进出口规模，扶持农林产品、机电、高新产品出口，支持特色优势产业所需的先进技术及关键设备进口。支持骨干企业“走出去”，在省外境外建立原料基地、承包海外工程，积极参与国际竞争。推动与国际友好城市的务实合作，拓展对外交流渠道。把向东承接合作和向西扩大开放结合起来，加强省际间合作交流，构建承接产业转移、推进对外开放的战略平台。创新招商引资方式，提高项目的履约率和资金到位率。

各位代表!

全面完成今年的目标任务，对政府工作提出了更高的要求。我们将进一步加强政府自身建设，着力打造服务政府、法治政府、责任政府、效能政府、廉洁政府，不断提高推动科学发展、跨越发展的能力和水平。

以更加开阔的视野谋划跨越发展。继续解放思想，加强能力建设，不断提高研判形势、把握机遇、组织谋划和推动落实的水平。认真吸收和借鉴国内外、省内外谋发展、促发展的好经验好做法，推进重点地区、重点领域和重点产业率先跨越崛起，统筹谋划和组织实施一批带动性强、综合效益好、打基础管长远的重大项目，打造发展优势，增强发展后劲，推动转型跨越。

以更加优良的服务营造发展环境。加快政府职能转变，完善政务服务体系，进一步清理、减少和调整行政审批事项，依法简化和规范审批程序，提高行政效能，改善发展环境。完善行政执法程序，全面推进依法行政。加强电子政务工作，创新政务公开方式，扩大政府信息公开范围。大力推进公共资金透明运行。进一步拓宽办事公开领域，依法公开办事依据、流程、结果及监督渠道。健全限时办结制和首问责任制，能当场办结的事项必须当场办结，不能当场办结的必须限期办结。健全民意诉求反馈机制，及时协调解决涉及改革发展稳定的重大事项。

以更加完善的制度靠实工作责任。按照简化、易行、管用的原则，进一步充实完善目标管理内容，形成科学规范的目标管理责任体系。健全督查和通报机制，加快推进各项工作的落实。完善绩效考核评价和行政问责机制，科学合理确定评价标准，对埋头苦干、成绩突出的表彰奖励，对失职渎职和不作为、乱作为的严肃追究责任。

以更加务实的态度改进工作作风。坚持群众路线，不断完善政府决策机制，使政府的工作部署、政策措施更加符合实际、更加顺应人民群众意愿。以服务发展、服务基层、服务群众为出发点，健全完善联系群众制度，大力开展下基层、入社区、进农家活动，从群众最关心、最直接、最现实的问题入手，从企业发展最需要、最迫切、最突出的问题入手，深入调查研究，切实为基层解难题、办实事。

以更加良好的形象取信于民。完善惩治和预防腐败体系，认真落实党风廉政建设责任制。充分发挥监察、审计部门的职能作用，强化领导干部经济责任审计和重点项目审计，加大对招投标、矿产资源配置、土地出让、国有产权转让、政府采购等重点领域和环节的监管。严肃查处监管部门在矿山安全、公共交通、食品卫生、校车检查等方面的失职渎职、弄虚作假行为。全省政府系统都要“约法三章”，严禁对职责范围内的事项推诿扯皮，严禁对服务对象态度冷硬、蛮横粗暴、故意刁难，严禁利用职务或工作便利吃拿卡要，严禁用公款大吃大喝或高消费娱乐，严禁以各种名义用公款国内或出国（境）旅游。

各位代表!

实现跨越式发展目标，政府肩负的责任重大、任务艰巨、使命光荣。我们要更加紧密地团结在以胡锦涛同志为总书记的党中央周围，在省委的坚强领导下，以等不起的紧迫感、慢不得的危机感、坐不住的责任感，认认真真地履行好职责，兢兢业业地做好工作，心无旁骛地抓好发展，全面完成今年经济社会发展各项目标任务，以优异成绩迎接党的十八大和省第十二次党代会的胜利召开!

关于甘肃省2011年国民经济和社会发展计划执行情况及2012年国民经济和社会发展计划草案的报告（摘要）

——2012年1月9日在甘肃省第十一届人民代表大会第五次会议上

甘肃省发展和改革委员会主任　赵　春

一、2011年全省经济社会发展计划执行情况

2011年，在省委、省政府的坚强领导下，全省上下认真落实国家支持我省发展的各项政策措施，加快推进经济结构调整和发展方式转变，实现了“十二五”的良好开局。初步预计，全省实现生产总值5020亿元，增长12.5%；规模以上工业增加值1769亿元，增长16.5%；固定资产投资4200亿元，增长40%；社会消费品零售总额1616亿元，增长18%；地方财政收入450.4亿元，增长27.4%；城镇居民人均可支配收入达到14969元，增长13.5%；农民人均纯收入达到3870元，增长13%；城镇登记失业率3.2%；城镇新增就业和再就业人数29.5万人；人口自然增长率控制在6.05‰以内。

（一）坚持抓大事，落实国家支持政策和编制实施发展规划初显成效

一是对接落实国家支持政策取得新实效。共有43个国家部委和单位出台了49项支持我省经济社会发展的文件。与陕西省政府签署了《实施关中—天水经济区发展规划战略合作框架协议》。二是区域发展规划编制实施取得新进展。《甘肃省主体功能区规划》、《兰州新区总体规划方案》、《兰白经济区承接产业转移示范区实施方案》等一批重大发展规划已上报国家。配合国家编制完成《陕甘宁革命老区振兴规划》。出台了36项“十二五”省级重点专项规划。启动实施《兰州—白银经济区发展规划》和《金昌—武威区域经济一体化发展规划》。三是支持民族地区发展取得新突破。《中央支持甘肃省藏区“十二五”经济社会发展建设项目规划方案》和《甘肃省扶持人口较少民族发展“十二五”专项建设规划》已上报国家待批。省委、省政府出台了《关于支持临夏州经济社会跨越式发展的若干意见》。争取中央藏区专项资金，落实扶持人口较少民族中央投资，支持了藏区及人口较少民族聚居区的项目建设。四是开发区建设发展迈上新台阶。白银高新技术产业园区、天水农业高新技术示范园区升格为国家园区。

（二）坚持抓项目，基础设施条件进一步改善

加大项目投资争取力度，国家发改委共下达我省建设项目中央预算内投资152.46亿元。中央财政代我省发行地方政府债券59亿元，安排34亿元用于重大交通、水利基础设施、保障性安居工程以及社会事业等公益性项目省级配套。一是农林水利和生态项目建设有序推进。争取国家批准实施了《敦煌水资源合理利用与生态保护综合规划》、《石羊河流域防沙治沙及生态恢复规划》、《石羊河流域重点治理规划调整实施方案》。盐环定扬黄续建我省专用工程主管线建成通水，石羊河流域重点治理、引洮供水一期主体配套工程、甘南黄河重要水源补给生态功能区等项目进展顺利，天然林保护、三北防护林、退耕还林等生态建设项目稳步实施。二是能源项目建设进展良好。酒泉风电一期工程536万千瓦已全部并网发电，二期第一批300万千瓦风电场项目有序推进。全省光伏发电装机突破100兆瓦。河西第二电力外送通道建设正式启动。黄河河口水电站、酒泉热电厂建成，全省电力装机容量预计达到2737万千瓦。华亭大柳煤矿、环县刘园子、红砂岗一号井已基本建成，增加产能570万吨。建成兰州国家石油储备基地、兰州石化生产运行原油储备库。三是交通基础设施项目加快推进。西峰至长庆桥至凤翔路口等高速公路建成通车，新增通车里程350公里。武都至罐子沟等高速公路进展顺利。全省县通二级公路和路网改造项目及农村公路改造工程按计划推进，新增通车里程265公里。建成通乡油路1000公里，完成农村公路“通畅”工程和国有林场公路改造工程5700公里。兰新铁路第二双线、兰渝等铁路建设项目抓紧建设。金昌机场、张掖军民合用机场建成通航。

（三）坚持传统产业和新兴产业两手抓，产业结构调整深入推进

一是大力发展现代农业。深入实施“促进农民增收六大行动”、“四个1000万亩工程”和“全省500万亩梯田建设规划”，重点扶持马铃薯、中药材、草食畜牧业等特色优势产业发展。全省推广全膜双垄沟播面积1071万亩，特色优势作物面积达到2750万亩，全年粮食产量达到1014.6万吨，连续八年丰收。二是努力提升传统产业。兰州石化300万吨柴油加氢项目建成投产，长庆油田庆阳产能建设项目稳步推进，新增原油产量100万吨。实施了金川公司、白银公司、连铝等企业的扩能改造，建成了东兴铝业酒钢45万吨合金铝项目，新增有色金属产能100万吨。建成投产了海螺水泥二期等一批大型水泥生产线，新增水泥产能1000万吨。金昌、嘉峪关、天水3市初步纳入全国老工业基地调整改造规划。兰州市红古区被国家批准为资源枯竭型城市。三是加快发展新兴产业和高技术产业。实施了高纯无氧铜带材、高性能电池材料等新兴产业项目和特色中药材、有色金属新材料、电子信息产业链的建设。四是加快实施节能减排、循环经济项目。实施《甘肃省循环经济总体规划》，规划实施方案已经省委、省政府同意。支持污水、垃圾处理设施项目和节能减排、循环经济项目建设。在金昌、白银、陇西、华亭、武威黄羊等5个园区率先开展循环化改造示范。五是大力发展服务业。

（四）坚持多措并举，努力保持市场价格基本稳定

出台了《甘肃省价格调节基金征收使用管理办法》。建立低收入群体补贴与物价上涨联动机制。强化食品价格调控监管，较大幅度降低了部分药品价格。落实了“绿色通道”政策。组织开展了涉农、教育、医药等价格和收费专项检查。

（五）坚持以改善民生为重点，努力提高人民生活质量

一是社会建设得到加强。支持了一批教育、卫生、文化、旅游等社会事业基础设施建设。二是就业和社会保障工作成绩突出。启动了首批65个县（市、区）城镇居民社会养老保险试点和31个县（市、区）新农保试点。三是保障性安居工程建设成效显著。开工建设保障性住房19万套，超额完成国家下达我省建设任务。全省20万户农村危房改造已全部完成。甘南州规划内14524户游牧民已全部实现定居。四是灾后重建工作成果颇丰。“5•12”汶川地震灾后恢复重建全面完成。舟曲灾后恢复重建170个重建项目全部开工。成县暴洪灾后重建规划的82个项目已开工74项。《东乡县城特大滑坡地质灾害灾后恢复重建总体规划》开始实施。

（六）坚持深化改革和开放，经济发展活力进一步增强

一是省属国有企业改革有序推进。列入计划的国有企业政策性破产全面完成。加快了商贸流通等领域困难企业改制攻坚进程。省属企业间资源整合工作进展顺利。二是医改阶段性目标任务基本完成。新型农村合作医疗、城镇居民基本医疗保险、城镇职工基本医疗保险三项制度参保率均超过95%。国家基本药物制度实现了县市区全覆盖，政府办

基层医疗卫生机构和村卫生室基本药物零差率销售覆盖率达到100%。三是投融资体制改革进一步深化。积极推动省属企业与央企战略合作，已签约项目208个。出台了《关于进一步鼓励和引导民间投资健康发展的实施意见》。省公路航空旅游投资集团等省级投融资主体挂牌成立，甘肃银行开业，省级融资平台直接融资123亿元。四是其他领域的改革稳步推进。集体林权制度改革勘界确权和林权颁证等主体任务全面完成，农村土地承包经营权流转和统筹城乡一体化发展试点工作稳步推进。在全省67个县全面推进"省直管县"财政管理体制改革，全省1185个乡镇实行了乡财县管。五是对外开放取得新成效。兰州中川机场航空口岸全方位开放获国务院批准。全年实际利用外资4.11亿美元，实现境外投资1.5亿美元。

二、2012年全省发展主要预期目标和需要把握的几个原则

按照今年经济工作“稳中求进、好中求快”的主基调，省委、省政府确定了2012年全省经济社会发展主要预期目标：生产总值增长12%以上；固定资产投资增长30%以上；社会消费品零售总额增长18%以上；地方财政收入增长16%以上；进出口总额增长20%以上；城镇居民人均可支配收入和农民人均纯收入增长12%以上；城镇新增就业人数30万人以上；城镇登记失业率控制在4.6%以内；人口自然增长率控制在7‰以内；居民消费价格总水平涨幅控制在4%左右；单位生产总值能耗和污染物排放完成国家下达的控制指标。为了充分调动各方面积极性和挖掘内在潜能，奋力赶超、跨越崛起，缩小与西部地区平均水平差距，省委、省政府还确定了实现生产总值增长13%以上、城镇居民人均可支配收入和农民人均纯收入增长13%以上、固定资产投资力争达到40%及其他指标予以适当提高的工作考核目标。实现上述目标，意义重大，任务艰巨。必须突出把握好以下几个原则：

一是把落实中央支持甘肃发展的各项政策措施作为经济转型跨越发展的动力。二是把做好项目建设作为经济转型跨越发展的基础。三是把加大招商引资力度作为经济转型跨越发展的前提。四是把营造宽松发展环境作为经济转型跨越发展的保障。

三、2012年全省经济社会发展的主要任务

今年是实施“十二五”规划承上启下的重要一年。要认真落实中央宏观调控政策和全省经济工作会议部署，坚持以科学发展观为指导，紧紧围绕科学发展、转型跨越、民族团结、富民兴陇的目标，更加注重开发开放，更加注重转型转移，更加注重创新创业，更加注重民族民生，努力推动经济转型跨越发展、社会和谐稳定发展、民族共同繁荣发展。重点做好以下九方面的工作：

（一）着力抓好交通能源等基础设施建设，进一步夯实跨越发展的基础

加快武都至罐子沟等高速公路建设，新增高速公路通车里程200公里以上；建成岷县至合作等14条二级公路，新增二级公路通车里程800公里；建成通乡油路500公里；完成农村公路"通畅"工程和国有林场公路改造3000公里。积极推进兰新铁路第二双线、兰渝等铁路建设，开工建设临洮至渭源高速公路、宝鸡至兰州客运专线、兰州西客站等项目工程。完成夏河机场主体工程，实现庆阳机场复航。完成引洮供水一期主体等水利骨干工程等项目建设。建成酒泉风电基地二期首批300万千瓦风电项目，全省风电装机总规模力争突破1000万千瓦。加快全省大型并网光伏发电项目建设，新增光伏发电装机容量400兆瓦。抓好803电厂等项目建设，尽快开工建设天水热电厂，力争火电装机新增70万千瓦。力争建成750千伏敦煌—格尔木输变电工程。加快陇东地区煤炭资源勘查，争取国家批复灵台煤田矿区规划、宁正矿区和沙井子矿修编规划。开工建设宁县新庄、环县马福川、崇信赤城煤矿等项目。

（二）着力加大农业投入，确保农业增产农民增收

进一步改善农业生产条件，提高综合生产能力，粮食总产保持1000万吨的水平。加强基层农技推广服务体系建设。加强农业基础设施建设。配合国家编制完成秦巴山区、六盘山区和藏区连片特困地区的区域开发与扶贫攻坚规划，加大项目衔接和资金争取力度。继续实施好以工代赈和易地扶贫搬迁项目，改善农村贫困地区基础设施条件。

（三）着力加快产业结构调整，促进产业转型升级

一是加快改造提升传统优势产业。继续实施长庆油田庆阳产能建设项目，力争新增原油100万吨。开工建设华煤20万吨聚丙烯、兰铝28万吨节能改造和东兴铝业酒钢55万吨合金铝项目，加快推进庆阳石化年产500万吨炼油扩能、张掖煤制天然气项目前期工作。启动兰州石化适应劣质原油的加工能力改造项目前期工作。建成酒钢榆钢支持灾后重建项目，新增钢铁产能220万吨。加快建设白银公司铜冶炼技术提升项目，建成金川公司6万吨电解镍扩能项目。二是积极培育战略性新兴产业。加快金川公司年产1万吨羰基镍等重点产业化示范项目建设。支持天水华天微电子产业园、兰州金川科技园等产业园区建设，推动我省高技术产业集聚化和专业化发展。加快高技术创新成果的转换和推广，促进高新技术在传统产业上的应用。三是积极承接东部地区产业向中西部的转移。

（四）着力培育文化旅游产业，推动服务业加快发展

实施敦煌阳关、泾川县南石窟寺等一批自然文化遗产地和重点文物保护设施项目建设。加快红西路军古浪战役遗址等红色旅游经典景区基础设施项目建设。贯彻落实省委、省政府《关于加快发展旅游业的意见》，积极配合有关部门谋划打造“全国华夏文明的保护、传承和创新示范区”。加快发展金融保险、节能环保、电子商务、现代物流等生产性服务部门。完善促进服务业发展的政策

体系和市场环境，提升民生服务业发展水平。

（五）着力落实国家扶持政策，推进区域经济快速发展

加大兰白核心区建设力度，促进酒嘉和陇东能源基地加快发展，推进金武区域经济一体化整体发展，加快建设张掖经济区。实施《关于推进全省开发区跨越发展的意见》。争取国家尽快批复《兰州新区总体规划》。落实与陕西签订的关中—天水经济区发展规划战略合作框架协议，促进我省东部4市加快发展。推进跨省区经济协作。推进民族地区经济社会加快发展。

（六）着力落实调控措施，保持价格基本稳定

一是继续加强价格调控工作。继续完善发展生产、保障供应和稳定价格的政策措施，健全重要商品储备制度，继续实行低收入群体补助与物价上涨的联动机制，全面落实《甘肃省价格调节基金征收使用管理办法》。二是继续强化价格监管。继续清理整顿涉农、涉企、涉及民生的价格和收费。组织开展价格监督检查和反价格垄断执法工作。

（七）着力加强生态建设和节能减排，积极发展循环经济

一是加强生态环境建设。加大敦煌水资源合理利用与生态保护、石羊河流域防沙治沙及生态恢复规划、天然林资源保护二期工程等生态项目的实施力度。力争国家尽快批复并启动实施祁连山生态环境保护与综合治理规划、甘肃长江流域"两江一水"生态保护与综合治理规划等重点生态工程。做好渭河源区生态保护与综合治理规划的前期工作。抓紧研究谋划建立国家级的生态保护和环境治理示范区。二是做好节能减排工作。三是组织实施《甘肃省循环经济总体规划实施方案》。

（八）着力加强改善民生，推动社会和谐发展

一是做好就业和社会保障工作。做好城乡居民社会养老保险全覆盖工作。完善城镇职工基本医疗和生育保险政策，推进失业保险制度改革。加强城乡社会救助体系建设。二是努力推进保障性住房建设。新开工建设保障性住房11.84万套。实施16万户农村危房改造工程。三是加快教育卫生事业发展。支持农村初中校舍改造等项目建设。继续加强基层医疗卫生服务体系、全科医生培养基地、农村急救体系、食品安全风险监测体系建设。支持实施市级残疾人康复中心、县级及以下养老服务和计划生育服务体系工程建设。四是大力发展公益性文化事业。继续加强乡镇综合文化站、村文化室、农家书屋等惠民工程建设。启动体育公共服务体系建设专项，建设部分县区全民健身场馆，开工建设甘肃奥林匹克体育中心。完成20户以下自然村及国有林区广播电视"村村通"工程。加快建设甘肃科技馆、拉卜楞寺文物保护工程。五是抓好舟曲和东乡县灾后恢复重建。六是大力加强政法基础设施建设。

（九）着力深化改革开放，增强转型跨越的动力活力

一是深化省属国有企业改革和战略重组。二是深入推进医疗卫生体制改革。三是稳步推进资源性产品价格改革。四是拓宽投融资渠道。五是全面落实我省《关于进一步鼓励和引导民间投资健康发展的若干意见》。六是深化农村改革和统筹城乡发展试点。七是进一步扩大对外开放。

关于2011年全省财政预算执行情况和2012年全省及省级预算草案的报告（摘要）

——2012年1月9日在甘肃省第十一届人民代表大会第五次会议上

甘肃省财政厅厅长　张勤和

一、2011年全省财政预算执行情况

全省地方财政收入实现450.4亿元，增长27.4%。其中省级收入160.2亿元，增长22.5%。大口径财政收入实现933.6亿元，增长25.3%。全省财政支出实现1790.2亿元，增长21.9%。其中省级支出439.4亿元，增长40.1%。

（一）发挥职能作用，推动经济平稳较快发展

认真落实提高增值税、营业税起征点、结构性减税，以及对小型微利企业税收优惠等政策，切实减轻企业负担。大力支持铁路、公路、机场、水利等重点项目和基础设施建设。支持实施工业发展“六大行动计划”，积极促进优势产业和新兴产业加快发展。推进循环经济、节能减排，支持淘汰落后产能。争取中央财政代我省发行地方政府债券59亿元。新增小额担保贷款75亿元，当年财政贴息5.6亿元。及时拨付甘肃银行、省公路航空旅游投资集团、煤炭资源开发投资公司等融资平台资本金，促其加快组建、运营。当年省级融资平台直接融资123亿元。

（二）落实强农惠农政策，推进农村改革发展

推进支农资金整合，深入实施促农增收“六大行动”，支持特色优势产业发展。进一步增加良种、农机具、退耕还林、农业保险保费等对农业和农民的补贴。加大培训力度，促进农民转移就业。积极筹措资金，新修梯田161万亩，解决了191万农村人口饮水安全问题，新

增农村沼气用户 10 万户。水利建设重点县范围扩大到 29 个，新增有效灌溉面积 16 万亩。加大中低产田改造和高标准农田建设力度，支持整村推进、集中连片开发等扶贫项目建设。天保二期开始实施，草原生态补助奖励政策及时落实，当年中央补助资金 17.6 亿元。农村环境连片整治示范工作有序开展。“一册明、一折统”支付方式改革继续推进。农村公益事业“一事一议”奖补基本实现全省覆盖。当年农林水事务支出 235.2 亿元，增长 19.8%。

（三）加大保障和改善民生力度，推动社会和谐建设

大力支持教育文化事业发展。认真落实各项政策，顺利通过国家“两基”检查验收工作。进一步提高农村中小学公用经费和家庭经济困难寄宿生生活费补助标准。在 58 个连片特困县实施农村义务教育学生营养改善计划。大力发展学前教育，改造建设 108 个乡镇幼儿园。落实资金 20.4 亿元，积极推进中小学校舍安全工程。完善家庭困难学生资助和高中阶段国家助学金政策。进一步提高普通高校生均拨款标准，支持实施高校实验室、重点学科和博士点建设。投入资金 5 亿元，支持化解高校债务。继续实行农村义务教育阶段特设岗位教师计划。新建 100 个乡镇、社区体育健身中心和 1930 个农家书屋。支持实施文化、旅游基础设施项目和 2.1 万户 20 户以下自然村广播电视“村村通”工程。当年教育支出 284.3 亿元，增长 24.6%；文化体育与传媒支出 32.9 亿元，增长 10.4%。积极推进城乡医疗保障体系建设。基层医疗卫生机构财政补偿机制进一步完善，财务收支两条线管理全面实施。新农合、城镇居民基本医疗保险政府补助标准提高到人均每年 200 元。基本公共卫生服务经费补助标准提高到人均每年 25 元，城乡医疗救助和大病救助机制逐步完善。县级公立医院改革试点有序开展。支持了县级医院、中心镇卫生院等一批医疗卫生设施建设。当年医疗卫生支出 143.1 亿元，增长 42.6%。继续完善社会保障机制。积极开展城乡居民技能培训和高校毕业生就业工程，落实社会保险补贴、公益性岗位补贴等就业扶持政策。企业退休人员基本养老保险待遇平均提高 14%，达到人均每月 1625 元。在 65 个县开展新农保、城镇居民社会养老保险试点。城市低保标准由月人均 187 元提高到 208 元，农村低保补助标准由月人均 65 元提高到 77 元。当年下达低收入困难群众生活补贴 11.8 亿元，其中发放临时价格补贴 2.1 亿元。进一步完善企业职工养老保险省级统筹和被征地农民养老保险制度。超额完成廉租住房、农村危房改造等保障性住房建设任务。当年社会保障和就业支出 278.1 亿元，增长 29.3%；住房保障支出 92.3 亿元，增长 58.9%。年初确定的“十大惠民工程”27 件为民办实事事项全部落实，共下达资金 190.7 亿元，其中：省级 53 亿元。

（四）深入推进财政改革，不断提升管理水平

继续实施规范公务员津贴补贴工作，落实义务教育学校、公共卫生和基层医疗卫生事业单位绩效工资政策。全面推行省直管县财政管理改革，试点县达到 67 个。进一步完善转移支付制度和县级基本财力保障机制，提高基层政府基本公共服务保障能力。当年省对市县财政补助 1093 亿元，比上年增加 166 亿元。继续深化部门预算、国库集中支付和政府采购改革。省级公共预算、决算、国有资本经营收支预算向社会公开。有序开展了省直管县预算执行情况、灾后重建和强农惠农资金等专项检查。

二、2012 年全省及省级预算草案编制情况

2012 年全省地方收入代编预算按同比增长 16%为 515 亿元，大口径财政收入任务为 1075 亿元。地方财政收入加上预计中央财力性补助等收入，全省总财力可达到 1270 亿元。全年支出预算可达到 2000 亿元以上。

2012 年省级收入安排为 169.8 亿元，同比增长 16%。省级收入加上中央财力性补助和市县上解收入后，预计省级总财力可达到 293.7 亿元。2012 年省级支出预算安排 318.7 亿元，其中基本支出预算 81.9 亿元；项目支出预算 236.8 亿元。

三、2012 年的重点工作

（一）着力推进经济又好又快发展

一是积极争取中央支持。充分利用国家深入实施西部大开发战略、实施进一步支持甘肃经济社会发展的意见、支持循环经济发展、主体功能区建设、加大对藏区扶持力度、实施新一轮扶贫开发纲要等政策机遇，以长江黄河流域生态保护、石羊河流域治理、敦煌文化产业发展等重大项目为抓手，加大争取中央支持力度，进一步增强对经济社会发展的支持能力。二是坚持集中财力办大事。整合资金，加大投入，支持工业发展“六大行动计划”，做大做强支柱优势特色产业，大力推进循环经济、节能减排和环境保护。按照聚焦发展重点的工作思路，着力扶持重点区域、重点行业和重点产业加快发展。积极支持省级以上开发区基础设施建设，增强承接项目、聚集资金、人才等要素的能力。围绕全省发展战略，支持县域经济、中小企业、战略性新兴产业发展，支持建设一批打基础、管长远、增后劲的重大项目。三是发挥好财政资金的杠杆效应。积极创新扶持方式，灵活运用以奖代补、先建后补、贴息等方式，努力放大财政资金投入效应，撬动银行、企业和社会投资，形成多元化、多渠道的投入机制。

（二）着力促进强农惠农富农政策落实

一是支持现代农业发展。整合资金，加大投入，落实特色优势产业发展扶持办法，实施“四个 1000 万亩”农业增产增效工程。支持实施新一轮“菜篮子”工程和有机农业产业发展，打造现代农业产业示范基地。支持基层农技推广，完善农业保险体系，扶持做大做强马铃薯、制种、中药材等特色优势产业。二是加强农村基础设施建设。全面落实加快水利改革发展的各项财政政策，创新

水利设施建设投融资方式，支持实施农业灌溉设施、农村小型水利设施和中小河流治理工程。加大农业综合开发力度，加快改造中低产田，建设高标准农田。实施好180万农村人口饮水安全、新增6万户农村沼气用户、新建150万亩梯田、新修3000公里通村公路等建设工程。三是多渠道增加农民收入。扎实实施促农增收“六大行动”计划。支持实施农业产业化龙头企业培育、农村服务业推进、农村劳动力转移培训计划。落实好对种粮农民的各项补贴。四是加大扶贫开发力度。用足用好国家扶贫开发政策，完善财政综合扶贫政策体系，创新财政扶贫开发机制。促进扶贫与农村低保制度有效衔接，全面落实对农村低收入人口的扶贫政策。积极支持省内面上的贫困群众脱贫致富。加大对58个连片特困县转移支付补助力度，支持实施500个贫困村整村推进项目。争取中央支持，增加对贫困革命老区、民族地区的财政补助。五是深化农村综合改革。深入推进村级公益事业建设“一事一议”财政奖补工作，完善村级公益事业民办公助机制。支持集体林权制度改革，启动实施国有农林场分离办社会职能改革试点。积极稳妥清理化解其他公益性乡村债务。争取开展新型农业社会化服务体系建设试点。

（三）着力保障和改善民生

一是促进优先发展教育。积极拓宽财政性教育经费来源渠道，切实落实教育支出法定增长要求，进一步提高财政教育支出占公共财政支出的比重。支持学前教育机构健康发展，实施校舍、校车安全工程，加快乡镇公立幼儿园改造建设步伐。巩固完善农村义务教育经费保障机制，推进农村义务教育薄弱学校改造。继续提高省属高校生均定额标准，鼓励化解高校债务。加强职业教育基础能力建设，逐步实行中等职业教育免费制度。健全家庭经济困难学生资助政策体系，实施农村义务教育学生营养改善计划。二是支持深化医药卫生体制改革。将新型农村合作医疗和城镇居民基本医疗保险人均补助标准提高到240元，进一步提高参保人员医药费报销比例。全面推进基层医疗卫生机构综合改革，加快县级医院为重点的公立医院改革试点。支持村卫生室建设，提高村医补助标准，实施听障儿童救助工程。三是加强社会保障和就业工作。将企业离退休人员养老金提高10%。在全省范围内实现城乡居民社会养老保险制度全覆盖。实行工伤、失业保险和城乡居民社会养老保险基金省级统筹。进一步提高城乡低保、农村五保补助标准。支持实施职业技能培训工程，加大对“两后生”、农民工的职业技能和创业培训等工作。扶持1万名普通高校毕业生就业。支持做好小额担保贷款工作。四是推进文化改革发展。建立健全财政文化投入稳定增长机制。支持实施文化惠民工程建设，努力构建覆盖城乡的公共文化服务体系。加强农家书屋、广播电视村村通、乡镇及社区体育健身中心建设，实行博物馆、图书馆、美术馆等免费开放。加大国家重点文物、大遗址、红色文化资源和非物质文化遗产保护力度。积极开展文化体制改革，推动重点文艺院团企业化改革。五是支持保障性住房建设。建立保障性住房建设资金融资平台和代建机制，落实目标责任，加强用地协调，加大保障性住房建设力度，支持实施安居保障工程。

（四）着力提高管理财政科学化精细化水平

依法加强税收和非税收入征管，努力实现应收尽收。完善省直管县财政管理体制。加大均衡性转移支付力度，推进县级基本财力保障机制建设。将部门预算制度改革实施范围覆盖到县级，将国库集中收付制度改革覆盖到各级政府及所属预算单位。继续扩大政府采购范围和规模，严格政府采购需求标准管理，规范政府采购行为。大力加强预算执行管理，硬化预算约束，健立完善定期分析、通报、督查等制度，加快预算下达和资金拨付，提高预算执行的均衡性和有效性。继续开展“一册明、一折统”试点，强化县乡财政就近监管职责，确保各项惠民政策落到实处。积极开展财政资金绩效评价，完善评价体系，促进评价结果与预算安排的衔接。

（五）着力加强财政资金绩效考核和监督管理

认真贯彻《监督法》，严格执行《甘肃省预算审批监督条例》，自觉接受人大监督，努力提高依法理财水平。高度重视审计、监察和社会监督，加大有关问题的整改落实力度。完善工作制度，努力构建“预算编制、预算执行、监督检查、绩效评价”四位一体的监督管理机制。紧跟资金流向，积极开展收入、支出、会计和内部监督，加强对重大民生资金的检查，提高监督质量和效率。继续做好“小金库”专项治理工作。进一步扩大预算公开范围，细化预算公开内容。认真开展对企业、行政事业单位会计信息质量和会计事务所执业质量的监督检查，强化财政金融监管。

甘肃省党政群团机构及领导人（2011年）

省委及各部门

省委书记：陆　浩（1-12月）　王三运（12月）
省委副书记：刘伟平　鹿心社（1-5月）欧阳坚（10-12月）
省委常委：王三运　刘伟平　欧阳坚　蒋文兰　励小捷
　　　　　刘永富　罗笑虎　刘立军　陆武成　陈知庶
　　　　　吴德刚　石　军　泽巴足　连　辑
省纪律检查委员会书记：蒋文兰（女）
省委秘书长：刘立军
省委办公厅主任：陈田贵
省直机关工委书记：刘立军（兼）
省委组织部部长：吴德刚
省委宣传部部长：连　辑
省委统战部部长：刘立军
省委政法委员会书记：罗笑虎
省委政策研究室主任：贾廷权
省委保密委员会主任：翟克勇
省委党史研究室主任：杨元忠
省委老干部工作局局长：万鹏举
省档案局局长：张蕊兰

省人大常委会及各部门

主　任：陆　浩
副主任：嘉木样•洛桑久美•图丹却吉尼玛（藏族）
　　　　马尚英（东乡族）孙效东
　　　　崔玉琴（女）张开勋 周多明
秘书长：张开勋
法制委员会主任委员：杨育荣
民族侨务委员会主任委员：朱同心
内务司法委员会主任委员：梁国安
财政经济委员会主任委员：屠锦敏
农业与农村委员会主任委员：程正明
教育科学文化卫生委员会主任委员：周德祥
环境资源保护委员会主任委员：赵伟民
办公厅主任：薛金山
研究室主任：邹通祥
法制工作委员会主任：马发明（女，回族）
代表工作委员会主任：杨　诚
民族侨务办公室主任：傅九大（藏族）
内务司法办公室主任：姚爱然（女）
财政经济办公室主任：屠锦敏
农业与农村办公室主任：朱　红
教育科学文化卫生办公室主任：田鸿章
环境资源保护办公室主任：赵伟民

省政府

省　长：刘伟平
副省长：刘永富　石　军　泽巴足 咸　辉（女，回族）
　　　　郝　远　张晓兰（女）虞海燕　李建华
省长助理：夏红民
秘书长：李沛文
办公厅主任：张生桢

省政府组成部门

省发展和改革委员会主任：赵　春
省教育厅厅长：白继忠
省科学技术厅厅长：张天理
省工业和信息化委员会主任：李　平
省民族事务委员会主任：贡保甲
省公安厅厅长：罗笑虎（兼）
省国家安全厅厅长：刘吉银
省监察厅厅长：李玉梅
省民政厅厅长：田宝忠
省司法厅厅长：王禄维
省财政厅厅长：张勤和
省人力资源和社会保障厅厅长：庞　波
省国土资源厅厅长：张力学
省环境保护厅厅长：王建中
省住房和城乡建设厅厅长：李　慧
省交通运输厅厅长：杨咏中
省水利厅厅长：康国玺
省农牧厅厅长：武文斌
省林业厅厅长：高清和
省商务厅厅长：王　锐
省文化厅厅长：邵　明
省卫生厅厅长：刘维忠
省人口和计划生育委员会主任：苏　君

省审计厅厅长：何振中
省政府外事办公室主任：(无正职)

省政府直属特设机构

省政府国有资产监督管理委员会主任：马艾武

省政府直属机构

省地方税务局局长：张性忠
省工商行政管理局局长：郭承录
省质量技术监督局局长：武敬东
省广播电影电视局局长：孙 伟
省新闻出版局局长：张余胜
省体育局局长：杨 卫
省安全生产监督管理局局长：贠建民
省统计局局长：樊怀玉
省宗教局局长：丁军年
省旅游局局长：黄周会
省粮食局局长：何水清
省政府法制办公室主任：唐晓明
省政府研究室主任：武 毅
省人防办公室主任：刘如厚
省扶贫开发办公室主任：沙拜次力

部门管理机构

省政府参事室主任：卢有治
省政府金融工作办公室主任：陆代森
省机关事务管理局局长：王志贵
省监狱管理局局长：万治贵
省公务员局局长：李德福
省食品药品监督管理局局长：高建邦

部分中央在甘单位和金融、保险机构

省国税局局长：牟可光
省电力公司总经理：黄强
省通信管理局局长：王祥瑞
省邮政管理局局长：张玉虎
省储备物资局局长：李满良
省气象局局长：张书余
省地震局局长：王兰民
兰州铁路局局长：吴云天
民航甘肃监管办主任：黄卫国
省烟草专卖局局长：武卫东
甘肃出入境检验检疫局局长：居峰
人行兰州中心支行行长：罗玉冰
银监会甘肃监管局局长：谢 凝
开发行甘肃分行行长：杨文清
工商行甘肃分行行长：张海琳
建行甘肃分行行长：艾尔肯•艾则孜
中行甘肃分行行长：郭心刚
农行甘肃分行行长：许锡龙
农发行甘肃分行行长：蔺秦生
交通银行兰州分行行长：陈双城
招商银行兰州分行行长：管奇志
浦发银行兰州分行行长：张宜临
证监会甘肃监管局局长：管兴业
保监会甘肃监管局局长：张 瑞
兰州海关关长：张云喜
审计署驻兰办特派员：魏 强
财政部驻甘办专员：王国利
国家统计局甘肃调查总队总队长：鲜力群
甘肃省电信有限公司总经理：秦学寿
中国移动甘肃有限公司总经理：颜永庆
中国联合通信有限公司甘肃分公司总经理：卡德尔•色依提
中国铁通甘肃分公司总经理：阚和礼

省政协及各部门

主 席：冯健身
副主席：德哇仓(藏族) 张津梁 李永军
侯生华 黄选平(回族) 栗震亚
张世珍 马国瑜(回族) 张景辉
秘书长：石 晶
办公厅主任：王忠民
研究室主任：邢永安
提案委员会主任：户丁一
社会和法制委员会主任：盛世高
文史资料和学习委员会主任：樊佩君(女)
经济委员会主任：孙矿生
人口资源环境委员会主任：王联群
科教文卫体委员会主任：杜孟嘉
民族和宗教委员会主任：郭长乐
港澳台侨和外事委员会主任：郭颖纯
农业和农村工作委员会主任：卫孺牛

大事记

大事记

一月

5～6日　省委书记、省人大常委会主任陆浩到陇南成县和武都区，看望慰问了受灾企业和困难群众。

同日，全省财政工作会议在兰州召开。省委副书记、代省长刘伟平出席会议并讲话，强调，要进一步加快财政管理改革步伐，着力保障民生和全省跨越发展。

10日　全省农村工作会议在兰州召开。会议贯彻落实中央农村工作会议和全省经济工作会议精神，总结了2010年及“十一五”时期农业农村工作，科学谋划“十二五”时期农业农村发展，全面部署2011年农业农村工作。

12～16日　政协甘肃省十届四次会议在兰州召开。大会通过了政协甘肃省第十届委员会第四次会议政治决议；通过了政协甘肃省第十届委员会第四次会议关于常务委员会工作报告的决议；通过了政协甘肃省第十届委员会提案委员会关于政协甘肃省十届四次会议提案审查情况的报告。会议补选冯健身为政协甘肃省主席，张景辉为政协甘肃省副主席。

16日　省委常委会在兰州召开会议，传达学习了十七届中央纪委六次全会精神，研究甘肃党风廉政建设和反腐败工作。省委书记陆浩主持了会议。

同日，白银有色集团与白银市政府在兰州签署协议，将企业办社会职能移交市政府。省委书记、省人大常委会主任陆浩，省委副书记、代省长刘伟平出席签字仪式。

同日，甘肃厂坝有色金属有限责任公司揭牌仪式在兰州举行。省委书记、省人大常委会主任陆浩，省委副书记、代省长刘伟平出席仪式并为公司揭牌。

19日　省委书记、省人大常委会主任陆浩，省长刘伟平在兰州会见了酒泉卫星发射基地司令员崔吉俊一行。

21日　省委书记、省人大常委会主任陆浩，省长刘伟平，省政协主席冯健身在兰州会见了湖南省人大常委会副主任、省发改委主任蒋作斌一行，双方就加强能源领域合作交换了意见。

23日　省纪委十一届六次全体会议在兰州召开，传达学习了胡锦涛总书记重要讲话和十七届中央纪委六次全会精神，贯彻落实了省委十一届十次全委扩大会议精神，总结了2010年全省反腐倡廉工作，研究部署了2011年主要任务。省委书记、省人大常委会主任陆浩出席会议并讲话。省长刘伟平等领导出席会议。

24日　2010年度甘肃省科技奖励大会在兰州召开。省委书记、省人大常委会主任陆浩，省长刘伟平出席大会并为获奖代表颁奖。

25日　省委书记、省人大常委会主任陆浩，省长刘伟平与兰州铁路局领导座谈，听取了兰州铁路局工作汇报，并就推进甘肃铁路重点项目建设进行了磋商。

同日，省公路航空旅游投资公司在兰州挂牌成立。省委书记、省人大常委会主任陆浩为公司揭牌。省长刘伟平讲话。

26日　省委书记、省人大常委会主任陆浩，省长刘伟平率省市慰问团，走访慰问了兰州军区、兰州军区空军、甘肃省军区、二炮驻甘某部和武警甘肃总队。

27日　省委书记、省人大常委会主任陆浩率领省委考核组，对省国土资源厅领导班子履行职责情况和落实党风廉政建设责任制、推进惩防体系建设情况进行了检查考核。

28日　省委、省政府在兰州举行党政军春节团拜会。省委书记、省人大常委会主任陆浩，兰州军区司令员王国生出席团拜会并讲话，省长刘伟平主持了团拜会。

二月

9日　省长刘伟平对天定高速公路秦州隧道建设进展情况进行了检查。强调，要力争在年内全省建成高速公路350公里，为实现跨越式发展提供支撑和保障。

10日　省委书记、省人大常委会主任陆浩，省长刘伟平到甘南、临夏两自治州，看望慰问了宗教界人士。强调，要服从服务于改革发展大局，着力促进社会和谐稳定。

12日　全省公路灾后恢复重建动员大会在兰州召开，会议全面安排布置了全省公路灾后恢复重建工作。

15日　酒钢集团财务有限公司揭牌仪式在兰州举行。省委书记、省人大常委会主任陆浩，省长刘伟平，省政协主席冯健身等出席揭牌仪式。

同日，省长刘伟平在兰州主持召开了专题会议，对甘肃2010年中央政府公共投资预算执行情况开展专项检查工作进行了安排部署。

15～16日　国务院汶川地震灾后恢复重建协调小组副组长、国家发改委副主任穆虹率领国务院汶川地震灾后恢复重建调研组到甘肃文县重建点，就灾后重建工作进行了调研。

18日　全省抗旱春耕生产暨顶凌覆膜工作电视电话会议在兰州召开。会议强调，要牢固树立抗大旱、防大灾思想，全面落实好抗旱春季农业生产的各项措施。

19日　金川集团国际资源有限公司、中非金川投资有限公司同时在香港成立，成功登陆香港主板市场，成为甘肃首只H股。省长刘伟平，中联办副主任郭莉，中非发展基金董事长赵建平共同为金川国际、中非金川揭牌。

21日　中储粮兰州分公司工作会议在兰州召开。会议强调，要确保粮食储备安全，服务地方经济发展。

23日　全省科技工作会议在兰州召开。会议总结了去年及“十一五”期间的工作，并对今年及“十二五”期间的工作作了安排部署。

25日　全省灾后重建工作会议在兰州召开，对灾后重建工作进行再安排、再部署。省长刘伟平出席会议并讲话，强调，要加快重建工作进度，确保如期完成重建任务。

26日　中国种子协会与省政府组织全国25个大型玉米种子企业在兰州签订了《中国玉米种子安全生产公约》。

27～28日　交通运输部部长李盛森，省长刘伟平对甘肃交通运输工作进行了调研。李盛森强调，要加快西部欠发达地区和革命老区道路建设，提升交通运输水平，为地方经济社会发展提供有力保障。

28日　全省市县乡换届工作动员部署会在兰州召开。会议强调，要以高度的政治责任感和强烈的历史使命感，做好市县乡换届工作。

三月

1日　省委常委会在兰州召开扩大会议，传达贯彻省部级主要领导干部新形势下的社会管理及其创新专题研讨班和中央西藏工作协调小组会议精神。省委书记陆浩主持了会议。

同日，甘肃省与交通运输部在兰州举行会谈，并共同签署了《贯彻落实国务院办公厅进一步支持甘肃经济社会发展若干意见加快推进交通运输事业发展会谈纪要》。省委书记、省人大常委会主任陆浩，交通运输部部长李盛霖参加会谈。省长刘伟平主持了会谈。

2日　甘肃省与中央企业战略合作框架协议和项目合作协议签约仪式在北京举行。省委书记、省人大常委会主任陆浩致辞，省长刘伟平与有关中央企业分别签订了战略合作协议和项目合作协议，国务院国资委副主任黄丹华讲话，中国华能集团公司总经理曹玉玺代表央企作表态发言。

3日　出席十一届全国人大四次会议的甘肃代表团在北京举行第一次全体会议，推选陆浩为甘肃代表团团长，刘伟平、冯健身、洛桑灵智多杰为副团长。会议审议了十一届全国人大四次会议主席团和秘书长名单（草案）；审议了十一届全国人大四次会议议程（草案）；传达了有关讲话和会议精神。全国人大代表、省委书记、省人大常委会主任陆浩主持了会议。

4日　省政府与国务院侨务办公室在北京签署了《关于发挥侨务资源优势支持甘肃经济社会发展战略合作协议》。省委书记、省人大常委会主任陆浩，省长刘伟平，国侨办主任李海峰出席签字仪式并签字。

5日　全国人大代表、省委书记、省人大常委会主任陆浩，全国人大代表、省长刘伟平在北京参加了甘肃代表团审议温家宝总理所作的政府工作报告。

6日　中共中央政治局常委、国务院总理温家宝和甘肃代表团的代表一起审议了政府工作报告，听取了代表们的发言，并就甘肃节水用水、生态保护、贫困地区发展等作了重要讲话。

同日，省委书记、省人大常委会主任陆浩，省长刘伟平在北京与铁道部党组书记、部长盛光祖就进一步加快甘肃铁路建设进行了座谈。

7日　出席十一届全国人大四次会议的甘肃代表团在北京继续审议政府工作报告和“十二五”规划草案。省委书记、省人大常委会主任陆浩，省长刘伟平，省政协主席冯健身参加了审议。

同日，省委书记、省人大常委会主任陆浩，省长刘伟平在北京与国家发改委副主任、国家能源局局长刘铁男座谈。双方就进一步加快甘肃新能源建设等问题进行了交流。

8日　全国人大代表、省委书记、省人大常委会主任陆浩在北京接受了《光明日报》记者的采访。强调，解决好民生问题，维护好群众利益就是加强和创新社会管理的总钥匙。

9日　全国人大代表、省委书记、省人大常委会主任陆浩在北京接受了《人民日报》记者采访。指出，“十二五”期间，甘肃要把推进发展的主基调放在优化经济结构，转变发展方式，实现科学发展、和谐发展和可持续发展上。

同日，全国人大代表、省长刘伟平在北京接受了中央电视台《小撒探会》节目组主持人撒贝宁的专访。强调，实现好群众的期盼就是我的工作目标。

10日　全国人大代表、省委书记、省人大常委会主任陆浩就甘肃农业创新发展接受了《经济日报》记者的采访。强调，要转型升级，推动甘肃农业创新发展。

11日　全国人大代表、省委书记、省人大常委会主任陆浩在北京接受了央视《小丫跑两会》栏目主持人王小丫的专访，畅谈甘肃新能源基地建设，展望“十二五”新能源产业发展。

12日　甘肃名特优农产品展销大厅开工奠基仪式在北京举行。省委书记、省人大常委会主任陆浩，省长刘伟平出席仪式。

16日　省委书记、省人大常委会主任陆浩，省长刘伟平到东乡县城检查指导特大滑坡地质灾害抢险救灾工作。强调，要加强领导，明确责任，扎实开展灾害治理和灾后重建工作。

18日　省委、省政府在兰州向中纪委检查组汇报了甘肃推进惩治和预防腐败体系建设工作。中纪委检查组组长、中纪委常委、最高人民法院副院长张军介绍了这次检查工作的有关情况。省委书记、省人大常委会主任陆浩汇报了甘肃推进惩治和预防腐败体系建设工作情况。省长刘伟平主持了汇报会。

21日　全省机构编制工作电视电话会议在兰州召开，省长刘伟平出席会议并讲话，强调，要严格控制机构编制增长，加快推进政府职能转变，更好地服务跨越式发展。

22日　省长刘伟平到兰州新区就建设情况进行了专题调研。强调，兰州新区今年要力争完成生产总值100亿元。

23日　全省重大项目建设工作电视电话会议在兰州召开。省长刘伟平出席会议并讲话。强调，要发挥重大项目支撑作用，推进经济社会跨越式发展。

29日　省委书记、省人大常委会主任陆浩到省农科院调研。强调，要加快科技创新步伐，推动现代农业发展。

同日，省长刘伟平到省公路航空旅游投资集团公司调研。强调，要发挥好投融资平台作用，为跨越式发展提供资金保障。

30日　甘肃能源集团公司在兰州成立。省委书记、省人大常委会主任陆浩，省长刘伟平，省政协主席冯健身等出席揭牌仪式。

31日　省委书记、省人大常委会主任陆浩，省长刘伟平到兰州电机股份有限公司调研。强调，要做大做强风电装备制造业，努力把甘肃技术打造成全国重要的新能源及新能源装备制造基地。

四月

6日　第十五届中国东西部合作与投资贸易洽谈会在西安开幕，省长刘伟平出席开幕式并致辞。会后视察了甘肃馆，强调，招商引资要突出发挥全省整体优势，切实把甘肃重点产业推介出去。

同日，省长刘伟平到陕西省国土资源厅考察了矿产资源勘查开发、管理、改革工作。

8日　全省实施关中—天水经济区发展规划工作会议在天水召开。省委书记、省人大常委会主任陆浩，省长刘伟平出席会议并讲话，强调，要全面落实关中—天水经济区规划，推动甘肃东部地区加快发展。

同日，天水国家农业科技园区在天水揭牌。省委书记、省人大常委会主任陆浩，省长刘伟平出席揭牌仪式并为园区揭牌。

同日，中国•天水花牛苹果商贸城在天水开工建设。省委书记、省人大常委会主任陆浩，省长刘伟平等为项目奠基。

9日　省委书记、省人大常委会主任陆浩到天水甘肃海林中科科技股份有限公司调研。强调，要大力加强技术创新力度，为振兴装备制造产业做贡献。

11日　《甘肃向湖南送电框架协议》在湖南长沙签署。甘肃省领导陆浩、刘伟平、冯健身，湖南省领导周强、徐守盛、胡彪等出席签约仪式。

11～17日　省委书记、省人大常委会主任陆浩，省长刘伟平，省政协主席冯健身率领甘肃党政代表团赴湖南、江西两省学习考察。学习借鉴了两省抢抓中部崛起的历史机遇，加快经济社会发展取得的巨大成就。加强了同两省的合作交流，在陇电入湘以及新能源建设、有色冶金产业和旅游文化产业开发、装备制造业发展以及科技人才交流等方面达成了共识。我们将以这次学习考察为契机，紧紧围绕转变发展方式、推进科学发展，进一步拓展双方的交流与合作，推动甘肃经济社会实现科学发展。

19日　省委书记、省人大常委会主任陆浩，省长刘伟平到白银进行了工作调研。强调，要进一步强化科技支撑和基础保障工作，奋力推进经济社会又好又快发展。

同日，中国首座全超导变电站在白银并网运行。省委书记、省人大常委会主任陆浩，省长刘伟平，中科院副院长李静海出席投运仪式，并共同启动运行按钮。

同日，靖远黄河大桥建成通车。省委书记、省人大常委会主任陆浩，省长刘伟平等出席通车仪式。

21日　省委党建领导小组在兰州召开会议，研究了进一步深入开展创先争优活动、加强党的建设工作。省委书记、省委党建领导小组组长陆浩主持会议并讲话。

22日　省部重点共建兰州大学情况汇报会在兰州召开。省委书记、省人大常委会主任陆浩，省长刘伟平出席会议并讲话。陆浩强调，要抢抓省部共建的难得机遇，把兰州大学建设成一流的研究型大学。

23日　中国水电甘肃能源投资公司在兰州揭牌。省长刘伟平，中国水利水电建设股份有限公司董事长范集湘为公司成立揭牌。

26日　甘肃省庆祝“五一”国际劳动节大会在兰州召开，会议表彰了荣获全国和全省“五一双奖”、“工人先锋号”的先进集体和个人。会前，省委书记、省人大常委会主任陆浩，省长刘伟平，省政协主席冯健身等接见了甘肃全国劳动模范、全国先进工作者和省劳动模范、先进工作者，并和大家合影留念。

27日　兰州新区舟曲灾后重建转移安置区正式开工建设。兰州新区综合服务中心同时开建。省委书记、省人大常委会主任陆浩，省长刘伟平，省政协主席冯健身等出席开工仪式并为工程奠基。

五月

5日　省委书记、省人大常委会主任陆浩在兰州会见了前来甘肃调研农业发展和农民收入情况的国家统计局局长马建堂一行。

6日　甘肃省与中国中煤能源集团公司、天大集团有限公司签署战略合作框架协议。签约仪式前，省委书记、省人大常委会主任陆浩，省长刘伟平，中煤集团公司总经理王安，天大集团有限公司董事长方文权就共同合作事宜进行了座谈。

同日，省委常委会在兰州召开会议，研究部署了全省市县乡换届工作。省委书记陆浩主持了会议。

10日　省委常委会在兰州召开会议，传达学习了全国文化体制改革工作会议精神，并就贯彻落实会议精神、进一步深化甘肃文化体制改革工作进行了研究部署。省委书记陆浩主持了会议。

11日　省藏区工作领导小组暨全省对口帮扶支援藏区工作会议在兰州召开。会议强调，要认真贯彻落实中央决策部署，紧密结合甘肃省藏区实际，扎实开展对口帮扶支援，努力开创甘肃省藏区工作新局面。省委书记、省人大常委会主任、省藏区工作领导小组组长陆浩出席会议并讲话，省长、省藏区工作领导小组副组长刘伟平主持了会议。

12日　省长刘伟平到引洮工程一期工程建设现场调研，强调，要务必完成今年各项目标任务，确保引洮供水一期工程明年底全面建成。

13日　青岛至兰州国家高速公路东山坡至毛家沟段建设工程启动仪式在宁夏隆德举行。交通运输部党组书记、部长李盛霖宣布工程启动。省长刘伟平，宁夏回族自治区政府主席王正伟分别致辞。

19日　全国妇女小额担保财政贴息贷款工作现场推进会在兰州举行。全国人大常委会副委员长、全国妇联主席陈至立出席会议并讲话，全国妇联副主席、书记处第一书记宋秀岩主持了会议。省委书记、省人大常委会主任陆浩致辞，省长刘伟平出席了会议。

20日　全国妇联“贫困母亲两癌救助专项基金”在兰州启动。全国人大常委会副委员长、全国妇联主席陈至立出席启动仪式并讲话。全国妇联副主席、书记处第一书记宋秀岩主持了启动仪式。

25日　武威市政府与青岛啤酒股份有限公司在兰州签订了青岛啤酒武威有限责任公司搬迁扩建总体规划协议。省委书记、省人大常委会主任陆浩，省长刘伟平，青岛啤酒股份有限公司董事长金志国出席了签约仪式。

26日　全省市县乡换届工作部署会暨县委书记培训会在兰州举行。会议认真学习贯彻了中央和省委有关精神，对换届工作进行动员部署，对有关政策规定进行了学习培训。省委书记、省人大常委会主任陆浩出席会议并讲话。

同日，省委省政府与中国民用航空局在兰州举行了座谈会，并签署了《关于加快推进甘肃民航发展会谈纪要》。省委书记、省人大常委会主任陆浩主持了座谈会。省长刘伟平，中国民用航空局党组书记、局长李家祥出席了座谈会。

30日　省长刘伟平对舟曲灾后重建进展情况进行了实地调研，对强化措施、进一步推进重建工作提出了明确要求。

31日　天水至定西高速公路全线建成通车。

六月

31～1日　省长刘伟平到陇南调研，实地察看了武都区、成县灾后恢复重建情况，就全面完成地震灾后恢复重建任务提出了明确要求。强调，要保质量、保进度，扎实做好灾后重建工作。

2日　省长刘伟平在兰州会见了美国邦斯美尔集团主席乔治•坎普曼及加拿大、澳大利亚等国的畜牧业专家。省政府并与美国邦斯美尔集团签订了合作协议。

7日　省统筹解决人口问题领导小组在兰州召开会议，学习贯彻了胡锦涛总书记在中央政治局第28次集体学习时的重要讲话精神，部署了全省人口和计划生育工作。省长、省统筹解决人口问题领导小组组长刘伟平出席会议并讲话。

9日　甘肃省中小企业联合会在兰州成立。省长刘伟平，全国政协社会和法制委员会副主任、原省政协主席陈学亨出席成立大会并为联合会揭牌。

13日　敦煌100兆瓦光伏并网发电项目开工奠基，敦煌太阳能综合利用示范项目同时开工建设。省长刘伟平出席奠基仪式并为项目奠基。

13～14日　省长刘伟平到敦煌市、瓜州县、玉门市和肃州区，围绕旅游业发展、生态环境建设和新能源基地建设进行了深入调研。强调，要做大做强旅游产业，加快新能源基地建设。

14～15日　省长刘伟平对嘉峪关市和酒钢集团进行了工作调研。强调，要进一步壮大经济实力，加强和创新社会管理，为全省经济社会跨越式发展做出表率，贡献力量。

17日　“敦煌行•丝绸之路国际旅游节”电视电话动员大会在兰州召开。省长刘伟平出席会议并讲话，强调，要扎实做好各项筹备工作，努力把“敦煌行•丝绸之路国际旅游节”办成国内外嘉宾、广大游客和全省人民满意的文化体育旅游盛会。

21日　省委常委会在兰州召开会

议，研究部署了市、县、乡换届及进一步加大惩治和预防渎职侵权违法犯罪力度等工作。省委书记陆浩主持了会议。

22日　2011（辛卯）年甘肃省公祭中华人文始祖太昊伏羲大典在天水市举行。省委书记、省人大常委会主任陆浩宣布公祭大典开始，省长刘伟平恭读了祭文。

同日，甘肃省庆祝中国共产党成立90周年“红旗飘飘”红歌演唱会在兰州举行。省委书记陆浩、省长刘伟平出席演唱会。

23日　庆祝建党90周年“阳光颂”合唱音乐会在兰州举行。省领导和老干部们用歌声讴歌了党的丰功伟绩。省委书记、省人大常委会主任陆浩出席音乐会。

24日　庆祝建党90周年甘肃省重大革命历史题材美术作品展览在兰州开幕。省委书记、省人大常委会主任陆浩出席开幕式，并观看了展览。

26日　庆祝中国共产党成立90周年，甘肃党史暨省委组织部部史部风展在兰州举办。省委书记、省人大常委会主任陆浩为展览揭幕，并参观展览。

27日　在“七一”即将来临之际，省委书记、省人大常委会主任陆浩看望慰问了老党员。

同日，甘肃大剧院在兰州建成投运。省委书记、省人大常委会主任陆浩出席揭牌仪式并揭牌。

28日　中国铁建重工集团兰州新区高端装备制造基地等7个项目开工暨阿联酋温州商会中国国际工业园等12个项目签约仪式在兰州新区举行。省委书记、省人大常委会主任陆浩，省政协主席冯健身，中国铁建总裁赵广发出席开工及签约仪式。

同日，省委书记、省人大常委会主任陆浩到兰州新区调研。强调，要进一步加快兰州新区建设步伐，努力提高中心带动能力。

29日　《红色甘肃——走向一九四九》大型革命题材展览在兰州开幕。省委书记、省人大常委会主任陆浩，省政协主席冯健身，国家文物局局长单霁翔出席开幕式并观看展览。

30日　甘肃省庆祝中国共产党成立90周年大会在兰州举行。省委书记、省人大常委会主任陆浩在庆祝大会上发表了重要讲话。

七月

3日　2011兰州国际马拉松赛在兰州市鸣枪起跑。省委书记、省人大常委会主任陆浩，国家体育总局副局长、中国田径协会主席段世杰出席开跑仪式并为兰州国际马拉松赛开跑鸣枪发令。省政协主席冯健身出席开跑仪式。

5日　国家中医药发展综合改革试点示范省建设启动视频会暨签字仪式在兰州举行。省委书记、省人大常委会主任陆浩，卫生部副部长、国家中医药管理局局长王国强出席了签字仪式。

6日　第十七届中国兰州投资贸易洽谈会在甘肃国际会展中心开幕。全国政协副主席王志珍，津巴布韦共和国副总统约翰•兰达•恩科莫，中国工程院院长、党组书记、院士周济，省委书记、省人大常委会主任陆浩，省长刘伟平，省政协主席冯健身等出席开幕式。全国政协副主席王志珍宣布第十七届中国兰州投资贸易洽谈会开幕。

同日，省政府与中国工程院在兰州签署了《科技合作协议》。省委书记、省人大常委会主任陆浩，省长刘伟平，中国工程院党组书记、院长周济院士出席签约仪式。

7日　甘肃省与津巴布韦共和国西马绍纳兰省在兰州签署了合作备忘录，双方将在矿产开发、农业、旅游、野生动物保护等12个方面加强合作。津巴布韦共和国副总统约翰•兰达•恩科莫，省委书记、省人大常委会主任陆浩出席签字仪式。省长刘伟平，西马绍纳兰省省长法波•艾德蒙德•池达瑞在备忘录上签字。

5～11日　全国政协副主席王志珍带领全国政协调研组在甘肃就科技评价体系及奖励制度改革问题进行了专题调研。

12日　省委常委会在兰州召开会议。传达学习了中央水利工作会议精神和全国纪检监察系统纪念建党90周年表彰大会暨反腐倡廉建设理论研讨会议精神，研究部署了甘肃的贯彻落实意见。省委书记陆浩主持了会议。

13日　全省领导干部大会在兰州召开，进一步贯彻落实胡锦涛总书记“七一”重要讲话精神，总结了上半年全省经济社会发展各项工作，分析了当前形势，安排部署了下半年任务。省委书记、省人大常委会主任陆浩出席会议并讲话。省长刘伟平主持会议，并通报了上半年全省经济社会发展情况，对做好下半年工作提出了具体要求。省政协主席冯健身出席。

14～17日　中共中央政治局常委李长春到甘肃调研。省委书记、省人大常委会主任陆浩，省长刘伟平陪同，先后到天水、酒泉、嘉峪关、兰州等地，深入企业、农村、科研院所和宣传文化单位进行了调研，并听取了甘肃省委、省政府工作汇报。强调，要深入学习贯彻胡锦涛总书记“七一”重要讲话精神，为推进中国特色社会主义伟大事业凝聚起强大力量。

25日　全省“两基”迎国检市县长培训班在兰州举办。省长、省“两基”迎国检工作领导小组组长刘伟平在培训班上讲话，强调，要严格落实市县长责任，限期解决问题，力争全省“两基”工作顺利通过国检。

27日　省委书记、省人大常委会主任陆浩，省长刘伟平在兰州会见由日本国际贸易促进协会会长河野洋平率领的日本国际贸易促进协会2011年度访华团。

28日　省委理论学习中心组在兰

州举行了集体学习会，进一步学习胡锦涛总书记在庆祝中国共产党成立90周年大会上的重要讲话。省委书记、省人大常委会主任陆浩主持学习会并讲话，省政协主席冯健身参加学习会。

29日　甘肃省领导干部“八一”军事日活动在兰州举行。省委书记陆浩，省政协主席冯健身，省军区司令员陈知庶参加了活动。

30日　“敦煌行•丝绸之路国际旅游节”在兰州开幕。省长刘伟平宣布“敦煌行•丝绸之路国际旅游节”开幕并致辞。省政协主席冯健身出席开幕式。

八月

1日　水利部部长陈雷在兰州听取了甘肃水利工作汇报并讲话，省长刘伟平主持了汇报会。

2日　国家发展和改革委员会主任张平到甘肃调研。强调，要提高发展的质量和效益，促进经济社会又好又快发展。省长刘伟平参加了调研。

同日，全国坡耕地水土流失综合治理试点工程现场会在兰州召开。水利部部长陈雷出席会议并讲话。省长刘伟平出席致辞。

1～7日　由水利部部长陈雷率领的水利部调研组一行到甘肃就贯彻落实今年中央1号文件和中央水利工作会议精神及水利建设、管理与改革情况进行了调研，并指导了甘肃舟曲水利灾后重建、石羊河流域重点治理和敦煌水资源合理利用与生态保护等工作。

7日　省委书记、省人大常委会主任陆浩，省长刘伟平，省政协主席冯健身在舟曲专门听取了省舟曲灾后重建前方协调指导小组工作汇报。强调，要齐心协力，克服困难，确保如期完成两年重建任务。

8日　纪念舟曲特大山洪泥石流灾害一周年活动在舟曲举行。民政部部长李立国带领国家有关部委、总参谋部、武警总部的负责同志出席纪念活动，并发表讲话。向在灾害中不幸罹难的骨肉同胞表示深切哀悼，向参加舟曲救灾及恢复重建的干部群众和解放军、武警官兵表示崇高敬意。省委书记、省人大常委会主任陆浩出席纪念活动并讲话。省长刘伟平主持，省政协主席冯健身出席。

同日，省委书记、省人大常委会主任陆浩，省长刘伟平，省政协主席冯健身在舟曲调研了教育“两基”工作。强调，要进一步加强组织领导，推动甘肃“两基”工作上一个新台阶。

10日　省委书记、省人大常委会主任陆浩，省长刘伟平在兰州专题听取了长庆油田公司工作汇报。指出，要进一步巩固和发展良好的地企关系，努力实现建设第二个“大庆”的目标。

同日，省政府与中国贸促会在兰州举行了联席会议，双方就进一步加强省、会合作达成了共识。省长刘伟平，中国贸促会、中国国际商会会长万季飞出席会议并讲话。

15日　甘肃省与国家开发银行在北京举行联席会议并签订《开发性金融全面支持甘肃公路航空旅游跨越式发展合作协议》。省委书记、省人大常委会主任陆浩，国家开发银行董事长陈元，省长刘伟平，国家开发银行行长蒋超良出席会议。

9～21日　班禅额尔德尼•确吉杰布到甘肃省兰州市和甘南藏族自治州参观学习并举行了佛事活动。

20～21日　中共中央政治局委员、国务院副总理王岐山到甘肃进行了工作考察，并召开了农村和小企业金融服务座谈会。强调，要转变金融发展方式，全面提升“三农”和小企业金融服务能力。省委书记、省人大常委会主任陆浩，省长刘伟平陪同考察。

22日　省长刘伟平对永登至古浪高速公路建设情况进行了调研。强调，要确保“十二五”前三年建成1000公里高速公路，为全省经济社会实现跨越式发展提供支撑。

23日　2011中国机器人大赛暨RoboCup公开赛在兰州开赛。省委书记、省人大常委会主任陆浩启动大赛开关。省政协主席冯健身，中国科学院院士、中国航天科技集团研究员吴宏鑫，中国科学院院士、中科院理论物理研究所研究员孙昌璞等出席开幕式。

25日　省委书记、省人大常委会主任陆浩在兰州会见了奥地利联邦议会议长苏珊娜•诺伊维特女士一行。

26日　省委理论学习中心组在兰州举行了报告会，邀请清华大学经济管理学院刘玲玲教授作“十二五”规划与甘肃经济社会发展专题报告。省委书记、省人大常委会主任陆浩主持了报告会。省长刘伟平出席报告会。

29日　金昌金川机场通航暨金阿铁路一期工程全线贯通庆典仪式在金昌举行。省长刘伟平出席了庆典仪式。

31日　省委副书记、省长刘伟平在乌鲁木齐会见了新疆维吾尔自治区党委书记张春贤，党委副书记、自治区主席努尔•白克力，新疆自治区党委副书记、新疆生产建设兵团政委车俊，兵团司令员华士飞等，就进一步加强合作，发挥各自优势，推动经济社会发展达成了共识。

九月

1日　省长刘伟平参加了在新疆举办的首届中国—亚欧博览会开幕式和中国—亚欧经济发展合作论坛，并参观了甘肃展馆。

2日　中共中央政治局委员、全国人大常委会副委员长、中华全国总工会主席王兆国到甘肃考察。强调，要紧紧依靠包括广大职工在内的全体人民，把中国特色社会主义伟大事业推向前进。

5日　省委常委会在兰州召开会议，对全省乡镇换届工作进行了总结。

省委书记陆浩主持会议。

同日，省长刘伟平到酒钢集团榆钢公司调研。强调，要充分发挥比较优势，提升企业发展水平。

6日　省长刘伟平到中科院寒区旱区环境与工程研究所，听取专家对甘肃生态建设和水资源保护与利用方面的意见和建议。强调，要充分发挥国家科研机构专业优势，为建设生态文明省提供科技支撑。

8～11日　国务委员、公安部部长孟建柱在省委书记、省人大常委会主任陆浩，省长刘伟平的陪同下到甘肃公安机关调研。强调，要更加注重科技应用和机制创新，切实提升公安工作的能力和水平。

13日　湖南省委副书记梅克保率领湖南省考察团到甘肃考察。两省在兰州举行了经济合作座谈会，双方就进一步加强合作交流交换了意见。省长刘伟平出席座谈会并讲话。

14日　湖南—甘肃经济合作对接会在兰州举行。湘陇达成总金额47亿元的合作项目。

15日　省长刘伟平到兰州新区进行了工作调研。强调，要坚定目标信心，加快建设步伐，使兰州新区尽早发挥对全省经济社会跨越发展的辐射和带动作用。

16日　2011’中国•定西马铃薯大会在定西开幕。全国人大常委会副委员长、民盟中央主席蒋树声宣布大会开幕。省长刘伟平出席了开幕式。

18日　深圳市弘金地爱心基金甘肃少儿网球运动员迎送暨甘肃省少儿体育好苗班启动仪式在兰州举行。省委书记、省人大常委会主任陆浩，省长刘伟平，深圳市市长许勤，全国政协委员、原深圳市政协主席王顺生等出席仪式。

19日　省委书记、省人大常委会主任陆浩，省长刘伟平在兰州会见了新喀里多尼亚北方省省长保罗•内阿胡蒂纳，新喀里多尼亚南太平洋矿业公司总裁凡•党一行。

20日　省委书记、省人大常委会主任陆浩，省长刘伟平在兰州会见了来甘调研的农业部部长韩长赋一行。

同日，农业部部长韩长赋，省长刘伟平与中国农科院兰州兽医研究所、兰州畜牧与兽药研究所专家座谈，希望两所充分发挥科研优势，为推动甘肃畜牧业发展提供科技支撑。

21日　全国窃密泄密案例警示教育展在兰州举办，省长刘伟平观看了展览。

22～26日　省委书记、省人大常委会主任陆浩，省长刘伟平，省政协主席冯健身率领甘肃党政代表团到山东学习考察，先后在青岛、烟台、威海等地考察学习，探讨和谋求两省加强合作，共同发展的新途径。与山东省委、省政府领导进行了座谈，交流了两省经济社会发展情况，并就进一步加强合作交换了意见。山东省委书记、省人大常委会主任姜异康，省长姜大明，省政协主席刘伟陪同考察。

27日　金川集团公司与庆阳市政府在兰州签署战略合作协议。同时，由金川集团公司、靖远煤业集团和大唐集团煤业公司合作成立的甘肃金远煤业有限公司正式揭牌。省委书记、省人大常委会主任陆浩，省长刘伟平出席仪式，并为金远煤业有限公司揭牌。

同日，全省节能减排工作电视电话会议在兰州召开，省长刘伟平出席会议并讲话。强调，要严格落实工作责任，确保完成甘肃“十二五”和今年节能减排各项目标任务。

30日　省委常委会在兰州召开会议，传达学习了全国加强廉政风险防控规范权力运行现场会议精神及全国加强和创新社会管理工作电视电话会议精神，研究部署了甘肃贯彻落实意见。省委书记陆浩主持会议。

十月

10日　省委书记、省人大常委会主任陆浩，省长刘伟平在兰州会见了中国进出口银行党委书记、董事长、行长李若谷一行。

同日，甘肃省纪念辛亥革命100周年全国图片联展在兰州开展。省委书记、省人大常委会主任陆浩，省长刘伟平出席开幕式并剪彩。

12日　甘肃省双拥模范城（县）命名暨双拥工作先进单位、先进个人表彰大会在兰州召开。62个城（县）、120个单位、180名个人和25个双拥办公室受到了表彰。省委书记陆浩、省长刘伟平出席大会并为受表彰单位和个人代表颁奖。

14日　汶川地震灾后恢复重建总结表彰大会在北京举行，甘肃14个先进集体和22名先进个人受到了表彰。省长刘伟平参加总结表彰大会并为获奖代表颁奖。

20日　省委常委会在兰州召开扩大会议，传达学习了党的十七届六中全会精神，并对全省学习贯彻全会精神作出安排部署。省委书记陆浩主持会议并讲话，省长刘伟平出席了会议。

同日，省长刘伟平在兰州会见了韩国驻西安总领事全哉垣一行。

21日　省委书记、省人大常委会主任陆浩，省长刘伟平在兰州会见了印度驻华大使苏杰生一行。

23日　以我国驻西班牙大使朱邦造为团长的外交部驻外使节团到甘肃考察。省委书记、省人大常委会主任陆浩，省长刘伟平在兰州会见了驻外使节团一行。

24日　省委理论中心组在兰州举行了专题学习会，邀请中央台湾工作办公室、国务院台湾事务办公室主任王毅就两岸关系形势作了专题报告。省委书记、省人大常委会主任陆浩主持报告会。省长刘伟平出席报告会。

25日　省委书记、省人大常委会主任陆浩，省长刘伟平对兰州进行了工作调研。强调，要积极推动重大项目建设，进一步加快兰州城市基础设施和新区建设步伐，努力提升中心城市对全省经济社会跨越式发展的辐射和带动能力。

26日　省委常委会在兰州召开会议，听取了甘肃“两基”迎国检工作情况汇报，并对做好此次迎国检工作，确保甘肃“两基”工作顺利通过检查验收作出了进一步部署。省委书记陆浩主持了会议。

同日，兰州（新城）至永靖沿黄河快速通道工程项目奠基仪式在兰州市西固区举行。省委书记、省人大常委会主任陆浩，省长刘伟平，省政协主席冯健身出席了奠基仪式。

28日　由教育部总督学顾问、教育部原副部长王湛担任组长的国家“两基”督导检查组到兰州，开始对甘肃“两基”工作情况进行检查验收。

29日　国家督导检查组在兰州专门听取了甘肃“两基”工作汇报。省长刘伟平出席汇报会并致辞。总督学顾问、教育部原副部长、督导检查组组长王湛听取汇报并讲话。

31日　省委副书记、省长、省贯彻落实中央深入实施西部大开发战略和进一步支持甘肃经济社会发展若干意见工作领导小组组长刘伟平主持召开会议，对甘肃贯彻落实《中共中央国务院关于深入实施西部大开发战略的若干意见》和《国务院办公厅关于进一步支持甘肃经济社会发展的若干意见》一年多来的工作进行了阶段性总结，并就进一步把中央的各项支持政策转化为项目，争取更多项目落地实施，推动全省经济社会跨越式发展进行了安排部署。

十一月

3日　中央宣讲团在兰州举行了党的十七届六中全会精神报告会。中央宣讲团成员、新闻出版总署署长柳斌杰作宣讲报告，省委副书记、省长刘伟平主持了报告会。

同日，省政府与新闻出版总署在兰州签订省署共建协议，共同促进甘肃新闻出版业繁荣发展。新闻出版总署党组书记、署长柳斌杰，省委副书记、省长刘伟平出席签署仪式，并代表双方在协议上签字。

5日　国家“两基”督导检查总结会在兰州召开。教育部部长袁贵仁代表教育部宣布：甘肃省实现了“两基”目标。省长刘伟平出席会议并讲话。

同日，教育部与省政府在兰州签署协议，继续重点共建兰州大学。教育部部长袁贵仁，省长刘伟平签署协议并讲话。

5～6日　国务院舟曲灾后恢复重建指导协调小组常务副组长、国家发改委副主任穆虹到舟曲和兰州秦王川转移安置区检查、调研、指导灾后重建工作。

7～9日　省长刘伟平到金昌调研。强调，要加快循环经济示范基地建设，发挥率先带头作用。

12日　甘肃和伊朗伊斯兰共和国库姆省缔结为友好省。省长刘伟平在兰州会见了库姆省省长赛义德•利萨•德纳德并签署协议。

16日　古浪县生态移民暨扶贫开发黄花滩项目开工奠基。省委书记、省人大常委会主任陆浩，省长刘伟平出席开工仪式，并为项目奠基。

17日　省委副书记、省长刘伟平在正宁县主持召开会议，研究部署了“11•16”重大道路交通事故处置工作。强调，要全力救治受伤孩子，安抚遇难人员亲属，尽快查明事故原因，依法严肃处理相关责任单位和责任人。

19日　省委书记、省人大常委会主任陆浩，省长刘伟平在兰州会见了国家人口计生委党组书记、主任李斌一行。

同日，甘肃银行股份有限公司开业庆典在兰州举行。省政协主席冯健身为开业揭牌。

21日　甘肃、陕西两省在西安签署《实施关中—天水经济区发展规划战略合作框架协议》。省长刘伟平，陕西省省长赵正永出席了关中—天水经济区工作商谈会暨第一次陕甘联席会议，并在协议上签字。

23日　省委常委会在兰州召开会议，研究了甘肃贯彻落实十七届六中全会精神、推动文化大省建设工作；听取了《廉政准则》贯彻执行情况专项检查工作和全省市县换届工作情况汇报。省委书记陆浩主持了会议。

24日　中央纪委《廉政准则》贯彻执行情况专项检查第五督导检查组到甘肃检查。省委在兰州举行汇报会，向督导检查组汇报了甘肃贯彻落实《廉政准则》工作情况。省委书记、省人大常委会主任陆浩主持汇报会并讲话。省长刘伟平出席了汇报会。

26日　新华社甘肃分社在兰州举行座谈会，纪念新华社建社80周年。省委书记、省人大常委会主任陆浩出席座谈会并讲话。省长刘伟平，省政协主席冯健身等出席了座谈会。

25～27日　省市主要领导干部研讨班暨省委十一届十四次全委扩大会议在兰州召开。全委会议审议通过了《中共甘肃省委关于贯彻党的十七届六中全会精神、进一步加快文化大省建设的意见》；审议通过了《中国共产党甘肃省第十一届委员会第十四次全体会议关于召开中国共产党甘肃省第十二次代表大会的决议》，决定明年四月召开省第十二次党代会。

十二月

2日　临夏至合作高速公路开工建设。省长刘伟平，省政协主席冯健身出席开工仪式。

6～7日　省长刘伟平在兰州主持召开座谈会，征求部分担任县区主要领导职务的人大代表、政协委员，部分企业、金融界人大代表、政协委员和各民主党派、省工商联、无党派人士代表对《政府工作报告（征求意见稿）》的修改意见和建议。

8日　宝鸡到天水高速公路天水

过境段正式建成通车，十堰至天水高速公路甘肃段徽县至天水公路项目开工建设。省长刘伟平在天水出席通车暨开工仪式。

11日　全省领导干部会议在兰州召开，宣布中央关于甘肃省委主要领导同志职务调整的决定。中央组织部副部长张纪南受中央委派宣布决定并讲话，陆浩、王三运、刘伟平分别讲话。中央决定：王三运任甘肃省委委员、常委、书记，陆浩不再担任甘肃省委书记、常委、委员职务。

16日　省长刘伟平到省政协机关，征求省政协对《政府工作报告（征求意见稿）》的意见建议。省政协主席冯健身主持会议。

19日　省委常委扩大会议在兰州召开，传达贯彻了胡锦涛、习近平、李源潮等中央领导同志对甘肃工作的重要指示和中央经济工作会议精神。省委书记王三运主持会议并讲话。

21日　省长刘伟平在兰州会见了中国500强企业金浦集团董事长郭金东一行。

22日　省委书记王三运走访慰问了兰州军区空军、省军区和武警甘肃总队官兵，并与部队主要负责人座谈。强调，要坚持走军民融合式发展道路，努力促进军地双方共同发展。

同日，华亭煤业集团公司60万吨煤制甲醇项目竣工投产和20万吨聚丙烯项目奠基仪式在华亭举行。省长刘伟平，中国华能集团公司总经理曹培玺出席仪式。

23日　省委常委会在兰州召开会议，传达学习了中央扶贫开发工作会议和全国党委秘书长会议、全国统战部长会议、全国组织部长会议精神；审议了《甘肃省〈中国农村扶贫开发纲要（2011—2020年）〉实施办法》、《中共甘肃省委甘肃省人民政府关于加快金融业发展的意见》和《甘肃省循环经济总体规划实施方案》；研究部署了甘肃有关工作贯彻落实的措施和办法。省委书记王三运主持了会议。

同日，省委书记王三运到省人大常委会、省政府、省政协机关座谈，并了解机关工作情况。省长刘伟平，省政协主席冯健身分别主持座谈会并汇报有关情况。

25日　省委书记王三运，省长刘伟平在兰州会见了安徽企业界客人，双方就开展有关方面的合作进行了磋商。

26日　省委书记王三运到中石油兰州石化公司调研。强调，要规模与效益务必盯紧抓实，安全和环保须臾不可放松。

同日，酒钢集团特色铁合金节能技改项目投产。省长刘伟平出席投产仪式并察看项目运行情况。

27日　全省藏区统战工作会议在兰州召开。省委书记王三运出席会议并讲话。强调，要坚持一手抓跨越发展，一手抓长治久安，聚精会神搞建设，全力以赴促和谐。

同日，全省经济发展座谈会在兰州召开。省委书记王三运主持会议并讲话，强调，要主动用足用好政策，推动全省经济社会又好又快发展。

28日　省政府第七次全体会议在兰州召开，审议了《政府工作报告（审议稿）》。省长刘伟平出席会议并讲话，强调，要科学总结今年工作，提振跨越崛起的信心，齐心协力推动明年工作取得更大进展。

29日　全省经济工作会议在兰州召开。省委书记王三运，省长刘伟平出席会议并讲话，强调，要牢牢把握好稳中求进，好中求快的总基调，努力推动全省经济社会又好又快发展。省政协主席冯健身出席会议。

30日　全省工业工作电视电话会议在兰州召开。省长刘伟平出席会议并讲话，强调，要坚定不移的推动工业率先转型跨越。

同日，全省文化产业大会在兰州举行。会议总结交流了近年来甘肃文化产业发展的新经验，分析了面临的形势和问题，安排部署了当前和今后一个时期的工作。

31日　省委议军会议在兰州召开。省委书记、省军区党委第一书记王三运出席会议并讲话，强调，要围绕主题主线，积极开拓进取，推动党管武装工作科学发展。省长刘伟平主持了会议。

同日，省委常委会在兰州召开会议，传达学习了全国政法工作会议精神，研究了甘肃贯彻落实的意见，并对全省当前和今后一个时期的政法工作进行了安排部署。省委书记王三运主持了会议。

概　况

甘肃省情

【甘肃概况】甘肃以古甘州（今张掖）肃州（今酒泉）两地首字而得名，由于陇山在境内绵延又简称陇。东邻陕西省，南与四川省、青海省接壤，西与新疆维吾尔自治区相邻，北与内蒙古自治区和蒙古国交界，东北部与宁夏回族自治区连接。闻名中外的古丝绸之路和新亚欧大陆桥横贯全境，使甘肃成为西北地区连接中、东部地区的桥梁和纽带，成为贯通东亚与亚洲中部、西亚与欧洲之间的陆上交通通道。全省辖 12 个市、2 个自治州，86 个县（市、区），省会兰州是西北重要的交通通讯枢纽，陇海、兰新、包兰、兰青和正在建设的兰渝铁路在此交汇，也是石油天然气管道运输枢纽、国家级西北商贸中心。甘肃是一个多民族省份，拥有汉、回、藏、东乡、土、满、裕固、保安、蒙古、撒拉、哈萨克等 56 个民族，其中裕固、保安、东乡族是甘肃的独有民族。2011 年末，全省常住人口 2564.2 万人，其中少数民族人口 241.8 万人。

【自然环境】甘肃位于黄土高原、青藏高原、内蒙古高原三大高原和西北干旱区、青藏高寒区、东部季风区三大自然区域的交汇处，总土地面积为 42.58 万平方公里，地形呈狭长状，东西长 1655 公里，南北宽 530 公里。地貌复杂多样，山地、高原、平川、河谷、沙漠、戈壁，类型齐全，交错分布，地势自西南向东北倾斜，大致可分为陇南山地、陇中黄土高原、甘南高原、河西走廊、祁连山脉、河西走廊以北地带六大地形区域。大部分地区气候干燥，属大陆性很强的温带季风气候，省内年平均气温在 0~16℃之间，年降水量在 36.6 ~ 734.9 毫米。甘肃是一个少林省区，据第六次全省森林资源清查，全省森林覆盖率 13.42%。

【能矿资源】新中国成立以来，经过六十多年的开发建设，甘肃已形成了以石油化工、有色冶金、机械电子等为主的工业体系，成为我国重要的能源、原材料工业基地。截至 2010 年底，境内已发现各类矿产 179 种（含亚矿种，下同），已查明矿产资源储量的有 111 种，列入《甘肃省矿产资源储量表》的固体矿产 95 种、矿产地 1184 处（含共伴生矿产）。在已查明的矿产中，甘肃省资源储量名列全国第 1 位的矿产有 12 种，居前 5 位的有 29 种，居前 10 位的有 58 种。

甘肃省能源种类较多，除煤炭、石油、天然气外，还有太阳能、风能等新能源。其中：石油累计探明可开采储量 8061.5 万吨；煤炭保有资源储量 140.46 亿吨，局全国第 13 位；风能总储量为 2.37 亿千瓦，技术可开发量 2667 万千瓦，目前已经建成的风电装机容量达到 550 万千瓦。同时，甘肃是我国太阳能最为丰富的三个区域之一，各地年太阳总辐射值大约为 4800 ~ 6400 兆焦 / 平方米。

【特色产业】甘肃土地面积广阔，居全国第七位；牧草地面积 2.12 亿亩，占土地总面积的 33.1%，为全国六大牧区之一；光热资源充足且昼夜温差大，具有发展特色农业和优质高效农业的有利条件。许多特色农产品，无论是种植面积还是产量在全国都名列前茅，特别是玉米制种、啤酒原料、马铃薯、酿酒葡萄、油橄榄、食用百合、瓜果蔬菜和草食畜产品等特色产品，品质优良，发展前景良好。甘肃还是我国药材主要产区之一，现有药材品种 9500 多种，居全国第二位，其中野生药用植物就有 1270 种。当归、黄（红）芪、党参、大黄、甘草等五种大宗中药材驰名中外。

甘肃是新中国成立后国家重点投资建设工业体系的区域之一。改革开放之后，特别是进入 21 世纪以来，全省上下认真贯彻落实“工业强省”战略，紧紧依靠并积极壮大传统支柱产业的发展，突出传统支柱产业的改造升级，石油化工、有色冶金、装备制造、食品医药等支柱产业呈现了良好的发展势头。

【历史文化】甘肃是华夏文明和中国古文化的发祥地之一，是传说中的三皇之首伏羲、五帝轩辕黄帝和女娲的生长地，故有“羲轩桑梓”之称。甘肃的大地湾文化距今约八千年，其后的仰韶文化、马家窑文化创造了彩陶文化的辉煌时代。中华民族的人文始祖伏羲、女娲和黄帝相传就生在甘肃，故有“羲轩桑梓”之称。周秦时期，甘肃的庆阳、天水又是周文化和秦文化的发祥地。汉武帝至昭帝间陆续设武威、张掖、敦煌、天水、安定、武都、金城诸郡，汉代的开边政策和张骞出使西域成功开通了丝绸之路。隋唐时期，贯穿甘肃河西走廊的丝绸之路进入了繁荣时期，甘肃成为我国联系西域各国和欧洲的重要通道，武威、张掖、敦煌成为经济文化繁荣的国际性贸易城市，整个河陇地区农桑繁盛、士民殷富，《资治通鉴》有“天下称富庶者，无如陇右”的记载。元代，全国创设省制，甘肃正式设省。明代长城由东向西穿越 9 省区后，抵达甘肃河西地区，嘉峪关成为大西北的重要关隘和前沿阵地，有“天下第一雄关”之称。海路开通后，随着全国经济政治文化重心的东移南迁，特别是气候和生态条件的变化，甘肃渐渐成为荒僻之地，晚清时期时任陕甘总督左宗棠曾奏称“甘肃地处边陲，土旷人稀，瘠苦甲于天下”。源远流长、底蕴深厚的甘肃历史文化，不断催生着时代精神，培育了《读者》、《丝路花雨》、《大梦敦煌》等一系列著名文化品牌。其中《读者》杂志成为全国发行量最大的期刊，被誉为“中国人的心灵读本”；舞剧《丝路花雨》、《大梦敦煌》享誉全球。

【民族民间文化】甘肃节庆习俗丰富多彩。回族的古尔邦节、开斋节；藏族的正月十五晒佛节、五月采花节；哈萨克族的叼羊、“姑娘追”；土族的“纳顿”节、“二月二”跳神会等。甘肃饮食文化异彩纷呈。兰州牛肉面是最具特色的大众化经济小吃，声名远扬；以手抓羊肉为代表的清真风味食品，独特可口；糌粑、酸奶、奶茶、蕨麻米饭等藏族风味的食物，值得品尝；还有各种地方小吃，更是独具特色。甘肃民族歌舞多姿多彩。社火歌舞是广泛流传于甘肃民间的一种艺术，尤以兰州的太平鼓舞、武威的“滚鼓子”、张掖的顶腕舞、陇东的秧歌、天水一带的扇鼓舞、腊花等著称，还有莲花山花儿、二郎山花儿、河湟花儿、裕固族民歌等。此外，兰州微雕葫芦，平凉纸织画，庆阳牛皮影、香包、剪纸、刺绣，保安腰刀，天水雕漆漆器，酒泉夜光杯，卓尼洮砚，武威“铜奔马”等民间工艺品也久负盛名。

【旅游资源】甘肃的旅游资源既有石窟寺庙、长城关隘、塔碑楼阁、古城遗址、历史文物等文物古迹，又有青山绿水、高山草原、大漠戈壁、沙漠绿洲、丹霞奇观、冰川雪峰等独具特色的西部自然风光还有以藏、回、裕固、保安、东乡等少数民族浓郁风情为特色的民族风情资源。丰富的文化遗产、独特的自然景观和多彩的民族风情，成为人们向往的旅游胜地，开发前景广阔。最具代表性的旅游景点：被联合国科教文组织列为世界文化遗产之一、被誉为“世界艺术宝库”和“世界现存佛教艺术最伟大宝库”的敦煌莫高窟，被称为“人文始祖”的羲皇故里——天水伏羲庙，“东方雕塑馆”之称的天水麦积山石窟，万里长城最西端的“天下第一雄关”——嘉峪关，中国彩陶之乡之称的临夏，中国藏传佛教格鲁派六大宗主寺之一的夏河拉卜楞寺，道教第一山崆峒山，中国的旅游标志——武威出土的汉代铜奔马，世界最大的室内卧佛寺—张掖大佛寺，泾川西王母宫、永靖炳灵寺石窟、永登鲁土司衙门旧址等构成了璀璨夺目的艺术长廊。近年发现的永靖恐龙足迹、和政古生物化石，是一、二千万年前中生代白垩纪的遗址。

国民经济运行

【经济运行的特点】2011 年，面对国内外环境的新变化，全省上下认真贯彻落实科学发展观，紧紧围绕跨越式发展的总体目标，深入实施区域发展战略，加快转变经济发展方式，团结一致控物价、降能耗、减排放、保增长、惠民生，经济呈现出平稳较快的发展势头，全省生产总值比上年增长 12.5%。

（一）生产加快增长

2011 年全省实现生产总值 5020.37 亿元，按不变价计算，比上年增长 12.5%，增速比上年提高 0.7 个百分点。其中：第一产业完成增加值 678.75 亿元，增长 5.9%；第二产业完成增加值 2377.87 亿元，增长 15.2%；第三产业完成增加值 1963.79 亿元，增长 11.6%。

跨越式发展见成效。2011 年，全省生产总值突破 5000 亿元，达到 5020.37 亿元，比上年增长 12.5%，是自 1989 年以来的最高增幅，比“十一五”时期年均增速提高 1.3 个百分点，比年度目标值高 0.5 个百分点。

1. 农业生产稳定增长

全年粮食产量突破 1000 万吨，达到 1014.6 万吨，比上年增长 5.87%，连续 8 年实现粮食丰收。

草食畜牧业快速发展。多渠道整合草食畜牧业发展专项资金，用于巩固扩大草食畜牧业发展成果，全省草食畜牧业生产呈现出快速发展的良好态势。年末牛存栏 498.38 万头，比上年末增长 2.75%；羊存栏 1898.59 万只，增长 4.41%。全年牛出栏 169.49 万头，比上年增长 5.52%；羊出栏 1062.74 万只，增长 1.0%。

特色优势产业发展良好。全年蔬菜播种面积 623.1 万亩，比上年增长 5.16%；蔬菜产量 1320.6 万吨，增长 6.89%。全年中药材播种面积 278.51 万亩，增长 12.25%；中药材产量 61.94 万吨，增长 17.64%。

2. 工业生产较快增长

全年全省全部工业企业完成工业增加值 1923.95 亿元，比上年增长 16.3%，增幅比上年提高 0.5 个百分点。规模以上工业企业完成工业增加值 1782.85 亿元，增长 16.6%。

石油加工、炼焦及核燃料加工业等四行业对全省规模以上工业增长拉动作用明显。全年全省石油加工、炼焦及核燃料加工业，有色金属冶炼及压延加工业，电力热力的生产和供应业，黑色金属冶炼及压延加工业分别完成工业增加值 251.89 亿元、227.56 亿元、214.69 亿元和 199.58 亿元，四行业完成工业增加值占规模以上工业总量的 50.12%，分别增长 15.6%、18.5%、20.2%和 20.6%。

轻工业快速增长。全省轻工业完成工业增加值 224.10 亿元，占全省规模以上工业总量的 12.57%，比上年增长 21.9%，增速高于全省规模以上工业 5.7 个百分点，对全省规模以上工业增加值增长的贡献率为 17.33%。

（二）需求增势较强

1. 固定资产投资增势强劲

全年全省 500 万元及以上项目共完成固定资产投资 4180.24 亿元，比上年增长 40.16%。其中：城镇固定资产投资完成 3873.72 亿元，增长 40.25%，在城镇固定资产投资中，房地产开发投资完成 362.88 亿元，增长 36.21%；非农户项目投资完成 306.52 亿元，增长 39.03%。

城镇项目投资中，第一产业投资 135.39 亿元，比上年增长 75.64%；第二产业投资 1915.25 亿元，增长 33.27%；第三产业投资 1823.08 亿元，增长 46.10%。

新开工项目规模扩大。全省新开工项目 6142 个，平均投资规模为 6304 万元，比上年增加 1778 万元。

2. 消费品市场较快发展

全年全省实现社会消费品零售总额 1648.0 亿元，比上年增长 18.2%。

城镇市场稳步发展，乡村市场快速增长。全年全省城镇实现社会消费品零售额 1334.8 亿元，比上年增长 18.8%，其中，城区实现社会消费品零售额 989.7 亿元，增长 18.6%；乡村实现社会消费品零售额 313.2 亿元，增长 15.5%。

主要热点商品销售较快增长。全年全省粮油、食品类零售额比上年增长 53.9%，石油及其制品类零售额增长 42.4%，金银珠宝类零售额增长 46.9%，建筑及装潢材料类零售额增长 1.3 倍，家具类零售额增长 62.7%。

3. 进出口贸易较快增长

全年全省完成进出口总值 87.51 亿美元，比上年增长 18.74%。其中：出口总值 21.85 亿美元，增长 33.42%；进口总值 65.65 亿美元，增长 14.54%。

（三）价格高位运行

1. 居民消费价格高位运行，下半年涨幅回落

全年全省居民消费价格总水平比上年上涨 5.9%。元月份和 2 月份居民消费价格总水平上涨 7.0%，之后涨幅有所回落，5 月份同比上涨 6.0%，6 月份和 7 月份随着各种涨价因素的集中爆发，居民消费价格涨幅回升，7 月份上涨 7.3%，达到了年内最高水平。随后各级政府加大价格调控力度，加之翘尾因素影响逐步减弱，居民消费价格涨幅逐月回落。12 月份，全省居民消费价格同比上涨 2.9%，涨幅比最高的 7 月份回落 4.4 个百分点。

八大类商品和服务项目价格同比呈现全面上涨的态势。2011 年食品、医疗保健及个人用品、居住、娱乐教育文化用品及服务、烟酒及用品、家庭设备用品及维修服务、衣着、交通和通信类价格分别比上年上涨 11.4%、5.8%、5.7%、2.9%、1.8%、1.6%、1.3%、1.1%。

食品类价格上涨是推动居民消费价格高位运行的主要因素。2011 年，全省食品类价格上涨 11.4%，高于居民消费价格涨幅 5.5 个百分点，在八大类商品价格中上涨最快。受国家提高粮食收购价格、运输成本的增加等因素的影响，粮食价格大幅上扬，全省粮食价格上涨 10.5%。其中：大米、面粉、粮食制品类价格分别上涨 11.5%、8.4%、11.5%。受饲料及人工费等养殖成本持续上涨的影响，肉禽及其制品、蛋、水产品价格大幅飙升。全省肉禽及其制品、蛋、水产品价格分别上涨 22.4%、16%、9.1%。受入春后持续的低温天气、种植成本增加及运输费用提高的共同影响，干鲜瓜果涨幅较高，上涨 15.1%。

2. 工业生产者出厂价格涨幅回落，五行业拉动工业生产者出厂价格上涨

全年全省工业生产者出厂价格总水平比上年上涨 11.0%，涨幅比上年回落 4.0 个百分点，比前三季度回落 2.1 个百分点；工业生产者购进价格总水平同比上涨 15.1%，涨幅比前三季度回落 2.1 个百分点。

五大行业拉动工业生产者出厂价格上涨。石油和天然气开采业、煤炭开采和洗选业、石油加工炼焦及核燃料加工业、黑色金属冶炼及压延加工业、有色金属冶炼及压延加工业价格同比分别上涨 37.1%、20.8%、17.3%、7.4%、7.4%，共拉动工业生产者出厂价格上涨 8.9 个百分点，对工业生产者出厂价格总指数上涨的贡献率达到 80.9%。

（四）收入继续增加

全年全省城镇居民人均可支配收入为 14988.68 元，比上年增长 13.6%。其中：工资性收入 11195.26 元，增长 13.28%；经营净收入 914.30 元，增长 32.90%；财产性收入 161.66 元，增长 1.24 倍；转移性收入 3996.15 元，增长 9.05%。

全年全省农村居民人均纯收入为 3909.4 元，比上年增长 14.2%。其中工资性收入为 1562.0 元，增长 30.2%，对农民人均纯收入增长的贡献率达到 74.8%，成为农民增收的主要推动因素。

（五）财政金融较快增长

1. 财政收入快速增长

全年全省完成大口径财政收入 933.62 亿元，比上年增长 25.28%，增速比上年提高 1.89 个百分点。完成一般预算收入 450.35 亿元，增长 27.37%，增速比上年提高 4.0 个百分点。在主体税种中，企业所得税、营业税、个人所得税和国内增值税分别增长 42.76%、26.72%、26.34%和 11.01%。

全年全省完成一般预算支出 1790.25 亿元，比上年增长 21.90%。其中，交通运输、医疗卫生、社会保障和就业、一般公共服务支出分别增长 1.39 倍、42.58%、29.31%和 20.33%。

2. 金融存贷款规模扩大

年末，全省金融机构人民币各项存款余额为 8394.04 亿元，比上年末增长 17.97%。

年末，全省金融机构人民币各项贷款余额为 5468.81 亿元，全年新增贷款 1035.01 亿元，年新增贷款首次突破千亿元，比上年末增长 23.36%，增速比上年提高 1.89 个百分点。其中：短期贷款 1761.74 亿元，增长 8.97%；中

长期贷款 3470.68 亿元，增长 28.50%。

【经济运行中存在的问题】

（一）工业生产增速回落

全年全省规模以上工业增加值增速比前三季度回落 0.8 个百分点。全省 23 户重点企业完成工业增加值占规模以上工业总量的 47.65%，比上年增长 15.3%，低于全省规模以上工业 0.9 个百分点。

电价调整影响企业生产经营。自 2011 年 12 月 1 日起，甘肃省适当提高省内统调燃煤发电企业上网电价，销售电价也相应调整，电炉铁合金、电石、电解烧碱、电解铝用电电价每度提高 2.14 分，给部分高耗能企业，特别是电解铝企业带来较大困难。

（二）完成节能降耗目标任务艰巨

2011 年，全省万元生产总值能耗比上年下降 2.51%，完成“十二五”节能目标进度的 15.64%，与国家下达甘肃省“十二五”时期的节能目标任务有一定的差距。

（三）居民消费价格涨幅较高

全年全省居民消费价格总水平比上年上涨 5.9%，涨幅高于全国 0.5 个百分点，居全国第 4 位（与广西和新疆并列）。同时，6 月份以来居民消费价格环比呈现上涨态势。

（四）到位资金不能满足进度需要

全年全省城镇到位资金 3764.80 亿元，比上年增长 32.22%，绝对值低于城镇投资 108.92 亿元，增速低于城镇投资 8.03 个百分点。其中：国家预算内资金增长 43.40%，国内贷款下降 2.04%，利用外资下降 4.11%，自筹资金增长 43.78%，其他资金增长 15.0%。

（五）城乡居民收入居全国末位

甘肃城乡居民收入从 2007 年开始居全国末位。2011 年，城镇居民人均可支配收入相当于全国水平的 68.7%，农民人均纯收入仅为全国平均水平的 57.9%；甘肃城镇居民人均可支配收入增速低于全国平均水平 0.5 个百分点；农民人均纯收入增速低于全国 3.7 个百分点，在全国 31 个省市区中仅高于北京，居倒数第 2 位。

2020 年甘肃要与全国同步实现全面建设小康社会，一方面要大幅度提高城乡居民收入水平，另一方面要将城乡收入比缩小到 2.8 以内。而目前甘肃城乡居民收入的增长速度难以保证实现全面建设小康社会的收入目标。2011 年甘肃城乡收入比为 3.8，比全国平均水平高 0.7，比目标值高 1.0。

【对策建议】

（一）统筹处理经济发展和节能减排之间的关系

由于保增长和降能耗互相存在一定的制约，而目前高耗能行业又是支撑甘肃经济发展的主要力量，既要实现全省转型跨越发展，又要完成节能减排的目标任务，甘肃面临双重压力。要统筹处理经济发展和节能减排之间的关系，加快产业结构调整，促进产业结构升级，使工业增长和节能减排达到优化平衡，推动经济持续健康发展。要对新增污染物排放的建设项目依法暂缓审批，对擅自停用减排设施、违反环保法律法规的企业公开曝光，依法查处，确保减排设施正常运行。

（二）促进工业生产健康发展

关注企业生产经营状况，帮助企业加快技术改造，不断开拓市场，提高经济效益。积极引导金融机构与企业对接，争取商业银行加大对企业信贷支持力度，特别是对传统支柱产业改造升级、战略性新兴产业、先进高载能产业、装备制造业的信贷支持。积极做好煤电油运的协调工作，营造良好运行环境，确保工业经济平稳发展。

（三）严格控制物价水平

要认真贯彻落实省政府关于调控物价的相关政策，紧抓控制食品类价格上涨的主要因素，全面落实“绿色通道”政策，降低流通成本，保障市场供应。同时，加大价格监督检查力度，严肃查处恶意炒作、串通涨价、哄抬物价等不法行为，维护市场正常秩序，促使物价涨幅稳步回落。

（四）保持信贷总量合理增长

目前，由于甘肃城镇投资到位资金中国内贷款呈现下降态势，不能满足投资进度需要。因此，一方面要合理安排信贷投放，保持信贷总量合理增长；另一方面要着力优化信贷结构，保证全省重点项目的信贷需求，引导地方金融机构和小额贷款公司拓展面向中小微型企业发展的服务业务，缓解企业融资困难问题。

（五）促进城乡居民增收

一是继续提高城镇居民收入。鼓励企业在效益提高的前提下，适当增加职工的工资和效益奖金；建立正常稳定的增资机制，增加行政事业单位的工资补贴。出台更多鼓励百姓创业的优惠政策，努力优化创业环境，不断提高居民经营净收入。增加低收入家庭的收入，继续做好最低生活保障的落实工作，增加低收入家庭的就业机会，特别在就业和技术培训上，给予政策帮扶。

二是切实提高农村居民收入。进一步加大对外出务工农民的技能培训，加大农产品产销情况的监测和预测，及时掌握市场动态及趋势，加大农产品营销促销力度，充分发挥农民专业合作组织在提高农民组织化程度、降低农产品交易成本、促进农产品顺畅销售、增加农民收入等方面的作用，最大限度保护农民利益，确保农业增产的前提下农民增收。同时，还要缩小城乡间、行业间、各收入阶层间的收入差距，解决收入两极分化的问题。

【2012 年展望】第一，2012 年世界经济有望继续恢复增长，但目前全球经济复苏仍表现为不稳定和不均衡的态势。第二，中央经济工作会议部署了 2012 年全国经济工作，提出经济要稳中求进，巩固经济发展的良好势头，保持宏观经济政策基本稳定，保持经济平稳较快发展，保持物价总水

平基本稳定。同时，央行已逐步开始下调存款准备金率，传递了货币政策“预调微调”的信号，这为甘肃经济发展提供了良好的运行环境。第三，随着国家支持甘肃发展的各项措施的落实和区域发展战略的深入推进，以及现代服务业和循环经济的加快发展，甘肃转型跨越发展的后劲不断增强。同时，经济结构优化调整，传统产业改造提升和新兴产业培育步伐加快，将促进经济较快发展。综上所述，初步预测2012年甘肃经济仍将保持平稳较快的发展势头。

（董平　陈亮）

国土资源

【土地资源】

（一）土地利用现状

全省土地总面积 42.58 万平方公里。根据 2010 年 1 月 1 日至 2010 年 12 月 31 日土地利用现状变更调查，全省主要地类面积及地类构成情况为：农用地 2544.98 万公顷（38174.71 万亩），占土地总面积的 59.76%。其中：耕地 465.93 万公顷（6989 万亩），园地 20.59 万公顷（308.89 万亩），林地 518.46 万公顷（7776.96 万亩），草地 1410.96 万公顷（21164.36 万亩），其他农用地 129.04 万公顷（1935.60 万亩）。

建设用地 99.43 万公顷（1491.45 万亩），占土地总面积的 2.34%。其中：城镇村及工矿用地 89.46 万公顷（1341.84 万亩），交通运输用地 7.09 万公顷（106.46 万亩），水域及水利设施用地 2.88 万公顷（43.2 万亩）。

未利用地 1613.59 万公顷（24203.84 万亩），占土地总面积的 37.9%。其中：未利用土地 1426.54 万公顷(21398.09 万亩)，其他土地 187.09 万公顷（2806.35 万亩）。全省包括耕地中的水浇地及果园在内的农用地灌溉面积共有 149.6 万公顷(2244 万亩)。以有林地及灌木林地计算森林覆盖率为 9.30%。全省土地利用率为 62%，尚未利用的土地占全省总土地面积的 38%，包括沙漠、裸地、冰川及永久积雪、盐碱地、沼泽等。

全省土地总面积居全国第七位，人均占用土地量居全国第五位，耕地面积居全国第十一位。

（二）耕地及基本农田保护

2011 年耕地保护工作着眼于保数量、提质量，落实建设占用耕地先补后占制度，加大土地整理复垦开发力度，尤其是高标准基本农田建设力度，使基本农田数量不减少，用途不改变，质量有提高，耕地保有量、基本农田保护面积、保护率均达到年初预定的计划指标，确保全省耕地总量平衡和占补平衡。截止 2011 年底，基本农田保护面积 381.67 万公顷（5725 万亩），实际基本农田保护面积达到 383.8 万公顷（5757.05 万亩）。

（三）土地整理复垦开发项目建设情况

2011 年，全省共安排土地整理开发资金共计 15.7024 亿元。其中：中央新增建设用地有偿使用费 4.2824 亿元，安排项目 49 个，中央财政灾毁耕地复垦项目资金 1.5 亿元，安排项目 49 个；省留新增建设用地有偿使用费 9890 万元，安排项目 25 个，省留开垦费 6750 万元，安排项目 19 个；切块市州新增费、耕地开垦费 8.256 亿元。全年共验收 2011 年以前实施各类土地整理开发项目 217 个，完成总投资 10.1465 亿元，建设总规模 64.23 万亩，新增耕地 12.7 万亩。

（四）用地预审及土地利用计划执行

2011 年共预审建设项目 154 个，其中报部初审项目 15 个，省级预审项目 139 个，总投资 1814.9376 亿元，用地总面积 8256.8588 公顷，其中，农用地 3536.644 公顷（含耕地 2686.7677 公顷），建设用地 1037.4635 公顷，未利用地 3682.7513 公顷。省级预审项目已通过国土资源部建设项目用地预审备案系统全部上报国土资源部备案。土地利用计划执行情况：2011 年国家下达建设用地计划 7967 公顷，实际用地 9867 公顷，超额部分积极争取国土资源部支持，从历年结余指标中解决。

（五）土地供应

2011 年，全省供应建设用地 2948 宗，面积 9555.63 公顷（新增土地供应 5926.08 公顷，存量土地供应 3629.55 公顷）。其中，以招标拍卖挂牌出让方式供地 1154 宗，面积 4758.45 公顷；以协议出让方式供地 579 宗，面积 1350.73 公顷；以划拨方式供地 1206 宗，面积 3446.45 公顷。2011 年，全省土地出让价款达到 175.75 亿元，其中，以招标拍卖挂牌方式出让土地成交价款为 157.29 亿元；以协议方式出让土地成交价款为 18.46 亿元。

【矿产资源】

（一）矿产资源概况

截至 2010 年底，全省已发现各类矿产 179 种（含亚矿种，下同），其中，已查明矿产资源储量的 111 种，占全省已发现矿种的 62%，未查明资源储量的 68 种，占全省已发现矿种的 38%。列入《甘肃省矿产资源储量表》的固体矿产 95 种、矿产地 1184 处（含共伴生矿产，下同），其中固体燃料矿产地 234 处，黑色金属矿产地 119 处，有色金属矿产地 253 处，贵重金属矿产地 273 处，稀有稀土分散元素矿产地 34 处，化工原料非金属矿产地 75 处，冶金辅助原料非金属矿产地 42 处，建材及其它非金属矿产地 154 处；勘查程度勘探阶段 259 个、详查阶段 291 个、普查阶段 634 个。

据《2010 年全国主要矿产资源储量通报》统计，在已查明的矿产中，甘肃省资源储量名列全国第 1 位的矿产有 12 种，居前 5 位的有 29 种，居前 10 位的有 58 种。

截至 2010 年底，列入《甘肃省矿产资源储量表》的 92 种固体矿产中，与 2009 年比较，有 49 个矿种的资源储量发生了变化，其中资源储量增加的有23种，减少的有26种。

（二）矿产资源勘查

2011年，全省开展矿产勘查项目389个，投入地勘资215148.86万元，其中中央财政投入10162.90万元，地方财政投入66304.15万元，社会资金投入138681.81万元。勘查矿种主要为煤、铁、锰、铜、锌、铅、钨、钼、金等；其中，能源矿产勘查项目36个，黑色金属勘查41个、有色金属89个、贵金属187个、稀有矿产6个，化工建材矿产26个，水汽4个。全年共完成钻探1014996米，槽探539311立方米，坑54117米，浅井632米。新增煤炭资源量25.59亿吨，锌69.16万吨，金31吨，铁矿石1.12亿吨。

2011年全省在地质勘查方面取得了以下重要成果：甘肃省崇信县赤城煤田南部煤炭资源普查。通过2011年的勘查工作，该煤田新增煤炭资源量2.8亿吨。甘肃省灵台县独店勘查区煤炭普查。通过2011年的勘查工作，该煤田新增煤炭资源量17.3826亿吨。甘肃省肃北县德勒诺尔铁矿普查。共求得铁矿石资源量14072.20万吨，平均品位TFe26.26%。甘肃省合作市早子沟金矿详查。2011年早子沟金矿的勘查工作以深部找矿为主，初步估算新增金资源量15吨，取得了矿区找矿的重大进展。早子沟金矿区累计提交金资源储量达到68吨，是西秦岭地区继大水、阳山、寨上之后又一处特大型金矿。

甘肃省矿产资源储量利用现状调查。该项目从2007年开展以来，截止2011年12月，甘肃省矿产资源储量利用现状调查项目共落实项目经费3851万元，其中中央财政承担1511万元、地方财政承担2340万元。全省开展了煤、铁、锰、铬、铜、铅、锌、镍、钨、锡、钼、锑、金、银、菱镁矿、硫铁矿、磷、钾盐、重晶石、萤石等20个矿种的储量利用现状调查，在全国历时一年的验收中，甘肃省参与的20个矿种中钨、锑、铜、锌、金、镍、、锰、煤、菱镁矿、硫铁矿、重晶石、萤石评审验收结果为优秀，磷的评审结果为良+，铁、铅、钼、银、铬、锡、钾盐评审结果为良好。全国项目办已验收20个矿种形成单矿区报告463份，核查矿区报告17个，数据库成果500个；单矿种汇总报告20份，数据库20个，各类图件5893张，项目现进入汇总报告成果编制和两库衔接阶段。

（三）矿产资源补偿费征收

2011年矿产资源补偿费征收管理工作通过建立市县矿产资源补偿费目标责任管理体系，抓大中型企业、重点地区和主要矿种矿产资源补偿费征收，加大清缴力度等措施，超额完成了矿产资源补偿费征管工作任务，实现矿产资源补偿费征收入库4.03亿元，其中省厅直接征收矿产资源补偿费3.74亿元，14个市（州）征收矿产资源补偿费0.29亿元。

（四）矿业权市场建设

2011年，省级矿业权有形市场已经基本建设完成，并于11月初正式挂牌运行。市场配备了功能齐全、设施完善的矿业权交易大厅、招标大厅、矿业权协议转让室、公示大厅、报件及咨询室，以及电子大屏、电子触摸查询机、视频监控录播系统等硬件设施，总面积约900平方米。2011年省政府正式出台了《甘肃省人民政府关于健全完善矿业权有形市场的意见》，全省矿业权交易规章制度得以进一步完善，全省矿业权交易市场进入快速发展的轨道。全年省级矿业权市场进场协议转让签约鉴证矿业权4宗，转让金额33.96亿元。全省公开出让矿业权共211宗，其中招标5宗，挂牌195宗，拍卖11宗，总成交价款6026.55万元，充分体现了市场配置资源的优势。

【国土资源规划】

（一）土地利用总体规划

《甘肃省土地利用总体规划（2006~2020年）》于2011年3月16日经国务院批准并下发实施。《规划》主要阐明2006~2020年甘肃省土地利用战略，明确土地利用管理的主要目标、任务，提出区域及城乡协调发展的土地利用政策，确定规划目标任务的政策措施和保障机制，实现土地资源的节约集约与可持续利用。14个市州土地利用总体规划中已有13个市州获得省政府批复，兰州市土地利用总体规划已上报国务院待批。县乡级土地利用总体规划已完成编制工作，现正在进行规划数据库核查工作，核查完毕后进行报批。

（二）矿产资源总体规划

2011年，全面完成省、市、县级矿产资源总体规划编制任务。省级矿产资源总体规划已批准发布实施；全省除临夏州及其所辖的8个县市外，13个市级规划已经省政府批准实施，78个县市区规划经省厅委托的市州国土资源局全部予以批准实施。组织完成了钨钼（稀土、锡）、锑、萤石矿产资源勘查开发利用和鄂尔多斯盆地（甘肃部分）矿产资源勘查开采四个专项规划以及金川铜镍多金属矿综合利用、窑街煤炭资源综合利用两大国家级示范基地建设总体规划的编制。

【地质环境】

（一）地质灾害防治

2011年全省共发生地质灾害115起，其中特大型1起、大型1起、中型15起、小型98起；根据成因分析：自然引发103起、人为诱发12起；按灾害种类分：滑坡48起、崩塌31起、泥石流25处、地面塌陷4起、地裂缝4处、地面沉降4处。灾害共造成4人死亡、1人失踪、10人受伤，经济损失51428.15万元。共完成应急调查20次，提交调查报告20份、地质灾害信息速报34期。全年共发布地质灾害气象预警预报信息54次，其中Ⅱ级12次、Ⅲ级33次、Ⅳ级9次。

各级国土资源管理部门不断强化对地质灾害易发区内各类工程建设地

质灾害防治工作的监督管理，全年完成省级地质灾害危险性评估报告备案174宗，其中一级159宗、二级2宗、三级13宗。完成省厅发证的矿山地质环境治理方案审查备案49宗。

（二）矿山地质环境

2011年2529个矿山企业缴纳了20660.54万元矿山环境恢复治理保证金。全年共安排地质环境项目75个，共投入中央和省级经费67305万元，其中国家级矿山地质环境治理项目7个27500万元、地质灾害防治项目15个21747万元、地质遗迹保护项目4个2200万元；省级地下水勘查项目19个1428万元、地质灾害防治项目9个8030万元、地质遗迹保护项目15个3000万元、矿山地质环境治理6个3400万元。

（三）地质遗迹保护

2011年对申报省级地质公园的兰州天府沙宫、金塔大墩门、敦煌鸣沙山月牙泉、两当云屏三峡等四个地质遗迹进行了专家论证、考察。张掖彩色丘陵丹霞地貌、永靖县炳林石林两个省级地质公园已经初步具备建设国家地质公园的条件，申报材料已报国土资源部。

防震减灾

【地震概况】2011年甘肃共发生MS≥2.0级地震84次。其中，2.0～2.9级73次，3.0～3.9级9次，4.0～4.9级2次。最大地震为11月2日发生的岷县4.5级地震。2011年地震活动在时间上分布不均匀，3月、12月地震活动频次较高，达到10次，5月、10月地震活动水平最低，仅有2次，其余时间地震频次在3～8次之间；3级地震主要集中分布在年初和年末；4级以上地震发生在11月、12月。地震活动的空间特征表现为2.0级以上地震分布比较均匀，祁连山西段较为集中；3.0级以上地震主要分布在祁连山西段、祁连山东段和甘东南地区；4.0级以上地震在祁连山西段和甘东南地区各发生1次。

【地震监测预报】加强地震监测台网运维和管理，维修、更新、改造仪器设备160台套，保证了监测工作的正常进行；组织和参加各类监测业务培训76人次，有效提高了监测人员的业务素质；牵头组织实施了中国地震局下达的西北地区流体台网设备更新改造工程，更新改造了平凉、陇南中心地震台流体观测仪器，有效提高了台网运行率；加强全国地震行业氡气源维修和标定的管理和技术服务，翻修闪烁室40多个，为水氡观测提供了技术保障；自筹30万元完成了省内所有地震监测台站坐标精确测定，地震台站资料向各级政府及有关部门备案工作已全面展开。本年度甘肃省测震台网运行率达到95%以上，共速报国内外地震67个，编目省内外地震5776个，及时向中国地震局预测研究所、各市州地震局提供观测资料1000份；前兆台网运行率达到99.6%，数据完整率达到98.9%以上；强震动台网运行率达到92%以上；信息网络运行率达到99%以上，满足了信息发布、地震速报、地震目录和前兆资料的查询。在全国地震观测资料质量评比中获前三名23台项，继续保持全国领先水平。

地震预测预报以年度地震重点危险区为重点，开展了不间断的震情跟踪、异常落实和分析研判。3月初，根据省内震情发展变化，甘肃省地震局积极向省政府汇报了震情形势，提出了加强工作的措施，认真落实刘伟平省长，泽巴足、李建华副省长对震情监视工作做出的批示和要求，采取了一系列措施，开展了持续的震情跟踪和应急准备工作；加强南北地震带震情跟踪，牵头组织了南北地震带北段震情研讨，动态跟踪震情发展趋势；加强地震预测预报社会管理，建立了接收、评估、反馈机制，共接收社会地震预测意见8起、电话预测意见6起并给予及时反馈，社会组织、公民地震预测行为逐步规范。本年度对发生在省内及边邻地区的9起显著地震事件，作出了较准确的震后趋势及震情形势判定，为有效应对突发地震事件提供了可靠依据。

【地震灾害预防】依法加强重大建设工程和学校、医院等人员密集场所地震安全性评价和抗震设防要求监管，制定修订了《甘肃省建设工程地震安全性评价报告评审办法》等规章制度，改进了地震安全性评价报告编写、评审和抗震设防要求审批工作程序，开展了地震安全性评价执业资格注册和资质单位清理整顿工作，进一步规范了地震安全性评价和抗震设防要求监管；甘肃省地震局配合省发展改革委对舟曲小水电建设执行抗震设防要求进行了检查，进一步加强了抗震设防要求监督管理；甘肃省地震局配合省校安办全力实施校安工程建设，牵头组织了张掖市校安工程的督导检查，并将检查结果及抗震设防要求落实情况向省校安办进行了汇报。2011年，对83项重大项目开展了地震安全性评价，确定了科学合理的抗震设防要求，确认一般建设工程抗震设防要求1235项，全省重大建设工程抗震设防能力明显增强。

继续实施农村民居地震安全工程，甘肃省地震局不断完善“甘肃省农居地震安全技术服务网络系统”，建成了甘肃省农居地震安全技术服务网络中心，14个市州农居地震安全技术服务区域中心，22个县市区农居地震安全技术基层服务站，为农居工程提供抗震设防标准和技术服务；组织农居地震安全技术负培训2600人次。2011年，新建农居地震安全示范点226个，示范户28345户。甘肃省农居地震安全技术服务网络系统，为省委、省政府本年度为民办实事中的20万户农村危旧房改造和2.5万户国有林区棚户区改造为主的抗震安居工程及150万平方米中小学危房改造工程，提供了抗震设防技术服务，农居抗震能力日益提高。

【地震应急救援】甘肃省地震局加强地震应急预案动态管理，全省修订各级各类地震应急预案1700多件，预案可操作性明显增强。修订了《甘肃省地震应急工作检查办法》，由甘肃省地震局、省发展改革委、省民政厅、省安监局以文件形式下发。6月底，武警部队、中国地震局联合举行了抗灾救灾力量建设会议，实际检验了甘肃省武警救援力量，武警部队司令员王建平，中国地震局局长陈建民观摩了实战演练，省委书记、省人大常委会主任陆浩表示全力支持搜救基地建设，提升西北地区救援能力，会议的成功举行为全国救援能力的提高起到了示范作用。甘肃省地震局指导有关部门、单位、学校、医院开展了地震应急演练200多场次，有效提高了公众、学校师生应对突发地震事件的能力；指导市县建立了10支志愿者队伍，应急避难场所31处。

建立完善省抗震救灾指挥部办公室工作机制，甘肃省地震局制定了甘肃省抗震救灾指挥部办公室人员组成、职责分工工作方案；建立了省抗震救灾指挥部办公室联络员例会制度，明确了联络员的工作职责、议事规则，定期召开联络员会议；创办了《甘肃抗震救灾》报刊，搭建了省抗震救灾指挥部各成员单位和市县抗震救灾指挥部信息交流、了解国内外抗震救灾新动态的平台，充分发挥辅助领导决策的参谋助手作用。

有效应对地震突发事件，11月1日、2日，四川青川与甘肃文县交界5.4级地震及甘肃岷县与漳县交界4.5级地震发生后，甘肃省地震局立即启动地震应急预案，及时将初步了解的震情和有感范围向主管防震减灾工作的副省长李建华作了汇报，向主管教育工作的副省长郝远汇报了学校受损情况，并指示陇南地震局、文县地震局现场工作队深入5.4级地震现场，岷县地震局、漳县地震局现场工作队深入4.5级地震现场开展灾情调查；及时将地震基本情况、灾害损失、应急行动向省委、省政府和中国地震局报告，并在网站向社会发布；向武警甘肃总队、兰州铁路局、省民政厅、省军区通报了地震基本情况信息；组织开展了震情会商，及时将判定结果上报省委、省政府。在短时间内客观、公正地完成了甘肃岷县与漳县交界4.5级地震灾害损失评估工作，并将评估报告上报省政府。

【地震科技创新】甘肃省地震局制定下发了《地震科技基金管理办法》，自筹经费设立了地震科技基金，支持全局地震科学基础研究、应用研究和防震减灾政策研究；积极鼓励科研人员多渠道争取科研项目，组织申报了国家自然科学基金等项目121项，其中41项获得资助；认真组织实施在研项目，本年度共有24项科研课题结题，取得了一定的创新性成果，部分成果已被应用到地震预测、震害预防等领域，发表论文120篇，其中SCI论文12篇、EI论文12篇；深入开展国内外学术交流与合作，扩大与美国、俄罗斯、日本、法国科研机构的合作，邀请了24位国内外专家学者作了23场学术交流报告，接待外宾26人次、选派16人次赴国外开展学术交流与合作，有效提升了学术研究氛围和科研创新能力；在国家和省外专局的资助下，甘肃省地震局邀请组织了两批次8位国外专家为陇南、天水地区灾后恢复重建项目提供了技术咨询服务。在省委、省政府的大力支持下，甘肃省地震局联合中科院寒旱所、西北铁科院、兰州大学等5家单位成功举办了“第十一届全国土力学及岩土工程学术会议”，报告总数达到195个，出席会议代表1200多人，成为甘肃省历史上规模最大的一次学术会议。本次会议对全国土力学与岩土工程领域相关理论和技术的进一步繁荣发展起到了积极的推动作用，同时也进一步推进了甘肃省地震科技创新能力建设。

【灾后恢复重建项目】在汶川特大地震灾后重建中，由中国地震局下达7000万元，甘肃省地震局组织实施的119个项目已全部完成，预算执行率达到100%；由甘肃省下达1.3亿元，甘肃省地震局直接实施的项目已全部完成建设任务。在舟曲特大山洪泥石流灾后重建中，中国地震局下达200万元，甘肃省配套下达900万元，其中舟曲地震监测台站改造建设项目土建工程已全部完成，并通过验收；舟曲活动断裂探测项目已全部完成并通过验收，其成果已应用于灾后重建项目规划设计中；甘肃省地震局组织实施的灾后重建项目在省灾后重建办组织的验收中被评定为优秀等次，排名第一。甘肃省地震局会同省建设厅、省国土资源厅、省交通厅、省水利厅等部门加强灾后重建项目抗震设防监管，确保建设工程达到了抗震设防标准。灾后重建区工程经受了2011年11月1日发生在四川青川与甘肃文县交界5.4级地震的考验，没有造成破坏和人员伤亡。

（杨立庭）

气　象

【气候概述】全省年平均气温较常年略偏高，为第15个连续偏高年；年降水量接近常年，年降水日数为近3年最多；年平均日照时数较常年偏少。暴雨日数接近常年，但为近5年最多，区域性暴雨较常年偏少，但局地暴雨强度大，部分地方受灾严重；冰雹日数偏少，未出现区域性冰雹，但局地雹灾较重；陇中和陇东北部出现春旱和夏旱，影响较重；连阴雨次数偏多，区域性连阴雨较常年偏多，利弊皆有；大风、沙尘（暴）日数偏少，但河西影响较重；高温日数偏多；晚霜冻出现日数偏少；低温冻害出现日数较常年同期偏少，出现时段主要集中在3

月和5月。总的来说，2011年的气候条件属较好年景。

气温：全省年（1~12月，下同）平均气温为8.3℃，比常年偏高0.6℃，是1997年以来连续第15个偏高年。全省各地年平均气温普遍偏高0.5~1.5℃，其中甘南南部部分地方偏高1.0~1.5℃。全省各月平均气温与常年同期相比，1月、3月偏低，其中1月偏低3.3℃，是近55年同期最低，7月、9月和12月接近常年，其余各月均偏高，其中11月偏高幅度最大为2.8℃，为近17年最高。

降水：全省年降水量为419.8mm，接近常年。年降水量与常年相比，河西中西部和陇中大部偏少2～6成，河西部分地方、陇南东部小部分地方偏多2～4成，省内其余地方接近常年。全省各月降水量时空分配不均，多少相间。3月、4月、6月、8月、10月、12月均偏少，其中3月和4月分别偏少36%和66%，分别为近5年和近52年以来同期最少；9月、11月偏多，分别为近10年和近52年以来同期最多；2月和5月略偏多；1月、7月接近常年同期。

日照：年日照时数河西为2700～3700h，陇中北部、甘南大部和陇东北部为2300～2600h，陇中南部、陇南北部1700～2300h，陇南南部为1300～1700h。全省最多中心在金塔，为3732h。年日照时数与常年相比，河西西部和东部部分地方、甘南个别地方偏多50～300h，其中金塔偏多501h，省内其余地方偏少50～200h，其中陇中部分地方、陇东南部个别地方偏少200～550h。

【主要气象事件及其影响】隆冬低温：1月，全省月平均气温和月平均最低气温比常年同期分别偏低3.4℃和2.7℃，分别为近55年和近48年同期最低。全省大部分地方（84%地方）气温达异常偏低等级，有近一半地方为近60年同期最低，有24%的地方为近60年同期次低。全省隆冬（1月）累计出现日最低气温≤-20℃日数340天，比常年同期偏多225天，为近52年同期日数最多，偏多地域主要在河西。

暴雨：全年省内共有22站出现暴雨（日降水量≥50mm），年暴雨日数接近常年，共出现两次（7月28日、8月20日）区域性暴雨，主要出现在陇东和陇南。年内最大暴雨出现在庄浪（7月28日，日降水量为82.6mm）；肃北6月16日的日降水量73.7mm，景泰7月1日的日降水量58.4mm，均突破历史极值。据不完全统计，年内暴洪灾害共造成70.67万人受灾、死亡8人、受伤1人；农作物受灾面积5.044万公顷，成灾面积3.64万公顷，绝收面积1.09万公顷。共造成直接经济损失达12.214亿元，其中农业经济损失4.819亿元。

干旱：隆冬至后冬初（1月中旬至2月上旬），全省降水偏少，部分地区无有效降水，比常年同期偏少8～9成，出现不同程度干旱。3月，除河西西部降水偏多外，省内其余地方降水偏少2～8成，其中陇中大部、陇东北部偏少8成以上。陇中北部、天水市西北部、平凉市西部、陇南市南部及安定、陇西等地干旱较重。4月中旬～下旬，全省大部无有效降水，陇中大部、庆阳市中北部、天水市及陇南市南部等地旱情较重。5月中旬～下旬，河西西部、陇中北部和陇东大部降水比常年同期偏少4～9成，河东大部分地方连续无降水日数为10～31天。重旱区主要在陇中东北部和陇东大部分地方。据不完全统计，全年各时段干旱共造成496.254万人受灾，102.847万人饮水困难，农作物受灾面积54.503万公顷，成灾面积33.764万公顷，绝收面积3.678万公顷，损失粮食325.29万斤，水库干涸16座，机井出水不足636眼。共造成直接经济损失8.088亿元，其中农业经济损失6.46亿元。

冰雹：全年省内共有26站出现冰雹，累计冰雹总日数42日次，较常年偏少82日次，出现时段集中在春、夏两季，各地累计出现日数为1～5天，主要出现在祁连山区、甘南高原、陇中和陇南部分地方。据不完全统计，全年雹（洪）灾害共造成全省96.3万人受灾，2人死亡，4人受伤；农作物受灾面积9.42万公顷，成灾面积7.774万公顷，绝收面积1.692万公顷。共造成直接经济损失24.34亿元，其中农业经济损失6.209亿元，损失程度较重。

大风、沙尘暴：2011年首次沙尘暴天气出现在2月6日（金塔），末次出现在11月17日（甘州、民乐）。全省年内共有13站出现沙尘暴，累计31站次，有53站出现大风，累计634站次，41站出现扬沙，累计209站次，52站出现浮尘，累计203站次，沙尘暴、大风、扬沙、浮尘年出现日数（次数）均较常年偏少，其中年沙尘暴日数为1987年以来连续第25个偏少年。年内沙尘暴主要出现时段为春季（3~5月），较常年同期偏少，为近14年同期最少，集中出现在4月，出现区域主要为河西西部。年内全省共出现四次区域性沙尘暴过程，少于常年同期，分别出现在4月25日、4月28日、4月29日和5月16日。据不完全统计，年内受大风影响，全省有27.786万人受灾，死亡1人，倒塌房屋86间，农作物受灾面积2.706万公顷，成灾面积8234.64公顷，绝收面积95.71公顷，直接经济损失1.663亿元，农业经济损失8778.46万元。

高温：夏季全省平均最高气温26.8℃，较常年同期偏高1.5℃，为第18个夏季连续偏高年；夏季全省平均最低气温为14.2℃，比常年同期偏高1.1℃。夏季35站出现日最高气温≥35℃高温日数比常年同期偏多152天，其中河西西部大部及河西东部个别地方累计出现11～32天，其余地方为1~10天。与常年同期相比，河西的敦煌、瓜州、鼎新、金塔、高台、临泽、民勤等7县区偏多10～17天，省内大部分地方偏多1～8天。6月全省25

个测站出现日最高气温≥35℃的高温天气，共出现61日次，宁县6月7日的最高气温为 36.8℃，达到极端高温事件标准；7月有29个站的日最高气温超过 35℃。敦煌市、肃州区、静宁县三站的日最高气温均达到极端事件标准，其中敦煌市的最高气温达41.3℃（16日），金塔、临泽、甘州和高台四县（区）的连续高温日数均达到了极端事件的标准；8月有19个测站出现日最高气温≥35℃的高温天气，其中敦煌出现日数最多（11天）。

低温冻害：年内全省45站出现了寒潮、强降温等低温冻害天气，其中出现寒潮较常年偏少17站次，强降温较常年偏少67站次。年内出现的寒潮、强降温等低温冻害天气对部分地方农牧业生产造成了较重影响，据不完全统计，1月中旬～3月中旬，张掖和武威市出现的低温冻害共造成3072人受灾，农作物受灾面积15.73公顷，成灾面积12.27公顷，绝收面积3.4公顷，直接经济损失237.15万元，其中农业经济损失202.43元。

【气象服务】公共气象服务：2011年天气气候形势复杂，全省气象部门密切关注天气动态，及时发布预警信息。省局共发布各类突发气象灾害预警信号 139 期，手机气象短信服务用户数达到 205 万。通过手机短信发布各类气象预警1100次，接收人数12508万人次，比2010年增长65.3%。与省旅游局合办的《旅游风向标》栏目在电视上播出；3G气象视频产品，在移动终端上线；建成了“400”省级气象服务热线语音平台；气象服务公共满意度 88%。分别在新浪网、腾讯网开通了甘肃气象微博，新浪粉丝达67737人，腾讯听众达 10409 人。完成甘肃省气象服务中心组建方案并得到中国气象局批复。2011 年全省因气象灾害死亡11人，是近年来最少的。

决策气象服务：修订印发《2011年甘肃省气象局决策气象服务方案》，每月通报决策服务材料报送及批示情况。组织上报甘肃省2010年气象灾情统计、分析和评估总结。为省委、省政府呈送《重大气象信息专报》24期、《重大突发事件报告》66期，《雨情快报》114期、其它专题服务材料100多期，得到省委、省政府领导批示16次，省政府还多次通过明传电报等形式，部署防灾减灾工作。市（州）、县（区）气象部门也为当地党委、政府提供了形式多样、内容丰富的决策服务材料，共得到各级政府领导批示100余次。

专项气象服务：完善旅游气象、森林草原防火气象业务平台；汇总甘肃省与气象有关的生态监测、评估等规划内容和与生态治理成效有关的气象案例；联合国土部门，积极开展地质灾害预警发布，有效预防和减少人民群众生命和财产损失；完成了山洪地质灾害防治气象保障工程及县级非工程措施的建设任务；提高了风电功率预报业务水平并发挥效益，进一步拓展了服务领域。

大社会活动气象服务：做好第十七届“兰洽会”、“2011兰州国际马拉松赛”和第十届“环青海湖国际公路自行车赛”第八、九赛段的气象保障服务，得到省上领导和活动组委会的充分肯定；完成了“天宫一号”和“神舟八号”发射的航天气象保障服务，得到中国气象局沈晓农和矫梅燕副局长批示肯定。

人工影响天气服务：组织召开2011年度西北区跨省（区）人工增雨作业会议，修订跨省（区）人工影响天气工作方案，完善跨省（区）作业协调机制。积极组织跨市（州）森林灭火、抗旱联合人影作业，开展了陇南两当、兰州永登森林灭火人影作业、白银会宁抗旱作业以及“兰州国际马拉松”、“兰洽会”等重大社会活动的人工消雨气象保障服务，作业效果显著。武威人工影响天气作业基地二期工程和金昌人影基地一期工程顺利完成，提前实现了石羊河流域年度水量下泄目标。

应急保障气象服务：印发了《甘肃省气象局应急响应工作手册》；组织指导各市（州）细化本市（州）应急响应工作流程，编制应急响应工作手册，完善应急管理平台，建立值班制度，配备应急设备，做到流程制度上墙，实行24小时值班制度。全年报送《重大突发事件报告》66期，针对东乡滑坡、天水秦安“7•15”事故、两当云屏和兰州连城森林火灾等突发公共事件组织开展应急气象保障服务。2011年7月27～29日，甘南、陇南、天水、平凉、庆阳等地出现了区域性暴雨。28日11时，按照省气象局统一部署，启动暴雨Ⅲ级应急响应，橙色预警信号比天气实况提前了近 50 分钟。此次暴雨过程中全省没有任何人员伤亡。

为农气象服务：起草了《甘肃省人民政府办公厅关于做好气象为农服务工作的意见》。制定并下发了《2011年甘肃省“两个体系”工作要点》、《2011 年甘肃省农村气象灾害防御体系建设任务》、《2011 年甘肃省农业气象服务体系建设任务》。修改甘肃省两个体系建设试点正宁县2011年两个体系建设试点方案。

政 治

组织工作

【市县乡换届】坚持抓早抓实，充分做好换届准备。省委组织部专门成立了由部长任组长、全体部领导为成员的市县乡换届工作小组，及时听取汇报，分析研究情况。2月份召开全省换届动员会议，对换届工作作出全面部署。4月份开展换届工作调研月活动，摸清了班子配备和干部队伍的现状，确定了市县乡换届工作的时间表、任务书、路线图。5月份开展换届工作宣传月活动，集中宣传换届政策和换届纪律，对县委书记和市县两级组织部长进行集中培训。6月份部署县乡人大换届选举工作，组织开展乡镇换届试点工作。在此基础上，经过"三上三下"，广泛征求意见，研究制定了符合中央要求和甘肃实际的换届政策。

坚持德才兼备、以德为先，注重树立正确用人导向。通过新闻宣传、舆论引导、会议强调等方式，把德才兼备、以德为先用人标准和服务科学发展、注重基层的用人导向，旗帜鲜明地亮出来，明确提出了"三用三不用"的用人要求。在实际工作中，注重凭德才素质看干部，凭工作实绩用干部，凭群众公论选干部，使一大批政治上靠得住、工作上有本事、作风上过得硬、人民群众信得过的优秀干部走上各级领导岗位。

坚持运用统筹方法，有序推进换届各项工作。按照"六个统筹"的思路有序推进换届工作。在换届顺序上，坚持自下而上、压茬进行，对市县乡换届时间作了统筹安排；在人事安排上，坚持自上而下、通盘考虑，对上下级之间、同一层面四大班子之间的人事安排作了统筹谋划。同时，统筹这次换届与上次换届和下次换届，统筹换届政策一般性要求和特殊性要求，使换届工作做到了上下联动、左右衔接，有条不紊、有序推进。

坚持严格把关、好中选优，着力选优配强领导班子。在换届考察期间，先后召开6次会议，逐班子逐人进行分析研究，为制定换届人事安排方案掌握了第一手详实资料。在组织审批换届人事安排方案时，严格把好领导班子配备职数、年龄结构、"三方面"干部结构、任职资格和提名人选民意等"五个关口"，对不符合条件的坚决不予审批。在选配党政正职时，充分考虑岗位特点对领导干部自身素质的要求，努力把最优秀的干部放到最重要的岗位上。同时，适度合理地推进干部交流，保持了领导班子的相对稳定性和工作的连续性。

坚持一抓到底，大力营造风清气正的换届环境。坚持教育在先、警示在先、预防在先，通过签订承诺书、举办实物展、专题新闻发布等方式，全方位、立体式宣传换届纪律。下发《关于严禁在换届期间违规使用干部的通知》，对市、县两级党委在换届期间调整、提拔干部的数量和报批程序作了具体规定。聘请1510名换届风气监督员，派出700多个督导组，加强对换届风气的全过程监督。从快从严查处涉及换届的举报件，对违反换届纪律的案件全部进行了查核。中央巡视组专项督导后，对甘肃严肃换届纪律工作给予了肯定。

【创先争优活动】集中开展为民服务"窗口月"活动。选择联系民生紧密、服务群众直接的学校、医院、公安、信访、交通运输、餐饮服务、商贸流通、街道社区等8个行业系统和窗口单位作为重点，集中开展了创先争优为民服务"窗口月"活动。活动中，坚持以"三亮三比三争创"（亮身份、亮承诺、亮形象，展示党员良好形象；比学习、比服务、比贡献，激发党员创先争优内在动力；争创满意窗口、争创优质品牌、争创服务标兵，赢得人民群众信赖）为载体，指导窗口单位和服务行业结合工作实际和行业特点，紧贴群众需求，改进政风行风，优化服务流程，提高办事效率，受到了广大群众的广泛好评。

大力开展创先争优破解难题主题活动。为切实解决群众反映强烈的热点难点问题，从2011年下半年开始，在全省部署开展了创先争优破解难题主题活动。各级党组织围绕制约经济社会发展的瓶颈问题、影响改革发展稳定的重大问题、与群众生产生活息息相关的民生问题和社会普遍关注的热点问题，查找确定了涉及17个重点领域的73个难题，通过向社会公示、挂牌督导等方式，集中力量攻坚破难，解决了一批群众关注的突出问题。甘肃破解难题的做法，得到了中央创先争优领导小组的好评。这项工作和"百名组织部长进千乡"活动，一起入选中组部评选的45项优秀工作项目。

继续加强各领域基层党建工作。全面推广"四议两公开"工作法，认真落实"一定三有"要求，深入实施"村党支部书记创业发展"项目，村党组织服务群众的意识进一步增强。大力推广"民情流水线"工程，社区党建水平进一步提升。狠抓非公企业、社会组织和中小学校等领域党组织组建工作，全省非公有制企业党组织组建率达14.38%，社会组织党组织组建率达29.3%，中学党组织组建率达88.69%，小学党组织组建率达34.8%。开展规范化站点建设和示范县区、示范乡镇争创活动，远程教育站点的作用进一步发挥。召开全省高校发展党员及党员教育管理服务座谈会，开展在学生、高知识群体和社会组织中发展党员工作专题调研，党员教育管理工作进一步加强。制定党代表提案、提议 2 个配套办法，积极稳妥推进党代会常任制试点工作，党代表作用得到有效发挥。

【干部人事制度改革】大力推进成熟改革举措。改进和完善竞争性选拔方式，在市（州）党政机关和省属事业单位全面推行竞争上岗，统一组织 80 家省直单位 4652 名干部参加竞争上岗笔试，有 277 名干部通过竞争上岗走上了处级领导岗位。注重从基层一线选拔干部，开展从优秀村干部和大学生村官中考录乡镇公务员工作，启动从优秀工人、农民中招录公务员试点，公务员队伍来源结构进一步改善。制定下发《事业单位公开招聘人员暂行办法》，进一步规范了事业单位进人的途径和办法。

着眼长远培养储备战略性人才。结合换届，面向全省公开选拔了 10 名 40 岁以下的副市（州）长人选，10 名 35 岁以下县（区）党政正职人选，20 名 30 岁以下县（区）党政副职人选，遴选了 100 名 28 岁以下乡镇党政正职人选。同时，分别对女干部、少数民族干部、年轻干部培养选拔工作进行研究部署，分批选派 280 多名年轻干部、少数民族干部、高校干部到国家部委、发达地区和部属高校挂职，择优选调 354 名优秀大学生到艰苦边远地区锻炼。

着力提高干部的能力素质。制定《甘肃省贯彻<2010～2020 年干部教育培训改革纲要>的实施意见》，召开全省干部教育联席会议，进一步明确了工作任务，靠实了抓教育培训的责任。围绕经济社会发展需要，在省一级培训机构开设 36 个项目，培训干部 3163 人。深入实施基层干部“科学发展主题培训行动计划”，培训各级各类基层干部和骨干教师 500 名。及时做好换届后新进班子成员的集中培训，分 3 批对 1228 名乡镇党委书记进行了专题培训。这些措施，有效提高了广大干部推动科学发展的能力。

重视做好干部健康工作。召开全省干部健康工作座谈会，对做好干部健康工作提出明确要求。对干部队伍健康问题进行专题调研，提出了加强改进的措施和办法。

【人才队伍建设】以分类分层制定实施规划为统领，统筹抓好人才队伍建设。分领域、分行业制定人才发展专项计划，基本完成专业技术人才队伍等 5 个子规划。指导 14 个市州和 34 个县（市、区）制定了本地区人才发展规划，初步形成了上下衔接、左右协调的全省人才发展规划体系。分别召开企业、高校人才工作座谈会，对实施“人才强企”和“人才强校”战略进行了安排部署。会同有关部门启动实施“宣传文化骨干人才培养计划”、“社会工作人才培养开发计划”等项目，各领域人才队伍建设取得新的进展。

以建立人才特区为抓手，推动人才工作机制创新。围绕区域发展战略的实施，从创新人才工作体制机制入手，启动实施了建立“人才特区”工作。选择 7 个市、3 户企业、3 所高校、1 所科研院所作为试点单位，研究提出了全省“人才特区”建设的《指导意见》，指导各试点单位制定了《实施方案》，着力在人才工作机制创新方面进行积极探索。

以引进急需紧缺人才为重点，积极探索服务科学发展的新途径。会同省直单位、市州、高校、企业和产业园区，逐个研究确定引才的重点岗位和优惠政策，编制了《甘肃省人才需求目录》，提出了引进特殊岗位、技术岗位人才的计划。制定《关于加快引进急需紧缺人才的意见》，研究提出了急需紧缺高层次人才认定、项目扶持等 7 个配套办法，并组织召开了新闻发布会，面向国内外广泛发布了甘肃《引才公告》，全面启动了引进急需紧缺人才工作。

【组织部门自身建设】深入推进“讲党性、重品行、作表率”活动。制定《深入推进“讲党性、重品行、作表率”活动实施计划》，有针对性地组织实施 10 项加强组工干部队伍建设的具体措施。集中开展公道正派教育，举办严肃换届纪律实物展，提出组工干部“三严守、六不准”纪律规定。召开全省组织系统纪念建党 90 周年座谈会，举办甘肃党史暨省委组织部部史部风展览，开展了省委组织部机关“庆七一、唱红歌”活动，深入开展向李林森同志学习活动，在全省组织系统评选表彰了 50 名优秀组工干部。

扎实开展“组工干部下基层”活动。围绕乡镇党委换届，开展“百名组织部长进千乡、千名组工干部进万村”活动，层层建立联系点，组织各级组工干部走出机关，深入 1228 个乡（镇），解读换届政策，宣传换届纪律，认真开展谈心谈话，大力营造风清气正的换届环境。在县乡换届的关键节点，开展“蹲点周”活动，选择工作难度大或有一定代表性的地方，进一步听取对换届工作的意见，研究完善换届政策，查找工作中的薄弱环节，掌握领导干部的现实表现。着眼对换届工作进行“回头看”，集中 1 个多月的时间，组织省委组织部全体干部，分 3 批赴 14 个市（州）、49 个县（区）、58 个乡（镇）、43 个省直部门和企事业单位开展下基层活动，与 708 名同志进行了个别访谈，与 1258 名基层党员干部群众进行了座谈交流，虚心听取了他们对组织工作的意见建议。

认真抓好组织部门机关建设。集中出台了提高会议、公文、公务活动质量和效率的 3 个《意见》，研究提出了会议安排、政策性文件制定、调查研究、培训班安排等 4 个年度《计划》，加强对工作的统筹，着力改进文风会风，进一步树立了组织部门严谨细致、规范高效的良好形象。积极推进组织部门干部人事制度改革，采取竞争方式对机关内设机构负责同志进行了调整补充，对部分机关干部的职务进行了晋升，进一步激发了组工干部队伍的活力。不断强化组工干部的服务意识，着力为基层办实事、解难题，选派部机关干部到舟曲挂职，全力支持舟曲灾后重建。全省各级组织部门广泛开展为民服务、对口帮扶等活动，共建立联系点1841个，帮扶困难党员群众2617人，得到了基层广大干部群众的普遍好评。

宣传工作

【十七届六中全会精神的学习宣传和贯彻落实】党的十七届六中全会闭幕后，全省宣传思想文化战线按照省委和全国宣传部长会议的部署要求，迅速行动，采取有效措施，全力抓好全会精神的学习宣传和贯彻落实。全面组织传达学习，先后召开省直宣传文化系统会议、省社科理论界学习座谈会和全省宣传部长会议，传达学习六中全会精神，并代省委起草下发了学习贯彻六中全会精神通知，对全省当前和今后一个时期学习宣传贯彻工作做出全面安排部署。精心组织新闻宣传，制定下发了《党的十七届六中全会精神宣传报道安排意见》，省级主流媒体在重要版面、重要时段统一开设“学习贯彻六中全会精神”、“推动文化大发展大繁荣”、“文化大省建设”等专栏专题，甘肃日报连续刊发新闻消息、政策解读、系列评论、深度报道，推出了一批有份量、有深度、有权威的综述性稿件、言论评论和理论文章。省广电总台在“甘肃新闻”、“午间20分”、“新闻透视”、“今日聚焦”等节目中，制作播出了有思想深度、指导性强的专题和系列报道。中国甘肃网、每日甘肃网、飞天新传媒网等各新闻网站，及时转载中央和省上主要媒体刊播的重点报道、系列评论、理论文章，宣传文化建设取得的新成就，宣传文化改革发展给人民群众带来的新实惠，报道群众关注和参与文化建设的新动向，反映群众对文化大发展大繁荣的新期待。广泛开展宣讲活动，组建了由14名专家学者和实际工作部门领导参加的省委宣讲团，结合甘肃实际精心编写宣讲提纲，分7个组赴全省各市州和县区开展广泛的宣讲。

全面贯彻党的十七届六中全会精神，按照全会确定的6项主要任务，结合“国扶47条”提出的建设文化大省战略目标和“十二五”文化改革发展规划描绘的宏伟蓝图，在深入调研论证、广泛征求意见的基础上，会同省直有关部门，研究和制定了省委《关于贯彻党的十七届六中全会精神，进一步加快文化大省建设的意见》，经省委十一届十四次全委扩大会议审议通过，正式下发实施。成立了以省委书记王三运、省长刘伟平为组长的甘肃文化大省建设领导小组，下设文化事业建设和文化产业发展协调推进小组，全面组织指导和协调推进文化大省建设工作。为落实好省委《意见》，同时研究制定了《加快文化大省建设的重点任务和重要政策实施办法》、《甘肃省推进社会主义核心价值体系建设实施办法（试行）》、《加快推动甘肃省文化体制改革工作实施办法》、《甘肃省宣传思想文化人才队伍建设实施办法》、《〈中共甘肃省委关于贯彻党的十七届六中全会精神，进一步加快文化大省建设的意见〉任务分解表》等5个操作层面的配套文件。《意见》和相关配套文件的出台，进一步明确全省文化建设的指导思想、目标任务、战略布局、政策措施、组织保障，为在新的起点上建设文化大省提供了基本遵循和有力支撑。年底，由省委宣传部牵头，以省委、省政府名义筹备、组织并成功召开了甘肃省文化产业大会，省委书记王三运对文化产业发展作了重要批示，省委副书记欧阳坚和副省长咸辉分别作了重要讲话，刘永富常务副省长代表省政府与各市州、国有大型文化企业签订文化产业发展目标责任书，省委常委、宣传部长连辑作了总结讲话。这次大会必将对当前和今后一个时期全省文化产业发展，乃至甘肃文化大省建设，起到十分重要的指导和推动作用。

【建党90周年宣传教育活动】纪念建党90周年是2011年党和国家政治生活中的一件大事。全省宣传思想文化战线把这项工作作为重中之重，按照中央和省委的总体部署，举全线之力精心组织了一系列富有特色的重点宣传教育活动。召开了纪念建党90周年理论研讨会，经过筛选的来自市州、高校及省直部门的代表，从不同侧面深刻阐释了中国共产党90年的光荣历史、丰功伟绩、宝贵经验，展望了中国共产党领导中华民族实现伟大复兴的光明前景。举办了《向着太阳》庆祝建党90周年文艺晚会，运用多种艺术手段颂扬了建党90年来的光辉历程和丰功伟绩，讴歌了陇原儿女对党的无限热爱及对中国革命和建设事业做出的巨大贡献，展示了全省各条战线共产党员和广大群众昂扬向上、奋发有为的崭新风貌，整台晚会主题鲜明，艺术精湛，振奋人心。举办了甘肃省重大革命历史题材美术作品展览，展出的102幅精品佳作以不同的创作手法和艺术风格，再现了老一辈革命家在甘肃或党和国家领导人视察甘肃的情景，反映了发生在陇原大地的重大革命历史事件，生动地塑造了在甘肃有重大影响的劳动模范、先进人物、杰出科学家和艺术家的光辉形象，具有深刻的思想性、精湛的艺术性和鲜明的时代性。组织了影视剧和文艺作品创作生产，新创排话剧《上南梁》、《邓宝珊》、京剧《草原曼巴》等剧目，一批主旋律电影、电视剧在央视播出；编辑出版了《甘肃革命遗址遗迹要览》、《陇东革命斗争史》、《邓宝珊将军传》等 8 种重点图书。开展了丰富多彩的群众性教育活动，“红旗飘飘”全省红歌演唱会有来自全省各行各业各条战线的 21 支代表队参加，演员和观众 1 万多人齐唱红歌，规模宏大，气氛热烈，催人奋进。“红色陇原千里行”活动通过巡访红色遗迹、慰问基层党员、走访部队军营、重温入党誓词等形式，使参与者自觉接受党的历史、党的知识和党的光荣传统教育，影响大，反响好。“陇原党旗红”全省博文大赛、“党在我心中”原创红色手机短信大赛、“五月的鲜花”全省大学生文艺汇演、“延安精神永放光芒”大型摄影图片展等群众性活动，有声有色，异彩纷呈，吸引了人民群众广泛参与，达到了热在基层、热在群众的目的。通过一系列宣传教育活动的开展，极大地激发了全省各族人民爱党爱国爱甘肃的热情，在全省上下唱响了共产党好、社会主义好、改革开放好、伟大祖国好、各族人民好的时代主旋律。

【理论武装工作】一是党员领导干部理论学习不断深化。始终把理论武装工作摆在首要位置，以中心组理论学习为龙头，认真贯彻落实省委《关于进一步加强和改进党委（党组）中心组学习的实施意见》，高度重视领导干部的理论学习。省委中心组全年安排了 6 次学习，主要采取集中学习、专题辅导、举办全省党政主要领导干部专题研讨班等形式，在重点学好科学发展观的同时，紧紧围绕事关全省经济社会长远发展的重大现实问题和甘肃实现科学发展的需要，邀请国内知名专家学者和领导作专题辅导报告。不断深化对十七届四中、五中和六中全会精神的学习，深化对区域发展战略、国扶 47 条、《中共中央关于深化文化体制改革推动社会主义文化大发展大繁荣若干重大问题的决定》和省委贯彻六中全会《意见》的学习，进一步理清甘肃经济社会发展的重大理论和实际问题，不断提高党员干部领导科学发展、驾驭复杂局面的能力。

二是学习型党组织建设扎实推进。宣传部门发挥牵头抓总作用，强化督促检查、实施分类指导，制定下发了关于加强农村乡镇（村）、城市街道（社区）、省直机关、各级各类学校和省属监管企业学习型党组织建设 4 个指导意见，积极选树典型，组织召开了全省学习型党组织建设工作经验交流会，编印了《全省建设学习型党组织工作典型经验选编》。中央建设学习型党组织工作协调小组办公室对甘肃的工作经验进行了推广。各地各部门坚持理论联系实际，按照干什么学什么、缺什么补什么的原则，把学习的着力点放在提高党员干部思想政治素质、破解改革发展难题上。同时，组织开展了形式多样、各具特色的学习活动，取得了阶段性成果。

三是理论宣传和形势政策教育成效明显。按照中央的统一部署，在全省城乡开展了学习贯彻党的十七届五中全会和省委十一届十次全委会精神形势政策宣传教育活动。紧紧围绕科学发展观、加快转变经济发展方式、区域发展战略、和谐社会建设、民生问题和民族团结与进步等 6 个方面的重点内容，按照普惠、共享、广覆盖和推进马克思主义大众化的要求，加强理论宣传普及和研究工作。以深入学习贯彻党的十七届五中、六中全会和省委十一届十四次全委扩大会议精神为重点，紧密结合文化大省建设、“十二五”规划、党的发展历程、甘肃经济跨越式发展等内容，积极组织实施中国特色社会主义理论体系“进乡镇、入社区，进企业、入校园”宣讲对谈活动。全年共举办理论对谈活动和各类宣讲报告会 12000 多场，受教育干部群众达 100 多万人次，基本覆盖了全省乡镇和社区。针对不同层次干部群众的思想理论需求，开办“甘肃发展高层论坛”、“陇原大讲堂”、“市民课堂”、“金城大讲堂”，开展“菜单式”理论学习服务，推动党的理论创新成果不断深入人心。

四是理论研究工作不断深入。以繁荣发展甘肃省的哲学社会科学为目标，以党的最新理论创新成果和甘肃经济、社会、文化等方面的重大理论和现实问题为主攻方向，整合社科研究力量，发挥团队作用，注重应用研究，重点在新能源基地、装备制造业振兴、循环经济、文化产业等方面，形成了一批高质量的研究成果。制定下发了《甘肃省哲学社会科学研究“十二五”规划纲要》，举办了 3 期哲学社会科学教学科研骨干研修班，组织召开了社科理论界学习贯彻六中全会精神座谈会，完成了 2011 年度国家社科基金项目的组织申报、项目下达，以及省社科规划项目申报、评审工作。2011 年，甘肃共获准国家项目立项 102 项，评选出省社科规划项目 110 项。哲学社会科学研究取得了一批重大理论成果，《陇上学人文存》、《甘肃通史》、《西北少数民族通史》等理论著作得到了社会各界好评。

【舆论引导工作】一是经济宣传扎实深入。按照“做足做实经济宣传”的工作要求，以经济发展为中心，以加快转变经济发展方式为主线，以贯彻落实中央和全省经济工作会议精神，国务院办公厅《关于进一步支持甘肃经济社会发展若干意见》宣传为重点，组织新闻媒体对甘肃建设新能源及装备制造业、兰州新区建设、循环经济、旱作农业和转变发展方式成效明显的 13 家企业典型进行集中宣传。与此同时，按照李长春视察甘肃时指示精神，配合中央媒体重点对甘肃风电基地、新农村建设、灾后重建和社区文化建设等重大典型，进行了广泛深入的宣传报道。在宣传方式上，合理划分和确定不同阶段的宣传重点，充分发挥各媒体优势，密切配合，大力宣传落实区域发展战略的重大举措和取得的重大成就，大力宣传各地各单位创新发展思路、转变发展方式的好做法、好经验，为实现甘肃经济又好又快发展营造了良好舆论氛围。

二是主题宣传形成强势。按照"做精做深主题宣传"的要求，围绕省委、省政府的中心工作，集中开展了"十一五"成就、"十二五"规划纲要、转变经济发展方式、"两基"国检、纪念5•12地震三周年和舟曲特大山洪泥石流灾害一周年、纪念建党90周年和党的十七届六中全会精神等宣传战役，在重要版面、黄金时段推出了一批特色鲜明的专栏专题，刊播、刊发了一批有份量、有深度的报道，多角度、全方位、高密度地宣传解读中央和省委重大部署和政策措施，宣传党的丰功伟绩，充分反映各地各部门推进重点工作的进展和成效，有力地配合了中央和省委重大决策部署的贯彻落实。

三是民生宣传和社会热点引导及时有效。统筹主流媒体、都市类媒体以及网络等新媒体，大力宣传各级党委政府为群众办实事、办好事的实际行动和社会反响，大力宣传各地各部门解决就业、教育、医疗、住房和物价等民生问题的具体措施。对群众普遍关注的收入分配、稳定物价、就业就学、楼市股市、卫生医疗、社会保障、安全生产、社会管理等社会热点问题，主动设置议题，着力析事明理，正面引导、把握适度，疏导民情、稳定民心，回应社会关切，有效引导了社会舆论。加强和改进突发事件新闻报道，在平凉牛奶投毒案、兰州七道梁隧道爆炸、天祝纵火案、正宁校车事故等突发事件报道中，第一时间启动应急新闻报道预案，组织协调中央驻甘新闻单位和省直主要新闻单位开展宣传报道，及时播发现场通稿、召开新闻发布会，通过及时稳妥的报道，有效配合了事件的处置。

四是网络宣传积极稳妥。充分利用中国甘肃网、每日甘肃网等重点新闻网站，组织开展了纪念建党90周年、辛亥革命100周年、全国"两会"、兰洽会、兰州国际马拉松赛、"敦煌行•丝绸之路国际旅游节"等主题宣传活动，采取制作专题、网上征文、视频直播、在线访谈、专家解读等形式，突出甘肃元素、甘肃特色，全方位多角度地提升甘肃对外知名度。据统计，一年来，全省各新闻网站共刊发新闻稿件 200 万余篇，日均浏览量约 150 万。

【社会主义核心价值体系建设】 坚持把社会主义核心价值体系建设作为根本任务，贯穿到经济、政治、文化和社会建设的各个方面，融入到社会生活之中，不断增强全社会的认知认同。一是思想政治工作针对性和有效性进一步增强。以农民工、大学生和企业职工为重点，加强思想政治工作。制定下发了进一步加强企业思想政治工作的意见，举办了全省思想政治工作骨干培训班。开展了"三下乡"、科技普及周等活动，现场进行了政策解读、法律咨询、健康义诊、文艺演出，并为基层单位和群众捐赠了 5000 多万元的资金和物品。深入重大工程建设现场、周边乡村和驻地部队，开展"赞歌献给建设者"慰问演出活动26场次，有力地推动了和谐企地关系、干群关系、劳动关系的构建。以教育引导大学生树立正确的世界观、人生观、价值观和就业观为目标，组织开展了高校与企业"学、研、建、帮"互访交流活动，举办了第二届甘肃高校思想政治工作论坛和"五月的鲜花"全省大学生校园文艺演出活动，收到了良好效果。

二是未成年人思想道德建设得到加强。扎实推进未成年人"健康成长"工程，探索建立学校、社区和家庭"三结合"的教育模式，依托已建成的224个主题活动联系点，以"做一个有道德的人"为主题，采取诗歌朗诵会、歌曲演唱会、主题班队会、团日活动、"网上祭先烈"等形式，着力引导全省中小学生在家庭孝敬父母、在学校尊敬师长、在社会奉献爱心。开展了以红色经典、传统经典和童谣传唱为主要内容的"全民阅读"活动，全省有 420 万中小学生参与。加大网络、网吧、荧屏声频和校园周边环境净化力度，全省网吧经营秩序明显好转，管理水平有效提升。未成年人校外活动阵地不断拓宽，启动了全省乡村少年宫建设项目，完成了中央下达的2011年58所乡村少年宫的选点、确定、上报工作。利用乡镇文化站、村级文化室、留守儿童之家等各类校外活动阵地，组织广大未成年人开展内容丰富的校外实践活动。

三是典型宣传示范效应逐步显现。继续开展"感动甘肃•十大陇人骄子"评选活动，在省级主要媒体开设专题专栏，对陇人骄子候选人的先进事迹进行了集中宣传。组织开展了陇人骄子评选五周年总结活动，编辑出版了《让感动常在——感动甘肃年度十大陇人骄子评选活动五年回眸》图书及光盘。推出了以范登奎为代表的一批灾后重建先进典型，继续推进对王万青等先进典型的深度宣传，组织媒体对省军区边防营二连"忠于使命献身国防"的先进事迹进行了集中采访报道。推荐上报了10名全国道德模范候选人，王冬梅荣获第三届全国孝老爱亲道德模范。组织各级道德模范开展基层巡讲与身边好人现场交流活动 380 余场次，在群众中产生强烈反响。举办了"风雨同舟舟曲不屈"大型主题展览和"勿忘 5•12"防灾减灾知识展览，制作了《舟曲不屈——甘肃舟曲特大山洪泥石流抢险救援纪实》宣教片。通过不间断、多层面、有节奏的典型宣传，先进典型的示范带动作用进一步得到发挥，甘肃精神和陇人品格更加深入人心。

四是精神文明创建活动扎实推进。扎实推进文明城市创建活动，全省有 6 个市参与了全国文明城市参评申报和测评，兰州市、金昌市、嘉峪关市、庆阳市入选全国文明城市提名资格，金昌、兰州、嘉峪关市接受了全国文明城市的测评，全省有 3 个县荣获全国文明县荣誉称号。围绕社区建设、社区管理、社区服务、社区保障四大任务，大力开展文明社区、和谐社区创建活动，推广普及兰州市七里河区西湖街道组织实施的“民情流水线”工程、兰州市城关区社区信息化管理工程、虚拟养老院民生工程，文明社区创建取得了新的进展。结合“创先争优”活动，在全省开展文明单位创建活动，共有39个单位荣获全国文明单位。抓好窗口行业和重点领域的创建工作，全省税务、工商、金融、公安、交通、旅游等系统共有120多个单位被命名为各级各类文明单位和优质服务窗口，共有58个重大项目建设工地被命名为文明工地。推广长庆油田“和谐典范、模范油区”创建活动经验。通过各类创建活动，广大干部群众的精神面貌和生活方式发生了较大的变化，全社会尊重科学、崇尚文明的道德风尚逐渐形成。

【文化大省建设】一是文化体制改革有了新进展。制定下发了甘肃“十二五”文化改革发展规划纲要。成立了甘肃省广电网络股份有限公司，全省广电网络整合工作已全面完成。继续推进文化市场综合执法改革，全省14个市（州），83个县（区）完成了该项任务。积极推进省直国有文艺院团改革，成立了甘肃省文艺院团转企改制工作小组，制定下发了《甘肃省国有文艺院团改革方案》，举办省直文艺院团改革负责人培训班，组织中介机构对省直各院团的资产清查和评估工作。加快推进非时政类报刊出版单位体制改革步伐，明确第一批和第二批改制单位名单，并上报中宣部和国家新闻出版总署。读者出版传媒股份公司上市工作取得实质性进展。

二是文化产业不断发展壮大。修订下发《甘肃省文化产业发展改革专项资金管理办法》，启动了2011年文化产业发展改革专项资金资助工作，为47个重点文化产业项目进行资助，撬动银行贷款和社会资金3.3亿多元。召开全省文化产业基地（园区）建设现场会，积极做好第七届深圳文博会参展工作，甘肃荣获优秀组织奖和优秀展示奖，签约总额14.44亿元，取得了良好的社会效益和经济效益。加快文化产业项目库建设，遴选出了178个涵盖文化产业各个门类的重点文化产业项目纳入项目库。积极与国家开发银行甘肃分行、省招商局、省金融办等金融机构和部门联系，通过银文对接会等方式，推介优秀文化产业项目，全年共推介项目200多个，累计投资额650多亿元。

三是公共文化服务体系建设取得新突破，文化发展成果普惠共享。着力推进公共文化服务基础设施建设，农家书屋已建成14930个，覆盖全省84.89%的行政村。甘肃国际会展中心、甘肃大剧院等一批重点公共文化基础设施相继建成并投入使用，黄河剧院重建项目主体建筑已经封顶，甘肃日报报业大厦开工建设，省图书馆扩建项目获准立项，人民剧院重建项目方案正在设计之中。县级数字图书馆建设任务全面完成，全国公共文化服务示范区建设顺利推进。“村村通”工程“十一五”期间41122个20户以上自然村的建设任务通过验收，城市电影放映发展态势良好，票房收入到达5300多万，农村电影放映工程设备设施逐步完善，年度公益放映达201432场次，观众达2231.7万人次，基本实现了“一村一月一场”的放映目标。西新工程、无线覆盖工程和广播影视基础设施建设工程进展顺利。这些重大项目的建设，有效地提升了甘肃公共文化服务能力。群众性文化活动蓬勃发展，“千台大戏送农村活动”采取集中采购和招标的形式，组织各级文艺院团，分赴1225个乡镇、124个社区开展送戏活动，共演出5743场，其中公益演出1928场，商业演出3815场，观众达693.2万人次。举办了第二届“相聚天水”合唱艺术节、“放歌陇原”、唱响中国——群众最喜爱的新创作歌曲征集评选”等活动。节庆文化活动、广场文化活动、农村文化大院等群众文化活动广泛开展。全省88座博物馆、50多个省级红色纪念馆免费向社会开放。

四是文化精品创作不断涌现。舞剧《丝路花雨》、《大梦敦煌》入选文化部“全国优秀保留剧目大奖”，陇剧《苦乐村官》入选国家舞台艺术精品工程剧目，新版陇剧《枫洛池》正在冲刺文化部优秀保留剧目大奖。电视剧《射天狼》已开机拍摄。召开了电视剧《大营救》座谈会和开播新闻发布会。电影《生死不离》、《不要和他约会》、《掘井》、《美丽的天使》在中央电视台电影频道播出反响强烈。

【对外宣传和文化交流活动】紧紧围绕省委、省政府中心工作，加大对外宣传力度，积极推进党委新闻发言人制度建设，不断拓展对外文化交流的渠道，营造了客观友善的外部舆论环境。

一是主题对外宣传形式多样。针对外界舆论关切，重点围绕经济发展方式转变、“十二五”规划、区域发展战略、新能源基地建设、循环经济示范区建设、文化产业发展、西藏和平解放60周年和兰州国际马拉松等重大主题和重大活动，邀请新华社对外部、人民日报海外版、香港文汇报、大公报等境内外媒体赴甘肃采访报道，共刊发稿件1400多篇（条）。在香港文汇报、加拿大《今日中国》刊登开办各类专题和系列报道23个，刊登专版26期。组织本省代表团参加中国亚欧博览会、广交会、西洽会、青洽会、渝洽会等36个省外、境外展会。编辑出版《甘南故事》、《夏河县非物质文化遗产画册》等外宣图书，拍摄了以杨积庆烈士事迹为主题的大型纪录片《卓尼土司》，年内将在央视《探索发现》栏目首播。

二是新闻发布范围不断拓宽。积极推进党委发言人制度建设，提高政府新闻发布工作实效。制定下发了《甘肃省委关于建立党委新闻发言人制度的实施意见》，公布了43名党委新闻发言人，分级培训全省新闻发言人8000多人次。先后在北京、上海、安徽、深圳等地，利用重大节会举办新闻发布会，推介甘肃地域文化、特色产业，介绍新能源建设等情况。全年共举办省级新闻发布会90多场，各部门、各市州共举办新闻发布会400余场。

三是对外文化交流日益扩大。积极推动甘肃文化“走出去”，在澳大利亚举办“多彩甘肃摄影展”暨“中国•甘肃农民艺术展文化展演”，组织庆阳非物质文化遗产团参加埃及2011年“欢乐春节”系列文化活动和第43届开罗国际书展活动，组织省文化艺术院团220人次赴欧洲、非洲、拉美13国进行访问演出。在上海举办“敦煌韵•丝路情——甘肃文化周”。在兰州举办“中国摄影家眼中的津巴布韦”摄影展暨津巴布韦石雕展。组织对外对港澳台文化交流项目50起、719人次。组织甘肃新闻媒体记者参加“百名青年媒体记者代表团”赴日考察交流活动。

【基层基础建设】一是宣传思想文化阵地管理进一步规范。扎实开展新闻战线“走基层、转作风、改文风”活动，通过深入一线，建立联系点，开辟专栏，刊发报道，建立长效机制等措施，全省新闻战线的工作作风、文风进一步转变，服务基层的意识和能力不断增强。加强“杜绝虚假报道、增强社会责任、加强新闻职业道德建设”教育，进一步完善了内部采编和管理制度。加强对都市类媒体的管理。成立了省互联网信息办公室，加强对网络论坛、博客播客、即时通讯、手机视频的监管，实现对境内外重点网站和微博客、论坛的24小时监控。完成了新闻宣传内容“统一上网工程”，与兰州大学新闻传播学院合作建设甘肃省网络舆情研判中心，加强网上舆情搜集研判。开展打击网络淫秽色情、“网络水军”、“网络推手”等专项行动，查处关闭严重违法违规网站近30家，阵地管理更加规范有序。

二是抓基层打基础工作成效明显。认真落实中宣部“抓基层、打基础”的要求，在中宣部和省财政的支持下，继续筹措资金为基层宣传部门配备工作用车和相关设备，补贴工作经费。机关党的建设、惩治和预防腐败体系建设取得新进展，全省宣传思想战线党员领导干部的作风得到进一步加强和提高。

三是调查研究和舆情信息工作不断加强。围绕意识形态领域的基本形势和省委省政府的中心工作任务，重点开展了十六大以来宣传思想文化工作成就经验、甘肃文化大省建设、当前社会广泛关注的重大现实热点问题等专题调研。组织开展了全省首届宣传思想文化工作创新奖评选。加强舆情信息工作，全年共编发《舆情信息》50期，报送信息2000多条，其中有93篇被中宣部和省委采用。

（贺栋龄）

统战工作

【思想政治引导】以开展纪念建党90周年活动为契机，统一战线共同团结奋斗的思想政治基础进一步巩固。引导统一战线认真学习贯彻胡锦涛同志“七一”重要讲话精神和十七届五中、六中全会精神，组织开展“重温历史、同心同行”主题教育活动，深入践行社会主义核心价值体系，坚定统一战线成员与我们党同心同德的信念。多次召开省级民主党派工商联无党派人士学习恳谈会，传达学习中央精神，分析面临的形势任务，引导统一战线广大成员将社会主义核心价值体系的要求转化为自觉的行动。举办全省民主党派庆祝中国共产党成立90周年“与党同心”书画展，传承和弘扬老一辈民主党派人士与中国共产党风雨同舟、肝胆相照的优良传统。积极推进非公有制经济组织“创先争优”活动，推动和谐劳动关系的构建。开展学习议政日活动，加大对无党派人士、归国留学人员和新的社会阶层人士的政治引导。

【“同心”品牌活动】以打造“同心”品牌为抓手，统一战线服务经济社会发展的优势作用进一步彰显。着眼于实施甘肃“十二五”规划，充分发挥统一战线独特优势，积极打造了一批有特色、有影响的“同心”品牌。深化“同心•六大调研助推行动”，探索建立民主党派“同心”品牌示范点，组织各民主党派深入调研、建言献策，同时充分借助民主党派中央“直通车”渠道，争取国家的重视和支持。比如，民进省委会关于敦煌水资源利用情况的调研报告得到了温家宝总理的亲自批示，《敦煌水资源合理利用和生态保护综合规划》也已经国务院批准，总投资达到47.22亿元；民建省委会联合青海、宁夏民建组织提出的“加快黄河上游经济带建设”课题，得到贾庆林主席的高度重视，被列为全国政协今年唯一的区域经济发展调研课题。在安定区举行“同心•光彩陇原行”大型活动，引导非公有制经济人士积极承担社会责任，全国和甘肃非公有制企业家捐款750.6万元，用于建设3000多亩“光彩林”和4000多眼“光彩水窖”。启动“同心•智惠陇原行”活动，组织高校、科研院所党外专家学者开展义诊、讲座、实用技术培训和咨询服务。举办“同心•发展论坛”，引导党外知识分子、无党派人士把“同心”实践深入到参政议政、服务民生的各层次和各环节，延伸到服务科学发展的各领域和各方面，为甘肃经济社会发展献计出力。

【民族团结进步事业】以建设“两个共同”示范区为重点，民族团结进步事业进一步发展。认真贯彻中央和省委民族工作会议精神，着力促进少数民族和民族地区加快发展和改善民生。协助省委、省政府制定出台《关于建设各民族共同团结奋斗共同繁荣发展示范县（市、区）的意见》，在全省选择民族工作基础较好的 10 个县（市、区）先行开展示范区建设工作。为了确保示范区建设任务切实落到实处，省上成立"两个共同"示范县（市、区）建设领导小组，确定"1414 对口支援计划"，安排专项资金 8000 万元，并从项目、人才等方面加大支持力度。召开"两个共同示范县（市、区）"建设启动工作视频会，总结交流经验，安排部署任务，推动示范县（市、区）全面展开建设工作。召开全省民族宗教工作会议，研究制定关于加强甘肃民族、宗教工作的任务目标和具体措施。深入开展民族团结进步宣传和教育活动，召开全省第八个民族团结进步宣传月活动视频会议，会同省民委在《甘肃日报》连续刊发各市州、省直各有关部门民族团结宣传教育的优秀文章，推动民族团结进步事业向纵深发展。

【藏区工作】四是以抓好支持藏区发展各项政策措施的贯彻落实为突破，甘肃藏区跨越式发展和长治久安的成效进一步凸显。认真贯彻中央第五次西藏工作座谈会和省委藏区工作座谈会精神，积极协调落实各项优惠政策、重大项目和资金投入。今年，协调落实藏区均衡性转移支付资金 17.12 亿元，落实国家藏区补助资金 11.5 亿元，为甘南州、天祝县分别落实各类建设资金 20 亿元和 3.3 亿元。协助省委召开省藏区工作领导小组暨全省对口帮扶藏区工作会议，建立健全对口帮扶支援领导机构和办事机构，完善帮扶工作方案和规划，细化帮扶措施，加大帮扶项目推进落实力度，甘肃各市对口帮扶资金到位 1.1 亿元，各企业落实帮扶资金 2590 万元。从 7 月份开始，由省委省政府两办牵头，我们联合相关部门对各地、各单位和有关企业贯彻落实藏区政策措施情况、重大项目衔接进展情况及对口帮扶支援藏区情况进行了全面督查，有力地促进了各项扶持政策的落实。积极推进藏区社会管理创新，落实寺庙管理长效机制，切实增强党对藏传佛教工作的领导权、政府对藏传佛教事务的管理权和爱国爱教藏传佛教界人士对宗教活动的主导权。深化藏传佛教寺庙法制宣传教育活动，组织巡回宣讲 150 多场次，听讲僧尼 1 万多人次。积极做好活佛证、僧尼证的颁发工作，已为 7594 人颁发了活佛证或僧人证。认真做好境外藏胞工作，今年批准回国 157 人。圆满完成十一世班禅在甘肃调研考察活动的接待工作，得到中央领导同志的高度评价。

【宗教工作】以推进宗教事务社会化管理为目标，宗教和顺安定的基础进一步夯实。加强宗教法规建设，会同省宗教局共同研究制定《甘肃省宗教事务条例》。进一步建立健全宗教事务管理机制，完善甘肃省民族宗教工作领导小组议事制度和宗教工作联席会议制度，加强对宗教工作的统筹协调、调查研究、宏观指导和督促检查。深入开展"和谐寺观教堂"创建活动，召开首届全省创建"和谐寺观教堂"表彰会，对 16 个宗教团体、50 个宗教活动场所和 30 名宗教界人士进行了表彰奖励。继续开展宗教领域矛盾纠纷集中排查调处工作，妥善处置宗教领域的突发事件，有力维护了社会和谐稳定。从今年元月份开始，对核实后享受省级财政补助的宗教界人士发放生活补助费，将 325 名宗教界人士生活补助费 400 多万元全部纳入省级财政预算。

【贯彻落实中央 16 号文件精神】以贯彻落实中央 16 号文件精神为关键，非公有制经济健康有序发展的环境进一步优化。认真贯彻中央 16 号文件精神，研究制定《关于加强和改进新形势下工商联工作的实施意见》、《关于加强全省非公有制经济领域各类商会协会发展的意见》、《关于加强和改进工商联工作暨推进全省非公有制经济跨越式发展工作任务分解表》。协助省委、省政府召开加强和改进工商联工作暨推进全省非公有制经济跨越式发展电视电话会议，大力推动非公有制经济加快发展。"同心•光彩陇原行"活动首次正式列入"兰洽会"，吸引山东、江西、四川、陕西省及广西桂林市工商联负责人和企业家积极参与，近 300 人参加活动，签约合同性项目 8 个，投资 33.4 亿元。

【党外知识分子领域统战工作】以开展"海归学人陇原励志行"活动等为载体，党外知识分子领域统战工作进一步加强。认真做好党外知识分子联谊会工作，推动无党派代表人士队伍建设持续发展。深化甘肃国有企业党外知识分子"爱企业、献良策、作贡献"主题活动。坚持依托两个联谊会，做好"海归学人陇原励志行——甘肃欧美同学会报告会"活动，今年在甘南、临夏两个民族地区的高校、中学，为 1 万多名师生作了励志报告。启动"归国留学人员省情教育行"活动，组织归国留学人员走访农村、企业及相关事业单位，通过参观、考察、座谈等方式深化他们对省情的了解和认识。按照中央统战部的部署要求，启动"同心•党外院士服务团"活动，在甘南开展了考察论证、学术讲座、技术培训等服务活动，取得显著成效。召开全省高等学校、科研院所及国有企业统战部长联席会议，推动相关领域工作不断发展。

2011 年，我们还在干部培训、理论研究、自身建设等方面取得进一步的发展。积极做好全国党外代表人士甘肃实践锻炼基地工作，协调中央统战部做好 5 名党外挂职副市、州长联系联络工作。全面加强党外代表人士培训工作，仅省委统战部举办各类培训班 18 期，培训 900 多人。成功举办 2011 民族宗教问题高层论坛，50 多名民族宗教方面的知名专家学者和实际工作者围绕"中国民族宗教工作的完善与发展"这一主题进行了研讨交流，取得丰硕成果。全省统战系统形成调研成果近千篇，获得全国统战理论研究优秀成果一等奖和实践创新成果各1篇、三等奖2篇、优秀奖1篇，有56篇获省级奖励。

（杨宪辉）

甘肃省人民代表大会

【甘肃省第十一届人民代表大会第四次会议】2011年1月13日至18日，甘肃省第十一届人民代表大会第四次会议在兰州召开。会议听取和审议了代省长刘伟平作的甘肃省人民政府工作报告、省人大常委会副主任洛桑灵智多杰作的甘肃省人大常委会工作报告、省高级人民法院院长梁明远作的甘肃省高级人民法院工作报告和省人民检察院检察长乔汉荣作的甘肃省人民检察院工作报告；审议了甘肃省国民经济和社会发展第十二个五年规划纲要，甘肃省发展和改革委员会主任赵春关于甘肃省2010年国民经济和社会发展计划执行情况及2011年国民经济和社会发展计划（草案）的报告（书面），甘肃省财政厅厅长周多明关于甘肃省2010年财政预算执行情况和2011年全省及省级财政预算（草案）的报告（书面）。

会议表决通过了甘肃省第十一届人民代表大会第四次会议关于甘肃省人民政府工作报告的决议，关于甘肃省2010年国民经济和社会发展计划执行情况及2011年国民经济和社会发展计划的决议，关于甘肃省2010年财政预算执行情况和2011年省级预算的决议，关于甘肃省人大常委会工作报告的决议，关于甘肃省高级人民法院工作报告的决议，关于甘肃省人民检察院工作报告的决议。

会议审议通过了《甘肃省第十一届人民代表大会第四次会议选举办法》。会议补选张开勋、周多明为甘肃省第十一届人民代表大会常务委员会副主任，刘伟平为甘肃省省长。

在本次会议期间，代表们深入贯彻党的十七届五中全会和省委十一届十次全会精神，坚持以科学发展观为指导，履行宪法、法律赋予的职责，认真提出议案和建议、批评、意见。对于韩克茵等12名代表提出的《关于将促进性别平等列入地方立法的议案》，按照有关法律规定，作为代表建议处理，交由省人大内务司法委员会研究办理。代表们提出的建议、批评和意见，在大会闭会后通过专题交办会分别交有关承办单位在法定时限内办结答复代表，并向省人大常委会报告办理情况。

【甘肃省人大常委会会议】甘肃省第十一届人民代表大会常务委员会第十九次会议，于2011年1月10日至11日召开。省人大常委会副主任洛桑灵智多杰、嘉木样•洛桑久美•图丹却吉尼玛、朱志良、马尚英、崔玉琴，秘书长张开勋及委员共48人出席了会议。副省长刘永富，省高级人民法院院长梁明远，省人民检察院检察长乔汉荣，部分省人大专门委员会副主任委员，省人大常委会各工作部门负责人，兰州市人大常委会负责人列席了会议。会议通过了甘肃省人民代表大会常务委员会关于批准《连城国家级自然保护区条例》的决定；听取了省人大常委会秘书长张开勋关于甘肃省第十一届人民代表大会第四次会议筹备工作情况的报告；审议通过了甘肃省第十一届人民代表大会第四次会议列席范围，省人大常委会2011年工作要点。审议通过了省人大常委会工作报告（审议稿），将提交省十一届人大四次会议审议；审议通过了甘肃省第十一届人民代表大会第四次会议议程、日程（草案），甘肃省第十一届人民代表大会第四次会议主席团和秘书长名单（草案）、主席团常务主席名单（草案）、主席团执行主席分组名单（草案）、大会副秘书长名单（草案），甘肃省第十一届人民代表大会第四次会议选举办法（草案），将按照法律规定，分别提交省十一届人大四次会议预备会议、省十一届人大四次会议主席团第一次会议审议通过。听取和审议了省十一届人民代表大会常务委员会代表资格审查委员会关于代表变动情况和补选代表的代表资格审查报告，表决通过了关于代表变动情况和补选代表的代表资格审查报告及公告。会议任命李宁平为甘肃省人民代表大会财政经济委员会副主任委员，田鸿章为甘肃省人民代表大会常务委员会教育科学文化卫生办公室主任；免去邢同义的甘肃省人民代表大会常务委员会教育科学文化卫生办公室主任职务；任命李保刚为甘肃省人民检察院副检察长、检察委员会委员；会议还通过了省高级人民法院和省人民检察院提请的有关人事任免事项。

甘肃省第十一届人民代表大会常务委员会第二十次会议，于2011年3月29日至4月1日在兰州召开。省人大常委会副主任嘉木样•洛桑久美•图丹却吉尼玛、孙效东、崔玉琴、张开勋、周多明及委员共46人出席了会议。省人大常委会咨询员朱志良，副省长张晓兰，省高级人民法院院长梁明远，省人民检察院检察长乔汉荣，省人大各专门委员会组成人员，部分省十一届人大代表，省人大常委会各工作部门负责人，省政府有关部门负责人，各市、州人大常委会负责人，部分省人大常委会立法顾问和立法联系点负责人列席了会议。部分由各民主党派和群众团体推派的公民旁听了全体会议。会议传达学习了十一届全国人大四次会议精神；通过了《甘肃省农民教育培训条例》、《甘肃省林业生态环境保护条例》，甘肃省人民代表大会常务委员会关于批准《甘肃省临夏回族自治州自治条例（修订）》的决定；审议了《甘肃省全民健身条例（草案）》和《甘肃省公路路政管理条例（修订草案）》；审议了省人大常委会调研组关于《全民健身条例》在全省贯彻执行情况的调研报告（书面）；听取和审议了省人民政府关于全省天然林资源保护工程建设情况的工作报告，审议了省人大常委会调研组关于甘肃省天然林资源保护工程建设情况的调研报告（书面）。会议决定免去冯健身的甘肃省副省长职务，决定免去周多明的甘肃省财政厅厅长职务，决定任命张勤和为甘肃省财政厅厅长；会议还通过了省高级人民法院和省人民检察院提请的有关人事任免事项。

甘肃省第十一届人民代表大会常务委员会第二十一次会议，于2011年5月28日至31日在兰州召开。省委书记、省人大常委会主任陆浩，省人大常委会副主任嘉木样•洛桑久美•图丹却吉尼玛、马尚英、孙效东、崔玉琴、张开勋、周多明及委员共52人出席了会议。省人大常委会咨询员朱志良，副省长咸辉，省高级人民法院院长梁明远，省人民检察院检察长乔汉荣，省人大各专门委员会组成人员，部分省十一届人大代表，省人大常委会各工作部门负责人，省政府有关部门负责人，各市、州人大常委会负责人，部分省人大常委会立法顾问和立法联系点负责人列席了会议。部分由各民主党派和群众团体推派的公民旁听了全体会议。会议审议通过了《甘肃省公路路政管理条例（修订）》、《甘肃省全民健身条例》，甘肃省人民代表大会常务委员会关于批准《甘肃省阿克塞哈萨克族自治县自治条例（修订）》的决定，甘肃省人民代表大会常务委员会关于批准《甘肃省甘南藏族自治州拉卜楞寺保护与管理条例》的决定。审议了《甘肃省集体合同条例（草案）》、《甘肃省法律援助条例（草案）》和《甘肃省防震减灾条例（修订草案）》。听取和审议了省人民政府关于全省“五五”普法规划实施情况和“六五”普法工作意见的报告，审议了省人大常委会调研组关于甘肃省四市（州）“五五”普法工作和《甘肃省人大常委会关于加强法制宣传教育的决议》实施情况的调研报告（书面），做出了《甘肃省人民代表大会常务委员会关于进一步加强法制宣传教育的决议》。听取和审议了省人民政府关于甘肃省发行2011年地方政府债券并相应调整全省及省级财政预算的报告，做出了《甘肃省人民代表大会常务委员会关于批准发行2011年地方政府债券并调整省级财政预算的决议》。审议了省人大常委会调研组关于加快临夏州经济社会发展的调研报告（书面）。审议通过了《甘肃省人民代表大会常务委员会关于全省县乡两级人民代表大会代表换届选举时间的决定》、《甘肃省人民代表大会常务委员会关于全省14个市（州）及86个县（市、区）新一届人民代表大会代表名额的决定》、《甘肃省人民代表大会常务委员会关于全省14个市（州）及86个县（市、区）新一届人民代表大会常务委员会组成人员名额的决定》。会议决定任命虞海燕、李建华为甘肃省副省长；通过了《甘肃省人民代表大会常务委员会关于接受安晨光、邢同义辞去甘肃省第十一届人民代表大会常务委员会委员职务的请求的决定》；任命明连成为甘肃省人民代表大会常务委员会副秘书长；免去安晨光的甘肃省人民代表大会常务委员会副秘书长职务，邢同义的甘肃省第十一届人民代表大会教育科学文化卫生委员会副主任委员职务，明连成的甘肃省人民代表大会常务委员会内务司法办公室副主任职务；任命王军为甘肃省高级人民法院副院长；会议还通过了省高级人民法院和省人民检察院提请的有关人事任免事项。

甘肃省第十一届人民代表大会常务委员会第二十二次会议，于2011年7月25日至29日在兰州召开。省人大常委会副主任嘉木样•洛桑久美•图丹却吉尼玛、马尚英、孙效东、崔玉琴、张开勋、周多明及委员共41人出席了会议。省人大常委会咨询员朱志良，副省长石军，省高级人民法院院长梁明远，省人民检察院检察长乔汉荣，省人大各专门委员会组成人员，部分在甘全国人大代表、部分省十一届人大代表，省人大常委会各工作部门负责人，省政府有关部门负责人，各市、州人大常委会负责人，部分省人大常委会立法顾问和立法联系点负责人列席了会议。部分由各民主党派和群众团体推派的公民旁听了全体会议。会议审议通过了《甘肃省集体合同条例》、《甘肃省法律援助条例》，修订通过了《甘肃省防震减灾条例》、《甘肃省实施〈中华人民共和国全国人民代表大会和地方各级人民代表大会代表法〉办法》，通过了甘肃省人民代表大会常务委员会关于批准《甘肃省甘南藏族自治州牲畜引进防检疫管理条例》的决定。审议了《甘肃省实施<中华人民共和国突发事件应对法>办法（草案）》、《甘肃省宗教事务条例（草案）》、《甘肃省旅游条例（修订草案）》和《甘肃省义务教育条例（草案）》。听取和审议了省人大常委会执法检查组关于检查《甘肃省清真食品管理条例》贯彻实施情况的报告。听取和审议了省人民政府关于甘肃省2011年上半年国民经济和社会发展计划执行情况的报告，省人民政府关于2010年全省及省级财政决算草案和2011年上半年财政预算执行情况的报告，省人民政府关于2010年度省级预算执行和其他财政收支情况的审计工作报告；审议了省人民政府关于2010年全省政府非税收入收支和管理情况的报告（书面），省人大财政经济委员会关于2010年省级财政决算的审查报告（书面）；通过了《甘肃省人民代表大会常务委员会关于批准甘肃省2010年省级财政决算的决议》。会议通过了《甘肃省人民代表大会常务委员会关于接受妥建福辞去甘肃省第十一届人民代表大会常务委员会委员职务的请求的决定》；任命张绪胜为甘肃省人民代表大会常务委员会副秘书长，尹福山为甘肃省人民代表大会常务委员会民族侨务办公室副主任，吕发成为甘肃省人民代表大会常务委员会研究室副主任，刘来宁为甘肃省人民代表大会常务委员会办公厅副主任，靳来舜为甘肃省人民代表大会常务委员会法制工作委员会副主任，卓俊才为甘肃省人民代表大会常务委员会民族侨务办公室副主任，王兰为甘肃省人民代表大会常务委员会内务司法办公室副主任；免去尹福山的甘肃省人民代表大会常务委员会办公厅副主任职务，吕发成的甘肃省人民代表大会常务委员会办公厅副主任职务，刘来宁的甘肃省人民代表大会常务委员会研究室副主任职务；决定任命王建中为甘肃省环境保护厅厅长，决定免去冯杰的甘肃省环境保护厅厅长职务；任命张新泽为甘肃省人民检察院副检察长；会议还通过了省人民检察院提请的有关人事任免事项。

甘肃省第十一届人民代表大会常务委员会第二十三次会议，于2011年9月26日至29日在兰州召开。省人大常委会副主任嘉木样•洛桑久美•图丹却吉尼玛、马尚英、孙效东、崔玉琴、张开勋、周多明及委员共38人出席了会议。省人大常委会咨询员朱志良，副省长虞海燕，省高级人民法院院长梁明远，省人大各专门委员会组成人员，部分省十一届人大代表，省人大常委会各工作部门负责人，省政府有关部门负责人，各市、州人大常委会负责人，部分省人大常委会立法顾问和立法联系点负责人列席了会议。部分由各民主党派和群众团体推派的公民旁听了全体会议。会议审议通过了《甘肃省实施〈中华人民共和国突发事件应对法〉办法》、《甘肃省宗教事务条例》和《甘肃省义务教育条例》；修订通过了《甘肃省旅游条例》；通过了《甘肃省人民代表大会常务委员会关于废止〈甘肃省甘南藏族自治州个体工商户和私营企业权益保护条例〉的决定》和《甘肃省人民代表大会常务委员会关于甘肃省人民代表大会常务委员会财政经济办公室更名的决定》。审议了《甘肃省道路交通安全条例（草案）》和《甘肃省国家通用语言文字条例（草案）》。听取和审议了省高级人民法院队伍建设工作报告，审议了省人大常委会调研组关于甘肃省四市州法院队伍建设情况的调研报告。审议了省人大常委会调研组关于全省归侨侨眷权益保护情况的调研报告。听取和审议了省人民政府关于省十一届人大四次会议期间代表建议办理情况的报告，审议了高级人民法院关于省十一届人大四次会议期间代表建议办理情况的报告（书面）和省人民检察院关于省十一届人大四次会议期间代表建议办理情况的报告（书面）。会议任命吴东坡为甘肃省人大常委会办公厅副主任，余超为甘肃省人民代表大会常务委员会农业与农村办公室副主任；决定免去王永前的甘肃省人民政府外事办公室主任职务；会议还通过了省高级人民法院和省人民检察院提请的有关人事任免事项。

甘肃省第十一届人民代表大会常务委员会第二十四次会议，于2011年11月22日至24日在兰州召开。省人大常委会副主任嘉木样•洛桑久美•图丹却吉尼玛、马尚英、崔玉琴、张开勋、周多明及委员共43人出席了会议。省人大常委会咨询员朱志良，副省长咸辉，省高级人民法院院长梁明远，省人民检察院检察长乔汉荣，省人大各专门委员会组成人员，部分省十一届人大代表，省人大常委会各工作部门负责人，省政府有关部门负责人，各市、州人大常委会负责人，部分省人大常委会立法顾问和立法联系点负责人列席了会议。部分由各民主党派和群众团体推派的公民旁听了全体会议。会议审议通过了《甘肃省道路交通安全条例》和《甘肃省国家通用语言文字条例》；通过了甘肃省人民代表大会常务委员会关于修改《甘肃省人民代表大会常务委员会关于政府规章设定罚款限额的规定》的决定；通过了甘肃省人民代表大会常务委员会关于批准《兰州市城市市容和环境卫生管理办法》的决定；审议了《甘肃省残疾人保障条例（草案）》、《甘肃省农村扶贫开发条例（草案）》和《甘肃省实施<中华人民共和国循环经济促进法>办法（草案）》。听取和审议了省人大常委会执法检查组关于检查《甘肃省地质环境保护条例》实施情况的报告。听取和审议了省人民政府关于2011年全省重大项目建设情况的汇报，关于甘肃省生态环境保护专题工作汇报；审议了省人民政府关于2011年省级预算超收收入安排使用情况的报告（书面）。审议了省人大常委会调研组关于甘肃省重大项目建设情况的调研报告（书面），省人大常委会关于省十一届人大四次会议期间代表建议办理情况的报告（书面）。审议通过了《甘肃省人民代表大会常务委员会关于召开甘肃省第十一届人民代表大会第五次会议的决定》。审议了甘肃省第十一届人民代表大会常务委员会代表资格审查委员会关于个别代表的代表资格的报告，表决通过了关于个别代表的代表资格的报告及公告。会议任命苏秦川为甘肃省人民代表大会常务委员会副秘书长，曹云山为甘肃省人民代表大会常务委员会法制工作委员会副主任，马洪宾为甘肃省人民代表大会常务委员会财经预算工作委员会副主任，梁虎堂为甘肃省人民代表大会常务委员会财经预算工作委员会副主任，叶小平为甘肃省人民代表大会常务委员会教育科学文化卫生办公室副主任，董永芳为甘肃省人民代表大会常务委员会代表工作委员会副主任；会议免去何录德的甘肃省第十一届人民代表大会农业与农村委员会副主任委员职务，张国荣的甘肃省人民代表大会常务委员会副秘书长职务，苏秦川的甘肃省人民代表大会常务委员会办公厅副主任职务，于效庆的甘肃省人民代表大会常务委员会农业与农村办公室副主任职务；会议决定免去王锐的甘肃省商务厅厅长职务，决定任命肖庆平为甘肃省商务厅厅长；任命李东亮为甘肃省人民检察院副检察长；会议还通过了省高级人民法院和省人民检察院提请的有关人事任免事项。

【地方立法】2011 年是中国特色社会主义法律体系形成的第一年，甘肃省的地方立法工作处于一个新的历史阶段。省人大常委会坚决落实省委要求，进一步创新立法理念，提高立法质量。共制定地方性法规 10 件，修订地方性法规 5 件，批准制定、修订和废止民族自治地方自治条例、单行条例及兰州市制定的法规 7 件，对 3 件地方性法规草案进行了一审。

一是着眼促进改革发展，继续完善经济领域立法。制定了《甘肃省林业生态环境保护条例》、《甘肃省集体合同条例》、《甘肃省道路交通安全条例》；修订了《甘肃省公路路政管理条例》、《甘肃省旅游条例》。这些法规的制定和修订，对保护生态环境、维护劳资双方权益、推动道路交通事业发展和旅游产业发展，必将起到促进作用，进一步做到有法可依、有章可循。

二是高度关注民生，着力加强社会领域立法。制定了《甘肃省法律援助条例》、《甘肃省实施〈中华人民共和国突发事件应对法〉办法》、《甘肃省义务教育条例》、《甘肃省农民教育培训条例》、《甘肃省全民健身条例》、《甘肃省国家通用语言文字条例》和《甘肃省宗教事务条例》；修订了《甘肃省防震减灾条例》。这些法规的制定和修订，将进一步对全省的政治文明、社会文明和文化建设创造科学发展的法制环境和条件。

三是适时修订《甘肃省实施〈中华人民共和国全国人民代表大会和地方各级人民代表大会代表法〉办法》。根据新修正的《中华人民共和国全国人民代表大会和地方各级人民代表大会代表法》，省人大常委会对甘肃省实施代表法办法进行了修订，对代表的权利义务、履职规范、履职保障、履职监督等方面进一步作了规范和补充。

四是着眼促进依法行政，修改了《甘肃省人大常委会关于政府规章设定罚款限额的规定》。

五是依法审查批准民族自治地方的自治条例和单行条例。审查批准了《甘肃省临夏回族自治州自治条例》、《甘肃省阿克塞哈萨克族自治县自治条例》、《甘肃省甘南藏族自治州牲畜引进防检疫管理条例》、《甘肃省甘南藏族自治州拉卜楞寺保护与管理条例》，批准废止了《甘肃省甘南藏族自治州个体工商户和私营企业权益保护条例》。

六是审查批准兰州市制定的地方法规。批准了《兰州市城市市容和环境卫生管理办法》、《连城国家级自然保护区条例》。

【监督工作】一年来，省人大常委会认真贯彻监督法，听取和审议了“一府两院”的 12 项专项工作报告，认真组织开展执法检查，确保监督工作不断深入推进。

一是改进监督方式，加大监督力度。常委会为听取和审议省人民政府关于甘肃省天然林资源保护工程建设情况专项工作报告，事先组织了专题调研。常委会会议在分组审议这个报告的基础上，召开联组会议进行集中审议，重点围绕林区基础设施建设、管理体制、林业后续产业发展、天保二期方案编制等提出问题和建议，省政府相关部门的负责同志到会同常委会组成人员共同讨论，回答了相关问题。对常委会提出的审议意见，省政府及时分解办理，并将办理情况适时报送省人大常委会。实践证明，这种集体监督的形式是好的，我们在今后要进一步完善这方面的工作。

二是突出监督重点，推动中心工作。常委会听取和审议了省人民政府关于重大项目建设及前期工作情况的汇报。在充分肯定成绩的同时，针对项目征地拆迁、建设筹资、建设质量和增加结构调整的项目等方面的问题向省政府提出意见建议。听取和审议了省人民政府关于生态环境保护的专题汇报，就加强农业生态环境保护等问题，提出了明确的意见。听取和审议了省人民政府关于全省“五五”普法规划实施情况和“六五”普法工作意见的报告，作出了关于进一步加强法制宣传教育的决议。

三是加强计划和财政监督。常委会听取审议了全省 2011 年上半年计划执行情况和财政预算执行情况的报告，全省政府非税收入收支和管理情况的报告和审计工作报告，省级预算超收收入安排使用情况的报告，批准了 2010 年省级财政决算。还听取了关于发行 2011 年地方政府债券并相应调整全省及省级财政预算的报告，作出了批准发行 59 亿元地方政府债券并调整省级财政预算的决定。在对计划、财政报告审议中，常委会侧重对土地出让金两权收入、国有资本经营收益收缴、“三公”经费清理等方面的工作提出了具体意见和建议。

四是围绕重点、热点问题开展执法检查，进一步推动依法行政。常委会组织执法检查组对清真食品管理条例的贯彻实施情况进行了检查，指出了六个方面存在的问题。对甘肃省地质环境保护条例和气象灾害防御条例的贯彻实施情况进行了检查，提出了意见和建议。组织开展了以“关注农业污染、改善农村环境”为主题的陇原环保世纪行活动，对存在的问题进行了曝光。省人大常委会受全国人大常委会的委托，组织力量，对全省贯彻实施食品安全法、老年人权益保障法、劳动合同法的情况进行了检查，配合全国人大常委会对农村土地承包法、农村土地承包经营纠纷调解仲裁法在甘肃省的贯彻实施情况进行了检查，将检查情况报送了全国人大常委会。

五是对“两院”工作加强监督。

常委会听取和审议了省高级人民法院关于全省法院队伍建设情况的报告，常委会在审议中认为，在经济社会快速发展的形势下，人民法院依法办案和民事调解工作量空前加大，一方面要立足于建设高素质法官队伍，以适应形势要求；另一方面对法院系统在工作中面临的困难和矛盾，政府及有关部门应给予积极解决。常委会对2010年作出的《关于加强检察机关法律监督工作的决议》的贯彻实施情况进行了调查研究，协调省检察院分别与公安、审判、司法等有关方面提出具体贯彻落实意见，并积极付诸实施。

常委会对210件规范性文件进行了审查，对其中事关改革发展稳定和人民群众切身利益的16件规范性文件，召开了两次专家评审会进行了集中审查，提出了改进意见，促进了依法行政工作。进一步重视信访工作，全年受理人民群众来信来访1879件（次），其中来信715件，来访1164人次，督促解决了一批有影响的信访案件。

【专题调研】常委会抓住事关全省工作大局和人民群众切身利益的问题，组织常委会和各专委会组成人员深入开展专题调研或集体视察，掌握了大量的第一手资料，提高了会议审议质量。

为了全面了解全省重大项目建设进展情况，常委会组织调研组进行了专题调研，就全力筹措重大项目资金、征地拆迁、项目建设质量和安全、项目竣工后营运、优化项目结构和强化政府部门协调服务职能等方面向政府提出建设性意见。

在制定《甘肃省宗教事务条例》的过程中，常委会和有关的专委会组成人员，两次赴甘南、临夏、兰州、天水、武威等州市及临潭、卓尼等县进行实地调研，分管此项工作的常委会副主任还主持召开了省级宗教团体负责人专题座谈会征求意见，就宗教事务立法的有关方针和原则，宗教团体的成立、变更、注销、活动，风景名胜区内宗教活动场所的管理，宗教教职人员和宗教团体工作人员社会保障等问题进行了广泛而深入的探讨，使民主化、科学化的立法原则得到了充分的体现。

常委会高度关注甘肃省天然林生态保护工程建设的进展情况，组成调研组深入甘南、陇南、天水三市和白龙江、小陇山林业局的一线场（站），就全省实施天保工程建设情况进行了实地调研，对加大天保二期工程资金投入、巩固天保一期工程成果、逐步建立天然林保护长效机制等问题提出了明确要求。

常委会组织了关于临夏州经济社会跨越式发展的专题调研，提出了加大对临夏州非公有制经济转型发展、基础设施建设、生态建设和环境保护、特色优势产业发展、教育科技文化事业发展、改善民生和扶贫攻坚工作支持力度的意见。

常委会对归侨侨眷权益保护的情况进行了专题调研，提出了掌握实情、政策倾斜、资金扶持、加强侨务工作等关心困难归侨侨眷生产生活的意见和建议，推动了这项工作的落实。受全国人大常委会的委托，对甘肃省民族地区的经济社会发展开展了调研，并将调研报告报送了全国人大常委会。

【人事任免】常委会坚持党管干部和人大依法行使任免权相统一的原则，共任免国家机关工作人员170人次，其中，决定任命7人，任命76人，批准任命16人，决定免职7人，免职55人，批准免职2人，决定接受辞职7人。

【代表工作】常委会坚持以保障代表依法履职、促进代表意见建议办理为重点，不断加强和改进代表工作，代表作用得到进一步发挥。

一是继续加强代表服务保障工作。进一步拓宽代表知情知政渠道，通过常委会门户网站、报刊、编印寄送材料等多种形式，使人大代表及时了解人大常委会和“一府两院”的工作，为代表行使职权创造条件。进一步完善常委会组成人员联系基层人大代表，人大代表联系选举单位和选民的“两联系”制度。有计划地组织代表参加调研、视察、执法检查、建议办理、列席常委会会议、参与行政司法监督等活动，充分听取代表的意见和建议。全年共有代表400多人次参加了常委会的各项活动。为提高代表履职能力，常委会举办了一期省人大代表培训班，组织在甘全国人大代表参加了全国人大组织的四期代表培训班。

二是通过全国人大代表建议案，集中反映甘肃经济社会发展中的重点问题，积极争取全国人大常委会重视和支持。帮助甘肃解决了生态建设、环境治理、铁路、公路、水利等基础设施建设的一些重点、难点问题，得到了人民群众好评。2011年，常委会同省政府共同研究，从甘肃全国人大代表提出的议案和建议案中筛选出重点建议案9件，专题向全国人大常委会分管领导汇报，这些建议分别被列入全国人大、国务院和有关部委重点督办案。目前，通过这些建议案争取到中央计划下达和专项补助资金15亿元，其中积石山县境内公路建设项目资金7.4亿元，饮水项目资金3.89亿元，东乡县水土流失综合治理和地质灾害防治补助资金2000万元。加快甘肃河西能源基地和陇东煤电基地项目开发建设的建议得到重点处理，已列入国家“十二五”规划。15个循环经济重点项目、临夏州黄河干流流域水源涵养林建设项目得到优先安排，核桃、油橄榄等木本油料产业得到重点扶持，农村中小学“温暖工程”公用经费定额和农村沼气建设补助标准也有所提高。

三是更加注重代表建议办理实效。常委会加强与代表沟通，组织代表参加视察检查，听取办理情况汇报，使代表及时了解办理情况，提出改进意见；加强与承办单位的联系协调，督促承办单位落实办理责任、保证办理质量。在省十一届人大四次会议期间，代表提出建议 873 件，全部办理完毕。对代表建议中提出的问题，已经解决和基本解决的 270 件，占建议总数的 30.9%;正在解决和列入规划逐步解决的 407 件，占建议总数的 46.6%；暂时不能解决，留待以后研究解决的 196 件，占建议总数的 22.5%。常委会副主任和各专委会重点督办的 12 件代表建议已全部得到落实。

【指导县乡人大换届选举】为确保县乡人大换届选举依法有序进行，自 2010 年 3 月开始，常委会积极做好换届选举的调研和法规修改等前期准备工作。常委会党组向省委提出了关于全省县乡两级人大换届选举工作的若干意见，省委及时批转全省贯彻执行。常委会依法及时作出了关于全省县乡两级人大代表换届选举时间的决定、关于全省 14 个市（州）及 86 个县（市、区）新一届人大代表名额的决定和人大常委会组成人员名额的决定。在县乡两级人大换届选举工作过程中，常委会对全省确定的 104 个乡镇的换届选举试点工作进行了认真指导，为选举工作的全面开展积累了经验。常委会还牵头建立了选举工作联席会议，及时研究解决换届选举中的重大问题。到 10 月底，全省县乡人大换届选举工作已圆满完成。共选举产生县人大代表 15074 名，选举产生乡人大代表 63801 名。县乡两级人大代表比例全部实现了中央“两升一降一保证一适当”的要求，保证了代表构成的广泛性和代表性。

【自身建设】根据新形势新任务要求，常委会继续采取措施，加强常委会和机关自身建设，推动各项工作的规范化、制度化，不断提高依法履行职责的能力。

坚持党组理论中心组学习制度，加强学习型机关建设。重点学习贯彻了十七届五中、六中全会精神、胡锦涛总书记“七一”讲话、中央和省委一系列重大决策部署、法律法规和社会经济等方面的知识，提高了政治素质和业务素质，提升了工作水平。

深入开展创先争优活动，加强机关干部职工的思想政治建设，在机关上下营造了奋发向上、团结务实的良好氛围；根据工作需要，调整充实了有关工作机构；加强了机关干部的培养选拔工作，调动了干部的积极性和创造性；强化常委会机关为人大及其常委会服务的意识，完善工作制度，机关各项工作都有了新的提高。

积极关心支持市县人大机关基础设施建设，在力所能及的条件下，帮助解决了一些实际困难。

进一步加强了人大宣传和理论研究工作，建立了新闻发布会制度，《人民之声报》、《人大研究》和甘肃人大网站建设有了新的进步。

甘肃省人民政府

【省政府党组会议】第 1 次 7 月 21 日，省委副书记、省长、省政府党组书记刘伟平主持召开。会议学习胡锦涛总书记“七一”讲话精神，研究贯彻措施。

第 2 次 12 月 3 日，省委副书记、省长、省政府党组书记刘伟平主持召开。会议研究讨论《省政府党组关于贯彻省市主要领导干部研讨班暨省委十一届十四次全委扩大会议精神的工作意见》。

第 3 次 12 月 19 日，省委副书记、省长、省政府党组书记刘伟平主持召开。会议传达中央经济工作会议及省委常委扩大会议精神，安排部署当前政府工作。

【省政府常务会议】第 70 次 1 月 5 日，刘伟平省长主持召开。会议审议并原则通过了《2011 年省级预算安排建议》；审议并原则通过了 2011 年省政府目标责任书；研究了国家发改委下发的“十二五”时期甘肃经济社会发展主要指标的反馈意见；研究了设立甘肃省优秀科技工作者奖项事宜；讨论并原则通过了《甘肃省人民政府 2011 年立法计划（草案）》；通过了人事任免事项。

第 71 次 1 月 11 日，刘伟平省长主持召开。会议审议通过了《政府工作报告》；审定了 2010 年度科学技术奖授奖名单。

第 72 次 1 月 19 日，刘伟平省长主持召开。1、研究了 2010 年度省政府目标管理责任书表彰奖励意见；审定了 2011 年度省政府目标管理责任书；研究了调整企业退休（职）人员基本养老金事宜；宣布了部分副省长工作分工。

第 73 次 1 月 28 日，刘伟平省长主持召开。会议审议并原则通过了《兰州市城市总体规划（2010 ~ 2020）纲要》；研究了利用中央重建基金建立灾后重建工业发展基金和农业特色产业发展基金事宜。

第 74 次 2 月 11 日，刘伟平省长主持召开。会议研究并原则同意调整甘肃城镇土地使用税税额标准；审议并原则通过了《甘肃省事业单位公开招聘人员暂行办法》；贯彻落实国务院常务会议和全国粮食生产电视电话会议精神，研究安排甘肃粮食生产工作；贯彻落实国务院常务会议精神，研究安排甘肃房地产市场调控工作。

第 75 次 2 月 25 日，刘伟平省长主持召开。会议研究了进一步加强房地产市场调控和加快保障性住房建设工作；审议并原则通过了《甘肃省公路路政管理条例（修订草案）》；审议并原则通过了《甘肃省全民健身条例（草案）》；审议并原则通过了《甘肃省公共安全视频信息系统管理办法（草案）》。

第 76 次 3 月 24 日，刘伟平省长主持召开。会议贯彻落实国务院常务会议精神，安排病险水库除险加固和加快推进现代农作物种业发展工作；研究了2011年省级预算内基建投资项目计划；审议并原则通过了《甘肃省公共机构节能办法（草案）》。

第77次 4月9日，刘伟平省长主持召开。会议审议并原则通过了《甘肃省政府投资项目审批和专项资金管理办法》；安排做好有关涉及安全的工作；安排了近期有关工作；研究了人事任免事宜。

第78次 4月22日，刘伟平徐守盛省长主持召开。会议分析研判了一季度经济形势，安排部署了下一阶段工作。

第79次 5月7日，刘伟平省长主持召开。会议研究部署当前全省食品安全工作；审议并原则通过了《关于建设"促进各民族团结奋斗共同繁荣发展示范区"示范点的意见》；研究甘肃中药材生产流通管理工作的相关事宜；审议并原则通过了《甘肃省防震减灾条例（修订草案）》；审议并原则通过了《甘肃省法律援助条例（草案）》；审议并原则通过了《甘肃省旅游条例（修订草案）》。

第80次 5月27日，刘伟平省长主持召开。会议贯彻国务院常务会议精神，安排牧区发展工作；贯彻国务院常务会议精神，安排推进残疾人事业发展工作；审议并原则通过了《甘肃省人民政府关于进一步推进"十二五"污染减排工作的意见》；审议并原则通过了《关于加强重金属污染防治工作的意见》；研究调整全省失业保险金发放标准及领取失业保险金人员患病医疗待遇相关事宜；审议并原则通过了《甘肃省行政过错责任追究办法（草案）》；审议并原则通过了《关于废止<甘肃省城市房屋拆迁管理办法>的建议函》；审议了2010年度深入实施工业强省战略考核奖励意见和《关于深入实施工业强省战略扎实推进工业跨越发展考核奖励试行办法》；研究了人事任免事项。

第81次 6月10日，刘伟平省长主持召开。会议审议并原则通过了《甘肃省人民政府关于贯彻国务院加快推进现代农作物种业发展意见的实施意见》；审议并原则通过了《甘肃省人民政府关于进一步促进普通高等学校毕业生就业工作的意见》；审议并原则通过了《甘肃省优秀图书、音像及电子出版物奖评奖办法》；听取第十七届"兰洽会"筹备情况汇报；审定第三批新农保试点县名单，研究开展城镇居民养老保险试点工作有关事宜。

第82次 6月10日，刘伟平省长主持召开。会议研究了金川集团有限公司广西防城港镍铜原料粗加工项目建设相关事宜。

第83次 7月11日，刘伟平省长主持召开。会议贯彻落实国务院常务会议精神，研究加大财政教育投入工作；贯彻国务院常务会议精神，安排部署进一步加强地质灾害防治工作；审议并原则通过了《甘肃省义务教育条例（草案）》；审议并原则通过了《甘肃省宗教事务条例（草案）》；审议并原则通过了《甘肃省实施<中华人民共和国突发事件应对法>办法（草案）》；审议了《关于2010年度省级预算执行和其他财政收支的审计结果报告》；听取了全省医改工作情况汇报；研究了人事任免事项。

第84次 7月28日，刘伟平省长主持召开。会议审议并原则通过了《甘肃省绿化模范评选表彰实施办法》；审议并原则通过了《甘肃省道路交通安全条例（草案）》；审议了《甘肃省人民政府关于健全完善矿业权有形市场的意见》和《甘肃省矿产资源勘查开采审批管理办法》；审议并原则通过了《关于规范省属国有企业负责人薪酬管理的意见》；审议并原则通过了《甘肃省城乡居民社会养老保险试点办法》；研究了人事任免事项。

第85次 8月5日，刘伟平省长主持召开。会议研究了人事任免事项。

第86次 8月12日，刘伟平代省长主持召开。会议审议并原则通过了《甘肃省人民政府督学聘任管理暂行办法》；听取了"十一五"及2010年节能降耗目标任务考核评价情况的汇报；审议并原则通过了《甘肃省人民政府质量奖实施办法》；审议并原则通过了汶川地震灾后恢复重建先进集体和先进个人名单；安排部署贯彻落实温家宝总理经济形势座谈会讲话精神的相关工作。

第87次 8月13日，刘伟平代省长主持召开。会议研究了规范调整津贴补贴相关事宜。

第88次 8月30日，刘伟平代省长主持召开。会议审议并原则通过了《甘肃省"十二五"残疾人事业发展规划》；审议并原则通过了《甘肃省妇女发展规划（2011～2020年）》和《甘肃省儿童发展规划（2011～2020年）》；研究加强社会保险基金管理工作相关事宜；传达了全国构建和谐劳动关系先进表彰暨经验交流会议精神，安排了甘肃贯彻落实工作；研究了人事任免事项。

第89次 9月16日，刘伟平代省长主持召开。会议审议并原则通过了《甘肃省人民政府关于健全完善矿业权有形市场的意见》、《甘肃省矿产资源勘查开采审批管理办法》、《甘肃省矿产资源勘查开采审批办法实施细则》；审议并原则通过了《甘肃省流动人口计划生育工作办法（修订草案）》；审议并原则通过了《甘肃省国家通用语言文字条例（草案）》；审议并原则通过了《甘肃省种畜禽管理办法（修订草案）》；审议并原则通过了《甘肃省殡葬管理办法（修订草案）》；审定了2011年度外国专家敦煌奖候选人名单；就贯彻《中共中央国务院转发<国家发展和改革委员会关于上半年经济形势和做好下半年经济工作的建议>的通知》精神，安排部署了当前工作。

第90次 10月10日，刘伟平代省长主持召开。会议审议并原则通过了《甘肃省循环经济促进条例（草案）》；审议了《甘肃银行章程（草案）》。

第 91 次 10 月 24 日，刘伟平代省长主持召开。会议研究分析前三季度经济社会发展情况，安排部署了有关工作。

第 92 次 10 月 25 日，刘伟平代省长主持召开。会议听取了甘肃“两基”迎国检工作情况汇报；审议并原则通过《甘肃省价格调节基金征收使用管理办法》；研究召开全省“和谐寺观教堂”创建表彰会议相关事宜；研究了人事任免事项。

第 93 次 11 月 4 日，刘伟平代省长主持召开。会议审议并原则通过《甘肃省主体功能区规划（送审稿）》；审议并原则通过《甘肃省被征地农民养老保险办法》；审议并原则通过《甘肃省实施〈国有土地上房屋征收与补偿条例〉若干规定（草案）》；审议并原则通过《甘肃省残疾人保障条例（草案）》；审议并原则通过《甘肃省农村扶贫开发条例（草案）》；审议并原则通过《甘肃省城镇土地使用税实施办法（草案）》。

第 94 次 11 月 15 日，刘伟平代省长主持召开。会议审定了《重组甘肃机场集团有限公司协议》；贯彻国务院常务会议精神，安排部署甘肃农产品流通体系建设工作；贯彻国务院常务会议精神，安排部署甘肃进一步推进社会信用体系建设工作；贯彻国务院常务会议精神，安排部署地下水污染防治工作；审议并原则通过《关于金融业加快发展的意见》；研究了人事任免事项。

第 95 次 11 月 24 日，刘伟平代省长主持召开。会议贯彻国务院常务会议精神，安排部署甘肃进一步加强地质找矿工作；审议并原则通过《甘肃省循环经济总体规划实施方案》。

第 96 次 12 月 9 日，刘伟平代省长主持召开。会议贯彻国务院常务会议精神，安排部署甘肃农村义务教育学生营养改善工作；审议并原则通过了《甘肃省党政主要领导干部和国有企业领导人员经济责任审计实施办法》；研究污染减排工作；研究 2012 年全省经济社会发展主要指标相关事宜；研究了人事任免事项。

第 97 次 12 月 19 日，刘伟平代省长主持召开。会议审议并原则通过了《甘肃省〈中国农村扶贫开发纲要（2011～2020 年）〉实施办法》；审议并原则通过了《甘肃省车船税实施办法》。

第 98 次 12 月 28 日，刘伟平代省长主持召开。会议审议并原则通过了 2012 年拟为民办实事方案；听取了全省保障性安居工程建设工作汇报；听取了全省安全生产督查情况汇报；审议并原则通过了《金川集团有限公司股份制改革方案》；审议并原则通过了《关于进一步加强和改进城市社区居民委员会建设工作的实施意见》。

外事侨务港澳事务

【出访来访】坚持围绕甘肃省委、省政府的中心工作，科学统筹因公出国（境）管理，在实施总量控制的前提下，按照“统筹协调、合理安排、保压结合、注重实效”的原则，严格执行出访计划，严格审核审批出访团组。全年共审批办理各类因公出国（境）团组 913 批 4742 人次，其中党政干部团组 385 批 1190 人次，占总数的 25%，企事业人员团组 528 批 3552 人次，占总数的 75%。热情接待外宾来访团组，全年共接待外宾来访团组 48 批 551 人次，其中重要团组有津巴布韦副总统约翰•兰达•恩科莫、奥地利联邦议会议长苏珊娜•诺伊维特等 16 批，并协调有关部门妥善处理了 6 起涉外事（案）件。积极配合国家埃及和利比亚撤侨工作，派专人前往北京协调甘肃赴埃、赴利回国人员，及时通报有关情况，受到了外交部的通报表扬。

【友城交往】进一步加强了同有关方面的联络协调，积极促成甘肃省与伊朗库姆省、张掖市与罗马尼亚塞贝什市缔结为友城关系，使全省友城总数达到 45 对，其中省级友城 23 对，市县级友城 22 对，在西部省份排第 3 位，仅次于四川、陕西。圆满完成了第六期甘肃省国际交流员研习班为期两个月的培训任务，共有来自 17 个国家的 31 名交流员参加研习，进一步扩大了友城间的交流合作。

【服务经济】积极协调落实中联部、外交部、国务院侨办、国务院港澳办等中央部委支持甘肃经济社会发展的各项措施，有力促进了甘肃经济社会发展。配合有关部门圆满完成了第 17 届兰洽会和首届“敦煌行•丝绸之路国际旅游节”的海外宣传、资料翻译、邀请外宾及组织接待工作，兰洽会签约外资（含港资、台资）项目 15 个，投资金额 183.31 亿元。大力支持甘肃企业和文化产业“走出去”，全年为国有企业、重点民营企业申办 APEC 商务旅行卡 91 份，办结 45 份。协调并实施了第 7 期中日绿化小渊基金项目和第 4 期日本资生堂绿化项目，该项目实施以来，已累计投资 415 万元，绿化面积达 4000 余亩，为改善甘肃生态环境发挥了积极作用。与外交部政策规划司共同主办了“新机遇新挑战——上海合作组织成立 10 周年回顾与展望研讨会”，为推进甘肃与中亚、西亚相关国家开展合作探索了有效途径。

【对外宣传】围绕全省经济社会发展的重要领域、重点项目和重大活动，积极向外交部新闻司推荐甘肃循环经济实施项目和新能源建设项目两条采访线路，该线路经外交部新闻中心网站推介后，引起境外多家媒体的关注。成功召开了全省外事工作发展新闻发布会，重点推介了《甘肃省国际友好城市手册》，着力将友城打造成甘肃最大的外事资源和对外交往平台。积极配合有关部门完成了在韩国和香港、澳门对“敦煌行•丝绸之路国际旅游节”的宣传活动，节会期间，先后有10名外国记者和港澳记者来甘采访报道，较好地宣传推介了甘肃。

【侨务工作】积极创新侨务工作发展模式，首次促成省政府与国务院侨办签署了《关于发挥侨务资源优势支持甘肃经济社会发展战略合作协议》，首次在海外设立甘肃省海外交流协会海外理事分部（北美分部），首次选派3名甘肃籍华文教师赴泰国教学。进一步加大了对《侨法》的宣传和贯彻执行力度，在酒泉、金昌、武威三市新设立了3个“侨法宣传角”，《侨法》的贯彻执行情况得到了全国人大华侨委调研组的充分肯定。认真贯彻落实国务院侨办等9部委联合印发的《关于做好散居困难归侨侨眷扶贫救助工作的意见》精神，研究制定了甘肃救助工作实施细则，并争取省财政专项资金240万元，下拨各市州扶持贫困归侨侨眷。全省各级侨办共受理海外华人华侨和归侨侨眷来信来访131件次，结案127件，办结率97%。协调并接收海外华人华侨和港澳同胞捐赠约2030万元人民币，帮助贫困山区修（改）建学校45所、水窖755眼、卫生院1所，捐赠图书1.35万册，为346名贫困学生提供了助学金和奖学金，培训教师143名，有力促进了甘肃公益事业发展。圆满完成了“海外华裔青少年中国寻根之旅夏令营——甘肃营”活动和“文化中国——海外华文媒体甘肃行”活动，承办了全国侨办系统信访干部培训班暨“六五”普法启动仪式，受到国务院侨办的好评。

【港澳事务】进一步加强同国务院港澳办和中央驻港机构的联系，促成了刘伟平省长率团成功访问香港，有力推动了陇港务实合作。加强港澳工作调研，对在兰投资的港澳企业进行了调查摸底，基本掌握了300多家港澳企业在兰投资合作情况，为有针对性地做好服务工作奠定了基础。选派省港澳办和基层外侨办6名干部，参加了国务院港澳办组织的第26批赴港考察培训。组织甘肃省残疾人事业考察团和甘肃省文化代表团赴香港、澳门访问，其中随甘肃省文化代表团出访的省歌舞剧院的演职人员，参加了庆祝缅华互助会成立40周年文艺演出活动，先后演出6场次，在当地引起强烈反响。与省民政厅组成联合督查组，对“8·8”舟曲特大山洪泥石流灾后重建中香港、澳门特区政府捐款使用和项目建设情况进行了督查。经中央驻港联络办积极推荐，香港乐施会捐款113万元人民币在渭源县、永靖县开展人饮工程建设和改善农村医疗卫生条件。

【自身建设】结合开展“创先争优”活动，深入学习贯彻党的十七届五中、六中全会精神，党组织的凝聚力、战斗力得到进一步加强。年初，省委考核组对省政府外事办进行了2010年度省管领导班子和领导干部暨落实党风廉政建设责任制、推进惩防体系建设情况考核，取得良好成绩。重视加强干部队伍建设，全年共有33人次参加各类学习培训；在省委、省政府的关怀下，积极推荐2名正处级干部晋升为副地级干部。注重丰富干部职工的文化生活，积极参加省直机关第十届干部职工运动会，成功举办了“庆祝建党90周年歌咏比赛”活动。认真学习贯彻中纪委、省纪委有关会议精神，严格落实党风廉政建设目标责任制，无论是班子成员还是党员干部都能够自觉遵守廉洁从政各项规定，没有出现任何违纪违规等问题。坚持工作重心下移，指导各市州外办认真落实外事工作“六个一”工程，较好地促进了外事职能作用发挥。

政协甘肃省委员会

【全体委员会议】十届四次会议于2011年1月12日至16日在兰州召开。会议应到委员570名，实到531名。省政协主席陈学亨主持开幕大会。会议听取并审议了省政协副主席张津梁代表省政协常务委员会所作的工作报告、省政协副主席黄选平代表省政协常务委员会所作的提案工作报告；审议通过了政协甘肃省第十届委员会第四次会议政治决议、政协甘肃省第十届委员会第四次会议关于十届省政协常务委员会工作报告的决议、政协甘肃省第十届委员会第四次会议关于省政协常务委员会提案工作报告的决议、政协甘肃省第十届委员会第四次会议提案审查委员会关于提案审查情况的报告。会议接受陈学亨、邵克文分别辞去政协甘肃省第十届委员会主席、副主席的请求，补选冯健身为主席、张景辉为副主席。

省委书记陆浩在闭幕会上发表讲话。他指出，本届政协三年来，在以陈学亨同志为班长的省政协党组和班子带领下，省政协各项工作都在原来基础上取得了长足发展。希望全省各级政协组织和广大政协委员，继续发扬优良传统，坚持正确的政治方向，不断增强走中国特色社会主义道路的自觉性和坚定性。继续把推动科学发展作为履行职能的第一要务，努力为实现跨越式发展贡献力量。牢牢把握团结和民主两大主题，努力在促进社会和谐中发挥作用。不断加强自身建设，进一步提高参政议政的能力和水平。会议期间，委员们列席了甘肃省十一届人民代表大会第四次会议，听取和讨论了政府工作报告及其它重要报告。委员们以高度的责任感，通过小组讨论、大会发言、专题会议发言和提交提案等方式，围绕全省经济社会发展的重要问题和群众关注的热点难点问题，积极建言献策，提出了许多有价值的意见建议。陈强等24位委员分别就推动兰西区域经济跨越式发展、推进农村土地承包经营权流转、发展现代物流商贸业、促进新成长劳动力就业、健全新型农村社会养老保障体系等内容进行了大会发言。省委书记陆浩、省长刘伟平分别出席“深入推进区域发展战略，加快转变经济发展方式，实现甘肃经济社会跨越式发展”和“提高公共服务水平，保障和改善民生”专题议政会，听取委员意见建议。新当选的省政协主席冯健身在主持闭幕会时讲话，他指出，本届政协三年来的工作实践、取得的成绩和积累的经验，为今后更好地履行职能、发挥作用提供了有益借鉴和宝贵财富，要倍加珍惜并发扬光大，在今后各项工作中切实发挥协调关系、汇聚力量、建言献策、服务大局的作用。会议期间共收到提案 885 件，立案 875 件，占收到提案总数的 98.8%。省党政军领导应邀出席开、闭幕大会。在甘全国政协委员、省政协各部门负责同志、市州政协主席、省委组织部、统战部副部长列席会议。

【常务委员会议】第 13 次会议于 2011 年 1 月 10 日在兰州召开。会议通过了关于召开政协甘肃省第十届委员会第四次会议的决定、政协甘肃省第十届委员会第四次会议议程（草案）和日程、政协甘肃省第十届委员会常务委员会工作报告及报告人、政协甘肃省第十届委员会常务委员会关于十届三次会议以来提案工作情况报告及报告人、政协甘肃省第十届委员会第四次会议分组办法和小组召集人名单。会议还审议通过了政协甘肃省第十届委员会增补委员名单及人事事项。省政协主席陈学亨主持会议并讲话。省委常委、省委统战部部长刘立军作了省委关于增补政协甘肃省第十届委员会委员名单的说明。副省长郝远通报了省政府2010年对省政协建议案、调研视察报告的批示与办理情况。省政协副主席邵克文主持闭幕会议。

第 14 次会议于 2011 年 1 月 15 日在兰州召开。会议审议通过了政协甘肃省第十届委员会第四次会议政治决议（草案）、政协甘肃省第十届委员会第四次会议关于常务委员会工作报告的决议（草案）、政协甘肃省第十届委员会第四次会议关于政协甘肃省十届三次会议以来提案工作情况报告的决议（草案）和政协甘肃省第十届委员会提案委员会关于政协甘肃省十届四次会议提案审查情况的报告（草案）。通过了关于接受陈学亨同志辞去政协甘肃省第十届委员会主席职务请求的决定（草案）、邵克文同志辞去政协甘肃省第十届委员会副主席职务请求的决定（草案）；通过了政协甘肃省十届四次会议补选省政协主席、副主席及常务委员候选人名单（草案）、选举办法（草案）和总监票人、副总监票人名单（草案）；听取了省委常委、省委统战部部长刘立军所作的关于人事事项的说明。省政协主席陈学亨主持会议并讲话。

第 15 次会议于 2011 年 6 月 14 日至 15 日在兰州召开。会议审议通过了省政协《关于发挥大型骨干企业带动作用加快发展产业集群的建议案》、《关于推进甘肃特色农业产业发展的建议案》、《关于推进甘肃开发区跨越式发展的建议案》，听取省政府关于 2011 年全省前 5 个月经济社会发展情况的通报，通过了人事事项及其他事项。常委们围绕 3 个《建议案》和事关甘肃实施区域发展战略、转变经济发展方式、实现经济社会跨越式发展等有关问题，进行深入讨论。贾笑天等 10 位常委、委员分别就发挥大型骨干企业辐射带动作用加快发展产业集群、创新开发区体制机制促进开发区跨越式发展、促进甘肃特色农业产业和工业园区发展等问题做了大会发言。省政协主席冯健身主持开幕会并在闭幕会上讲话，就政协全力围绕实施“十二五”规划、推进甘肃跨越式发展搞好调查研究、建言献策提出要求。省委常委、省委秘书长刘立军，省委常委、省委统战部部长、副省长泽巴足，副省长咸辉出席会议。省政协副主席张津梁主持闭幕会。

第 16 次会议于 2011 年 9 月 21 日至 22 日在兰州召开。会议审议通过了省政协《关于打好“两州两市”扶贫攻坚战推动贫困地区跨越式发展的建议案》和有关人事事项。常委们围绕《建议案》和“两州两市”扶贫攻坚工作进行深入讨论，积极建言。刘斌等 10 位常委、委员和有关调研组代表，分别就强化大扶贫工作理念、提高农民组织化程度稳定脱贫致富途径、加快贫困地区教育事业发展、整合资金实施集中连片扶贫开发、加大金融支持力度等问题作大会发言，提出了许多前瞻性、针对性较强的意见建议。冯健身主席主持开幕会并在闭幕会上就充分发挥政协优势，围绕“两州两市”扶贫攻坚献计出力发表讲话。省委常委、省委统战部部长、副省长泽巴足，副省长郝远、李建华出席会议。省政协副主席李永军主持闭幕会。

【专门委员会工作】提案委员会全年共提交提案 931 件，审查立案 914 件并全部交办完毕。其中 A、B 两类占总数的 88.12%。重要提案报送省委省政府领导阅批督办、省政协主席会议成员领衔督办、省政协专委会重点督办和省政府督查室联合督办，加大了督办力度，其中省政协主席会议成员督办提案 39 件。组织全国“两会”提案素材，邀请全国政协相关部门来甘视察调研、办理相关提案。在冯健身主席带领下，邀请并协助全国政协副主席李兆焯率团的全国政协调研组对《关于请求解决甘肃省东乡县县城空间拓展规划及地质灾害防治综合治理工程建设项目资金的提案》进行调研督办，计划下拨救灾、重建资金近 20 亿元，从根本上解决了东乡县特大地质灾害治理和灾后恢复重建的困难。与全国政协提案工作条例相衔接，修改和完善提案工作条例。出席西部十二省（区、市）政协提案工作第 22 次联席会议。

社会和法制委员会就人民调解工作深入陇南、天水、定西调研，完成了《关于甘肃人民调解工作情况的调研报告》报省委省政府，省委常委、副省长刘永富作出批示。承办省政协

"加强和创新社会管理"专题议政会，100 多人参加会议，参与起草省政协《关于加强和创新社会管理的建议案》。协助全国政协社法委调研组，赴兰州、酒泉、嘉峪关就"律师在刑事诉讼中的地位和作用"进行调研。配合省人大、省政府有关部门做好立法协商工作。对国务院法制办公开征求意见的《典当行管理条例（征求意见稿）》、《精神卫生法（草案）》等法律、法规提出意见建议。重点督办《关于进一步完善甘肃城镇低收入群体养老保险政策的提案》等 5 件提案。通过《甘肃政协信息》反映社情民意 6 篇。出席"全国政协暨各省区市政协社法委工作座谈会"、"西部十二省（区、市）政协社法委工作研讨会"并作大会发言。

文史资料和学习委员会完成《当代陇原艺术名人集萃•书法美术卷》史料专辑征集及审稿整理等初步工作，记录建国以来甘肃 120 多位书法美术名士的艺术成就。收集整理甘肃东乡、保安、裕固三个特有少数民族的文史资料百年实录书系资料。收集"三亲"史料 10 多篇，抢救和整理零散文史资料。按照全国政协"人民政协成就展"征集工作的要求，收集报送全省政协 2007 年以来出版的《文史资料选辑》和有关重要文稿，包括《文史资料选辑》215 期、照片 22 张，电子版精品图书《甘肃文史资料文库》、《风雨同舟 60 年》等。赴台湾交流考察，宣传甘肃特色文化，介绍甘肃政协文史资料工作基本情况。编发《学习与参考资料》6 期。提交集体和委员个人提案 32 件。参加"西部十二省（市、区）政协文史资料工作协作交流会议"。

经济委员会就发挥大型骨干企业带动作用加快产业集群发展，深入甘肃大型企业和产业园区调研，并赴安徽、云南、重庆考察，形成了《关于发挥大型骨干企业带动作用加快发展产业集群的建议案》报省委省政府，刘伟平省长作出批示。就"两州两市"扶贫开发工作深入陇南、定西调研，并提出意见建议。就临夏州中小学校舍安全工程和寄宿制学校学生宿舍建设情况开展视察，形成了视察报告。就更好地发挥中小企业作用等问题进行调研，形成了《当前甘肃中小企业发展中的主要问题和对策建议》。就兰州市的大气污染状况提出意见建议，省委书记王三运作出重要批示。联合平凉市赴安徽海螺水泥集团公司考察，形成了《安徽海螺水泥集团公司水泥窑焚烧处理生活垃圾考察报告》报省政府。协助全国政协经济委调研组就"加快黄河上游经济带建设促进区域经济协调发展"完成在甘调研任务。提出提案 5 件，石军副省长对《关于将装备制造业作为秦王川新区开发建设首选支撑产业的提案》作出批示。

科教文卫体委员会参加全省中小学校舍安全工程和寄宿制学校学生宿舍建设情况视察活动，形成了张掖市中小学校视察报告，并收集汇总 5 个视察组调研报告，起草了省政协《关于甘肃中小学校舍安全工程和寄宿制学校学生宿舍建设情况的视察报告》报送省委省政府。深入平凉、庆阳就城乡医疗保障制度落实情况进行调研，提出了《关于甘肃城乡医疗保障制度落实情况的调研报告》和平、庆两市医疗保障制度落实情况的调研报告，报送省委省政府。赴临夏、张掖、陇南等地少数民族县，就甘肃特有少数民族非物质文化遗产保护和传承情况进行调研，形成了《关于甘肃特有少数民族非物质文化遗产保护和传承情况的调研报告》，咸辉副省长作出批示。分别配合全国政协教科文卫体委员会"科技评价体系及奖励制度改革问题"、"加强全民健身组织建设情况"、"国家基本药物制度实施后医疗机构合理补偿情况"等调研组完成在甘调研活动。

人口资源环境委员会就全省开发区建设情况深入兰州、酒泉等 11 个市州牵头开展调研，并赴山东、陕西学习考察，形成了《关于推进甘肃开发区建设的建议案》报送省委省政府，张晓兰副省长作出批示。承办省政协"建设节水型社会"专题议政会，120 多人参加会议，收到调研报告和大会发言 45 篇，21 人作了交流发言。编印《省政协"建设节水型社会"专题议政会建言选编》并参与起草省政协《关于加快推进节水型社会建设的建议》，李建华副省长对建议案作出批示。深入定西部分县区乡村中小学校，就中小学校舍安全工程和农村寄宿制学校建设开展视察，形成相关视察报告。提出提案 4 件，重点督办提案 8 件。提交大会发言 6 篇。通过《甘肃政协信息》反映社情民意 4 篇。出席"全国暨地方政协人口资源环境委员会工作研讨会"，并提交发言材料。陪同驻山东全国政协委员在甘完成环保工作视察任务。接待江西、黑龙江等省政协学习考察团。

民族和宗教委员会组织委员赴甘南、陇南，就"两州两市"扶贫攻坚推动连片特困地区发展开展调研，形成相关调研报告。组织召开"全省政协民族和宗教工作负责人座谈会"，探索做好新时期民族宗教工作的途径和方法。配合全国政协民族和宗教委员会就"东乡县地质灾害综合治理和灾后重建"、"民族自治县城镇化进程中的重要问题"开展调研。组织开展"学习两会精神、知情明政履职"、"庆祝建党 90 华诞、畅谈党的民族宗教政策好"等委员界别活动。重大节日期间走访慰问民族、宗教界高层人士和委员。为民族地区争取希望小学建设资金，在康乐、东乡等县区建成或筹建 6 所希望小学。协调并参与督办《关于全面落实国家支持天祝藏区各项优惠政策的提案》等 3 件提案。组织委员提交提案 123 件，占民族宗教界委员人数的 202%。出席"全国暨地方政协民宗委切实推动落实宗教教职人员社会保障政策交流研讨会"。

港澳台侨和外事委员会在香港举

办在港省政协委员座谈会，征询委员意见建议。通过在港委员联系香港医学会慈善基金筹募130万元港币，建设白银市“亮睛工程”眼科中心。在澳门举办在澳省政协委员活动日，通报甘肃“十二五”规划和经济社会发展情况。在深圳召开港澳委员座谈会，听取委员意见建议。就利用港澳台资源做好引资引智工作，组织委员赴平凉、庆阳、白银开展调研，提出建立人才和项目信息库、提高利用外资的质量和水平、积极开展全方位对外交往等六点建议。先后接待港、澳、台和美国、德国、加拿大、奥地利、澳大利亚等国家和地区及兄弟省（市）政协考察团6批68人。组织“甘肃省金融考察团”和“甘肃省经贸考察团”分别赴台考察台湾金融业、银行业及有关企业，探索交流合作。与省侨联联合举办“庆中秋•话辛亥”茶话会。

农业和农村工作委员会紧扣培育壮大特色优势农业产业，赴定西、庆阳、张掖、临夏等9市州调研，形成了《关于甘肃特色农业产业发展存在的问题及建议》，刘伟平省长对建议案做出批示。就“两州两市”扶贫攻坚问题深入定西、临夏调研，形成了定西、临夏扶贫攻坚情况的调研报告。组织委员对《甘肃省农村扶贫开发条例》提出修改意见。参与中小学校舍安全和寄宿制学校学生宿舍建设情况的视察，提交了会宁、靖远两县视察报告。赴河西调研并形成了《关于甘肃发展高效节水农业的几点建议》提交“建设节水型社会”专题议政会。提交提案4件，协助督办2项重点提案，现场督办3项提案。通过《甘肃政协信息》反映社情民意信息3篇，其中《建设四个百万亩人工林基地构建甘肃绿色生态屏障》等2篇信息，刘伟平省长、泽巴足副省长分别做出批示。

【重要活动】关于实施“十二五”规划为推进经济社会跨越式发展建言的调研活动。3月至4月，由省政协9位副主席带领3个调研组，分别深入兰州、白银、酒泉、嘉峪关、金昌、庆阳、定西等14个市州，就发挥大型骨干企业带动作用加快产业集群发展、推进甘肃特色农业产业发展、推进甘肃开发区跨越式发展3个专题进行调研，并赴陕西、重庆、内蒙古等7省（市、区）学习考察，形成了《关于发挥大型骨干企业带动作用加快发展产业集群的建议案》、《关于推进甘肃特色农业产业发展的建议案》和《关于推进甘肃开发区跨越式发展的建议案》，经省政协十届十五次常委会议讨论通过。3份《建议案》分别从加强科学规划，集中力量扶持重点区域率先推进产业集群发展；坚持以小带大，增强产业集群发展活力；以精深加工为重点，做大做强龙头企业；突出项目建设，着力培育壮大主导产业；创新开发机制，着力解决建设发展中的瓶颈问题等13个方面向省委省政府提出45条建议。省委副书记、省长刘伟平，副省长张晓兰分别对《建议案》作出批示。

关于“两州两市”扶贫攻坚推动连片特困地区发展的调研活动。7月至8月，由省政协6位副主席带队，邀请部分委员和有关厅局负责同志，深入“两州两市”（临夏州、甘南州、定西市、陇南市）20个县区，就打好扶贫攻坚战、推动连片特困地区跨越式发展进行专题调研。调研组深入整村推进、易地搬迁、新农村建设、特色优势产业基地等示范点及贫困群众家中，详细了解农牧民生产生活情况，广泛听取乡村干部群众意见，形成了《关于打好“两州两市”扶贫攻坚战推动连片特困地区跨越式发展的建议案》，并经省政协十届十六次常委会议讨论通过。《建议案》紧扣制约“两州两市”经济社会发展的突出困难和主要问题，从切实把打好“两州两市”扶贫攻坚战摆在战略位置；坚持走好“四条路子”，因地制宜推进扶贫开发；着力强化“八项措施”，确保扶贫攻坚取得显著成效等方面提出了14条意见建议。

“建设节水型社会”专题议政会于6月16日在兰州召开。省政协主席冯健身出席会议并讲话。他就主动适应甘肃经济社会跨越式发展对水资源的新要求，充分发挥政协优势，为建设节水型社会建言献策提出要求。副省长郝远到会听取意见建议。省政协副主席张世珍就国内外水资源节约和利用态势、甘肃水资源利用现状和节水型社会建设面临的突出问题及建设路径等作了主旨发言。省发改委、省水利厅等相关单位负责同志，有关市州政协负责人和省政协委员及专家学者21人先后发言，围绕建设节水型社会提出了许多富有建设性的思路建议。会议形成了省政协《关于加快推进节水型社会建设的建议》报送省委省政府，副省长李建华作出批示。

“加强和创新社会管理”专题议政会于9月23日在兰州召开。省政协主席冯健身围绕政协在参与社会管理、践行社会责任中尽职尽责，为加强和创新甘肃社会管理贡献力量发表讲话。省政协副主席李永军主持会议。省政协副主席侯生华就准确把握加强和创新甘肃社会管理着力点、保障和改善民生、夯实基层基础等五个方面作了主旨发言。省高级人民法院、省人民检察院、省司法厅等部门和单位负责人，部分省级民主党派、市州政协负责人及省政协委员、专家学者19人交流发言，从不同侧面对加强和创新社会管理提出了意见建议。会议形成了省政协《关于加强和创新社会管理的建议》报送省委省政府。

中小学校舍安全工程和寄宿制学校学生宿舍建设情况视察活动。10月，由省政协5位副主席带领5个视察组，分别深入临夏、酒泉、张掖、定西、白银5市州，就中小学校舍安全工程和寄宿制学校建设中相关政策落实情况进行实地视察，并委托其余9个市州政协对当地中小学校舍工程进行协作视察。在实地查看、召开座谈会和问卷调查等基础上，形成了《关于甘肃中小学校舍安全工程和寄宿制学校学生宿舍建设情况的视察报告》，并就推动校舍安全工程和寄宿制学校建设提出10点意见建议，报送省委省政府。

全国政协副主席王志珍来甘调研。7月5日至11日，全国政协副主席、九三学社中央副主席王志珍率全国政协科教文卫体委员会调研组，就科技评价体系和奖励制度改革问题来甘调研。省政协副主席侯生华、张世珍、张景辉分别陪同调研。

全国政协副主席李兆焯在东乡县调研。7月11日至12日，按照全国政协主席贾庆林的批示精神，全国政协副主席李兆焯带领全国政协民宗委和国家相关部委负责同志来甘，就临夏州东乡县地质灾害综合防治情况进行专题调研。省政协主席冯健身陪同调研并主持汇报会，副省长石军、泽巴足、张晓兰，省政协副主席黄选平、秘书长石晶分别陪同。

全国政协副主席张榕明来甘考察。11月3日至4日，全国政协副主席、民建中央第一副主席张榕明一行来甘考察指导工作，听取民建甘肃省委员会、甘肃中华职业教育理事社工作汇报，并与民建甘肃省委员会领导班子进行座谈。省政协副主席李永军陪同调研。

全国政协副主席严隽琪、罗富和来甘出席民进中央参政议政年会。11月11日，全国政协副主席、民进中央主席严隽琪，全国政协副主席、民进中央常务副主席罗富和出席在兰州召开的2011民进中央参政议政年会。严隽琪出席开幕会并作主题报告，罗富和主持会议。省委副书记、省长刘伟平出席开幕式并致辞。省委常委、省委统战部部长泽巴足，省人大常委会副主任孙效东，省政协副主席黄选平出席会议。

纪念辛亥革命100周年座谈会于9月27日在兰州召开。会议回顾了辛亥革命100年以来的历史功绩，缅怀了孙中山先生的革命精神。省政协主席冯健身出席会议并讲话。原省政协副主席、原省民革主委、中国辛亥革命研究会常务理事、民革中央孙中山研究会常务理事俞正，省黄埔军校同学会副会长寇永杰，甘肃辛亥革命后裔代表水天长等8位同志分别发言，与70多名会议代表共同追忆革命历程，展望美好前景。省政协副主席侯生华主持会议。副主席李永军、栗震亚、张世珍、马国瑜及秘书长石晶出席会议。

反映社情民意信息工作座谈会于10月14日在兰州召开。会议总结并通报了近年来省政协反映社情民意信息工作，并对下一步工作作出安排。省政协副主席李永军出席会议，就进一步提高认识，把握大局，关注重点问题，突出政协信息特色，更好地服务经济社会发展作了讲话。省民盟、省民革、省农工党等信息报送单位代表作了交流发言。省级各民主党派、省政协各专委会信息工作分管领导和信息员40余人参加会议。

【重要文件】常委会工作报告（2011年1月12日）（摘要）

（一）2010年工作回顾。省政协及其常委会以邓小平理论和“三个代表”重要思想为指导，深入落实科学发展观，认真贯彻中共甘肃省委决策部署，坚持团结民主两大主题，服务改革发展稳定大局，政治协商、民主监督、参政议政取得明显成效，为推动科学发展、促进社会和谐发挥了积极作用，作出了新的贡献。一是深入研究经济社会发展的重大问题，为制定甘肃省“十二五”规划建言献策。紧紧围绕兰白经济区建设、扶贫开发、培育发展新材料和新医药产业、旅游业发展、小城镇建设、农产品现代物流体系建设、中小企业和民营经济发展等问题，深入全省开展调查研究，形成了一批内容充实、质量较高的调研成果。省委省政府4位领导6次对省政协《关于编制甘肃“十二五”规划有关问题的建议案》和专题报告作出批示。二是倾情关注事关人民群众切身利益的现实问题，为保障和改善民生尽心竭力。开展“进百家门、知百姓情、建惠民言”视察活动。组成20个视察组，深入40个县区149个乡镇街道13308户农村和城镇居民家庭，重点了解农村低保、粮食四项补贴、退耕还林、廉租房建设、新成长劳动力就业等惠民政策落实情况，向省委省政府报送了《关于进一步落实好党的惠民政策有关问题的建议案》。省委常委会召开会议专门听取视察情况汇报，给予充分肯定，许多建议被吸收在《甘肃省农村居民最低生活保障管理办法》等政策规定中。三是坚持求实创新，努力增强经常性工作的活力与成效。实行提案联合审查，健全多层次督办机制，创新提案办理方式，提高了提案办理实效。各专委会就加快外资和港澳台资企业发展、提升农业规模化集约化水平、新发现不可移动文物保护利用、依法管理宗教事务等开展调研视察，形成视察报告19份。省委省政府6位领导对10份报告作出11次批示。全年收集社情民意信息289篇，向全国政协办公厅、省委省政府领导报送76篇，转送有关部门和单位39篇。国务院领导同志对《国有重点林场深化改革脱贫解困的几点建议》、《新型农村社会养老保险试点意见和办法需调整完善》两篇信息作了重要批示。四是检查调研《中共中央关于加强人民政协工作的意见》和省委《实施意见》贯彻落实情况，进一步推动政协工作科学发展。按全国政协要求并报请省委同意，会同省委省政府有关部门组成7个检查组，在主席、副主席带领下深入各市州，重点就党委贯彻两个《意见》精神、政协组织履行职能及遇到的新情况、新问题进行检查调研。召开主席会议研究讨论，向全国政协和省委报送了检查调研报告。省委对报告作了批转。五是切实加强自身建设，着力提升履职能力和水平。坚持把加强学习作为提高自身能力的基础性工作摆在重要位置，不断增进对中国特色社会主义的政治认同。高度重视发挥民主党派作用，多形式多渠道地为民主党派履行职责、议政建言创造条件。切实发挥界别特点和优势，组织开展以界别为主的调研视察。积极推进“学习型、服务型、创新型、和谐型”机关建设，以机关读书会为平台，努力提升机关干部理论素养。(二)2011年工作部署。要坚持以邓小平理论、“三个代表”重要思想和科学发展观为指导，认真贯彻中共十七届五中全会精神，牢牢把握推进科学发展这一主题、加快经济发展方式转变这一主线、提高人民生活水平这一目的，紧紧围绕中共甘肃省委提出的全省“十二五”经济社会跨越式发展的目标任务履行职能，充分发挥协调关系、汇聚力量、建言献策、服务大局作用，为实现“十二五”良好开局贡献力量。第一、认真学习贯彻中共十七届五中全会和省委十一届十次全委扩大会议精神，进一步明确履行职能的方向。第二、牢牢把握科学发展这一主题，为甘肃经济社会发展实现新跨越献计出力。第三、始终把发扬民主、增进团结作为履行职能的重要着力点，努力维护社会大局和谐稳定。第四、进一步完善和创新工作机制，努力提升政协工作科学化水平。

十届四次会议政治决议(2011年1月16日)(摘要)

会议认为，2010年是甘肃经济社会发展不平凡的一年。省委省政府坚持以科学发展观为指导，深入贯彻中央方针政策，认真落实国家支持甘肃加快发展的各项政策措施，抢抓难得历史机遇，战胜各种困难挑战，加快转变经济发展方式，全力实施区域发展战略，积极推动改革开放，加大民生工程建设力度，有效组织舟曲特大山洪泥石流抢险救灾，全面完成了当年各项任务和“十一五”规划预期目标，保持了经济持续增长、社会和谐稳定的良好局面。省政协及其常委会认真贯彻中共十七届四中、五中全会精神和中共甘肃省委决策部署，紧紧围绕改革发展的重大问题和涉及人民群众切身利益的实际问题开展调研视察、建言献策，着力提高政治协商、民主监督、参政议政实效，为推动科学发展、促进社会和谐作出了重要贡献。会议指出，未来五年，是全面建设小康社会的关键时期，是深化改革开放和转变发展方式的攻坚阶段。《甘肃省国民经济和社会发展第十二个五年规划纲要》，绘制了甘肃未来五年跨越式发展的宏伟蓝图。规划纲要提出的指导思想、奋斗目标、主要任务和重大举措，突出了科学发展这一主题、加快转变经济发展方式这条主线、提高人民生活水平这个目的，体现了全省各族人民的根本利益和共同愿望，符合实际，催人奋进。今年是实施“十二五”规划的第一年，努力完成政府工作报告提出的各项目标任务，实现“十二五”良好开局，必将为跨越式发展奠定坚实基础。会议强调，实现跨越式发展，是省委省政府科学判断形势、正确把握发展规律作出的重大决策。全省各级政协组织和广大政协委员要切实把思想和行动统一到省委省政府的决策部署上来，充分发挥人才智力优势，围绕实施“中心带动、两翼齐飞、组团发展、整体推进”的区域发展战略，选择事关经济社会发展全局的重大问题，深入调研、协商议政，为实现经济社会跨越式发展建言献策。要坚持以人为本、履职为民，真诚倾听群众呼声，真情关心群众疾苦，积极反映群众要求，为促进民生持续改善倾情尽力。要高度关注和研究少数民族地区、革命老区和特殊困难地区经济社会发展中的突出矛盾和问题，提出加快发展的对策建议，为推动区域协调发展贡献力量。要充分发挥人民政协这一大团结大联合组织和发扬社会主义民主重要形式的作用，努力做好协调关系、化解矛盾、增进共识的工作，为改革发展营造良好环境，凝聚强大力量。会议要求，要以改革创新的精神推进自身建设，不断提高政协工作的科学化水平。要创新调研、视察、提案、反映社情民意、开展界别活动的方式方法，健全政治协商和民主监督、参政议政的程序和机制，使人民政协工作与时俱进、永葆活力。政协委员要牢记崇高使命、心系国计民生，在履职尽责、服务人民的实践中施展才华、建功立业。

冯健身主席在十届十五次常委会议上的讲话(2011年6月14日)(摘要)

这次会议的主要议题是审议三个建议案。要牢牢把握推进科学发展这一主题和转变经济发展方式这条主线，把“十二五”规划实施和推动经济社会跨越式发展，作为政协履行职能的第一要务，加强调查研究，开展协商议政。关于下半年的工作：一要扎实深入地搞好“两州两市”扶贫开发调研。“两州两市”集中了全省43个国扶贫困县的26个，贫困人口占全省贫困总人数的51.52%。如果“两州两市”不能实现建设小康社会的目标，全省就不能实现全面建设小康社会的目标。要全力搞好这次调查研究和建言献策活动，研究提出切合实际、有重要参考价值的建议。二要精心组织好两次专题议政会。为学习贯彻总书记讲话精神和总理指示要求，主席会议决定召开加强社会管理和建设节水型社会两次专题议政会。要及早制定会议方案，加强协调联系，精心做好会议筹备工作。三要努力促进提案办理落实。要全面落实提案办理工作制度，不断促进提案办理工作质量和实效，促进提案工作制度化、规范化、程序化。四要切实加强反映社情民意信息工作。要充分认识反映社情民意信息工作的重要性，进一步增强反映社情民意的责任感和使命感，密切与各族各界群众的联系，分析研究宏观的深层次重大问题，提出有针对性和可操作性的意见建议。下半年，常委会还安排了中小学校舍安全和寄宿制学校学生宿舍建设情况视察和专委会负责的视察、调研活动，一定要精心组织，扎实开展。

冯健身主席在十届十六次常委会议上的讲话（2011 年 9 月 22 日）（摘要）

这次常委会议，专题研究“两州两市”扶贫攻坚问题。讲三点意见：（一）站在全局和战略的高度，进一步增强促进“两州两市”加快发展的责任感和使命感。由于受自然、地理、经济、文化等因素的制约与影响，“两州两市”与其他地区相比，经济发展仍然缓慢，贫困面大、贫困程度深的状况仍然没有得到根本改变，扶贫攻坚所面临的形势任务依然十分严峻。5 月，《国务院办公厅关于进一步支持甘肃经济社会发展的若干意见》明确指出了全省扶贫开发的重点和扶贫攻坚的主战场就在“两州两市”。要从全局和战略的高度，充分认识“两州两市”扶贫攻坚、加快发展的重要性和迫切性，切实增强促进“两州两市”扶贫攻坚、加快发展的责任感和使命感。（二）充分发挥人民政协优势，围绕“两州两市”扶贫攻坚献计出力。一要紧扣制约经济社会发展的突出困难和主要问题开展调研视察，为促进“两州两市”扶贫攻坚建言献策。二要把推动各项扶持政策的贯彻落实和不断完善，作为政协服务“两州两市”扶贫攻坚的重要方面。三要充分发挥政协自身优势，努力为“两州两市”贫困地区办实事。（三）全力抓好后几个月的工作，确保全年工作任务圆满完成。一是要做好全省中小学校舍安全工程和寄宿制学校学生宿舍建设情况视察，推动省委省政府决策部署的落实和重点项目的实施。二是要认真做好十届五次全委会议组织筹备和提案征集工作。三是要认真做好今年的工作总结，及早谋划明年的工作。

（郭巍丽　罗锋波）

甘肃省工商业联合会

【非公有制经济发展】2011 年是围绕科学发展主题和加快转变经济发展方式主线，实现“十二五”良好开局之年。在省委、省政府的正确领导下，全面贯彻落实中央、省上的方针政策，克服金融危机带来的困难，全省非公有制经济得到了较快的发展。截至 2011 年底，全省非公有制经济主体的总数达到 75.59 万户，比上年增长 16%。其中：私营企业 8.9 万户，注册资金 1869 亿元，分别增长 10.73%和 31.64%；个体工商户 62.01 万户，注册资本 211 亿元，分别增长 17.66%和 38.46%；农民专业合作社 9782 户，出资总额 107 亿元，成员总数 8.2 万人，依次增长 54.71%、83.66%和 44.54%。全省市场主体“提质”明显，新增企业集团 52 户、资本金千万元以上的私营企业 1572 户、亿元以上的私营企业 37 户，2465 户个体工商户成功转型为私营企业。非公有制企业已经涉及全省各大行业门类，其中轻工业占 44%左右，重工业占 56%左右，轻重工业比重比较协调。行业布局在分布面广的同时又相对集中在食品、轻纺、医药、建材、冶金、有色、化工、煤炭、电力、机械、电子等行业，非公有制企业与大企业的协作配套和分工合作进一步加强，承接产业转移规模不断扩大，产业结构调整的步伐不断加快，已经成为全省经济社会发展的重要动力、地方财政收入的重要来源、扩大就业的重要渠道、自主创新的重要基地。

根据《中共中央国务院关于加强和改进新形势下工商联工作的意见》，甘肃先后出台了《关于加强和改进新形势下工商联工作的实施意见》、《关于加强全省非公有制经济领域各类商会协会发展的意见》和《加强和改进工商联工作暨推进全省非公有制经济跨越式发展工作任务分解表》，省委、省政府召开了“加强和改进工商联工作暨推进全省非公有制经济跨越式发展电视电话会议”。按照新形势下党中央对工商联工作的新要求，省工商联实施了“331”战略计划（即：“三大工程”，实施非公有制经济快速发展推进工程、非公有制经济人士素质提升工程、基础组织网络覆盖拓展工程；构建“三大机制”，党委政府与社会组织沟通协调机制，工商联系统上下联动、左右互动机制，透明顺畅高效参政议政参与机制；建立“一个体系”，以“五大中心”、“六大平台”为基础，服务经济、服务会员的工商联管理服务体系）。

【经济服务】在服务、促进非公有制经济健康发展方面，全省工商联系统建设“非公有制经济总部中心”、构建服务平台工作有序推进，并取得初步成效。省工商联建设“五大中心”（甘肃非公有制经济总部中心、非公有制经济人士培训中心、非公有制经济产业服务中心、商会管理指导中心、新阶层创业中心）、“六大平台”（融资担保平台、会计评估平台、法律仲裁平台、宣传信息平台、技术人才平台、对外合作平台）现已完成了项目方案设计、选址规划等土地招标挂牌前的相关工作。为推动非公有制经济跨越式发展探索道路，省工商联将定西确定为全省推动非公有制经济发展示范点，进行重点指导帮扶，并在定西举办了省工商联第八次商会联席会议——项目合作活动，签约项目 8 个，签约资金 33.4 亿元；积极破解融资难题，与金融机构联合开展助力中小企业活动，加强银企对接，搭建银企合作平台，省工商联与工商银行甘肃分行签订了 200 亿元贷款授信协议；坚持内引外联，主动开展经贸服务活动，组织省外 70 多家企业参加了中国兰州投资贸易洽谈会，兰州市首次举办了“兰洽会”工商联签约专场，签约项目7个、投资额59.7亿元。接待了上海企业家代表团、香港贸发局、马来西亚外贸促进中心等来甘肃项目考察活动。举办了第二届西部（兰州）汽车博览会，交易额达20多亿元。向全国工商联推介武威市112个重点招商项目，其中包括正国集团签约投资20亿元建设100兆瓦的光伏项目。完成了全省2010年度上规模民营会员企业调查和百强民营企业排序的发布。

【参政议政】立足长远发展，建睿智之言、献务实之策，全省各级工商联组织紧紧围绕贯彻落实《中共中央国务院关于加强和改进新形势下工商联工作的意见》精神、改善民营企业发展环境、促进小微企业发展等热点难点，深入开展调研，完成了促进非公有制经济发展的调研报告和理论文章102篇，其中市州工商联61篇，省工商联机关41篇，且有5篇在全国工商联系统和全省统战系统调研成果评奖中获奖。根据工商联的五大职能作用，现已初步形成了大调研的工作格局，积极发挥参政议政和服务大局的作用。一是组织实施了全省非公有制经济和中小企业综合调研工作。3月，省委统战部、省工商联联合开展了全省民营经济发展情况综合调研，组成了五个调研组，分赴5个市州、15个县区、8个乡镇开展调研。期间，共走访考察了60家民营企业，召开了15次由各级政府部门和民营经济人士参加的座谈会，发放调查表300余份，在此基础上形成了《甘肃中小企业发展综述》、《甘肃中小企业发展情况调研报告》和《甘肃民营经济发展的调查报告》。二是省工商联向省委、省政府提交了《关于加快全省非公经济发展的建议》、《甘肃省“十一五”期间民营经济分析报告》等调研报告；省工商联调研部与甘肃农业大学经济区课题组合作完成了《甘肃民营企业创新情况报告》和《“三业鼎立两轮驱动”研究报告》。三是结合贯彻中央下发支持甘肃加快发展的意见和中央援疆工作座谈会精神，组织力量赴新疆等地实地调研论证，完成了《关于建立“酒嘉哈”经济区的提案》；向政协甘肃省五次会议提交了《关于加快<兰州—西宁经济区发展规划>编制与申报工作的提案》、《关于吸纳非公有制经济领域内的商会组织参与社会管理的提案》、《把创造就业岗位纳入目标绩效考核体系的提案》、《对全省贯彻落实中发〔2010〕16号文件情况进行督查的提案》、《关于尽快建立和完善甘肃非公经济统计制度的提案》、《关于加快制定甘肃中小企业钢结构资产登记和抵押贷款政策的提案》、《关于引导民间资本进入文化产业的提案》、《关于防止过度重化工业化的建议》、《关于将甘南和临夏纳入三江源国家生态保护区的提案》等提案。四是承办了全国工商联提案工作暨研究室主任培训会议。7月12日至14日，全国工商联提案工作暨研究室主任培训会议在兰州召开，全国工商联直属行业商会以及各省（市、自治区）工商联副主席和研究室主任共计88名代表参加了会议。

【思想政治工作】积极探索做好非公有制经济人士思想政治工作的途径，增强引导帮助的针对性，省工商联和省政府金融办等部门联合举办了以“激发活力与优化环境”为主题的甘肃省第三届民营经济发展论坛，为民营经济发展把脉问诊；先后组织五批非公有制经济代表人士赴澳大利亚、新西兰、台湾和内蒙古、东北等地考察培训，开阔视野；与新华社甘肃分社、《每日甘肃网》、甘肃电视台等媒体合作，开设专栏，开展“非公经济先进人物典型宣传”活动，广泛宣传非公有制经济和商会发展典型事迹，以“身边人、身边事”鼓舞激励人。推荐甘肃陇鑫集团李海珊等六名企业家为“全国非公经济典型人物”，甘肃武酒酒业集团冯淑刚等两名企业家为“全国关爱员工优秀民营企业家”，甘肃山丹水泥集团桑占武等3人为“全国热爱企业优秀员工”，甘肃新乐连锁超市为“全国双爱双评先进企业”，甘肃再就业建设工程公司等两家企业为“全国就业与社会保障先进民营企业”，受到国家表彰。全年在《中华工商时报》和省级主流媒体上对300余名非公有制经济人士做集中宣传。酒泉市委、市政府表彰奖励了非公有制经济企业安排就业10强和全市1000户非公有制经济诚信纳税人。

【商会组织建设】为贯彻落实《中共中央国务院关于加强和改进新形势下工商联工作的意见》提出的积极培育和发展中国特色商会组织的要求，进一步夯实工商联组织基础。一是完成了甘肃民间商会的注册工作。面向基层，将乡镇商会和基层行业商会建设作为组织工作的重要抓手，发展商会和会员。截至2011年底，全省工商联系统累计建立乡镇商会712个，比上年增长46.8%；建立商会1553个，增长41.4%；发展会员64102名，增长11%。二是建立完善了“商会联席会议”平台，将省工商联主管的商会和政府业务部门主管的44家直属商会一并纳入，成为省工商联的工作品牌。2011年先后召开主题为“民营企业应对金融危机高峰论坛”、“携手破解融资难题——助推中小企业发展”、“政策法规和市场监管与相关部门座谈”、“落实兰州区域发展战略”、“招商引资项目对接”和“商会助推地方经济发展——走进定西项目洽谈会”等商会联席会议。商会联席会议创造了“商会合作发展”的新模式，提供了交流联系的平台。三是以省政府出台《关于加强全省非公有制经济领域各类商会协会发展的意见》为依据，制定了《甘肃省工商联直属商会管理办法》、《甘肃省工商联商会联席会议成员单位年度考评办法》等制度，指导省工商联直属商会制定了商会章程和管理制度。

【培训教育工作】为全面提升工

商联的凝聚力、影响力、执行力，提高工商联机关干部和非公有制经济人士的综合素质，采取多种形式，具有针对性的进行培训教育。一是举办座谈会、专题辅导班对重要文件精神进行培训学习。省工商联举办了省、市、县（区）三级工商联主席、书记培训班，甘肃省副省长、省工商联主席郝远就《中共中央国务院关于加强和改进新形势下工商联工作的意见》（下称《意见》）和甘肃省《关于加强和改进新形势下工商联工作的实施意见》（下称《实施意见》）、《关于加强全省非公有制经济领域各类商会协会发展的意见》做以重点讲解；原全国工商联副主席保育钧、原重庆市政协副主席尹明善来兰授课，全省各地 140 余名干部参加了培训。在《甘肃日报》上刊登了省工商联主要领导针对《意见》和《实施意见》答记者问，与《甘肃日报》联合举办了“天庆杯”学习《意见》精神知识竞赛，全省近 20 万人参与答题。二是加强干部队伍建设。修订完善了符合工商联机关自身特点的干部培养、管理、考核、奖惩等激励制度，建立健全了业务工作绩效考核办法，量化细化了年度工作目标和任务，与市州工商联和省联机关处室签订了百分考核目标责任书。通过制度化和规范化管理，提高了机关的执行力和工作效能。组织干部赴内蒙古、东北等地考察学习。三是对非公有制经济人士进行教育培训引领，注重素质提升。在上海复旦大学举办了第五期甘肃非公有制经济人士高级培训班，邀请国内知名专家授课；组织天庆集团等三名企业家到兰州大学开展创业就业辅导报告会，引导大学生树立正确的择业观；陇南市举办了非公有制经济人士综合评价培训班，兰州市健全完善了非公有制经济人士人才库、信息库和综合评价体系，加强对会员的动态管理，酒泉市和武威市成立了“非公有制经济人才教育培训中心”，定西市举办了“首届定西非公有制经济人士高级培训班”，嘉峪关市举办了企业智慧培训班。

【履行社会责任】引导非公有制经济人士履行社会责任，发展企业、回馈社会，是促进非公有制经济人士健康成长的重要载体，也是弘扬中华民族传统美德、树立非公有制经济人士良好形象的重要举措。随着非公有制经济的快速发展，广大非公有制经济人士致富思源、富而思进，对如何承担社会责任有了更深的感悟，积极向社会奉献爱心。为引导非公有制经济人士践行社会主义核心价值体系，工商联配合统战部统一部署开展系列感恩行动。一是光彩陇原行活动。7 月，省委统战部、省工商联、省光彩会在定西市成功举办了以送科技、政策、医药、项目、资金、信息为主的“六下乡”光彩陇原行活动，全国工商联提供 300 万元资金支持，省内民营企业捐款 450.6 万元，共 750.6 万元用于建光彩林 1000 亩、光彩水窖 4000 眼。二是感恩行动。广泛动员民营企业家开展了情系“三区”（山区、老区、少数民族地区）、感恩“三老”（老党员、老干部和老英模）的感恩行动，全省共捐款捐物 581 万元，帮扶“三老”和特困人员 1824 人，招工扶贫 4884 人，培训扶贫 5010 人。三是社会公益事业。全省工商联系统协同有关部门共同举办了以“为高校毕业生求职建立通道，为民营企业吸纳人才搭建平台”为主体的 2011 年全省民营企业招聘周活动，组织企业 2923 户，提供就业岗位 83950 个，签订就业意向协议 42432 人。

（王瑜娟）

甘肃省总工会

【工会工作环境】“五一”前夕，时任省委书记、省人大常委会主任陆浩，省长刘伟平分别专门就工会工作作出重要批示，要求进一步加强和改进党对工会工作的领导，赋予工会组织更多资源手段，充分发挥工会组织重要作用。这对各级党委政府进一步加强和改善工会工作的领导支持触动明显，对各级工会和广大工会干部激励很大，各地各单位迅速掀起学习贯彻领导批示精神，推动工会工作创新发展的热潮。原省委副书记鹿心社及新任省委副书记欧阳坚，省委常委、常务副省长刘永富也先后到省总机关调研检查工作，提出重要指导意见，协调解决实际困难和问题。省人大常委会审议颁布《甘肃省集体合同条例》，省政府批转《“十二五”时期甘肃省百万职工素质提升活动规划》，省政府办公厅下发《关于进一步加强工资集体协商工作的意见》，省纪委、省委组织部等部门联合制定下发《甘肃省职工代表大会规范》。正是各级党委的高度重视，人大、政府的大力支持，社会各界的广泛关注，全省工会工作发展环境越来越好，工会组织社会影响越来越大。

【技能素质提升活动】结合庆祝建党 90 周年，举办丰富多彩的职工文化活动，到基层、到一线、到现场慰问演出，激发职工劳动创造热情。广泛开展“建功‘十二五’、促进新跨越”劳动竞赛活动，长庆油田“创和谐典范、建西部大庆”和金川公司“立足岗位比业绩，为千亿目标作贡献”的主题竞赛以及酒钢、兰州石化等企业的各类劳动竞赛，在打造一流工程、确保重点项目建设中充分展现了职工主力军风采。开展技术革新、技术攻关、发明创造、征集合理化建议活动，评选表彰技术创新成果 178 项，有 4 个项目获第六届“海峡两岸职工创新成果”金银奖，13 个项目获年度中国科技发明展金银铜奖；征集合理化建议 1.6 万条，创造了可观的经济效益。

全面启动“十二五”全省职工技能素质提升发展规划，举办 11 个工种的省级决赛，88 个通用工种和 154 个特殊工种的市州、产业和大企业集团级技能比赛，参加职工 50 万人次，涌现出一批技术能手、技术标兵和服务明星。全省 1669 个单位、34610 个班组、62.7 万多名职工参加“安康杯”竞赛活动。与甘肃电视台合作，突出宣传 100 多名劳模的先进事迹，使工人阶级伟大品格和劳模精神得到进一步弘扬。甘肃技能素质提升活动成效显著，在全国职工技术创新工作会议上唯一代表省级工会介绍了经验，甘肃省职工技术协会荣获全国第五届“金桥奖”。

【“两个普遍”】深入实施“广普查、深组建、全覆盖”、“非公企业建会”和“劳务派遣企业建会、劳务派遣工入会”集中行动，落实和完善“党工共建创先争优”工作机制，工会组织覆盖面不断扩大。全省新增基层工会组织 1711 个，涵盖单位 12609 个，会员 19.7 万多人；非公企业工会达到 13457 个，涵盖企业法人单位 31987 个，非公企业工会会员达到 133.4 万多人。以全国第二次经济普查数据为基数计算，非公企业建会率为 90.95%，职工入会率为 94.75%。发挥劳动关系三方协调推进作用，召开全省工会落实“两个普遍、创先争优”现场经验交流会，有效推动工资集体协商工作开展。全省签订工资专项集体合同 8228 份，覆盖建会企业 9660 户、职工 76.58 万人，覆盖率分别达到 64.2%、37.6%。

【和谐劳动关系构建】加强政府与工会联席会议制度、工会劳动法律监督制度建设，省、市、县三级三方协调劳动关系框架初步形成。联合开展规范劳动用工专项活动，重点对高危行业、小企业等单位进行检查。大力推行“两个合同”，全省劳动合同签订率达到 90%，其中非公企业签订率 85%；签订集体合同 9410 份，覆盖已建会企业 9965 户、职工 140.5 万人，覆盖率分别为 66.2%、68.7%。签订女职工专项集体合同 5201 份，覆盖企业 5779 户、女职工 40.1 万人。联合开展第二届创建劳动关系和谐企业与工业园区活动，对 128 户企业和 7 家工业园区进行了命名表彰，5 户企业和 1 个工业园区受到全国表彰。加强劳动争议调处、法律援助和个案维权工作，共受理违法违规案件 882 件、劳动争议案件 5377 件。规范和完善职代会、厂务公开制度，组织开展全省厂务公开民主管理互检活动，推动落实职工民主权利。全省建立职代会制度的公有制企业 2298 家，非公有制企业 26640 家，事业单位 8760 家，建制率分别为 88.31%、83.28%、81.94%；实行厂（院、校）务公开的公有制企业 2362 家，非公有制企业 25951 家，事业单位 8603 家，建制率分别为 90.78%、81.13%、80.47%。

【帮扶救助工作】大力推进帮扶中心规范化建设，建立乡镇、街道、企业帮扶站点，健全困难职工档案管理，初步实现了工会帮扶救助工作日常化、规范化，基本形成生活救助、大病救助、上学资助、职业介绍、就业培训、法律援助相配套，两节慰问、日常救助相结合的帮扶体系，帮扶工作水平进一步提高，帮扶实效进一步显现，社会影响进一步扩大。全省共筹集资金近亿元，帮扶救助困难职工 17.5 万人次，其中生活救助 8.1 万人次、医疗救助和助学 1.5 万人次、职业培训介绍 2.4 万人次。向 1328 名（次）全国和省级劳模发放生活困难补助金、帮扶金 776 万元。启动全省女职工“关爱行动”，筹措资金 222.4 万元，救助困难女职工 2.3 万人次。将古浪县尘肺病农民工患者纳入困难职工档案，拨付专项资金 30 万元并实行常态救助。积极参与处理正宁县“11.16”校车事件、徽县宝徽集团锌冶公司部分职工血镉超标等重大安全事故和突发性事件，开展慰问救助和安抚工作，体现工会组织的温暖。

【省总工会十一届三次全委（扩大）会议】2 月 21～22 日在兰州召开。省委副书记鹿心社，省人大常委会副主任、省总工会主席孙效东出席会议并讲话，省总工会党组书记、常务副主席陈琳、副主席朱亚丽、李惠泽、马方、张其定，纪检组长王家驹、经审会主任包俊宗，副巡视员文志祥、唐晓玲参加会议。鹿心社就做好当前和今后一个时期的工会工作，提出四点要求，一是准确把握新形势、新要求，切实增强做好新时期工会工作的责任感和使命感；二是充分发挥工人阶级主力军作用，团结带领广大职工为实现经济社会跨越式发展建功立业；三是积极构建和谐劳动关系，以职工队伍的稳定带动和促进社会和谐；四是坚持以改革创新精神加强工会自身建设，不断提高做好新形势下职工群众工作的能力和水平。陈琳在工作报告中提出了 2011 年要突出抓好五个方面的工作，一是激发创新潜能和创造活力，组织职工为经济社会跨越式发展建功立业；二是推动企业依法偶便建立工会组织，增强工会发展基础；三是大力推行工资集体协商制度，促进职工共享改革发展成果；四是大力发展新型和谐劳动关系，增强工会维权维稳工作实效；五是抓住创先争优活动契机，提高工会自身建设水平。孙效东在会议结束时强调了四个问题，一是投身跨越，建功立业，切实发挥工人阶级主力军作用；二是突出重点，务求实效，认真落实依法普遍建立工会的安排部署；三是把握关键，提高水平，全力维护广大职工的合法权益；四是发挥优势，凝心聚力，深入做好新形势下的职工群众工作。包俊宗作了《经费审查工作报告》。会议还进行了有关人事事项，替补增补了省总工会十一届委员会委员，增补了经费审查委员会委员，以无记名投票方式选举郑玉明、范康为省总工会十一届委员会常务委员。兰州、平凉、白银、酒泉四个市总工会介绍了工作经验，兑现奖励了 2010 年工作目标责任书完成先进单位，签订了 2011 年工作目标责任书。

【甘肃省庆祝五一国际劳动节暨表彰全国和全省“五一双奖”、工人先锋号大会】4月26日在兰州召开。省委副书记鹿心社、省人大常委会副主任、省总工会主席孙效东、副省长石军、省政协副主席栗震亚、省委副秘书长刘玉生及省总工会、省妇联等有关单位领导出席。会前，省委书记陆浩、省长刘伟平等省领导亲切接见劳模代表并合影留念。会议由孙效东主持，省总工会党组书记、常务副主席陈琳宣读了省委书记、省人大常委会主任陆浩，省委副书记、省长刘伟平对工会工作的重要批示。省总工会副主席朱亚丽宣读了中华全国总工会《关于表彰全国五一劳动奖状、全国五一劳动奖章和全国工人先锋号的决定》、《关于授予在甘肃舟曲特大山洪泥石流抢险救灾和灾后重建中涌现的先进集体和先进职工全国“五一双奖”、全国工人先锋号的决定》。省总工会副主席李惠泽宣读了《关于颁发2011年甘肃省五一劳动奖状、五一劳动奖章和命名甘肃省工人先锋号、劳动先锋号的决定》。鹿心社在讲话中向全省职工提出了四点希望，一是希望广大职工奋发有为、勇于创新，努力在推动跨越式发展中建功立业。二是希望广大职工勤奋学习、提升素质，努力练就推动跨越式发展的过硬本领。三是希望广大职工顾全大局、珍视团结，努力为推动跨越式发展营造和谐稳定的社会环境。四是希望广大职工学习劳模、争当先进，努力形成推动跨越式发展的强大精神动力。

（冯继波）

党史研究

【党史工作】2011年，在省委的正确领导下，在中央党史研究室的大力指导下，在各级党委的重视和支持下，全省党史工作稳步推进，圆满完成了各项任务，取得了新的成绩。召开全省党史研究室主任会议，传达贯彻全国党史研究室主任会议精神，总结2010年的党史工作，安排部署2011年的工作。召开甘肃省中共党史学会第四届会员代表大会暨换届大会，审议了第三届理事会的工作报告和《甘肃省中共党史学会章程》，选举产生了新一届理事会，安排部署了下一步工作，会议宣读了中国中共党史学会的贺电以及中共甘肃省委书记陆浩的贺信。制定了《2011～2015年全省党史工作规划》，由省委办公厅印发全省实施。加大了对党史类书籍和影视作品出版发行的审核把关和督查力度，完善了党史市场监管制度。

【编撰与出版】制定了《中国共产党甘肃历史》（第二卷）编写工作方案。编辑出版了《中国共产党甘肃历史大事记（2000～2010）》、《甘肃党史90年图集》、《中国共产党甘肃历史知识简明读本》和《感天动地的壮歌》等4本图书。市、州党史正本编写出版工作取得了显著成绩。其中酒泉市正式出版了《中国共产党酒泉历史》（第一卷）；武威市编辑完成了《中国共产党武威历史》（第二卷）；定西市召开了正本一卷审稿会；白银市开始编写正本第二卷；平凉市党史正本二卷编写也有新进展。此外，大部分市州还结合自身特色编辑出版了不少党史书籍，如《兰州百年图志》、《陇东革命根据地》、《武威解放》、《红色南梁廉政丰碑》、《永远的丰碑——红军长征在陇南》、《中国共产党天水大事记》（1985～2010）、《中国共产党平凉大事记》（1992～2010）等书籍。初步完成了《中国共产党甘肃历史》（第二卷）专题资料征集和整理，并提前对改革开放时期的重要党史专题资料进行了抢救、挖掘、整理，对亲历甘肃改革开放重大事件的省内外重要领导人进行了专题采访，占有了一大批珍贵资料，为编写三卷本打下坚实基础。各市州在党史资料征编方面，成果丰硕。如庆阳市抓好党史资料抢救工程，印发征集通告5000份，征集到重要党史资料783份；张掖市编印了《红西路军专题》、《张掖红色故事》等专辑；甘南州出版了《甘南水电大开发》一书；金昌市编辑出版了《红西路军与永山红色政权》等书。这些都为进一步深化党史研究打下了坚实的资料基础。

【革命遗址普查】革命遗址普查工作是中央赋予党史部门的一项重要工作。现已查明全省遗址总数为720处，其中革命遗址有682处，其他遗址38处。已完成《甘肃省革命遗址通览》一书的编撰工作，报送中央党史研究室审定。同时，还为中央卷提供了有关甘肃大量文字资料和图片。各市、州革命遗址普查工作进展顺利，均按要求完成了普查工作任务。庆阳市还将250处普查成果编辑成《红色印记——庆阳革命遗址遗迹》一书。

【红色旅游】为贯彻落实甘肃《关于加快发展旅游业的意见》，积极参与了指导红色旅游的工作。与省委宣传部、省旅游局、省发改委以及白银市共同组织了主题为“走进红色景区，讴歌丰功伟绩”甘肃红色旅游宣传月活动；与省测绘局联合开发了甘肃红色旅游电子地图；与省委宣传部、省旅游局联合举办了“红色经典旅游路线”开通仪式；与宣传部门共同审定了全省21个红色纪念馆的陈展大纲，对提高红色旅游的质量和水平起到了应有的作用。

【党史宣传】把搞好纪念建党90周年活动作为大力学习宣传党的历史、提高党史部门地位的重要突破口，精心谋划，全力以赴抓好纪念活动各项工作。与中央党史研究室和庆阳市委在“七一”前夕联合举办了“党在陕甘边根据地执政经验及其影响”学术研讨会，来自全国的专家、学者共130多人参加了研讨会。与省委宣传部、省委组织部等6部门联合举办了“纪念中国共产党成立90周年学术研讨会”，编辑出版了《甘肃省纪念建党

90周年理论研讨会论文集》;组织人员撰写的《陕甘边革命根据地对中国革命的历史贡献》论文入选中组部、中宣部等 8 部委联合举办的“纪念建党90周年理论研讨会”。与省委组织部、省委宣传部、省教育厅、团省委联合下发了贯彻落实中央六部委《关于在党员、干部、群众和青少年中开展党史学习教育的通知》,明确要求各级党组织要将《中国共产党历史》第一卷和第二卷等党史基本著作的学习教育融于中宣部主抓的建设学习型党组织和中组部主抓的“创先争优”活动之中。不断拓展党史宣传教育的途径和方法,与省委宣传部、省委组织部、省直工委联合举办“唱红歌”文艺演唱会,先后共有 6 万余人参与;与省委组织部、省委宣传部、省电视台共同组织“庆祝中国共产党成立90周年优秀广播影视剧展映展播活动”;与中央党史研究室,陕西、宁夏党史研究室策划完成 9 集电视纪实片《民主中国的模型——陕甘宁边区记事》,已正式播出;由省委党史研究室新闻发言人在甘肃电视台宣讲《甘肃党史十大亮点》;省委党史研究室专家深入省委政法委、省委老干局、省军区边防营、兰州理工大学国防生队、省旅游局等单位,开展《甘肃党史的特征和亮点》、《红军长征过甘肃》等专题宣讲活动,受到广大党员干部、青年学生和部队官兵的好评。审定命名玉门铁人王进喜纪念馆、甘肃省军区边防营“红石山精神”教育馆等 8 处纪念馆(园、址)为甘肃省第三批中共党史教育基地,并为 4 个基地举行了挂牌仪式。在《甘肃日报》、《党的建设》、《中国甘肃网》、《甘肃党史网》等媒体发表了一批学习宣传党史的重点理论文章和纪念文章;与省直机关工委、团省委以及大中专院校联合举办了迎接建党 90 周年“学党史、知党情、跟党走”党史知识竞赛活动,参加人员覆盖 14个市州,达 30 多万人次;与省广播电台联合开设“先锋赞”栏目,与甘肃电视台合作开办甘肃党史访谈栏目,与《甘肃日报》社联合开设《陇原英雄谱》、《甘肃党史大事要览》等专题栏目。通过这些丰富多彩的纪念活动,充分展示了中国共产党90年来领导甘肃人民艰苦奋斗的光辉历程和取得的伟大成就。各市州党史部门在纪念建党 90 周年活动中,主动作为,赢得了广大群众的好评,扩大了党史部门的社会影响。

机关事务工作

【国有资产管理】坚持把国有资产清查作为资产管理的重要切入点,根据省直机关事业单位资产管理实际,研发了具有数据采集、审核汇总、查询分析、信息年报和对接资产管理系统等六项功能的省直机关、事业单位国有资产管理专用软件。建立了省直机关、事业单位国有资产管理联络员制度,召开了省直机关、事业单位国有资产清查工作会议,全面展开省政府系统国有资产的清查工作,彻底摸清了省政府各部门的“家底”。经对省政府50个部门逐家逐户对账、审核、确认,共清查确认资产 33.68 亿元,其中固定资产 17.79 亿元。

着手建立国有资产交易平台,公开选聘了 7 家产权交易、拍卖和资产评估机构,出台了《省直机关事业单位国有资产管理中介机构聘用管理办法》。加强资产调配管理,协调省无线电管理委员会办公室将统办三号楼 26间1025平方米办公用房调整给省水土保持局和省级抗旱防汛指挥中心,协调省环保厅将统办二号楼主楼、综合服务楼 37511 平方米办公用房及所占13.076 亩土地移交省机关事务管理局,协调省委老干局将省级老干部海口疗养点10套、1069平方米公寓房移交省政府驻海南办事处。严格办公用房租(包)审批,结合实际制定了《省级机关租(包)办公用房管理实施暂行办法》,办理了省科协等 12 家单位租用办公用房申请,审批租用办公用房 22320.3 平方米。

【集中办公区和职工住宅建设】按照“改造提高、集中建设、规划预留、集约利用”的原则,经实地察看和反复论证,形成了征用土地建设省级机关集中办公区和职工住宅的基本思路,提出了联合开发建设的工作方案,已经 2011 年 11 月 10 日第 35 次省长办公会议研究同意。为抓好征地建设工作,积极与兰州市政府衔接协商,形成了市长办公会议纪要,确定将盐场街道刘家坪土地用于建设集中办公区、职工住房及公寓。经与省电投公司多次协商,初步确立了由省机关事务管理局为主规划设计、省电投公司承建的合作意向,为启动规划建设奠定了良好基础。

【统办楼和邓园维修改造】积极争取财政支持,投入 1005.52 万元,对统办二号楼公共部位、外墙、门厅、中央屋顶、电气系统、供排水系统、院落和统办三号楼附楼公共部位、卫生间等进行了维修改造,建设完成了统办二号楼公共区域光伏电站,更换电梯 5 部,使统办二、三号楼外观清新亮丽、内部设施健全、功能完善、运行高效。继续推进邓园维修改造,完成了设计方案、地质勘察、现有建筑安全性检测、项目管理公司招标确定、初步设计等前期工作,落实了部分置换土地,拆除了后院地面附着物,维修改造进入实质建设阶段。

【公共机构节能管理】狠抓制度建设和工作部署,发布实施了《甘肃省公共机构节能办法》和“十二五”节能规划,召开了省公共机构节能工作领导小组会议和全省公共机构节能工作会议,将“十二五”各年度节能指标和节能量分解落实到了各市州、各部门,做到了组织领导到位、目标要求到位、任务落实到位。加强项目工作,建立了节能项目储备库,投入700 万元,重点扶持了 25 个省直党政机关、教科文卫体行业节能改造项目。启动了百家节约型公共机构示范单位创建活动，继续开展高效照明产品推广工作，集中采购配发节能灯具 5 万支，基本完成了省直机关高效照明产品普及工作。加强舆论宣传，以“节能低碳新生活、公共机构做表率”为主题，采取现场宣传、报刊解读、电视专访等多种形式，集中时间开展了公共机构节能宣传活动，营造了浓厚的节能氛围。加强考核督查，对各市州、省直有关部门和部分县市区“十一五”公共机构节能工作进行了考核督查。经国家考核，甘肃省“十一五”公共机构节能工作得分 92.3 分，名列全国第 14 位，西北考核组第 1 位。

【住宅小区管理】对服务态度、服务质量、服务效率公开作出承诺，推行零距离服务制、文明用语制、老弱病残家庭上门服务制，加强水电暖维修项目的跟踪服务，靠实了服务责任。针对各住宅小区环境卫生管理实际，采取“分片承包、责任到人”的管理模式，有效解决了住宅管理经费紧张与环境卫生之间的突出矛盾。多种渠道筹措资金，加大住宅小区基础设施维修力度，先后投入 187 万元实施了房产管理中心办公楼维修改造工程，一只船小区供水设备改造和屋面处理，旧大路、山字石部分住宅楼屋面防水处理工程，通渭路高层供暖系统维修、供暖循环泵改造、给水设备维修调试、智能电表改造等维修项目，基本解决了各住宅区存在的突出问题，为住户营造了一个良好的生活环境。

【服务保障工作】始终把做好指定服务对象的服务保障工作作为全局的一个窗口，制定了《加强省级干部住宅小区管理服务和保障工作的若干意见》、省级干部住宅使用管理办法、小区监控设备运行及安保工作管理规定，印制并逐户发放了《服务手册》，形成了公开标准、了解需求、动态服务、考核奖评的服务机制。投入 221.4 万元，建设完成了安宁、雁滩科教城和雁宁路小区监控系统，粉刷了住宅和雁滩房管所办公楼外墙，维修改造了雁宁路小区道路，实施了围墙护栏及电动伸缩门改造工程，对安宁科教城天然气管道加装了防护罩，安装和开通了高清宽带网络电视，省级干部住宅小区软硬件设施进一步完善，功能更加健全。

【全省机关事务协会工作】组织各市州、各县区、省直各单位参与全省机关事务协会，召开了协会会员代表大会，选举产生了第二届理事会，协会的组织机构得到加强。认真组织节约型机关建设征文活动，在加强机关事务管理方面提出了一些好的思路和措施。开展“三优一满意”行业达标创优单位评比活动，组织了 2 期机关后勤服务社会化体制改革培训考察，召开了全省市州机关后勤工作第七次联席会议和常务理事座谈会，协会工作开展的有声有色。积极与市州驻兰办联系，组织驻兰办事机构赴外学习考察兄弟省区市办事机构的先进工作经验，有针对性地研究解决加强政务联络、劳务输转等工作中遇到的新问题、新情况。

【机关自身建设】局属事业单位组建基本完成，各项业务工作逐步展开。深入开展“创先争优”活动，组织党员干部开展“读书学习”活动和建党 90 周年庆祝活动，指导房产管理中心、政府采购中心和公共机构节能技术服务中心成立了党支部，党员的先锋模范作用更加凸显，党组织的凝聚引领作用更加坚实。加强制度建设，制定了维修改造工程管理、公务用车使用管理等管理制度，进一步完善工作安排和督查制度，推动了重点工作的落实。严格执行财经纪律，对统办楼管理处、房产管理中心的财务收支进行了全面清查，理清了历年累计的债权债务，较好地解决了事业单位亏本运行的局面。加大工作交流和宣传力度，编辑出版《甘肃机关事务》7 期，编发简报 36 期，努力营造有为有位的工作氛围。

（刘馨蔚）

法 制

省委政法工作

【社会管理工作】以项目建设的办法推动社会管理工作。在省委、省政府主要领导和分管领导的亲自协调指导下，抓住制定实施“十二五”规划的重大机遇，积极同省发改委、省财政厅等部门沟通协调，提出了一批社会建设和社会管理项目。经报省委常委会、省政府常务会议审定，省政府在全省“十二五”规划中增设“社会管理”专项规划（即第49项），并把社会管理若干项目纳入了省委、省政府2011年为民办实事十大工程之一的“社会平安工程”。省财政从2011年开始，增设了6个专项预算，年投入1.226亿元（2011年实际投入已达2亿多元），有力保障社会管理重点工作的顺利推进。

积极开展综合试点工作。采取试点先行、典型引路的办法，指导嘉峪关市和14个县区开展社会管理创新综合试点，各市州也分别确定试点县区重点推进，形成了一些有益的工作经验。围绕流动人口和特殊人群的服务管理，省公安厅组织开展了人口基础信息系统推广应用攻坚行动，省综治办、省司法厅、省财政厅联合下发了《甘肃省出狱所人员接送及补助经费管理办法》、《甘肃省刑释解教人员过渡性安置帮教补助经费管理办法》。

不断健全完善体制机制和政策措施。省委、省政府制定下发了《关于加强和创新社会管理的实施意见》（省委发[2011]15号），明确了五个方面的重点工作，并对加强和创新社会管理的组织领导与工作保障提出了总体要求。同时，成立了省社会管理综合治理委员会，明确了职能定位，加强了领导力量，调整充实了组成人员，成立了8个专项组，省综治委召开第一次全体会议和全省加强创新社会管理电视电话会议，对全省社会管理工作做了进一步动员部署。这些都为加强和创新社会管理工作提供了有力的政策支持和组织保障。

部署开展集中宣传活动。针对社会管理创新的实际需要，策划开展了系列宣传活动，营造了良好的舆论氛围。隆重举行了关于加强社会治安综合治理《两个决定》颁布20周年系列纪念宣传活动。省综治委召开纪念大会，对31位综治工作突出的县市区党政主要领导进行了嘉奖，对82个先进集体和152名先进工作者进行了表彰。充分发挥各有关新闻媒体的优势，通过开辟“陇原综治工作20年巡礼”和“政法委书记谈综治工作”等专栏，拍摄播出电视系列专题片，全方位、深层次、多角度地宣传了全省综治工作的成效和经验，为综治工作营造了良好氛围。

【社会矛盾化解】组织开展重大社会矛盾积案化解攻坚行动。采取挂牌督办、领导包案、上下联动等方式，集中时间、集中力量，攻坚克难，层层挂牌督办，化解了一批历年积累的“骨头案”、“钉子案”。其中，省维稳办梳理确定22件重大社会矛盾和积案进行了挂牌督办。全省共排查积案156件，化解131，化解率为83.9%；排查重大社会矛盾315件，化解311件，化解率98.7%。

组织开展“集中化解赴省进京重复访、深入推进清积评查工作”专项活动。全面完成了中央政法委交办的进京重复访案件和反馈的涉法涉诉信访积案以及省信访联席会议交办的进京非正常访案件化解任务。继续深入开展“百万案件评查”活动，重点对赴省进京重复访、结案不息诉等涉法涉诉信访案件进行评查，及时发现和纠正了一批突出执法问题。全省政法系统共评查各类案件7341件，发现有执法问题的案件28件、瑕疵案78件，错案1件，责任查究47人。

深入推进社会稳定风险评估机制建设。省维稳办加大推动力度，组织力量赴各地和有关部门进行了专项督导。各级各部门认真贯彻《甘肃省建立健全社会稳定风险评估机制的意见》及《实施办法》，将社会稳定风险评估工作纳入领导干部绩效考评体系，纳入社会治安综合治理和维护稳定工作考评体系，积极推动社会稳定风险评估机制建设，保证了一批重大项目的顺利实施。全省共评估各类事项2929件，暂缓实施229件，不予实施27件。

【严打整治活动】深入开展专项治理。针对部分地区命案和盗抢机动车问题突出的实际，省综治办联合省公安厅、省司法厅等部门，在武威、定西、天水、陇南四市部署开展了命案专项治理活动，在兰州、临夏、酒泉、嘉峪关、张掖、金昌、武威等7市州组织开展了打击盗抢汽车、摩托车专项行动，取得了明显成效。在全省深入开展社会治安重点地区排查整治、校车安全整治、打击传销、“打四黑除四害”、打黑除恶、打击“两抢一盗”等专项行动，惩处了一批违法犯罪分子，维护了人民群众利益，全省社会治安大局保持了持续稳定的良好局面。

进一步深化禁毒斗争。在全面推进禁毒各项工作的同时，抓住重点问题进行了集中攻坚。组织开展了对重点地区的集中整治活动，开展了打击新型毒品犯罪暨整治涉毒公共娱乐场所专项行动，开展了对社区戒毒和社区康复工作情况的调研，开展了“青年志愿者《禁毒法》宣传——走进林区”等系列禁毒宣传教育活动，开展了禁种铲毒集中行动。特别是成功破获了首例利用互联网视频交友平台进行涉毒违法犯罪的“4•06”特大网络吸贩毒专案，受到了公安部的充分肯定。

推进社会治安防范管理体系建设。省政府将公共视频监控系统建设作为27件为民办实事的工程之一，制定下发《全省社会治安技术防范建设规划（2011～2013年）》和《省市县三级边界道路安装智能监控设备工程实施方案》，在全省500个乡镇、街道率先完成了社会治安视频监控系统建设，省财政按每个街道和建制镇10万元、每个乡5万元的标准进行补助，全省技防建设取得重大进展。同时，争取省财政支持，对专职群防群治队伍给予每人每月100元的专项补助，并鼓励各地通过购买公益性岗位等方式，充实壮大专职群防群治队伍。目前，全省专职群防群治队伍达到4万人。

全面加强综治基层基础建设。从夯实基层组织、壮大基层力量、整合基层资源、强化基础工作入手，大力推动社会治安综合治理基层基础规范化建设，进一步筑牢维护稳定的第一道防线。目前，全省绝大部分地方都健全了综治基层组织，建立了规范化的乡镇（街道）综治维稳工作中心。同时，各地分期分批对综治干部进行了培训，有效地提高了基层综治工作人员的能力和水平。

【法律保障和法律服务】紧紧围绕中心、服务大局，积极作为，能动司法，不断加强和改进执法办案和服务管理工作。督促指导省级政法各部门和各地分别出台了促进经济平稳较快发展的意见，推出了一系列便民利民惠民的措施，积极参与整顿和规范市场经济秩序工作，深入推进治理商业贿赂、工程建设领域突出问题专项治理等，及时发现和整改了一批问题和隐患，有力维护了正常的经济秩序，促进了改善民生、发展经济各项措施的顺利实施。省公安厅精心打造“互联网上数字公安”，开通了互联网政府门户网站网上服务大厅，在全国率先实现了内外网交互办理公安业务、群众足不出户办理业务。省检察院制定了服务“十二五”规划促进甘肃经济社会跨越式发展、加大惩治职务犯罪力度促进农村扶贫开发工作等政策措施，指导各级检察机关对459个重大建设项目进行了跟踪预防，立案侦查商业贿赂犯罪167件178人，工程领域职务犯罪141件164人，农村基础设施建设、支农惠农资金管理事业等领域犯罪266件494人。全省法院进一步深化法院改革，着力改进审判执行工作，部署开展了“反规避执行专项活动”和“涉执信访案件百日特别督办行动”，坚决打击生产销售伪劣产品、金融诈骗、制贩假币等经济犯罪行为，共审结严重危害经济秩序犯罪242件344人。司法行政系统加强了监狱、劳教、律师、公证管理和法律援助工作，部署了“六五”普法工作，开展了“千名律师进千家企业”等活动，推进了法治城市、法治县区创建活动，为经济社会发展营造了良好法治环境。

【司法体制改革】继续深入推进司法体制和工作机制改革。突出抓了量刑规范化改革、完善检察机关对公安机关执法办案的监督机制、建立完善民事行政案件检察监督制度机制、完善落实刑事被害人救助制度、强化政法机关内部执法监督、健全党内执法监督制度、完善人民陪审员、人民监督员、行风评议员制度等改革事项。同时，着力加强县级党委政法委建设。组织各市州党委政法委和省级政法各部门，对基层政法委领导班子配备、机构设置、人员编制、经费保障等情况进行了重点调研，省委政法委与省委组织部、省编办、省财政厅联合下发了《关于进一步加强县级党委政法委建设的实施意见》，为充分发挥县级党委政法委职能作用提供了政策制度保障。

继续推进执法规范化建设。针对执法活动中的薄弱环节，政法各部门进一步细化执法标准，加强执法过程管理，建立健全了执法规范化工作体系。围绕2012年基本实现信息化办案的目标，省委政法委加强组织协调，加快推进了全省政法部门信息网络共建共享项目建设进度，政法各部门分系统制定了信息化建设应用规划，对现有局域网和软件进行了升级改造，全省各级政法机关信息化应用水平得到进一步提升。

省政府法制工作

【依法行政】认真履行省依法行政领导小组办公室职能，以目标管理为抓手，加强统筹指导、狠抓制度建设、组织开展了以依法行政中期督查为主的一系列卓有成效的工作，积极推动法治政府建设进程。年初筹备召开了依法行政工作领导小组会议，在总结回顾上年度依法行政工作的同时，通报表扬了工作突出的5个市州政府和13个省政府部门，研究制定了《甘肃省2011年依法行政工作要点》，对年度工作作出了全面安排部署。通过多次请示汇报，省政府首次将依法行政工作纳入目标管理体系，与14个市州签订了依法行政目标责任书。以目标管理为契机，从加强依法行政考核的制度建设入手，在充分调研的基础上，制定了符合甘肃省实际的《甘肃省依法行政考核办法》。为了落实省政府2011年依法行政目标责任书，加强对依法行政目标的管理，6月组织开展了依法行政中期督查工作。11月份从省依法行政工作领导小组成员单位选调了6个考核组的人员，对考核单位进行了合理分组安排，召开了考核动员会，及时编印了考核工作手册，为顺利完成考核任务奠定了扎实的基础。

【年度立法】按照省政府确定的立法计划，广泛征求意见，深入调研论证，超额完成了全年的立法任务，在保障和促进经济社会科学发展中发挥了重要作用。提请省政府制定了2011年立法计划，全年共提请省人大常委会和省政府制定出台地方性法规和规章24部，超额40%完成了工作任务。同时做好9件预备立法项目的调研论证工作，为2012年的立法工作打下良好的基础。在立法工作中做到了立法草案全部在“甘肃省政府法制网”公开征求意见，听取社会反映，集中民智与民意。在深入调研的基础上，多次召开由专家学者、法学工作者和行政执法人员参加的立法座谈和研讨论证会，保证了立法工作的民主性、科学性。规章通过后，及时召开新闻发布会，并在《甘肃日报》全文刊登，向社会公开宣传。在立法工作中，一是高度重视保障和改善民生的立法项目，完成了《甘肃省全民健身条例》等法规规章的起草、审查修改工作；二是围绕转变政府职能，进一步规范了政府行为，完成了《甘肃省公路路政管理条例》等法规规章的起草、审查修改工作；三是贯彻落实科学发展观，促进经济社会事业协调发展，完成了《甘肃省循环经济促进条例》等法规规章的起草、审查修改工作；四是配合党风廉政建设，规范政府行为，完成了《甘肃省行政过错责任追究暂行办法》的起草、审查修改工作。为了实现党中央和全国人大常委会提出的“到2010年形成有中国特色的社会主义法律体系”的目标，根据《国务院办公厅关于做好规章清理工作有关问题的通知》，经过周密部署，圆满完成了规章清理工作任务。清理工作结束之后，对省政府1993年至2010年年底之前发布的现行有效的115件政府规章汇编成册，并向社会公开发放，以方便行政机关和社会公众的查阅使用。

【行政执法监督】按照《甘肃省2011年依法行政工作要点》的部署，认真总结省级行政执法部门规范行政处罚裁量权工作情况，起草了《规范行政处罚自由裁量权工作情况的总结》，上报省政府和国务院法制办。目前，47个省级行政执法部门基本完成了规范行政处罚自由裁量权工作任务，共制定相关工作方案45个，新制定了与规范行政处罚自由裁量权相配套的制度238项，重新梳理涉及行政处罚的法律165件、行政法规432件、地方性法规和部门、政府规章849件，梳理出有裁量权的处罚条款3784项，制定细化量化标准9556项。不断拓展和延伸规范行政裁量权工作范围，部署省国土资源厅、省交通厅、省农牧厅、省工商局、省质监局等省级行政执法部门对本部门带有裁量权的行政许可事项在时限和环节方面进行优化精简，对行政许可裁量权行使的条件、运行的程序、决定的形式、送达和反馈等作出明确规定，积极稳妥开展规范行政许可权试点工作，为全省规范行政许可裁量权积累了经验。认真贯彻落实《甘肃省行政执法监督条例》，协调处理有关部门、政府行政执法中的矛盾、争议和投诉9件。下发了《关于进一步深化和完善行政执法责任制工作的通知》，安排部署了推行行政执法责任制、行政执法评议考核和案卷评查工作，全省各级政府和行政执法部门采取自查、互查、抽查等方式，对15388件行政处罚、许可、征收和强制等执法案卷进行了评查。强化对行政执法个案的监督管理，积极参与专项执法检查。按照《甘肃省行政执法证件办法》的规定，继续健全行政执法主体资格制度，落实行政执法人员资格和行政执法证件管理制度，不断强化行政执法主体、人员的清理和培训，下发了《关于开展行政执法主体和依据清理工作的通知》，安排部署全省开展行政执法主体、执法依据和执法人员的“三项”清理工作，共审查确认行政执法主体9324个，审查确认符合资格的行政执法人员107994人，清理不合格的行政执法机构295个，清退不合格行政执法人员2470人。

【规范性文件备案审查】严把规范性文件审查关。一年来，共审查市州政府、省政府各部门报送省政府备案的规章规范性文件226件，较上年增长40.37%。这些文件涉及保障和改善民生、维护社会公平、拉动经济增长、城市管理和基础设施建设等各个方面，在审查过程中，始终坚持合法性审查和合理性审查并重，实质性审查和程序性审查兼顾的原则，着重审查是否越权设定了行政许可、行政处罚、行政强制、行政事业性收费，是否违法减损了行政管理相对人的权利，是否增加了行政管理相对人的义务，是否存在地方保护、部门保护、行业垄断、行政垄断等，确保红头文件的质量。为了尽量减少和防止文件发布后出现问题，将监督关口前移，在做好事后审查的同时，应有关部门和市州的要求，提前参与规范性文件审核工作。应部分市州邀请，派员讲授了规范性文件起草、审查、备案、清理等方面的知识。编译了全省第一部地方性法规和政府规章英文译本，由中国法制出版社正式出版发行，该书中文共48万余字，收集地方性法规16部，省政府规章17部。该书共印制1200册，已陆续配发省直各部门、市州政府和各级法制机构。

【行政复议】积极畅通复议申请渠道，强化行政复议规范化建设，在化解行政争议、推进依法行政、促进社会和谐等方面发挥了行政复议制度的积极作用。2011年共接待群众信访百余件（人次）。收到行政复议申请24件，经依法审查，受理17件，占收到申请总数的 76%。办理的行政复议案件中重大疑难案件增多，尤其是土地、劳动、矿藏资源类案件所涉法律关系复杂、利益纠葛突出、办案难度加大。为达到定纷止争、案结事了的效果，在办理案件中注重运用和解调解及协调方式，经协调处理，申请人撤回行政复议申请而终止的有 4 件。同时，积极运用行政复议建议书，指出行政机关行政程序不完善的问题并督促整改，充分发挥行政复议的纠错功能。另外，代理省政府参加行政诉讼 6 起，协助信访局办理行政诉讼 2 起。

【服务社会发展】全面推进依法行政、建设法治政府，涉及面广、难度大、要求高，充分发挥政府法制机构在依法行政方面的参谋助手作用，依法协调办理了大量涉法事务，发挥了积极作用。根据省政府领导的有关批示和批办件，共对 47 件政府涉法事务，依法提出了意见和建议。办理国务院法制办、省人大、省政府有关部门法案征求意见 93 件。认真办理了 8 件政协委员议案。

【法制宣传】加强对全省政府法制宣传工作的统筹指导，组织召开了全省政府法制宣传工作会暨信息员培训班，总结部署了 2011 年政府法制宣传及新网站运行管理工作。并结合实际研究制定了《甘肃省 2011 年政府法制宣传工作要点》，确定了 10 宣传重点，表彰奖励了“法制好新闻”和信息报送先进单位。每季度通报一次信息报送工作，对上报的信息进行审核把关，做到了信息报送工作的经常化、制度化、规范化。全年通过省政府法制信息网、依法行政专刊、政府法制简报、甘肃法制手机报，共组织发布全省各类政府法制信息 1.2 万条(篇)。以贯彻全国、全省依法行政工作会议和《国务院关于加强法治政府建设的意见》为契机，围绕政府法制中心工作，有计划、有重点地开展了一系列政府法制宣传专题活动。通过省政府法制信息网组织策划了“依法行政领导小组会议、依法行政考核、依法行政网络测评、依法行政辅导报告”等专题报道活动。围绕依法行政目标管理，中期督查期间在依法行政专刊组织策划了“依法行政看甘肃”系列报道。为突显政府法制中心工作，专门在政府法制信息网设立了“法制头条”。为了增强与广大公众的互动效果，在新浪、腾讯网开通了政府法制，在省政府法制信息网开通了法制微博。

【法制理论研究】积极参加全国性法制理论研讨交流活动，组织撰写法制理论文章。向全国各类刊物推荐论文 7 篇，其中，向第六届“中国•西部法治论坛”提交的理论文章被会议论文集收录并荣获一等奖。在胡锦涛总书记七一重要讲话发表之际，办主要领导亲自撰文，在甘肃日报发表“推进依法行政建设法制政府”署名文章。为提高政府法制干部和行政执法业务骨干的综合素质，与清华大学法学院签订协议，建立了甘肃省政府法制培训基地，8 月底在清华大学法学院组织举办了为期 10 天的全省政府法制人员综合素质与业务能力提升高级培训班，全系统 108 名业务骨干进行了培训。为认真贯彻落实《国务院关于加强法治政府建设的意见》，进一步提高政府工作人员依法行政的意识和建设法治政府的能力，先后举办了全省行政程序法制讲座、行政复议行政诉讼与建设法治政府专题报告会、规范性文件管理工作人员专题培训班等。7 月份，省直行政机关公务员职业道德和依法行政培训班在甘肃行政学院开班，共计 3000 名公务员参加培训，对提高职业道德、增强依法行政能力、提高法律素养等方面起到了积极的作用。

地方立法

【省人大常委会立法】2011 年，甘肃省人大常委会共制定地方性法规 10 件，修订地方性法规 5 件，批准、批准修订、批准废止民族自治地方自治条例、单行条例 5 件，批准、批准修订兰州市地方性法规 2 件。

（一）制定的地方性法规（10 件）

1.《甘肃省农民教育培训条例》

2.《甘肃省林业生态环境保护条例》

3.《甘肃省全民健身条例》

4.《甘肃省集体合同条例》

5.《甘肃省法律援助条例》

6.《甘肃省实施〈中华人民共和国突发事件应对法〉办法》

7.《甘肃省宗教事务条例》

8.《甘肃省义务教育条例》

9.《甘肃省国家通用语言文字条例》

10.《甘肃省道路交通安全管理条例》

（二）修订的地方性法规（5 件）

1.《甘肃省公路路政管理条例》

2.《甘肃省防震减灾条例》

3.《甘肃省实施〈中华人民共和国全国人民代表大会和地方各级人民代表大会代表法〉办法》

4.《甘肃省旅游条例》

5.《甘肃省人民代表大会常务委员会关于政府规章设定罚款限额的规定》

（三）批准、批准修订、批准废止的民族自治地方自治条例、单行条例（5 件）

1.《甘肃省临夏回族自治州自治条例》(修订)

2.《甘肃省阿克塞哈萨克族自治县自治条例》(修订)

3.《甘肃省甘南藏族自治州拉卜楞寺保护与管理条例》

4.《甘肃省甘南藏族自治州牲畜引进防检疫管理条例》

5.《甘肃省甘南藏族自治州个体工商户和私营企业权益保护条例》

（四）批准、批准修订的兰州市地方性法规（2 件）

1.《连城国家级自然保护区条例》

2.《兰州市城市市容和环境卫生管理办法》(修订)

公　安

【维护全省社会政治稳定】继续深化甘南藏区维稳工作。2011 年，把维护甘南藏区稳定作为维护全省稳定的重中之重，及时发现实时研判各种可能出现的不稳定因素，做到“早发现、早处置”，切实落实强有力的维稳工作措施，确保了甘南藏区持续稳定，实现了“大事不出，小事也不出”的目标。扎实推进维稳长效机制建设，应用信息化手段进一步强化了藏区维稳基础工作。

严厉打击“法轮功”等邪教组织违法犯罪活动。深入开展专项打击行动，沉重打击了各类邪教违法犯罪活动，同时，进一步健全邪教重点人防控机制，认真做好邪教人员的教育转化工作，有效挤压了邪教组织的活动空间。

全面推进反恐实战化建设。建立健全了公安机关反恐怖实战机构，启动实施了《甘肃省公安机关反恐怖工作协作机制》和《甘肃省公安厅侦办涉恐案件协作机制》，“情报、打击、应急、防范”四位一体的实战体制和反恐实战能力初步形成。开展涉恐人员基础调查工作，滚动摸排并建立了基础档案，初步落实了管控措施。

切实推进社会矛盾化解工作。紧紧围绕社会热点、难点和焦点问题，坚持预防为主、调解在先、源头化解原则，主动深入社区、乡镇、企业开展经常性的矛盾纠纷排查化解工作，切实强化对重点人群的稳控措施，有效地维护了社会大局稳定。深入开展集中清理信访积案和集中化解赴省进京重复访案件暨深入推进清积评查工作专项治理活动，围绕涉稳重点领域，认真排查梳理，制定化解方案。中央政法委、公安部、省委、省政府及省厅向各地交办的重点信访案件办结息诉率为 98%；全省信访总量、进京到部信访量分别下降 35%和 19%。

【打击突出违法犯罪】坚持民意引领警务，深入开展“清网行动”、打黑除恶、命案侦破、打击“两抢一盗”及电信诈骗、打击经济犯罪和人民禁毒战争，破案数同比上升 15.8%，为人民群众创造了更加安宁的治安环境。向全国派出追逃小组 800 余个、警力 2000 余名，组织打响了为期 203 天的清网追逃战役，全省行动前网上逃犯下降 78.2%。认真落实大要案件侦办协作机制，实行省市县三级刑侦、刑鉴、技侦等部门同步上案、协同办案，年内发生的天水“6•19”邮政储蓄所抢劫杀人案等一批大案全部破获，现行命案破案率为 95.2%，提高了 2.18%，达到了历史最好水平。进一步健全打防体系，深挖各类黑恶犯罪线索，打掉黑社会性质组织 11 个、恶势力团伙 90 个。充分运用跨区域办案协作机制和信息化手段，严厉打击多发性侵财犯罪，成功侦破公安部督办的特大系列电信诈骗团伙，成为近年西北地区打掉诈骗窝点及抓获案犯最多的案例。以打击整治侵犯知识产权、制售伪劣商品和假发票犯罪专项行动为抓手，着力打击危害市场经济秩序突出犯罪活动，破获经济案件数上升 33.4%。以打击制贩毒集团、网络、毒枭为重点，强化毒品目标案件侦破、涉毒娱乐场所整治和易制毒化学品管理，禁毒斗争成果进一步巩固扩大。

集中开展治安突出问题专项整治。大力开展“打四黑除四害”专项行动，破获“四黑四害”刑事案件 4700 余起，涉案价值 1.3 亿元，捣毁“黑作坊”、“黑工厂”、“黑市场”、“黑窝点” 1560 个，打击处理犯罪嫌疑人 9900 余名。全面开展“陇原风暴”打拐专项行动，破获拐卖妇女儿童案件 69 起，解救妇女儿童 97 名。深入开展治爆缉枪专项整治攻坚行动，破获一批涉枪涉爆案件，缴获了一大批非法枪支弹药和危爆物品。针对电玩城赌博问题突出的情况，依法取缔关闭了涉嫌赌博和无证经营的电玩场所，收缴用于赌博的游戏机。集中开展打击淫秽色情、赌博违法犯罪“零点风暴”，采取交叉检查、异地用警方式，检查场所 1.2 万余处，查破一大批涉黄涉赌案件，有效地净化了社会环境。

【公共安全管理】深入开展道路交通和火灾隐患火灾排查整治。扎实开展校车安全整治行动，建立了校车及驾驶人源头管理、动态管控和跟踪检查机制，集中治理“三超一疲劳”和酒驾行为，强化危险路段和客运隐患排查治理，全省道路交通事故及死、伤人数同比分别下降 2%、0.1%、3.1%。全面实施消防安全“防火墙”工程，深入开展“清剿火患”战役，抢救、疏散火灾被困人员 4270 余名，挽回财产损失 8700 余万元；全省火灾形势总体平稳，火灾起数及死、伤人数同比分别下降 20%、50%、28.6%。

进一步加强公安服务管理。应用信息化手段加强“三口一屋”(常住人口、暂住人口、重点人口、出租房屋)管理，累计采集录入全省常住人口 2700 余万名，新登记录入暂住人口 100 余万名，新登记录入出租房屋 3.6 万户，全部纳入信息系统管理。切实加强对民用危爆物品生产、存储、运输等环节的安全监管，497 家民爆库房已通过安全评价，安全管理防范水平不断提高。不断改进警卫工作形式，圆满完成了温家宝、李长春、贺国强、孟建柱同志来甘视察等警卫任务 90 余批次。严格落实大型活动安保工作责任，不断细化工作预案，强化安保人员培训演练，投入安保力量 5 万余人次，确保了“天宫一号”飞行、“神舟八号”发射任务及兰州国际马拉松赛等 349 场次 191 万余人次参加的大型活动绝对安全。

【公安机关自身建设】强力推进公安信息化建设。完成了全省公安机关新警综平台和移动警务终端平台建设，实现了民警随时随地上网办公和采集、查询、比对信息。建成了甘肃省、市、县三级公安视频资源综合管理服务平台，接入整合公安内部和社会视频资源，为公安可视化、扁平化指挥提供了硬件支持。推进全省指纹信息系统扩容改造，实现了治安处罚以上人员100%采集指纹。完成了全省警用无线接入平台建设，实现了全省移动警务终端设备安全接入公安网。

切实加强执法规范化建设。全面推行网上办案，89个县级公安机关已建成启用网上办案系统，基本实现了执法流程网上管理、执法质量网上考评和案件网上审核审批、法律文书网上出具。集中治理执法突出问题，涉案人员非正常死亡专项治理纠正安全隐患84个，整改办案场所和执法不规范问题95个；涉案财物管理问题专项治理发现问题案件1513件；集中开展监所安全整治，消除安全隐患380余处。落实执法过错责任，建立健全法制员制度,配备专兼职法制员2375名，严格追究14名领导、110余名民警的执法过错责任。

积极构建和谐警民关系。深入开展“坚定信念、发扬传统、执法为民”主题教育实践和“大走访”开门评警活动，整改回复群众意见建议1370余条，为群众办好事3万余件，捐助款物1600余万元。精心打造“互联网上数字公安”，开通了互联网政府门户网站网上服务大厅，设置了网上咨询、办事、投诉等45个服务栏目，在全国率先实现了内外网交互办理公安业务，群众足不出户就可办理业务，共受理网上请求事项1870余件，办理回复1850余件，群众满意率74%。创新警民共建载体，成功举办了第二届全省“我最喜爱的十大人民警察”评选活动，省内外各界群众踊跃投票932万余张，营造了广泛生动的警民和谐局面。

切实加强队伍正规化建设。加强公安专项编制管理，清理全省公安机关空编1200余名，全部设置公安专业和急需技术职位，招录新警860余名；招录文职人员960余名，为基层一线置换警力600余名。狠抓民警应急处突能力建设，组织全省7000余名民警开展了应急处突训练演练，选送公安部培训警务技能、业务教官180余名；利用东西合作素质强警行动，组织上海警务教官训练应急处突骨干440名。

深入推进保障标准化建设。按照队伍规范化、保障标准化、装备现代化、管理科学化的目标要求，全力抓好公安机关公用经费标准的落实工作，不断提高经费保障水平。牢固树立科技强警意识，始终坚持向装备要战斗力的建设方向，不断提升警用装备物资水平以满足实战需求；建立应急物资储备调拨机制，为公安勤务训练、抢险救灾、应急处突提供了有力的物资保障。

法 院

【概况】2011年，省法院在省委的领导、最高人民法院的指导、省人大的监督和省政府、省政协的支持下，牢固树立“党的事业至上，人民利益至上，宪法法律至上”指导思想，积极践行“为大局服务，为人民司法”工作主题，始终坚持“从严治院、公信立院、科技强院”工作方针，狠抓执法办案第一要务，全面加强自身建设，各项工作取得了新进展。全年共受理各类案件162228件，审结158103件，结案率97.46%。其中，省法院受理各类案件3104件，审结2993件，结案率96.42%。

【刑事审判】准确把握社会治安形势变化，充分发挥刑事审判职能作用，切实维护社会稳定和经济发展。一是依法严惩严重刑事犯罪。共审结故意杀人、抢劫、强奸、绑架等严重暴力犯罪、黑社会性质组织犯罪和毒品犯罪案件4609件，判处犯罪分子5881人，其中被判处五年以上有期徒刑、无期徒刑、死刑的罪犯2161人，占36.75%。二是依法惩治经济犯罪和职务犯罪。坚决打击生产销售假冒、伪劣商品、金融诈骗、制贩假币等经济犯罪行为，维护经济安全和市场秩序。共审结此类案件242件344人。深入推进反腐败斗争，共审结贪污、贿赂、渎职等职务犯罪案件718件1089人。三是认真执行宽严相济的刑事政策。准确把握死刑政策和宽严尺度，在严惩严重刑事犯罪的同时，对具有法定从轻、减轻或免除刑事处罚情节的被告人，依法从宽处理。共判处缓刑、管制及免予刑事处罚5159人，对不构成犯罪的5名公诉及15名自诉案件被告人依法宣告无罪，确保无罪的人不受刑事追究。四是积极参与社会管理综合治理。通过公开审判、法制宣传、发送司法建议、参与社区矫正等方式，延伸审判职能，扩大审判效果。对7969名罪犯办理减刑、假释，促进服刑人员改造。贯彻教育、感化、挽救方针，预防、减少青少年犯罪。五是有序推进量刑规范化改革，努力做到量刑方法科学、量刑过程公开、量刑结果公正，量刑规范化工作受到中央政法委督查组的高度评价。全年共受理刑事案件14193件，审结14004件，结案率98.66%。其中省法院受理496件，审结463件，结案率93.35%。

【民事审判】加强民事审判工作，调节民事关系，为经济社会发展提供司法保障。一是化解经济纠纷，规范市场秩序。依法妥善审理企业兼并、破产重组、产权股权转让等案件67件，促进产业结构调整；审理公司、企业股东及投资者权益纠纷案件104件，平等保护企业、中小额投资者和企业职工的合法权益；审理金融、商贸、物流、投资等纠纷案件365件，为优化和调整经济结构提供保障和服务。审理借款、买卖、租赁等合同纠纷案件37382件，调节、引导、规范市场交易行为。二是维护合法权益，保障改善民生。依法妥善审理婚姻、继承、抚养、邻里纠纷等案件 31718 件，维护公序良俗，促进婚姻家庭和社区邻里关系和睦；审理就业、就学、就医及社会保障等事关民生问题的纠纷案件 3992 件，着重保护弱势群体合法权益；审理赔偿纠纷案件 10932 件，制裁侵权行为，保护公民人身、财产权利；审理农村土地承包、土地流转、拖欠农民工工资等涉农案件 753 件，维护农村社会稳定，促进农业健康发展，保护农民合法权益。三是保护知识产权，促进自主创新。认真贯彻党的十七届六中全会精神，制定下发《关于加强涉文化领域知识产权司法保护工作的通知》，妥善审理著作权、商标权、专利权等知识产权纠纷案件 266 件。全年共受理民事案件 101082 件，审结 98999 件，结案率 97.94%。其中省法院受理 639 件，审结 617 件，结案率 96.56%。

【行政审判与国家赔偿】化解行政争议，促进依法行政。完善行政复议与行政诉讼联席会议制度，推进司法与行政的良性互动。省政府与省法院联合召开了第四次行政复议与行政诉讼联席会议，举办了省、市、县三级政府与三级法院领导和相关工作人员参加的全省行政复议应诉与行政审判业务培训会。继续推行行政审判年度司法审查报告制度，连续三年发布行政审判白皮书，支持和促进行政机关依法行政的长效机制初步建立。灵活运用协调、和解等多元化解矛盾纠纷的有效方式，妥善处理行政案件 175 件。全年共受理各类行政案件 1491 件，审结 1456 件，结案率 97.56%，其中省法院受理 154 件，审结 152 件，结案率 98.7%。认真贯彻执行《国家赔偿法》，创新和完善国家赔偿工作机制，保障人民群众的合法权益。依法办理国家赔偿案件 61 件，赔偿金额 281 万元。

【审判监督工作】强化监督指导，确保司法公正。坚持依法及时纠错原则，坚持保障再审申请人、被申请人和其他诉讼参与人合法权利与维护生效裁判既判力并重的原则，依法办理各类再审、复查案件；搭建信息交流平台，刊登典型案例，总结审判经验，增强对下指导的实效性和针对性；开展审判监督考评工作，建立沟通协调机制和重大信息报送制度，统一司法尺度，提高工作质效。共受理申诉和申请再审案件 2043 件，其中省法院 1239 件。符合再审事由进入再审审理程序的案件 454 件，审结 407 件，其中维持 104 件，改判 113 件，发回重审 60 件，调解、撤诉及其他方式结案 130 件。

【执行工作】加大执行力度，维护合法权益。组织开展了“反规避执行专项活动”和“百日执行会战”等活动。和解执行了兰州华邦投资公司等 4 家公司、49 名商户与兰州兰新通信设备公司、兰州瑞德实业公司，因 2006 年“6•10”特大火灾造成的财产损害赔偿纠纷等一批具有较大影响的案件。健全执行工作威慑机制，将被执行人不履行判决的信息纳入人民银行征信系统，在省级媒体上对规避执行的 86 个单位、216 名个人集中公开曝光，对 299 名欠债不还的“老赖”限制高消费。推进综合治理“执行难”工作体系建设。加强与公安、工商、房地产管理、金融机构等单位的沟通协调，出台深化执行协作配合机制的意见，进一步完善执行联动机制。开展了“涉执信访案件百日特别督办行动”，协调化解了 42 件长期进京赴省涉执信访老案，对 11 件重大涉执信访案件，逐案确定执行方案，专人全程跟踪指导，全部得到妥善处理。全年共受理执行案件 35389 件，执结 33646 件，执结率 95.1%。

【信访工作】完善信访机制，畅通诉求渠道。修改、制定了涉诉信访制度 14 项，组织开展了“集中化解赴省进京重复访、深入推进清积评查工作”以及“千名法官下基层司法为民”专项活动，破解信访难题，化解矛盾纠纷。坚持“院长接待日”制度和“四定一包”信访工作机制，强化指导协调和检查督办工作力度，最大限度解决群众反映的实际问题。截止 2011 年底，中央政法委和省委政法委第一批交办法院系统赴省进京重复访案件 668 件，中央反馈重点信访案件 1037 件，省信访联席会议办公室交办进京非正常访案件 50 件，均已办结，息诉化解率 100%。同时，对合理诉求确已妥善解决的 168 件信访案件，严格按照有关规定作出了终结决定。

【工作创新】一是加强调解工作，促进社会和谐。坚持将调解工作贯穿于立案、审判、执行及信访工作全程。共调撤处理各类一审民商事案件 63014 件，调撤率 68.95%。积极推动诉调对接，建立联动调解机制，省法院与省公安厅、司法厅联合在白银市靖远县召开了“全省道路交通事故损害赔偿大调解工作现场会”，推进了“三调联动”工作在全省的顺利开展。二是大力加强审判管理，促进司法公正高效。成立了全省法院案件质量评查人才库，抽调业务骨干，分赴各中级法院评查涉诉信访、公众关注的重点案件 2160 件，对发现的问题，及时通报，限期整改。印发《案件流程管理办法》，加强对立案、分案、开庭、裁判、执行、归档等各个流程节点的监控管理和提示预警，形成了严密的流程管理链条，提高了审判执行工作效率。三是加大审判公开力度，提升司法透明度。制定下发了《关于在全省法院进一步加强审判公开工作的意见》，推行“阳光审判”。加强与媒体沟通交流，自觉接受公众监督，省法院共邀请人大代表、政协委员及社会各界人士观摩庭审 20 余次 600 余人。

【践行司法为民宗旨】全省法院坚持从人民法院人民性的本质要求出发，多措并举，最大限度地维护人民群众的合法权益。一是切实加强立案信访窗口建设，完善立案制度，制定接待规则，实行立案导诉、风险提示、指导举证等“一站式”服务。二是弘扬“马锡五审判方式”，加大就地开庭、集中审理、巡回办案工作力度，最大限度方便群众诉讼。三是推广民事案件繁简分流和小额速裁工作机制，提高诉讼效率，减轻当事人诉累。四是关注弱势群体，加大司法救助力度，确保经济困难的当事人打得起官司。全年共缓交诉讼费 594 万元，减、免诉讼费 87.7 万元，救助刑事被害人及生活确有困难的信访案件当事人 536 万元。

【队伍建设】一是加强思想政治建设。深入组织开展了“百名院长下基层、创先争优解难题”等主题教育实践活动、“全省十佳法官”以及“人民满意好法官”评选表彰活动，法官队伍的政治思想素质得到进一步提高。二是加强司法能力建设。强化法官在职培训和学习教育，组织干警参加司法考试培训，通过司法考试 237 人。三是加强司法廉政建设。积极探索构建廉政风险防控机制，进一步完善廉政建设责任制，建成开通了干警违纪违法举报网站。在省法院审判、执行重点部门和 112 个中基层法院配备了廉政监督员，组织专门力量对定西、临夏、平凉 3 个中级法院和陇西等 10 个基层法院进行了司法巡查。四是加强法院文化建设。广泛开展学术研讨、专题征文、书画展览、法官论坛、演讲比赛、文艺演出等多种形式的文化活动，营造了积极向上、文明和谐的司法氛围。省法院依托全省法院三级专网，与法律出版社合作开发了全省法院系统网络电子图书馆和司法审判业务数据库。成立了法官业余艺术团，举办了庆祝建党 90 周年红歌演唱会，通过全省法院三级专网现场直播了 2012 年迎新年文艺晚会，编排的情景音乐剧《佐瑞姑娘》在省直机关演出中获得特别奖，在全国法院系统进京汇演中获得一等奖。

国民经济

农　业

【基本情况】2011 年，全省各级农牧部门认真贯彻中央 1 号和省委 1 号、2 号文件精神，以转变农业发展方式为主线，全力落实各项强农惠农政策，突出发展旱作农业、高效节水农业和特色农业，全省农业农村经济形势持续向好。全省农业生产在应对多种灾害和市场变化中平稳发展，农村经济在强化扶持、培育特色中有序推进，呈现出良好的运行态势。

全省粮食生产面积 4250.4 万亩，比上年增长 1.2%；总产量迈上了新台阶，达到 1014.6 万吨，增长 5.9%。夏粮因结构调整面积减少 2%，总产 319.5 万吨，减少 3.18%。秋粮面积 2702.1 万亩，增长 3.1%；总产 695.1 万吨，增长 10.8%。全省粮食从 1983 年突破 500 万吨，到 2011 年突破 1000 万吨。

草食畜牧业加快发展，生猪生产总体平稳。年末牛、羊存栏分别为 498.38 万头和 1898.59 万只，比上年增长 2.75%和 4.41%；牛、羊出栏分别为 169.49 万头和 1062.74 万只，增长 5.52%和 1%。猪存、出栏分别为 621.59 万头和 679.74 万头，增长 1.17%和 1.32%。全年肉类总产量 88.4 万吨，增长 1.93%；禽蛋产量 11 万吨，增长 3.04%；奶类产量 47.8 万吨，增长 6.8%。新增人工种草面积 636 万亩，全省人工种草留床面积达到 2269 万亩，居全国第二；紫花苜蓿留床面积 932 万亩，居全国第一。

全省苗种生产形势较好，水产品市场供求两旺，价格稳中趋涨。全省养殖水面 19.5 万亩，水产品产量 1.29 万吨，增长 4.1%。特色渔业加快发展，鲟鱼开始养殖，大鲵养殖区域扩大，养殖户增长了近 1 倍。

省级整合筹措 6.5 亿元专项资金，继续扶持马铃薯、中药材、苹果、蔬菜、草食畜发展，全省特色优势产业呈现规模进一步扩大、产量进一步提高、效益进一步提升的特点。特色优势产业的发展，为粮食增产提供了基础保障，为农民增收提供了重要支撑。

【农机化发展】全省农机总动力达到 2150 万千瓦，比上年增长 8.7%；农机拥有量 138 万台件，增长 8%；配套农机具达到 116.6 万台件，增长 2.4%。全省机耕、机播、机收水平分别达到 54%、34%、17%，分别比上年提高 2.7、2.9 和 2 个百分点；耕种收综合机械化水平达到 37%，比上年提高 2.3 个百分点。

【强农惠农政策】全省多数农产品价格继续保持高位运行，部分农产品价格涨幅明显。小麦、玉米收购价分别比上年上涨 8.6%和 28.8%，18 种蔬菜平均批发价格比上年上涨 11.7%。从工资性收看，农村外出务工人员就业顺畅，工资待遇普遍提高，农民工资性收入明显增加。从转移性收入看，今年各项强农惠农政策力度进一步加大，全省落实农作物良种补贴资金 3.66 亿元，农机具购置补贴资金 3.2 亿元，粮食直补资金 2.55 亿元，农资综合补贴 16.58 万元，新增国家草原生态补奖资金 11.43 亿元。

【产业扶持】精心组织实施 1000 万亩马铃薯脱毒种薯良种工程。预计 2011 年原原种生产量 3.5 亿粒以上，建成原种生产网棚 1.5 万亩，完成计划的 150%；完成脱毒一级种薯扩繁面积 16.1 万亩，占计划的 160%；完成二级种薯扩繁面积 134.4 万亩，占计划的 134%；10 个马铃薯主产市（州）的 52 个县（区）共完成脱毒种薯推广面积 978.5 万亩，全省脱毒马铃薯推广面积超过 1000 万亩。

全面落实蔬菜产业发展扶持办法。向有关部门下达了 2011 年蔬菜产业发展计划任务，制订了实施方案及项目申报指南，开展了产业发展扶持项目督导、检查。召开了蔬菜产业现场会，争取落实扶持资金 1.1 亿元，新增 7000 万元，加快推进标准设施小区、高原夏菜标准园建设，扶持建设集约化育苗基点和新品种引进筛选示范基地。预计全省蔬菜面积 620 万亩、产量 1300 万吨，分别比上年增加 28 万亩和 65 万吨。

全力落实苹果产业发展扶持办法。争取落实苹果产业扶持资金 1 亿元，新增 5000 万元，推进了良种苗木繁育基地建设，扶持果农合作社、苹果产销协会发展，支持省级苹果标准化生产示范园建设。全省水果面积 700 万亩、产量 360 万吨，其中苹果面积 450 万亩、产量 240 万吨。

积极落实中药材产业扶持办法。及时下达了计划任务、生产环节实施方案和财政专项资金。加强技术宣传和培训，组织编印了培训教材、技术资料发送到基层和农户。全省中药材面积 255 万亩、产量 53 万吨，实现了双增长。

争取出台扶持特色产业发展的相关政策。报请省政府出台加快推进现代农业示范区建设的意见、加快推进现代农作物种业发展意见的实施意见和落实草原补奖政策的实施意见，为现代农业发展和生态建设提供了政策保障。

推进休闲农业发展。组织开展休闲农业调研，推荐敦煌、临泽申报全国休闲农业与乡村旅游示范县、临夏州关滩沟生态旅游经济开发有限公司等7家企业或村镇申报全国休闲农业与乡村旅游示范点、敦煌市阳关镇龙勒村等3个村参加全国最有魅力休闲乡村评选。大力发展休闲渔业，目前经营企业达700多家，实现产值8000多万元。

【旱作农业和高效节水农业】紧紧依靠科技兴农增收，全膜双垄沟播技术推广、高效节水农业示范、高产创建和农民培训输转等工作扎实推进。

全膜双垄沟播技术推广任务超额完成。报请省政府召开全省抗旱春耕生产暨顶凌覆膜工作电视电话会议，对2011年全省春耕生产和顶凌覆膜工作进行了全面安排部署。旱作农业区各级党委政府高度重视，有关部门密切配合，增加物资投入，靠实工作责任，强化宣传培训，加强技术指导，9个市（州）的45个旱作农业县（区）完成全膜双垄沟播推广面积1070.9万亩，占计划的107%，受益农户148.3万户，为抗旱生产打下了坚实基础。同时，推广全膜覆土穴播小麦30万亩。

灌区高效农田节水技术推广进展有序。在河西及沿黄灌区突出农田节水与测土配方施肥、抗旱品种、病虫害防治、保护性耕作的有机结合，高效农田节水技术推广工作积极推进，完成高效农田节水技术推广面积382.5万亩，占计划的109%，新增156.1万亩。其中膜下滴灌10.2万亩，垄膜沟灌318.8万亩，垄作沟灌53.5万亩。在深入调研的基础上，起草全省高效节水农业发展实施意见，已上报省政府审批。

粮棉油高产创建和园艺作物标准园创建活动扎实推进。建成粮棉油高产创建万亩示范片137个154.9万亩，完成整县推进38.8万亩、整乡推进40.1万亩，为全年粮食增产提供了有力保障。落实水果标准园创建面积2.99万亩、蔬菜1.28万亩，主推了集约化育苗、有机无土栽培、联防联保、病虫害生物物理综合防控技术。

农业科技创新工作切实加强。进一步加强现代农业产业技术体系和基层农技推广体系改革与建设示范县建设，紧紧围绕农民增收、粮食安全、农产品质量安全和可持续发展等，组织农业科研、推广、教学单位和有关产业化企业，开展灌区农田节水等综合技术的配套集成与示范推广、生物农药与生物肥料研发以及高产优质新品种选育和示范推广等工作。

农机化技术推广和服务扎实深入。组织197.6万台次农业机械投入农机化生产，完成农机化技术推广面积2771万亩，推广保护性耕作152万亩，增长38%，亩节本增效75元以上。扎实推进“平安农机”创建和“打非治违”行动，农机安全总体平稳。

农民培训多层次推进。认真组织开展“农民读书月”和抗旱春耕生产科技大培训活动，完成农业科技培训5533场（次）、受训农民98.7万人次，发放科技图书41.7万册、赠送科技光盘3.2万张、发放宣传资料和科技明白纸108.8万份。围绕种养业生产等7大领域，组织开展阳光工程培训，完成蔬菜生产工、农民创业等15个岗位职业从业农民培训8.7万人，培训农业科技示范户2.1万户。开展阳光工程农民培训项目大普查，组织参加全国农业职业技能大赛和农产品质量安全基层检测技术人员大比武活动。

【草食畜牧业发展】认真实施草食畜牧业发展行动，大力推进牛羊产业大县建设，牛羊产业大县牛羊产业发展速度明显快于全省平均水平，初步形成了河西、陇东肉牛产业带和中部、临夏—甘南肉羊产业带，全省草食畜牧业产值超过95亿元，占畜牧业总产值的52%以上，成为带动畜牧业增长的重要力量。一是良种繁育体系建设。加强技术培训，开展肉牛冻精、液氮、黄牛冻配改良设备、绵羊人工授精设备的招标采购工作，组建“河西肉牛”、“陇东红牛”新类群核心群6个，选育基础母牛900头；组建“中部肉羊”新类群6个，选育基础母羊3200只。二是标准化养殖小区建设。积极开展畜禽标准化示范场创建活动，继续扶持标准化养殖小区建设，新建养殖场（小区）1078个，全省规模养殖场（小区）总数达到5582个，畜禽养殖数量占全省30%。三是饲草料加工利用。报请省政府办公厅印发《甘肃省秸秆饲料化利用规划（2011～2015年）》，新建100～500立方米的中小型青贮窖11.6万立方米；甘州、高台等9个秸秆机械化加工利用试点县建立以农机大户为主的流动性秸秆收集处理和加工服务点14个。全省秸秆饲料化利用量达到1160万吨，占秸秆总量的54%。四是基础母牛补助。完成基础母牛补贴2.3万头。

【农产品质量安全】以消除隐患保安全，控制源头上水平，健全体系强能力，完善制度建机制为目标，以农产品质量安全专项整治为重点，强化措施，细化方案，靠实责任，提升了全省农产品质量安全水平。

深入推进了农产品质量安全整治。制订了“十二五”农产品质量振兴实施方案，在全省开展蔬菜农药残留超标、畜产品“瘦肉精”、生鲜乳违禁物质、兽药质量安全、水产品禁用药物和有毒有害物质残留、假劣农资等六个方面的专项治理活动，严厉打击在食用农产品生产中违法添加非食用物质和滥用食品添加剂的行为。全省累计出动执法人员5.6万人次，检查各类生产经营企业2.8万家，取缔无证照企业70多家，整治重点区域2000多个，抽检各类农产品样品15万份以上。

加大农产品例行监测和监督抽检工作力度。增加抽检项目，扩大监测范围，蔬菜农药残留监测项目由上年的7～10项增加到2011年的15项，监测范围在原14个市州政府所在地的基础上，增加1个县。组织开展四次农、畜、水产品例行监测。对不合格的产品，及时反馈有关市州进行整改和源头追溯。针对河南“瘦肉精”事件，对全省生猪养殖场和部分养殖企业进行了两次监督抽检，抽取兽药、饲料以及猪尿样品 832 批，没有发现违法使用“瘦肉精”等违禁兽药的现象。从 2011 年例行监测和监督抽检的结果看，全省农、畜、水产品监测平均合格率在 99%以上。

加快农产品认证和地理标志登记步伐。2011 年认证无公害农产品 200 个、绿色食品和有机农产品 146 个，全省无公害农产品累计达到 590 个，年产量超过 700 万吨。有 9 个产品获国家地理标志保护注册登记，全省地理标志产品累计达到 27 个。

【农村民生工程】以农村沼气、退牧还草等民生工程为重点，积极争取落实农业基本建设项目，进一步改善农业生产基本条件。

积极推进农村沼气建设。继续推行目标管理，强化技术培训，报请省政府办公厅印发了实施方案，积极组织开展物资采购，落实地方配套资金，10 万户农村沼气建设任务如期完成。建设养殖小区小型沼气工程 130 处、联户沼气工程 30 处、养殖场大中型沼气工程 30 处，建设农村沼气村级服务网点 340 处，修复沼气池 3000 户。

认真组织实施退牧还草工程。严格落实退牧还草工程的各项管理规定，从方案制订、作业设计、工程建设、资金使用、督促检查、效益监测等方面加强管理。完成退牧还草工程围栏建设 1140 万亩、草原补播改良 460 万亩，全省草原围栏达到 1.04 亿亩。落实 2011 年退牧还草工程建设任务 850 万亩。

稳步推进农村清洁工程建设。筛选有代表性的 20 个村开展示范工作，指导各示范村制订农村清洁工程示范点建设方案，确定建设内容和目标，落实了经费，全面完成建设任务。落实 1000 万元专项资金，扶持开展废旧农膜回收利用。加强调研指导，注重正面引导，积极组织开展了废弃菜叶的回收利用工作，报请省政府出台加强尾菜处理利用工作的意见。

加大规划引导和项目支撑力度。完成农业“十二五”规划、各行业规划、特色产业规划和专项规划的编制，与陕西省达成《关中—天水经济区农业合作发展框架协议》。加强在建项目的管理，加大重点项目谋划和组织申报工作力度，组织申报农村能源、动物防疫体系、种子工程、植保工程、农业综合开发、农产品基地、农民培训等重点建设项目。全年落实农业基本建设投资 11.82 亿元，比上年增长 20%。

【农业经营方式】推进农业产业化经营。举办了第 10 期全省农业产业化经营研讨培训班，组织申报了 2 个国家级农业产业化示范基地、申报并认定 7 家国家重点龙头企业，开展了第四、五批龙头企业年度检测和第六批省重点龙头企业认定工作，新增省级产业化龙头企业 72 家，全省省级产业化重点龙头企业达到 319 家。加强与金融部门的合作，与建行甘肃省分行签订金融合作协议，推荐 35 个信贷扶持项目。

加强农民专业合作示范社建设。会同省工商局、省林业厅印发《甘肃省农村土地（草场）承包经营权、林地承包经营权、林木所有权作价出资农民专业合作社登记暂行办法》，积极扶持示范社建设，支持合作社建立保鲜、冷藏、加工设施，建立营销网络等，引导合作社推行标准化生产、规范化管理、品牌化营销。继续扶持农民专业合作社发展，省级安排 1300 万元，对 146 个合作社进行扶持，全省农民专业合作社达到 7559 个，增长 57%，其中合作示范社达到 1590 个。

加强农产品产销衔接。在浙江义乌、北京、上海、广州设立甘肃农产品展馆，组织省内近 100 家农产品生产加工企业、专业合作社免费参展，为甘肃省农产品打开了新的销售渠道。以开拓市场、加强合作、促进流通为主题，组织参加第九届中国国际农产品交易会、中国国际薯业博览会、中国绿色食品博览会，筹办甘肃高原夏菜产销对接会、甘肃农产品交易会暨庆阳苹果推介会，展销十大类上万个特色优势农产品。加强农业对外交流与合作，继续推进“农超对接”，全省与超市、流通企业等建立产销对接关系的农民专业合作社达 500 多个，达成交易或意向金额 7.8 亿元，产品涉及马铃薯、蔬菜、苹果、小杂粮、蜜瓜等 50 个产品。制订合作社网络信息化看甘肃的“祥云计划”，全省已建成农民专业合作社网站 1271 家。加强了与供销系统的合作，推进农产品销售。

加强农业农村信息化建设。完成 17 个县级服务平台和 900 个村级信息服务点的建设任务，全省村级信息点达到 4500 个，服务农民 100 万户。完成了 56 个县、60 个信息采集点、8 个农产品批发市场、5 个省级监管机构的硬件设备配发工作，开展农业信息员培训。完成了全省农业视频会议系统一期工程建设。组织开展“12316 三农”服务热线宣传月活动，继续加强热线运行管理，全年接听热线电话 10 万个，比上年增加 2 万多个，制作午间直播节目近 400 期，发布农产品供求信息 1 万多条，80%的投诉案件得到解决。

【抗灾减灾和动植物疫病防控】把防灾减灾作为保障农业稳定发展的重要工作，全力推进。

一是加强督导和服务。由厅领导带队，多次分赴 14 个市州、50 多个县市区，就抗旱农业生产、秋覆膜等工作进行调研督导。切实加强了设施农业、旱作农业、高效农田节水、测土配方施肥、动植物疫病防控、农产品质量安全、防灾减灾等工作的指导和服务。争取落实农业抗旱救灾补助资金 0.87 亿元，用于弱苗施肥和浇水补助，有力地支持了各地抗灾减灾工作。

二是开展农作物病虫害防治。报请省政府出台了推进农作物病虫害专业化统防统治的意见。加强预测预报，实行农作物重大病虫害周报制度，及时发布病虫害信息，指导农民有针对性地开展小麦条锈病、马铃薯晚疫病防治。全年防治小麦病虫害1705万亩次，其中防治条锈病107.9万亩，挽回小麦损失0.84亿公斤，防治马铃薯晚疫病295.5万亩。同时，加强苹果蠹蛾的防控工作，有效阻止疫情的扩散蔓延，巩固防控成果，确保果业生产安全。

三是推进动物疫病防控。组织开展春防、秋防工作，口蹄疫、禽流感、高致病性猪蓝耳病、猪瘟免疫密度均超过98%。扎实开展试点，有序推进动物疫病区域化管理。加强队伍建设，加大执法监管力度，推动动物防病、卫生监督、兽药饲料监管等工作。进一步健全动物疫病防控体系，全省各市州健全兽医管理机构，绝大部分县市区组建畜牧兽医管理机构，14786个行政村配备防疫员，全省共有村级防疫员16994人。全省重大动物疫情保持平稳态势，高致病性禽流感继续保持无疫。

四是加强草原防火防虫工作。狠抓草原火灾的季节性联防及日常性防范工作，及时排除草原火灾隐患，无重特大草原火灾发生。进一步加大《甘肃省草原防火办法》宣传实施力度，开展了草原防火应急演练和防火安全检查。加强预警监测，集中连片治理，有效控制了草原虫鼠害蔓延。共完成草原虫鼠害防治面积1162.4万亩次，建立3个虫灾防治示范区、10个草原虫害生物防治示范县。

【加强农村经营管理】以落实农村土地承包经营管理、农民负担监管政策为重点，维护农民权益和农村社会稳定。

一是土地经营权流转和纠纷仲裁工作有了新进展。组织开展土地流转规范化试点，制定《甘肃省省级农村土地承包经营权流转以奖代补资金管理暂行办法》，落实以奖代补资金1000万元，对全省21个县土地流转服务中心、43个乡镇农村土地流转服务站和30个流转经营主体给予重点扶持，全省土地流转面积346.7万亩，较上年增长73.5%。组织开展土地确权登记试点，推荐金川区为全国农村土地承包经营权登记试点县，指导开展试点工作。继续抓好仲裁试点工作，有61个县组建了土地承包纠纷仲裁委员会，聘请仲裁员825名。2011年发生的2528起土地承包纠纷，通过仲裁调解处理2388起，结案率达94%。

二是基本草原划定和草原规范化承包试点工作有序开展。在继续完善肃南、碌曲、肃北基本草原划定工作的基础上，2011年在山丹等7县（市、区）开展基本草原划定试点工作，划定基本草原面积8500万亩。在碌曲等3县开展草原承包经营规范化试点，化解一些地方出现的草原纠纷，进一步完善草原承包经营。全省规范化草原承包经营面积达到7600万亩。

三是农民负担监管工作继续加强。组织开展农民负担监督管理、农村基础设施建设投入、一事一议筹资筹劳、一事一议财政奖补试点、惠农政策落实等情况的调研督查。深入开展农民负担综合治理，指导安定区、会宁县开展了农民负担综合治理工作。开展了23个县的农民负担监测定点工作，掌握了农民负担的新动向。及时办理涉及农民负担的投诉，进一步规范了筹资筹劳行为。

【规范化管理和依法行政】从农业立法、执法、行政审批等方面入手，农业工作规范化、法制化有了新进展。

一是加强农业地方立法。2011年共新出台地方性法规1部、政府规章1部。其中争取省人大常委会审议通过了《甘肃省农民教育培训条例》，于6月1日起施行；完成了《甘肃省种畜禽管理办法》的修订送审，经省政府常务会议审议通过，于11月1日起施行。

二是组织开展农业行政执法年活动。以加强执法监管、依法查处涉农违法案件为重点，组织开展了农业行政执法年活动，重点开展专项农业行政执法检查、农业综合执法、涉农违法案件查处、农业行政执法主体规范、执法人员培训、执法制度建设、行政许可管理、执法机制完善等活动，有效推动和促进了全省农牧系统行政执法工作。

三是开展农资打假护农专项治理行动。坚持打假与扶优相结合，积极探索农资打假和监管工作长效机制，指导民勤、靖远等县开展了放心农资下乡进村示范工作，积极探索放心农资下乡进村的有效途径。加大涉农大要案督办查处力度，强化农资市场监管。据不完全统计，全省共出动执法人员2.1万人次，检查农资经营门店1.2万个(次)，整顿农资经营市场1548个(次)，查获假劣农药86.25万公斤。开展打击侵犯品种权和制售假冒伪劣种子专项行动，依法查处有关违法案件。进一步加强农药经营管理，报请省政府出台了实施农药经营许可制度的决定。

四是推进农业综合执法和行政许可事项受理。加强农业综合执法规范化建设，指导对7起涉农违法案件进行了立案查处。加快推进农业综合执法，新成立农业综合执法机构44个，全省农业综合执法机构总数达到86个。启动农业“六五”普法工作。认真完成行政许可事项受理和复核工作，政务大厅窗口接待咨询1726人次，受理申请材料375件，在规定时限内全部办结。同时，经省政府同意，向农业部推荐金昌市、白银区和崇信县为农村改革试验区，正待批复。

【困难和问题】自然灾害发生频繁。2011年春夏，全省出现了较为严重的干旱，最大受旱面积达到1294万亩，其中农作物受旱面积750万亩。低温雨雪、沙尘暴发生范围广、时间长、破坏力强，农作物受灾627.4万亩；冰雹和洪涝灾害发生次数多，致使

247.8 万亩农作物受灾。

农资价格普遍上涨。2011 年杂交玉米种子零售价 15～16 元/斤，比上年上涨 7.57%；化肥价格上涨 11.2%左右；0 号柴油销售价格 6.8 元/升，上涨 19%。化肥、农药、地膜等农资价格较快上涨，农业服务、机耕机播费用提高，增加农业生产成本。

农业投入仍不能满足生产需求。粮食直补、良种补贴、农机具购置补贴、农资综合补贴等额度较小，关键技术推广、抗旱救灾等方面的资金仍然不足。同时，农村金融网点不足，涉农贷款比例低，加上农村抵押担保机制不健全，使得农村金融资金远远不能满足农业农村经济发展的需要。

促进农民收入持续较快增长压力加大。近年来，甘肃省农民收入虽然实现较大幅度增长，但与全国平均水平的差距仍然很大。“十一五”末与“十五”末相比，全省农民人均纯收入与全国平均水平的差距由 1275 元扩大到 2494 元。

（王　勤）

粮　食

【基本情况】2011 年，在省委、省政府的正确领导和国家粮食局的有力指导下，全省粮食系统深入实践科学发展观，牢牢把握保供稳价中心任务，紧紧围绕扩大购销、落实储备、加强调控和发展产业等重点工作，积极作为、开拓进取，全行业各项工作取得了显著成绩，实现了“十二五”发展的良好开局。

全省粮食种植面积 283.4 万公顷，比上年增长 3.4%；粮食总产量达到 1014.6 万吨，增长 5.9%。棉花种植面积 4.8 万公顷，与上年持平；油料种植面积 35.1 万公顷，增加 0.5 万公顷；糖料种植面积 0.5 万公顷，与上年持平；蔬菜种植面积 41.5 万公顷，增加 2.0 万公顷。全年全省收购粮食 246 万吨（其中省外采购粮食 83.5 万吨），增长 5.5%；收购食用油 4.3 万吨，下降 2.7%。销售粮食 306 万吨，增长 17.7%；销售食用油 7.5 万吨，增长 50.7%。

截至 12 月底，全省粮食综合库存 198.5 万吨，增长 17.5%，其中省级储备粮 65 万吨，市县储备粮 51.5 万吨，企业周转库存粮 82 万吨；食用油综合库存 2.3 万吨，下降 38.9%，其中省级储备油 1 万吨，市县储备油 0.3 万吨，企业周转库存油 1.0 万吨。

截至 12 月底，全省国有粮食企业资产总额 83.0 亿元，企业资产负债率 88%。全年全省国有粮食企业统算实现盈利 1931 万元，比上年增长 30.2%，14 个市州全部实现盈利。

【粮食供应】各级粮食部门切实加强粮源调度，全省粮油市场继续保持了货源充足、品种丰富的良好局面。

一是努力扩大粮油收购。各级粮食部门认真执行国家粮食收购政策，督促和指导多元市场主体按照市场化方式，坚持常态化收购、多品种收购，积极主动掌控保供稳市所需粮源。为进一步扩大收购，及时客观发布粮食质量、价格、政策等信息，引导种粮农民适时适价出售余粮，对农民愿意交售且符合国家质量标准的粮食做到了应收尽收，为保障市场供应奠定了坚实基础。针对省内小麦、大米不足的实际，按照“大市场、大流通”的思路，在主动加强与河南、山东、安徽、黑龙江、新疆等粮食主产省沟通联系的同时，积极组织参加全国性、区域性粮食产销衔接会、贸易洽谈会，畅通“引粮入甘”渠道，确保了全省粮食总量平衡和品种结构平衡。全年全省各类市场主体从省内生产者手中直接收购粮食 162.5 万吨，比上年增长 0.3%；从省外采购粮食 83.5 万吨，增长 17%；收购食用油 4.3 万吨，下降 2.7%。

二是积极组织粮油销售。各级粮食部门努力创造宽松的市场、政策环境，支持多元市场主体开展粮食经营，并督促企业及时投放适销对路、多品种、多规格、多等级的粮油，在大中城市积极组织销售高档优质米、面、油及小杂粮，确保了市场供应不脱销、不断档，有效满足了人民群众多样化消费需求。省会兰州市初步形成了集粮油仓储、加工、批发零售为一体的贸易集群，焦家湾、西部综合、张苏滩三大粮油批发市场辐射全省，年粮油吞吐量 125 万吨左右，同时 2300 多个粮油零售网点分布城乡，经营品牌 1500 多个。平凉市现有各类成品粮油批发零售网点 413 个，张掖市现有 815 个，临夏州民安粮油批发市场已有 70 多家省内外粮油企业入驻、经营粮油品牌 40 多个。全年全省各类市场主体销售粮食 306 万吨，比上年增长 17.7%；销售食用油 7.5 万吨，增长 50.7%。

三是全力保障军粮供应。各级粮食部门围绕“平战结合、注重战备，军民兼容、部队优先，主副并进、以副补主”的军粮供应方针和“以兵为本”的服务理念，严格执行国家军粮供应政策，实行全过程全方位的质量安全监管，全省军粮配送供应做到了科学规范管理、保质保量供应和优质高效服务，达到了部队满意、政府放心的目标。特别是兰州市粮食部门圆满完成了驻地部队一个半月的大规模野外急训粮油及副食品保障任务，定西市粮食部门在驻地部队赴宁夏外训期间进行了为期三个多月的军粮伴随保障。同时，全年落实国家军粮供应基础设施建设补助资金 190 万元，进一步提高了全省军粮保障整体水平。

【粮食储备】按照省委省政府“既要依托省级储备、同时也要落实市县储备”的工作思路，各级粮食部门把粮食储备建设作为宏观调控的重要抓手常抓不懈，在各级党政和相关部门的大力支持下，全省粮油储备规模有了新的增加。

一是努力推进省级储备粮建设。在综合考虑全省粮食产需状况、城乡人口变化等因素的基础上，向省委省政府提出了适度增加省级储备粮规模的建议。省委、省政府非常重视，刘伟平省长、刘永富常务副省长分别作出重要批示，决定2011年新增15万吨省级储备小麦。2011年底新增储备粮已全部落实到位，省级储备粮由50万吨增加到了65万吨，省级储备油继续保持1万吨。

二是不断加强市县粮食储备。认真落实省政府粮油储备规模指导计划，全力推动市县级粮食储备建设。天水市、临夏州政府将县级粮食储备建设纳入了政府年度目标管理、签订了责任书，定西市粮食局将县级粮食储备建设任务靠实到了每个班子成员。2011年底，全省市县级粮食储备总量51.5万吨，比上年增加3.2万吨；食用油储备总量0.3万吨、增加0.1万吨。建立县级粮食储备的县（市、区）达到了74个，兰州、天水、嘉峪关、平凉、临夏、张掖、金昌等7市州还建立了成品粮油应急储备。

【市场调控】为抑制省内粮油价格过快上涨，各级粮食部门认真落实省政府工作部署，准确把握调控的时点、重点和节奏，市场粮油价格保持温和小幅上涨的有利态势。

一是积极申请国家粮源支持。通过进京汇报、书面申请、电话衔接等方式，努力争取国家粮食局对甘肃省市场调控工作的支持。一方面通过各种方式申请国家临时存储粮定向销售指标，另一方面积极争取国家临时存储粮跨省移库指标，努力保持存放在甘肃的国家临时存储粮库存动态平衡。全年在兰州国家粮食交易中心以竞价交易的方式定向投放国家临时存储小麦51万吨、食用油8.5万吨、玉米85.5万吨，成为保障全省粮油消费需求的重要补充。同时，两批争取到国家临时存储小麦跨省移库计划30万吨，占全国跨省移库小麦指标的十分之一，进一步增强了全省粮食安全综合保障能力。

二是动用省级储备小麦投放市场。为完成全年价格调控目标、保证第四季度粮油消费旺盛期的市场供应，省粮食局会同省发改委、省财政厅报请省政府启动了《甘肃省省级储备粮动用预案》，联合下发了《关于下达省级储备粮销售计划的通知》，制定了《2011年新增省级储备粮销售办法》，从2011年12月开始到2012年春节期间，以低于入库成本的价格，定向投放省内市场省级储备小麦15万吨。通过省级储备小麦投放，有效检验了粮食部门落实省政府决策的执行能力，实现了储备粮补充粮源、调控价格的目标。省委常委、常务副省长刘永富批示，“这项工作做得好，保障了供应，控制了粮价，引导了舆论，是硬措施。”

三是坚持开展优惠面粉直销。各级粮食部门坚持把优惠面粉直销作为调控市场粮价的重要手段积极推进，从2010年12月开始试点，首选两家国有面粉企业生产的“甘粮”和“红梅”牌面粉，以每袋（25公斤装）低于原价3元的价格,在兰州市80个“放心粮店”及各大超市开展直销，带动了市场主销大品牌面粉的主动降价。随后，在总结试点经验的基础上，结合国家“安排政策性小麦，定向销售大型骨干面粉加工企业，按要求加工面粉投放市场，确保面粉市场价格保持基本稳定”的政策和省政府《关于实行预警监控坚决遏制市场价格过快上涨的通知》要求，把承担面粉加工任务的企业扩大到了32家，7个市州的158个粮店启动了优惠面粉直销工作。截止2011年底，销售优惠面粉10万吨。

【粮食流通监管】各级粮食部门认真履行《粮食流通管理条例》赋予的职责，坚持依法行政，努力推进粮食流通监管法制化进程，有效保护了粮食生产者、经营者和消费者的合法权益。

一是加强粮油库存监管。省市县三级粮食部门成立领导机构，制订实施方案，扎实开展粮食、食用油库存检查。检查中，各地将实物测量、账目核对、报表汇总分解到组、责任到人，对工作底稿和检查报告实行逐级签字确认制度，并广泛开展纪律教育、明确责任追究办法，确保了检查结果真实可靠。结果显示，全省粮食、食用油库存管理规范，质量感官鉴定良好，储存安全，没有发现短库及弄虚作假的现象和行为，政策性费用补贴到位，库贷挂钩符合相关规定。通过检查，全面准确地摸清了全省粮油库存家底，发现和解决了库存管理中存在的问题，达到了让政府心中有数、使人民群众放心的目的。

二是积极推进粮食流通监督检查体系和粮油质检体系建设。金昌、白银、嘉峪关3市和康县、文县、徽县、西和4县新成立了粮食执法队，陇西、安定、岷县、敦煌、民乐5县新成立了监督检查机构。兰州、天水、张掖、平凉、庆阳、临夏、甘南、金昌、白银、嘉峪关10市州和61个县（区）成立了粮食执法队，嘉峪关、张掖、白银、金昌、武威5市和6县（区）设立了监督检查科（股），全省获得监督检查行政执法资格的人数达到696人，比上年增加22人，全年落实监督检查专项经费140万元、增加80万元。同时，全省粮油质检体系建设取得了实质性进展，天水、庆阳、平凉、金昌、陇南、临夏、嘉峪关7市州落实了粮食质量检验监测机构和编制。在国家粮食局大力支持下，省粮油质检所和天水、庆阳、平凉、金昌、陇南、临夏7个质检机构纳入了国家粮食质量监测体系，落实中央预算内资金760万元、地方财政配套资金380万元，用于购置检验仪器设备和基础设施改造，随着项目的逐步建成，将大大提高全省粮食检验检测水平，为保障粮食质量安全起到重要的技术支撑作用。

三是切实做好粮油市场日常监

管。积极会同工商、卫生、质监等部门，强化对大型粮油批发市场、重点超市、农村集贸市场的监督检查力度，突出抓好粮油购销和政策性粮食交易环节的监管，有效维护了正常的粮食流通秩序。全省全年出动检查人员 1.3 万人次，检查各类粮油经营网点 15756 个（次），依法查处违法违规案件 558 例（其中粮食收购环节案例 137 起，粮食库存、统计政策执行情况案例 156 起，粮食质量安全案例 230 起，其他 35 起）。2011 年，兰州市粮食局、平凉市崆峒区粮食局被评为全国粮食流通监督检查示范单位。

【储粮管理】各级粮食部门既注重国有粮食企业安全储粮，又大力推进农户科学储粮，双管齐下，齐抓共管，全省粮食整体库存质量处于历史最好水平。

一是不断靠实安全生产责任。坚持实行安全生产一票否决制，指导企业进一步完善安全生产各项制度，细化防火、防汛、防潮、防盗等处理突发事件的应急预案，不断提高预案的可操作性，有效预防和避免了各类安全事故的发生。继续实行粮食安全保管分级管理、分级负责制，督促企业切实做好粮油库存的日常监管，不断加大粮情监测频率，及时掌握粮食储藏状态，发现问题及时处理，确保了储粮安全。

二是强化粮油仓储管理。本着经济、实用、高效的原则，广泛应用低温、密闭、机械通风等储粮技术，全省科学保粮率达到了 85%，省级储备粮科保率达到了 98%。坚持开展春秋两季粮油安全大普查，两次出动 3912 人次，对 167 个储粮单位的全部库存进行了彻底检查，并对查出的储粮安全隐患及时处理。继续巩固和发展“一符四无”粮仓建设，全省“一符四无”率达到 98.2%。按照国家粮食局统一部署，积极开展粮油仓储企业规范化管理活动，全省达标企业 104 个，占储粮单位的 63.4%，其中优秀 51 个、良好 43 个、达标 10 个。

三是大力推进农户科学储粮专项建设。针对农户储粮条件落后、粮食产后损失严重的实际，各级粮食部门把农户科学储粮专项建设作为一项民心工程积极推进。2010、2011 年，国家粮食局共下达甘肃省建设任务 7 万户。截至 2011 年底，共落实国家配套资金 1050 万元、省政府配套资金 208 万元、市县政府配套资金 737 万元、农户自筹资金 865 万元，为天水、白银、定西、张掖、武威、酒泉、金昌、平凉、庆阳、临夏、甘南等 11 个市州的 5 万个农户配置了彩钢板小型储粮仓，其余 2 万户建设任务正在抓紧落实。

【夯实基础】各级粮食部门树立强烈的发展意识，抓经营、抓项目、抓管理，粮食行业发展基础不断夯实。

一是狠抓企业扭亏增盈。各级粮食部门继续实行并强化扭亏增盈目标考核制度、企业经营管理信息通报制度和重点企业经营分析制度，督促企业加强内部控制，盘活资产，降低成本费用，逐步提升企业综合实力。指导企业准确把握市场走势，积极开展粮食购销，搞活经营，规避风险，巩固经营管理成果。同时，努力争取财税、金融等部门支持，落实税收、信贷等方面的优惠政策，企业经济运行质量有了新的提升，取得了预期成效。庆阳、平凉等市核销企业经营性挂账近 5 亿元，切实减轻了企业负担。全省国有粮食企业在粮油价格不确定因素增多、市场竞争日趋激烈的情况下，全年实现盈利 1931 万元，比上年增长 30.2%。14 个市州和省局直属国有粮食企业全部盈利，国有粮食企业盈利面达到 85%，比上年提高 5 个百分点；86 个县市区中 73 个盈利、2 个盈亏持平，继续保持了良好发展态势。

二是积极推进项目建设。在扎实推进各类在建项目的同时，积极衔接落实新项目，取得了显著成效。粮食仓储物流重点项目有：兰州、河西、定西粮食现代物流中心项目基本建成；2010 年国家投资项目全部完成，总投资 7121.96 万元（其中中央预算内投资 2000 万元、地方政府债券 1000 万元、企业自筹 4121.96 万元），建成仓容 12.5 万吨、罐容 2 万吨；2011 年国家投资建设项目全部开工，预算总投资 14387 万元（其中中央预算内投资 2050 万元，地方政府债券 2000 万元，企业自筹 10337 万元），拟新建仓容 24.5 万吨；兰州焦家湾粮库改扩建项目，总投资 4.6 亿元，已完成投资 5200 万元；嘉峪关粮食现代物流中心项目预算总投资 1365 万元，已落实资金 730 万元；山丹霍城物流中心建设项目，预算总投资 1500 万元，已完成投资 400 万元；庄浪综合粮油批发市场项目，预算总投资 4000 万元，已落实资金 800 万元。放心粮油重点项目有：兰州粮油食品连锁配送物流扩建项目，总投资 4330 万元，已完成投资 4196 万元；兰州昌盛植物油异地建厂项目，总投资 6850 万元，已完成投资 6150 万元；平凉“放心馒头”和“放心粮店”工程建设项目，总投资 453 万元，已投入运营；临夏“放心清真食品工程”建设项目，已完成了项目论证、可研等前期工作；天水天绿食品公司“放心早餐”工程项目，已落实政府补助资金 150 万元；金昌“放心粮油工程”已落实资金 2190 万元，2012 年上半年投入运营；陇南市以放心粮油为核心的“五个一工程”进展顺利，符合条件的 13 个粮油加工企业、48 个放心粮店和超市、7 个规范化粮库已全部挂牌。

三是扎实做好粮食行业各项统计。以改善统计工作环境、提高源头数据质量为重点，主动加强与统计、工商、税务、农业等部门的沟通协调，不断创新统计方式方法，积极争取被调查企业和农户的支持，完成了粮食流通统计、粮食供需平衡调查、粮食行业机构人员统计、粮油加工业统计、粮食仓储设施统计等 5 项行业统计，认真组织开展了粮食产销与成本利润调研，并做好统计资料的分析比对，为政府实施粮食调控、制定粮食政策提供了科学依据。

【队伍建设】坚持把保障和促进粮食中心工作作为衡量党风廉政建设和干部职工队伍建设的检验标准，积极谋划，开展工作，有力推动了中央和省委、省政府各项粮食工作决策部署的落实。

一是全面落实党风廉政建设责任制。认真贯彻落实十七届中纪委六次全会、全国粮食系统纪检监察工作会、十一届省纪委六次全会精神，始终把党风廉政建设摆上重要议事日程，坚持与业务工作同部署、同落实、同检查、同考核。制定印发了《省粮食局党风廉政建设和反腐败工作实施意见》，召开了局系统纪检监察工作会议，明确了全年目标任务和工作重点，并把工作任务分解到了各处室和各直属单位，确保了党风廉政建设各项工作扎实有效开展。同时，深入开展反腐倡廉宣传教育季活动，大力开展党性党风党纪教育，加强对粮食系统政治纪律执行情况的监督检查，领导干部廉洁从政的自觉性进一步增强。

二是努力营造良好的工作氛围。坚持以“创先争优”活动为载体，在局系统全面推行“一诺三评三公开”，并认真组织开展了“服务粮食宏观调控、服务粮食生产者、服务粮食消费者、服务粮食流通主体”主题活动，进一步营造了局系统学习先进、争当先进、赶超先进的良好风气。严格按照《党政领导干部选拔任用工作条例》，树立正确的用人导向，在省粮食局机关和直属企事业单位选拔交流县处级干部 34 名（其中机关 1 名，事业 9 名，企业 24 名），进一步优化了领导干部结构，营造了重品德、重潜质、重实绩的用人导向和“想干事、能干事、会干事、干成事”的良好氛围。

（陈加乐）

林　业

【生态建设】林业重点生态工程建设全面推进。按照实现林业“双增”目标和建设西北乃至全国重要生态安全屏障的要求，各地各部门进一步加强组织领导，强化工作措施，完善工作机制，周密安排部署，大力开展生态建设，取得了明显成效。全年完成营造林任务 395.3 万亩，其中完成重点工程营造林 226.29 万亩，新育苗 11.12 万亩。完成义务植树 8746.8 万株，新建义务植树基地 681 个。兰州市全面贯彻“再造兰州”重大战略决策，明确提出“新区建设、生态先行”，全力推进新区生态建设。白银市把大环境绿化作为推进“兰白都市经济圈”建设和实现全市经济社会跨越式发展的重大战略，动员全社会力量改造城市周边生态环境，2011 年共完成城区大环境绿化 7000 亩。深入推进林业重点工程建设，启动天保工程二期工程，总投资 121.27 亿元，其中中央投资 105.34 亿元，是一期投资的 3.3 倍。积极推进“三北”工程建设，省政府出台了《关于进一步加强三北防护林体系建设的意见》，甘肃省被国家林业局评为 2011 年度三北工程管理先进单位。不断加强野生动植物保护及自然保护区建设，黑河湿地被列入国家级湿地自然保护区，尕海湿地被列入国际重要湿地名录。

【集体林权制度改革】在省委、省政府的坚强领导下，全省各级党委、政府加强组织领导，周密安排部署，有关部门合力推进，林业部门精心组织实施，经过一年试点，两年全面推进，全省集体林权制度明晰产权、承包到户的主体改革任务基本完成，圆满完成了省委省政府确定的目标任务。截止 2011 年 10 月底，全省完成集体林地勘界确权和林权颁证 5524.29 万亩，确权率和发证率均达到 99.94%；其中家庭承包经营 5258.07 万亩，占勘界确权面积的 95.18%，有 280.08 万农户拿到了林权证。全省集体林权制度主体改革质量高、效果好、群众满意，群众对林改满意度为 98.8%。配套改革和发展林下经济迈出了新步子，7 个试点县（区）发展林下养鸡 241.6 万只，林下种草 10.98 万亩，林下种药材 1.27 万亩，有力地促进了农民增收和就业。为巩固主体改革成果，推进配套改革，2011 年 12 月，省委省政府出台了《关于全面推进全省集体林权制度综合配套改革的意见》和《关于加快林下经济发展的意见》，并召开全省集体林权制度主体改革工作总结暨全面推进综合配套改革电视电话会议，对全省集体林权制度主体改革工作给予了充分肯定，对下一步改革进行了全面安排部署。稳步实施国有林场改革，庆阳市被列为全国改革试点单位。甘南、庆阳、陇南等市州将国有林场整体改制为公益性事业单位，解决了职工后顾之忧，促进了林区的和谐稳定。

【国有林区棚户区改造和灾后恢复重建】各级林业部门把棚户区改造作为改善林区职工生产生活条件的重点工作来抓，加大督促协调力度，克服各种困难和问题，确保建设任务如期完成。2011 年国家安排甘肃省棚户区（危旧房）改造任务 9300 户，已全部开工建设，有 6738 户完成主体工程，主体竣工率 72%，实现入住 2536 户，入住率 27%。厅直系统“5・12”地震灾后恢复重建工作基本完成，已建项目 304 个，完成总投资 6.39 亿元。通过实施林区棚户区改造和灾后重建，有效解决了林区职工住房难问题，缓解了林区职工子女上学难、老人看病难和家属就业难等问题。通过连续实施贫困林场改造、林区人饮工程等基础设施建设，国有林场面貌发生了明显变化。

【产业发展】紧紧围绕促进农民增收六大行动，以 1000 万亩优质林果基地建设为依托，大力推进林业产业发展。全省各地把经济林果基地建设作为发展农村经济、促进农民增收的重要举措，全年新造经济林 76.8 万亩，提质增产和低产改造 214.4 万亩，全省经济林果面积达到 1805.8 万亩。林业产业对农民增收的贡献率明显提高，出现了一批以林果、种苗、花卉等收入为主的县、乡、村和农户。初步统计，2011 年全省林业总产值增长 10% 左右，农民年人均林业收入达到 1023.8 元，比 2010 年增长 39.6%。举办了 2011 中国陇南（武都）花椒产销对接暨经贸洽谈会和第四届中国敦煌（国际）葡萄节，组织召开了全省林木种苗工作会议暨康乐县育苗产业现场会，圆满完成了西安世界园艺博览会、首届中国核桃节和第二届中国国际林业产业博览会的参展工作，向世人展示了甘肃林业发展的新成果，提高了甘肃林产品的知名度。

【项目资金】2011 年，甘肃省共落实中央和省级林业建设投资 41.37 亿元，比 2010 年增加 6.54 亿元，增长 19%。其中中央投资 31.05 亿元，省级投资 3.26 亿元，林业贴息贷款 5.4 亿元，利用外资 1.66 亿元。《石羊河流域防沙治沙及生态恢复专项规划》已启动实施，2011 年完成人工造林 2 万亩，封山（沙）育林 5.9 万亩，压沙障 5.2 万亩。全省森林生态效益补偿面积已达 6836.17 万亩，年补偿资金达 5.01 亿元。全面完成了 2010 年森林抚育和造林补贴试点任务，落实试点资金 1.2 亿元。对外合作交流取得了新进展，2 个新增项目已顺利启动，协议利用外资 3677.8 万美元。编报了《甘肃省木材战略储备生产基地规划》。各市州对林业生态建设高度重视，投入力度逐年加大。庆阳市各级财政投入资金 3231 万元，组织群众和专业队完成千亩荒山造林示范点 116 个。天水市整合水利、扶贫、农业综合开发等项目资金 3000 万元，用于支持造林建园，每年还列支 300 万元财政专项资金用于扶持林果产业建设。武威市制定多种激励政策，采取资金、物资补助等方式，为造林绿化创造有利条件，并将超过 90%以上的生态功能区转移支付资金用于生态和特色林果业建设。

【森林资源保护】不断健全完善林业法制体系，《甘肃省林业生态环境保护条例》已于 2011 年 6 月 1 日起正式施行。《甘肃省林业行政处罚自由裁量权实施办法》和《甘肃省林业行政处罚自由裁量权实施标准》已付诸实施，林业法规体系逐步健全，执法工作进一步规范。组织开展了“执法监督年”活动，不断加大林政案件查处力度。全年共发生林政案件 2634 起，查处 2612 起，查处率 99.16%。加大森林资源清查普查力度，夯实森林资源管理基础，按期完成第七次森林资源连续清查工作，基本完成覆盖全省的二类调查。覆盖全省的二类调查，在甘肃省历史上还是第一次，掌握了截止 2011 年全省森林资源面积、蓄积和森林覆盖率等主要指标的现状及消长动态变化，盘清了森林资源的家底，为森林资源管理保护打下了良好基础。省级林地保护利用规划（2010 ~ 2020 年）基本完成，县级林地保护利用规划和林地落界工作顺利进展。林业应急处突能力进一步增强，“连城 6•7 森林火灾”及时得到科学有序扑救。

【林业发展】林业科研项目争取和科技成果推广力度进一步加大，申报落实国家和省科技项目 31 个、经费 2105 万元，有 8 个项目获省科技进步奖，制（修）订国家和地方林业行业标准 30 项，争取中央财政林业科技推广项目 10 个、经费 1000 万元，林业科技特派员工作不断深入，科技支撑和服务有效开展。林业信息化建设有序推进，制定出台了林业信息化建设工作方案，召开了全省林业信息化工作会议，完成了省林业信息化机房改扩建和办公楼网络综合布线，建成了林业厅门户网站，初步形成了林业信息化发展架构。林业宣传和政务信息工作成效明显，全年在中央和省内主要媒体刊播各类林业新闻报道 700 多条（次），组织开展重点主题宣传活动 10 多场，向省委、省政府和国家林业局报送各类林业信息 200 余条，采用率在全国各省林业厅局中排名靠前。按期高效办结省人大和政协建议提案 60 余件，组织现场办案 2 次，省厅被评为 2011 年度省政府系统办理提（议）案工作先进单位。积极调处和化解信访问题，5 件省上督办的重点信访案件得到较好处理。深入开展“创先争优”活动，不断深化干部人事制度改革，完善选人用人机制，认真组织实施了处级干部轮岗和竞争上岗工作，林业队伍的整体素质进一步增强。扎实推进党风廉政建设，深入开展反腐倡廉教育，严肃查处违规违纪现象。组织参加了以“落实退耕还林政策，保护林农合法权益”为主题的《林业政风行风热线》直播活动，受到了社会各界的一致好评。

（魏玲婧）

水　利

【概况】2011 年，全省共落实各类水利项目投资计划 60.6 亿元。其中，中央投资 38 亿元，省级投资 12 亿元，市县配套 10.6 亿元。解决了 191 万农村人口的饮水安全问题；新修梯田 11.27 万公顷，其中 38 个梯田建设重点县完成 10.73 万公顷；发展水利工程节水面积 6.67 万公顷；发展有效灌溉面积 1.07 万公顷；治理水土流失面积 2028 平方公里；新增农村小水电装机 10.8 万千瓦，全面或超额完成了年初确定的各项目标任务。

【水政】根据甘肃省机构编制委员会《关于机构调整的通知》，成立了省水利厅政策法规处，对甘肃省水利厅依法行政工作领导小组组成人员进行了相应调整，成立了省水利厅依法行政工作领导小组办公室。制定下发了《关于进一步推进水利综合执法的意见》、《甘肃省水利厅规范性文件管理办法》。制定并印发了全省水利系统“六五”普法规划，组织开展了“3•22”世界水日和中国水周宣传活动。在甘肃省依法行政工作领导小组组织的依法行政年终考核中，甘肃省水利厅2011年依法行政工作等次中被评定为“好”。

【水资源管理】省政府印发了《甘肃省实行最严格的水资源管理制度办法》和新修订的《甘肃省行业用水定额》，初步将用水总量、用水效率分解到市州和县区，完成了全省入河排污口核查工作，初步制定了甘肃省水功能区纳污红线以及地下水红线方案，开展了万元工业增加值用水量指标考核工作。水利部将甘肃列为加快实施最严格水资源管理制度的试点。组织开展了庆阳市、武威红砂岗等水资源综合规划以及天水高桥头水库、疏勒河柳沟峡电站、新庄煤矿等工程水资源论证审批工作。完成了黄河、黑河、石羊河调水任务。调研提出了矿井水、地热水水资源费征收标准。起草了《甘肃省加快节水型社会建设的指导意见（初稿）》。编制完成了《甘肃省节水型社会建设“十二五”规划》。《庆阳市节水型社会规划》已经省政府批复实施，武威市、庆阳市、敦煌市全国节水型社会建设试点工作正按规划和实施方案推进。43个省级节水型社会建设试点工作全面展开，已有9个县（区）通过省级验收，在工程节水、管理节水方面取得了较好成效。

【水利规划】2011年2月省政府批复了《甘肃省水利发展“十二五”规划》。配合流域机构完成了黑河、湟水流域综合规划修编工作。编制完成了《全省大中型水库建设“十二五”规划》。《敦煌水资源合理利用与生态保护综合规划》获国家批复。《石羊河流域重点治理调整实施方案》经国务院同意批复实施。启动了全省水中长期供求规划、全省连片特困地区区域发展与扶贫攻坚水利专项规划、白龙江引水工程初步规划编制工作。

【基本建设】引洮供水一期主体及配套工程。2011年引洮供水一期工程总干渠完成隧洞掘进及一次支护22.49公里，隧洞砼衬砌28.37公里。截止2011年底，引洮总干渠已累计完成掘进及一次支护90.46公里、衬砌69.47公里，分别占总干渠隧洞长度96.35公里的93.9%和72.1%。引洮供水一期工程总干渠18座隧洞已贯通17座，完成衬砌11座。

引洮供水一期干渠、支渠工程建设加快推进。已累计完成干渠隧洞掘进23.68公里、衬砌11.63公里，新建干渠渠道（管）58.55公里。完成支渠隧洞掘进11.8公里、衬砌11.7公里，支渠渠道111.3公里。引洮供水一期田间配套及乡镇供水工程同步推进。安定、陇西、渭源、临洮4县已累计完成田间配套面积0.67万公顷。安定、陇通、东峪沟、西南部4项农村供水工程4座水厂主体工程已基本完成，建成调蓄水池35座、闸阀井1823座，埋设各类管道1100多公里。定西、陇西2项城镇供水项目水厂工程建设进展顺利。

石羊河流域重点治理。2011年石羊河流域的武威市共改建干支渠104公里，配套田间渠灌工程1.12万公顷、大田滴灌工程0.63万公顷、管灌20公顷、温室滴灌1147公顷，新建日光温室及暖棚养殖6640公顷，安装地下水计量设施596套。石羊河流域重点治理金昌市项目启动实施。2011年民勤蔡旗断面过水量已超过2.8亿立方米。

盐环定扬黄续建甘肃专用工程供水主管线及县城支管线工程已全部完成并顺利实现了通水目标，张南湾水库已建成并蓄水30万立方米。引大入秦供水结构优化调整加快推进，黑武分干渠改扩建工程基本完工，英武调蓄水库、石门沟水库大坝基础开挖已全部完成，正在进行坝体填筑及配套设施项目建设，引大入秦工程向景泰县城供水工程招标工作已全部结束并具备开工条件。列入《全国重点地区中小河流近期治理建设规划（2009～2012）》的118个中小河流治理项目初步设计报告已全部批复，下达投资计划的59个项目已全部开工，完工54个。

列入全国规划的山洪灾害防治县级非工程措施项目第一批16个县项目已建成并投入试运行。第二批23个县项目完成招投标工作；第三批41个县项目前期工作基本完成，计划2012年完成建设任务。列入《全国重点小型病险水库除险加固规划》的20座小（1）型水库已完工19座，竣工验收16座。黑河干流引水口门改造及河道治理工程中央投资建设任务全面完成。黑河流域近期治理项目、河西走廊（疏勒河）农业综合开发暨移民安置项目、东乡南阳渠灌溉工程已顺利通过整体竣工验收。引洮一期会宁北部供水工程、古浪黄花滩移民开发水利项目、引洮入潭工程、积石山引水工程、靖远双永工程等重点水利项目相继开工建设。

【饮水安全】2011年全省建成集中供水工程400处、水窖820眼，埋设输配水管道11607公里、入户管道11925公里，提前3个月解决了191万农村人口的饮水安全问题，农村自来水普及率达到56%。

【农村水利水电】2011年全省实施了7处大型、3处中型和10处小型灌区节水改造项目，累计改建干支渠道232公里，维修、改建建筑物1325座，改善、恢复灌溉面积2.17万公顷，年可节水3509万立方米。续建的4处、新开工的1处大型泵站更新改造项目建设进度加快，将在2012年4月完成建设任务。2011年国家分三批下达甘肃中央财政小型农田水利重点县项目中央投资计划30400万元，其中第一、二批项目已全面完工，共建成小型水源工程8000多处，衬砌渠道2000多公里，新建、改建建筑物 3 万余座，完成高效节水面积 0.59 万公顷。第三批项目启动实施，计划 2012 年 6 月完成建设任务。

加快推进已下达投资计划的 9 个小水电代燃料、16 个水电新农村电气化县项目建设，2011 年全省完成小水电装机容量 10.8 万千瓦。

【抗旱防汛】旱情和抗旱工作。2011 年总体属一般干旱年份，干旱主要以冬春连旱和夏旱为主。干旱高峰期，全省农作物受旱面积 66.2 万公顷，重旱 7.5 万公顷，有 78 万人、65 万头牲畜存在程度不同的饮水困难。

面对旱情，甘肃各级水利部门充分挖掘水利工程抗旱潜力，努力扩大灌溉面积，完成春灌 31.73 万公顷、夏灌 102.67 万公顷、秋灌 56.4 万公顷、冬灌 84.73 万公顷。完成了 60 个县级抗旱服务队 1.2 亿元抗旱设备的购置任务，累计购置拉水车 301 辆、打井洗井设备 73 台（套）、移动灌溉设备 4464 台（套）、移动喷滴灌节水设备 3180 台（套）、输水软管 153.32 万米、简易净水设备 192 套，在应急拉水、抗旱浇地和解决人饮困难中发挥了重要作用。

汛情及防汛工作。2011 年汛期，全省局地强降雨天气多发，共发生 90 多次暴雨洪水灾害，造成陇南、天水、白银、张掖、酒泉、甘南等 12 个市（州）69 个县（区）573 个乡镇 152.6 万人受灾，因灾死亡 11 人，倒塌房屋 2910 间，农作物受灾 10.2 万公顷、成灾 7.4 万公顷、绝收 2.15 万公顷，水毁灌溉设施 462 处，造成直接经济损失 21.2 亿元，其中水利、防洪工程直接经济损失 2.9 亿元。

面对暴洪灾害，甘肃各级水利部门切实落实省委省政府防汛工作部署，强化防汛工作责任，密切监视雨情水情，完善洪水调度方案，及时预警预报，开展应急抢险，抓紧修复水毁工程，补充防汛物资，落实各项防汛抗洪抢险救灾措施，最大限度减轻了暴雨洪水灾害造成的损失。

灾后水利恢复重建工作。由甘肃省水利厅对口援建的舟曲县白龙江堰塞河道综合治理及防洪工程、峰迭新区（瓜咱坝、杜坝）瓜咱坝段防洪工程、县城及周边地域山洪灾害预警系统、水文站建设、成县东河黄渚王磨段灾后重建防洪工程全部完工。由舟曲县负责实施的乡村供水项目已完成，负责实施的灌溉工程、人饮工程修复、水土保持治理和水保工程恢复项目已全部开工建设，计划 2012 年年底前完成。

【水土保持】2011 年，全省水土保持工作以防治水土流失、改善生态环境、提高农业综合生产能力为主线，以促进农业增效和农民增收为目标，圆满地完成了各项任务。

梯田建设任务超额完成。2011 年全省共完成梯田建设面积 11.27 万公顷，其中 38 个梯田建设重点县完成 10.73 万公顷，超额完成了年初确定的目标任务。自 2009 年省委省政府启动实施 500 万亩梯田建设工程以来，3 年来全省 38 个梯田建设重点县已累计新修梯田 29 万公顷，极大地改善了项目区农业生产条件。

坡耕地水土流失综合治理试点成效显著。水利部将甘肃省坡耕地水土流失综合治理试点由 2010 年的 8 个扩大到 12 个。各试点县认真落实项目责任主体负责制、建设监理制、资金报账制，确保了项目建设质量和进度。12 个试点县共新修梯田 1.6 万公顷。水利部陈雷部长对全省坡改梯工作给予了“有亮点可看、有真经可学”的肯定。

水土流失综合治理稳步开展。加快实施国家水土保持重点工程，把水土保持重点治理与农业种植结构调整、特色产业发展相结合，打造各具特色的示范建设样板。全年完成水土流失治理面积 2028 平方公里，占计划任务的 102%。

水土保持监督管理规范有序。认真贯彻落实新《水土保持法》，加大监督执法力度，打开了公路、风电等建设项目依法开展水土保持工作的局面，水土保持方案申报率和设施验收率明显提高。

淤地坝安全生产有效落实。将病险淤地坝除险加固专项资金列入省级财政预算，分年分批实施。2011 年省财政安排资金 1500 万元，重点用于三类病险坝的除险加固，各地对病险坝进行有效除险，无重大事故发生。

【水利管理】开展了全省河湖管理执法专项检查，对有采砂任务的 89 条河流（段）进行了排查，逐项登记，取缔、整顿非法违规采砂场所 75 处。

【库区移民】审核了一批水利水电工程移民安置规划大纲和移民安置规划，对洮河海甸峡水电站等水库移民安置规划进行了验收，稳妥处置了移民上访事件，保障了水利水电工程建设的顺利进行。2011 年落实水库移民后期扶持资金 2.44 亿元，建设了一批水利灌溉、土壤改良、库区交通和移民技能培训等方面的项目，促进了库区和移民安置区经济社会发展。组织对大中型水库移民后期扶持资金使用和管理、项目执行情况进行了检查审计，规范了项目管理。各市（州）移民管理机构及职能逐步健全完善。

【水利普查】甘肃省水利普查机构组建、人员培训等前期准备阶段工作于 2011 年 4 月 1 日完成。全省普查对象清查任务全面完成，清查对象数据成果于 2011 年 9 月通过国家阶段性验收。台帐建设、普查数据全面获取和预处理等工作进展顺利，清查登记阶段各项工作如期完成，填表上报阶段工作有序推进，工作进度和质量位居全国前列。

【水利科技】向水利部国科司申报了 8 个水利科技重大需求项目，有 3 个项目通过科技部和水利部的评审。2011 年，甘肃省“生态节水内镶扁平紊流压力补偿式滴灌管及滴头高新技术产业化开发”和“北方干旱荒漠区棉花膜下滴灌技术推广转化”项目通过水利部“948”项目办公室验收。向甘肃省科技厅推荐申报了16项水利科技重大专项项目和省科技支撑计划项目，有4项立项实施。对全省2011年度水利系统科研成果组织评审，评出水利科技进步奖30项，推荐10项优秀科研成果参评甘肃省科技进步奖，获2项二等奖，获1项三等奖。对甘肃省各市（州）水务局及厅属有关单位申报的2011年度重点水利科研项目进行了汇总、筛选、评审，对具备立项条件的25个项目下达了2011年度全省水利科研项目计划和2011年度全省水利技术推广经费计划。

【对外合作与交流】“中澳合作内陆河流域综合管理项目”启动实施。组织中方人员组团赴澳学习考察，邀请澳方水权制度专家来甘肃省举办“水权制度建设培训班”，对210多人进行了培训。邀请美国南佛州流域管理专家来甘肃省开展学术交流工作，有100多人参加了交流活动。10月31日，肯尼亚灌溉水利部考察团来甘肃省考察节水工作，甘肃省与肯尼亚初步达成合作协议。2011年全省水利系统共完成出国组团任务8批32人。

【水利教育】研究制定了《甘肃省“十二五”水利人才规划》，从指导思想、工作原则、总体目标、主要任务、保障措施五个方面对“十二五”期间省水利厅系统人才工作进行了全面规划和部署。举办了“巩固作风建设年活动成果暨2011年目标任务落实年活动”培训班，培训厅机关全体公务员、厅属单位党政主要领导共85人。研究制定了《厅系统专业技术干部继续教育实施方案》和《进一步加强专业技术人员继续教育意见》。委托河海大学水利水电学院面向甘肃省水利系统举办水利工程专业硕士班，已初步达成培养协议，省水利厅系统40名学员报考。

（赵继宗）

工　业

【概况】2011年，甘肃省工业经济紧紧围绕全省经济社会跨越式发展和工业率先跨越发展的总体目标，在克服重重困难中，实现了“十二五”良好开局。2011年规模以上工业增加值达到1783亿元，增长16.2%；工业固定资产投资1519亿元，增长25.1%，其中企业技术改造投资增长约40%；信息产业实现主营业务收入180亿元，增长15%；固定电话和移动电话用户达到1966万户，互联网宽带接入用户达到145万户。

【重点项目建设】加大对外开放的工作力度，积极引入央企和国内外优势企业。落实了中国铝业、中国华电、中国航天、中国中材、中国国药和海润科技、江苏金浦、康美药业、四川宏华等一批领军企业在甘投资和联合重组。省工信委牵头落实的74个央企合作项目中，中铝西北铝加工分公司铝箔等6个项目基本建成，20个项目正在建设，48个项目前期工作正在顺利开展，累计到位资金158.09亿元。启动与湖南、江西、山东、广东、江苏等东中部地区的产业承接转移，与湖南在新能源、医药、食品、矿产、新材料等领域签约合作项目46个，签约金额47.23亿元。

加大谋划项目的工作力度，实施并支持一批重大工业项目建设。结合规划编制和结构调整，筛选储备了860多项工业固定资产投资项目。有286个产业升级、技术改造和国防军工项目得到国家支持，落实中央专项12.4亿元。利用省级预算专项资金支持了708个传统产业改造、装备制造、循环经济、陇药产业、中小企业、信息化产业等项目。金川公司20万吨电解铜和5000吨羰基铁粉、酒钢150万吨冷轧和镀锌钢卷、中铝连城分公司淘汰落后环保节能技术改造等一批标志性项目竣工投产。

【经济运行调节】制定出台《甘肃省工业运行调度管理办法》，加大调度指挥的工作力度，增强经济运行的稳定性和协调性。完善重点企业月度分析、百户企业监测报告和市州经济运行通报制度，跟踪监测和密切把握经济运行走势。打通疆煤入甘的瓶颈，疆煤入甘1530万吨，宁煤入甘500万吨，分别增长30%和10%，有力保障了全省工业生产和电力发展。打通甘电外送的瓶颈，在确保本省用电负荷的前提下，外送电量达到152亿千瓦时，火电机组利用小时数达到4972小时，极大地缓解火电企业经营压力。发挥通道经济比较优势，确保重点企业、重点物资、救灾物资和农产品运力平衡，成品油和天然气供应充足。兰州局管内全年铁路货物发送量增长9%，成品油、天然气供应分别增长20%和28%。

【结构调整和产业升级】加大产业布局调整的工作力度，努力把规划转换为现实生产力。争取工信部出台《进一步支持甘肃工业和信息化发展的意见》，争取工信部和陕甘两省签署了《关中—天水经济区先进制造业基地发展规划》，争取兰州列入国家“两化”融合实验区和“三网”融合试点城市，定西列入国家中医药原料生产供应保障基地，金昌列入全国第一批工业固体废物综合利用基地建设试点地区，兰州军民结合产业园列入国家级新型工业化产业示范基地，35个工业园区（工业集中区）增容扩区及产业规划布局也已启动。编制完成石油化工、冶金有色等13个专项规划，陇药产业等规划相继发布实施。

加大发展战略性新兴产业的工作力度，促进工业转型升级。与现有产业配套的金昌镍钴新材料、嘉峪关冶金新材料、白银有色金属化工新材料、兰州石化化工新材料等一批产业化基地又有新的突破，如200万吨碳钢薄板、100万吨不锈钢、10万吨TDI、500吨羰基镍工业试验、1200吨储氢稀土材料和高性能钕铁硼永磁材料、5万吨丁腈橡胶、500吨炭纤维复合材料，为新材料产业发展奠定了新的基础。与陇药产业相关的基因工程药物、多肽药物和中成药新产品研发取得实质性进展。全省500万元以上电子信息产业项目累计完成投资13亿元，增长300%以上，一批重大信息产业项目落地建设，部分项目建成投产、发挥效益。武威湘电风能有限公司200台套2.5兆瓦风电装备制造基地等一批新能源装备项目开工建设或竣工投产，星火机床公司数控重型机床产业园等一批大型高端设备项目建设进展顺利。

【企业技术创新】紧紧围绕加快经济结构调整、转变发展方式，积极推动以企业为主体的技术创新体系建设，促进企业提高创新能力，推动产学研联合，加强新产品新技术研发，组织实施技术创新项目，促进科技成果产业化转化，取得了一定的成效。

组建产业联盟和行业技术中心，开展行业前瞻性、关键及共性技术研发，推动以企业为主体的技术创新体系建设。以甘肃盛大方舟公司为龙头组建了甘肃省生物质基材产业联盟，由兰州理工大学牵头组建了甘肃省物联网产业联盟，依托甘肃农业大学成立省乳制品行业技术中心，依托甘肃电力科学研究院成立省电力行业技术中心，以华电新能源甘肃公司成立了新能源油品检测行业技术中心。2011年，国家新认定的83户企业技术中心，甘肃省天华化工研究院、天水风动公司2家企业名列其中。新认定省级企业技术中心16家，全省60%以上的大中型企业建立了技术研发机构，总数累计129户。经申报争取，金川公司被认定为首批55户国家级技术创新示范企业之一。制定出台《甘肃省技术创新示范企业认定管理暂行办法》，认定酒钢公司、兰州生物所、天水星火公司等17户省级技术创新示范企业。

编制技术创新项目计划，在有色冶金、石油化工、机械电子、军工科技、食品医药、节能环保等重点领域，组织实施技术创新项目360多项，研发新产品新技术340多项，总投资63亿元。酒钢公司降低选矿成本技术攻关项目、双相不锈钢产品研发项目，天水星火公司超重型数控卧式车床项目、数控曲轴车床项目等达到国内领先水平。长城电工、华天电子、天水锻压等3户企业被国家列入提高创新能力项目计划，华羚乳业公司被国家列入重大科技成果转化项目计划。利用省级技术创新专项资金支持了47个企业技术创新团队建设项目，促进了风力发电变桨电机、蓄热式热氧化器、秸秆变性纤维素、中药过热蒸汽瞬时灭菌成套设备等46项新产品新技术研发和推广应用项目。完成省级新产品新技术鉴定150项。评选公布了50项2010年省级鉴定的优秀新技术新产品。大力推进产学研联合，征集筛选并汇编有关高校和科研院所的30多项科技成果及80多户企业的110多项技术难题，组织召开产学研合作会，广泛深入开展对接。在土壤污染治理、多金属矿找矿、物联网产业园建设、铝锭连铸、果蔬绿色干燥、沙漠化治理，甘草种植加工、功能微生物开发等领域达成了10多项合作项目。

制定《推进产品质量振兴工作实施方案》，对工业和信息化领域的质量振兴工作做出安排，制定实施步骤，采取有效措施扎实推进。按照工信部的安排部署，筛选佛慈药业、奇正集团、独一味制药、陇神戎发、庄园乳业、祁连葡萄酒业、甘肃陇萃堂等7户企业开展品牌培育试点工作，指导企业提高品牌培育的科学化水平，建立品牌培育管理体系，提高企业品牌培育能力和绩效。组织开展企业质量承诺活动，兰州电机、陇星集团、天水长开、天水华天、天水星火、西北永新等6户企业参与《中国工业企业全球质量承诺倡议书》活动，引导企业增强质量责任意识，承诺并履行质量责任。

【循环经济发展】加快规划、制度建设，分类、有序、稳妥推进规划落实。审核并批复了定西市等市州循环经济发展规划和嘉峪关工业园区、合作市循环经济产业园区、临洮县中铺循环经济产业园等园区发展规划及太西煤集团民勤实业有限公司等企业循环经济规划。完成了“加快循环经济七大基地、示范市、试点（示范）工业园区、试点（示范）企业、产业链建设、项目建设等6个指导意见和《循环经济示范市（区、县）标准》等的编制和征求意见工作。协调落实国家首批园区循环化改造试点，全面启动金昌经济技术开发区、白银高新技术产业开发区、陇西经济开发区、华亭工业园区、武威黄羊工业园区循环化改造工作，国家支持的第一批资金3亿元已下拨至省财政厅。打造循环经济载体，确定7个市（区）、40个园区、116户企业作为全省循环经济试点，开工建设了一批循环经济项目。有色与精细化工循环经济产业链、风电设备制造产业链、特色农副产品—农业废弃物循环经济产业链等各具特色的循环经济产业链初步形成。启动了平（凉）庆（阳）煤电化工—石油化工循环经济基地、金昌有色金属新材料循环经济基地的建设工作和华亭县安口镇循环经济示范镇、西脉科技循环经济产业示范园区的创建工作。通过信息化和工业化融合，大力发展循环经济。按照“制度标准化、标准表单化、表单电子化”的要求，重点建设了金川公司、酒钢公司、白银公司工业企业能源管理中心项目，初步形成了支撑企业循环经济发展的管控一体化信息平台体系。通过典型试点示范，在全省已经形成了一批不同领域、不同层次的循环经济发展模式，包括区域发展循环经济的金昌模式、园区发展循环经济的天水高新农业模式、工业企业发展循环经济的白银公司模式、农副产品加工企业发展循环经济的张掖有年模式、节水型工农业复合循环经济的定西模式、垃圾发电资源再生利用的兰州模式。制定了全省推进循环经济试点示范企业的具体实施方案和分年度工作计划，公布了116 户全省循环经济试点示范企业名单，提出了在每一个市建设一个循环经济示范园区，1～2 户循环经济示范企业的工作计划。全省资源综合利用企业已达 115 户，综合利用各类废渣850 万吨，实现产值 42 亿元，享受税收减免 3.2 亿元。全省循环经济试点示范园区和企业培育步伐加快。

制定下发了《关于加强自愿性清洁生产审核管理工作的通知》，规范了清洁生产审核申报程序，起草了《甘肃省清洁生产审核验收暂行办法》。按照省政府统一安排，分别完成了对全省 14 个市州和 15 户千家企业 2010 年及“十一五”节能目标完成情况的考核评价，并在甘肃日报公示。对同时完成 2010 年及“十一五”节能降耗目标任务的 9 个市州和 7 户千家企业，给予了表彰奖励。组织召开了由省发改委、省工信委、省环保厅、省统计局领导参加的省节能减排办公室主任会议，分析全省节能减排形势。省应对气候变化及节能减排领导小组召开了第一次会议，省长刘伟平到会作重要讲话，省委常委、副省长石军主持会议，研究完成节能减排目标任务的对策措施。制定了“十二五”14 个市州工业节能指标和 48 户年耗能 10 万吨标准煤及以上重点用能企业产品单耗指标以及分年度节能目标任务。补充、修正 14 个市州和年耗能 10 万吨标准煤及以上重点耗能企业节能目标任务和考核内容。确定重点用能企业监控和月报统计范围，由“十一五”期间的年耗能 18 万吨以上的 15 户千家企业，扩大到 48 户年耗能 10 万吨标准煤及以上重点耗能企业；将月报统计上报范围由 163 户年耗能 1 万吨标准煤及以上企业，扩大到 294 户年耗能 5000 吨标准煤及以上企业。会同省财政厅，对 2010 年和 2011 年列入淘汰落后产能计划的 171 户企业的生产工艺、技术、设备、生产线，进行逐户实地核查。利用中央专项 1.78 亿元支持淘汰落后产能 249 万吨、制革120 万标张，关闭小企业 102 户，完成50 个重点固定资产投资项目节能评估报告审查。汇总形成了全省“十二五”淘汰落后产能计划。“十二五”期间全省共计划淘汰落后产能 870 万吨，折合约 750 万吨标准煤。

【信息化建设】加大数字社区、企业、城市、农村建设的力度，推进全省工程建设领域项目信息公开和诚信体系建设。推进信息化基础设施建设，中国电信、移动、联通三大运营商完成投资 50 亿元，统筹推进天水、白银、嘉峪关等“数字城市”建设。启动“千家数字企业”活动，支持“三维数字社区”综合信息管理系统成果的推广应用。统筹推进全省工程建设领域项目信息公开和诚信体系建设工作。全面启动省、市、县三级政府及其部门信息共享平台建设。

全年安排信息化专项 46 项，项目总投资 8.2 亿元，补助资金 1460 万元，预期新增产值 8.3 亿元，新增税收 0.59 亿元，新增利润 1.95 亿元。其中：企业信息化项目 21 项，总投资 4.17 亿元，预期新增产值 7.03 亿元，新增税收0.47 亿元，新增利润 1.729 亿元；社会信息化项目 18 项，总投资 3.07 亿元，预期新增产值 0.92 亿元，新增税收0.12 亿元，新增利润 0.16 亿元；农村信息化项目 7 项，总投资 0.97 亿元，预期新增产值 0.36 亿元，新增税收0.02 亿元，新增利润 0.07。

【中小企业发展】全省共有工业中小企业 66605 户(含个体工业企业)，从业人员 83.95 万人。其中：规模以上34.76 万人，规模以下 49.19 万人。累计完成工业增加值 853.6 亿元，比上年增长 31.3%。其中：规模以上完成692.42 亿元，增长 20.34%；规模以下完成 161.18 亿元，增长 43.39%。规模以上工业中小企业实现主营业务收入1970.18 亿元，增长 32.64%；实现利润101.86 亿元，增长 15.5%；上缴税金136.19 亿元，增长 20.07%。全省工业中小企业保持了平稳的发展态势。

完善政策体系，优化发展环境，编印了《中小企业政策法规汇编》，并印发全省，政策执行力度进一步加大，特别是在减轻企业负担，落实企业阶段性缓缴社会保险等方面取得积极进展。代拟了《甘肃省人民政府关于促进小型微型企业发展的指导意见》和《甘肃省人民政府关于促进非公有制经济发展意见》，代拟了《甘肃省人民政府关于加快生产性服务业发展的意见》。制定了《甘肃省中小企业公共服务示范平台认定和管理暂行办法》以及《考核细则》，全省各类服务机构共181 家，累计认定省级公共服务平台34 家，内容和功能涵盖创业孵化、技术推广与专利支持、信息化应用等多方面。初步形成了覆盖省、市、县三级的公共服务网络。建立健全运行监测体系。工信部选定甘肃省 358 户重点监测中小企业，定期向国家报送数据，全省相应建立中小企业经济运行监测体系，实现对全省中小企业的综合情况、专项情况、倾向性问题和主要经济指标数据定期收集、汇总分析，并按季度发布甘肃省工业中小企业运行监测和景气分析指数。建立了甘肃省中小企业项目库管理系统，入库企业 1150 户，项目 217 个。着力解决中小企业融资难问题，会同国家开发银行甘肃分行启动“银政投”融资工作，全年可为 24 户企业放贷 4.97 亿元。开展白银、酒泉、金昌、天水等园区投融资平台试点，推进中小企业集合票据发行。全省获得许可证的担保机构达到 215 家，全年融资担保额达到 113 亿元，比上年增长 60%以上。

【国防科技工业】加强武器装备科研生产保障，军工安全保密保障等制度建设，完善项目前期组织推进机制。强化核安全管理工作，确保全省核设施安全运行。协调做好国家探月工程在甘外场试验服务保障任务，认真做好禁止化学武器监控工作。加强信息安全保密和国防信息动员工作，确保军工经济平稳运行。围绕国家政策调整和大项目建设，组织和协助各军工集团、军工电子和民口配套、科研院所论证、筛选、上报争取项目，使一大批项目落实到位。认真落实国务院、中央军委《关于建立和完善军民结合寓军于民武器装备科研生产体系的若干意见》，积极完善军民结合、寓军于民的武器装备科研生产体系建设，加大军民产业融合式发展的工作力度，提升军工企业核心能力。编制《军民结合产业园区总体规划》，统筹推进一批军工重大项目建设。建立和完善了军民科技资源共享互动体系，重点支持科研院所、大型企业建立军民两用技术开发中心；支持军工单位、民口单位和大专院校共建重点实验室。全力推动国防科技工业转型发展，各军工和配套单位结合国家政策机遇，加快产业政策的调整力度，通过引进新技术、开发研制新产品、创新管理手段等，全面提升企业竞争实力，向高技术、高附加值的产品要效益。

石化工业

【行业基本情况】2011 年全省石化行业规模以上企业 159 户，比上年下降 34.29%；资产总计 707.75 亿元，增长 11.88%；全部从业人员 113909 人，增长 3.23%。完成工业总产值 1511.97 亿元，增长 30.02%，占全省工业总产值的 24.40%；完成工业销售产值 1485.86 亿元，增长 31.50%；完成工业增加值 560.07 亿元，增长 39.93%，占全省工业增加值的 31%；利润总额 52.83 亿元，下降 28.05%；利税总额 256.54 亿元，增长 4.37%；企业用电量 1015848 万千瓦时，增长 4.03%。

【产品产量】重点跟踪的 26 种（类）产品产量中，比上年增长的产品有 17 种（类），占 65%。其中：天然原油 502.66 万吨，增长 14.64%；原油加工量 1613.52 万吨，增长 16.11%；汽油 398.59 万吨，增长 36.93%；柴油 736.01 万吨，增长 18.90%；盐酸 20.04 万吨，增长 16.10%；纯碱 18.97 万吨，增长 38.93%；精甲醇 15.78 万吨，增长 212.47%；聚丙烯酸酯 46.65 万吨，增长 15.01%；聚氯乙烯树脂 10.38 万吨，增长 41.80%；TDI（甲苯二异氰酸酯）13.18 万吨，增长 34.48%；硫酸 258.71 万吨，增长 6.42%；烧碱 24.75 万吨，增长 7.18%；电石 102.09 万吨，增长 3.26%；浓硝酸 11.48 万吨，增长 4.45 万吨；化学农药 1403.76 吨，增长 6.93%；初级形态塑料 128.75 万吨，增长 7.47%；涂料 1.73 万吨，增长 2.94%。比上年下降幅度在 5%以上的产品有 3 种（类），占 12%。（其中：化肥总量 61.86 万吨，下降 8.80%；合成纤维聚合物 0.72 万吨，下降 45.86%；纯苯 13.36 万吨，下降 20.09%。比上年下降幅度在 3%以下产品有 6 种（类），占 23%。其中：煤油 31.65 万吨，下降 1.92%；电石 102.09 万吨，下降 3.26%；乙烯 69.38 万吨，下降 2.13%；合成氨 73.33 万吨，下降 1.02%；合成橡胶 18.38 万吨，下降 1.39%；合成纤维单体 2.38 万吨，下降 0.83%。

【龙头企业】2010 年甘肃省石化行业 21 户企业入围《甘肃工业 100 强》，其中：全省 100 亿元以上企业 7 户，石化企业 3 户，占 42.85%；100 亿元以下 10 亿元以上企业 35 户，石化企业 8 户，占 22.85%；10 亿元以下 3 亿元以上企业 58 户，石化企业 10 户，占 17.24%。

2011 年，在甘肃省政府确定的 23 户重点工业企业中，石化企业有 6 户。6 户重点石化企业年产值合计为 1059.15 亿元，占全省石化行业产值的 70%。6 户重点石化企业不仅在全行业占有重要的地位，也在全省工业经济总量中承担着举足轻重的作用。

【存在问题】一是 2011 年全省石化行业总的经济形势为低开高走。1～4 月份经济运行呈现低位走势，5 月份以来在高位运行，10 月份以后由于市场环境恶化和价格大幅下降，全行业增速环比持续出现下滑趋势。

二是国际原油价格持续高位震荡，导致成品油价格倒挂，炼油板块亏损严重，下游化工产品市场走弱，价格呈现下行走势。

三是全行业盈利能力显著下降。

【行业运行走势预测】2012 年是实施“十二五”规划承上启下的重要一年，是国际经济形势不确定性因素增加，市场环境更加复杂是的一年，工业经济环境明显趋紧，行业经济下行压力加大，对行业经济运行的影响将进一步显现。

2012 年全省石化行业经济将继续保持平稳增长的势头，但增长幅度比 2011 年有所放缓，总体走势趋于平缓。要密切关注石化行业经济运行环境发生的新变化，工业产值环比下降的趋势在继续，可能会延续到 2012 年。预计 2012 年全省石化行业经济运行将呈现继续平稳增长的走势，但增长幅度将比 2011 年有所放缓。

一是原油价格高位运行，原油资源逐步趋紧。

二是石化产品价格普遍下降，资金成本不断攀升，高端石化产品缺乏，经济运行下行压力加大。

三是生产成本上升较快，能源原材料价格高位波动，物流成本继续增加，煤电运等要素供应偏紧，这些问题都将对行业经济运行产生不利影响。

四是重点产品产量增加不多，全省石化行业“十一五”新建项目产能在 2011 年前基本释放完毕，而“十二五”新建项目还未形成新的产能。所以，2012 年全行业重点产品总量较 2011 年增长的幅度有限，完成省政府下达全年工业目标任务面临很大的压力。

冶金有色工业

【产品产量】随着酒钢140万吨炼铁高炉、金川公司20万吨电解铜、白银公司10万吨电解铜、连铝38.5万吨电解铝、东兴铝业25万吨电解铝等一批基建技改项目陆续投产，甘肃冶金有色工业得到进一步发展壮大，钢铁和有色金属产量创出新高。2011年，全行业钢产量达到1021.56万吨，名列全国第20位，比上年增长19.24%；钢材产量达到1049.66万吨，居全国第21位，比上年增长16.02%（含酒钢山西翼钢）。酒钢产量大幅增长，成为西北首家钢产量突破千万吨的钢铁企业，标志着酒钢已站在跨越式发展的新起点。全行业生产铁合金129.25万吨，名列全国第9位，增长8.17%；生产碳素制品90.27万吨，增长14.43%。生产十种有色金属220.83万吨，名列全国第6位，增长15.26%。其中：铜65.34万吨，名列全国第3位，增长36.72%；铝117.32万吨，名列全国第5位，增长12.17%；铅1.91万吨，名列全国第19位，下降24.79%；锌23.02万吨，名列全国第9位，下降2.08%；镍13.05万吨，全国第1位，增长0.51%。生产稀土2.53万吨，增长13.61%；生产硫酸265.97万吨，增长7.68%；盐酸25.06万吨，增长20.01%。2011年全省黄金产量达14.62吨，比上年增加2.6吨，再创历史新高，名列全国第8位。

甘肃省冶金有色企业面向市场面向未来加快产品结构调整的步伐，产品深加工能力进一步增强，新材料产业向纵深推进。酒钢继续加大产品结构调整力度，努力生产附加值较高的产品，使碳钢冷轧材产量达到82.4万吨，较上年增加6.6万吨；生产不锈钢材103万吨，较上年增长29.2%。腾达西铁公司通过自主创新，加大了铝、碳、硫、磷、钙等杂质元素含量极低的硅铁和硅铬合金产品的生产量，成功开发生产出镍铁和镁系产品。金川公司积极发展战略性新兴产业，已成功进入二次电池、动力电池、太阳能集热器及真空镀膜等新产业领域，新产品销售收入已占公司销售总额的20%以上。甘肃稀土公司努力做强做大稀土抛光粉、稀土贮氢合金粉、稀土金属、稀土永磁材料以及氯碱化工等五大类产品，有所选择地发展稀土功能材料和应用材料，经济技术指标创历史最好水平。中铝西北铝加工分公司优先安排高附加值产品的生产，挤压材工业型材和厚壁管材均创月产量新纪录。2011年，全省生产有色金属加工材24.14万吨，比上年增长11.94%。其中铜材13.23万吨，比上年增长26.86%。

【经济指标】2011年，全行业完成工业增加值477.02亿元，比上年增长51.84%；完成出口交货值39.52亿元，增长66.59%；全行业产销率达98.53%，比上年提高0.65个百分点；实现营业收入2829.9亿元，增长33.77%。金川公司全年营业收入超过1200亿元，成为甘肃省首家营业收入过千亿元的企业，荣获全国工业领域的最高奖项“中国工业大奖”。全行业全年实现利税135.53亿元，增长31.57%。其中利润98.81亿元，增长54.47%。白银公司面对严峻市场形势，超前分析、超前决策、超前应对，实现净利润6.6亿元，增长20%，巩固和发展了生产经营向好的势头。

【企业管理】面对严峻的生产经营形势，各企业不等不靠，积极应对。中铝兰州分公司、连城分公司、西北铝加工分公司和华鹭铝业公司对总部下达的绩效指标层层分解，对安全生产、环境卫生、设备管理、物料摆放、工艺纪律等进行集中检查整治，有效增强了对生产的促进和控制。酒钢加强购产运销等各环节的衔接，在全国钢铁产能严重过剩的情况下使产销率达到100%。公司继续压缩销售半径，使省内和西北地区的销量分别较上年增长17.4%和20.7%。白银公司充分利用国际与国内两个市场，运用现货与期货两种手段规避风险，全年销售产品价比市场平均价高出6%，利用人民币升值获利近1亿元。方大碳素面对严酷的竞争市场，认真分析，沉着应对，提出了重点区域开发战略和差异化市场营销模式的思路，奋力开拓国际市场，使石墨电极全年外销量较2010年提高10%以上，连续3年位居全国石墨电极出口量第1名，创公司石墨电极出口新纪录。东兴铝业公司认真分析研究政策，加强与政府部门、金融部门、电力部门等的沟通协调，累计争取各项政策补助资金3440万元，争取返还土地出让金3284万元。

【项目建设】固定资产投资逐步向西部地区转移，向拥有资源和能源的优势企业倾斜，为甘肃省冶金有色行业项目建设提供了历史性的机遇。各企业充分发挥比较优势，着力建设了一批在国内外有较强市场竞争力的大项目和好项目。酒钢100万吨棒材生产线技术改造项目、榆钢支持灾后重建项目、宏电铁合金公司二期10万吨高碳铬铁项目正在扎实向前推进，携东兴铝业建设的酒嘉风电基地载能特色铝合金节能技术改造项目一期一系列45万吨工程已于2011年底通电投产。金川公司全年完成项目投资45亿元，铜系统改造工程、1万吨钴产品扩能技术改造、5000吨羰基铁粉工程等按期投产，特别是三年累计投资24亿元实施的“碧水蓝天工程”的全面竣工，使金昌地区环境质量明显改善。白银公司建设的厂坝矿和新疆索矿150万吨扩能工程、铅锌厂新焙烧炉项目实现达产达标，20万吨高纯阴极铜项目、第三冶炼厂循环经济综合利用项目等已建成投产。华鹭铝业公司依托现有资产进行节能环保改造，新增电解铝产能7万吨，从而使公司总产能达到23万吨，并可使吨铝制造成本降低400元以上。

【技术进步】甘肃省冶金有色行

业把技术创新作为转变发展方式的重要一环，加大对科技创新的人力物力和财力投入，使一批制约全行业发展的关键技术有了重大进展。金川公司以企业为主体，产学研协同攻关，掌握了镍钴熔炼新技术、羰基法冶金技术、高镍锍直接加压浸出法生产电积镍技术、全氯化介质电积钴生产技术、从精炼废料中提取稀有贵金属等一大批具有世界领先水平的核心技术，公司完成的“高应力破碎条件下大型金属矿床开采关键技术及应用”项目获省科技进步一等奖。酒钢与长沙矿冶研究院等单位联合完成的“国产铁精矿提铁降硅（杂）的系统研究与实践”项目，经济效益和社会效益都十分明显，获得国家科技进步二等奖。公司组织完成的“大型焦炉干熄焦技术国产化开发”项目，使大型焦炉主要设备国产化率达到 97%，在回收热能发电、节约新水和提高焦炭质量等方面效果显著，已累计增加利税近亿元。中铝西北铝加工分公司等单位完成的“大型复杂截面铝合金型材反向挤压生产关键技术研究”，优化了大型复杂截面铝合金反向挤压工艺方案，取得了独创性的研究成果，获省科技进步一等奖。中铝兰州分公司等单位研发的“低品质原料生产预焙阳极及在线监控技术研发与应用”，通过中国有色金属工业协会鉴定，达到国际先进水平。

【节能减排】酒钢 3#高炉鼓风机新型节能技改工程、华鹭铝业碳素系统节能环保技改工程、金昌铁业高炉煤气发电机组项目、腾达西铁公司烟气余热发电机组项目已竣工投产。白银公司铜冶炼污染治理粗炼、精炼、锌冶炼资源综合利用及铜冶炼渣治理等工程项目、金川公司铜渣选矿工程、6 万吨镍改造项目等正在加紧组织施工。东兴公司积极履行社会责任，关停兰州、陇西两地 85KA 生产系列，淘汰了全部 7 万吨落后产能。中铝兰州分公司组织实施了 200KA 电解铝系列净化中仓改造项目、碳素焙烧烟气净化改造等专项治理，取得了显著成效。金川公司瞄准国际先进技术大力发展循环经济，继续加快贫矿、冶炼渣、尾矿等资源的开发和再利用，已成为世界上极少数能够将多种有价金属在同一工厂内实现分离提纯的企业，矿石中伴生的 21 种有价元素已有 16 种得到提取利用。全行业把节能减排和发展循环经济作为提高经济效益的重要一环，作为企业履行社会责任的重要抓手真抓实干，各项节能减排指标有了新的进步。

【资源开发】白银公司成功控股收购南非第一黄金公司，中方联合体占股权达 87%，新增黄金资源金属量 675 吨。厂坝矿区完成资源整合，新公司正式运营，形成采选 180 万吨、锌冶炼 8.5 万吨的生产能力。酒钢相继启动了镜铁山矿周边资源整合与自有矿山的扩能改造工程，进行了新疆哈密大南湖煤田、平凉崇信赤城南煤田、灵台县独店乡勘查区煤炭资源、西藏墨竹工卡县哈海岗钨钼多金属矿等地质勘查工作。金川公司借助资本市场稳步推进矿产资源兼并收购，完成了南非思威铂业控股收购并开始主导项目运营，全面收购了加拿大大陆矿业公司，引入紫金矿业参股合作开发西藏谢通门雄村铜矿有了突破性进展，资源掌控能力大大增强。

【存在问题】在充分肯定全省冶金有色行业取得成绩的同时，必须清醒地看到影响全行业科学发展的困难和矛盾。除资源短缺、产品结构不合理、环境压力大、节能减排任务重这些需要长期努力才能解决的问题外，还有一些问题对全行业当前生产经营影响比较大。一是生产成本上升特别是电价上升的压力仍然比较大。2011 年，甘肃省两次调整工业电价。电解铝、铁合金工业电价每千瓦时接近 0.45 元，使硅铁每吨成本增加 200 元，铝锭每吨成本增加 260 元。二是产品价格出现较大波动，从 9 月下旬开始，钢材和部分有色金属产品跌幅较大，对企业利润影响很大。到年底，ϕ 6.5mm 高线每吨比 3 季度末低 546 元；硅铁每吨低 800 元，下跌 11.03%；电解铜每吨低 2600 元，下跌 14.53%；铝锭每吨低 1060 元，下跌 9.65%；电解镍每吨低 9650 元，下跌 17.80%。

面对生产经营中存在的这些问题，全行业正在采取有效措施，按照稳中求进这个总基调，深入贯彻落实科学发展观，加快发展方式转变，推动甘肃省冶金有色工业转型跨越发展。

（杨勇）

商　务

【概况】2011 年甘肃省社会消费品零售总额 1369.40 亿元，比上年增长 18.3%。进出口总额 87.64 亿美元，比上年增长 19%。其中，出口总额 21.85 亿美元，比上年增长 33%，进口总额 65.79 美元，比上年增长 16%。全省实际引进省外资金 1238.81 亿元。完成对外承包工程和劳务合作营业额 2.97 亿美元，比上年增长 56%。实现对外投资 6.35 亿美元。执行国际多双边援助 220 万美元。

【市场体系建设】“万村千乡市场工程”取得新成效。2011 年省政府为民办实事规划中要求全省建设“万村千乡”连锁农家店 2000 个，改造提升乡镇直营店或示范店 200 个，商品配送中心 40 个。2011 年甘肃省实际建成连锁农家店 3100 个，完成率 155%；建成乡镇直营店和示范店 500 个，完成率 250%，竣工商品配送中心 72 个，完成率 180%。全年项目建设总投资约 6 亿元，其中农家店和乡镇直营店投资约 2.6 亿元，商品配送中心投资约 3.4 亿元。申请到国家和省财政补助资金 0.92 亿元，带动实施企业投入资金 5 亿多元。带动农村就业 8000 多人，拉动农村消费约 15 亿元。

报废汽车和二手车行业管理工作有了新活力。根据《甘肃省报废汽车回收拆解行业十二五发展规划》的要求，不断推动报废汽车回收拆解企业的升级改造工作。省报废汽车回收公司、甘肃金回物资再生公司的报废汽车回收拆解车间均按照《技术规范》的要求，进行了改造，规范了报废车辆登记、预处理、存储、拆解等作业流程，提高了企业技术水平和资源利用率。在继续做好二手车行业管理和鉴定评估机构的审批、换证工作的同时，二手车市场升级改造取得突破性进展，首次被列为全国二手车市场升级改造试点省份。遴选了 3 户基础条件较好、有代表性的二手车交易市场，严格按照商务部的升级改造规范要求完成了改造试点。

典当和拍卖行业工作迈上新台阶。全省共有典当行 105 户，较 2010 年底增加了 22 户（新增 24 户，撤销 2 户）；注册资金本 101048 万元，发生业务 46918 笔，典当总额 237851.81 万元，上缴税金 2701 万元，从业人员 683 人。全省已设立拍卖行 57 户，其中 AAA 级企业 2 户，A 级企业 7 户；注册资本金达到 15829 万元人民币；拍卖师 82 人，从业人员 428 人；拍卖成交额 611469.6 万元，拍卖场次 409 场，上缴税金 3130.6 万元。

【城市社区网点建设】县乡集贸市场标准化改造工程取得新进展。2011 年，针对全省农村集贸市场建设滞后，公路沿线占道经营、以路为市等问题，安排全省各市州共建设改造县乡集贸市场 30 个，其中蔬菜市场 6 个。目前，项目建设已全部完成，根据各市州申报情况，与省财政厅组成联合验收组对项目建设情况进行了复检验收，确定 30 个县乡集贸市场标准化建设改造项目进行扶持，带动社会投资达 3.5 亿元。

农产品流通体系建设有了新抓手。为积极发展农产品现代流通方式，减少农产品流通环节，降低流通成本，推行鲜活农产品“超市+基地”供应链模式，引导大型连锁超市与鲜活农产品产地和农民专业合作社直接对接，培育壮大农产品流通企业与自主品牌，保障城乡居民商品供应和食品安全，促进农民持续增收，扩大农村消费，加快农业和农村经济发展。2011 年，使用商务发展资金 400 万元，在兰州、天水、白银和酒泉四个市州开展了农超对接试点工作。4 个试点城市实施企业总投资约 1500 多万元，建设蔬菜冷链设施及配送中心 4 个，购置配送车辆 64 辆，配置蔬菜快速检测室 4 个，实现蔬菜直采直销约 50000 多吨，与 100 多家农民合作社签订了购销协议，带动社会就业 200 多人，直接或间接带动农民增收 1000 多万元。

再生资源项目建设取得新突破。兰州市已完成标准化社区回收网点 430 个，配备流动回收三轮车 450 辆、厢式大型专用运输货车 21 辆、电子显示屏 430 个、垃圾分类箱 2230 个，使社区回收网络得到了有效整合。提升改造了甘肃西部废金属专业市场，全面改造了市场场区道路，更新了基础设施，加强了市场软、硬件建设，着力打造服务兰州，辐射西北的再生资源集散中心。建成的兰州艺祥废塑料分拣加工中心，年处理废塑料已达 1.5 万吨。新建兰州泓翼废电子产品拆解加工中心，年处理量废旧家电 26000 台；塑料机壳粉碎生产线，年处理塑料 1500 吨；废电线剥离破碎生产线，年处理量 1500 吨；年处理废旧电视机 90000 台。

【家电下乡活动】家电下乡工作取得新实效。根据全国家电下乡信息管理系统数据显示，2009 年 2 月 1 日截止 2011 年 12 月 31 日，全省共销售家电下乡产品 262.08 万台（部），实现销售金额 557477.59 万元；补贴产品 230.58 万台（部），补贴资金 60114.31 万元。2011 年 1 月 1 日至 2011 年 12 月 31 日全省共销售家电下乡产品 103.90 万台（部），实现销售金额 246873.28 万元；补贴产品 87.28 万台（部），补贴资金 24420.32 万元。比 2010 年销售量下降 12.56%，销售额下降 0.69%，补贴量下降 21.90%，补贴额下降 14.85%。

【市场调控】市场运行平稳，销售额稳定增长。全年完成社会消费品零售总额 1648 亿元，比上年增长 18.2%。2011 年，省政府首次将社会消费品零售总额纳入对各市州政府的考核指标体系。出台了《扩大消费的实施意见》，促进消费市场平稳健康运行。一方面，综合运用信息引导、储备调节、产销衔接、加强监管等手段，平抑市场波动；另一方面，加强农产品流通体系建设，提高效率，减少环节，降低成本，促进物价稳定。省级储备肉规模由原来的 2000 吨增加到 4000 吨。有 13 个市州建立起了冬季蔬菜储备制度，3 个市州建立起了市级储备肉制度。国庆期间在兰州市集中投放了 1100 吨省级储备肉，每斤低于市场价 5 元左右。春节期间全省投放蔬菜储备 10 余种、56985 吨，兰州市投放蔬菜储备资金 1000 万元，各类蔬菜 9000 吨，使萝卜、白菜、土豆的销售价格均控制在五角钱左右，不仅使节假日市场供应充裕、品种丰富，而且有效地平抑了市场物价。市场运行的主要特点：一是乡村市场销售增长明显快于城镇；二是节假日消费助推消费品市场较快增长；三是受家电下乡和家电以旧换新优惠政策作用，家用电器类商品持续旺销；四是消费热点集中在金银珠宝、家用电器和音像器材、针纺织品、化妆品及日用品等大类商品上；五是猪肉和部分生活必需品价格涨幅较大。

【规范市场经营秩序】2011 年在开展打击侵权假冒专项行动的 9 个月时间里，全省共出动执法人员 8.7 万人次，检查经营主体 20.2 万户（次），检查批发零售、集贸等各类市场 1.1 万个，整治重点区域 3671 处，捣毁制假售假窝点 152 个，依法查处侵犯知识产权和制售假冒伪劣商品案件587件。集中销毁了一批侵权盗版和非法出版物、假冒伪劣种子、烟酒、日用品、药品等商品。全省公安机关立专案86起，侦破84起，案值5328.2万元，抓获犯罪嫌疑人146人。检察机关批捕案件22起，批捕涉案嫌疑人33人，审查起诉案件13起，审查起诉案件涉案嫌疑人18人。省法院判决案件2起，判决2人。通过开展专项行动，全省生产和流通领域侵犯知识产权和制售假冒伪劣行为明显减少，打击侵犯知识产权的高压态势基本形成，企业诚信守法经营的意识明显增强，消费者识假辨假的能力明显提高，行政执法与刑事司法的衔接机制更加紧密，执法能力得到加强，执法效能得到提升，社会各界重视知识产权保护、自觉抵制假冒伪劣商品的良好氛围初步形成，保护知识产权的长效机制逐步健全完善。2011年7月，国务院专项行动第四督查组对甘肃省打击侵犯知识产权和制售假冒伪劣商品专项行动开展情况进行了督查。督查组充分肯定了甘肃专项行动工作，认为甘肃省政府按照国务院的统一部署，全面开展打击侵犯知识产权和制售假冒伪劣商品专项行动，各项工作进展良好，取得了明显的成效。

【对外贸易】2011年，全省外贸进出口总额87.64亿美元，比上年增长19%。向商务部申请出口配额稀土1435吨、白银89吨、氧化锑989吨、活牛980头、玉米种子210吨；为13户铁合金企业申报出口资质并通过商务部核准。输欧纺织品产地证签发5份，9060件，45929美元，进口铜、铁矿石、燃料油、羊毛和毛条共发证703份，发证金额21.36亿美元，出口镍、钴、柠檬酸共发证1620份，发证金额6亿美元。加工贸易审批68笔，审批进口金额14.16亿美元，出口金额19.11亿美元，主要商品是铜精矿、钴湿法中间品、集成电路、甘草等。

【招商引资】2011年全省招商引资工作贯彻落实省委省政府“中心带动、两翼齐飞、组团发展、整体推进”的区域发展战略取得明显成效。共执行招商引资项目2170个，投资总额5026.53亿元，实现到位资金1238.81亿元，比上年增长53.32%。吸引省外资金前六位的是兰州、酒泉、庆阳、平凉、白银、天水等市，到位资金分别为302.83亿元、203.40亿元、122.64亿元、109.20亿元、98.15亿元和82.13亿元，六市到位资金总和占全省的74.13%，对全省的带动作用明显。第十七届兰洽会于7月5日至10日举行，兰洽会活动内容丰富，展览规模大，宾客多，人气旺，区域发展的吸引力明显增强。邀请和接待了省外、境外代表团组共168个，参会宾客2万多人。全国政协副主席王志珍、津巴布韦副总统恩科莫出席了本届兰洽会，中国工程院院长周济一行10位工程院院士，17个部委和25个兄弟省市区、计划单列市代表团，24位省部级领导参会。本届兰洽会招商项目的前期准备工作扎实，对招商项目层层筛选，严格把关审查，经省发改委、省经合局等部门审核，从中挑选出了签约条件成熟，并符合“三个必须条件”（必须是符合产业政策的项目、必须是省外合作项目、必须是未签约过的合同项目）的522个项目，在本届兰洽会上正式签约，合同项目金额1822.38亿元，其中引进省外资金1648.38亿元，比上届增长39.18%。参加省外展会取得新成果。组团参加了第十五届中国东西部合作与投资贸易洽谈会（简称“西洽会”），在会期举行了“甘肃省投资环境暨招商项目说明会”，共有21个项目签约，投资总额125.75亿元，拟引资额121.69亿元。参加了第十二届西部国际博览会，西博会期间甘肃省有7个合同项目签约，投资总额12.2亿元。

【国际经济合作】2011年，全省对外承包工程合同项目44个，金额5.47亿美元，比上年增长34%；完成营业额2.97亿美元，比上年增长56%；当年工程项下派出劳务2071人次。全年批设外商投资企业28家，其中合资企业19家、合作企业2家、外商独资企业7家。合同外资额26722万美元，比上年增长40.53%，实际使用外资7024万美元，比上年下降48.05%。执行对外援助工程项目2项，合同额220万美元。承担商务部、科技部2011年度援外人力资源培训班9期，为30多个国家200名相关技术人员、官员进行培训，培训规模突破往年。

烟草专卖

【综述】2011年，甘肃烟草专卖商业系统在省委、省政府和国家局的正确领导下，坚持以创新发展为主题，围绕“十二五”总体思路和奋斗目标，突出营销抓提升、烟叶保稳定、队伍提素质、管理求突破、税利稳增长的工作重点，扎实推进“卷烟上水平”各项工作，继续保持了持续快速发展的态势，实现了“十二五”的良好开局。

2011年，全省烟草商业系统销售卷烟423.85亿支（84.77万箱），比上年增长2.09%。其中：销售一类烟23.40亿支（4.58万箱），增长33.33%；二类烟37.53亿支（7.51万箱），增长29.34%；三类烟123.08亿支（24.62万箱），增长38.70%。全省烟草商业系统实现税利27.19亿元，增长26.03%。

【专卖管理】卷烟打假。坚持“端窝点、断源头、破网络、抓主犯”工作方针，将打假破网与市场日常监管相结合，与检察院、法院、公安及其他相关部门开展执法协作与司法衔接，通过召开联席会议、制定协作方案、开展联合整顿等方式，开展卷烟联合打假。全年查处假烟案件4071起，查获假烟656.15万支。破获具有网络性质的涉烟违法案件12起，案值百万元以上的达5起，其中兰州市局破获的“12•27”案件和天水市局破获的张某假烟网络案件被公安部、国家局列为督办案件。公安、司法机关依法刑事拘留51人，批捕32人，判刑16人。

市场监管。与省工商局、省公安厅、省质量技术监督局联合下发《关于组织开展打击假冒卷烟和规范烟草市场专项行动的通知》，对车站、货运部、宾馆、饭店等重点区域、重点场所和重要环节开展联合专项整治行动。与省工商局协调配合，重点解决“有证无照”（有烟草专卖零售许可证无工商营业执照）经营卷烟问题。在“3•15”国际消费者权益日、“12•4”全国法制宣传日等节日期间，开展烟草专卖法律法规宣传、真假烟鉴别、解答消费者咨询等活动。

【卷烟经营】品牌培育。开展培育知名品牌建功立业活动，提出“精确信息、精准策略、精细管理”的思路，分阶段实施卷烟精准营销工作，细分目标客户，实现培育目标精准定位，并将精准投放向精准策略延伸。以定西、平凉市公司为全省行业零售终端建设试点，从优化终端服务、完善终端功能、开发终端资源、提升终端形象4个方面，强化零售终端建设，增强服务客户能力。全年销售重点品牌卷烟369.35亿支（73.87万箱），比上年增长2.02%。

现代营销。建设了以市场需求分析、客户服务、品牌培育、营销调控为主线，纵向覆盖省公司、市（州）公司、营销部三个层级，横向覆盖所有服务营销业务的服务营销体系。推广以网上订货为主、电话订货为辅的新业务模式，全省零售客户网上订货占88.8%，手机订货客户超过5000户。对订单部进行调整转型，充实在线客服力量，工作重点从获取订单向开展网上客户服务转变。利用“新商盟”系统探索创新网上营销方式方法，开展品牌知识问答、陈列照片评比、节日祝福抽奖和重点品牌网上营销活动。编制了《甘肃烟草系统现代物流建设规划方案》，推广实施工商卷烟物流在途信息系统，应用车辆监控、在途查询、综合分析、物流单据管理、电子锁等功能，实现卷烟入库、储存、出库信息化管理。全年卷烟物流成本为25.33元/万支，在全国烟草行业商业企业中排第一位。

【烟叶产销】烟叶生产。全面推广漂浮育苗技术，全省漂浮育苗推广率达80%以上。庆阳市湿润育苗新技术引进示范研究取得成功。加强烟叶技术培训，举办全省烟叶分级工技能鉴定考前培训、密集烤房烘烤技术培训等。探索推广“高打脚叶、深打顶”烟叶生产措施，提高上等烟比例。全年上等烟比例达36%，同比增长17个百分点。2011年，全省种植烟叶4.1万亩，户均种烟面积10.2亩，比上年增加2亩。收购烟叶0.361万吨（7.22万担），收购均价813元/担，每担比上年增加237元。烟农户均收入为14653元，比上年增加5173元。全年烟叶收购等级合格率达到70%以上。

现代烟草农业建设。发展种植专业户，推进烟草专业合作社建设。全省10亩以上烟叶种植专业户有1638户，占总户数41%，种植面积占总面积的56%。全省共有6个烟农协会和专业合作社，入社烟农278户，种植烟叶6560亩。建成育苗工场4个，供苗能力7000亩。引导烟农成立烘烤、分级专业服务队71个，服务面积达总面积的22.3%。2011年，投入扶持资金1365.17万元，实施烟叶生产基础设施项目345个。正宁县嘉峪川引水枢纽工程完成了初步设计评审工作。

【技术创新】制定《中国烟草总公司甘肃省公司科技奖励办法》。在单位申报项目中，省局（公司）筛选出27个技术创新项目进行重点跟踪和督导，并表彰奖励了全省行业12个项目。兰州市公司“‘135’服务营销工作法”通过省科技厅成果评审。

【企业管理】把质量体系建设作为管理提升平台，通过划分目标类型，梳理、优化流程，建立由上而下、上下联动的层级式目标管理体系。把管理制度、文件、职责和过程转化为流程，增强流程在体系建设中的管控能力，提高文件执行率。加强体系队伍建设，全省系统中，超过35%的管理人员取得内审员资格。加强对标体系建设，建立对标指标数据库。突出分类指导，将对标指标与质量目标相结合，使指标体系覆盖到经营管理工作每个过程和环节。开展对标分析，对照标杆挖掘指标存在差距的原因并制定针对性措施缩小差距。与2010年相比，2011年全省系统人均卷烟劳动效率提高2.77%，人均卷烟销售收入增长18.10%，总资产贡献率提升6.79个百分点，成本费用利润率提升2.13个百分点。统一预算项目指标，建立预算定额指标体系总体框架。推进预算定额管理，加强重点费用预算控制、预算执行分析。加强国有资产管理，对7家所属单位57项闲置资产依法进行了公开拍卖处置。组织开展税收自查工作，完成了2008～2010年度税收自查工作，未出现重大涉税问题。

【内部管理监督】推进办事公开民主管理，成立全省系统推进办事公开民主管理工作领导小组，制定《关于进一步推进办事公开民主管理工作的实施意见》、《办事公开民主管理实施办法》等11项规章制度，编制涉及工程投资、物资采购、宣传促销和重大决策、重要人事任免、大额资金使用等127个方面的公开目录，建立“两项工作”3大类16项考核指标，搭建办事公开民主管理信息平台。成立全省系统“三项工作”（即工程投资、物资采购、宣传促销）管理委员会，制定管理委员会工作规则。废止不适应发展需求文件188项。搭建支持省局（公司）、市局（公司）和县（区）局（营销部）三级应用的“三项工作”综合监管平台。全年工程投资、物资采购、宣传促销项目符合公开招标条件的，公开招标率达到99.7%。

【信息化建设】编制全省系统“十二五”信息化发展规划，确立“一体化到智能化”的信息化发展路线。完成专卖、营销、办公自动化、综合监管、数据中心等不同应用系统集成整合和统一展现。升级行业卷烟生产经营数据统计应用系统、投资管理系统及审计管理系统等国家局重点工程项目。开发实施数据中心、门户网站、综合监管、一体化协同应用系统二期及身份认证系统（CA）等省局（公司）重点工程项目。开发实施人力资源、“两项工作”、“135”工作法等相关工作的软件平台。

【人力资源管理】组织开展了“一报告两评议”工作，加强干部选拔任用工作监督指导和分析评价，对14个市（州）局（公司）领导班子和63名处级干部进行了考核。开展县（区）局（营销部）班子成员作风建设轮训，80名科级干部参加培训。组织员工参加总公司举办的一线员工远程教育、通用职业技能、网络维护技术等培训。全年全省行业共组织各类培训班26期，培训员工2598人次。举办了全省系统首届营销和专卖岗位技能竞赛活动，全年开展职业技能鉴定7批次，鉴定1306人次，655人获得职业（岗位）资格证书。

【思想政治工作】以建设“四好”、“四强”领导班子、“六有”党支部和“四优”党员为主要内容，开展创先争优活动。以“戒骄、戒躁、戒庸、戒厌”为主题，开展“四戒”教育活动，增强干部员工责任意识。庆祝建党90周年，通过开展党史学习教育、读红色经典、演唱红色歌曲等多种纪念活动，加强革命信念教育和革命传统教育。推进党风廉政教育活动，开展党风廉政法规制度知识竞赛活动，为副处级以上领导干部和纪检监察人员配发《党风廉政建设文件汇编》，组织各级领导干部学习“52个不准”、“39个不得”。全年开展党风廉政专题教育21次，举办讲座、报告会10余场次。

【企业文化】充实企业文化内涵，加强安全文化、廉政文化、民主公开文化等子文化建设，细化延伸企业文化架构体系。重视企业文化宣贯，发挥内部刊物、网站、橱窗、板报、墙报等宣贯载体作用，开展文艺演出、书画展览、拓展训练、公益活动等。

旅　游

【总体情况】2011年，甘肃省旅游系统认真贯彻落实国务院41号、国办29号、省委9号文件和全省旅游发展大会精神，以科学发展为主题，以转变发展方式为主线，坚持打造“精品丝路、多彩甘肃”旅游品牌，狠抓项目建设，完善产品结构，扩大宣传促销，规范市场秩序，强化队伍建设，优化发展环境，旅游产业的规模、质量、效益进一步提升，全省旅游业呈现出蓬勃发展的良好势头，实现了“十二五”旅游业发展的良好开局。2011年，全省旅游总人数5835.6万人次，比上年增长36%；旅游总收入333.7亿元，增长40.68%。

【行业规模】2011年末，全省有旅游星级饭店337家，其中五星级3家，四星级47家，三星级159家；绿色旅游饭店38家，其中金叶级1家，银叶级37家；旅行社437家，其中出境旅游组团社11家，赴台游组团社2家；A级景区162家，其中5A级景区3家、4A级41家；中国优秀旅游城市8座；全省注册导游8535名。

【国内旅游】2011年，全省接待国内游客5826.48万人次，比上年增长35.99%；国内旅游收入332.57亿元人民币，增长40.8%；全省过夜游游客2152.42万人次，一日游游客3674.06万人次。

全省不断创新宣传促销机制，整合旅游宣传资金，统一优选宣传平台，集中举办大型节会，积极开展参展促销，形成宣传促销的聚合效应、整体效应和放大效应，“精品丝路、多彩甘肃”的品牌形象大幅提升。全年组织省内各市州旅游局、旅行商，先后参加西洽会、江西航空旅游线路推介、西安国内旅游交易会、四川国际旅游文化节、第三届宁夏文化旅游博览会、广东国际旅游博览交易会、上海国际艺术节、第八届中国—东盟博览会等活动。联合甘南州在深圳成功举办了第二届多彩甘肃•九色甘南香巴拉风情节；举办主题为“旅游，让生活更精彩”的首个“中国旅游日”大型旅游宣传推广庆典活动；举办第17届兰洽会《甘肃旅游摄影图片展》和《精品丝路多彩甘肃—甘肃旅游百景图》旅游画册首发式；通过《读者》杂志插页、邮资明信片和国内外相关旅游推介平台等渠道，向海内外游客发放总价值80亿元的“敦煌卡”旅游通票1000万张；于7月30～8月30日成功举办首届以“感知敦煌，畅游甘肃”为主题的“敦煌行•丝绸之路国际旅游节”，累计接待游客1075万人次，实现旅游综合收入64亿元。

【入境旅游】2011年，全省接待入境旅游者累计达91080人次，比上年增长29.8%；旅游外汇收入为1739.77万美元，增长17.44%。

2011年，共组织6批促销团队赴港澳、韩国、台湾举办多场甘肃旅游推介和“敦煌行•丝绸之路国际旅游节”宣传推广活动；组团参加俄罗斯国际旅游展、美国商场“体验中国”推广促销、美国中美洲旅游局长旅游对话、台湾十四届海峡联谊会、第六届台北旅展和昆明国际旅交会、北京国际会奖商贸旅游展，获得国际旅交会最佳组织奖和优秀展台奖并首次获得台北旅展的最佳组织奖；先后邀请瑞士旅行商博客团、意大利TTG旅游贸易杂志等知名媒体记者，及日、韩、美、加、法、意及台港澳地区旅行商对全省旅游进行规模化踩线考察；开通兰州至香港、兰州至济州岛旅游包机，保障两条航线的正常运营和良好的市场发育；多次更新香港地铁百幅甘肃旅游广告宣传；指导北美甘肃旅游推广中心播出甘肃旅游网页；根据市场需要，策划适销对路的线路产品，编辑翻译制作韩语和繁体中文《多彩甘肃》卡通旅游推介片。

【乡村旅游】2011 年全省积极发展乡村旅游，实施旅游富民战略。乡村旅游接待游客 1080 万人次，实现旅游收入 14 亿元。制定《甘肃省旅游示范乡镇评定标准》、《甘肃省专业旅游村评定标准》和《甘肃省农家乐服务标准等级划分与评定》。2011 年创建完成旅游村 120 个、农家乐 2445 户。敦煌市被评为全国休闲农业与乡村旅游示范县，临夏州观滩沟生态旅游经济开发有限公司、酒泉市肃州区生态农业观光园被评为全国休闲农业与乡村旅游示范点。

【红色旅游】2011 年，全省红色旅游开发坚持“保护为主，开发为辅”，按照《甘肃省红色旅游发展规划》要求认真落实各项保护措施。2011 年全省红色旅游累计接待游客 597.1 万人次，比上年增长 50.3%；红色旅游综合收入 15.8 亿元，增长 47.7%。全年围绕纪念建党 90 周年共举办红色旅游宣传促销活动 90 次，专题活动 375 次；投入红色旅游建设资金 3.46 亿元；举办各类红色旅游培训班 127 次，培训人员 7061 人次。会同省发改委将山城堡战役遗址、界石铺红军长征纪念园、两当兵变遗址、玉门油田、山丹艾黎纪念馆、舟曲泥石流灾害纪念设施、红军西路军古浪战役遗址等 7 个红色旅游景区列入全国红色旅游经典景区二期名录。

2011 年春节、十一“黄金周”及清明、五一、端午、中秋小长假，全省共接待游客 1426 万人次，实现旅游收入 76 亿元。

【行业管理】2011 年，按照新版国家星级标准评定星级饭店 20 家，检查待批星级饭店 7 家，三年期评定性复核 164 家，年度复核 145 家，星级复核率 94.79%，其中限期整改 5 家，取消星级 17 家。举办培训班 16 次，培训人数 2000 人次。各级星评委加大指导服务力度，提前介入饭店设计、建设、市场定位、装修、改造等方面的工作，给予专业性指导。修改完善《甘肃省旅游星级饭店管理办法》、《饭店星评员章程》、《甘肃省旅游星级饭店服务质量监督工作规则》、《甘肃省旅游饭店星级评定规程》等饭店规章制度。

2011 年，全省新批旅行社 56 家、注销旅行社 20 家，总数较上年增加 36 家，比上年增长了 8.98%；全省已规范设立旅行社分社 82 家，其中跨省 4 家；全省旅行社直接从业人员为 9993 人。加强对赴台旅游市场的监督检查，严肃查处了 1 家违规开展赴台旅游广告宣传行为的旅行社；调查制止 1 起单一组织机构宣传、招徕、赴台游的违规经营行为；开展对赴台游组团社合同、价格、广告宣传、委托代理、分支机构赴台游的专项检查。

召开全省导游管理工作座谈会，发布《甘肃省导游管理服务机构章程（试行）》，制定印发《甘肃省导游管理机构管理办法》。全省已成立 9 家导游服务管理机构，导游协会 2 家。全省各级旅游监管机构、质监执法机构全年加大导游执业行为检查力度，坚持在景区、机场、车站等游客集散地开展导游执业行为检查，规范导游执业行为。

【市场监管】2011 年，全省旅游市场监管以落实《旅行社条例》为重点，围绕解决旅游市场中的低价消费、挂靠承包经营、强迫或变相强迫消费等突出问题，全面开展旅游市场专项整治。组织开展多部门联合执法、旅游部门独立执法和旅游安全专项检查 178 次，立案查处重大违法违规案件 2 起，查处违规经营旅行社 13 家。实行暗访检查和退出机制，注销旅行社 20 家，取消饭店星级 17 家，对 5 家不达标的饭店限期整改。对违法违规的旅游企业和从业人员在甘肃旅游政务网上记录公示，有效规范全省旅游市场秩序。

全省旅游系统深入开展推进旅游服务质量振兴活动；各级旅游行政管理部门组织旅游企事业单位印制宣传品，深入社区开展“品质旅游伴你远行”宣传活动；大力开展游客满意度调查，在甘肃旅游政务网上公布游客满意度综合调查信息和旅游投诉处理综合信息。2011 年全省各级旅游质监所共接到旅游投诉 292 件，正式受理 267 件，且全部结案，为旅游消费者理赔金额共计 94530 元。

【旅游规划】经省政府同意，作为省政府 14 个“十二五”省级综合类重点专项规划之一的《甘肃省“十二五”旅游业发展规划》8 月 3 日正式印发实施。14 个市州的“十二五”规划在省旅游局指导下都已编制完成，其中 11 个市州已经当地政府批准印发实施。拟定《甘肃省旅游业发展“十二五”规划目标任务和重点项目计划》及《重点旅游区近期投资项目表》，作为“十二五”期间甘肃旅游规划重点工作落实的提纲性指导意见。

组织完成《甘肃省乡村旅游发展规划》、《甘肃省红色旅游发展规划》，印发实施。组织和指导《临夏州旅游业发展规划修编》、《甘南州旅游业发展规划修编》、《庆阳市红色旅游发展规划》等 20 多部规划的编制和评审。

【旅游投资】2011 年共争取国家项目资金 5100 万元。争取全国红办红色旅游总体规划编制及红色旅游培训费 50 万元。

2011 年全省旅游项目开工建设投资总额达 317.68 亿元，其中政府投资 56.22 亿元，国有企业投资 30.47 亿元，民营企业投资 166.87 亿元，个人投资 13.35 亿元，外资 23.79 亿元，银行贷款 26.98 亿元。

2011 年全省旅游行业完成建设投资总额达 76.61 亿元，其中主要旅游基础设施项目 21.29 亿元，旅游饭店项目

23.50 亿元，旅游景区项目 27.00 亿元，旅游车船项目 0.84 亿元，人力资源培训项目 0.20 亿元，旅游演出点项目 0.30 亿元，旅游购物（场所）项目 1.14 亿元。

【招商引资】积极引进国际化、集团化经营的大型企业参与旅游发展，充分利用资本市场，扩大旅游企业融资渠道，加大旅游资源开发和旅游产品建设投入。在 2011 年兰洽会和“敦煌行”国际旅游节旅游合作洽谈会上，推出了景区开发、餐饮娱乐、旅游商品、休闲体验、生态旅游、乡村旅游、民俗旅游、文化旅游、红色旅游、综合服务等 10 大类共 257 个项目，总投资 323.2 亿元。共签约项目 72 个，合同资金 136.2050 亿元。与兰州银行签订《金融支持甘肃省旅游业合作发展框架性协议书》，兰州银行将在未来三年内提供贷款授信 10 亿元，用于支持全省重点旅游项目建设、旅游星级饭店软、硬件改造提升，乡村休闲度假、农家乐等旅游业发展。

【景区建设】2011 年，全省 A 级旅游景区接待总人数 3836.2 万人次，营业收入 27.93 亿元，门票收入 3.77 亿元。

指导麦积山风景名胜区完成国家 5A 级旅游景区创建；完成省景评委组建和 52 名省级景区评定检查员聘任工作；组织召开全省景区质量等级评定委员会第一次审定会议，对 2010 年完成现场检查的 2 家申报 4A 级的景区进行初评推荐，对 13 家申报 3A 级的景区进行了会议审定。全年新评和晋级 5A 级景区 1 家，4A 级景区 2 家，3A 级景区 13 家，2A 级景区 5 家。对 2 家申报 4A 级的景区和 6 家申报 3A 级的景区进行了现场初评。

【旅游商品】成功举办 2011 年甘肃省旅游商品大赛暨展销活动，共有 91 家旅游商品生产企事业单位和 30 名旅游商品生产自然人选送了 650 多种旅游商品参展、参赛，1 万多名游客到现场参观、购物。展销活动评选出了 2011 甘肃旅游商品大赛优秀组织奖 8 名，甘肃重点旅游商品企业 10 家，甘肃优秀旅游商品设计创新二等奖 3 名、三等奖 5 名，甘肃十大名优旅游商品 10 个。

在 2011 中国国际旅游商品博览会及全国旅游商品大赛上，甘肃省参展企业在展位现场销售商品 60 多万元，签约 4000 多万元，获得博览会“优秀组织奖”和“优秀展台奖”。获得全国旅游商品大赛银奖 2 项，铜奖 1 项。

【行业精神文明建设】2011 年崆峒山风景名胜区通过“全国旅游行业标准化试点单位”创建，列入“全国宗教场所文明燃香试点单位”；完成全国“青年文明号”报备基础工作。全省 A 级旅游景区普遍推广《宗教活动场所和旅游场所燃香安全规范》、《燃香类产品安全通用技术条件》、《燃香类产品有害物质测试方法》等国家标准，收到良好效果；全省旅行社普遍开展“文明旅游”宣传活动，采取在“行前说明会”宣传，印发“文明旅游”宣传单、举办“文明旅游宣传讲座”等活动，增强游客文明旅游意识。举办了一期“旅游行风热线直播节目”。

【教育培训】实施“人才强旅”战略，编制《甘肃省旅游业“十二五”人才发展规划》，确定以人才队伍建设引领旅游业科学发展的基本方向。推动旅游高等教育、职业教育和学科建设，成立了甘肃省旅游研究院，加快了旅游紧缺人才培养。全年共培训旅游行政管理人员、导游人员、景区和饭店从业达 14070 人次。

建设 测绘

建 设

【保障性住房建设】2011 年，全省保障性安居工程开工建设 19 万套、主体竣工 11.23 万套、完成投资 182.67 亿元；新建廉租住房开工率 100%、主体完工率 100%，城市棚户区改造开工率 100%、主体完工率 60%；发放廉租住房租赁补贴 12.88 万户、36.59 万人，发放资金 1.91 亿元；落实保障性住房资金 55.82 亿元，其中争取中央补助保障性住房建设资金落实 25.76 亿元、省级配套资金落实 8.36 亿元、市州保障性住房建设资金落实 21.7 亿元；落实保障性住房建设用地 595.03 万平方米，是用地计划的 103.4%。

将“甘肃省保障性安居工程建设协调领导小组”更名为“甘肃省房地产市场调控和保障性安居工程领导小组”，并按照“提高规格、扩大内容、增加职能部门”的原则，对全省房地产市场调控和保障性安居工程建设领导小组进行了充实调整，先后召开 20 多次领导小组会议，研究政策措施，安排部署工作，加强协调调度，狠抓工作落实。11 月 1 日省长办公会决定，组建甘肃省保障性安居工程投资有限公司，作为保障性安居工程建设融资平台，以解决保障性安居工程建设资金缺口大、市州建设任务重的实际。印发了《甘肃省 2011 年保障性安居工程建设目标任务分解计划的通知》，进一步明确了工作目标，制定了工作措施，加快推进保障性住房建设。为落实 2011 年保障性安居工程建设目标责任，起草并由省政府办公厅印发了《甘肃省 2011 年保障性住房建设任务考核实施办法》，重点对 2011 年保障性安居工程建设任务完成情况、资金政策落实情况、建设用地供应情况、建设项目管理情况、保障信息建设情况进行考核打分，并以此作为约谈问责的重要依据。会同省财政厅印发了《关于切实落实保障性安居工程资金加快预算执行进度的通知》，对有效落实保障性安居工程建设资金提出了明确要求。为提高全省住房保障水平，确保保障性住房分配使用公平、资源配置高效、管理运营可持续发展，起草由省政府印发了《关于加快建立保障性住房管理运营长效机制指导意见》，从建立和完善保障性住房准入、退出、信息管理、中长期需求总量评估、运营管理、监督管理制度等六个方面，提出了指导意见。

根据《甘肃省住房保障工作考核问责暂行办法》有关规定，对全省 14 个市州 2011 年新建、历年续建保障性住房项目进行了实地检查。4 月，国务院房地产市场调控第七督查组对甘肃省贯彻落实房地产市场调控政策措施和保障性安居工程建设进展情况进行了督查。5 月至 9 月，建设部派驻甘肃省巡查组对 2011 年 407 个新建保障性安居工程建设项目和 64 个棚户区改造项目、96 个历年结转续建项目进行了全面督查。按照省政府关于保障性安居工程建设工作部署，根据《甘肃省住房保障工作考核问责暂行办法》和《甘肃省 2011 年保障性住房建设任务考核实施办法》有关规定，和省监察厅牵头，省发改委、省财政厅、省国土厅、省民政厅参加，对各市州保障性安居工程建设目标任务完成情况、房价调控以及公积金管理工作进行了检查考核。

【住房公积金管理】截至 2011 年底，全省住房公积金归集总额和余额分别为 543.59 亿元和 367.17 亿元，分别比上年增长 22.7%和 21.8%；实缴人数为 149.8 万人，占应缴职工人数 175 万人的 85.6%；个人贷款余额 132.11 亿元，比上年增加 29.41 亿元；累计向 34.2 万户职工发放 235.0 亿元个人贷款；补充廉租住房建设资金 5.18 亿元；争取到利用住房公积金支持保障性住房建设试点项目贷款 5 亿元，已发放贷款 4.2 亿元。

指导各地住房公积金管理中心、分中心编印了《住房公积金服务工作指南》，出台了相应的配套执行政策。进一步加强住房公积金廉政风险防控工作。按照建设部要求，完成了全省住房公积金行业网络系统和数据库调查，全省住房公积金行业从业人员信息统计，住房公积金管理使用，尤其是贷款发放、抵押、担保及余额资金的管理使用情况和住房公积金服务热线建设情况的调查摸底；2005 年至 2011 年期间全省住房公积金缴存率、缴存余额增长率、个人贷款比率等 14 项指标的汇总和研究分析；住房公积金各项业务发展指标的日常统计分析等工作。同兰州市政府和兰州住房公积金管理中心等单位，接受了建设部牵头组织的试点项目贷款落实情况的三次全面检查。经建设部、财政部和中国人民银行确认，将兰州一毛厂、长新电表厂、沙井驿棚户区改造项目列为兰州市住房公积金贷款支持保障性住房建设试点项目。完成了《政风行风热线》专题节目，受理群众咨询热线 55 件，件件有答复。为创新住房公积金监管措施，起草了《建立和落实住房公积金决策和管理重要事项备案制度》、《进一步加强和规范住房公积金个人贷款的通知》、《进一步建立健全内部防控体系有效防范资金风险》等。

【房地产业】2011 年，全省完成房地产开发投资 362.88 亿元，比上年增长 36.21%，其中商品住宅投资 258.06 亿元，增长 37.32%。房地产开发新开工面积 1546.59 万平方米，增长 10.79%，其中商品住宅新开工面积 1289.98 万平方米，增长 10.34%。商品房销售 815.89 万平方米，增长 7.85%，其中商品住宅销售 734.38 万平方米，增长 6.11%。

市场监管：为贯彻落实国务院办公厅《关于进一步做好房地产市场调控工作有关问题的通知》和《甘肃省人民政府关于进一步加强房地产市场调控加快保障性安居工程建设的通知》精神，在庆阳市召开了全省房产市场调控和保障性安居工程建设现场会。根据建设部和省政府要求，会同省财政厅、省法制办提出了个人住房信息化建设方案并报省政府待批。根据建设部制定下发的《国有土地上房屋征收评估办法》，指导各市州政府建立“国有土地上房屋评估机构库”，引导估价企业依法独立开展房屋评估工作。

房屋拆迁管理：起草了《甘肃省实施<国有土地上房屋征收与补偿条例>若干规定》，2011 年 11 月 4 日省政府常务会议讨论通过。认真贯彻落实国务院《关于开展征地拆迁制度规定落实情况》的督查活动精神，组织对全省范围内征地拆迁制度规定落实情况进行了全面检查。

物业管理：截至年底，全省物业管理从业人员 31848 人，物业服务企业 1157 家，服务项目 3569 个，管理面积 7217.7 万平方米。其中，住宅项目 2273 个，管理面积 4272.87 万平方米（5 万平方米以上的住宅小区 615 个，管理面积 2903.54 万平方米）；办公楼项目 866 个，管理面积 1934.08 万平方米；商品营业用房项目 320 个，管理面积 752.82 万平方米；工业仓储用房项目 105 个，管理面积 194.85 万平方米；其它项目 5 个，管理面积 63.08 万平方米。

【城乡规划】规划编制与实施：舟曲灾后重建规划统筹实施工作。组织编制了《舟曲灾后重建城镇规划》、《舟曲灾后重建老城区详细规划》、《舟曲灾后重建峰迭新区详细规划》、《秦王川转移安置区详细规划》，报省政府批准执行。完成了《峰迭新区城市设计》、《舟曲峰迭新区居住建筑设计导则》等研究、编制和报批执行工作。开展了《峰迭新区详细规划》、《老城区详细规划》等重建规划的宣贯工作。按照《舟曲灾后恢复重建城镇规划实施工作方案》，完成了 57 个项目的规划选址意见与规划条件通知的审查核发工作。制定了《舟曲灾后重建峰迭新区规划实施情况监督检查工作方案》，并于 11 月中旬组织有关部门及专家对峰迭新区建设项目执行规划风貌统筹情况进行了现场检查，并落实整改要求。

东乡灾后重建城镇规划编制统筹工作。编制了《东乡县城灾后重建城镇规划》，报省政府批准执行；组织编制了《东乡县城灾后重建城镇详细规划》及《东乡县城灾后重建城市设计》，与临夏州人民政府联合发布执行。按照东乡县城灾后重建城镇规划实施协调领导小组的工作计划，强化规划实施协调统筹，完成 47 个项目的规划选址意见书与规划条件通知书审查核发工作。

城镇规划编制和备案工作。各地积极开展城市总体规划、详细规划和专项规划编制工作，城市总体规划编制步伐加快，规划覆盖体系基本形成。16 个设市城市有 12 个启动了新一轮的城市总体规划调整修改工作，合作、金昌市第二版城市总体规划已经省政府批复同意；兰州市第四版城市总体规划拟于 2012 年经省政府审查后报请国务院审批；临夏州城市总体规划、酒嘉一体化城市总体规划纲要已报送省政府审批，酒泉、嘉峪关市将根据“酒嘉一体化城市总体规划纲要”分别开展城市总体规划的编制工作；兰州新区城市总体规划、陇南市城市总体规划成果已通过技术审查，修改完善后上报省政府审批；敦煌、白银、张掖、武威、平凉市已正式启动城市总体规划修改，总体规划纲要正在编制中。65 个县城有 49 个启动了第三版县城总体规划编制工作，其余县城基本完成了第二版县城总体规划编制工作。

规划管理：开发区规划考核工作。参加了省考核工作小组对省内 16 个开发区的考核。对开发区发展规划与所在城市总体规划的衔接情况、开发区建设是否符合所在城市控制性详细规划、开发区建设项目“一书两证”的发放情况、竣工工程进行是否符合城乡规划验收等四个指标进行了考核，对开发区建设发展过程中的成绩及问题提出了考核意见和建议。

国家级历史文化名城、名镇保护管理工作。与省文物局成立了全省国家历史文化名城、名镇保护工作联合检查领导小组，对敦煌市、张掖市、武威市、天水市等四个国家级历史文化名城和榆中县青城古镇、金崖镇、永登县连城镇、古浪县大靖镇、宕昌县哈达铺镇、秦安县陇城镇、临潭县新城镇等七个国家级历史文化名镇开展了检查。受理了庆城县申报国家历史文化名城、古浪县土门镇申报国家历史文化名镇、榆中县金崖镇黄家庄村申报省级历史文化名村的申请，指导申报城市开展了资料收集、现场调研和评估工作，按照《历史文化名城、名镇保护条例》及有关规定程序组织了申报。

重大项目规划选址管理工作。进一步完善了审批、核发建设项目选址意见书的管理工作，重申了建设项目选址申请的受理程序和初审职责。全年共受理 22 个报国家审批、核准的区域重大建设项目的选址申请（电力项目 11 个，铁路项目 4 个，公路项目 1

个，能源项目2个，水利项目1个，基础设施3个），核发了建设项目选址意见书。

【**建筑业**】企业管理：制定了《甘肃省二级注册建造师继续教育暂行办法》。按照《甘肃省省外建筑业企业管理办法》，对省外企业进甘注册分公司进行了审核。核准102家建筑业企业取得相应资质，发布由市州审批的三级企业公示意见130家（其中新申办企业75家），办理企业资质变更98项，注销企业资质证书5家，办理省外进甘企业单项工程投标备案363家（次），办理省内建筑企业出省施工投标资料的审核和证明出具321家（次）。截至年底，全省共有建筑业企业2546家，其中特级企业1家，一级企业308家，二级企业849家，三级企业1388家。共有建造师27679人，一级建造师2332人，其中一级注册建造师1337人，一级临时建造师995人；二级建造师14117人；三级建造师11230人。共有劳务企业324家，新成立劳务分包企业20家。

市场管理：建成建筑市场监督管理信息系统并从五月份开始试运行，经修改、完善后，对全省建设系统相关企业、行政主管部门进行了集中培训。参加了省纪委组织的灾后重建项目及拉动内需项目的专项检查。组织了全省建设领域综合执法检查并参加了建设部组织的全国建设领域工程质量安全及建筑市场监督执法检查。

工程招标投标管理：共办理进入甘肃省有形建筑市场招标工程665个，工程总造价127.81亿元，其中依法实行公开招标工程616个，中标总价111.71亿元；实行邀请招标工程49个，中标总价16.10亿元。完成招标工程合同备案660余份，合同备案率96%。

9月份，"计算机辅助评标系统"上线试运行。截至2011年底，除张掖、庆阳、陇南、天水、临夏五市外，其余市州所有工程施工招标全面实施电子招标文件，节约招标文件编制费用1500余万元。培训评标专家五批730人。依法吊销招标代理机构资格8家，其中乙级4家，暂定级4家。

【**工程质量安全监管**】2011年，全省在监工程共有7386个，建筑面积6647万平方米，总造价1227亿元，未发生一般及以上工程质量事故；共发生建筑施工死亡事故10起，死亡12人，事故起数比上年下降37.5%，死亡人数下降25%，未发生较大及以上建筑施工安全事故。

工程质量监管：为规范舟曲灾后重建工程质量安全监督工作程序，明确监督工作内容，确保灾后重建工程质量安全，印发了《舟曲灾后重建房屋建筑和市政基础设施工程质量监督工作方案》和《舟曲灾后重建房屋建筑和市政基础设施工程安全监督工作方案》，注重对建筑结构安全、使用功能、质量通病、安全防护的监督检查，及时排除质量安全隐患，确保工程质量安全。制定了《甘肃省房屋建筑和市政基础设施工程质量安全监督机构及人员考核管理办法》，加大对执行法律法规和工程建设强制性标准以及参建各方质量行为监督并重的监督，加大对涉及工程主体结构质量安全的实体质量和主要使用功能的抽查抽测力度。在全省范围内开展原材料质量排查，坚决杜绝"瘦身"钢筋和不合格砖进入施工现场。为推进全省住房和城乡建设工程质量振兴各项目标任务的完成，制订下发了《甘肃省住房和城乡建设厅推进质量振兴工作方案》。为实现对检测数据实施监控与动态管理，初步建立了工程质量检测监管系统，实现了钢筋力学性能检验、混凝土试块等抗压强度指标的自动采集和数据实时上传至监管机构的功能。为加强对商品混凝土质量的管理，建立了混凝土专项试验室检测数据上传监管系统，要求混凝土企业建立健全质量体系，完善企业检验试验手段，建立专项试验室，确保混凝土生产质量。开展了全省建设领域综合执法检查及保障性安居工程质量检查，其中建设领域综合执法检查14个市州及甘肃矿区174项工程，建筑面积360万平方米，发工程质量执法建议书98条；保障性安居工程质量专项检查抽查了兰州市、白银市10项工程，建筑面积8187万平方米。

建筑施工安全监管：进一步完善了全省建筑施工安全监管的制度建设，以落实《全省建设系统关于进一步加强企业安全生产工作的实施意见》为核心，以强化企业主体责任为重点，继续深化执法检查、专项治理、宣传教育"三项行动"和法规制度建设、保障能力建设、监管队伍建设"三项建设"。继续全面、深入、有重点、有计划开展"打非治违"专项整治工作，有效防范和遏制建筑施工生产安全事故的发生。逐步建立完善建筑施工企业和建筑施工现场的考核评价体系，科学评定建筑施工企业和建筑施工现场的安全生产标准化程度，不断规范建筑施工企业安全生产行为，提高建筑施工现场安全管理水平，逐步实现企业安全管理的标准化和施工现场安全防护的标准化。在全省建设系统开展了安全生产事故遏制行动，共检查在建工程项目427个，排查出一般隐患1256项，全部整改；排查出重大隐患15项，已整改14项。严格进行全省建筑施工企业安全生产许可证及建筑施工企业"三类人员"安全生产考核合格证的审核报批发证工作，对符合条件的64家建筑施工企业颁发了安全生产许可证，对符合条件的624家建筑施工企业安全生产许可证给予了延期，对符合条件的10502人颁发了安全生产考核合格证书，对符合条件的15135人的安全生产考核合格证书给予了延期。

【**工程造价监管**】2011年末，全省共有工程造价咨询企业122家，其中甲级资质企业10家、乙级资质企业99家、暂定级8家。工程造价专业人员9456人，其中在甘全国注册造价工程师 1218 人、省内造价工程师 1682 人、全国造价员 6556 人。

全面修订现行工程造价计价依据，完成了新编建筑、安装、装饰工程及混凝土砂浆配合比等预算定额 14 册 135 章 19667 个子目，建立了包括 22000 多条的全省统一的建设工程材料数据标准库，着力构建和完善科学合理、符合市场规律的计价依据体系，满足工程建设计价的需要。制订了 2011 年建安工程规费核定办法，完成省内 841 家建筑业企业、外省入甘建筑企业 62 项工程项目社会保障费、住房公积金的费率核定工作。针对工程造价咨询企业专项检查中存在的问题，对 35 家存在问题的造价咨询企业发出了书面整改通知，注销了 4 家资质到期未申请资质延续的咨询企业资质，注销了 2 家咨询企业合并资质，注销了 2 家在撤回资质后仍未达到资质标准的咨询企业资质，撤销了 11 名同时具有注册造价师和甘肃省造价师（或全国造价员）资格但不在同一单位注册的甘肃省造价师（或全国造价员）资格。完成了四个季度人、材、机市场价格信息的采集发布以及各市州建设工程指标指数生成、主要材料指导价格发布工作。

【城乡建设】城市建设：2011 年，共申请中央预算内资金 13.34 亿元，其中污水处理项目 44 项，申请中央预算内资金 6.98 亿元；垃圾处理项目 21 项，申请中央预算内资金 1.56 亿元；污水管网以奖代补资金 1.96 亿元；供水项目 20 项，申请中央预算内资金 1.17 亿元；供热项目 17 项，申请中央预算内资金 1.32 亿元。全省设市城市人均公园绿地面积达 8.32 平方米，建成区绿地率 24.02%；县城人均公园绿地面积 5.59 平方米，建成区绿地率 10.67%。组织开展了国家级园林城市申报工作，向住房和城乡建设部推荐临泽县城为国家级园林县城。进一步加强了园林绿化施工企业资质管理，批准晋升贰级资质企业 4 家。组织兰州市参加了第八届中国（重庆）国际园林博览会，建设了地方文化特色鲜明的兰州园。

村镇建设：将村镇规划编制工作纳入省政府年度目标责任考核，提出了考核的量化指标和办法。截至 2011 年底，全省村镇规划编制完成 112 个镇、178 个乡、1986 个村庄，较 2010 年完成数分别增长 143%、191%、145%；全省镇、乡、村规划编制覆盖率分别达到 100%、68%、36%。

积极稳妥做好"百镇千村"建设示范工程的启动实施工作，组织市州推荐申报 100 个重点示范镇、1000 个重点示范村，选定 30 个示范镇纳入第一批村镇建设专项资金补助计划给予重点支持；拟定"百镇千村"建设示范工程"实施方案并上报省政府。根据建设部"绿色重点小城镇试点示范"实施意见，组织市州推荐并核实小城镇相关资料，为项目申报做好基础工作。组织申报"太阳能半导体照明装置农村试点"项目，对试点村免费进行太阳能路灯和室内 LED 半导体照明安装施工，5 月底完成竣工验收，节能效果显著。与西安建筑科技大学、香港无止桥慈善基金会合作，在会宁县实施"现代生土建筑及农村可持续发展示范项目"。敦煌阳关镇申报第二批全国特色景观旅游名镇通过建设部评审；联合省旅游局组织专家对 14 个申报第三批全国特色景观旅游名镇进行初评，确定了 8 个候选镇、村已经上报建设部、国家旅游局审核。

2011 年，省政府确定实施农村危旧房改造 20 万户，其中由省建设厅负责组织实施 19.4 万户，补助资金 4.8 亿元；中央下达甘肃省农村危旧房改造 15.7 万户，争取资金 9.64 亿元。

制定了危房改造建筑节能示范措施和建设、监督检查、验收的要求，公布了集中建设示范点名单。借鉴外省经验，组织开展了"陇原农房特色风格设计方案"征集活动，以提升甘肃省农村危房改造和村庄整治的整体水平。下发了《关于做好全省农村危旧房改造和中央扩大农村危房改造试点工作进度月报的通知》，要求各地每月按时上报省级和中央危房改造开工、竣工等进展情况，做好改造农户基本信息、改造过程及竣工验收等相关信息录入整理工作。

【建筑节能与科技】截至 10 月 31 日，全省既有居住建筑供热计量及节能改造已完工 212.84 万平方米。完成了"十一五"期间国家下达甘肃省 350 万平方米既有居住建筑供热计量及节能改造任务的资金清算工作，清算出全省"十一五"既改工作共计下达国家补贴资金 1.02 亿元。陇南市宕昌县被列为 2011 年国家可再生能源建筑应用县级示范，国家补助资金 1700 万元。为规范全省既有居住建筑节能改造工作的实施和管理，出台了《甘肃省既有居住建筑供热计量及节能改造项目验收办法》。为规范可再生能源建筑应用示范工作，下发了《甘肃省可再生能源建筑应用城市示范和农村地区县级示范项目管理办法（暂行）》。根据建设部要求，对榆中县、临泽县等全省可再生能源建筑应用示范县、示范工程进行了检查。选择兰州市、张掖市、酒泉市、天水市开展国家机关办公建筑和大型公共建筑的能源审计工作。根据《建设领域推广应用新技术管理规定》要求，组织了省建设工程与建筑节能新技术、新产品备案项目评审活动，有 37 项新技术、新产品备案。

组织完成了 2011 年甘肃省建设科技攻关项目申报工作，通过新上科技攻关项目 47 项、科技示范项目 28 项，结转科技攻关项目 87 项、科技示范项目 22 项。组织专家对 2010 年建设科技示范工程进行了验收。组织完成了 2011 年度建设科技进步奖的申报工作，共有 64 个项目获甘肃省建设科技进步奖，其中一等奖 20 项，二等奖 22 项，三等奖 22 项；组织推荐 10 个项目参加甘肃省科技进步奖评审，有 5

个项目获奖，其中“寒区桩基工程的热学力学特性研究及其应用”获省科技进步奖一等奖。

2011年，共组织施工企业岗位培训、建设行业职业技能培训鉴定、建筑施工特种作业操作人员培训、建筑施工行业年度安全教育等培训43210人次，完成“三类人员”考核12000余人。

【工程建设】截至2011年底，共受理施工许可107项，开工面积331.64万平米，总投资245.66亿元；竣工备案受理2件，竣工备案面积9.4万平米。开展了全省建设领域综合执法检查，共检查工程174项，房屋建筑工程面积360.5万平方米，总投资43.95亿元，共查处工程质量问题98条，其中质量问题48条，安全问题50条，下发执法检查反馈意见书69份。2011年，有7家企业取得甲级监理资质，其中甘肃蓝野建设监理有限公司成为西北地区第一家具有综合甲级资质的监理企业；受理并核准了11家新申请和升级监理企业资质；制定了监理行业“十二五”发展规划。

2011年，省代建办认真贯彻实施《甘肃省省级代建制管理办法（试行）》，先后出台了《甘肃省政府投资代建项目招标投标实施细则》、《甘肃省省级政府投资项目招标选择代建单位评标办法（试行）》、《甘肃省政府投资代建项目委托代建合同》），除承担省建设厅7项舟曲援建项目代建任务外，还承担了12项省级政府投资项目的代建工作，涉及总投资19.34亿元。其中，7项舟曲援建项目都已经进入代建程序并开工建设，完成总投资3.7亿元，制定了《舟曲灾后恢复重建工程项目实施代建制专项资金管理办法》；12项省级政府投资项目代建总投资11.98亿元。

【舟曲灾后重建】根据国务院《舟曲灾后恢复重建总体规划》和省政府《舟曲特大山洪泥石流灾害灾后恢复重建资金安排实施方案》，省建设厅承担城镇规划统筹及城乡住房维修加固方案设计、舟曲特大山洪泥石流地质灾害纪念公园工程、“同舟园”和“纪念广场”工程、水浸公共建筑维修加固工程、舟曲县城永久性供水工程、舟曲新老城区城市道路工程、城关桥维修加固工程和新瓦场桥及城江桥工程、舟曲县城区生活垃圾处理工程、舟曲县污水处理和峰迭新区生活污水处理工程9项援建任务，总投资89269.8万元。截至2011年底已完成4项、部分完成2项，其它项目也全部开工建设。

（彭　强）

测　绘

【法制建设】省测绘局以整顿和规范测绘地理信息市场为重点，进一步提高依法行政和统一监管水平，加强执法工作，规范测绘地理信息市场秩序。一是完成了《甘肃省基础测绘管理办法》的修订工作，并将《甘肃省基础测绘管理办法（草案）》上报省政府审批。二是起草出台了《甘肃省测绘局关于加强测绘法制建设的意见》和《甘肃省测绘法制宣传教育第六个五年规划》。三是对《测绘法》实施情况进行了深入调研，完成了《甘肃省实施测绘法情况的报告》。

甘肃省政府行政审批制度改革工作领导小组办公室（简称“甘肃省审改办”）对行政执法机构主体及依据、行政执法人员、行政执法职权等变动情况进行了全面清理，明确了省测绘局为法律法规授权组织的性质，确定行政许可事项9项，非行政许可事项1项，备案制管理事项3项，行政处罚29项。

【“十二五”规划编制】省测绘局编制完成《甘肃省“十二五”基础测绘规划》、《甘肃省“十二五”测绘地理信息事业发展规划》、《甘肃省测绘局“十二五”人才发展规划》，并下发施行。截至2011年底，全省14个市州和甘肃矿区的“十二五”基础测绘规划全部编制完成，除金昌、天水、定西和甘肃矿区报当地政府待批外，其他11个市州的《规划》全部通过当地政府的批准，进入实施阶段；全省86个县（市、区）的“十二五”基础测绘规划全部编制完成，当地政府批准率已达到93%。

【基础测绘】完成兰州白银测区1：5000和1：1万基础测绘共1000幅2.5万平方千米，完成金昌武威测区省级基础测绘航空摄影4.2万平方千米，完成武威城区坐标系统改扩建项目。为实现《甘肃省国民经济和社会发展第十二个五年规划纲要》中提出的“加强基础测绘工作，实现省级基础测绘省域基本覆盖”的总要求，省财政厅在原来省级基础测绘经费投入的基础上，从“两权价款”中核拨2000万元用于省级基础测绘。

全省各市州测绘行政主管部门结合市县经济建设对基础测绘的需求，加大了基础测绘规划的实施力度，天水、武威、平凉、酒泉、定西、金昌、张掖、嘉峪关等市州县国土资源部门在“十二五”基础测绘规划的基础上，编制年度计划并积极实施。嘉峪关市完成360平方千米航空摄影；张掖市完成城市规划区为中心的150平方千米航空摄影和以丹霞地质公园为中心的4200平方千米航空摄影和地形测绘；庆阳市完成了乡镇大比例尺地形图测绘190平方千米；酒泉市各县共投入193万元用于2011年基础测绘；平凉市的灵台、泾川、崇信、华亭和静宁5个县2011年度基础测绘投入经费总共达298万元。

【“天地图·甘肃”建设】省测绘局对“天地图·甘肃”节点建设高度重视，投入专项经费1247.9万元。经过对在线服务数据集、在线服务软件系统、运行支持环境的集成、测试，“天地图·甘肃”于2011年12月31日正式上线运行为社会提供地图服务。

"'天地图·甘肃'正式上线"入选"2011年甘肃省十大重大信息化事件"。

【数字城市建设】陇南市、甘南州、临夏州列入"国家测绘地理信息局支援西部少数民族等欠发达地区数字城市统一建设项目",由国家测绘地理信息局和省测绘局合作共建,其中陇南市、合作市、临夏市数字城市地理信息公共平台建设工作基本完成。兰州、天水、张掖、嘉峪关、金昌、庆阳等6市数字城市地理空间框架建设项目均已获国家测绘地理信息局批准立项,其中:兰州、天水、张掖3市被列为"2011年全国数字城市地理空间框架建设试点城市";嘉峪关市、金昌市、庆阳市被列为"2011年全国数字城市地理空间框架建设推广城市"。"数字金昌"、"数字庆阳"地理空间框架建设项目已启动,兰州、天水、张掖、嘉峪关数字城市地理空间框架建设已完成项目设计工作。数字武威地理空间框架建设项目已由武威市人民政府申报、省测绘局推荐,计划列为2012年国家测绘地理信息局推广项目。

【重点测绘项目】6月1日,甘肃省政务地理信息平台通过国家测绘地理信息局和省政府组织的验收,并正式启用;6月2日,数字白银地理空间框架建设项目通过国家测绘地理信息局组织的竣工验收;2009至2010年度省级基础测绘成果通过省级验收;石羊河流域重点治理地理信息系统通过省级验收和成果鉴定;甘肃南部武都区地质灾害综合治理地理信息系统通过验收;甘南黄河补给与生态保护地理信息系统建设通过验收。

西部测图工程。省测绘局全面完成西部测图工程项目,西部16个县城影像图制作项目、青藏高原西部B2区域影像地形图制作项目通过了国家西部测图工程项目部组织的验收,实现了甘肃省1∶5万地形图全覆盖。

边远地区和少数民族地区基础测绘项目。完成张掖市肃南裕固族自治县基础测绘项目航空摄影及1∶1万数字地形图生产150幅3900平方千米。完成庆阳市老区基础测绘项目302幅7700平方千米航空摄影、1∶1万数字高程模型和数字正射影像图。对2006~2011年度省测绘局承担的六期边远少数民族项目进行了检查,督查经费使用和项目实施等情况。

舟曲灾后恢复重建测绘专项。按照省政府制定的舟曲灾后恢复重建规划,在2010年工作的基础上,2011完成了舟曲1∶1万数字地形图生产4幅90平方千米、1∶1千地形图测绘155幅25平方千米,建立了舟曲城区坐标系统,建设完成了舟曲地理空间数据库,所有成果通过甘肃省测绘产品质量监督检验站的检验,并申报省国土资源厅预验收。

【测绘市场监管】省测绘局完成测绘资质年度注册工作,全年共办理注册单位268家。完成了甘肃省无人飞行器测绘航空摄影情况调查,并办理该资质2家。建立测绘资质单位信用体系,对业绩优良的单位和行为不良的单位及时存入档案,并在网上公示。查处违法涉军测绘案件一起,涉外违法测绘案件两起。开展地理信息市场整治"回头看"活动,全省各级测绘行政主管部门会同有关部门自上而下积极开展了无证测绘、地理信息市场、互联网地图服务网站和涉外、涉军违法测绘等方面的检查。

甘肃测绘行业特有工种职业技能鉴定工作进一步规范化,全年分6个批次对省内部分高等院校的学生进行了职业技能鉴定,共鉴定1100多人;开展了社会测绘从业人员职业技能鉴定,共鉴定190多人。

【地图编制】省测绘局为进一步规范地图编制、出版行为,加大了地图编制和出版前的审核力度,重点从编图资质、编图内容等方面进行严格把关,全年共审核编制地图、地图册(集)32项,核发审图号32个。省测绘局与省直8个部门联合执法,查处问题地图和违法制图案件,规范公开出版地图编制和展示、插绘等示意性地图的使用。围绕全省"'十一五'科技成就展"、"庆祝建党90周年系列活动"、"纪念辛亥革命100周年"、"兰洽会"等大型展会活动,开展执法检查。深入开展国家版图意识宣传教育、地理信息市场整治"回头看"活动和互联网地图监管工作,共检查涉及甘肃省地图的网站3300余个,排查涉及"问题地图"的网站185个,并全部进行了整改。

省测绘局为省级领导编制和更新了《甘肃省地势图》、甘肃省14个市州地图及甘肃省地图以及全省86个市、县、区地图;为省政府对外联络处提供全省及市州地图和相应的地图数据,方便了解全省民族宗教的分布和民族宗教的管理;依据《国务院办公厅关于进一步支持甘肃经济社会发展的若干意见(国办〔2009〕29号文)》内容编制了参考地图集和编制兰州城区航空影像图,为兰州城区规划、建设提供参考资料。编制"庆祝中国共产党成立90周年"红色地图,并在天地图网站和省测绘局、省委宣传部、省委党史研究室网站发布。为甘肃省大型展览"走向一九四九"编制并提供专题挂图,为向《甘肃日报》等媒体宣传供稿,以地图的形式宣传红色革命。

【测绘服务】省测绘局积极推进军地测绘资源共享和多领域合作,提升测绘服务保障能力。成立军地合作领导小组,定期分析军地融合形式、研究部署工作任务,确保了各项工作落实。与兰州军区司令部作战部建立共享协作关系,定期开展互通交流,构建起抗震救灾、反恐维稳等应急联合协作体系。为部队军事演习和其他军事行动提供最新的航天航空影像数据,为国防建设提供基础数据保障,为部队专业信息系统提供全省1∶5万基础测绘数据共计1200幅,保证了中国武警指挥部甘肃森林灭火信息系统的按期完成；赠阅专用地图集，建立了军队用图“急用急办机制”，有效满足了军队对测绘地理信息的需求。依托甘肃省测绘学会等平台，与测绘部队深入开展学术交流活动。

为政府科学决策提供地图服务。2011 年，省测绘局先后为省委王三运书记提供工作用图 170 余张，为刘伟平省长提供专题地图 20 幅，为刘永富副省长调研专门编制《黄河永靖刘家峡—景泰黄河石林段区域地图》，为李建华副省长提供甘肃省地图及分市州地图和地图册 2 套。省测绘局为国土、规划、建设、水利、能源及军队等部门提供各种比例尺地形图和成果数据 7869 幅约 200 万平方千米、地图集 300 本、各种控制点成果 3146 点，在全省各级政府科学管理和决策、各部门“十二五”专业规划编制、基础设施建设等方面发挥了重要作用。全年为省委办公厅、省政府办公厅、发改委、国土厅、国资委、扶贫办、省委组织部、财政厅、民政厅等单位和部门提供各种专题地图近 40 个种类 800 多幅。

【测绘成果】省测绘局组织完成 2010 年度全省测绘成果目录汇交工作。全省 252 家测绘资质单位汇交测绘成果目录 1437 项，遴选了 602 个项目在甘肃省测绘局网站公布，供社会查询。联合省质量技术监督局对 25 个单位开展了测绘产品质量检查行动，配合国家测绘产品质量检验测试中心对甘肃省两家测绘单位的两个测绘项目进行了质量抽检。省测绘局联合省国家保密局开展全省涉密测绘成果保密检查。各市州、县测绘行政主管部门会同当地保密部门对辖区有关涉密测绘成果使用单位进行了抽查。全省共抽查各种比例尺地形图近 2000 幅。

测绘成果应用和服务。2011 年，省测绘局全力做好测绘地理信息服务，保障全省重大项目建设。全年累计为各行业、各部门提供各种比例尺地形图 7760 幅，大地成果 2912 点，数据地图 4276 幅。同时，全力保障全省大型的专题性项目的顺利开展：为甘肃省水利普查提供了全国第一次水利普查实施方案在甘肃省抽样的 994 幅 1∶1 万基础测绘数据，用于全省土壤侵蚀抽样调查工作；为部队专业信息系统提供全省 1200 幅 1∶5 万地理空间基础数据，保障了中国武警指挥部甘肃森林灭火信息系统按期建设；为“甘肃省公安信息通信网运行服务管理平台”编制了省、市州、县区 101 个行政单元的基础图件 116 幅，保障了管理平台对基础测绘数据的紧急需求。

测绘科技成果。2011 年，省测绘局积极参与省部级科技立项，带动了全系统科技进步和创新；积极开展与院校、高新技术企业的协作，结合应用服务，通过引进、消化和吸收先进测绘技术，组织科技攻关和创新，完成了一批科技含量高、科技水平领先的研究成果。承担的国家测绘局 2010 年科技项目“面向信息化测绘的省级基础地理信息服务体系研究与建设示范”课题，已通过专家评审。县域地理空间信息平台建设应用技术研究获中国地理信息产业协会科技进步三等奖。

【事业单位改革与人才培养】进一步优化人才结构，加强人事人才管理，积极开展局科技带头人遴选工作，选拔新一届科技带头人 12 名（其中 2 名为国家局带头人）；核准 11 人测绘工程师职务任职资格，完成了 3 名副高级工程师和 3 名正高级工程师专业技术职务任职资格评审推荐工作。积极推行事业单位用人公开招考制度，招聘各类测绘专业技术人才 16 名。截止 2011 年底，全局在岗职工大学以上文化程度的人员比例达 53%以上，建成结构合理的高层次专业技术队伍。

【文化与宣传工作】文化建设。省测绘局启动了“科学发展主题培训”，邀请知名学者、教授举办大型培训 9 期，参加人数达 700 多人次。全年编发创先争优简报 46 期。举办“七一”表彰大会暨纪念建党 90 周年红歌演唱会，表彰 4 个优秀党支部、19 名优秀共产党员。积极组织开展全局精神文明建设活动。在省直机关工委庆祝建党 90 周年大型主题红色经典歌曲演唱会中荣获优秀演出奖。甘肃省地图院第二项目部荣获“青年文明号”称号。

宣传工作。2011 年，省测绘局按照国家测绘地理信息局和省政府信息办的要求，多方筹集资金对局门户网站进行改版，加强在线办事和公共服务功能，为社会提供地理信息服务平台。紧紧围绕《警惕身边的泄密》和李克强副总理视察中国测绘创新基地、国家局及省政府领导来省测绘局调研等事件的精神，联合省电视台、甘肃日报等媒体进行报道，在甘肃电视台、甘肃日报、中国测绘报、国家测绘地理信息局网站、甘肃地质矿产报等媒体发表信息共计 300 多条。向省上四大班子报送《测绘专报》15 期。利用测绘法宣传日，在兰州市和其他各市州设立宣传点，宣传测绘科普知识，发送公益短信 10 万多条，为社会公众了解测绘起到了积极作用。

【甘肃省测绘学会】2011 年，12 月 28 日，甘肃省测绘学会召开第八次会员代表大会暨八届一次理事会，选举八届一次理事会理事，选举产生了常务理事、理事长、副理事长、秘书长和副秘书长、各专业委员会主任及挂靠单位，选举缪树德同志担任甘肃省学会第八届理事会名誉理事长。

甘肃省测绘学会进一步完善评选办法，规范评审程序，成立奖励委员会，专家评审委员会对全省测绘单位申报的 94 项测绘成果进行评审。共评出测绘优秀工程（项目）金奖 5 项，银奖 8 项，铜奖 8 项；科学技术进步（应用技术）一等奖 5 项、二等奖 5 项、三等奖 6 项。

（伏黎明）

交通 通信 邮政

交通运输

【交通运输经济运行】2011 年，全社会交通固定资产共完成投资 274.83 亿元，比上年增长 21.6%，占全省总投资 4200 亿元的 6.54%。其中，重点项目、路网结构改造及农村公路、公路站场及港口码头、民航机场建设投资分别完成 204.2 亿元、51.13 亿元、15.09 亿元、4.41 亿元。全年完成公路水路客运量 5.84 亿人、旅客周转量 265.28 亿人公里、货运量 2.88 亿吨、货物周转量 647.4129 亿吨公里，同比分别增长 13.5%、20.4%、19.7%和 23.5%,在综合运输体系中约为 95.8%、44.6%、84.3%和 36.1%。全省实现道路运输产值 380 亿元，增加值 178 亿元，分别增长了 15%和 12%，新增社会就业岗位 2.5 万个。2011 年底，全省公路总里程达到 123696 公里，二级以上公路 8369 公里，农村公路 107517 公里，公路密度达到 27.2 公里/百平方公里。全省 97%的乡镇和 43%的建制村通了油路，100%的建制村通了公路，乡镇客运站达到 1185 个，行政村汽车停靠站达到 7960 个，覆盖全省 96%的乡镇和 48%的行政村。全省通航运营的民用机场达到 7 个，营业性车辆 19.4 万辆，营业性机动运输船舶 512 艘。

【贯彻落实区域发展战略】围绕省委区域发展战略的安排部署，结合交通运输工作实际，集全行业之力，研究制定了包括综合运输、公路水路交通、民航、城市公交等内容的《甘肃省交通运输“十二五”发展规划》，并经省政府批复实施。认真贯彻《国务院办公厅关于进一步支持甘肃经济社会发展的若干意见》，并进行目标细化和责任落实，促成交通运输部与省政府签署了加快推进交通运输发展会谈纪要，得到了交通运输部在项目、资金、技术等方面的大力支持。结合《关中—天水经济区规划》的实施，与交通运输部规划研究院、陕西省交通运输厅共同启动了《关中—天水经济区综合运输体系发展规划》的编制工作。通过省地联建、资金补贴、技术帮助等多种方式，积极支持兰州新区茅茨立交、武威金大快速通道、酒嘉城际一级公路、瓜星高速公路辅道、酒泉、嘉峪关城市出入口扩建工程等项目建设，为地方政府深入实施区域发展战略提供了重要的交通运输支撑。

【交通运输基础设施建设】高速公路建设取得新成绩。天水过境段、西长凤、徐家磨至乌鞘岭、瓜州至柳园高速公路建成通车，连霍国道主干线在甘肃境内基本实现了全线高速化，全省高速公路通车里程达到 2408 公里，新增 350 公里。徽县至天水、临夏至合作高速公路、兰州至永靖沿黄快速通道开工建设。雷家角至西峰、武都至罐子沟、营盘水至双塔、成县至武都、金昌至武威高速公路进展顺利。临洮至渭源、兰州南绕城、白疙瘩至明水等高速公路项目前期工作有序推进。全省建成和在建的高速公路达到 3280 公里。

民航机场建设实现重大突破。金昌、张掖机场建成通航，占全国当年新增机场数的 40%。庆阳机场飞行区工程基本完成，已具备复航条件。夏河机场、兰州中川机场二期扩建工程正在进行基础施工。陇南、敦煌（扩建）、天水（迁建）及平凉等机场项目前期工作取得积极进展。

公路水路站场建设进度加快。武威道路运输应急保障中心、甘南道路运输应急救援指挥中心 2 个项目建成运营，酒泉公路客运站等 9 个项目进展顺利，张掖客运中心站等 28 个项目前期工作取得显著进展。建成 150 个乡镇汽车站和 400 个行政村停靠站。黄河白银四龙至龙湾段航运二期工程和刘家峡港区航运设施工程开工建设，陇南市地方海事局信息化综合楼投入使用，完成老旧渡船更新改造 15 艘、索渡船塔架改造 14 个，建成候船亭 27 处。

灾后恢复重建工程进展顺利。舟曲县城至峰迭新区省道 313 线连接线工程形象进度良好，舟曲客运站、货运站、公路管理段、路政大队办公楼等 5 个项目的主体工程基本完工，舟曲县、乡、村道的灾后重建总体进展顺利。陇南暴洪灾后公路恢复重建工程全面结束，国道 316 线等受损路段完成改造维修任务，累计投资 4 亿元。

国防交通基础设施建设进一步加快，天水北道至凤台山等 7 条 96 公里国边防公路开工建设。全面接养了酒泉至航天城公路 82.5 公里。

二级公路建设有序推进。临洮至康乐至和政、庆阳至镇原县城、肃北至阿克塞二级公路开工建设。敦煌至当金山口、静宁至庄浪、武威至仙米寺二级公路建成通车，全省建成二级公路 265 公里，68 个县城实现了通二级及以上公路。折桥至达川、岷县至合作、迭部至宕昌等县通二级公路和经济干线工程建设进展顺利。

农村公路建设成绩显著。充分发挥地方政府在农村公路建设中的主体作用，着力推进通乡油路、通畅工程建设，加大渡改桥、安保工程等专项工程的实施力度。2011 年全省完成农村公路投资 23.45 亿元，新建改建农村公路 1267 项 5563 公里。

【交通运输综合服务】加强重点时段、重要物资和重大节庆活动的运输保障，完成了春运、“十一”黄金周等节假日和第十七届“兰洽会”、“敦煌行•丝绸之路国际旅游节”等重大活动期间的运输保障工作。强化运输组织协调和运力调配，保证了煤、粮、油、矿的正常运输。以金昌机场、张掖机场的顺利通航为契机，通过临时委托经营的方式，新开辟了金昌至兰州至西安和张掖至兰州至西安等多条航线。2011 年，全省机场旅客吞吐量 429.32 万人次，货邮吞吐量 3.28 万吨，分别比上年增长 7.91%和 5.4%。加强各种运输方式的有效衔接，积极与铁路、邮政、管道等部门进行沟通协调，“运邮合作”、公铁联运试点工作取得了新的进展。在农村客运方面，各地合理配置线路资源，通过政策引导和财政补贴等办法，鼓励开辟边远农（牧）乡村客运班线和季节性客运班线，支持城市公交向周边农村延伸覆盖，保证了农民群众出行方便快捷、乘车经济安全。高等级公路运营服务水平不断提高。严格执行收费公路政策，积极开展劳动竞赛和礼仪培训，着力提高收费人员的业务技能与文明服务水平。大力整治收费广场秩序、加强计重收费管理、深入开展打击偷逃费活动，认真执行“绿色通道”政策，努力降低鲜活农产品流通成本，全年共减免通行费 4.67 亿元，占全年通行费征收总额 47.71 亿元的 9.8%。深入开展“人文高速”创建活动，投入资金 4.56 亿元，对路网智能监控、电子缴费、隧道安保、应急保障、管理设施、服务区进行了全面的改造升级，交通热线、短信平台、公路沿线信息发布设施的服务功能进一步完善。

【路网改造和公路养护管理】围绕全国公路养护管理大检查，全面加强和改进公路养护管理工作。一是加大养护维修工程投入。全年共计投入资金 6.17 亿元，在高等级公路上实施养护维修工程 651 公里（单幅），在普通干线公路上实施养护维修工程 862.8 公里，对车辙、坑槽、沉陷等病害进行了全面处治，路面平整度明显提高、破损率明显下降，路况条件明显改善。二是积极实施路网结构改造工程。投入资金 7450 万元，加固改造危旧桥 91 座，在 10 条国省干线公路上处治安全隐患 1468.6 公里，积极实施灾害防治工程，对 6 条隧道、48 座涵洞进行了维修，路网整体安全保障能力和服务水平进一步提升。三是加强公路预防性养护。根据路面结构，积极采用微表处、薄层罩面等技术，着力提高公路全寿命周期，为社会提供了良好的公路交通条件。在全国干线公路养护管理检查中，甘肃普通干线公路养护管理取得第 15 名的好成绩，被交通运输部评为“十一五全国干线公路养护管理工作进步单位”。四是农村公路养护管理进一步加强。各地积极落实农村公路养护管理专项经费、专职人员和专门机构，全省已有 1130 个乡镇成立了农村公路养护管理所（站），通过责任包干、义务投劳等多种方式，使农村公路养护管理工作逐步规范有序。五是加强公路路政管理。大力开展路域环境专项整治行动，积极维护路产路权，全年共查处公路沿线违法建筑 2150 平方米、私设平交道口 664 处，全省路政案件查处率达到 98%以上。深入落实全国治理车辆超载超限运输电视电话会议精神，在全省组织开展“百日治超”专项行动，重点整治了短途驳载、恶意超限、冲闯站点等违法行为，共查处超限超载车辆 4.2 万辆，卸载货物 4 万吨，超限超载率控制在 4.85%。国省干线公路治超检测站点基本建设完成，公路治超监控网络进一步完善。农村公路路政管理和治超工作取得了新的进展。

【交通体制机制改革和行业管理】体制机制改革：交通投融资体制改革取得重大突破。完成甘肃省公路航空旅游投资集团有限公司的组建，通过有效整合公路、航空、旅游资源，不断创新资本运作方式，融资规模实现新突破，全年完成融资 220 亿元。机构改革有序推进。在省编办等部门的协调支持下，完成了省公路管理局事业单位岗位设置和高速公路管理局、道路运输管理局机构、编制、人员的核定工作。成立了省公路路政执法管理局，实现了征稽队伍的顺利转岗分流，税费体制改革工作全面完成。机场管理运营体制逐步理顺。《关于重组甘肃机场集团的协议》已经省政府常务会议讨论通过，并向国家民航局进行了专题汇报，与海航集团、西部机场集团在经营合作方面迈出了积极的步伐。妥善处理企业事企分离改革过程中的债权债务划分、职工持股、业务整合工作，企业经营业绩不断提升。驼铃客车厂在保持稳定的基础上，破产工作逐步推进。

行业管理：依法行政工作稳步推进。积极实施交通依法行政第二个五年规划，《甘肃省公路路政管理条例》已经省人大修订通过，促成省政府出台了《关于加快内河水运建设与发展的意见》。认真做好《公路安全保护条例》宣贯工作，强化执法评议和考核检查，推进执法形象建设，交通行政执法进一步规范。着力加强交通建设市场监管。高度重视交通基础设施工程质量安全管理，在重点项目积极推行远程监控和专家会商制度，进一步强化工程监理和试验检测，桥隧和路面等构造物的质量稳定可控。施工设计总承包和总监负责制试点工作取得积极进展。加快诚信体系建设，初步实现了对公路施工企业的统一信用评估管理。加强建设资金的筹措调度，合理控制工程成本，实现了交通建设进度、质量、安全、效益的有机统一。不断完善道路运输市场管理。联合公安部门，对全省道路客运市场存在的无证经营、欺行霸市、宰客甩客等违法违规经营行为进行了专项整治，维护了合法经营者和乘客的权益。鼓励和引导运输企业积极发展节能、环保、标准化的客货运输车辆，大力推进甩挂运输试点工作，运输企业逐步走上了物流成本降下来，运输效率提上去，安全生产稳得住的良性轨道。进一步加快内河水运发展，继续推进老旧挂桨机船舶淘汰改造工作，积极推广节能产品和新型船舶，水路运输市场秩序规范有序。

【人才队伍建设和科技创新】大力实施人才强交通战略，通过与高等院校联合培养，鼓励自学成才等方式，重点加强创新人才、专业人才和技能人才的培养，全省交通行业人才队伍的整体实力不断提升。2011 年，厅系统新增高级职称人员 166 人。举办多工种的职业技能大赛，有力提升了全行业职工的业务技能。以“两上两下”、“两公开一见面”为基本模式的领导干部初始提名和差额选任工作逐步完善，在基层单位进一步深化公推直选、党政干部交叉任职试点工作，基层民主建设取得积极进展。

着力加强科技创新工作。以企业为主体，以项目为依托，积极搭建产学研一体化的科技创新平台，有序开展交通科研项目攻关和科技成果推广应用工作。黄土地区公路路基路面修筑技术、公路生态系统建设、高等级公路养护、隧道建设和管理技术等科研项目获得重大进展。群众性的小发明、小创新、小技改活动蓬勃开展，研制和推广了一批简单易行、操作方便、实用性强的公路施工、养护科技成果。加大信息资源整合力度，公路路政、养护、治超、通行费征收、运政管理的数据库融合工作取得阶段性成就。隧道施工实时监控、投资计划管理信息系统在项目建设中得到广泛应用。高速公路电子缴费系统、出租汽车服务管理信息系统试点工程、汽车客运站、港口码头的视频联网监控工程不断向前推进。积极推广高速公路隧道照明节能、公路养护废旧沥青再利用、道路运输节油等技术，交通运输节能减排和发展循环经济取得了长足进步。

【交通安全保障和应急救援】深入组织开展“安全生产年”和“安全生产月”活动，加强交通运输安全生产基层基础建设。大力排查整治各类安全隐患，积极推进企业安全生产标准化建设，全面开展在建项目桥梁和隧道工程专项整治，不断完善安全质量联动监督机制，“平安工地”达标创建活动取得显著成效。狠抓道路运输源头管理，重点开展长途卧铺客车、危险货物运输专项整治，“两客一危”企业监控平台和车载终端已实现与行业监管平台的联网。在全省一二级汽车站统一配备了 X 光行包检测设备和安检门系统，有效预防了较大以上道路运输事故的发生。落实水上安全管理责任制，强化船员、渡工培训和船检工作，对刘家峡库区和黄河兰州、白银段等水域的航道和营运快艇进行了重点整治，水上交通安全进一步好转。2011 年全省交通运输行业发生生产安全事故起数、死亡人数、受伤人数分别比上年下降 11.11%、5.36%、38.78%。

进一步加强应急救援体系建设。完善高等级公路区域联防机制，组建了 9 个高速公路清障救援大队，配备了一批应急抢险救援设备，形成了指挥顺畅、步调一致的高等级公路抢险保通机制。结合“航海日”纪念活动，在黄河白银段举行了“军地联合水上搜救演练”。全面完成了交通战备应急指挥中心和训练基地试点建设工作，并与国家交战办共同举办了试点建设现场观摩会，有力地提升了甘肃交通战备和应急保障水平。

【行业文明和党的建设】认真贯彻党的十七届六中全会精神，以庆祝建党 90 周年为契机，开展了征文、红歌比赛、报告会等丰富多彩的文化活动。深入开展精神文明建设工作，加强《交通运输行业核心价值体系实施纲要》的贯彻落实，以“学树建创”活动为载体的群众性文明创建活动取得显著成效。经中央文明委复核，厅机关继续被确定为全国文明单位。以“为民服务创先争优”为主题，扎实开展“窗口服务月”、“破解难题”等主题实践活动，交通行业有两家单位被省委命名为“全省创先争优活动示范点”。加强学习型党组织建设，推进基层组织党内民主建设。交通系统涌现出了一大批先进基层党组织、优秀共产党员和优秀党务工作者。认真抓好《廉政准则》的贯彻执行，加强廉政风险防控，交通运输行业的惩治和预防腐败体系进一步完善。圆满完成了天水过境段部省联建及预防腐败试点工作，交通基础设施建设领域工程廉政建设进一步加强。强化重点工程项目和舟曲灾后重建资金物资使用的监督检查，结合工程建设领域突出问题专项治理“回头看”，深入推进治理商业贿赂工作。严肃查处违反财经纪律、贪污受贿等案件。深化党风党性党纪教育，推进政务公开，强化审计监督，切实提高干部廉洁从政水平。组织开展“小金库”、公务用车等专项治理，进一步做好厉行节约工作，交通运输系统党风廉政建设取得新成效。全系统有 1 个集体和 1 名干部获得“全国内部审计工作先进集体”和“全国纪检监察系统先进工作者”荣誉称号。及时召开新闻发布会和通气会 9 次，组织社会媒体积极开展省际通道建设、民航发展、道路运输等重点热点问题的宣传活动。提高养护、收费一线职工的工资标准，加快“职工书屋”、“亲情网吧”等设施的建设，职工的工作生活条件和福利待遇不断改善。充分发挥工青妇等群众组织的作用，积极维护职工合法权益，妥善解决职工的实际困难。不断加强离退休工作，高度重视社会治安综合管理、维稳和信访工作，积极预防和处置群体性事件，解决了一批交通建设领域拖欠工程款和农民工工资问题。自觉接受人大依法监督和政协民主监督，2011年共办结了183件人大代表议案建议和政协委员提案。

铁 路

【基本概况】兰州铁路局地处西北铁路网枢纽，跨越甘肃、宁夏两省（区），处于亚欧大陆桥在我国境内的重要区段，东连西安，西通乌鲁木齐，南接西宁，北往银川，全局管辖线路以兰州为枢纽，甘肃省内线路营业里程2148.591公里，是西北交通运输和经济建设的大动脉。

【工作综述】2011年以来，面对复杂多变的经济环境和异常繁重的生产任务，在新一届铁道部党组的正确领导下，兰州铁路局深入学习实践科学发展观，坚定信心，负重攻坚，开拓进取，在极其困难的情况下创造了前所未有的成绩，续写了西北铁路现代化建设史上的新篇章，为地方经济发展提供了强大的助推力。兰州铁路局认真落实闭环管理，通过深入开展安全生产大检查活动，以专业管理、安全预警、应急处置、干部作风和现场控制等为重点，突出抓好各关键环节，集中整治安全隐患，健全完善安全责任体系，确保了安全运输持续稳定。统筹运用新增和既有运力资源，深入开展挖潜提效、增运增收活动，采取优化列车开行方案、均衡编组站作业分工、畅通分界口运输等一系列措施，运输能力大幅提升，运输指标再创新高。大力发展现代物流，努力拓展物流服务市场。深入开展“服务旅客创先争优”活动，积极推进电话订票、互联网购票、银行卡支付业务，大力改善站车服务环境，进一步扩大客运市场份额。为地方经济发展提供了有力保障。

【旅客运输】2011年，兰州铁路局完成旅客发送量完成2910万人，比上年增加186万人，增长6.8%。其中：甘肃旅客发送量完成2353万人，增加175万人，增长8.03%。旅客周转量完成356.82亿人公里，增加47.93亿人公里，增长15.5%。其中：甘肃旅客周转量完成314.57亿人公里，增加39.44亿人公里，增长14.3%。

【货物运输】2011年兰州铁路局货物发送量完成10218万吨，比上年增加765万吨，增长8.1%。其中：甘肃货物发送量完成5355万吨，增加428万吨，增长8.7%。货物周转量完成1466.88亿吨公里，增加107.05亿吨公里，增长7.9%。其中：甘肃货物周转量完成1143.6亿吨公里，增加60.62亿吨公里，增长5.6%。

（齐振）

通信管理

【基本概况】2011年，全省电信业完成业务收入129.75亿元，比上年增长11.41%；完成电信业务总量187.91亿元，增长17.86%；全省新增电话用户207.45万户，增加53.77万户；电话用户总数达到2010万户（其中固定电话用户396.43万户，移动电话用户达到1613.57万户，移动用户中3G用户为152.75万户）；全省互联网固定接入用户达到156.5万户（其中宽带用户145.63万户），移动互联网用户达到1070.93万户。通信能力方面，全省固定电话本地局用交换机容量达到438.2万门，接入网设备容量达到359.03万门，移动电话交换机容量达到2399万门，光缆总长度达到23.2万公里，互联网宽带接入端口达到250.53万个。全省基础电信业务、增值电信业务和数据业务收入占电信业务收入比重持续提升，企业信息化和电子商务应用逐步推进，面向社会、面向行业的信息资源开发利用呈快速发展势头，带动了传统产业改造升级和现代服务业的发展。

【网络基础设施建设】全省通信基础设施建设的重点集中在TD—SCDMA和3G移动通信新建扩建工程，道路通信畅通工程，光缆和宽带网络进村入户工程，农村信息化及自然村通电话工程，旅游区和景区网络优化工程，应急通信工程，网络运行安全设施工程等，全年完成固定资产投资60.41亿元（其中3G投资为10.59亿元），比上年增长14.05%。

【电信市场管理】加强电信业务市场准入管理，完成增值电信业务经营单位年检，发放省内增值电信业务经营许可证17家，备案审核通过跨地区增值电信企业132家，在全省开展业务的省内增值电信运营企业和跨地区经营增值电信业务单位分别达到100家和798家。规范电信市场秩序，通过市场例会、专题规范会、责令自查整改、媒体通告企业经营范围等形式，规范企业市场营销行为、业务宣传行为和渠道推广行为，严厉查处不正当竞争。联合省有关部门共同执法，与省工商局、省教育厅联合下发《关于规范“校园迎新”电信业务促销活动的通知》，通过事前宣贯政策、事中联合检查、事后总结通报等措施，打破了校园迎新中的独家垄断局面，杜绝了虚假误导和抵毁对手等恶性竞争行为。加强电信资费管理，严格资费审批备案（批复电信资费13件、备案11件），开展区间通话费调整和公话资费政策执行情况专项督查，组织企业开展集团客户资费自查梳理，完成年度电信资费平均价和感知价统计核查，完成第二轮暨移动话音业务和短消息业务计费性能检测。加强3G、宽带和信息服务业业务等重点领域的服务质量监督检查，依法查处8家增值业务经营单位违规开展业务问题。完善服务保障体系，制定《甘肃省电信用户申诉处理问责考评办法》，推进全省电信行业精神文明建设和行风建设，组织开展电信用户服务质量满意度测评和电信服务明星、明星班组评比表彰活动，启动通信行业民主评议行风工作，重点针对履行服务协议、遵守资费收费管理规定以及消费提醒三个方面开展集中整治，组织用户委员深入庆阳等地基层电信运营企业督查电信服务质量。充分发挥多渠道社会监督作用，携手企业走进“政风行风热线直播”倾听用户意见建议。完善用户申诉处理协作配合机制，妥善解决用户诉求，受理用户申诉 941 件，并定期汇总发布用户申诉情况和典型案例。

严格审查通信工程参建各方主体资格，完成 16 家企业资质评审和 61 家通信建设企业资质备案。规范通信建设项目设计、施工、监理和招投标行为，加强通信工程建设质量监督，受理通信工程质量监督申报 629 项，办理竣工验收备案手续 269 项，组织对涉及投资近 1500 万元的 42 项工程进行重点监督和安全生产实体检查（对存在问题的 4 个项目责令限期整改）。落实通信建设人员资格审查要求，完成通信建设监理、安全生产、概预算培训 862 人及概预算和监理工程师继续教育培训。拓展电信基础设施共建共享广度深度，强化统计评估和监督考核，召开共建共享例会和专题会议探索共建共享合作模式和方式，完成共享共建及自建预留项目汇总整理并开展专项检查，启动共建共享管理信息系统建设。

【互联互通与码号资源管理】跟踪电信市场竞争动向，探索研究 3G、移动互联网、宽带互联网以及网络融合等新技术新业务条件下的网间互联互通工作，落实《公用电信网间通信质量监督管理办法》，召开互联互通工作例会，督促企业建立网间短信问题快速处理机制，推动制定网络运行保障应急预案，及时协调解决互联互通工作中出现的矛盾争议。加强网间电路和数据调整管理，完成监控中心传输电路引入及短信和互联网监控中心初验等监测系统扩建改造，开展网间短消息链路情况调查。加强码号资源管理和督查力度，探索适应新技术新业务发展的码号资源管理新模式，开展码号年报网上审核，完成码号资源管理系统数据更新，审批各类码号 30 个，备案各类码号 378 个。

【互联网行业管理】全面履行互联网行业主管部门职责，完善网站备案和 IP 地址备案管理，审核通过网站备案主体 4325 个，累计通过 9465 个，完成主体注销 1814 个、网站注销 1866 个。积极督促电信运营企业开展空壳类备案数据清理，加强电信市场准入和年检环节信息安全专项审查，妥善处理藏人文化网及相关政府部门互联网安全接入问题。充分发挥行业优势和技术优势，强化部门间处置联动管理，配合开展整治非法网络公关、网络游戏防沉迷实名验证、利用互联网发布虚假药品信息非法销售药品、打击网络传销和发票违法犯罪等专项行动。

【网络与信息安全管理】落实信息安全管理制度，督促企业开展《基础电信运营企业信息安全责任管理办法》落实情况自查并组织进行专项检查。积极推动与省有关部门协调建立信息安全工作联系机制，加强互联网和通信短信息管理，强化网络舆情分析。加强部门间联动协同，配合开展扫黄打非等专项工作，配合查禁非法网络出版物 35 篇。加强网络安全管理，完善公共互联网网络安全应急管理体系和应急处置工作机制，制定印发《甘肃省域名系统安全专项应急预案》，积极开展通信网络安全防护风险评估工作，及时妥善处理网络安全事件（共处置网络安全事件 31 起，处置涉及木马和僵尸网络异常 IP 事件 28878 起），定期报送和通报全省网络安全事件。加强网络信息安全技术手段和保障能力建设，做好系统维护保障工作。

【灾区重建工作】按照国家规划，全面完成“5・12”汶川特大地震灾后省内通信重建工作。完成“8・8”舟曲特大泥石流灾后通信重建规划，基本完成网络设施重建工程，通信能力超过了灾前水平。在舟曲重建规划的峰迭新区，组织甘肃电信、甘肃移动和甘肃联通三家电信运营企业，以“共建共享”方式设计建设一幢通信生产局房，土建工程正在进行。完成东乡县“3・2”特大滑坡地质灾害灾后通信重建规划，工程开工。

【服务社会民生】积极推进农村通信基础设施建设，组织召开年度村通工程座谈会专题部署村通工程，分解自然村通电话任务，定期督查村通任务落实情况。加强农村通信服务质量管理，督促企业扩展服务渠道和营业网点。规范企业通信建设和生产经营活动，推进行业班组安全建设和作业场所安全管理，组织开展电信网络运行安全及安全生产自查巡查和行业地企共建平安管道活动。狠抓通信安全隐患排查治理，安排部署开展通信机楼安全生产专项活动，督促企业开展通信生产场所和营业网点供电、防火等重点检查。发挥社团组织协调引导作用，联合中国互联网协会共同主办 2011 互联网公益西部行培训（甘肃站）活动，面向基层政府工作人员、农民群众、中小企业和个体经营者开展网络基础应用和网络营销专场培训。创新互联网正面引导模式，推动以文明办网、文明上网为主要内容的行业自律工作，配合省委外宣办开展“通信杯”红色短信有奖征集评审活动。

【应急通信管理】加强与相关预案编制部门的沟通协调，启动应急指挥调度平台建设，配合相关部门推进省应急指挥中心建设，落实重点目标防护措施，组织指导企业积极参与兰州军区战区展演和“两个试点”演练。积极协调各级电信企业做好各类突发事件应对准备，全面完成了建党 90 周年、环青海湖国际公路自行车赛、兰州国际马拉松赛、“敦煌行・丝绸之路国际旅游文化节”等重要节假日和赛会期间的通信保障工作。加强应急通信技术手段建设和设备物资管理，制定应急通信车使用管理制度，强化全省应急卫星站点运行监督管理。

（李存义）

邮　政

【概况】2011 年，全省邮政业实现业务总收入 9.91 亿元，比上年增长 9.04%，其中快递业务收入 2.77 亿元，增长 14.12%。规模以上快递企业完成快递业务量 1135 万件，增长 12%。邮政普遍服务和快递业务公众满意度稳步提升。截至 2011 年底，全省共有邮政普遍服务营业场所 1137 处。全省邮政业规模不断扩大，邮政服务能力不断增强，特别是快递业发展速度显著加快，服务水平明显提升，为促进经济社会发展做出了贡献。全省快递企业中办理了《快递业务经营许可证》的法人企业有 82 家，办理了属地备案手续的快递公司分支机构 7 家。据不完全统计，全省快递行业 2011 年末从业人员 2400 多人，增长 54.83%。取得快递业务员资格证书 1246 人，营业场所建筑面积近 20000 平方米，营业网点 1200 多个，机动车 300 多辆。

【完善邮政法律体系】2011 年，加快推进《甘肃省邮政条例》修订进程，省人大常委会将《甘肃省邮政条例》修订工作纳入 2011 年立法预备项目，在省政府法制办征求各厅局意见的基础上，四月份，与省政府法制办组成联合调研组，前往湖南、江西、福建三省，就《甘肃省邮政条例》开展立法调研。在调研基础上，吸收国家邮政局指导意见和外省立法经验，对《甘肃省邮政条例》进行进一步修改，草案文本已基本成熟，十月份，向省政府法制办上报 2012 年度立法项目计划。

【加强政策规划引导】2011 年，认真做好全省邮政业发展“十二五”规划的衔接与宣贯工作。加强与委托编制单位沟通协调，广泛征求意见，多次对规划草案进行修改完善，及时做好向国家邮政局和省上有关部门的汇报衔接。并在 2011 年 12 月 31 日，正式和省发展改革委联合发布了《关于印发甘肃省“十二五”邮政业发展规划的通知》。

【积极争取政策支持】为加强全省农村地区邮政服务能力，缩短农村邮件传递时限，不断加强对全省农村邮政服务设施和村邮站建设的监督力度，并多次与省人民政府相关部门和省邮政公司进行协商，向省政府主管部门提交了《关于加快推进甘肃农村邮政基础设施建设的实施意见》。2011 年 1 月，在甘肃省委省政府下发的《关于切实转变发展方式推动农业农村工作再上新台阶的意见》（甘发〔2011〕1 号）中，明确提出“2011 年全省要加快乡村邮政所站等惠民工程建设，以保障和改善民生为根本出发点和落脚点，提高农民群众生活质量”的要求，将邮政基础设施建设纳入政府工作目标之中。与省邮政公司协调，从全省现有的邮件接转点中，选取了 500 个条件较为成熟的村级接转点，进行规范化运作试点，为后期在全省范围内推进村邮站建设奠定了基础。

【邮政普遍服务监督管理】一是积极推动普遍服务均等化。2011 年 1 月，在省委省政府下发的《关于切实转变发展方式推动农业农村工作再上新台阶的意见》（甘发〔2011〕1 号）中，明确提出 2011 年全省要加快乡村邮政所站等惠民工程建设，以保障和改善民生为根本出发点和落脚点，提高农民群众生活质量，将邮政基础设施建设纳入政府工作目标之中。与省邮政公司协调，拟从全省现有的邮件接转点中，选取 500 个条件较为成熟的村级接转点，进行规范化运作试点。

二是全力配合省发展改革委推动空白乡镇局所建设。2010 年以来，积极配合省发展改革委做好空白乡镇局所审核等前期工作，省财政多方筹资 5320 万用于空白乡镇邮政局所的建设工作。在 2011 年《甘肃省政府工作报告》中，明确将全省第一批 154 个空白乡镇邮政局所的补建工作纳入了全省为民办实事工程，有效的推动了补建工作的开展。目前已有 45 个项目竣工，其中 3 个项目已经交付当地邮政部门，其余项目正在准备验收；43 个项目已完成土建主体施工，正在进行内部装饰等工作；3 个项目由于征地困难通过购买现有房屋解决，目前已经签订了购买合同，正在进行附属设施建设；40 个项目正在进行主体施工；16 个项目正在进行基础施工；2 个项目由于建设用地落实难度大正在协商购买中；5 个项目正在开展施工图设计、选址征地及一些前期准备工作。第一批 154 个空白乡镇邮政局所补建项目已累计完成投资 2971.26 万元。

三是积极推进全省信报箱设置工作。就城镇居民信报箱建设问题积极向省政府领导汇报，并就三同步问题多次与建设部门进行沟通。在 2011 年“两会”期间，积极协助省、市政协委员和省、市人大代表提交有关推动全省信报箱建设的提案和议案工作。形成了由 11 位省人大代表联名提交的《关于加快推进甘肃城镇居民楼信报箱建设的建议》的议案和由 16 位市人大代表联名提交的《关于加快推进全市城镇居民楼信报箱建设》的 2 份议案，由省政协委员提出的《关于加大信报箱建设力度加强信报箱管理》及由市政协委员提出的《关于将信报箱建设纳入行政审批》的 2 份提案。并与省住房和城乡建设厅积极联系，做好“两会”期间有关信报箱提案与议案的交办工作。经过不懈努力，兰州市城乡规划局对市人大代表的议案进行了答复，提出在以后的规划验收中，将采纳代表们的提议，将信报箱的安装作为建设工程规划验收的内容。省住房和城乡建设厅也对省政协的提案进行了答复，将要求各级建设部门和住宅工程建设各方应按《住宅信报箱工程技术》规范要求严格执行。

四是进一步强化普遍服务监督工作。积极推动“政府监管、企业自律、社会监督”三位一体的监管体系建设，按照国家局的统一部署，开展邮政普遍服务和特殊服务综合检查，按照《邮政法》、《普遍服务管理办法》、以及《普遍服务标准》的规定进行监督，严格实行局所设撤审批制度，对违规行为依法进行处罚，督促企业提升服务水平。

【快递市场监督管理】一是做好快递业务经营许可工作。严格按国家局的许可条件和程序检查验收，做好新申请经营快递业务企业的场地审核及发证工作和全国网络型分公司在甘肃的属地备案登记工作，对已许可快递企业开展复查复验和变更登记，对快递企业分支机构进行审验，在各市州主要报刊上向社会公告快递业务经营许可信息。

二是加强监督和指导，不断提升快递服务质量。委托中介机构对规模以上快递公司的快递服务质量进行调查，形成调查报告并向全行业发布。开展“星级快递企业”评选活动，举办快递企业消费者投诉处理人员职业技能培训班，实行消费者申诉情况定期通报制度，对申诉情况进行分析，促使各企业进一步妥善处理消费者申诉，维护消费者合法权益。

三是开展专项执法检查。联合省工商行政管理局对兰州市、陇东地区、河西地区未经许可和超范围经营的快递企业进行了集中检查。共检查快递企业 90 多家，出动执法人员 200 多人次。下发整改通知书 3 份，对甘肃中通速递服务有限公司严重损害用户权益的行为处以罚款 2000 元整，取缔 9 家快递企业，并在当地主要媒体上发布了取缔公告。

四是强化为企业服务的意识，结合快递企业普遍较小的现实，协调解决民营快递企业在税收、工商注册、车辆停靠等方面的问题。邀请兰州市交警支队、辖区交警部门以及部分快递企业负责人进行座谈，就甘肃省快递企业发展中遇到的快递车辆通行难、停靠难等瓶颈问题进行了进一步的协调，在交警部门的大力支持下，兰州市部分快递企业取得了临时通行证，保障了快递服务质量。

五是进一步加强邮政行业安全生产工作。2011 年初与各寄递企业签订了《安全生产责任书》、《禁毒工作责任书》和《邮政行业维护稳定及治安综合治理责任书》。举办《邮政行业安全监督管理办法》专题培训班，下发了《关于学习〈邮政行业安全管理办法〉的通知》，并向各企业发放了学习读本。开展邮路安全收寄验视实物测试，确保邮路寄递渠道安全。

（徐鸿滨）

财政　金融

财　政

【财政预算执行】2011年，财政预算执行情况良好，圆满完成了省十一届人大四次会议确定的各项目标任务。全省地方财政收入实现450.4亿元，完成汇总预算的114.5%，比上年增长27.4%。其中省级收入160.2亿元，完成预算的105.7%，增长22.5%。大口径财政收入实现933.6亿元，完成计划的112.4%，增长25.3%。全省财政支出实现1790.2亿元，完成变动预算的96.4%，增长21.9%。其中省级支出439.4亿元，完成变动预算的91.9%，增长40.1%。

全省政府性基金收入实现183.9亿元，完成预算的162.3%，增长3.7%。其中省级收入42.5亿元，完成预算的166.7%，下降30.2%。政府性基金支出实现189.5亿元，完成预算的71.5%，增长18.1%。其中省级支出27.1亿元，完成预算的56.5%，下降42%。省级基金收支减少，主要是从5月份起将车辆通行费调整为经营性收费后减少收入所致。

省级国有资本经营预算收入实现7.4亿元，完成预算的82.2%。国有资本经营预算支出2.9亿元，按有关规定，将4.5亿元项目支出调入一般预算列支。收支减少，主要是年初预计的产权转让收入没有实现。

当年中央补助收入1294亿元，比上年增加246.7亿元。其中：返还性收入88.9亿元，增加2.6亿元；一般性转移支付收入627亿元，增加154.8亿元；专项补助561.4亿元，增加87.7亿元；政府性基金补助16.7亿元，增加1.6亿元。

【财政工作】一是发挥职能作用，推动经济平稳较快发展。认真落实提高增值税、营业税起征点、结构性减税，以及对小型微利企业税收优惠等政策，切实减轻企业负担。大力支持铁路、公路、机场、水利等重点项目和基础设施建设。支持实施工业发展“六大行动计划”，积极促进优势产业和新兴产业加快发展。推进循环经济、节能减排，支持淘汰落后产能。中央财政代甘肃省发行地方政府债券59亿元，主要用于重大交通、水利基础设施、保障性安居工程等公益性项目。争取国际金融组织和国外贷赠款项目12个，实际利用外资4.1亿美元。新增小额担保贷款75亿元，当年财政贴息5.6亿元。多渠道筹措资金，支持兰白核心经济区、天水—关中、酒嘉、平庆等经济区发展，推动“两市两州”加快发展。及时拨付甘肃银行、省公路航空旅游投资集团、煤炭资源开发投资公司、保障性安居工程投资公司等融资平台资本金，促其加快组建、运营。当年省级融资平台直接融资123亿元。

二是落实强农惠农政策，推进农村改革发展。推进支农资金整合，深入实施促农增收“六大行动”，支持特色优势产业发展。进一步增加良种、农机具、退耕还林、农业保险保费等对农业和农民的补贴。加大培训力度，促进农民转移就业。积极筹措资金，新修梯田161万亩，解决了191万农村人口饮水安全问题，新增农村沼气用户10万户。加强农田水利基础设施建设，水利建设重点县范围扩大到29个，新增有效灌溉面积16万亩，大、中型灌区续建配套与节水改造项目顺利实施。加大中低产田改造和高标准农田建设力度，支持整村推进、集中连片开发等扶贫项目建设。天保二期开始实施，草原生态补助奖励政策及时落实，当年中央补助资金17.6亿元。农村环境连片整治示范工作有序开展。“一册明、一折统”支付方式改革继续推进。农村公益事业“一事一议”奖补基本实现全省覆盖，补助资金达到12.3亿元，带动社会投入34亿元以上。当年农林水事务支出235.2亿元，增长19.8%。

三是加大保障和改善民生力度，推动社会和谐建设。大力支持教育文化事业发展。认真落实各项政策，顺利通过国家“两基”检查验收工作。从秋季学期开始，农村中小学公用经费补助标准每生每年提高100元，达到小学500元，初中700元。农村义务教育阶段家庭经济困难寄宿生生活费补助标准每生每天提高1元，达到小学每生每天4元，初中每生每天5元。在58个连片特困县实施农村义务教育学生营养改善计划，补助标准每生每天3元。大力发展学前教育，改造建设108个乡镇幼儿园。落实资金20.4亿元，积极推进中小学校舍安全工程，建成校舍面积180.4万平方米，全面排除了农村中小学2008年标准D级危房。完善家庭困难学生资助和高中阶段国家助学金政策。进一步提高普通高校生均拨款标准，支持实施高校实验室、重点学科和博士点建设。投入资金5亿元，支持化解高校债务。继续实行农村义务教育阶段特设岗位教师计划。新建100个乡镇、社区体育健身中心和1930个农家书屋。支持实施文化、旅游基础设施项目和2.1万户20户以下自然村广播电视“村村通”工程。当年教育支出284.3亿元，增长24.6%；文化体育与传媒支出32.9亿元，增长10.4%。积极推进城乡医疗保障体系建设。基层医疗卫生机构财政补偿机制进一步完善，财务收支两条线管理全面实施。新农合、城镇居民基本医疗保险政府补助标准提高到人均每年200元，参保人数分别达到1918.3万人和281.2万人。基本公共卫生服务经费补助标准提高到人均每年25元，城乡医疗救助和大病救助机制逐步完善。县级公立医院改革试点有序开展，群众看病负担明显减轻。支持了县级医院、中心镇卫生院等一批医疗卫生设施建设。当年医疗卫生支出143.1亿元，增长42.6%。继续完善社会保障机制。积极开展城乡居民技能培训和高校毕业生就业工程，落实社会保险补贴、公益性岗位补贴等就业扶持政策。企业退休人员基本养老保险待遇平均提高14%，达到人均每月1625元。在65个县开展新农保、城镇居民社会养老保险试点。城市低保标准由月人均187元提高到208元，农村低保补助标准由月人均65元提高到77元。当年下达低收入困难群众生活补贴11.8亿元，其中向低收入困难群众发放临时价格补贴2.1亿元。进一步完善企业职工养老保险省级统筹和被征地农民养老保险制度。超额完成廉租住房、农村危房改造等保障性住房建设任务。当年社会保障和就业支出278.1亿元，增长29.3%；住房保障支出92.3亿元，增长58.9%。全力支持灾后重建工作。“5•12”地震灾后重建全面完成，舟曲、成县等灾后重建资金58.5亿元已全部到位。《东乡县城特大滑坡地质灾害后恢复重建总体规划》开始实施，中央补助资金11亿元，已到位6亿元。年初确定的“十大惠民工程”27件为民办实事事项全部落实，共下达资金190.7亿元，其中省级53亿元。

四是深入推进财政改革，不断提升管理水平。继续实施规范公务员津贴补贴工作，落实义务教育学校、公共卫生和基层医疗卫生事业单位绩效工资政策。全面推行省直管县财政管理改革，试点县达到67个。进一步完善转移支付制度和县级基本财力保障机制，提高基层政府基本公共服务保障能力。当年省对市县财政补助1093亿元，比上年增加166亿元。继续深化部门预算、国库集中支付和政府采购改革。省级公共预算、决算、国有资本经营收支预算向社会公开。有序开展了省直管县预算执行情况、灾后重建和强农惠农资金等专项检查。组织实施了公务用车清理工作。政府会计改革稳步推进，注册会计师、资产评估行业规范化建设不断强化。“小金库”专项治理深入开展，防治“小金库”长效机制初步建立。

国家税务

【地方党政领导关心税收工作】甘肃省委副书记、省长刘伟平同志2011年6月在甘肃省国税局呈报的《甘肃风电产业税收政策效应分析》报告上做出重要批示，充分了肯定国税部门为服务全省新能源产业发展所做的贡献。批示指出，感谢省国税局为支持甘肃新能源产业发展所做的卓有成效的工作。请省政府研究中心、省财政厅认真研究省国税局所提建议，形成上报国务院的有说服力、可操作的建议。甘肃省委常委、副省长刘永富2月14日出席了全省国税工作会议并讲话，充分肯定了全省国税系统“十一五”时期和2010年工作取得的突出成绩，要求国税部门继续发挥职能，为甘肃科学发展、跨越发展做出更大贡献。为支持税收宣传月活动，甘肃省委常委、副省长刘永富在4月6日的《甘肃日报》发表了《税收在服务甘肃经济社会跨越式发展中大有可为》的署名文章。

【税收收入情况】2011年，全省组织国税收入464.38亿元，比上年增长23.45%，增收88.22亿元，完成国家税务总局计划415.6亿元的111.74%，完成省政府确定的奋斗目标428.8亿元的108.3%。全年国税收入健康运行，增势良好，增速较快，税收分地区、分税种、分级次全面协调发展，国税收入规模突破400亿元大关，实现了“十二五”国税收入的良好开局。

税收收入特点：一是税收发展均衡有力。全省国税收入形势持续向好。从2月份开始，全省国税收入增幅始终保持在24%左右，月均税收规模由上年的31亿元跃到39亿元，增加8亿元，税收发展的稳定性增强，税收增长的质量进一步提高。二是主体税种增势良好。企业所得税大幅增长，消费税增长强劲有力，增值税和车辆购置税保持稳定增长态势。三是各级次收入全线增长。中央级税收同比增长24.21%；省级同比增长16.46%；市县级同比增长20.66%。四是税收结构更趋合理。依托全省产业结构调整，发展方式转变和第三产业规模和质量的提升，第三产业税收增长持续高于第二产业，整体税收可持续发展的能力有了一定突破。第三产业税收增幅高于第二产业4.4个百分点。五是行业支撑作用明显。石化、卷烟、商流、冶金、煤炭和电力六大支柱行业全部呈现增长态势，对国税收入增长的贡献率为90.21%，拉动国税收入增长21.16个百分点，成为支撑国税收入较快增长的决定因素。六是区域发展效益日趋显现。各市（州）税收全部呈现较好增长势头，所有市（州）国税局、开发区国税局均提前完成年度收入计划。从东、中、西三大经济区看，陇东片区增幅达51.89%，陇中片区增长15.36%，河西片区增长17.84%，区域经济发展的效益得到显现。七是重点企业拉动效果显著。533户省级监控的重点企业税收增长21.55%，占国税收入的80.43%，拉动全省国税收入增长17.6个百分点。八是税收政策效应有效发挥。进一步加强税收政策宣传辅导、执行效应分析和跟踪问效，各项税收优惠政策得到全面落实，税收服务宏观经济调控、扶持企业发展的职能作用充分发挥，有力支持了经济社会发展，促进了经济结构调整、技术进步和产业升级。

【税收法治】不断规范税收执法行为。完善规范性文件制定程序，开展规范性文件清理。健全税务行政处罚裁量基准制度，规范税务行政处罚自由裁量权。严格执行大额减免税集体审批制度。开展行政执法案卷评查工作。健全税收执法责任考核机制，开展税收执法督察，做好税收执法疑点信息库上线推行和疑点信息核查工作。税收执法行为不断规范，执法过错量比2010年下降了80%。积极营造依法诚信纳税环境。广泛开展法制宣传培训，累计建成税收宣传教育基地68个、普法教育基地59个。省局机关被评为全国“五五”普法先进单位，全系统有27个单位、13名个人荣获全省普法、学法先进荣誉称号。

【税种管理】强化税种管理，认真做好增值税防伪税控、电子申报监督管理及电子申报和网上认证管理工作。落实增值税转型等结构性减税政策以及舟曲泥石流灾后重建、增值税起征点调高等各项税收优惠政策，全年共办理减、免、退税25.27亿元。开展了对企业端重复发行金税卡的专项清理核查，消费税政策执行专项调查研究，车辆购置税征收管理专项业务检查；开展企业所得税动态分析，全面完成2010年度全省40764户企业的企业所得税汇算清缴工作；强化出口退税和涉外税收管理，深入探索非居民税收分级分类管理的专业化机制，在股权转让、股息分配、海外融资等项目的税收管理上取得重大成效，两户企业涉嫌避税问题得到总局批准开展立案调查，标志着反避税工作取得突破性进展。大企业管理服务、车购税管理创新等工作受到总局通报表彰。

【纳税服务】制定下发了全省统一的《办税业务规程》，对125项办税业务流程进行了优化规范，减少了涉税审批环节和报送资料。健全纳税服务工作应急处理机制，增强纳税服务风险防范和处置能力。全面完成118个办税服务厅（室）的规范化建设，深入推进国地税联合办税，国地税互设办税服务窗口25个、共驻政务大厅窗口48个。深入开展窗口单位“为民服务创先争优”活动，加强办税服务厅人员教育培训。与地税部门合作共建了省级集中的12366纳税服务呼叫中心，规范运行管理，提升涉税咨询水平。完善纳税服务网站功能，为纳税人提供方便快捷的网上办税服务。依托12366短信服务平台广泛开展征纳沟通，个体工商户短信申报近102万户（次），划缴税款1300多万元。持续推进财税库银横向联网，70%以上的纳税人实现了电子缴税。完善税务行政复议调解程序，探索建立税法援助制度，建立纳税人投诉快速响应和处理机制，切实维护了纳税人合法权益。

【税收征管】积极开展税源专业化管理试点工作，分级确定试点单位，对大企业实施重点管理，对中小企业在属地管理基础上实行行业分类管理。编写税源管理指引196个，不断增强了税源管理的针对性和实效性。持续加强信息管税，强化社会综合治税，不断拓宽信息来源渠道，充分利用第三方信息加强税源管理。开发运行“税收数据综合分析应用和风险管理平台”，税收信息数据管理、利用效率稳步提升。切实加强信息化日常管理，保障了48套应用系统的高效安全运行。深入开展纳税评估，全年共评估纳税人9642户，评估入库税款1.46亿元。大力夯实税收征管基础，税务登记、纳税申报、税款征收、发票管理等征管基础建设得到进一步加强。

【税务稽查】严厉打击涉税违法犯罪行为，全年共检查纳税人3346户，查补税收收入4.92亿元。严厉打击各类涉税违法犯罪行为，依法整顿和规范税收秩序。全省共查处各类发票违法案件1716起，捣毁假发票窝点14个，打掉职业犯罪团伙4个，查处违法发票219.49万份。公安机关立案50起，抓获犯罪嫌疑人40人，移送起诉16起；检察机关起诉6起，涉案8人；审判机关审判3起，判处有期徒刑5人；治理网站发票违法信息62万条，关停违法网站6个；开展发票教育宣传615次，曝光发票违法案例16件，有效净化了税收执法环境。

【纪检监察】深入学习并严格执行《廉政准则》及实施办法和总局相关配套办法。深入开展执法监察、效能监察和惩防体系建设专项检查，不断强化“两权”监督。以建立务实管用的长效机制为目标，按照“制度+科技”和“四个结合”的工作思路，全面推进内控机制建设。广泛开展廉政文化教育活动，在充分发挥全系统67个廉政文化教育基地作用的同时，大力推进省税务干部学校“全国税务系统廉政教育基地”创建工作。全面开展民主评议政风行风活动，在全省开展的民主评议政风行风活动中，国税系统在11个参评的重点执法部门中，取得了综合排名第一的好成绩。

【政务管理】突出以文辅政，拟写了各类专题报告、重要文件、领导讲话、专题材料、调研文章及汇报材料40余份，共计50万余字。全年编报《信息专报》等各类参阅件262期，共560多条60余万字，连续10年被省委、省政府分别评为“信息工作先进单位”。深化税收宣传，组织开展了纳税百强排行榜发布、“百名国税局长走访千户纳税人”、曝光重大涉税案件、纳税人座谈会等税收宣传月活动。有3项作品在总局组织的税收好新闻比赛中获奖。对内部办公网站进行了全面改版，外网发布信息16449条。严格审核把关，全年接收、审核、处理公文7699份。修订下发了《督促检查工作实施办法》。做好保密、档案工作，被省档案局评为档案管理先进集体。全年办理来信、来访19件次，办理政协提案1件。

【税务文化】健全文明创建工作机制，把文明创建与党的建设、思想政治工作、国税文化建设、创先争优活动有机结合，不断提升文明创建水平，在全系统原有的“全国文明单位”全部通过复查验收的同时，又有7个单位被授予“全国文明单位”称号。深入开展了创先争优和纪念建党90周年系列活动，切实加强了思想政治工作。

（李莉）

地方税务

【税收概况】2011年，全省地税系统共组织各项税费收入500.6亿元，比上年增长34.7%，增收128.8亿元。其中：组织地方税收276.1亿元，增长33.2%，增收 68.7 亿元，增幅位居全国 35 个省市区和计划单列市第 14 位、较上年前进 10 个位次，位居西部 12 个省市区第 8 位、较上年前进 3 个位次；地方税收总额占到全省生产总值的 5.5%，较上年提高 0.5 个百分点，占到全省大口径财政收入的 29.6%，较上年提高 1.8 个百分点，占到全省一般预算收入的 61.3%，较上年提高 2.7 个百分点，超额完成了全年任务。组织社会保险费收入 212.7 亿元，增长 35.1%，增收 55.3 亿元。组织其它收入 11.9 亿元，增长 68.9%，增收 4.8 亿元。有 90 人考取注册税务师资格、使全系统的注册税务师达到 348 人，占全系统干部总数的 5.7%、高于全国税务系统 4.13%的平均水平。

【税收法治】切实推进依法行政进程，建立完善依法行政制度、办法。规范行政处罚权，量化处罚标准，严格重大违法案件审理，加强减免税管理工作，深入开展规范性文件清理。加大执法监督和税收政策执行情况检查力度。顺利启动“六五”普法工作，积极开展税法宣传教育活动。建立税收执法检查人才库，强化执法检查队伍建设。依法行政能力和水平进一步提高，税收执法行为进一步规范，在省政府组织的 2011 年度全省依法行政考核中，省地税局在 60 个省直机关中排名第四。

【税种管理】全面调高城镇土地使用税税额标准和土地增值税预征率，堵塞存量房交易税收征管漏洞，制定资源税征管措施，强化车船税征管，接收契税、耕地占用税征管业务，进一步提高所得税管理水平，积极建议调高和落实营业税起征点幅度，认真执行工资薪金个人所得税起征点调高政策，全力配合国家支持甘肃发展“5 个文件”的落实，大力支持文化事业、文化产业发展和房地产市场价格调控、灾区重建、藏区发展，以及高新区、经济技术开发区和兰州新区建设，全年减免税收 21.3 亿元。

【纳税服务】建成 12366 纳税服务呼叫中心，开通 12366 热线自动语音及人工服务项目、短信服务及投诉举报项目、轮流坐席“全天候”电话服务项目。2011 年 4 月 1 日，甘肃省国、地税局联合发布 2010 年度甘肃纳税百强企业排行榜，甘肃省委常委、副省长刘永富在《甘肃日报》发表题为《税收在服务甘肃经济社会跨越式发展中大有可为》的署名文章，为宣传月活动造势、鼓劲。全省制定纳税服务工作规范，加快标准化办税服务厅建设步伐，拓宽国地税联合办税业务范围，及时受理纳税人和缴费人的政策业务咨询，提高了广大纳税人对税法的遵从度。

【税收征管】2011 年，全省共有纳税户数 31 万户，全系统进一步加大纳税评估工作力度，重点运用省级征管数据“大集中”平台，对纳税异常户、用票异常户、特定行业户的相关情况反复进行比对分析，努力查找纳税疑点、堵塞管理漏洞，全年评估纳税企业 9159 户、评估调增税款 1.6 亿元，向征管部门提出管理建议 2365 条。着力提高信息管税、科技强税、专业治税、社会护税的综合能力，充分发挥信息化平台在征收管理工作全过程的支撑保障作用，不断升级完善综合征管系统，积极研发挂接各类单项征管应用软件，进一步扩展综合征管系统运用的范围、广度、深度，尽力做到数据共享、信息共用、资源共惠。继续实施“亮点工程”，巩固专业化管理成果，拓展社会综合治税范围，确保应收尽收。减并优化票种，扩大机打发票使用范围，深入开展发票专项检查整治行动，强化“以票控税”措施增收 5.1 亿元。加强管理，不断提升社保费的征管质量，对省、市、县征收机关重点监控的缴费单位，实现了按月税、费一次申报，达到以税促费的目的，提高了社保费的申报和征缴率。

【大企业税收管理】进一步提升对大企业税收服务和管理的水平。建立省局定点联系企业涉税信息数据库。结合甘肃省实际制定了《大企业涉税事项协调会议制度》，明确了协调会议制度的工作职责和成员单位，规定了议事规则和具体操作事项，为推动甘肃省对大企业实施相对集中、科学高效、统一规范的专业化管理，更好地为大企业提供个性化的纳税服务做了积极的探索。

【国际税收管理】2011 年，涉外税收完成 6.52 亿元，其中外商投资企业税收 6.37 亿元，非居民税收 1511 万元。进一步拓展国际税收业务范围，做好“走出去”企业税收服务与管理工作，加强外籍个人所得税的管理，加强外商投资企业税收管理与服务工作，以非居民税收管理为工作重点，加强培训，提高涉外税收干部整体素质。

【税务稽查】2011 年，全年共检查纳税户 2643 户，发现有问题户数 2528 户，已结案 2526 户，查补税款、罚款和滞纳金共 48579 万元，入库 46871 万元，查补收入比上年增加 12622 万元，增长 35.1%，查补收入占到全省地方税收收入的 1.76%，选案准确率达到 95.65%，结案率达到 99.92%，入库率达到 99.50%。2011 年确定对 54 户重点税源企业开展以自查为先导的审计式税收检查。其中，由省局牵头组织检查 8 户，市州检查 46 户。部署检查的 54 户重点税源企业，纳税额占到全省的 12.7%，企业职工人数超过 10 万人，营业收入到 1000 亿元以上，检查规模为历年之最。全省地税部门在打击发票违法犯罪工作中，共检查 1487 户企业，查处违法受票企业 510 户，涉及非法发票 7827 份，金额 8786.5 万元，查补税款 605.5 万元，罚款 135.1 万元，加收滞纳金 11.6 万元，圆满完成了总局下达的 500 户违法受票企业检查任务。共计查获各类发票违法案件 203 件，抓获犯罪嫌疑人 2 人，移送起诉案件 2 件，其中与公安联合查获案件 2 件，打掉犯罪团伙 1 个，查获假发票 8.2 万份；查补税款、罚款、滞纳金 338.2 万元，没收违法所得 2.4 万元。

【信息化建设】数据省级集中处理的《综合征管系统》全面上线运行，为金税工程（三期）甘肃地税建设项目的启动奠定了良好基础。在实现全省征管（社保）数据省级集中处理的同时，通过接口软件挂接了建筑业项目管理系统、货运发票系统、财税库银横向联网系统、网上报税系统、银行代收与批量扣税系统等外围单项应用系统。为加强各种应用系统数据资源的分析利用，组织开发了数据统一分析平台，为各级管理决策部门提供各类查询统计和分析提供服务。为满足全省各级地税机关充分利用省级集中的数据资源，建立了数据分发系统。形成省局、设备生产厂商、软件开发商三位一体各负其责的运维模式，基本保证了数据处理中心的正常运转，保障了税收征管工作的正常开展。

【纪检监察】层层签订年度党风廉政建设责任书，形成一级抓一级、一级对一级负责、层层抓落实的党风廉政建设工作机制。强化内部审计，加大监督检查力度，有效防范不廉行为的发生。组织市州、县市区局积极参加当地党委、政府组织的政风行风评议活动，着力改进工作作风、提高工作效率、树立务实清廉形象，去年在被列入政风行风评议的省直11个行政执法部门中，全省地税系统位列第二名，15个市（州）级局有14个位列当地前三名，其中5个位列第一、5个位列第二。大力开展廉政文化建设活动，进一步完善各种廉政文化建设载体，使廉政文化建设更加具有行业特点、更加贴近税收工作实际。

【财务管理】继续完善和落实财务管理制度。在全系统101个预算执行单位全面实行经费收支管理预算化、全面实行经费核算和资产管理信息化，进一步完善和落实各项财务管理办法、制度和规定。进一步规范和加强了财务资产的管理和监督，为提升全省地税系统财务资产管理工作水平奠定了制度基础，为推进全省税收征管工作保驾护航；继续落实“两上两下两审一公开”的基建项目管理程序和基建项目资金拼盘必须到位、不准用贷款、借款搞基建，不得欠债搞建设；继续坚持“建设是政绩，还债也是政绩”的理念，把偿还责任列入班子考核内容；确保资金安全管理。严格银行账户管理，制定了银行账户“集中统一、两级监控”的管理办法；确保资产安全管理和高效使用。完善落实了制定了资产管理实施办法，建立了由“省局统一管理，省市县三级使用、三级负责”的地税系统国有资产管理体制。

【政府采购】继续落实政府采购有关规定，进一步明确了地税系统政府采购的事项、范围、内容、方式、程序等，建立了全系统“统一审核、统一调度、统一采购、统一支付和统一验收”、“五统一”的政府采购管理制度。

【后勤管理】制定并实施了一系列的省局机关食堂管理制度、员工纪律、员工守则，确保职工食堂正常运行。做好资产清查审核，加强车队管理调配。抓好物业管理、节能减排。完善职工健康管理，丰富干部职工业余文化生活。

【税务文化】进一步提升精神文明创建层次、创建水平，2011年又有10个单位建成国家级文明单位。截至2011年，已经创建国家级文明单位12家，国家级精神文明建设先进单位11家；省级文明标兵单位8家，文明单位31家，精神文明建设先进单位30家。组织开展了全系统庆祝建党90周年文艺汇演活动。在系统全面推开“读者杯”读书活动，在全系统开展“机关干部下基层，创先争优解难题”活动。精神文明创建活动的深入开展，为地税事业的发展提供了强大的精神动力和智力支持。

中国人民银行兰州中心支行

【货币信贷】认真贯彻落实稳健的货币政策，货币政策执行绩效显著提高。按照“总体稳健、调节有度、结构优化”的调控要求，加强窗口指导，完善调控手段，调整信贷结构，拓宽融资渠道，改进民生金融服务，全省金融运行呈现出总量扩大、结构优化、重点突出、融资多元的良好局面，为地方经济社会跨越发展提供了有力金融支持。2011年，全省银行业金融机构本外币各项存款余额8460.94亿元，比上年末增长18.39%，全年新增1299.94亿元；本外币各项贷款余额5736.20亿元，比上年末增长25.34%，全年新增1158.77亿元。兰州中心支行连续第三年获省政府“省长金融奖”，获人民银行总行“金融支持就业工作优秀奖”。

实施差别存款准备金动态调整措施，建立“提示、约见、警示、差别”四级信贷调控制度，引导地方法人金融机构按照宏观调控要求合理安排信贷投放。建立“日监测、周分析、月总结”监测制度，密切监测金融机构贷款增长情况，引导金融机构均衡适度发放贷款。制定下发8个信贷指导意见，引导金融机构将信贷资源向重点项目和支柱产业、特色产业、循环经济、战略性新兴产业倾斜，全年投向交通运输业、制造业、批发零售业、采矿业和电力、燃气、水的生产及供应业五大产业贷款较年初增加600.45亿元，占全省人民币贷款（不含票据融资）增量的61%。制定《甘肃省农村信贷服务创新综合实验县创建方案》，指导定西市陇西县、张掖市甘州区和酒泉市金塔县因地制宜开展信贷服务创新，农村金融服务创新产品覆盖面不断扩大。年末，涉农贷款余额达到2067.34亿元，全年增加404.34亿元。与省工商局联合制定《甘肃省商标专用权质押贷款暂行办法》，举办商标战略推进会，15家银行与企业签订战略合作协议，授信融资165亿元，现场协议发放商标质押贷款1.40亿元，实现了商标专用权质押贷款的零突破。配合省政府金融办制定《甘肃省股权质押融资指导意见》。与科技厅联合制定甘肃省促进科技和金融结合试点实施方案，举办科技与金融结合推介会，引导银行加大对科技型中小企业的信贷支持力度。组织召开全省金融支持妇女小额担保贷款工作推进会，印发《关于进一步做好全省金融支持妇女小额担保贷款工作的意见》，至年末，全省妇女小额担保贷款余额达到94.68亿元，位居全国前列。引导金融机构加强房地产信贷管理，出台金融支持甘肃省保障性安居工程建设指导意见，推进全省保障性住房建设的顺利实施。

灵活运用货币政策工具，努力保持合理社会融资规模。认真执行支农再贷款政策，2011年，全省累计发放支农再贷款120.70亿元，较上年多发放35.68亿元。认真落实再贴现政策，2011年，全省累计办理再贴现52.81亿元，较上年增加40.02亿元。召开全省非金融企业直接融资情况座谈会，举办中小企业集合票据业务培训班，全省通过银行间市场融资平台，累计发行各类债券213亿元，较上年多发行99亿元。支持兰州银行发行10亿元次级债券，增强了地方商业银行资本实力。

【金融稳定】高效履行金融稳定职责，保持金融体系安全稳健运行。建立甘肃省金融改革季度报告制度，制定《甘肃省金融业稳健性评估制度》和《金融机构稳健性现场评估方案》，完成全省农业银行70家县支行“三农”金融事业部改革检查评估，完成对全省109家银行、证券、保险业金融机构的现场评估工作。探索开展证券业法人机构压力测试。在全国率先测算出辖区金融机构稳健性参数，量化了稳健性评估标准。实行银行、证券、保险分行业监测，将信托公司、金融租赁公司、财务公司等影子银行机构纳入月度定期监测范围，加大对交叉性金融业务、地方政府融资平台、担保公司、典当行、小额贷款公司等重点领域的监测力度，监控和掌握了辖区金融风险隐患。制定《甘肃省金融稳定再贷款操作规程》，重新签订《专项借款本息归还及免息补充协议》。编写《甘肃省金融风险案例手册》，开展兰州市红古区与青海省民和县跨区域金融风险应急演练，完善突发性金融风险事件防范机制。

加强金融监督管理，优化金融市场环境。制定以《甘肃省金融机构金融管理与服务工作指引》、《甘肃省金融机构重大事项报告制度》和《甘肃省金融机构综合评价办法》、《中国人民银行兰州中心支行综合执法检查办法》为内容的“一个指引、一个制度、两个办法”，形成了制度完善、程序规范的金融管理制度体系。全面整合人民银行13类42个管理服务项目，明确管理总流程及34项业务办理流程，统一设计项目申报、受理、测试、核验、反馈等环节工作程序，建立“一个窗口对外、集中办理业务”的运作模式。先后成立30个检查组，抽调260名业务骨干，重点围绕支付结算管理、反洗钱、外汇管理、金融统计等13个项目，对建设银行、工商银行、邮储银行等20家金融机构604个网点开展综合执法检查，进一步规范了金融机构经营行为。对全省44家金融机构开展反洗钱考核评估，对17家金融机构进行风险预警和约见谈话，进一步增强了金融机构反洗钱工作主动性。组织全省开展对国家开发银行、中华联合财险、广发证券等6家金融机构及81家分支机构的反洗钱专项检查和跟踪检查，指导58家金融机构完成客户风险等级划分。开展特定区域涉毒可疑资金交易专项监测，配合协查涉毒案件7起，破获案件3起。全年共协助相关部门完成反洗钱调查和案件协查21起，调查可疑账户320多户，涉及可疑交易资金10多亿元。积极配合公安机关开展打击银行卡犯罪活动，全年共破获银行卡犯罪案件310起，挽回经济损失467万元。

【外汇管理】认真落实外汇管理改革措施，促进贸易投资便利化。提请省政府成立甘肃跨境贸易人民币结算试点工作领导小组，印发《甘肃省跨境贸易人民币结算操作规程》，正式启动跨境贸易人民币结算工作，全年累计完成跨境人民币结算业务15.20亿元。积极推进货物贸易进口付汇核销制度改革，完成对43.80亿美元的付汇资金和52.03亿美元的货物总量核查，实现了进口付汇核销业务由事前审核到事后核查的转变。推广实施货物贸易出口收入存放境外政策。将兰州银行结售汇综合头寸限额提高至1000万美元，满足了外汇业务经营需要。密切监测跨境资金流动，定期发布《全省跨境收支监测分析报告》。统一建立全省服务贸易非现场监测预警值测算模型，与外汇局浙江省分局联合打击以“旅游购物商品”为贸易方式的出口骗取补贴行为，控制了异常外汇资金流入。按季对涉外企业贸易信贷进行抽样调查，规范国内外汇贷款业务操作，有效防范外汇贷款流入经常项下账户结汇风险。开展专项检查，严厉打击外汇违法违规行为，全年发现可疑线索326条，确定重点线索14条。制定《国际收支统计间接申报现场核查案件移交规程》，在全省开展外商投资企业资本金结汇、外汇业务合规性等检查，共检查银行机构网点96家、企业34家，业务3.12万笔，涉及金额74.40亿美元。

【金融服务】推进县域经济金融数据库建设，调查统计和金融研究工作不断强化。下发《关于进一步加强甘肃省县域经济金融数据库建设工作的意见》和《甘肃省县域经济金融数据库管理暂行办法》，促进数据库建设工作规范有序开展。成立金融统计标准化工作推进小组，完成金融统计标准化存款数据元标准试点工作。对全省75家县域法人金融机构新增存款按一定比例用于当地贷款的情况进行考核。做好企业景气、农户问卷和总部经济调查，完成兰州市城镇储户房地产投资、民间融资等专项调研。围绕全省经济社会“十二五”发展规划和经济金融发展实际，深入研究金融支持甘肃经济结构调整、区域发展、县域经济、产业结构升级等现实问题，以及农村信用社改革、利率市场化、金融消费者权益保护等金融热点问题，参与制定《甘肃省“十二五”金融业发展规划》。全年共完成各类课题50多项，专题调研200多项，在《中国金融》等期刊发表文章53篇。

改进支付结算服务，支付体系建设成效明显。推进农村支付服务体系建设，基本实现了支付基础设施到乡、电子支付工具到村、特色优势产业和规模以上专业化市场非现金支付工具基本覆盖的目标。加快公务卡、中职学生卡、军人保障卡推广应用。加强非金融机构支付业务监督管理，规范非金融机构支付服务行为。加大电子商业汇票业务推广力度，顺利实现2010版银行票据凭证在甘肃的启用。圆满完成网上支付跨行清算系统第三批上线运行，支付清算系统安全运行率连续三年保持100%。

强化经理国库职责，国库服务水平不断提高。加快国库信息化建设，财税库银横向联网系统在全省国税、地税系统实现了全覆盖，国税、地税企业纳税户签约率分别达到89%、80%，各级国库累计办理电子缴税业务166.86万笔、537.90亿元。共实现家电下乡补贴、社保补助等10类、45项补助资金的直拨到户，切实发挥了国库服务政府、服务社会、服务民生的作用。严格执行财政和国库对账制度，全面推进"省直管县"财政管理体制改革，配合残联做好残疾人就业保障金的征收入库工作，保证了各项财政改革措施顺利推行。

拓宽征信服务领域，信用信息服务体系继续完善。拟定《甘肃省社会信用体系建设五年规划（2011～2015）》。培育和发展信用评级市场，至年末，全省共有555家借款企业和担保机构参加了专业化外部信用评级，比上年增长4.5倍。举办兰州地区中小企业信用培育启动仪式暨融资知识培训，在金昌、平凉两个实验区推广应用"中小企业信用信息辅助管理系统"，提高中小企业信用体系信息化水平。以创建农村信用村镇为契机，大力推进农村信用体系建设。成功将法院案件执行信息采集到征信系统，非银行信息采集范围进一步扩大。严格征信系统数据管理，完成甘肃省农村信用社和兰州银行的征信接口程序开发升级，确保了入库数据准确无误。

（陈兰萍　高　立）

甘肃银监局

【风险监管】认真开展地方政府融资平台贷款清理规范工作。一是抓重点，实现集中突破。将县级平台贷款清理规范作为重点和突破口，对总量较大、管理薄弱的农发行全面开展了"回头看"和重点检查，通过采取"日报制"、"销号制"、"派驻制"和"约谈制"等措施，起到了以点带面、整体推进的作用。二是抓大户，实施现场检查。对全省融资平台贷款大户开展了现场彻查，掌握了其风险底数，发出风险提示和监管意见，提出了限期整改要求。局领导加强与省政府的沟通，专题汇报解决发现的问题，争取理解支持，为缓释风险创造了有利的外部环境。三是抓指导，提供法律援助。组织法律攻关，向国土资源厅发出《关于对土地抵押登记作出明确和规范的建议函》，敦促其论证确定政策依据，并联合下发了《关于规范土地融资抵押登记有关问题的通知》，一举解决了银行机构多年来单独难以协调和掌握的政策难题，避免了大量抵押权可能落空的问题。四是抓保全，确保整改效果。编制了整改保全任务分解表，采取跟踪督查、明确责任、限期纠改等方式，优化贷款还款保障，补充抵押担保，规范中长期贷款合同，防范了期限过长、整借整还、风险延期暴露的问题。

高度重视银行业案件风险。始终保持对银行案件的高压态势，围绕长效机制建设和案件查处"两条主线"，推动案件防控取得了新进展。一是狠抓长效机制建设。制定了甘肃银行业案防考核评价办法、重大突发事件报告制度和社会稳定风险评估实施办法，举办了"三项"案防制度专题培训，召开了案防工作交流会议和季度安保联席会议，推动银行业加强了案防制度建设。对银行业金融机构尤其是法人机构的内审稽核有效性开展了督查，督导其认真履职尽责，真正发挥监督校弊作用。二是加大责任追究力度。按照银监会案件问责的要求，对"5.13"天祝县联社纵火案，"6.19"天水邮储银行抢劫杀人案实行了"上追两级"和"双线问责"，并责成有关网点停业整顿，暂停审核其准入事项，促进了对问题的整改。三是深化"银行业内控和案防制度执行年"活动。以重点业务和关键环节风险排查为主线，先后实施了银行网点安全评估、财政账户和票据业务等7项案件风险排查，处置了多项违规竞争，狠抓了防范操作风险"十三条"的落实，强化了银行业内控执行力。

有效防范房地产贷款风险。一是加强"名单制"管理。及时加强了与省住建、国土部门的信息沟通，积极获取相关信息名单，与商业银行建立了联系人制度和"名单"报告制度。二是督促银行业严格执行差别化住房信贷政策，适时支持以廉租房、公租房和棚户区改造为主的保障性住房建设。同时全面清理土地储备、在建工程、商品房开发贷款和授信，及时处置风险苗头。三是督促银行业开展第三轮房地产贷款压力测试，前瞻性地评估房地产贷款质量和预计损失，防范政策风险。四是改进房地产贷款风险监管方式，建立实时监控制度，适时开展调查、暗访和检查，及时发现和纠改房地产贷款中的问题。

持续监控贷款集中度风险。以加强政策引导、强化日常监测和推进机制建设为重点，力促贷款集中度风险下降。一是召开集中度风险防控座谈会，督促银行业与集中度较高客户开展会谈，加强风险全口径沟通协调。二是继续实施最大户、十大户和"四大行业"贷款动态监测，加强授信集中度管理和客户风险分析，确保风险程度渐次降低。三是制定了农村合作金融机构贷款集中度治理方案，采取增资扩股、控制增量贷款和超额计提拨备等措施，有效解决集中度过高的问题。四是修订完善了银团贷款指导意见，推动各机构通过银团贷款方式分散风险。

密切关注流动性风险。一是充分运用流动性监管新工具。对法人银行增加了流动性覆盖率和净稳定资金比例监测指标，增加其高流动性资产储备比例。二是不断改进流动性监测新方式。全面推行了月日均存贷比制度，开展流动性特定情景压力测试，确保了资金运用和资金来源持续匹配。三是进一步完善了流动性管控新机制。制定《甘肃农村中小金融机构流动性风险管控意见》，要求健全流动性风险处理机制，加强资金调控，提高避险能力。特别是通过收紧信贷投放、拓宽筹资渠道、协调大股东注资，缓解了个别城商行的流动性紧张局面。

【引导银行业转变发展方式】一是着力引导银行业调整信贷结构。对涉及"两高一剩"、资源枯竭及淘汰企业的贷款进行摸底排查，制定信贷资金支持节能减排工作意见及保全预案，开展了甘肃银行业支持"关中—天水"经济带、藏区经济社会发展政策落实情况的调研，与工信委建立了循环经济信息沟通机制，引导银行业优化信贷投向，全力支持甘肃传统支柱产业的转型换代、新能源、医药生物、航天技术等战略性新兴产业发展，为地方经济社会发展提供了融资保障。

二是着力改善小微企业金融服务水平。为了认真落实银监会出台的支持小微企业发展的"银十条"及《补充通知》，紧密结合甘肃实际，制定了《关于支持商业银行改进小型微型企业金融服务的意见》和《关于推动银担合作业务健康发展的意见》，并由主要负责人带队，对银行业金融机构支持小微企业发展的情况进行了调研，引领全辖银行业加大小微企业信贷管理体制、机制和制度创新力度，积极探索符合小微企业发展的信贷模式，有效落实差别化的监管政策，尽力改善小微企业的金融服务。

三是着力保障对"三农"的资金需求。督促银行业积极开展信贷支农产品创新、信贷模式创新和服务方式创新，大力支持农村基础设施建设、农业产业化和农村支柱产业发展，积极开展涉农小额信贷业务，银行业服务"三农"水平全面提升。

【推进贷款新规落实】一是明确工作任务。制定了工作意见，确定了牵头部门，提出了查找问题、整改落实、按季监测、年末考核的四个阶段工作重点，确保了工作有计划、有步骤地开展。二是改进工作方式。建立了贷款新规按季监测报告制度，编制受托支付执行情况报告表，按季汇总分析受托支付变化情况。充分利用监管提示机制，督促贷款新规贯彻执行工作深入推进。三是实施分类推进。充分利用监管提示、约见谈话机制，要求城商行自上而下，加强对辖属分支机构的检查指导，提升整体执行力；指导省联社及时"补课"，改造系统，完善制度，加快推进落实新规的进程。督促非法人机构认真开展制度化和规范化的操作，加强上下互动。四是狠抓重点整改。督促银行业加强对贷款新规执行的合规性检查，强化内部专项审计，及时解决制度、流程、操作等问题，提高贷款精细化管理水平。

【完善监管方式】一是积极探索全面推进高管任职资格考试的有效方式。为切实保证银行高管达到岗位所需的应知应会的经济、金融、法律等知识，深化了高管考试，在探索总结去年考试经验的基础上，继续坚持"一把手"负责制，进一步修改完善了高管考试办法和考试题库，统一执行考试管理流程，明确考试申请程序、成绩单管理、监考人员职责及问责制，采取标准化的计算机考试模式。同时组织对全辖各银监分局高管考试进行检查，有针对性地提出了改进措施。二是加大责任追究力度，体现监管执行力。为了督促辖内银行业金融机构依法守规经营，遏制案件高发势头，对各类违法违规问题严肃惩处。三是按"管法人"要求理顺兰州银行管理体制。兰州银行穆斯林支行长期游离于总行的管理体制之外，"人、财、物"相对独立，导致总行公司治理存在重大缺陷和风险隐患。由于实际控制人不配合、董事会执行落实不力，体制问题久拖不决。甘肃银监局将解决这一问题列入重要议事日程，通过制定工作方案、加强多方沟通、明确监管责任、落实监管问责、约见兰州银行"两会一层"谈话等措施，把限期解决作为一项硬性任务，并多次向地方党政领导汇报沟通，取得理解支持，于2011年5月将穆斯林支行的全部业务并入法人资产负债表，从根本上解决了困扰兰州银行长达14年之久的体制障碍。四是通过优化机构布局发展壮大地方中小银行实力。从2010年开始，为解决甘肃地方法人机构实力弱小，竞争力不强，支持地方经济发展乏力的问题，积极向银监会汇报，着手筹建甘肃最大的地方性银行—甘肃银行。历经近两年的努力，顺利完成了各项筹建工作，并于11月19日正式挂牌开业，进一步健全了辖内银行业金融机构体系。

【党建和内部管理】一是强化党委中心组理论学习，开展党委书记讲党课，进一步加强了领导班子和党员领导干部的思想政治建设。二是建立月度工作计划、重大任务督办等制度，做到了年初有总体安排、每月有任务分解、事事有跟踪督查、件件有办理结果。编制了《2010年甘肃银监局年报》。推行财务规范化管理和后勤服务社会化管理，提高内部管理精细化水平。三是召开了"创先争优"经验交流会和表彰大会，开展了文明单位评选、"监管标兵"及"创争"评选活动，组织了纪念建党90周年文艺汇演，加强了监管文化建设。四是制定了干部培训教育规划，与浦东干部学院举办了2期"金融监管与领导力建设"高级研修班，完成了对全系统处级干部的轮训。聘请专家讲授辅导巴Ⅲ等前沿监管理论，提高了知识层次。五是层层签订了党风廉政建设责任书，全面落实了反腐倡廉任务，进行重大决策落实专项检查等工作，开展了党风廉政巡视，加强了党风廉政建设。

甘肃保监局

【市场概况】2011年，全省实现保费收入140.9亿元，比上年增长8.7%。其中，产险公司保费收入47.9亿元，增长19.7%。人身险公司保费收入93.0亿元，增长3.8%。全省累计发生赔付支出38.2亿元，增长23.5%。其中产险公司赔付支出19.9亿元，增长18.4%；寿险公司赔付支出 18.3 亿元，增长 29.6%。全省共有 23 家保险市场主体，新增 2 家寿险分公司。保险总资产 339.3 亿元，比年初增长 17.9%。专业保险中介机构 21 家，保险从业人员 5.6 万人。

【业务发展】在寿险领域，新单期交和保障型产品占比上升，投资型产品增速继续下降。寿险新单期交占比 44.6%，比上年上升 4.4 个百分点。投连产品和万能寿险增速放慢，下降 29.0% 和 1.2%。在产险领域，企财险、保证险和责任险保费分别增长 21.6%、221.8% 和 30.6%，薄弱环节得到加强。产险机构经营效益不断改善，实现承保利润 3.9 亿元，承保利润率达到 9.9%。稳步推进农业保险，全省农业保险扩展到能繁母猪、奶牛、蔬菜设施、青稞、牦牛、藏羊等 10 个业务领域。积极落实国家支持藏区经济发展的政策，在全国率先启动藏区农牧业保险。提高能繁母猪和奶牛保险保费补贴，将奶牛保险农户承担的保费自负比例从 40%下调到 20%。积极争取将设施蔬菜保险列入省级财政补贴项目，扩大承保面积。做好农业保险理赔服务工作，推行“三个一次”赔付，确保应赔尽赔、快速赔付。全年实现农业保险收入 1.7 亿元，累计赔付 4224.7 万元。努力扩大农村小额人身保险，试点地区扩展到全省，同时积极鼓励业务发展的渠道创新。6 家试点公司开发推出 31 款小额保险专属产品，累计实现保费收入 697.1 万元，为 12.6 万农民提供风险保额 37.1 亿元，支出赔款 82.2 万元。大力发展责任保险，实现了旅行社责任险、校方责任险、承运人责任险三个基本全覆盖，医疗责任保险在全省二级以上医院全面推广，为解决医患纠纷发挥了居中调解的作用。火灾责任保险试点也在积极推进。同时联合财政、公安、农机等四部门开展交强险投保情况专项路查路检行动，进一步扩大了交强险覆盖面。

【市场秩序】在产险市场，针对车险、电销业务宣传误导、条款费率执行不严等违规问题，开展专项整治。对人保财险甘肃省分公司和安邦甘肃分公司进行全面检查。对 28 家产险机构手续费跟单制度执行情况进行检查，同时对远程出单点进行清理和规范。在寿险市场，围绕银保业务数据不真实、销售误导、团险业务违规以及资金管控风险等 4 项重点，对酒泉地区所有寿险公司机构，以及幸福人寿和平安人寿 2 家省级公司进行了全面检查。在中介市场，深入开展保险公司中介业务专项检查，对太保产险省公司及天水中心支公司开展现场检查。开展代理市场清理排查，清退了 4 家不规范的中介机构。开展保险营销员“双证”管理专项检查，涉及基层网点 146 家，抽查人数 1.4 万人。联合甘肃银监局深入农行、工行基层网点，重点查处银行机构销售误导和暗中收取、索要高额手续费等违规行为。在数据真实性检查方面，组织开展自查工作，对 6 家保险主体自查工作进行调研，对 4 家机构开展现场检查。2011 年，甘肃保监局共派出 49 个检查组，共计 2150 人次，对 55 家保险机构进行了现场检查。对存在违法违规问题的 11 家保险机构、2 家保险中介机构实施了行政处罚，追究 3 名高管人员的责任。其中，对保险机构行政处罚 102.5 万元，警告 2 家次，处罚金额是历年来最多的；个人警告 2 人次，对 1 名高管人员处罚 1 万元。

【风险防范】深入推进见费出单制度和零现金制度，防范化解资金风险。在财产险领域，见费出单制度逐步由分散性车险业务扩展到所有车险业务，适用范围进一步扩大。全省财产险公司平均应收保费率下降到 1.7%。在人身险领域，全面推进零现金管理制度，收付费环节的客户银行转账率和客户自交自领方式占 90%以上。深入开展风险排查工作，防范内控风险。对人保财险和平安产险两家公司开展风险排查路演，防范法律及监管合规风险，提高风险应对和处置能力。实时监测退保情况，防范退保风险。要求公司设置专门的退保监测联系人，及时掌握各人身险公司退保情况，提高退保监测工作质量。

【市场监管】推动合规管理工作。对辖内保险公司合规工作情况进行监督检查，指导保险机构建立健全合规管理部门和合规管理岗位。目前省内 23 家市场主体基本设置了专（兼）职合规岗位，其中 8 家省级分公司设立了独立的合规管理部门。实施财产保险公司手续费跟单核算制度，加强产险公司中介业务管理，规范手续费及佣金支出。出台车险电销业务的“五项规范”、“八条禁令”。制定《甘肃省非银行类保险兼业代理业务监管指引（暂行）》，严格非银行类保险兼业代理机构准入条件。重申非银行类保险兼业代理机构的业务经营规则，强调保险公司对兼业代理机构的管控责任。加强保险营销员展业行为管理。实行保险营销员“双证”集中统一管理。完善营销员诚信记录管理制，修订《甘肃省保险营销员诚信记录管理实施细则》，理顺诚信记录审核、登记、管理的流程。开展营销员违法违规记录清理审核工作，确保营销员诚信记录信息披露的合法合规性。规范银行账户管理，制定保险公司银行账户管理规定，对各公司银行账户进行清理，全面掌握各保险机构银行账户开设情况。建立省级公司统一管理制度，严格限制省级分支机构以下开设银行账户，杜绝“账外账”等行为，全面推进资金收支同名转账制度。实施《甘肃保险公司行政许可指引》，从机构管理、高管人员资格等方面做了具体规范。进一步加强高管人员任职审批，推行任职资格考试制度和公示制度，严格高管人员任职资格审核和基本素质考核。

【保护消费者权益】清理产险机构积压赔案，解决赔案久拖不决的问题。通过 2009 年以来三年的清理，累计解决未决赔案 16.6 万件，支付赔款 7.4 亿元，赔案久拖不决的问题得到有效解决。开展理赔服务质量测评活动，解决理赔服务效率较低的问题。2010 年建立车险理赔服务综合测评机制，从接报案时间、查勘估损水平、服务态度以及信访案件等方面，制定评分量化指标。2011 年在全省 10 个市州开展现场测评 13 次，车险理赔服务的一些重要监管指标明显改善，车险平均结案周期 29.6 天，同比缩短 13.6 天，结案率 90.9%，同比提高 2.5 个百分点。制定人身保险业务基本服务评价表，设置 37 项量化指标，对 9 大类服务项目进行逐项测评。根据测评结果对辖内寿险公司服务质量进行分类评级，确定 3 家公司作为保险服务规范化、标准化的典型。建立投保风险提示机制和排查机制，提高消费者风险意识。根据市场风险状况，及时发布投保风险，警示投保人投保风险。建立短意险手机短信确认制度，及时将保险信息发送给投保人，防范保险欺诈。开展银保业务承保风险自查，共排查保单 5000 余份，妥善处理问题保单 800 多件。畅通投诉渠道，及时解决消费者诉求。建立保险矛盾纠纷快速处理机制，加大对违法违规问题的处置，以及涉及司法案件的公司等市场风险的预警和监控力度。制定《局长信箱办理制度》，规范办理流程，提高办理效率。全年共处理投诉件 74 件。协调推动建立道路交通事故纠纷人民调解机制，与省高院、公安厅、司法厅共同主办全省道路交通事故损害赔偿大调解工作现场会，积极推动保险参与化解道路交通事故损害赔偿矛盾纠纷调处工作。建立甘肃道路交通事故社会救助基金，督促各产险公司汇缴交通事故救助基金 4235 万元。

永安财产保险股份有限公司甘肃分公司

【基本情况】永安财产保险股份有限公司成立于 1996 年，公司总部位于西安市，现有资本金 26.63 亿元，2011 年实现保费收入 53.39 亿元。在全国 17 个省、市、自治区设有各类营业机构 795 个。永安财产保险股份有限公司甘肃分公司于 2003 年在兰州设立，经过 8 年的发展和建设，目前已在全省 14 个州市设立分支机构 40 家，在甘肃境内的服务网络基本健全。

2011 年，甘肃分公司紧紧围绕张东武董事长提出的“抓住机遇，迎难而上，增效提速，加快发展，合规经营，防范风险”的指导思想，顺应甘肃保监局分阶段的强有力的监管举措，有针对性地开展各项管理工作，业务实现稳步增长，经营成本不断降低，盈利能力和利润水平再创新高，保证了公司的良性运转。全年实现保费收入 29297.31 万元，比上年增长 14.4%，市场份额为 6.11%；共支付各类赔款 12407.23 万元。其中：车险保费 24849.39 万元，增长 6.87%，占保费收入的 84.82%；财产险保费收入 3026.53 万元，增长 116.69%，占保费收入的 10.33%；人身险保费收入 1421.39 万元，增长 47.95%，占保费收入的 4.85%。

【业务竞赛活动】为实现公司业务大发展，积极参与总公司开展的业务竞赛活动，并分季度在全省系统开展了全险种业务竞赛，二季度竞赛结果较好，在总公司“突围 2011-时间过半、任务过半”业务竞赛活动中，获得“保费达标奖”及“财产险业务双先贡献奖”。三、四季度还分别开展了车商业务竞赛活动和优质车险业务竞赛活动，受到了总公司的奖励。

【运营管理】近年来总公司在企业运营管理方面进行了一系列改革，在全系统推行以信息技术为支撑的较为科学规范的管理机制，提供并搭建了先进的技术支持平台，通过实践，已产生了明显的效果。

一是公司信息化建设水平大幅提高。总公司核心业务系统、OA 办公自动化系统、财务收付费系统、3G 移动技术快速理赔系统、人力资源管理系统、网上自动定价系统、法务管理系统和稽核系统整体上线运行；甘肃分公司自行研发的业务数据查询系统和集中支付平台运行良好，为掌握业务进展情况和管控费用超支情况起到积极作用，公司向管理现代化企业迈进的步伐进一步加快。

二是大力推进人力资源管理，建立健全考核评价体系。2011 年公司在规范统一机关和三四级机构组织构架的基础上，积极落实定岗、定编工作，明确岗位职责，扎实推进人力资源管理工作。并逐步确立了机关中层干部和机构高管人员年度考核聘任制度，实行机关内勤服务人员考核及末位淘汰制，以科学、公平的方式逐步建立健全了分公司考核评价体系，形成讲效率重能力的管理机制。

三是选拔潜质后备干部，建立人才培养梯队。人才队伍建设是企业发展的重要工作，为给公司长远发展储备人才，构建合理的管理人才梯队，根据总公司“百名英才”选拔培养计划精神，公司于去年 8 月制定了《永安保险甘肃分公司潜质后备干部培养计划》，并在年底前完成了 14 家三级机构和机关的选拔工作，全省系统共确定潜质后备干部 66 名，计划用三年时间进行全方位深层次的培养实践，根据实际需要进行相应安排，以期为公司长远发展起到应有的作用。

四是多维度开展培训工作，提高员工业务技能。2011 年通过集中培训、视频培训和机构轮训等方式，各条线全年共举办培训 42 次，以财务、业务技能、依法合规及风险防控培训方面为最多。一方面加强了机构与机关的工作联系和沟通，另一方面结合总公司八大系统软件上线进行技术培训，以适应快速发展的工作方式和企业变化，满足日益提高的客户需求和从业需求。

【风险防控】随着市场环境的不断变化，行业违法违纪问题时有发生，从业人员尤其是部分高管人员思想认识不足，使公司面临着很多潜在的监管风险和经营风险。2011 年，公司坚持抓依法合规经营不放松，三令五申严格要求各级机构提高依法合规意识，认真学习贯彻法律法规和规章制度，严格落实监管要求，以正确的姿态积极参与行业竞争，依法合规经营情况有了新面貌。2011 度受到监管机关处罚共两次，其中通报批评、监管函各一次，无经济处罚。反映出甘肃分公司在上一年度整体合规意识和管控效果的逐步提升。

做好风险评估，有效防范风险，是当前保险业能否持续健康发展的关键所在。2011年，公司将风险防范工作放在重要位置。各级管理人员和各条线进一步明确了风险类型，能找准防范对象和化解风险的途径，逐步建立起了以预防为主的风险防范机制，坚持发展第一要务不动摇，逐步走向稳健经营之路。

【品牌形象建设工程】2011年，公司进一步加强理赔服务质量管理，加大品牌宣传力度，努力增强品牌竞争优势。一是认真贯彻落实《甘肃省机动车辆保险理赔服务质量评价实施办法（试行）》及《甘肃保险业服务质量振兴工作实施方案》，建立健全制度保障；二是为全省系统查勘定损人员统一定制配发了工作服，提升服务形象；三是认真开展查勘定损人员服务态度和业务技能培训，提高服务能力；四是在全省各主要高速路段设立大型广告牌7块，提高公司知名度；五是举办黄金VIP客户联谊会及客户答谢活动，加强与客户的联系沟通，促进深度合作。通过以上措施，逐步细化了理赔服务环节，明确了客户服务的标准和要求，甘肃分公司的品牌形象建设工程已初步构架。

【创先争优活动】2011年，按照总公司党委《关于进一步深入开展创先争优活动的通知》要求，公司各级党组织紧紧围绕公司发展的大局和迎接建党90周年扎实开展创先争优活动，积极开展纪念建党九十周年“创先争优，与我同行”演讲比赛活动、创先争优活动知识和党的知识竞赛活动，认真组织实施党建工作调研。做到了组织领导到位，活动部署扎实，学习教育务实，思想意识统一，主题鲜明突出，活动异彩纷呈。进一步深化了“四好”领导班子创建活动，将争创“四强”党组织、争做“四优”共产党员和争当“四有”模范员工有机结合，全面开展共产党员“亮身份、强素质、树形象、做表率”主题活动，进行公开承诺，接受群众监督，努力做到在公司的“增效提速，加快发展”中创先争优。

国家开发银行股份有限公司甘肃省分行

【综述】2011年，国家开发银行甘肃省分行继续发挥开发性金融机构特色优势，大力支持实体经济发展，各项经营指标再创历史新高，各项工作再上新台阶。一是发展能力显著增强。全年新增贷款285亿元，增长39%，贷款余额首次突破1000亿元，达到1007亿元。顺利完成新办公楼搬迁入驻工作，为分行长远发展创造了良好的运营环境和条件。二是社会影响显著提升。截至2011年末，分行本外币贷款余额占全省总额的17.6%，较年初提高1.8个百分点，在全省经济社会发展中的地位和作用进一步提升，连续四年荣获省长金融奖。

【服务甘肃经济社会发展】统筹资源，保障全省重大项目资金需求。贯彻宏观经济政策，按照有保有控的原则，把握好信贷支持方向、力度和节奏，加强统筹协调、多措并举，保障全省重大项目、重点在建续建项目及重点领域的资金需求。一是加大对重点行业信贷投放力度。全年发放电力、公路、有色、冶金、城建等领域贷款300多亿元，发放铁路贷款100亿元（含银团贷款），有效缓解了重大铁路建设项目资金紧张局面。二是加大外汇贷款发放力度，支持金川集团等省内重点企业实施海外资源并购、原材料进口及贸易融资等全球战略，全年累计发放各类外汇贷款36.2亿美元，年末余额达到34亿美元，新增20.3亿美元，增长148%。三是多渠道拓宽资金来源，缓解信贷规模约束。全年实现非贷款资金投入162亿元。其中：完成甘肃省公路航空旅游投资集团有限公司财务顾问及80亿元中期票据注册和发行工作；分别为金川集团股份公司、兰州市城市发展投资有限公司主承销中期票据28亿元、企业债15亿元；与四川信托有限公司、中信信托有限公司等开展10亿元债权转让合作；发放银团贷款15亿元；通过承兑汇票方式解决客户14亿元资金需求。

完善机制，切实促进基层民生业务发展。一是支持保障性安居工程建设。全年发放兰州南出口拆迁安置小区等保障性住房项目贷款13亿元，顺利发放兰州新区舟曲灾后重建移民安置及配套设施建设项目贷款2亿元，保障性住房贷款余额达到63亿元。二是进一步完善“银证投”、小贷公司转贷款、龙头企业产业链融资等中小企业贷款合作模式，实现中小企业贷款余额20亿元。三是继续做好全省生源地助学贷款工作，实现贷款发放7.5亿元，贷款余额达到20亿元，惠及家庭困难学生超过22万人，政府协调推动、风险分担的可持续发展机制进一步完善。四是促进“三农”发展。泾川汇通村镇银行通过开展农户创业微贷款、妇女创业微贷款等业务，突破发展瓶颈，年末存贷款余额双双突破亿元大关，经营实力明显增强，支农作用进一步发挥。五是加大支持文化产业发展工作力度，将我省列入开发银行文化产业合作试点省区，与读者出版集团有限公司达成总额30亿元的融资合作意向，年末文化产业贷款余额达到11亿元。

加强调控，提高经营管理水平。一是提高资源配置效率，促进客户、风险、收益结构的优化调整，将信贷结构、利率管理与规模配置挂钩，重大项目支持率、融资支持率、融资协同及贷款投放逐周滚动预测准确率均居全行前列，资源统筹调控能力明显提高。二是中间业务发展迅猛，覆盖12个产品，实现净收入1.1亿元，比上年增长113%。成功出具全行首张电子银行承兑汇票，办理全行首笔与商业银行开展的票据理财业务，银行承兑汇票出票14.2亿元。三是国际结算业务发展实现突破，业务品种扩展到信用证、保函及进口代收等多个品种，结算量为前五年的总和，实现国际结算中间业务收入2277万元。

【规划研发】一是深入推进开发性金融合作，先后与省政府、省委宣传部和省开发区领导小组办公室签订《深化规划合作促进十二五发展合作备忘录》、《文化产业合作发展合作备忘录》和《全省开发区发展金融合作协议》，全面参与兰西格经济带、陕甘宁经济区、敦煌水资源综合利用、兰州新区等重点区域规划的编制和论证工作。以全面覆盖与重点突破相结合推动村镇发展规划，与省住建厅合作制定《陇原千村百镇建设规划纲要》，同时编制完成金昌市河西堡循环经济园区融资规划等4个典型乡镇规划。积极促进全省投融资体制改革与创新，配合省政府筹建省级保障性住房建设投资公司和文化产业发展融资主体。

二是进一步完善规划引领业务发展工作机制，先后制定了《规划统筹调度暂行办法》、《竞争形势分析管理办法》和《规划领导小组会议审议工作流程》等4项制度，确立了规划统筹与经营管理、客户管理和重大项目评审调度相结合的四位一体的业务发展机制。

三是加强理论研究与创新，提升规划业务科学化水平。组织完成《集团式客户综合服务》、《泾川县党原乡转贷业务模式》、《甘肃保障性住房机制模式》等3项开发性金融创新课题。

【管理工作】改进评审工作，建立以“重大项目开发评审调度表”为基础的评审调度机制，提高重大项目评审反应速度，顺利完成舟曲灾后重建转移安置、兰渝铁路等重点难点项目授信。进一步完善“搭建服务平台、设计组合产品、统一综合授信、分项签约用信”的客户服务模式，为战略客户制定个性化综合服务方案，赢得客户好评。

继续完善合规风险管理框架。一是开展合规、内控制度审查工作，共完成15个制度的合规性审查工作，填补了原有制度发布过程中缺乏合规性审查环节的不足。二是组织开展票据业务内控风险自查工作，建立了符合监管要求的票据业务工作流程，促进了分行票据业务健康开展。三是推进反洗钱各项工作有序进行，修订分行反洗钱实施细则，就各处室职责分工、客户身份持续识别机制等方面进行了修订和完善。四是完善分行内控合规风险识别机制，并于每季度撰写完成《合规风险管理报告》上报总行风险管理局，总行对分行内控合规情况的动态监督机制得以有效发挥。

认真做好信用评级基础工作。一是按时高效完成信用评级工作，及时出具贷款项目风险边界判断意见，保障中心业务发展。二是通过严把客户入门等级、强化资产质量分类审议等措施，优化分行贷款信用等级分布和资产质量分布，使分行主要风险指标平稳运行。三是以风险季报、月报为基础，加强分行信用风险监控和预警能力。通过撰写风险月报、季报动态监控分行信用风险运行情况，提升分行全面风险管理水平。

完善客户关系调度机制。一是建立分行重点客户细分模型。模型确定分行重点客户群、融资平台客户群、中小企业客户群，通过客观数据量化了各客户群在分行的战略地位，改变了之前对客户重要性只能主观定性判断的状况，为分行开展经济资本配置，制定贷款利率定价策略、优化规模分配奠定基础。二是利用客户细分模型筛选出的分行前十大客户，结合重点客户风险季度复核表，对客户的财务状况进行深入分析，从经营、评审、客户、风险各部门角度集思广益，汇集形成服务客户综合金融方案。

牢固树立营运业务风险意识，坚持“零差错”运行目标。建立了财会业务差错登记簿，分门别类记录业务办理过程中存在的问题，每周定期组织讨论并进行深度分析，查找风险点并提出工作建议，规范业务运行。加强和完善财务制度，增强运行保障能力。把完善财务制度和支持分行业务发展有机结合起来，进一步查漏补缺、细化流程，完善内部财务管理和账务核算规章制度。制订分行国际结算业务制度，明确风险点及相关处室责任；发布工作流版本升级后的审批业务注意事项，进行风险提示，有效保障了各项营运业务的安全运行。加强精细化管理，完善物品采购和物品管理的内部控制制度，细化各项经费预算申请和报销审批等各环节的操作流程，实现规范操作与提高效率的有机统一。

【信息化建设】一是圆满完成各项新系统上线推广，保障业务顺利开展。完成客户关系管理系统、电子商业汇票等重要系统推广建设，有效提高了分行客户数据质量，提高了工作效率和风险控制能力。促进电子银行等渠道服务类系统与分行业务发展的有效衔接，认真研究分析分行月度资金支付业务特点，邀请专家开展电子银行专题培训、交流电子银行推广经验，帮助客户经理深入了解电子银行特点优势，为客户发放《网上银行常见问题解决手册》、《网上银行客户使用手册》，采用95559电话、短信推介开行电子银行新业务，有力保障了客户存贷款及支付清算业务的顺畅办理。加强对新业务、村镇银行的IT系统支持，联系接入“中国海关电子口岸系统”，与总行开通人民币跨境收付前置管理系统，指导平凉泾川汇通村镇银行开展IT系统建设，协助总行项目组做好村镇银行集中IT系统需求调研，完成村镇银行代理接入支付系统技术方案实施工作，解决了村镇银行清算通道不畅的重大问题。

二是继续加大信息安全管理力度，提高信息科技风险防范能力。建立分行IT制度规范流程滚动编制修订机制，及时满足业务发展和内外监管要求。加强与总行信息安全管理制度框架衔接，制定符合分行需要的信息安全管理条例，通报季度分行信息安全风险点和信息安全检查结果，逐步形成支撑分行持续发展的信息安全机制体制。按照总行信息科技局下发的信息安全管理制度体系（ISMS）二、三、四级文件，从分行信息安全管理目标、信息资产管理策略、业务系统连续生产等方面加大信息安全管理力度。组织分行员工参加总行信息安全专题视频培训，编写分行信息安全专题培训材料，对日常信息安全风险点及时提示，提高分行员工的信息安全意识。严格执行总行新版信息安全检查制度，定期使用信息安全检查专用工具对分行员工的内外网计算机和非涉密移动存储介质进行专项检查，确保了分行信息安全。

三是规范 IT 综合服务，提高 IT 运维保障能力。以制度规范分行系统运维管理，做好机房强电、弱电、电气设备、空调等关键设备运维工作记录，保障各项运维工作都有据可查，尤其是对涉及到分行日常清算结算的大小额支付系统、外联区域增加软硬件巡检频度，确保业务及时结算。认真做好新办公楼机房装修、综合布线、视频会议、楼宇智能化等项目现场监督协调，参照项目各项施工图纸熟悉机房、门禁、监控、广播、视频会议等系统施工环节、布线走向和管道方位，制订分行机房关键设备、服务器、网络系统整体迁移方案和应急处理预案，落实具体责任到人，协调总行网络运维小组、当地电信运营商做好广域网线路联调测试，确保了分行网络一次性割接成功、信息系统投入运营一次性切换成功。

【党建和队伍建设】党建统领，强化队伍思想作风建设，深入推进创先争优活动，开展“四个好典型”和分行优秀共产党员评比活动，在分行形成浓厚的“比学赶帮超” 氛围，荣获甘肃省委思想政治工作先进集体、甘肃省五一劳动奖状等荣誉称号，第一党支部被总行党委评为优秀基层党组织。开展庆祝建党 90 周年活动和总分行行史编写宣讲工作，激发员工爱党、爱国、爱行热情。做好干部选拔任用工作，提拔任职处级干部 11 人，并作为首批分行，圆满完成全行处级干部竞岗试点。加强行风行纪建设，促进作风转变，提高责任意识和工作效能。加大国际合作业务队伍建设力度，提升业务开拓、对外沟通与谈判等综合素质。

【纪检监察】一是加强廉政教育，提高领导干部和全体员工廉洁从业意识。组织全体党员认真学习《中国共产党党员领导干部廉洁从政若干准则》，学习中央纪委六次全会精神、国务院第四次廉政工作会议精神和胡锦涛同志、贺国强同志重要讲话精神，进一步提高思想认识，深入开展反腐倡廉活动。坚持“一季一课”党风廉政教育制度，组织员工参观全国检察机关惩治和预防渎职侵权犯罪展览，观看廉政教育影片和录像片，提高廉洁从业意识。

二是完善廉政制度建设。开展领导干部述职述廉、诫勉谈话工作，由分行纪委书记对 8 名新聘任的处级干部进行任前廉政提醒谈话，要求加强党性修养，提高综合素质，严以律己，做廉洁从业的模范。分行党委与各处室主要负责人签订《党风廉政建设承诺书》，签订《国家开发银行员工廉洁从业承诺书》，增强廉洁意识、责任意识。在《甘肃日报》、分行网站刊登《关于受理社会各界对国家开发银行资产安全监督举报的公告》，主动接受社会各界的监督。

三是切实履行监督职能。深入分行业务工作，参加分行经营调度会、信委会、贷委会，实现监管关口前移。加强对人、财、物的监管，对处级干部竞岗、员工晋级、新员工招聘、集中采购、财务经费审查、固定资产清查及报废处理等事项进行跟踪监督，确保业务发展合规，权力运行规范。密切跟踪内外部检查情况，督促业务处室提出整改意见，监督整改情况，并按时开展民主测评，对员工行为纪律等进行日常监督。

招商银行兰州分行

【二次转型不断深化】多项指标实现全面突破，贷款定价稳步提升。2011 年末，新发放人民币一般对公贷款、个人住房类贷款以及非住房类贷款加权利率平均上浮比例分别比年初提高 10.55 个、14.89 个和 7.66 个百分点；资本回报率显著提高，RAROC 达 58.17%，比年初提高 14.99 个百分点，位居全系统前十；人均经营利润 15 年来首次突破 100万元，达105万元，同比增长63.39%，人均考核利润 73.41 万元，同比增长 57.94%；客户基础进一步扩大，净增零售 50 万元以上高端客户 1125 户，对公基本客户 112 户；风险状况保持良好，不良率 2.13%，比年初下降 0.25 个百分点（剔除兰州铁路局因素，不良率为 0.34%，比年初下降 0.03 个百分点），拨备覆盖率达 163.82%，比年初提高 3.09 个百分点。

经营规模稳步扩大。资产总额达 293.73 亿元，增长 4.23%，各项存款 277.68 亿元，增长 9.12%，自营贷款 163.5 亿元，增长 11.99%。按照社会融资余额口径统计，全年社会融资余额接近 200 亿元，较年初增加 28 亿元，增长 16.97%。

经营效益大幅攀升。营业净收入突破 10 亿元大关，同比增长 35.72%；经营利润达到 6.66 亿元，同比增长 58.03%；经济利润突破 5 亿元，同比增长 67.19%；实现 FTP 考核利润 4.63 亿元，同比增长 59.47%。

【资产负债业务】在负债方面，加大了对负债营销的资源配置与激励力度，以考核为导向，以新兴产品为依托，全员营销，发行多期集合资金信托计划，努力引进行外资金。狠抓客户基础建设，建立分行层面的战略客户高层互访机制，加大重点目标客户直销，深挖存量客户价值。着眼金葵花、金卡潜力客户提升，持续开展了投资、健康、教育等系列市场营销活动，在多方努力下，对公负债历经一年艰辛后，在四季度一举“浮出水面”，迎来拐点式增长。储蓄存款年末突破 100 亿大关。

在资产方面，深化贷款经营，加快规模周转，提升贷款流量，把握投放节奏，确保稀缺的信贷资源投向优质客户、战略客户及中小客户。在存款、规模紧缺的刚性制约下，分行资产业务逆势突破，以快于存款增长的双倍速度，实现了近年增量与增速的较好水平，信贷规模不断壮大，市场竞争力不断提升。到年末，账面人民币一般性贷款余额为127.95亿元，较年初增加16.64亿元，增长14.94%。其中，票据业务实力不断增强，以不到千万元的资本消耗创利突破1亿元，资本回报率高达155%，位居系统内前列。同时，全年直贴贴现平均利率高达8.01%，位居当地同业第一，打造了市场良好的口碑，高价值客户群体不断扩大，为分行贷款经营做出了积极贡献。中小企业业务专业化经营步伐不断加快，全年净增中小客户45户，增长58.44%，总数占对公一般信贷户比重70%，较上年增长10个百分点。分行资产业务结构也因此进一步优化。大户集中度明显下降。个人贷款多元化态势更加显著，经营贷、消费贷成为支柱性业务，与房贷业务形成三足鼎立格局。全年新增6.6亿元，余额达到27.61亿元，分别位居当地同业第二、第三。

【中间业务】批发业务领域，同业业务屡创首单，全年负债日均达15.24亿元，计划完成率251%，市场份额居全系统第一；投行业务克难奋进，成功分销1.5亿元短期融资券、2亿元中期票据业务，特别是祁连山7亿元中期票据攻克多道难关，终获发行，迈出了意义重大的第一步；融资租赁业务规模、效益双丰收，全年投放8.3亿元，余额达16.5亿元，实现收入4200万元，以较大优势领跑省内同业；国际业务重点突破，开办了境外收购购付汇、购汇偿还他行融资、单证、内保外贷等多项创新业务，大客户综合贡献度显著提升。承办外国政府贷款转贷业务，首次获得财政部指定转贷银行资格，受到了总行关注。全年完成国际结算量6.35亿美元，增长29%。养老金业务恒康计划高管套餐销售、CBS跨银行现金管理平台实现零的突破。资金集中管理、网上企业银行新增有效户提前超额完成总行计划。在总行平衡积分卡“新兴业务拓疆计划”九项指标中，兰州分行实现大满贯，居系统前列。

零售业务领域，加快财富管理业务发展，开展一卡通刷卡积分赠礼活动，大力挖潜POS消费收入，积极培育黄金业务等新的增长点。黄金业务收入增长迅猛，达到476万元，较上年实现4倍的增长；电子银行快速发展，全年新增专业版有效户2.5万户，签约手机银行6.2万户；信用卡业务区域化经营纵深推进，全年新开户过7万户，创收2125万元，并积极探索短信交叉销售、多项业务打包销售等新兴营销手段，取得了显著的经济效应和社会效应。跨界合作，创新推出“自助设备存取款赠礼”活动，自助设备效能明显提升。交易笔数达234万笔，金额33.43亿元，同比均实现大幅上升。其中单台设备交易笔数居全系统前十，低效能设备占比仅为4.72%，居全系统第二。

【风险管理】信用风险管理方面，全面推进全流程优化，推行放款时效承诺制，不断提高贷后检查报告质量。实施授信风险审查全程化管理，调整客户准入核准及授信审批权限，特别加大了对中小客户授信风险防范，修订准入退出机制，完善风险控制措施，逐步退出了4户风险企业。严格执行“三个办法一个指引”，加强信贷资金用途检查，覆盖面达100%。扎实开展政府融资平台贷款清理，密切关注房地产贷款风险，重估15户存量房屋抵押贷款押品。加强客户分类，对钢材、汽车、医药经销商及国际、票据等同一类客户群体开展专项检查。加强风险预警，退出3户风险客户，收回风险贷款4700万元。完成26户集团客户家谱建立和统一授信工作。开展不良资产清收，收回账销案存贷款6万元。

合规风险管理方面，加强制度风险识别，查找制度空白；开展以基层执行者为主要层面的制度梳理，发现拟修订制度40个，作废制度8个，拟新增制度10个。组织会计、信贷、零售等6大条线识别新风险点，重估风险点库，较上年净增47个。制定创新业务法律合规审查及操作风险评估细则，进一步完善了创新产品业务合规论证流程。强化客户身份识别，重视客户风险等级划分，组织开展客户交易、高风险地区交易、虚假证照开户等风险排查，加大反洗钱交易监测，连续第三年获得人民银行A级第一荣誉。通过合规风险提示，及时预警，突出条线合规管控重点。开展了“合规官带头讲合规课”等分支行层面的系列合规教育活动，提高合规文化认同，进一步夯实了合规基础。

操作风险管理方面，成立操作风险管理体系推广小组，制定细则，下发指引，顺利推广操作风险管理体系项目。保质保量完成了LDC、KRI、RCSA三大工具的阶段推广任务，成为率先完成RCSA问卷设置工作的四家分行之一，在第二批上线分行的进度排名中位居榜首。提高会计运营中心运营效能，实施业务错峰处理，强化员工技能训练，优化流程，不断降低业务成本，并加强网点运营差错率考核，全分行网点运营差错率为0.5%，较年初下降76%。推进会计人员轮岗，加强内部账务监测，对各网点实施全覆盖的现场检查与非现场检查，开展人民币收付、财政专户的风险排查，规范异地对公上门业务操作流程，有力保障了全行柜面操作系统的稳定运行。

审计方面，完成了17家支行常规审计，开展了3项专项审计、4项离任审计，将审计发现一般性问题纳入内控评价，加大了问责整改。以员工行为禁令的执行为重点，持续开展了屡查屡犯整治、内控突击检查，未发现严重违规行为。全面推进自行查核工作，制定实施方案，顺利上线系统，并将自行核查纳入常规审计，加强了后续跟踪和督导。

案件风险管理方面，深入抓好案件防控，组织员工异常行为、要害岗位、重点环节等多维度排查，加强案例教育学习，开展应急预案演练55次。完成了监控中心升级改造，积极运用调阅监控录像等非现场检查手段，加大自助设备、节日安全检查，协助公检法等有权机关核查案件44起，加强保安员队伍管理。在甘肃银监局、兰州市公安局对部分网点的安全评估中，受检4家支行、1家离式自助银行全部获得优秀评价。

（魏磊萍）

中信银行股份有限公司兰州分行

【市场营销体系建设】树立“发展是兴行第一要务”的经营理念，积极建立和完善面向市场、面向客户、迅速反应的市场营销机制，调整充实了分行市场营销、中间业务等专业委员会，强化了职能作用，两个委员会定期召开会议，组织主线部门研究营销中的问题，制订营销计划，优化资源配置；大力推行前、后台联席会议制和公司、零售业务联席会议制，增强了营销合力。全行上下面对不断变化的市场环境，坚持全面营销、重点突破的原则，及时调整营销策略，创新营销手段，落实首席客户经理制和重点客户维护责任制，采取“一对一、面对面”的直接营销和“上下联动、分层开发”的联合营销等多种措施拓展市场，拼抢客户。主动加强与地方党政的联系，赢得政策支持，强力营销财政、军队、大型医院、高等院校等机构类负债客户。到年底，全行对公客户总数达1115户，其中对公有效客户数220户，比年初增加71户，增长49%，完成总行下达计划的107%。开立基本结算户160户，较年初增加75户，增长88%。与多家战略客户签订了战略合作协议，目前兰州分行经总行审批的总行级战略客户6户、分行级战略客户25户，总分行级战略客户存、贷款分别为28.46亿元、35.08亿元，占对公存、贷款的42.72%和59.8%。

【特色业务拓展】注重发挥特色产品优势，为客户营销、业务拓展和利润增长提供了有力支撑。在供应链金融业务方面，与资金实力雄厚的钢材、汽车经销商深度开展合作，2011年累计开出银行承兑汇票23亿元，比上年翻番。在总行考核中，兰州分行汽车经销商存款年日均余额2.82亿元，列系统内第2名；单店日均存款超1500万元，高于全行1054万元的平均水平，列系统内第4名；累计融资8.66亿元，列系统内第7名；合作经销商户数18户，列系统内第12名；为汽车经销商开立电子银行承兑汇票1.2亿元，是当地唯一一家办理此项业务的金融机构；为汽车经销商办理法人账户透支3092万元，走在同业前列；同时陆续拓展了一批经销沃尔沃、奔驰、三菱等高中端汽车品牌的汽车经销商。在国际业务方面，通过强化国际业务在全行业务经营中的地位，努力提高国际业务的整体服务质量、效率和服务水平，国际业务增长101%，跑赢了大市。全年新增10万美元以上国际业务有效客户23户，国际业务有效客户达到63户。在票据业务方面，实现直贴业务4亿元，转贴交易143亿元，交易量较上年增加20亿元。成功发行票据理财1.83亿元，实现中间业务收入25万元；存放同业资金104亿元，实现存放资金利润100万元，实现票据利差收入1.4亿元，较上年年增加1.06亿元，增长312%。扣除资金成本后，实现票据利润1600万元，较上年增加1100万元，增长220%，成为分行新的利润增长点。同时积极参与总行回购投标业务，累计回购业务78亿元，并通过同业存款配套票据双边业务，有效改善分行存款结构，圆满完成总行下达的新增同业存款30亿元的计划任务。在出国金融业务方面，全年共办理代收使馆签证、签证代传递等出国金融业务2837笔，实现中间业务收入64.49万元。

【业务结构调整】一是适当压缩占比较大的钢铁行业贷款，占比由年初的10.5亿元下降到9亿元，提高电力和交通行业贷款比例，以上三个行业贷款份额增加到47%；二是适度加大了对综合贡献度较大的钢铁金融、上下游产业链、汽车金融优质中小客户的支持力度，授信余额从年初的8%提高到年末的21%；三是有针对性地加大了产品结构调整力度，引导各经营机构发展银行承兑汇票等表外产品，承兑余额达到20.57亿元，吸收保证金7.67亿元，比年初增加2.67亿元。年底分行存贷比、信贷规模、风险资产限额均达标。时点存贷比为80.84%，较年初下降17.01个百分点，低于总行调控目标9.16个百分点；月日均存贷比为84.43%，时点、日均存贷比均完成了总行下达的调控任务。总行核定兰州分行全年风险资产增量限额为27亿元，年底分行风险资产余额较年初新增26.89亿元，达到了总行调控要求。

【基础管理工作】分行内部控制、风险管理、财务审查等专业委员会严格履职，职能作用得到有效发挥。全面梳理规章制度486项，建立了覆盖各项业务、各个岗位、各个环节的业务操作流程和制度体系。会计工作走上制度化、规范化、标准化轨道，向人行上交现金实现了零差错，钱捆质量稳居当地同业之首，解交现金成了同业、人行免检单位。人民币现金备付率为0.143%，总行排名第5名，重要空白凭证管理连续数月得到总行通报表扬。接受内、外部审计检查6次，自行组织开展检查8次，发现问题整改率100%。顺利通过人行现金收付、反假币、支付结算执法等多项监管部门专项检查，获得好评。在总行2011年贷款回收考评中，兰州分行以本金按时回收率、本金回收率、利息回收率、利息按时回收率、本息按时回收率5项指标均为100%，名列35家分行前列。

【组织机构和团队建设】2011年，分行根据机构发展战略，加快网点建设步伐，新开业东岗和金昌路2家支行，营业网点增加到4个，分行市场营销部门从4个增加到9个。分行机关设置了8个条线管理部门、8个营销团队、1个物流金融中心。第四家支行七里河支行开始装修，第五家支行高新开发区支行已获总行批复同意筹建，第六家支行铁路支行的筹建已完成选址工作。已在省人民医院、兰大二院两家星级代发单位布放自助设备，小西湖义乌自助银行已进入装修阶段，全行网点战略布局不断完善，金融服务能力持续增强。各项业务的快速发展和社会形象的不断提升，中信银行品牌的感召力发挥了良好的磁吸效应，吸引一大批同业优秀人才加盟中信。全年有1500名同业人员和应届毕业生报名应聘，先后引进优秀人才78名，全行员工总数增加到177人。同时，坚持组织开展各类业务培训、会计上岗考试、操作技能比赛、礼仪培训和拓展训练，培训3988人次，培训天数累计88.5天。分业务条线组织推进相关技能及执业资格考试，目前全行柜员反假币上岗证的持证率达到100%,零售客户经理的持证率达到100%，其中AFP的持证率为30%，未参加AFP考试的零售客户经理均已参加总行CCWA培训，并获得相关证书，为业务发展提供了人才保障。

【企业文化建设】全力打造基业长青的企业文化，营造良好的发展氛围，增强发展的"软实力"。积极引导全员切实强化危机、合规、责任、创新、执行和争创一流"六种意识"，坚持和发扬岗位奉献的敬业精神、艰苦创业的拼博精神、科学求实的进取精神和密切协作的团队精神"四种精神"，不断提高开拓创新、市场应变、风险管理、盈利、科技支撑、企业文化力"六种能力"。在努力办好分行员工食堂的同时，克服多种困难，为每一家支行办起了员工食堂，解决了员工的吃饭问题。针对兰州市自来水水质较差，影响员工身体健康的问题，为每一位员工家里安装了净水器，帮助解决员工工作生活中的实际困难。先后3次为全行员工招标定做了工装，发放员工取暖补贴，举办"爱党、爱国、爱中信"红歌会、职工运动会和摄影比赛，活跃了员工文体生活，展示健康向上的精神风貌，增强了全员的凝聚力和向心力。

【风险控制水平】在全行上下大力培育以"强化管理，严控风险"为核心的合规文化，不断加强合规建设，"查"、"验"、"评"结合，把风险管理贯穿于市场营销、客户服务和产品创新等各个经营管理环节，进一步健全风险管理体系，有效完善了内部控制机制，坚持合规、审慎经营。一是严把授信项目审查关，全年规避风险事项4项，金额3.46亿元。某联保客户出现经营问题后，第一时间提前收回了贷款，全行保持了贷款不良率为零的记录；二是突出贷后管理，全年对汽车合格证、存货质押、小贷公司、钢贸（汽车）经销商、民营矿产企业等进行突击贷后检查18次，授信客户现场突击贷后检查覆盖率15%。三是建立风险管理通报和考评制度，出台授信业务风险管理考核办法，坚持按月考核奖罚、按季通报评比，将风险管理贯穿于市场营销、客户服务和产品创新等各个环节；四是推进放款中心合规化建设。采取分离式柜台办公，增加专职放款员。审批与放款各自独立，岗位相互制衡，实现了审贷分离；五是加强政府融资平台清理，成功收回1.95亿元平台贷款，政府融资平台由3户压缩至2户。

【业务创新能力】积极构建产品和业务创新机制，配套相应的奖励措施，大力推进业务创新，打造新的竞争优势。鼓励前、后台部门紧扣市场和客户需求，开发新的产品和服务，不断提高市场竞争力和工作效率。在产品创新和运用方面，一是推出汽车经销商集团授信模式、汽车金融两方模式、汽车法人账户透支、保理业务、电子银行承兑汇票业务等创新产品，提高了市场竞争力。二是采用"直联当地银联+专业化服务外包当地银商+清算资金小额系统自动入账"的特约商户收单业务方式，正式开通特约商户POS收单业务，为分行获取企业、个人存款，提升中间业务收入开辟了新的渠道，被银联和同业称为"中信模式"。三是成功办理首单票据库管理业务，介入兰州金川新材料科技股份有限公司日常结算回款，带来大量与代保管票据相关的真伪查询、托收和质押融资等业务。推出小企业联保、订单融资、保理业务等新业务新产品，支持小企业发展。四是成功发行两期代理银行承兑汇票类信托计划产品，开辟了信托类理财产品的新渠道，丰富了零售业务产品。在后台支撑和管理方面，利用账务集中系统功能,开发了信贷资金支付账户提示功能，优化了业务处理流程；开发了银行承兑汇票贴现查询批量处理功能，提高了贴现处理速度和办理效率。独立开发了银企对账系统、会计技能中文考试系统、电子履职考核评分系统和银行票据托收信件打印程序,减轻了员工的工作强度，提高了工作效率。

【市场份额和品牌形象】坚持不懈地宣传推介中信特色产品和服务，在区域内树立了良好的中信品牌形象，市场影响力和冲击力进一步增强。当地党政、银监部门领导在不同场合对兰州分行的金融服务工作给予充分肯定，社会各界对兰州分行的特色产品和优质服务给予较高评价，有力地促进了业务发展，市场份额和系统位次快速提升。截止2011年末，在兰州市各金融机构中，兰州分行自营存款市场占比为2%，比年初上升0.83个百分点；各项贷款市场占比1.99%，比年初上升0.49个百分点。在省政府金融办、银行业协会等联合开展的"甘肃好银行"评选中，兰州分行获"最佳产品创新奖"，市场认知度不断提升。

（范海啸）

经济管理

行政监察

【监督检查】科学推进舟曲灾后重建监督检查。一是进一步健全组织领导体制和工作运行机制。强化省级领导小组的组织领导职责，统一协调、指挥各级各部门的监督检查工作；充实省直各成员单位、对口援建、自建单位和甘南州、舟曲县以及受灾乡镇、社区的监督检查工作机构，形成上下联动、齐抓共管、各负其责、协调推进的监督检查工作机制和全方位立体式的监管体系；严明纪律要求，着力抓好灾后重建资金物资监管，确保资金物资安全有效使用和灾后重建工作扎实有序开展。二是不断改进监督检查方式方法。省纪委监察厅主要负责同志多次赴舟曲检查调研、现场协调督办有关事项，并针对部分项目进度缓慢等问题，对 8 个省直部门主要负责同志进行了约谈；先后派出 8 个检查组，有针对性地进行重点检查；前方监察组长期驻守舟曲，跟踪掌握项目进度，督促整改存在问题；通过挂牌督办、销号管理的办法，把 170 个重建项目全部纳入台帐监督体系，累计挂牌督办问题 102 个。三是坚持把公开透明贯穿于监督检查的全过程。开通了舟曲灾后重建监督检查网站，向社会公布了举报电话并实行24小时值班；前方监察组通过电子显示屏、手机短信等多种渠道及时向群众公布有关事项。

全面开展加快转变经济发展方式监督检查。一是成立领导机构和工作机构。中央召开会议部署之后，省委、省政府即成立了由省纪委主要领导同志任组长，有关部门负责同志为成员的监督检查工作领导小组，省监察厅承担领导小组办公室职责，具体负责综合协调和工作督办；制定出台了《甘肃省开展加快转变经济发展方式监督检查工作实施意见》，对监督检查工作做出总体安排。二是及时动员部署。召开全省加快转变经济发展方式监督检查电视电话会议，对全面开展监督检查工作进行动员部署，要求各地各部门围绕政策落实、资金管理和项目实施三个关键环节，重点从 7 个方面开展监督检查。三是全面开展监督检查。会同有关部门，围绕水利改革发展、节能减排、环境保护、规范节约用地、管理通胀预期等开展监督检查，累计检查项目 15222 次，发现违法违规问题 11075 个，纠正违法违规问题 10538个，提出监察建议 1604 项。

认真抓好工程建设、藏区维稳、安全生产以及其它重点工作的监督检查。一是继续深化工程建设领域突出问题专项治理。制定下发了《甘肃省工程建设领域项目信息公开和诚信体系建设工作实施方案》，依托省政府门户网站建立了甘肃省工程建设领域项目信息和信用信息公开专栏，与 17 个省直部门实现了信息共享；会同有关部门出台涉及工程建设领域相关制度 790 多项，修订完善 243 项；查处陇南市文县尚德镇任家坝村上任家坝社重建房屋质量问题，召开新闻发布会向社会各界通报情况，接受舆论监督，同时在督促陇南市、甘南州开展拉网式排查的基础上，派出 8 个检查组对 8 个重灾县的 295 个重点项目进行集中抽查，保证了“5•12”地震灾后重建工作全面完成；深入调查天定高速公路质量问题，严肃处理了相关责任单位和人员。二是努力促进藏区经济发展和社会稳定。下发了《甘肃省推进藏区跨越式发展维护民族团结和社会稳定决策部署贯彻落实情况监督检查工作实施细则》，会同有关部门组成 8 个督查组，对甘南州、武威市和 29 个省直部门、11 个省属企业进行了重点督查。三是努力遏制安全生产事故频发的态势。会同省安委会对省直有关部门和民航、铁路等单位开展了专项督查；会同有关部门对兰州七道梁隧道火灾、兰新第二双线甘青段小平羌隧道塌方、兰渝铁路定西段施工和正宁县校车事故等进行调查，严肃追究了有关人员的责任。

【纠风治乱】着力解决损害群众利益的突出问题。一是持续深入治理教育乱收费。督促和配合教育部门开展义务教育经费保障机制、中等职业教育免费和国家助学体系改革，明确托幼园所、普通中小学和高等院校收费项目和收费标准，强化对教材和教辅材料出版发行工作的监管，进一步规范各类收费行为。二是持续深入解决“看病难、看病贵”问题。配合卫生系统建立健全了医院考核评价排名、医生用药量“四排队”、医疗机构诊疗费用“八排队”制度，完善了医疗服务明查暗访、用药评价公示、无假日门诊、医患纠纷第三方调解等医疗服务管理机制。三是持续深入纠正征地拆迁、涉农收费等方面损害群众利益的突出问题。督促各地各有关部门严格执行征地拆迁有关政策和补偿标准，严禁以断水、断电等非法方式强征强拆；继续加强惠农政策落实力度，对 10 个市、13 个县（区）、22 个乡镇落实惠农政策情况进行专项检查，深入 18 个县（区）、41 个乡（镇）、96 个行政村对惠农补贴发放情况进行了重点检查。

坚决纠正部门和行业不正之风。

一是集中开展党政机关公务用车专项清理。对全省各级党政机关、直属事业单位及社会团体的公务用车，逐单位逐车逐项进行比对核实，确认并严格处理了违规车辆。二是继续开展庆典、研讨会、论坛活动过多过滥问题专项治理，取消无实质内容的庆典、研讨会、论坛活动 12 项。三是深入开展“小金库”专项治理。对“零申报、零问题”和 2009 年以来数据统计分析低于全省平均水平的县区和部门进行重点检查，累计清理“小金库”1733 个，涉及金额 31854.97 万元，责任追究 275 人，移交司法机关处理 17 人。

不断创新纠风工作载体。一是广泛开展民主评议政风行风活动。对公安、国土等 11 个具有行政执法部门进行重点评议，会同卫生部门在全省 352 家医院开展行风评议，会同教育部门在全省示范性高中开展民主评议，督促省通信管理局对电信、移动、联通、铁通 4 家通信运营企业 44 家分公司开展民主评议。二是努力提升政风行风热线节目质量。全年直播节目 32 场，有 25 个厅局委办和 5 个重点窗口行业及 1 个地级市上线，解决咨询 834 条，受理投诉 863 条，处理投诉 828 条，办结率达 97.9%。三是依托省政府门户网站创建了“甘肃省纠风网”，搭建了覆盖省、市、县三级的纠风网络平台。

【改革创新】努力强化对行政权力运行的制约监督。一是积极探索制约监督行政权力新的途径。选择部分市州和省直部门开展了廉政风险防控试点。二是努力深化政务、厂务和村务公开。调整充实省政务公开领导小组组成人员，理顺了领导体制和工作机制；召开省厂务公开领导小组会议，制定下发年度工作要点，出台了《甘肃省职工代表大会规范》；配合制定了《甘肃省村务监督委员会工作规则》，进一步落实了村民民主监督权利。三是不断完善政务服务体系。“一站式”办公、“一条龙”服务和首问责任制、限时办结制、一次性告知制较好落实。

着力推进反腐倡廉制度建设。一方面，狠抓了制度的废改立。在全省开展了“反腐倡廉制度推进年”活动，清理反腐倡廉法规制度 1314 项，废止 78 项，修订完善 141 项。新建 247 项。另一方面，狠抓了制度的执行。建立了日常督查、专项检查制度和责任追究机制，在全省范围内开展“制度大检查”活动，较好解决了制度执行力不强、落实不到位的一些突出问题。

积极推行绩效管理监察。一是健全工作机构。经省编办批复同意，成立了绩效管理监察室；一些市州纪委监察局也成立了效能监察室、行政效能投诉室或政府效能办公室，具体承担效能监察方面的工作。二是努力促进政府绩效管理工作。积极配合各部门开展目标管理责任制考核工作，起草了《甘肃省政府投资项目管理办法》和《甘肃省行政过错责任追究办法》，分别于 2011 年 5 月、6 月以省政府令的形式公布施行。三是不断深化行政审批制度改革。省级政府部门累计取消和调整行政审批项目 1738 项，减幅 75.1%。

【廉政监察】大力加强反腐倡廉宣传教育。一是坚持开展以领导干部为重点的警示教育。省上召开全省领导干部警示教育电视电话会议，深刻剖析典型案件，1.1 万名领导干部接受了警示教育；二是深入开展以各级公务员为重点的正面教育。邀请中国纪检监察报社社长在省直机关和庆阳、平凉两市作反腐倡廉形势教育报告；制作专题片广泛深入宣传反腐倡廉建设成果，在全省开展学习反腐倡廉理论政策和党纪条规知识、组织参加反腐倡廉知识竞赛活动。三是大力开展面向全社会的廉政文化建设。围绕纪念建党 90 周年，组织举办红歌演唱会、书画作品展、演讲比赛、征文大赛、播放廉政公益广告、廉政文化作品创作传播和廉政文化“六进”活动，营造了全社会崇尚廉洁的良好氛围。

始终保持惩治腐败的高压态势。一是不断加大办案工作力度。至 2011 年 11 月 30 日，各级纪检监察机关共受理信访举报 10062 件，初核 1147 件，立案 555 件，结案 521 件，给予党政纪处分 730 人，挽回经济损失近 1.5 亿元；严肃查处了一批在医药购销、政府采购、产权交易等方面的商业贿赂案件。二是努力提高办案水平。畅通信访举报渠道，实行案件线索集体评估，完善重要案件线索统一管理、重要案件线索督办以及纠风、执法监察案件统一审理制度，进一步形成了办案合力；严格办案程序，严肃办案纪律，规范“两指”措施，加强办案点安全防范，确保办案安全。三是努力发挥查办案件的治本功能。实行了“一案三报告”制度，对查办的重大典型案件进行深入剖析，将深入剖析的重大典型案件作为开展警示教育的鲜活教材，用身边的事教育身边的人，形成强大威慑，防止腐败行为的发生。

（富鹤亭）

审　计

【审计成果】2011 年全省共审计和审计调查项目 9237 个，共查出违规资金 85.2 亿元、管理不规范资金 579.6 亿元、损失浪费资金 4.2 亿元；通过审计处理，上缴财政资金 18.6 亿元，核减工程价款 7.9 亿元，促进增收节支 36 亿元；向各级党委、政府和上级审计机关提交综合报告、专题审计报告、调研、信息 5098 篇（次），被采用和批示 3171 篇（次）；向被审计单位提出审计建议 1.1 万条；向司法和纪检监察部门移送案件线索 27 件，涉案人员 12 人。

【预算执行审计】继续以构建财政审计大格局为目标，整合全省审计资源，积极拓展审计领域，共对 1744 个部门和单位的预算执行情况进行了审计。省审计厅主要对省财政厅、省发改委、省工信委等 13 个省级预算单位的预算执行情况和兰州、天水、白银、甘南4市州财政收支情况进行了审计。在预算执行审计中，各级审计机关均向同级政府提交了本级预算执行审计结果报告，向同级人大常委会作了预算执行情况的工作报告，并以不同形式公告了审计结果，引起了被审计单位的高度重视和社会各界的广泛关注。

【地方政府性债务审计】按照国务院、审计署和省政府的安排部署，省市县联动，组成99个审计组，抽调1348人，集中时间和人力，采取上审下和交叉审相结合的方式，圆满完成了13个市州和86个县市区的地方政府性债务审计。各级审计机关在工作中加强协调配合，创新审计方法，自主开发汇总软件，提高审计效率，审计结果得到了审计署和省政府的充分肯定。省审计厅经济责任审计二处、平凉市审计局荣立全国地方政府性债务审计公务员集体三等功；省审计厅法规处、经济责任审计工作办公室、企业处、兰州市审计局、陇南市审计局、武威市审计局荣获全国地方政府性债务审计公务员集体荣誉称号；省审计厅实施的天水市本级政府性债务审计获表彰项目奖。同时，各级审计机关还如期完成了全省普通高中债务审计。

【灾后重建项目竣工决算审计】各级审计机关特别是灾区审计机关，把灾后重建项目竣工决算审计作为重大政治任务和民生工程，按照“两个好，四个关注、一个重视”的工作思路，整合省、市、县三级力量，在跟踪审计舟曲泥石流灾后重建项目的基础上，全力以赴开展地震灾后恢复重建项目竣工决算审计。特别是9月份，厅党组科学判断形势，创新工作思路，果断做出决策，抽调兰州、张掖、白银、庆阳、定西市、甘南州审计局和厅机关及省直有关单位的业务骨干133多人，组成13个审计组，历时一个月，集中帮助陇南市、天水市、甘南州部分县区集中开展灾后重建项目竣工决算审计，对促进此项审计工作的顺利开展发挥了积极的作用。截至2011年底，已审计和正在审计的项目数占具备竣工决算审计条件项目数的98.5%，共核减工程款近4亿元。

【专项资金审计】坚持把宏观调控政策措施落实情况和重大投资项目、重点民生资金的审计作为重中之重，在严肃查处违纪违规问题的同时，注重分析、揭示和反映体制、机制、制度等方面的问题，着力保障宏观经济政策措施的贯彻落实，切实维护民生和经济安全。省审计厅联合审计署兰州特派办组织对黄河流域水污染治理情况开展大范围审计调查，对天定高速公路及土地征用费管理使用情况进行审计，组织全省审计机关对中小学校舍安全工程、工程建设领域突出问题专项治理、水利建设资金管理使用情况、养老保险基金筹集管理使用情况、扶贫资金管理使用情况全面开展审计，对审计发现的项目资金不到位、征地拆迁费超预算、多计工程价款、挤占挪用专项资金等问题，要求相关部门和单位及时整改，促进了专项资金管理使用的安全高效。

【经济责任审计】以贯彻落实《党政主要领导干部和国有企业领导人员经济责任审计规定》为契机，拓宽经济责任审计覆盖面，将各级党委、政府、审判机关、检察机关、事业单位和人民团体等单位领导干部以及国有和国有控股企业的法定代表人纳入经济责任审计范围，根据组织部门的委托，省审计厅主要对省发改委、省工信委等8个单位的领导干部进行了任中审计；对定西市、省财政厅、省监狱局、张掖市法院、天水市检察院等7个单位的原任领导干部进行了离任审计。审计厅调研起草了《甘肃省党政主要领导干部和国有企业领导人员经济责任审计实施办法》，已经省政府常务会议审定并以省委办公厅、省政府办公厅文件下发执行。同时，牵头制定了《关于进一步深化经济责任审计工作的若干意见》和《甘肃省经济责任审计工作联席会议工作规则》，已由联席会议各成员单位联合发文实施。

【绩效审计】以提高资金使用效益和管理水平为目标，广泛运用专项审计和审计调查，积极推进绩效审计，重点关注专项资金使用的效益性和建设项目的科学性、规范性，注重从体制、机制、制度和管理层面提出加强和改进的建议，取得了明显成效。特别是通过对全省为民办实事资金、扶贫开发资金、节能减排资金和天定高速公路等重点投资项目的跟踪审计，对规范投资决策、提高财政资金使用效益、加强项目管理发挥了重要作用。

【审计质量和整改落实】一方面坚持把审计质量建设贯穿于审计工作的全过程，牢固树立“审计质量是审计工作生命线”的理念，加强项目计划管理，狠抓重点环节质量控制，确保把问题查清、查透、查实，全面了解实际情况，如实揭示存在的问题，实事求是地作出评价，深入分析机制、体制、制度层面存在问题的原因，研究解决的办法和措施，提出有针对性的意见和建议，为各级各部门领导决策提供了有益的参考，较好地发挥了审计的职能作用。另一方面，各级审计机关把审计整改作为提高审计质量的关键措施，认真落实省政府《关于进一步加强审计整改工作的意见》，坚持“边审计、边整改，边规范、边提高”，力求项目审计结束，查出的问题得到良好的解决。按照谁审计、谁负责跟踪督促和整改落实的原则，坚持落实审计整改责任制，健全完善审计整改报告、督查、联动、公告、问责等制度，力求使审计查出的问题整改到位，进一步维护了审计的严肃性和权威性，提高了审计的执行力和公信力。与此同时，各级审计机关和广大审计人员把审计的过程作为向被审计单位学习的过程，注意总结和宣传推广被审计单位的好经验、好作法，使审计监督与服务的职能都得到了充分体现，审计的经济效益、社会效益和生态效益同步提高。

【审计宣传】省审计厅始终把宣传工作摆在重要位置，坚持正确的宣传方向，积极加强与各有关媒体的沟通、衔接与合作，有针对性、有重点地开展系列宣传活动，进一步增强了宣传工作的主动性和实效性。注重通讯员队伍建设，加强业务培训，宣传工作实现了新的突破，全年在各级各类媒体发表文章、信息和宣传稿件13250余篇。省审计厅组织编撰出版了《甘肃审计史话》，进一步扩大了审计影响，为审计工作营造了良好的舆论环境。

国资监管

【企业保增长】面对日益激烈的市场竞争，各企业及时调整营销策略，优化产品结构，拓展市场份额，取得积极成效。2011年省属35户监管企业实现营业收入2780.2亿元，比上年增长35.56%；完成工业总产值1743.8亿元，增长83.91%；实现工业增加值459.9亿元，增长72.83%。资产总额达到3797.3亿元。金川集团营业收入超过1200亿元，成为全省首家营业收入过千亿元的企业，并荣获中国工业领域最高奖——“中国工业大奖”。酒钢集团产钢和钢材双双突破1000万吨，成为西北首家钢产量突破千万吨的钢铁企业。省电投全年新增装机容量30.45万千瓦。兰州电机2MW风电机组成功下线，兰石集团换热器产品成功进入我国第三代核电项目领域，西北永新涂料产品打破国外垄断进入风电市场。省水电工程局巩固扩大省内、青海市场，拓展开发新疆市场，产值、任务再创历史新高。

【企业效益】面对成本上升的压力，各企业采取一系列扎实有效的措施，加强管理，降低成本，增加效益。2011年，35户省属监管企业累计实现利润总额107.8亿元，比上年增长74.15%。酒钢集团非钢产业总收入增长62.65%，利润增长2.3倍，钢铁主业27项对标挖潜指标同比进步22项，达到行业先进水平2项，实现创效4.8亿元。白银集团充分利用国际与国内两个市场，运用现货与期货两种手段，有效规避风险，全年销售产品价比市场平均价高出6%，利用人民币升值获利近1亿元。甘肃建投集团强化企业管理，加大拖欠款清理回收力度，清理2010年底以前拖欠款22.29亿元，2011年工程款回收率达到82%。长城电工完成三大产业的优化整合，组建了物流公司，实现对大宗原材料的统一采购，有效降低了采购成本。西北永新果断淘汰了天虹公司高污染、高耗能的颜料生产工艺，建成13条各类管材生产线，实现了天虹公司有史以来第一次盈利。

【企业改革】一是现代企业制度建设取得新成效。出台了省属监管企业外部董事管理暂行办法和建立外部董事制度实施意见，国资委管班子企业已经实现了外部董事全覆盖。建立健全了股东代表、外部董事、外部监事的派出、履职、报告管理制度，规范了出资机构和企业负责人履职行为。完成了监事会三年任期结束后的换届工作。二是企业整合重组取得新的进展。全面完成了四川腾中与兰通厂、浙江银亿集团与兰光集团的战略重组。金川集团等拟上市公司积极引进行业龙头企业增资扩股，加强战略合作。白银集团引进湖南有色金属投资公司重组白银红鹭氟业公司，合作盘活存量国有资产。靖远煤业整合区域矿用机械企业，组建了甘肃靖煤矿用装备集团。长城电工组建天水电工电器集团公司，为加快产业园建设奠定了体制基础。八冶集团在香港设立了八冶国际公司，为开拓海外市场特别是东南亚市场搭建了平台。甘肃农垦电力局整体上划省电力公司，理顺了农垦电力系统管理体制。三是省属非工业困难企业改革进程加快。165户困难企业改制攻坚进程，47户企业已经完成改制工作任务，安置职工1.04万人，其它企业正在抓紧进行财务审计、资产评估和方案制定工作。四是妥善解决企业改制遗留问题。启动并基本完成了全省“五七工”、“家属工”参保工作。全面启动了厂办大集体企业改革工作，涉及省属和市州共142户企业，3.3万名职工。制定了解决在甘国有企业职教幼教退休教师待遇工作方案，正在抓紧组织实施。长风集团政策性破产6月底终结，九条岭煤业公司正式移交武威市管理，兰通厂重组资产转让移交、兰轴厂土地出让金上缴等遗留问题顺利解决，新业公司成功打包回购部分企业为6户省属破产企业提供担保的债权，省属监管企业政策性破产工作全面完成。兰光科技资产重组方案终获中国证监会批准，并于8月26日顺利恢复上市，历时数年的兰光科技重组工作彻底完成。

【企业发展质量】一是项目建设取得新的进展。全年完成固定资产投资235.59亿元，比上年增长16%。酒钢集团100万吨新棒材线、金川集团20万吨阴极铜工程、白银集团20万吨阴极铜项目、东兴铝业45万吨铝合金、省电投河口电站和杂木寺电站、兰石集团青岛重型容器生产基地、兰州电机兆瓦级风力发电机组及机组产业化项目等重点项目建成投产。据不完全统计，这些新完工项目可新增工业总产值320.00亿元、工业增加值84.88亿元、利润27.90亿元，成为省属企业实实在在的增长点。酒钢集团榆钢支持灾后重建项目、不锈钢冷轧二期工程、2X350MW自备热电联产工程、金川集团6万吨电解镍、1万吨/年羰基镍生产线、刘化集团15万吨浓硝酸、华煤集团20万吨聚丙烯项目等重点项目开工建设，这些项目建成后将进一步推动省属企业结构调整和产业优化升级。二是资源控制取得新的进展。省电投与靖远煤业联合华能集团组建甘肃能源集团，金川公司与靖远煤业联合大唐电力组建金远煤业公司，加强了省属企业对煤炭资源的控制和开发转化。白银集团完成了陇南厂坝铅锌资源整合，酒钢集团控股开发小柳沟钨钼矿。资源型企业实施“走出去”战略取得新进展，白银集团成功收购南非第一黄金公司，新增黄金资源金属量 675 吨，金川集团、酒钢集团的海外资源项目进展顺利，省电投、靖远煤业、窑街煤电等企业在周边省份的资源开发项目也迈出实质性步伐。三是产业升级取得新的进展。各企业按照改造提升传统产业、培育发展新兴产业的部署，强化自主创新，强化结构调整，努力推进产业转型升级。金川集团成功进入二次电池、动力电池、太阳能集热器及真空镀膜等新产业领域，新产品销售收入占公司销售总额的 20%以上。东兴铝业淘汰兰州基地落后产能，在陇西先后建成 40 万吨电解铝生产线，利用技术优势与酒钢集团合作，在嘉峪关投资建设了当前最先进的 45 万吨电解铝生产线，一跃成为全省最大的电解铝生产企业。八冶集团武威年产 10 万吨钢结构项目正式投产，成为西北最大的钢结构生产基地。省建投集团转变发展方式，产值突破 200 亿大关。刘化集团 18000 空分重点技改项目正式投产，拥有了国内最先进的空气分离装置和技术。华龙证券经纪业务成功转型，投行业务实现新的突破，企业竞争实力和行业地位明显提高。稀土集团针对原料制约强化技术改造和自主创新，延伸产业链，提高附加值，增强生产系统柔性应变能力，稳固了行业龙头地位，2011 年经济技术指标创历史最好水平。

【**资本运作**】一是加强投融资平台建设。在省政府的主导下，理顺了省国投公司管理体制，调整了融资方式，为省属工业企业率先实现跨越发展提供融资保障；成立了省公路航空旅游投资集团有限公司，实现了交通产业资产的集中统一管理；成立了省煤炭资源开发投资有限责任公司，为全省煤炭资源勘查开发提供投融资保障和服务；组建了省保障性安居工程建设有限公司，在为全省保障性安居工程发挥投融资功能的同时，也为省建投集团拓展市场提供了平台。二是着力加强信贷融资。省属企业通过加强银企对接、信用互保等措施扩大间接融资额度，全年向银行融资 360 多亿元。金川集团、酒钢集团财务公司先后挂牌成立，加强资本运营和金融服务，填补了全省金融机构的一项空白。三是切实加快企业上市步伐。金川国际收购澳门投资控股成功登陆香港资本市场；省电投重组西北化工已获国务院国资委批复和中国证监会核准；白银集团通过收购南非第一黄金公司，拥有了海外上市公司；金川集团、白银集团、兰石重装加快首发上市步伐；兰州电机、陇神药业等企业完成股份制改造，正在加快推动私募融资和上市辅导；西部重工、新洲矿业、紫轩酒业等企业已纳入股改上市规划。四是加大资本市场融资力度。靖远煤业加快相关资产整合，主业整体上市前期工作已经基本完成；酒钢宏兴、亚盛集团正在实施非公开发行股份，预计募集发展资金约 107 亿元；酒钢集团、甘肃电投等企业通过发行中短期票据融资 105 亿元；华龙证券、兰石集团、金川集团通过增资扩股融资 24.96 亿元；长城电工非公开定向增发工作已经启动。

【**国资监管**】一是加强了经营业绩考核工作。实现了出资企业经营业绩考核全覆盖。修订完善了经营业绩考核和薪酬管理办法，对生产经营类、投融资服务类、管理类企业实行分类考核，增强了考核的针对性，规范了企业负责人基本薪酬，突出了绩效薪酬的激励作用。二是加强了企业战略规划和投融资管理。在规划纲要和各企业发展规划的基础上，科学制订了省属监管企业“十二五”发展规划。规范了企业主业管理和投融资管理，启动了企业重点项目后评价工作。健全省属企业投融资项目论证审批机制，建立了专家库，提高了科学决策水平。启动了行业对标管理工作。三是加强了国有资产基础监督工作。加强企业财务监督，对 30 户企业下发了财务决算整改通知书，并跟踪检查整改落实情况，指导企业提高财务管理水平。加强国有控股上市公司动态监控，建立了上市公司运行信息季报制度，督促企业防控风险和稳健经营。夯实国有产权基础管理，探索加强了境外国有产权的管理。加强和改进监事会监督，围绕出资人关注的重大事项开展专项监督检查，及时揭示企业重大风险和隐患，进一步提高了监督的针对性、协同性和有效性。四是加强了对市州国资监管部门的指导监督。按照国务院国资委“大国资、一盘棋”的监管理念，召开了全省国资监管工作座谈会，出台了《甘肃省贯彻落实国务院国资委〈地方国有资产监管工作指导监督办法〉的实施意见》，建立健全全省统一的国有资产基础管理工作机制和制度，密切国资委系统的纵向联系，切实加强对市州国资监管机构的指导监督。

【**企业党建**】一是创先争优活动取得明显成效。各省属企业以庆祝建党 90 周年为契机，将创先争优活动与巩固扩大学习实践活动成果相结合，与推进企业改革发展相结合，集中解决了一批影响企业发展稳定的突出问题，党组织和党员的先进性明显增强，创先争优氛围更加浓厚，呈现出“组织创先进、党员争优秀、企业上水平、职工提素质”的生动局面。扎实开展党组织创“四强”、党支部创“六有”、党员争“四优”活动，进一步增强了基层党建工作活力，提升了党组织的创造力、凝聚力和战斗力。在纪念建党 90 周年创先争优活动表彰大会上，对近两年涌现出来的一批先进基层党组织、优秀共产党员和党务工作者进行了表彰奖励。二是企业领导班子和人才队伍建设取得突破。加强领导班子思想政治建设，完善了企业领导人员管理和考核办法，调整充实了 9 户企业领导班子，加大了企业领导人员交流力度，企业领导班子整体素质和引领、推动企业科学发展的能力进一步提高。积极推动省属企业深入实施人才强企战略，制定了企业经营管理人才中长期发展规划和人才工作考核评价办法，加强了规划引导和考核保障。全面落实省委关于引进急需紧缺人才的重要工作部署，推进省属企业在抓好人才引进方面取得了新进展。大力组织实施企业干部培训项目，开展了企业领导人员境外培训，依托兰州大学举办了高级工商管理研究生班，突出抓好高层次、高技能和复合型人才的培训培养。三是反腐倡廉建设取得新进展。以落实党风廉政建设责任制为龙头，全面推进惩防体系建设，认真开展反腐倡廉教育，加强企业廉洁文化建设，企业领导人员廉洁从业意识进一步增强。制定出台了党务公开指导意见，集中开展了落实“三重一大”决策制度、廉洁从业规定等五项制度的综合检查，深入推进工程建设领域突出问题、产权交易、商业贿赂、“小金库”、公务用车专项治理和清理规范庆典、研讨会、论坛活动，不断深化效能监察，严肃查处违纪违法案件，为企业健康发展提供了有力保障。

工商行政管理

【服务经济发展】服务发展的政策和措施逐步完善。编制完成全省系统“十二五”发展目标，开展“兴商富民创新年”活动，实施市场主体“增量提质”工程，省工商局《关于促进全省个体私营经济跨越式发展的意见》被省委、省政府联合转发。允许以农村土地、草场、林地承包经营权作价出资农民专业合作社，降低农民入社门槛。制定个体工商户转型升级办法，召开现场经验交流会。建立关天（关中、天水）经济区联席会议制度，出台了支持关天经济区和陇东南四市一体化发展的意见，陇南、天水两市和所属 11 个县局与陕西相关工商局缔结为友好单位。

服务发展的机制和方法更加有效。建立完善了支持旅游、中药材、服务业、葡萄酒和循环经济加快发展的工作机制。国家工商总局授予酒泉、天水市工商局外商投资企业登记管理权。联合多部门开展了“2010 年度甘肃省私营企业 100 强”评选表彰活动，开通“甘肃企业登记网”和“个体私营经济网”，定期发布《市场主体信息统计分析报告》。命名表彰了 100 个“群众满意窗口”和 100 名“文明服务标兵”。嘉峪关市局对重点项目实行“工商秘书”制度，被市上评为创新社会管理的典型；张掖市局实行重点工作月进度排名通报制度；定西市局实施“双百帮扶”工程，都得到地方党委和政府的好评。

服务发展的领域和途径得到拓展。实施商标兴省战略，召开全省商标工作座谈会，各地政府都出台了支持政策。全年新增注册商标 2020 件、甘肃著名商标 115 件、中国驰名商标 8 件、地理标志证明商标 13 件，总数分别达到 18853 件、612 件、25 件和 38 件，增长率均高于全国平均水平。与各大银行达成战略合作协议，打造股权、商标权和动产质押贷款等多元化融资服务平台，制定了《商标专用权质押贷款工作暂行办法》，培育推荐了一批“三合一”优质企业，在全国率先建立了省级非公经济组织政银企联席会议制度，银行已提供融资授信 860 亿元，实际放贷 256 亿元。积极参与筹办第十七届“兰洽会”，非公企业签约项目 155 个，合同金额 123.7 亿元，超过了前三届签约金额的总和。举办“甘肃首届广告节”和“商标商品展”，组团参加了第四届中国商标节。天水市的中国驰名商标占全省的 40%；定西市的地理标志证明商标列全省首位，并成功注册全省首件集体商标“岷珍点心”；白银市的农产品商标带动农村经济发展效果明显。

服务发展的质量和效能不断提升。全省市场主体“增量”明显，截至 2011 年底，全省市场主体总数 75.59 万户，比上年增长 16%。其中：私营企业 88741 户，注册资金 1869 亿元，增长 10.73%、31.64%；个体工商户 620085 户，注册资本 211 亿元，增长 17.66%、38.46%；农民专业合作社 9782 户，出资总额 107 亿元，成员总数 8.2 万人，增长 54.71%、83.66%、44.54%。全省市场主体“提质”明显，新增企业集团 52 户、资本金千万元以上的私营企业 1572 户、亿元以上的私营企业 37 户，2465 户个体工商户成功转型为私营企业。平凉、庆阳、酒泉、临夏非公经济主体增量超过 20%以上；金昌、白银、陇南等 12 个市州的农民专业合作社增量超过 40%以上；兰州企业集团和亿元以上私营企业增量占全省一半；甘南州工商局大力扶持农牧经济发展，促进了藏区稳定。

【维护市场经营秩序】全力实施了食品安全放心工程。提出并落实“三个 100%、两个彻底解决、一个严厉打击、六个长效机制”的目标，主动破解食品安全监管难题。按照省政府承办实事的要求，培育命名省级“食品安全示范店”1000 个、“农资放心店”100 家，建成省级食品安全快速检测中心 1 个、市级 14 个、县级 76 个。推行农村食品安全监管“一专三员”机制，乡镇建立机构 1206 个、覆盖率达 97%，行政村建立机构 13039 个、覆盖率达 96%，被评为全国食品安全监管制度创新优秀案例。各地大胆创新食品安全监管模式，酒泉市工商局实行“坐标式定位、区域化定责”的网格化监管方式，金昌市工商局开展“食品安全示范市场”创建工作，都收到了很好效果。

切实整顿规范市场经济秩序。加强流通领域商品质量监管，积极开展“兰洽会”、“敦煌行•丝绸之路国际旅游节”等重要展会节会市场监管，打击囤积居奇、哄抬物价、以次充好行为，保障了食盐市场供应，规范了钢材、烟草、通信等市场秩序，稳定了粮食、蔬菜等物价总水平。省工商局成立广告监管专门机构，各地坚持广告联席会议制度，开展媒体约谈，加强广告监测，广告违法率进一步降低。联合综治、公安部门开展了打击传销专项行动，取得阶段性成果，捣毁窝点135个，教育遣返2730人，得到工商总局通报表扬。各地加大执法办案力度，查处各类案件33656件，案值21580万元。案值百万元以上的案件12起，罚没款10万元以上的20起，同比分别增长10%、18%。

努力营造安全和谐消费环境。完善12315行政执法体系，加强与甘肃邮政的协作，建设“三农服务站”和“消费维权站”870个、12315“五进”站点1148个，覆盖面进一步扩大。注重消费教育引导，集中开展了商品质量专项整治，加强对“家电下乡”及重点服务行业的消费维权工作。积极创新消费维权方式、拓展消费维权领域，维权短信平台和QQ群功能进一步发挥，首次聚焦老年人消费安全，首次介入对汽车和航空业的服务质量监督，社会评价较好。制定了《12315工作规则》，坚持12315季度和年度分析报告制度，全年发布消费警示50起，受理消费者咨询、申诉和举报149424件、投诉5236件，办结率100%，为消费者挽回经济损失1200多万元。省工商局12315指挥中心荣获“全国巾帼文明岗”称号。

积极推进监管方式集成创新。坚持把行政指导贯穿于依法行政、履行职责和强化服务的全过程。实行执法案件由经检机构集中查办制度、工商所法制员委派制度、说理式行政处罚决定书制度，推行了基层执法行为接受行政相对人评议试点工作，建立了重大案件新闻通报制度、虚假违法广告媒体曝光制度，流通环节食品安全状况年度分析报告制度等。与15家流通领域专业检测检验机构建立了协作机制。创新行政与司法协作制度，与省高院共同制定了规范人民法院执行和工商机关协助执行的意见。完善信用监管机制，初步建立了以企业法人库为基础的“全省经济户籍库”，基本形成了企业信用分类监管制度框架。本年度推荐公示省级“守重”企业581户，推荐命名省级“诚信市场”18家、审核表彰省级“诚信单位”34家。白银市工商局分类细化行政指导细则，体现柔性监管、和谐监管；兰州市局加强网络市场监管，积极探索“以网管网”新模式。

【非公有制企业党建工作】形成了充满活力的党建工作新机制。全省工商系统深入开展“规范提升年”活动，基本构建起了非公党建工作体制。省市县三级基本建立了非公党建联席会议制度，先后成立了纪工委、工会工委、团工委和妇女工委。在全国率先开发运用非公经济组织党建工作信息管理系统，提高了党建工作的科学化水平。

扩大了党的工作在非公企业的覆盖面。开展“双找双培”和“两帮一促”活动，非公企业党组织由上年年底的8670个增加到14597个，党员总数从44488名增加到63270名，组建率从10.8%提高到16.4%，提前两个月实现了年度目标。非公党建工作被确定为全省基层党建品牌之一。大力培育发展具有综合性示范作用的“三合一”示范企业，为全省非公企业树立了榜样。

推动了非公经济组织创先争优活动的深入开展。紧密结合非公经济组织特点，在创先争优活动中开展了“服务企业万户行”、“窗口月”活动、“党的建设聚人心、创先争优促发展”主题演讲大赛，指导企业开展党群共建创先争优，成效突出。召开全省非公经济组织党建工作暨创先争优活动临夏（广河）现场经验交流会，编写《非公有制经济组织创先争优与党建工作问答》，为加强非公企业党建、推进创先争优活动提供了实践经验和理论指导。积极引导党员为企业建言献策，推广技术革新5000多项，为企业创造经济效益60多亿元。中组部和7个省市区来甘肃省考察调研，在全国非公经济组织创先争优座谈会和国家工商总局有关会议上介绍了经验。

【工商队伍建设】领导班子和干部队伍建设得到加强。新提拔县级干部24名、科级干部554名，选调非公党建专职干部86名，新招录公务员130名，领导班子和干部队伍年龄结构、知识结构不断改善。拓宽干部培养渠道，采取“上挂、下挂、外挂、互挂”等形式，选派90名优秀年轻干部开展挂职锻炼，得到国家工商总局充分肯定。完成市县两级工商机构改革任务，成立兰州新区分局。开展岗位练兵活动，实施岗位资格认证制度，新培养选拔出省局级岗位标兵104名、岗位能手472名。落实大规模培训干部计划，举办各类培训班38期，培训人员3000余人次，统一组织了系统干部全员考试，提高了服务经济社会跨越发展的能力。

基层基础进一步夯实。与省发改委联合制定了《基层工商所建设项目管理办法》，把工商所建设项目纳入政府投资项目支持范围，2011年启动建设项目24个，投资2940万元，其中省预算内基建资金1500万元。开展项目建设管理培训，完成2012年度拟建工商所项目储备，首次引入国家投资项目专家评审制度，提高了全系统依法建设项目的意识和规范化运作水平。建设示范工商所263个，占总数的48%；办理房屋所有权证338个，占应办数的 62%。坚持向基层倾斜、向少数民族和贫困地区倾斜的原则，积极调整财政供给结构和标准，共为基层补助公用经费 4067 万元。

党风廉政建设深入推进。落实党风廉政责任制，加强惩防腐败体系建设，强化廉政风险点防范管理。坚持巡回督导、重大案件督办等制度，派出暗访组开展效能监察，组织任前廉政谈话和廉政提醒谈话，建立工商所专兼职纪检监察员制度，强化了干部监督。认真开展民主评议政风行风工作，在全省政风行风评议中，8 个市州工商局、62 个县（市、区）工商局排名前三。加大违纪案件查处力度，对 11 名干部分别给予行政降级、诫勉谈话等处分。更加重视工商廉政文化建设，发挥了文化引领和教育功能。

质量技术监督

【质量振兴】全省 14 个市州、65 个县级政府印发了质量振兴实施意见，成立了由政府主要领导任组长的领导小组，相继召开了质量振兴工作会议；省质量振兴领导小组 21 个成员单位均制定印发了质量振兴实施方案；以产品、工程、环境、服务四大质量为主要内容的质量振兴活动在全省普遍展开。9 月 26 日，省长刘伟平主持召开了甘肃省推进质量振兴领导小组第一次会议，并作重要讲话。《甘肃省推进质量振兴工作方案》、《甘肃省推进质量振兴工作责任制度》、《甘肃省推进质量振兴工作目标责任考核制度》等 7 个配套文件先后以省政府办公厅和质量振兴领导小组名义印发。

9 月 5 日，甘肃省政府颁布了《甘肃省人民政府质量奖实施办法》，全省最高规格的质量奖评审工作正式启动。

【质量管理】连续第四年将产品质量安全监管列入政府责任目标并实行考核，产品质量安全监管目标责任书从省上一直签订到乡镇街道，考核内容层层细化，考核的针对性和实效性大大提高。以强化基层监管网络建设为突破方向，积极督促、协调和指导乡镇设立产品质量安全监管机构，确定人员，明确职责，落实监管责任，初步解决基层监管力量薄弱、监管不到位的问题。以强化企业主体责任为重要手段，联合省工信委印发《甘肃省工业生产企业全面落实产品质量安全主体责任实施办法》，年内全省食品生产企业、大中型工业企业、涉及健康安全的生产企业建立质量档案 2452 户，全部签订《产品质量安全责任书》，培训企业法人代表和质量控制人员 3128 名。

【名牌培育】不断提升名牌企业对全省工业经济发展的贡献率，品牌建设工程有力推进，积极指导企业争创名牌，年内新增甘肃名牌产品 61 个，使甘肃名牌产品总数达到了 356 个。

【地理标志保护】有效推进地理标志产品申报工作，酒泉洋葱、甘谷辣椒、瓜州蜜瓜、金徽酒等 4 个产品正式获得国家地理标志产品保护，全省地理标志保护产品总数达到了 25 个。

【标准化管理】全年组织验收（复查）采用国际标准和国外先进标准 98 项，使用"采标标志"产品 97 项，确认 4 家国家级和 22 家省级"标准化良好行为企业"；落实《甘肃省循环经济地方标准体系建设规划（2010 ~ 2015 年）》，批准发布循环经济地方标准 40 项，已审定通过循环经济地方标准 9 项。全年批准发布农业地方标准 166 项，安排部署第七批 10 项国家级和 20 项省级农业标准化示范区项目建设。落实《甘肃省葡萄酒产业发展规划（2010 ~ 2020 年）》，成立甘肃省酿酒葡萄标准化技术委员会，审定批准发布《河西走廊酿酒葡萄栽培技术规程》和《河西走廊酿酒葡萄》两项地方标准。

【计量管理】组织开展"推进诚信计量、建设和谐城乡"主题行动，建立以经营者自我承诺为基本框架的诚信计量体系，全年共建立诚信计量自我承诺示范单位 1293 个。强化计量惠民，加大衡器免费检定工作力度，全年免费检定集贸市场 917 个，免费检定在用衡器 111719 台件。抽查定量包装商品 606 批次，净含量平均抽样合格率达到 89.4%。

【特种设备安全监察】建立完善特种设备安全责任、动态监管、应急管理三大体系为重点，深入推进行政监察机构、检验检测机构和使用单位"三个规范化建设"，有效落实"两点三面四个一"的层级监管责任；实现了技术检测信息网与行政安全监察网的联动，风险防范与隐患治理共同推进；全年检查特种设备生产、使用单位 8600 家，特种设备 30066 台（套），排查治理特种设备一般隐患 1163 项，重大隐患 485 项。

【稽查打假工作】在全省范围内对农资、建材、电器、机电、化工、纺织等重点产品组织开展了省级监督检查和专项整治行动；加大对地沟油、地条钢等严重危害人民群众生命财产安全违法行为的打击力度，全年查处各类违法案件 2149 起，涉嫌假冒伪劣及不合格产（商）品货值 1713.6 万元。

【食品生产安全监管】组织开展了严厉打击食品非法添加剂和滥用食品添加剂专项整顿，完成了乳制品生产企业重新换证审查，全省有 25 户乳制品企业经过严格审核后重新获得生产许可，注销了 16 户存在质量隐患的乳制品企业生产许可证。在全省范围内启动了食品生产小作坊的许可工作。进一步强化了食品生产企业风险监测，加大了对违法行为的查处力度，年内共检查食品生产企业 4803 户次，查处存在食品质量问题的企业 710 户涉及 880 个批次，注销 188 户企业的 205 张食品生产许可证。

【信息化建设】根据国家质检总

局的要求，组织了“金质工程”（一期）应用系统数据整合与部署项目的验收工作。“金质工程”（二期）列入国家质检总局建设规划。完成全省质监系统网站绩效评估工作，全面促进提升网站建设水平。

【**生产许可与认证管理**】年内审核发放工业产品生产许可证 482 张，对 1320 家获证企业实行了省市县三级联动的监督检查和日常监管。

对 229 户管理体系和食品、农产品以及有机产品认证的企业开展了监督检查，对 121 户获证实验室进行了定期监督评审，完成了 105 户实验室资质认定计量认证的审核发证。

【**科技项目**】年内有 10 个科研项目被列入国家质检总局和省科技厅项目计划。《压力管道风险管理及其完整性评价技术研究》获得了国家质检总局科技兴检二等奖。《基于酒泉国家千万千瓦级风电示范基地风电设备关键检验检测技术研究》项目被国家质检总局列入质检公益项目，《高风险食品中不安全因素的检测与评估研究》项目被列入甘肃省重大科技专项。

【**党风廉政建设**】根据省委安排部署，及时研究解决影响全省质监系统行风建设苗头性、倾向性的问题，专题召开全系统党风廉政和行业作风建设视频会议，制定印发了《关于进一步加强行业作风建设的意见》。各级质监部门采取有力措施整肃作风，规范行为，严肃执纪，有力地促进了党风廉政建设和行业作风建设。在甘肃省纠风办组织的全省重点执法部门行风评议中，甘肃省质监系统排名第 6 位。

【**技术机构建设**】风电设备、节能换热设备、塑料建材等 5 个国家质检中心甘肃检验检测基地建设进展顺利。围绕区域经济发展打造检验检测技术服务平台，在酒泉、金昌、平凉、庆阳等地由市政府投资或提供优惠政策建设实验场所，质监部门购置检测设备，共同建设省级质检中心，起步良好。年内努力筹措资金 1811 万元，投入县级局检测能力建设，帮助支持县级局新建和加强了食品、计量和特色产品检验项目。为进一步加强食品安全检验工作，10 月 13 日，成立了甘肃省食品质量监督检验研究中心，承担的职责为：研究全省食品质量安全技术问题，承担食品质量安全标准和食品生产许可审查细则的研究和制定，承担食品质量检验技术和方法的研究；依法承担国家和省、市质量技术监督局委托的食品质量监督检验任务、仲裁检验和复检任务；负责食品质量安全委托检验；配合有关部门，参与全省食品安全风险监测、评估与预警工作；负责收集全省食品生产质量信息，建立全省食品生产质量信息平台。

【**服务跨越式发展**】积极争取国家质检总局加大对甘肃经济社会发展支持力度。9 月 15 日，国家质检总局与省政府合作备忘录联席会议在兰召开，甘肃省委常委、常务副省长刘永富，国家质检总局副局长、国家认监委主任孙大伟出席会议并讲话。争取国家质检总局协调宁波市、深圳市质监部门对口援助甘南藏族自治州质监局和天祝县质监局。

【**灾后重建**】为有力服务支持舟曲灾后重建工作，切实保障重建物资质量安全，组织对建材、农资等 11 种 241 家生产企业的 281 批次重建物资进行了联动抽查，合格率为 96.9%。制定印发了《关于对灾后重建物资进行跟踪抽查和风险监的通知》，重点对水泥、钢筋等 7 种重建物资 168 批次产品实施了跟踪抽查和风险监测，合格率均达到 100%。

（李续文）

食品药品监督管理

【**责任体系建设**】2011 年，甘肃省政府首次将药品安全列入政府目标管理责任书，各级党委、政府高度重视食品药品安全，按照政府目标管理责任书要求，将食品药品安全工作与经济工作同谋划、同部署、同推进，不断强化组织领导，加强食品药品安全监管，稳步提升食品药品安全保障水平，政府责任得到全面落实。各级党委、政府多次专题研究食品药品安全工作，解决体制机制、机构设置、人员编制、经费保障等重大问题，特别是结合政府机构改革，在乡镇成立食品药品安全办公室，使监管工作真正延伸到了乡镇，监管网络更加完善，形成了一级抓一级、层层抓落实的工作格局，为食品药品安全工作提供了组织领导保障。各级政府还将食品药品监管经费列入同级财政预算，加大经费投入力度，确保了食品药品安全监管工作的顺利开展。兰州、平凉、武威、永靖等三市一县开展药品安全责任体系评价试点工作，取得明显成效，进一步推进了药品安全责任体系建设。

【**“十二五”规划**】《甘肃省“十二五”食品药品监督管理规划》编制、论证工作顺利完成，经甘肃省人民政府同意，作为政府专项规划，由甘肃省发展和改革委员会下发实施。规划以提高食品药品行政监管能力和检验检测能力为重点，明确了发展目标和规划指标，提出了依法行政、餐饮服务食品、药品、医疗器械、保健食品、化妆品监管及人才队伍建设等主要任务，提出了“四品一械”检验检测、药品医疗器械不良反应监测、食品药品监管信息化、“四品一械”突发事件应急管理、基本药物质量保障、农村食品药品安全监管等六大质量安全保障体系建设任务，确定了甘肃省医疗器械检验所基础设施建设、食品药品检验检测能力建设、药品医疗器械不良反应监测评价体系建设、履行“餐、保、化”新职能建设、食品药品监管信息化建设、食品药品监管人才队伍建设等六大重点项目，对“十二五”

期间甘肃食品药品监管事业发展具有较强的指导性和可操作性。

【餐饮服务食品安全监管】甘肃省各级食品药品监管部门立足地方政府分级管理新体制，围绕履行新职能，建立完善工作制度，研究制定工作程序，全面推行餐饮服务食品行政许可受理、审评、审批三分离，严格市场准入，加强日常监管，深化专项整治，推行量化分级管理，探索建立信息公示及“红名单”、“黑名单”等制度，餐饮服务食品安全监管工作步入正轨。截止2011年底，共核发餐饮服务许可证22158家，全省餐饮服务单位量化分级管理实施率达到了80%以上。完成餐饮服务环节食品质量监督抽验3265件。组织开展餐饮服务环节“地沟油”、餐厨废弃物、非法添加和滥用食品添加剂、火锅底料、乳制品、“瘦肉精”、“塑化剂”、鲜肉及肉制品等专项整治，以及学校食堂、旅游景区餐饮服务单位和节假日、重大活动期间餐饮服务食品安全专项检查。全省共出动执法人员161858人次，检查餐饮单位76510户次，警告及责令整改6199户次，取缔无证经营245户，行政处罚1814户次，罚没款236.79万元。

【基本药物质量监管】按照国家食品药品监督管理局2011年药品质量监管主要任务及甘肃省政府药品安全目标管理责任书的要求，甘肃省食品药品监管系统强化基本药物生产、配送企业的GMP、GSP跟踪检查，加强药品零售企业和医疗机构基本药物日常监督检查，确保基本药物质量安全。组织开展全省基本药物品种的处方和工艺核查工作，在药品生产企业全面实施药品质量受权人制度，确保所有基本药物品种按国家标准组织生产。积极推进基本药物电子监管，全省32家基本药物生产企业全部按要求实施电子监管，316户药品批发企业加入中国药品电子监管网，其中248户基本药物配送企业全部按规定开展核注核销工作。完成国家基本药物140个品种850批次评价性药品抽验任务；完成甘肃省32个药品生产企业基本药物全品种覆盖抽验，共抽验161个品种207批次；完成国家基本药物甘肃省中标的731个品规1375批次、甘肃省增补的176个品种327批次的监督抽验任务。制定甘肃省基本药物供货药品样品备案办法实施细则和实施方案，已备案426个品种，占应备案样品的42%，涉及27个省的156家生产企业。

【药品安全专项整治】在2010年药品安全专项整治成果的基础上，甘肃省各级食品药品监管、卫生、公安、工商、邮政、通信等部门，强化组织领导，加强协作配合，采取得力措施，围绕专项整治重点任务以及专项整治过程中的难点问题，全面完成药品安全专项整治任务。专项整治期间，全省共出动执法人员211254人次，开展联合执法298次，查处案件6534件，罚没款934.38万元，取缔无证经营109户，注销医疗器械经营企业许可证106家，捣毁假劣药械销售窝点3个，查处邮寄假劣药品案件35件，移送司法机关案件8件，6名违法犯罪分子被追究刑事责任。药品安全责任体系得到全面落实，突出问题得到有效解决，全省药品安全形势稳中向好，为期两年的专项整治达到预期效果，得到国家药品安全专项检查评估组的高度评价和充分肯定。

【中药材中药饮片监管】开展中药材中药饮片生产经营企业炮制技术人员和质量检验人员技能认定工作，培训、考核、认定中药材鉴定师184人、中药饮片炮制师48人，充实了中药材中药饮片质量管理人员。在全省范围开展种植中药材基原调查，已完成178个标本的采集工作。以规范中药材加工炮制、净化市场流通秩序为重点，组织开展中药材中药饮片专项整治，依法查处无证生产、销售及制售假劣中药材、中药饮片等违法行为，全省共出动执法人员3320人次，检查药品生产经营使用单位3199家，中药材仓储企业40家，中药材加工户176家，完成中药材中药饮片评价性抽验80个品种4525批，查处违法违规案件70起，查处假劣中药材中药饮片5595.36公斤。会同有关部门及时妥善处置硫熏药材问题，有效防止硫熏药材流入药品生产、经营、使用环节，从制度和标准建设入手，牵头起草了《甘肃省中药材生产和交易市场管理办法（试行）》，组织甘肃省食品药品检验所研究制定了甘肃省主要道地药材二氧化硫残留物限量标准，为全面规范中药材中药饮片市场秩序奠定了基础。

【食品药品监管基础设施建设】甘肃省114个食品药品监管基础设施建设国债项目于2011年全部完成，建成省、市、县三级食品药品监管系统行政执法办公业务用房项目101个，建成省、市两级药品检验所办公及检验用房项目13个，省、市、县三级食品药品监管局行政执法装备和省、市两级药品检验所药检仪器设备已全部配置到位。

【食品药品投诉举报热线电话12331启用】2011年11月9日，甘肃省食品药品监督管理局发出《关于启用全国食品药品投诉举报热线电话专用号码12331的通知》，在全省正式启用全国食品药品投诉举报热线电话专用号码12331。同日，甘肃省食品药品监督管理局稽查局正式开通“12311”食品药品投诉举报热线电话专用号码，统一受理群众投诉举报。截止2011年底，全省14个市州和甘肃矿区食品药品监督管理局“12311”投诉举报电话全部开通。

统　计

【国民经济监测预警】针对经济运行的复杂性更加突出、各级领导空前关注经济运行情况，不断提高宏观经济形势的监测和预警能力。通过对2011年一季度经济形势监测分析，判断得出要实现全年经济跨越式发展目标，任务依然很重、通胀压力将进一步加大；根据前三季度经济运行情况，提出了“防止经济下滑，促增长，控物价、降能耗”；以各地上报数据和23户重点企业反映的情况为依据，向省政府报告了甘肃省1月份工业生产中出现的煤、电、气、运等方面存在的问题，及时通报各有关方面，使全省工业经济从2月份开始步入正常生产运行；不断加大重大项目、尤其是20亿元以上项目的监控；全力推进两纲监测统计工作，完成了甘肃省妇女儿童发展规划2010年终期监测报告；重点加强对全省高耗能行业能源消费情况及节能目标任务进度完成情况的跟踪监测，及时向省政府报告并通报节能主管部门；完成了全省全面小康监测报告，以及国家统计局布置的地区经济监测等工作。

【统计服务】一是积极提供决策咨询建议。全省各级统计部门早谋划、早动手，在年初拟定了一批研究课题并报各级党委政府领导圈定。在圈定的课题中，省局撰写的《“十五”以来“三驾马车”对甘肃经济增长的拉动力分析》、《加快现代高载能产业发展》等一批重点课题或专题分析、12篇进度分析，得到省委、省政府有关领导的批示，《上半年甘肃省国民经济运行情况》被国务院办公厅采用。兰州、嘉峪关、甘南等市州撰写的一批分析报告得到地方领导的好评或批示。

二是深度参与目标考核。根据省政府办公厅下发的《关于2011年度目标管理责任书考核工作的通知》，省局制定了《甘肃省2011年度目标管理考核综合评价体系》，为省政府目标考核提供了有力的统计支撑。编印《甘肃“十二五”目标管理考核手册》，诠释了目标管理责任书涉及的主要统计指标。深度参与目标管理考核工作，配合省政府办公厅，就各市州、各部门月度主要经济指标完成目标任务情况多次进行通报。

三是不断加大信息报送力度。根据省委、省政府两办的要求，不断拓宽信息渠道，加大信息报送力度，数量和质量都有所提高。全年共向省委、省政府办公厅报送各类信息200余条，比上年增长了72%。这些信息大多围绕省委省政府领导关注的热难点，客观反映了甘肃省社会经济发展的客观情况，许多信息受到两办的关注。定西、陇南、张掖市不断加大信息报送力度，为地方党委政府决策发挥了参谋助手作用。

四是统计宣传形式多样。与甘肃日报、甘肃电视台等10多家媒体合作，发表统计稿件260多篇；内外网全面改版，版面更加新颖大方，涵盖面更广，信息量更大；积极开展第二届“中国统计开放日”宣传活动，有效增强统计透明度，提高了政府统计公信力；与省政府新闻办联合召开季度全省经济形势新闻发布会，积极解疑释惑，新闻发布会已成为省政府新闻办主要的发布会之一。

【专项统计调查】一是积极开展劳动力调查工作。通过每月全省各中心城市和兰州市月度劳动力调查，使各级党委政府及时掌握第一手资料，为各级领导提供了决策咨询。二是扎实开展甘肃省国内旅游抽样调查工作。联合省旅游局，对2011年前三季度甘肃省国内旅游情况进行抽样调查，为全省旅游业考核提供了统计支撑。三是通过精心组织、业务培训、认真调查、数据处理等环节，圆满完成了非公人才资源状况调查工作。四是完成牛羊产业大县生产数据的考核验收工作。根据省委、省政府的要求，对49个牛羊大县的90个乡镇、180个村、360个村民小组、3600多个农户进行畜牧业生产数据实地考核验收，为省政府考核有关目标任务提供了统计依据。五是认真做好重大委托调查。2011年8月，甘肃省社情民意调查中心正式挂牌成立，这标志着甘肃省社会民意调查工作步入快速发展轨道。在此前后，社情民意调查中心共完成了2010年全国公众对城市环境保护满意率调查、全国宗教信仰调查等12项重大调查。上述调查对于政府听民生、集民智、达民意，改善党群关系、干群关系发挥了积极而重要的作用。

【“四大工程”建设】“四大工程”是全年着力推进的重点工作之一。为此，全省统计系统从思想、组织、经费、措施等方面予以保障。一是基本单位名录库建设有序推进。省市及大部分县级统计部门成立了基本单位名录库工作领导小组及其办公室，为做好名录库建设提供了组织保障；按照“先进库、后有数，要进库，走程序”的原则，严格审批程序；全省分7个组，对抽中的26个县的“三上”企业进行了两库核查比对，圆满完成了“三上”企业的核查工作。平凉市专门发文加强了经费保障。二是企业一套表工作顺利开展。由分管局领导带领有关专业处和兰州、庆阳、酒泉三个试点市统计部门负责人，赴川鄂两省学习考察先进经验，开阔了眼界；成立了甘肃省企业一套表试点工作领导小组，从组织上加强了领导；各专业完成对市州企业一套表的布置和培训工作。三是确立了统一兼容的数据采集处理软件系统。在外出考察学习的基础上，由各相关处室票选决定全省统一使用京云万峰数据采集处理系统。组织三个试点市及所辖23个县区召开企业一套表试点数据处理程序培训会，顺利完成了2200多家企业的数据采集处理工作。四是大力推进联网直报系统建设。为推进联网直报系统建设，成立了甘肃省统计信息网络扩容提速工程建设领导小组，从组织上保证了扩容提速的实施。目前，数据线路运营商招投标工作已完成，安装实施工作正在有序推进。

【制度方法改革】修订完善了《甘

肃省季度地区生产总值核算方案》：设计了一整套GDP核算的计算、汇总和评估程序，在一季度地区统一核算时正式启用，使全省及各市州GDP审核、评估工作更加统一、规范；全省14个市州顺利完成了新的规模以上工业统计标准衔接工作；研究建立了以主要市州所在区县为主的房屋价格统计制度；社会消费品零售总额指标报送和公布频率由月报改为季报，有力推动了贸易统计方法制度改革；2011年是文化产业作为国家级统计制度的第一年，为此，与西部十一省市区共同建立文化产业信息平台。专门编制了甘肃省文化产业统计应用程序，下发给各市、州使用，保证了文化产业统计工作的顺利进行；不断改进能耗核算方式，从录入电子表格核算到目前统一在“久其”程序中进行核算，进一步提高了数据控制能力；建立了《甘肃省乡镇统计一套表》报表体系，对于科学组织基层统计资料的调查搜集、数据处理、汇总上报，提高统计工作效率和服务质量具有一定的意义。

服务业统计工作正式启动。服务业处挂牌成立，明确了工作职能及工作范围，完善了服务业统计制度方法，标志着甘肃省服务业统计工作正式启动。

【第六次全国人口普查】各级统计部门再接再厉，奋力拼搏，继续做好人口普查后期各项工作，取得了丰硕成果：通过探索创新，有效解决了流动人口已登记信息不匹配问题；科学制定人普数据处理方案和工作流程，高质量完成普查表的光电录入工作；2000多人、历时7个多月，严格开展数据审核处理工作，确保了数据真实可靠；通过周密组织，全省按统一口径、统一方法、统一内容、统一程序分级发布了人口普查主要数据公报，甘肃省公报数据得到了国务院人普办一次性审核通过；积极开展国家级和省级人口普查先进集体和先进个人的评选工作，全省共评选出6个国家级先进集体、218个省级先进集体，19名国家级先进个人、989名省级先进个人；启动甘肃省人口普查数据资料开发工作，编印了《甘肃省2010年第六次全国人口普查主要数据》一书。

【统计建设】一是信息化建设不断推进。我们不断加强信息化建设，着力提高网络系统安全运维管理能力，完成了省局中心机房更新改造及双网隔离机整体切换工作；保质保量完成了省局机关与永利大厦办公区的联网技术支持；为14个县级以上统计机构及1500多名人员分配了自有电子邮服务器客户端账号，保证了统计数据传递的安全性。酒泉市投入经费更新网络硬件设备，搭建企业一套表数据采集处理网络环境，满足企业一套表改革的需要。

二是统计法制建设取得新成就。广泛征求14个市州统计局意见，制定了《甘肃省统计调查项目管理办法》；及时修订《甘肃省统计管理规定》，修改完善了《甘肃省部门统计管理规定》。目前，这两个规定已向有关部门提出申请报告或进入论证阶段；通过在省局内网、中国甘肃网开辟宣传专栏，举办统计法制讲座等形式，积极宣法普法，收到了良好的效果。

三是基层基础建设进一步夯实。统计基层基础工作是统计工作的源头，是统计大厦的基石。临夏州把全面实现乡镇统计站“三统”管理作为强基固本、破解发展难题的重要途径，州政府在广河县召开了全州乡镇统计“三统”管理工作现场会议；武威市开展了“一人十企（乡镇、街道）”督查活动，对全市97个乡镇（街道）、全部“三上”企业的统计规范化建设进行了督促检查；庆阳市政府对统计工作高度重视，统计环境得到有效改善。

【部门联动】部门统计是政府综合统计的重要组成部分，也是政府综合统计的有效补充，做好部门统计工作事关重大。2011年，全省各级各部门认真执行统计法律法规、方法制度及标准，积极做好与政府综合部门的协调与配合，部门统计数据较客观反映了本系统的实际和发展趋势，为全省经济社会跨越式发展发挥了应有的作用。为了加强宏观数据与部门数据的紧密衔接，修订和完善了《甘肃省部门统计报表制度》；每月与省国资委互通省属国有工业企业的数据情况和运行分析，与省发改委及时沟通工业项目进展和各市州工业经济运行情况，协同省发展改革委、省工信委共同完成了全省“十二五”目标、2011年投资计划和工业投资目标的制定及年度评审考核的相关工作任务。加强与省建设厅、财政厅、税务及铁路、民航、证券、邮政通讯等部门联系，建立了数据会审汇编制度。

白银市进一步建立健全与发改、工信、农牧等部门联席会议制度、信息共享制度和联系人制度等部门统计调查信息交流平台，为提升数据质量提供了有力保障；酒泉市按照“统一管理、科学分工、信息共享、协调发展”的要求，加强与有关部门的联系沟通，确保了数据的连续性、完整性和一致性。

【党风廉政建设】全省统计系统认真贯彻落实中纪委、省纪委两个“六次”全会精神，按照年初与机关各处室“第一责任人”、十四个市（州）统计局长签定的《党风廉政建设承诺书》和《统计行风建设责任书》，认真履行监督职责，确保了统计中心工作的顺利进行。

煤矿安全监察

【总体情况】2011年初全省共有各类矿井318处，年内关闭矿井42处，新增矿井4处，截止2011年底全省共有各类矿井280处。按隶属关系划分，中央在甘煤矿企业12处，占4.29%；

国有重点煤矿 14 处，占 5%；地方国有煤矿 53 处，占 18.93%；乡镇煤矿 201 处，占 71.79%。按矿井性质划分，生产矿井 216 处，生产能力 4569 万吨/年，其中：中央在甘煤矿企业 9 处，生产能力 2020 万吨/年；国有重点煤矿 12 处，生产能力 1373 万吨/年；地方国有煤矿 41 处，生产能力 537 万吨/年；乡镇煤矿 154 处，生产能力 639 万吨/年。新建矿井 16 对，设计生产能力 1146 万吨/年。其中：中央在甘煤矿企业 3 处，设计生产能力 360 吨/年；地方国有煤矿 8 处，设计生产能力 705 万吨/年；乡镇煤矿 5 处，设计生产能力 81 万吨/年。扩建矿井 42 处，设计生产能力 609 万吨/年，其中：国有重点煤矿 1 处，设计生产能力 120 万吨/年；地方国有煤矿 4 处，设计生产能力 120 万吨/年；乡镇煤矿 37 处，设计生产能力 369 万吨/年（资源整合矿井 31 处，设计生产能力 297 万吨/年）。改建矿井 6 对，设计生产能力 231 万吨/年，其中：国有重点煤矿 1 对，设计生产能力 180 万吨/年；乡镇煤矿 5 对，设计生产能力 51 万吨/年。按监察区域划分，兰州监察分局辖区内共有各类矿井 237 处，其中：国有重点煤矿 14 处，地方国有煤矿 40 处，乡镇煤矿 183 处。陇东监察分局辖区内共有各类矿井 43 处，其中：中央在甘煤矿企业 12 处，地方国有煤矿 13 处，乡镇煤矿 18 处。

【煤矿安全生产】2011 年全省共生产原煤 4700.65 万吨，同比增加 153.45 万吨，比上年增长 3.37%。其中：中央在甘煤矿 1870.08 万吨，增长 5.72%，占 39.78%；省管煤矿 1642.95 万吨，增长 7.76%，占 34.95%；市县国有煤矿 469.38 万吨，增长 4.86%，占 9.99%；乡镇煤矿 718.24 万吨，降低 10.88%，占 15.28%。

全省共发生煤矿死亡事故 20 起、43 人（其中：基本建设 2 起、7 人），安全生产状况总体平稳。呈现出以下几个特点：一是事故总量控制在国家下达的指标以内。全省共发生煤矿死亡事故 20 起，死亡 43 人，占全年控制指标的 95.56%。全省 11 个产煤市州中，有 8 个产煤市州死亡人数均控制在分解下达的控制指标以内。二是煤矿百万吨死亡率控制在国家下达的指标以内。全省煤矿百万吨死亡率 0.766，同比下降 0.519%，与控制指标 1.000 相比下降 23.4%。其中：中央在甘煤矿百万吨死亡率 0.107，同比上升 100%；省管煤矿百万吨死亡率 0.365，同比下降 44.36%；市县国有煤矿百万吨死亡率 1.278，同比上升 42.95%；乡镇煤矿百万吨死亡率 3.063，同比上升 17.54%。三是重大及重大以上事故得到有效遏制。全省未发生重大及重大以上事故。四是国有重点煤矿企业事故死亡人数同比下降。国有重点煤矿企业发生死亡事故 2 起、6 人，分别占事故总量的 10%和 13.95%，同比起数持平，少死亡 4 人，下降 40%，靖远煤业集团公司实现煤炭生产千万吨零死亡。

【煤矿安全监察重点工作】坚持以科学发展观为指导，牢固树立安全发展理念，团结带领全局广大干部职工继续扎实深入开展“安全生产年”活动，不断深化“三项行动”，推进“三项建设”，注重超前防范、强化执法、落实责任，科学合理地制定监察计划，严格按计划开展三项监察，多措并举深化煤矿瓦斯治理，强力推进小煤矿整顿关闭，着力强化煤矿安全基础管理，不断加大煤矿事故查处工作力度，推动全省煤矿安全生产状况继续保持了总体稳定趋于好转的发展态势。

一是加强调查研究，科学谋划“十二五”期间煤矿安全生产工作。深入各监察分局、基层单位和主要产煤市州、煤炭企业广泛开展了专题调研，系统总结了“十一五”时期煤矿安全生产工作取得的积极成效和有益经验，分析形势、查找问题、拓宽思路、把握规律，研究新情况、制定新措施，在精心谋划制定 2011 年工作思路的同时，精心谋划制订了“十二五”期间煤矿安全监察执法工作的思路，制订了全省煤矿“十二五”科技发展规划，为实现全省煤矿安全生产形势的持续稳定好转打下了坚实的基础。

二是强化督促落实，“安全生产年”活动顺利推进。认真贯彻落实党中央、国务院，国家安监总局、国家煤监局和省委、省政府关于加强煤矿安全生产的一系列指示精神和决策部署，继续扎实深入开展“安全生产年”活动，按照年初工作会上确定的总体工作目标和 2011 年工作要点，组织制定了继续开展“安全生产年”活动的实施方案，明确了继续深入开展“安全生产年”活动的指导思想、任务目标、主要内容、方法步骤和保障措施。继续扎实推进国务院《通知》的贯彻落实。组织制定了贯彻落实《通知》进一步加强煤矿安全监察工作的 33 条具体意见和要求，不断加大督查力度，重点对矿领导带班入井制度、隐患排查治理报告制度、井下安全避险“六大系统”建设等工作进行了重点督查，确保了《通知》在全省煤矿安全生产系统的全面贯彻落实。

三是强化执法到位，监察执法工作成效显著。结合全年各个时段的特点，继续紧紧盯住瓦斯灾害、煤与瓦斯突出、水害、火灾等重点隐患和中央、省管煤业公司、高瓦斯、瓦斯（CO_2）突出矿井、矿压显现严重矿井、中央投资建设项目、大中型矿井等 4 类重点矿井以及改制转让、整合技改、资源枯竭、管理滑坡、基础较差等 5 类薄弱矿井，科学制定了监察执法计划并严格组织实施，有针对性地组织开展了“三项监察”活动。由局领导分别带队，深入各产煤市州和煤矿企业，组织开展了“两节”、“两会”、“五一”和国庆期间四次大规模重点督查和重点监察；配合国务院安委办开展了对窑街煤电集团公司的重点督查；局主要领导带队，深入华亭煤业集团公司、靖远煤业集团公司和兰州市、酒泉市、平凉市、武威市、张掖市辖区煤矿开展了重点督查监察，对窑街煤电集团公司、靖远煤业集团公司和华亭煤业集团公司及其所属重点矿井开展了高规格、全方位、全覆盖的集中监察。先后组织开展了瓦斯防治、防治水、在建整合技改矿井、安全标志和安全产品检测检验、建设项目专项监察、中央企业等专项监察。坚持严格执法，不断加大监察执法力度，大力推进执法到位，在“四严执法”的基础上，又提出了监察执法“五个必须”原则，行政处罚力度不断加大。各监察分局也加大了对重点地区、重点矿区、重点煤矿的巡查力度，尤其是重点对事故易发、多发地区和重点监控的高瓦斯、煤与瓦斯突出矿井加大了监察力度，确保了这些重点时段的安全稳定。2011 年全局共监察矿井 317 处 759 矿次，监察覆盖率 100%，监察计划完成率 105%，监察复查率 151.4%，下达执法文书 1596 份，实施行政处罚 151 次，责令停产整顿 38 处，暂扣安全生产许可证 8 个。

四是强化打非治违，煤矿建设项目和资源整合矿井的监察力度不断加大。继续深入开展以打击非法违法行为为重点的“安全生产执法行动”。按照“四个一律”的要求，严厉打击无证无照和证照不全、违反煤矿建设项目安全生产“三同时”规定和假关闭、假技改、假整合以及超层越界“三假一超”等严重违法非法行为。强化跟踪执法，坚决杜绝非法违法行为前纠后犯、明纠暗犯，严防发生新的非法违法生产建设行为。认真做好事故抢险救援和调处理查工作。积极做好以国家应急救援“靖远队”建设为重点的全省应急救援队伍建设。严格按照“四不放过”原则和“三项基本要求”，认真牵头做好事故调查处理工作，严肃事故责任追究，发挥事故警示教育作用。

五是强化技术支撑，煤矿安全保障能力不断提高。认真贯彻落实张德江副总理重要指示精神，树立煤矿事故是可防可控、安全生产一切要从零开始的理念，督促煤矿企业进一步加强现场管理，大力推进安全科技进步，提高煤矿机械化、自动化、信息化水平，靠先进适用的安全技术装备增强安全保障能力。不断加强对煤矿安全生产费用提取使用情况的专项监察，督促煤矿企业加大安全资金投入，严格淘汰落后和禁止使用的工艺和设备，逐步进行技术装备升级改造，努力提升煤矿安全保障能力。大力推进煤矿安全质量标准化建设和安全避险“六大系统”建设，把“六大系统”建设完成情况作为安全准入许可的必备条件，纳入建设项目“三同时”范围，督促企业严格落实《煤矿井下紧急避险系统建设管理暂行规定》，按期保质完成“六大系统”的建设任务。加强对系统使用情况的监督监察，督促煤矿企业强化对操作人员的安全培训，优化设备设施的布局，及时进行维护保养，定期组织演练，确保保障系统在关键时刻能反应灵敏、动作可靠、效果良好。

六是强化基础建设，煤矿安全基础管理工作不断加强。坚持从严执行安全准入标准，坚持把中央企业投资建设项目和小煤矿资源整合技改“三同时”监察作为重点，将安全生产许可证发放与淘汰落后生产方式、安全质量标准化和“六大系统”建设完善工作紧密结合起来，严格煤矿重大建设项目安全核准、安全设施设计“三同时”工作，严格安全专篇审查，严格竣工验收，提高审查、验收的标准和质量，督促建设项目严格按照批复的安全设施设计组织施工，防止出现先天性安全隐患。进一步推动整合技改工作，督促各地、各企业加快整合技改进度，加强安全技术改造，加强安全基础管理，提高安全水平；督促企业认真贯彻落实全国煤矿班组建设推进会精神，深入学习推广“白国周班组管理法”，强化现场安全管理；督促企业认真落实安全生产技术管理责任制，严格落实《煤矿总工程师工作手册》，建立健全以总工程师为核心的技术管理责任体系，落实安全技术管理责任。

七是狠抓教育培训，党风廉政建设和队伍建设取得新的成效。党风廉政建设成效显著。紧紧围绕全省煤矿安全生产和煤矿安全监察执法工作实际，坚持“三抓一注重”的工作思路，以深入开展创先争优活动为主线，以开展“争做安全发展忠诚卫士，创建为民、务实、清廉安监机构”活动和“学廉政准则、促廉洁从政”活动为载体，以开展“教育、规范、整治”活动为抓手，坚持“每月一片”的常态教育，组织开展了以“六个一”为主要内容的“警示教育周”活动；惩防体系建设进展顺利，建立健全了监察执法、事故查处、行政许可审批、中介机构监管等制度规定，健全完善了廉政监督卡制度和特邀廉政监督员工作机制，认真组织开展了《廉政准则》贯彻执行情况的专项检查活动和岗位廉政隐患排查治理活动。大力加强作风建设，组织开展了“加强作风建设、促勤政廉政”主题教育实践活动等扎实有效的教育活动，作风建设取得扎实成效；机关党建工作不断加强。开展了纪念建党 90 周年“十个一”系列活动，成功召开了直属机关党员大会，调整充实了机关党建工作领导机构。干部选拔任用和轮岗交流力度不断加大，一批年富力强的干部充实到重要岗位。

（赵鹏）

社会事业

科　技

【概述】 2011 年，甘肃科技进步水平全国排名第 17 位，与上年排名持平；全省专利申请量和授权量分别为 5287 件和 2383 件，分别比上年增长 46.9%和 27.6%。全省万人发明专利拥有量为 0.612 件，比上年增长 41%，提前 4 年实现了“十二五”末 0.6 件的目标，全国排名第 22 位，比上年提高了 1 位。全省共登记省级科技成果 1108 项，比上年增加 43 项；全省技术合同交易额为 52 亿元，比上年增长 20.9%。

【重大项目实施】 全省共组织实施 100 万元以上的各类重大科技项目 93 项，其中财政资金投入 100 万元以上省级项目 75 项，投入科技经费 1.2 亿元；财政资金投入 500 万元以上国家级重大项目 18 项，投入科技经费 3.05 亿元。重大项目的组织实施呈现良好的发展态势：一是项目越来越大、投入越来越高。承担的国家级项目中，投入千万元的项目 7 项，省级科技经费的 60%以上的科技经费都用于支持重大项目的实施；二是项目越来越向产业改造和战略性新兴产业集中，各类相关科技计划项目比重均在 70%以上；三是跨区域、跨行业共同组织实施重大项目越来越普遍。甘肃与四川省、青海省分别共同组织实施“地震扰动区重大滑坡泥石流等地质灾害防范与生态修复”、“祁连山地区生态治理技术研究及示范”项目科技部已立项，共同开展联合攻关。

【重大科技工程】 一是进一步推进生产力促进中心工作。2011 年甘肃被列为科技部生产力促进中心体系建设重点省行动试点后，重点开展了生产力促进中心服务产业集群、服务基层科技专项行动，共认定生产力促进中心 24 家，服务企业 4687 家，联系科研机构 438 家，联系专家 754 位，引进项目 67 项，引进资金 6026 万元，为企业增加销售收入 8.93 亿元。新成立的近 50 家生产力促进中心正在认定当中。甘肃已初步构建了省、市、县三级良性互动的生产力促进体系。二是深入实施创新型企业（试点）工程。2011 年新增国家级创新型企业 1 家，甘肃国家级创新型企业达到 3 家，国家级创新型试点企业 8 家。三是实施民生科技和节能减排科技工程。以生物技术开发、废弃物资源化利用、生态恢复等民生领域的研究开发为重点，在高原夏菜尾菜、食品安全、餐厨垃圾、建筑节能、防灾减灾、再生资源利用等民生方面加大科技立项攻关，取得了阶段性的成效。四是抓好新农村建设科技示范。重点组织“甘南牦牛藏羊良种繁育基地建设及健康养殖技术集成示范”、“唐古特大黄 GAP 种植及产业化开发”和“徽县薄荷种植及新产品开发”等区域重大农业科技项目，培育区域优势产业及新兴产业，促进了区域经济快速发展。通过星火计划培训项目，提升了河西走廊星火产业带和沿黄星火产业带建设的质量与水平。五是强化科技富民强县专项行动。2011 年，有 9 个项目获得国家专项支助经费 2248 万元，使甘肃的国家科技富民强县项目立项数、获得国家专项经费数和单项获得资金数三项指标均取得历史性突破。六是全面展开科技特派员基层创新创业。将科技特派员工作重点转向用科技特派员团队支持特色产业发展，累计培育了 20 个省级科技特派员创新创业团队。围绕马铃薯特派员创业产业联盟的建立和甘肃省科技特派员团队建设及科技特派员基层创业行动的开展，借助马铃薯 UNDP 特派员项目的实施，对全省马铃薯产业生产、加工、贮藏、运输及马铃薯机械研究等情况做了全面细致的调查和统计，为构建甘肃产业产学研联动体系建设发挥了示范作用。

【科技园区和基地建设】 一是国家高新技术开发区建设加快推进。经过多年的努力，白银高新区被正式命名为国家级高新区。2011 年，兰州、白银两国家高新区区内工业企业预计完成主营业务收入分别为 1020 亿元、103.78 亿元，分别比上年增长 18.6%和 64%；实现工业增加值分别为 145 亿元和 29.57 亿元，增长 18.16%和 46.3%。二是创新型城市加快发展。兰州市 2010 年被科技部确定为国家创新型试点城市（区）后，制定了《兰州市建设国家创新型试点城市工作实施方案》，构建了创新型城市试点工作组织领导体系，全面启动了建设国家级创新型城市建设工作。武威市积极申请建立省级创新型城市建设工作，确立了试点工作任务，着力推动创新型城市建设工作。三是继续推进农业科技园区建设。天水农业科技园区被国家正式命名为国家级农业科技园区。目前，天水农业科技园区共选育出益变种质材料 9 大类 393 个品种（系）8000 多份，育成 26 个拥有自主知识产权的蔬菜新品种。四是国家中药现代化科技产业（甘肃）基地建设成效显著。定西市和陇南市 9 个县的 36 个乡镇建立优质药材基地 47.1 万亩，建成中药材标准化种子基地 5400 亩、种苗繁育基地 10730 亩，无公害中药材 GAP 示范基地达 11.93 万亩，使甘肃省中药材的规范化种植程度有了较大提高。中药新产品开发工作力度加大，“补肾名方苁黄补肾丸二次开发”已经完成临床前研究，“中药贞芪扶正胶囊的二次开发”已获得临床批件进入临床研究；“益气通痹胶囊新药开发及新技术”、“藏药独一味总环烯醚萜苷胶囊的临床前研究”等取得重大科研进展。目前，经省级重大专项支持的中药新药研发已获得 6 个新药证书和 10 个新药临床批件。五是可持续发展实验区建设稳步推进。出台了《关于加强可持续发展实验区建设与发展的意见》。通过加强指导、督促检查、争取支持等举措，敦煌市已批准为国家可持续发展实验区，天水市秦州区、兰州市西固区被列入省级可持续发展实验区。

【创新平台和人才队伍建设】一是科技创新研发平台建设取得新的成效。草地农业系统国家重点实验室获国家科技部批准组建。2011 年新组建了 6 个省级重点实验室和 9 个工程技术研究中心。二是科技行业技术创新平台建设工作稳步推进。2011 年，甘肃新建了甘肃省装备制造业数字化设计公共服务平台和甘肃省精细化学品合成工艺和工程技术创新平台。三是科技人才队伍和团队建设取得新成效。2011 年，2 名学者入选中国科学院和中国工程院院士，4 人入选国家“海外高层次人才引进计划”（简称“千人计划”）；5 人获得“国家杰出青年基金”，10 个团队得到了高层次人才创新创业项目支持，10 名优秀青年首获省杰出青年基金项目。

【科技大开放】一是科技招商引资引智成效显著。组织参加了北京国际科技博览会、深圳高交会、首届中国—亚欧博览会、杨凌农高会等区域性科技合作活动，共组织来自全省 7 个市州的 150 多个农业特色项目、高新技术和科技产品进行了参展。共推介各类科技合作项目 100 多项，签订合作意向协议金额 40 多亿元。二是国际科技合作向纵深发展。2011 年，甘肃有 7 个国际合作专题项目和 3 个援外培训项目得到国家国际科技合作经费资助 2294 万元。派出科技交流项目 550 多个，出访人员超过 900 人；各类科技来访人员逾 650 人。三是省院省校科技合作进一步拓展。部省会商继续深化，一批科技项目得到科技部的支持；省院合作不断拓展，甘肃与中国科学院在有效合作的基础上，又与中国工程院开展全面合作，签订了《科技合作协议》，并组织了以中国工程院院长、院士周济率领的“新能源院士甘肃行”活动；省校合作进一步拓展，在巩固与北京大学、清华大学、浙江大学、西安交通大学等省校合作基础上，各地与国内院校的合作更加紧密，企业与院校科技合作成效显著。四是省际全面科技合作取得新进展。甘肃省科技厅与陕西省科技厅成立了“科技支撑关中—天水经济区跨越发展协调领导小组”，并签署了合作协议书，重点将在“整合优势科技资源，共同推动区域科技创新体系和金融体系建设”等七个方面全面开展科技合作，提高区域整体创新能力。五是积极搭建科技合作平台。兰洽会期间，由陕西、宁夏、青海、新疆、新疆生产建设兵团西北技术转移联盟召开科技项目推荐会，共签署了 19 项科技合作项目，签约合同总额达 7102.55 万元。积极推进了中国•定西第四届中医药产业发展大会召开，促进甘肃中医药自主创新和持续发展能力不断提升。

【科技计划管理创新】一是完成了甘肃“十二五”科技规划的编制。按照省委、省政府总体部署，从全局性、战略性、前瞻性和可操作性的高度，加强了与国家科技发展规划、省“十二五”国民经济和社会发展规划的衔接，力争更多的重点项目列入到国家“十二五”科技发展框架中，具体编制了《甘肃省“十二五”科学与技术发展规划》，并印发组织实施。同时，完成了《甘肃省知识产权战略实施推进计划（2011 ~ 2012）》的编制工作。二是加强重大科技项目的前期调研和主动设计。进一步加强重点领域技术研发的顶层设计，采取自下而上和自上而下相结合的方式，面向社会公开征集重大科技项目。同时，加强调研协调，采取“主动设计、部门（行业）沟通、上下结合”的方式，启动和实施了新能源及设备、新材料、先进装备制造业、节能及清洁生产关键技术、动植物高产高效养殖种植技术、农产品精深加工与现代储运技术、人口健康与新药创制、民用核技术与装置、生态建设与环境保护技术集成、公共安全关键技术等十个方面的重大科技专项。三是加强科技计划管理。全面实行网上申报，重大项目实行“双轨制”评审，即实行“管理评价”与“专家评审”相结合的决策机制，通过管理评价、专家评审、综合决策三个环节，确保项目立项的客观公正，形成较为稳定的程序化、规范化、科学化的管理模式。加强省级科技计划项目实施及经费使用情况监督检查，开展省级重点实验室、工程技术研究中心的评估检查。

【知识产权工作】一是完善制定法律法规，启动了《甘肃省专利保护条例》修订工作，完善了《甘肃省对专利代理人助理进行补助的暂行办法》、《对罪犯在服刑期间发明创造、技术革新进行表彰奖励的办法》，拟定了《甘肃省专利权质押融资暂行管理办法》。二是积极推进企事业单位及园区知识产权工作。初步形成国家、省、市“三级联动”知识产权试点示范工作体系，帮助科研院所、园区和企业开展了专利创造、专利转化、标准制定、人才培训、质押融资、国际贸易和合作。三是加大知识产权执法力度。检查经营主体 1000 多户，深入商场 100 余次，检查各类商品共计 2 万余件，立案查处各类专利违法案件 20 件。在省政府的部署下，积极配合国务院在全国开展的“双打”统一行动，打击了一批假冒专利行为，查处了一批专利侵权案件，全省知识产权保护环境进一步优化。四是扩展专利服务渠道。国家知识产权局专利局兰州代办处建成并开展业务工作，开通了在线专利信息分析系统，30多家用户得到了服务。

【创新环境建设】一是各地、各部门自觉抓科技创新的社会氛围正在形成。逐步形成了“一把手”主动抓科技、各单位根据各自职能积极抓科技、全社会共同推动科技进步的良好局面。二是科技政策落实力度加大。2011年各级财政预算安排科技支出13.2亿元，比上年增长20.9%。在税收优惠上，全省国税、地税部门为科技创新实行了减免有关税金的政策。三是进一步落实了科技创新的有关激励措施。加强科技成果鉴定、登记、奖励工作，圆满完成了2011年度国家、省级科技进步奖的推荐和评审工作。技术市场有序推进，全年完成技术市场成交额52亿元，增长15%。四是科技创新环境继续优化。启动了《甘肃省科学技术进步条例》的修订工作、完善了《甘肃省科技厅规范性文件制定和备案审查制度》和《甘肃省科普工作联席会议制度》，出台了科研院所考核办法和评价机制，制定了《甘肃省市（州）科技进步和创新工作考核办法（试行）》，建立了《市州科技进步监测评价体系》，下发了《关于加强科技宣传工作意见》等多项规章制度。五是举办科技支撑文化产业发展论坛。省科技厅和省科协共同举办了“科技支撑文化产业发展”论坛。通过讨论，阐释了科技支撑文化产业发展的深刻内涵和现实针对性，解析了科技支撑文化产业发展的方向与重点，凝练了甘肃文化产业的科技需求和目标定位。

（田　愉　樊红梅）

文　化

【概述】2011年，甘肃省文化建设紧紧围绕推动全省文化跨越式发展和建设文化大省、戏剧大省的目标，加快文化体制机制改革创新，加快构建公共文化服务体系，加快发展文化产业，加强对文化产品创作生产的引导，着力推进“六大工程”（社会主义核心价值体系建设工程、公共文化服务体系建设工程、文艺精品创作生产工程、文化产业发展工程、文化遗产保护工程、人才队伍建设工程），各项工作取得了可喜的成绩。

【庆祝中国共产党成立90周年】精心组织、统筹安排，举办了一系列丰富多彩的文化活动。大型文艺晚会《向着太阳》规模宏大，气势恢宏，受到省上领导的赞扬和社会各界的好评。全省“红旗飘飘”红歌合唱比赛活动，从县乡基层唱起，层层比赛，在陇原大地掀起了唱红歌的热潮。甘肃省重大革命历史题材美术作品展，是全省美术创作最新成果的一次集中展示，参展的102件作品，具有深刻的思想内涵、鲜明的时代特征和精湛的艺术品位，代表了甘肃当代历史题材美术创作的最高水平。甘肃省庆祝中国共产党成立90周年优秀剧目献礼演出活动，汇集了全省各地新创排的7台剧（节）目，为党的90华诞献上了一份厚礼。全省各地积极开展了文艺汇演、合唱比赛、专题晚会等各具特色的文艺活动，在全省范围内营造了隆重庆祝建党90周年的热烈氛围，为人民群众送上了丰富的精神食粮。

【公共文化服务体系建设】甘肃省重点文化设施建设项目进展顺利。黄河剧院重建项目主体封顶，人民剧院重建、省图书馆扩建、省文化馆新建等项目的前期工作有序推进。新建、扩建市州级三馆项目，已经国家发改委批复。为611个乡镇综合文化站配备基本设备，列入了2011年政府为民办的10件27项实事之中，年内已经全部配送到位。同时，还为33个城市社区文化中心、90个社区文化活动室配送了基本设备。国家下达的最后一批481个乡镇综合文化站项目已基本建成并陆续投入使用。全省94个公共图书馆、101个文化馆、1227个乡镇综合文化站基本实现免费开放，中央财政补助经费8584万元；全省有134家博物馆、纪念馆实行了免费开放，接待观众逾千万人次，中央财政补助免费开放经费达1.8亿元。全省已建成文化信息资源共享工程分中心、支中心、基层服务点1.6万多个，基本达到村级全覆盖，累计服务人次超过1600万。金昌市创建国家公共文化服务体系示范区、兰州市创建国家公共文化服务体系示范项目工作顺利进行。“千台大戏送农村”活动继续开展，全年送戏下乡演出约1.2万场，观众超过1000万人次。

【文艺精品创作】甘肃省以实施文艺精品工程为重点，着力抓机制、强队伍、搞创作，引导和带动文艺创作繁荣发展，全省涌现出了一批优秀剧目。省直文艺院团创作演出了话剧《上南梁》、京剧《草原曼巴》，陇剧《苦乐村官》入选2009～2010年度国家舞台艺术精品工程重点资助剧目。大型乐舞《敦煌韵》、音乐剧《花儿与少年》参加了第十三届中国上海国际艺术节甘肃省文化周演出。大型民族交响《敦煌音画》创作排练全部完成。各市州、县区创作演出的秦剧《百合花开》入选2010～2011年度国家舞台艺术精品工程资助剧目；话剧《邓宝珊将军》成功上演；秦腔《七月七》、高山剧《重建新歌》、歌舞剧《绣金匾》、眉户剧《会师前夜》等，在兰州参加了优秀剧目献礼演出；新编秦腔历史剧《皇甫谧》在全省巡演。举办了甘肃红梅奖大赛，会集12台大戏、160余折小戏小品，推出了一批艺术新人。

【文化产业发展】认真贯彻落实国务院《文化产业振兴规划》和《文

化部关于进一步加快文化产业发展的指导意见》，以“三园一带”建设为重点，搭建文化产业发展的公共服务平台，文化产业规模化、集约化、专业化水平不断提高。通过申报国家和省级文化产业基地（园区）评选命名、国家动漫企业认定和文化部及省上的文化产业发展专项资金补助，以及申报年度国家文化出口重点企业和重点项目、金融支持文化产业发展贷款项目、组织参加文博会等方式，使更多甘肃文化企业享受到国家优惠政策扶持。针对国家对西部地区的倾斜政策，积极研究引进大型文化产业项目投放甘肃的具体措施，加大招商引资力度。甘肃艺百文化科技有限公司被文化部认定为国家动漫企业。

【文物保护】历时五年的第三次全国文物普查圆满完成，甘肃省共调查登记不可移动文物点 16895 处，其中新发现 6368 处，占总数的 37.69%。省政府正式公布了第七批省级文物保护单位，有 116 处入选，省级文物保护单位增至 625 处。甘肃 11 处文物保护单位被列为丝绸之路整体申遗备选点，各备选点保护规划、文物本体保护等工作有序开展。继续开展早期秦文化研究项目，对张家川马家塬战国墓地、清水李崖遗址进行了勘探和发掘；继续开展临潭陈旗磨沟遗址齐家文化墓地发掘。不断加大文物抢救维修力度，一批重要文物保护维修工程陆续实施。兰州黄河铁桥加固维修等工程竣工，民勤瑞安堡、天水玉泉观等文物保护维修工程启动实施；长城保护工程全面实施。博物馆建设有序推进，临夏州博物馆、武威市博物馆新馆正抓紧建设，陇南市博物馆建设项目已经开工，金昌市博物馆、张掖市博物馆新馆建设已开展方案设计等前期工作。进一步加强了全省藏区重点文物、重要遗址的保护力度，《拉卜楞寺保护总体规划》紧张实施。

【非物质文化遗产保护】非物质文化遗产保护名录体系建设进一步推进，甘肃省 8 个项目列入第三批国家级名录，省政府公布了第三批省级名录，有 111 个项目进入。庆阳香包绣制、环县道情皮影戏被文化部列为第一批国家级非物质文化遗产生产性保护示范基地。“文化遗产日”期间，组织了“文化遗产进社区”系列活动，开展了千人锅庄舞、花儿演唱、兰州太平鼓、甘南弹唱等非物质文化遗产项目表演。举办了“联合国人类非物质文化遗产代表作—花儿保护论坛”、“甘肃•和政中国西部花儿（民歌）歌手邀请赛”。参加了 2011 中国（浙江）非物质文化遗产博览会、薪火相传—中国非物质文化遗产传承人师徒同台展演、第三届中国成都国际非物质文化遗产节等活动，均取得好成绩。古籍保护工作有序推进。全省共有 266 部古籍入选《国家珍贵古籍名录》，4 家单位入选“全国重点古籍保护单位”；有 411 部古籍入选第一批《甘肃省珍贵古籍名录》，10 家单位入选第一批“甘肃省重点古籍保护单位”。

【文化市场管理】甘肃省坚持促进发展繁荣与加强管理并举，日常监管与专项整治并重，采取多项措施，提升文化市场监管能力。部署开展了建党 90 周年文化市场专项保障行动，严厉打击了文化市场各类违法、违规经营活动。文化、公安、工商部门联合开展了“甘肃省游艺娱乐场所专项整治行动”，对游艺娱乐场所涉赌、无证照经营、超指标审批、违规转让等问题进行专项治理。开展了文化市场知识产权保护专项行动，有力打击了盗版侵权行为。积极做好文化市场的消防、禁毒等综合治理工作。利用“3•18”文化市场宣传教育日、“6•26”国际禁毒日等节点，组织开展了以“规范文化市场秩序，促进文化繁荣发展”为主题的文化市场法制宣传教育活动。据统计，2011 年全省各级文化行政部门共出动执法人员 5.6 万人次，检查场所 2.6 万家次，受理举报 260 件，停业整顿 200 多家，取缔、关闭各类违法违规经营场所 123 家，罚款 160 余万，严厉打击了文化市场各类非法经营行为和违法犯罪活动。甘肃省文化市场管理工作在 2011 年度全国文化市场综合考评中成绩为优秀。甘肃省文化厅被省委、省政府评为社会治安综合治理先进单位。

【文化交流】甘肃省积极主动参与国家重大文化外事活动，推动甘肃文化“走出去”。组织庆阳非物质文化遗产展演团、甘肃省歌舞剧院、甘肃省歌剧院分赴埃及、英国、保加利亚等 6 国参加了文化部“欢乐春节”活动，荣获文化部优秀组织奖。组织省歌舞剧院赴澳门参加了第 16 届澳门缅华泼水节活动，组织甘肃公共文化事业代表团赴欧洲 3 国进行文化交流，在美、英、韩、土耳其等国家举办了《丝绸之路文明展》等。特别是经典舞剧《丝路花雨》在美国华盛顿肯尼迪艺术中心的演出和在华盛顿周边城市的巡演，产生了巨大反响；在访朝演出 30 周年后再次登上朝鲜舞台，朝鲜前领导人金正日率朝鲜党政军要员观看了演出，对演出给予了高度评价。积极引进国外优秀文化走进甘肃，主办了“中国摄影家眼中的津巴布韦”摄影展及津巴布韦石雕展，引进美国乡村音乐“浪漫班卓琴”、朝鲜歌剧《梁山伯与祝英台》在甘肃大剧院演出。与此同时，借助“中国上海国际艺术节”这一国际节会平台，积极筹备举办了“敦煌韵•丝路情—甘肃省文化周”，通过《敦煌艺术展》、剧场和广场演出、文化讲座、参加国际演出交易会等，宣传、展示、推介了甘肃特色文化资源和甘肃文化大省建设情况。

【文化体制改革】继续深化文化体制改革，加快组建甘肃演艺集团步伐。建立了由省文化厅领导包干院团转企改革工作制度,先后制定了《省直国有转企文艺院团清产核资实施办法》等制度，对转企单位进行了清产核资，完成了转企院团人员登记，组建演艺集团的各项工作按省上要求有序推进。文化市场综合执法改革初见成效，13 个市州已组建了综合执法机构，69 个县（市、区）成立了文化市场综合执法大队。

【**文化人才队伍建设**】甘肃省通过争取人才项目、开展人才试点工作、加大培训力度、强化班子建设等多种措施，加强文化人才队伍建设。制定印发了《全省文化系统人才队伍建设规划（2011 ~ 2015）》，建立了省直文化系统高级职称人才库，实施了“文化名家及精品剧目 B、C 角色培养”、“农村实用文化人才高级职称奖励津贴”项目。在省直文化单位开展了人才特区建设试点工作。举办了第四期全省基层文化骨干培训班，对全省 100 多名文化馆（站）人员及农村实用文化人才进行了培训。加强人事工作制度建设，制定出台了《省直文化单位人事管理工作规程（暂行）》、《省直文化事业单位公开招聘人员实施细则》。

（张书勇）

卫　生

【**医疗改革**】一是国家基本药物制度稳步推进，药品价格合理下降。全省乡镇卫生院、社区卫生服务机构、村卫生室实现了基本药品零差率销售全覆盖。全省基本药物价格较实施基本药物制度零差率销售前平均下降 58.6%，住院次均费用比上年下降 5%。二是推进基层医疗卫生机构“十制改革”，基层医疗卫生服务体系进一步健全，服务能力逐步提高。三是基本公共卫生服务均等化项目进展较快，服务项目进一步扩展。四是中医药参与医改收效显著。完成“健康中国 2020 甘肃战略研究”，探索出“用最简单的方法解决最基础的问题，用尽可能少的费用维护居民健康”，走具有中医药特色的甘肃医改之路。五是确立了公立医院改革“315”模式。即“完善三个机制（监管机制、财政补偿机制和服务机制）、突出一个特色（中医药特色），实现五个目标（实现县级医院和有条件的省、市级医院实行全部药品的零差率销售，群众就医费用基本稳定、自费比例下降；加快防统方软件安装使用，服务质量提高、医德医风好转；服务流程合理、群众看病更方便；医务人员积极性得到提高；医疗机构得到健康和可持续发展）”。

【**卫生应急**】完成省级应急指挥大厅和市州应急指挥平台硬件建设任务。指导用中西医结合方法处置 52 起突发公共卫生事件应急工作。组织开展“11·16”正宁县校车事故等 10 余起重大公共事件的医疗救援工作，累计派出省级医疗卫生救援专家 16 批、106 人次。圆满完成舟曲泥石流灾害一周年纪念大会、兰州国际马拉松赛、第十届环青海湖国际公路自行车赛甘肃赛段比赛等多次重大活动卫生保障工作，累计出动卫生保障人员 2600 余人次。

【**疾病预防控制**】疾病谱排序分析覆盖全部 86 个县（市、区）。全年无甲类传染病报告，无重大疫情发生。依据预防接种重大失误责任追究规定，对 9 个县区免疫规划工作中的 8 个相关单位和 49 名个人进行了责任追究处理。

【**卫生监督执法**】全省大力推进卫生监督进医院，完善医疗行业长效监管机制和量化管理，规范医疗机构执业行为，加强医务人员执业管理，提升医疗机构的整体管理水平。2011 年对二级以上医疗机构监督覆盖率达 97.4%，通过两年来对医疗机构的综合监督检查，对医务人员用药“四排队”，医疗机构医疗服务质量“八排队”的定期督查，医生用药量日趋合理，医疗服务质量逐渐提高，患者满意度逐年提升。医疗机构“四排队”建立率由 2010 年的 85.87%提高到 2011 年的 97.5%，全省二级以上医疗机构患者满意率达 94.92%。通过开展对医疗机构进行不良执业行为积分管理，医疗机构不良执业行为逐年减少，有效督促了医疗机构改正不足，提高服务质量。2011 年，全省二级以上医疗机构不良执业行为 553 次，共计 1266 分；医务人员不良记录 4 人，计 4 分，经所属医疗机构内部进行处理后，产生良好的警示和惩戒作用。

【**农村卫生**】农村卫生以落实“十个全覆盖”为主，一是 2013 年全省农村改厕率以乡为单位达到 85%，2015 年全省农村改厕率以乡为单位达到 100%；二是 2011 年农村“120”覆盖率达到 100%，“120”急救服务纳入新农合和医保报销；三是 2012 年新农合“一卡通”覆盖率达到 100%，完成市级统筹和门诊统筹，实行新农合“一卡通”与农村居民健康档案信息互通，病人就诊信息共享；四是 2011 年农村“中医药”覆盖率达到 100%，城乡居民目录内地产中药材和中医适宜技术治疗常见病，新农合和城镇医保给予全额报销；五是 2011 年省、市、县、乡四级远程医疗会诊覆盖率达到 100%，有条件的延伸到村；六是 2013 年 10 大类农村公共卫生均等化服务覆盖率达到 100%；七是 2011 年实现“健康教育进家庭”全覆盖；八是 2013 年居民“健康档案”建档率达到 85%，2015 年全省居民“健康档案”建档率达到 100%并实现电子化动态管理；九是 2011 年乡以上医院（卫生院）疾病谱排序覆盖率达到 100%；十是 2011 年疾控机构进医院（卫生院）覆盖率达到 100%。随着农村卫生服务“十个全覆盖”目标任务的逐步落实，农村卫生工作的快速发展。

【**妇幼保健与社区卫生**】一是全省孕产妇死亡率由 2010 年 33.23/10 万下降到 30.71/10 万，婴儿死亡率由 2010 年的 10‰下降到 8.28‰，5 岁以下儿童死亡率由 11.35‰下降到 9.53‰，孕产妇住院分娩率由 93.56% 上升到 96.74%，新生儿苯丙酮尿症、先天性甲低和听力筛查率分别由

53.54%、53.24%、44.48%上升为77.50%、77.47%、63.22%，婚检率由51%上升为77.59%。二是启动了“促进自然分娩，保障母婴安康”项目，剖宫产率为全国最低。启动了“甘肃省出生缺陷防治工程—听障儿童救治项目”，为25名听障儿童进行免费救治。农村孕产妇住院分娩补助项目、农村妇女“两癌”检查项目、农村妇女孕前及孕早期补服叶酸项目和预防艾滋病、梅毒和乙肝母婴传播项目等国家重大公共卫生服务项目均已完成下达任务，顺利开展孕产妇健康管理和0~6岁儿童健康管理等基本公共卫生服务项目。创建省级示范社区卫生服务中心19个，创建全国社区卫生服务示范中心4个。

【医政医管】一是在各级医疗机构中推行“宾馆式”护理。为了进一步创新护理服务理念,切实体现“以病人为中心”的服务宗旨,省卫生厅提出在各级医疗机构中推行“宾馆式”护理服务。使护理人员改进工作作风、改变护理理念，把病人当客人、当亲人、当家人，为病人提供了实实在在的优质护理服务。二是开展中医特色护理服务。为进一步提高各级医院优质护理服务水平，在夯实基础护理、开展优质护理服务的同时，省卫生厅在全省各级医疗机构中开展中医护理服务，把中医护理独具特色的技术方法和服务流程融入基础护理和专科护理服务中，在临床护理服务中进一步突显中医优势和特色，充分发挥了中医护理在慢性病防治和养生康复中的作用。

【卫生人才与科技教育】公开选拔3000名大专以上毕业生、招聘90名执业医师到乡镇卫生院工作。落实卫生专业技术人员素质提升任务，选派到国（境）外进修330人，省外进修987人，省内进修3749人，国(境)外进修专业扩大到12个。12个省级临床医学中心建设进展良好，辐射带动效应逐步显现。7个卫生学科获批成为国家临床重点专科，获中央补助资金3300万元。争取到国家自然基金项目14项、省级各类科研项目54项，获得科研资助经费908万元。14项科研成果获得省科技进步奖，26项获省皇甫谧中医药科技奖。开展了首届黎秀芳护理科技奖的评选工作，18个成果获奖。

【爱国卫生和健康教育】深入开展群众性爱国卫生运动工作，有效改善城乡环境卫生面貌。全省共清理卫生死角28万多处,拆除违章建筑2700多处，清运垃圾44313吨。金昌市被全国爱卫办命名为“国家卫生城市”。共完成1431个集中式供水工程和84个分散式供水点的基本信息收集和5783份水样采集检测任务。组织开展健康教育讲座40余场次。全省卫生系统全面禁烟目标如期实现。

【中医药事业管理】年内出台了包括城乡居民中医药诊疗服务费用全额报销在内的几十项发展中医药的政策措施。在基层中医技术推广方面，全省所有的社区卫生服务中心、75%的社区卫生服务站、90%的乡镇卫生院和80%的村卫生室能够提供中医药服务，建成中医特色卫生院790所，97%的综合医院设立了中医科和中医药管理科，建设标准化中药房，设立不少于医院总床位数5%的中医床位，建立了中医师每周到西医科查房2次制度，重症监护室中西医结合参与抢救，省二院等4所医院创建为全国综合医院中医药工作示范单位。大力开展中医药五级师带徒活动，遴选1000多名中医带教老师和3355名学员开展传承学习。甘肃被国家中医药管理局确定为全国唯一的中医药发展综合改革试点示范省，与省政府签订了合作协议。全省中医药工作先进和示范市县建设工作顺利启动。

【医疗保险管理与患者权益维护】一是积极筹建，建立维护患者权益工作网络体系。成立了维护患者权益处，下发《关于建立维护患者权益工作网络体系的通知》，全省共建维权科股67个，二级以上医院全部建立了维权站或患者接待室。二是深入调研，大力推进医疗纠纷人民调解工作。先后深入省级9家医院及市州，对甘肃当前医患纠纷调解工作和参加医疗责任保险的情况进行了督导调研，全省参保医院53家。三是打造平台，疏通群众患者维权渠道。开通了维权机构电话，开设了甘肃维护患者权益官方微博工作平台，开展和谐医患关系各项政策制度的宣传，引导患者正确维护自己的合法权益，受到了社会的好评。四是维护权益，化解矛盾。受理来信来访338件次，指导甘肃省第三方医患纠纷人民调解委员会积极开展工作，接待医疗纠纷126起，立案39起，结案23起。省患者权益维护协会调解8起医患纠纷。五是建章立制，注重加强自身建设。

【对外交流】一是全省卫生国际交流合作项目开展顺利。2011年，先后组织了甘肃第二批赴美国南佛州医院管理人员培训班、第二批赴加拿大蒙特利尔检验班培训班、第三批赴台湾医院技术人员培训班。继续向美国俄克拉荷马州派出18名进修人员，进行为期6个月的培训学习，向丹麦派出12名进修人员进修3个月，向挪威派出4名进修人员，进行为期3个月的培训学习。二是不断努力，确保全省卫生系统300名专业技术人员赴外进修学习任务的顺利完成。三是继续做好援外医疗队工作。顺利完成了第18批援外医疗队两批队员家属的探亲任务，让医疗队员在国外安心工作。四是积极组织好各类卫生国际合作项目的实施。美国眼科医疗队一行12人来甘肃临洮县医院进行了为期50天白内障复明手术活动，共实施163例手术，为当地医疗机构捐赠了价值约8万美元的眼科药械。协助省卫校做好世界卫生组织实施国际卫生合作项目。

【食品安全工作】联合相关部门，

组织开展了打击“地沟油”违法犯罪活动等专项行动。建立了食品安全政府目标考核、有奖举报和黑名单制度，实现农村食品安全“一专三员”监管机制全覆盖，全年未发生重大食品安全事件。同时建立全省食品、药品和医疗广告“黑名单”制度。对列入“黑名单”的企业或单位，禁止参加省卫生厅的招标或吊销许可证，禁止进入甘肃市场。还建立了全省食品、药品和院内感染责任追究制度，一旦发现问题，由纪检部门介入，实行零容忍。

【地方病防治】一是制订出台相关防治方案。制定了《甘肃省2011－2015年重点寄生虫病防治规划》、《甘肃省关于进一步落实〈防治包虫病行动计划（2010~2015年）〉实施方案》、《甘肃省消除麻风病危害规划（2010~2020）实施方案》、《甘肃省包虫病防治项目外科手术救助管理实施细则》等一系列防治工作方案和相关规定。二是顺利通过全国重点地方病、寄生虫病防治规划国家考核验收，并积极配合卫生部各项工作任务圆满完成。三是各项防治工作指标平稳、成效显著。全省碘盐覆盖率连续6年保持在98%以上，全年救治克山病、大骨节病患者各100例，监测改水工程57个，覆盖率为100%，水氟含量合格率达98.25%，新发现5例麻风病人，其中2例为19岁以下的青少年，接受规范性化疗，完成包虫病外科手术210例，救助病人手术费100多万元，对新发现的72例布病患者开展了规范性治疗。共报告黑热病149例。

【“重温‘6•26指示’•再为乡亲出趟诊”活动】1965年6月26日，毛泽东同志做出“把医疗卫生工作的重点放到农村去”的重要指示，后称为“6•26指示”。2011年“重温‘6•26指示’•再为乡亲出趟诊活动”在全省卫生系统全面展开。一是建立赴甘医疗队员信息资料库。通过网站、报纸等媒体积极与医疗队员取得联系，并查阅相关文献资料，建立起了580余名赴甘医务人员的信息资料库。二是积极开展赴甘医疗队员走访工作。先后两次专赴北京看望走访赴甘医疗队员，并邀请他们参加相关活动。三是成功举办情系陇原“6•26”赴甘医疗队员先进事迹报告会等系列活动。四是加强宣传，广泛动员，大力弘扬“6•26”精神。

（姚进文　路　杰）

民　政

【概况】2011年，全省民政部门坚持以贯彻民政部《关于进一步支持和促进甘肃民政事业发展的意见》为主线，以保障和改善基本民生、加强和创新社会管理为着力点，真抓实干，锐意创新，各项工作整体推进、成效显著，为服务经济社会发展做出了应有贡献。通过积极努力和争取，城乡低保、灾害救助、医疗救助、优抚安置、社会福利等民政专项资金达81.3亿元，其中中央资金占82.4%。剔除2010年“5•12”地震防灾减灾规划项目专项资金7.1亿元，资金总量比2010年净增20.4亿元，增幅达33.5%，有力地提高了对困难群众生活保障和救助能力。

【社会救助】提前完成了省委、省政府确定的“城市低保标准提高10%、农村低保标准由850元提高到1096元”为民办实事计划。城市低保标准由去年的204元提高到225元，月人均补助水平达到208元，比上年增长11%，保障人数为86.9万人，占全省非农业人口的12.7%；农村低保月人均补助水平由65元提高到77元，保障人数为326万人，占全省农业人口的16.7%，全年全省支出城乡低保资金45.95亿元。全面落实五保供养政策，供养人数12.5万人，省级人均补助提高400元达到1400元，分散和集中供养标准达到2027元和2319元。根据省政府安排，指导各地扎实开展“低保规范宣传年”活动，会同省财政厅抽调100名业务骨干对14个市州部分县区城乡低保工作进行督查，共入户调查6767户2.3万人。探索建立“参合参保、住院救助、大病救助、门诊救助和慈善救助”五位一体的医疗救助模式，启动贫困家庭先天性心脏病和“两癌”患病妇女专项医疗救助。全年支出医疗救助资金8.06亿元、实施救助167.2万人次，实施先天性心脏病、“两癌”和脑瘫康复手术1087例。全面实施临时救助制度，共救助11.57万人次，支出资金3900万元。建立了城乡低保标准与物价上涨挂钩的联动机制，先后3次为432万困难群众发放一次性生活补贴16亿元。

【社会服务项目建设】天水市麦积、张掖市甘州全国综合养老示范基地，临夏市国家级少数民族地区综合性社会福利服务示范区建设项目全面启动。总投资11.57亿元的271个防灾减灾项目79%的已竣工，覆盖全省的救灾物资储备网络、应急救助指挥平台正在形成。“双五双十双百示范工程”扎实推进，年内有70多个示范项目达到创建标准，已命名表彰示范社区和示范敬老院105个。14个市州的儿童福利机构设施建设“蓝天计划”项目进展顺利，其中9个市州已投入使用。以落实全国基本养老服务体系建设试点项目为带动，全省各类养老机构发展到700余家，床位增加到2.4万张，每千名老年人拥有床位7.6张。军休管理服务单位基础设施维修改造投入已达5350万元。更新了省级信息化建设平台，完成了会宁、漳县、永靖三县城乡低保信息化建设试点。与省发改委联合下发了《甘肃省“十二五”民政事业发展规划》，筛选确定了6大体系、29类、投资90亿元的项目纳入全省重点专项规划。

【救灾和防灾减灾工作】2011年共有1519万人次受灾、21人遇难，直接经济损失82.35亿元。启动省级旱灾三级救灾应急响应并报请国家启动四级应急响应。下拨救灾和冬春生活救助资金 3.86 亿元，紧急调拨救灾物资 14.9 万件，救助受灾群众 429.4 万人次。加强村级灾害信息员队伍建设，在地质灾害易发高发的 9 个市（州）、48 个县（市、区）、10157 个行政村先行设立村级灾害信息员 14431 人，并配备了必要的工作设备、开展了培训演练。推进综合减灾示范社区创建，33 个社区荣获第四批“全国综合减灾示范社区”称号。

【社会福利事业】民政部将甘肃列为全国福利服务标准化示范省份，重点建设天水市麦积、张掖市甘州全国综合养老示范基地，在临夏市建设国家级少数民族地区综合性社会福利服务示范区。甘肃自 2009 年作为全国基本养老服务体系建设 5 个试点省份之一，三年来共争取中央资助项目 35 个，落实中央投资 1 亿元、地方配套 5471 万元，现已建成 23 个。支持县区建设独立或附设在综合社会福利中心内的儿童福利机构，目前 9 个市州儿童福利院已建成或投入使用，其它 5 个正在建设之中。建立了孤儿基本生活保障制度，平均保障标准达到 627 元，确定了孤儿最低养育补助标准和自然增长机制，年内下拨保障资金 1.05 亿元。完成各类适应症儿童康复手术 334 例。开展适龄孤儿职业技能教育培训，第一批 74 名孤儿学员顺利毕业并安排就业。全省建立慈善组织 48 个。销售福利彩票 18.27 亿元，增幅 23.6%，再创历史新高。

【双拥优抚安置工作】积极推进军民融合式发展，指导各地普遍开展了以支持部队营区营房建设、信息化建设等为重点的军地援建“双十工程”，投入各类资金共 6.8 亿元。新一轮双拥模范城（县）创建考核验收工作顺利完成，筹备召开了全省双拥模范城县命名表彰大会，命名表彰双拥模范城县 62 个、模范单位 120 个、模范个人 160 名。进一步提高优抚保障水平，下拨优抚资金 4.2 亿元，其中省级配套资金增幅达 70%。新型优抚医疗保障制度普遍建立，总结推广庆阳市优抚医疗“一站式”即时结算试点经验，优抚对象参合参保率达 99%。将 60 岁以上的 5 万余名农村籍退役士兵纳入定期补助范围。零散烈士纪念设施普查工作全面完成，并投入 2600 多万元修缮维护烈士纪念设施。大力推进退役士兵安置改革，在全国率先出台了城乡一体的兵役优待补助政策，下拨安置资金 3.2 亿元，大幅提高退役士兵经济补助标准。制定了加强退役士兵职业教育和技能培训工作的《意见》和《暂行办法》，协调成立了甘肃省退役士兵教育培训集团，吸纳 164 个承训机构为成员单位，为开展教育培训奠定了基础。军休人员生活待遇全面落实，军休干部房改工作名列全国第一批完成的 12 个省份之一。组织开展“和谐军休家园”、“和谐军休家庭”活动，1 个军干所和 1 个军休家庭受到民政部命名表彰。

【基层民主自治和社区建设】指导完成了全省第七次村委会换届选举工作，15973 个村委会如期完成了换届选举任务，占村委会总数的 99.78%，新当选村委会成员年龄结构、文化素质等明显优化，村级自治组织建设得到加强。全面完成 152 个“难点村”专项治理任务。积极开展农村社区建设实验全覆盖创建活动，所有市州、81 个县区的 2000 多个村开展了农村社区建设工作，金昌市金川区被评为全国农村社区建设实验全覆盖示范单位。深入开展城乡示范社区创建活动，命名第二批全省城乡示范社区 40 个。

【社会组织管理】加大社会组织培育扶持和规范管理力度，积极发展公益服务类社会组织，全省社会组织达到 1.1 万家。社会组织评估工作启动实施，执法监察全面开展，先后撤销违规运行和名存实亡的社会组织 824 家。指导社会组织深入开展创先争优活动，积极创新社会组织党组织组建方式，新建社会组织党组织 2786 个，总数已达 3400 个，整体组建率达到 29.3%，位居全国前列。

【区划地名与边界管理】提请省政府办公厅印发了地名标志设置的相关规定，地名公共服务工程四个专项任务基本落实，张掖市等 4 个单位被命名为全国地名公共服务示范单位。审慎做好行政区划调整工作，积极推进地名公共服务工程建设，肃北县第二次全国地名普查试点成果通过省级验收。甘陕、甘蒙省界第二轮联检工作进展顺利，完成了甘青线勘界任务。深入开展平安和谐边界创建活动，健全边界纠纷排查制度和应急处理机制，实现了边界地区的和谐稳定。

【婚姻、收养和殡葬服务管理】推进婚姻登记标准化建设，全年办理婚姻登记 23.8 万对，离婚登记 1.2 万对，登记率合格率达到 100%。办理收养登记 92 件。修订完善了《甘肃省殡葬管理办法》，已由省政府印发实施。在 4 个县区开展了公益性公墓和集中安葬区建设试点。启动实施特殊困难群众基本殡葬免费服务，被人民网推选为 2011 年地方政府“甘肃唯一”的惠民新政。建立健全流浪未成年人救助保护机制，开展“流浪乞讨儿童回归家庭”专项行动，全年救助流浪乞讨人员 2.9 万人。

（卢隽）

老龄工作

【组织机构】2011 年，省委、省政府先后两次发文调整了省老龄委领导，充实了组成人员，成员单位增加到 29 个。全省 14 个市州和 75 个县市区的老龄委主任由同级党委常委、组织部部长担任，常务副主任由同级政府分管领导担任。省、市、县三级老龄工作人员达 630 多人，乡镇老龄工作专兼职人员 3000 多人。省市和大部分县市区老龄事业经费按本级老年人口数人均不低于 1 元、2 元和 3 元的标准列入财政预算。全省1.4万多个城乡社区成立了老年协会，为社区总数的91.3%。副省长李建华在第三次全国老龄工作会议上代表省政府就甘肃机构建设情况作了典型发言。

【老年社会保障】推进农村空巢老人生活保障工作。按照省委、省政府在省政协《关于甘肃农村空巢老人情况的调研报告》上的批示精神，对《调研报告》中提出的建议进行分解，加强与有关单位的沟通协商，研究解决农村空巢老人生活保障问题的有效办法，提出具体贯彻意见。2011年，省民政厅安排100万元省级福利彩票公益金，在白银、临夏开展农村空巢老人养老工作试点；建立农村居家养老服务站，设置小饭桌。兰州市对民办养老机构给予每张床位5000元一次性补贴；城关区虚拟养老院“入住”老年人6万多人，30家虚拟养老餐厅以及30个虚拟养老医疗站正式运营。卫生部门将老年慢性病补偿封顶线提高到5万元，人社部门将新农保试点覆盖面扩大到70%，团省委、省妇联等部门建立了关爱农村空巢老人青年志愿者队伍。兰州5区和嘉峪关、金昌市实现了全覆盖。下拨资金30万元在兰州市皋兰县、平凉市崆峒区、白银市白银区、庆阳市华池县、镇远县等5个县区开展了农村居家养老服务工作试点。白银市将居家养老服务工作列入政府为民办实事内容。

【老年优待维权】做好全国人大常委会委员、全国人大内务司法委员会副主任委员隋明太一行来甘肃就《老年人权益保障法(修订草案)》(征求意见稿)进行调研的相关工作，邀请有关专家学者从解决失能老年人监护、养老服务机构管理、老年人优待、长期照料护理、老年人精神慰藉等方面提出了具体意见和建议。各级人大积极开展老年法律法规的执法检查，推动政府和有关部门依法履行职责，落实老年人各项优待政策。全年有20个县建立了80～89岁高龄老人生活补贴制度。武威、甘南所有县区实行全覆盖，定西市所有县区对85～89岁老人实行了高龄补贴制度，临夏市和政县将60岁以上老年人每年体检一次列入为民办实事内容。金昌、嘉峪关、酒泉、张掖、白银、庆阳等地相继出台了进一步对老年人实行优待的规定，拓宽了老年人在就医、交通、参观、法律援助、特困救助等方面的优待。各地普遍建立了老年人法律援助中心(站)。

【基层老龄工作】大力推进基层老龄工作制度化、规范化、科学化建设。将村级老年协会纳入村级组织建设之中，协会会长由村党支部书记担任，老年协会班子成员由老干部、老劳模、老复员军人等德高望重的老年人担任，充分发挥了老年人在基层老年公共服务中的积极作用。全省91.3%的城乡社区成立了老年人协会，建立为老志愿者服务队伍2558支、13.58万人。在14个市州推行对特困老人“定人定点定时”探视救助制度、乡镇老龄工作制度化和规范化建设试点、村级老年人协会组织建设试点的基础上，又在肃北县、肃南县、迭部县、积石山县开展了少数民族地区老龄工作规范化建设试点，在皋兰县、华池县、镇原县、白银区、崆峒区开展了农村居家养老服务工作试点。先后4次召开不同专题的现场经验交流会，进行总结推广，较好地发挥了示范、引导、辐射作用。

【困难老人救助】继续坚持广泛开展“大病救治后生活困难老年人救助行动”和特困老人“定人定时定点”探视救助活动，以社区为依托，积极组织动员社会各界和个人参与，通过多种渠道帮扶救助空巢、特困老年人。各级民政部门还以加强敬老院、五保家园、老年公寓和民办养老机构建设为载体，集中供养农村五保老人和城市空巢、高龄及无自理能力老人，并根据老年人口逐步增加的势头，新建、扩建、改建了一批老年服务设施，为农村和城市有需求的特困老年人提供生活照料服务。争取彩票公益金140万元，用于“大病救治后生活困难老年人救助行动”和村级老年活动阵地建设。

【“银龄行动”】全省参与“银龄行动”单位由最初32家发展到76家，参与的专家上万人，援助项目已由20多个扩展到200多个，新建示范基地年增经济效益达到5000万元以上。启动了支援白银市中西医结合医院的银龄行动，在临夏州开展林果业发展援助。

【老龄工作宣传】开通甘肃老龄网站，全年各新闻媒体刊播老龄宣传文稿近600篇(次)。举办“敬老月”系列活动，开展尊老敬老先进人物事迹宣讲、文艺汇演、体育比赛及慰问活动。在全国开展的孝亲敬老之星评选活动中，甘肃有117人被评为全国孝亲敬老之星，2人获全国孝亲敬老楷模提名奖，有1人被树立为孝亲敬老楷模，4个单位被评为敬老模范单位。同时，甘肃评选出9个敬老爱老助老模范单位。

(卢隽)

体　育

【群众体育】制定出台了《甘肃省体育事业“十二五”规划》，《甘肃全民健身条例》、《甘肃省全民健身实施计划(2011～2015)》等重要法规文件。《甘肃省全民健身条例》已于2011年8月1日施行，《条例》分6章45条，是甘肃省第一部专门对全民健身系统全面的立法，也是指导今后甘肃体育事业发展的纲领性文件。

成功举办全国第二届红运会。全国第二届红运会于2011年6月26日至28日在甘肃省庆阳市成功举办。全国21个省区市、2个体育学院的61支代表队共约600名运动员参加了为期3天的比赛，共设14个比赛项目和

2 个表演项目。4 月 13 日，红运会组委会在北京人民大会堂举行了60多家中央、省、市新闻媒体和来自全国革命老区的代表出席新闻发布会。5 月 27 日在庆阳市华池县陕甘边区苏维埃政府旧址举行了第二届全国红色运动会火种“南梁星火”采集仪式，为宣传甘肃，弘扬革命老区、继承和发扬革命老区精神起到了积极的推动作用。

组织开展群众体育活动。以迎接《甘肃省全民健身条例》的颁布实施、第三个“全民健身日”、兰州国际马拉松赛、第二届红色运动会和“环湖赛”为契机，在全省深入开展全民健身系列活动。围绕“五个百万人群健身行动”，深入开展体育进农村、进社区、进校园、进企业、进工地、进机关等活动。组织开展了“百万农民迎新春健身大拜年”活动、元旦环城赛跑、健步行、秧歌大赛、健美操比赛、气功健身、象棋擂台赛、青少年乒乓球赛、第一届全省农民乒乓球系列赛和第二届全省农民篮球系列赛等丰富多彩、喜闻乐见、形式多样、群众参与活动广的各项全民健身活动。成功举办了嘉峪关国际铁人三项赛、嘉峪关国际滑翔节、冶力关拔河赛、敦煌沙滩排球赛、张掖汽车拉力赛、瓜州玄奘之路徒步挑战赛等品牌赛事。全年各级体育部门共开展农民体育活动3500多次，参加人数达到100多万人。

着力完善群众体育组织网络。举办了锅庄舞大赛、健美操比赛、健身气功比赛等赛事。协助省农牧厅、省民委、省残联、省教育厅办好全省农运会、残运会、大学生运动会工作。全省县级体育社团组织覆盖率达到38%，社会体育指导员 22208 名，青少年体育俱乐部 74 个，社区体育俱乐部 4 个，全省晨晚练点 5220 个，气功站点 528 个。

积极推动“丝绸之路体育健身长廊”建设和检查。全省 14 个市州中有 13 个市州已建成体育馆和健身中心；县级体育中心有58个县已建成或正在建设中；全省 1218 个乡镇全部完成了“一乡一站”的建设任务；全省 4349 个行政村建设了“一村一场”，144 个乡（镇）建设了较高标准农民健身工程。完成“雪炭工程”21 个。建成国家级体育公园 2 个、户外营地 2 个、社区体育俱乐部 4 所。陇南、甘南灾后重建体育中心 6 个。为全面深入总结评估“十一五”期间实施甘肃丝绸之路体育健身长廊工程建设的成效，先后深入到 14 个市州的 22 个县（市、区），36 个乡镇、32 个行政村、41 个健身广场和 34 个体育场馆（含在建）进行实地查看，认真听取受评单位的意见和建议，为甘肃“丝绸之路体育健身长廊”建设的进一步推进提供了可靠的数据和理论保证。

重视加强青少年体育工作。认真贯彻国家体育总局《青少年体育活动促进计划》，积极探索青少年体育活动的有效形式，完善青少年体育活动网络，配合教育部门实施《学校体育工作条例》和《学生体质健康标准》，保证学生每天锻炼 1 小时。以足球进校园活动为重点，广泛开展“阳光体育运动”，确定嘉峪关、张掖、天水、白银、兰州为开展校园足球活动的布局城市，举办校园足球比赛，推荐优秀足球苗子参加全国少年足球夏令营。

【竞技体育】甘、青联合成功举办第十届“环湖赛”。环青海湖国际公路自行车赛是国际自联的 4A 级赛事，也是海拔最高，难度最高的亚洲顶级赛事。第十届“环湖赛”首次走出青海，于 7 月 9 日至 10 日在甘肃进行两个赛段的比赛和闭幕式。本届比赛展示了“大美青海”、“多彩甘肃”的美好形象，为青海和甘肃联袂打造体育赛事积累了经验，为宣传甘肃起到了积极的推动作用。

组织参加第七届全国城运会。甘肃省共有 101 名运动员参加了“七城会”11 个大项、48 个小项的比赛。共获得了 2 金 3 银 5 铜的好成绩。其中，小轮车优秀运动员逯艳夺得女子 BMX 越野比赛冠军，中长跑运动员吴徐峰、马珍、康凡儿三人合作夺得田径女子万米团体比赛冠军。

举办 2011 兰州国际马拉松赛。7 月 3 日，兰州国际马拉松赛隆重举行。来自 16 个国家和地区 18750 名运动员分别参加了全程、半程、10 公里和 5 公里比赛。运动员奋力拼搏，埃塞俄比亚的选手吉尔马·阿瑟法和甘肃运动员贾超风分别以 2 小时 13 分 16 秒和 2 小时 35 分 23 秒的成绩夺得全程马拉松赛男女冠军。

竞赛成绩有新突破。按照甘肃确定竞技体育新的发展目标和任务，为实现“1230 计划”，力争在全国第十二届全运会上获得三枚以上金牌，力争在三十届伦敦奥运会上实现金牌“零”的突破，形成了以“金牌带动、突出重点、创新机制、科学发展”的指导思想和奋斗目标。在国际、国内赛事上均取得了较好的成绩，共获得第一名 27 个，第二名 30 个，第三名 29 个，其中，甘肃优秀射击选手孙琪在国际射击联合会世界杯韩国昌原站比赛中勇夺女子 10 米气手枪冠军，获得伦敦奥运会参赛席位；优秀小轮车选手逯燕，夺得 2011 年全国小轮车冠军赛第三站冠军，并获得参加亚洲锦标赛资格；竞走运动员赵建国在全国竞走锦标赛男子 50 公里竞走比赛中以 3 小时 50 分 17 秒夺冠并取得参加伦敦奥运会选拔赛的资格；中长跑优秀选手胡开军在 2011 年全国田径锦标赛暨奥运会达标赛上获得男子 10000 米冠军；自由跤选手斯日古楞在全国男子自由跤锦标赛上，一路过关斩将，勇夺男子 84 公斤级冠军。在杭州举行的第八届全国残运会上，甘肃代表团 5 超世界纪录、9 破全国纪录，位居全国 35 个参赛代表团第 16 位，实现历史性突破。

积极探索体育后备人才培养新路子。按照“省有重点、市有优势、县有特色、校有传统”的要求，重点完善10所体育运动学校、5所重点业余体校、12个重点训练点和30所县级少儿体校，全省业余训练人数稳中有升。省体育局与深圳市联合开展少儿网球苗子的选拔工作，共选出26名优秀苗子，其中8名送深圳培养，18名留在省体校设立“好苗班”继续培养，为探索甘肃体育后备人才培养建立新路子。

加强运动队管理。出台了《甘肃省运动员文化教育和保障工作的指导意见》、《甘肃省运动员聘用暂行办法》、《甘肃省运动员教练员参加重大体育比赛成绩奖励办法》等规章制度。强化运动队思想政治工作，全力为退役运动员排忧解难，全年共解决80名退役运动员的安置工作。

【体育产业】认真贯彻国务院产业政策。围绕国务院《关于进一步推动体育产业发展的指导意见》和全国体育产业会议精神，深入分析甘肃体育产业发展的现状，召开了体育产业发展座谈会，研究起草了《甘肃省体育产业发展的实施意见》，初步确定了全省体育产业发展的工作目标、主要任务和保障措施。以“敦煌行•丝绸之路国际文化旅游文化节”为契机，通过举办体育“品牌赛事”，大力推动体育休闲娱乐、体育观光旅游、体育健身服务的发展。

体育彩票发行力度不断加大。2011年是甘肃电脑体育彩票上市10周年，十年来甘肃体育彩票从无到有、从大到强，累计销售电脑体育彩票40.5亿元，筹集体育彩票公益金12.8亿元，有力地支持了甘肃体育事业发展。省体彩中心荣获国家体彩中心颁发的“2010年度全国体育彩票销售增长奖”。为了巩固成绩，召开全省彩票工作会议，提出了“强基础、抓管理、促效益”的工作思路。甘肃各级彩票发行部门及时调整工作思路，转变经营模式，着力开拓销售渠道，增加销售网点，截止11月底，全省体育彩票销售额为7.2亿元。

【场馆建设】省级场馆建设。着重抓了甘肃奥林匹克体育中心、临洮亚高原体育训练基地的建设和省体工二大队全民健身二期工程。甘肃奥林匹克体育中心建设项目的建设，得到了省委省政府高度重视。投资6300多万元的全民健身二期工程进展顺利。

市、县体育场馆建设。张掖市体育中心、庆阳市场馆、白银市体育中心已全面竣工，酒泉市体育馆和武威市体育馆正在建设，定西市体育馆正在筹备选址，8个灾后重建县级体育中心建设有5个县已完成主体工程，3个县正在筹备开工。各市州筹备计划在建的体育项目已全部纳入当地“十二五”规划当中，为在“十二五”期间，建成“兰白场馆区”、“酒嘉场馆区”和“平庆场馆区”奠定了基础。

（徐斌）

广播电影电视

【基本情况】全省现有广播电台5座，电视台7座，广播电视台76座，调频转播发射台839座，电视转播发射台3183座。14个市州已联通广播电视微波传输网，广播电视专用微波站98个，线路总长4042.95公里。建成省广电有线传输干线网4.83万公里，全省有线电视用户220.46万户，其中数字有线电视用户147.79万户。全省共办广播节目86套，电视节目104套，全年自制节目时间为广播10.78万小时，电视5.89万小时，播出节目时间为广播27.18万小时，电视41.48万小时。全省广播电视人口综合覆盖率分别达到93.7%和94.05%，各市州、县区所在地均能收到中央台和省台的广播电视节目。甘肃卫视全国落地覆盖人口达到5.1亿，其中35个中心城市已覆盖30个，覆盖率达85.7%。全省广电系统2011年总收入15.77亿元，其中经营创收收入8.46亿元。全省广电系统内从业人员13883人。

【广播影视宣传】深入宣传党的十七届五中、六中全会、省委十一届十次全委扩大会等重要会议精神和庆祝建党90周年及纪念辛亥革命100周年等重大宣传报道活动。突出宣传省委、省政府总体工作思路和重大决策部署，精心开展第十七届兰洽会、兰州国际马拉松赛、基层党组织和党员创先争优活动等宣传报道，为推动全省经济社会跨越式发展提供了有力舆论支持。坚持以节目评奖、评优、评议为主要抓手，积极推行栏目节目激励竞争机制和准入退出机制，加强对各宣传单位栏目改版的研究指导，推动品牌建设和精品创作，甘肃卫视改版初见成效。进一步加强和改进节目评议工作，努力为创优出精品营造良好环境，全省广播电视节目质量有了新的提高。认真开展“走基层、转作风、改文风”活动，涌现出了一大批跑出来的好新闻。进一步加强和改进宣传管理，进一步净化了荧屏声频。深入贯彻落实甘肃建设特色文化大省的战略部署，引导广播剧、电影、电视剧和纪录片创作生产，组织创制了电影《生死不离》等一批影视精品。

【事业产业】组织对甘肃“十一五”期间41122个20户以上自然村广播电视村村通工程进行了检查验收。积极争取国家广电总局将甘肃20户以下自然村村村通工程纳入“十二五”发展规划。对甘肃户户通工程进行了研究部署，制定了建设方案。加快推进西新工程四期二阶段项目建设，全力推进已纳入“一州一县”和新纳入“一州四县”西新工程建设。落实了李长春同志在甘肃调研时指示开办甘南州安多语广播频率和为甘南州17705户游牧民群众配备便携式直播卫星接收一体机两个项目。继续推动农村电影发行放映体制机制改革创新，新增放映队102个，完成农村公益电影放映任务201432场，放映补贴标准从每场100元提高到200元。争取省财政投入1000万元，对49座省市县发射台（9 座省级台、2 座市属台，38 座县属台）发射机及附属设施进行了更新改造。争取国家下达甘肃“十二五”期间无线发射台站基础设施建设补助资金 10650 万元。投资 3300 万元完成了全省 14 个市州地面数字电视工程建设任务，实现了中一、中七电视节目在各市州的无线数字覆盖。广播影视基础设施进一步加强，省广电总台全景式高清新闻直播演播室建成并投入使用，加快推进陇南等地广播影视灾后重建，共争取汶川特大地震灾后重建项目 31 个，落实中央重建资金 2.13 亿元。争取落实舟曲广播影视灾后重建资金 3130 万元，舟曲广播影视基础设施已基本恢复。

【行业管理】进一步完善安全运行保障体系，加快监测设备更新改造，提高安全播出保障能力，圆满完成了重要节日、重大活动和特殊敏感期的安全播出任务。深入开展“三电”专项斗争，及时查处破坏盗窃广播电视设施的违法行为，确保了广播电视安全播出传输。对市、县两级播出机构和企事业单位广播电视站规范化管理进行了全面检查。积极推进广播电视频道频率资源整合，加强播出机构台名、台标、呼号、节目套数规范化管理。全年审批成立 10 家广播影视节目制作经营机构，全省广播影视节目制作经营机构达到 45 家。积极探索建立广播电视广告和节目播出管理长效机制，强化日常监管，组织开展了专项治理行动，清查停播各类违规广告 940 余条，有效净化了广播电视视听环境。加大非法卫星电视地面接收设施清缴力度，共收缴非法卫星地面接收设施 9000 多套。通过了省上“五五”普法检查验收，荣获全省“五五”普法先进单位。被省委组织部、省委宣传部、省司法厅等部门联合表彰为全省“学法用法示范机关”。

【新媒体新业务】积极争取中广公司投资 3000 多万元，完成了甘肃 14 个市（州）、48 个县（市、区）移动多媒体广播电视（CMMB）网络建设，全省 CMMB 用户达 30 万户。支持省广电总台开办了甘肃网络广播电视台，兰州电视台加入了城市联盟网络电视台。加强政策扶持和市场引导，积极推进城市数字电影院线建设，城市电影产业发展势头强劲。全省共建成多厅新型影城 11 家、影厅 52 个，全省城市电影在影院数量、银幕数量、票房收入和观影人次再创历史新高，全年票房达到 7476 万元。省广电总台全年经营创收达到 4.2 亿元，比上年增长 17.61%。省广电网络有限责任公司巩固、扩大数字电视基本业务，大力发展增值和新增业务，全年创收 9350 万元。

【体制机制改革】深入推进全省广播电视有线网络整合工作，制定了省公司章程及其内部机构设置方案和市州分公司组建方案，组建成立了甘肃省广播电视网络有限责任公司，全省 14 个市州和甘肃矿区广电网络分公司已挂牌运营，初步实现了一省一网。兰州电影制片厂有限责任公司、省音像出版社有限责任公司和甘肃广电报业传媒有限责任公司完成了工商税务变更登记、核销事业编制、注销事业法人等工作，实现了改制转企。顺利完成了无线传输中心和微波传输中心由省广电总台划归省广电局管理工作，进一步强化了省广电局公共服务职能。完成了甘肃民族语译制中心组建并正式挂牌，人员分流安置工作基本完成。全面完成了事业单位首次岗位设置工作，在干部人事、内部分配等方面推出新举措，激发了内部活力。

（许雁）

人口与计划生育

【基本情况】2011 年全省年末常住人口为 2564.19 万人，全年出生人口 31.01 万人，人口出生率为 12.08‰，人口死亡率为 6.03‰，人口自然增长率为 6.05‰。圆满完成了省委、省政府确定的人口自增率控制在 7‰以内的年度人口计划。

【利益导向示范区建设】4 月份，省政府召开建设全国人口和计划生育利益导向政策体系示范区工作会议，专题安排部署“示范区”建设工作。各地认真贯彻省政府办公厅《关于转发省人口委建设全国人口和计划生育利益导向政策体系示范区实施方案的通知》（甘政办发〔2011〕108 号），普遍出台了实施办法，开展了以“成才工程、致富工程、保障工程、健康工程”为重点、26 项政策为核心的计划生育家庭“幸福计划”,在实施城乡居民社会养老保险、低保、扶贫开发等政策和项目的过程中,对计划生育家庭在普惠基础上给予特惠,帮助计划生育家庭解决实际问题，提高计划生育家庭保障水平和发展能力，促进社会和谐。通过示范区建设，全省 610 多万人次的计划生育群众得到了 8.17 亿元实惠。

【生殖健康服务进家庭行动】省人口委制定下发了《“生殖健康服务进家庭”行动实施方案》，并先后召开启动会和现场会，督促指导各级探索推进生殖健康服务进家庭的新思路新途径。各地坚持城市建立网点、农村拓展工作的要求，整合服务网络，下移服务重心，大力开展以生殖健康教育、咨询、检查、诊治和优生促进为重点的计划生育优质服务，拓展了服务职能，提升了服务能力，促进了人口计生公共服务均等化。同时，坚持因地制宜，积极探索“零距离”、“上门式”、“自助式”、“一站式”等系列化服务模式，打造了一批富有地域特色、深受群众欢迎的服务品牌。“生殖健康服务进家庭”行动，有力地促进了优质服务提质提速。2011 年有 9 个县区被国家人口委命名为“全国计划生育优质服务先进单位”，“国优”覆盖面达到县（市、区）总数的 56%。免费孕前优生健康检查项目试点覆盖面扩大到30个县区，使8万多人享受了免费孕前优生健康检查，免费叶酸补服率达到85%。

【流动人口服务管理】省政府修订颁布了《甘肃省流动人口计划生育工作办法》，为进一步做好流动人口计划生育工作提供了保障。流动人口计划生育服务管理机构和队伍建设进一步加强。陕甘两省签署了《关中—天水经济区人口计生服务管理合作协议》，区域、省际、省内协作机制不断完善，流动人口"一盘棋"格局巩固深化。人口计生与综治、公安等部门加强了工作协调，健全了信息共享、协作联动机制。流动人口计划生育基本公共服务均等化试点工作顺利推进。省人口委及时编发《流动人口周报》49期，为各级党委、政府和相关部门在创新社会管理中提供了详实的流动人口动态信息。

【人口信息化建设】完成了户籍人口和流动人口信息的整合，建全了网格化到户系统，实现了人口的全员化、网格化、自动化。全员人口个案数据库已录入户籍人口2724.31万人，90%的县（市、区）完成了人口地理信息系统网格化到户到人，"育龄妇女阳光服务卡"发放率达到95%以上。人口基础信息资源共享机制进一步完善，人口计生部门先后为综治、人社、卫生、教育等部门提供了人口基础数据。人口信息化建设，为维护社会稳定、开展城乡居民社会养老保险、新型农村合作医疗和制定经济社会发展规划等工作提供了详实的人口基础信息，为人口计生部门规范业务流程、提高工作效率、破解管理服务难题、全面准确评估人口形势起到了重要的支撑。

【出生人口性别比综合治理】深入实施省人大出台的《甘肃省禁止非医学需要鉴定胎儿性别和选择性别终止妊娠规定》，人口计生部门与公安、卫生、食药监、工商等部门建立健全了联合督查和执法检查机制，组织开展打击"两非"专项治理活动，查处了一批"两非"案件。省人口委与卫生厅联合印发了《关于建立住院分娩出生实名登记制度的通知》，进一步完善了B超检查、住院分娩实名登记和信息共享、手术实名登记、孕期跟踪管理等制度。省人口委制定印发了关于《"十二五"期间甘肃省综合治理出生人口性别比偏高工作考核评估办法的通知》，加强性别比治理工作，对出生人口性别比失调的地区进行重点督促指导。

【宣传工作】各级按照"抓倡导、抓基层、抓典型、抓报道"的总体要求，进一步健全"四位一体"的宣传工作机制，营造了良好的社会舆论氛围。《中国人口报》连续两次组织对甘肃人口计生工作的成功经验和做法进行了系列报道。省委宣传部与省人口委联合开展了人口计生宣传月活动。省人口委等13个部门制定下发了《关于"十二五"期间全面推进婚育新风进万家活动的意见》。人口文化建设和宣传教育示范基地建设有序推进，建成了一批人口文化大院、人口文化长廊（一条街）、人口文化书屋，推出了一批群众喜闻乐见的人口文化精品。

【政务行风建设】把计生政策、服务事项、办事程序、投诉举报以及涉及群众维权等相关政策规定全部公开，实行"阳光管理"、"阳光服务"、"阳光维权"，让权力在阳光下运行，广泛接受社会群众的监督；建立健全了信访通报、重点案件动态跟踪管理和"销号"制度，全省人口计生信访量逐年下降。认真落实计划生育有奖举报制度，各个县（区）设立了10万元～100万元不等的奖励基金，保证了有奖举报的有效落实。开展了"请农民兄弟姐妹评计生"和"请流动人口农民工评计生"的"双评"活动，参与活动的群众达15万多人；积极参加政府部门组织的民主评议政风行风活动，邀请民评代表、基层工作人员，人大、政协代表和相关部门单位对人口计划生育政风行风建设进行广泛评议；扎实开展"作风建设年"活动，自查自纠，完善制度，制定措施，加强整改。据统计，"双评"和民主评议政风行风活动，群众对计划生育部门工作人员工作态度满意率94%、工作作风满意率93.6%。

【西北人口信息中心项目建设】西北人口建设项目是国务院办公厅《关于进一步支持甘肃经济社会发展的若干意见》（国办发〔2010〕29号）和国家人口计生委《关于进一步支持甘肃人口和计划生育工作的意见》中确定的重大建设项目。该项目已完成了前期立项、征地等工作。

（朱英萍）

环境保护

【综述】2011年，全省14个城市空气质量达到二级标准的有11个，占城市总数的78.6%。与上年度相比，兰州、陇南空气质量好转，白银、嘉峪关空气质量有所下降。列入国家"二氧化硫控制区"的4个城市中，白银市二氧化硫年均值达到国家三级标准，兰州市、金昌市、张掖市达到国家二级标准；监测的28条河段中，水质达到功能区划类别的河段20条，占监测河流（段）总数的71.4%。50个监测断面中，36个断面水质达标，占监测断面总数的72%。15条跨区域河流中，8条河流水质优良（黄河、大夏河、洮河、渭河、金川河、黑河、北大河、白龙江），蒲河水质轻度污染，湟水河水质为中度污染，5条河流水质重污染（泾河、马莲河、石羊河、山丹河、石油河），主要污染指标为化学需氧量、生化需氧量、氨氮、挥发酚等。监测的17座水库中，15座达到功能区水质标准要求，较上年增加2座，占监测水库总数的88.2%。14个市州的23个城市集中式饮用水源地水质状况总体良好；城市区域声环境质量保持稳定，平均等效声级范围在 44.7～57.3 分贝之间。城市交通干线声环境质量较好，平均等效声级范围在 59.1～69.2 分贝之间。

【规划与能力建设】2011 年，加快环境保护各项规划编制工作，完成了《甘肃省环境保护“十二五”规划》和《甘肃省重金属污染综合防治“十二五”规划》专项规划，明确了目标、任务和措施。认真贯彻落实环境保护部《关于进一步推进甘肃环境保护工作的意见》，积极争取国家支持，全年共投入 1.26 亿元用于环保能力建设。

【政策法规与政府环保目标责任制】加大环境立法力度，修订完善了甘肃开展环境污染责任保险工作的指导意见文本，制定了《甘肃省环境保护厅依法行政考核办法》、《甘肃省环境保护厅 2011 年依法行政工作考核标准》等规范性文件，完善了环保目标责任书考核细则，组织开展了省政府环保责任书的督查，由省政府办公厅对完成情况进行了通报。

【污染减排】省政府先后召开第 80 次常务会议、全省应对气候变化及节能减排工作领导小组会议和全省节能减排工作电视电话会议，专题部署全省污染减排工作，出台了《甘肃省人民政府关于进一步推进“十二五”污染减排工作的意见》，批准实施了《甘肃省 2011 年主要污染物减排计划》，省级主要污染物减排专项资金逐步提高。实施了预警监控措施，启动了全省节能减排应急预案。省环保厅向各地分解下达了“十二五”主要污染物减排指标，与各火电企业签订了《甘肃省“十二五”火电行业主要污染物总量削减目标责任书》。完成了国家当年考核的化学需氧量和二氧化硫两项减排指标，以及国家当年暂未考核的氨氮减排指标。经环保部核查确认，2011 年甘肃化学需氧量排放量 39.66 万吨，比上年下降 1.44%；二氧化硫排放量 62.40 万吨，增长 0.25%；氨氮排放量 4.26 万吨，下降 1.62；氮氧化物排放量 48.09 万吨，增长 14.39%。

【建设项目环评管理】实行项目与规划环评联动机制，启动了全省“十二五”重点行业和重点区域的规划环评工作。制定下发了《甘肃省环保厅建设项目环境影响评价文件审批规则》，实行建设项目环评限时办结制，努力做到了省级审批项目环境影响报告书在 19.2 个工作日，环境影响报告表在 13.8 个工作日完成审批。印发了《甘肃省环境保护厅关于加快重大项目及工业项目环评工作的通知》，开通了全省循环经济项目环评审批“绿色通道”，加快重点项目环评审批速度。严把环境准入关，对不符合国家产业政策和审批要求的项目坚决不予审批，对未批先建违法行为依法进行了处罚。

【污染防治】省政府建立了重金属污染防治工作部门联席会议制度，组织召开全省工作座谈会，将工作任务分解到相关部门和有关市州政府，将重金属污染治理项目列入省政府与相关市州签订的环保目标责任书。加大资金投入，支持重点治理项目建设。积极开展黄河甘肃流域水污染防治工作，通过了国家“十一五”重点流域规划实施情况考核，出省断面水质连续多年达到规划目标。组织开展了全省水源地基础环境更新调查，编制完成了《甘肃省饮用水源地基础环境调查技术报告》。全面开展全省市州及所辖县区集中式饮用水源保护区划分和调整工作，全省 86 个县区集中式饮用水源保护区划分技术报告已全部完成。开展城市空气质量分级管理，兰州、白银、金昌、陇南编制实施了空气质量达标整治方案，其余 11 个市州编制实施了大气污染防治方案。加快全省机动车环保检验机构建设工作，14 个市州基本完成检验机构委托复核。

【生态环境保护】制定出台了《甘肃省国家重点生态功能区转移支付绩效评估考核管理办法（试行）》，对全省各类自然保护区管理与建设进行了专项监督检查，调整了黄河首曲、康县大鲵和刘家峡恐龙足印化石群三个省级自然保护区功能区划，建立了甘肃岷县水生生物省级自然保护区，张掖黑河湿地成功晋升为国家级自然保护区。开展了全省国家级自然保护区管理评估，组织召开了甘肃省自然保护区评审委员会工作会议。编制完成了《甘肃省生物多样性保护战略与行动计划》。

【农村环境保护】成立了以省政府分管领导为组长的甘肃省农村环境连片整治工作领导小组，制定实施《甘肃省农村环境连片整治项目资金管理暂行办法》、《甘肃省农村环境连片整治示范项目选择原则》等相关制度，全面推进农村环境连片整治工作，在 41 个片县 492 个行政村实施了项目。严格落实“以奖促治”、“以奖代补”政策，积极开展生态乡镇和生态村创建工作，已建成国家级生态乡镇 5 个、生态村 6 个，省级生态乡镇 51 个、生态村 102 个。

【核与辐射安全监管】积极应对日本“核泄漏”事故，按照环保部指令要求和省政府核安全与应急工作专题会议精神，出动监测车辆 70 次、监测人员 750 人次，上报各种数据 285 次、1712 个。深入推进许可证发放，全年累计核发许可证 636 家。会同有关部门对省内核设施、辐照装置、核工业遗留放射性废物治理及核技术应用单位开展了监督检查。加快核与辐射环境监测能力建设，兰州标准自动站及金昌、嘉峪关两个基本自动站通过了环保部验收，省核与辐射安全局辐射环境监测能力评估顺利通过考核。

【环境监督执法】深入开展了整治违法排污企业保障群众健康环保专项行动，加大对重金属排放、化学品生产、危险废物产生、畜禽养殖、医药制造等企业的排查力度，共排查重金属排放企业226家、化学品生产企业115家、危险废物产生重点监控企业100家、畜禽养殖业790家、医药制造企业38家。对影响可持续发展和危害群众健康的突出环境问题进行了集中整治,对涉嫌违反环保法规的110家企业进行了立案查处，会同省监察厅对存在突出问题的4家污水处理厂进行了省级挂牌督办，各市州也对存在突出环境问题的13家企业进行了挂牌督办。规范污染减排重点项目监管工作，每月汇同电监办对燃煤发电企业脱硫效率及脱硫设施投运率进行审核，每季度对14个市州的24家城镇污水处理厂运行情况进行全面检查。

【环境应急】加强机构建设，成立了省环境应急与事故调查中心。陇南市、武威市、临夏州，渭源县、永靖县、平凉市崆峒区环境应急机构成立。建立了“省级督查，地方监管，企业负责”的环境应急管理工作机制，印发了《甘肃省突发环境事件信息报告工作考核办法（试行）》，规范了突发环境事件信息报告内容、报送时间及方式。加大环境隐患排查治理力度，建立了环境风险源数据库。强化环境应急预案管理和应急演练，对《甘肃省突发环境事件应急预案（2005版）》进行了修订完善并经省政府批准发布实施，开展了环境应急演练，组建了省级环境应急专家库，提高了应急处置能力。

【科技监测】安排和实施2011年度全省环境科研计划，对16个科研项目予以立项，7个科技项通过省科技厅科技鉴定。全面完成全省环境质量监测任务，对全省国控重点污染源和25个地级城市、86个县级城市饮用水水源地的水质进行了监督监测。环境监测质量管理三年行动计划有序开展，组织开展了全省环境监测职业技能大比武活动。

【清洁生产】2011年，公布强制性清洁生产审核企事业单位111家，58家企业完成清洁生产审核评估工作。完成清洁生产审核评估的重点企业共产生清洁生产方案1137项，实施完成1053项，削减二氧化硫3741.4吨，化学需氧量2269.8吨；节水1790.43万吨，减少废水排放692.27万吨，氨氮1.101吨，6887.19万度。

【环境宣传教育】会同有关部门印发实施了《甘肃省环境宣传教育行动纲要（2011～2015年）》，依托“六•五”世界环境日、“十一五”环保成就展等活动，加强环保宣传工作，全社会关心支持和参与环保的氛围更加浓郁。

（顿喜东　王　涛）

档　案

【政策支持】省档案局（馆）在全国档案系统中较早出台了《甘肃省档案事业发展十二五规划》、《甘肃省档案局馆十二五期间工作规划》和《甘肃省档案系统“六五”普法规划》；围绕甘肃“十二五”时期国民经济和社会发展的总体要求，发布了《关于“十二五”时期促进省属国有企业档案工作发展的指导意见》、《甘肃省档案局关于全省各级档案部门领导同志联系农业农村档案工作示范点的通知》等一系列文件。省委办公厅和省政府办公厅下发了《关于进一步加强新形势下国家综合档案馆工作的意见》，就加强对档案工作的领导和帮助档案部门解决实际困难等方面，向全省各级党委、政府提出了具体要求。

【档案安全体系建设】坚持“以防为主，防治结合”的基本原则，采取一系列切实有效的措施，强化档案安全体系建设工作，为甘肃档案事业在新时期更好更快、协调持续发展打下了坚实基础。一是扎实开展“档案安全体系建设年”活动。组织各级档案部门认真开展了扎实有效的档案安全体系建设工作，在档案安全管护条件的改善、安全管理制度的完善以及安全应急能力建设等方面普遍取得了一定成效。省档案局（馆）在活动中通过签订安全责任书、排查安全隐患、举办消防知识讲座、完善值班管理和人员出入管理制度、更换监控设备和电路设备、配备消防安全设备等举措，有效提高了安全管理工作水平。二是重要档案异地备份工作稳步推进。省档案馆档案异地备份库正式建成并投入使用。各市州在省馆保存珍贵档案备份件的工作顺利开展。截至2011年底，临夏州、嘉峪关市等14个市州、县档案馆首批重要档案备份已进入省馆保存。三是数字档案安全管理工作和档案数字化工作有新突破。进一步细化了扫描、刻录等所有工作环节的安全责任目标，健全了数字档案安全管理责任；起草了《甘肃省综合档案馆文书档案机读目录数据库结构与交换格式》，强化了档案信息化标准建设，使档案数字化过程的规范和安全得到了保障；试行了磁带库对数字档案进行实时在线备份，基本实现甘肃数字档案磁盘阵列、磁带库和光盘的三套备份模式，数字档案的安全备份水平进一步提高。在确保安全的基础上，2011年省档案局（馆）共完成档案全文扫描206万画幅，比2010年翻了一番；新录入2009年至2011年进馆档案目录31341条，档案数字化工作取得了新进展。四是加快档案抢救保护进度。在濒危档案的抢救和保护方面，省档案局（馆）全年共抢救修复档案41000余张，并完成2011年度全省国家重点档案抢救项目32个、保护项目25个，争取国家重点档案抢救与保护补助资金400万元；完成2012年度全省国家重点档案抢救项目30个、保护项目10个，争取国家重点档案抢救与保护补助资金370万元。五是积极推动全省档案馆库建设。扎实开展了全方位的协调汇报和项目争取工作，并对“十二五”国家支持甘肃30个县级综合档案馆以及5个灾后重建档案馆建设项目进展情况进行了调研汇总，对列入灾后重建规划和国家资金到位的23个县级建馆项目和市州档案馆建设情况进行了不定期督促检查。

【档案资源建设与利用工作】一是档案资料收集成效明显。全年接收省政府、省发改委等8家单位约11000卷（件、张）档案；征集“5·12”地震、舟曲泥石流等重大突发事件和中央及省上领导照片4500多件（张、册）；到重大活动现场开展声像采集工作65次，拍摄照片943张，视频47部。同时与省科技厅、省科学技术奖励委员会办公室以及省经济合作局建立了长期合作关系，畅通了兰洽会档案资料和科技评奖档案资料及时移交进馆的渠道。二是整理工作及时推进。除濒危档案的抢救修复外，全年整理接收征集的档案和馆藏档案共7634卷（件、张），完成馆藏历史档案整理入库5902卷，裱糊字画102幅。三是利用工作有序开展。查阅中心全年共接待查档1310人次，利用档案资料3892卷（册），复制12600张，爱国主义教育基地接待参观者103批计960人；制作了省馆珍贵影像档案展示片《岁月留影》，编纂出版了《辛亥革命在甘肃》和《甘肃档案史话》，联系时政大事编写《档案参考》5期。

【档案事业行政管理】一是加强对各级各类档案部门的业务检查指导。配合省社保局对嘉峪关、张掖、武威等市、县区所在13家社会保险经办机构的社保业务档案进行了达标验收；配合省林改领导小组完成全省集体林权制度改革档案的达标验收工作；配合水利部门出台《甘肃省第一次全国水利普查档案管理实施细则》，加强了对水利普查档案资料的建档服务工作；深入交通、电力、高校等重点建设项目现场，积极开展建档服务，并对张掖甘州机场、明珠铁城电站、永昌电厂“上大压小”改扩建工程等15个重点建设项目的档案资料进行了专项验收，确保了建设项目档案资料的齐全完整，甘肃建设项目档案工作得到国家档案局的充分肯定。同时，完成兰州市、敦煌市、肃州区、庆城县等4个市县档案馆晋升国家二级档案馆和甘肃移动公司、人行兰州中心支行等13个单位档案工作规范化管理省特级的测评工作，进一步提高了全省档案业务建设水平。二是对各市州目标管理任务完成情况进行了考核。省档案局（馆）组成5个组，通过听取汇报、实地检查、查阅印证材料和逐项打分的办法，全面、客观、公正地对各市州档案工作进行了考核，并针对考核中发现的问题提出了整改意见。三是开展了全国、全省档案工作先进集体与先进个人的评选工作。省档案局（馆）与省人社厅联合成立了评先工作领导小组，通过制定方案、召开会议、抽查档案工作情况等方式，按照民主推荐、资格审查、两级公示、领导小组审定等程序，评选出2个全国档案工作先进集体，1个全国档案工作先进个人；136个全省档案工作先进集体，164名全省档案工作先进个人以及10名省直单位重视档案工作的优秀办公室主任。

【法制宣传和科技信息工作】一是宣传工作成效良好。成功举办了“回眸、信念、奋斗——纪念中国共产党成立90周年档案展览”，展出15天参观人数达4万余人，受到社会各界广泛好评；全年在《中国档案报》发稿100多篇，在省电视台、《甘肃日报》和《兰州晨报》等省内媒体发各类消息近30多条，发稿数量和上稿率进一步上升；全年高质量出版《档案》杂志6期，该杂志再次被评为全国中文核心期刊。广泛深入的宣传活动，使档案工作的社会影响力进一步提高。二是档案法制工作稳步推进。完成了档案法制工作的调研和普查，对全省档案系统“五五”普法工作进行了总结，对普法先进单位和个人进行了通报表彰；组织汇编了甘肃省档案法规文件，完成了行政审批及许可的清理，为全省档案工作法制化管理打下了良好基础。三是档案科技工作取得进展。按照《甘肃省档案科技项目管理办法》，省档案局（馆）正式启动了档案科技项目立项工作，对庆阳市档案局等单位申报的4个档案科技项目进行了评审，确定庆阳市档案局的《庆阳市非物质文化遗产档案管理研究》和省农科院的《农业科学技术研究档案管理和有效利用的研究》通过立项。另外，省档案局（馆）指导省移动公司开展的《数字化档案馆建设及面临的主要问题》项目顺利通过国家档案局鉴定。

【人才队伍建设】及时举办农业农村、基建项目、档案信息化等业务培训班，对近年来国家出台的有关标准、规范等进行了一次全面的宣传贯彻，对各市州、县区档案部门的业务骨干、省直及各省属国有企业单位的档案人员共450多人进行了培训，并举办了2期档案干部岗位资格培训班和1期继续教育培训班，培训学员369人。面向全局（馆）干部职工特别是新进人员，组织了《归档文件整理规则》、《档案工作“三个体系”建设》等讲座，并根据业务职能的变化和技术设备的更新，及时联系相关工作人员进行了技能培训。同时，重新组建高评会，完成了2011年档案专业职务资格评审。这些工作的全面开展，使档案专业人才队伍和基层工作队伍建设得到了新的加强。

文 物

【文物资源概况】截止2011年底，全省已调查登记的不可移动文物点16895处（含新发现6368处），其中全国重点文物保护单位73处，省级文物保护单位625处，市县级文物保护单位3880处。有国家级历史文化名城4座、省级历史文化名城8座，国家级历史文化名镇7座、省级历史文化名镇（村）19 座。敦煌莫高窟为世界文化遗产，嘉峪关关城与省外其他明长城著名关隘共同被列为世界文化遗产。有各级各类博物馆（纪念馆）159 个，其中 142 个通过省文物局组织的年检；由文物系统管理的博物馆和纪念馆 137 个（国家二级博物馆 4 个，三级博物馆 9 个），行业和民营博物馆 16 个；有馆藏文物近 43 万件，其中珍贵文物 11 万余件，含一级文物 3240 件（含国宝 30 件）、二级文物 11386 件、三级文物 96299 件。

【文物安全】2011 年，全省野外文物安全形势基本平稳，文博系统馆藏文物安全无事故。全省文博系统深入开展文物安全年活动，普遍建立健全了文物安全责任制，文物安全检查实现了制度化、规范化，部分市县召开了文物安全工作会议，省文物局制定了《甘肃省文物局文物安全目标责任考核办法》和《甘肃省文物系统安全技术防范工程通用程序与管理要求（试行）》，全省文博单位安防建设有序推进。拉卜楞寺、大像山石窟等一批全国重点文物保护单位安防工程设计方案获国家文物局批复同意，全省文博系统免费开放博物馆绝大多数安防设施达标。省文物局对全省全国重点文物保护单位保护机构、专职保护人员和博物馆安保机构人员设置情况进行了全面摸底并登记造册，对全省文物行政执法主体和执法依据进行了清理，为全省文物执法人员换发了新版文物行政执法证。全省业余文物保护员实行了目标管理，文物保护网络建设日趋规范。

【执法督查】2011 年，省文物局在全省范围内开展了田野文物安全检查和执法督察活动，先后对张家川县马家塬战国墓地考古发掘工地出土文物被盗案件、兰州市红古区省保单位红大板坪遗址盗挖事件、庆阳北石窟寺楼底村 1 号窟周边村民放炮炸砂事件、永昌县河西堡镇境内长城遗迹损毁案件、敦煌工业园区在省级文物保护范围内违规建设事件等进行了调查处理。制止了兰新二线建设中个别施工单位不履行报批程序擅自在文物保护单位保护范围内施工的行为。对天水、平凉、庆阳、武威、张掖、酒泉等市县（区）的文物安全及行政执法情况进行了检查，对兰州、庆阳等市田野文物安全工作进行了专项督查。

【打击文物犯罪】2011 年，根据公安部和国家文物局统一部署，省文物局协调省公安厅开展了为期半年的打击文物犯罪专项行动，并与省公安厅组成联合督察组，赴平凉、庆阳、白银等市，对专项行动开展情况进行督查。专项行动期间，全省公安机关破获包括 2 起公安部督办大案在内的盗掘古墓葬案件 6 起（含 3 起未遂），抓获犯罪嫌疑人 21 名，追缴被盗出土文物 140 件，其中珍贵文物 26 件；陇南、天水两市公安部门还结合追索礼县大堡子山遗址被盗文物调查取证工作，对历年来文物犯罪案件进行梳理，力求发现新线索破获积案。

【出台《甘肃省建设工程文物保护管理办法》】为规范建设工程中的文物保护工作，省文物局会同省发展改革委、国土资源厅、环保厅、建设厅、交通运输厅、水利厅等部门制定了《甘肃省建设工程文物保护管理办法》(以下简称《办法》)，省政府办公厅于 2011 年 12 月 30 日予以转发。《办法》适用于甘肃境内建设工程中的文物保护工作，《办法》所指建设工程包括交通、水利、能源、工业园区等重大基础设施项目；占地面积 10 万平方米以上的项目；涉及文物保护单位和尚未核定公布为文物保护单位的不可移动文物的项目。《办法》明确省文物行政主管部门负责全省建设工程中文物保护工作的协调管理和组织实施；规定建设工程选址应当尽可能避让不可移动文物，无法避让的要制定文物保护方案；建设单位要配备专人负责建设期间的文物保护工作。《办法》规定，建设单位进行工程建设，必须在相关部门核发建设工程项目选址意见前，向省文物行政部门申请对建设工程范围内区域进行考古调查、勘探，《办法》还对建设工程中的考古调查、勘探和抢救性发掘及不可移动文物的保护作出了具体规定，明确了建设工程施工中发现文物的处置程序、建设工程中造成文物损毁的责任追究等问题。

【第三次文物普查】截止 2011 年底，甘肃历时五年的第三次全国文物普查圆满完成，全省 87 个县级普查单元全部按期完成实地调查工作，普查到达率和完成率均为 100%。共调查登记不可移动文物点 16895 处，其中新发现 6368 处，占总数的 37.69%，复查 10527 处。调查登记的文物点中，古遗址 10550 处，古墓葬 2130 处，古建筑 1432 处，石窟寺石刻 730 处，近现代重要史迹及代表性建筑 1879 处，其他 174 处。工业遗产、乡土建筑、文化景观遗产、20 世纪遗产等新品类文物达 3000 余处，丰富和完善了甘肃文化遗产品类，进一步奠定了文物大省的地位。普查工作报告编写及全省普查档案建立、数据备份等工作相继完成。在普查新发现文物点中，敦煌一棵树烽燧遗址、高台地埂坡墓群、榆中金崖古建筑群、会宁泉坪猛犸象化石点、迭部多儿水磨坊群入选国家文物局组织评选的“第三次全国文物普查百大新发现”。省文物局编辑出版了《甘肃省第三次全国文物普查重要新发现》。部分市县区从普查新发现文物点中陆续遴选公布了 580 处市县级文物保护单位，全省市县级文物保护单位增至 3880 处。

【长城资源调查】2011 年底，甘肃历时近六年的长城资源调查工作基本结束。甘肃是国家文物局确定的长城资源调查试点省，自 2006 年起，省文物局组织完成了对山丹明、汉长城和临洮战国秦长城的试点调查，摸索了工作方法、积累了调查经验。2007 年 5 月，调查工作全面启动，全省共组建调查队 13 支，参与调查工作人员

70 余人，查明甘肃明代长城总长度1738.3 千米，居全国之首；秦、汉等早期长城总长度2036千米，居全国第二；完成了省内明代独立烽火台调查和长城认定工作，各时代长城资源调查报告编写全面启动。

【公布第七批省级文物保护单位】2011 年12月，省政府印发《甘肃省人民政府关于公布第七批省级文物保护单位的通知》，公布第七批省级文物保护单位 116 处，全省省级文物保护单位总数增至 625 处。新公布的省级文物保护单位中，包括古遗址64处，古墓葬6处，古建筑29处，石窟寺及石刻 2 处，近现代重要史迹及代表性建筑11处，其他4处，比较集中地反映了甘肃第三次全国文物普查的成果，其中三普新发现文物点约占总数三分之一。兰州水厂、白银露天矿旧址、玉门油田老一井、引大入秦工程、庄浪梯田、茶马古道（康县段）、黄河水车、甘南迭部多儿水磨群等工业遗产、文化线路遗产、文化景观遗产、农业文化遗产首次跻身省级文物保护单位之列，被纳入文物保护范畴。

【不可移动文物保护】2011 年，全省一批重要文物保护维修工程陆续实施。兰州黄河铁桥加固维修、东大湾城遗址加固、西河滩遗址防洪等工程竣工，民勤瑞安堡、武威文庙等文物保护维修工程进展顺利；长城保护工程全面实施，涉及全省11个市州35个县市区，其中，凉州区、古浪县、瓜州县、敦煌市境内长城及烽燧抢险加固工程开工，玉门市、肃州区、山丹县等 8 县市区境内长城防护围栏、保护标志等长城本体防护工程正在施工；完成了陇东南地区34座中小石窟野外调查工作，为下一步保护维修提供了资料；汶川地震甘肃重灾县区 35 个灾后文物保护项目基本完工，舟曲灾区 4 处文物点保护维修工程开工实施，其余 9 处不可移动文物点的测绘及保护方案编制完成。进一步加强了对文物保护维修工程的管理，公布了全省第二批获得文物保护工程设计、施工、监理资质的单位；配合国家文物局、建设部联合检查组对甘肃国家级历史文化名城保护工作进行了检查。

【丝绸之路申遗】2011 年，甘肃丝绸之路申遗工作持续推进，各申遗点保护规划编制、文物本体保护、基础设施建设环境整治等工作持续开展。锁阳城遗址和马蹄寺石窟群保护规划报请省政府公布，召开了榆林窟保护规划中期汇报会，果园—新城墓群、玉门关及长城烽燧遗址和悬泉置遗址保护规划完成初稿；水帘洞石窟群危岩体加固工程主体完工，壁画塑像保护工程通过阶段性验收，骆驼城遗址抢险加固工程、炳灵寺石窟 171 龛大佛保护修复工程开工；麦积山石窟壁画塑像保护和马蹄寺石窟群金塔寺石窟病害治理项目立项实施。张掖大佛寺、麦积山石窟核心区内与整体环境风貌不协调的构筑物已全部拆除，麦积山石窟相关保护设施建设项目开始实施。炳灵寺石窟界桩、界碑制作安装及停车场修建工程竣工，窟区道路与永积公路实现连接；榆林窟窟区生态植被置换改造完成；炳灵寺石窟和锁阳城遗址保护设施建设项目立项实施。2011 年 5 月，在土库曼斯坦首都阿什哈巴德举行的丝绸之路跨国系列申遗协调委员会第二次会议商定由中国、哈萨克斯坦和吉尔吉斯斯坦联合提出首批丝绸之路跨国申报项目，名称暂定为“丝绸之路：起始段和天山廊道路”，12月底，在新疆乌鲁木齐举行的申遗协商会形成了首批申遗大名单，甘肃有 7 处遗产点进入名单，即：玉门关及河仓城遗址、麦积山石窟、悬泉置遗址、锁阳城遗址及墓群、炳灵寺石窟—下寺、张掖大佛寺、果园—新城墓群。

【考古工作】2011 年，甘肃文物考古单位积极配合做好建设工程中的文物保护工作，按照“加强服务、主动参与”的工作思路，相继完成了新建包兰铁路、金昌—武威高速公路、兰州—定西输气管道、永昌风电、新建兰州轨道交通一号线等24项工程建设项目涉及的考古调查、勘探、发掘工作，编制了文物影响评估报告及文物保护方案，对工程涉及的 19 处古遗址或墓葬进行了勘探，勘探面积 54 万平方米，发现文物遗迹 215 处，对兰州夏官营古城等 7 处遗址和城址进行了抢救性清理发掘。

2011 年，早期秦文化研究项目按计划推进，对张家川马家塬战国墓地、清水李崖遗址实施勘探和发掘，发掘墓葬22座，发现了新的墓葬形制，出土一批随葬器物，为早期秦文化研究提供了新的资料。张掖黑水国遗址考古发掘完成年度任务，出土数十件铜器及冶炼相关遗物，为全面揭示河西地区早期冶金技术及中国早期冶金技术起源提供了新资料。继续开展临潭陈旗磨沟遗址齐家文化墓地发掘，清理墓葬470余座，出土文物1800余件。做好考古资料整理研究工作，完成了河西走廊冶金遗址调查简报和临潭陈旗磨沟遗址、秦安王洼遗址发掘简报，居延遗址考古发掘报告正在编写，礼县大堡子山遗址、悬泉置遗址、敦煌佛爷庙湾魏晋十六国墓葬、广河齐家坪遗址等考古发掘报告完成初稿。

【博物馆建设与免费开放】2011 年，省文物局严格按照《博物馆管理办法》和《甘肃省各级博物馆建设方案论证审核暂行办法》，指导各地博物馆、纪念馆建设。陇南、定西、武威、麦积区、肃南、崇信等市县博物馆开工建设，临夏州、西和、成县、康县、两当、玉门、张家川、阿克塞等市县博物馆、八路军兰州办事处纪念馆新馆建成或开馆。

省文物局在详细调查摸底的基础上，组织开展了第三批中央财政补助的免费开放博物馆、纪念馆申报工作，甘肃有 52 个博物馆、纪念馆列入，使甘肃列入中央财政补助的免费开放博物馆、纪念馆数量增至 112 个，居全国第一。针对个别博物馆在免费开放中出现的新情况和新问题，省文物局在全省范围内组织开展了加强和改进博物馆、纪念馆服务工作，有效提升了博物馆、纪念馆服务质量。2011年，全省免费开放博物馆、纪念馆共接待观众1082万人次。

【陈列展览】2011年，全省各级博物馆、纪念馆共推出新展览或改造提升旧展览30多个，举办临时展览135个，围绕纪念中国共产党成立九十周年，省博物馆推出大型革命题材展览《红色甘肃——走向一九四九》，并作为固定展览向社会免费开放。省文物局和陕西省文物局主办的“秦陇一脉——先秦文物展”先后在天水市博物馆和省博物馆展出。省博物馆基本陈列《庄严妙相——甘肃佛教艺术展》荣获第九届全国博物馆十大陈列展览精品奖。

2011年6月，省文物局组织开展的全省首届博物馆陈列展览精品奖评选结果揭晓，天水市博物馆《历史文物基本陈列》、高台县中国工农红军西路军纪念馆《理想高于天，热血铸祁连》、会宁红军长征胜利纪念馆《红军长征胜利展》、灵台县博物馆《周秦化育——灵台精品文物陈列》等4个展览获“全省陈列展览精品奖”，武威雷台汉文化博物馆《天马西来——雷台汉文化陈列展》、肃南裕固族自治县民族博物馆《尧熬尔——中国裕固族》获最佳内容设计奖，兰州秦腔博物馆《秦腔博物馆陈列展》、甘肃地质博物馆《生命的形成与演化》获最佳形式设计奖，兰州市地震博物馆《兰州市地震博物馆陈列展》、会宁县博物馆《会宁县博物馆馆藏书画精品展》获最佳社会效益奖。

【大地湾博物馆】2011年12月31日，位于秦安县五营乡的大地湾博物馆正式开馆。大地湾遗址是我国著名的新石器时代大型聚落遗址，它的发现对于探索中华文明起源的历史进程具有十分重要的意义。大地湾博物馆建设是《大地湾遗址保护规划》的重要内容，于2006年立项、2007年开工建设，博物馆占地面积26680平方米，建筑面积3155平方米，基本陈列《文明序曲——大地湾遗址考古成果展》共展出315件大地湾遗址考古发掘中出土的代表性精品文物，并复原了多个墓葬发掘现场，系统反映了大地湾遗址考古发掘的丰硕成果和大地湾文化的丰富内涵。

【莫高窟保护利用工程】敦煌莫高窟保护利用工程于2008年12月开工，包括莫高窟游客服务设施、崖体加固及栈道改造工程、风沙防护工程、安防工程等四个子项目。截止2011年底，风沙防护、莫高窟安防系统和栈道改造工程基本完成，游客服务中心主体结构封顶，主题电影数字节目制作工作顺利开展。6月中旬，敦煌莫高窟、榆林窟、西千佛洞石窟遭受暴雨洪水袭击，造成部分文物受损后，积极组织开展了抢险救灾工作，启动了受灾文物抢救保护工作。

【嘉峪关文化遗产保护工程】2011年7月，中共中央政治局常委李长春在甘肃考察期间视察嘉峪关关城，指示要加强对嘉峪关文物的保护，超越常规，加大投入，修旧如故。甘肃认真贯彻落实李长春同志重要指示精神，经过积极协调争取，在国家文物局大力支持下，嘉峪关文化遗产保护工程于同年11月正式启动，工程主要包括关城及周边长城保护维修、世界文化遗产公园和遗产监测中心建设等项目，该工程的实施标志着甘肃省世界文化遗产保护管理工作进入了一个新的阶段。

【文物科研】2011年，全省文物学术研究取得一批新成果，《中国文物地图集•甘肃分册》、《敦煌石窟全集考古报告（第一卷）》、《肩水金关汉简报告（第一册）》、《麦积山石窟环境与保护调查报告》、《炳灵寺石窟研究文集》等重要专著正式出版，《麦积山石窟丛书》、《北石窟寺内容总录》完成初稿。敦煌研究院承担的多项国家社科基金项目、国家社科基金青年项目、国家社科基金西部项目、教育部人文社会科学重点研究基地项目及一批省级和院级科研课题有序开展，承担编制的4项国家和国家文物局行业标准基本完成。

【文物科技保护】2011年，省文物局组织完成了全省馆藏彩绘陶质文物、铁质文物、丝质文物保护修复前期调查；挂靠在敦煌研究院的国家古代壁画保护工程技术研究中心召开了首次技术委员会会议；省文物考古研究所获得了可移动文物技术保护设计甲级资质和可移动文物修复一级资质，完成了马家塬战国墓地等近300件出土文物保护修复工作，该所与有关单位共同申报的指南针计划中的“中国古代车舆价值挖掘及复原研究”项目获准立项；天水市博物馆完成了隋唐石棺床保护修复工作。

【国际合作与交流】2011年，甘肃文物保护国际交流合作深入开展，继续与美国、英国、日本等国科研机构合作，在莫高窟游客承载量研究、洞窟环境监测、洞窟水分布及运移状况调查、国际敦煌合作项目、麦积山石窟数字化应用研究等领域开展卓有成效的合作，取得了一批成果。与日本秋田县就进一步加强合作进行了深入交流，确定了2012年在秋田县举办两省县友好合作三十周年文物图片展，2014年在秋田县举办甘肃•秋田文化交流纪念展。“2011敦煌论坛：文化遗产与数字化国际学术研讨会”和“简牍学国际学术研讨会”相继召开。

【教育培训】2011年，调整增补了省文物鉴定委员会成员，进一步增强了服务社会、满足公众收藏诉求的能力。组织文博系统专业人员赴德国进行“文物展览中的文物保护设施和手段”项目培训。举办了全省文物收藏单位藏品保管员培训班和全省首届文物保护工程培训班。国家文物局主办、敦煌研究院承办的“全国馆藏壁画保护修复培训班”完成理论培训，有效提高了文物从业人员业务素质。

【宣传出版】2011 年文化遗产日期间，省文物局围绕“文化遗产与美好生活”的主题，在全省范围内组织开展了形式多样的宣传活动。副省长咸辉出席文化遗产日当天在兰州的宣传活动并发表重要讲话。第十三届中国上海国际艺术节期间，甘肃举办了以“敦煌韵•丝路情”为主题的甘肃文化周活动，《敦煌艺术展》和敦煌文化主题讲座倍受瞩目。2011 年，《中国文物地图集•甘肃分册》出版发行，该书运用地图形式，较为全面地反映了第三次全国文物普查之前甘肃省已知现存不可移动文物的全貌；《甘肃省第三次全国文物普查重要新发现》出版发行，该书选取甘肃省第三次全国文物普查新发现中有代表性的 220 处文物点汇编成册，图文并茂，集中反映了甘肃省第三次全国文物普查的重要成果。

（史勇）

民族事务

【开展民族团结教育活动】召开全省推进民族团结进步视频会，印发开展全省第八个民族团结进步宣传月活动的意见，邀请国家民委副主任吴仕民同志来兰为省委理论学习中心组暨领导干部作民族理论与民族政策专题讲座，召开全省第八个民族团结进步宣传月活动经验交流会，部署全省民委系统“六五”普法工作，指导积石山保安族东乡族撒拉族自治县举行成立 30 周年庆祝活动。

【督查落实民族政策法规】配合省人大对贯彻执行《甘肃省清真食品管理条例》情况进行检查，会同有关部门对全省贯彻落实中央第五次西藏工作座谈会和省委藏区工作座谈会精神情况进行督查，对近年来中央和省里支持甘南、临夏两州经济社会发展政策落实情况进行调研，研究起草省委省政府《关于进一步加强甘肃城市民族工作的意见》（征求意见稿），会同教育、公安、人社等部门制定印发《甘肃省执行国家有关公民确定和变更民族成分政策实施办法》。

【维护民族领域稳定】研究部署敏感时期的维稳工作，开展两节期间的清真食品安全检查活动，协助处理舟曲县与武都区群众因林地纠纷引发的冲突事件,有效防止事态进一步扩大。

【服务民族地区】争取和参与省委、省政府支持临夏州经济社会跨越式发展若干意见、支持张家川回族自治县经济社会加快发展有关问题纪要、建设“两个共同”示范县（市、区）意见等重要文件的制定。

【编制实施民族方面专项规划】省政府办公厅印发省发改委、省民委编制的《甘肃省“十二五”民族地区经济和社会发展规划》，编制上报《甘肃省“十二五”扶持人口较少民族发展专项规划》。

【民族专项资金管理】2011 年，坚持适当集中原则，利用民委管理的专项资金 5246 万元，选定 239 个保障和改善民生的建设项目，重点解决民族地区群众行路难、吃水难、就业难、增收难等问题。对近三年来民委管理的部分项目实施情况进行全面检查，向省政府、国家民委报送项目资金管理使用情况督查报告。国家民委领导同志对甘肃做法提出表扬，并安排甘肃在全国少数民族发展资金管理座谈会上进行交流发言。

【政策争取】从 2011 年起，国家民委将甘肃 57 个土族聚居村纳入全国扶持人口较少民族发展的范围，少数民族特色村寨保护与发展试点从 2009 年 8 个基础上增加至 10 个，增加 2011 年度扶持人口较少民族发展资金 400 万元、少数民族特色村寨保护与发展试点项目资金 200 万元、国家民委直属院校在甘招生计划，衔接落实“十二五”期间民族贸易和民族特需商品生产优惠政策。经与省财政厅协调，改变以往民族项目资金分配的方案，从 2012 年起，由省民委单独负责编制少数民族发展资金等专项资金的项目安排计划，省财政厅审核后下达各地。会同有关部门争取 2011 年少数民族教育中央补助专款 790 万元，加强了民族地区中小学骨干双语教师培训，改善了民族中小学办学条件。

【少数民族文化教育事业】认真落实《甘肃省人民政府贯彻落实国务院关于进一步繁荣发展少数民族文化事业若干意见的实施意见》精神,会同省财政厅印发《甘肃省少数民族文化事业发展专项补助资金管理办法（试行）》,安排专项补助资金项目支持少数民族文化场所建设、抢救保护少数民族传统文化、扶持少数民族文艺团体优秀剧目创作等。会同省新闻出版局推荐甘肃 34 本图书参加“全国首届百种优秀民族图书推荐活动”。

认真落实《国家民委关于进一步支持甘肃民族地区经济社会发展的意见》精神，提出甘肃省人民政府、国家民委共建甘肃民族师范学院的协议框架内容，按照国家民委复函要求，向省政府报送甘肃省支持民族师范学院发展的措施意见。参与对甘南、临夏等市、州扫盲工作、两基迎国检工作的督查评估，开展两基迎国检图书捐赠活动，组织中央在甘单位为甘南州捐赠图书 5 万多册。

【第九届全国少数民族传统体育运动会】会同省体育局组织了以省政府领导为团长,近 120 人组成的代表团,参加了第九届全国民族运动会 6 个大项 38 个小项的竞赛项目和 4 个表演项目的比赛，取得了 2 个一等奖、8 个二等奖和 13 个三等奖的优异成绩。

【少数民族语言文字、古籍整理和民族研究】研究提出贯彻实施《国家民委关于进一步做好民族语文翻译工作的指导意见》的具体措施。推进《中国少数民族古籍总目提要》甘南藏族文书类卷、武威藏族书籍类卷的编纂工作。完成了国家社科基金课题《西北伊斯兰教研究与构建和谐社会》、《黄河首曲藏族传统文化与生态保护研究》,国家民委课题《甘肃少数民族基本情况调研报告》、《西北地区少数民族流动人口城市融入研究》、《“3•14”和“7•5”事件以后甘肃民族关系现状评估报告》,省级课题《拉卜楞研究成果集成》。

【干部培训】配合省委组织部选派20名民族地区少数民族干部到国家机关和山东等沿海发达地区挂职锻炼，参与编制了甘肃培养选拔少数民族干部中长期规划和计划，调研提出加强少数民族干部人才队伍建设的意见建议，选派民族地区干部参加国家民委举办的学习培训。

（成自强）

宗教事务

【宗教教职人员认定、备案和换发证工作】经过一年来各级宗教工作部门和各宗教团体的共同努力，目前已完成甘肃全部教职人员的认定备案工作。发证工作中，伊斯兰教发证人数达到6452名，发证率100%；基督教发证1136名，发证率100%；藏传佛教教职人员、活佛发证人数达到7591名，发证率85%；汉传佛教及道教教职人员证书正在审核发放；天主教教职人员证书正在中国天主教两会制作中。通过认定、备案工作的开展，各级宗教工作部门建立健全了教职人员基本档案资料，摸清了底数，为依法管理奠定了基础。

【宗教活动场所财务监督管理】省宗教事务局把《宗教活动场所财务监督管理办法》(7号令)纳入年度目标考核范畴，开展常态化督促检查，加大宣传培训力度，指导各宗教团体、宗教活动场所规范财务管理制度。支持甘南州宗教局开展《宗教事务条例》、7号令等相关国宗局令和文件的藏文读本翻译工作。目前，全省48处试点场所均建立完善的财务监督管理制度，普遍成立财务管理小组，宗教活动场所财务管理不断规范。

【宗教教职人员生活补助费发放和社会保障】省宗教事务局认真落实省委、省政府两办《关于印发〈甘肃省宗教界人士生活补助费管理办法〉的通知》精神，督促各级宗教工作部门开展生活补助费发放落实工作。向享受省级补助的宗教界人士发放了银行卡,省、市、县三级财政共拿出近5000万元，大多数市（州）、县（区）对宗教界人士按月发放生活补助费。与省财政、人社、民政、卫生部门联合出台了《关于贯彻国家五部局〈关于妥善解决宗教教职人员社会保障问题的实施意见〉的实施办法》，宗教教职人员社会保障工作全面启动。全省22753名宗教教职人员中，有19939人参加了基本医疗保险，参保率达87.6%；8983人参加了养老保险，参保率达39.5%；7519人享受了最低生活保障，参保率达99%。基本医疗保险达到全覆盖，养老保险和最低生活保障制度初步建立。

【宗教活动场所补充登记和登记证换发】全省有96%的宗教活动场所完成换发证工作任务，有94%的宗教活动场所完成补充登记工作任务。同时，严格按照《宗教活动场所设立审批和登记办法》的有关规定，规范宗教活动场所的申报审批程序，严把宗教活动场所改扩建审批关，治理未批先建问题，杜绝了违法违规现象的发生。

【“和谐寺观教堂”创建活动】省宗教事务局和各市州宗教工作部门对获得国家表彰的先进集体和个人的典型事迹进行宣传报道，发挥典型引路的效力。全省首届“和谐寺观教堂”创建活动表彰会在兰州召开，并代中央统战部、国家宗教局给获得全国表彰的先进集体和个人颁发奖牌、证书；对甘肃评选出的50处宗教活动场所、16个宗教团体、30名宗教界人士进行表彰奖励。

【宗教政策法规“六进”活动】统一购置《公务员宗教知识读本》，发送部分机关单位。编印《宗教政策法规汇编》，发送各宗教活动场所。继续向社会各界赠阅《中国宗教》和《甘肃宗教》杂志。省宗教事务局在兰州市七里河区西园街道及临夏州临夏市西关街道开展了进社区试点活动，并在兰州、白银、张掖、酒泉、嘉峪关等地就《条例》的宣传贯彻作专题讲座。全年共完成各类宣讲活动100场，发放各类宣传页近20万份，发放各类图书资料5万余册，展出政策法规及宗教知识展板近150余张，在省、市州报纸、电视、电台等媒体宣传100多次，有效扩大了宗教工作的社会影响面。

【朝觐组织管理】坚持公开、公正、公平的原则，认真落实报名排队制度，不断改进和完善组织、管理、服务工作，确保2011年甘肃2683名穆斯林群众圆满完成朝觐功课，圆满完成了年朝觐工作任务。严格带队干部选拔审批程序，加强翻译工作力量，强化清真寺、县（区）、市（州）、省上“四级”培训工作，改善朝觐群众住宿条件，严格落实统接统送制度，迎接朝觐群众的车辆和人员明显减少，没有发生现场拥堵现象。朝觐群众“集中供餐”试点工作取得成功。加强宣传和联系配合，有效制止零散朝觐。

【“三支队伍”培训】按照年度培训计划，采取集中办班和函授方式开展培训，省上共举办19期宗教工作干部和宗教界人士培训班，培训600余人。推荐1名天主教地下主教在西北师大汉语言文学专业本科班学习深造,5名基督教神职人员在燕京神学院进修，并给予一定生活补助。培训各级党政领导、宗教干部、教职人员3万多人次，培训面逐步扩大，培训效果日益显现。

【宗教法制建设】完成了《甘肃省宗教事务条例》起草、调研、征求意见及考查论证工作。《条例》经省人大常委会第23次会议审议通过，于12月1日起施行。《条例》出台后，省宗教事务提出了具体学习贯彻意见，各市州迅速召开座谈会，组织宗教工作干部和宗教界人士学习宣传《条例》，并印刷《甘肃省宗教事务条例》单行本1万册、挂页1万张，将发放全省宗教工作部门和各寺观教堂。研究制定《甘肃省大型宗教活动管理办法》，将对举办大型活动的条件、报批程序等做出明确规定，推进甘肃宗教工作的制度化、法制化建设进程。

【宗教工作信息化建设】安排各级宗教工作部门开展了基础数据信息采集录入工作，已完成所有所需数据的录入工作，初步建成宗教基础数据库、宗教活动场所电子地理信息系统。建立省宗教事务局机关内部办公局域网络、全省穆斯林朝觐工作网站，录入朝觐报名人员20549名，朝觐报名排队实现网上公开。办公室信息报送工作，召开全省信息工作会议，全年编发信息165期、简报98期；被国家宗教局采用22条，其中中央领导作出批示2条；被省委办公厅采用30条，省委领导作出批示2条。

【宗教重点难点问题】佛道教方面：认真贯彻落实《藏传佛教寺庙管理办法》，不断探索加强藏传佛教寺庙管理的方式方法。深入甘南藏区开展维稳工作，确保了3月敏感期和“插箭节”等大型宗教活动平稳顺利。编译印发藏文版《条例》及相关政策法规，分发全省藏区宗教工作部门和藏传佛教场所学习贯彻。积极做好省佛学院的搬迁立项工作，目前评审报告已上报国家发改委。认真做好全省宗教活动场所灾后重建项目、寺观教堂维修补助资金使用情况及中国道教协会捐资修建舟曲县通化头学校等项目的督查工作。依法审批开放了11处佛道教活动场所。天主教、基督教方面：深入开展了治理基督教私设聚会点调研工作，并于4月召开专项工作会议，提出具体工作意见。全力做好制止境外敌对势力渗透工作，确保全省天主教领域平稳。成功劝阻甘肃赴上海佘山朝圣人员，妥善处理“青少年暑期宗教要理培训班”、北京“守望教会”等在甘肃的传播影响问题，对天主教网站及出版物进行了清理整顿。伊斯兰教方面：制定下发工作意见，推进伊斯兰教“解经”和讲“新卧尔兹”工作，在全国伊斯兰教解经工作十周年总结大会上省伊协被评为解经工作先进集体；承办全国2011年度朝觐工作联席会议；有效控制“周泽群势力”、“达洼”宣教问题，加大对阿语学校、经学班和经堂教育的监管力度，督促重点市州调研摸排，掌握实际情况，加强综合治理；做好东川拱北、南台拱北、香源堂、下西园灵明堂等大型跨地区宗教活动管理、协调工作，确保了活动的安全有序文明进行。

【“寺观教堂书屋”建设】“寺观教堂书屋”是一项创新型工作。经认真考察选点，在2010年已开办15处“寺观教堂书屋”的基础上，2011年又确定了9处宗教活动场所(平凉市3处、天水市2处、临夏州4处)进行试点。在试点场所，除省新闻出版局按照全国农家书屋标准配备正常的图书资料外，积极筹备资金、配套书柜、桌凳，中国宗教文化出版社为甘肃先行试点场所配送了共计179种、价值3万多元的书籍；加上省宗教事务局配备的相关书籍，试点场所书籍已达2500余册。各试点场所均已确定了书屋用房，配备了书柜、桌椅等设施，指导场所管委会建立管理、借阅制度，试点书屋已开始进行正常借阅读。

妇女事业

【妇女小额担保贷款】紧紧抓住甘肃妇女小额担保贷款工作发展势头强劲和全国妇女小额担保贷款工作现场推进会在甘肃召开的重要契机，不断加强组织领导，持续完善政策措施，推动妇女小额担保贷款工作实现了跨越式发展。截至11月底，当年新增贷款42.7亿元，累计总量达到111.8亿元，扶持28.86万名城乡妇女实现创业就业，其中，扶持发展农家乐682户。同时，落实贷款贴息2.75亿元；偿还到期贷款7.63亿元，还贷率为100%。7月，甘肃率先成为全国第一个放贷总量突破100亿元大关省份。

【“陇原妹”劳务输转】继续实施省政府农民工劳务品牌培训项目和农村大龄女童培训项目，落实培训资金1200万元，完成了1万名家政服务员和2万名大龄女童的培训任务及技能鉴定。通过创建培训基地，免费培训月嫂、厨嫂、育婴嫂，以及举办“第二届陇原月嫂技能大赛”，推出了一批“专业素质高、技术能力强”的高级月嫂。继续实施贫困地区妇女劳务培训项目，争取将项目补助资金从每名家政服务员800元提高至1000元，努力做大做专“陇原妹”家政服务品牌。全年共向京、津、鲁、浙等省区市输送“陇原妹”10万名，其中向北京富平学校输送家政服务员1856名，进一步打响了“陇原妹”品牌。

【特色项目】一批新的项目和资金引入甘肃妇女工作领域，为妇女儿童带来福祉。主要有：“四川大地震灾后重建—心理援助人才培养”、“甘肃省消除婴幼儿贫血行动”、“母亲健康快车”、“母亲水窖”、“春蕾计划”等项目。此外，还落实了“三八”绿色示范工程、爱心图书馆、恒爱行动等小型公益项目，并推动将单亲特困母亲纳入了省政府2011年农村20万户危旧房改造工程优先照顾范围。

【流动儿童之家建设】启动“流动儿童之家”建设项目，在城市社区建成流动儿童之家320所，继成功创建1037所农村“留守儿童之家”之后，又为外出务工人员家庭办了一件实事好事。至此，甘肃留守流动儿童之家建设实现了城市农村全覆盖。目前，各地留守流动儿童之家普遍实现了动态化管理，“爱心妈妈”和“代理家长”队伍不断发展壮大，课业辅导、亲子沟通、结对帮扶、心理抚慰等各种关爱服务活动深入开展，取得了促进儿童健康成长、家庭和睦幸福、社会和谐稳定的成效。

【留守妇女阳光家园】总结2010年试点工作经验，扩大建设范围，整合党员远程教育、农家书屋、乡镇文化活动站等资源，并投入资金100万元，全面实施了“留守妇女阳光家园百分百覆盖行动”，探索解决留守妇女在生产生活方面存在的实际困难，维护农民工家庭的和谐稳定，为全省劳务经济发展加油助力。

【“两癌”救助及妇女病普查工作】一是拓宽了“两癌”治疗费用的报销途径。推动省卫生厅将“两癌”纳入新农合基金重大疾病定额补偿范围，年补偿额度为7万元，以患者当次住院实际发生的医药费用为基数，不受新农合报销药品目录与诊疗项目目录限制，且不计入患者当年新农合封顶线计算基数，新农合基金直接报销70%。二是争取到“两癌”救助项目和救助政策。从中国妇女发展基金会争取“贫困母亲两癌救助专项基金”项目资金135万元；从民政渠道对城乡低保家庭及低收入家庭患者分别给予1万元和7000元的救助。三是创新了“两癌”救助方式。争取省委组织部人才培训专项经费50万元，对部分农村“两癌”贫困患者进行了创业技能和康复能力培训。四是协调相关部门推动妇女病普查。省政府妇儿工委召开现场会，重点推广了白银市政府埋单开展妇女病普查的做法，妇女病筛查正式纳入市州政府工作范畴，并有9个市州出台了相关政策；省人口委在“生殖健康服务进家庭”行动中，重点加强了对35～59岁已婚妇女的乳腺检查和宫颈检查；省卫生厅从公共卫生服务均等化服务项目地方配套资金中，为35～59岁农村妇女每人补助20元“两癌”筛查经费。

【维权维稳工作】召开全省维权维稳工作会议，传达全国妇联基层维权维稳工作暨平安家庭创建推进会精神，对维权维稳工作进行了再动员再部署。“12338”妇女维权热线覆盖省市县三级妇联，为妇女儿童开辟了更加便捷的维权绿色通道。落实领导接访日制度和律师接访日制度，加强了群众来信来访工作的接待、答复、调查和办理工作。

【反家暴条例立法调研工作】经多方努力，省人大将《甘肃省反家庭暴力条例》列入2011年立法调研项目。6月至10月，由省人大内司委牵头组成反家暴调研工作组赴省内外开展立法调研。目前，立法调研进入深度调查和报告起草阶段。同时，还集中开展了反家暴宣传进乡村、进社区活动，指导嘉峪关、天水、定西等市州依托民政部门的救助站，建立了“反家暴妇女庇护所”，进一步加大了宣传教育力度和救助措施的探索创新。

【全省妇女社会地位调查工作】在做好第三期中国妇女社会地位调查工作的同时，扩大样本量，共完成各类问卷样本调查1万多份，与兰州大学、西北师范大学合作，进行了全省妇女社会地位调查的数据分析与课题研究，形成了《甘肃省妇女社会地位调查总报告》及7个分报告，从9个方面深刻分析了甘肃妇女社会地位的发展现状，提出了促进妇女事业发展的对策建议，为进一步开展妇女问题研究尤其是制定完善相关的法规政策、破解妇女工作难题打下了基础。

【2011～2020年“两规划”颁布实施】在全面评估总结各市州、县区市和省直成员单位实施“两纲”、“两规划”工作的基础上，形成了《甘肃省实施2001～2010年中国妇女儿童发展纲要终期评估报告》，圆满完成了过去10年实施“两规划”的评估总结工作。同时，采取分领域论证、召开研讨会等形式，广泛征求和采纳吸收成员单位、市州政府及有关部门意见，认真编制2011～2020年甘肃省妇女儿童发展规划，经提交省政府妇儿工委全委会讨论，报省政府常务会议审议通过，正式颁布了《甘肃省妇女发展规划（2011～2020年）》和《甘肃省儿童发展规划（2011～2020年）》，确定了今后十年甘肃妇女儿童发展目标。

【宣传教育工作】以纪念中国共产党成立90周年为契机，深入开展社会主义核心价值体系教育，大力弘扬以改革创新为核心的时代精神和“人一之、我十之，人十之、我百之”的甘肃精神，不断巩固各族各界妇女团结奋斗的共同思想道德基础。表彰命名妇女先进典型和先进集体，举办妇女先进事迹报告会、女职工书法作品展，开展联谊联欢、才艺展示、演讲比赛等丰富多彩的宣传教育活动，努力在广大妇女中倡扬爱国、守法、诚信、敬业的良好风尚。“六一”前夕，在各地中小学集中开展了“童心向党歌飞扬”歌咏比赛，数万名少年儿童参与其中，接受了党情国情和理想信念教育。

【和谐家庭创建】从妇女文化素质的提高、思想观念的转变、道德情操的培养、文明习惯的养成入手，大力开展五好文明家庭、美德在农家、平安家庭等各类特色家庭创建活动，发挥创建活动教育人、熏陶人、感染人、鼓舞人的作用，引导广大家庭倡扬道德新风、优化美化环境、营造和谐氛围，追求积极向上、文明进步、健康科学的生活方式。通过开展创建活动，涌现了全国“孝老爱亲”道德模范王冬梅等一批优秀妇女、优秀家庭及家庭成员典型。

【巾帼志愿服务】以“倡导巾帼志愿服务•创造幸福美满生活”为主题，以服务空巢老人、帮扶困难妇女与家庭、参与社区环境整治、推进家庭环保实践、促进儿童家庭教育、开展婚姻家庭关系调适和健康咨询服务、宣传政策为主要内容，推动甘肃巾帼志愿服务工作不断向纵深发展。全省各类巾帼志愿服务队伍已经发展到800多支，在册志愿者人数达3万多人，30个社区被全国妇联命名为巾帼服务全国示范社区。

【组织建设】积极争取各级党委政府支持，努力建立妇女工作经费保障机制，省、市两级妇联全年新增预算内工作经费1240.55万元，达到了全省妇女人均0.99元。召开全省“妇女之家”建设现场推进会，命名省级标准化“妇女之家”示范点510个，奖励城市社区“妇女之家”100个，提升了“妇女之家”建设标准和层次。抓住村级党组织和第七次村民委员会换届选举的有利契机，督促指导各地妇联加大力度，推动女性参选和进入村“两委”，取得了良好效果。换届后，村“两委”班子中有女性成员的行政村达到15110个，占95.50%，比上届提高了7个百分点。

【作风建设】分批分片深入60多个县区，开展了2次大范围的督导调研，广泛了解妇女群众的发展意愿、维权需求、生活难题。母亲节前夕，组织机关党员干部赴东乡县开展“温暖母亲，关爱女童”主题慰问活动。“七一”前后，省妇联干部职工与舟曲县68名孤儿结成帮扶对子，并进村入户，先后2次为孤儿们送去衣物和学习用品，把省委组织部干部职工7.9万元捐款及省妇联225万元救助资金送到了单亲特困母亲手中。

【阵地建设】省市妇女儿童活动中心建设项目全面完成了选址、立项、环评、征地、勘探、设计、招标等工作以及建设用地规划许可证、国有土地使用权证、建设工程规划许可证的申请办理，于2011年9月16日破土动工，实现了甘肃妇联发展史上的重大突破。

（赵芳）

人民防空建设

【贯彻第六次全国人防会议精神】全省人防系统认真学习贯彻第六次全国人民防空会议精神，通过会议传达、理论学习、深入研讨、制定规划等，进一步明确了第六次全国人民防空会议是新中国人民防空发展史上具有重要意义的一次会议，是新时期加快推进人防事业发展的重要指南。省人防办和各重点城市人防办完成了“十二五”人防建设规划的编制任务，提出了构建体系型、融合型、服务型、法制型、学习型人防，到“十二五”末，全省人防建设形成“五大体系”，机关建设实现“六个一目标”，人防融合式发展扎实推进，整体建设实现跨越式发展。

【应急准备】提高人防组织指挥能力。各重点城市人防办着眼于战时联合防空和平时应急救援，积极构建平战一体化的人防组织指挥体系。狠抓人防地面应急指挥中心和机动指挥所建设，努力形成地上、地下、机动三位一体的人防组织指挥平台。全省完成了城市防空袭预案的修订、制定工作，扎实开展重要经济目标防护方案的制定和城市早期人口疏散方案的制定。兰州市人防办完成了市区5个应急避难场所的确定上报工作。

推进人防信息化建设。省人防办开通了与部分重点城市人防办的视频、音频、数据传输网。认真组织“9·18”防空警报试鸣活动，省政府举行了防空警报试鸣新闻发布会，各重点城市人防办积极抓好警报器的增设和检修工作，确保了警报试鸣活动的顺利开展。2011年，全省警报音响覆盖率平均达到94%，鸣响率达到100%。各重点城市人防办成立信息化建设领导小组，制定“十二五”人防信息化建设规划，完成了指挥自动化软件的安装，适时更新人防综合信息数据库。省人防办在河南郑州市举办了全省人防警报维护暨无线电台操作培训班，培训业务骨干50多人。

加强工程建设和管理。坚持“发展抓项目”的思路不动摇，2011年，全省人防工程项目建设取得明显成效，建设各类项目13个，人均工程占有面积持续增加，工程布局得到优化。严格落实结合民用建筑修建防空地下室政策，确保“应建尽建、应收尽收”，全省收取“结建”费相当于2010年的两倍，批准修建防空地下室面积相当于2010年的三倍。省人防办依托总参工程兵三所，举办人防建设与城市建设相结合规划的制订与执行培训班，通过培训，提高了人员业务素质，增强了落实规划的主动性。

【训练演练】着眼信息化条件下城市防空袭战争特点和平时防灾减灾、应急救援的需要，抓好机动指挥所演练。省人防办制定了机动指挥所、基本指挥所和地面应急指挥中心的互联互通方案和网上训练计划，并建立训练考核登记制度。酒泉市人防办将机动指挥所训练与重大节日战备值勤结合起来，丰富了训练内容，展示了人防建设成果。兰州市城关区人防办立足实际，健全机动指挥所管理制度，积极开展操作人员技能培训。天水市人防办参加省军区组织的天水市军、警、民联合演练，人防机动指挥所发挥了现场信息传递的主力军作用，受到了省市党政军领导的一致好评。

以“强素质、比技能、育作风、树形象”为主题，深入开展人防系统岗位练兵活动。省人防办下发《全省人防系统岗位练兵活动实施方案》，确定了6大专业27个练兵项目。各重点城市人防办制定岗位练兵计划，召开动员大会，加强督导检查，确保了练兵活动扎实开展。年终结合目标责任书考核，省人防办向各重点城市人防办印发岗位练兵测试卷，进行业务操作考试，检查了岗位练兵成效。

开展重要经济目标防护和社区人口紧急疏散等多种形式的综合演练。

兰州市、武威市人防办指导辖区重要经济目标防护单位开展防护演练，检验各种方案计划的科学性。兰州市人防办依托安宁区政府开展社区人口紧急疏散演练，天水市、酒泉市人防办组织在校学生开展紧急疏散演练。五个重点城市人防办开展人防机关室内想定作业演练，提高了指挥员的组织指挥能力和科学决策能力。全省人防系统开展为期一个月的人防短波自适应数传电台机上训练与考核，完成了年度车载电台训练任务。

【平战结合】着眼于服务民生，改善民生，保障民生，切实抓好人防平战结合工作。省人防办下发《甘肃省人防工程质量监督管理办法》，在天水市举办了全省人防工程质量监督工作会议暨工程质量监督人员培训班，有效提高了人防工程质量监督人员的业务素质。依托国家人防工程监理培训部在兰州举办了全省人防工程监理培训班，培训监理人员 302 名。加强对下属企业的管理，省人防办下发《人防平战结合企业管理补充意见》，与下属企业签订2011年度目标管理责任书和党风廉政建设责任书。全省按计划完成了新增人防平战结合工程利用任务，平战结合创产值营业额 1.3 亿元，提供就业岗位 6000 多个。

【防空防灾宣传教育】认真落实“宣传为龙头”的工作措施，做到了既注重传统的宣传教育方式，又采用现代化的宣传教育模式；既注重固定的宣传方式，又采取灵活多样、群众喜闻乐见的宣传方式；既注重长期的宣传教育，又注重大型活动的轰动效应；既注重向普通群众的宣传教育，更注重对党、政、军领导的宣传。2011年，省人防办通过邀请国防大学教授在省委党校进行人防知识宣讲、在四大媒体开展人防宣传、举行警报试鸣新闻发布会、依托兰州市地震博物馆建成甘肃防空防灾教育基地等，赢得了各级党政军领导对人防事业的关心支持。各重点城市人防办围绕宣传教育“进机关、进学校、进社区、进企业、进网络”，积极开展防空防灾知识教育活动，增强了全民的国防观念和人防意识。

【依法行政】省人防办印发《人民防空法规政策文件汇编》，为全省人防行政执法提供了依据。制定了甘肃省人防行政处罚自由裁量权《实施意见》和《实施标准》，并于上半年开始施行。各重点城市人防办认真落实新修订的《甘肃省实施〈人民防空法〉办法》，积极开展执法检查，促进了人防建设法制化、规范化。省人防办成立执法检查组，对四市七县的人防“结建”政策落实情况进行专项执法检查，协调省财政厅修订《甘肃省人防易地建设费征收使用管理办法》，进一步明确了县区人防办收取的“结建”费上缴省财政的标准和“结建”费上解办法，规范了“结建”费的管理和使用。

【机关“准军事化”建设】加强人防机构建设，全省有两个城市和 16 个县新成立了人防机构，开展人防工作。加强机关制度建设，省人防办印发了《全省人防机关“准军事化”建设实施细则》《人防机关目标责任书考核细则》和《人防系统机关礼仪行为规范》，各重点城市人防办进一步完善机关管理制度，形成了用制度管人管事的良好机制。认真落实“人才为后盾”的工作举措，2011 年，全省共举办六个批次的人防业务工作现场会或培训班，培训各类专业人员 400 多人次，为加快人防事业发展提供了人才保障。坚持党建工作和党风廉政建设两手抓、两手都要硬，不断用党建工作成效推动人防业务建设，使党风廉政建设为人防事业保驾护航。省人防办召开党风廉政建设会议，成立党风廉政建设领导小组，第一责任人与各分管领导签订责任书，分管领导与各处室签订责任书，确保了党风廉政工作一级抓一级、一级对一级负责的责任体系。

人民生活

城镇居民

【城镇居民收入】2011 年，全省城镇居民人均可支配收入达到 14988.68 元，比上年增长 13.6%，扣除物价因素，实际增长 7.2%。全省城镇居民人均可支配收入较快增长的主要原因：一是 10 月份省上出台提高行政单位职工津补贴标准，并一次性补发 2011 年 1 ~ 10 月增资额；二是兑现财政部和人社部的提高艰边津贴的政策，并一次性补发 2011 年 7 ~ 10 月调整津贴标准增资额。三是离退休人员增补工作津贴和岗位津贴，并补发增资额；四是部分事业单位兑现绩效工资；五是四季度部分企业发放津补贴和奖金。

特点：一是工资性收入稳定增长，是拉动可支配收入增长的首要力量。全省各级政府积极拓宽就业渠道，并通过颁布企业职工工资指导线，提高最低工资标准，调整职工福利待遇，建立健全企业职工工资正常增长机制，加大工资集体协商力度，有效地推动了企业单位从业人员劳动报酬的提高。同时，大力推进规范机关公务员津贴补贴步伐，实施义务教育阶段教师和公共卫生与基层医疗卫生事业单位职工绩效工资，促进了行政事业单位职工工资的较快增长。2011 年，全省城镇居民人均工资性收入达到 11195.26 元，比上年增长 13.28%，拉动可支配收入增长 9.95 个百分点，对可支配收入增长贡献率为 72.93%。

二是经营性收入增长较快，是拉动可支配收入增长的持续力量。全省各级政府加强下岗失业人员再就业帮扶力度，扩大了小额信贷资金发放额度，下岗失业人员拓宽了就业门路，家庭收入得到提高。同时，随着对非公经济和自主就业的政策扶持力度不断加大，非公有制经济的快速发展，个体经营者增多，经营性收入有了较快增长。2011 年，全省城镇居民人均经营性收入为 914.3 元，比上年增长 32.9%，拉动可支配收入增长 1.72 个百分点，对可支配收入增长贡献率为 12.57%，占家庭总收入的比重比上年提高 0.81 个百分点。

三是收入结构多元化，财产性收入增长较快。随着居民收入提高，家庭拥有财产的增加，投资意识逐渐增强，居民所得利息、股息及红利和各类投资收益等财产性收入日益增多。2011 年，全省城镇居民人均财产性收入为 161.66 元，比上年增长 1.24 倍，对可支配收入增长的贡献率为 4.97%，占家庭总收入的比重比上年提高 0.49 个百分点。其中：由于部分企业进行股份分红，人均利息与红利收入比上年增长 40.32%；近年来房价快速增长，一些有购房需求的家庭由购房转为租房，房租价格大幅上涨，全省城镇居民人均出租房屋收入为 117.66 元，增长 2.87 倍。

四是社会保障水平提高，转移性收入平稳增长。2011 年，省政府继续出台调整企业退休人员基本养老金的政策，继续提高行政机关事业单位离退休人员生活性补贴标准，提高了离退休人员艰苦边远津贴标准，再次提高城市低保收入标准。2011 年，全省城镇居民人均转移性收入为 3996.15 元，比上年增长 9.05%，对可支配收入增长的贡献率为 18.42%。其中：人均离退休金为 3509.06 元，增长 9.36%；人均最低生活保障收入为 145.64 元，增长 10.83%；人均赡养收入和捐赠收入分别增长 49.91%和 18.36%。

【生活消费】随着收入水平的提高和城市环境的改善，居民生活质量明显提高。2011 年，全省城镇居民人均消费性支出为 11188.57 元，首次突破万元，比上年增长 13.07%。消费结构呈现新的变化，由吃、穿、用向住、行、休闲娱乐、健康方向转化，消费精彩纷呈。私家车、手机带动交通通信支出成为家庭的第二大消费。

一是食品支出增长较快，饮食讲求营养科学。越来越多的居民把健康放在首位，追求更加合理的膳食结构，绿色、营养、无污染的食品成为了日常饮食的首选。2011 年，全省城镇居民人均食品消费 4182.47 元，比上年增长 12.97%。其中，肉禽蛋水产品、干鲜瓜果类和糕点、奶及奶制品分别增长 17.13%、17.65%和 15.22%，绿色蔬菜、新鲜瓜果作为公认的健康食品，倍受广大居民青睐，有效地带动了食品消费的增长。同时，人均在外饮食支出为 890.58 元，增长 13.45%。

二是穿着打扮追求品牌，凸显个性和时尚。随着收入水平的提高，居民在日常生活中更加注重个人仪表，更加注重服装的档次，追求品牌，更新速度越来越快，穿着愈加时尚。2011 年，全省城镇居民人均衣着支出为 1470.26 元，比上年增长 17.09%。

三是交通和通信快速增长，信息化消费势头强劲。2011 年甘肃省城镇居民人均交通和通信支出 1289.8 元，比上年增长 19.80%，增幅为八大类消费第二位。其中：人均交通支出 605.41 元，增长 26.84%；人均通信支出 684.39 元，增长 14.19%。在汽车消费优惠政策和居民收入大幅提高的推动下，私家车越来越多地走入寻常百姓人家。2011 年，全省城镇居民每百户拥有汽车 7.33 辆，比上年增长 1.08 倍。城镇居民人均购买家用汽车、车用燃料及零配件和交通工具服务支出分别为 163.38 元、90.78 元和 33.75 元，分别增长 53.62%、1.19 倍和 55.24%。全省城镇居民家庭百户拥有摩托车 10 辆，助力车 11 辆，分别比上年增长 31.48% 和 35.69%。在通信支出方面，电信增值业务的不断推出，3G 网络业务的逐步推广，以及计算机、手机互联网的普及，电信服务费呈较快增长态势。2011 年，全省城镇居民人均通信支出为 684.39 元，比上年增长 14.19%。其中，人均通信工具支出比上年增长 8.26%，人均通信服务支出增长 15.13%，人均电信费支出增长 15.81%。城镇居民百户家庭拥有移动电话 187 部，增长 16.89%。每百户居民家庭中有 15.82 部移动电话和 43.58 台电脑接入互联网，分别增长 1.11 倍和 67.87%；人均上网费达 107.07 元，增长 29.5%。

四是家庭设备用品更新加快，享受型产品受青睐。近年来，居民对物质生活水平的要求逐渐提高，对耐用消费品的需求也不再满足于数量的增加，而是向着高档化、享受型发展，更新换代的步伐加快。由于科技的高速发展，各种新型家庭设备层出不穷，传统意义家用电器已被轻薄液晶平板彩电、环保健康节能空调和冰箱、家用电脑、摄像机等数字、数码电子产品所取代，消毒碗柜、洗碗机也开始步入百姓家庭。2011 年，全省城镇居民人均家庭设备用品及服务支出为 660.48 元，比上年增长 10.5%。每百户拥有家用电脑 56.14 台，增长 30.86%，摄像机和洗碗机分别增长 58.24%和 23.33%。

（杨韬）

农村居民

【农村居民收入】2011 年是“十二五”发展规划实施的开局年，甘肃省委、省政府高度重视“三农”问题，坚持以科学发展观为指导，全面落实国家的一系列支农惠农政策，积极应对自然灾害对农业生产造成的不利影响，农村经济运行情况良好，全年农村居民人均纯收入达到 3909.4 元，比上年增长 14.2%。

一是工资性收入快速增长，对农民增收提供了有力支撑。2011 年甘肃省农村居民人均工资性收入为 1562.0 元，比上年增长 30.2%，对纯收入增长的贡献率达到 74.8%，成为农民增收的主要推动因素。外出务工增长、本地就业机会增多是工资性收入快速增长的主要原因。外出务工收入人均 873.6 元，比上年增长 30.6%。随着经济回暖，农民外出务工总的形势好于 2010 年。主要是省外打工收入增加 154.1 元，增长 44.9%，农民到北京、上海、广东等发达地区务工人数得到恢复性增长。同时，本地就业机会增多，在本乡地域劳动得到的收入人均 538.8 元，比上年增长 56.7%。2011 年甘肃省确定新开工重大建设项目 18 项，要求省内开工的各类项目要最大限度就地招收农民工。兰渝铁路的续建、宝鸡至兰州铁路客运专线（甘肃段）等一批扩大内需项目相继开工，带动本省农民从本地获得务工的机会增加。农民工工资标准的提高，使本乡地域劳动得到的收入明显增加。

二是家庭经营纯收入略有增加。2011 年甘肃省农村居民家庭经营纯收入人均为 1866.8 元，比上年增长 0.6%。分产业看：第一产业收入 1563.8 元，下降 1.4%，其中农业纯收入下降 9.4%，林业纯收入增长 1.3 倍，牧业纯收入增长 40.3%；第二、三产业纯收入人均 303.0 元，增长 12.1%。其中，工业收入增长 1.2 倍，文教卫生业收入增长 76.0%，批零贸易饮食业收入增长 50.3%，其他行业收入增长 42.4%。

三是财产性、转移性收入大幅增长。2011 年农村居民人均财产性纯收入为 82.5 元，比上年增长 1.1 倍，对纯收入增长的贡献率为 8.8%。财产性收入的大幅增长缘于租金、转让承包土地经营权、集体分配股息和红利收入的增加。2011 年农村居民人均转移性纯收入为 398.2 元，比上年增长 20.9%，对纯收入增长的贡献率为 14.2%。其中，各项补贴收入人均 232.9 元，增长 10.4%，对纯收入增长的贡献率为 4.5%。

【生活消费】2011 年甘肃农村居民人均生活消费支出为 3664.9 元，比上年增长 24.6%。随着收入的持续增长，农村居民生活消费水平和档次得到提升。

一是农民对市场的依赖程度进一步提高。随着农民收入的增加和购买力水平的提高，甘肃农民的商品经济意识逐步增强，消费支出额中，现金支出的比例已处于较高水平。2011 年甘肃农民生活消费中，现金消费支出额为 3151.1 元，比上年增长 35.3%；现金消费支出占全部生活消费支出的比重达 86.0%，比上年提高 6.8 个百分点。现金消费支出比例处于较高水平，且所占比重逐步提高，说明农村居民自给自足的传统消费习惯正在改变，农村居民家庭对市场经济的依赖程度越来越强。

二是饮食结构继续优化。2011 年甘肃农村居民食品消费人均支出 1548.2 元，比上年增长 17.7%，占农民人均生活消费支出的比重为 42.2%，比上年下降 2.5 个百分点。农村居民生活消费在总量增长的同时，饮食结构更加合理，不仅满足于吃饱，而且更注重营养。主食消费比重下降。2011 年农村居民人均主食支出占食品支出的比重为 26.1%，比上年降低 10.2 个百分点；食用油、蔬菜、肉、禽、蛋、奶、水产品等食品消费比重上升，营养状况得到改善。2011 年人均油、蔬菜、肉、禽、蛋、奶、水产品支出占食品消费品支出的比重为 34.5%，比上年提高 4.6 个百分点。农村居民在外饮食支出增长较快，人均 163.1 元，比上年增长 47.7%。在外用餐支出的快速增长，反映了食品消费社会化程度的不断提高。

三是衣着消费趋于成衣化、时尚化。2011 年甘肃农村居民人均衣着消费支出 246.7 元，比上年增长 33.9%。其中，人均服装消费 168.8 元，增长 34.8%，占衣着消费支出的比重为 68.4%；鞋类消费人均 55.1 元，增长 21.3%。随着收入水平的提高，农村居民衣着消费观念发生了变化，衣着消费基本实现了成衣化和时尚化。

四是居住条件进一步改善。2011 年甘肃农村居民人均居住消费支出 596.6 元，比上年增长 8.2%。居住消费的变化与升级是衡量农村居民生活质量改善的最显著标志。2011 年农村居民人均居住面积达到 23.7 平方米，比上年增长 12.9%。其中，楼房面积人均 1.7 平方米，增长 32.2%；钢筋混凝土结构住房面积人均 4.1 平方米，增长 45.3%。

五是中高档耐用家电稳步增加。2011 年农村居民人均家庭设备及用品消费支出 198.1 元，比上年增长 34.8%。其中，购买机电设备人均支出 54.9 元，增长 25.7%。年末每百户拥有洗衣机数量由上年末的 62.1 台增加到 73.7 台，电冰箱数量由上年末的 18.1 台增加到 26.5 台，热水器数量由上年末的 8.7 台增加到 12.6 台，家用计算机数量由上年末的 4.4 台增加到 9.0 台。在保证生产和基本生活的前提下，购买各种中高档家用电器成为农村居民生活水平提高的又一个重要标志。

六是交通条件改善，信息化程度不断提高。2011 年全省农村居民用于交通和通信的支出人均 366.6 元，比上年增长 42.8%。交通通讯支出增长的主要原因：一方面随着交通条件的改善，农村居民的出行工具已由自行车逐渐更换为摩托车。年末每百户家庭拥有摩托车数量由上年末的 58.0 辆增加到 67.9 辆，自行车数量则由 99.3 辆减少到 71.1 辆。另一方面移动电话迅速增加。年末每百户家庭拥有移动电话由上年末的 112.4 部增加到 177.4 部，接近户均两部的水平。

七是加大教育投资，追求文明生活。农村居民在追求物质生活的同时，对精神文化生活的需求也在不断提高。2011 年，全省农村居民人均用于文化教育娱乐消费支出 292.7 元，比上年增长 23.0%。其中，用于购买文教娱乐用品支出人均为 79.0 元，增长 51.6%；文化体育娱乐服务消费支出人均 12.9 元，增长 64.5%。

八是新型农村合作医疗制度使农村居民受益。随着新型农村合作医疗制度在全省的全面覆盖和平稳运行，广大农村居民群众受益匪浅。2011 年，农村居民人均医疗保健消费支出 339.3 元，比上年增长 67.0%。其中：医疗费支出 202.4 元，增长 71.2%；药品支出 132.0 元，增长 68.1%。医药支出提升的主要原因是政府完善了新型农村合作医疗的各项规章制度，使新型农村合作医疗基金的筹集使用更加合理规范，农村居民更加有能力及时住院就医问药。

（赵林红）

人力资源和社会保障

【服务经济社会】积极贯彻落实国发 29 号文件，深入实施“人力资源和社会保障部、甘肃省人民政府共同推进甘肃人力资源和社会保障事业改革与发展备忘录”，在人社部的支持下，围绕确定的 6 个方面 23 项内容，共争取项目 11 个、中央财政资金 58.5 亿元，其中倾斜拨付 3.9 亿元。认真落实国家外专局、甘肃省人民政府加强引智合作推进甘肃科学发展框架协议，召开了联席会议和全省引智会议，进一步确立了引智在全省开放开发中的战略地位。积极贯彻落实《关中—天水经济区发展规划》，加强区人力资源合作与一体化建设，与陕西省签署了《关中—天水经济区人力资源开发合作框架协议》，与四川省签署了《川甘人力资源开发利用和劳务合作框架协议》。全力承办好省政府民生实事项目，选拔 1 万名高校毕业生到基层就业；完成了 6 万名农村“两后生”职业技能学历教育、4 万名农民短期技能培训任务，会同有关部门提高了城镇居民基本医疗保险补助标准。

【社会就业】全年城镇新增就业 29.55 万人，再就业 11.5 万人，超额完成全年目标。城镇登记失业率 3.19%。一是继续把高校毕业生就业工作放在首位，进一步完善了政府主导、市场配置、面向基层的就业机制，高校毕业生就业率达到 85%。首次统筹实施省政府促进高校毕业生就业民生实事项目和五类基层服务项目，优化整合基层就业岗位 1.8 万个。二是继续加大对就业困难群体的援助力度，就业帮扶专项活动系列化、长效化，共帮助 1.3 万名就业困难对象实现就业再就业，1943 户零就业家庭的 2108 人实现了就业再就业，2936 名登记失业高校毕业生实现就业，3147 人享受了见习补贴政策。三是加快城乡富余劳动力转移就业，扩大劳务合作，强化劳务培训，提升劳务品牌，劳务经济跃上新台阶。全年共输转劳动力 532.8 万人，完成年计划的 106.6%；创劳务收入 515.66 亿元，完成年计划的 114.6%。完成农民工技能培训 56 万人，完成年计划的 112%。四是深入推进创业带动就业工作，全省小额担保贷款工作继续保持又快又好发展势头，新发放小额担保贷款 70 亿元，直接扶持 40.8 万人创业，带动吸纳 74.1 万人就业，到期还款率 99.32%。小额担保贷款在支持城乡妇女创业，扶持旅游业发展，促进自主择业军转干部创业方面取得了显著成效，在全国产生了积极影响。深入开展兰州等 4 个国家级创业型城市和白银等 7 个省级创业型城市创建活动。五是就业补助资金支出力度进一步加大，全省共支出就业补助资金

11.53亿元，比上年增长23.3%。支出结构更趋合理，职业培训、职业技能鉴定补贴逐步增长。六是充分发挥人力资源市场促进就业的基础性作用，省级人力资源市场全年共举办各类人才招聘会122场次,提供各类就业岗位341.2万个，吸引各类求职人才88.6万人次，16.6万人达成就业意向性协议。

【统筹城乡社保体系】截止2011年底，全省基本养老、基本医疗、失业、工伤、生育保险参保人数总计达到1278万人次。新农保试点第一、二批及藏区34个试点县平均参保率达到95%以上。第三批新农保试点8月份启动以来，目前平均参保率达到70%，城镇居民养老保险平均参保率达到50%。基础养老金发放率达到100%。一是城乡居民养老保险向全覆盖加速推进。目前甘肃已有65个县（区）纳入新农保和城镇居民社会养老保险试点范围，涉及全省城乡居民1802.5万人，占全省总人口的69.23%。新农保和城镇居民社会养老保险覆盖面分别超出全国平均水平9.79和16.08个百分点。兰州、嘉峪关、金昌、武威、临夏、甘南6个市州实现了城乡居民社会养老保险制度全覆盖。二是社会保险待遇水平不断提高。按时完成涉及70万名退休人员的养老金调整工作,月人均增加基本养老金196.04元，达到1637.16元。继续提高失业保险金发放标准和工伤保险待遇，失业保险金平均增长34%，增幅历年最大。伤残津贴增加到人均1340元/月。城镇职工和城镇居民基本医疗保险住院报销比例平均达到80%和70%。三是社会保险制度进一步完善。统一了城乡居民社会养老保险办法，修订完善了《甘肃省被征地农民养老保险办法》，研究出台了《关于进一步完善城镇居民基本医疗保险的指导意见》和《关于妥善解决甘肃城镇国有企业原“五七工、家属工”养老保险问题的指导意见》。加快推进居民医保市级统筹、门诊统筹，启动异地就医结算服务，建立了失业、工伤保险省级调剂金。四是社保历史遗留问题总体上全部解决。继解决关闭破产国有企业退休人员的医疗保险、老工伤、集体企业退休人员的养老保险三大历史遗留问题之后，甘肃又将近14万原“五七工、家属工”纳入城镇职工基本养老保险社会统筹管理，社保历史遗留问题总体上全部解决。五是经办服务水平不断提高。覆盖全省的城乡居民养老保险信息系统建成并上线运行，实现了后来居上的目标。加强社会保险业务档案规范化管理，达标率进一步提高。已发放符合部颁标准、全省统一的社会保障卡60万张。目前全省社会化管理服务率达到98%，其中纳入社区管理率达到75%。

【人才支撑作用】一是“三项人才工程”实施取得重大进展。专业技术人才支撑体系基本建立，15项专项人才开发配置计划实施细则全部完成并启动实施。中国兰州留学人员创业园新址开工建设，新增2个博士后科研工作站。加强领军人才队伍管理，研究拟定了领军人才考核评价体系，引导和激励领军人才创新创业。提前完成海外高层次人才引进计划，已引进海外高层次人才102名，其中10人入选国家千人计划。配合省委组织部研究制定了《关于加快引进急需紧缺人才的意见》及7个配套办法。二是技能人才队伍建设全面加强。报请省政府批准新设4所技师学院，全省技师学院数量达到13所。全年共开展职业技能培训28.64万人，创业能力培训4.3万人，新增技能人才22.8万人。农民工职业技能鉴定首次突破10万人。由甘肃制定的《国家兰州牛肉拉面制作专项职业能力考核规范》获得人社部批准。三是公务员管理法制化水平不断提高。顺利完成2011年度全省公务员考试录用工作，稳慎开展了从优秀工人、农民中考试录用公务员试点工作。全面实施公务员“四类培训”和对口培训，对省直行政机关公务员开展初任培训、职业道德培训和依法行政轮训4200人次。部署开展了公务员平时考核试点工作，进一步加强和规范了政府表彰奖励工作。四是人事制度改革不断深化。事业单位首次岗位设置管理工作基本完成，实行聘用制的事业单位和人员均达到95%以上。规范事业单位进人行为，全面落实《甘肃省事业单位公开招聘人员暂行办法》。省直事业单位公开招聘2194人，12个市州公开招聘2853人。全省公共卫生与基层医疗卫生事业单位绩效工资基本兑现到位，其它事业单位绩效工资改革有序推进。先后组织了800名机关优秀公务员和事业单位先进工作者赴外地休养。深化职称制度改革，积极完善评价手段和方式，拓宽评审服务范围。将兰州石化公司等三家中央直属企业2万多名专业技术人员纳入职称统一管理。继续开展了正高级工程师和农村实用人才评审工作。圆满完成了2011年军转安置任务，困难企业军转干部保持总体稳定。五是引智工作取得显著成绩。全省执行引进国外经济技术人才项目76项，引进外国专家159人次；完成国家外专局审批立项的文教引智项目113个，引进专家1400多人次。执行出国（境）培训项目42项、培训514人次。甘肃国家级引进国外智力示范推广基地和引进国外智力示范单位增至7家。

【劳动关系】一是劳动关系协调机制更加健全。全省劳动合同签订率达到90%，其中国有企业劳动合同签订率100%。积极推行劳动用工备案制度，已完成50户省属国有企业、14万人的备案管理。全省已有8228家企业建立了集体协商制度，其中2651家企业集体合同报人社部门备案。规范国有企业分配制度，报请省政府出台了《关于规范省属国有企业负责人薪酬管理的意见》。大力推行工资保证金制度，全省建设领域农民工工资保证金已达到3.9亿元。在全省范围内开展了规范劳动用工、构建和谐劳动关系专项检查活动。深入开展创建劳动关系和谐企业及园区活动，有6户企业（园区）被表彰为全国和谐企业（园区），135户企业（园区）被命名为省级和谐企业（园区）。二是监察执法力度不断加大。深入开展农民工工资支付、清理整顿人力资源市场、劳动用工与社会保险等专项执法检查活动，全年共检查用人单位、职业中介机构5500多户，清理拖欠农民工工资7149万元，督促补签劳动合同5.22万人，补缴社会保险费1241.1万元。三是争议调解仲裁、信访等工作进一步加强。仲裁机构实体化建设有序推进，全省已有4个市和12个县（区）建立了仲裁院。全年各级争议仲裁委员会共立案2452件，结案2305件，结案率94%。进一步加强和改进信访维稳工作，建立健全了源头治理与应急管理相结合，日常接访与敏感节点防控相结合的信访工作机制，制定了社会稳定风险评估实施办法，修订完善了突发事件应急预案。省厅全年共处理群众来信来访5900多件，涉及人数13987人次，都依法及时给予答复。按时办结了91件建议、提案，受到人大代表、政协委员的充分肯定。

【**工作基础**】一是提升能力。首次举办了全省人力资源社会保障系统市（州）县（区）局长培训班，围绕主体业务和依法行政、廉洁从政等专题开展了学习研讨，着力提高基层人社局长的政策理论水平和改革创新能力。适应形势发展需要，举办了全系统新闻宣传和舆情工作、社会保险法、劳动关系等专题培训班。继续组织系统干部赴省（境）外参加培训，开拓视野，增长见识。二是夯实基层。基层服务平台建设加快推进，甘南、临夏、金昌、天水、张掖、兰州6个市州和14个县区先后建成了统一规范的人力资源市场和社会保障服务中心。城乡居民养老保险信息系统上线运行，省市县乡四级网络实现互联互通，提升了经办管理服务水平。首批选拔了1500名大学生充实到基层社保岗位，加强了一线工作力量。优化门户网站功能，加强“12333”电话咨询中心建设，实行“全天候服务”和“近距离服务”。三是塑造形象。深入开展营造“四个环境”、争先创优、创建优质服务窗口和建党90周年纪念系列活动，学习型、服务型机关建设取得新成效。积极推进系统反腐倡廉工作，加大对重点部位和关键环节的监督，集中开展了社保基金、就业资金专项检查和“小金库”治理、国有资产清理等工作，进一步树立了人社部门为民、务实、清廉的良好形象。

扶贫开发

【**基本情况**】全省86个县（市、区）中，共有国家扶贫开发工作重点县43个，比照国家重点县2个，“三西”资金覆盖县6个。2011年7月份，国家将甘肃58个县（市、区）分别纳入六盘山片区、秦巴山片区和四省藏区3个国家集中连片特殊困难地区给予重点扶持，比43个国家扶贫开发工作重点县增加15个县（市、区）。

【**财政专项扶贫资金投入**】2011年全省财政扶贫资金总量为21.8亿元，比上年增长28.4%。其中：中央财政扶贫资金20.08亿元，增长28.2%；省级配套扶贫资金1.72亿元，增长31.4%。由省扶贫办为主管理的财政扶贫资金17.63亿元，增长36%。其中：中央财政扶贫资金16.44亿元，增长35.3%；省级配套扶贫资金1.19亿元，增长52.6%。省发改委为主管理的以工代赈资金3.08亿元，增长2.3%。其中：中央以工代赈资金2.62亿元，增长2.7%；省财政配套资金4555万元。省财政厅为主管理的中央财政扶贫资金3471万元。省民委为主管理的财政扶贫资金7185万元，增长7.4%。其中：中央财政扶贫资金6485万元，增长8.3%；省财政配套民族自治县发展资金700万元。省残联为主管理的中央康复扶贫贷款贴息资金210万元。

【**整村推进和连片开发项目**】全年安排财政扶贫资金11.11亿元，占资金总量的63%，用以实施整村推进、连片开发试点和以整村推进为主要形式的整乡推进试点等项目。500个整村推进和16个省级“县为单位、整合资金、整村推进、连片开发”试点，是省委、省政府确定“为民办实事”的重点项目之一，2011年完成整村推进项目539个村，安排财政扶贫资金6.58亿元，平均每村投入120万元以上，财政专项扶贫资金投入量比上年增加近一倍，整合资金12.82亿元，资金总投入达到19.4亿元；实施连片开发试点22个，安排财政专项扶贫资金1.1亿元，平均每个试点财政专项扶贫资金投入500万元，整合行业部门资金2.97亿元，资金总投入达到4.02亿元，超额完成了“为民办事实扶贫重点工程”任务。为了主动适应以连片特困地区为主战场的新要求，优先为纳入国家片区的58个县（市、区）安排以整村推进为主要形式的整乡推进试点项目58个，安排财政专项扶贫资金2.48亿元，整合资金7.44亿元。通过实施整村推进和连片开发试点项目，项目村基础条件得到了明显改善，增收产业不断发展壮大，新修梯田7.28万亩，贫困户“一改三建”和贫困户危房改造分别完成3408户和3300户，拓宽、硬化村组道路1266公里，发展集雨节灌2694亩，新增灌溉面积4.1万亩，扶持贫困农民种植马铃薯、中药材、瓜菜果品等32.74万亩，新建日光温室3660座，修建养畜暖棚（圈舍）1.38万座，引进良种畜禽9.19万头（只），安排种养业到户贷款贴息资金1833万元，引导贷款3.7亿元以上。

【**基础设施建设**】把改善农村基础设施条件放在扶贫开发的首位，不断加快水、电、路、田、林、房建设步伐，认真抓了以乡村道路、农田水利、安全饮水、农户沼气、危房改造、易地搬迁等为重点的基础设施和基本生产生活条件的改善。全年共安排基础设施建设项目财政专项扶贫资 7.72 亿元，其中：农田水利 2.62 亿元，县乡村道路、桥梁 3.76 亿元，人畜饮水 1.06 亿元，贫困户危房改造 0.74 亿元。新修梯田 14.72 万亩，发展集雨节灌面积 0.56 万亩，新增灌溉面积 7.63 万亩，“一改三建”贫困户 8450 户，贫困户危房改造 1.22 万户，砂化、拓宽、硬化村组道路 3311 公里，解决安全饮水 26741 人，解决大牲畜饮水 44504 头，贫困乡村“行路难”、“吃水难”、“住房难”等突出问题得到有效缓解，贫困地区贫困农户的基础设施、生产生活条件得到了明显改善。

【产业化扶贫】在贫困地区继续扶持发展以草食畜、马铃薯、林果、中药村、瓜菜等为主的特色优势产业，因地制宜充分发挥贫困乡村资源优势，大力推进“一村一品”强村富民工程和专业示范村镇建设，进一步做大做强畜产业、马铃薯产业、果品产业、瓜菜产业、中药材等区域性主导产业，支持龙头企业和种养业大户向贫困地区延伸发展，提高产业层次，扩大规模效益，增加农民收入。全年扶贫产业化项目投入财政专项扶贫资金 6.26 亿元，安排贷款财政贴息资金 6746 万元，引导贷款 16.5 亿元以上；安排扶贫互助社资金 2460 万元，试点村 161 个。全省扶持种植马铃薯 15.1 万亩，中药材 10.5 万亩，瓜菜果品 43.3 万亩，牧草 4.2 万亩；建日光温室 1.4 万座，发展养牛 3.58 万头，羊 9.46 万只，猪 2.4 万头，鸡 26.8 万只，建养畜暖棚（圈舍）2.58 万座。

【科技扶贫】把科技扶贫作为提升扶贫工作质量和效益的突破口，把信息作为开拓扶贫产业市场化和获取劳务输转信息的有效手段，紧紧围绕甘肃特色产业发展实际，围绕草食畜、马铃薯、果品、蔬菜、中药材等特色优势产业，突出科技示范作用，深入开展各类农业实用技术和专业技能培训，积极引进推广新品种、新技术，努力提高科技扶贫水平。全年安排科技扶贫项目财政专项扶贫资金 1.38 亿元，完成农牧业实用技术、普通技能培训等 10 万人次，安排实施了贫困地区科技推广项目，修建了一批村文化卫生培训设施等。开展对扶贫工作重点县党政干部、扶贫系统干部、重点乡（镇）村干部、农技人员、扶贫龙头企业管理人员、贫困村产业发展带头人的培训 33 万人次。

【移民扶贫和劳动力输转培训】对生活在深山区、林缘区和强制性自然保护区、生态修复区等地的农牧民实行生态移民；对不具备扶贫开发条件、不适宜人居生存、“一方水土难以养活一方人”的极度贫困地区，在本县(市、区)、乡镇或村内实施异地搬迁、插花移民和以自然村为单位在区域内调整；对当地确实没有安置条件的，实行异地移民搬迁、易地整村搬迁。实行政府主导、财政补贴，集中外地安置为主，积极，配合有关部门有组织、有计划地实施移民搬迁。全年移民扶贫共安排财政专项扶贫资金 6045 万元，安排省外劳务移民 2.07 万人。

把开发人力资源、发展劳务经济作为贫困地区减少农民、富裕农民、提高农民的一项战略性任务来抓，把提高农牧民自我发展能力作为扶贫开发的根本大计，从破解“知识、技能、观念、人才”四大瓶颈入手，加大“雨露计划”实施力度，扎实开展现代文化知识、劳动力输转培训、“两后生”订单培训、“一村一名农民大学生”等多层次培训，推动贫困地区劳动力有序输转，真正实现“培训一人，输出一人，就业一人，脱贫一户”。围绕“雨露计划”在全省有重点乡村的 70 个县（市、区）范围内，共安排财政专项扶贫资金 2.96 亿元，其中：“雨露计划”改革试点安排资金 2192 万元，劳动力转移培训安排资金 11504 万元，实用技术培训安排资金 1.59 亿万元。完成“两后生”培训 6.01 万人，“雨露计划”改革试点培训 3.4 万人，普通技能培训 4.29 万人。

【社会帮扶工作】按照大扶贫格局，积极衔接协调，社会帮扶工作取得新进展。国家电监会自帮扶通渭县以来，坚持电力扶贫、项目扶贫、信息扶贫、智力扶贫多轮驱动，在上年投资 2355 万元、解决了 68 个行政村的 204 个村民小组动力电不足的基础上，2011 年又批复该县农网改造升级投资 2474 万元；总投资 42 亿元的华家岭风电场建设项目已开工建设；交通运输部将马营到陇西公路的建设纳入国省干线改造计划，项目估算总投资 5.7 亿元；先后为马营、榜罗两镇的 14 个偏远自然村群众捐赠价值 47 万元的卫星电视接收设备 1000 套，为寺子乡郑阳小学捐赠价值 8 万余元的学习教学用品等。由中国扶贫开发协会引进援助 1000 万元的武都扶贫产品交易市场建设暨信息化扶贫试点项目、西和农民专业合作社暨信息化扶贫试点项目已正式签约。中国建设银行向舟曲县捐赠 900 万元，用于果耶乡三角坪九年制学校和舟曲县第二中学建设。同时，省政府分管领导带队，在厦门由临夏州与厦门市签订了对口帮扶协议。省卫生厅计划每年选派 180 多名城市医生支援藏区工作，每年为藏区受援县乡镇卫生院选派 50 名以上妇产科医生，通过技术带动，为每个乡镇卫生院培养 1 名妇产科医生。

2011 年全省整村推进连片开发整合各类项目资金 15 亿元。在河西特困移民区，省发改委、财政厅、水利厅、建设厅、国土资源厅、民政厅、教育厅、农牧厅、交通厅、民委、农业综合开发办等 19 个厅局委（办），为酒泉移民安排扶持项目资金达 2.2 亿元（含民政厅低保救助政策性资金 0.7 亿元），移民区农民人均纯收入较上年增长 13%。

（李松鹤）

地县概况

兰州市

【现任主要领导】

中共兰州市委书记：陆武成

兰州市人大常委会主任：

哈全玉（11月止）

牟少军（11月任）

兰州市人民政府市长：袁占亭

政协兰州市委员会主席：

左灿湘（11月止）

王　冰（11月任）

中共兰州市纪律检查委员会书记：

牟少军（11月止）

杨景海（11月任）

【基本情况】兰州是甘肃省省会，位于祖国西部三大高原交汇处，是全省的政治、经济、文化中心。兰州地处黄河上游、甘肃省中部及我国陆域版图的几何中心，是西陇海兰新线经济带的重要支撑点和辐射源，也是新亚欧大陆桥通往中亚、西亚和欧洲的国际大通道和陆路口岸。总面积1.31万平方公里。市区东西黄河穿城而过，南北群山环抱，属中温带大陆性气候。2011年末，全市常住人口362.09万人，户籍总人口323.30万人，非农业人口202.67万人，共有汉、回、满、藏、东乡、裕固等56个民族，人口密度247人/平方公里。现辖永登、榆中、皋兰3县和城关、七里河、安宁、西固、红古5区，有26个乡、35个镇、52个街道办事处。

【资源优势】境内探明的有黑色金属、有色金属、贵金属、稀土等35个矿种，极具潜在经济开发价值。兰州水力资源丰富，以兰州为中心的黄河上游干流段可建25座大中型水电站，现已建成刘家峡、八盘峡、盐锅峡和大峡等水电站。兰州是闻名全国的“瓜果城”，盛产白兰瓜、黄河蜜瓜、软儿梨、白粉桃等瓜果，百合、黑瓜子、玫瑰、水烟等土特产品蜚声中外，素有“看景下杭州、品瓜上兰州”之说。兰州的旅游资源有着广阔的开发前景。兰州是丝绸之路大旅游区的中心，东有天水麦积山、平凉崆峒山，西有永靖炳灵寺，南有夏河拉卜楞寺，北有敦煌莫高窟。市域内有我国保存最为完好的土司衙门——鲁土司衙门，有“天下黄河第一桥”——中山铁桥，有“陇右第一名山”——兴隆山，有国家级森林公园——吐鲁沟、石佛沟、徐家山，有“母亲河、生命河”的象征——黄河母亲雕像。

【国民经济】兰州市经济取得显著成绩，经济总量再上新台阶，经济运行质量不断提高，2011年兰州市实现生产总值1360.03亿元，比上年增长15.0%。其中，第一产业增加值40亿元，增长5.2%；第二产业增加值656.55亿元，增长16.3%；第三产业增加值663.48亿元，增长14.3%。三次产业比例为2.95∶48.27∶48.78。非公有制经济增加值521.16亿元，增长20.25%，占兰州市生产总值的比重为38.32%。兰州市实现社会消费品零售总额639.7亿元，增长17.4%。完成一般预算收入86.49亿元，增长27.85%。一般预算支出175.48亿元，增长19.43%。

【项目建设】重大项目建设进展良好。100个重大项目中，27个中央、省属项目完成投资157.6亿元，占计划的112.5%；73个市属项目完成投资172.1亿元，占计划的95.7%。55个续建项目完成投资227.3亿元，占计划的109.8%；45个新开工项目开工40个，完成投资102.5亿元，占计划的90.9%。榆钢支持地震灾区恢复重建等66个项目超额完成投资计划，众邦电缆城、黄河河口水电站等30个项目建成或部分建成并投产使用。

【农业生产】农业生产稳步发展。2011年，农作物播种面积328.63万亩，其中粮食作物播种面积197.12万亩，比上年增长1.12%，玉米双垄全膜覆盖栽培面积43.05万亩。粮食总产量42.39万吨，增长4.98%。其中：夏粮16.97万吨，下降6.14%；秋粮25.42万吨，增长13.94%。蔬菜播种面积75.47万亩，增长3.13%；蔬菜产量209.23万吨，增长5.63%。年末拥有农业机械总动力145万千瓦，完成机耕107千公顷、机播68千公顷、机收44千公顷。兰州市新增有效灌溉面积1.3万亩，农用化肥施用实物量13.95万吨。

【人民生活】2011年，兰州市城镇居民人均可支配收入15952.57元，比上年增长13.45%，其中工资性收入11037.25元，增长14.69%。人均消费性支出12352.09元，增长13.01%。农村居民人均纯收入5252元，比上年增长14.5%，其中工资性收入2643元，增长18.7%。人均生活消费支出4331元，增长17%。

【就业与社会保障】2011年，兰州市新增城镇就业人员5.39万人，城镇登记失业率为2.72%。完成了城乡低保和农村五保提标工作。保险覆盖面不断扩大。参加养老保险的单位5432户，参保职工34.63万人；参加失业保险的企事业单位达到4487户，参保职工56.11万人；参加医疗保险人数为78.94万人。

【环境保护】环境质量明显改善，城区空气质量呈现“一增三降”态势，城区优良天数达到242天，比上年增加19天；二氧化硫、二氧化氮和可吸入颗粒物 3 项主要污染物浓度均呈下降趋势，分别下降 12.96%、8.70%和7.38%。饮用水源水质和黄河兰州段地表水水质达标率稳定保持在 100%。全年完成减排项目 18 项。区域突出环境问题逐步得到解决，热电联产集中供热“上大压小”，关停燃煤锅炉 53 台，新增供热面积 320 万平方米，设置集中式饮用水源保护区标志，全面清理取缔水源地排污口。

【社会事业】2011 年，兰州市各类学校在校学生 91.6 万人。其中，高等学校 37.4 万人，中等专业学校 8.8 万人，普通中学 18.7 万人，小学 20.9 万人。各级各类教育事业全面发展，义务教育整体水平稳步提高。学龄儿童入学率达 100%，普通初中升学率 90.5%。近郊四区高中阶段教育入学率达 94.2%。

兰州市拥有图书馆 9 个，文化馆 10 个。成功举办了兰州国际马拉松赛、环青海湖自行车赛兰州段比赛、中国 MBA 黄河漂流赛、中国机器人大赛暨 RoboCup 公开赛、首届中国车联网大会等体育活动。

兰州市拥有各级各类医疗卫生机构 1606 个，设置床位 25411 张，拥有卫生技术人员 26363 人，每千人拥有卫生技术人员 7.3 人。

（武琳）

城关区

【现任主要领导】

中共城关区委书记：金祥明

城关区人大常委会主任：

李萧群（6 月止）

高　星（6 月任）

城关区人民政府区长：张国一

政协城关区委员会主席：

高　星（6 月止）

冯广宸（6 月任）

中共城关区纪律检查委员会书记：

乔建新（6 月止）

王胜太（6 月任）

【基本情况】城关区是甘肃省会兰州市的中心区，位于兰州河谷盆地东部。区域总面积 220 平方公里，建城区面积 63 平方公里。行政管辖 24 个街道和 148 个社区、18 个行政村。2011 年末，全区常住人口 128.53 万人，区内有汉、回、满、蒙古、藏、维吾尔等 47 个民族。

城关区具备典型的北温带半干旱大陆性气候特征，市区平均海拔 1520 米，年均气温 11.2℃，年均降水量 327.8 毫米，蒸发量 1437.7 毫米，全年日照时数平均为 2446 小时，无霜期 180 天以上，年平均相对湿度 56%。四季分明，气候温和，是夏日消暑纳凉的理想之地。城关区处在黄河唯一穿城而过的省会城市核心区，也是全国唯一的省、市、区三级党政军机关集于一地的县区，是名副其实的政治、经济、军事中心与决策指挥中心。区内有五泉山公园、白塔山公园、徐家山国家森林公园、兰州碑林等多处自然人文景区，更有水车博览园、黄河铁桥、百里黄河风情线等黄河文化胜境，具有西部山河之城、水车之都、丝路明珠的美誉，使这里成为中国西部地貌观光、人文体验、文化采风、休闲度假旅游的重要中转站与休憩地。

城关区科技文化资源丰富，是省市知识与信息集散中心、观念创新中心。区内有兰州大学、中科院兰州分院、中国航天科技集团公司 510 研究所、中国农科院兰州兽研所等著名科研院所 124 家，其中国家级科研单位 14 个；有各类科技专业人才 20 万人，两院院士 14 名。作为历史文化名城，城关区文化底蕴深厚，丝路文化、黄河文化、伏羲文化、宗教文化在这里交汇融合，孕育出独具特色的地域文化。《读者》、《丝路花雨》、《大梦敦煌》、兰州太平鼓等一大批文化艺术成果不断走出金城，发展成长为世界级的文化艺术精品。

历史上城关是“茶马互市”的著名商埠重镇，有两千多年的商贸史。作为兰州商贸中心核心区，城关区人流、物流、资金流集散活跃，多层次、现代化的市场体系日益完善，大中型商场拥有量占全市的 80%以上，兰州东部批发市场等 5 个大型市场跻身“全国同类市场 100 强”。全区社会消费品零售总额约占全省的四分之一，占全市的五分之三。现代服务业发展迅猛，总部经济、楼宇经济快速崛起，第三产业增加值占经济总量的比重为 78.19%。

【国民经济】2011 年是“十二五”规划的开局之年，在区委、区政府的正确领导下，全区上下紧紧围绕“一个拓展、三个高于、六个翻番、六个提升”的奋斗目标，以率先跨越发展为主线，以改革创新为动力，以提高人民生活水平为目的，坚定信心、攻坚克难，全区社会经济保持了增速加快、效益提升的良好态势。全区实现生产总值 450.57 亿元，比上年增长 15.3%，增速达到历史最好水平。其中：第一产业实现增加值 1.17 亿元，增长 5.2%；第二产业实现增加值 97.1 亿元，增长 14.5%；第三产业实现增加值 352.3 亿元，增长 15.5%。三次产业结构比为 0.26：21.55：78.19。实现工业总产值 105.86 亿元，增长 12.1%。实现工业增加值 44.1 亿元，增长 14%。完成固定资产投资总额 279.29 亿元，增长 37.24%。实现社会消费品零售总额 366.86 亿元，增长 17.44%。一般预算收入实现 13.79 亿元，增长 31.1%。一般预算支出 25.53 亿元，增长 35.4%。

金融支撑能力稳步提高。全区金融机构人民币各项存款余额 2454.32 亿元，增长 19.7%，其中，城乡居民储蓄存款余额达 788.14 亿元，增长 13.61%。金融机构人民币各项贷款余额 1400.95 亿元，增长 26.46%。

【人民生活】以保增长、保民生、保稳定为主线，采取多项措施，促进城镇就业，加大最低保障力度，居民收入稳步提高。2011 年城关区城镇居民人均可支配收入达16763.4元，比上年增长15.6%；农民人均纯收入14175.88元，增长14.5%；全年在岗职工平均工资为38231元，增长15.18%。

【就业与社会保障】坚持以人为本、发展为民的思想，着力保障和改善民生，社会保障体系进一步完善，就业和再就业工作取得明显成效。2011年，新增城镇就业2.43万人，困难人员就业0.60万人。完成职业培训1.20万人，城镇登记失业率仅为2.49%。社会保障和社会救助水平全面进步。全年养老保险参保人数达5.98万人，完成征缴额4.96亿元，发放养老金2.26亿元，按时足额发放率达到100%。以构建多层次的保障体系为目标，各项保险工作稳步推进。全年城镇居民及城镇职工基本医疗参保38.82万人和5.33万人，共征缴基本医疗基金1.93亿元。全面推行“诚信阳光”低保工作，全年共为1.21万户，2.26万名低保人员发放低保金7834.47万元，发放临时生活补贴1481万元。继续实施虚拟养老工程，并已有7.04万名老人注册加盟，1.58万名老人长期享受服务，使社会化养老服务体系更加完善。

【环境保护】环境保护成效显著。区域环境质量进一步好转。二氧化硫、二氧化氮和可吸入颗粒物分别下降20.37%、10.87%和12.08%，黄河城关段水质达标率稳定保持在100%。完成40家70台340蒸吨燃煤锅炉清洁能源改造任务，SO_2、烟尘、氮氧化合物削减量分别为503.2吨、133.6吨和136吨。全年共检查锅炉、茶浴炉290家410台。巩固提高“环境噪声达标区”质量，深入推动安静工程实施。城区噪声平均等效值控制在58分贝范围内，交通干线噪声平均值为69.5分贝，区域环境噪声昼间平均值为56.8分贝，区域环境噪声夜间平均值为48.3分贝，“环境噪声达标区”达到了国家区域环境噪声质量标准。

【社会事业】科技事业持续进步。继续加快推进科技企业孵化器建设，建成150平方米的多功能厅，用于辖区科技企业交流培训、科技成果展示和拓展孵化器服务空间。根据入孵企业需求，组织完成国家创新基金项目申报、知识产权保护等专题培训7次，培训人数近500人次。配套扶持入孵企业项目13项，扶持资金94万元，有效助力入孵企业发展。获准立项各类科技计划项目29项，其中，国家级11项、省级6项、市级12项，共计争取项目扶持资金961万元。进一步加强知识产权工作，申请专利796件，受理专利资助384件。科普活动丰富多彩。新建科普画廊6处，户外全彩LED科普宣传显示屏一个，科普书屋2家，“华硕科普图书室”1家，科普示范学校20所，科普示范社区24个，科普示范企业1家，被中国科协命名为“全国科普示范区”。坚持开展农业科技服务，共开展农业科技培训、扶贫和咨询服务活动22次，培训农民人数达2700余人次。

教育事业取得新进步。义务教育普及程度不断提高。小学及初中入学率、巩固率、毕业率均为100%；智障儿童入学率100%。扩大教育救助覆盖面。全面落实“两免一补”政策，全年共为7.37万名中小学生免除学杂费，免除金额达1730万元。并为2600余名城市低保、残疾人家庭子女和全部农村中小学生提供免费教科书。进一步加大教育经费投入，共投入2.54亿元，用于改善办学条件和发展教育。实施10栋教学楼新建改建工程，完成54所学校接入互联网光纤，71所学校安装资源缓冲服务器，并建成380间多媒体教室，信息化水平不断提高。圆满完成“两基”迎国检工作。率先在全省成立县（区）级教育基金会，募集社会资金1000多万元。

文化事业成绩喜人。成功举办了“三下乡”和新春社火展演、春节民俗文化庙会、“千台大戏进农村、进社区”、《辉煌九十载党旗永鲜艳》城关区庆祝建党90周年大型活动、第六届金城社区艺术节暨第十届黄河风情文化周等系列活动。全年共举办各类文艺演出93场，参演人数近2万人次，观众达300万人次。文物保护力度日趋加强。全区现有文物点95处，其中：国家级1处，省级11处，市级8处。

医疗卫生事业迈上新台阶。全年新建2家标准化社区卫生服务中心，公共卫生事业全面推进，免疫接种服务6.1万人次，开展健康教育6.43万人。加强慢病管理工作，共系统化管理糖尿病、高血压人数分别达5895人和16502人，肿瘤登记报告新发卡6944张，国家各类疫苗接种率均达到95%以上。着力抓好美沙酮维持治疗门诊工作。手足口病等重大传染病疫情得到有效防控。全年共开展讲座1250余场，受教人数达到4万余人次。农村卫生综合服务进一步提升，选派技术人员下乡帮扶应诊，举办村医培训班5期，培训人员累计达120人次，农村居民建档率为100%。

体育事业全面发展。组织承办2011兰州国际马拉松赛，积极配合省市体育局完成了青海环湖国际自行车赛（兰州段），举办了辖区性中小学生田径运动会、元旦环城赛、体育三下乡、体育大拜年、体育“六进”和“全民健身日”等系列群体活动，全年举办各类群众健身活动56项次，参与群众达17.8万人次，营造了浓郁的全民健身氛围。不断加大群众体育基础设施建设力度。新建7个精品体育社区，配建全民健身路径57条、羽毛球场26个、室外乒乓球台16副、篮球场2个，为广大市民就近、就地开展健身活动提供了便利。

（卫婧）

七里河区

【现任主要领导】

中共七里河区委书记：

赵建利（6月止）

石镜如（6月任）

七里河区人大常委会主任：郑元平

七里河区人民政府区长：

郭　平（10月止）

王　宏（10月任）

政协七里河区委员会主席：巴怀亮

中共七里河区纪律检查委员会书记：

金安众（10月止）

冯乐泉（10月任）

【基本情况】七里河区位于兰州市中南部，东与城关区交界，东南和榆中县接壤，南靠临洮县，西邻西固区、永靖县，北濒黄河。东西长21公里，南北宽33公里，总面积397.25平方公里。现辖西园、西湖、西站、土门墩、敦煌路、建兰路、龚家湾、晏家坪、秀川9个街道，黄峪、魏岭2个乡，阿干、八里、彭家坪、西果园4个镇。有60个村民委员会、77个社区居民委员会。2011年全区户籍总人口47.29万人，其中城区38.73万人，占81.91%；农村8.56万人，占18.09%。流动人口4.57万人，人口密度每平方公里1445人。

【资源优势】主要有煤炭、石英石、坩泥、石灰石、沙矿、路标石等矿产资源。黄河流经区内15公里，地表及地下水年径流量300多亿立方米。电力资源充足，森林覆盖率26.23%。

区境内铁路、公路为主的交通网络四通八达。西北最大的铁路货运编组站建在区内，312国道横贯东西，陇海、兰新、兰青、包兰铁路干线和甘川、宝兰等28条公路穿境而过，电信通讯、电视差转、金融、财税、商业住宅等各种服务功能齐全。

【国民经济】2011年实现生产总值244.4亿元，比上年增长15.6%。其中：第一产业完成增加值3.52亿元，增长4.9%；第二产业完成增加值130.6亿元，增长17%；第三产业完成增加值110.28亿元，增长14.3%。三次产业结构比为1.44：53.44：45.12。完成全部工业增加值101.61亿元，增长18.4%。完成全社会固定资产投资126.42亿元，增长37.39%。完成社会消费品零售总额113亿元，增长17.24%。一般预算收入完成5.24亿元，增长26%。城镇居民人均可支配收入达到15326元，增长14.3%；农民人均纯收入达到7899元，增长14.4%。

【农业和农村经济】优化升级农业结构和区域布局，实施前山川水坪台灌溉地区奶牛果菜、二腰坝干旱半干旱地区粮食油料、后山二阴地区百合种植和种草养畜的“三大区域”开发战略。着力培育百合、蔬菜、设施农业、果品、畜禽、粮食六大产业基地建设。2011年全区百合种植面积稳定在4.29万亩。高原夏菜种植面积完成3.08万亩。石板山千亩设施农业示范园区建设初具规模，形成西津坪、狗牙山、石板山3个千亩设施农业基地。畜禽养殖以奶牛、生猪为主，全区规模化养殖户达到457家。重点在西果园、黄峪、魏岭、阿干推广双垄全膜覆盖粮食种植。建立上果园村、堡子村2个千亩玉米示范点，西津、王家坪、周家山、牟家坪、西果园村5个百亩鲜食玉米示范点。

突出产业化发展，提高农业市场竞争力。全区产业化组织总数469个，其中龙头企业11家，专业市场3个，专业协会32个，农村经纪人46个，专业大户377个。扶持省级龙头企业2家（黄河、雪顿），市级龙头企业5家（甜甜、米家山、惠珍、恒丰、天方）。农民专业合作社累计有48家，入社农户已达1220户，注册资金2562万元，带动农户3860户。使用“兰州百合”证明商标的企业达到67家，“兰州百合”证明商标使用率达到真空包装百合总销量的80%以上。

示范推广农业实用新技术，实施整村推进扶贫工作。引进农作物品种共51个，引进东风250型拖拉机5台及配套农具，引进小型拖拉机机引起垄全铺膜施肥联合作业起垄机27台。探索建立以地入股的土地流转模式，由村集体出资，按照城市建设用地补偿标准，将土地从农户手中流转过来，再包装成大地块的项目，引进发展休闲农业、三产物流等项目，建设产业园区，解决剩余劳动力的就业，形成循环推动的良性发展机制。全区以土地出租、转让和入股等形式，连片经营流转面积达到6000余亩。确立黄峪乡中庄村为整村推进扶贫项目，投入资金265万元，砂化道路10公里、完成317户自来水入户，扶持种植马铃薯900亩、百合383亩。

【项目建设】项目建设围绕“突出特色做长农业产业链，依托园区做强装备制造业，扩大优势做大现代物流业，提升亮点做好城市现代化”基本思路，突出重点，狠抓项目建设。2011年，承担甘肃省中医院医技综合楼、甘肃省妇幼保健院保健医疗综合楼、兰州国际商贸中心和甘肃国际机电水暖城4个市列重大建设项目。全力抓好扩大内需中央投资项目建设。总投资3.08亿元的30个中央投资及国家专项投资项目已完工20个。第十七届“兰洽会”共签约项目41个，项目总投资161.79亿元。全区新签各类内联合同项目50项，已开工投产项目44项，落实引进到位资金42.28亿元。稳步推进自主项目，主导实施了总投资156.24亿元的99个区级重点项目。加大凝炼项目的力度。围绕基础设施建设、城乡一体化、新农村建设和社会事业等方面，储备凝炼项目376个，计划总投资852.7亿元。对重大项目实施“指挥部管理模式”，及时协调解决项目建设中遇到的困难和问题。对项目进展情况定期督查，制定“项目攻坚月”方案，确保项目按计划开工建设、完工投产。2011年，全区共实施各类项目417项，计划总投资351.77亿元，累计完成投资135.87亿元。

【人民生活】城乡居民收入继续增加，生活水平进一步改善。2011年全区城镇居民人均可支配收入15326元，比上年增长14.3%；人均消费性支出 11058 元，增长 9.8%。农民人均纯收入 7899 元，增长 14.4%；人均生活消费支出 6018.5 元，增长 31.2%。

【社会保障】征缴养老保险费 2.02 亿元，缴费人数增长率 177.04%，清理追缴历年欠费 150 万元；为 9172 名企业离退休人员发放养老金 7851 万元，按时足额发放率和社会化发放率均达到 100%。失业保险累计参保 9264 人，征缴保险费 173.48 万元，缴费人数增长率 18.65%；城镇职工基本医疗保险累计参保 24132 人，征缴保险费 4183 万元，缴费人数增长率 36.88%；城镇居民基本医疗保险累计参保 16.89 万人，缴费人数增长率 24.22%；工伤保险累计参保 8856 人，征缴保险费 165 万元，缴费人数增长率 61.29%；生育保险累计参保 12679 人，征缴保险费 166 万元，缴费人数增长率 28.98%；城乡居民养老保险参保率农村 76.2%、城镇 57.02%。劳动合同签订率 94.5%。

开展城乡低保复查工作。新增低保 510 人，取消低保 1276 人。全年共保障城市低保对象 32.79 万人次，低保标准从 2011 年 1 月开始由 278 元提高到 306 元，累计发放低保金 5206.63 万元，新增对象入户调查公示率达到 100%。全年保障农村低保对象 4.60 万人次，累计发放低保金 395.09 万元。11 月建成阿干中心敬老院，达到省厅标准化敬老院创建标准。全年共发放救济款 107 万元，救济 1340 户、5360 人。

【劳动就业】以市场为导向，拓宽就业渠道，扩大就业与调控失业“两手抓”，建立有效失业调控和失业预警机制，就业（再就业）工作进展顺利，2011 年城镇新增就业人数 10019 人；安置困难人员 2285 人；新增小额担保贷款 5315 万元；职业技能培训 5927 人；创业能力培训 535 人。劳务收入 17692.8 万元；输转富余劳动力 19110 人。

【生态建设】完成营造林工程面积 5700 亩，实施天然林保护工程管护面积 11 万亩。完成重点公益林管护面积 8.42 万亩；建成防火隔离带 1.6 公里，补植造林 500 亩。新建牟家大山义务植树基地 1 个，面积 150 亩。集体林权制度主体改革通过省级检查验收，签订林地承包合同面积 1.84 万亩。

【社会事业】全辖区共申请专利 267 件，其中发明 135 件，实用新型 100 件，外观设计 32 件。“两基”迎国检工作顺利通过国家、省、市三级检查验收；投资 1965.4 万元，对 7 所学校进行危房改造；投入 80 多万元，新开学生食堂 25 个，改善 28 所学校的食堂条件；建成平安校园、生态校园、健康校园和文明校园 22 所；投资 6.8 万元，给 30 所学校门口安装安全减速带，保障师生出行安全。

文化体育广播影视工作重点扶持各乡镇、街道文化基础设施建设。投资 56 万元建成西湖街道、秀川街道、敦煌路街道 3 个文化服务中心，土门墩街道土门墩社区和西站街道西津西路社区 2 个社区文化活动室。建设完成面积达 330 平方米的黄峪乡综合文化站，达到省级建设标准。为黄峪乡及阿干镇两个乡镇各配备价值 20 余万元卫星接收器、电脑、桌椅、音响等器材。由甘肃新华书店兰州图书大厦配齐价值近 88.7 万元的图书及音像制品，总品种 1468 种，册数 55500 余册，分发到 34 户农家书屋。完成体育公园的 2 块篮球场和 3 块羽毛球场的塑胶铺设。为西湖小学、健康路小学、秀川街道马滩社区和市第三人民医院等 4 个单位调配 6 条健身路径。为七里河小学、八里镇和彭家坪中心校配健身路径，为袁家湾小学，西果园镇堡子村和彭家坪中心校等配建标准篮球架。建设 10 个乒乓球活动室。集中整治辖区文化市场，保护和挖掘文化资源。

（李静）

西固区

【现任主要领导】

中共西固区委书记：陶军锋

西固区人大常委会主任：

刘公明（10 月止）

王习军（10 月任）

西固区人民政府区长：李继龙

政协西固区委员会主席：

王习军（10 月止）

周建湖（10 月任）

中共西固区纪律检查委员会书记：

王延凤

【国民经济】2011 年，西固区完成生产总值 256.01 亿元，比上年增长 13.2%。其中：第一产业完成增加值 2.92 亿元，增长 5.2%；第二产业完成增加值 191.35 亿元，增长 12.4%；第三产业完成增加值 61.74 亿元，增长 15.5%。完成固定资产投资 139 亿元，增长 31.75%；社会消费品零售总额完成 73.33 亿元，增长 17.24%。城镇居民人均可支配收入、农民人均纯收入分别达到 17713 元和 8702 元，分别增长 15.33%和 14.7%。

【项目建设】全力促进重大项目建设。紧盯对全区经济社会发展具有长远影响的 35 个重大项目，继续采取指挥部模式，着力解决项目建设中存在的征地拆迁、安置补偿等问题，保证了东湾新滩城中村改造村民安置房、河口水电站等 16 个项目的顺利实施。围绕四大支柱产业，凝炼储备项目 169 项，其中过亿元项目 69 项；依托兰洽会平台，借助赴外参加展会等时机，加强与发达地区的产业对接，引进精品汽车城等一批项目，到位资金 45.64 亿元。积极搭建银企对接平台，促成驻区金融机构与几十家企业达成融资协议。

启动物流新城建设。物流新城发展战略规划和专项规划通过专家评审，并纳入全市第四版城市总体规划范围。围绕产业功能定位，着力促进项目对接和落地实施，引进宏马循环经济产业园等 8 个项目；申请设立兰州出口加工区，完成了兰州铁路集装箱中心站和铁路货运中心等物流核心项目的可研评审、土地预审、地质灾害评估。积极向上级部门、外地客商、新闻媒体广泛宣传推介，全方位争取政策、项目、资金支持。着力破解路网建设、村民安置、环境容量等方面的制约因素，加快推进西行线拓建改造工程，启动实施物流新城安置小区，争取调整了黄河二级水源地范围，对物流新城建设区域内的违法建设进行了集中整治。

【城市建设】多方筹措资金 6000 多万元，启动实施了西固中街 7#路、合水路北端 9#路和 91 条小街巷的拓建改造工程；全力配合实施牌坊路、南山路、公交枢纽站等市列项目，五O 四黄河大桥开工建设。加快城市改造步伐，玉门街、三毛厂等棚户区和兰高阀旧厂区改造项目启动实施，小坪村、西固村城中村改造项目有力推进，建成居民安置房 13.5 万平方米、新开工建设 15 万平方米。以开展“清洁兰州•靓丽西固”活动为主线，坚持集中整治和长效管理并重，加强对环境卫生、市容市貌、道路开挖等重点领域的综合整治，拆除违法建设 4650 平方米，整治户外广告 5060 平方米；投入 530 万元，对西行线沿线进行靓化提升，城市西出口面貌明显改观。扎实推进生态建设，新增改造城市绿地 4.6 公顷，改建小游园 3 个；集中开展重点污染源、餐饮业煤油烟、机动车尾气等六大专项整治行动，加快清洁能源改造，拆除燃煤锅炉 9 台、54 蒸吨。

【新农村建设】编制完成 15 个新农村建设规划，全区 70%的行政村实现“一村一案”规划建设；金沟乡地质灾害隐患点搬迁安置和陈坪街道农民安置项目有序推进。注重提升农业特色产业的规模和品质，双垄全膜覆盖种植面积达到 4300 亩，建成规模化养殖小区 10 个，青石台红枣新品种栽培技术在全市得到推广。进一步完善农村基础设施，建成安全饮水工程 3 项、改造提升水利工程 10 项，建成通村公路 15.9 公里。集体林权制度主体改革任务全面完成，林权证办证率达 100%。加大土地管理和开发力度，查处违法用地案件 18 起，开发整理土地 1420 亩。全面开展了第一次全国水利普查。

【商贸旅游】围绕打造西固区域性商贸中心，引进实施了 10 个重点商贸项目，启动运营华都天韵，扎实推进鸿安国际广场、古城市场等项目建设，商业步行街二期即将完工。城乡市场体系进一步完善，投资近 300 万元对存在消防和食品安全隐患的五一菜市场进行了改造提升，山丹街市场、石化十二街区特色餐饮一条街投入运营，庄西市场综合改造、新安路社区商业服务中心项目扎实推进，新建改造社区回收网点 13 个、新增商业服务网点 36 个，发展了一批省、市级农家店。加大旅游开发力度，按照全区旅游业发展总体规划，集中对达川三江口、关山森林公园等景区、景点环境进行了整治提升，通过举办一系列宣传推介活动，西固旅游资源知名度进一步提高。

【就业与社会保障】多渠道开发就业岗位，新增就业 7500 人；加大对城乡自主创业的资金扶持力度，办理城镇小额担保贷款 4000 万元，全面开展农村妇女小额担保贷款工作；新建劳务基地 4 个，完成劳务输转 24000 人，创劳务收入 2.2 亿元。社会保险覆盖面进一步扩大，完成五七工、家属工社会养老保险工作，新型农村合作医疗报销比例达到 70%；社会救助力度不断加大，累计发放城乡低保、大病救助、临时救济资金 4500 万元。保障性住房建设成效显著，开工建设福源小镇等 8 项保障性住房工程，实施了 200 户农村危旧房改造。社会福利事业加快发展，累计募集善款 130 万元，广泛开展扶贫济困活动；筹集资金 300 万元，在全省率先开展困难群众医疗义诊活动；为 228 名 90 岁以上老人发放高龄补贴 12.5 万元，建成老年人日间照料室 15 个。企业退休人员社会化管理服务工作走在全省前列。

【社会事业】切实加强科技工作，完成科技计划项目 25 项，通过“全国科技进步城区”复查验收。着力改善办学条件，完成校安工程 7 项，消除 D 级危房面积 7980 平方米，启动实施了 5 所幼儿园建设；“两基”迎国检工作通过省市预检。不断推进医疗卫生工作，免费为全区 2 万多名 65 岁以上老年人进行了体检，513 种基本药物实行零差率销售和统一采购、配送、定价，启动实施区中医院、妇幼保健院搬迁改造工程，成立了慢性病管理中心和健康管理中心。适时调整人口计生优惠政策，加大利益导向力度，全年用于人口计生的政策性资金达 600 万元，低生育水平进一步巩固；在全市率先实现城乡人口网格化到户管理并得到推广，为全区已婚育龄妇女提供了免费健康检查服务。广泛开展各类群众性文体活动，完成第七批国家级和省级文物保护单位申报，新建 5 条全民健身路径、5 个农村综合体育活动场和 8 个文化信息资源共享工程。进一步加强精神文明建设，新一轮文明城市创建通过省级测评考核。双拥工作成效显著，累计投入三千多万元建设区人武部和预备役一团新营区，双拥模范城创建实现“七连冠”。

【社会管理】加大矛盾纠纷排查调处力度，调解各类矛盾纠纷 890 件，调处率达 99%；综合运用“会商会诊”、县级领导包案接访等措施，妥善解决信访积案 15 件。加强社会治安综合治理，深入开展“春季攻势”、“百日严打”等专项活动，摧毁犯罪团伙 21 个，破案绝对数同比提高 22.9%。大力推进依法治区进程，新建 1 个省级标准化司法所、4 个乡镇法律服务所和 20 个法律援助工作站。强化安全生产监管，深入开展安全生产事故遏制行动和“打非治违”专项行动，构筑消防安全“防火墙”工程，安全生产形势继续保持平稳。加强应急管理和地质灾害防治，组建西固区应急救援大队，组织开展了各类专项应急演练；实施了达川、东川、金沟等5项地质灾害防治工程。加大市场经济秩序整顿力度，密切关注价格波动，强化平抑物价措施，城乡消费环境总体保持稳定。加强基层组织建设，全面完成第七届村委会和第四届社区居委会换届，调整合并社区14个；大力实施“民情流水线”工程，建成“三维数字社区”监控中心，社区管理水平进一步提高。

（左晴）

安宁区

【现任主要领导】

中共安宁区委书记：

严志坚（1月止）

席飞跃（1月任）

安宁区人大常委会主任：王永生

安宁区人民政府区长：

席飞跃（6月止）

甘培岳（6月任）

政协安宁区委员会主席：马玲媛

中共安宁区纪律检查委员会书记：

程　华（9月止）

魏万宏（9月任）

【基本情况】安宁区位于兰州市黄河北岸，全区总面积82.82平方公里。辖区分别与城关区、七里河区、西固区、皋兰县相接。区辖8个街道，共58个社区。总耕地面积2952亩，人均0.07亩；年末户籍总人口21.33万人，人口自增率3.48‰（计生）。区内百里黄河风情线纵贯全境，十里桃乡久负盛名。

【国民经济】全区人民在区委、区政府的正确领导下，把握率先跨越的发展主题，坚持和谐共进的发展方向，齐心协力、攻坚克难、开拓进取，全区经济保持平稳较快增长。2011年，安宁区实现生产总值88.16亿元，比上年增长19.7%。其中：第一产业实现增加值0.26亿元，增长4.9%；第二产业实现增加值52.75亿元，增长22.9%；第三产业实现增加值35.15亿元，增长15.3%。三次产业结构比为0.3∶59.8∶39.9。全部工业实现增加值41.32亿元，增长26.1%，其中，规模以上企业实现工业增加值38.9亿元，增长25.5%。完成全社会固定资产投资111.16亿元，增长35.6%；实现社会消费品零售总额36.81亿元，增长17.4%。地区性财政收入完成13.83亿元，增长13.54%，其中，地方一般预算收入完成5.33亿元，增长17.66%。

【“三农”工作】全年蔬菜播种面积4095亩，蔬菜产量9570吨，比上年增长6%；果园面积3299.8亩，水果产量4001吨，增长6%；肉产量422.35吨，增长30.6%；蛋产量220吨，增长91.3%；奶产量1518.9吨，下降1.6%。全年有效灌溉面积180公顷，农村用电量2345.5万千瓦时，农用化肥施用量（折纯）385.82吨，塑料薄膜使用量81.12吨。

城中村改造进展顺利，全区安居工程规划安置点达到9个、11个地块，已完成拆迁45万平方米、实现入住14.72万平方米，安置3388人，已基本建成安置房43.4万平方米。在建安置房约80.84万平方米，其中2011年新开工建设22.72万平方米。

依托仁寿山风景区旅游资源和多年来成功举办的“桃花旅游节”和“蟠桃会”等优势，以改造景区现有农家乐、提升景区整体功能为重点，以全力打造“生态人文宜居区”为目标，对仁寿山景区内农家乐采取“一户一方案”的办法进行土地流转、资源整合，创建以明清御街为代表的“兰州市安宁区城乡统筹旅游服务产业园”。

依托本土传统优质农产品——安宁白粉桃和“全国四大鲜桃原产地”在省内外的知名度，在已基本建成的安宁堡街道“优质桃标准化生产示范园”的基础上，加大土地流转力度，整合周边农户土地资源，不断扩大种植规模，提高生产标准和产品质量，使一产形成精品优势，增加农业附加值。

依托兰渝铁路货运编组站优势和甘农大、省农科院等驻区农业单位科研、技术力量，加大对刘家堡种子市场、桃海农产品批发市场的规模化、信息化、规范化建设力度，基本形成集农业信息服务，农资农产品生产加工、销售、仓储、物流为一体的综合性商贸园区，增强农业产业发展活力，缓解社会就业压力，辐射带动周边市县农业发展。

【项目建设】全区紧扣发展主题，创新招商方式、拓展招商领域、优化投资环境，招商引资工作取得新成效。全年新签项目46个，总投资47.61亿元，到位资金25.62亿元。其中，省外项目42个，总投资40.66亿元，到位资金19.97亿元。

重点项目进展情况：兰州新纪元汽车城项目已建成2家4S店，8家4S店正在建设中；兰州立达国际广场项目，19#、20#、22#安置楼地址勘察已结束并已出具施工图；安宁堡农家乐提升改造项目，一期12个院落主体结构与木结构屋架建设已全部完成；新建中油华油集团总部（一期工程）项目，土地征用款已全部到位，10#、12#楼及1#、2#、6#、7#、8#、11#地下车库工程开工建设；新建奇正集团产业化总部基地项目，项目立项、可研已经完成；兰州国际建材家居博览城建设（一期工程）项目，已完成土地“招拍挂”；安宁堡城中村改造（一期工程）项目，已完成土地附着物调查工作并正式签订协议93亩，49户；安宁国际汽配物流园项目，目前项目完成环评报告，市环保局已批复，现待市有关部门予以立项批复。

城乡建设方面：2011年2条续建规划道路竣工通车，新开工建设4条规划路，完成 4 公里农村公路建设；完成 31 条小街巷的整治，改造总长度约 12.054 公里；完成北滨河路、5133 路、健康路、578#等道路维修工作，完成大沙沟南段、楼梯沟西段洪道清淤；全年共完成拆迁 331 户（不包括亚行办、经济区），拆迁面积近 8 万平方米；开工建设培黎危旧房改造项目安置房 896 套，8 万平方米。

【人民生活】2011 年，全区新增城镇就业人员 3968 人，安置下岗失业人员再就业 1239 人，困难人员再就业 466 人；开发公益性岗位 72 个；城镇实有登记失业人数 484 人，城镇登记失业率 1.46%；就业技能培训人数 4656 人（不包含创业培训）；全年全区共输转城乡富余劳动力 6122 人。

城乡居民收入继续增加，生活水平不断提高。2011 年，城镇单位从业人员月均劳动报酬 3279 元，比上年增长 21.62%。在岗职工月均工资 3362 元，增长 21.46%。城镇居民人均可支配收入为 15521.58 元，增长 15.73%；消费性支出 11328.77 元，增长 3.41%。农民人均纯收入 9034 元，增长 14.8%；人均消费性支出 7362 元，增长 4.1%。

【环境保护】城区美化绿化水平不断提升。完成全民义务植树 53.5 万株，摆放盆花 70 万盆，破墙透绿 1225 米，新增城市绿地 25.1 公顷，全区绿化覆盖率达 35.35%，人均公共绿地面积达 11.92 平方米。

【社会保障】社会保险工作稳步推进。全区养老保险、失业保险、医疗保险参保人数分别达到 11240 人、3928 人、11846 人，征缴基金分别达到 5393 万元、234 万元、2220 万元；工伤保险参保人数 4576 人，工伤保险基金征缴额 92 万元；生育保险参保人数 6649 人，生育保险基金征缴额 143 万元，支出额 58 万元。

社会救助稳步推进，民生问题得到有效解决。全区享受城市低保的共 10120 人，增加 11.76%，累计发放保障金 2832 万元；农村低保 1182 人，增加 5.26%，累计发放保障金 134 万元；灾民生活救济费支出 16 万元；特困群众大病医疗救助金 324.2 万元；抚恤事业费 507 万元；城镇社会救济费 134 万元，农村社会救济费 34 万元。

【社会事业】教育工作开创新局面。新长风小学全面投入使用，沙井驿地区 4 所学校顺利整合，"两基"国检各项指标全部达到国检 6 方面 35 项指标考核要求。全区小学适龄儿童入学率 100%，残疾儿童入学率 100%，社区学校覆盖率 100%，青壮年非文盲率达到 100%。小学、初中教师继续教育合格率均为 100%，小学专任教师学历合格率达到 100%，初中专任教师学历合格率达到 98.5%。全区共有中小学 38 所，在校学生 26233 人，教职工 1876 人。

广播电视基础设施建设不断完善，广播影视数字化不断加强。2011 年新增有线电视用户 1450 户，有线电视覆盖率达到 100%；全区建有调频广播站 2 个，标准化街道广播站 6 个，广播覆盖率达到 100%；卫星地面接收站 14 个。

卫生事业全面健康发展，医疗卫生体制改革全面深化，服务体系逐步完善。全区区属卫生机构数共 41 个，病床位 461 张，卫生从业人员 485 人，其中：卫生服务中心（站）达到 27 个，社区卫生服务人员 242 人。

文化体育事业蓬勃发展。以节会为载体，多措并举，组织各种文化活动 20 余场次，参加人数达 8 万余人，成功举办了 2011 安宁区"信合之春"元宵节焰火晚会，开展了庆"三八"文艺汇演活动及庆"七一"歌咏比赛等活动。开展体育活动 20 余场次，参加人数达 12 万余人。举行了"迎新春"半程马拉松健身跑比赛，举办了甘肃省 2011（平安保险杯）围棋升级赛兰州西区比赛，圆满完成兰州国际马拉松赛安宁段、中国 MBA 黄河漂流赛安宁段组织工作任务。

（廖光谱）

红古区

【现任主要领导】

中共红古区委书记：咸大明（回族）

红古区人大常委会主任：

薛　顺（9 月止）

陈芦骐（9 月任）

红古区人民政府区长：韩显明

政协红古区委员会主席：

陈芦骐（9 月止）

常学明（9 月任）

中共红古区纪律检查委员会书记：

高文阳

【基本情况】红古区是兰州市的远郊区，位于甘青两省交界，东邻西固区、北接永登县，西南与永靖县及民和县隔河相望，处于连接甘青两省，肩挑兰州、西宁两大省会城市的独特区域位置。总面积 535.14 平方公里。109 国道、甘青铁路、甘青高速公路穿越全境，大通河出享堂峡与湟水河相汇并穿越全境，属温带大陆季风性气候，境内有 4 条自流灌渠，灌溉面积达 5.8 万亩。2 0 1 1 年来，户籍总人口 14.25 万，其中非农业人口 9.49 万人，共有汉、回、满、东乡、藏、土、壮、蒙古、朝鲜等 18 个少数民族。现辖 7 个乡（镇、街道），18 个社区居委会，38 个村委会。

【资源优势】矿产资源：已查明的矿藏主要有黑色金属、有色金属、贵金属、非金属等 11 种，矿种主要有煤、石油、油叶岩、铁、沙金、超基性岩、石英闪长岩、煤矸石、砾石等。其中煤矿储量丰富，原煤产量分别占全省的 13%和全市的 88.7%。因资源优势而伴生的水泥制造业得天独厚，发展较好。水泥产量占全省的 8%。

旅游资源：境内有 12 处历史文化遗址。海石湾恐龙化石遗址，是上世纪 40 年代中期出土的亚洲最大的恐龙化石，被中国著名古脊椎动物学家杨钟健先生命名为——马门溪龙，现藏中国古动物馆。红山大坪遗址和山城台遗址均为省级文物保护单位。

【国民经济】2011 年，红古区实现生产总值 80.33 亿元，比上年增长 15.2%。其中：第一产业实现增加值 6.03 亿元，增长 5.4%；第二产业实现增加值 56.27 亿元，增长 16.4%；第三产业实现增加值 18.03 亿元，增长 15%。规模以上工业实现增加值 46.56 亿元，增长 19.3%。完成固定资产投资额 41 亿元，增长 40.6%。实现社会消费品零售总额 19.61 亿元，增长 17.1%。城镇居民人均可支配收入达到 12608 元，增长 19%。农民人均纯收入达到 8505 元，增长 13.7%。

【项目建设】2011 年，全区共开工建设各类项目 120 项，项目开工率达到 78.6%，完成投资 41 亿元。共引进各类项目 23 项，总投资 15.99 亿元，引进到位资金 18.64 亿元。新希望饲料加工、60 万吨凝石水泥、9 万吨液态奶技改、3000 吨清真明胶生产线等一批项目已建成投产或进入试运行阶段，窑街煤电公司安全技改、尾气与瓦斯混合发电、方大振动成型及电极加工生产线、90 万吨商品混凝土、120 万吨精洗煤等一批项目抓紧建设，兰州蓝天太阳能光热新材料、28 万吨电解铝生产线、日产 4500 吨干法水泥生产线、省道 301 线海岗公路改扩建、20 万吨铝合金棒加工、新型防火保温材料生产线等项目前期工作进展顺利，这些重大项目的实施，为调整产业结构、转变经济发展方式带来了蓬勃生机。

【园区建设】一是工业园区建设实现重大突破。编制完成了兰州经济区红古园区总体规划和产业规划，投资 9053 万元的“三纵一横”主干路网和两个铁路涵洞已完成了征地拆迁、可研评审等前期工作，将于近日正式动工建设；投资 500 万元的园区管委会办公楼将于近日正式投入使用；投资 8000 多万元完成了生活区 2 万平方米商住楼、供热供水设施以及两条主干道路、水景广场建设，在全市构建“3+8”板块经济体系八个县区二级园区建设中走在了前列。

二是资源枯竭转型城市争取工作实现重大突破。高度重视争取国家第三批资源枯竭转型城市工作，精心编写各类申报资料，邀请新华社等主流媒体呼吁报道，积极向省、市汇报衔接，被省政府确定为全省唯一的城市进行申报，并多次赴国家发改委进行了专题汇报。11 月底，经国务院批准，国家发改委、国土资源部和财政部正式行文批复，将红古区列入了全国第三批资源枯竭转型城市名单。目前，2011 年中央财政转移支付的 1.25 亿元已拨付到位，为全区经济社会转型跨越发展注入了强大动力。

【城乡一体化】财政投入扶持资金 1800 多万元，建成了水车湾千亩新特菜基地，完成了青土坡千亩设施农业基地承包种植，新建优质核桃基地 5000 亩，花庄乳业、博壮等奶牛养殖小区加快建设，平安台万只特禽、宗家台 5000 只灰雁、薛家村 5000 头生猪、新庄台 1000 头烟台黑猪等养殖基地规模不断扩大。精心打造了区农业科技示范园区二期、上海石村 960 户搬迁安置楼、平安镇文化广场及湟兴村、王家庄 62 户农村新住宅等一批重点工程，有力加快了城乡一体化进程。

【民生保障】民生工作有了新加强。创业型城区创建工作深入开展，城镇新增就业 6693 人，劳务输转 12323 人。城镇职工“五大”保险、城镇居民基本医疗保险、城乡居民养老保险、新型农村合作医疗保险覆盖面进一步扩大，城乡低保、五保供养、廉租住房等救助政策全面落实，累计开工建设各类保障性住房 1154 套，承诺为民兴办的十件实事基本完成。特别是在民生工作中，小额担保贷款工作力度明显加大，城乡居民社会养老保险工作走在了全市前列，成功承办了全市创业促就业小额担保贷款集中发放仪式和全市城乡居民社会养老保险待遇首发仪式。

【社会事业】围绕“两基”迎检工作，累计投资 1264.2 万元，实施了校安工程、学校危房改造、教学设备配置等工作，建成了兰州七十中教学楼、青少年活动中心、红古乡幼儿园等一批教育基础项目。医药卫生体制改革顺利推进，完成了花庄镇和红古乡卫生院改扩建工程，区医院标准化改造项目开工建设。继续巩固计划生育国优服务区成果，全区人口出生率控制在 4.84‰以内。

【安全生产】广泛开展第十个“安全生产日”、安全生产事故遏制行动、食品药品安全专项整治等活动，彻底整治窑街矿区露天煤乱采乱挖行为，累计整改安全隐患近 200 条，取得了安全生产四项控制指标全面下降的好形势。

【社会管理】进一步建立健全了信访工作机制，深入开展了百名干部集中下访“三治理一化解”活动，妥善处置了一批集体上访突发事件，37 件重点信访案件全部结案。社会治安综合治理力度加大，特别是在全区重点区域安装视频监控探头达 270 个，有效提高了技防水平，社会治安形势明显好转。

（吴恭龙）

永登县

【现任主要领导】

中共永登县委书记：魏旭昶

永登县人大常委会主任：张礼才

永登县人民政府县长：杨　平

政协永登县委员会主席：

史存瑞（10 月止）

保元德（10 月任）

中共永登县纪律检查委员会书记：

赵承顺

【基本情况】永登县位于甘肃省中部，兰州市西北部，是古“丝绸之路”的重镇，河西走廊的门户。全县总面积 6090 平方公里，现辖 13 个镇、

5个乡、11个居委会、240个村委会、1534个村民小组，共有户籍人口52.3万人。海拔高度在1500～3200米，年均气温5.9℃，年均降水量290毫米，平均日照2659小时，无霜期121天。全县耕地137.78万亩，其中水浇地50.68万亩。

【国民经济】2011年，永登县实现生产总值89.4亿元，比上年增长16.6%。其中：第一产业实现增加值9.89亿元，增长5.1%；第二产业实现增加值45.13亿元，增长20.6%，其中，工业实现增加值35.33亿元，增长21.6%；第三产业实现增加值34.38亿元，增长15.1%。完成固定资产投资31.1亿元，增长41.3%。全社会消费品零售总额完成12.52亿元，增长17%。大口径财政收入完成5.06亿元，一般预算收入完成2.96亿元，增长16.4%；一般预算支出达到13.32亿元，增长20.3%。

【项目建设】2011年，永登县主要从两方面抓项目促进经济发展增强综合实力。一是统筹区域发展，加快开发产业园区建设步伐。按照“规划相统一、政策相协调、项目相承接、产业相互补”的原则，坚持把产业园区建设与多元支柱产业发展培育结合起来，因地制宜，科学谋划，全力助推兰州新区树屏产业园、兰州连海经济开发区庄浪河川产业园和大通河川产业园开发建设。各产业园编制完成了总体发展规划，基础设施、项目建设和招商引资工作全面推进，累计引进重大项目31个，计划总投资173亿多元，初步形成了大开发、大建设、大发展的良好局面。二是实施项目带动战略，县域经济持续快速增长。始终把项目建设作为加快发展的“生命线”工程，积极创新招商方式，着力提高招商成效，通过争取国家项目资金和全方位招商引资，充分发挥重大项目对经济的支撑作用和牵动效应。连铝25万吨熔铸和38万吨电解铝环保节能改造项目、腾达西铁产业升级余热发电、蓝星公司金属硅电炉等对全县经济的拉动作用明显增强。徐古高速公路永登段、中石油国家原油储备基地和兰石化原油生产运行储备库、武胜驿750KV变电站等重大交通和能源项目正在实施或投入运营，县域经济发展条件明显改善。

【城乡一体化】县城建设方面，累计投入资金9亿多元，相继实施了以道路和市政配套为重点的县城基础设施建设项目29个。重点实施滨河大道、引大路、祁连路、玫乡路以及胜利街和团结街延伸、人民街改造和县城主干道罩面等工程，“五纵八横”的路网架构不断优化。人民公园、迎宾广场、火车站广场、体育公园音乐喷泉广场等集休闲、娱乐、健身等功能于一体的综合性广场建设工程基本完工，城市品位明显提升。翻山岭水库城乡安全供水水源工程、城区生活污水处理厂、城市生活垃圾处理场等一系列市政配套工程顺利实施，城市综合服务功能日臻完善。总投资20多亿元，建成总建筑面积96万平方米的一批现代化商住小区，提升了城市总体形象。

农村基础设施建设方面，累计完成农村公路和交通基础设施项目535项、1200多公里，基本实现了“乡乡通油路、村村通公路”，全县路网结构进一步优化；实施农村饮水安全、灌区基础设施建设以及节水灌溉、梯田建设、小流域治理等工程，农民增收基础进一步夯实。同时，突出发展特色产业，农业发展的后劲不断增强。按照“一乡一业、一村一品”的发展思路，突出发展以红提葡萄、日光温室蔬菜为主的设施农业，以奶牛、肉羊、生猪为主的畜牧业，以高原夏菜、玫瑰为主的特色种植业，基本形成了秦王川灌区、庄浪河灌区、大通河灌区、西北片山区各具特色的农业产业带。特别是为促进农业和农村经济发展方式的转变，全县实施了强基增效惠民“四大工程”，并坚持重点支持农业和农村发展，走无害化、精细化、优质化、规模化的现代农业路子，使永登县农业和农村经济发展的后劲得到不断增强。

【人民生活】2011年，永登县城镇居民人均可支配收入突破万元大关，达到10009.7元，比上年增长13.6%，城镇居民生活质量稳步提高；城镇居民人均生活消费性支出为7155元，增长5.36%。2011年，永登县农民人均纯收入达到4053元，增长15%，农民人均消费支出水平同步上升，人均支出3937.3元，增长6%。城乡居民储蓄存款53.78亿元，增长19.9%。

保障房工作进一步加强。累计投入资金3845万元，城区廉租住房“惠民花园”一期工程150套已全部入住，二期工程150套已完成主体工程，即将入住，三期工程123套正在做前期准备工作；累计投入资金5500多万元，完成危旧房改造2.6万多户。连城林场棚户区改造项目以及吉利汽车有限公司、中铝连城分公司的经济适用房建设项目正在加紧实施。

【劳动就业】2011年，永登县千方百计扩大就业。坚持就业优先，在经济发展中促进就业。全年新增就业4200人，累计开发公益性岗位1234个，安置就业困难人员372名，为33名零就业家庭成员提供了就业岗位。争取并落实就业资金1570万元，发放公益性人员岗位补贴784.6万元、社保补贴354.8万元，落实职业培训补贴96万元、职业介绍补贴11.6万元。着力促进高校毕业生就业。积极与祁连山水泥集团公司开展合作，在公司安置了98名有就业愿望的高校毕业生。坚持公正、公平的原则，从高校毕业生和复退军人中公开招录公安文职人员和交通秩序管理员60名。为基层招考公务员、教师、医务、社保等工作人员共计306人；招考“三支一扶”人员10名。积极引导高校毕业生自主创业，帮助120名高校毕业生实现灵活就业，普通高校应届毕业生就业率达到80%。着力稳定和扩大劳务输出，2011年永登县输送务工人员达11万人以上。全年培训城乡富余劳动力6.2万人，完成劳务品牌培训500人，技能鉴定500人。为344名失业人员、回乡创业人员和农村妇女发放小额担保贷款3845万元，帮助他们走上了自主创业道路，带动1000多人实现了就业。强化职业技能培训，积极开展失业人员就业再就业、自主创业和技能提升培训，完成职业技能培训3200人，引导性培训6.2万人。

【环境保护】2011年，永登县环境保护工作紧紧围绕经济社会又好又快发展的战略目标，突出抓好环境监管、污染治理、生态环境保护、环境宣传教育等工作，环境质量有了明显好转。全年共审批17个建设项目，环评审批率达100%。预算总投资4210万元县城污水处理厂改扩建工程，主体工程已全部完成。对永登县企业进行了摸底调查，建立了规范的图文档案和电子档案，并对登记企业进行了详细的生产工艺以及污染物排放登记，登记企业185家，为永登县下一步的环境保护工作提供了基础性的数据资料。全年没有出现重大污染事故。2011年，永登县主要环境空气质量达到国家二级标准以上；主要河流和所有集中式饮用水源地水质达到国家Ⅲ标准以上；县城区域环境噪声平均等效声级小于55分贝。全县万元生产总值能耗比上年下降3.8%；规模以上工业企业万元工业增加值能耗比上年下降4.6%。

【社会事业】教育质量明显提升。累计投入5亿多元，重点实施了农村寄宿制学校、中小学危房改造、县城新城区小学、新城区幼儿园以及特教学校等一大批基础设施项目，教育资源得到更好的优化配置，教育结构和布局更趋合理，永登县办学条件进一步改善。医疗卫生事业稳步发展，累计投入资金8100多万元，重点实施了县医院综合医技大楼、县中医院门诊大楼及18个乡镇卫生院、123个村卫生所标准化建设，并为各乡镇卫生院和村卫生室配备了常规医疗设备，基层医疗卫生服务能力、急救能力、信息化办公能力逐步加强；农村新型合作医疗制度全面覆盖，农民参合率达到94.7%，城镇医疗参保率达到91%。

扶贫开发方面，累计投入各类扶贫资金8300万元，解决了2.25万贫困人口的温饱问题，贫困面有所下降。社会维稳方面，建立健全了“党委领导、政府负责、部门协同、社会参与”的群防群治维稳机制，创造了“推进重点、破解难点、关注热点”的“三点式”工作法，解决了一大批人民群众最关心、最现实、最直接的利益问题。同时，精神文明建设、民主法治建设、文化旅游事业、人口与计划生育、安全生产等各项工作不断加强，经济与社会各项事业全面协调可持续发展。

（魁建芳）

皋兰县

【现任主要领导】

中共皋兰县委书记：徐大武

皋兰县人大常委会主任：

张恩玉（10月止）

辛秀先（10月任）

皋兰县人民政府县长：宗满德

政协皋兰县委员会主席：

朱宗义（10月止）

魏泽邦（10月任）

中共皋兰县纪律检查委员会书记：

常千宗

【基本情况】皋兰县现辖3乡4镇，年末总人口18.27万人。总面积2556平方公里，耕地面积42.18万亩，其中水地面积22.18万亩，人均1.45亩。平均海拔1600米，年均气温7.2℃，年均降水量260毫米。气候温和，四季分明。县境与省城兰州、铜城白银和中川航空港零距离接壤，县城距兰州35公里、白银29公里，距兰州中川机场30公里，是兰州1小时经济圈的重要节点。交通四通八达。包兰铁路纵贯全境，白兰、柳忠、兰海高速公路，国道109线、312线和省道214线、201线贯通全县，乡村道路全部硬化。已经开通兰州至什川黄河豪华邮轮航线。

【资源优势】土地、水力、电力资源尤其丰富。县境南部区域九合至什川共有近30万亩土地可供开发，三川口工业园有连片土地1万亩，北龙口物流经济开发园区有可开发利用土地近万亩，与兰州经济开发区和西固石化城相接壤的南部区域可开发利用土地达2万多亩。黄河穿县境南部而过，引大入秦、西岔电力提灌、大砂沟电力灌溉三大水利工程覆盖全县，已建成120万方山子墩水库和城乡输水工程，日处理水量5000立方米。拥有装机22万千瓦、年发电10亿度的小峡水电站，容量30万KVA的220KV变电所1座，总容量24万KVA的110KV变电所3座，总容量48万KVA的330KV变电站1座，正在投资改扩建4座变电站。

旅游资源得天独厚。什川生态古镇万亩梨园被誉为“中国第一古梨园”。荣获陇原唯一“中国县域节庆最具潜力奖”，什川镇荣获“兰州最美丽乡村”称号。“天斧砂宫”丹霞地貌开发前景广阔。特色旅游景区的对外吸引力不断提升，累计接待游客85万人次，创收6800万元。

【国民经济】2011年，皋兰县实现生产总值32.29亿元，比上年增长16.6%，三次产业结构比为15.5∶59.1∶25.4。完成固定资产投资总额17.21亿元，增长43.11%。实现社会消费品零售总额4.79亿元，增长16.54%。完成地区性财政收入3.88亿元，增长38.1%，完成一般预算收入1.62亿元，增长38.9%。

【都市农业】按照“服务城市、发展农村、提升农业、富裕农民”的原则和“抓龙头、育产业、带基地、创组织、建队伍、拓市场、增效益”的要求，突出生产基地、示范园区、龙头企业三个关键环节，强力推进都市农业发展，着力打造都市农产品生产加工配送基地。县财政列支 710 万元，集中整合各类涉农资金 748 万元，强力推进 5 个万亩标准化示范基地和 7 个千亩设施农业示范园区建设，建成高原夏菜、富硒白兰瓜、旱砂西瓜、红砂洋芋、优质林果标准化示范基地 10.7 万亩，建立核心示范区 5 万亩，带动全县特色产业种植面积达到 22.4 万亩。全县新增设施农业 3000 亩，累计达到 2.7 万亩，初步形成一个乡镇一个千亩设施农业示范园区的生产格局，农业产业化、集约化、规模化发展水平显著提高，都市农业发展取得了新突破。

【项目建设】2011 年，皋兰继续落实招商引资各项优惠政策，加大企业家协会、商会招商平台服务力度，同时认真落实重大项目县级领导负责制和招商引资项目保证金制，积极推行指挥部模式，招商引资和项目建设实现了重大突破。全年共签约引进合同项目 30 个，合同引资 27.34 亿元，到位资金 12.7 亿元，比上年增长 86.49%。新引进项目中亿元以上项目 4 个，5000 万元至 1 亿元项目 14 个。工业项目 23 个，农业项目 1 个，商贸及其他项目 6 个。共争取实施政策性项目 53 项，总投资 4.83 亿元，开工建设 48 项，到位资金 2.03 亿元，完成投资 2.13 亿元，完成建设 35 项。

【城乡一体化建设】2011 年，按照“统筹谋划、典型示范、重点突破、梯次推进”的原则和“一主五副若干个中心村”的发展布局，以县城和小城镇建设为核心，以新农村建设为重点，加快推进城乡一体化进程，初步形成了以城带乡、以工促农的城乡一体化发展新格局。突出节点城市建设，继续实施县城“西扩南展”，投资 5670 万元的县城南部四期工程全面完工，县城南部路网框架基本形成。加快房地产开发建设，三汇沁园、源丰嘉园等住宅小区建设进展顺利。投资 2100 万元的安庆家园二期工程完成主体建设。投资 2980 万元的东湾河综合治理工程启动建设。加强县城东西两山绿化，投资 820 万元的石洞寺森林公园建设一期工程全面完工，新增绿化面积 2000 亩。同时，全面加快西岔工贸结合型、什川生态旅游型、忠和商贸物流型、九合新型工业物流型、黑石川工农双带型小城镇建设步伐，小城镇聚集功能和辐射带动能力明显增强。按照“先近后远、先易后难、先城后乡、先川后山”的原则和“五新一好”的要求及 20 项指标体系，全力推进新农村建设，初步形成了以点带线、以线带面、点线面梯次推进、协调发展的新格局。投资 6100 万元的“兰州北村”新村庄建设和投资 1.53 亿元的县城石洞寺路城乡一体化试点项目全面完工。

【民生民利】城乡居民生活水平继续提高。2011 年，全县在岗职工工资总额为 29320 万元，比上年增长 15.45%；在岗职工年平均工资达 35690 元，增长 14.55%。农民人均纯收入为 4257 元，增长 14.9%。城镇居民人均可支配收入为 8248 元，增长 15.1%。城乡居民储蓄存款余额 31.91 亿元，比年初增长 24.92%。

民生民利得到明显改善。2011 年，始终把解决群众最关心、最直接、最现实的利益问题作为首要任务，着力解决行路、饮水、就医、上学、住房、就业等事关群众切身利益的突出问题，努力提高人民生活水平，让广大人民群众共享改革发展成果。投资 2321 万元建成农村公路 77 公里，投资 1770 万元的县城至兰州新区快速通道连接线项目完成路基，投资 150 万元的甘土公路维修改造工程全面完工。投资 500 万元建成小型调蓄塘坝 8 座。投资 2976 万元的黑石中学等 14 项校舍安全工程全部开工建设，其中九合中学等 4 个项目已全面完工。投资 700 万元的 2 所公办幼儿园建设进展顺利。投资 2187 万元建成 201 套廉租住房，投资 2850 万元的限价商品房完成主体工程，投资 3.4 亿元的经济适用房建设进展顺利。投资 7550 万元的棚户区改造和投资 760 万元的公共租赁住房已启动建设。农村危房改造全面完成 600 户改造任务。大力发展劳务经济，输转城乡劳动力 3.1 万人，创劳务收入 2.83 亿元。

【环境保护】积极引导企业开展节能降耗技术创新和节能监察；实施节能监测并积极推进合同能源管理新模式；加大节能降耗、治污减排工作力度；采取重点用能企业能耗总量限额；严格控制“两高一资”企业引进建设，实行固定资产投资项目节能评估机制，对新、扩、续、改项目严格进行节能评估；制定《整顿黄羊头收费站周边小企业工作方案》；淘汰落后产能；加大节能技术改造力度，全县节能减排工作取得了良好的成效。2011 年，实施国家财政节能奖励项目 4 项；重点节能及循环经济项目 10 项；争取政策性项目 64 项，已落实到位 42 项；关闭小“地条钢”企业 4 户和砖厂 18 户；6 户淘汰落后产能项目已全部通过国家核查验收，共淘汰落后产能 11.52 万吨。

【社会事业】2011 年，深入开展和谐“五创”、“创先争优”和“行政效能建设年”活动，巩固省级精神文明先进县创建成果，创建模范岗、模范科室，各项事业协调发展，社会建设凸显新亮点。

科普工作成效明显。2011 年，通过科技部“全国县（市）科技进步考核”；科技部富民强县项目——《皋兰县砂田西甜瓜保护地生产技术集成与产业化开发》顺利通过国家验收；组织实施兰州威达化工材料有限公司的“新型‘β—二酸酮类萃取剂’的产业化”项目、兰州伟日公司的“利用耦合技术进行乳酸链球菌素发酵的产业化开发”项目和兰州金耐克公司承担的“高性能水泥集装袋”项目；争取国家科技创新基金80万元，市级以上科技计划项目5项，各类科技扶持资金129万元；建成3个市级“科普惠农兴村”示范基地，7个乡镇科普活动站和13个村科普工作室，科技事业的发展，为县域经济又好又快发展提供了强有力的科技支撑。

教育教学质量不断提升。2011年，以提高教育教学质量为中心，以办人民满意教育为目标，认真落实“两免一补”政策，继续健全“以县为主”农村义务教育管理体制，稳步推进教研教改，狠抓规范化管理和师资队伍整体建设，巩固和提升教育教学质量。“两基”迎国检工作圆满完成。基础教育事业稳步发展，义务教育阶段入学率达100%。推进教育创新，继续加大职业和成人教育，强化联合办学和农业实用技术培训。

医疗服务水平明显提高。投资2625万元的县医院门诊综合大楼、什川卫生院建成并投入使用，县医院晋升为二级甲等医院。投资75万元建成标准化村卫生所16所，投资900万元为县乡医疗机构配备医疗设备，县乡村公共医疗设施和公共卫生更加完善。新型农村合作医疗不断完善，2011年参合率达95.87%。结合卫十一项目实施，在全市率先开展住院总额付费试点工作，初步建立有效的控费模式。加快中医特色优势建设，在卫生监督所、疾控中心和县妇幼站建立了中医科室，完善了中医药发展的监管机制。加强卫生人才队伍建设，招录60名大专院校毕业生充实到乡镇卫生院。发挥支农医师传帮带作用，接受支农医师13人，对县医院及4个乡镇卫生院进行帮扶，促进和带动了基层卫生队伍建设。在全市率先探索开展县内分级培训模式，成立了3个县级培训中心，7个乡村培训点，医疗综合服务水平有了明显提高。

广电事业稳步发展，自办节目质量明显提高。广播电视“村村通”工程全面完成，有线电视数字用户累计达到4000户；有线电视用户累计达到2100户。广播人口综合覆盖率达96.41%；电视人口覆盖率达100.0%。

文体事业蓬勃发展。投资2350万元的皋兰体育馆完成主体。“一村一品”群众文化体育精品创建、农民健身、文化信息资源共享和农家书屋工程建设实现全覆盖。竞技体育水平不断提高，夺得省市运动会3金2银。

（魏孔英）

榆中县

【现任主要领导】

中共榆中县委书记：

胥　波（2月止）

周学海（2月任）

榆中县人大常委会主任：

冯德三（10月止）

黄宗利（10月任）

榆中县人民政府县长：王　林

政协榆中县委员会主席：

黄宗利（10月止）

谢志明（10月任）

中共榆中县纪律检查委员会书记：

唐伟尧

【基本情况】榆中县现辖8镇15乡、4个社区、268个行政村，年末总人口43.67万人，其中非农业人口4.82万人，农业人口38.85万人，有汉、回、壮、满等12个民族。全县总面积3301平方公里，现有耕地106万亩，其中水浇地29万亩，山旱地77万亩。全县海拔在1480～3670米之间，年均降雨量350毫米，蒸发量1450毫米，年平均气温6.7℃，无霜期120天左右。县域自然资源丰富，已探明的矿产品种有48种，石灰岩、白云岩、石英石、大理石等储量较大；境内有兴隆山、马啣山、官滩沟、青城古建民居等旅游风景名胜区。县城地处兰州市东郊，西靠兰州市城关区，东邻定西市安定区，西南与临洮县交界，北隔黄河与白银市相望，区位优势明显，距兰州市区30千米。境内312国道、109国道及宝兰铁路、兰渝铁路通过，道路交通发达。

【国民经济】2011年，榆中县认真贯彻落实市委“再造兰州”战略和“3+8”板块经济体系要求，进一步解放思想，创新思路，突出重点，真抓实干，开创了全县经济社会发展新局面，特别是生产总值、固定资产投资、财政收入等主要经济指标均创历史新高。全县生产总值达到58.4亿元，比上年增长15.2%；固定资产投资总额达到45.8亿元，增长43.7%；地区性财政收入达到5.7亿元，增长17.24%，其中一般预算收入达到2.53亿元，增长17.55%。

【产业发展】按照“一产抓特色、二产抓延伸、三产抓转型、整体抓提高”的要求，把经济结构战略性调整作为加快转变经济发展方式的主攻方向，做大做强特色优势产业，提升改造传统产业，大力发展战略性新型产业，形成特色鲜明、优势突出、集约发展的多元支柱产业体系。积极发展现代农业，完成双垄沟全膜种植33.3万亩、高原夏菜27.2万亩、商品洋芋22万亩。新发展农民专业合作社25家，新增土地流转面积1.5万亩，粮食产量稳定在1.5亿公斤左右。深入实施工业强县战略，建成联合重工、京兰水泥等14项工业项目。全县完成规模以上工业增加值26.46亿元，比上年增长18.86%。大力发展现代服务业，“万村千乡”市场工程稳步推进，“家电下乡”惠农政策全面落实，建成四星级宾馆及会展中心，提升了县城现代服务业的档次和水平。精心培育发展旅游业，制定出台《加快旅游业发展实施意见》，不断提升旅游业接待水平，全年实现旅游业收入1亿元。加快非公经济发展，制定出台了扶持非公经济发展的各项优惠政策，设立专项扶持资金300万元，为筹建中小企业信用担保中心奠定基础。积极搭建“政银企”融资平台，帮助企业贷款 5.1 亿元，有效解决了企业融资难的问题。

【城乡一体化建设】按照统筹城乡发展的要求，以县城和小城镇建设为核心，以新农村建设为重点，全面推进城镇化进程，构建以城带乡、以工哺农、城乡互动、协调发展的城乡一体化新格局。城乡基础设施逐步完善，建成通达通畅工程 143 公里，完成羊寨至马啣山雷达站、双店子至飞机场道路改造、4 所公厕选址建设、青城黄河大桥、城区供水扩建、南河公园和金牛山生态园续建等工程进展顺利。强化城市管理，投入资金 372.6 万元，积极推进“数字城管”工作，指挥中心正在加紧建设。加强生态环境治理，宛川河综合治理开工建设，建成经济林 3500 亩、三北四期防护林 6400 亩和绿色通道 15 公里，兴修梯田 3.1 万亩。大力实施农田节水灌溉工程，完成三电东二、西五两座大型泵站更新改造及西部农村饮水安全工程，中小河流治理、引洮工程榆中供水区等水利重点项目进展顺利。

【项目建设】2011 年，榆中县抢抓省市一系列扶持产业发展的政策机遇，积极争取项目，加大招商引资，实现了项目建设新的突破。全年共引进瑞鑫商贸物流园、大西北冰鲜食品物流中心等项目 40 项，总投资达到 49.14 亿元，到位资金 39 亿元。开工建设 34 项，项目投资额、资金到位量、开工率和推进速度均创历史最好水平。在重大项目建设中，积极推行“指挥部”模式，加强现场协调和督促检查，共实施市列重大项目 5 项、县列重大项目 49 项。

【扶贫开发】2011 年扶贫开发工作坚持以实施整村推进连片开发项目为中心，以产业开发和劳动力转移培训及实用技术培训为重点，争取各类扶贫资金 2621 万元。全面完成新营乡杨家营、马坡乡上庄、银山乡大滩和龙泉乡大坪 4 个村的整村推进项目。修建蓄水塘坝 2 处，拦水塘坝 2 处，截引工程 1 处，铺设 U 型渠 6.5 公里，输水管道 5 公里，维修渠道 25 公里；新修梯田 500 亩，平整砂化村组道路 13.5 公里；种植冷凉蔬菜 4250 亩，紫皮大蒜 50 亩；建成暖棚羊舍 100 座，引进品种母羊 300 只，投入种公羊 20 只，修建牛舍 160 座，引进黄牛 160 头。对 2250 名乡村干部、农民技术员进行了农业实用技术培训。争取产业化扶贫“项目贷款”贴息资金 38 万元，发展壮大高原夏菜主导产业。

【环境保护】以生态建设与环境保护为抓手，以提高能源、资源利用效率为核心，大力发展环保经济，切实提高生态文明水平。

推进生态建设。建成经济林 3500 亩，完成退耕还林 5000 亩。实施宛川河流域夏金段综合治理工程，新建河堤 13.8 公里，治理河道 7.7 公里。完成小流域治理 8 平方公里、水土流失治理 20 平方公里，兴修梯田 3.1 万亩。

加强环境保护。淘汰取缔了不符合国家产业政策的甘肃金源铁合金公司，华康水泥厂 3 万吨中空窑，兰州远东化肥公司停产搬迁；配合省市环保部门对永登永青化工厂 4.5 万吨遗留铬渣由榆钢公司进行了无害化解毒处理，有效地杜绝了危险废物安全隐患的发生。严把环境建设项目审批关，坚决杜绝重污染项目落户榆中县。2011 年共审批建设项目 24 个，否定 1 个选址不当或不符合国家产业政策的建设项目，从源头上控制了污染。

【人民生活】城乡居民收入继续提高。2011 年，全县在岗职工平均工资达 34573 元，比上年增长 11.15%。农民人均纯收入为 3581.83 元，增长 13.5%。城镇居民人均可支配收入为 9902 元，增长 14.31%。城乡居民储蓄存款余额 59.33 亿元，比年初增长 20.74%。

【就业与社会保障】就业再就业政策落实。安置失业人员 181 人，输转城乡富余劳动力 9.73 万人次，创收 7.84 亿元。积极开展妇女小额担保贷款试点工作，发放贷款 547 户 3377 万元，有力地促进了妇女就业创业和群众增收致富。

社会保障体系逐步完善。新型农村养老保险制度顺利实施，参合率达到 97.89%，城乡居民养老保险试点工作有序推进。新型农村合作医疗制度全面落实，参合率达到 95%，同时，特困群众、残疾人、重大疾病患者和慢性病患者等新农合优惠政策得到落实，群众“看病贵”问题逐步缓解。

城乡困难群众生产生活得到高度关注。认真落实保障性住房建设任务，建成廉租房 100 套、经济适用房 400 套，改造农村危旧房 400 户。争取到位各类民政资金 1.1038 亿元，其中：城乡低保资金 6675.16 万元，各类优抚资金 598.952 万元，城乡医疗救助资金 620 万元，救灾救济资金 2655.95 万元，五保供养资金 354.02 万元，老龄资金 11.38 万元，社会福利资金 121.8 万元，极大地缓解了群众生产生活困难。

【社会事业】科教兴县战略不断深入。投资 4000 万元改善办学条件，改建、新建学校 18 所，加大教学仪器、实验器材、图书等的配备力度，狠抓规范化管理和师资队伍整体建设，巩固和提升教育教学质量，不断提高办学水平，顺利通过“两基”迎国检工作。

医疗卫生体制改革步伐加快。完善九项公共卫生服务，居民健康建档率达到 80%，建成标准化卫生所 15 个，县中医院整体搬迁项目开工建设。建立完善卫生人才流动机制，对 79 名有专业特长人员进行了交流，妥善安置 65 名新招录大学生到基层乡镇从事卫生工作，医疗综合服务水平有了明显提高。

广电事业稳步发展。广播电视“村村通”工程全面完成，有线电视用户累计达到 3544 户，有线电视数字用户累计达到 1017 户，广播人口综合覆盖率达 96.3%，电视人口覆盖率达 100%。

文体事业蓬勃发展。投资80万元为8个乡镇综合文化站共配发了信息资源共享工程设施设备，投资126万元建成45个农家书屋，利用省市体育彩票公益金配发的器材，为12个村配备了篮球架和乒乓球台，为20个村配发了健身路径。积极组稿参加各类文艺展出活动，有60余篇（幅）文艺作品在省内外各地文艺刊物发表，其中20余篇（幅）获省、市奖项。

（裴红伟）

嘉峪关

【现任主要领导】

中共嘉峪关市委书记：

马光明（ 7月止）

郑亚军（ 8月任）

嘉峪关市人大常委会主任：

郭成录（11月止）

祁永安（11月任）

嘉峪关市人民政府市长：

郑亚军（ 9月止）

柳　鹏（11月任）

政协嘉峪关市委员会主席：

周　生（11月止）

焦玉兰（11月任）

中共嘉峪关市纪律检查委员会书记：

焦玉兰（ 3月止）

边玉广（ 3月任）

【基本情况】嘉峪关市位于甘肃省西北部，河西走廊中部偏西，是古丝绸之路的交通要道，是明代万里长城的西端起点，也是丝路文化和长城文化的交汇点，因举世闻名的万里长城天下第一雄关而得名，自古以来就被人们称为“河西重镇、边陲锁钥”。嘉峪关市是随着我国西北最大的钢铁联合企业——酒泉钢铁（集团）公司的建设而发展起来的一座新兴工业旅游城市，1965年设市，是亚欧大陆桥重要组成部分。2009年12月，嘉峪关市设立三个区，即长城区、镜铁区、雄关区。三个区为市委、市政府的派出机构。三个区下辖三个镇、八个街道办事处和一个镜铁山矿办事处。全市总面积3000平方公里，城区规划面积260平方公里，建成区面积91平方公里，城市常住人口23.32万人，城镇化率达到93.3%。

【国民经济】2011年，嘉峪关市经济跃上新台阶。全年实现生产总值235.54亿元，比上年增长17.4%。其中：第一产业增加值3.1亿元，增长8.0%；第二产业增加值192.98亿元，增长18.8%；第三产业增加值39.46亿元，增长12.2%，其中，批发和零售贸易业增加值9.95亿元，增长12.3%，金融保险业增加值3.4亿元，增长14.5%，房地产业增加值2.6亿元，增长9.5%。三次产业结构由上年的1.3∶80.2∶18.5调整为1.3∶81.9∶16.8，与上年相比，第二产业所占比重上升1.7个百分点，第三产业所占比重下降1.7个百分点。地区性财政收入完成33亿元，是2006年的1.9倍，年均增长14.2%，比上年增长24.6%。五年累计完成固定资产投资310亿元。

【“三农”工作】按照“规划先行、以点带面、整体推进”的思路，以超前的理念统筹城乡布局。把城乡作为一个整体全盘考虑，对城乡空间布局、产业发展、基础设施建设、社会事业发展与生态环境保护等统筹规划，推进分散农户集中连片居住，实现土地资源集约高效利用。进一步加大资金投入，整合资源，全面提升农村交通、水利、电力和通信等基础设施水平，不断改善农村居民生产生活条件。2011年，农民人均纯收入9304元，比上年增长18.3%。城乡居民人均收入比2.09∶1。财政投入“三农”的资金增长17.5%，高于财政一般公共服务支出11.25个百分点。改造了766户农村特困群众危房和198户农村残疾人危房。农户砖混砖木住房比例75%，村镇生活垃圾无害化处理率达到90%，农村孕产妇住院分娩率100%，村卫生室达标率100%，农村养老保险覆盖率达到95.6%。农村居民生活全面改善。

【优势产业】酒钢钢铁主业产品包括碳钢和不锈钢两大系列，主要产品有碳钢系列的高速线材、高速棒材、中厚板材、热轧卷板、冷轧薄板以及不锈钢系列的热轧卷板与冷轧薄板等上百个品种。2011年，酒钢位列中国企业500强第144名、中国制造企业500强第66名。酒钢已通过ISO9001：2000版质量管理体系和ISO14001环境管理体系认证，理化检验通过了国家实验室认可。其中，A、B、D级船板钢通过中国、英国、挪威、德国和日本五国船级社认证，热轧带肋钢筋获得国家产品质量免检证书。钢铁产品分别荣获中国冶金工业协会“金杯奖”、冶金行业“品质卓越产品奖”和甘肃省“名牌产品”称号。紫轩酒业，是中国第一家通过国际国内有机产品双认证的葡萄酒生产企业，生产的紫轩系列葡萄酒屡获殊荣。2010年，紫轩葡萄酒名扬上海世博会，被联合国馆指定专用并获“千年金奖”，紫轩商标也被评为中国驰名商标。2011年12月，特色铝合金节能技术改造45万吨工程建成投产。旅游产业快速发展，东湖生态景区和紫轩葡萄酒庄园继嘉峪关关城之后，成功创建国家“4A”级旅游景区，2011年接待旅游人数达到220万人次，增长32.2%。城市建设管理取得新进展，城市品牌效应进一步增强。

【项目建设】扎实开展“项目建设年”活动，认真落实市级领导干部包抓重大项目责任制，全年共实施建设项目150项。已建成华电10mwp光伏电站、讨赖河北岸9兆瓦、西戈壁滩9兆瓦光伏并网发电工程，三个项目建成后，年发电量可达4813万千瓦时；讨赖河嘉峪关市区生态环境治理二期工程计划总投资1.4亿元，完成投资1.1亿元；酒钢污水处理厂建设工程日处理污水16万立方米；酒钢产品酒钢调整项目炼铁系统新建21000m^3制氧工程每小时生产纯度99.6%氧气

$21000Nm^3$；酒钢产品结构调整炼铁系统项目烧结工程年产整粒冷烧结矿 280×104 吨；酒钢产品结构调整炼铁烧结系统公铺设施——料场改造及综运项目，嘉北料场每年受料能力 550 万吨，供料能力 798.5 万吨，保证 4#烧结机和 7#高炉生产所需用料；酒钢产品结构调整炼铁系统项目高炉系统工程年产合格炼钢铁水 145×104 吨。

加强基础设施建设，推进农村城市化。实施续建讨赖河嘉峪关市区段生态环境治理工程，改建大草滩水库除险加固工程，新建文殊沙河治理等项目。发展节水灌溉面积 1000 亩，推广高效农田节水技术 3.6 万亩，加快推进节水型农业建设。

【人民生活】人民生活显著改善。城镇居民人均可支配收入由 2006 年的 11815 元增长到 2011 年的 18931 元，年均增长 9.9%；农民人均纯收入由 2006 年的 5194 元提高到 2011 年的 9304 元，年均增长 12.4%。人均住房建筑面积达到 38.4 平方米。

【扶贫开发】养老、医疗、失业、工伤、生育五大社会保险和最低生活保障、社会救助体系全面建立。五年累计办理省市确定的惠民实事 97 件，有效解决了人民群众在就业、住房、教育、医疗、社保、治安等方面存在的突出问题。2011 年，下发各类优待抚恤补助资金共计 271.9 万元。按照自然增长机制，调整提高了部分优抚对象的抚恤补助标准，在乡老复员军人年定补达到 5500 元，带病回乡退伍军人年定补达到 3221 元，农村义务兵家庭优待金达到 7856 元/年，退役士兵待安置期间生活补助费、未就业随军家属生活补助费均达到每人每月 230 元。完成了年龄在 60 周岁以上、未享受国家定期抚恤补助的农村籍退役士兵和铀矿开采军队退役人员信息采集和身份核实认定工作，退役伤残人员换证工作，完善了优抚对象信息库。对重点对象稳控管理的长效机制进行了完善。

【环境保护】嘉峪关市医疗废物集中处置中心总投资 722 万元，于 2010 年 8 月投入试运行，2011 年 4 月 17 日通过了省环保厅组织的验收，中心采用高温高压蒸汽灭菌处理工艺，日处理医疗废物 3 吨。酒泉钢铁（集团）有限责任公司 16 万吨污水处理回用工程，处理后的污水大部分回用于酒钢厂区各生产用户，提高了该公司工业废水回用率。开展嘉峪关市农村环境连片整治工作，嘉峪关市是全省农村环境整治重点示范市，农村垃圾收集清运覆盖三镇 17 个行政村，开展了城市饮用水水源保护区标志设置工作。

【社会保障】城乡居民社会养老保险率先实现系统上线运行人力资源和社会保障基层公共服务平台体系信息化建设。把街道社区建设和扩大就业及实施再就业援助工作有机结合起来，拓宽街道社区就业渠道，引导和帮助下岗失业人员在街道社区服务领域实现再就业，结合劳动保障监察"两网化"建设，在全市 7 个街道和 3 个乡镇设立劳动保障事务所，在 69 个社区、17 个自然村建立了劳动保障工作站，从下岗失业和高校毕业生中招聘了 265 名劳动保障协理员，并协调市财政投资 351.25 万元，统一配备了 201 台电脑、87 块 LED 显示屏等办公设备，建立了统一的劳动保障街道社区网络平台。健全街道社区劳动保障工作考核制度，实现了人力资源和社会保障基层公共服务平台体系机构、人员、经费、场地、制度、工作"六到位"，建立了零就业家庭就业援助长效机制，累计新增就业人员 2.5 万人。从而为人力资源和社会保障基层公共服务提供了强有力的保证。

【社会事业】坚持教育优先发展，投资 1.6 亿元改善办学条件，加强师资队伍建设，教育质量稳步提高，顺利实现了"两基"工作目标。累计投入 8000 多万元改善城乡医疗卫生条件，政府举办的基层医疗机构和部分民营医疗机构实行了基本药品零差率销售。科技创新能力不断增强，完成省、市科技项目 328 项，获得省级以上科技进步奖 15 项。文化事业稳步发展，图书馆新建和文化馆维修改造项目进展顺利，建成了数字影院和 52 个社区活动场所，博物馆实行免费开放，第三次全国文物普查工作圆满完成。成功举办了国际铁人三项赛、航空滑翔节、汽车越野拉力赛等品牌赛事活动。扎实开展全国文明城市创建活动。荣获全国双拥模范城"四连冠"。妇女儿童发展规划全面达标。全国社会管理创新综合试点工作稳步推进，健全维稳和矛盾排查调处机制，创新流动人口管理措施，实施了 10 个居民小区封闭改造，建成了 20 个居民小区门禁系统和视频监控系统，"平安嘉峪关"建设效果显著。

（高杰　夏志国　刘婕）

金昌市

【现任主要领导】

中共金昌市委书记：

郑玉生（ 9 月止）

张令平（ 9 月任）

金昌市人大常委会主任：

郑玉生（ 1 月止）

张连根（11 月止）

方银天（11 月任）

金昌市人民政府市长：

张令平（ 9 月止）

张应华（ 9 月任）

政协金昌市委员会主席：

姚忠兴（11 月止）

李生伟（11 月任）

中共金昌市纪律检查委员会书记：

李　银（10 月止）

马　森（10 月任）

【基本情况】金昌市地处甘肃省河西走廊东段，祁连山北麓，阿拉善台地南缘。北、东与民勤县相连，东南与武威市相靠，南与肃南裕固族自治县相接，西南与青海省门源回族自治县搭界，西与民乐、山丹县接壤，西北与内蒙古自治区阿拉善右旗毗邻。2011年末，金昌市常住人口46.59万人，总面积9600平方公里，下辖永昌县、金川区，全市共有12个乡(镇)，6个街道办事处。金昌因盛产镍而闻名于世，被誉为祖国的“镍都”。

【国民经济】2011年，金昌市完成生产总值232.75亿元，比上年增长15.7%。第一、二、三产业分别实现增加值12亿元、182.4亿元和38.35亿元，分别增长5.5%、17.1%和12%；完成全社会固定资产投资130.71亿元，增长23.66%；实现社会消费品零售总额43.32亿元，增长17.1%；完成大口径财政收入28.02亿元，增长19.32%；地方财政收入11.38亿元，增长11.37%；城镇居民人均可支配收入20074元，增长13.55%；农民人均纯收入达到6709元，增长12.7%。

【项目建设】重点项目建设进展顺利，固定资产投资稳定增长。2011年，金昌市完成全社会固定资产投资130.71亿元，比上年增长23.66%。其中：中央、省属完成投资61.45亿元，下降5.15%；地方完成投资69.26亿元，增长69.27%。完成房地产投资6.44亿元，增长33.47%。

全年共安排重点建设项目58项，开工建设50项，开工率达到86.21%。金昌支线机场通航、金阿铁路通车、金川公司20万吨铜项目投产。市传媒中心、金昌大剧院、金昌监狱、金昌客运汽车站、金川公司6万吨镍、金武高速公路、金昌车用天然气工程，中科光电5兆瓦光伏发电、市区2×330兆瓦热电联产、中国三峡能源金昌风电项目、镍都实业公司技能改造项目、鑫华150万吨捣固焦及300万吨重介洗煤项目、东华20万吨特钢项目、金化集团“2030”项目、金泥40万吨电石技改、镕凯20万吨电石、嘉森60万吨洗煤项目等一批重点建设项目进展顺利。

招商引资工作卓有成效。2011年共实施招商项目122项，其中，新建项目90项，续建项目32项，引进到位资金31.5亿元，比上年增长16.06%。

【资源优势】矿产资源：金昌市共发现矿产地101处。其中黑色金属矿产15处，有色及贵金属矿产21处，能源矿产11处。矿种包括铁、铬、镍、铜、钴、金、银、铂、磷、硅石、萤石、膨润土、建材花岗岩、煤、石油等41种。其中镍矿储量丰富，列世界同类矿床第三位，铜矿储量居中国第二；镍和铂族金属产量占全国的90%以上，是国内最大的镍钴生产和铂族贵金属提炼中心。

旅游资源：境内文物古迹较多，有新石器时代的鸳鸯池、二坝遗址；有西汉时期的骊靬遗址、汉明长城以及为数众多的汉墓群；有唐代圣容寺塔；有被誉为“河西中天一柱”的明代永昌钟鼓楼；有以北海子塔为主的古建筑群。

【优势产业】结构调整成效明显，工业主导地位更加牢固。2011年，金昌市实现工业增加值163.86亿元，比上年增长17.62%。镍、铜、钴和化工等工业主导产品产能大幅提升，分别达到15万吨、60万吨、1万吨和400万吨；金昌市循环经济发展亮点凸显，有色金属、化工等7条循环经济产业链不断延伸，形成了独具金昌特色的循环经济发展格局，被列为甘肃省循环经济示范区，金川集团公司被列为全国首批循环经济示范企业。金昌经济开发区升级为国家级经济技术开发区，金川新材料工业园、河西堡化工循环经济产业园和永昌工业园初具规模，形成了“一区三园”的发展格局。金昌市先后被确定为新材料产业国家高技术产业基地、国家新型工业化产业示范基地。特色产业种植面积达到90%以上，优质肉羊、啤酒大麦、无公害蔬菜、食用菌等优质高效节水现代特色农业快速发展。现已培育农业产业化市级龙头企业30家、省级17家、国家级1家，70%以上的农产品实现加工增值，农业标准化覆盖率达到80%，高于全国和全省平均水平。

【“三农”工作】农业经济整体运行平稳。2011年，金昌市实现农业增加值12亿元，比上年增长5.5%。全年农作物播种面积达到107.45万亩，较上年增加1.74万亩。其中粮食作物播种面积74.35万亩，较上年增加2.05万亩。粮食产量达到33.02万吨，增长6.93%。蔬菜产量57.54万吨，增长15.09%。

全年新建万只羊场2个，千头牛场3个；新建标准化养殖小区(场)23个，总数累计达到130个。畜禽总饲养量达到224.14万头(只)，比上年增长2.76%。拥有农业机械总动力91.57万千瓦，比上年增长2.52%；农用拖拉机4.55万台，增长1.56%。农机化综合作业水平达到77%。已建立农业标准化示范点6个，落实示范面积15.52万亩，特色优势作物标准覆盖率达到90%。全市共建立农村土地承包经营权流转示范点24个，建立农村土地流转市场3个，新增土地流转面积11.37万亩，土地流转率达到17%。全年共新建农村沼气220户，累计建成14551户。

【人民生活】劳务输出、再就业工作稳步推进，城乡居民收入快速增长，生活质量进一步提高。2011年，金昌市居民人均可支配收入达到20074元，比上年增加2395元，增长13.55%；人均消费性支出16698元，增长17.7%。城镇居民人均住房总建筑面积31.41平方米。农村居民人均纯收入达6709元，比上年增加756元，增长12.7%。农民人均生活消费性支出7430元，增长106.6%。农村居民人均房屋面积达到38平方米。全市年末在岗职工7.05万人，下降0.7%；在岗职工年平均工资46730元，增长10.99%。

【扶贫开发】城市低保标准提高到230元/月，农村低保标准达到1100元/年；在全省率先建立了城乡一体的社会救助体系，国有企业职工养老保险实现省级统筹，医疗保险、失业保险、工伤保险和生育保险实现市级统筹；率先实现城乡居民基本医疗保险一体化，参保率分别达到99.08%和95.08%，提前实现省上提出的“四个全覆盖”目标。新型农村社会养老保险参保率达到98.07%。校安工程加快实施，撤并农村中小学63所，建成寄宿制学校25所，新建城市学校9所，改扩建校舍面积25.89万平方米，消除危房25万平方米，在全省率先普及高中阶段教育，率先免除中等职业教育学费和城乡中小学学杂费。

【环境保护】环境保护力度不断加强。全年金昌市完成环境治理项目27项，投入资金3.18亿元。全市化学需氧量排放量为1.42万吨，比上年增长1.88%；氨氮排放量0.55万吨，增长3.34%；二氧化硫排放量11.64万吨，下降1.56%；氮氧化物排放量3.03万吨，增长3.44%。市区环境空气质量污染综合指数为2.13，二级和好于二级天数达到344天。全市万元生产总值能耗下降3.81%。城市污水处理率98.85%；城市生活垃圾无害化处理率100%；建成区绿地率28.28%；建成区绿化覆盖率30.49%；城市人均公园绿地面积14.28平方米；人均城市道路面积22.72平方米。“五城联创”工作取得新进展，金昌市被命名为国家卫生城市、全国残疾人工作示范城市，第六次荣获“全国双拥模范城”称号。

【就业与社会保障】社会保障水平不断完善。全年全市城镇新增就业人数8655人，全年共接收应届高校毕业生1458人；城镇登记失业人员3786人，城镇登记失业率3.72%。全年创劳务收入8.4亿元，输转人数8.31万人。全市参加城镇基本养老保险的职工55456人；参加城镇失业保险人数7.86万人；参加城镇职工基本医疗保险人数11.61万人，参加工伤保险人数7.03万人；参加城镇职工生育保险人数1.49万人；农村社会养老保险投保人数14.71万人。城市低保对象1.91万人，发放低保资金4883.15万元；农村低保对象12187人，发放低保金1098.21万元。

【社会事业】社会事业全面发展。全年组织实施科技计划项目69项，安排市拨科技三项费240万元。共申报国家（省）级科技项目24项，批准立项10项，其中国家级项目5项、省级项目5项；受理专利申请250件，已授权150件。

全市现有普通中小学91所；在校中小学生65847人。全市现有幼儿园67所，其中公办11所、民办56所。3～6岁儿童入园率达到65%；农村幼儿学前一年受教育率达到90%。全市高中阶段毛入学率达到100.4%；普通高考专科以上上线率93.9%。中小学三类残疾儿童入学率达到91.04%。全市成人和青壮年识字率均达到99.13%。

全市共有各种艺术表演团体1个，文化馆2个，公共图书馆2个。公共图书馆藏书总量24.5万册。已建成农家书屋138个，乡镇综合文化站12个，村文化室138个，社区文化中心34个。有线电视用户6.7万户，其中已转换数字电视用户6.5万户。广播和电视综合人口覆盖率分别达到85.77%和91.43%。全年城乡共组织放映公益电影1889场。

全市共有卫生机构534个，其中：医院9所，乡镇卫生院12个，村级卫生室138个。卫生机构拥有床位数1910张；卫生机构人员总数3578人；卫生技术人员2962人，其它卫生技术人员784人。城市社区卫生服务机构覆盖率达到100%。孕产妇、婴儿、5岁以下儿童和新生儿死亡率分别为0、11.52‰、12.42‰和9.39‰；孕产妇住院分娩率保持在100%；国家免疫规划疫苗接种率平均达到98.37%；婚前医学检查率达到78.93%。

（蔺彧）

金川区

【现任主要领导】

中共金川区委书记：

王春江（4月止）

常家有（5月任）

金川区人大常委会主任：李发祯

金川区人民政府区长：

常家有（5月止）

义战鹰（5月任）

政协金川区委员会主席：

张俊礼（8月止）

徐　峰（8月任）

中共金川区纪律检查委员会书记：

丛　涛（8月止）

田世伦（8月任）

【基本情况】金川区系金昌市人民政府所在地，是全市政治、经济、文化和社会活动中心，是新兴的工业城市，又是我国最大的镍钴生产基地和铂族元素提炼中心。东邻民勤，西靠山丹，南接永昌，北连内蒙古阿拉善右旗。区内常住人口22.97万人，总面积3019平方公里，辖2个镇和6个街道办事处，27个行政村，16个社区居委会。属于典型的温带大陆性气候，光照充足。

【国民经济】2011年，金川区完成生产总值188.35亿元，较上年增长16.32%。其中：第一产业增加值2.81亿元，增长5.28%；第二产业增加值160.46亿元，增长17.1%；第三产业增加值25.09亿元，增长12.38%。实现地方财政收入2.44亿元，增长4.87%。全区完成全社会固定资产投资92.97亿元，增长37.71%。实现社会消费品零售总额30.28亿元，增长18.1%。城镇居民人均可支配收入达20074元，增长13.55%；农民人均纯收入达到7780元，增长14.11%。

【都市型农业建设】立足发展都市型现代农业，进一步修订完善了18项产业化扶持政策，大力推进“菜篮子”工程、设施农业、养殖园区和高效节水特色农业建设。全年共播种各类农作物22.02万亩，其中特色作物种植8万亩，占农作物种植面积的36%以上。着力发展设施农业，新（改）建日光温室361座、塑料大棚50座，发展小拱棚西瓜980亩。粮食、油料、蔬菜产量分别达到5.48万吨、0.93万吨、11.14万吨。加快畜牧业发展，积极扶持发展专业养殖场（户）和养殖小区，新建养殖小区8个、肉牛繁育场2个、高标准暖棚圈舍3313余间，规模养殖户达到2694户。全年猪、羊和肉牛出栏分别为2.07万头、5.30万只、0.18万头，肉、蛋、奶产量分别达到2598吨、460吨和1500吨。加快农业标准化建设，引进鲜食玉米、红辣椒等农作物新品种40个，完成试验示范田18亩，新建标准化生产示范基地3万亩，全区标准化示范面积累计达到14万亩。围绕特色优势产业基地建设，扶持建成红辣椒、啤酒大麦、鲜食玉米等各类专业合作社24个，发展农产品营销大户7户，农产品营销专业人员达到1200人，农业产业化水平不断提高。

【工业经济】认真贯彻工业跨越式发展战略，持续发展新型工业，推进企业优化升级，工业经济效益不断提升。全年实现工业增加值144.58亿元，增长17.63%；地方工业企业实现增加值12.43亿元，增长15.63%。金川集团公司全年实现营业收入1200亿元，成为甘肃省首家“千亿企业”。黄河麦芽、同美肠衣等企业效益持续回升，沃力宝生物有机肥、科达环保、恒泰井圈井盖等企业技改扩能项目顺利实施，双丰辣业争取到中央技改补助资金120万元，产能进一步提高。冠百工贸完成自动化控制系统建设，年产值可达7500万元；鑫昌工贸整体租用华德林场房设备扩大生产规模，年产值有望达到1亿元；源达果品果蔬粉加工项目即将建成投产，年产值达到6000万元。进一步加强对企业的节能降耗工作，全面推进清洁生产，对1家化工企业和1家造纸企业申请了淘汰落后产能补助资金。大力发展新能源产业，引进大企业进行石油勘探和风电、光伏发电的开发利用，光伏发电一期5兆瓦项目已开工，金川区49.5兆瓦风力发电项目，正在进行立塔测风工作。

【项目建设】紧紧围绕国家产业政策和投资导向，大力推进项目建设和管理，2011年全区共安排重点建设项目56项，其中新建项目29项、续建项目27项。农林水利方面，中低产田改造项目已完成农田防护林413亩、修筑机耕路23.7公里。天高公路农业产业化示范园区续建项目初具规模，完成葡萄种植190亩，新（改）建牛羊圈舍10栋。金永高速、金东公路绿化等林业工程已完工，人工造林2952亩，封山（滩）育林1.8万亩。人畜饮水工程进展顺利，铺设人饮管道114公里；维修改造渠道1169公里，节水灌溉示范工程已完工。交通方面，中东公路、宁龙公路、陈油公路、安阳河桥新（改）建等项目已全部完工。同时，积极配合市上做好金永高速、金阿铁路、金昌支线机场等项目建设。新农村建设方面，共改造农村危旧房2400套，建成6个村级文体活动广场，开工新建了高崖子新村、中牌等2个村级文化中心，硬化宅前道路6.7公里，完成了马家崖、中牌等村道路硬化铺装14.7万平方米，天庆家园南京路商业街主体工程和西坡新村幼儿园已完工，天庆家园高岸子新村建设项目一期工程已开工建设。社会事业方面，1080套5.3万平方米廉租住房建设项目全部完工，并交付使用。东四沟小学宿舍食堂工程主体已完工，区二小教学楼、综合楼建设已基本完工，并实现招生。金川区“三馆”建设项目正在开展前期工作，金芝里社区日间照料中心已投入使用，古城、天生炕等4个村级卫生室已竣工验收。同时，加大招商引资力度，全区共引进及续建招商项目30项，引进到位资金6.23亿元。

【城市建设】深入推进“五城联创”，大力实施城市绿化、美化、亮化、净化工程，着力提升城市管理和服务水平，城市面貌进一步改善。加大城区绿化建设力度，建成了昌文里景观绿地和小游园，改造了公园游泳馆前小游园，实施了河雅路、南京路等新拓建道路的绿化建设，人均占有公共绿地18.3平方米，建成区绿化覆盖率达33.47%。不断加强环卫基础设施建设，动工新建1座水冲式公厕，建成7座简易式垃圾中转站，投入资金82.6万元，对环卫基础设施进行了全面维修更新。启动实施了“数字化城管”一期工程，完成了部分地段建筑物夜景亮化和灯箱广告改造等工程。进一步完善城市管理机制，严格落实“门前四包”责任制，加大了道路清扫保洁、垃圾中转清运及无害化处理、公厕卫生管理力度，大力开展了街道市容秩序规范、临时性经营摊点治理、户外广告设置、店招店牌规范等整治活动，逐步建立市民文明习惯养成的长效机制，城市形象显著改观。

【就业与社会保障】城乡社会救助体系逐步完善，各类保障和救助政策全面落实。城市低保标准由每月209元提高到了230元，农村低保月人均补助水平由68元提高到了77元。城市低保对象11690人，发放低保资金3004.88万元；农村低保对象3242人，发放低保金304.7万元。全年累计发放各类价格临时补贴167.45万元，保障16.58万人次；下拨救灾款30万元，发放社会救助资金21.02万元，救助0.07万人次，切实解决了群众的实际困难。社会保险覆盖面不断扩大，全区城镇居民基本医疗保险实际参保人数为58278人，参保率达到99.62%；农村居民基本医疗保险实际参保人数为44911人，参保率94.15%。城乡居民社会养老保险参保人数分别达到3704人和31628人，参保率达到60.19%和98.08%。就业再就业工作成效显著，劳务经济快速发展，全区城镇新增就业3260人，失业人员再就业1510人，接收高校毕业生142人；城镇登记失业人员2042人，登记失业率为3.57%；全年培训农村劳动力1439人，输转1.82万人次，实现劳务收入1.81亿元。

【社会事业】全面实施科教兴区战略，确定实施区列科技项目56项，深入开展了科技培训和科技下乡活动。继续整合优化教育资源，将全区学校由年初的13所整合为9所，稳步推进中小学校舍安全工程，全面落实“两免一补”政策，教育教学质量进一步提高。深化医药卫生体制改革，进一步改善农村卫生基础设施条件，逐步完善公共卫生服务体系，医疗卫生服务能力不断提升。人口和计划生育工作不断加强，人口自然增长率控制在7‰以内。认真做好残疾人康复、教育、救助和就业等工作，全国残疾人工作示范城市创建取得圆满成功。精神文明建设不断加强，启动运行了全国文化信息资源共享工程金川区支中心，组建了金川区文工团，并成功举办了建党90周年建市30周年职工红歌赛和职工运动会，群众性精神文明创建活动效果显著。加强安全生产和食品药品安全监管，维护人民群众切身利益。

（武恩洪）

永昌县

【现任主要领导】

中共永昌县委书记：孟有柱

永昌县人大常委会主任：李福学

永昌县人民政府县长：马国兴

政协永昌县委员会主席：邓仕章

中共永昌县纪律检查委员会书记：蒋晓华

【基本情况】永昌县地处河西走廊东部，祁连山北麓，阿拉善台地南缘，东邻民勤、武威，西迎山丹，南依肃南、青海门源县，北与金川区接壤。县城距金昌市区50公里。全县辖6个镇4个乡，10社区，111个村民委员会。总面积7439平方公里，总人口23.62万人，其中城镇人口9.52万人。境内地形以山地高原为主，山地、平川、戈壁、绿洲相连，属大陆性季风气候，平均海拔1950米，年平均气温5.7℃，年平均降水量196毫米，全年无霜期127天，干燥多风，昼夜温差大，春季回暖慢。

全县共发现矿产地74处。其中黑色金属矿产9处，能源矿产11处。矿种包括铁、磷、硅石、萤石、膨润土、建材花岗岩、煤等29种。

【国民经济】2011年，全县完成生产总值44.4亿元，比上年增长13.28%，第一、二、三产业分别实现增加值9.19亿元、21.95亿元和13.27亿元，分别增长5.65%、17.47%和11.22%。完成全社会固定资产投资31.02亿元，增长55.09%；实现社会消费品零售总额13.03亿元，增长14.7%；完成一般预算收入1.81亿元，增长44%。农民人均纯收入达到6438元，增长12.2%；城镇居民人均可支配收入13550元，增长10%。

【项目建设】全县实施各类重点项目154项，全年签订招商引资项目42个，落实到位资金9.5亿元，比上年增长23.6%。着力加强“两园两区”建设，河西堡化工循环经济产业园主干道建成通车，供水工程启动通水，基础设施基本实现“五通一平”；永昌工业区完成主干道、人行道绿化1.8万平方米。焦家庄氟材料工业园总体规划基本完成；清河现代农业示范园规划通过初评。金泥电石、镕凯电石、西大河二号和金川东水水电站等项目进展顺利，东烨特钢、日升隆兰炭和溪源牛羊肉屠宰分割加工项目开工建设，施可丰复合肥、风力发电等项目完成前期工作。旧城改造力度进一步加大，县城居民健身广场建设进展顺利，城中村改造有序推进，新开工商住楼39栋。骊靬文化展示中心开工建设，骊靬古城年内完成主体工程，县城—骊靬—河沟旅游道路完成路基工程，丝稠之路国际旅游骊靬文化研讨会取得圆满成功；北海子景区保护性开发项目启动实施，武当山建设工程进展顺利。

【新农村建设】以高效节水和草食畜牧业为重点的特色产业不断壮大，新建日光温室478座、食用菌棚1102座；蔬菜产量46.4万吨，增长6.95%。设施农业稳步发展，“养羊强县”建设不断推进，建成万只羊场3个，千头牛场3个，新增规模养殖户506户，羊饲养量达93.92万只、牛饲养量达4.3万头。劳务输转成效显著，输转劳动力6.8万人，实现劳务收入6.3亿元。各项支农惠农政策全面落实，发放资金9281万元。农村基础设施建设不断加强，新建、维修干支斗渠459公里，流转土地10.1万亩、封山育林2.5万亩、人工造林1.72万亩，退牧还草围栏50万亩。农村安全饮水工程顺利推进，建成一体化净水厂1座，解决了10个村1.23万人的饮水安全问题，全县自来水入户率达到76.52%。新建通村公路16条101.12公里，全县99%以上的村通上了油路；制定了乡村道路养护管理办法，道路养护实现了制度化。

【人民生活】城乡居民收入持续增加，生活水平和质量进一步提高。2011年全县城镇居民人均可支配收入13550元，比上年增加1232元，增长10%；人均消费性支出9703元，增长11.8%。农民人均纯收入6438元，比上年增加699元，增长12.2%；人均生活消费支出6471元，增长12.1%。城乡居民储蓄存款余额达到35.83亿元，比上年增长17.6%。城乡居民的居住条件和生活质量进一步改善和提高，城乡居民人均住房面积分别达到31.87平方米和34.2平方米。移动电话用户达到城镇89部/百人、农村68部/百人，互联网用户达到7852户，占总户数的

10.7%。

【就业与社会保障】城市低保标准由 209 元提高到 230 元，共发放低保金 2619.94 万元；农村人均纯收入在 1100 元以下的困难群众全部纳入了最低生活保障；农村五保分散和集中供养人员供养标准分别达到 554 元、658 元，发放农村五保金 25.94 万元。精心组织开展门诊统筹试点工作，城乡居民合作医疗参保（参合）率分别达到 98%和 95%；新型农村养老保险参保率达到 98.77%以上。认真落实各项扩大就业政策，新增城镇就业 3220 人，城镇下岗失业人员实现再就业 1961 人，发放各类创业贷款 4550 万元；解决高校毕业生就业 240 人。建成廉租住房 562 套，租赁补贴标准每平方米提高到 6.4 元，人均住房面积在 12.84 平方米以下的城镇低收入家庭全部纳入了廉租住房保障。2100 套农村危旧房改造工程按期完成。

【环境保护】环境质量进一步提高，大气环境质量中总悬浮微粒年日均值控制在国家二级标准之内，二氧化硫、氮氧化物年日均值控制在国家一级标准之内。城市饮用水水质达标率继续保持在 100%，城镇地面水水质达到国家 II 类标准。城市绿化覆盖率达到 28.9%。区域环境噪声和交通干线噪声分别控制在了国家规定的排放限值之内。节能减排成效明显，万元生产总值能耗降低 2.89%。化学需氧量排放量 2868 吨，比控制目标减少 3.8%；二氧化硫排放量 6326.8 吨，比控制目标减少 6.7%；工业固体废物综合利用处置率达到 100%。

【社会事业】2011 年，实施科技项目 32 项，落实科技试验项目 24 项，科技对经济的贡献率达到 50.5%。教育布局不断优化，教育基础设施建设不断加强，五中综合楼、六中体育场投入使用，一中综合馆、职中公寓楼建设进展顺利，朱王堡明德小学教学楼开工建设，“两基”工作通过省上预检。医疗保障水平明显提高，基本药物全部实行零差率销售，建成了 54 个村级标准化卫生所，县医院住院楼竣工投入使用。人口计生利益导向政策体系示范区建设启动实施。

文化广播事业不断发展，完成 7 个乡镇、64 个村文化信息资源共享工程服务站和 104 个农家书屋建设；城乡电视数字化用户达到 2.2 万户，建成 4 个乡镇高标准体育场地。新建村（社区）活动场所 23 个。

社会管理不断加强，排查调处各类矛盾纠纷 1593 件，受理群众来信来访 1065 件；坚持严打整治斗争，破获刑事案件 317 起；高度重视安全生产，强化食品药品监管，公共安全保障水平明显提高。

（姚林）

白银市

【现任主要领导】

中共白银市委书记：

肖庆平（ 9 月止）

张智全（ 9 月任）

白银市人大常委会主任：宁金辉

白银市人民政府市长：

吴仰东（ 9 月止）

汪海洲（ 9 月任）

政协白银市委员会主席：

张廷魁（11 月止）

杨成堂（11 月任）

中共白银市纪律检查委员会书记：

杨成堂（10 月止）

张建平（10 月任）

【基本情况】白银市是全国唯一以贵金属命名的城市，据志书记载，白银矿藏的开采，始于汉代，明朝洪武年间，官方曾在现市政府驻地设立办矿机构“白银厂”，有“日出斗金”之说，白银缘此而得名。从“一五”计划开始，国家对白银地区有色金属资源进行大规模开发利用，拉开了白银开发建设的序幕，白银人民在荒漠戈壁上开拓出一片片绿洲，建起一座座工厂，一座工业新城迅速崛起，曾享有中国“铜城”盛誉。1956 年设县级市，1958 年升格为地级市，1963 年撤销，1985 年 8 月 1 日经国务院批准恢复建市。白银市地处黄土高原和腾格里沙漠过渡地带，海拔 1275 ~ 3321 米，年降水量 110 ~ 352 毫米，年蒸发量 2101 毫米，黄河流经全市 258 公里，流域面积 14710 平方公里。现辖白银、平川两区，会宁、靖远、景泰三县，全市共有 48 个乡，21 个镇，9 个街道办事处。辖区土地面积 2.12 万平方公里，2011 年末，常住人口为 171.33 万人，其中：城镇人口 69.39 万人，乡村人口 101.94 万人。

【资源优势】境内矿产资源比较丰富，具有点多、面广、储量大的特点，矿藏储量位居全省前列。有色金属矿种有铜、铅、锌、钴、金、银等。另外还有煤炭、石膏、石灰石、沸石、重晶石等，且矿石质量好，共生丰富的稀有贵重金属 30 多种，其中铟、铊、镉为省内唯一产地。煤炭保有储量在 12 亿吨以上，石膏储量 7000 万吨，石灰石储量 1 亿多吨。白银凹凸棒居全国第一，远景储量 10 亿吨；陶土居全省第一，远景储量超过 20 亿吨；伴生硫、耐火粘土、石膏、芒硝、石英石、硫铁矿居全省第五位，其中石英岩远景储量 3000 万吨。

白银历史悠久，文化灿烂，是一片古老而神秘的土地。现已发现的新石器时代的文化遗址有 16 处之多，汉墓群及北魏、唐、宋以来的石窟艺术，城堡建筑等历史遗迹散布白银境内。建立在会宁县城的三军会师纪念塔、共和国将帅碑林、长征胜利景园被国家确定为爱国主义教育基地。境内的黄河石林奇峰耸秀，怪石竞列，引人入胜；寿鹿山、屈吴山、哈思山、铁木山更加群星闪烁，美不胜收。白银既有浩瀚沙场，又有一马平川；既有塞外风光，又有江南毓秀。黄河、绿洲与沙漠同在，古刹、城堡与森林共存，是海内外旅游爱好者探险、漂流、攀岩、游乐的好地方。

【国民经济】2011年，全市完成生产总值375.79亿元，比上年增长13.6%。其中：第一产业实现增加值42亿元，增长6.6%；第二产业实现增加值215.82亿元，增长15.5%，其中工业增加值184.87亿元，增长17.4%；第三产业实现增加值117.97亿元，增长13.0%。全市规模以上工业企业完成增加值164.52亿元，增长17.2%；实现利润15.66亿元。接待国内游客278.05万人次，增长43%；国内旅游收入16.84亿元，增长42%。完成固定资产投资221.37亿元，增长25.91%；实现社会消费品零售总额101.94亿元，增长18.57%。完成大口径财政收入45.47亿元，增长34.51%，其中一般预算收入完成17.12亿元，增长44.55%；一般预算支出84.37亿元，增长16.97%。年末，全市金融机构各项存款余额393.42亿元，增长12.9%；各项贷款余额225.26亿元，增长20.69%。

【农村经济】黄河提灌农业是白银农业的主导，全市有效灌溉面积141.62万亩，占全市452.54万亩耕地总面积的31.29%，产出66.7%的粮食。全市粮食总产量连续13年保持在50万吨以上，2009年粮食产量首次突破60万吨，2011年再创历史新高，总产量迈上70万吨大关，达到70.4万吨，增长5.52%。

沿黄灌区以设施农业、立体种植为主体的高效农业，景电、兴电沙漠边缘地带以牧草、洋芋、枸杞种植为主的复合生态农业，干旱、半干旱山区以小杂粮种植为主的绿色食品等区域性优势农业产业带初具规模，特色支柱产业较快增长。推广全膜双垄沟播面积136万亩、测土配方施肥320万亩、无公害农产品和绿色食品200万亩，建成万亩高产示范片7个，马铃薯脱毒种薯普及率达到100%，薯类种植面积102.73万亩，产量16.38万吨。新建改建日光温室1万亩、塑料大棚0.6万亩，全市蔬菜种植面积26.12万亩，全年蔬菜产量119万吨，其中日光温室及塑料大棚蔬菜面积达到15.65万亩、产量95万吨；枸杞、红枣、文冠果等特色林果面积达到40万亩，果品总产量达到14.63万吨。新建养殖小区56个，标准化规模养殖场达到285个。靖远县成为全省枸杞种植第一大县；蔬菜远销西北五省和东北、四川、重庆、内蒙古等省区市；靖远羊羔肉已打出品牌。

农村基础设施进一步加强。城乡一体化建设工作全面启动实施，全年兴修梯田17万亩，完成水土保持综合治理面积202平方公里，建成农村户用沼气10237户、大型沼气工程7处，解决了10万农村人口的饮水安全问题。新建通乡油路70公里、村道畅通工程180公里。引洮一期会宁北部供水工程开工建设，工农渠泵站改造工程有序推进。完成全市造林作业面积21.67万亩，封山育林面积43.61万亩，完成大环境绿化1.8万亩、“千村万户”绿化5.3万亩。年末拥有农业机械总动力199.27万千瓦；农用排灌动力18.11万千瓦；本年新增水平梯田18.2万亩。

【项目建设】全市共有593个项目开工建设，其中新开工353个，当年投产项目325个。银光公司PC项目工程化软件包开发、白银公司锌冶炼资源综合利用焙烧系统、稀土公司高性能钕铁硼永磁材料生产线、靖煤公司安全改造、华鹭铝业电解铝炭素系统节能环保技术改造、中石油白银销售分公司成品油库改造提升等项目竣工投运；定武高速营盘水（宁甘界）至双塔景泰段、华电马昌山一期、中电投黄河上游公司红山风电场、国投平川捡财塘二期及中电投黄河上游公司上沙沃10兆瓦光伏发电等新项目进展顺利；西北再生资源回收综合利用基地、靖远双永工程、刘化集团25万吨硝基复合肥、统一集团9万吨饮料、广泰铝业10万吨铝型材深加工、颐通管业年产4万吨PE管等项目开工建设；白银市热电联产、白银至靖远天然气管道工程、白银至中川机场高速公路等项目前期工作取得突破性进展。

【招商引资和园区建设】坚持园区建设与招商引资结合，抢抓国家支持白银工业集中区建设机遇，着力打造产业聚集平台，推动产业集群发展。白银国家高新技术产业开发区被列入国家园区循环化改造示范试点，铝材工业园建设全面启动；平川经济开发区陶瓷建材城投运；白银区中小企业创业基地完成二期开发；刘川工业集中区一期开发进展顺利。筛选确定开发区2011～2015年重点建设项目24项，总投资40.1亿元。引进了汇源果汁、统一集团、中国华电集团等知名大企业。全年共签约项目180项，签约资金270亿元。新开工160项，竣工130项，到位资金96.2亿元。

利用外资成效显著。白银城市发展利用亚行贷款项目通过中期检查，市政府与亚行驻中国代表处、省财政厅签署了中期检查谅解备忘录。国家发改委、财政部已原则同意将白银城市发展利用亚行贷款二期项目列入中国政府利用亚行贷款2012～2014年滚动规划，并上报国务院。黄河石林世行贷款项目基本完成。小城镇利用世行贷款建设农村经济综合开发示范镇项目前期工作进展良好。白银公司成功收购南非第一黄金公司部分股权、股本，境外投资取得重大突破。

【人民生活和社会保障】城乡居民收入稳步增长。2011年，全市城镇居民人均可支配收入15960元，比上年增长12.29%；城镇居民人均消费支出12524元，增长17.84%。农民人均纯收入3813元，增长12.62%；农村居民人均生活消费支出3839元，增长29.93%。居民家庭食品消费支出占家庭消费总支出的比重，城镇为34.64%，比上年提高1.11个百分点；农村为47.12%，比上年提高4.96个百分点。

就业形势保持稳定。继续实施全

民创业工程，2011 年发放小额担保贷款 6.77 亿元，减免税收 1.5 亿元，发展私营企业 1005 户，个体工商户净增加 6330 户，城镇新增就业 2.89 万人，失业人员再就业 0.88 万人；扶持自主创业 13983 人；认定劳务转移培训基地 31 个，输转劳动力 28.74 万人，创劳务收入 29.69 亿元。年末单位从业人员 14.95 万人；全年城镇登记失业率 3.01%。

社会保障水平不断提高。落实低保政策，2.3 万“老工伤”纳入市级统筹管理，1.74 万“家属工”、“五七工”参加养老保险；城乡低保、五保供养补助标准提高，新纳入低保范围 1 万多人；共为 9.62 万户 30.48 万人发放城乡低保资金 3.82 亿元。完善困难群众救助制度，发放五保供养资金 2064 万元，医疗救助、临时生活救助、抗灾救灾资金 9100 多万元。开工建设保障性住房 15893 套，改造农村危旧房 1.6 万户。2011 年，全市参加基本养老保险的人员达 71696 人。共征缴基本养老保险费 100797 万元，征缴失业保险费 8203 万元，基本医疗保险费 37816 万元，共为 2807 名失业人员发放失业保险待遇 1374 万元。全面推行新农合制度，新农合个人筹集标准提高到 230 元，参合率达到 97%。

【节能减排】加快重金属等重点污染源治理，推动农村环境污染综合整治，积极推进有色金属冶炼灰渣、电厂粉煤灰等工业废渣综合利用。西北再生资源综合利用项目开工建设，银光公司污染治理工程、西北铅锌冶炼厂电收尘改造项目建成，白银城郊东大沟重金属污染治理示范工程加紧实施；引大入银武川水库工程与东城区城市供水管网完成对接，市区居民喝上了洁净的大通河水；城市生活污水处理率、生活垃圾无害化处理率分别达到 50%和 60.5%。农村环保工作得到加强，环境违法查处力度不断加大。单位生产总值能耗和全市化学需氧量、二氧化硫等主要污染物排放总量持续下降，完成年初确定节能减排计划。全市自然保护区 5 个，保护区面积 26489 公顷，占辖区面积 6.41%。市区空气中二氧化硫年日平均值 0.073 毫克/立方米；达到国家二级标准，空气质量达到二级和好于二级的天数为 222 天，占全年天数的 60.82%。

【社会事业】教育事业稳定健康发展。新改扩建校舍 27.2 万平方米，维修校舍 15 万平方米；新改扩建幼儿园 14 所、“两基”国检顺利通过验收，白银矿冶职业技术学院首届招生 600 人。学龄儿童入学率 100%；初中入学率 100%，高中阶段升学率 86.84%。2011 年全市普通高等学校录取人数达到 21849 人。

卫生事业得到加强。白银区人民医院综合门诊楼、市中医院住院部、靖远县医院住院部综合大楼、景泰县人民医院标准化建设、会宁县、平川区人民医院住院部已建成，市精神卫生中心、3 个乡镇卫生院、49 所标准村卫生室开工建设；医药卫生体制改革阶段性目标任务基本完成，新型农村合作医疗、城镇居民基本医疗保险、城镇职工基本医疗保险三项制度不断完善。国家基本药物制度实现全覆盖，基层医疗机构基本药物覆盖率和药品零差销售率均达到 100%。年末全市共拥有各类医疗卫生机构 1091 个，卫生床位数 6171 张，卫生技术人员 6576 人，其中执业医师 1977 人，执业助理医师 2331 人，注册护士 2466 人。

文化产业繁荣发展。大力推进文化建设，建成乡镇综合文化站 30 个，完成文化资源共享工程 712 个。成功举办省第六届农民运动会和市第三届运动会，市体育中心和 5 个乡镇及社区体育健身中心建成投用。年末全市共有专业艺术表演团体 2 个，民间艺术表演团体 75 个，文化馆 5 个，群众艺术馆 1 个，公共图书馆 6 个，博物馆 5 个，纪念馆 7 个，文化广场 6 个，文化站 69 个，村文化室 400 个，农家书屋 740 家。各类文物保护单位 1064 处，馆藏各类文物 26715 件。全市现有广播电台 4 个，广播人口综合覆盖率 89.8%；电视台 1 座，广播电视台 4 座，电视人口综合覆盖率 94.9%。

和谐社会建设稳步推进。认真开展新形势下的群众工作，加强和创新社会管理，扎实开展“五五普法”、“矛盾纠纷集中排查调处”、“平安白银”创建等活动，解决了一些影响社会和谐稳定的源头性、根本性、基础性问题，依法治市、依法行政和公正司法水平不断提高。深入开展机关作风和效能建设，推进政务公开，加强行政问责，促进了政府职能和干部作风转变。爱国统一战线发展壮大，对台、民族、宗教、外事和侨务工作取得新的成绩，统计审计、气象通讯、地震人防、方志档案、工商质监、残疾人事业等都取得了新的进步，工会、共青团、妇联等群团组织作用得到有效发挥，军民共建深入推进，双拥工作成效明显。深入开展食品药品安全专项整治，公共安全形势逐年好转。广泛开展宣传思想工作和精神文明创建活动，人民群众思想道德和文明素养得到有效提升，全市上下形成了政通人和、共谋发展的喜人局面。

（王德雄）

白银区

【现任主要领导】

中共白银区委书记：梁蓉兰

白银区人大常委会主任：

张润苍（10 月止）

王青山（10 月任）

白银区人民政府区长：李兰宏

政协白银区委员会主席：

陈　忪（10 月止）

关玉卿（10 月任）

中共白银区纪律检查委员会书记：

王青山（ 9 月止）

刘正亮（ 9 月任）

【基本情况】白银区位于甘肃中

部，古丝绸之路的黄河之滨，地处黄土高原和腾格里沙漠过度地带，南临黄河与榆中县青城镇及靖远县平堡乡隔河相望，北与景泰县中泉乡相邻，东与靖远县刘川乡毗邻，西与兰州市皋兰县接壤。地处陇西黄土高原西北边缘，地形总趋势西北高，东南低，平均海拔 1946.5 米。是我国重要的有色金属基地之一和甘肃省重要的能源化工基地，素以“铜城”闻名遐迩。辖区东西长约 47 公里，南北宽约 60 公里，总面积 1372 平方公里。现辖强湾、武川 2 乡，四龙、水川、王岘 3 镇和人民路、公园路、工农路、四龙路、纺织路 5 街道，有 45 个行政村，34 个社区居委会，常住人口 29.59 万人。

【资源优势】境内有丰富的自然资源。已探明的金属和非金属矿藏有铜、铅、锌、金、银、锰和石灰石、石英石、长石、芒硝、沸石、麦饭石等 30 多种。

旅游资源较为丰富。在境内长达 40 公里的黄河沿线上，黄河风情、田园风光、民俗文化交相辉映，旅游景点星罗棋布。有武当神钟，雷祖风云、大川古渡三处历史悠久的人文景观；有“大浪天险”乌金峡和峡长、峡奇、峡险的水川黄河大峡，有“陇上小江南”的四龙度假村、四面被黄河水包围的“黄河仙岛”玉兔岛和芦苇湖的十里钓鱼场；道教名山剪金山、白银公司露天矿爆破奇观、现代农业观光、农家乐旅游等。

【国民经济】2011 年全区完成生产总值达到 180.28 亿元，比上年增长 14.9%。其中：第一产业实现增加值 4.26 亿元，增长 6.5%；第二产业实现增加值 114.41 亿元，增长 16.2%；第三产业实现增加值 61.61 亿元，增长 13%。三次产业结构比为 2.36∶63.47∶34.17，第二产业比重较上年上升 1.55 个百分点，第一产业和第三产业分别下降 0.2 个百分点和 1.35 个百分点。固定资产投资完成 110.5 亿元，增长 32.75%，社会消费品零售总额 53.03 亿元，增长 18.50%。城镇居民人均可支配收入 16476 元，增长 12.3%；城镇居民人均消费支出 12524 元，增长 17.84%。农民人均纯收入 6323 元，增长 12.17%。

【农业和农村经济】全年农林牧渔业实现总产值 68028 万元，比上年增长 11.95%。其中：农业实现产值 44065 万元，增长 2.54%；林业实现产值 1522 万元，增长 114.97%；牧业实现产值 19574 万元，增长 32.38%；渔业实现产值 660 万元，增长 11.30%；农林牧渔服务业实现产值 2207 万元，增长 29.44%。全年农作物播种面积 112660 亩，比上年下降 15.6%，其中粮食播种面积 73943 亩，下降 22.75%；蔬菜播种面积 28809 亩，增长 4.42%；林果面积 12187 亩，增长 10.93%。粮食总产量 2.24 万吨，下降 6.86%；蔬菜产量 19.67 万吨，增长 7.08%；水果产量 4.27 万吨，增长 1.18%；油料产量 1150 吨，下降 3.69%。全年肉类总产量 6665 吨，下降 4.32%；鲜奶总产量达 6300 吨，下降 21.74%；水产品产量 800 吨，增长 2.56%。

【工业经济】2011 年，辖区实现工业增加值 102.71 亿元，比上年增长 17.8%。区属工业实现增加值 12.24 亿元，增长 20.6%。其中，规模以上企业实现工业增加值 5.96 亿元，增长 18.2%。规模以上轻工业实现总产值 7.32 亿元，增长 98.7%；重工业实现总产值 18.5 亿元，增长 16.6%。规模以上工业中，股份制企业实现总产值 22.09 亿元，增长 35.9%；外商及港澳台商投资企业实现总产值 0.62 亿元，增长 47.7%；其他类型企业实现总产值 3.11 亿元，增长 8.3%。区属规模以上工业中，建材、有色金属深加工、化工及精细化工、特色农畜产品深加工、装备和设备制造五大支柱产业增长较快，实现产值 17.13 亿元，增长 13.75%，占区属规模以上工业的 66.32%。

【社会事业】年末全区拥有学校 93 所，在校学生 53084 人，教职工人数 3602 人，校舍建筑面积 376305 平方米。其中：中专及职业中专 6 所，在校学生 3274 人，教职工人数 327 人；普通中学 19 所，在校学生 26100 人，教职工人数 2022 人；小学 39 所，在校学生 21767 人，教职工人数 1464 人；幼儿园 28 所，在校学生 5217 人，教职工人数 305 人；特殊教育 1 所，在校学生 106 人，教职工人数 34 人。

年末区管专业技术人员 3687 人，其中高级 344 人，中级 1481 人。2011 年立项实施的各类科技成果转化项目 50 项。其中：国家科技型中小企业创新基金项目 7 项，到位项目（课题）资金 385 万元；省列科技项目（课题）9 项，安排资金 79 万元；市列科技项目 19 项，到位资金 36 万元；区列科技项目 15 项，共投入技术研究与开发经费 309 万元。

2011 年，水川镇《曲子戏》正式公布为第三批国家级非物质文化遗产扩展项目名录；《五穷鼓》正式公布为第三批省级非物质文化遗产名录。《曲子戏》、《黄河战鼓》和《五穷鼓》已成为特色文化品牌。年末县级文物保护点 26 处，县级文物保护单位 20 处，其中包括省级文物保护单位 2 处。

年末全区拥有卫生机构（不含村卫生室、门诊）38 个。其中：医院 8 个，乡镇卫生院 5 个，社区卫生服务机构 18 个，其他卫生机构 7 个。各类卫生机构拥有床位 1774 张，卫生技术人员 2387 人，其中，执业（助理）医师 886 人。

【环境保护】大环境绿化完成荒山造林 7500 亩，其中西郊孤山片 3000 亩，南郊顾家岔周边 2000 亩，中小企业创业基地 2000 亩，天胜农业综合开发公司 500 亩；栽植各类苗木 42 万株，其中乔木 22 万株，灌木 20 万株。退耕还林补植补造 5000 亩，公路绿化 80 公里，总面积 1600 亩。

年处理污水 979.49 万吨，处理达标率 100%，运行率 100%，负荷率

99%，年削减化学需氧量 3723.44 吨，氨氮 240.47 吨。全年处理垃圾 300 万吨，运行率 100%。医疗废物集中处置中心通过整体验收，医疗废物处理率 100%。总投资 1116.06 万元的东大沟流域农田重金属污染治理示范工程开工。全年拆除并网单台供暖小锅炉 20 台，完成 10 台锅炉除尘器改造，减少燃煤 3.05 万吨，削减烟尘 2184.12 吨、二氧化硫 70.97 吨。

（马成）

平川区

【现任主要领导】

中共平川区委书记：

陈其银（9 月至）

贾汝昌（9 月任）

平川区人大常委会主任：杜世润

平川区人民政府区长：高云翔

政协平川区委员会主席：郝进义

中共平川区纪律检查委员会书记：

胡朝生

【基本概况】平川区位于白银市中部偏北，腾格里沙漠边缘，南北大部分与靖远县接壤，东北与宁夏回族自治区海原县毗邻，东南与会宁县相接，西北与景泰县相连，地势东南高、西北低，由东南向西北倾斜。东西长 91.5 公里，南北宽 75 公里，由西北向东南呈一狭长地带，阶梯状多台阶地形。旱平川与西格拉滩为盆地式缓坡平川。总面积 2106 平方公里。平川区地处欧亚大陆的中心腹地，东北有六盘山、东南有秦岭作屏障，东南暖湿气流不易到达，因而降雨量少，气候干燥。北近腾格里大沙漠，地域开阔，无高山阻隔，西伯利亚寒流易于入侵，故冬季寒冷且长，风沙霜冻危害频繁。全区总的气候特点是：光热资源丰富，降水少、干旱多风。居住着汉、回、满、蒙等 11 个民族。常住人口 19.28 万人。

平川区处于甘宁两省区交汇的枢纽地段，距兰州中川机场百余公里，随着刘白高速公路的开通，纳入了兰州都市经济圈。距省会兰州 135 公里、西宁 300 公里、银川 290 公里、西安 500 多公里，境内交通通讯网络健全，平川区临河居川，白宝铁路和王家山、红会煤矿专用铁路贯穿全境，国道 109 线、省道 308 线、丹东——拉萨高速公路已全线贯通，平川通往白银只需 40 分钟，通往兰州只需 1 个多小时，交通条件优越。丰富的资源优势，独特的区位优势，充裕的能源优势，雄厚的工业基础和良好的投资环境，使其成为白银市重要的商贸物流枢纽。

【地方特色】平川境内矿产资源丰富，蕴藏着煤炭、沙金、铜、铁、银、陶土、长石、石灰石等。煤炭矿床东西长约 70 公里，南北宽约 10 公里，总储量 11.37 亿吨，可采量 8.53 亿吨。区内蕴藏有丰富的花岗岩、锰、石英石、沸石、烧胀粘土、石灰石等多种矿产资源。已探明的粘土储量超过 20 亿吨，花岗岩储量 24 亿立方米，石灰石保有储量 2 亿吨。水资源总量为 270 亿立方米。

特色农业初具规模。全区可耕地面积 49 万亩，现有耕地 25.9 万亩，宜林地 71.5 万亩，宜牧地 131.9 万亩。粮食作物有小麦、玉米、豌豆、洋芋等，经济作物有油料、蚕豆，土特产品有二毛裘皮、黑瓜籽、西瓜、大枣、甘草等，质地优良、久负盛名，为土特农副产品深加工提供了充足的原料，熙瑞菊粉、特澳特番茄酱、金坪大枣、菁润沙棘、立信粮油临冬淀粉、东顺淀粉等一批农产品加工企业在平川落户。

产业优势明显。区内有年产 1000 万吨的大型企业靖远煤业集团有限责任公司，设计发电能力 200 万千瓦的西北最大的热电企业——国电靖远发电有限责任公司、靖远第二发电有限责任公司。全区年产原煤 1000 多万吨，所产陇货精品“晶虹”煤远销日本、马来西亚等国家，年发电量超过 100 亿千瓦时，煤电连襟，使平川区成为甘肃省重要的能源工业基地。民营企业新乐雅、华顺、陇烨、泰瑞、山川等陶瓷有限责任公司迅猛发展，已有十余家陶瓷厂入驻境内，再现平川陶瓷重镇的雄风，陶瓷工业成为平川区的支柱产业。煤炭、电力、陶瓷、建材、生物科技、农产品加工、资源综合利用为主的格局正在发展和壮大，经济建设步入了良性发展的轨道。

旅游资源开发潜力大。境内有始建于北魏的红山古寺，保存完整的黄湾汉墓遗址、明成化十年修建的北武当山真武祖师庙、清康熙帝敕封的奋威将军陕甘提督加太子太保王进宝将军墓、乾隆御北的福寿山摩崖石刻、水泉小堡子兵变战场遗址、卞家台地下党活动遗址、红军会师纪念亭等历史遗迹，还有峰峦叠嶂、林木茂密的屈吴山自然景观。区内有省地级文物保护点 15 个，名胜古迹较多，基本条件较好，旅游业发展潜力巨大。

【国民经济】2011 年，平川区响应省委、市委建设“兰白都市经济圈”区域发展战略，适时提出了“主动融入、做大产业、科学转型、率先发展”的区域发展战略，围绕中国西部陶都、甘肃能源新能源基地、甘肃农畜产品加工区这一战略定位，以重大项目建设作为引领实施区域发展战略的火车头，提升煤电产业，壮大陶瓷建材，积极培育高新科技、装备制造、农畜产品加工等多元支柱产业，改变能源依赖型的单一产业结构，形成优势互补、多元产业齐头并进的发展格局。2011 年全区完成生产总值完成 65.12 亿万元，增长 14.5%。其中：第一产业增加值 2.07 亿元，增长 6.5%；第二产业增加值 52.47 亿元，增长 15.2%；第三产业增加值 10.58 亿元，增长 13.1%。三次产业的结构比为 3.2∶80.5∶16.3。完成大口径财政收入 14.63 亿元，增长 6.1%；地方财政收入完成 3.1 亿元，增长 31.7%。

实施工业强区战略。初步形成了

以能源新能源、陶瓷、农畜产品深加工、装备制造和高新技术为主的多元支柱产业。辖区内工业增加值49亿元，辖区内原煤产量1162万吨，发电量109.2亿千瓦时，墙地砖产量1631万平方米。煤、电、陶三大支柱产业的优势突出显现，地方工业发展速度明显加快。完成区属工业增加值8.96亿元，增长21.8%。高新技术产业和装备制造业取得新突破，德宝抛光粉、大象锂电池正极材料、容和大型矿用液压支架等一批项目建成投产，博能锂电池、启明星高频无极灯等一批项目快速建设。

强化农业基础地位，充分发挥龙头牵动、科技促动的作用，加快推进农业产业化进程，建设农畜产品深加工区，促进农业增效、农民增收，推进全区农业持续、协调、健康发展。2011年，全区农业总产值33313万元，完成粮食播种面积20.74万亩，粮食总产量达到34753吨。全区共完成造林绿化面积3.3万亩；2个千头奶牛场、1个千头肉牛场完成水、电、路等基础工程；3个肉羊养殖场建成标准化羊舍1.11万平方米；得宝、博康、志合成3个大型养殖场沼气工程完成建设任务的80%。新增规模养殖18户，养殖场（小区）7个。年末大牲畜存栏1.35万头。肉类总产量达3069吨，禽蛋产量824.4吨。年末全区农业机械总动力达到22.6万千瓦，农村用电量达到6847万度，有效灌溉面积9.36万亩，保灌面积6.81万亩。

【项目建设】山川陶瓷600万平方米抛光砖生产线项目一期工程、泰瑞陶瓷600万平方米墙地砖生产项目、霖冠农畜产品有限公司新增生产线项目建成投产，靖煤集团整体上市工作顺利推进。2011年，辖区内固定资产投资完成32.3亿元，增长23.99%。

全年具有建筑业资质等级的总承包和专业承包建筑企业10户，实现总产值15.13亿元，利润总额3653万元，房屋建筑施工面积56万平方米，房屋建筑竣工面积35万平方米，竣工房屋价值4亿元。

宾馆酒店、餐饮娱乐业服务档次和水平不断提升。平川宾馆贵宾楼建设项目进入装修阶段，如意商厦三星级饭店建设项目完成。以打造西部陶都为目标，成功举办了第二届陶瓷峰会，引入四川、浙江、山东等外地客商，建成中国西部第一条抛光砖生产线、第一条全自动环保墙砖生产线，并配套建设了功能设施完善的国泰陶瓷建材城等专业陶瓷建材市场。

【人民生活与社会保障】2011年末，全区单位从业人员达到4.19万人，比上年增长3.4%；职工工资总额21.34亿元，增长9.5%。城镇居民人均可支配收入达到15787元，增长20%；农民人均纯收入为4087元，增长12.6%。

社会保障体系不断完善，综合保障能力不断提高。全区有6455人参加了养老保险，征缴养老保险费3737万元；发放养老金2422万元，社会化发放率、按时足额发放率均达100%。有14204名职工参加医疗保险，征缴医疗保险费2319万元；为1500名住院职工参保患者支付医疗保险费1862万元，基本医疗保险住院自付率26%。城镇居民基本医疗保险参保人数达44967人，为1681人次参保患者支付城镇居民基本医疗保险费677.56万元。有40506人参加了失业保险，征缴失业保险费3159万元。有5504人参加了工伤保险，征缴工伤保险基金637万元，为符合规定的115名参保职工支付工伤保险金177万元。有6040人参加了生育保险，征缴生育保险费49万元，为符合规定的101名女职工支付生育保险金19.8万元。全年共为6578户18599人发放城市低保资金3905万元；为3639户16681人发放农村低保资金1965万元。

【社会事业】加大科技工作力度，组织实施科技项目126项，其中4项获得市科技进步奖。自主创新能力持续增强，建成省级工程技术研究中心1个，市级工程技术研究中心3个，省级高新技术企业3家。设立了院地院企合作专项资金，与兰州商学院等16个高等院校、科研院所达成全面合作协议。累计申请专利85件，已授权48件。科技进步对经济增长的贡献率逐年提高，2011年被中国科协命名为“全国科普示范县（区）”。

教育教学质量不断提高，高考二本上线率连续四年保持全市第一。职业教育、成人教育、幼儿教育和现代远程教育稳步发展。全区中小学校幼儿园共有102所，中小学占地面积16万平方米，中小学校舍建筑总面积29万平方米。全区中小学共有图书75万册，计算机3085台，中小学固定资产总值达到4.39亿元。全区中小学生数35790人，中小学及幼儿园教职工3404人。年末全区有区级广播电视转播台1座，乡村级卫星电视地面收转站55座，广播和电视综合人口覆盖率分别为92%和96.5%。

全区共有卫生机构45个，卫生技术人员2325人，医疗床位数1312张。卡介苗接种率、麻苗接种率、糖丸接种率、百白破接种率均达到100%、乙肝疫苗首针及时接种率99.53%、乙肝疫苗全程接种率为99.92%。5岁以下儿童死亡率为5.29‰，孕产妇住院分娩比例达99.66%。

（马国明）

靖远县

【现任主要领导】

中共靖远县委书记：

谢又生（9月止）

郑　钰（9月任）

靖远县人大常委会主任：陈其宝

靖远县人民政府县长：

郑　钰（9月止）

刘力江（9月任）

政协靖远县委员会主席：雒联奎

中共靖远县纪律检查委员会书记：

何升兰（9月止）

王涛忠（9月任）

【基本情况】靖远县位于黄河中上游，地处甘肃省中东部，白银市腹地，东临宁夏海原县，西接白银区，南邻会宁县，北与景泰县、宁夏中卫市毗邻。全县东西长120公里，南北宽135公里，总面积5809平方公里，其中耕地面积116万亩。属黄土高原丘陵沟壑区和干旱草原区。地势东高西低，由南向北倾斜，分为川区、山塬区和黄河谷地三类地形。平均海拔1398米。属温带半干旱气候。年最高气温36.3℃，最低气温-19.8℃，平均气温9.6℃。年无霜期201天，年降雨量200.2毫米，年日照时间2615.3小时，四季分明，日照充足。现辖3镇15乡，175个行政村，1185个村居民小组。有汉、回、满等9个民族，2011年底总人口48.11万人，其中农业人口42.62万人，占总人口的88.59%。

靖远地处西陇海兰新线经济带中心区域和兰白都市经济圈重点地段，距兰州150公里、白银67公里，白宝铁路、G025（刘白高速）、G109线、S207线、S308线及正在规划建设的包兰铁路复线贯穿全境。京呼银兰光缆横贯全县，已建成交换程控化、传输数字化、有线和无线相结合的现代化信息通信网络，邮电通讯事业发展迅速，交通通讯十分便捷。

【资源优势】境内矿产资源丰富，已探明的有金、银、铜、铁、锰等金属矿藏，以及煤、石灰石、重晶石、高岭土、石膏、石英石、沸石等非金属矿藏。近年最新勘探发现的超亿吨坡缕石矿，品位及蕴藏量均居世界前列。黄河流经县境10个乡镇、154公里，流域面积100.49平方公里。水力、风能、太阳能资源丰富，水电资源300多万千瓦，黄河乌金峡水电站已建成发电，靖南峡水电站、黑山峡梯级水电站、北滩风电场正在规划建设。

境内旅游资源极富特色。有各级文物保护单位129处，其中国家级文保单位1处（北城滩明长城）、省级文保单位6处（法泉寺石窟、寺儿湾石窟、钟鼓楼、黑城子古城堡、潘育龙将军墓、北城滩古城遗址）。中国百大名寺法泉寺同陕西法门寺一脉相承，其石窟艺术与敦煌莫高窟极为相似，被评为国家3A级旅游景区和省级森林公园。西征公园建成开园。154公里黄河风情线上，高山、峡谷等自然景观星罗棋布，黄河风情、名胜古迹、人文遗址、科技园区、森林公园、田园风光交相辉映，“农家乐”悄然兴起。以法泉寺、寺儿湾为主的石窟文化游，以乌金峡、河心岛为主的黄河风情游，以平堡特色观光、大坝高科技示范园为主的观光农业游，以虎豹口红西路军强渡黄河遗址为主的红色文化游，以哈思山、泰和山、屈吴山为主的森林生态游，以北城滩、黑城子为主的历史文化游等旅游线路极具开发价值，发展黄河文化旅游产业潜力巨大，前景广阔。

【国民经济】2011年实现生产总值47.34亿元，比上年增长13.0%。其中：第一产业增加值16.03亿元，增长6.8%；第二产业增加值14.01亿元，增长18.6%；第三产业增加值17.30亿元，增长13.0%。三次产业结构比为33.9∶29.6∶36.5。

农业：靖远县粮食生产稳中有增，总产量达到19.04万吨，增长1.99%。大力推广旱作农业和农田节水技术，推广全膜双垄沟播技术18.4万亩，节水灌溉面积达到21万亩。依托黄河资源优势和地域实际，通过多年的培育发展，蔬菜、畜禽、林果三大特色支柱产业不断发展壮大，已成为甘肃重要的蔬菜、畜禽、林果生产基地，分别达到33.3万亩、713万头（只）、18.5万亩。新改建日光温室、塑料大棚7620亩。草食畜牧业加快发展，新建标准化养殖小区26个，新发展枸杞等特色林果面积4.08万亩，枸杞总面积达到7万亩。农业产业化龙头企业达到91家。

工业：实施工业强县战略，紧紧抓住市场机遇，积极培育新的经济增长点，狠抓新建项目和技术改造项目，依托资源优势，坚持重服务、优环境、促增长，工业经济规模和效益同步提升，全县工业增加值完成7.19亿元，增长16.0%。加大结构调整和技术改造力度，实施工业新续建及技改项目35项，完成投资6.56亿元。嘉瑞陶瓷墙砖500万平方米西式瓦生产线建成投产，宏达矿业、新力水泥、鸿泰番茄公司等企业技改项目顺利实施，万元生产总值能耗下降3.8%。刘川工业集中区开发建设顺利启动，纳入“兰白核心经济区”发展规划，50平方公里总体规划和17平方公里详细规划编制完成，基础设施建设全面推进。

商业：商贸服务业改造升级步伐加快，靖远商业步行街正常运营，“万村千乡”市场工程覆盖全县，“家电下乡”活动深入开展，累计兑现补贴资金1210万元，餐饮娱乐、家政服务、物流运输等现代服务业得到较快发展，有力拉动了消费需求。2011年社会消费品零售总额达到12.78亿元，增长20.64%。

财政金融：2011年，全县完成大口径财政收入5.03亿元，一般预算收入为1.52亿元，比上年增长88.01%；财政支出15.25亿元，增长16.48%。年末全县金融机构各项存款余额39.05亿元，增长10.26%；各项贷款余额19.15亿元，增长29.42%。

【城乡建设】全县上下坚持实施项目带动战略，共组织实施各类重点项目143个，全县固定资产投资完成18.80亿元，增长44.72%；招商引资力度加大，汇源果汁、金地燃气、奇正藏药、润辰汽车等一批招商引资项目落户靖远。全县共实施招商引资项目67项，完成投资8.86亿元，新签约招商引资项目54项，签约资金29.23亿元。一批投资上亿元的重大项目建设和争取工作进展顺利。双永供水工程、省道207线靖远黄河大桥至吴家川高二级公路开工建设、靖远黄河大桥全面建成通车。县人民医院住院部综合楼主体工程竣工。中央财政小型农田水利重点县项目、保障性住房等一批农业基础设施建设项目和重点民生项目得以全面实施。

近年来，按照改旧城、扩新城的发展思路，大力实施城市基础设施建设工程。新城开发一期工程全面完成，二期工程启动建设，城区面积扩展到7.3平方公里，城镇化水平达到25.2%。会州广场建成投入使用，新修改造城区主干道路及巷道，城市服务功能显著提升。房地产开发持续增长，当年完成投资3.70亿元，嘉靖园、恒丰花园、水岸花都等商住小区建成入住。会州广场、钟鼓楼维修保护工程全面完成，城市环境明显改善。新农村建设扎实推进，改造农村危旧房5200户，通畅工程62公里。

【人民生活与社会保障】城乡居民收入继续增长，全年城镇居民人均可支配收入10723元，增长14.7%；农民人均纯收入4108元，增长12.3%。全县单位从业人员15722人，单位从业人员年平均报酬32416元，增长11.18%。高度关注失业人群，就业和再就业力度加大，发放小额担保贷款4034万元，城镇新增就业3209人，安置高校毕业生426人。城镇登记失业率3.26%。城乡居民社会养老保险全面启动，参保人员达到19.84万人，城乡低保人均年补助标准分别提高到2196元和864元。实施了扶贫开发整村推进项目45个，新建移民新村4个，搬迁移民4300人，全县贫困人口由10万人下降到5.75万人。全面落实各项强农惠农政策，累计兑现各类补贴资金8.58亿元。组织输转劳务8.9万人，创劳务收入8.88亿元。

【社会事业】靖远崇文重教，人文荟萃，科技、教育事业蓬勃发展，先后被评为“全国科普示范县”和实现“全国科技进步先进县”四连冠。“两基”迎国检工作顺利完成，靖远七中实现招生，靖远八中主体工程完工，县聘教师待遇全部解决。现有各类学校291所，在校学生82947人，教职工总数6376人。扎实推进和谐文化建设，成功举办全省青少年曲棍球锦标赛，大型现代秦腔剧《靖远起义》获得甘肃戏剧“红梅奖”剧目大奖。建成农家书屋175个，博物馆实现免费开放，农村广播电视“村村通”工程覆盖率达到75%。靖远一中、二中、三中跻身省市级示范性高中。县职业中专被认定为省级重点中等职业学校。全县各类卫生机构214个（含诊所），其中医院、卫生院21个；疾病预防控制中心1个，妇幼保健院1个，计划生育服务站1个。全县卫生机构病床床位1219张，各类卫生技术人员1132人。新型农村合作医疗参合人数40.84万人，参合率达到95.55%。

（王绍先）

会宁县

【现任主要领导】

中共会宁县委书记：

贾汝昌（9月止）

甘孝礼（9月任）

会宁县人大常委会主任：刘汉宝

会宁县人民政府县长：王科健

政协会宁县委员会主席：宋维平

中共会宁县纪律检查委员会书记：

郝平英

【基本情况】会宁县位于甘肃中部，白银市南端，东与静宁、西吉、海原三县接壤，南同通渭县毗邻，西连定西、榆中两县，北靠靖远县、平川区，是古丝绸之路的重镇，素有“秦陇锁钥”之称。南北长约140公里，北部东西宽约90公里，南部宽约50公里，总面积6439平方公里，耕地面积226.06万亩。境内群山连绵，梁峁交错，沟壑纵横，可概括为“七川八塬九道梁”，属典型的黄土高原丘陵沟壑区。平均海拔2025米，年降水量321.9毫米，年蒸发量1555.4毫米，年平均气温7.9℃，年均无霜期162天。四季气候特征为：春寒雨少刮风多，夏多冰雹不炎热，秋凉阴雨多早霜，冬月干燥少落雪。312国道和平定高速公路穿越县城，将会宁融入兰州1小时经济圈；省道309线横贯东西、207线贯通南北，境内交通便利。主要河流有祖厉河、葫芦河、清水河三条，祖厉河贯穿南北，在靖远境内流入黄河。地下水系分四个水文地质单元，即大豹子川、厉河、关川河、祖厉河等四个河谷。水资源短缺，地表水大部分苦咸，干旱是主要自然灾害，霜冻、冰雹、风灾、洪灾、病虫害也比较突出。现辖22个乡6个镇，284个村委会，2039个村民小组，11个居委会，37个居民小组。有汉、回、东乡、藏、满、哈萨克、蒙古族等7个民族，2011年末全县常住人口54.13万人。

【旅游景点】会宁历史文化丰富。汉唐时期，会宁是古丝绸之路中西商旅要道，现存大量的历史文化遗迹。牛门洞新石器遗址出土的彩陶、磨制石器等文物，是甘肃仰韶文化马家窑类型、半山类型和齐家文化共存的见证；境内有古城遗址和以汉墓群为代表的古人类墓葬20多处，其中最具代表性的是筑于金代的郭哈蟆城和宋代的西宁城，属省级文物保护单位。省级森林公园铁木山，集文化遗产、人文景观和自然景观为一体，现存多处石窟和庙宇古建筑，地貌独特，森林葱郁，有“旱塬秀峰”之称。位于铁木山下的马明心教堂，始建于清乾隆年间，为伊斯兰哲赫忍耶门宦创始人马明心的创道传教遗址，是全国各地穆斯林进行宗教活动的主要圣地之一，有“小麦加”之称。会宁有光荣的革命传统。1936年10月，中国工农红军三大主力在会宁胜利会师，是中国革命走向胜利的转折点。会宁被列为全国30条红色旅游精品线路、100个红色旅游经典景区和20个重点红色旅游城市之一，成为享誉全国的红色旅游圣地。先后建成以"万分之一时间走完万分之一长征路"为主题，再现二万五千里长征艰辛悲壮情景的红军长征胜利景园，建成了目前国内规模最大、唯一全面反映长征历史的红军长征胜利纪念馆，建成了邓小平亲笔题名的中国工农红军一、二、四方面军会师纪念塔。会师旧址是全国首批百个爱国主义教育示范基地之一，是国家4A级旅游景区。红军会师楼被评选为"大国印记：1949～2009中国60大地标"之一，2010年8月，在"第六届中国旅游城市（县）发展大会"上被评为"中国优秀红色文化旅游名县"、"中国优秀红色旅游目的地"称号，提升了会宁的影响力。《会师山歌》作为甘肃省唯一入选歌曲，在北京举办的世界音乐教育大会上被演唱。

【名优特产】会宁有独具特色的绿色产业。海拔适中、光照充足、环境无污染，发展绿色产业具有得天独厚的优势。经过多年的发展，培育形成了马铃薯、草畜、小杂粮、籽瓜、杏等特色产业，"懿隆"荞麦米，"三利"荞麦挂面、良谷米、胡麻油，"万里缘"杏仁露，"祁连雪"马铃薯淀粉等产品获得国家绿色食品认证，会宁被中国特产之乡委员会命名为"中国小杂粮之乡"和"中国肉羊之乡"，绿色产业开发具有坚实的基础和广阔的市场前景。

【国民经济】2011年实现生产总值39.77亿元，比上年增长13.0%。其中：第一产业增加值11.90亿元，增长6.6%；第二产业增加值13.02亿元，增长19.8%；第三产业增加值14.85亿元，增长13.0%。粮食总产量30947万公斤，增长12.14%；地方财政收入5855万元，增长53.6%。实现消费品零售总额15.02亿元，增长16.25%；固定资产投资达到14.26亿元，增长39.43%。

【四通情况】平定高速公路、国道312线、309线横跨东西，省道靖天路、定会路贯通南北。境内公路总里程达到4012.36公里，其中国道212.6公里（含高速公路49.8公里），省道117.5公里，县道482.3公里，乡道404.16公里，村道2791.36公里，专用公路4.44公里。实现了乡乡通公路，100%的乡镇通油路，94%的行政村通公路，99%的行政村通汽车。110千伏输变电线路拉通。乡、村、社通电率均为100%。京—西—兰—乌光缆通信过境；全县宽带骨干网带宽达到2G。中继光缆达到7600纤芯公里，城域网光缆达到310纤芯公里，接入光缆达到1100公里。宽带用户达到7619户，并开始由县城向乡镇及自然村延伸，由政府向各行业领域拓展。乡乡通邮通电话，年末本地电话用户达28622户，移动电话用户达到221140户，电话普及率达到43.5部/百人。广播人口覆盖率90%，电视人口覆盖率89%。

【人民生活与社会保障】2011年，全县城镇居民人均可支配收入9300元，比上年增长12.7%；城镇居民消费性支出6962元，增长12.6%；城镇居民家庭食品消费支出占消费总支出的比重为50.5%，比上年降低0.2个百分点。农民人均纯收入2986.86元，增长12.5%；农村居民人均生活消费支出3916.5元，增长27.4%；城乡居民人均储蓄5730元，增长26%。

年末全县参加城镇职工基本养老保险人数为5281人，征缴养老保险费3534万元，发放养老金2448万元，增长29%；参加农村居民养老保险的人数为27.3万人，征缴养老保险费7992.8万元，发放养老金4506.6万元；参加城镇居民养老保险人数为0.5万人，征缴养老保险费466.2万元，发放养老金100.3万元；参加村干部养老保险的人数为896人，征缴养老保险费90.5万元，发放养老金32.9万元。参加城镇职工基本医疗保险人数为19018人，征缴医疗保险费2708万元，支付医疗保险费795万元；参加新型农村合作医疗的人数为500018人，参合率98.14%，筹集资金1.15亿元，为30862名参合农民因病住院报销6611.86万元；参加城镇居民医疗保险人数为18642人，征缴医疗保险费458万元，支付医疗保险费326.3万元。参加失业保险人数为12007人，征缴失业保险费176.3万元，发放失业金321万元。参加工伤保险人数为4012人，征缴工伤保险基金35.7万元，支付工伤保险金15.4万元。参加生育保险人数为10092人，征缴生育保险费36.3万元，支付生育保险金30万元。城镇居民得到政府最低生活保障的人数为9505人，比上年增长12.1%，发放保障金1925.57万元，比上年增长19.8%，发放各类补贴资金482.3万元；农村居民得到政府最低生活保障的人数为116593人，比上年增长0.24%，发放保障金10637.39万元，比上年增长37.5%，发放各类补贴资金3961.37万元。全县享受农村五保待遇的3658人，发放五保供养金730.2万元，发放各类补贴资金124.37万元；城乡医疗救助10153人次，发放各类医疗救助资金1726.12万元。

【教育情况】会宁有西北教育名县盛誉。自恢复高考以来，已向全国输送大学生6万余人，其中获得博士学位的1000多人、硕士学位的5000多人。形成了领导苦抓、家长苦供、社会苦帮、教师乐教、学生乐学的"三苦两乐"会宁教育精神，获得"西北教育名县"的赞誉。全县共有学校420所，在校学生122711人，教职工总数8085人（不含代课教师725人和民办学校的101人）。适龄儿童入学率100%。高考二本上线3365人，其中重点上线931人。年内大学（专、本科）录取人数8324人，比上年增加883人。

【医疗卫生】2011年末全县共有卫生机构37个（不含个体诊所），床位1155张，比上年减少20.9%；卫生技术人员904人，增长18.9%。年内门诊就诊72.61万人次，入院人数3.21万人，出院病人3.19万人，治愈率11.3%，好转率85.9%，住院危重病人抢救成功率98.8%。卡介苗接种率、麻苗接种率、糖丸接种率、百白破接种率分别达到99.56%、99.77%、99.88%、99.84%；乙肝疫苗首针及时接种率98.46%、乙肝疫苗全程接种率为99.78%。5岁以下儿童死亡率为10.61‰，婴儿死亡率为9.35‰，孕产妇住院分娩比例达96.73%，孕产妇死亡率为53.94/10万。食品卫生监督覆盖率县城达100%，食品抽检合格率为100%，餐具消毒抽检合格率为84.5%。健康教育覆盖率以村为单位达到100%。

（陈红霞）

景泰县

【现任主要领导】

中共景泰县委书记：

薛香玲（9月止）

任文贵（9月任）

景泰县人大常委会主任：

王文彰（10月止）

郭永泰（10月任）

景泰县人民政府县长：张世军

政协景泰县委员会主席：郭延健

中共景泰县纪律检查委员会书记：

王涛忠（9月止）

何朝霞（9月任）

【基本情况】景泰县位于甘肃省中部，东临黄河，西接武威，南邻白银、兰州，北依宁夏、内蒙古，地处黄土高原与腾格里沙漠过渡地带，为河西走廊东端门户。全县总面积5483平方公里，海拔1274～3321米。属温带大陆干旱气候，年均气温8.9℃，无霜期在191天左右。年总日照2652小时，年降水量为287.3毫米。现辖6镇5乡，135个行政村，7个社区，常住总人口22.29万人。总耕地面积70.25万亩，其中水浇地37.88万亩，有天然草场522.8万亩。主要农产品有小麦、玉米、啤酒大麦、洋芋等；主要畜牧产品有羊肉、猪肉；特色产品有沙漠枸杞、大红枣、蜜瓜、蜂蜜、大接杏、早酥梨等；主要工业产品有水泥、石膏、石膏粉、石膏板、原煤、硅铁、电石、啤酒麦芽、面粉、配混合饲料等。

【基础设施】包兰（包头—兰州）、甘武（甘塘—武威）两条铁路在境内有11个火车站。公路以县城为中心，省道201线贯穿全境，308线西上武威至河西走廊，217线南通白银市，县城距中川机场不足百公里。农村公路通达、畅通工程进展顺利，62%的行政村贯通水泥路。配合实施干武铁路增建二线白银段、定武国家高速营双景泰段等重大交通项目。境内电力充足，有220千伏输电线路1条，110千伏输电线路14条，35千伏输电线路8条，年供电量60亿千瓦以上。大唐景泰电厂、兴泉风电一、二期建成投产，电力装机容量达到142万千瓦。兰成渝、涩宁兰、西气东输一、二线等6条油气管道穿越县境。实施引大入秦延伸景泰供水、天然气入城供气工程，完成城区供水管网改造。引大入秦延伸景泰英武水库输水渠工程已具备通水条件，四期廉租住房等基础设施建设进展顺利。城区生活垃圾填埋场投入使用。开展城区环境综合整治及绿化美化工程，建成城南绿化广场，城区绿化覆盖率达24.1%，城区日供水能力达到7千吨以上。农村基础设施不断完善，累计投入农田水利建设资金1.9亿元，新建改造各类水利设施114处，衬砌渠道640公里。解决了6.9万农村人口饮水不安全问题。开发整理土地2.9万亩，完成高标准农田建设、中低产田改造5万亩。完成各级新农村试点建设20个，实施整村推进项目24个，减少绝对贫困人口1.2万人。

【资源优势】矿产资源丰富，石膏储量达3.85亿吨，居全国第二，石灰石8亿多吨，煤3.8亿吨，石英石2000多万吨，铜200多万吨，此外，金、银、锰、墨玉、陶土、蛇纹岩也有一定分布。地方工业主要有水泥、硅铁、麦芽、饲草料、石膏粉、煤炭六大行业。灌溉条件优越，境内有“中华之最”景电高扬程大型提灌工程两处，总装机容量24.56万千瓦，提水量28.6立方米/秒，是黄河上游重要的灌溉农业区。全县光热资源丰富，年日照时数为2652小时，日照百分率60%，太阳年平均辐射量147.8千卡/平方厘米，无霜期191天，是我国除青藏高原外光热资源最丰富的地区之一。

【旅游资源】景泰旅游资源奇特壮观，有被誉为“中华自然奇观”的国家地质公园黄河石林、“沙漠绿色宝岛”寿鹿山省级森林公园、有开凿于北魏时期的五佛沿寺石窟、有建于明代万历年间的永泰龟城、明长城及享誉“中华之最”的景泰川电力提灌工程等诸多自然和人文景观。这些自然景观和历史遗迹越来越受到影视界青睐，成为国内外不可多得的影视基地。《最后一个冬日》、《西部热土》、《汉血宝马》、《天下粮仓》、《雪花那个飘》、《花木兰》、《决战刹马镇》、《惊沙》等40部影视剧曾分别在黄河石林、永泰龟城等处取景拍摄。国家唯一以敦煌体裁为内容的“大敦煌”影视城被影视界看好，其大漠、敦煌、绿洲、黄河以宏伟气势成为西部的一个精品影视基地。全年共接待游客85万人次。

【国民经济】2011年，全县完成生产总值43.34亿元，比上年增长14.6%。其中，第一、二、三产业增加值分别为7.74亿元、22.4亿元、13.2亿元，分别增长6.6%、19.6%、13%。全县全社会固定资产投资完成28.57亿元，增长45.4%；完成大口径财政收入31407万元，增长29.93%；完成社会消费品零售总额9.3亿元，增长21.8%。城镇居民人均可支配收入10494元，增长15.0%；农民人均纯收入4439元，增长12.7%。

【项目建设】总投资达47.5亿元的32个工业项目进展顺利，完成投资18.2亿元，实施总装机容量30.7万千瓦的7个风电、光伏发电项目。县体育场、绿色通道示范带建设等30个抓点示范项目全面开工，完成投资 18.7 亿元。招商引资成效显著，引进大唐、中电投、华电、中电国际等大型企业集团及各类重大项目 178 个，累计引进资金 96.2 亿元。

【现代农业】现代农业进一步加快，农业地位进一步提升。全县农作物总播面积 54.59 万亩，粮食总产量 14.7 万吨。沙漠洋芋、制种玉米等特色农作物种植面积突破 20 万亩。枸杞、红枣、优质梨等经济林果达到 15.2 万亩，年产果品 7 万多吨，产值近 2.3 亿元。发展节水灌溉面积 20.63 万亩，小麦创高产示范面积 2 万亩。各类规模养殖（小区）达到 355 个，羊、猪、鸡、牛饲养量分别达到 90.32 万只、24.92 万头、76.01 万只和 3949 头，肉、蛋、奶产量分别达到 1.5 万吨、1291 吨和 5600 吨。市级以上农业产业化龙头企业 35 家，农民专业合作组织 176 家，农产品加工转化率达到 30%。森林覆盖率达到 12.6%。新建改建日光温室 2200 亩。旱作农业、高效节水农业、设施农业稳步发展。

【民生保障】各项民生工程顺利推进，累计开发建设城区住宅 125 万平方米，建成保障性住房 13.4 万平方米，改造农村危旧房 57 万平方米。全县累计实现农村劳动力转移就业 24 万人次。社会保障体系日趋完善，五项社会保险参保人数达 9.4 万人次，发放各类保障资金累计 2.33 亿元，建成县社会福利院。新型合作医疗累计补偿 5.8 万人次，6916.5 万元。县级财力对民生事业的投入占总支出的 70%以上。

【社会事业】科技创新能力增强。全县获得专利授权 41 项，成功创建为“全国科普示范县”。

各类教育协调发展。“两基”迎国检工作扎实推进。投资 12.6 亿元新建改造校舍 8.8 万平方米。县一幼晋升为“省级示范性幼儿园”，县一中创建为“市级示范性高中”，县职专跻身“国家级重点中专”。创建市级（五星级）学校 13 所，成立“景泰县第五中学”。2011 年高考二本上线人数突破千人大关。

文体广电事业繁荣发展。全民健身运动蓬勃开展，群众精神文化生活日益丰富。全县建成景泰影剧院、博物馆、11 个乡镇综合文化站、135 个农村书屋、52 个村体育场等一批文体设施。农村卫星电视“村村通”、广播进百村工程惠及 3 万农户 11.8 万群众，城区有线电视覆盖率达 100%。

卫生事业加快发展。县医院住院部大楼主体工程完工，乡镇卫生院、社区卫生服务站、村卫生室实现全覆盖，疾病控制、卫生监督和突发公共卫生事件预警机制不断完善，城乡群众主要健康指标逐年提高。计划生育工作成效明显，符合政策生育率稳定在 90%以上，全国计划生育优质服务县创建工作进展顺利。

民主法制建设进一步健全。“五五”普法总体目标全面实现，全民法制意识明显增强。“平安景泰”建设扎实推进，治安防控体系不断完善，精神文明创建和双拥共建活动蓬勃开展，连续七年保持了“省级双拥模范县”称号。

服务型政府实现新进步。坚持推进政府自身建设和管理创新，自觉接受社会各方监督，法治政府、效能政府、服务政府建设迈出新步伐，各项社会事业全面发展。

（尚立信）

天水市

【现任主要领导】

中共天水市委书记：

张景辉（ 7 月止）

马世忠（ 7 月任）

天水市人大常委会主任：

任佰年（11 月止）

柴金祥（11 月任）

天水市人民政府市长：

李文卿（ 9 月止）

王　锐（ 9 月任）

政协天水市委员会主席：

宋敬国（10 月止）

杨维俊（10 月任）

中共天水市纪律检查委员会书记：

杨维俊（10 月止）

李美华（10 月任）

【基本情况】天水市位于甘肃省东南部，是甘肃的“东大门”，东邻陕西省宝鸡市，北、西、南分别与甘肃的平凉、定西、陇南接壤，总面积 1.43 万平方公里，现辖秦州、麦积两区和甘谷、武山、秦安、清水、张家川回族自治县五县，有 46 个镇，67 个乡，10 个街道办事处，有汉、回、满、蒙、藏等 28 个民族。

天水地处黄土高原南部沟壑区与西秦岭山脉结合地带，境内山脉纵横，地势西北高，东南低，海拔在 1000 ~ 2100 米之间，最高峰天爷梁，高达 3120 米；最低点牛背村，海拔 760 米。年平均降水量 574 毫米，年均日照 2100 小时，地跨长江、黄河两流域，以西秦岭为分水岭，北部地区为渭河流域，面积 11673 平方公里，占全市总面积的 81.49%；南部地区为嘉陵江流域，面积 2652 平方公里，占全市总面积的 18.51%。境内渭河流长约 280 公里，沿河接纳流域面积 1000 平方公里的支流有榜沙河、散渡河、葫芦河、藉河、牛头河。嘉陵江的主要支流有白家河、花庙河、红崖河等，流程较短，水量丰沛。

天水属华北、华中、蒙新和喜玛拉雅植物交汇处，树种成份复杂，森林资源丰富。现有森林总面积 589.91 万亩，天然林地主要分布在东部、东南部的陇山、西秦岭和关山林区。有木本植物 87 科 224 属 804 种，其中乔木 312 种，灌木 437 种，藤本 55 种，常绿植物 122 种。有野生药用植物 660 多种，其中常用药 220 多种。广阔的天然森林，繁衍了许多珍禽异兽，栖息着 30 多种野生动物，国家一类保护的有羚牛、梅花鹿、金猫、云豹等；二类保护的有羚麝、马麝、白臀鹿、斑羚、石貂、水獭、猞猁、猕猴、红腹角雉、兰马鸡、红腹锦鸡、大鲵、暗腹雪鸡、淡腹雪鸡、勺鸟、血雉、黑熊、秦岭红鳞鲑等。

天水因“天河注水”的传说而得名，有8000多年的文明史、3000年的文字记载史和2694年的建城史，是中华民族和华夏文明的重要发祥地之一。独具特色的历史文化主要有伏羲文化、大地湾原始部落文化、秦国早期文化、石窟艺术文化和三国古战场文化。境内古石窟、古建筑、古遗址、古墓群、古战场众多。有文物保护单位245处，风景旅游小区47个，景点228处，包括麦积山、大像山、水帘洞等古石窟6处，伏羲庙、兴国寺、南郭寺等古建筑50处，原始部落及秦汉古遗址86处，诸葛军垒、天水关、街亭等古战场遗址10余处等。位于市区西关的伏羲庙，是国内规模最大，保存最完整的祭祀人文始祖伏羲氏的场所。大地湾原始村落遗址距今8300年至4800年。麦积山风景名胜区1982年被国务院公布为全国第一批重点风景名胜区，2001年又被中央文明办、建设部、国家旅游局命名为全国文明风景旅游区示范点。中国四大石窟之一的麦积山石窟，素有“东方雕塑馆”美誉，现存194个洞窟，保存了十六国后秦至清代的泥塑和石雕7800余尊，壁画1300多平方米，目前正在向联合国申请世界历史文化和自然双遗产。

【国民经济】2011年，全市实现生产总值357.6亿元，比上年增长12%。其中：第一产业增加值67亿元，增长7.6%；第二产业增加值142.2亿元，增长14.8%；第三产业增加值148.4亿元，增长11.5%。三次产业结构比为18.7∶39.8∶41.5。全市规模以上工业企业实现工业增加值73.82亿元，比上年增长14.1%。其中市属工业企业完成增加值30.75亿元，增长6.7%。完成全社会固定资产投资322.03亿元，比上年增长34.63%。

实现社会消费品零售总额150.08亿元，比上年增长19.5%。完成进出口总额26182.4万美元，比上年增长13.87%。完成大口径财政收入60.17亿元，比上年增长28.01%，其中一般预算收入18.63亿元，增长29.49%。年末，全市金融机构本外币各项存款余额542.91亿元，增长16.96%；人民币各项存款余额541.83亿元，增长16.87%，其中城乡居民储蓄存款367.08亿元，增长20.03%。金融机构本外币各项贷款余额271.82亿元，增长26.29%；人民币各项贷款余额270.68亿元，增长25.9%。城镇居民人均可支配收入13051元，比上年增长13.42%；农民人均纯收入3266元，增长15.61%。城镇居民人均消费性支出9280元，比上年增长11.8%；农民人均生活消费性支出2788元，增长15.54%。城市人均居住面积26平方米，农村人均居住面积19.73平方米。

【农业和农村经济】2011年，粮食总产量111.18万吨，比上年增加2.08万吨，比上年增长1.9%。其中夏粮总产31.04万吨，下降6.52%；秋粮总产80.14万吨，增长5.59%。年末大牲畜存栏55.78万头，比上年增长0.94%。肉类总产量7.2万吨，比上年增长4.65%。其中猪肉产量5.5万吨，增长3.5%。禽蛋产量1.37万吨，增长7.03%。主要经济作物中，药材产量2.6万吨，比上年增长27.4%；油料产量7.01万吨，增长6.37%；蔬菜产量180.2万吨，增长6.58%；水果产量87.64万吨，增长11.64%。森林覆盖率30.2%，果园面积120.45万亩。

农业生产条件和基础设施不断改善。全市累计投入农机具7.3万台，完成机耕144.2万亩、机播33.02万亩、机收30.27万亩，机械深松耕58.1万亩，机械深施化肥148.5万亩，机械铺膜31.95万亩，农机总动力125.6万千瓦，农机经营服务收入6.23亿元。实施农业科技项目39项，通过省市鉴定验收28项，10项达到国内领先水平、16项达到国内先进水平、2项达到省内领先水平，19项获省市科技进步奖或农牧渔业丰收奖。培育航天蔬菜新品种5个，总数达26个，航豇2号在第十一届中国农业园区论坛上被评为精品奖。申报农业项目14批次166项，总投资13.11亿元，争取到省以上无偿投资农业项目69项，总投资3.23亿元。落实招商引资项目11项，总投资4.8亿元，拟引进资金2.96亿元。储备各类农业项目90项，总投资12亿元。新增农村土地流转面积14.45万亩，涉及农户11.2万户。落实良种补贴3269.39万元，农机具购置补贴2014.75万元，帮助农民购买农机具12139台，受益农户8701户。建立农机具购置补贴示范村21个。劳务输转65.02万人，实现劳务收入63.09亿元。

【项目建设】争取国家和省上各类补助资金1.24亿元，其中中央财政补助9505万元，省级财政补助2880万元。各类新建、续建工业项目216项，总投资226亿元。与华能、中材等央企合作的9个重大工业项目成功签约，总投资164.65亿元。天水卷烟厂总投资15亿元的异地技术改造项目、中材集团合作投资7.3亿元的武山年产160万吨干法水泥生产线、投资7亿元的张家川120万吨新型干法水泥生产线、中国西电集团投资2.1亿元的中高压电工触头生产基地、上海戎讯集团投资2.1亿元的明讯通讯产业基地、上海延安药业集团投资2.1亿元的甘肃天森药业西北药源基地等一大批项目正在积极实施。招商引资工作进展顺利。全市招商引资实现到位资金85.03亿元，其中新签约项目到位资金41亿元，续建项目到位资金44.03亿元，比上年增长45%，再创历史新高。

【就业与社会保障】2011年，全市参加基本养老、失业、城镇职工基本医疗、工伤、生育五项社会保险人数分别达12.75万人、14.93万人、27.62

万人、9.94万人和8.91万人。企业离退休人员6.93万人，养老保险基金支出11.49亿元，发放率100%。城镇基本医疗保险参保率98.79%，参加工伤保险的农民工4.02万人，参加基本医疗保险的农民工0.77万人。各类企业劳动合同签订率94.3%。共有城市最低生活保障对象4.47万户，11.04万人，累计发放低保补助资金2.36亿元；农村最低生活保障对象11.82万户，40.32万人，累计发放低保补助资金3.61亿元。农村临时救济0.88万人。年末，城镇新增就业4.5万人，下岗失业人员再就业1.61万人，为有创业愿望的下岗失业人员和劳动密集型中小企业发放小额担保贷款3.9亿元。

【社会事业】教育：2011年，全市共有普通高校3所，在校学生1.87万人；中等职业学校20所（不含技工学校），在校学生3.88万人；普通中小学校2569所（包括601个教学点），在校学生63.05万人。小学学龄儿童入学率99.92%，在校生巩固率98.85%；初中学龄儿童毛入学率113.22%，在校生巩固率98.06%。

科学技术：全市共组织实施市级以上科技项目326项，取得科技创新成果208项，其中138项达到国内先进以上水平。建成国家、省级工程技术研究中心和企业技术中心36家，省级重点实验室1家，国家、省级创新型企业及试点企业11家，高新技术企业20家。

文化：全市共有文化艺术表演团体8个，文化馆8个，乡镇综合文化站113个，农家书屋2525家，公共图书馆8个，各类藏书81余万册。广播、电视人口覆盖率分别达97.01%和94.57%，分别比上年提高0.05和1.39个百分点。有线电视用户21.17万户，比上年增长24.89%；有线数字电视用户10.04万户，增长41.41%。

卫生：全市共有卫生机构405个，其中医院、卫生院152个，妇幼保健院、所、站8个，社区卫生服务中心（站）23个。床位9089张，各类卫生技术人员13823人（含村卫生室卫生员），其中执业医师5338人（含卫生院执业医师）。年内国家免疫规划疫苗（五苗）接种率稳定在95%以上。

体育：全市共有全民健身点137个，在校学生施标率、达标率分别达97.2%和94.1%，经常参加体育锻炼的约106万人，在省级以上各类比赛中共获得金牌49枚、银牌26枚、铜牌24枚。

【安全生产】2011年，全市共发生各类生产安全事故180起，死亡98人，受伤124人，直接经济损失109.57万元。亿元生产总值生产安全事故死亡人数0.27人，道路交通万车死亡率5.13。

秦州区

【现任主要领导】

中共秦州区委书记：张明泰

秦州区人大常委会主任：

杨虎林（9月止）

文月平（9月任）

秦州区人民政府区长：周继军

政协秦州区委员会主席：

文月平（9月止）

宋丕林（9月任）

中共秦州区纪律检查委员会书记：

牟建林（9月止）

舒　健（9月任）

【基本情况】秦州区位于甘肃省东南部，是天水市政治、经济、科技和文化中心。行政区域面积2442平方公里，城市建城区面积29平方公里。现辖7个街道办事处，41个社区居民委员会，10镇6乡420个村民委员会和2个镇辖居委会，有汉、回、蒙、藏等数10个民族。2011年全区常住人口64.65万人，自然增长率5.97‰。

秦州区地理位置独特，区位优势明显。扼陕甘川之要道，是联系西北与中原、西南的交通枢纽。国道310、316线横贯境内，与12条省道和县（区）乡公路形成健全的交通网络，随着宝天、天定高速公路的开通，畅通能力进一步提高。全区基础设施不断完善，城区和农村16乡镇全部进入程控电话网络和移动通讯覆盖范围。城区供热、供水、供电及垃圾、污水处理设施不断完善，南北两山绿化初现成效，生态环境和人居环境质量不断提高。

【国民经济】2011年，全区实现生产总值120.16亿元，比上年增长13%。其中：第一产业增加值8.37亿元，增长7.6%；第二产业增加值59.96亿元，增长15.6%；第三产业增加值51.83亿元，增长11.2%。实现全部工业增加值43.9亿元，增长15.3%。其中规模以上工业增加值29.2亿元，增长15.2%。完成全社会固定资产投资83.87亿元，增长32.42%。实现社会消费品零售总额48.15亿元，增长19.1%。接待境内外游客478.8万人次，增长31%；实现旅游综合收入31亿元，增长35%。完成大口径财政收入12.03亿元，增长28.86%，其中一般预算收入5.04亿元，增长25.37%。年末，全区金融机构人民币各项存款余额235.45亿元，末增长14.18%；人民币各项贷款余额134.49亿元，增长24.63%。城镇居民人均可支配收入13519元，增长15%；人均生活消费性支出10815元，增长13.6%。农民人均纯收入3596元，增长16%；人均生活消费性支出2367元，增长8.79%。

【农村和农业经济】2011年，全区农村居民人均房屋面积21.22平方米，373个村通公路，417个通汽车，自来水受益村158个，234个村通有线电视，409个村通电话，乡镇村文化站（室）314个，卫生机构511个，农业科技机构70个，农民科技人员874人。实现农业总产值14.01亿元，增长10.2%。农作物播种面积103.18万亩，其中粮食播种面积71.84万亩，总产量19.07万吨，增长4.32%；油料作物播种面积 18.51 万亩，总产量 1.98 万吨，增长 10%；蔬菜播种面积 7.65 万亩，总产量 16.28 万吨，增长 6.41%。果园面积 16.6 万亩，水果总产量 13.3 万吨，增长 7.9%。肉产量 6675.99 吨，增长 1.9%。鲜蛋产量 1647 吨，增长 1.67%。新建塑料大棚 6240 个，新建以花牛苹果和大樱桃为重点的果园 7.2 万亩。建成规模养殖场 10 个，新增养殖小区 5 个，新增养殖专业村 2 个，新发展各类规模养殖户 50 户。劳务输转 10.7 万人次，其中有组织输转 6.42 万人次，实现劳务收入 10.38 亿元，增长 23.1%。

【项目建设】2011 年，全区实施招商引资项目 45 个，其中新签约项目 26 个，续建项目 19 个。实施投资 5000 万元以上项目 14 个，其中亿元以上项目 10 个。投资 2.39 亿元的 10 万头有机生猪养殖暨 3000 头原种猪繁育示范基地建设项目，投资 2.1 亿元明讯通讯产业基地建设项目，投资 1.45 亿元的橄榄多酚提取和道地中药材饮片生产线项目，投资 9.4 亿元的秦州区城中村综合改造项目等项目即将开工。

【就业与社会保障】2011 年，全区城镇新增就业 15769 人，下岗失业人员再就业 6155 人，公益性岗位安置就业 2230 人。发放小额担保贷款 5040 万元，开展就业再就业培训 8553 人，城镇登记失业率稳定在 3.66%以内。城乡居民社会养老保险参保 21 万人，收缴养老保险费 2800 多万元，为全区 4.98 万符合领取条件的 60 周岁以上居民发放基础养老金 1644.72 万元，发放率 100%。城镇职工基本医疗保险参保 27225 人，其中在职 19126 人，退休 8099 人；城镇居民基本医疗保险参保 14.24 万人，工伤保险参保 5551 人，生育保险参保 12798 人。

【社会事业】教育：2011 年，全区共有市、区属公办中小学、幼儿园 380 所，其中独立高中 3 所（含民办 1 所），完全中学 9 所，普通初级中学 18 所，九年制学校 8 所，完全小学 134 所，教学点 203 个，公办幼儿园 5 所。教职工 6331 人，其中中学教职工 2739 人，小学 3458 人，幼儿园 50 人。在校学生 96080 人，其中普通高中 12531 人（不包括民办学校），初中 25859 人，小学 55841 人，幼儿园 1849 人。高考本科上线 1269 人，上线率 26.47%。

科学技术：新列（结转）各级各类科技项目 65 项，科技资金投入 356.5 万元，其中部列 4 项，省列 11 项，市列 11 项，区列 39 项。引进农业示范新品种 50 多个、新技术 20 多项，建立科技示范户 500 多户。举办各类科技培训班 500 多期，开展大型科技赶集、科技咨询、科技宣传 15 场，培训农民 10 万多人次，发放科技资料 9 万多份。新发展民营科技企业 3 家。

卫生：全区共有医疗卫生机构 53 家，综合医疗机构 1 个（区人民医院），公共卫生机构 2 个（区控制中心、区妇幼保健院），专科医院 2 个（眼科医院、口腔医院）；乡镇卫生院 20 所（中心卫生院 7 所、一般卫生院 9 所、分院 4 所）；社区卫生服务机构 28 个（社区卫生服务中心 11 个、站 17 个）；其它卫生机构 4 个，社会团体 2 个，卫生管理办事机构 4 个。卫生工作人员 937 人，其中城区 570 人，占 60.83%；农村 367 人，占 39.17%。卫生技术人员 591 人，具有乡村医生资格 391 人。防保人员 584 人。

麦积区

【现任主要领导】

中共麦积区委书记：

蒲　军（9 月止）

张智明（9 月任）

麦积区人大常委会主任：

胡福林（9 月止）

贾应珍（9 月任）

麦积区人民政府区长：何　东（回族）

政协麦积区委员会主席：

贾应珍（9 月止）

杨续祥（9 月任）

中共麦积区纪律检查委员会书记：

李晓敏（9 月止）

吴方勇（9 月任）

【基本情况】麦积区位于甘肃省东南部，西秦岭北麓，渭河中上游，地处陕、甘、川之要冲，是甘肃省和天水市的“东大门”。境内森林覆盖率 52.6%，年降雨量 550 毫米左右，年均气温 11.6℃，无霜期 200 天左右，夏无酷暑，冬无严寒，四季分明，景色秀美，素有陇上“小江南”之美誉。境内已探明储量的矿产有 50 多种，主要有铅、锌、金、钼、粘土、石灰石、钾长石、白云石、大理石、石英、云母、石棉等。野生动植物资源和药材资源种类繁多，珍稀动物主要有牛羚、大鲵、猕猴、金猫、水獭、林麝等。中药材 200 多种，主要有党参、当归、天麻、大黄、茴香等。盛产苹果、西瓜、桃、杏、板栗、核桃、花椒、木耳、生漆等干鲜土特产。全境东西长 123 公里，南北宽 50 公里，总面积 3484 平方公里。现辖 12 个镇、5 个乡、3 个街道办事处，379 个行政村，28 个社区居委会，有蒙、回、藏、维等 17 个少数民族。

境内旅游资源丰富，国家 5A 级风景名胜区——麦积山风景区就镶嵌在东南部的秦岭群峰之中，景区内有驰名中外的麦积山石窟，秦州“第一洞天福地”的仙人崖，享有“小黄山”美誉的石门，湾湾有景、步步留情的曲溪，荟萃珍奇物种的小陇山植物园；净土寺，蛟龙寺以及诗圣杜甫流寓秦州时的东柯草堂，国画大师齐白石题匾的双玉兰堂；牧马滩秦汉古墓葬等许多古遗址，古建筑，古墓葬，是甘肃东部最佳森林旅游避暑胜地和中外游客观光的旅游胜地。

【国民经济】2011 年，全区实现生产总值 96.05 亿元，比上年增长 11.7%。其中：第一产业增加值 9.86 亿元，增长 7.5%；第二产业增加值 46.03 亿元，增长 12.3%；第三产业增加值 40.16 亿元，增长 12.1%。三次产业结构比为10.3：47.9：41.8。规模以上工业增加值30.89亿元，增长10.2%；固定资产投资48.2亿元，增长31.22%；社会消费品零售总额47.43亿元，增长19.2%；大口径财政收入7.74亿元，增长25.1%。城镇居民人均可支配收入11540元，比上年增长15%；农民人均纯收入3226元，增长16.73%。

【农业和农村经济】2011年，全区龙头企业发展到93家，注册登记农民专业合作社27家，形成城郊南山花牛苹果、北山葡萄、三新阳片区高效农业和畜禽养殖“两山一片”特色产业示范基地。天水农业高新技术示范园晋升为国家级农业科技园，秦州区被评为“中国果品产业龙头县区”和“全国农业生产标准化示范区”。兴修梯田14.19万亩，完成各类造林14.9万亩，建成“一池三改”户用沼气14456座、供水和节水灌溉工程44处，实施扶贫开发整村推进项目49个。组织劳务输转10.65万人次，创劳务收入9.81亿元。

【项目建设】2011年，全区落实招商项目134个，总投资95.6亿元，已实施项目117个，项目履约率87.3%。其中建成项目37个，到位资金3.3亿元，在建项目80个，到位资金12.4亿元。当年签约引进5000万元以上项目14个，其中亿元以上项目8个。华能热电联产、天水三阳医院和2万吨食醋生产项目等一批续建项目进展顺利，甘泉物流园基础设施建设已基本完成，信息大楼已开工建设，东柯河工业集中区和三阳循环经济区各项前期工作正在有序进行。

【城乡建设和环境保护】城乡建设：2011年，全区渭河城区段综合整治、唐家沟排洪渠治理、渭滨北路东延段景观等13个城乡一体化重点项目开工建设，分路口桥南服装小商品城、物资市场等18个城市片区开发改造有序推进，火车站以东193亩拆迁改造已与铁路部门达成共识，新增城市绿化面积5.9万平方米，主要路段亮化实现了全覆盖，城市精细化管理取得一定成效。

环境保护：审批环保建设项目31个，建设项目环评率100%。一是重点环保项目进展顺利。天水市第二人民医院污水处理站项目已完成市级环评进入试生产，待省级环保部门验收；甘肃汉铺东方纸业有限公司污水处理站运行正常；天水市医废处置中心通过对锅炉安装除尘设备，污染物实现了达标排放。同时积极督促各卫生医疗机构将全部医疗废物移交处置中心处置，防止了医废二次污染问题；加大餐饮业油烟治理和10家城区燃煤锅炉治理工作力度；天水九龙山禽业养殖有限公司废物综合利用工程项目已于11月9日通过了市环保局专项环保验收。二是农村生态环境保护项目深入推进。完成元龙镇桑渠村农村环境保护三统筹机制推进试点村验收，成功争取到27个村确定为国家第二批农村环境连片整治项目，开展风景名胜区环境专项整治工作，强化宾馆饭店生活污水、生活垃圾和锅炉烟尘等监管力度。

【社会保障】2011年，全区参加城镇企业职工基本养老保险244户14339人，其中在职9768人，退休4571人；参加失业保险286户12318人，其中企业1583人，事业单位10735人；参加农村计划生育家庭养老保险1497人；参加村干部养老保险1258人。城镇医保参保率98%。新农合参合43.27万人，参合率95.44%。

【社会事业】教育：2011年，全区落实义务教育经费4150.36万元、贫困寄宿生生活补助资金345万元、免费教科书资金948.66万元，发放进城务工人员随迁子女以奖代补资金236万元，发放免费教科书14.8万套，资助农村困难寄宿生1.51万人次。小学、初中适龄少年儿童入学率均达到100%，辍学率分别控制在0.04%和0.05%以内，小学和初中毕业率分别达到100%、99.99%，小学、初中毕业生体育达标合格率分别达到90%和92%，青壮年人口中非文盲率99.64%，脱盲人员巩固率99.84%，残疾儿童入学率85.71%。

文化：全区共有乡镇综合文化站13个、农民健身工程140个，379个行政村农家书屋，338个自然村的广播电视“村村通”工程完成并通过验收，三阳川广播电视管理站正式运营。

卫生：全区累计实施城乡卫生机构建设项目41个，完成投资1.5亿元，建设总面积7.94万平方米。市二院住院大楼、中滩等22个乡镇卫生院业务楼建成投入使用。区中医院门诊楼和桥南、北道埠社区卫生服务中心项目正在施工。已建成社区卫生服务中心6个、社区卫生服务站10个，499个基层医疗卫生机构（其中17所乡镇卫生院、5所乡镇卫生院分院、1个政府办社区卫生服务中心、476个村卫生室）全部实施了国家基本药物制度和药品零差率销售。

清水县

【现任主要领导】

中共清水县委书记：

王振宇（9月止）

刘天波（9月任）

清水县人大常委会主任：阮珠有

清水县人民政府县长：

刘天波（9月止）

马越垠（9月任）

政协清水县委员会主席：陈喜祥

中共清水县纪律检查委员会书记：

妥国保（9月止）

牛永祯（9月任）

【基本情况】清水县位于甘肃省东南部，天水市东北，陇山西南麓渭河支流牛头河流域，东接陕西省陇县、宝鸡，南连麦积、秦州两区，西接秦安，北临张家川回族自治县，距陇海铁路天水站40公里。属黄土梁峁沟壑区，是西北黄土高原边缘地带十分难得的山川秀美、物华天宝之地。最高海拔 2201 米，最低海拔 1112 米，年平均气温 9.8℃，年均降水量 550 毫米左右，年日照时数 2277.4 小时，无霜期 180 天左右。夏无酷暑，冬无严寒，四季分明，气候宜人。境内有耕地 130 万亩，森林 67 万亩，荒山草坡 18 万亩。地表水 2.3 亿立方米，地下水 0.9987 亿立方米，水源总量 3.2978 亿立方。已发现铁、锰、铜、铅、钼、白云石、大理岩、钾长石等 14 种矿产资源。总面积 2012 平方公里，现辖 6 镇 12 乡，260 个村民委员会，1118 个村民小组，4 个社区居委会。2011 年，全县总户数 7.28 万户，总人口 32.19 万人，其中农业人口 29.76 万人，少数民族有回、藏、东乡、土、苗等。

清水县古称上邽，以“清泉四注”而得名，历史悠久，人杰地灵，系中原与西北的古通道，素有陇上要冲，关中屏障之称，早在五千多年前，人类先祖就在这里生息繁衍。境内发现马家窑——齐家文化古遗址 30 多处，出土珍贵文物 3000 多件，是中华人文初祖轩辕黄帝的诞生之地、秦统一全国的发祥地、西汉名将赵充国的桑梓故里。北逐匈奴、西击诸姜的战斗号角，秦先祖非子、一代天骄成吉思汗等历史人物都在这片土地上留下足迹。汤浴温泉已成为全国十三大名泉之一，庞公玉石被誉为“中国一绝”，轩辕文化、先秦文化、汉唐文化、宋金文化交融聚汇，三皇谷森林公园、万紫山、石洞山等陇上名胜独树一帜，使清水成为陇坂脚下的一方人文厚土，炎黄子孙寻根问祖、观光旅游的胜地。

【国民经济】2011 年，全县实现生产总值 24.44 亿元，比上年增长 10.5%；规模以上工业增加值 1.3 亿元，增长 38.6%。规模以上工业总产值 5.61 亿元，规模以上工业销售产值 5.37 亿元；社会消费品零售总额 4.28 亿元，增长 20.2%；全社会固定资产投资 32.83 亿元，增长 28.93%；大口径财政收入 1.68 亿元，增长 28.74%；财政支出 11.94 亿元，增长 10.27%；金融机构人民币各项存款余额 28.66 亿元，贷款余额 8.96 亿元。城镇居民人均可支配收入 11358 元，增长 13.2%；农民人均纯收入 3151.2 元，增长 15.1%。

【农业和农村经济】2011 年，全县实现农业总产值 12.73 亿元，农业增加值 7.72 亿元。干鲜果基地面积 49.4 万亩，畜禽饲养量 350 万头（匹、只），蔬菜面积 10.1 万亩。农业科技示范园区、科技养殖示范园区、苏峃万头肉牛养殖小区的示范效应不断显现，建成秦源牧业、鑫森千吨肉鸡加工等农业产业化龙头企业 17 个，6 种农产品通过无公害产地产品认证，粉壳蛋通过无公害商标注册。森林覆盖率 30.9%。贫困人口减少到 5.26 万人，贫困面下降到 17.7%。输转劳务人员 6.12 万人次，实现劳务收入 5.93 亿元。

【项目建设】循环经济产业园区被列为全省第一批省级试点园区之一，园区基础设施建设全面推进，入园企业达到 45 户。轩辕纸业、鑫烨化工、天赐实业、大元泵业等一批工业项目相继落户。筛选储备各类项目 115 项，落实项目资金 4.5 亿元。实施招商引资项目 79 项，到位资金 7 亿元。建成干鲜果基地 7.1 万亩，完成苏峃万头肉牛养殖示范园区二期工程建设，高标准建成永清镇泰山庙塬蔬菜种植基地。循环经济产业园 6 号、7 号路全面建设，甘肃大元 10 万吨机电加工项目建成投产，天水给力 5 万吨天然矿泉水项目顺利开工，庄天二级公路清水支线开工建设。远门中心小学等 10 所校安工程和县二幼活动楼、三幼综合楼、特教学校综合楼、原泉小学教学楼、县六中实验综合楼全面完工。清水大剧院正在建设。建成各类市场 19 个，发展商业网点 1345 户。投资近 2 亿元对温泉生态旅游景区实施新建改造，赵充国陵园等一批景点得到开发建设。公路总里程 1563 公里。全力配合天平铁路和庄天二级公路清水段建设，通乡油路、通达工程、通畅工程和产业路建设成效明显。18 个乡镇全部通油路，260 个行政村全部通公路，163 个行政村通了油路或水泥路。

【城乡建设】“五横九纵”的道路骨架初步形成，城区生活垃圾填埋场、城区供水改扩建、集中供热等项目全面建成，牛头河十里风情线、充国广场、县城绿化亮化等工程全面实施，在建商品房 2480 套 25.2 万平方米，城镇人均住宅建筑面积 22 平方米，18 个乡镇小城镇建设总体规划编制全面完成，秦亭、白驼、山门等小城镇初具规模。

【社会保障】率先在全省实施了农村计划生育家庭养老保险，参保对象 1182 人，累计发放养老保险金 308.8 万元，农村二女节育户一次性奖励标准由 4000 元提高到 8000 元。率先实施了农村低保试点，发放城乡低保资金 1.3 亿元，受益 1.4 万户 5.1 万人；率先启动了城镇居民基本医疗保险，报销比例 90%。城镇企业职工养老保险和城镇居民医疗保险分别实现了省级和市级统筹，未参保集体企业职工全部纳入养老保险，村干部养老保险全面推行。义务教育两免一补、粮食直补、农机具补贴、退耕还林补助、廉租住房补助、贫困生助学贷款等政策全面落实。鑫园廉租房建成入住，鑫盛廉租房正在建设，经济适用房全面建成。

【社会事业】全面推进教育优化发展，建立了“以县为主，乡村为补充”的教育管理体制，中小学布局趋于合理。义务教育经费保障机制和寄宿生生活补助全面落实，“两基”成果不断巩固。科技推广步伐加快，全国科技进步先进县通过省级验收，科技对经济增长的贡献率 46.8%。文化事业日益繁荣，先后建成标准化体育场、博物馆、文化馆和 18 个乡镇综合文化站，建设农家书屋 268 个，实现了乡乡有标准化文化站、村村有农家书屋和信息资源共享的目标。卫生事业全面进步，新型农村合作医疗运行良好，扩大了报销范围，参合率93.6%。

秦安县

【现任主要领导】

中共秦安县委书记：

徐　健（9月止）

王东红（9月任）

秦安县人大常委会主任：贯万祥

秦安县人民政府县长：

王东红（9月止）

程江芬（9月任）

政协秦安县委员会主席：高霆钧

中共秦安县纪律检查委员会书记：

杨仁义

【基本情况】秦安县位于甘肃省东南部，天水市北部，渭河支流葫芦河下游，是天水市的北大门和后花园。属陇中黄土高原西部梁峁沟壑区，山多川少，梁峁起伏，沟壑纵横。最大河流葫芦河由四大支流清水河、南小河、显清河、西小河等河流汇成，自北而南，纵贯秦安中部。最低海拔1120米，最高海拔2020米。气候温和，日照充足，夏无酷暑、冬无严寒，大陆性季风气候显著，年平均气温10.9℃，年平均日照时数为1931.9小时（日照率43%），无霜期174天，年均降水量436.2毫米。东西长约65公里，南北宽约50公里，总面积1601.6平方公里，地势西北高而东南低。现辖5镇12乡，428个村委会，6个社区，1384个村民小组。2011年，全县总户数15.91万户，总人口61.64万人，其中乡村户数12.47万户，乡村人口57.32万人。

境内盛产苹果、桃、梨等，素有“瓜果之乡”的美称，先后被中共甘肃省委、省人民政府授予全省“经济林建设十强县”、“发展个体私营经济十强县”、“全省劳务经济先进县”和“乡镇企业十强县”，被国家科技部、林业局、文化部授予全国“科技工作先进县”、“中国名特优经济林桃之乡”、“文物工作先进县”，被中国果品流通协会授予全国“兴果富农”工程果业发展百强优质示范县和中国花椒之乡称号，被中国百县（市）优特经济专题调查办公室命名为中国甘肃优特苹果生产基地，秦安蜜桃、秦安花椒获得国家地理标志产品保护，其中秦安蜜桃“北京七号”桃荣获北京奥运推荐果品一等奖，并荣获“中华名果”称号。

秦安县古称成纪，历史悠久，文化积淀深厚，旅游资源丰富。据史书记载，人类始祖女娲就出生在这里，是华夏文明重要发祥地之一，素有“羲里娲乡”之称。文物古迹众多，距今约8000年的全国重点文物保护单位——大地湾遗址，是我国新石器遗址中年代最早、历时最长、层次最完好的一处。著名的“街亭古战场”和女娲庙，元代建兴国寺、明代建文庙大成殿和清代建筑群泰山庙等旅游景点，也是不可多得的历史文化瑰宝。

【国民经济】2011年，全县实现生产总值35亿元，比上年增长10.5%。其中，第一产业增加值12.2亿元，增长7.5%；第二产业增加值8.9亿元，增长16.8%；第三产业增加值13.9亿元，增长9.6%。粮食总产量19.74万吨，增长1.09%。农作物播种面积114.24万亩，其中粮食作物85.05万亩，经济作物12.37万亩。实现工业增加值4.9亿元，增长16.3%，其中规模以上工业增加值1.8亿元，增长18.6%。完成固定资产投资22.33亿元，增长45.48%。实现社会消费品零售总额16.5亿元，增长20.4%。实现大口径财政收入1.7亿元，增长31.7%，其中一般预算收入0.9亿元，增长32.6%。年末，全县金融机构人民币各项存款余额52.5亿元，增长19.1%，其中城乡居民储蓄存款41.1亿元；人民币各项贷款余额23.7亿元，增长33.6%。城镇居民人均可支配收入10777元，增长27.8%；人均生活消费性支出6527元，增长18.5%。农民人均纯收入3294元，增长15.6%；人均生活消费性支出2136元，增长31.2%。2011年，全县争取落实国家投资项目209项，总投资6.7亿元，其中国家投资4.42亿元。签订招商引资项目17项，拟引资41.7亿元，新建、续建项目累计到位资金9.23亿元。

【城乡建设和环境保护】2011年，全县改造铺油蔡林路、环城南路、环城西路、解放路等城区道路6条2.5公里，改造铺油靖天公路县城至郭嘉段20公里，完成农村公路通畅工程15条66.9公里，建成农村产业道路102条307公里，栽植各类苗木22万余株，绿化面积7.9万平方米。城区供水综合生产能力2万立方米/日，日供水总量5000立方米。集中供热面积73.53万平方米，新增道路1.31公里1.83万平方米，新增路灯110盏，新增排水管道1.31公里。全县共有废水治理设施4套，日处理废水能力5180吨，工业废水排放达标率93.18%，工业固体废物综合利用率100%。

【交通运输和邮电通讯】2011年，全县428个行政村基本实现通达，95个行政村实现通畅，公路通车总里程1453.07公里。共有运输企业19家（其中客运企业5家，货运企业14家），出租车公司2家。各类车辆22924辆，增长6.83%。公路运输总周转量23480万吨公里，增长24.65%。全县共有邮政局1家，邮政支局16家，邮政业务收入624.25万元，增长9.83%。电信业务收入2670万元，与上年持平。电信固定电话用户37716部，下降22.7%。301个行政村通宽带业务，互联网用户9994户，增长57.2%。

【社会保障】2011年，全县共有178个单位参加社会养老保险，参保8993人，发放养老金4042.71万元；参加城乡养老保险28.79万人，收缴参保资金2896.7万元，发放养老资金2195万元；240个单位参加失业保险，参保9879人；城镇职工参加医疗保险21301人，城镇居民参加医疗保险

22225 人。收缴大额医疗保险费 130 万元，当年报销 80.35 万元。供养五保老人 3138 人，安置退伍军人 34 人，其中义务兵 28 人。享受最低生活保障 79248 人，其中享受城镇居民最低生活保障的 9805 人，享受农村最低生活保障的 69443 人；享受医疗救助政策 12347 人，发放救助金 902.2 万元。保障性安居工程供地面积 11.38 万平方米。

【社会事业】教育和科学技术：2011 年，全县共有各级各类公办学校 374 所，其中高级中学 2 所（含民办高级中学 1 所），完全中学 7 所，农职业中学 1 所，初级中学 28 所，一贯制学校 3 所，小学 331 所（含回民小学 1 所），教学点 94 处，公办幼儿园 3 所，民办幼儿园 12 所。普及初等教育入学率 100%，巩固率 99.09%，毕业率 97.54%，升学率 97.21%；普及初级中等教育入学率 99.53%，巩固率 98.04%，毕业率 97.48%，升学率 69.78%（其中普通高中升学率 59.16%）。高考二本上线 2062 人，增加 260 人。校舍建筑面积 54 万平方米，其中危房面积 25.4 万平方米，占总面积的 47.03%。全县建立科技特派员示范基地 14 个、利益共同体 18 个，推广应用新技术 15 项，组织实施科技项目 35 项，总投资 669 万元，其中自筹 569 万元，科技经费 130 万元。

文化：全县共有农家书屋 433 个，乡镇综合文化站 17 个，文化艺术表演团体 1 个，文化馆 1 所，博物馆 1 所，图书馆 1 所，各类藏书 6 万册。乡村广播站 17 个，广播覆盖率 96%；电视地面接收站 1.67 万座，电视覆盖率 94.5%；有线电视用户 1.2 万户，转播节目 45 套。女娲祭典进入第三批国家级非物质文化遗产保护名录，秦安蜡花舞、壳子棍进入甘肃省第三批非物质文化遗产保护名录，秦安县被省文化厅命名为甘肃省民间文化艺术之乡，被国家文化部命名为中国民间文化艺术之乡。公布安维峻故居等县级文物保护单位 16 处，寺咀坪遗址等 4 处文物单位被列入省级文物保护单位。

卫生：全县共有各类卫生机构 24 家，其中各级各类医院、卫生院 19 家。床位 976 张，在岗职工人数 1055 人，卫生技术人员 902 人，其中医师 314 人，管理、工勤技能 110 人。农村基本公共服务经费人均达 15 元，参加新型农村合作医疗 11.68 万户 55.44 万人（其中贫困人口 7.13 万人），参合率 95.83%。参合农民住院补偿 3.25 万人次，参合农民住院总费用 1.51 亿元，补偿金额 7828.54 万元，占住院总费用的 52.95%。

甘谷县

【现任主要领导】

中共甘谷县委书记：

温利平（8 月止）

贾忠慧（8 月任）

甘谷县人大常委会主任：衡　斌

甘谷县人民政府县长：

贾忠慧（9 月止）

申君明（9 月任）

政协甘谷县委员会主席：王玺卿

中共甘谷县纪律检查委员会书记：

令建民

【基本情况】甘谷县位于甘肃省东南部，天水市西北部，渭河上游，东邻秦安县、麦积区，南接秦州区、礼县，西与武山县接壤，北与通渭县相连。渭河由西向东横贯全境，南部山区为秦岭山脉西延，北部山区为六盘山余脉。平均海拔 1972 米，最低 1228 米（六峰镇觉皇寺村东），最高 2716 米（古坡乡大条梁）。境内河流属黄河支流的渭河水系，河流总长 131.1 公里，平均径流 8.29 亿立方米，平均流量 47.91 万立方米。主要河流有四条，最大河流为渭河，属过境河，境内长度 41.6 公里，平均径流 7.23 亿立方米，其它三条主要河流为散渡河、古坡河和西小河。南北长 60 公里，东西宽 49 公里，总面积 1572.6 平方公里。现辖大像山、磐安、新兴、六峰、安远 5 镇，金山、西坪、大庄、大石、八里湾、谢家湾、礼辛、武家河、古坡、白家湾 10 乡，有 405 个村委会，6 个社区。2011 年末，全县总人口 63.26 万人，其中农业人口 56.59 万人，人口密度 402 人/平方公里。

【国民经济】2011 年，全县实现生产总值 36.85 亿元，比上年增长 10.5%。规模以上工业增加值 5.32 亿元，增长 17.3%。全社会固定资产投资 45.31 亿元，增长 24.3%。大口径财政收入 3.05 亿元，增长 21%。实现社会消费品零售总额 17.09 亿元，增长 19.7%。销售各类家电产品 1.8 万台（件），兑付补贴资金 943 万元。全县实现旅游综合收入 2 亿元。城镇居民人均可支配收入 10267 元，增长 13%；农民人均纯收入 3325 元，增长 15.3%。

【农业和农村经济】2011 年，全县粮食总产量 17.43 万吨，推广全膜双垄沟玉米 20.52 万亩、地膜小麦 3.97 万亩，新增优质蔬菜基地 2.99 万亩，新建标准化养殖小区 72 个。大力实施“万村千乡市场工程”，新建了磐安蔬菜批发市场、安远农产品批发市场，改造扩建了新兴蔬菜批发市场、部分农产品产地市场和 56 户农家店。149 个行政村的部分农户实现通水，新修梯田 15.9 万亩，完成各类造林 16.4 万亩，建成农村沼气池 1.52 万口。组织输转劳务 10.66 万人次，创劳务收入 9.81 亿元。

【项目建设】2011 年，全县实施招商引资项目 17 个，完成投资 9.06 亿元。灾后重建项目 23 项，完成投资 10.4 亿元。县列重点建设项目中，梯田建设、农村沼气、120 万吨水泥生产线、佳通塑业水泥包装袋生产线、谢家湾至金川公路铺油、农村公路通达工程、13 个乡镇文化站建设等 50 个项目全面建成或基本建成，南北滨河及滨河公园、高速出口辅道、城区污水处理厂等20个项目进展良好。六峰工业园、二十铺—磐安工业园入住企业7户，8户竣工投产，5户正在抓紧建设；大唐甘谷发电厂、甘谷祁连山水泥有限公司等骨干企业生产经营正常，产销两旺；新恒达化工公司、天宏鞋业公司等4户企业进入全市“10强50户”行列。

【城乡建设与环境保护】2011年，全县启动实施了城西区综合开发工程，天定高速出口与316国道姜维广场至杨赵段改扩建、大像山公园、中国供销甘谷物流园等重点工程的规划建设有序推进，六峰、安远、大石、金山、西坪等小城镇建设稳步推进，完成了磐谢公路铺油工程，新建通村水泥路119条311公里。农村危旧房改建7500户、贫困残疾人危房改造265户，建成廉租房和经济适用住房2528套。启动了三武公路改扩建工程，在磐安镇开展了乡村公交试点工作，南北滨河路及滨河公园、城区污水处理、城区供水管网改造等城市重点建设项目和杨场安居小区、五里铺安居小区等民生工程进展顺利。生活垃圾处理厂竣工投入使用。

【就业与社会保障】2011年，全县发放各类惠农资金1.24亿元，发放城乡低保、五保户供养、社会救助补贴等各类保障性资金1.52亿元。2803名高校毕业生通过招考在县内行政、事业单位就业，347名高校毕业生通过人才推介和自主创业实现了就业，4673名城镇失业人员实现了再就业。

【社会事业】2011年，全县实施以校舍安全工程为主的教育项目28项，新建校舍16.5万平方米，特殊教育学校建成投入使用，高考二本上线2404人，建成13个乡镇文化站和251个农家书屋。

武山县

【现任主要领导】

中共武山县委书记：张建杰

武山县人大常委会主任：王永宏

武山县人民政府县长：索鸿宾

政协武山县委员会主席：颉卫星

中共武山县纪律检查委员会书记：

张有信（9月止）

苟钟灵（9月任）

【基本概况】武山县位于甘肃省东南部，天水市西端，古“丝绸之路”咽喉要道。属温带大陆性半湿润季风气候区，冬无严寒，夏无酷暑，年降水量为412毫米，年均气温10.2℃，年日照2263小时，无霜期215天。矿产资源品种多，储量大，主要有蛇纹岩（又名鸳鸯玉，储量3.2亿立方米，居世界第二）、石灰岩（15亿吨，氧化钙含量达58%）、花岗石（15亿立方米）、白云石、滑石、大理石等非金属矿藏和钼、铁、铜、铅、锌、金等金属矿藏。总面积2011平方公里，现辖6镇9乡，344个村委会，10个居委会，1602个村民小组，2011年全县总人口47.3万人，耕地63.35万亩。

武山县是中国古代文明的重要发祥地之一，是龙文化的故乡，是古“丝绸之路”上的一颗璀璨明珠。有分散在渭水南北的仰韶、马家窑和齐家文化遗址36处，属国家级文物保护单位的有始建于后秦的水帘洞石窟群，开凿于汉代，重建于明代的木梯寺石窟以及付家门、观儿下、西旱坪遗址和官寺古店等6处，县属文物保护单位20处。武山温泉是我国仅有的五家氡化矿泉之一，现有旅游馆、水疗楼、浴池、高尔夫球、网球、蓝球等吃、住、行相对配套完善的各种休闲娱乐设施。水帘洞、温泉旅游度假村、草川大草原、卧牛山森林公园、木梯寺、老君山森林公园等旅游景点为人们旅游、疗养、避暑提供了绝好去处。

【国民经济】2011年，全县实现生产总值33.13亿元，比上年增长11.4%。其中：第一产业增加值12.78亿元，增长7.5%；第二产业增加值7.85亿元，增长17%；第三产业增加值12.5亿元，增长12.5%。全部工业总产值11.9亿元，增长15.6%；工业增加值4.49亿元，增长16.8%。固定资产投资38.1亿元，增长27.3%。

全县实现社会消费品零售总额12.5亿元，增长20.8%。销售各类家电下乡产品8655台，销售额2113万元，已补贴8200台，补贴资金220万元，补贴兑付率95%。家电以旧换新回收数量892台，销售1073台，销售金额372万元，补贴数量981台，补贴资金33万元。出口创汇265万美元。2011年全县共接待游客55.42万人次，创旅游综合收入1.98亿元，增长24.2%。完成大口径财政收入1.7亿元，增长27.1%；财政支出13.6亿元，增长34.9%。年末，全县金融机构人民币各项存款余额39.7亿元，增长18.3%；人民币各项贷款余额19.3亿元，增长51.7%。城镇居民人均可支配收入11370元，增长16.4%；农民人均纯收入3221元，增长15.1%。建成廉租房824套4.1万平方米、经济适用房258套2.1万平方米，改造农村危旧房2200户，将干部职工住房公积金统筹比例提高到了工资总额的7%。

【农业和农村经济】2011年，全县粮食总产量12.3万吨，比上年增长1.12%。畜禽存栏总量83.2万头（只），增长14.1%。硬化村内巷道65公里，全县75%的村庄道路实现了水泥化。马力北顺等8个省级新农村试点村基础设施和产业建设扎实推进，村庄建设规划全面完成，建设新农宅125户。洛门镇大南河流域市级新农村示范片带建设初见成效，郭庄、蓼阳等6个中心村产业规划和土地利用规划全面完成，占地153亩的蓼阳新村100户新农宅完成主体工程建设。城关陈门、洛门东街2个市级城乡一体化试点村建设加快实施。组织输转劳务9.39万人，创劳务收入 8.66 亿元。

【项目建设】2011 年，全县确定重点争取项目 110 项，总投资 18.9 亿元，完成项目储备 80 个；争取到国家投资项目 82 项，总投资 6.9 亿元。总投资 1.9 亿元的武山县渭河川道区 10 万亩标准化设施蔬菜产业园建设项目已上报省发改委和农牧厅，正在向国家发改委申报；总投资 1 亿元的渭河北山区 10 万亩土地整理项目已报国土资源部审批；总投资 5500 万元的世行农业项目和 355 万元的集约化育苗项目已通过评审；总投资 1 亿元的江河治理项目、1500 万元的北山生态治理项目、3000 万元的现代农业示范园项目有望争取成功。狠抓交通建设项目，洛礼二级公路建设全面启动，征地、拆迁工作进展顺利，完成了杨岷路、温草路铺油改造和硬化，建成车岸至杜楞等 4 条 38.7 公里通畅道路，“双通工程”（通田间道路、通自然村道路）71 条 243 公里，初步形成了县际通高速、乡镇通油路、行政村通公路、自然村通农机路的交通网络格局。

【城乡建设】一是城区开发建设不断加快。宁远大道全线贯通，武山大道西段 3.2 公里建成通车，新建了火车站区域“四纵一横”道路和渭北 22 号路，建成了南北滨河路风情线，完成了宁远生态园一期工程，完成了“风云雷雨坛”维修保护和富强街、红峪河桥改造，城区污水处理厂、火车站区域集中供热工程、玺华苑等 11 个住宅小区、安康家园保障性住房等项目正在加快建设，令川渭河大桥和火车站区域渭河人行桥启动建设，新建宁远大道绿化带护栏 1.1 万米，新增绿化面积 2 万平方米，硬化、补修人行道 1.2 万平方米，安装太阳能路灯 71 盏。二是小城镇建设有力推进。洛门镇实施了渭河堤防工程和武山大道东段建设，硬化了繁荣路等 5 条道路。滩歌镇启动了农贸市场二期建设，实施了明清古街改造。马力、鸳鸯、四门、高楼等乡镇小城镇建设和驻地村改造都实现了新进展。大力开展天定高速公路沿线环境整治，整合项目资金 1000 多万元，整修墙体 2 万多平方米，刷新墙体 4.3 万多平方米，完成北山绿化 3000 亩，设置大型宣传牌 3 个。三是城市管理水平不断提高。拆除乱搭乱建简易棚 25 个，取缔占路经营摊点 15 个，拆除破旧广告牌 8 个，认真落实“门前三包”责任制和保洁人员定员、定岗、定路段的“三定”管理，形成了城市环境管理的良性机制。四是新建改建农家店 40 个，完成乡级直营店和示范点提升改造 20 个，洛门金鑫物流园区一期工程全面建成，鸳鸯物流配送中心即将投入使用，渭北综合市场建成运营，城区马路市场搬迁全面完成，洛门宏运达农机市场建设进展顺利，洛门国家级蔬菜批发市场迁建改造工程启动实施，马力、榆盘等农贸市场建设不断推进，四门、沿安等退市还路项目全面完成，城乡市场体系进一步完善。

【就业与社会保障】2011 年，城镇新增就业 3960 人（其中下岗失业人员再就业 1235 人），新增小额担保贷款 9495 万元，新增小额担保贷款担保基金 250 万元，就业再就业培训 3291 人，创业培训 635 人，城镇登记失业率控制在 3.15%以内，企业劳动合同签订率 92.8%，推荐安置大专以上毕业生 115 名。

征缴养老保险费 3866.23 万元，征缴失业保险费 146.39 万元，征缴城镇职工基本医疗保险费 2046.75 万元，征缴城镇居民基本医疗保险费 216.28 万元，征缴工伤保险费 30.7 万元，征缴生育保险费 57.71 万元。新农合参合率 96%，共为 18505 例参合住院病人报销医药费 3587.92 万元；门诊统筹 69759 人，补偿 192.26 万元。为 4.72 万人发放基础养老金 2791.13 万元。

【社会事业】教育：2011 年，全县小学适龄儿童入学率 100%，小学毕业生升入县内初中的升学率 97.72%，九年义务教育巩固率 64.42%，“两基”工作顺利通过国检。完成了县一中、山丹初中等 8 校校舍建设任务，启动建设了县特教学校和城关初中教学楼，建成了洛门中心幼儿园活动楼主体工程和县青少年校外活动中心。高考本科上线 1210 人，净增 130 人，增长 12%。

文化体育：全县建成群众文化活动中心 1 个和农村文化休闲广场 14 个，武山县被命名为“中国书画艺术之乡”，圆满举办了著名秦腔表演艺术家孙存蝶先生回报第二故乡——武山专场演出，广播电视业务楼完成主体建设，有线电视数字化转换、文化信息资源共享等工程加快实施。文物保护工作有序推进，完成了水帘洞千佛洞壁画彩塑保护修复工程，显圣池保护工程顺利实施。组团参加全国第八届“武术之乡”武术比赛，取得了 4 金、4 银、12 铜，团体总分第 6 名的好成绩。

卫生：全县建成县医院住院楼、中医院门诊楼和 62 个村卫生室，成立了药品器械集中采购中心，实行药品、医用耗材政府统一采购和药品零差率的销售方式为群众让利 284 万元，建立农村居民健康档案 30 万份，发放健康教育知识读本 7.2 万册。新建和改造了 10 个乡镇计生服务所，配备医疗设备 476 台，建成计划生育村民自治试点村、依法行政试点村等 153 个，完成二女户结扎 1748 例、一孩上环 1316 例，征收社会抚养费 205 万元。

张家川回族自治县

【现任主要领导】

中共张家川县委书记：刘长江

张家川县人大常委会主任：

李肖锋（回族）

张家川县人民政府县长：

马中奇（回族）

政协张家川县委员会主席：

关春生（回族）

中共张家川县纪律检查委员会书记：
牛永祯（9月止）
夏　草（9月任）

【基本情况】张家川回族自治县位于甘肃东南部，陇山西麓，东接陕西陇县，南邻清水县，西连秦安县，北毗华亭、庄浪两县。地势由东北向西南倾斜，最高海拔2659.4米，最低海拔1486米。年平均气温8.5℃，无霜期163天左右，年平均降雨量593毫米。境内植物有木本、草本、观赏和药用4大类，600多种。乔木类主要集中在东北部天然林区，有21目，32科，46属，84种，灌木类主要集中在东北部关山区，种类繁多；草木结构分为野生草本和人工牧草两大类，野生草本植物比较常见的有240多种，有31科，106属，154种；观赏植物有70多种；药用植物包括野生和栽种两大类，中药材已达38科124种，其中野生药材112种，栽种药材12种。珍贵动物9种，均属国家二、三级保护动物。铁、铜、铅、锌、水晶、长石、大理石、花岗岩等20多种矿产资源储量丰富。总面积1311.8平方公里，东西长62公里，南北宽48公里。现辖3镇12乡，255个行政村，1275个村民小组，4个居委会。

境内旅游资源和文化遗址较多，主要景观有：五龙山、老龙潭、斩蛇崖、小麦积、五指山、青石崖、石人峰等，主要文化遗址有五龙山云风寺遗址、佛爷崖太极八卦图、二郎神脚印石、栓马桩以及宣化岗拱北、清真寺、正觉寺、花果山石窟、摩崖石刻、老庵寺、街亭古战场遗址、秦亭遗址、马家塬战国古墓遗址等。

【国民经济】2011年，全县实现生产总值17.66亿元，增长12.2%。其中：第一产业增加值4.21亿元，增长7.6%；第二产业增加值4.41亿元，增长14.7%；第三产业增加值9.04亿元，增长13.5%。社会消费品零售总额4.09亿元，增长19.8%；固定资产投资24.06亿元，增长49.8%；大口径财政收入1.29亿元，增长25.2%。城镇居民人均可支配收入11800元，增长13.6%；农民人均纯收入2853元，增长15%。城乡居民人均住房面积分别达18平方米和14.5平方米。

【农村和农业经济】2011年，种植全膜双垄沟播玉米11.38万亩，粮食总产量11.13万吨，新建塑料大棚3210座1605亩，建设各类蔬菜生产园13个7200亩。畜禽饲养量100.27万头（匹、只），修建农田道路2748公里，解决了刘堡梁4.25万人的安全饮水问题，新修梯田2.47万亩，治理小流域33平方公里，完成“一池三改”1000户，实现6500人脱贫，14.05万亩集体林地全部完成勘界确权任务，森林覆盖率29.3%。输转富余劳动力6.51万人次，创劳务收入6.29亿元。

【项目建设】2011年，全县争取到农业综合开发、扶贫易地搬迁、农村人饮安全工程等项目203项，筛选上报了县城城区集中供热扩能改造、农村环境综合整理、马家塬遗址保护等42个县庆项目，争取到位国家、省市投资3.8亿元。实施阿阳中学、农村“一事一议”建设财政奖补项目、和谐家园廉租房建设等续建和新建项目76项，完成投资12.9亿元。加大招商引资力度，签约招商项目19项，实施招商项目24项，完成投资7.22亿元。

【城乡建设和环境保护】2011年，全县筹措资金4400万元，建设县城北滨河路和南部路网，南部路网道路拓建工程已完成管道铺设和部分路基工程。筹措资金1262万元，完成县城垃圾填埋场建设。后川河堤防、城区供水管网改造工程、城区污水处理厂等城市基础设施建设进展顺利。筹措资金100万元，启动实施了新一轮县城总体规划修编工作。深入开展城区违章建筑和土地市场清理专项整顿活动，切实加强城市综合管理，规范城区交通和市场秩序。制定了恭门镇城乡一体化发展规划，恭门镇城乡一体化“八大工程”建设进展顺利。研究出台了支持龙山镇经济社会发展的意见，多渠道筹措资金，推进龙山、恭门小城镇建设。继续开展餐饮业烟尘污染、油烟污染、建筑施工噪声、扬尘污染的综合整治工作，在城镇设立废渣、生活垃圾点，修建公用厕所等设施。县城绿化面积17万平方米。

【就业与社会保障】2011年，全县累计发放城乡低保9232.2万元、城乡医疗救助资金592.54万元。全面实施新型农村社会养老保险工作，共有11.83万人参加新农保，发放养老金2329.55万元。开发就业岗位708个，实现新增就业1950人。通过招录分配和引导域外就业，解决了328名大学生就业。启动实施畅家园廉租住房建设，为住房困难家庭发放租赁补贴401.42万元。

【社会事业】2011年，全县7所中小学校校安工程危房改造项目基本完工，高考本科上线608人，高考录取887人。重视文化事业发展，大型音乐舞蹈史诗《关山月》成功上演。13个乡镇文化站建设和自然村“村村通”工程进展顺利，完成了18651户广播电视入户工作和271个农家书屋建设。统筹发展城乡卫生事业，新农合门诊统筹工作全面开展，参合率保持100%。

【社会治安】2011年，全县加大“两案”办理力度，完成县政府确定的10件实事，深入开展社会治安、安全生产、交通秩序、市容市貌及农村环境卫生等八项专项整治活动，组建成立处置突发事件应急队伍，促进了社会和谐稳定。

武威市

【现任主要领导】

中共武威市委书记：火荣贵

武威市人大常委会主任：刘存禄

武威市人民政府市长：
郭承录（9月止）

李志勋（9月任）

政协武威市委员会主席：

徐文善（11月止）

何　伟（11月任）

中共武威市纪律检查委员会书记：

李学民

【基本情况】武威，亦称凉州，地处甘肃省河西走廊东端，历史上曾是丝绸之路的要冲。公元前121年，因汉武帝派骠骑大将军霍去病远征河西，击败匈奴，为彰其“武功军威”而得名。是全国历史文化名城和对外开放城市，是“中国旅游标志之都”、“中国葡萄酒的故乡”、“西藏归属祖国的历史见证地”和“世界白牦牛唯一产地”。南依祁连山，北靠内蒙古，东南与兰州市、白银市接壤，西北和金昌、张掖毗邻。南北长326公里，东西宽204公里，海拔1367~3045.1米，地处黄土、蒙新、青藏三大高原交汇地带，地形复杂，南高北低。境内有灌溉绿洲、荒漠、高山草地、祁连山天然水源涵养林带及沙漠、浅山地带，是甘肃的缩影。总面积3.32万平方公里，其中，耕地382.07万亩，草地面积3552万亩，可利用草地面积2430万亩，是一个有水就有耕地和粮食，有水就有草原和畜牧的地方。境内有大小河流八条，年均径流量14.3亿立方米，年日照时数在2200~3030小时，年平均气温7.8℃，无霜期85~165天，年降水量60~610毫米，年蒸发量1400~3040毫米，是典型的内陆型干旱气候。2001年5月，经国务院批准撤地设市，2005年被评为中国优秀旅游城市，2006年被评为省级文明城市，2007年被命名为全国双拥模范城。现辖凉州区、民勤县、古浪县、天祝藏族自治县三县一区，有93个乡镇、1125个村委会、8个街道办事处，聚居着汉、藏、回、蒙等38个民族。

【资源优势】文化旅游资源：武威历史悠久，人文荟萃，曾是五凉古都、西夏陪都，境内自然景观和人文景观交相辉映，文物古迹众多。人文自然景观有中国旅游标志——铜奔马，有举世无双的稀世珍宝西夏碑，有始建于北凉时期被称为石窟之祖的天梯山石窟，有建于明正统四年，号称“陇右之冠”的武威文庙，有元太子阔端与西藏佛教领袖萨班会晤的百塔寺遗址，有古朴壮观的丝路名刹海藏寺，有佛教胜地鸠摩罗什寺塔，有历经千年的皇娘娘台、齐家文化遗址、沙井子文物遗址和古长城遗址。全国重点文物保护单位6处、省市级文物保护点540多处。目前，馆藏文物4.7万多件，突出的代表有“一马”（马踏飞燕）、“一碑”（西夏碑）、“一寺”（白塔寺）、“一窟”（天梯山石窟）、“一塔”（罗什寺塔）、“一庙”（文庙）、“一堡”（瑞安堡）。同时，还有国家级自然保护区1处、国家4A级景区2处、省级自然保护区3处、亚洲最大的沙漠水库1处，雪域高原、绿洲风光和大漠戈壁等自然景观与历史文化交相辉映，具有较高的文化旅游价值。

矿产风力太阳能资源丰富。武威矿产资源种类多、储量大、品位高，有各类矿点100多处、30多种，探明储量的矿种有15种，其中：钛铁矿、石墨矿属国内特大型矿产。石墨资源储量70.3万吨，石膏资源储量1987万吨，水泥灰岩矿区储量42944万吨，煤炭、石灰岩矿储量也相当大，极具开发潜力。风能资源丰富，有效风能贮量大，开发前景良好。

农业资源丰厚。武威是甘肃省最具优势的天然绿色食品和名优特农产品生产基地，日照时间长，昼夜温差大，极端气温相对持续时间短，最适宜酿造葡萄的种植，被专家称为“中国的波尔多地区”。农副土特产品品质优良、种类繁多，已初步形成了以葡萄酒、黑瓜籽、黄河蜜瓜、无公害蔬菜、淀粉系列产品和白牦牛系列产品等一批具有武威区域标志性产业品牌和地方特色的农副土特产品。

交通发达。武威东接兰州，南靠西宁，北临银川、呼和浩特四大省会城市，西连新疆，自古就是“通一线于广漠，控五郡之咽喉”的战略要地，古代是兵家必争之地，现代为商家必争之地。武威是河西走廊的东大门，兰新铁路、干武铁路、312国道贯通全境，省道308线、211线和地方道路纵横交错、四通八达，是河西走廊人流、物流、资金流、信息流最集中的地区。

【国民经济】2011年，全市上下坚持以科学发展观为指导，以加快转变经济发展方式为主线，全面贯彻落实国家、省上各项政策措施，国民经济保持平稳较快发展。全市实现生产总值272.85亿元，比上年增长13.1%。其中：第一产业实现增加值67亿元，增长5.3%；第二产业实现增加值115.53亿元，增长18.6%，其中工业增加值81亿元，增长24.3%；第三产业实现增加值90.32亿元，增长12.7%。三次产业结构比24.56∶42.33∶33.11。全市规模以上工业企业完成增加值60.54亿元，增长25%；实现利润总额5.71亿元，增长98.27%。实现社会消费品零售总额88.42亿元，增长17.3%。完成一般预算收入10.17亿元，增长58.18%；财政支出97.19亿元，增长28.81%。年末全市金融机构各项存款余额395.37亿元，增长22.22%；各项贷款余额202.9亿元，增长25.92%。

【农村经济】2011年全市结合石羊河流域重点治理工程的实施，围绕农业增效、农民增收，大力发展特色农业。在春季低温雨雪、夏季干旱等多种自然灾害的影响下，武威市调整种植结构，压减夏粮播种面积，大力推广低耗水、高效益的旱作农业和经济作物，确保了武威市粮食产量再获丰收，农业产值稳步增加。2011年，实现农业增加值67亿元，较上年增长5.3%。全市上下以节水增收为核心，着力加快农业结构调整步伐，积极发展设施农业、节水高效农业，农业农村经济稳步发展。全年完成农作物播种面积367.85万亩，增长0.68%。其中：粮食作物播种面积223.97万亩，

富，年风资源储量在400万千瓦以上，太阳能可利用总量在600万千瓦以上。

【国民经济】2011年，全县实现生产总值39.28亿元，比上年增长13%。其中：第一产业增加值15.47亿元，增长5.3%；第二产业增加值11.95亿元，增长25.6%；第三产业增加值11.85亿元，增长13%。三次产业结构为39.4：30.4：30.2。实现全部工业增加值7.5亿元，比上年增长25.1%，其中，规模以上工业增加值5.15亿元，增长25.3%。实现社会消费品零售总额13.24亿元，增长18.6%。全县大口径财政收入2.04亿元，比上年增长70.73%。一般预算收入1.23亿元，增长84.68%。一般预算支出17.35亿元，比上年增长22.03%。年末金融机构各项存款余额61.37亿元，比年初增长10.02%，金融机构各项贷款余额34.52亿元，增长10.51%。

【农村经济】全年农林牧渔业总产值26.03亿元，比上年增长5.3%。全年农作物播种面积72.71万亩，比上年减少0.91万亩。粮食作物种植面积19.64万亩，比上年减少0.37万亩。主要经济作物种植面积51万亩，比上年减少0.54万亩。全年粮食产量10.73万吨，减产1.25%；蔬菜产量45.66万吨，增产17.01%。2011年末大牲畜存栏5.22万头（只），下降6.79%。全年肉类总产量1.52万吨，增长3.49%；牛奶产量780吨，增长50%；绵羊毛产量1344.3吨，增长4.02%。

全年新建温室面积8064亩，新增养殖暖棚面积9713亩，设施农业面积累计达到6.63万亩。其中，温室面积3.18万亩，养殖暖棚面积3.45万亩。财政农林水务事务支出4.51亿元，比上年增长3.8%。

【项目建设】全年全社会固定资产投资63.5亿元，比上年增长67.18%。其中，城镇投资61.8亿元，增长77.21%。商品房屋销售面积5.12万平方米，增长74.3%。全县共实施城镇500万元以上项目105个。其中新建项目90个，完成投资47.95亿元，增长73.18%，所占比重为77.62%；续建项目15个，完成投资13.82亿元，增长231.4%，所占比重为22.38%。重点项目中亿元以上投资项目25个，完成投资37.86亿元，增长59.4%，占全社会固定资产投资的比重为59.6%。

【人民生活和社会保障】全县城镇居民人均可支配收入10533元，比上年增长19.3%；农村居民人均纯收入5908元，增长13.2%。城镇居民人均消费性支出9648元，增长18.5%；农村居民人均生活消费支出5105元，增长27.8%。

年末全县参加基本养老保险人数154028人，增加1596人。参加基本医疗保险的人数36540人，增加532人。其中：参加城镇职工基本医疗保险人数18690人；参加城镇居民基本医疗保险人数17850人。参加失业保险职工人数8503人，增加494人。参加工伤保险职工人数10307人，增加2068人。参加新型农村合作医疗人数8229人，参合率达88.01%。城市低保对象月人均补助137元，比上年增加19元；农村低保对象月人均补助72元，比上年增加7元。年末社会福利性机构5个，收养人员629人。新建廉租住房585套，支持农村危房改造3800户。

【社会事业】全年科技三项经费支出510万元，比上年增长18.6%。共组织实施科技项目27项。其中省级项目3项，县级项目23项，部门项目1项。完成各项专利申请35项，开办各种科技培训班18场次，培训农村科技骨干人员600人次。

严格执行国家“两免一补”、高中助学金、大学生生源地信用助学贷款等惠民政策，发放免费教科书76410套，下拨义务教育阶段学校补助公用经费及寄宿生生活费4488万元，发放普通高中国家助学金492万元、中职生国家助学金484万元，为2187名贫困大学生申请助学贷款1151万元。县长教育基金年内募集资金204万元，列支140.59万元，奖励、资助贫困学生1956名，困难教师35名。民勤一中新开设孔娜实验班1个，全县共有391名普通高中学生享受免费教育，救助资金达95.35万元。

全县有文化馆1个，乡镇文化站18个。有图书馆1个，公共图书馆图书总藏量45万册，增长12.5%。年末全县接装有线电视用户达17100户。其中，城区用户9700户，农村用户7400户。

全县有卫生机构38个。其中，医院、卫生院32个，妇幼保健院1个，专科疾病防治院1个。医院和卫生院拥有床位总数754张，卫生技术人员762人。其中，执业医师和执业助理医师303人，注册护士266人。

古浪县

【现任主要领导】

中共古浪县委书记：

张延保（9月止）

马国荣（9月任）

古浪县人大常委会主任：薛　华

古浪县人民政府县长：

朱星海（9月止）

孙　伟（9月任）

政协古浪县委员会主席：倪天祯

中共古浪县纪律检查委员会书记：

杨贵才（9月止）

徐国鸿（9月任）

【基本情况】古浪，以藏语古尔浪哇而得名，意为黄羊出没的地方。地处河西走廊东端，东南分别与甘肃省景泰、天祝两县相连，西北与武威市凉州区接壤，北邻腾格里沙漠，为古丝绸之路要冲。境内享誉古今的“金关银锁”古浪峡，峡谷幽深，山石突兀，地势险要，狭窄处仅宽20米，“扼甘肃之咽喉，控走廊之要塞”，历为兵家必争之地，自古就以“驿路通三辅，峡门控五凉”的重要地理位置而闻名。古浪县东西长约102公里，南北宽约

88公里，总面积5103平方公里，属甘肃省43个国家级扶贫开发工作重点县和18个干旱县之一。现辖9镇10乡1个街道办事处，251个村委会，1980个村民小组。境内居住着汉、回、藏、蒙、苗、满、东乡、土、毛南、瑶等10个民族。

【资源优势】古浪矿产资源丰富，开发潜力较大。境内石灰石探明储量为4.5亿吨以上，煤炭、石膏、花岗岩、铁、铜、高岭土、沙金等矿藏富有开采价值。依托丰富的石灰石资源和农副产品优势，以建材化工和农副产品加工为重点的地方工业蓬勃发展，初步形成了以化工、建材、食（药）品、饲草加工为主的工业格局；水泥、碳酸钙、电石、石灰氮、双氰胺、卫生纸、啤酒麦芽等产品极具市场竞争力，一些产品荣获省优称号。主要农副产品有优质小麦、加工型玉米、啤酒大麦、洋芋、豌豆、果蔬、麻黄草、亚麻等。特色农副产品土门羔羊、沙漠土鸡、黄羊川小杂粮、红秃头旱地面品、手工挂面、纯羊毛手工地毯、古浪西芹等享誉陇原和全国各地。古浪人文景观荟萃，旅游资源丰富。素有“西北小武当”之称的昌灵山，是世界上距沙漠最近的原始次生林带；全国农业旅游示范点——马路滩林场，集观光农业、生态治理、沙漠风光、狩猎娱乐为一体；寺洼风光、香林晨钟、石门涛声等黄羊川十八景镶嵌在古浪这片热土上，以金色弧线串起了“五环”景点；西路红军纪念馆、烈士墓及展览馆等红色旅游开发初具规模，被评定命名为全省爱国主义、国防教育和党史教育基地。

【国民经济】2011年全县实现生产总值28.41亿元，比上年增长11.8%。其中：第一产业增加值7.85亿元，增长5.31%；第二产业增加值12.19亿元，增长14.5%；第三产业增加值8.37亿元，增长12.41%。三次产业结构为27.6：42.9：29.5。全县全年完成固定资产投资33.63亿元，增长67.64%；实现社会消费品零售总额10.4亿元，增长18.4%。完成大口径财政收入1.65亿元，增长53.94%，其中完成一般预算收入8661万元，增长54.22%；地方财政支出17.46亿元，增长35.84%。年末各类金融机构存款余额为43.65亿元，增长43.3%；各项贷款余额为15.69亿元，增长21.6%。

【农村经济】2011年，全县上下以节水增收为核心，着力加快农业结构调整步伐，积极谋划争取各类支农项目，加大财政投入和支农信贷投放力度，扶持培育以设施农牧业、特色林果业、旱作农业为主的优势增收产业。深入推进扶贫开发，加大移民搬迁和劳务输出力度，稳步推进新农村建设，全年新建设施农业10060亩，推广旱作农业28.48万亩，推广高效农田节水技术21.7万亩，建成梯田11050亩。实施了9个整村推进项目和2个连片开发项目及十八里堡乡铁柜山村整体搬迁工程，建成高标准新农村示范点12个。生态移民及扶贫开发黄花滩项目水利骨干工程开工建设，项目区农业产业、生态移民、村镇建设、田间配套及乡村道路建设等相关规划编制工作全面启动，农村经济稳步发展。全县完成农业总产值为14.06亿元，比上年增长12.13%。全县全年农作物播种面积为90.99万亩，下降0.25%。其中：粮食作物播种面积为66.43万亩，下降5.89%；经济作物播种面积为17.47万亩，增长22.65%。粮经饲结构比为73.01：19.2：7.79。全县粮食总产量17.16万吨，增长4.25%；油料1.79万吨，增长73.79%。肉类产量1.81万吨，增长16.42%。牛奶产量706吨，增长18.46%；绵羊毛产量809.25吨，增长19.31%。

2011年，全县争取实施了“三北”四期、生态公益林管护、天然林保护、生态功能区建设等一批重点生态建设项目，严格落实草原封禁补奖政策和生态保护“四禁”规定，生态治理成果进一步巩固。全县共造林5.6万亩，比上年增长3.32%；零星植树249.6万株，增长1.1%；生态经济林3.6万亩，累计完成封沙封山育林面积8.5万亩；通道绿化331公里，退耕还林补植补造2万亩，全县森林覆盖率14.9%。年末全县拥有农业机械总动力58.02万千瓦，增长13.45%。农用化肥施用量（实物量）47068吨，增长5.79%。年末有效灌溉面积52.17万亩，与上年末持平。水平梯田7.11万亩，增长18.5%。

【工业】2011年，全县深入实施“强工富农”战略，围绕建园区、引项目、强服务、扩规模、增效益，狠抓工业项目建设和企业技术改造，促进了工业经济扩张提升。园区1.9亿元信贷资金全部落实到位，有力地支撑了基础设施建设。祁连山集团年产400万吨干法水泥、鑫淼公司年产60万吨电石等一批重点项目开工建设；海纳塑业年产10万吨管材生产线、伊僖堂年产1万吨手工挂面生产线等项目建成投产，为工业扩大规模、调整结构、提升层次奠定了基础。全县全部工业企业实现增加值7.10亿元，比上年增长8.4%。其中，规模以上工业企业实现增加值5.21亿元，增长4.3%。全年规模以上工业企业实现主营业务收入13.28亿元，比上年增长5.06%；实现利润总额4435万，下降55.69%；利税总额9737万元，下降37.29%。

【项目建设】2011年，县委、县政府坚持发展抓项目不动摇，努力把国家和省市的支持政策转化为具体的项目和投资，深层次开展招商引资，实现借势借力发展。全县全年共组织施工500万元项目126个，比上年增长45.2%，其中：新开工项目81个，增长49.7%；投产和投入使用项目35个，增长32.9%。

【人民生活和社会保障】2011年末全县常住人口38.89万人，人口自增率6.71‰。全县城镇居民家庭人均可支配收入9603元，增长13.15%；城镇居民消费支出8777元，增长10.7%。农民人均纯收入达2966元，增长

11.38%；农民人均生活消费支出 1980 元，增长 20.07%。

年末城镇职工基本养老保险参保人数 7572 人，增长 6.81%；城镇职工基本医疗保险参保人数 16679 人，增长 3%；失业保险参保人数 8493 人，征缴失业金 259.95 万元，与上年末持平；生育保险参保人数 6284 人，增长 60%；工伤保险参保人数 6784 人，增长 11.6%；城镇居民医疗保险参保人数 17207 人，增长 15.59%。享受城镇居民最低生活保障人数为 5284 人，发放资金 1622.73 万元。新型农村合作医疗保险参保人数 35.14 万人，参合率 96.22%；新型农村合作医疗筹集总额 8082.3 万元，共为参合农民报销医疗费用 7593.82 万元，当年新农合基金使用率为 93.7%，实际补偿比达 65.67%。农村社会养老保险参保人数 162733 人，参保率为 81.1%。享受农村最低生活保障人数为 64093 人，全年发放农村低保资金 6445.4 万元。农村医疗救助 1428 人，发放资金 1211.9 万元。全县建有敬老院 8 所，集中供养五保对象 468 人。

【社会事业】2011 年，全县有各级各类学校 313 所。在校学生 71857 人，在校教职工 4337 人。全县小学适龄儿童入学率达到 100%，九年义务教育阶段没有辍学学生，巩固率为 99.98%，毕业率为 100%。初中阶段入学率为 99.69%，残疾儿童少年入学率为 81.92%。农村留守儿童和城市流动人口子女分别为小学 3760 人、初中 4212 人，小学入学率均为 100%，初中 99.69%；初等教育毕业率为 99.19%，升普高率为 53.2%，升职高率为 14.4%，高考总录取率为 68.07%。

2011 年末，全县有各类卫生机构 30 个。设立民营医院 1 所，个体诊所 244 所。全县卫生机构实有床位 848 张，每万人拥有床位数 21.8 张。拥有卫生技术人员 672 人。

2011 年，全县网络直报法定传染病 15 种 2212 例，及时报告率、处置率达 100%；儿童基础免疫规划“七苗”合格接种率均达 98%；65 岁以上老年人和慢性病患者规范管理率达 65%。2011 年，全县孕、产妇系统管理率 76.9%；3 岁以下儿童系统管理率 61.5%。全年住院分娩 1630 人，住院分娩率 87%，消毒接生率 96.3%。全年无新生儿破伤风发生，孕、产妇死亡率 106.7/10 万人，婴儿死亡率 14.9‰；5 岁以下儿童死亡率 17.6‰。

天祝藏族自治县

【现任主要领导】

中共天祝县委书记：杨得中

天祝县人大常委会主任：王元林

天祝县人民政府县长：

马国荣（9 月止）

李万岳（9 月任）

政协天祝县委员会主席：

何万雄（9 月止）

郭兴荣（9 月任）

中共天祝县纪律检查委员会书记：

施永祥

【基本情况】天祝藏族自治县位于甘肃中部，系河西走廊门户，素有“高原金盆”之称，全国第一个少数民族自治县。南接永登县，东靠景泰县，北邻凉州区和古浪县，西北与肃南县接壤，西与青海省的门源、互助、乐都县毗邻。天祝地势西部高峻，而东南逐渐变低。属青藏高原、黄土高原和内蒙古高原的交汇地带。海拔 2040 ~ 4874 米之间。东西宽 142.6 公里，南北长 158.4 公里，总面积 7000 多平方公里。全县辖 19 乡镇、172 个行政村和 778 个村民委员会。有藏、汉、土、蒙、回等 16 个民族。全县河流以代乾山及乌鞘岭、毛毛山为界，岭南主要有大通河、金强河、石门河等为黄河水系；岭北主要有毛藏河、哈溪河、南岔河、响水河、西大滩河等为石羊河水系，年径流量 10.24 亿立方米，为天祝县和邻县工农业和生活用水的重要水源。境内气候复杂，属寒冷高原性气候。日照时数年均 2500 ~ 2700 小时之间，年均气温 -8℃ ~ 4℃之间，相对无霜期 90 ~ 145 天，年均降雨量 265 ~ 632 毫米之间。小区域气候复杂多变，常有冰雹、干旱、霜冻和春季风雪等灾害发生。

【资源优势】矿产资源主要有煤、石膏、石灰石、石英石、沙金、铜铁、锰、重晶石、磷、萤石等 30 多种。其中，沙金、煤炭、石膏、石灰石、石英石藏量大，分布广，煤炭储量达 2.5 亿吨，石膏 2 亿吨，石英石和石灰石均达 4 亿吨以上。野生动物比较珍贵的有雪豹、雪鸡、马鹿、猞猁等；药材有羌活、秦艽、大黄等 130 多种。集自然风光、藏传佛教文化和藏、土民俗风情三位一体的旅游资源在全省民族自治州、县中名列前茅，有始建于唐代的藏传佛教名寺天堂寺及其世界第一的宗喀巴木佛、“天祝三峡”、马牙雪山天池，亚洲第一的引大入秦工程先明峡倒吸虹、祁连布尔智原始森林及抓喜秀龙草原等旅游景点为天祝增添了异彩。

【国民经济】2011 年全县实现生产总值 28.98 亿元，比上年增长 14.7%。其中：第一产业增加值 4.09 亿元，增长 5.29%；第二产业增加值 16.08 亿元，增长 19.5%；第三产业增加值 8.81 亿元，增长 12.5%。三次产业结构比为 14.11 ∶ 55.49 ∶ 30.4。全县完成工业增加值 12 亿元，增长 31.07%。其中规模以上工业增加值达到 9.52 亿元，增长 36.7%实现利润总额 2.76 亿元，增长 52.55%。实现社会消费品零售总额 13.5 亿元，增长 18.46%。年末，金融机构存款余 35.53 亿元，增长 25.28%，居民储蓄存款余额 20.12 亿元，增长 18.42%；金融机构贷款余额 16.37 亿元，增长 48.31%。

【农村经济】2011 年，全县上下众志成城、奋力拼搏、攻坚克难，农业生产继续保持平稳快速发展。全县实现农业增加值 4.09 亿元，比上年增长5.29%。全年农作物总播种面积达到31.49万亩，增长1.25%。粮食播种面积20.81万亩、总产量4.71万吨，分别增长11.88%和10.3%。全县种植蔬菜面积4.73万亩，增长28.03%；产量5.71万吨，增长37.6%。水果种植面积0.30万亩、产量1008万吨，分别增长7.14%和12.09%。肉、蛋、奶产量分别达到13403.64吨、537.6吨、1787.5吨，分别增长-0.41%、26.91%和33.15%。

【项目建设】2011年完成全社会固定资产投资41.77亿元，比上年增长59.34%。城镇500万元以上项目完成投资37.71亿元，增长60%；农村完成投资3.86亿元，增长45.44%。

2011年全县在建投资项目125个，较上年增长11.61%。其中：新开工项目103个；亿元项目28个，完成投资22.93亿元，增长1.21倍；5000万元至1亿元项目50个，增加25个，完成投资32.7亿元，增长116.55%。大项目的增加，对投资的增速起了决定性的作用。全年共实施各类工业项目65项，完成投资21.3亿元，比上年增长49.78%，其中工业投资占总量比重达到51%。全县建设单位累计到位资金39.55亿元，占应到位资金的94.7%，增长51.39%。

【人民生活和社会保障】2011年，全县城镇居民人均可支配收入12572元，比上年增长18.11%；农民人均纯收入3199元，增长16.24%。单位从业人员劳动报酬33868万元，增长20.29%；单位在岗职工工资总额32856万元，增长17.95%。

社会保障工作进一步加强。全县城镇居民基本医疗保险已参保登记20410人，参保率为99.3%；新纳入养老、失业、医疗、工伤和生育保险参保人数分别为285人、254人、940人、5189人和3114人，缴费人数增长率分别为120.37%、46.28%、14.81%、60.19%和67%。新型农村社会养老保险实际参保10.1269万人，参保率达到97.7%；城镇居民基本养老保险实际参保4733人，参保率达到93.67%。各类保险待遇发放率100%，均超额完成了预期目标。天祝县被省人社厅、省新农保领导小组命名为“全省新型农村社会养老保险先进示范县”。

全年发放城乡低保金和各类补贴8381.9万元；为1510名五保对象发放供养金和各类补贴467.8万元；落实医疗救助对象救助资金10480人1013.52万元；发放临时救助金492户73.8万元。修建岔口驿中心敬老院洗浴中心，现已投入使用。发放高龄老人生活补贴969人22.73万元，为1024名老人代缴参合金2.05万元，慰问空巢老人15人1万元；发放孤儿基本生活费166名85.02万元。累计下拨救灾资金826万元，同时基本完成了救灾物资储备库、应急避难场所、综合减灾教育培训基地等三个防灾减灾项目的建设。共发放353名重点优抚对象优抚金等各类优抚资金283.66万元，积极开展“双拥共建活动”，顺利完成“双拥模范县”创建任务。

【社会事业】科技事业稳步推进。2011年已向国家知识产权局申报专利21项，比上年增长6倍。从专利类型来看，发明11件，占申请总量的52.38%；外观设计10件，占申请总量的47.62%。在专利申请数量增长的同时，专利申请质量明显提高。科技成果鉴定成效明显。“手术治疗Ⅱ型糖尿病的临床应用研究”和“大肠水疗结合中医辩证保留灌肠治疗功能性便秘疗效观察”等多项科技成果通过省级科技鉴定。

教育事业取得显著成就。2011年，天祝藏族自治县有各级各类学校150所，幼儿园6所，在校学生27812名，教职工3291名。高中课改实验工作顺利推进，普通高考总录取率77.96%，比上年提高10.01个百分点。2011年争取并认真组织实施校舍安全工程、农村寄宿制学校建设和农村学前教育推进试点工程等项目，落实资金6758万元，23所中小学及4所幼儿园得到改造；为完全小学以上学校按标准配备了图书、实验仪器设备、音体美器材和部分电子白板多媒体教室等，办学条件得到进一步改善；对全县的校园文化建设进行了统一部署，硬化校园2.5万平方米，绿化校园4万平方米，种植绿化苗木7.6万株，全县学校面貌焕然一新。教师队伍建设以初中理化生、小学科学及中小学音、体、美等学科教师为主要对象，组织相关专业知识、技能及转岗培训，完成各级各类教师培训3471人次，其中国家级培训1087人、省级培训647人、市级培训280人、县级培训11期1429人，教师结构性不足的问题得到缓解；评选市级骨干教师16名，学科带头人3名；通过全省录用大学生就业计划、全市事业岗招聘计划和安置优秀运动员等途径，补充音、体、美专业教师17名。小学、初中、高中、职中专任教师学历达标率分别为100%、99%、95.9%、76.4%。

文化事业健康发展。2011年投入300多万元，完成县体育馆场基础设施修建项目；东大滩、西大滩、大红沟、毛藏、东坪、赛拉隆6个乡镇综合文化站已全部完工，并为每个乡镇配备价值10万元文化设施设备；完成35个农家书屋，为每个书屋配备图书1488册，光盘64套106张，实现了农家书屋全县行政村全覆盖；天祝县博物馆、图书馆新建项目建设计划已经批复，目前正在申请县上落实建设地块。完成东社区健身中心建设，11月31日通过省市体育部门验收。完成天祝县民族歌舞剧演艺中心、社区文化中心、村文化室、县体育场等5个项目的可研报告。

2011年在县城团结路广场组织举办了天祝县城区职工第八套广播操比赛。组队参加了全县纪念建党90周年“红旗飘飘•廉政之声”红歌合唱大赛，文体系统获三等奖。圆满完成了纪念建党90周年全县乒乓球比赛。精心筹备参加武威市民族民间文艺大奖赛。组织参加文化部全国原创音乐、歌手选拔赛喜获殊荣。歌舞剧团创作的《白牦牛的故乡》、《扎西德勒》、《美丽的华锐喜姆》、《站在红旗下》等歌舞作品，参加了文化部艺术服务中心、当代音乐艺术院、中国音乐促进会联合举办的庆祝中国共产党成立90周年“唱支颂哥给党听”全国原创音乐、歌手选拔赛。其中两首歌曲获演唱三等奖、一首获演唱二等奖，一首获创作三等奖。

卫生体制改革不断深入，医疗卫生水平进一步提高。全县共有医疗、预防、保健、医学教育、计划生育技术服务、村卫生室（所）、个体诊所等各级各类医疗卫生机构290所。其中：卫生部门所属277所，计划生育部门所属1所，其他部门和单位所属12所。全县26所设住院部的医疗卫生机构共设床位674张。全县共有卫生工作人员1008人，其中卫生专业技术人员895人，占卫生工作人员的88.8%。

【环境保护】环境保护工作保持良好成绩。2011年，共办理建设项目环境影响评价审批手续15项，项目环评审批率和环保“三同时”执行率均达到100%，宽沟工业园区规划环评省环保厅委托市环保局已通过评审批复。全年化学需氧量排放量为7268.54吨，二氧化硫排放量9323.75吨，氨氮排放量278.8吨，氮氧化物4448.9吨，四项指标均控制在年度总量控制指标之内。

张掖市

【现任主要领导】

中共张掖市委书记：陈克恭

张掖市人大常委会主任：

陈克恭（10月止）

王开堂（11月任）

张掖市人民政府市长：栾克军

政协张掖市委员会主席：

王开堂（10月止）

徐永成（11月任）

中共张掖市纪律检查委员会书记：

王立泰

【基本情况】张掖以“张国臂掖，以通西域”而得名，史称甘州，是全国历史文化名城之一。张掖地处甘肃省西北部，河西走廊中段，东靠武威、金昌，西至嘉峪关、酒泉，南与青海省接壤，北与内蒙古毗邻，总面积41924平方公里，海拔1200～5565米，市内河流众多，灌溉条件好，是全国商品粮、蔬菜瓜果基地之一。现辖甘州、山丹、民乐、临泽、高台、肃南一区五县，有60个乡镇、5个街道办事处，835个村民委员会、5978个村民小组。2011年末全市常住人口120.46万人，其中城镇人口43.34万人，占常住人口的35.98%。有汉、回、藏、裕固等38个民族，其中裕固族是全国唯一集中居住在张掖的一个少数民族。

【资源优势】张掖是全省金属矿产、能源矿产和冶金辅料、化工原料等非金属矿产的集中区。煤炭、钨钼、铁、石膏、凹凸棒石、钾盐等矿种探明资源储量较大，矿业在地方经济社会发展中发挥着重要的作用。全市境内发现了33种矿产资源，目前已发现矿床及矿化点429处，其中具有成矿价值的158处。已初步探明资源量的矿产有煤、铁、铜、铅锌、钨钼、芒硝、石膏、熔剂用灰岩、冶金用白云岩、花岗岩、大理岩、含碘凹凸棒石粘土矿等24种。全市铁矿储量8.93亿吨，钨远景资源量50万吨（金属量），钼远景资源量102万吨（金属量），煤炭储量10.5亿吨，含碘凹凸棒石粘土矿资源储量5168万吨。

张掖历史悠久，文化灿烂，旅游资源丰富。人文资源丰富多彩，现有各类历史文物古迹577处，其中国家重点文物单位13处，省级文物单位47处，各个时期的文物藏品3万多件。境内有全国最大的室内泥塑卧佛——大佛寺，黑水国、骆驼城遗址，众多的汉墓群，隋代的木塔，马蹄寺、文殊寺石窟群等。自然资源得天独厚，有冰川、雪山、绿洲、湿地、戈壁、荒漠、森林、草原等多种自然风光。其中位于肃南县境内的七一冰川被称为是亚洲离城市最近的冰川。分布在临泽、肃南两县境内的张掖丹霞地貌，被《图说天下•国家地理》编委会评为全国最美的七大丹霞地质景观之一。山丹马场，从西汉时就是皇家马场，是目前亚洲规模最大，世界第二大马场。1986年张掖被国务院公布为中国历史文化名城。2005年被国家旅游局命名为中国优秀旅游城市。

【国民经济】2011年，张掖市实现生产总值256.6亿元，比上年增长13.2%。其中：第一产业增加值72亿元，增长5.9%；第二产业增加值96亿元，增长19.7%；第三产业增加值88.6亿元，增长12.6%。三次产业结构由上年的29.3∶35.5∶35.2调整为28.1∶37.4∶34.5。完成工业增加值71.76亿元，增长22%，其中规模以上工业增加值57.76亿元，增长23%。固定资产投资145.3亿元，增长34.4%。社会消费品零售总额80.27亿元，增长18.6%。地方一般预算收入10.3亿元，增长35.37%。大口径财政收入25亿元，增长29.85%。财政支出81亿元，增长23.06%。

【项目建设】2011年，张掖市开工建设各类项目572个，比上年增长37.83%。完成投资129.91亿元，增长29.88%。全年续建、新建计划投资上亿元的项目31项，完成投资31.83亿元。其中新开工建设10项，完成投资13.8亿元。招商引资成效明显，全年招商引资签约项目72项，总投资377.07亿元。开工建设70项，占签约项目的97.22%，落实到位资金71.84亿元。

【新农村建设】围绕玉米制种、马铃薯、高原夏菜、肉牛养殖等特色优势产业，建成产业化基地面积296

万亩，占总耕地面积的92%。当年新开工投资上千万元的农产品加工重点龙头企业12家，完成投资3.76亿元；年销售收入2000万元以上农产品龙头企业达到62家，占规模以上工业企业的51.7%；农产品加工龙头企业年加工消耗农产品192万吨，农产品加工转化率达到54.9%。以设施葡萄、设施蔬菜、高原夏菜和工厂化养殖为主的张掖绿洲现代农业试验示范区、山丹万亩寒旱区现代农业示范园、民乐锦世现代农业示范园、临泽沙河现代农业示范园、高台骆驼城现代农业示范园、肃南康乐现代农牧业示范园“一区五园”的现代农业示范工程建设稳步推进。全市建立各类现代农业示范工程示范点62个，示范面积达5万亩。不断加大投入力度，强农惠农政策全面落实。及时兑付粮食直补、农资综合直补、退耕还林补助等各类强农惠农补贴资金3.2亿元。

【人民生活】2011年全市城镇居民人均可支配收入12400元，比上年增加1545元，增长14.2%；城镇居民人均消费支出11024元，增长17.56%。农民人均纯收入6467元，增加892元，增长16%；农村居民人均生活消费支出5210元，增长18%。

【就业与社会保障】2011年末城镇单位从业人员11.01万人，比上年末增长7.2%，其中在岗人员9.99万人，增长6.3%。城镇登记失业率为2.88%，城镇新增就业18916人，失业人员再就业1.06万人，困难人员就业3655人。年末全市参加城镇基本养老保险人数为9.62万人，增长9.5%；参加城镇职工基本医疗保险人数为13.31万人，增长7.0%；参加城镇居民基本医疗保险人数为17.02万人，增长9.8%；参加失业保险人数为6.85万人，增长2.5%；参加工伤保险人数为6.81万人，增长5.8%；参加生育保险人数为6.71万人，增长7.3%；参加农村社会养老保险人数为19.48万人，增长97.0%。全年各项社会保险基金总收入达到18.11亿元，增长60.2%，各项社会保险基金总支出13.95亿元，增长35.0%。年末全市参加新型农村合作医疗农民人数为94.06万人，参合率达到98.52%，较上年提高1.61个百分点。全年新型农村合作医疗基金支出总额为2.03亿元，增长66.6%；累计受益257.4万人次，增长121.5%。全年城市医疗救助1.62万人次，农村医疗救助5.2万人次，民政部门资助的农村合作医疗人数4.47万人。全市享受城镇最低生活保障的居民5.59万人，全年共发放城市低保资金1.42亿元。全市享受农村最低生活保障的居民8.18万人，共发放农村低保资金0.72亿元。

【社会事业】科技事业有新进展。2011年末全市事业单位拥有各类专业技术人员2.14万人，拥有科研机构5个。全年科学技术支出4582万元，增长39.31%。全年共取得省、市级以上科技成果62项，比上年增加1项。全年获得奖励项目78项，增长11.4%。受理专利申请162件，增长68.8%；授权专利89件，增长1.02倍；授予发明专利权20件，增长17.7%。全年共签订技术合同25项，技术合同成交金额5.1亿元，增长21.4%。

教育事业稳步推进。2011年末全市普通高等教育在校学生17818人；中等职业教育在校生15620人；普通高中在校生32543人；初中学校在校生55228人；普通小学在校生86860人；特殊教育在校生204人；幼儿园在园幼儿31989人。学龄儿童入学率达到100%，初中入学率达到99.9%。2011年，向全国各类高、中等专业院校输送新生12709人，增长9.3%，高考录取率达到90.47%，提高4.3个百分点。

文化事业健康发展。2011年末全市共有艺术表演团体6个，文化馆6个，公共图书馆6个，博物馆6个，档案馆7个。广播电视台7座，电视发射机19部，广播调频发射机43部。有线电视用户25.68万户，有线数字电视用户14.65万户。年末广播节目综合人口覆盖率为97.07%；电视节目综合人口覆盖率为97.51%。《张掖日报》全年共发行345期，累计发行759万份。

医疗卫生条件继续改善。2011年末全市共有医疗卫生机构1350个，其中医院29个，乡镇卫生院84个，社区卫生服务中心（站）31个，村卫生室884个，门诊部（所）300个，疾病预防控制中心（防疫站）7个，妇幼保健院（所、站）7个，专科疾病防治院（所、站）2个，卫生监督所（中心）6个。卫生技术人员5614人，其中执业医师和执业助理医师2205人，注册护士1698人。医疗卫生机构床位5835张，其中医院3499张，乡镇卫生院1790张。

【环境保护】全市现有自然保护区2个，总面积210.89万公顷。2011年全市空气可吸入颗粒物年日均值0.079mg/m^3，二氧化硫年日均值0.033mg/m^3，二氧化氮年日均值0.014mg/m^3，区域环境噪声平均值51.6dB，交通干线噪声平均值67.2dB，地面水质达标率100%，饮用水源水质达标率100%。重点流域和区域污染防治工作以及城区废气和水源污染治理成效明显。

甘州区

【现任主要领导】

中共甘州区委书记：张　健

甘州区人大常委会主任：

郭尚勤（9月止）

朱乔正（10月任）

甘州区人民政府区长：

王海峰（2月止）

张玉林（3月任）

政协甘州区委员会主席：

朱乔正（9月止）

王洪德（10月任）

中共甘州区纪律检查委员会书记：

杨翠琴

【基本情况】甘州区位于河西走廊中部，古“丝绸之路”南北两线和“居延古道”交汇点上，南枕祁连山，北依合黎、龙首二山，全国第二大内陆河——黑河横穿全境，形成了闻名遐迩的张掖绿洲，素有“塞上江南”之美誉，是张掖市委、市政府所在地，总面积4240平方公里，其中城市面积27平方公里。全区辖1个工业园区、18个乡镇、5个街道办事处。2011年末全区常住人口50.93万人，有汉、回、蒙古、满、藏、裕固等22个民族。

【资源优势】矿产资源：全区已发现并初步探明地质储量相对比较丰富的矿产资源有10种，分别是：煤、锰、铁、锌、铅、冶金用石英岩（硅石）、石膏、水泥用灰岩（石灰石）、砖瓦用粘土、建筑用砂石矿等。

水资源：黑河、山丹河、酥油口河、大野口河等河流贯穿而过，年径流量24亿立方米，水能蕴藏量达2.2亿千瓦，地下水储量10亿立方米。

旅游资源：甘州古迹甚多，景观奇特，既有西夏大佛寺、明代镇远楼、隋代木塔、黑水国遗址、唐代五松园遗址、古汉墓群等名胜古迹，又有丹霞地貌等绚丽的自然景观。现共有旅游景点30多处，其中张掖大佛寺、张掖国家湿地公园为国家4A级景区。

【国民经济】2011年全区实现生产总值115.54亿元，比上年增长13.4%。其中：第一产业实现增加值29.55亿元，增长6.0%；第二产业实现增加值39.73亿元，增长19.9%；第三产业实现增加值46.26亿元，增长13.5%。完成固定资产投资51.11亿元，增长28.28%；实现社会消费品零售总额49.55亿元，增长19.1%；完成大口径财政收入87976万元，增长26.72%；完成一般预算收入27762万元，增长35.62%。

【项目建设】2011年全区开工建设各类项目206个，比上年增长19.42%。完成投资44.31亿元，增长22.23%；亿元项目新开工建设7项，完成投资9.94亿元。龙源电力10MW光伏发电、5万千瓦风力发电、隆平高科种子加工、金张掖建材年产20万吨商品混凝土生产线、中储粮种子加工、华元神谷种子加工等40个工业能源项目，完成投资13.11亿元。招商引资成效明显，全年全区招商引资签约项目39项，开工建设39项，占签约项目的100%，落实到位资金17.12亿元。

【新农村建设】围绕玉米制种、马铃薯、高原夏菜、肉牛产业等特色优势产业，建成产业化基地面积75万亩，占总耕地面积的78.95%。当年新开工投资上千万元的农产品加工重点龙头企业12家，完成投资4.91亿元；农业产业化省级重点龙头企业达到16家，销售收入达到12.96亿元；年销售收入2000万元以上农产品龙头企业达到26家，占规模以上工业企业的56.5%。依法登记注册各类农民专业合作社391个。共输出输转富余劳动力8.02万人，创劳务收入7.16亿元。广播电视节目综合覆盖率达到100%，城乡数字电视整体转换工作顺利推进。

【人民生活】2011年全区城镇居民人均可支配收入12625元，比上年增长16.3%；人均消费支出12104元，增长19.4%。农民人均纯收入6870元，增长17.2%，人均生活消费支出5608元，增长15.7%。居民储蓄存款余额107.3亿元，增长21.79%。移动电话用户增长38.2%。

【社会保障】城乡低保、农村新型合作医疗和城镇居民医疗保险覆盖面稳步扩大，社会保障基本覆盖了城乡群众。2011年末全区参加城镇基本养老保险人数4.93万人，增长5.34%；参加城镇居民基本医疗保险人数9.09万人，增长2.94%；参加城镇职工基本医疗保险人数6.39万人，增长2.73%；参加失业保险人数4.04万人，增长2.28%；参加工伤保险人数3.84万人，增长3.50%；参加生育保险人数3.99万人，增长5.84%。全年各项社会保险基金总收入达到9.54亿元，各项社会保险基金总支出6.10亿元。年末参加新型农村合作医疗农民人数为34.67万人，参合率达到99.79%，较上年提高1.46个百分点。全年新型农村合作医疗统筹基金支出7978万元，累积受益115.78万人次。全年城市医疗救助0.97万人次，农村医疗救助1984人次，民政部门资助农村合作医疗23630人。

【社会事业】2011年末全区拥有科研机构5个，全年科学技术支出229万元，增长61.27%。全年共取得省、市级以上科技成果20项，比上年增加4项。获得奖励项目29项，比上年增长31.82%。受理专利申请66件，增长112.9%；授权专利41件，增长70.83%；授予发明专利权11件，增长57.14%。全年共签订技术合同15项，技术合同成交金额1.03亿元，增长13%。

全面落实义务教育各项政策，“两基”成果得到巩固，教育水平稳步提高，全区小学适龄儿童入学率和初中适龄少年入学率均达到100%。2011年末全区普通高等教育在校学生17818人；职业教育在校生2413人；普通高中在校生14532人；初中学校在校生22537人；普通小学在校生35524人；特殊教育在校生338人；幼儿园在园幼儿13228人。学龄儿童入学率达到100%，初中入学率达到100%。2011年，向全国各类高、中等专业院校输送新生4334人，高考录取率达到84.9%。

2011年末全区共有艺术表演团体2个，文化馆1个，公共图书馆1个，博物馆1个，档案馆2个。广播电视台2座，电视发射机2部，广播调频发射机1部。有线电视用户9.85万户，有线数字电视用户3.6万户。年末广播节目综合人口覆盖率100%，电视节目综合人口覆盖率100%。

2011年末全区共有各类医疗卫生机构456个，其中医院、卫生院35个，疾病预防控制中心（防疫站）1个，妇幼保健院（所、站）2个。卫生技术人员2714人，其中注册执业医师和执业助理医师 1083 人，注册护士 926 人。卫生机构拥有床位 2413 张，其中医院和卫生院拥有床位 2176 张。乡镇卫生院 22 个，乡镇卫生院拥有床位 737 张、卫生技术人员 517 人。

【环境保护】全区现有自然保护区 2 个，总面积 15677 公顷。湿地保护示范区景观绿化等生态建设项目强势推进，黑河湿地国家级自然保护区获批建立，湿地恢复与治理工程和重点湿地区域景观恢复工程如期完工，张掖国家湿地公园被评为国家 4A 级旅游景区；城区绿化覆盖率达到 40.96%；全区森林覆盖率达到 16.5%。

肃南裕固族自治县

【现任主要领导】

中共肃南县委书记：

成广平（ 8 月止）

李宏伟（ 9 月任）

肃南县人大常委会主任：秦学仁

肃南县人民政府县长：

安国锋（ 9 月止）

高林俊（10 月任）

政协肃南县委员会主席：

高林俊（ 9 月止）

安玉冰（10 月任）

中共肃南县纪律检查委员会书记：

张有斌（ 9 月止）

白　勇（10 月任）

【基本情况】肃南裕固族自治县成立于 1954 年，因地处肃州（酒泉）以南而得名，是全国唯一的裕固族自治县。地处河西走廊中部，祁连山北麓一线，东西长 650 公里，南北宽 120 ~ 200 公里，总面积 23887 平方公里，东邻天祝藏族自治县，西接肃北蒙古族自治县，南与青海省相邻，北与武威、永昌、山丹、民乐、张掖、临泽、高台、酒泉、嘉峪关、玉门等 14 个县（市）接壤，是一个地大物博，美丽富饶的地方。境内草原广袤、土地肥沃、森林茂密、河流纵横、矿藏丰富，除明花乡属沙漠外，其余均系山地。平均海拔约 3200 米。祁连山主峰素珠莲及著名的“七一冰川”即在境内。由于地势复杂，气候差异明显，全年平均气温 3.6℃，日照时数 3085 小时。无霜期 83 天左右。动植物资源有原始森林和种类繁多的优质牧草，以及 100 多种中药材和 19 种主要珍贵野生动物。境内主要河流分布有石羊河、疏勒河、黑河三大水系，总流域面积 21462 平方公里，有大小河流 33 条，具有很大的开发潜力和广阔的发展前景。辖 2 镇 6 乡、101 个村委会、3 个社区和 9 个国有林牧场，是个多民族聚居的少数民族县，境内居有裕固、藏、蒙古、回及少量的满、东乡、保安等共 13 个少数民族。2011 年末全县常住人口 3.39 万人，其中裕固族 1.01 万人。

【资源优势】矿产资源：截止 2011 年底，已探明的矿产 27 种，分布在 228 处。已探明的主要金属矿产有煤炭、铜、铁、钨、铬、锰等。非金属矿有萤石、石灰岩、石英沙、硫、粘土、石膏、石棉、磷镁、白云岩、玉石、芒硝、重晶石、大理石、矿泉水等 16 种 32 处。其中已探明的钨矿储藏量在全国单个矿山储藏量中排名前 5 位，储藏量达 46 万吨。

水资源：石羊河、黑河、疏勒河横贯全境，总流域面积为 2.15 万平方公里，水能蕴藏量达 204 万千瓦时，冰川蓄藏量 159 亿立方米，共有大小河流 33 条，年径流总量为 43.11 亿立方米，人均流量 12.2 万立方米，是河西绿洲灌溉的主要水源。

旅游资源：从人文资源看，既有建于北魏时期的马蹄寺、文殊寺、金塔寺等历史文化遗迹，又有裕固族等独特的民族风情和历史文化；既有可与敦煌莫高窟相媲美的石窟壁画艺术，又有博大精深的藏传、汉传佛教等宗教文化。从自然资源看，既有雪山冰川、又有大漠戈壁；既有草原森林，又有河流瀑布；既有幽谷深涧，又有绿洲平原。其范围之广，门类之多，在甘肃是罕见的，由此构成了得天独厚的旅游资源优势。2011 年开工建设中华裕固风情走廊项目，康乐水韵商业街、白银蒙古大营、高车穹庐景点基本建成，景区道路改造升级工程加快推进，红湾寺大经轮成功申报世界纪录，景区看点亮点不断增加。实施马蹄寺景区世行贷款、祁连山彩虹霞谷、文殊寺景区建设等旅游项目，全县旅游功能进一步完善，知名度和品位不断提升。

【优势产业】立足资源优势和市场需求，积极开发祁连玉石新兴产业，出台实施意见，制定管理办法，引进外地能工巧匠加工雕刻祁连玉石产品 1200 余件。举办首届中国祁连玉石文化旅游博览会，获得“中国观赏石之乡”和“中国祁连玉之乡”称号。通过招商、融资等渠道，开工建设张掖滨河新区玉水苑和县城裕固风情街，搭建祁连玉石产业开发平台。

【国民经济】2011 年全县实现生产总值 19.39 亿元，比上年增长 15.6%。其中：第一产业增加值 3.14 亿元，增长 5.5%；第二产业增加值 12.84 亿元，增长 19.8%；第三产业增加值 3.41 亿元，增长 10.5%。完成工业增加值 11.78 亿元，增长 22%。规模以上工业增加值 10.05 亿元，增长 22.5%。固定资产投资 28.24 亿元，增长 26.54%。社会消费品零售总额 2.58 亿元，增长 15.5%。地方一般预算收入 1.94 亿元，增长 40.1%。大口径财政收入 4.31 亿元，增长 35.7%。财政支出 9.04 亿元，增长 12%。

【项目建设】开工建设皂矾沟矿产品集中加工区，引入国有企业主导钨钼资源开发，稳步推进矿产资源整合，大力开发祁连玉等新型产业。金生源铜选厂、宝杰铜冶选厂、西营河四级，隆畅河一、六级电站等项目基本建成，陶莱河三道湾、东水峡、黑河宝瓶等电站建设稳步推进，祁青 30 万吨铜选厂等项目相继开工。张肃二级公路顺利开工建设，游牧民集中定居、城区生活污水处理、大河至水关公路等一批重点项目启动实施。通过积极汇报争取，祁连山水源涵养区生态保护与综合治理项目已列入国家“十二五”规划，牧区灌溉饲草料地建设试点项目已确定实施。全年共争取国家投资项目34项，新建续建各类项目77项，完成投资28.8亿元。

【新农村建设】坚持以县城和集镇为重点，采取项目带动、政策支持、财政补助、产业扶持等办法，在皇城、马蹄等乡镇集中修建住宅600多套，引导农牧民进城入镇定居，进一步改善群众生产生活条件。按照全市新农村“四化”示范点建设要求，推进新农村建设与旅游发展相结合，着力打造祁丰、康乐和白银等特色旅游集镇，新农村建设有序推进。

【人民生活】城乡居民收入继续增加，生活水平进一步提高。2011年全县城镇居民人均可支配收入12568元，比上年增长14%。城镇居民人均消费支出12167元。农牧民人均纯收入8062元，增长15%。农村居民人均生活消费支出8422元。城乡居民储蓄存款余额达到5.67亿元,增长31.55%。

【社会保障】新修农牧村公路9条，新建保障性住房972套，实施隆畅河、大瓷窑河等3条流域治理和防洪工程。启动建设祁丰、皇城基层干部公寓楼，发放全县基层工作人员交通补贴，通过财政补贴延长了城镇居民供暖期。继续提高城乡低保、养老、医疗及乡村医生等财政补贴和发放标准，全面落实医疗救助和临时救助制度，民生保障体系进一步完善。

【社会事业】加大教育投入力度，积极改善办学条件，“两基”迎国检各项工作进展顺利；落实国家基本药物制度，完善公共卫生服务体系，医药卫生体制改革有序推进；举办全县少数民族传统体育运动会和县乡文化节会，提高公共文化服务水平，文化体育事业健康发展；创新人口计生事业管理，积极创建全国人口和计划生育利益导向机制示范县。完成县城、周边乡村和明花乡有线电视数字化转换工作，广播电视覆盖率进一步提高。

【环境保护】祁连山水源涵养区生态保护与综合治理项目已列入国家“十二五”规划。组织实施退牧还草、天然林保护、三北防护林建设和矿区环境恢复治理等生态保护治理项目，实施退牧还草工程60万亩，补播改良天然草原61万亩，防蝗灭鼠40万亩，争取到投资上亿元的草原生态保护奖补政策。加大天然林保护力度，完成封山育林2.2万亩，有林地面积和森林蓄积量实现双增长。积极开展冰川、湿地动态监测，依法打击滥采乱挖行为，有效遏制了人为破坏生态环境现象。

民乐县

【现任主要领导】

中共民乐县委书记：

余　锋（ 8月止）

杨　君（ 9月任）

民乐县人大常委会主任：

许国强（ 9月止）

马多静（10月任）

民乐县人民政府县长：

赵惠琴（ 9月止）

张学勇（10月任）

政协民乐县委员会主席：

刘富荣（ 9月止）

韩延琪（10月任）

中共民乐县纪律检查委员会书记：

宋海英（ 9月止）

梁顺海（10月任）

【基本情况】民乐县地处河西走廊中段，张掖市东南部，地势南高北低，地形分山地和倾斜高原两大类，总面积3687.32平方公里,海拔1589~5027米，年平均气温4.4℃，年平均降水量338毫米，无霜期117天，属温带大陆性荒漠草原气候。全县辖6个镇、4个乡、1个社区管理委员会，172个行政村，6个居民委员会。2011年底全县常住人口22.05万人，其中，城镇人口6.06万人，占总人口比重27.5%，人口自然增长率4.14‰。全县有汉、藏、回、壮、土、蒙、白、满、裕固、维吾尔等18个民族。

【资源优势】县境内矿产资源丰富，有煤、铬、铁、石灰石、石膏、金、铜、粘土等，其中，原煤储量约2.6亿吨。有耕地92.8万亩，其中，水浇地74.8万亩。有林地110万亩，其中，水源涵养林100万亩。森林覆盖率19.2%。有大小河流13条，年地表水径流量4.2亿立方米，地下水总量2.5亿立方米。现有中小型水库7座，总库容7052.8万立方米，年有效灌水面积72万亩。

民乐历史悠久，文化灿烂，旅游资源丰富。因短距离大幅度地理落差，形成了由北到南包括荒漠戈壁、田园绿洲、森林草原、高山峡谷、雪山冰川等全景式的高原生态旅游景观。全县共有石窟、寺庙、雕塑、壁画以及汉墓群、烽燧等文物古迹105处，其中国家级文物保护单位1处，省级文物保护单位9处。有反映人类新石器时代生活、生产情况的东灰山、西灰山农牧业村落遗址；有魏晋时代的六坝圆通寺塔、童子寺；有明清以来的圣天寺、青龙寺、魁星楼、三台阁；有县城中心广场、民乐公园、海潮坝森林公园、扁都口风景旅游区等旅游景点，并分别以国道227、甘民公路、民永公路为主线，串连自然和人文景观。

【国民经济】2011年，全县实现生产总值26.95亿元，比上年增长13.0%。其中：第一产业实现增加值9.23亿元，增长5.5%；第二产业实现增加值9.25亿元，增长18.5%；第三产业实现增加值8.47亿元，增长13.0%。三次产业比为34.2∶34.4∶31.4。完成大口径财政收入1.94亿元，增长18.2%；其中一般预算收入0.92

亿元，增长27.0%。年末城乡居民储蓄存款余额18.64亿元，增长27.2%。

【"三农"工作】种植业结构进一步优化，马铃薯、啤酒大麦、双低油菜、制种、中药材、林果等六大特色农产品基地规模不断扩张，占总播种面积的78%。设施农业快速发展，累计建成各类日光温室1879座。大力推进农产品质量安全和标准化生产，紫皮大蒜获国家地理标志产品保护，马铃薯、大蒜、菊芋通过农业部无公害农产品认证。发挥全省"肉羊产业大县"和"能繁母猪大县"优势，持续推进畜禽"三百万"工程，建成规模养殖小区42个，发展规模养殖村21个、规模养殖户6020户，全县畜禽饲养量达182.9万头（只）、肉蛋奶总产量达2.13万吨。完善培训体系，拓展输出领域，培育劳务品牌，优化管理服务，劳务经济质量和效益不断提升。按照"因地制宜、统一规划、典型示范、分步实施、整体推进"的思路，全力推进新农村建设，累计建成新农村示范点38个、"四化"示范村10个、小康住宅19290户、农村饮水安全工程39处、户用沼气池7387座，完成卫生改厕7460座。加强农业科技服务，建成县农业信息中心和3个农技区域站，发展专业合作经济组织102个，耕播收综合机械化水平达到75%。农业可持续发展的活力不断涌现，农民增收渠道不断拓宽，现金收入持续提高，农村面貌焕然一新。

【项目建设】2011年，全县完成固定资产投资19.56亿元，增长32.3%。开工建设各类重点项目63项，5000吨氯化锶、高标准农田建设、城乡道路、城区集中供热、初级实验中学等41项投资上千万元重大项目顺利推进。签约投资亿元以上招商项目4项，总投资19.1亿元，到位资金1.55亿元。积极申报各类项目225项，申请中央预算内投资18.5亿元，下达年度投资计划1.38亿元。储备重点项目91项，总投资54.2亿元，项目建设有力地拉动了全县经济的发展。

【优势产业】现代农业发展的步伐越来越快。编制完成现代农业示范园区总体规划，新建现代畜牧业和设施园艺业试验示范基地。积极引导土地承包经营权流转11万亩，六大特色农产品基地规模进一步扩张，种植面积达70.5万亩。设施农业加快发展，新建红提葡萄日光温室439座、蔬菜日光温室284座、钢架大棚450座，新安装温室卷帘机230套、滴灌设施100套。新建标准化规模养殖小区17个，发展规模养殖村5个、规模养殖户2039户，投资2.36亿元的华瑞公司1万头数字化奶牛养殖项目开工建设。推广垄膜沟灌、垄作沟灌、保护性耕作等高效农田节水技术17.6万亩，完成常规节水68万亩。新发展农民专业合作社18个、农机服务组织9个，农业社会化服务水平不断提高。

【人民生活】2011年，全县农村居民人均纯收入达5503元，比上年增长12.2%。农村居民人均生活消费支出4183元，其中食品支出1695元。人均外出从业得到收入为1334元，增长10.4%。城镇居民人均可支配收入11055元，增长12.5%，城镇居民人均消费性支出9622元，增长16.5%，其中，食品人均支出3486元，增长14.9%。城市居民人均居住面积达28.2平方米。年末在岗职工总人数10305人，在岗职工工资总额33645万元，在岗职工年平均工资32649元。

【社会保障】2011年，全县城镇企业职工养老保险人数达4675人，增加85人；城镇职工医疗保险参保人数达到11611人，增加1502人，失业保险人数7449人，增加149人。年末城镇享受低保户数为2730，发放保障金1949万元，年末农村享受低保户数为1.12万户，发放保障金2867万元。参加农村合作医疗的人数达18.94万人，参合率达98.5%。筹集资金2874万元，补偿人数达13.52万人。

【环境保护】督促富源化工公司完成了铬渣堆场所受污染的土壤解毒工作处置方案、可研与环评的编制，污染治理项目已得到省环保厅批复，下达铬渣处理资金4352万元，完成铬渣解毒1.6万吨。所有城市垃圾均实行填埋处理，垃圾填埋厂运行率达到了100%。西域恒昌公司污水综合治理工程已完成，集中供热工程动工建设，完成年度建设任务，目前已投入运行，实现了部分片区供热。县城污水处理厂已动工建设，现已完成90%的污水收集管网配套工程，主体工程已开工建设。加强了饮用水源地保护，集中式饮用水源地保护区内未出现排污口。2011年全县污染物排放总量全部控制在指标范围之内，其中：烟尘排放量1000吨，工业粉尘排放量530吨，二氧化硫排放量6735吨，化学需氧量6140吨。工业重复用水量151万吨，重复利用率达42.6%。

【基础设施】基础设施日臻完善。基础设施建设完成投资4.6亿元，县城建成区面积由4.5平方公里扩大到7.8平方公里，城镇化率提高1.7个百分点。启动实施新一轮县城总体规划，改造城区主干道路18.9公里、人行道7.6公里，硬化临街巷道65条，特别是集中供热、供水管网改造、污水处理等重点项目的立项建设，极大地改善了城市基础设施条件，为城市快速发展奠定了坚实基础。新建一幼、老年福利中心等社会公建工程50项，保障性住房10.56万平方米，商品房35.8万平方米。积极探索，创新模式，城中村改造稳步推进。大力实施城市绿化亮化工程，新增绿地面积6.2万平方米，架设路灯178盏、电子监控设施45套。全面推行综合执法，城市管理水平不断提高。建成通乡公路4条133公里、通村道路267条802公里，通达能力明显提升。兰新铁路第二双线征地拆迁安置任务全面完成，工程建设进展顺利。累计投资7.1亿元，先后实施国家基本农田保护示范区、新增粮食生产能力、大堵麻大型灌区续建配套与节水改造、巩固退耕还林成果等农业基础设施项目 102 项；建成各类防渗衬砌渠道 438 公里，灌溉水利用率提高到 51.6%；完成退耕还林 4.8 万亩、人工造林 4.5 万亩，森林覆盖率提高到 19.2%。

【社会事业】全面推进教育布局结构调整，撤并乡镇中学 10 所，改建农村寄宿制小学 12 所，改扩建校舍 15.9 万平方米，义务教育成果进一步巩固提升，高考成绩连续 17 年居全市第一，学前教育、职业教育协调推进，城乡教育均衡发展。稳步推进医药卫生体制改革，改扩建乡镇卫生院 10 个、村级标准化卫生室 65 个，建成社区卫生服务中心和 9 所标准化计生服务所。新农合全面覆盖，国家基本药物制度启动实施，食品药品安全监管不断加强，公共卫生服务能力明显提升。积极实施文化惠民工程，新建乡镇综合文化站 10 个、农家书屋 202 个。新公布国家级文物保护单位 1 处、县级文物保护单位 32 处、非物质文化遗产 38 项，“三馆”免费开放，有线电视数字化转换有序推进。全面开展全民健身运动，群众性文体活动丰富多彩。深入推进人口和计划生育综合改革，人口自然增长率为 4.14‰，控制在了 6.5‰以内。加强应急储备粮油体系建设，储备应急粮油 689 万公斤。不断健全社会保障体系，启动实施城镇居民基本医疗保险和村干部养老保险，社会保险覆盖面不断扩大，参保 5.2 万人次，发放低保资金 0.49 亿元。认真落实就业政策，健全服务体系，拓宽就业渠道，城镇登记失业率控制在了 3%以内。加大农村妇女和下岗失业人员就业创业扶持力度，发放小额担保贷款 1.98 亿元。

临泽县

【现任主要领导】

中共临泽县委书记：王洁岚

临泽县人大常委会主任：李长喜

临泽县人民政府县长：陈　晰

政协临泽县委员会主席：韩起祥

中共临泽县纪律检查委员会书记：

王荣才（ 4 月止）

张　辉（ 9 月止）

冯　军（10 月任）

【基本情况】临泽县地处河西走廊中段，东邻甘州区，西接高台县，南依祁连山与肃南裕固族自治县接壤，北靠合黎山与内蒙古阿拉善右旗连界，总面积 2727.29 平方公里。全县地形呈南北高中部低分布，由东南向西北逐渐倾斜，分三个类型区：南部祁连山中部山区，中部走廊平原区，北部合黎山剥蚀残山区。全县辖 5 镇 2 乡，71 个行政村、4 个社区居委会、696 个村民小组。2011 年末全县常住人口 13.49 万人，有汉、回、藏、蒙、裕固等 11 个民族。

【资源优势】矿产资源：已发现的矿种有锰铁、磁铁、石墨、玻璃用石英、钾长石、石膏、凹凸棒石粘土、膨润土、砖瓦用粘土、耐火粘土（红粘土）、矿泉水，贵重金属有沙金。旅游资源：着力打造“中国枣乡、七彩丹霞、戈壁水乡、红色圣地”为主的旅游品牌，双泉湖垂钓园、香古寺、烈士陵园、天鹅湖、黑河烟林、昭武故地、城郊农家园等景区成为旅游休闲的好去处。

【国民经济】2011 年全县实现生产总值 31.44 亿元，比上年增长 13.5%。其中：第一产业增加值 10.48 亿元，增长 6.0%；第二产业增加值 11.42 亿元，增长 23.0%；第三产业增加值 9.54 亿元，增长 10.4%。完成工业增加值 8.29 亿元，增长 25.6%；固定资产投资 17.4 亿元，增长 40.95%；社会消费品零售总额 6.21 亿元，增长 18.3%。大口径财政收入 19462 万元，增长 18.76%。地方财政收入 8529 万元，增长 33.47%。

【“三农”工作】进一步加大扶农助农工作力度，落实粮食直补、农资及农机具补贴、退耕还林（草）补助、良种奶牛补贴、能繁母猪补贴等强农惠农补贴资金 5061.98 万元。以制种玉米、加工番茄和棉花为主的订单农业面积 32.39 万亩，占农作物总播种面积的 77.14%。全县粮食总产量 145313 吨，增长 0.6%。种植各类蔬菜 5.08 万亩，其中加工番茄 2.03 万亩。发展设施葡萄 1833 亩，露地鲜食葡萄 1000 亩，发展优质杂果 600 亩，肉苁蓉 500 亩。以全市新农村“四化”示范村建设为契机，新建小康住宅示范点 27 个，辐射带动全县新建小康住宅 2630 户，累计达 26274 户，占总农户的 77.7%。劳务经济不断壮大，全县输转劳动力 2.8 万人，其中有组织输出 1.62 万人，实现劳务收入 2.63 亿元，增长 7.34%。

【项目建设】2011 年全县开工建设重点项目 88 项，完成投资 19.6 亿元，其中投资上千万元的 41 项，完成投资 17.02 亿元。完成固定资产投资 17.4 亿元，增长 40.95%。华兴铁合金公司特种合金炉扩建、雪莲乳品公司循环经济项目、西域食品公司红枣生产线扩建等 8 个新建项目已全部完工；金冠公司 8 万吨棉浆粕生产线、三北公司 2 万吨玉米种子加工及果穗烘干生产线、宏鑫矿业公司节能改造等 4 个续建及技改项目已建成并投产运行。

【优势产业】玉米制种产业：进驻县内的玉米种子生产企业达 19 家，全县已建成大型现代化种子加工中心 7 座，建成玉米种子加工生产线 12 条，籽粒、果穗烘干线 12 条，年加工种子能力达 25 万吨以上。按照“金张掖玉米制种基地工程”建设要求，鼓励制种企业与制种基地建立稳定的合作关系，促进制种基地向“经济实力强、市场开拓强、技术研发强”的“三强”优势制种企业集中，推动了种子产业向规模化发展，经济效益稳步提升。全县玉米制种面积达 28.72 万亩，玉米制种产量达 127758 吨，增长 7.79%。

奶肉牛产业：全县累计建成高标准奶牛养殖小区 8 个，奶牛饲养量

9800头。新建肉牛养殖小区（场）8个，累计46个，肉牛饲养量16.86万头。新发展各类规模养殖大户1200户，累计14412户，占总农户的42.43%。

红枣产业：临泽小枣以其色艳、皮薄、肉厚、核小、味甜久负盛名，品质上乘，备受人们青睐，曾被命名为“中华老字号”产品、“中国枣乡”和地理标志保护产品。全县红枣栽植面积9.68万亩，年产量达到1381万公斤，随着红枣栽培规模的扩大，建成了西域食品公司、昭武枣业食品公司、京沙酿造公司、荣鑫公司、绿然枣业公司、临泽红红枣业公司等一批红枣深加工企业，开发出了饮料、保健品、食品三大系列的20个品牌的加工产品，年加工原枣1000余吨。

现代设施农业：全年新建连片30座以上的日光温室示范点13个1455亩，带动全县新建日光温室2082亩，累计达到11029亩。现代设施农业呈现出区域化布局、规模化发展、品牌化经营的良好发展势头，成为促进农民增收、农业增效、农村经济持续快速发展的“亮点”。

特色旅游产业：张掖丹霞景区被命名为国家级地质公园和国家3A级旅游景区。成功举办“中国枣乡•魅力临泽”旅游文化艺术节，“中国枣乡”、“七彩丹霞”、“戈壁水乡”、“红色圣地”旅游名片效应逐步凸显。全年接待国内外游客43.5万人次，实现旅游综合收入10440万元，分别增长67.3%和67.3%。

【人民生活】城乡居民收入继续增加，生活水平进一步提高。全县城镇居民人均可支配收入11516元，比上年增加1463元。农民人均纯收入6875元，比上年增加989元。全县在岗职工年工资总额27845.3万元，比上年增长31.35%，在岗职工年平均工资33284元，增长26.4%。城乡居民的居住条件进一步改善，城镇居民人均住房使用面积34平方米，农村居民人均住房面积36平方米。全县移动电话用户13.1万户，比上年增长9.17%；互联网络用户1.0万户，增长32.35%。

【扶贫开发】依托“三西”专项资金，围绕移民区基础设施建设、产业开发、科技扶贫、劳务技能培训等重点，实施整村推进，不断改善移民区群众生产生活条件，着力提高广大移民群众科技文化水平，大力扶持发展增收产业，努力增强群众自我发展能力，较快地促进了贫困群众增收和区域协调发展。2011年共完成“三西”项目投资108万元，项目涉及6个移民村社，各项工程建设任务已全面完成。

【就业与社会保障】全年新增就业2208人，共有456名高校毕业生实现了就业，帮助766名下岗失业人员实现了再就业，年末城镇登记失业率为2.2%。城市低保和农村低保对象分别达4512人和8111人，城市低保标准提高了10%，农村低保标准由850元提高到1096元，为城乡低保、五保对象和重点优抚对象发放保障金1287万元，发放临时物价补贴373万元。严格执行廉租住房租赁补贴制度，为1216户城镇住房困难户发放补贴204.40万元。截止2011年末，97.55%的适龄农业人口纳入新型农村社会养老保险范围，为15041名农村老年人发放养老金1007.46万元。全县参加城镇养老保险人数5800人，为1460名企业退休人员发放了基本养老金1679万元；参加失业保险人数5561人，为154人次符合条件的失业人员发放失业保险金43.2万元；参加城镇职工医疗保险人数12026人，农民工参保人数1880人，为1854人次住院患者支付医疗费用853.3万元；参加工伤保险人数5009人，农民工参保1780人，为工伤职工支付工伤保险费用75.9万元；参加生育保险人数4632人，共为97对生育夫妇支付生育保险费用12.3万元；全县各类企业劳动合同签订率达99.5%。

【社会事业】科技支撑效果明显。年内全县各企业共引进应用科技成果和技术15项，在新农村建设和科技兴农中，重点引进15项新技术和48个农、林、牧新品种，建立各类科技示范点10个。全年共发放各类科技宣传资料6.4万份，举办各类培训班120期，开展科技宣讲151场次，培训科技星火带头人180人，培训农业技术推广人才2100人次，培训农民5.2万人次。

教育事业不断发展。完善义务教育经费保障机制，共为义务教育阶段中小学补助各类经费1892万元。中职生减免学费政策全面落实，职普教育协调发展。现有普通高中1所，在校学生数2851人；职业中学1所，在校学生数1854人；初级中学3所，在校学生数6101人；普通小学81所（含寄宿制中心小学7所），在校学生数8237人；幼儿园79所，在园幼儿3909人。年内全县有879名学生达到大专以上院校录取分数线，高考上线率达98.8%。“两基”工作高标准通过国家验收。

文化艺术、广播电视事业进一步繁荣。全县有文化馆、图书馆、档案馆、博物馆、文工团各1个，广播电视台1座，广播电视覆盖率100%。全县新建、扩建村宣传文化室7个，累计达51个，占总村数的71.8%。

卫生事业健康发展。年末全县共有医疗卫生机构99个，卫生技术人员646人，实有医疗病床604张。全县参加新型农村合作医疗农户32626户，116701人，参合率97.5%；财政补助标准由每人120元提高到200元；共为8782名参合住院患者报销医药费1701.07万元，全年享受新农合大病补助人数253人，发放大病补助金111.61万元；新农合门诊报销人数203231人，报销门诊资金566.41万元。

【环境保护】2011年全县工业企业主要污染物排放总量控制在下达指标以内，城市环境污染得到进一步治理，县城空气环境质量明显好转。城区绿化美化水平不断提高，新增绿地57万平方米，绿化覆盖率40.68%，人均新增绿地面积3.77平方米，城区人均占有公共绿地面积22.71平方米。退耕还林、风沙治理、城区绿化等林业生态工程建设效果明显。全县完成人工造林2.5万亩，其中，以红枣为主的经济林0.5万亩，防风固沙林1.5万亩，农田防护林0.5万亩；完成退耕还林工程补植补造面积0.77万亩，育苗面积0.16万亩。完成三北防护林四期工程1.4万亩。城区绿化共栽植各类树木155万株，种植移栽各类花卉32.17万株，成功创建为国家园林县城。

高台县

【现任主要领导】

中共高台县委书记：

马得明（6月止）

鞠　毅（7月任）

高台县人大常委会主任：

赵治全（9月止）

杨建平（10月任）

高台县人民政府县长：

鞠　毅（6月止）

杨成林（10月任）

政协高台县委员会主席：

袁成高（9月止）

赵　春（10月任）

中共高台县纪律检查委员会书记：

杨建平（9月止）

梁吉东（10月任）

【基本情况】高台县地处甘肃河西走廊中部，黑河中游下段。地势南北高、中间低，形如马鞍。总面积4425平方公里，城区面积3.67平方公里，全境海拔在1260～3140米之间，气候属于大陆性温带干旱气候，全年无霜期150天左右，年均降水量112.3毫米，年均气温8.7℃，全年日照时数为3001.7小时。现辖6个乡、3个镇、136个村委会、6个居委会、1004个村民小组。2011年末全县常住人口14.38万人，有回、藏、维、彝、裕固、东乡等16个少数民族。

【资源优势】矿产资源：县境内已发现和探明的矿产资源有10多种，其中：芒硝储量1015万吨，原盐储量110万吨，萤石储量20万吨，钾盐储量26万吨。此外还有钛铁、蛭石、石英、重金石、石灰、煤炭等。

旅游资源：境内文物资源丰富，历史悠久，有北凉古都骆驼城、佛教胜地梧桐泉寺、古长城、烽燧等文物古迹，其中：北凉古都骆驼城遗址及墓群和许三湾古遗址及墓群已被国务院列为国家文物保护单位；有大湖湾风景区、月牙湖公园、祁连葡萄庄园3个国家“AAA”级风景区，其中月牙湖公园被命名为“国家级全民健身户外活动基地”。中国工农红军西路军纪念馆建成开馆，被列为“全国百家红色旅游经典景区”。

【国民经济】2011年全县实现生产总值71.73亿元，比上年增长13.5%。第一、二、三产业分别实现增加值12.68亿元、11.09亿元和7.96亿元，分别增长5.9%、24.3%和13%。完成固定资产投资15.21亿元，增长46.87%。实现社会消费品零售额6.77亿元，增长18.46%。大口径财政收入2.78亿元，增长1.74%。一般预算收入0.98亿元，增长56.34%。财政支出9.11亿元，增长1.08%。

【项目建设】2011年共开工建设各类项目81项，完成固定资产投资15.21亿元。完成博峰肥牛开发公司15万头肉牛深加工项目、晋昌源煤业公司100万吨精洗煤厂续建项目、方正塑业粉煤灰（砂）加气混凝土砌块建设项目、恒源建安公司混凝土拌合站项目、番茄葡萄等果实皮籽综合利用项目等17个工业项目。完成黑河引水口门改造工程、景隆综合市场建设项目、城东新区开发、城区生活污水处理工程等34个城镇化建设项目。完成县西街小学教学楼、县医院标准化建设、县东苑幼儿园教学楼建设项目、县文化图书广播服务中心建设项目等13个社会事业项目。完成重点设施农业建设项目、规模养殖小区建设、黑番茄示范基地建设项目等4个农业及生态项目。

【新农村建设】进一步加大贴息贷款政策扶持力度，鼓励发展设施农业和规模养殖业。发放贴息贷款2.6亿元，建成日光温室1796座，其中建成连片示范点15个；新建钢架大棚2590座，其中建成连片示范点25个。新建养殖小区9个，新增规模养殖大户950户，牛饲养量增加1.23万头，达到14.53万头，增长9.25%。主导特色产业结构进一步优化，种植蔬菜8.07万亩，番茄1.99万亩，棉花4.17万亩，制种14.50万亩，马铃薯1.52万亩。新品种、新技术引进推广力度进一步加大，共引进、试验、示范新技术13项，农作物新品种420个，全县良种推广面积达到43.85万亩，良种覆盖率达到98%以上。农业标准化品牌化进程加快，新认证无公害农产品2个、绿色产品1个（桑大叔特一粉），全县累计认证无公害农产品12个、绿色产品4个，其中大漠紫光黑番茄获得第一届甘肃省农业博览会金奖。引导和鼓励农户流转土地，全县流转耕地3.6万亩，占耕地总面积的8%，涉及农户3147户。粮食直补、农资补贴、农机补贴、家电下乡补贴等各项惠农政策得到全面落实，补贴资金5666万元。全年输转劳动力3.08万人，实现劳务收入2.75亿元。

【城市建设】投资4300万元的城区生活污水处理工程，已敷设污水收集管网12公里，完成CASS反应池、综合办公楼、食堂、污泥脱水机房等设施的主体工程。投资1700万元，占地92353平方米的水如意生态绿地已完成水域面积开挖、边坡衬砌、栈道高架桥架设及广场基础等工程。投资3000万元，占地62472平方米的水之印广场，已完成特色景观亭、流水景墙、特色水景、特色种植池的基础建设和浇灌管网的铺设、种植池土方的换填、排水沟建设任务。投资700万元，占地40470平方米的月牙湖公园垂钓园已完成主体工程建设任务，正在进行管理房工程建设。全县保障性安居工程建设稳步推进，其中：城东新区新建的5栋144套1.2万平方米经济适用住房，滨河新区新建的2栋120套6000平方米廉租住房，1栋50套3000平方米的公共租赁住房，2栋96套8110平方米的经济适用住房已完成主体工程建设。

【旅游产业】旅游基础设施日臻改善，旅游客源市场逐步拓展，旅游接待能力和服务质量进一步提升，“红色高台、北凉古都、沙漠绿洲、戈壁水乡”文化旅游形象定位更加突出，“吃、住、行、游、购、娱”六大旅游要素基本具备，旅游业正在成为推动高台经济社会发展的重要产业和带动第三产业发展的龙头行业。2011年，全县共接待县内外游客42万人次，实现旅游综合收入8460万元，分别增长30%和41%。旅游综合收入占生产总值的比重达到2.7%，比上年提高0.5个百分点。

【人民生活】2011年全县城镇居民人均可支配收入11061元，比上年增长14.5%。城镇居民人均消费性支出7676元，增长17.53%。农民人均纯收入6499元，增长17.1%。农村居民人均生活消费支出5485元，增长22.99%。职工年均工资30181元，增长10.67%。城乡居民储蓄存款余额23.02亿元，增长21.2%。

【就业与社会保障】2011年末全县参加基本养老保险人数93397人，其中，参加城镇基本养老保险人数4430人，参加农村社会养老保险人数88967人；参加城镇职工基本医疗保险人数12936人，下降1.33%；参加失业保险人数5143人，下降0.19%；参加工伤保险人数7138人，增长7.03%；参加生育保险人数5796人，增长0.24%。全年征缴基本养老保险1655万元，征缴城镇职工基本医疗保险1986万元，征缴失业保险295万元，征缴工伤保险135万元，征缴生育保险88万元。城镇新增就业2355人，城镇人口登记失业率2.76%。全县参加新型农村合作医疗的农民12.23万人，参合率97.07%。共为9898名参合农民报销住院费用1976万元，平均报销比62.07%。社会福利事业不断完善。年末全县农村五保供养服务机构9个，集中供养五保对象458人，全县低保户6878户、13981人，其中：农村低保户5247户、9591人。全县共有优扶对象963人，其中烈属21人，病故军人家属25人；农村五保户1285人，自然灾害生活救助人数12855人次。全年共发放城市低保金1197万元、农村低保金1211万元、医疗救助476万元、自然灾害生活救助717万元。

【社会事业】科技事业有新进展。2011年，共筛选编制上报科技项目10项。经国家省市科技部门批准立项组织实施的4项，争取省以上项目资金302万元；市列项目2项，争取项目资金8万元。在组织实施的30项县列科技项目中，农林水牧科技项目22项，占项目总数的75%，参与实施项目的科技人员占全县农业科技人才的85%。新建立院县、院企科技合作项目4项，农业科技成果转化项目1项。

文化事业欣欣向荣。精心组织开展了高台县新年民歌演唱会、“水乡新韵”高台县2011年春节联欢晚会、“人寿杯”迎新春走进农家书屋万名农民读书活动、“小手拉大手”读书活动颁奖晚会、乡镇文艺调演、“红西路军精神永存”主题歌会等系列活动。扎实开展了第三次全国文物普查资料校对、审核和普查档案的规范化建设与管理。精心组织开展“文物安全年”活动，巩固和加强文物保护网络建设，积极争取国家支持实施文化遗产地建设项目，进一步改善了骆驼城遗址周围环境和展示设施。

广播电视事业全面推进。大力加强广播电视基础设施建设，投资560多万元，组织实施了农村数字电视整转第一、二期工程，全县8个乡镇网络改造工作已全部完成，数字电视集中整转工作全面结束。2011年末，全县共有无线广播电台1座，广播人口覆盖率100%；电视台1座，电视人口覆盖率100%；完成城区数字电视整转，共整转数字电视用户38433户，办理副机1480户，整转率达到90%。

教育事业稳步发展。教育教学质量稳步提升，素质教育全面推进。全县共有各类学校66所，其中：普通高中1所，职教中专1所，初级中学8所，小学56所，城区独立幼儿园3所。全县在校中小学、幼儿园学生24731人，比上年下降6.48%。专任教师1916人，其中：大学本科1277人，专科458人，中专157人，高级专业职称217人，中级专业职称1217人。2011年，全县向大专以上院校输送新生1107人，其中：本科590人，专科517人，大专以上录取率达98.09%。

卫生事业健康发展。城乡医疗卫生基础进一步夯实，公共卫生服务能力不断提升。2011年末全县共有各类医疗卫生机构156个，其中：综合医院1个，中医医院1个，卫生防疫和防治机构1个，妇幼卫生保健机构1个，乡镇卫生院11个，村卫生所124个，城区个体诊所13个，厂矿、学校医务室3个。全县各类卫生机构拥有病床565张，其中：综合医院、卫生院拥有病床525张；每千人拥有病床位3.56张；卫生专业技术人员699人，其中执业医师和执业助理医师233人，执业护士262人；平均每千人拥有医师数1.47人，每千人拥有执业护士1.45人。

山丹县

【现任主要领导】

中共山丹县委书记：赵学忠

山丹县人大常委会主任：李仲文
山丹县人民政府县长：刘晓云
政协山丹县委员会主席：马得胜
中共山丹县纪律检查委员会书记：
马　成（9月止）
李仲杰（10月任）

【基本情况】山丹县位于甘肃省西部河西走廊中段，是张掖市的东大门，素有“走廊蜂腰”、“甘凉咽喉”之称。总面积5402平方公里，海拔在1550～4441米之间，属大陆性高寒半干旱气候。全县辖5乡、3镇、110个行政村、6个居民委员会、754个村民小组。

【资源优势】土地资源：山丹县土地总面积5402平方公里，折合810.36万亩。可耕地85.71万亩，草地、荒地365.83万亩，耕地、草地占80.59%，为发展农牧业生产提供了有利条件。

矿产资源：境内已发现矿种24种，各类矿产地54处，现已开发利用的有煤、粘土、铁、石灰岩、硅石、滑石、金、银、白云岩、花岗石等10种。通过对全县矿产资源的普查、详查，初步查明可开采的煤炭储量为4.03亿吨，白云岩3.85亿吨，耐火土2.86亿吨、高岭土1.5亿吨、硅石6700万吨、铁矿石449万吨、莹石56万吨。主要工业产品有水泥、硅铁、耐火材料、焦炭、煤炭、白酒、植物油等。

水资源：全县水资源总量1.945亿立方米，自产自用水资源总量1.24亿立方米，其中地表水资源0.857亿立方米，地下水资源0.383亿立方米。境内河流有马营河、霍城河、寺沟河和山丹河以及大黄山浅山区的小沟小岔。

旅游资源：主要旅游景点有国家4A级景区焉支山森林公园、国家3A级景区南湖公园、山丹马场大草原、窟窿峡、保存完整的汉明长城、硖口城堡、艾黎捐赠文物陈列馆、山丹培黎图书馆、艾黎与何克陵园、大佛寺、红寺口关隘等。“世博圣地、五彩山丹”、“焉支风、长城魂、马场梦、佛山缘、艾黎情”旅游品牌效应逐步显现，旅游产业带动能力明显增强。两项非物质文化遗产列入全省名录。大型旅游形象广告牌和旅游导览标识牌等景区基础设施进一步完善。

【国民经济】2011年，山丹县实现生产总值31.66亿元，比上年增长13.4%。其中：第一产业增加值6.41亿元，增长5.5%；第二产业增加值13.16亿元，增长19.9%；第三产业增加值12.09亿元，增长13.0%。三次产业比调整为20∶42∶38。完成固定资产投资16.97亿元，增长48.7%。实现社会消费品零售总额7.25亿元，增长18.5%。完成大口径财政收入2.28亿元，增长46.47%；地方一般预算收入1.04亿元，增长42.17%；财政支出10.28亿元，增长13.9%。

【项目建设】2011年全县共开工建设各类项目92项，其中投资上千万元的重点项目开工56项，完成投资15.9亿元。新能源开发取得突破，绣花庙风电场开工建设，长山子风电场正在做开工前的筹备工作，9兆瓦太阳能光伏并网发电项目成功签约，总投资1.5亿元的城市天然气项目即将开工。精心筛选上报了国家西部地区农民创业促进工程、祁连山生态环境保护与综合治理、煤矿棚户区改造、廉租住房、循环经济、节能改造、政法业务用房建设等项目58项。农村安全饮水、马营河大型灌区续建配套、易地扶贫搬迁、煤矿棚户区改造、焉支山—山丹皇家马场景区基础设施、县级储备粮库、农产品质量安全体系、县城供水管网改造等项目已批复总投资3.16亿元。

【新农村建设】现代设施农业迅速发展，基础设施不断加强，农民增收渠道进一步拓宽。新农村建设试点完成投资2.68亿元，建成高标准小康示范点15个、3464户。全县新建设施农业3303亩，落实钢架大棚1500亩，土地流转面积达到17.5万亩。建成规模养殖小区9个，养殖场5个，畜禽饲养量达到248.5万头（只）。马营河大型灌区续建与节水改造、祁家店水库除险加固、农村安全饮水、东湾湖水库建设、巩固退耕还林成果、生态绿化、退牧还草等重点项目全面完成。劳务输转5.91万人，实现劳务收入2.25亿元。

【人民生活】2011年全县城镇居民人均可支配收入11387元，比上年增长13.8%；人均生活消费支出9159元，增长13.3%。农民人均纯收入6287元，增长16.5%；人均生活消费支出4558元，增长20.7%。城乡居民储蓄存款达到24.5亿元，比年初增加4.72亿元。

【就业与社会保障】2011年全县新增城镇就业2434人，安置下岗失业人员1011名。全县城镇职工6192人参加失业保险，4334人参加养老保险，25021人参加职工医疗保险，26230人参加居民医疗保险。2011年末参加新型农村合作医疗农民人数14.13万人，参合率为97.1%。全县抚恤、补助各类优抚对象714人，金额达470万元；全县城镇居民得到政府最低生活保障的人数为10117人，发放城镇最低生活保障金2995万元；农村居民得到政府最低生活保障的人数为17455人，发放最低生活保障金2190万元。年末拥有养老院9所，床位数达260张，收养人数149人。

【社会事业】教育事业稳步发展。全县拥有中等专业学校1所，普通中学6所，小学34所。小学学龄儿童入学率达100%，初中入学率达99.8%。2011年，向全国各类高等专业院校输送新生1645名，高考录取率达97.22%；向中等专业学校输送新生1019名。在校学生体育达标率达97.2%。

文化事业取得新成绩。2011年末，全县共有艺术表演团体1个，文化馆1个，公共图书馆1个，博物馆1个，广播电台1座，电视台1座。广播和电视综合人口覆盖率均为 98%。有线电视用户 3 万户。《西部山丹》全年发行 53 期，累计发行 410 期。

卫生事业稳步发展。2011 年末，全县拥有卫生机构 223 个。医院、卫生院拥有床位 895 张。卫生技术人员 837 人，其中执业医师和执业助理医师 256 人，注册护士 226 人。

平凉市

【现任主要领导】

中共平凉市委书记：

马世忠（ 7 月止）

陈 伟（ 8 月任）

平凉市人大常委会主任：

马世忠（ 7 月止）

赵景山（11 月任）

平凉市人民政府市长：

陈 伟（ 7 月止）

臧秋华（ 9 月任）

政协平凉市委员会主席：

赵景山（11 月止）

赵成城（11 月任）

中共平凉市纪律检查委员会书记：

高淑美

【基本情况】平凉市位于甘肃省东部，地处陕、甘、宁三省（区）交汇处，横跨陇山（关山），东邻陕西咸阳，西连甘肃定西、白银，南接陕西宝鸡和甘肃天水，北倚宁夏固原、甘肃庆阳，是古“丝绸之路”必经重镇，素有陇上“旱码头”之称。全市辖泾川、灵台、崇信、华亭、庄浪、静宁六县和崆峒一区，102 个乡镇，3 个街道办事处，1457 个村民委员会。总土地面积 1.1 万平方公里，海拔在 890~2857 米之间。年均气温 9.2℃，降水量为 524.7 毫米。全市总人口 233.02 万人，常住人口 207.67 万人，其中城镇人口 62.63 万人。人口密度每平方公里 208 人。区域内有汉、回、蒙、满、朝鲜等 20 多个民族，民俗风情浓郁。

【资源优势】平凉是甘肃省主要农林产品生产基地和畜牧业、经济作物主产区，盛产小麦、玉米、谷类、荞麦、油菜、胡麻、林果、烤烟等，曾与庆阳地区以“陇东粮仓”闻名遐迩。旱作山区盛产胡麻、葵花、土豆、莜麦和豆类等；阴湿山区林草茂盛，是西北重要的畜牧业基地、皮毛集散地和各类中药材的重要产地。目前年存栏黄牛 81.41 万头，年交易各种畜皮 200 多万张。中药材主要有党参、黄芪、甘草、大黄、贝母、冬花等 150 多种。山药、百合、蕨菜、甲鱼等极具地方特色，皮毛肉类远近闻名。全市有国家级森林公园 1 个，省级森林公园 5 个，总面积 61690 公顷，天然林面积 56.88 万亩，人工林面积 377.19 万亩，森林覆盖率 27.74%。植物种类共 51 科 254 种，野生动物 31 种。

矿产资源：平凉在甘肃省内及周边地区煤炭和石灰岩有比较优势。市内的华亭煤田是鄂尔多斯聚煤盆地中煤层最厚的地段，总面积 150 平方公里，是甘肃省第一大煤田，煤层平均厚度达 28.7 米，探明总储量 34.7 亿吨，且煤质优良，具有高活性、高发热量、低灰、低硫、低熔点的特性，不仅是优质动力用煤，而且也是目前我国最好的气化用煤。

目前预测石灰岩总储量 30 多亿吨，但勘探程度低，探明储量约 3 亿吨，主要分布在崆峒区和华亭县；庄浪县卧龙石灰岩矿床为远景储量，约 2 亿吨。对石灰岩的利用，目前主要是生产水泥、石灰和建筑石料。另外还有粘土、石英砂等，主要分布在华亭县安口镇一带，开采利用历史较早，目前主要用于生产日用陶瓷、高低压电瓷、灯泡等。

旅游资源：平凉历史悠久，文化灿烂。现已发现各个时期的古文化遗址 465 处，省级以上文物保护单位 25 处。其中“道教第一山”——崆峒山（崆峒区）、王母宫——西王母降生处的回中山（泾川县）、人文第一祖——伏羲氏诞生地古成纪（静宁县）、西周第一台——古灵台（灵台县）等历史遗址和西周青铜器（灵台县）、南宋银本位货币银合子、佛舍利金银棺（泾川县），被誉为“中华之最”。崆峒山道教文化、西王母文化、大云寺佛教文化、皇甫谧文化独具魅力。平凉也是祖国针灸学鼻祖、晋代医学家皇甫谧（灵台县），唐代著名宰相牛僧儒（灵台县），南宋抗金名将吴玠、吴璘（庄浪县），明代“嘉靖八才子”之一赵时春（崆峒区）的故乡。平凉形成了以国家重点风景名胜区、国家首批 5A 级旅游景区、国家地质公园的崆峒山为中心，以国家级森林公园云崖寺、王母宫、柳湖、南石窟寺、龙隐寺、莲花台、紫荆山、明代宝塔、李元谅墓等为网点的风景名胜。

【国民经济】2011 年，全年完成生产总值 276.19 亿元，比上年增长 14.0%。其中：第一产业增加值 57 亿元，增长 6.6%；第二产业增加值 133.4 亿元，增长 18.3%；第三产业增加值 85.79 亿元，增长 12.6%。三次产业结构为 20.64∶48.30∶31.06。

【“三农”工作】2011 年，平凉市抢抓国家新一轮西部大开发和支持甘肃发展的政策机遇，突出“路、水、电、气、房”建设，努力改善乡村面貌。开建通村油（硬化）路 68 条 297.8 公里。解决了 16.34 万人的饮水安全问题，庄浪、华亭、崇信、灵台、泾川五县实现了自来水化；实施重点小流域治理 23 条，完成水土流失治理面积 220 平方公里，新增梯条田 19.99 万亩，新增有效灌溉面积 0.3 万亩。新增农村沼气用户 12000 户、太阳灶用户 5250 户。改造农村危旧房 17000 户 87.52 万平方米；实施“告别窑洞”工程 3827 户，华亭、崇信两县率先在全市实现告别窑洞目标。新建中心乡（镇）卫生院 7 所、标准化村卫生室 50 个，新农合参合率达到 98.76%，参合农民住院费用报销比例达到 73.08%。建成乡镇综合文化站 25 个，启动实施了农村广播“村村响”工程。深入推进农村各项配套改革，为农业农村经济快速发展注入新的活力。集体林权制度主体改革勘界确权到户率、林权合同签订率、林权颁证率、林权纠纷调处率、建档合格率均达到100%；组建农民林业专业合作社94个，发放林权抵押贷款7228.5万元，林下种植、养殖业产值达到3000多万元。加快推进农村土地经营权流转，全市流转土地32.36万亩，其中规模经营面积8.99万亩，100亩以上的达到613户。大力改善农村金融服务，积极拓宽农村融资渠道，新成立小额贷款公司2家、担保公司3家，全市涉农贷款累计达到139.67亿元。组建乡镇惠农政策服务大厅85个，4个县（区）开通了惠农综合信息服务平台；全市共发放各类惠农资金10亿元。

【项目建设】2011年，平凉市一直把项目建设作为经济工作重中之重，促使项目建设取得显著成效。全社会固定资产投资完成315亿元，比上年增长21.89%。城镇固定资产投资拉动作用明显。2011年，平凉市城镇固定资产投资完成268.99亿元，比上年增长21.5%，拉动全市全社会固定资产投资增长19.71个百分点。占全市全社会固定资产投资的85.4%，成为拉动投资增长的主要因素。5000万元以上投资的大项目完成投资额占全社会投资总量的六成以上。全市实施500万元以上建设项目754个，比上年增加241个。其中实施的过10亿元的泾川县石油资源勘探开发、天平铁路建设项目（华亭段）、灵台县邵寨煤矿建设、大柳煤矿建设等重大项目进展顺利。全年10亿元以上重大项目累计完成投资13.34亿元。

【优势产业】2011年，平凉市按照适宜区全覆盖的要求，强力推进牛、果、菜特色优势产业开发。全市新建标准化养牛小区51处，累计达到189个；冻配改良肉牛20.3万头；大牲畜存栏81.41万头，牛存和出栏分别达到66.84万头和39.36万头，同比增长2.67%和3.31%；玉米秸秆转化利用率达到74%。新植果园16.78万亩，其中苹果14.7万亩，核桃2万亩。落实百万亩果园标准化基地114.3万亩，配方施肥90.40万亩，高光效整形修剪65万亩，病虫害综合防治104万亩。2011年果园面积发展到138.47万亩，其中以优质红富士为主的苹果面积118.84万亩，苹果挂果面积达到65万亩，水果总产量达到86万吨，增长10.26%。新建高标准蔬菜生产集中区23个，新增日光温室1104座1311亩、塑料大中拱棚13042座5847.3亩，蔬菜种植面积73.73万亩，增长3.89%；蔬菜产量达到102.33万吨，增长4.39%。开工新建、改扩建龙头企业37户；申报认定了5户国、省级重点龙头企业，市级以上农业产业化重点龙头企业总数达到76户。新规范注册农民专业合作社92个，累计达到262个。

【人民生活】全年城镇居民人均可支配收入13354.59元，比上年增长13.5%。从收入构成看，工资性收入为9879.66元，增长5.91%；转移性收入为2779.4元，增长12.21%；经营性收入为1052.57元，增长45.11%。人均消费性支出达8408.06元，增长12.12%。2011年“平凉金果”和“平凉红牛”发展形势较好，农产品和肉禽蛋价格高，劳务工资上涨，国家各种补贴落实到位，促使农民收入较快增长。全年农民人均纯收入为3581元，增长14.19%。其中，以劳务为主的工资性收入1531元，增长18.54%；以畜牧、果菜为主的家庭经营收入1650元，增长14.61%；以政策性补贴、补助和征地补偿为主的转移性收入363元，增长7.64%。农村居民人均生活消费支出2863元，增长14.2%。城乡居民人均储蓄存款余额达到11694元，增长19.67%。

【扶贫开发】2011年，平凉市坚持以整村推进、连片开发为抓手，走出了一条基础先行、产业突破、整村推进、连片开发四位一体的扶贫开发路子。庄浪、静宁、崆峒、泾川、灵台进入国家六盘山特困片区规划范围，得到国家扶贫政策的扶持。40个整村推进项目完成财政投资4755万元；省列片区开发项目庄浪县葫芦河流域、华亭县黑河流域分别完成财政投资400万元、250万元；5个六盘山特困片区整乡推进试点项目完成财政投资290万元；落实帮扶资金1626.42万元，扶持建设项目13类541个，形成了全社会关注扶贫、支持扶贫的良好氛围，减少贫困人口3万人。建成市级新农村建设示范村100个；省列新农村建设试点泾川县和市列3个城乡一体化试点乡（镇）、20个新农村建设试点村、100个“三清五改”示范村，完成投资14.5亿元，全市扶贫开发和新农村建设工作取得了显著成效。

【环境保护】城市环境质量进一步提高，全市六项主要污染物均控制在目标值之内，总控率达到100%。大气环境可吸入颗粒物年日均值为每标立方米0.09毫克，二氧化硫年日均值为每标立方米0.027毫克，二氧化氮年日均值为每立方米0.023毫克。泾河地表水水质达标率为62.5%，饮用水源水质达标率为100%。区域环境噪声和交通干线噪声平均值分别为54.9分贝和68.9分贝。全市环保投资达到4.42亿元，其中污染源治理3.8亿元，生态环境建设和农村环保0.51亿元，环保能力建设0.11亿元。

【就业与社会保障】平凉市社会保障和就业再就业成效明显。年末全市福利院有床位130张，收养58人；建立城镇社区服务中心12个。全年城镇就业人数31.05万人，比上年增长8.77%，其中本年新增城镇就业人数27498人，下岗失业人员再就业11156人；年末城镇登记失业率为3.73%。年末全市城镇参加基本养老保险人数97486人，其中新纳入参保缴费3621人；城镇职工基本医疗保险参保人数13.39万人。城镇居民医疗保险参保人数22.53万人，参保率为99.73%。7

个县（区）开展了新型农村合作医疗工作，182.66 万农民参加了新型农村合作医疗，参合率为 98.76%。参加失业保险人数 8.99 万人，其中新纳入参保缴费 210 人。参加工伤保险人数 73431 人；参加生育保险人数 56876 人；参加农村社会养老保险人数 88.24 万人，比上年增长 1.9 倍。年末领取失业保险金人数 783 人。全年各项社会保险基金总收入 81510 万元，比上年增长 16.2%；各项社会保险基金总支出 71453 万元，比上年增长 34%。全年 5.69 万城镇居民和 21.55 万农村居民得到政府最低生活保障。企业离退休人员基本养老金、失业人员失业保障金发放率均达到 100%。

【社会事业】全年共争取国家和省上科技项目 28 项，资金 1176 万元；安排实施市列科技项目 6 项，经费 100 万元。本年度共评出科技进步奖 129 项，其中一等奖 19 项，二等奖 88 项，三等奖 22 项。全市共有各级各类学校 1614 所，其中幼儿园 194 所，特教学校 3 所，小学 1239 所，初中 116 所，九年制学校 13 所，完全中学 18 所。各类学校在校学生达到 43.35 万人。其中，小学 18.28 万人，中学 11.56 万人，高中 5.97 万人。小学、初中阶段学生入学率分别达到 100%和 99.3%，毕业率分别达到 99.99%和 99.71%。本年度全市参加高考考生 26521 人，上线人数达 23758 人，上线率 89.6%。其中重点本科上线 1793 人，上线率 6.8%，比上年提高了 0.3 个百分点；本科上线 5519 人，上线率 20.8%。全市共有各种艺术表演团体 8 个，公共图书馆 8 个，博物馆 8 个。全年发行《平凉日报》312 期，780 万份。全市有广播电台 8 座，有线广播电视传输干线网络总长 3394 公里，较上年增加 49 公里；广播电视卫星收转站 167859 座；广播综合覆盖率达 97.78%，电视综合覆盖率达 94.88%。有线电视用户达 8.37 万户，比上年增长 6.9%。年末全市共有卫生机构（包括村卫生室、诊所）2700 个，其中医院、卫生院 138 个，妇幼保健医院 8 个，疾病预防控制中心 8 个。卫生技术人员 8481 人，执业医师和执业助理医师 2451 人，其中医院和卫生院有执业医师和执业助理医师 2172 人。实有床位数 7853 张，医疗机构病床使用率为 72.34%。

（王康列）

崆峒区

【现任主要领导】

中共崆峒区委书记：王大睿

崆峒区人大常委会主任：邓玉珠

崆峒区人民政府区长：

孟小全（ 9 月止）

赵小林（10 月任）

政协崆峒区委员会主席：张新平

中共崆峒区纪律检查委员会书记：

李志恩（ 9 月止）

高跟信（10 月任）

【基本情况】崆峒区地处甘肃东部，六盘山东麓，东邻泾川、镇原，南依华亭、崇信，西与宁夏回族自治区的泾源、原州区接壤，北与彭阳、镇原县毗邻。在历史上为丝绸古道西进北上甘凉的第一座关隘重镇。亦为陕甘宁三省交通要塞和陇东传统商品集散地，素有“旱码头”之称。现为平凉市政治、经济、文化和交通中心，是一座新兴的工贸旅游城市。

全区辖 13 个乡、4 个镇、3 个街道办事处、1 个工业园区和 1 个开发区，有 252 个村、14 个城市社区（居委会）。全区总土地面积 1936.18 平方公里，城市规划区面积 48 平方公里。全区总人口 53.56 万人，常住人口 51.19 万人，人口密度 264 人／平方公里，人口自然增长率 6.26‰，有回、满、藏、布依等 30 多个少数民族。

区域属陇东黄土高原丘陵沟壑区，境内西北高峻多山，东南丘陵起伏，中部河谷密布，平均海拔 1540 米。气候属半干旱、半湿润季风型大陆性气候。年最高气温 34.9℃，最低气温 -17.3℃，年平均气温 9.2℃，年降雨量 524.7 毫米，日照 2100.8 小时，无霜期 188 天。

【资源优势】自然资源：地下矿藏有煤、铁、铜、磷、石灰岩、水泥灰岩、白云岩、陶土、粘土、耐火粘土、石膏等 16 种 12 大矿点，其中水泥石灰岩和化工石灰岩品位较高，储量达 5 亿多立方米。地表水可利用量 1.1 亿立方米，地下水储量 12 亿立方米。植物资源 1300 多种，动物资源 50 多种。

旅游资源：区境内先后发掘出仰韶、齐家和商周文化遗址 150 多处，重点文物保护单位 40 余处，珍藏文物 1300 多件。崆峒玄鹤、太统屯云、龙泉滴珠、柳湖晴雪、宝塔曦照、东湖荷花、天坛月夜和泼谷烟村等十大景观闻名省内外。国家 5A 级风景名胜区、国家级地质公园、“天下道教第一山”—崆峒山，有八台九宫十二院四十二座建筑群，名胜古迹百余处，山势雄伟，烟波浩淼，林海幽深，建筑独特。

电力资源：电力供应充足。境内有 240 万千瓦火电厂 1 座，330、110 千伏和 35 千伏等变电站 15 座，小水电站 1 座，企业自备电厂 2 座；750 变电所是连接“西电东送”枢纽工程——750 千伏高压输变电工程的核心站所。

【国民经济】2011 年实现生产总值 86 亿元，比上年增长 14.1%。实现农业增加值 10.35 亿元，比上年增长 6.55%；粮食产量达到 20.35 万吨，增长 4.3%。工业增加值 27.85 亿元，增长 26.5%；规模以上工业增加值 20.5 亿元，增长 32.1%。社会消费品零售总额 43.13 亿元，增长 17.8%。完成全年大口径财政收入 3.60 亿元，增长 21%；地方财政收入完成 2.25 亿元，增长 17.6%；一般预算支出 15.44 亿元，增长 28.9%。金融机构存款余额为 151.35 亿元，增长 20.17%；城乡居民储蓄存款达84亿元，增长15.41%。

【“三农”工作】峡门城乡一体化型、崆峒旅游产业开发型新农村建设整乡推进工程扎实推进，16个新农村建设示范点建成小康屋1207户，全面完成了土窑洞搬迁和危旧房改造。深入开展国道312线和平华路沿线村庄环境综合整治，拆旧建新，绿化美化，取得了初步成效。实施的大寨乡老庄洼等5个扶贫开发整村推进项目，搬迁贫困户80户，投放基础母牛578头，发放太阳灶600台。实施索罗、大寨、崆峒3个乡镇安全饮水工程，解决了2.31万人的安全饮水问题，全区自来水覆盖率达到92.5%，入户率达到84%。建成通村油路和硬化路100公里，安装太阳灶19634台，新修梯田3.88万亩，治理水土流失33平方公里，完成造林封育2.52万亩。加大劳务输转力度，全区输出劳动力8.48万人，实现劳务收入7.85亿元。

【项目建设】2011年围绕新型工业化发展、重大基础设施建设、现代农业发展、城市建设管理、壮大旅游产业、改善民计民生六个方面，全区实施重点建设项目180项，完成投资55.55亿元，其中实施新型工业化和煤电煤化工开发项目32项，完成投资10.79亿元；实施重大基础设施建设项目18项，完成投资8.49亿元；实施现代农业发展项目33项，完成投资4.55亿元；实施城市建设管理项目53项，完成投资29.43亿元；实施壮大旅游产业项目13，完成投资，1.72亿元；实施改善民计民生项目31项，完成投资0.57亿元。

【优势产业】优势产业稳步推进。坚持扩张总量和优化结构并重，推动产业转型升级，着力培育竞争优势。加快推进优势工业规模扩张。海螺水泥二期、房丽美中高档陶瓷装饰砖生产线、新世纪粉煤灰综合利用、荣康弹性阻尼缓冲器生产线项目建成投产，亨达公司搬迁及印机产业提升改造项目建成主体，光伏产业园一期、半导体碳纤维复合材料产业园一期等重大项目进展顺利。加快推进商贸中心建设。世博伟业家居建材广场建成运营，红泉大酒店建成主体。消费市场持续活跃，加快推进旅游产业深度开发。崆峒山游客中心、广成大酒店二期全面建成，太统山旅游专线道路建成通车，重点旅游项目完成投资1.63亿元。成功举办了崆峒旅游文化节暨中华武林大会，在全国范围内开展了崆峒山旅游形象标识和宣传语征集活动，崆峒旅游的品牌知名度不断提升，接待游客235.2万人次，实现旅游综合收入11.5亿元，分别增长31.4%和50.9%。加快推进农业产业结构调整。深入实施“万千百十”规模养牛工程，建成千头养殖小区5个、百头场3个，肉牛饲养量达到36.9万头。加快优果精菜基地建设，新建蔬菜日光温室210座、大棚1603座，蔬菜种植面积达到19.01万亩；新植果园3万亩，500亩以上示范点达到14个。

【人民生活】不断加强改善民生投入，全区民生支出占财政支出的79.1%。全年共拨付低保资金10613万元、各类社会救助支出970万元，就业补助支出3317万元、医疗保障支出8910万元、保障性住房支出4444万元、退耕还林资金2721万元。建成廉租房2304套11.52万平方米，有效地解决了低收入家庭的住房问题。安置高校毕业生859名，零就业家庭实现就业1273人，城镇新增就业7625人，城镇登记失业率为3.98%。农村居民人均纯收入4586元，比上年增长13.8%；城镇居民人均可支配收入达13196元，增长12.15%。

【扶贫开发】2011年实施的香莲乡香莲村、索罗乡姚王村、花所乡塔山村、安国乡白杨林村、大寨乡老庄洼村5个整村推进项目，共完成投资2738万元，其中财政扶贫资金582万元。完成机修梯田1500亩，五改三建120户，村内移民75户，硬化村组道路3公里。大力发展牛果菜特色产业，扶持贫困户600户，购买投放良种基础母牛600头，在4个村新植果园2252亩，在白杨林村新建日光温室67座。加大科技扶贫项目的推广力度，发放太阳灶600台，建成村文化卫生培训设施5处，完成农业技术培训1000多人次。通过整村推进项目的实施，项目村农民人均纯收入增幅高于全区平均值，达到17%。大寨乡整乡推进试点项目分两年建成，目前已拓宽、整修村社道路8公里，预留梯田建设地块800亩、核桃产业地块1900亩，村内移民、五改三建和人畜饮水工程完成了规划设计。争取产业化扶贫“项目贷款”贴息资金107万元，扶持了西开牧业、福利制革等省市级产业化扶贫龙头企业7户。建成小型水利工程6处，新打机井5眼，建成水塔1座、蓄水池4座，配机电设备6台(套)，铺设管网11.5公里，新增有效灌溉面积900亩，解决了4853人及3100多头大家畜的饮水困难。硬化、砂化村社道路7条8.2公里，解决了7个村及沿线8300多人的行路难问题。

【社会保障】区属参加基本养老保险人数达到1.45万人，增长3.4%。失业保险人数1.38万人，下降0.9%。医疗保险人数1.59万人，和上年持平。工伤保险8962人，增长45%。共有10856户27419名城镇居民、10811户23700名农村居民得到政府最低生活保障。全区农村“五保”1562户、1683人，6所农村敬老院集中供养121户、121人。新型农村合作医疗参合人数为310779人，参合率为99.32%，城镇居民基本医疗保险参保人数为10.88万人，参保率99.46%。报销城乡居民住院费用6760.58万元，支付大病医疗救助资金1201.3万元，发放城乡低保、“五保”供养资金和临时生活及物价补贴6537.9万元，发放各类社会保险金1.48亿元。全面启动城乡居民社会养老保险试点工作，参保率达到86.57%。

【社会事业】不断加大社会事业

建设投入。新建改建校舍5.19万平方米、医疗用房1.55万平方米，城乡公共服务条件显著改善。全区有各级各类学校272所，中小学在校学生达到84137人。全面落实“两免一补”等优惠政策，为6.01万名学生免除学杂费3184.62万元。全区450家卫生机构，床位增至1618张，卫生机构人员数1251人，卫生技术人员1025人，其中：高级职称72人，中级职称240人，初级职称713人。注册护士722人，全区计划生育率为91.92%。

（曹勇）

泾川县

【现任主要领导】

中共泾川县委书记：

宋全科（ 9月止）

李全中（10月任）

泾川县人大常委会主任：

程永忠（10月止）

贾仁全（11月任）

泾川县人民政府县长：

李全中（ 9月止）

王廷佐（10月任）

政协泾川县委员会主席：

贾仁全（10月止）

程永忠（11月任）

中共泾川县纪律检查委员会书记：

杜晓荣（ 9月止）

景忠科（10月任）

【基本情况】泾川县位于甘肃省东部，秦陇交界处。东邻陕西省长武县，西接平凉市崆峒区和崇信县，南与灵台县相连，北面与庆阳市镇原县接壤，西距省会兰州420公里，东距古都西安210公里。地貌地形属典型的黄土丘陵沟壑区，境内海拔930～1460米，年平均气温10.1℃，无霜期174天，年总降水量621.8毫米，日照1672.5小时，相对湿度74%，是国家农业部划定的全国优质苹果最佳适生区。总面积1409.3平方公里，耕地面积67.5万亩。全县辖14个乡（镇），一个经济开发区，215个行政村，1466个村民小组，全县总人口35.21万人，其中，常住人口28.21万人。

【国民经济】初步核算，全县实现生产总值36.70亿元，比上年增长14.0%。第一、二、三产业增加值分别为11.86亿元、11.88亿元、12.96亿元，分别增长6.7%、27.5%、10.4%。三次产业结构比为32.3∶32.4∶35.3。

【“三农”工作】旱作农业技术持续推广，粮食生产实现增产增效。农作物播种面积99.53万亩，其中粮食播种面积71.25万亩，粮食总产量15.81万吨，比上年增长6.1%，粮食产量连续6年实现增产增收。全年推广旱作农业10.38万亩，蔬菜种植面积13.28万亩，蔬菜总产量18.13万吨。全年落实兑付惠农资金23项13077万元，其中发放农资综合补贴2226万元，发放家电下乡补贴资金416万元，汽车、摩托车下乡补贴74万元。精心实施试点乡、示范区、试点村建设，建成新农村试点示范村68个、“三清五改”示范村60个，新建、改造小康屋20460户，小康住宅比例达到27.2%。

【项目建设】城北综合开发、旧城区改造、教育基础设施建设、人文生态旅游经济区建设、泾汭河现代农业示范区建设、工业集中区建设等重大项目相继开工建设，扶贫开发、农电网改造、危旧房改造、农村能源建设、教育卫生设施等促进了城乡面貌的改善。全年实施500万元以上项目117个，其中亿元以上项目9个，全社会固定资产投资完成31.44亿元，比上年增长30.5%。招商引资建办的恒兴果汁、天纤棉业、福润禽业、华润陶瓷、家园陶瓷等已成为县级重点骨干企业。石油煤炭勘探开发进一步加快，为构建工业主导型经济格局奠定了坚实基础。

【优势产业】特色产业开发扩量提质，农业生产全面推进，全县新植果园5万亩，万亩以上果园乡镇达到13个，果园总面积31.37万亩，果品总产量22.44万吨，人均果品占有量637.2公斤，比上年增长4.4%。蔬菜种植面积13.28万亩，总产量18.13万吨，人均蔬菜占有量515公斤。新建养牛小区9个，新建牛棚527个，牛、猪、鸡饲养量分别达到18.21万头、16.22万头、93.86万只。特色产业收入占到农民人均纯收入的62.4%，跻身全省果品大县、牛羊大县、蔬菜大县行列。独具特色的旅游景点体系逐步形成，旅游产业开发持续推进。大云寺王母宫、田家沟两处国家4A级旅游景区带动作用明显，全年累计接待游客102.8万人次，实现旅游业综合收入1.1亿元，分别比上年增长16.9%和25.5%。

【人民生活】全年城镇居民人均可支配收入12604.7元，比上年增长10.4%。人均消费性支出8151元，增长6.0%。农民人均纯收入3714元，增长14.3%。年末城乡居民人均存款12446元，增长21.9%，其中：人均储蓄存款9479元，增长23.3%。

【扶贫开发】持续把扶贫开发整村推进作为“十件实事”之一，对党原乡坷老村、红河乡吴家村、罗汉洞乡罗汉洞村和太平乡三星村集中开展扶贫，大力改善了贫困村组的落后面貌，带动全县稳定脱贫4000人。通过改善农村基础条件、拓宽砂化硬化村社道路、修建标准化梯田、新建提灌工程、拆除废旧庄基、实施五改三建、开展村容村貌整治等活动，进一步提升了农村生产生活条件。通过发展特色产业，利用地域优势搭建蔬菜大中拱棚等，发展反季节蔬菜，多方增加农民收入。通过开展技术培训，组织农牧、畜牧、林业等专业技术人员举办设施蔬菜种植、暖棚养殖、果园标准化管理等农业实用技术讲座，增强农民发展致富本领。全县当年共计争取扶贫项目资金1296万元，论证筛选各类扶贫项目5大类43个子项目，栽植苹果园2550亩，搭建蔬菜大拱棚60座，种植高原夏菜750亩，建成“五改三建”示范户 140 户，完成农业实用技术培训 860 人次。

【就业与社会保障】2011 年末城乡就业人员 18.38 万人，增长 0.7%。在岗职工平均工资 30614 元，比上年增长 21.6%。年末城镇登记失业人员 2790 人，下降 15.4%，登记失业率 3.9%，安置高校毕业生 577 人，新增就业岗位 1300 个，下岗人员实现再就业 1607 人。全年纳入城市低保人员 5094 人，城市低保资金支出 816 万元；纳入农村低保人员 23663 人，农村低保资金支出 2175.8 万元。年末城镇参加基本养老保险职工人数 7842 人。失业保险参保职工 8533 人，征缴失业保险费 281 万元。城镇职工基本医疗保险参保人数 13333 人，征缴医疗保险费 1896 万元。参加工伤保险职工 6440 人，其中：农民工 4505 人，征缴工伤保险费 34 万元；参加生育保险职工 8281 人。城镇居民医疗保险工作全面展开，参保人数 20931 人；新型农村合作医疗参加人数 305834 人，平均参合率为 98.2%，报销医疗资金 0.68 亿元。

【社会事业】县医院医技综合楼建成主体，基本药物制度实现全县覆盖，城乡医疗卫生服务体系更加完善。科技文化事业得到大力发展，建成农家书屋 53 个。“两基”工作顺利通过国家验收，全县中小学布局进一步合理，小学、中学入学率分别达到 100% 和 98.5%，高考本科上线人数达到 824 人。泾川三中建成使用，招收学生 960 人。国家 4A 级旅游景区 3 处，国家级文物保护单位 2 处，省级文物保护单位 7 处。

（王海峰）

灵台县

【现任主要领导】

中共灵台县委书记：王学书

灵台县人大常委会主任：

王亚峰（ 9 月止）

魏惠琴（10 月任）

灵台县人民政府县长：

吕鹏举（ 9 月止）

刘　凯（10 月任）

政协灵台县委员会主席：

魏惠琴（ 9 月止）

边安玉（10 月任）

中共灵台县纪律检查委员会书记：

杨静福

【基本情况】灵台县位于陇东黄土高原南缘，地势西北高、东南低，海拔在 890～1520 米之间，其中县城海拔 966.8 米；年平均气温 8.6℃，最高气温 35.8℃，最低气温-23.2℃；年平均降水量 600 毫米，降雨分布不均匀，7、8、9 三个月降水量占全年降水量的 55.5%；年平均日照总时数 2453 小时，大于或等于 10℃的积温 2804℃，全年无霜期 159 天；全县森林覆盖率 35%。境内有一塬（什字塬）一山（南部山区）两道川（达溪河、黑河川区），全境东西长 78 公里，南北宽 40 公里，总流域面积 2038 平方公里，属黄土高原沟壑区。东南与陕西长武、彬县、麟游、千阳、陇县接壤，西北与本省崇信、泾川县毗邻。全县辖 5 镇 8 乡 1 个街道办事处，4 个居委会、184 个行政村、1429 个村民小组。2011 年末城乡共计 72809 户，总人口 232212 人。民族以汉族居多，占 96.7%，回、藏、满、苗、蒙古族等少数民族占 3.3%。

【资源优势】一是历史人文优势厚重。灵台远在史前就有先民繁衍生息，商周时期建有密须国和密国，隋大业元年（公元 605 年）置灵台县，距今已有 1400 多年历史。曾诞生过西晋医学家、世界针灸医学鼻祖皇甫谧，唐代名相牛僧孺等杰出人物。古商周文化、皇甫谧文化独具魅力，境内已发现仰韶、齐家文化遗址 441 处，古墓葬 40 多处，发掘文物上万件。1996 年被省政府命名为“甘肃省历史文化名城”，2006 年被国家文化部和国家文物局命名为“全国文物工作先进县”。二是土地资源优势突出。全县有耕地 78.69 万亩，农民人均 3.77 亩，土壤肥沃，粮食生产优势明显，常年产量 15 万吨以上，素有“陇东粮仓”之美誉。全县林地保存面积 164.44 万亩，森林覆盖率 35%，植被较好，先后被国家绿化委和国家绿色推介委员会授予“全国造林绿化百佳县”、“中国绿色名县”等称号。三是矿产资源储量丰富。灵台是鄂尔多斯聚煤盆地南缘的一部分，境内矿产资源储量丰富，已探明和预测煤炭资源地质储量约 37 亿吨。整个煤田地质构造简单，煤层赋存稳定，瓦斯含量低，开采技术条件相对简单，是陇东能源化工基地极其重要的组成部分。同时，南部油气资源勘探工作也在加速推进。

【国民经济】2011 年全县完成生产总值 21.1 亿元，比上年增长 15.1%；规模以上工业增加值 1.17 亿元，增长 21.5%；地方固定资产投资 20.07 亿元，增长 41.2%；社会消费品零售总额 7.01 亿元，增长 18.3%；地方财政收入 5250 万元，增长 40.3%；农民人均纯收入 3631 元，增长 14.98%；城镇居民人均可支配收入 11355 元，增长 12.28%。

【“三农”工作】进一步整合项目资金，加大扶持力度，持续推进牛果主导产业和蔬菜产业扩量提质增效。新、改建肉牛养殖小区 8 处，完成冻配改良 4.2 万头，青贮转化玉米秸秆 27.2 万吨，出栏肉牛 5.76 万头，实现收入 1.53 亿元。不断健全完善包抓帮扶、行政技术“双包”、典型培育等工作机制，秋季一次性定植苹果园 4.18 万亩，累计达到 14.56 万亩；幼龄果园规范化管理措施得到较好落实，已有部分片带开始挂果。新建中台达溪河川区无公害蔬菜基地大、中拱棚 1540 座，带动全县种植蔬菜 12.2 万亩，实现收入 1.6 亿元。集成推广旱作农业生产技术 12.95 万亩，粮食总产达到 17.5 万吨，实现了“七连增”。建成农村卫生厕所 6800 座，完成“一池三改”1890 户。新修梯田 5.2 万亩，新增林地 3.81

万亩。

【项目建设】全年开工建设投资50万元以上各类项目125项，完成投资19.55亿元，占年度投资计划的103.2%，同比增长64%。尤其是县列9个投资过亿元、27个投资过千万元和11个投资过500万元重点项目推进较快，泾渗二级公路建设、邵寨煤矿建设、西城区开发进展顺利，灵南煤田精查、县城东城区开发、皇甫谧文化园建设全面完成。抢抓国家支持西部、支持甘肃、支持区域发展的政策机遇，论证储备前期项目91项，概算投资182.5亿元，有28项下达了投资计划。在项目建设的强力拉动下，地方固定资产投资增速持续保持在40%以上，拉动经济增长7.9个百分点。

【煤炭开发】邵寨煤矿建设累计完成投资4.25亿元，实施主、副、风井筒掘进1030米，探矿权正式转让华能集团；灵南煤田精查和灵北煤田详查即将结束，探明和预测地质储量37亿吨，居全市之首；灵台矿区总体规划上报国家发改委待批，唐家河年产300万吨矿井前期工作正式获省发改委批复，煤炭资源勘探开发逐步实现了由以县为主、自发式勘查向进入全省勘查计划、以省为主勘探转变，由小区域勘查向大范围勘探转变，由探矿向采矿转变，由资源优势向经济优势转变。全面深化全员招商和全民创业，全年实施招商引资项目26项，到位资金9.02亿元，同比增长32.6%。

【人民生活】全县城乡居民收入消费同步增长。全年实现城镇居民人均可支配收入11355元，比上年增长12.28%；农民人均纯收入达到3631元，增长14.98%；全县在岗职工年工资总额29155.1万元，增长16.7%，在岗职工人均年工资为34800元，月工资为2900元，增长4.2%。完成自来水入户4800户，累计达到5.1万户，自来水入户率达到96%，接近实现“全覆盖”。全县城镇新增就业1789人，城镇登记失业率为3.2%。大力加强劳务工作，全县外出务工人员达4.71万人，实现劳务收入4.6亿元。

【扶贫开发】完成总投资4279万元，其中列建的7个整村推进村已累计完成投资3652万元，面上项目完成投资403万元，百里整乡推进项目完成投资224万元，报拨财政扶贫资金1353万元。直接支付到户项目及“两后生”培训报帐323.06万元，通过财政扶贫资金报帐专户结算拨付项目建设单位报帐1029.94万元。通过项目实施，2011年共实现减贫10000人，项目区贫困人口人均纯收入平均由1428元增加到了1828元，净增400元。

【基础设施建设】实施城镇建设项目45项，编制各类建设规划17个，完成投资4.9亿元，城镇化水平比上年净增2个百分点。县城建设投资2.4亿元，实施“一带两城三桥四区五配套”重点工程13项，东城区开发、县城街道改造全面完成，西城区开发、汽配城建设等进展良好，建成区面积扩大到3.25平方公里，城市功能日臻完善，档次品位显著提升，人居环境明显改善。4个重点小城镇实施街道改造、排水排污、绿化亮化、商贸市场等建设项目32项；抓建西屯店子等新农村建设示范点13处，新建生态家园728户，实施“三清五改”1071户。紧扣水、电、路等制约长远发展的“瓶颈”问题，坚定不移地实施重大基础设施建设攻坚，泾渗二级公路灵台段建设，陶瓦路瓦玉至独店段改建，东风桥续建和朱家湾1号桥延伸工程，朱家湾2号桥新建建设或完工。实施达溪河县城过境段综合治理、农村饮水安全、病险水库除险加固等水利工程4类18处。

【社会保障】全县社会保障、社会救助救济体系不断完善，覆盖面不断扩大。城镇“五大社会保险”累计参保职工29182人，征缴社会保险费2584.4万元，发放社会保险待遇2293.1万元。全县城乡居民社会养老保险实际参保12.1万人，为26442人发放养老金864.32万元。城镇居民参加医疗保险9765人，征缴保险费68.08万元，支付住院医疗费214.83万元。新型农村合作医疗参合人数202514人，参合率99.92%，全年共报销医疗费4327.97万元，报销人数10.02万人次，人均住院报销金额1985元。全年共为3254名城镇低保对象发放保障金767.3万元，为23416名农村低保对象发放保障金2141.74万元，为1029名农村五保对象发放供养费236.76万元、过冬生活补助资金41.16万元，为1436名患病群众发放大病医疗救助资金564.6万元，为776名困难群众发放临时救助资金23.18万元，为27858名城乡低保、农村五保、优抚对象及老党员发放生活补贴、临时物价补贴1032.22万元。

【社会事业】进一步加强教育基础设施建设，实施西关小学新校区等教育基础设施建设项目10个；统筹各类教育均衡发展，“两基”迎国检顺利通过考核验收，全县高考二本以上上线678人，其中重点上线175人，创历史最好水平。深入推进医药卫生体制改革，乡镇卫生院药品零差率销售全面推行，新农合参合率达到99.92%，县医院住院部大楼全面建成。大型秦腔历史剧《皇甫谧》省内巡演圆满完成并成功晋京调演。新增城镇就业1789人，城镇登记失业率控制在了3.2%以内。省市列建的28件实事和县上承诺措办的10件实事全部办结。切实加强和创新社会管理，深入推进“和谐五星”创评活动，建成了覆盖县城区和乡镇街道的“天眼”视频监控系统，维护了社会和谐稳定。

（冯灵军）

崇信县

【现任主要领导】

中共崇信县委书记：

张　正（9月止）

吕鹏举（10月任）
崇信县人大常委会主任：
张 正（9月止）
章进录（10月任）
崇信县人民政府县长：崔仁杰
政协崇信县委员会主席：刘志仓
中共崇信县纪律检查委员会书记：
高跟信（9月止）
景晓东（10月任）

【基本情况】崇信县位于甘肃省平凉市东部，关山东麓，泾河之南。东靠泾川、灵台，西连华亭，北依崆峒区，南与陕西陇县接壤。全县辖2镇4乡，79个行政村，410个村民小组。人口10.25万人，非农业人口2万人。总土地面积852平方公里，耕地36.46万亩。海拔1085.4～1728米，相对高差642.6米。气候属暖温带半干旱大陆性气候，四季比较分明，2011年全年平均气温9.8℃，日照1865.5小时，无霜期195天，降水量590.1毫米。地形被汭河、黑河、达溪河三条河流分割为三川两塬，形成丘陵沟壑区。宝中铁路跨越境内，省道304线横贯全境；县内干线公路四通八达，油路通村率达到100%。

【资源优势】境内自然资源丰富，自然条件较好。主要矿藏有煤炭、陶土、坩泥、石灰石、石英砂、矿泉水等，尤以煤炭资源最为丰富，现已探明储量17.9亿吨。崇信县历史文化积淀深厚。县城北有闻名秦陇、具有一千多年历史的国家4A级旅游景区龙泉寺。县城西有风景秀丽的省级名胜区五龙山，有秀景天成的唐帽山森林公园，有直插云宵的人间仙山水泉岭和独具特色的世外桃源樱桃沟。县城内有武康王庙，为国家级文物保护单位。有西周时期的古墓群和仰韶文化、齐家文化遗址等。距今一千多年的娑罗树，为渭河以北仅有的一棵，有二千八百多年的"华夏第一槐"和闻名遐迩的"三义柏"。

【国民经济】2011年，全县实现生产总值25.64亿元，比上年增长22%。其中：第一产业完成增加值4.40亿元，增长6.6%；第二产业完成增加值18.0亿元，增长29.8%；第三产业完成增加值3.23亿元，增长13.8%。经济结构逐步优化，三次产业结构比为17.2∶70.2∶12.6。

【"三农"工作】2011年，以新农村建设统揽农村工作全局，以农业增效、农民增收为目标，加快农村产业结构调整，推行干部联家帮户责任制，促进牛、果、菜等优势产业向规模化、市场化、产业化方向发展。新建标准化养殖小区7个，新增草畜专业村6个，发展10头以上养牛大户1800户，牛饲养量达到10.7万头，出栏4.6万头。累计建成秸秆饲料加工点102个，全县玉米秸秆转化利用率达到93%。新建日光温室134座、蔬菜拱棚3602座，种植蔬菜5.86万亩。推广种植全膜双垄沟播玉米5.04万亩，粮食总产量达到5.82万吨，比上年增长5.82%。全年有效灌溉面积2.67万亩，新修梯田0.52万亩。新农村建设走出了"区位优势带动型、城镇开发拉动型、特色产业支撑型、扶贫开发推进型、生态移民搬迁型"五条路子，实现了村村通油路、通自来水、通广播电视的目标。

【项目建设】2011年，坚持把项目建设作为促发展、保增长的重要举措，大力实施项目带动战略。实施各类重点项目建设113个，累计完成投资27.2亿元，全县经济总量迅速扩张，发展水平明显提升。实施500万元以上各类重点项目79项，完成投资24.9亿元。崇信电厂二期、平崇高速、崇白路改造等重大项目列入了省、市"十二五"发展规划。赤城90万吨矿井建设项目取得重大突破，五举240万吨矿井完成了项目选址和"三通一平"方案设计，通电工程基本完成。基础设施建设取得重大突破，集中实施了滨河西区扩建、商品房开发、县城提质扩容等一批市政工程和功能性项目，建成了省级园林县城，城区集聚功能明显增强。

【优势产业】2011年紧紧围绕煤电、草畜、果菜、旅游等优势产业开发，先后引进华煤、徐矿、中水、华能、酒钢等大型企业投资开发，建成了崇信电厂、大柳煤矿、新安煤矿等骨干企业，实施了新周、周寨、百贯沟等煤矿改扩建，全县煤炭设计生产能力和火力发电能力分别达到861万吨和72亿度，以煤电产业为主的工业主导型经济格局初步形成。现代农业加快发展，扶持建办了伊顺祥牛业、东信牧业、方盛果蔬保鲜等产业化龙头企业，累计建成标准化肉牛养殖场（区）27处，新植果园2万亩，认证无公害蔬菜生产基地2.65万亩。以旅游商贸为重点的第三产业协调发展，实施了龙泉寺景区、城区橡胶坝、龙泉广场、五龙山上山道路等旅游产业开发项目，龙泉寺晋升为国家4A级旅游景区，全县游客接待人数和旅游综合收入稳步增长。

【人民生活】2011年，认真解决事关群众切身利益的就业、上学、看病、住房等热点难点问题，民生支出占到财政总支出的82%以上，财政保障民生、支持社会事业和强农惠农力度达到历史最好水平。优抚安置政策全面落实，双拥共建工作扎实有效，全省双拥模范县实现"三连冠"。残疾人事业健康发展，建成了残疾人综合服务中心，被评为全国残疾人工作先进县。居民消费结构发生较大变化，旅游、娱乐、通讯等消费支出持续增长，电脑、汽车等高档消费品进入更多百姓家庭，人民群众生活水平明显提高。高度重视就业和再就业工作，考录安置大中专毕业生608人，帮助952名下岗失业人员实现再就业，全县就业和再就业率分别达到88.3%和90%。全县职工总人数7575人，职工工资总额26608万元，职工平均工资35957元，比上年增长15.7%。城镇居民人均可支配收入16334元，增长13.2%；农民人均纯收入达到3726元，增长 14.5%。

【扶贫开发】2011 年，全县扶贫开发工作以科学发展观为统揽，坚持开发式扶贫方针和工作到村、扶贫到户的工作机制，以整村推进为重点，以增加贫困户收入为核心，以产业开发为主线，以提高能力为根本，以加强组织领导为保障，着力改善贫困乡村生产生活条件，培育发展增收产业，提高贫困群众自我发展能力，扶贫开发工作成效显著。实施的木林乡桃花岭村和黄寨乡大麦沟村两个扶贫开发整村推进项目，完成投资 1195 万元，其中财政扶贫资金 269 万元，机修梯田 1000 亩，村内移民 35 户 120 人，“五改三建” 140 户，硬化村组道路 2.2 公里，新建优质苹果园 1500 亩，新建暖棚 45 座，新建村文化卫生培训设施 2 处，购买基础母牛 70 头，购置太阳灶 300 台。实施产业开发项目 8 个，投入财政扶贫资金 144 万元。依托职教中心积极开展劳务技能培训和贫困户“两后生”培训工作，科技扶贫成效显著。举办以肉牛养殖、果园管理、蔬菜生产技术为主要内容的培训班 5 期，培训 1500 人次。投入财政扶贫资金 50 万元，对符合条件的 400 名贫困户“两后生”进行了技能培训，使贫困家庭“两后生”学到一技之长，达到“培训一人，输出一人，就业一人，脱贫一户”的目标。

【社会保障】2011 年，全面推行城镇居民医疗保险、城乡大病医疗救助和村干部养老保险等社会保障制度，广泛开展社会帮扶和社会救助，扎实推进扶残助残工作，县社会福利服务中心、中心敬老院和残疾人综合服务中心开工建设，所有乡镇建成了敬老院。全县城镇职工有 2745 人参加失业保险，2099 人参加养老保险，职工参加医疗保险 6667 人，居民参加医疗保险 8350 人，工伤保险 3210 人，生育保险 3230 人；全县 8700 名困难群众享受农村低保，2700 名城镇困难居民享受城市低保，五保供养人数 310 人。参加新型农村合作医疗人数 8.1 万人，参合率达到 100%。

【社会事业】2011 年，全县社会事业协调发展、公共服务水平大幅提升。学龄儿童入学率达到 99.8%，全县共有在校学生 15716 人。其中：幼儿园在校学生 2250 人，小学在校学生 6052 人，初中在校学生 4682 人、高中在校学生 2732 人。本科院校录取 342 人，独立院校 166 人，专科高职批 282 人。年末全县卫生机构数 14 个，床位数 270 张，卫生机构人员 322 人，执业医师 76 人，护士 84 人。村卫生室 79 个，村医生 79 人，个体诊所 45 所。积极发展文化体育和广播电视事业，全县有线电视频道达到 40 套，电视发射转播台 9 座，电视覆盖率为 98.3%，全县广播覆盖率为 98.8%。年末全县有秦剧团 1 个，文化馆、博物馆和图书馆各 1 个，乡级文化站 7 个，建成文化信息资源共享工程村级服务点 79 个。建成 19 个农家书屋和 9 个乡村级体育场。组织各类文化活动 13 项，18 场（次），年放映农村公益电影 800 多场（次），每村 10 场，剧团演出 450 多场次。

（张文文）

华亭县

【现任主要领导】

中共华亭县委书记：

任增禄（ 8 月止）

孟小金（ 9 月任）

华亭县人大常委会主任：

杨文学（ 9 月止）

邵海荣（10 月任）

华亭县人民政府县长：

王晓军（ 9 月止）

王宏林（10 月任）

政协华亭县委员会主席：

邵海荣（ 9 月止）

闫学明（10 月任）

中共华亭县纪律检查委员会书记：

脱德涛

【基本情况】华亭位于甘肃省东部、关山东麓，东临崇信县，西连庄浪县和宁夏回族自治区泾源县，南接张家川回族自治县和陕西省陇县，地处陕甘宁三省（区）交汇处。现辖 5 镇、5 乡、1 个街道办事处、1 个省级工业园区，101 个行政村，25 个社区，总面积 1183 平方公里。2011 年底，全县总人口 18.67 万人，总户数 62026 户。

【资源优势】华亭属黄土高原丘陵沟壑区、温带湿润性气候。境内山川兼有，气候宜人，年平均气温 8.5℃，降雨量 845.7 毫米，平均海拔 1300 米。河流交叉纵横，汭河、汭河等 4 条河流源于本县，年总径流量 2.19 亿立方米。主要矿藏有煤炭、陶土、坩泥、石灰石、石英砂等。其中煤炭储量 33.74 亿吨，占全省煤炭储量的 40.2%。境内林草丰茂，植被良好，植物种类达 400 多种，规模种植的大黄、独活、当归、党参、柴胡等道地中药材 50 余种，野生中药材 208 种，天然林和人工林地 12.9 万亩，草场 38 万亩，森林覆盖率 37.7%，是陇东优质肉牛、核桃和中药材生产基地。境内交通便利，北距平凉市 55 公里，西至兰州 395 公里，南到咸阳国际机场 290 公里。宝中铁路、省道 203 线、304 线及已经开工建设的天（水）平（凉）铁路和即将开工的宝（鸡）平（凉）高速、平（凉）天（水）高速横穿境内。2011 年在全力支持天平铁路等重大项目建设的同时，建成了一批等级公路、通乡油路和通村水泥硬化路，形成了“七纵六横十四个出口”的交通路网框架，境内公路总里程达到 658.8 公里。有年吞吐量 1000 万吨的煤炭铁路专用线和 140 万吨的铁路集运站。邮电通讯发达，拥有装机容量 1.3 万门的国际国内程控电话通讯网，互联网延伸到乡村一级，移动通讯覆盖全县。

华亭是古丝绸之路的必经之地，环境优美，人文古迹甚多。古人类遗址、古墓葬群、石窟石雕、古城堡遗址、名胜景地和古动物化石点达106处之多，馆藏珍贵文物30余件。国家级森林公园莲花台、风光绮丽的五台山、规模宏大的石佛群和石拱寺、神奇的海龙洞、药王洞、仙姑山等景点，风景秀丽，交通便捷，是旅游度假的好去处。利用采空塌陷区建设的占地10万平方米的人民广场，成为人文品位颇高的休闲娱乐场所。秀美如画、景色宜人的莲花湖公园、米家沟生态园、双凤山公园先后通过国家3A级旅游景区验收命名。

【国民经济】2011年，全县生产总值达到60.09亿元，比上年增长20%。第一、二、三产业增加值分别为5.04亿元、47.81亿元、7.24亿元，三次产业结构比调整到8.38：79.57：12.05。规模以上工业增加值完成42.84亿元，固定资产投资达到68.31亿元；煤炭产量1539.19万吨，发电15.52亿千瓦时；大口径财政收入完成18.22亿元，增长19.1%；地方财政收入完成6.60亿元，增长23.9%；金融机构人民币存款余额74.47亿元，金融机构人民币贷款余额44.21亿元。

【"三农"工作】2011年，全县上下认真贯彻落实中央和省、市加强农业农村工作的一系列方针政策，做强园区示范带动，壮大产业助农增收，加大投入夯实基础，统筹发展改善民生，创新机制提升水平，全县农村工作呈现出产业提质增效、基础明显改善、环境不断优化、社会和谐稳定的良好态势，实现了"十二五"发展开门红。全县农业增加值达到5.04亿元；粮食总产量达到8.62万吨，实现了连年稳定增产；全年出栏肉牛5.99万头，出栏肉猪6.24万头，大牲畜存栏达10.97万头。核桃面积累计达到22.3万亩。建成无公害千亩药材示范基地、药材种植面积达到7.8万亩。设施蔬菜集中区不断扩大，新建日光温室20座，蔬菜面积突破6万亩，砚峡蔬菜加工交易中心建成投用，宏源肉牛屠宰加工生产线基本完工，"一园三区"建设成效明显，农业"短腿"局面得到扭转。全面开展了"五村联创"和"和谐五星"创建活动，10村411户被命名，有力增强了全县"三农"发展后劲，成为新农村建设又一大动力引擎。实施省、县列整村推进、旧村改造项目各10个，配套了村级休闲广场、便民服务中心及村文化站（室）等公共设施同步建设，全县新村建设和旧村改造覆盖面达到68%，基本实现了乡乡通油路、村村通水泥路和自来水化县目标，进一步提升了新农村建设层次和水平。

【项目建设】2011年，实施500万元以上重点建设项目162项，完成投资68.31亿元，无论是项目数量、投资额度，还是项目质量和落地开工率均创历史最好水平。天平铁路、华石路改建、河堤治理、县城扩建和小城镇建设等工程进展顺利，硬化通村道路32公里，拓建改造街路14条10.2公里，基础设施条件大为改观。产业结构进一步优化，煤化工产业项目取得实质性进展。60万吨煤制甲醇项目竣工投产、20万吨聚丙烯项目开工培土奠基，华亭煤业公司新安煤矸石制砖生产线经过近2年紧张建设建成投产，填补了甘肃利用煤矿固体废弃物煤矸石烧结多孔砖墙体材料的空白，标志着华亭县在建设西部循环经济区示范区，实现循环发展、科学发展方面又迈出了重要一步。循环经济发展取得良好开局，华亭工业园区被列为国家级循环化改造示范试点园区，安口镇被列为全省循环经济发展示范镇。

【优势产业】坚持抓项目促发展，突出和发挥产业优势，深入推进煤化工产业多元化、多层次、多方位发展，建成60万吨煤制甲醇、华亭电厂一期、华砚1000万吨矿井改扩建等一批重点建设项目，华亭工业园区升格为省级工业园区，华亭在陇东能源化工基地的核心区地位更加凸显。大力发展现代农业，以上年地方财政收入的15%列支支农资金，坚定不移地走产业富民的路子，努力推进农业农村经济跨越发展。黎明川现代农业示范园，红旗川、西华川、神峪河川高效农业示范区"一园三区"建设成效明显，带动草畜、核桃、蔬菜、药材四大产业快速发展，农业特色产业规模和效益不断提升。持续开发旅游产业，建设了雷神山、玄峰山、米家沟生态园等一批景点，以莲花台为核心的关山旅游经济区初具规模。建成3A级旅游景点3处、星级宾馆4个，旅游辅助要素日臻完善，旅游业的快速兴起，带动了现代服务业的繁荣发展，第三产业成为县域经济新的增长点，

【人民生活】2011年，华亭县紧抓基础条件改善不松劲，省列24件32项和市、县列10件实事全面完成。建立了惠农资金监管系统，累计发放惠农资金5723万元，直接受益13.2万人。天平铁路、华石路改建、河堤治理、县城扩建、华亭一中、县医院迁建等大型项目建设和整村推进、基础设施建设为更多的劳动力提供了就业平台。人民收入水平稳步提高，城镇居民人均可支配收入达到17203元，比上年增长12%；农村居民人均纯收入达到4313元，增长15.6%，城乡居民生活水平大幅度提高，人居环境进一步得到改善。

【扶贫开发】2011年，华亭县扶贫开发工作按照"优化结构促转型、统筹城乡快发展、创先争优上水平"的总体要求，以开展"五村联创"活动为载体，突出整村推进项目建设，纵深推进产业开发和劳务培训输转，扎实开展包抓联建社会帮扶，走"县为单位、整合资源、整村推进、连片开发"扶贫开发新路子，抓点串线，以线连片，整乡整流域推进的扶贫模式，全力组织实施了神峪乡张家磨、马峡镇深沟、策底镇红旗、东华镇庞磨等10个省列整村推进和蔬菜产业整村推进项目及黑河流域片区开发。同

时，充分借鉴省列整村推进项目的建设内容、补助标准和管理模式，实施了孟台、王寨等10个县列整村推进，配套建成了村级活动场所、便民服务中心、乡村文化站（室）和广播电视村村通、文化信息资源共享等项目，辐射带动群众实施庭院改造和产业开发，有效加快了城乡公共服务设施均等化进程，全县25个贫困村近1.5万名贫困群众受益。以农业实用技术和劳务输转技能培训为抓手，在北京、天津、上海、深圳等29个大中型城市设立的87个劳务基地，输转贫困乡村务工人员 2.1 万人次，贫困人口减少1.15万人，贫困面降低到8.7%。

【社会保障】2011 年，县财政用于保障和改善民生的支出占财政总支出的 85%以上。开展了全国首批新型农村社会养老保险试点，率先在全省、全市开展了新农合门诊统筹、医药卫生体制综合改革试点，建立了困难大学生救助基金、大病医疗救助等制度，公共卫生服务能力不断增强。城乡低保、救灾救济、医疗救助等惠民资金按时足额发放，实现了城乡低保对象应保尽保和五保户全供养目标。新型农村社会养老保险参保率为99.46%，农村居民新型合作医疗参合率达98.7%，为全县 60 周岁以上老人全额发放了养老金。建立了惠农资金监管系统，各项强农惠农政策全面落实，覆盖城乡居民的社会保障体系更加完善，社会大局保持和谐稳定。

【社会事业】坚持每年措办十件惠民实事，办学条件和医疗卫生条件持续改善。全县有各类学校 134 所，其中普通中学 11 所，幼儿园 25 所。义务教育经费保障机制全面建立，“普九”债务化解消零，在全市率先开展了义务教育阶段课堂教学改革，职教中心晋升“国重”，高考年均上线85.3%。大中专毕业生就业安置率连续五年保持全市第一，城镇登记失业率控制在3.5%以内。全县拥有社会福利院、农村敬老院11所，各类卫生机构263个，实有病床数775张。人口计生“国优县”成果高标准巩固，村民自治工作在全国交流经验。扎实开展社会管理创新综合试点工作，大力推进科技创新和先进适用技术推广，科技对经济增长的贡献率进一步提高，全国科普示范县顺利通过复核验收。完成了一批电源保障供给、城乡电网提升改造、移动通讯基站建设工程，用电保障能力不断增强，通讯信号基本实现全覆盖。为11个乡（镇、园区）的591个自然村安装了无线广播设备，在全省县级城市率先完成了数字电视平移转换项目，群众文化活动、全民健身运动蓬勃开展。通过实施重点水库建设、病险水库除险加固、城市水源地开发保护、城乡安全饮水工程，保障了重大项目的用水需求，提升了广大群众的饮水质量，建成了全市农村饮水安全工程示范县、自来水化县，社会公益性基础设施建设明显改观。

（辛树军）

庄浪县

【现任主要领导】

中共庄浪县委书记：陈　铎

庄浪县人大常委会主任：陈　亮

庄浪县人民政府县长：

赵小林（8月止）

宋树红（9月任）

政协庄浪县委员会主席：王　兴

中共庄浪县纪律检查委员会书记：

白文革

【基本情况】庄浪地处甘肃中部，六盘山西麓，东西长56.37公里，南北阔46.60公里，总面积1553.14平方公里，辖13乡5镇，293个村1521个社，1个街道办事处3个社区居委会。2011年年末总人口 44.63 万人，常住人口38.25万人，耕地面积91.65万亩，农业人均占有耕地 2.2 亩，年降水量659.4 毫米，平均气温 8.9℃。庄浪历史悠久，文化底蕴深厚，民间文艺多彩，生态环境优美，动植物资源丰富，有国家4A级景区云崖寺、千年道观紫荆山、关山天池朝那湫、北魏石窟陈家洞等一批集自然与人文于一体的旅游景点。草编、竹编、马尾荷包、剪纸、毛笔、木刻、地毯、钩绣等民间工艺品独具特色。

【国民经济】2011 年，全县生产总值突破20亿元大关达到21.3亿元，比上年增长 14.0%，增幅比上年提高2.4个百分点。其中：第一产业增加值8.08亿元，增长6.8%；第二产业增加值 4.91 亿元，增长 28.6%；第三产业增加值 8.31 亿元，增长 12.8%。三次产业结构比为37.9：23.1：39.0。全社会固定资产投资完成 28.3 亿元，增长32.5%；社会消费品零售总额达到10.08 亿元，增长 18.6%；大口径财政收入完成7512万元，增长22.2%，其中地方财政收入完成4969万元，增长21.2%。

【“三农”工作】全年实现农业增加值8.08亿元，比上年增长6.8%；粮食总产量完成15.17万吨，增长6.8%；粮食平均亩产183公斤，增长6.4%。油料产量7533吨，增长5.6%；蔬菜产量 16.10 万吨，增长 7.0%。当年完成造林面积2.74万亩，水果总产量10.49万吨，增长 20.5%；年末大家畜存栏12.67万头，增长2.4%；生猪年末存栏11.4万头，增长1.8%。全年肉类总产量1.17万吨，增长1.5%。

【项目建设】全年共实施重点项目124个，完成投资19亿元，建成通乡、通村油路、硬化路 106 公里，梯田产业路1000公里，庄静二级公路改扩建工程建成投入运营。建成了城区供水水源输水工程和水洛河川、庄浪河川人饮工程，解决了县城 8 万居民和农村3.1万人的饮水困难。改造基本粮田2万亩，完成造林2.74万亩。宏盛制衣、水晶粉条、马铃薯精淀粉、天然气供气工程等一批工业项目建成投产。大县城建设战略实施力度进一步加大，高标准完成了县城总体规划修编、老城区和南城区控制性详规。通过集中实施县城南扩工程，全面改造县城东西大街和南滨河路基础设施，县城综合服务功能进一步增强，县城品位得到明显提升，城镇化水平明显提升。建成了35个新农村示范村，搬迁安置困难群众2000多人。

【优势产业】庄浪县地域条件复杂，产业开发多样，传统优势产业有果品、洋芋、畜牧三大农业特色、区域产业和劳务产业。2011年，在提升、加强原有支柱产业的同时，县委、县政府坚持把壮大旅游产业作为加快经济社会发展的有效举措，不断加大旅游景区开发力度，切实加强旅游基础设施建设，全县旅游产业呈现出了由点到面、不断提升、加快发展的良好态势。同时以梯田综合开发为主攻方向，大力调整农业结构，扩大产业基地规模，着力培育龙头企业，建设梯田产业强县；围绕建设陇上生态文化名县和平凉文化产品生产交易大县，深入挖掘以“梯田王国”文化为代表的地域特色文化资源，着力打造庄浪文化产业品牌。

【人民生活】2011年，城镇居民人均可支配收入13799元，比上年增长13.2%；农民人均纯收入2977.17元，增长14.0%。城镇居民人均生活消费支出9626.65元，下降13.1%；食品消费支出占城镇居民人均生活消费支出的比重（恩格尔系数）为34.9%。农村居民人均生活消费支出4328元，增长88.7%；食品消费支出占农村居民人均生活消费支出的比重为40.8%。城镇单位从业人员年人均报酬33341元，增长13.3%。

【扶贫开发】扶贫开发以发展现代农业，促进农业增效、农民增收为目标，以整村推进和片区开发等扶贫项目建设为主体，以科技扶贫和智力扶贫为助推，以贫困片带和贫困户为主要对象，大力实施“一体两翼”战略，积极发展和壮大主导产业，不断改善贫困乡村的生产生活条件，取得了明显的成效。按照发展产业促增收、改善条件夯基础、强化培训提素质的总体思路，以符合庄浪县情的旧村改造模式为重点，在郑河、永宁等9乡11村（其中省列8乡9村、县列1乡2村）实施了扶贫开发整村推进项目，在项目村大力培育果、菜、牛、薯四大主导产业，实施了田、路、水、房、能五大基础攻坚工程，年内解决贫困人口8000人，被国家能源局、财政部、农业部授予“国家首批绿色能源示范县”称号。

【社会保障】社会保障程度显著提升。再次提高了城乡低保补助标准，开建保障性住房674套，改造农村危旧房4400户。当年用于改善民生的投入占到财政总支出的64.5%。年末全县参加失业保险人数9232人，参加基本养老保险的职工和离退休人员5150人，参加基本医疗保险的人数26260人。享受城镇居民最低生活保障4386人，全年发放最低生活保障金698.9万元，比上年增长19.1%；农村低保已保57904人，全年发放保障金5340.29万元。年末参加了新型农村合作医疗人数达40.34万人，参合率98.61%；年内为42万名参合群众报销医药费用8511.56万元。

【社会事业】加强农业科技推广力度，重点抓全膜玉米、全膜洋芋、全膜小麦等旱作农业技术推广，引进新品种81个、新技术28项。庄薯3号马铃薯通过国家品种审定委员会命名，在全国推广。年内申报科技项目5项，专利申请12件，专利授权11件。全县科技成果获市级科技一等奖4项，二等奖项10项，三等奖1项。各类教育全面发展，办学条件进一步改善。投资1亿多元完成17所学校26个项目的校安工程6万平方米，全县“两基”迎国检各项工作通过省级督查评估检收。年末有各级各类学校293所，其中高级中学4所，普通完全中学2所。幼儿入园（班）率62%，高考上线率93.4%。其中重点本科上线371人，上线率6.5%；一般本科上线1038人，上线率18.2%。为1685名贫困大学生办理生源地信用助学贷款，金额866.32万元。安置高校毕业生770名。文化事业繁荣活跃，基础设施日益完善。围绕建设生态文化名县目标，加强文化基础建设，完善文化服务体系，各类文化活动、文艺创作蓬勃开展，文物普查全面完成，“非遗”保护、文化市场管理不断推进，年内实现了图书、文化“两馆”免费开放。秦剧团年内演300场次，观众10万人次；图书馆馆藏总量8.38万册，流通1.8万人次；博物馆6778件文物藏品中达级藏品934件，其中一级品48件。全年举办各种文化展览90次，城区举办各种文艺表演20场次。投资166.75万元为17个乡镇文化站配套了设施设备，投资2560万元、建筑面积8400平方米的博物、图书、文化三馆综合楼主体工程全面完成。全县广播人口覆盖率93.7%，电视人口覆盖率94.0%，有线广播电视用户8637户。卫生事业进一步加强，保障制度逐步健全。全民健康教育广泛开展，积极实施重大传染病防控、疫情监测和救治，完善了基层医疗机构补偿机制，中医药服务体系建设全面推进。总投资3800万元建筑面积1.4万平方米的县医院外科综合楼建成投入运营；改建原中医院门诊楼为一所集中医药预防、保健和诊疗为一体的中医养生馆，为“养生平凉”提供载体和基地。年末有各级各类医疗卫生机构459个，其中政府办县、乡级医疗卫生机构24个（县级医疗卫生机构6个、乡镇卫生院17个、社区卫生服务中心1个）。村卫生室有293个，个体诊所142个。有医疗床位1041张，卫生技术人员1183人，其中：副主任医师38人，主治（管）医药、护、技师183人。传染病报告发病率383.57/10万，报告死亡率0.48/10万；孕产妇住院分娩率为96.32%，住院分娩资金补助率85%，新法接生率100%，孕产妇死亡率18.98/10万；5

岁以下儿童死亡率 11.01‰，婴儿死亡率 9.49‰。

（王珍琴）

静宁县

【现任主要领导】

中共静宁县委书记：

王宗良（ 8月止）

王晓军（ 9月任）

静宁县人大常委会主任：张自杰

静宁县人民政府县长：徐　毅

政协静宁县委员会主席：

魏晓平（ 9月止）

王智国（10月任）

中共静宁县纪律检查委员会书记：

王发永

【基本情况】静宁县位于甘肃省东部，地处华家岭以东，六盘山以西。东、北与宁夏回族自治区隆德、西吉县接壤，西、南与甘肃通渭、秦安县毗连，西北与会宁县为邻，东南同庄浪县相依。县境南北长 81 公里，东西宽 68.75 公里，土地总面积 2193.9 平方公里。地貌属典型的黄土高原丘陵沟壑区，地势由西北向东南倾斜，海拔在 1340～2245 米之间，气候属中温带、半干旱气候。户籍总人口 48.15 万人，非农业人口 5.22 万人，主要有汉、回两个民族，人口密度 219 人/平方公里。现辖 5 个镇、19 个乡、1 个街道办事处、333 个村民委员会、2319 个村民小组、5 个居民委员会、10 个居民小组。

【资源优势】矿产资源：县境内已发现的非金属矿产有石灰石、煤、高岭土、火山岩棉、硅石、粘土；金属矿产有铅锌矿、钒钛磁铁矿、黄铁矿、铁锰矿。主要有威戎受家峡铅锌矿、仁大高家峡铁矿、雷大麻峡石灰岩矿、界石铺罐子峡煤矿、李店杜家大湾铁矿。

旅游资源：静宁是华夏文明的发祥地之一，古迹众多，旅游资源丰富。境内有大地湾文化、仰韶文化、马家窑文化、齐家文化等丰厚的古文化遗存；有人文始祖伏羲诞生地——古成纪遗址；有明代风格的建筑群静宁文庙、站院清真寺；有古朴典雅、规模宏大的国家 3A 级旅游景点成纪文化城；有全省爱国主义教育基地——界石铺红军长征纪念园；有奇峰错列、幽谷盈香的仙人峡和大地滩十万亩休闲农业观光园等旅游景点。西岭公园的建成和新建文屏山公园、续建烽台山公园项目的实施，进一步丰富了县城周边旅游资源。

【国民经济】2011 年，全县生产总值达到 25.13 亿元，比上年增长 14.6%。第一、二、三产业分别实现增加值 9.34 亿元、8.95 亿元、6.84 亿元，分别增长 6.9%、23.4%、6.84%。完成全社会固定资产投资 32.9 亿元，增长 20.16%。实现社会消费品零售总额 14.13 亿元，增长 19.11%。完成大口径财政收入 1.04 亿元，增长 19.64%。

【“三农”工作】2011 年，全县上下认真贯彻中央、省委、市委 1 号文件和农村工作会议精神，全县农村经济保持了农业增效、农民增收、农村发展的良好态势。粮食总产量达 17.09 万吨，农民人均产粮 360 公斤。大力发展果、畜、薯等特色产业，新植果园 2.53 万亩，牛饲养量达到 9.6 万头，洋芋面积 33.21 万亩。积极发展旱作农业，塑料薄膜覆盖面积达 34.17 万亩，建成了 15 个万亩旱作农业示范带和 42 处千亩集中示范点，发挥了显著的抗旱增产效果。实施了农村安全饮水、乡村道路、梯田建设等一批基础设施项目，农村生产生活条件得到大幅改善。完成水库除险加固 3 座，建成集中式供水工程 7 处，新建集雨水窖 3766 眼，治理河堤 11.5 公里，解决了 4.5 万人的饮水安全问题。新修、改建乡村道路 343 公里，硬化通村道路 52 公里，完成道路铺砂养护 477 公里。新修梯田 6.4 万亩，治理水土流失面积 1260 公顷，新建、维修塘坝 28 座，栽植行道树 745 公里，新建户用沼气 4000 户，发放太阳灶 7328 台。建成了甘沟马坡等 30 个新农村示范村，新建、改建民宅 3310 户，示范村生产生活条件和村容村貌得到了较大改善。

【项目建设】2011 年，项目数量、投资总额、完成投资大幅增长。全县实施固定资产建设项目 77 个，其中新建项目 62 个，续建项目 15 个；总投资完成 32.9 亿元，全部为县属投资，增长 25.07%。建成了静庄二级公路、通村硬化路等 21 个道路交通项目，道路通行能力显著提升。完成了安全饮水、塘坝建设等一批水利工程，有效改善了群众吃水、用水条件，农村自来水入户率达到 69%。当年造林 3.2 万亩，生态环境持续好转，荣获“全省集体林权制度主体改革先进县”称号。城乡规划建设管理全面加强，西展工程快速推进，建成了滨河路景观绿化带、富康南路等县城重点工程，承载能力不断增强，城镇化水平提高了 1.8 个百分点。

【优势产业】苹果产业在扩量、提质、增效方面迈出了实质性步伐。静宁是农业部划定的西北黄土高原苹果优势产区之一。果品产业从 1986 年开始起步发展以来，紧密结合全国产业规划，充分发挥独特的自然条件和区位优势，目前初步形成了基地规模化、生产标准化、产品品牌化、营销市场化、服务社会化的发展格局。成功注册了“静宁苹果”证明商标，建成全国绿色食品原料（苹果、梨）标准化生产基地 30 万亩、良好农业规范（GAP）基地 4000 亩和出口创汇基地 4.5 万亩，基地认证规模达到 34.9 万亩。全县果品产业龙头企业 40 余家，其中，具有自营出口权的企业 6 家。各级各类协会组织 48 个，综合性果品批发市场 2 处。静宁先后被评为“中国苹果之乡”、“全国经济林产业示范县”、“全国经济林建设先进县”、“中国果菜无公害十强县”、“中国苹果二十强县”、“全国兴果富农工程建设果业发展百强示范县”等 6 个国家级荣誉称号。2011 年，全县挂果园面积 38 万亩，果品总产量 35.94 万吨。

【人民生活】城乡居民收入继续增加，生活水平进一步改善。2011 年全县城镇居民人均可支配收入 12786 元，比上年增长 13.11%；人均消费性支出 7590.22 元。农民人均纯收入 3063 元，增长 14.19%；人均生活消费支出 4500 元，增长 30.37%。城乡居民人均储蓄存款达到 6476 元，增长 36.94%。城镇居民的居住条件和生活质量进一步改善和提高，城镇居民人均住房面积达到 23.1 平方米。移动、联通、铁通和电信电话用户达 59 部/百人，互联网用户达到 12031 户，占总户数的 9.45%。

【扶贫开发】2011 年扶贫计划总投资 7134 万元，实际完成投资 8204 万元。其中，省、市共下达扶贫资金 2821 万元（“三西”专项资金 351 万元、中央财政扶贫资金 2470 万元），部门配套资金 3860 万元，群众自筹 1523 万元。共实施 7 大类 20 个子项目。劳务输转作为促进农民增收的短平快项目，突出技能型、品牌化和有组织输转三项重点，完成劳动力输转技能培训 1100 人。积极开展青年农民培训工程，组织农牧、果业等部门技术骨干，采取课堂讲解与实地指导、项目实施与普及推广、科技下乡与技术帮扶“三结合”模式，农村实用技术培训 1.2 万人，占计划任务的 157%。全面完成原安陈岔、雷大马湾、曹务唐山等 12 个整村推进项目村建设任务，完成投资 1885 万元，通过综合开发，立体整治，项目村达到了耕地梯田化、道路网络化、流域治理化和设施配套化，为贫困村可持续发展搭建了良好平台。争取基础设施、种养业基地建设等面上项目 17 个，资金 588 万元，较上年增长了 18%，通过面上项目的实施，使贫困乡（镇）基本均有 1 个扶贫项目扶持。积极争取国家级扶贫互助资金试点县项目，使全县互助资金试点村达到 41 个，资金总量达到 660 万元。

【就业与社会保障】2011 年，新增城镇就业人数 3306 人，安置下岗失业人员 411 名，城镇登记失业率控制在 3.8%。养老保险、城镇基本医疗保险、失业保险、工伤保险、农民工工伤保险、生育保险扩面征缴力度加大，参加人数达到 335794 人，完成基金征缴 8.10 亿元，其中：城乡居民养老保险 241772 人，基金征缴 2545.55 万元。全县抚恤、补助各类优抚对象 2678 人，金额达 676.5 万元；发放临时救助资金 50.9 万元，救助因突发性、临时性困难居民 1003 人次；发放城乡医疗救助资金 848.35 万元；供养五保户 1764 人，供养资金 401.24 万元；全社会纳入最低生活保障的人员达 7.09 万人，发放最低生活保障金 8482.6 万元。参加农村新型合作医疗 41.82 万人，参合率达 98.14%。建设保障性住房 534 套，改造农村危旧房 1900 户，保障了困难群众的基本生活。全县有社会福利院、农村敬老院 23 所，床位数达 464 张，收养人数 173 人。

【社会事业】各项社会事业协调发展，服务载体更加完备。科技事业进一步发展，科技队伍不断壮大，2011 年末全县共有各类专业技术人员 7094 人（其中，中级专业技术人员 2116 人，高级 262 人）。教育事业围绕“两基”迎国检工作扎实推进，素质教育深入开展，各级各类教育事业全面发展。2011 年各类学校在校学生 93498 人，其中，职业学校 3930 人、普通高中 16883 人、初中 26569 人、小学 37918 人、幼儿园及学前班 8104 人。义务教育整体水平稳步提高，适龄儿童入学率达 100%，普通初中升学率 100%，高考二本上线人数达 2339 人。不断加大对教育的投入，教育教学条件显著变化。教育基础设施建设投资达到 4800 万元，一中体育馆和细巷初中宿舍楼等 7 个校安工程全面建成，配齐了中小学 151 个功能室及仪器设备；签约招考高校毕业生 629 名。文化事业取得新成就。2011 年末全县共有公共文化机构 29 个、公共图书馆 1 所（藏书 5.6 万册）、农家书屋 392 个、博物馆文物藏品 2325 件、千瓦以上电视发射台和转播台 2 个，电视综合人口覆盖率达 93.9%。卫生事业不断加强，公共卫生应急体制和机制逐步建立，医疗卫生的公益性进一步增强。县医院门诊住院综合楼、甘沟等 2 个乡镇卫生院业务楼、25 所村卫生室建成使用，国家基本药物制度全面落实。2011 年末全县医院、卫生院 31 所，标准化村卫生室、医疗点 513 所，床位数 1485 张，卫生技术人员 1329 人，其中执业医师 466 人、执业助理医师 140 人，每千人拥有卫生技术人员 2.7 人。

酒泉市

【现任主要领导】

中共酒泉市委书记：

李建华（7 月止）

马光明（7 月任）

酒泉市人大常委会主任：詹吉有

酒泉市人民政府市长：康　军

政协酒泉市委员会主席：杨　林

中共酒泉市纪律检查委员会书记：

都　伟

【基本情况】酒泉地处河西走廊西端，南接青海，西邻新疆，北界内蒙古并与蒙古国接壤，总面积 19.2 万平方公里，年日照时数 3033～3317 小时，年平均气温 3.9～9.3℃，平均无霜期 118～159 天，属典型的温带大陆性气候。总人口 110.07 万人，境内聚居着汉、回、蒙、哈萨克、裕固等 40 个民族，辖 1 区 2 市 4 县，分别为肃州区、金塔县、玉门市、敦煌市、瓜州县、肃北县和阿克塞县，有 64 个乡镇、65 个社区。境内和周边分布着玉门石油管理局、酒泉钢铁公司、四〇四核工业城等一批国有重点大中型企业。酒泉历史悠久，文化积淀浓厚，是敦煌艺术的故乡、中国航天事业的摇篮、全国首座千万千瓦级风电基地、我国石油工业和核工业的发祥地。

【资源优势】酒泉有丰富的风能和太阳能。据评估，酒泉市风能资源的理论总储量为1.5亿千瓦，可开发量4000万千瓦以上；风能资源可开发利用面积近1万平方公里，占全市总面积的5.15%；10米高度风功率密度均在每平方米250～310瓦以上，年平均风速5.7米/秒以上，年有效风速达6300小时以上，具有建设大型风电场的良好资源条件。太阳年平均日照时数3000小时以上，是全国最具开发潜力的清洁能源基地。有丰饶富庶、开发便利的水土资源，水资源可利用量29亿立方米。光热条件优越，农副产品种类多，量大质优，特别是粮食、棉花、蔬菜资源丰富，是全省乃至全国的商品粮棉基地、瓜果蔬菜基地和最具优势的对外瓜菜制种、花卉制种基地。矿藏种类多，储量大，品位高，有5个成矿带共有矿点572处，构成矿床92处，矿种48个。旅游资源得天独厚，全市境内已查明的文物景点1153处，其中国家级文物景点14处、省级208处，目前已开发利用98处。敦煌莫高窟、月牙泉、西汉胜迹、酒泉卫星发射中心等景区成为国内外游客向往的旅游目的地，敦煌文化、边塞文化和航天科技享誉海内外，酒泉曾被评为“最具人气的西部名城”，是中国优秀旅游城市。

【国民经济】2011年，全市生产总值达到481.5亿元，比上年增长15.5%。其中：第一产业增加值59亿元，增长6.2%；第二产业增加值251.9亿元，增长18%；第三产业增加值170.6亿元，增长15.3%。财政收入突破60亿元，达到60.02亿元，增长18.8%。固定资产投资达到563.9亿元，增长28.6%。社会消费品零售总额达到105.2亿元，增长20.2%；城镇居民人均可支配收入达到17265元，增长14.3%；农牧民人均纯收入8158元，增长12.8%。居民消费价格涨幅控制在6%以内。

【“三农”工作】认真落实强农惠农政策，全市财政投入“三农”资金14.86亿元，增长12.2%。调整优化农业结构，新增蔬菜、瓜类、制种、啤酒花、油料、药材、孜然等高效特色产业面积4.56万亩，达到138.83万亩。主要农产品稳定增产，棉花、蔬菜、瓜类、水果、药材产量分别达5.01万吨、115.25万吨、30.61万吨、17.22万吨和7.62万吨，分别比上年增长11.3%、9.9%、4.6%、17.4%和36%。推进牛羊产业大县建设，畜牧业发展势头良好，新建标准化养殖小区150个，规模养殖户达到2万户。牛、羊、猪饲养量分别达到23.42万头、567.93万只和43.28万头，比上年分别增长3.1%、4.95%和4.4%。农业产业化水平进一步提高，全市市级以上农业产业化龙头企业47家，年销售收入亿元以上的龙头企业9家，5000万元以上的5家。农产品年加工转化能力150万吨，加工增值率达49.5%，辐射带动农产品生产基地165万亩，带动农户13.5万户。劳动力输转步伐不断加快，全年开展农民工技能培训3.14万人，输转农村劳动力16.3万人，实现劳务收入14.8亿元。农民人均工资性收入达到1725元，比上年增长24.8%。

【项目建设】坚持把项目建设作为转方式、调结构、保增长的重要抓手，围绕“十二五”规划，加紧策划、对接、申报重大项目，项目建设成效显著。全年共开工建设项目1280个，比上年增加110个。其中，千万元以上项目781个，完成投资491.3亿元，增长25.2%；5000万元以上项目290个，完成投资413.4亿元，增长21.4%；亿元以上项目116个，完成投资339.3亿元，增长13.3%。敦当二级公路建成通车，敦煌客运枢纽站投入使用，兰新铁路第二双线酒泉段、瓜星高速公路、酒嘉城际公路完成年度建设任务，酒泉热电厂2×33万千瓦火电项目建成投运，柳园330千伏变电站建成运行，北大河生态环境综合治理项目完成设计方案招标，灌区续建配套、病险水库加固、中小河流治理顺利推进，一批城市基础设施、水利生态和教育、文化、卫生项目建成投入使用，促进了固定资产投资的快速增长。

【优势产业】特色农业加快发展。全市已初步形成以温室蔬菜、名优果品、现代制种、啤酒原料、中药材等为主的节水高效特色产业带，高效特色产业面积累计达到138.83万亩，占全市农作物播种面积的55.2%。新型工业体系建设扎实推进，以新能源为主的战略性新兴产业快速发展，冶金、有色、建材、食品等传统优势产业不断壮大。2011年，全市新能源产业实现工业增加值54.6亿元，比上年增长26.9%；风光电发电量达到68.2亿千瓦时，增长1.4倍，占全市发电量的81.6%，其中风力发电63.14亿千瓦时，增长2.3倍。新能源电力生产增势强劲，成为全市工业经济发展的“最大亮点”。电力、冶金、有色、建材、食品等传统优势产业实现工业增加值46亿元，比上年增长66.5%，占全市规模以上工业的比重比上年提高6.8个百分点。以金融保险、房地产、科学研究、信息传输、租赁商务服务、居民服务为主的现代服务业快速发展，占第三产业的比重达到60%，比上年提高1.5个百分点。

【人民生活】市委、市政府高度关注民生，进一步加大民生改善力度，人民生活水平不断提高。2011年全市城镇居民人均可支配收入17265元，比上年增长14.3%；城镇居民人均消费性支出14238元，增长17.3%。农村居民人均纯收入8158元，增长12.8%；农村居民人均生活消费支出6463元，增长14%。全市电话普及率达到108.3部/百人，国际互联网用户9.6万户，普及率为30.1%。保障房建设加快推进，居民住房条件得到有效改善。全年新开工建设城镇保障性安居工程住房3832套，其中廉租住房516套，公共租赁住房516套，经济适用住房260套，均比2010年有较大幅度增加。城镇居民人均住房面积达到32.1平方米，增长4.3%。

【扶贫开发】高度重视低收入群体，加大扶贫开发力度，移民脱贫致富取得新进展。全市争取扶贫资金1.7亿元，比上年增长18.4%。加快移民乡村基础设施建设，营造农田防风林7644亩，改良盐碱地2.3万亩，衬砌渠道253公里，铺筑道路197公里，改建移民住宅5310户。移民乡村电话普及率达到97%，有线电视覆盖率达到98%。开展移民技能培训3.2万人，输转劳动力2.1万人次。完善移民社会保障制度，落实医疗救助、救灾救济等倾斜政策，8.2万贫困移民纳入农村低保范围，新农合参合率达到98%。移民人均纯收入达到2206元，比上年增长20%。

【环境保护】城市环境质量进一步提高。2011年末城市污水日处理能力8万立方米，比上年增长3.9%；城市污水处理率59.9%,比上年提高22.7个百分点；生活垃圾无害化处理率95.1%，提高14.2个百分点；集中供热面积1644.9万平方米，增长21.7%；建成区绿化覆盖率33%,提高0.3个百分点；人均公园绿地面积9.98平方米。全市建成烟尘控制区9个，总面积96.3平方公里，覆盖率100%；建成环境噪声达标小区9个，环境噪声达标区面积77.7平方公里，覆盖率100%；区域环境噪声平均值为53.3dB（A），交通干线噪声平均值为62.7dB（A）；空气污染指数92.6%，下降1.5个百分点。

节能减排成效显著。万元生产总值能耗下降3.9%，超额完成了政府节能降耗3.2%的目标任务。主要污染物二氧化硫排放量为3.02万吨，下降4.9%；化学需氧量排放量为2.94万吨，下降6.98%，均完成了省上下达的双控目标任务。

【社会保障】社会保障水平进一步提高。2011年全市社会保障和就业支出10.25亿元，比上年增长36%。年末城镇基本养老保险、医疗保险、失业保险、工伤保险和生育保险参保人数分别达到9.94万人、31.25万人、7.18万人、7.13万人和4.36万人，分别增加1.22万人、0.49万人、0.39万人、1.12万人和3.08万人。城镇基本养老参保面达到93.7%，比上年提高6.5个百分点。新农合参合率和城镇居民医保覆盖面均达到98%。新型农村合作医疗基金支出总额1.29亿元，受益60.67万人。全年有16.9万城乡居民得到政府最低生活保障救济，增加1700人，发放保障金2亿元，比上年增加2800万元。

【社会事业】科技事业成果丰硕。2011年全市财政投入科技经费5562万元，比上年增长22.7%。研究与实验发展（R&D）经费支出1.5亿元，增长28.2%。全年专利申请在2010年突破200项的基础上继续大幅增加，达到481项。授权专利137项，比上年增加6项，其中发明专利拥有量63项，增加9项。全年引进新技术成果182项，比上年增加11项；签订技术合同36项，技术合同成交额9.7亿元，比上年增长1.3倍。

教育事业健康发展。2011年全市初中教育入学率、学龄儿童入学率均达到100%。初中学生、小学学生辍学率分别为1.1%和0.36%，分别比上年下降0.39和0.03个百分点。青壮年文盲率为0.24%，比上年下降1.36个百分点。普通高校继续扩招，2011年招生人数达到2368人，比上年增加194人；在校学生数6541人，增加276人。普通中等专业学校、普通高中分别招生2974人和7902人。普通高校考生本科上线率22.3%，比上年提高0.6个百分点。普通高校录取学生6452人，录取率达77.2%，比上年提高6.1个百分点。

文化事业健康发展。全市公共图书馆图书总藏量48.2万册，全年出版报纸45万份，出版杂志1.2万册，发行图书350万册。全年广播节目播出时间19619小时，广播人口覆盖率98.5%；电视节目播出时间36114小时，电视人口覆盖率98.61%。全市有线电视网络总长5645.6公里。有线电视终端用户25.63万户，比上年增加0.65万户，入户率达到80%，比上年提高3个百分点。数字电视用户数18.87万户，增加1.94万户，入户率达到59%，提高7个百分点。

卫生事业继续加强。继续加快推进新型农村合作医疗制度建设步伐，全面开展城镇居民基本医疗保险工作，不断健全城乡医疗救助制度，继续完善社区卫生和农村卫生投入政策，支持突发公共卫生事件医疗救治等体系建设。截止2011年底，医疗服务机构继续增加，全市共有医疗卫生机构988个，其中医院33个、卫生院79个。同时，医疗服务人员也不断增长，医生执业医师和助理医师2223人，比上年增加62人；注册护士2092人，比上年增加74人。

体育事业蓬勃发展。全年向各类大专院校输送体育人才44名。在省级以上比赛中，酒泉市共获得奖牌95枚，其中金牌27枚，银牌40枚，铜牌28枚。全市举办运动赛会115次，参加人数达10.5万人。全市共有20.3万名适龄学生达到《国家体育锻炼标准》。

（张录仁）

肃州区

【现任主要领导】

中共肃州区委书记：杨克忠

肃州区人大常委会主任：

陈柱邦（10月止）

王世万（10月任）

肃州区人民政府区长：

卢学国（ 9月止）

杨全泉（ 9月任）

政协肃州区委员会主席：

陈加俊（10月止）

连德礼（10月任）

中共肃州区纪律检查委员会书记：

蒲晓惠（藏族）（10月止）

杨晓东（10月任）

【基本情况】肃州区位于甘肃省西部，河西走廊西段，是古丝绸之路上的重要历史文化名城，与现代驰名世界的中国航天城——酒泉卫星发射中心、世界闻名的敦煌莫高窟、“天下第一雄关”嘉峪关、中国最早的石油工业基地玉门油田、国家重要的核工业基地四〇四厂、西北最大的钢铁基地酒泉钢铁公司接壤紧邻。全区公安年报总人口40.64万人（不含暂住人口6.95万人），总面积3386平方公里，辖7个建制镇、8个乡，123个村；7个街道办事处，20个城市社区居委会。是酒泉市人民政府所在地，也是全市政治、经济、文化、科技、教育、金融中心，具有独特的地理优势和区位优势，是中国优秀旅游城市。

【资源优势】境内有北大河、洪水河、讨赖河等大小河流17条，年平均径流量12.28亿立方米，地下水补给量8.52亿立方米。全区法定耕地面积62.64万亩，有宜农、宜林荒地105.7万亩。玉米、蔬菜、花卉制种享誉国内外，是全国重要的对外制种基地；盛产小麦、玉米、洋葱、蔬菜、瓜果、啤酒花等200多种农产品和奶牛、肉牛、肉羊、肉鸡、猪等大宗畜禽产品，是全国有名的洋葱生产集散中心和畜禽养殖中心。区内风力、光热资源充足，石油、花岗岩、祁连玉等矿藏贮量丰富。初步形成了以新能源装备制造业为龙头，煤电能源、农产品加工、机械制造、生化制药、建筑建材等为补充的新型工业体系，培育了风机总装、叶片、轮毂、塔筒、白酒、夜光杯、家具、面粉等风电设备和名优新特产品。旅游资源丰富，境内已发现的文物古迹266处，4A级旅游名胜西汉酒泉胜迹、酒泉古泉、四坝文化遗迹、西河滩文化遗迹、东晋壁画墓、西凉李镐墓、钟鼓楼、晋城门等闻名全国；清泉绿洲、大漠孤烟、长河落日、祁连雪峰、海市蜃楼等独具魅力的自然景观，使肃州成为丝绸之路上更加绚丽多彩的旅游观光胜地。

【国民经济】2011年，全区实现生产总值152.78亿元，比上年增长12.19%。其中：第一产业增加值19.16亿元，增长6.62%；第二产业增加值81.85亿元，增长13.32%；第三产业增加值51.77亿元，增长12.31%。第一产业对生产总值的贡献率为7.03%，拉动经济增长0.89个百分点；第二产业贡献率为58.9%，拉动经济增长7.18个百分点；第三产业贡献率为34.07%，拉动经济增长4.12个百分点。三次产业结构由2010年的12.9：53.9：33.2调整为2011年的12.5：53.6：33.9，第一、二产业比重降低，第三产业比重提高0.7个百分点。财政收入达到7.01亿元，增长14.78%。

【“三农”工作】按照“一特四化”现代农业发展思路，全力实施“1+1”富民增收工程，布点示范“2+2”增收模式，大力推广日光温室、大棚蔬菜、经作制种、规模养殖等高效特色产业，形成了25万亩制种、18.5万亩蔬菜、6万亩新型产业、1.7万头奶牛、800万头（只）畜禽的特色增收产业，促进了农民收入的大幅增长。2011年，全区农业总产值达39.57亿元，增长13.84%。其中种植业19.41亿元，增长10.28%；牧业7.98亿元，增长9.58%；农业服务业11.59亿元，增长23.29%。输转农村劳动力5.46万人，实现劳务收入5.46亿元。

【人民生活】城乡居民生活水平进一步提高。全区在岗职工年平均工资31120元，比上年增长12.67%。城镇居民人均可支配收入17265元，增长14.3%；城镇居民人均消费性支出14238元，增长17.9%。农民人均纯收入7910元，增长12.8%；农民人均生活消费支出6853元，增长2.73%。

【环境保护】全年城市维护建设资金支出9432万元，年末城市道路面积430.6万平方米，建成区绿化覆盖面积1441公顷，公共绿地面积1300公顷。供水综合生产能力11.4万立方米/天，供水总量达到1468.34万吨。生活垃圾无害化处理率达到100%。万元生产总值能耗比上年下降3.5%。

【社会保障】社保覆盖面继续扩大，全年新增各项社会保险参保人数12096人，其中城镇基本养老保险新增3270人，城镇职工医疗保险新增1047人，城镇居民基本医疗保险新增3374人，工伤保险新增3399人，失业保险新增1006人。累计参保人数达到73668人。城镇新增就业5075人，城镇登记失业率为3.05%。城市居民最低生活保障人数15879人，农村居民低保人数21083人。新农合平稳运行，共有20.93万农民参合，参合率达到97.2%。

【社会事业】教育事业协调发展。全区共有各类学校185所（含幼儿园），在校学生85126人，教职工5475人。其中大专院校1所，中专（中技）学校5所，中学12所，小学62所，幼儿园94所。小学毕业生双科合格率达到95.1%，初中毕业年级中考合格率达到83.75%，普通高中高考录取率达到77.1%。改建扩建学校3所，新增校舍面积9260平方米，消除D级危房10962平方米。

科技工作稳步推进。积极组织申报国家、省、市科技项目35项，其中4个项目入选国家科技部“十二五”重点支撑计划。酒泉工业园区风电装备制造工程技术研究中心被省科技厅确定为重点支持项目，酒泉工业园区风电孵化器和肃州区万亩节水高效示范园等13个项目入选市科技局计划项目。产生区科技进步奖12项，有11项成果荣获市科技进步奖。

医疗卫生条件改善。全区共有各类卫生机构208个，其中医院、卫生院31家，卫生防疫站2个，妇幼保健所、站2个，其它卫生机构173个。

医院、卫生院卫生技术人员1682人，其中医生数635人。医院和卫生院住院床位数达到2215张。卫生服务覆盖率达到100%。

文化体育事业繁荣活跃。年内丝绸之路博览园景区二期工程启动。图书馆残疾人阅览室建成并正式开放。围绕"庆祝建党90周年"举办了"红歌唱陇原"歌咏比赛和丰富多彩的文艺演出。成功举办了"酒泉市暨肃州区庆七一送健康四种健身气功展示赛"、全区第十二届篮球运动会等各类体育活动220多场次，参与人数10万以上。《酒泉宝卷》(第四辑)和《肃州民间谚语》两本"非遗"保护丛书正式出版。

金塔县

【现任主要领导】

中共金塔县委书记：郎吉忠

金塔县人大常委会主任：

李春祥（10月止）

王振宇（10月任）

金塔县人民政府县长：任晓敏

政协金塔县委员会主席：

王振宇（10月止）

李学年（10月任）

中共金塔县纪律检查委员会书记：

毛焕国（4月止）

孙向明（4月任）

【基本情况】金塔县位于甘肃省西北部，河西走廊中端北部边缘，平均海拔高度1200米左右，东与张掖市高台县毗邻，西与玉门市接壤，南邻酒泉市和嘉峪关市，北靠内蒙古额济纳旗，举世闻名的酒泉卫星发射中心坐落境内。全县现辖5镇5乡1个街道办事处，89个行政村，471个村民小组，总人口15万人，其中非农业人口3.14万人。辖区总面积1.88万平方公里，其中绿洲面积0.12万平方公里。境内地表水主要来源于讨赖河、黑河两大水系，平均年径流量达14.5亿立方米，可利用量3.74亿立方米，地下水年补给量5.4亿立方米，现有鸳鸯池、解放村等大小水库14座，总库容达1.86亿立方米，灌溉境内金塔、鼎新两大绿洲。境内有石泉子、上元两个火车站，周边百公里内有通往全国各地的鼎新机场、嘉峪关机场和下河清机场，省道214线和酒航公路横贯南北与312国道相连，外进内出十分便利。

【资源优势】金塔县是甘肃省传统农业大县，光热水土资源充足，农业生产条件优越，全县现有耕地面积42万亩，此外还有可垦荒地140多万亩，其中宜农面积30多万亩，宜林面积110多万亩，蕴藏着巨大的开发利用潜力。主要农作物有小麦、棉花、玉米、胡麻、豆类、籽瓜、孜然、蔬菜、饲草等90多个品种，是甘肃省重要的商品粮基地县之一，也是甘肃省产棉大县。肉羊饲养量达到120万只以上，是全省最大的农区养羊县、全国三大对外制种基地之一。县内矿产资源丰富，开发前景十分广阔。已探明的矿产品主要有金、银、铜、铁、锡、铅、镁、煤等八大类30多个品种，总储量在20亿吨以上。可再生能源资源丰富。金塔县四季多风，年平均风速3.2米/秒；区域内日照强烈，多年平均日照时数3321小时，日照百分率达到75%，平均太阳辐射总量每平方米153千卡，是甘肃省太阳能总辐射量最高区域之一。金塔县历史悠久，文化灿烂，境内有国家级文物保护区汉代大湾城、地湾城、肩水金关等古城堡遗址以及塔院寺、青山寺、榆树观、鸳鸯母子湖等一批重点旅游景区，"万亩胡杨林"已成为游客神往的胜地，现已荣获"中国最具特色的旅游名县"。

【国民经济】2011年全县实现生产总值46.05亿元，比上年增长16.5%。其中：第一产业增加值13.32亿元，增长6.6%；第二产业增加值13.62亿元，增长31.5%，其中工业增加值8.8亿元，增长27.8%；第三产业增加值19.11亿元，增长15.6%。完成固定资产投资33亿元，增长62.3%；实现社会消费品零售总额7.2亿元，增长20.1%；财政总收入达到1.9亿元，增长20%。

【"三农"工作】持续加大对"三农"投入力度，共落实各项惠农补贴资金9705万元，农民人均受益900元。创新农业发展方式，新增设施农业面积1.5万亩，是上年的1.8倍，高效经济作物达到30万亩，增长1.8%，占农业增加值的比重达到52%，结构调整幅度是近年来最大的一年。设施养殖规模扩大，共建成标准化养殖园区39个，肉羊饲养量达到132万只，连续三年被确定为全省养羊大县。产业化经营水平进一步提高，新建了6000吨辣椒深加工、万吨蔬菜保鲜库等农业产业化项目，西域阳光公司晋升为国家级产业化龙头企业。农村基础设施建设进一步加强，累计投入7.8亿元，新改建农村公路116公里，新建农村楼居式住宅420套，村容村貌整治示范点23个，改造农村危旧房2600户。组织实施一事一议村级公益事业建设项目45项，水利建设、土地整理、生态绿化等重点工程如期完成，承载和带动经济发展的能力显著增强。

【项目建设】坚持发展抓项目不动摇，认真落实重点建设项目推进机制，全年争取投资项目320项、资金3.2亿元。开工建设各类项目151项，其中亿元以上项目14项，千万元以上项目40项。全年在建项目中千万元以上项目70个，完成投资19.14亿元，增长52.9%。招商引资成效显著，签约各类项目21项18亿元。工业项目建设成效显著，新建工业项目44个，30万吨原煤开采、10万吨硅铁合金、400万平方米花岗岩板材加工等5个亿元以上项目开工建设。光电产业步伐加快，在建和建成光伏发电项目81兆瓦，获批68兆瓦项目前期工作已经完成，火电、核电、核乏燃料后处理等项目顺利推进，为多电互补的能源产业开发奠定了基础。

【优势产业】围绕打造“酒嘉后花园”，编制旅游产业发展规划，设立旅游发展基金300万元，推动优势旅游资源深度开发，完成投资3200万元，沙漠森林公园二期、三湖一溪景区配套、航天游客接待中心等一批旅游项目顺利实施。成功举办了第二届金秋胡杨节，“航天文化、丝路胡杨”的品牌效应初步显现，经济发展空间得到进一步拓展，全县接待游客70万人次，实现旅游综合收入6.5亿元，增长27.6%。大力发展现代服务业，引资1.6亿元的四星级商务酒店开工建设，培育引进品牌店10家，新建农家店30家，城乡商贸流通网络不断完善，物流配送、金融保险、家政服务等现代服务业快速发展，餐饮、汽车、房地产等传统服务业市场活跃。

【人民生活】2011年，全县城镇居民人均可支配收入17083元，比上年增长12.4%；人均消费支出13760元，增长12.2%。农村居民人均纯收入8200元，增长12.7%；人均生活消费支出6525元，增长0.1%。全县城镇居民人均住房面积32.68平方米，增加2平方米；农村居民人均住房面积38.7平方米，增加1.8平方米。

【扶贫开发】认真落实各项惠民政策，发放五保供养、救灾救济等各类补助资金2306万元，在全省率先启动了城镇居民养老保险试点工作，城乡低保、医疗、就业保险覆盖面不断扩大，保障水平进一步提高。省市县确定的各项惠民实事圆满完成，消除中小学危房1.3万平方米，新开发就业岗位3112个，新建保障性住房390套，近8000名农村居民饮水安全问题得到有效解决。

【环境保护】全县有省级自然保护区1个，总面积16.34万公顷，占全县总面积的8.7%。全县环保投资5930万元，占生产总值比重为1.4%。城乡饮用水达标率分别为100%和54.89%；工业废气废水排放达标率达到100%。城区生活垃圾集中处理（填埋）率达到100%；集中供热面积109万平方米；建成区绿化覆盖率达到38.6%，比上年提高1.9个百分点；城市人均公共绿化面积11.15平方米。万元生产总值能耗比上年下降2.5%。

【社会保障】年末全县参加城镇基本养老保险、失业保险、城镇职工医疗保险、工伤保险的人数分别达到5973人、4334人、11401人和4078人。参加城镇居民医疗保险的人数达到15967人，参保率为99%。新型农村合作医疗参合人数达到109624人，参合率为99.2%。新型农村养老保险参保人数74057人，参保率为97.9%。城镇居民最低生活保障对象应保尽保，全年为保障对象3329人发放保障金1128万元。农村低保全面实施，为被确定的8800人低保对象发放低保金1130万元，为518人发放五保供养经费158万元，为城乡医疗救助对象发放救助金362万元，为17156人发放冬令、春荒救济金228万元。

【社会事业】科技事业不断进步。全县组织实施各类科技项目21项，取得科技成果4项。引进各类农林牧渔新品种80个，新建农业科技示范园区15个。开展科技培训305场次，培训干部群众3.2万人次。科技成果转化率为70%，农业科技覆盖率达98%。

教育事业健康发展。全县城乡学前2～3年教育普及率分别达到100%和98%。义务教育阶段小学入学率、巩固率、普及率、毕业率均保持在100%，初中入学率、巩固率、普及率、毕业率分别达到100%、99.9%、100%和99.5%。高中阶段教育普及率达到94.2%。初中毕业会考多科优秀率为35%，普通高考本科上线率达到43.2%。

文化事业有序发展。年末全县有文化馆1个，公共图书馆1个，博物馆1个，档案馆1个。广播电视台1座，千瓦以上电视发射及转播台1座，25平方米室外全彩电子显示屏1台，广播和电视综合人口覆盖率分别达到95.07%和99.9%，数字电视入户率达到92.0%。馆藏图书5.4万册，流通量1.5万册次，流通人数2.52万人次。馆藏文物1354件。馆藏各类档案6.16万卷，已开放0.58万卷。

卫生事业得到加强。年末全县共有卫生机构146个，其中医院2个，卫生院12个，疾病预防控制中心1个，卫生监督所1个，妇幼保健站1个，计划生育服务站1个，其他卫生机构128个。卫生机构病床床位395张，其中城镇230张，农村165张。卫生技术人员807人，其中城镇361人，农村446人。

瓜州县

【现任主要领导】

中共瓜州县委书记：

李　丽（9月止）

马世林（9月任）

瓜州县人大常委会主任：董生录

瓜州县人民政府县长：方学贵

政协瓜州县委员会主席：

贾泰斌（10月止）

李树生（10月任）

中共瓜州县纪律检查委员会书记：

郭立鹏（9月止）

高生荣（9月任）

【基本情况】瓜州县原为安西县，地处甘肃省河西走廊最西端，南望祁连，北枕大漠，南北与肃北蒙古族自治县相接，东连石油名城玉门，西邻旅游胜地敦煌，西北经猩猩峡与新疆哈密市接壤，总面积2.41万平方公里，辖5镇10乡，有74个行政村，467个村民小组，8个社区居委会。有汉、回、蒙、藏、满、东乡、裕固等21个民族。总人口14.95万人，其中城镇人口4.6万人，农村人口10.35万人。其中：整建制移民乡镇6个，移民人口8.06万人，占全县总人口的57%。

瓜州地域辽阔，物产丰富，县境

东西长 185 公里，南北宽 220 公里，地形地貌复杂多样，山地、高原、平川、河流、沙漠、绿洲类型齐全，交错分布；地势南北高，中间由东向西渐低，海拔在 1100～1500 米之间；占县境面积 8.5%的绿洲被戈壁、山地、丘陵分割为东、西、南三大块，西热东凉南山地区多泉眼湿地；境内少雨、干旱，平均年降雨量不足 50 毫米，蒸发量却高达 4000 毫米以上，昼夜温差较大，是典型的荒漠、半荒漠气候，适宜小麦、棉花、蜜瓜、酒花等多种农作物的生长。疏勒河、榆林河两大水系流域面积分别达 1.23 万平方公里和 0.56 万平方公里，有各类水库、塘坝 36 座，总蓄水量 2.53 亿立方米，其中双塔水库库容达 2.5 亿立方米，是甘肃省最大的农业灌溉水库。境内建有国家级戈壁荒漠草地自然保护区，栖息着雪豹、金雕等国家一、二级保护动物 28 种。

【国民经济】2011 年，全县实现生产总值 49.77 亿元，比上年增长 25.8%。其中：第一产业增加值 6.9 亿元，增长 7.3%；第二产业增加值 27.34 亿元，增长 38.4%，其中工业增加值 15.63 亿元，增长 55.7%；第三产业增加值 15.53 亿元，增长 15.4%。财政总收入突破 4 亿元，达到 4.14 亿元，增长 47.8%；实现社会消费品零售总额 12.16 亿元，增长 20.1%；完成全社会固定资产投资 203 亿元，增长 37.9%。

【“三农”工作】全县农作物播种面积 52.81 万亩，增长 5.3%。其中粮食面积 8.34 万亩，棉花面积 10.86 万亩，棉花总产量达到 9515 吨，增长 22.9%；其它农作物种植面积 15.88 万亩，增长 2.8%，其中瓜类种植面积 9.38 万亩，增长 10.8%。畜牧业增加值达到 13478 万元，增长 20%，畜牧业增加值占农林牧渔业增加值的比重达到 21.4%；新建养殖小区 23 个，“1245”养殖户 758 户，牛羊育肥大户 327 户。牛羊饲养量达到 66.94 万头（只），增长 9.4%。

【项目建设】全年新续建各类项目 138 项，其中千万元以上项目 85 项，亿元以上项目 18 项。33 个重点建设项目完成投资 197 亿元，占全县固定资产投资总额的 97%。全年争取国家、省市各类资金 4.56 亿元。

【优势产业】县域内风能资源独具特色，利用价值高。千万千瓦级风电基地正在加紧建设，风电企业全年完成发电量 41.77 亿千瓦时，增长 5.32 倍。风电及装备制造业实现工业增加值 8.79 亿元，上缴税金 8805 万元，对工业经济增长的贡献率达到 44.2%，成为工业经济增长的主要支撑力量。新型能源和金属制品制造业、农副产品加工业“三大支柱产业”已成为瓜州工业经济的助推器，推动瓜州经济快速发展。

【人民生活】2011 年，全县城镇居民人均可支配收入 16141 元，比上年增长 13%；城镇居民人均消费性支出 12533 元，增长 8.2%。农民人均纯收入 8030 元，增长 11.6%；农民人均生活消费支出 6184 元，增长 35.1%。城乡居民人均住房面积分别增长 5.5% 和 8.7%，分别达到 25.4 平方米和 49.9 平方米。

【扶贫开发】2011 年共上报扶贫项目 81 个，争取各类扶贫资金 3027 万元，占计划任务的 151%，其中国家“三西”扶贫资金 2997 万元，天津对口帮扶资金 30 万元，资金到位率达 100%。项目共覆盖 33 个贫困村 9 个“两西”移民安置点，有 9558 户 4.3 万人直接受益。全年共争取实施省、市整村推进项目 7 个，投入财政扶贫资金 1283 万元，完成危旧住房改造 370 户，衬砌支渠 6.5 公里、斗渠 9.5 公里、农渠 20 公里，铺筑村组道路 5 公里，改良土地 1000 亩，种植枸杞 5000 亩、甘草 700 亩，修建日光温室 50 座，扶持贫困户修建暖棚养殖圈舍 220 座，调引基础母羊 800 只、种公羊 30 只。疏勒河和九甸峡移民人均纯收入 1258 元，增长 31%。

【环境保护】全县有自然保护区 2 个，其中国家级自然保护区 1 个，省级自然保护区 1 个，自然保护区总面积 112.42 万公顷，占全县国土总面积的 46.5%。环保投入进一步加大，人居环境继续改善。全县环保投资 10667 万元，增长 29.9%，占全县生产总值的 2.1%，城区环境噪声达标区覆盖率超过 98%，饮用水达标率 100%，垃圾定点堆放、集中处置率达到 100%，工业固体废物综合处置利用率达到 100%，城市清洁能源使用率 95%，万元生产总值能耗比上年下降 4.65%。

【社会保障】城乡养老、失业、工伤保险覆盖面不断扩大，城镇医保参保和新农合参合人数稳步增加，报销医疗费用 2393 万元。城乡低保实现应保尽保，参保人数达到 5.3 万人，发放低保金 6075 万元。五保供养水平显著提升，发放供养金 78.8 万元。发放大病救助、救灾救济和临时救助资金 1145 万元。投入 5556 万元，新建经济适用房 190 套、廉租房 120 套、限价商品房 110 套。

【社会事业】“两基”迎国检工作进展顺利，各级各类教育均衡发展。县三中、四中、渊小、二幼、三幼等 35 个教育基建项目完成投资 4500 万元，高考录取率达到 83%，本科录取率达到 42.7%，教育投入、高考录取均创历史之最。中小学“四率”均达到 100%，高考专科以上上线率达到 87.1%。全县普通中学 10 所，其中职业中学 1 所。初（高）中及小学在校学生 23246 人。初中“五合率”达到 80.4%；普通小学 75 所，其中不完全小学 5 所。学前教育进一步受到社会重视。城乡幼儿入园率达到 100%，在园幼儿 2806 人。全县教职工人数 1656 人，增长 1.8%。

成功举办了第 26 届全省青少年科技创新大赛暨第 11 届中国青少年机器人（甘肃赛区）竞赛活动。2011 年有 5 项成果获得市级科技进步奖励，其中有 2 项获得一等奖，2 项获得二等奖，

1项获得三等奖。申请受理专利32件，增长77.8%。

县拥有文化馆1个，公共图书馆1个，博物馆1个。全民健身活动中心封闭式体育场投入运行。新建农家书屋7个，实现了74个行政村农家书屋全覆盖的目标。全年共举办各类体育赛事200余场次。完成重要节庆专场演出110场次。全年广播电视台共播发稿件6050件，广播和电视台每周播出时间达238小时，全县电视人口覆盖率达到78.8%，广播综合人口覆盖率达到100%。

年末全县共有卫生医疗机构128个，其中医院2所。卫生机构床位数452张，其中医院260张。全县共有卫生技术人员460人，其中执业医师及执业助理医师215人，注册护士210人。卫生防疫防治机构1个，卫生技术人员16人；妇幼卫生机构1个，卫生技术人员15人。全县共有乡镇卫生院14所，床位数192张，卫生技术人员225人。农村有医疗点的村占总村数的比重达85%。

全县有体育中心管理的体育经营场所38个，其中，棋牌室32个，台球俱乐部1个，台球室6个，乒乓球俱乐部1个，跆拳道俱乐部1个。积极组队参加省市体育竞赛活动，协助完成了第六届“玄奘之路”国际商学院戈壁挑战赛。全年组织开展各类大型体育比赛活动、全民健身活动展示200余场次，参与人数达10万人次。

肃北蒙古族自治县

【现任主要领导】

中共肃北县委书记：

李永军（9月止）

席忠平（9月任）

肃北县人大常委会主任：

秀　荣（蒙古族）（9月止）

巴图巴依尔（蒙古族）（10月任）

肃北县人民政府县长：

敖　琪（蒙古族）（9月止）

胡晓华（蒙古族）（10月任）

政协肃北县委员会主席：

巴图巴依尔（蒙古族）（9月止）

马宗国（10月任）

中共肃北县纪律检查委员会书记：

刘　鸿（9月止）

朱建军（9月任）

【基本情况】肃北蒙古族自治县座落在甘肃河西走廊西段的南北两侧，是甘肃省唯一以蒙古族为主体的边防少数民族自治县。全县总面积66748平方公里，约占甘肃省总面积的14%，是甘肃省占地面积最大的一个县份。周边与1个国家（蒙古国）3个省区（新疆、青海、内蒙古）11个县市接壤，毗邻敦煌国际旅游城、玉门石油城、酒泉航天城、西部钢铁城（嘉峪关），交通便利。辖2镇（马鬃山、党城湾）1乡（石包城）26个行政村。常住人口1.5万人，其中蒙古族占总人口的37.88%，汉族占59.06%，回、藏、满、裕固等其他民族占3.06%。辖地分南北两部分，南部党城湾镇，地处祁连山北麓西北沿，为县政府所在地，海拔为2158米，距兰州1300多公里，距酒泉520公里。北部地处河西走廊北缘，属低山丘陵区，为马鬃山镇所在地，平均海拔2000米，距县城近500公里，是甘肃唯一的边境地区，国境线长65.02公里。经国务院批准于1992年开设的马鬃山边贸口岸是省、地、县对外贸易的窗口，是甘肃省唯一的内陆口岸。

【资源优势】矿藏种类多，储量大，品位高。已探明的矿点有300多处，主要有金、煤、铜、钨、锰、铬、铁、菱镁、铅、锌等30多个矿种。其中大道尔吉铬矿为全国第三大铬矿，别盖菱镁储量居全国第五。金矿资源丰富，素有七十二道金沟之称，是全省黄金大县之一。境内党河、榆林河、石油河、疏勒河等四大河流，年径流量达14.27亿立方米，水电蕴藏量达100万千瓦，水电开发已成全县的支柱产业。肃北县幅员辽阔，境内野生动物有174种，其中国家重点保护动物有盘羊、野马、白唇鹿、猞猁等32种。旅游资源有五个庙石窟、大黑沟岩画、石包城城堡以及哈什哈尔国际狩猎场等自然人文景观，境内有现代冰川957条，其中透明梦柯冰川是国内距城市和铁路线最近最易于攀登的冰川，已列入全省旅游重点开发项目，2005年被中国地理杂志评为全国六大著名冰川之一。盐池湾省级自然保护区于2007年年初经国务院批准，成功晋升为国家级自然保护区。

【国民经济】2011年，全县实现生产总值25.06亿元，比上年增长15.18%。其中：第一产业增加值0.36亿元，增长7.11%；第二产业增加值20.74亿元，增长15.8%；第三产业增加值3.95亿元，增长13.15%。实现社会消费品零售总额1.14亿元，增长19.4%；完成固定资产投资23.84亿元，增长39.9%。财政收入达到4.2亿元，增长37.6%。

【“三农”工作】全县牧农业总产值达到7465万元，牧农业增加值达到3609万元，牲畜饲养量达31.57万头（只）。以提高牧农民素质、增加牧农民收入为目的，先后举办牧农业科技培训班12场(次)，技术讲座7场(次)，培训牧农民1500人次，牧农村劳动力技能培训225人，劳动力转移培训315人，输转城乡劳动力730人。抓住国家惠农政策的良好机遇，享受粮食直补及农资综合补贴农户937户，补贴面积8351亩，发放惠农补贴资金85万元。积极争取国家、省上农机具补贴资金60万元，受益牧农户75户，购置农机具五大类110台（套），农机装备进一步优化，机播、机耕、机收程度显著提高。

【人民生活】2011年，全县城镇居民人均可支配收入17698元，比上年增长12.5%。农牧民人均纯收入9350元，增长11%。城乡居民储蓄存款余额达到2.38亿元，增长44.24%。城乡居民人均住房面积分别达20平方米和50平方米。

【社会保障】年末全县基本养老、失业、医疗、工伤和生育保险参保人数分别达1292人、1690人、3017人、2881人和3017人，基金征缴分别达到952万元、166.5万元、856万元、150万元和16万元，缴费人数分别增长58%、48%、12%、161%和7.2%。城镇居民基本医疗保险参保人数达到3260人，缴费人数增长19%，征缴基金58万元。为全县150名离退休人员按时足额发放养老金241万元，职工基本医疗保险支出31760人次444万元，城镇居民医疗保险支出160人次39万元，为23名享受工伤保险的人员支付各项待遇66万元。为享受养老保险的53名现任村干部办理养老保险参保手续，为离任的20名村干部办理了退付手续，并将个人帐户转入城乡居民养老保险。

【社会事业】教育事业健康发展。进一步加强双语教学，首次在县幼儿园开设了蒙汉双语教学班，实现了学前至高中阶段的双语教学全覆盖，城镇幼儿入园率达到100%，农村幼儿入园率达到98%。全面推进蒙古族学校高中新课程改革，选送27名教师进行课改教材培训，切实加强高中异地学生管理，高中异地办学平稳运行，有效调动了学生接受高中教育的积极性，高中阶段教育入学率达到93.5%。坚持考生第一原则，严格考务纪律，优化考试环境，2011年大中专招生工作顺利进行，高中毕业生升入普通高等院校113人。

文化事业欣欣向荣。全年共举办五下乡、迎新春文艺展演等文化活动19场次，参与人数达到1.8万人次；举办和承办“博伦杯”职工运动会、全市老年门球比赛等体育活动15场次，参与人数达到1.4万人次。县乌兰牧骑实施舞台艺术精品战略，落实“阳关计划”，新创剧目15个，参加了酒泉市广场文化艺术节、酒泉市庆祝建党90周年文艺演出等对外大型演出15场次，县内演出70场次，观众人数四万余人。举办绘画摄影、手工制品、党河奇石、民族风情等各类展览14场（次），举办各类文化培训、艺术辅导6期，参训人数120余人。

卫生事业不断加强。卫生系统重点建设项目6项，投资20万元的5所村卫生室新建项目按期建成。累计投资610万元，完成了县医院能力建设；投资50万元，建成了县医院“120”急救中心，形成了以县医院为中心，辐射全县医疗单位的紧急救援系统；为三个乡镇卫生院产科建设配备价值9.58万元的医疗设备。全县应参新农合牧农民5701人，实参5671人，参合率达99.47%，新农合筹资标准由260元/人提高到350元/人，县、乡定点医疗机构住院报销比例分别提高到80%和85%。新农合“一卡通”工作，已完成信息核对1977户，制卡率达到97%。

阿克塞哈萨克族自治县

【现任主要领导】

中共阿克塞县委书记：黄从光

阿克塞县人大常委会主任：

哈里弟（哈萨克族）（12月止）

何正军（12月任）

阿克塞县人民政府县长：

浩　升（哈萨克族）（12月止）

银　雁（哈萨克族）（12月任）

政协阿克塞县委员会主席：

塞麦提（哈萨克族）

中共阿克塞县纪律检查委员会书记：

张　琦

【基本情况】阿克塞哈萨克族自治县位于酒泉市最西端，位于甘肃、青海、新疆三省（区）交界处。东与肃北蒙古族自治县接壤，北与敦煌市毗邻，南与青海省相连。西与新疆自治区相望；是一个以哈萨克族为主体，汉、回、维、藏、土、裕固、沙拉等12个民族共同居住的少数民族自治县。阿克塞县于1954年8月建县，县辖2乡1镇11个行政村，总人口8750人，其中少数民族人口3303人，占总人口的37.7%；总土地面积3.14万平方公里，其中天然草场面积98.64万公顷，占总面积的29.47%。由于县城原住地博罗转井镇海拔高，气候严酷，自然条件恶劣，1998年经国家民政部批准，县城迁至红柳湾镇，经过近14年的建设，现今城市道路硬化率、天然气入户率、自来水入户率、供电供热普及率、有线电视普及率、居民住房成套率均达到100%。

【国民经济】2011年全县完成生产总值87457万元，比上年增长15.86%。其中：第一、二、三产业分别实现增加值3664万元、54407万元和29386万元，分别增长8.2%、15.3%和17.8%。完成全社会固定资产投资11.3亿元，增长67.6%；实现社会消费品零售总额11207万元，增长19.6%；完成地方财政收入12012万元，增长20.02%；完成一般预算收入4615万元，增长27.31%。

【“三农”工作】2011年，阿克塞县被列为“全省农村公益事业一事一议”试点县，每年获得省财政补助建设资金300万元。农牧业结构调整优化，新建红柳湾日光温室30座，完善了养殖小区水、电、路等基础设施。加强草原生态建设，制定补助奖励机制，落实草原禁牧休牧160万亩、补播改良15万亩。改善农牧业生产条件，实施农牧业综合开发县项目，完成投资162万元，复垦土地2000亩，配套完善了林、渠、路网建设，安南坝新开发饲草基地100亩。加大惠农资金投入，全年发放各类补贴资金980万元。“三春”期间，为全县牧民户均发放饲草料4000斤，牧区接羔成活率达到98%。投资520万元，引进优良种畜4850只，畜群结构进一步优化。

【项目建设】60 套两限房、阿勒腾乡村级活动场所、长草沟综合检查站、城乡危旧房改造工程进展顺利，红柳湾镇中心卫生院、计生服务站建成投入使用，城市生活垃圾处理场即将建成，红柳湾镇环卫中心办公楼、半个洼、柳城子通村公路开工建设，商业街供排水管网改造工程全面完成。完善旅游服务设施，累计投资 390 万元实施红柳湾野生动植物生态园工程，积极申报 3A 级景区。加强生态环境保护，投资 440 万元完成县城至红柳湾绿色通道续建工程，铺设防风林带绿化管网 4.6 公里，新增造林面积 1118 亩，栽植各类苗木 38 万株。全面实施小苏干湖湿地保护、生态公益林、“三北”防护林、退耕还林等生态项目，完成年度建设任务，实现了经济发展与生态保护同步推进。

【人民生活】2011 年，全县城镇居民人均可支配收入 17800 元，比上年增长 13.2%;城镇居民人均消费性支出 16228 元，增长 17.3%。城镇居民人均居住面积 41 平方米，与上年持平。农牧民人均纯收入 10000 元，增长 12.1%;农村居民人均消费性支出 5983 元，增长 26.3%。

【社会保障】完善城乡社会保障体系，职工“五险一金”参保率达 96.5%，新农保参保率达到 95.3%，城乡医疗保险参保率达到 98.7%。促进公共服务均等化，城乡低保标准提高到每人每月 336 元（含临时补贴)，医疗救助、临时救助、取暖救助和“三老一少”补助政策全面落实。

【社会事业】全年举办农业实用技术培训，培训农民 1200 人次，发放各种种养技术资料 300 份，选派 15 名科技人员走乡入户地开展科技培训、科技宣传、科技指导和科技咨询。举办动物疫病防治知识讲座 4 场，科技培训 5 次，参加人数 860 人次。

全县现有完全中学 1 所，完全小学 1 所，幼儿园 1 所。在校学生 1646 人，其中县中学 516 人，小学 736 人，幼儿园 394 人。加强教育教学管理，扎实做好“两基”迎国检工作。足额保障教育经费，投资 150 万元完成“两校一园”水暖管网改造工程，建成中小学、幼儿园数字监控系统。落实 15 年免费教育，教学质量稳步提高。2011 年，普通初中毕业生 143 人，毕业率达 100%，升入普通高中 81 人，中职招生 56 人，初中毕业生接受高中阶段教育的比率为 96.5%。不断强化学前教育管理，努力提高幼儿学前三年受教育水平，城乡幼儿入园率继续保持在 98%以上。

全县拥有集文化、图书、博物为一体的综合文化馆一个，总藏书 2.9 万册。建立了县非物质文化遗产国家、省、市、县四级名录台账，其中国家级名录 1 项，省级名录 4 项，列入第一批市级非物质文化遗产级名录 19 项，广播电视台共采写编发双语新闻 3261 条；在确保《阿克塞新闻》节目正常播出的前提下，坚持办活新闻栏目，先后开辟了《新思路新希望新跨越》、《关注县乡换届》等电视专栏 42 档 312 期，为推动自治县科学发展、和谐建设营造了良好的舆论氛围。

全县现有各级各类医疗卫生机构 11 个。其中综合医院 1 所、乡卫生院 3 所、保健机构 1 所、防疫机构 1 所、个体办诊所 4 所。卫生技术人员 84 人。病床总数 70 张，每千人拥有床位 8 张。居民健康档案建档 6424 人，建档率达 75%，健康教育覆盖率达到 85%以上。

玉门市

【现任主要领导】

中共玉门市委书记：

詹顺舟（1 月止）

雒兴明（1 月任）

玉门市人大常委会主任：张　勇

玉门市人民政府市长：

雒兴明（1 月止）

宋　诚（1 月任）

政协玉门市委员会主席：

刘　军（9 月止）

张家明（9 月任）

中共玉门市纪律检查委员会书记：

刘　军（4 月止）

顾正年（4 月任）

【基本情况】玉门是中国石油工业的摇篮，“铁人”王进喜的故乡。地处河西走廊西端，东临钢城嘉峪关和西部名城酒泉，西通旅游胜地敦煌，南接肃北蒙古族自治县，北达中蒙边境马鬃山口岸。东西长 114 公里，南北宽 112.5 公里，总面积 1.33 万平方公里。辖新老两个市区和 4 镇 9 乡。辖区内总人口 18.2 万人，常住人口 16.04 万人。有回、满、藏等 32 个少数民族 1.68 万人。有玉门油田分公司、核工业四 0 四厂、黄花农场、饮马农场等中央、省属大中型企业 10 多家。

【资源优势】玉门自然条件良好，境内主要河流有疏勒河、石油河、白杨河和小昌马河，年径流量 11 亿立方米，平均海拔 1500 米，年日照时间约 3269 小时，平均无霜期 105 天，年平均降水量 61.8 毫米，光照、水、土等自然条件得天独厚，盛产的啤酒花、啤酒大麦、饲草、孜然等特色农产品享誉省内外。开发资源丰富，境内有富足的风、水、光能资源，蕴藏风能达 3000 万千瓦以上，石油、煤、石灰石、云母、石棉、硫磺、芒硝、重晶石、金刚石、食盐以及铁、锰、铜、金等 20 多种矿藏储量较大，开发潜力巨大。交通条件便利，新亚欧大陆桥兰新铁路复线与连霍高速公路横穿全境，历来是中原通往新疆、青海、西藏和连接蒙古、中亚、欧洲的重要通道，素有“塞垣咽喉，表里藩维”之美称。文化底蕴深厚，境内文物古迹、人文景观和自然景观众多，有县级以上保护景点 144 处，其中著名的有 3700 年前的火烧沟遗址、中国最早的伊斯兰教传播者吾艾斯拱北及汉长城遗址、五代时期昌马石窟、硅化木地质公园、“中国石油第一井”、赤金峡水利风景区和“铁人”王进喜纪念馆等旅游胜地。

【国民经济】2011 年，全市实现生产总值 125.4 亿元，比上年增长 15.34%。其中：第一产业增加值 7.72 亿元，增长 7.32%；第二产业增加值 84.8 亿元，增长 15.68%；第三产业增加值 32.9 亿元，增长 16.4%。完成全社会固定资产投资 140 亿元，增长 5.2%；实现社会消费品零售总额 16 亿元，增长 20%。完成大口径财政收入 5.6 亿元，增长 38.85%。

【“三农”工作】围绕“一特四化”大力发展现代农业，通过财政投、银行贷、部门帮，投入涉农资金 1.1 亿元，是近年来力度最大的一年。“六个一”特色产业基地迅速扩张，新增日光温室 1700 亩、拱棚蔬菜 3300 亩、大田蔬菜 9 万亩，蔬菜面积达到 10 万亩，千亩人参果和万亩温室韭菜基地分别达到 710 亩和 6300 亩，玉门被列为全省“蔬菜产业大县”。新植特色林果 4.4 万亩，累计达到 6.7 万亩。调引良种肉羊 2 万只，养殖总量达到 110 万只。以整村整组的方式加快推进村庄改造步伐，改造农村危旧房 6660 户，新建农村公路 108 公里。流转土地 5 万亩，输转农村劳动力 2.4 万人次。高度重视移民工作，投入扶贫开发资金 4200 多万元，改造危房 1420 套，营造防风林 2800 亩，培育酒花、葡萄、枸杞等主导增收产业 1.6 万亩，移民乡“三个一”发展目标基本实现，移民群众生活质量有了较大提升。

【项目建设】坚持项目带动战略，完善项目包挂和协作攻关机制，实施重点项目 155 个，8 个风电场和 400 万吨干法水泥、40 万吨活性石灰等 23 个亿元项目开工建设，月亮湾二级水电站、城乡电网改造、绿地生物一期扩建、1.5 万吨硫化碱等 110 个项目相继建成投产。组团赴东南沿海地区开展大规模招商引资活动，积极参加“兰洽会”等重大节会，成功签约项目 37 个，引进到位资金 60 亿元。加大资金争取力度，到位各类专项资金 6 亿元，全市经济综合实力显著增强。

【人民生活】2011 年，全市城镇居民人均可支配收入 17002 元，比上年增长 13.5%。农民人均纯收入 8060 元，增长 12.6%。城乡居民储蓄存款余额达到 37.1 亿元，增长 3.1%。城乡居民居住条件和生活质量进一步改善和提高，城乡居民人均住房面积分别达到 29.9 平方米和 33 平方米。每百人拥有电话机和手机 102 部，互联网用户达到 7522 户。

【环境保护】重点实施国家重点公益林保护、昌马水库库区水土保持等生态治理工程，完成人工造林 2.67 万亩，义务植树 65.57 万株。全市共有自然保护区 3 个，保护区面积 17.72 万公顷，占辖区面积的 13.3%。城市污水处理率 80%，比上年提高 5 个百分点；生活垃圾无害化处理率 96.3%，建成区绿化覆盖率 25.3%，人均公共绿地面积 9.02 平方米。加强石化、建化工业区节能减排综合治理，全市万元生产总值能耗较上年下降 5.4%。

【就业与社会保障】千方百计扩大就业，城镇新增就业 3445 人，采取“十项选拔”、公开招考等措施，115 名高校毕业生实现就业，城镇登记失业率控制在 4%以内。新增小额贷款担保基金 1000 万元，发放贷款 2.4 亿元，带动城乡 6600 余人创业就业。为符合条件的 3.88 万名低保人员发放保障金 5300 万元。投入资金 1300 万元，率先在全省推行了城乡基本养老保险试点工作。发放救灾救助、临时物价补贴和取暖补贴等资金 1400 万元，保障了困难群众的基本生活。加大改制企业遗留问题解决力度，筹资 2200 万元，将 5000 名原国有集体企业解除劳动关系人员纳入职工医疗保险，将 347 名“老工伤”人员纳入工伤保险，解决了重大民生难题。

【社会事业】教育事业得到全面发展。普通教育、成人教育和职业教育均出现可喜成果，全市拥有各类学校 58 所，其中有幼儿园 26 所，小学 21 所，中学 5 所，九年一贯制学校 4 所，中等职业技术学校 1 所；在校学生共 25782 人，专职教师 1711 人，积极推进教育综合改革，教育教学质量稳步提高，高考二本上线人数突破 200 人大关，上线率达到 27%。投资 2000 多万元，改善城乡办学基础条件，“两基”国检工作顺利通过省政府评估验收。积极实施科教兴市战略，科技向现实生产力转化速度逐渐加快。2011 年，全市各类企业共实施科技项目 20 项，企业用于科技活动的经费支出达 1515 万元，其中研究与试验发展（R&D）项目 15 个，经费支出 1098 万元，成功创建“全国科技进步先进市”。文化事业健康有序发展。2011 年，全市城乡广播人口综合覆盖率达 98%，电视覆盖率达 100%，有线电视入户率达 88.5%。全市报纸订购发行量 414.25 万余份，杂志发行量 203.5 万余份，市级公共图书馆藏书 6.9 万册，拥有杂志 4 万册。卫生事业持续发展，医疗条件不断改善，服务水平进一步提高。2011 年，全市拥有卫生机构 110 个，其中综合医院 6 所，乡镇卫生院 11 所；卫生技术人员 719 人，病床 960 张。全市每千人拥有医生 2 人，病床 6 张。全民健身运动广泛开展，体育竞技水平显著提高。2011 年，全市共举办各种形式的运动会 35 次，参加人数达 8.5 万人次。参加省、地举办的各种体育比赛 6 次，获各类奖牌 34 枚。年内中小学生《国家体育锻炼标准》达标率达 95%。计划生育优质服务水平不断提高。2011 年，全市出生 1470 人，出生率 9.17‰；死亡 648 人，死亡率 4.04‰；人口自然增长率 5.13‰。

敦煌市

【现任主要领导】

中共敦煌市委书记：

孙玉龙（8 月止）

詹顺舟（9月任）
敦煌市人大常委会主任：翟福林
敦煌市人民政府市长：
马世林（8月止）
贾泰斌（9月任）
政协敦煌市委员会主席：边振国
中共敦煌市纪律检查委员会书记：
宋锦霞

【基本情况】敦煌位于甘肃省河西走廊最西端，地处甘肃、青海、新疆三省（区）交汇处。辖区面积 3.12 万平方公里。全市辖7镇2乡，56个村民委员会，382个村民小组，总人口 18.6万人，总人口中汉族占绝大多数，回、蒙古、藏、维吾尔、苗、满、哈萨克、东乡、裕固等10个少数民族仅占 1.06%。

【资源优势】全市已探明的矿产资源有钒、石材、磷、石棉、芒硝、金、银、铁、硫等4大类（能源、金属、非金属、水气）26个品种，其中位于方山口的钒矿已探明储量 153.86 万吨，开发潜力极大。新开工的95兆瓦光伏并网发电项目进展顺利，以光伏发电为主的新能源产业已初具规模。西部钒铁、津环宇石材等45个千万元以上工业项目全面投入运营。敦煌是甘肃粮食、棉花、瓜果、蔬菜主要产地之一。此外，还盛产葡萄、苹果、李广杏、紫胭桃、鸣山大枣、敦煌蜜瓜等40余种名优水果和蔬菜。境内名胜古迹星罗棋布，自然风光奇特迷人。现存各类文物景点 241 处，其中被列为国家级重点文物保护单位 3 处（莫高窟、玉门关、悬泉置遗址），省级文物保护单位 8 处，市级文物保护单位47处。

【国民经济】2011 年，全市实现生产总值 63.62 亿元，比上年增长 15.88%。产业结构由上年的 21.2：26.5：52.3 调整为 19.5：28.7：51.8。实现财政总收入 4.47 亿元，增长 16.33%；完成全社会固定资产投资 50.33 亿元，增长 32.43%；实现社会消费品零售总额 23.25 亿元，增长 20.16%。全年共接待国内外游客 209.05 万人次，增长 38.42%；实现旅游总收入 17.82 亿元，增长 26.8%。

【“三农”工作】全市新建日光温室 441 亩，推广有机无土栽培 311 亩；建成塑料大棚百亩示范片 11 个，示范面积共 1302 亩；建成完善了 12 个农牧业科技园区，其中 6 个农业科技示范园区被确定为酒泉市级示范园区，全市建成各类农业科技示范园区累计达 33 个，园区内温室平均亩效益达到 2万元以上，大棚蔬菜效益达 8000 元以上。全年各类畜禽饲养总量达 177 万头（只），比上年增加 5.2 万头（只）；集中建成了3个种羊繁育场和10个多胎多羔纯种母羊繁育场。新、续、扩建了设施养殖小区 14 个，规模养殖户累计达 2386 户。建成了1个整乡秸秆利用示范乡和10个整村秸秆利用示范村，全市秸秆综合利用量 12 万吨。产业结构呈现多样化。葡萄、枣、瓜菜种植面积分别达到 9.76 万亩、2.51 万亩和 7.04 万亩。特优农产品产量稳步增长，其中瓜类产量达 38456 万公斤，蔬菜产量达 15826 万公斤，水果产量达 10087 万公斤。果园面积达到 13.3 万亩。

【项目建设】积极抢抓国家、省市政策机遇，争取实施一批事关敦煌长远发展的重大项目。全年开工建设各类项目 180 项。95 兆瓦光伏并网发电项目进展顺利；“引哈济党”、敦格铁路、国道 215 线敦煌市区过境段改造工程已完成前期准备工作；敦煌四中、保障性住房、总干渠城区段景观带建设已完成年度计划；五大市场中，废旧物资回收交易市场、汽配综合市场、农贸市场已开工建设，其余两项正在做前期工作；景区景点创A工作正在等待上级验收；敦煌古城复建、画家村建设正在实施。大力推进水电项目建设，党河上游规划建设的 5 座梯级水电站中，雷墩子一级已建成运营，大浪湾电站已开工建设，雷墩子二级、长沙梁电站正在做前期工作。储备项目 280 个。实施招商引资项目 44 个，实际到位资金 12.62 亿元，增长 35.4%。

【人民生活】全年城镇居民人均可支配收入 17927 元，比上年增长 14.1%。农民人均纯收入 8703 元，增长 13.47%。年末城镇居民人均住宅建筑面积 35.35 平方米，比上年增加 0.33 平方米；农村居民人均住房面积 58.87 平方米，比上年减少 0.92 平方米。

【扶贫开发】扶贫开发工作扎实推进、成效显著。全市移民人均纯收入达 4430 元，比上年增长 12%；移民贫困人口由 2010 年 2488 人下降到 2011 年 2438 人。投资 185 万元，完成 9 个移民安置项目。全市移民村（点）建成定西村葡萄标准化栽培示范园区、新华农场百亩蜜瓜种植示范小区等 5 个特色种植小区，全年新植葡萄 1028 亩，新植红枣 68 亩，种植密爪 1263 亩，移民村（点）葡萄、红枣为主的特色林果面积分别达到 4540 亩和 960 亩。投入项目资金 21 万元，完成了危房改造、“一池三改”等到户项目 5 个；投入帮扶资金 252 万元，完成了中低产田改造、节水项目、土地整理、村组道路硬化、人畜饮水等到村项目 12 个。

【环境保护】总投资 47.22 亿元的《敦煌水资源合理利用与生态保护综合规划》获得国务院批准。“引哈济党”项目已完成前期准备工作。完成党河灌区续建配套与节水改造项目，投资 1218.93 万元改建干支渠 4 条 10.45 公里，建筑物 66 座。全年落实新建滴灌工程 6081 亩。严格落实“三禁”（禁止开荒、禁止打井、禁止移民）政策，稳步推进关井压田，关闭机井累计 318 眼，压减耕地累计 5.5 万亩。实施了“三北”防护林、退耕还林、国家重点生态公益林保护等工程，全年完成造林面积 0.76 万亩，当年四旁零星植树 48.2 万株。各项环境质量指标全部达标，空气质量优于国家二级标准；地面水质达标率为 100%；饮用水源水质达标率为 100%；区域环境噪声平均值为 54.8dB(A)，小于目标值 0.2dB(A)；城市交通干线噪声平均值为 64.9dB（A），小于目标值 5.1dB（A）。削减主要污染物，化学需氧量削减 293.2 吨，氨氮削减 8.04 吨，二氧化硫削减 276 吨，氮氧化物削减 32.43 吨，超额完成年度污染减排任务。

【就业与社会保障】2011 年，全市发放小额担保贷款 28901 万元，新增就业 2693 人，下岗失业人员再就业 690 人，安排困难对象就业 442 人，培训下岗失业人员 2898 人。开发公益性岗位 160 个。为下岗失业人员拨付灵活就业人员社会保险补贴 153.07 万元。劳务输转 2.19 万人，实现劳务收入 2.19 亿元。社会救助工作阳光规范推进。城市低保对象 2922 户 6036 人，农村低保对象 6211 户 9403 人，落实保障金 3092 万元。全年下拨救灾救济款物 401.4 万元，救济人数达到 12805 人。全面开展了临时救助工作，累计救助 618 户 1852 人，发放救助资金 50 万元，人均救助 270 元。累计救助城乡患病困难群众 7487 人次，发放城乡困难群众医疗救助金 548 万元，重点优抚对象有 671 人，发放各类优抚资金 198.33 万元。

【社会事业】基础教育水平稳步提升。城乡幼儿入园率保持在 100%，城区三年和农村两年以上幼儿受教育率均达到 100%；中小学“四率”始终保持在部颁标准以上；高考上线率、二本以上上线率、重点上线率分别为 88.2%、31.9%和 10.8%。全年投入 2570 万元，对 46 所义务教育中小学进行校舍维修和校容校貌整治改造。

科技工作有序开展。全年安排科技经费 50 万元，组织实施了敦煌市低碳农业栽培技术试验研究、葡萄大枣科技示范园区建设、良种肉羊新品种引进及标准化养殖技术示范等市列科技项目 16 项，通过了“全国科技进步县市”验收工作。申报酒泉市科技进步奖 7 项，获奖 5 项。获国家受理专利 126 项。

文体事业精彩纷繁。成功举办各项文化体育活动 20 多项。开展了“精品图书捐赠星级农家园”、“情系移民少年儿童”图书捐赠、体育器材送乡村等活动，为全市 11 个星级示范农家园捐赠精品图书 11000 册。全年共举办“走近风情城•周末喜相逢”广场文艺演出活动 105 场次；党河风情线激情广场文艺演出共举办 60 余场次，观众达 1.6 万人次。敦煌市电视台采编播出新闻 6363 条。拍摄制作党建专题片、汇报片、风光片 27 部。

卫生事业稳步推进。全市现有各级各类医疗卫生机构 123 个。病床总数 590 张，每千人拥有床位 4.2 张。不断深化医疗卫生保险体制改革，新型农村合作医疗保险参保人数达到 9.64 万人，参保率达到 98.71%；全年受益 9.7 万人次，基金支付 1958.73 万元。

庆阳市

【现任主要领导】

中共庆阳市委书记：

张智全（9 月止）

付振伟（9 月任）

庆阳市人大常委会主任：

张智全（9 月止）

付振伟（9 月任）

庆阳市人民政府市长：周　强

政协庆阳市委员会主席：

张文先（9 月止）

张文礼（9 月任）

中共庆阳市纪律检查委员会书记：

李学宏

【基本情况】庆阳市位于甘肃省东部，习称“陇东”。东接陕西省的宜君、黄陵、富县、甘泉、志丹等县；北邻陕西省吴起、定边及宁夏回族自治区的盐池县；西与宁夏的同心、固原县接壤；南与本省的泾川县及陕西的长武、彬县、旬邑县相连。南北长 207 公里，东西跨 208 公里，总面积 27119 平方公里。辖庆城、环县、华池、合水、正宁、宁县、镇原 7 县和西峰区，116 个乡（镇），3 个街道办事处，58 个社区。

地形北高南低，海拔在 885～2082 米之间，中南部为黄土高原沟壑区，北部为黄土丘陵沟壑区，东部为黄土丘陵区；山、川、塬兼有，沟、峁、梁相间，高原风貌雄浑独特。全境有 10 万亩以上大塬 12 条。董志塬面积为 136.47 万亩，平均海拔 1421 米，平畴沃野，一望无垠，是世界上面积最大、土层最厚、保存最完整的黄土塬面，堪称“天下黄土第一塬”。地处东南部的子午岭，林木茂密，水草丰盛，其 470 多万亩次生林为植被最好的水源涵养林，有“天然水库”之美誉。国道211、省道202两条主干线纵贯南北，国道 309、省道 303 线横穿东西，构成“两纵两横”公路主骨架，西峰至长庆桥至凤翔路口高速公路已建成通车，庆阳机场 4C 级扩建任务的飞行区已建成，航站楼已开工建设，西峰至雷家角高速公路、肖金至镇原、宁长（长官至宁县至正宁至长庆桥）、新（堡）南（梁）二公里和西平铁路正在建设，甜水堡至庆城高速、西峰至合水二级、庆城至合水高速连接线、银西铁路等重大基础设施建设项目前期工作进展顺利，基础设施日益完善。

庆阳市为大陆型气候，四季分明，降雨量南多北少，2011 年全市年平均降水量 366.2～694.8 毫米，降雨多集中于 7、8、9 三个月。气温南部高于北部，年平均气温 8.6℃～9.9℃，年日照 1909～2392 小时。

【资源优势】庆阳市属黄河中游黄土高原沟壑区，四周高而中间低，有“陇东盆地”之称。全市有 12 条较大塬面，总面积 27 万公顷，是农作物主产区。庆阳素有“陇东粮仓”之美誉，盛产小麦、玉米、油料；荞麦、小米、燕麦、黄豆等特色小杂粮久负盛名，备受推崇。

庆阳地处全国苹果生产最佳纬度

区，是农业部确定的西北黄土高原苹果优生带。红富士苹果、曹杏、黄柑桃、九龙金枣倍受消费者青睐。庆阳是甘肃优质农畜产品生产基地，早胜牛、环县滩羊、陇东黑山羊、羊毛绒等大宗优质农牧产品享誉国内外。庆阳是全国规模最大的白瓜籽仁加工出口和杏制品加工基地，是全国品质最优、发展面积最大的黄花菜基地，是国家有关部门和单位命名的“中国优质苹果之乡”、“中国黄花菜之乡”、“中国小杂粮之乡”和“中国杏乡”。庆阳还是中医药之乡，产有甘草、黄芪、麻黄、穿地龙、柴胡等 300 多种中草药，其中 69 种已列入《中华人民共和国药典》。市内有马莲河、蒲河、洪河、四郎河、葫芦河 5 条河流，较大的支流有 27 条。年平均总流量为 26.7 立方米/秒，总径流量 8.43 亿立方米。全市地下水静储量约 43.39 亿立方米，动储量 3714 万立方米。

庆阳能源富集、物产丰富。庆阳是甘肃的石油天然气化工基地、长庆油田的主产区。已探明油气总资源量 40 亿吨，占鄂尔多斯盆地总资源量的 41%，其中石油地质储量 16.2 亿吨，2011 年原油产量为 451.66 万吨；庆阳煤藏覆盖全市，预测储量 2360 亿吨，是全省预测储量的 96%。截止 2011 年底，庆阳已探明煤炭资源 140 亿吨。目前，刘园子、甜水堡 1 号矿井已建成，核桃峪、新庄、马福川、甜水堡 2 号正在建设，毛家川、钱阳山、九龙川等煤田正在进行前期工作。

【民俗文化】庆阳市民俗文化源远流长，博大精深，风格鲜明，自成体系。在历史变迁过程中，保存完好并具有很强生命力的庆阳民俗文化资源艺术形式主要有香包、刺绣、民间剪纸、皮影、雕塑、石刻、草编、纸扎等工艺美术系列和陇东秧歌、道情（陇剧）、传统社火、地坑窑洞、婚丧习俗等，其黄土风情在全国独树一帜。

庆阳民歌享誉“黄土歌魂”。唱遍全国的《咱们的领袖毛泽东》、《绣金匾》、《军民大生产》等红色歌曲，是当地孙万福、汪庭有等农民歌手的佳作。评剧戏曲片《刘巧儿》，是依据陕甘宁边区时期华池县青年农民封芝琴争取婚姻自主的真实故事而创作的艺术精品。在陇东道情的基础上长期孕育而诞生的陇剧，堪为新中国剧苑的奇葩。庆阳剪纸巧夺天工，成为传承人类文明、解读远古文化的珪璧。以香包为代表的民间刺绣，文化底蕴深厚，蜚声四海。庆阳已被中国民俗学会命名为“周祖农耕文化之乡”、“香包刺绣之乡”、“徒手秧歌之乡”、“民间剪纸之乡”、“窑洞民居之乡”、“荷花舞之乡”和中国民间民俗文化调研基地。环县被命名为“皮影道情之乡”。道情皮影、香包刺绣、唢呐进入全国第一批非物质文化遗产保护名录。在 2004 年中央电视台和央视国际网络共同组织的西部名城评选活动中，庆阳荣获“最具艺术气质的西部名城”殊誉。

【古代遗址】国家重大考古发现的“环江翼龙”和“黄河古象”古生物化石，均发掘于庆阳境内。标志中国旧石器时代肇始的华夏第一块旧石器，出土于华池县赵家岔。具有重大文物价值的境内新石器时代的仰韶、齐家文化遗址和历代古建筑、石刻、墓葬及古生物化石点有近千处。战国秦长城在华池、环县、镇原三县均有遗存。秦直道沿子午岭穿越正宁、宁县、合水、华池四县。开凿于北魏永平二年的北石窟寺为甘肃四大石窟之一。庆阳钟灵毓秀，名人辈出。东汉思想家王符的《潜夫论》、西晋学者傅玄的《傅子》和明代文学家李梦阳的《空同集》，在中国思想史、文学史上都具有重要影响。

【红色旅游】庆阳是甘肃惟一的革命老区。1927 年，中国共产党在宁县建立了甘肃第一个农村党支部。1931 年，刘志丹等建立了西北较早革命武装——南梁游击队。1934 年，以刘志丹、谢子长、习仲勋等革命早期领导人创建了西北最早的陕甘边区苏维埃政权——南梁政府。以南梁为中心的陕甘边根据地是我党在第二次国内革命战争时期“硕果仅存”的革命根据地，后与陕北革命根据地连成一片，形成的西北革命根据地，为长征红军和党中央提供了落脚点和抗日战争的出发点。陕甘宁边区时期，毛泽东主席为原陇东地委书记马文瑞、专员马锡五、华池县长李丕福分别题词：“密切联系群众”、“一刻也离不开群众”、“面向群众”，为中国共产党群众思想路线的形成与践行奠定了指导方针。现存的华池“南梁政府”旧址、环县河连湾陕甘宁省委省政府旧址、山城堡战役等革命遗址，是国家、省、市分别确定的爱国主义和革命传统教育基地。在血与火的斗争中铸就的庆阳老区精神，是我们宝贵的思想财富。近年来，市、县将南梁革命纪念馆、列宁小学、陕甘边区军委、苏维埃政府旧址、中国人民抗日军政大学七分校校部旧址和大凤川军民大生产基地旧址整体修复开发，建成国家 AAA 级红色旅游景区，对开发红色旅游产业，建设社会主义精神文明具有深远的历史意义。2011 年 11 月 12 日，庆阳市被评为“中国红色文化休闲名城和中国十大特色休闲城市”。

【国民经济】2011 年全市实现生产总值 454.34 亿元，比上年增长 16.8%。其中：第一产业增加值 58.27 亿元，增长 6.8%；第二产业增加值 287.95 亿元，增长 21.2%；第三产业增加值 108.13 亿元，增长 12.4%。国民经济三次产业结构比为 12.8：63.4：23.8。实现社会消费品零售总额 112.14 亿元，增长 20.0%。全年外贸出口创汇 6354 万美元，增长 13.7%；实现出口供货总值 136019 万元，增长 11.3%。全年完成大口径财政收入 105.67 亿元，增长 79.8%；一般预算收入 44.34 亿元，增长 47.7%。各项税收完成 86.57 亿元，增长 100.0%，占财政收入的 81.9%。全年财政支出 135.17 亿元，增长18.9%。年末金融机构各项存款余额411.32亿元，净增57.18亿元，增长16.1%。其中储蓄存款余额279.34亿元，净增45.91亿元，增长19.7%。各项贷款余额176.59亿元，净增36.62亿元，增长26.2%。城镇居民人均可支配收入14388元，增长15.5%；农村居民人均纯收入3673元，增长16.5%。

在长庆油田和庆阳石化为代表的重点支柱行业和骨干企业新增产能的强力带动下，工业经济高位起步、超常发展，步入了快速发展的黄金期，加之市场需求稳步趋好、工业品出厂价格回升的共同作用，使工业发展呈现出增速加快、产销两旺、效益提升的良好态势。2011年，规模以上工业完成增加值235.4亿元，比上年增长23.1%，实现销售产值633.22亿元，增长62.3%，产销率达到99.2%。主要工业产品产量有较大幅度增长，原油产量451.66万吨，增长15.7%，原油加工量350万吨，增长132.3%；汽油产量128.8万吨，增长155.5%；柴油产量152.86万吨，增长131.1%；液化石油气19.9万吨，增长114.4%。规模以上工业实现主营业务收入54.05亿元，增长88.7%；企业实现利润总额10.73亿元，增长60.3%；实现利税总额24.02亿元，增长72.3%。工业经济综合效益指数337.02，提高36.7个点。

加快推进农业结构调整，促进特色产业规模化，主攻地膜粮食，加大养殖规模，拓展农村居民家庭经营性收入，“七个百万工程”建设规模和效益逐渐凸显，以加快农业产业化和提升农产品质量来促进农民增收和农村发展。2011年，实现农业增加值58亿元，比上年增长6.8%。651.6万亩粮食作物总产量达到122.41万吨，比上年减产5.3万吨，下降4.2%。蔬菜产量82.75万吨、水果产量49.19万吨，分别增长14%和15.1%。大牲畜存栏58.52万头，增长3.3%。全市肉类总产量5.93万吨。

【项目建设】庆阳市加大民生、基础设施建设、城市改造等领域的投资力度，一批事关全局、事关民生的重大项目相继开工和建成，为固定资产投资的快速增长提供了有力支撑。全年500万元以上固定资产投资项目1369个，增长45.9%，其中新开工项目达1136个，增长51.1%；500～999万元项目309个，增长26.1%；1000～9999万元项目1007个，增长61.6%；亿元以上项目53个。完成固定资产投资总额627.74亿元，增长52.2%。从属地看，地方完成投资517.69亿元，增长55.7%；长庆油田完成投资110.05亿元，增长37.3%。2011年是项目投资额度最大、建设力度最大的一年。西长凤高速公路建成通车，结束了庆阳没有高速公路的历史，拉近了庆阳与兰州、西安等省会城市的距离；扬黄人饮续建工程管线建成通水，标志着庆阳跨流域调水迈出了坚实步伐，解决了长期困扰环县人民的生产生活用水问题；西雷高速、机场改扩建等骨干工程进展顺利，周祖农耕文化产业园、学校搬迁改造等项目设计起点高、效果好，按期建成投运。

【社会事业】社会事业全面发展，和谐社会建设成效显著。2011年末全市单位从业人员96523人，增加3877人，增长4.2%。年内有7804名下岗失业人员通过各种渠道实现了再就业，年末城镇登记失业率为3.63%。组织输转富余劳动力64.09万人，其中，有组织输出34.16万人；劳务总收入达到59.31亿元，增长12.1%。

全年普通高等学校招生4046人，在校学生12606人，毕业2608人；普通中等专业学校招生2730人，在校学生9764人，毕业2183人；普通高中招生23146人，在校学生67708人，毕业19530人。适龄儿童入学率98.55%，13～15岁儿童初等教育普及率达到99.29%，小学学生巩固率达到99.93%。全市大专以上高考录取人数18496人，比上年增加3116人，上升20.3%，录取率77.53%，比上年提高6.51个百分点。全市事业单位各类专业技术人员40023人，其中，高级技术人员1524人。全年共组织实施农业、工业、医疗卫生和社会公益事业等各类国家、省、市科技计划项目283项，其中国列1项，省列24项，共投入科技经费1769万元。

全年举办县以上运动会9次，参加运动员1790人次。在市级以上运动会上庆阳市体育健儿共夺得12枚金牌，6枚银牌，7枚铜牌。

全市医疗卫生机构总数1901个，其中，医院29个，乡镇卫生院127个，社区卫生服务中心（站）49个，妇幼保健院（站）9个，疾病预防控制中心9个，卫生监督所（中心）8个；年末实有医疗床位6484张，其中，医院3965张，乡镇卫生院2235张，社区卫生服务中心95张，妇幼保健院（站）185张。全市共有卫生技术人员6991人，其中执业医师2188人，助理执业医师624人，注册护士2160人，药师（士）307人，技师（士）329人，其他卫生技术人员1383人。

【社会保障】2011年末全市参加城镇企业基本养老保险人数7.33万人，增加0.85万人。其中参保职工5.72万人，参保离退休人员1.61万人。参加城镇基本医疗保险的人数27.68万人，减少2.03万人。其中，参加城镇职工基本医疗保险人数12.66万人，参加城镇居民基本医疗保险人数15.01万人。参加失业保险的人数8.11万人，增加0.21万人。参加工伤保险的人数3.66万人，增加0.40万人。参加生育保险的人数8.57万人，增加0.80万人。8县（区）开展了新型农村合作医疗工作，新型农村合作医疗参合率97.3%。新型农村合作医疗基金支出总额为5.13亿元，累计受益291.29万人次。

2011年，全市城市低保25782户、61308人，分别比上年增加1540户、2196人；农村低保97709户、344346人，分别增加4925户、11008人。

（王选峰　杨学刚）

西峰区

【现任主要领导】

中共西峰区委书记：

阎　安（9月止）

章志兼（9月任）

西峰区人大常委会主任：

张怀璧（9月止）

赵海东（9月任）

西峰区人民政府区长：

冯光敏（9月止）

解　平（9月任）

政协西峰区委员会主席：

张金彤（9月止）

罗亚林（9月任）

中共西峰区纪律检查委员会书记：

赵海东（9月止）

张　恢（9月任）

【基本情况】西峰地处甘肃省东部，泾河上游，位于董志塬腹地，北靠庆城县，南接宁县，西和镇原县毗邻，东与合水县相望。属陕、甘、宁三省区金三角地带，是庆阳市政治、经济、文化、交通和商贸流通中心。全区总土地面积996平方公里，共辖5乡2镇3个街道办事处，100个行政村，931个自然村，15个社区，总人口36.81万人。西峰系黄土高原沟壑区，海拔1421米，地势由东北向西南倾斜。地形呈一扇状，南北长约47.7公里，东西宽约34.8公里，以彭原乡、董志镇为主线的董志塬塬面较为完整，地势平坦广阔，耕地以黑垆土为主，微碱性，土壤肥沃、疏松、保水保肥，垂直渗透力强。属半干旱大陆性气候，具有季风及黄土高原气候的双重特色，冬春风多干旱，夏秋雨水较多，暴雨多集中在七、八月份。主要农作物以小麦、玉米为主，并盛产谷子、洋芋、油菜等，苹果栽培处于最佳纬度区，近几年已初具规模。

【国民经济】2011年，全区实现生产总值144.92亿元，比上年增长30.3%，增幅比上年提高14.5个百分点。其中：第一产业实现增加值8.97亿元，增长6.2%；第二产业实现增加值96.00亿元，增长40.5%，其中工业增加值81.61亿元，增长40.8%，建筑业增加值14.39亿元，增长38.7%；第三产业实现增加值39.95亿元，增长15.8%。三次产业结构比例由上年的9.7：50.1：40.2调整为6.2：66.2：27.6。全年粮食总产量达到12.01万吨。

全社会固定资产投资累计完成122.93亿元，比上年增长32.7%。其中亿元以上项目25个，完成投资43.52亿元，比上年下降4.3%。社会消费品零售总额39.17亿元。全年外贸出口创汇1452万美元，下降15.0%，实现供货总值4.31亿元，增长11.0%。

财政收入完成9.36亿元，比上年增长66.3%，其中一般预算收入完成6.52亿元，增长81.6%。各项税收收入44.49亿元（含庆化厂上缴税金36.77亿元），增长7.1倍。财政总支出17.74亿元，增长35.0%。年末金融机构各项存款余额143.99亿元，比上年增长22.7%，其中城乡居民储蓄存款余额78.42亿元，增长13.3%；各项贷款余额67.16亿元，增长24.1%。

【“三农”工作】新建冯堡、李岭市级新农村试点村2个，续建米堡、显胜市级新农村试点村2个。新、续建崔沟、刘店、李家寺、冉李、南庙、王庄等区级新农村试点村10个。实施董陈人饮安全工程解决了12个村、11146人和543名学校师生农村不安全饮水问题，农村自来水入户率达到85%。柏油硬化村组道路6条38.36公里，新建水泥道路2条7.13公里，铺砂硬化村组道路21条55公里，全区通村油路、通公交率达到100%。新建10千伏线路47千米、0.4千伏线路99.09千米，安装配电变压器40台、真空断路器12台，并完成温泉乡米堡、八里庙、何坳三个新农村电气化村，全区安全用电农户达到100%。新建户用沼气池947座，累计达到1.3万座，全区洁净能源使用率达到69%。年内建设小康住宅23处、636户，累计建成133处、5825户。年内落实粮食直补、良种补贴、农资综合补贴等各项支农惠农政策31项，补助资金1.46亿元，其中通过“一折统”兑付10项，兑付资金0.47亿元，兑付率100%。补贴投放各类新型农业机械954台(部)，年底农用车达到3590辆，大中型拖拉机达到2037台，农业机械总动力增长到24.07万千瓦。乡村劳动力达到150498人，比上年增加589人。

【优势产业】新栽果树3.1万亩，新建千亩示范点7处。肖金万亩设施蔬菜基地和显胜蒲河、什社武川两个千亩设施蔬菜基地不断扩大，全区设施蔬菜基地面积达到2.6万亩。沃得利5万头种猪繁育基地建成投产，新建万头设施养殖小区2个，发展规模养殖户1140户。以“东果、南菜、北畜”为主的主导产业基地稳步扩大。

【扶贫开发】全区77个部门按照“一对一”帮扶要求，落实帮扶资金10.3万元，帮扶贫困户2100人，救助困难学生51名，帮助计划生育户9户。为群众捐物282件、化肥217袋、种子23袋、农药13袋、大米1000公斤、图书1100册。组织各类座谈会200多场（次），培训技术人员17261人、骨干189人，发放图书、资料7700多份，使全区2100名贫困人口实现了脱贫。对全区5乡2镇26个贫困村居住在塬边咀梢、沟壑梁峁、就地脱贫无望的760户3111名贫困人口进行的易地扶贫搬迁工作进展顺利，老促会绒山羊产业化扶贫项目工作进一步完善。

【环境保护】可吸入颗粒物年日平均值为0.15mg/m^3，二氧化硫年日平均值为0.06mg/m^3，二氧化氮年日平均值为0.08mg/m^3，饮用水源地水质达标率100%，地面水水质达标率100%，区域环境噪声平均值55分贝，交通干线噪声平均值70分贝。

【人民生活和社会保障】全年城镇居民人均可支配收入14388.13元，比上年增长15.5%；人均消费性支出

10681.44元，增长10.2%。农民人均纯收入4752.20元，增长16.3%；人均生活消费支出3408.41元，增长10.9%。

辖区参加基本养老保险的职工人数为27528人，其中离退休人员8657人；参加失业保险38393人；参加工伤保险15808人；参加职工基本医疗保险39691人；参加城镇居民基本医疗保险55614人。城市低保参保人数达到8255户、21583人，发放保障金5139万元，人均标准由上年的126元提高到138元。农村低保参保人数4237户、12861人，发放保障金1080万元，比上年增加184万元，人均标准由上年的66元提高到72元。新型农村合作医疗参合人数23.37万人，参合率为97.8%，农村五保户、特困户等困难和弱势群体参合率为100%。

【社会事业】全区共有2个高标准乡镇科技活动中心和6个村级科技活动室，区级农业科技推广机构8个，乡村农、林、水、牧、农机等技术服务站48个。各级各类学（协）会34个，其中专业技术（协）会10个，农村专业合作组织24个。全年申报国家科技部富民强县项目1项，申报省科技厅3项。组织实施关键技术研究项目12项，实施成果转化项目6项。组织实施科技合作项目16项。开展大型科普宣传活动6场（次），散发科普资料6.2万份，完成普及培训6.2万人次。开展科技培训57场（次），培训农民技术人员5130人，其中骨干培训3170人。聘请100名科技指导员进村入户进行技术指导、技术培训和技术服务，辐射带动科技示范户达3000多户。完成专利申请73件。全年投入科技三项费163万元。

辖区内共有各类学校209所。其中大专院校1所，中等职业学校10所，中学29所（独立初中13所，完全中学9所，高级中学3所，一贯制中学4所），普通小学109所，特殊教育学校1所，幼儿园59所。各类学校共有教职工8114人，其中专任教师7138人。在校学生11.11万人。全年适龄儿童入学率达到100%，高中阶段入学率达87%以上。普通高校录取2964人，录取率75.1%，二本以上进线人数732名，进线率18.5%。

广播人口覆盖率达到95.8%，电视人口覆盖率达到95.4%，城区有线电视覆盖率96.0%。启动实施了民俗文化产业园、文化传媒中心等项目，成功承办了第九届庆阳香包民俗文化节、第二届全国红运会和第二届庆阳农耕文化节，完成了“和谐西峰大舞台”创办、《今日西峰》报创刊、6小时自办电视节目开播等工作。举办艺术节、农民职工书画展、农民职工体育运动会、演讲赛等各类形式的文化活动32场（次），城乡群众文化生活丰富多彩。

辖区拥有卫生机构224个，其中医院8个、社区卫生服务中心（站）18个、卫生院8个、村卫生室113个、诊所（卫生所、医务室）70个。实有医疗病床2109张。卫生技术人员2316人，其中：执业（助理）医师620人，注册护士988人，药师（士）120人，技师（士）125人，其他人员279人。完成了区医院住院楼建设、区妇幼站改造、南街社区卫生服务中心新址维修、3个乡镇卫生院扩建、标准化村卫生所新建等项目建设任务，城乡卫生条件显著改善。

庆城县

【现任主要领导】

中共庆城县委书记：

闫晓峰（9月止）

葛　宏（9月任）

庆城县人大常委会主任：刘建民

庆城县人民政府县长：

解　平（9月止）

辛少波（9月任）

政协庆城县委员会主席：王　超

中共庆城县纪律检查委员会书记：

何晓玲

【基本情况】庆城县，原名庆阳县，为庆阳市所辖。位于甘肃东北部，泾河上游，东邻合水，西濒蒲河与镇原县相望，南和西峰区毗邻，北与环县、华池接壤。东西长约70公里，南北宽约56公里，总土地面积2692.6平方公里，辖5镇10乡，153个行政村，1053个村民小组，常住人口26.23万人。

庆城县地处陇东黄土高原边沿沟壑区，地形西北高，东南低，海拔1011～1623米。全境分为董志塬边沿区、残塬河谷区和丘陵沟壑区。南部塬区立地条件较好，是农业部确定的无公害果蔬生产基地；川区是长庆油田原来重要的生产生活基地，占地7000多亩，建筑面积90多万平方米，招商引资优势明显；西部山区宜林宜草，种草养畜得天独厚。

【资源优势】县内矿产资源丰富，石油、天然气、沙砾石等储量较大，现有长庆油田公司和中油庆化集团两大企业从事石油、天然气的开发利用。目前已经形成苹果、黄花菜、草畜、农副产品加工四大支柱产业，“赤诚”牌苹果誉享陇原，“庆针”牌黄花菜畅销海内外，马岭黄酒、玄马梨枣、白瓜子仁、甘草酸铵等产品，曾多次荣获省优名牌殊荣。

【旅游资源】城周青山围郭，二水环流，城似凤凰展翅，故名“凤城”。庆城县物华天宝、人杰地灵。这里既是医祖岐伯、明文坛“前七子”领袖李梦阳等诞生地，也是原陕甘宁边区陇东革命根据地的一部分，刘志丹、习仲勋、马文瑞、蔡畅、耿飚等老一辈无产阶级革命家曾在这里战斗生活过。境内人文遗址、自然景观风格独特，有国家AAAA级周祖陵森林公园、鹅池春水、普照寺大殿、慈云寺古建群、周旧邦木坊、古城遗址、岐伯圣景、《黄帝内经》千家碑林等十多处名胜古迹。

【国民经济】2011年，全县上下认真贯彻落实市县经济工作会议精神，把握机遇，狠抓落实，面对三季连旱、财源锐减等不利形势，坚持以发展破难题，以改革激活力，经济社会呈现出效益提升、民生改善、和谐稳定的发展态势，实现了“十二五”的良好开局。全年完成生产总值 65.3 亿元，比上年增长 13.8%；固定资产投资 45.67 亿元，增长 51.3%；规模以上工业增加值 3.28 亿元，增长 21.7%；大口径财政收入 4.04 亿元，增长 16.1%；社会消费品零售总额 16.22 亿元，增长 13.3%；城镇居民人均可支配收入 15496 元，增长 20%；农民人均纯收入 3700 元，增长 16.66%；出口创汇 1000 万美元。主要经济指标均保持了两位数增长，转型发展迈出了坚实的一步。

围绕果菜畜三大支柱产业，做优点上，做大面上，点面结合，整体推进。新栽苹果 5.3 万亩，新增设施瓜菜 2561 亩，种植紫花苜蓿 13.1 万亩，引进良种羊 1.2 万只，发展规模养殖户 3115 户，果菜畜产品产销两旺，增加了农民收入，提高了群众发展特色产业的积极性。种植全膜玉米 20 万亩，在夏粮严重减产的情况下，粮食总产仍然保持较好收成，达到 12.48 万吨。完成造林绿化 24 万亩，区域生态环境进一步改善。加大扶贫攻坚力度，实施整村推进项目 17 个、整乡推进项目 1 个，稳定脱贫 2400 人，建成新农村示范点 18 个，群众生产生活条件明显改善。

全年原油产量达到 115 万吨，新增 20 万吨。煤炭开发完成赤城黄家、赵家川、万胜堡地质普查。驿马、西川两个工业集中区水、电、路、绿化、亮化等基础建设都有新突破。全年实施工业项目 56 个，其中亿元以上 2 户，千万元以上 26 户，完成投资 6.18 亿元，实现了速度和效益同步增长。军星混凝土、兴乾工程技术等一批成长型企业落户投产，工业经济由依赖油田向自主发展方向逐步转变。

【项目建设】全年争取 500 万元以上国省投项目 26 个，招商引资项目 270 个，实施 50 万元以上项目 338 个，其中亿元以上 16 个。周祖农耕文化产业园一期、东川人饮一期工程竣工；岐伯中医院、白马果品批发交易市场、就业和社会保障服务中心建成主体；雷西高速、南门道路拓宽改造、东河景观坝、纸房沟调水等工程进展顺利；银西铁路、打庆高速、银西高速庆城段完成测设和部分前期准备；城区供水管网改造、公安局业务技术用房、巩固退耕还林成果等项目已下达投资计划。

【城乡建设】坚持规划引领发展，完成县乡村总体规划、各类专项规划、片区发展规划，科学发展的水平进一步提高。县城建设以“提质改造，扩容升位”为重点，中街改造全面推开，卫生大厦、交通大厦建成入驻，卿华名苑、水岸绿苑三期完成主体；莲池开发完成路网建设和基础配套，商业步行街完成二期、瓜菜市场改扩建工程完成主体。小城镇建设按照既定思路，拉开框架，完善功能，打造亮点，高楼、太白梁、蔡家庙、南庄、白马铺等乡镇面貌有了新变化，形成了“乡镇小循环、区域大连接”路网格局。完成城区供水净水厂主体，启动柔远河庆城段河堤加固，新建维修灌溉工程 4 处，新增有效灌溉面积 2200 亩。积极实施农村安全饮水、农网改造，群众吃水难、用电难的问题得到较好解决。

【社会保障】深入推进“十大惠民工程”，全面完成省市确定的 10 项 27 件实事和县上承诺的 6 件实事，办理人大建议 20 件、政协提案 20 件。认真落实各项强农惠农富农政策，启动实施城乡居民养老保险，城乡低保、医保提标扩面，实现应保尽保。保障性住房、危旧房改造、就业再就业、残疾人保障等各项民生工作，圆满完成年初确定的目标任务。

【社会事业】社会事业在统筹发展中全面进步。教育工作成效显著，全县高考二本进线率位居全市第二，陇东中学、庆城职中排名全市第一，“两基”迎国检顺利通过验收，国家三类城市语言文字工作评估达标。科技工作得到加强，科技研发、创新和新技术推广步伐加快，顺利通过“全国科技进步先进县”复核。医疗卫生条件不断改善，成功举办全国中医药岐黄文化学术研讨会和全市中医药师承教育拜师大会，农村实现药品零差价销售，基层医疗服务水平明显提高。文化事业蓬勃发展，基层文化阵地建设得到加强，群众文化生活更加丰富，香包刺绣等民俗文化产业日益壮大，成功举办辛卯年公祭周祖活动，陇东革命纪念馆完成布展大纲修编，周祖农耕文化产业园被列入全省“三园一带”发展规划，“岐黄故里”、“周祖圣地”成为全市“四大文化品牌”主体，代表全省圆满完成“世园会”参演任务。旅游开发成效显著，景点建设取得实质性进展。广播电视覆盖面进一步扩大，引进开办手持电视、调频广播新业务，开通广电网，内宣、外宣、网宣力度进一步加大。“九城同创”活动扎实推进，优化了发展环境、提升了对外形象。

环县

【现任主要领导】

中共环县县委书记：王　谦

环县人大常委会主任：田建堂

环县人民政府县长：

吴丽华（ 9 月止）

何英禅（ 9 月任）

政协环县委员会主席：

石建洲（10 月止）

朱芳明（10 月任）

中共环县纪律检查委员会书记：

高鹏程

【基本情况】环县踞陕、甘、宁三省（区）之交界，鄂尔多斯盆地之腹中，大西北经济圈之中枢，银（川）

—（长）武大动脉纵贯全境，神府、宁东、华亭、彬长四大煤田分布四周，中石化、中石油、延长油矿开采区块均有分布。西距兰州 480 公里，北距银川 260 公里，南距西安 420 公里，东距榆林 280 公里、延安 320 公里。全县辖 20 个乡镇、1 个旅游开发办、251 个行政村，1487 个村民小组，总土地面积 9236 平方公里。2011 年全县总人口 34.96 万人，其中：农业人口 32.61 万人，农业户数 7.01 万户。境内海拔高度在 1200～2089 米之间，年均降雨量 300 毫米左右，年平均日照时间 2600 小时。

环县是人类文明的发源地，历史悠久，人杰地灵。这里是华夏农耕文化的发祥地和中华民族最早的繁衍生息地之一，早在旧石器时代晚期已有人类活动。隋朝置县以来，环县就是兵家必争之地。这里曾涌现出诸多仁人志士、英杰贤达，南宋王渊，明代魏镇、魏锟，晚清明将董福祥、张俊，道情皮影艺人解长春，农民诗人《咱们的领袖毛泽东》词作者孙万福等名人辈出。

环县是红色教育的传播地，传统光荣，民风淳朴。环县是 1936 年解放的革命老区，红军长征途经之地，原陕甘宁省委、省政府驻地，是陕甘宁根据地的重要组成部分、中国人民解放战争的总后方。习仲勋同志为第一任县委书记。革命战争年代，环县人民的无私奉献，为中国革命做出了巨大贡献。计划经济时代，环县作为农业大县，曾将大批粮食调往省内外，有力地保障了城市粮食供给，支援了国家的工业化发展。进入市场经济后，环县由于特殊的地理环境，经济发展相对缓慢，属于国家扶贫开发工作重点县和干旱困难县。

【资源优势】环县是绿色杂粮的原产地，品质优良，物美价廉。环县位于毛乌素沙漠与黄土高原的交汇地带，气候凉爽，干旱少雨，特殊的土壤、气候和降雨量造就了环县盛产荞麦、糜子、谷子、洋芋、燕麦等小杂粮和胡麻、葵花、黄豆、中药材等多种经济作物，质优品良，属绿色无公害产品。其中小杂粮产量居全省之首，被命名为“中国小杂粮之乡”。全县羊只饲养量居全省第二，是西北羊绒、羊毛、皮张和各种肉食品的主产地之一。

环县矿产资源丰富，境内有石油、天然气、石灰岩、煤炭、白云岩等多种矿藏。石油地质储量达 5 亿多吨，是长庆油田的主产区之一；优质石灰岩储量达 2000 多万吨，正在开发利用；白云岩储量达 18 亿吨，属特优品位；全县煤炭预测储量 684 亿吨，其中千米以浅整状煤田预测储量 51 亿吨，煤层气预测储量 3480 亿立方米。现已探明千米以浅整状煤田储量达 16.47 亿吨，甜水堡千米以浅煤炭储量 2 亿吨，构造简单，煤质优良，具备建设亿吨级煤田的条件。

【国民经济】坚持以项目建设为总纲，充分发挥绿色农产品、矿产资源和特色文化“绿黑文”三大优势，深入实施项目带动、基础先行、强农富民、工业突破、开放开发、科教兴县六大战略，加快产业化、工业化、城镇化三大进程，实现财政增长、城乡居民收入增加、基础设施后劲增强三大目标，经济呈现出全面提速、加快发展的良好势头。2011 年，实现生产总值 35.72 亿元，比上年增长 27.2%；固定资产投资 55.61 亿元，增长 45.8%；地方财政收入 18988 万元，增长 54.52%；农民人均纯收入 3087 元，增长 16.2%；城镇居民人均可支配收入 15425 元，增长 21.9%；社会消费品零售总额 7.76 亿元，增长 13.7%。

【项目建设】紧紧围绕资源开发、工业创办、城镇建设、民生工程、基础建设、社会事业等重点领域，全力争取，加快建设。全年共实施扬黄续建、旱作农业、新农村建设、通乡通村油路、煤炭风电资源开发、城南新区拓建等 500 万元以上项目 125 个，完成投资 55.61 亿元，其中招商引资项目 23 个，完成投资 27.4 亿元。

【农村经济】加快推进农业结构调整，全膜双垄沟播作物增产增收效果明显，种植小杂粮和经济作物 150 万亩、瓜菜 6 万亩，实现粮食总产 18.1 万吨。337 万亩集体林权主体改革、160 万亩草场围栏工程和老促会绒山羊产业化扶贫试点项目任务全面完成，新种补种紫花苜蓿 29 万亩，羊畜出栏 65 万头（只）。扎实推进环城镇城乡一体化发展示范镇和 11 个新农村及 16 个整村推进项目村建设。新建农民专业合作社 12 个。补贴投放各类农机具 3428 台（部）。输转城乡富余劳动力 6.9 万人，创收 6.2 亿元。全面落实各项强农惠农富农政策，人均享受政策性收入 1158 元。

【工业发展】石油产能突破 100 万吨、产量达到 68 万吨。刘园子 90 万吨、甜水堡 30 万吨煤矿建设进展顺利，年产 400 万吨新型干法水泥生产线、华电环县百万千瓦风电基地等重大项目全面开工建设。砂井子西部煤田地质勘查、甘肃万胜矿业公司生活基地建设、2×100 万千瓦燃煤电厂、毛家川年产 500 万吨煤矿前期工作进展顺利。

【基础建设】城南新区环江大道一期和滨江路两条主干道工程全面开工，实施廉租住房、东台中路改造、危旧房改造、商品房开发等城镇建设项目 105 个，完成投资 5.5 亿元。扬黄续建工程主管线建成通水，苦咸水地区农村饮水安全、城区供水扩建工程加快推进，城区生活污水处理厂投入运行。洪德至罗山、甜水至南湫 120 公里通乡油路前期工作全面完成；张滩滩至唐塬、李湾湾至刘家塬 35 公里通村油路完成土方工程。新修梯田 7.6 万亩，完成水土流失治理面积 90 平方公里。

【社会事业】全面实施“十大惠民工程”，公开承诺为民办理的实事全部落实。完成红星小学餐饮楼、五中学生公寓楼、二中实验楼等50所学校2.5万平方米的项目建设任务；“两基”工作顺利通过国家验收。成功举办了甘肃环县第三届中国道情皮影民俗文化节，环县皮影作为“中国皮影戏”的重要组成部分正式入选联合国“人类非物质文化遗产代表作名录”；山城堡战役遗址入选全国第二批红色旅游经典景区名录。积极稳妥推进公立医院改革，加快合道中心卫生院、47个标准化村卫生所建设；县社区卫生服务中心被卫生部评为全国标准化示范社区卫生服务中心。人口和计划生育工作取得新进步。残疾人事业快速发展，被国务院残工委表彰为“全国残疾人工作先进县”。“五项安全和一项稳定”排查整治活动深入开展，取得了明显成效。

华池县

【现任主要领导】

中共华池县委书记：赵昌军

华池县人大常委会主任：王长青

华池县人民政府县长：张万福

政协华池县委员会主席：张刚宁

中共华池县纪律检查委员会书记：杨万香

【基本情况】华池县位于甘肃省东部，东、北与陕西省志丹、吴起、定边县接壤，西、南与省内环县、庆城、合水为邻，总土地面积3843平方公里，耕地总面积6.89万公顷，其中水平梯田3.46万公顷。全县共辖3镇12乡，4.08万户，13.4万人，人口密度每平方公里34.9人。有汉、蒙、回、藏、维、苗、壮、满、侗、土家、彝、布依、朝鲜等13个民族。境内丘陵起伏，梁峁相间，沟壑纵横，属黄土高原丘陵沟壑区。年平均降雨量510毫米左右，且多集中在7、8、9三个月。有气象资料记载以来，降雨量最多的年份2003年，降雨量达到623.5毫米。年平均气温8.7℃，无霜期178天。干旱、霜冻、暴雨为主要天气灾害。境内有元城河、柔远河、城壕河、二将川河四条主要河流，年总流径量10220万立方米。

【资源优势】华池县物产丰富，开发前景广阔。农作物主要有小麦、玉米、高粱、糜谷、荞麦、黄豆、胡麻、白瓜子等。其中黄豆、白瓜子、荞麦、洋芋、玉米以量大质优而远近闻名。境内已探明地下石油储存面积2200平方公里，储油量8.6亿多吨。现有长庆油田下属的城壕、华池、南梁、温台、元城、华庆、五蛟、乔河等8个石油生产作业区及华池1个生活基地，年产原油157万吨。全县经济林面积达到8.6万亩，有杏、梨、桃、苹果、葡萄、酸蜜果等十多种果品，年产水果1.72万公斤。布尔山羊、绒山羊、小尾寒羊、早胜牛已初步形成规模养殖。野生药材以甘草、茵陈、黄岑、茜草、川地龙、麻黄、山桃仁、秦艽、杏仁、远志、柴胡等为主，尤其是甘草，质优量大，最为有名。

【国民经济】2011年全县生产总值达到65.87亿元，比上年增长9.5%。其中：第一产增加值3.52亿元，增长7.64%；第二产增加值54.44亿元，增长8.8%；第三产业增加值7.9亿元，增长13.9%。固定资产投资50.01亿元，增长70.1%；大口径财政收入2.67亿元，增长72.0%；规模以上工业增加值0.24亿元，增长14.3%；社会消费品零售总额5.95亿元，增长13.6%；农民人均纯收入3579元，增长16.5%；城镇居民可支配收入15607元，增长21.5%；粮食产量11.74万吨，增长5.8%。

按照“围绕优势资源办企业，围绕龙头企业抓产业”的思路，积极培育财源，不断提升保障能力，经济运行质量明显提高。悦乐工业集中区累计完成投资1.42亿元，入驻企业24户，实现工业生产总值36074万元。沙棘加工厂、糠醛厂、轻烃厂等重点龙头企业建成投产，改变了部分领域“有资源、无企业”的工业发展现状。大力发展以商贸服务为主的第三产业，全县商贸类中小企业达到300多户，全县中小企业全年实现增加值2.2亿元，从业人员达到5920人。财政保障能力全面提高。全面加强税收征管，做大“财政蛋糕”。深入挖掘石油单位历年拖欠的各类涉油税收，财政收入大幅增长，财政资金调度使用更加科学规范，各项重点支出及时到位，公共财政保障能力明显提高。

【项目建设】以建设庆阳市大型能源基地为契机，抢抓机遇，全力以赴争项目，齐心协力引项目，专心致志建项目，恪守不渝管项目，使项目建设取得了重大突破。2011年，全县共实施500万元以上投资项目184个，总投资50.01亿元。新南红色旅游二级公路、葫芦河调水工程等一批大项目落户华池，县城南部新区开发、红色旅游景区基础设施建设等一大批重点项目快速推进，全县上下呈现出大干快上的良好局面。

【城乡建设】坚持从经济社会发展和人民群众的现实需要出发，多渠道筹集资金，实施了一大批城乡基础设施建设项目，取得了显著成效。城镇化建设快速发展。提出了建设陇上“文明、文化、生态、精品”县城的目标，坚持“旧城改造与新城开发”双轮驱动，县城南部新区开发大建设的序幕全面拉开，已完成投资8.48亿元，是华池县城镇化建设快速推进的“里程碑”。华庆路主干道路、居民安置小区等5个重点工程全面竣工，干部职工安居工程等6个重点工程快速推进，土地经营管理水平明显提高。旧城改造科学规范，县城综合管理水平进一步提升。小城镇建设稳步推进，启动实施各类小城镇建设项目98个，完成投资1.2亿元，全县城镇化率达到30.3%。投资6.98亿元的新南红色旅游二级公路工程全面启动，改新建李上公路等农村公路5条96.08公里。实施了农村电网服务升级工程、环县至华池110KV二回工程等一批电力工程，电力保障服务能力明显提高。道路建设成效显著。2011年是全县有史以来实施公路建设项目最多、里程最长、质量最高、受惠群众最多的一年。全县累计投入资金6726万元，共修建油路14条459公里、砂砾路57条737公里，全县公路建设总里程达到1196公里，实现了乡乡通等级油路、村村通等级砂砾路、重点村通柏油路的目标。新农村建设稳步推进。积极推进新农村小康家园"145"示范点建设，建成新农村示范点60个，完成"一池三改五配套"农户13578户，完成农村危旧房改造4912户，完成灾后重建3241户，使农户居住条件得到改造提升。实施整村整乡推进连片开发项目40个，解决了2.69万贫困人口的温饱问题。生态建设与环境保护不断加强。全力推进"生态优县"战略，大力实施林业生态工程、小流域治理和村庄环境综合整治、巩固退耕还林成果等项目，全县每年造林面积达5万亩，每年完成水土流失综合治理68.31平方公里以上，全县森林覆盖率达到26.8%。坚持造管并重，不断加大封山禁牧工作力度，使生态环境恶化的势头得到有效遏制。每个乡镇都建成了垃圾填埋场，城乡人居环境得到改善。被省政府授予"全省绿化模范县"称号，林镇、南梁两乡被命名为"省级生态乡镇"。农田水电建设成效显著。全面落实最严格的耕地保护政策，国土资源管理不断加强，完成土地开发整理2.38万亩，实现了耕地占补平衡。通过实施二将川万亩基本农田保护、扶贫整村推进和小流域综合治理等项目，带动全县共平整梯田51.98万亩，农民人均梯田面积达到4.5亩。葫芦河调水工程已经启动，建成了县城第二水源——鸭儿洼调水工程，为城区居民用水提供了安全保障。认真实施农村饮水安全工程，饮水安全达标人数累计达到8.06万人，解决了农村9217人（含学校）饮水困难，城乡居民生活用水困难得到极大改善。累计投资1.27亿元，完成了35KV变电工程2项31.7公里，架设10KV线路30公里，架设0.4KV线路50公里，城乡供电能力全面提升。

【社会事业】社会事业蓬勃发展。2011年全县共投入资金1.2亿元，办理民生实事50多件，有效解决了群众上学、就医、就业、住房等方面的实际困难。科教兴县战略扎实推进。积极实施"教育移民、教育扶贫"工程，加快教育布局调整步伐，推进教育均衡发展。撤并学校138所，累计投入资金9860万元，建成寄宿制学校23所。投资6300万元高标准完成了柔远初中改扩建工程，成为全市初级中学建设的"样板"工程。"两基"工作扎实有效，得到省级评估组的肯定，全县义务教育发展进入新阶段。高中阶段毛入学率由60%提高到80%，累计向大专以上高等院校输送学生5023人。科技创新取得实效，科技进步贡献率达54.8%。医疗基础建设全面加强。先后投入2800万元，建成了县医院传染病楼、中医院门诊楼和14个乡镇卫生院业务楼（房），建成村卫生所69个，配套大型医疗设备817台（件），并为11所乡镇卫生院配备了急救车辆。总投资7300万元的县医院整体搬迁工程进展顺利，已完成主体工程。农村合作医疗保险参合率大幅提升，2011年全县参合农民达10.73万人，参合率达到97.43%。共为5386人报销住院医药费960万元，为74567人报销门诊医药费189.84万元，群众"看病难"、"看病贵"的问题明显缓解。社会保障体系不断健全。养老保险、医疗保险、城乡低保、廉租房建设、村干部养老保险等惠民政策全面落实。城镇居民基本医疗保险和城乡大病医疗救助制度全面推开。

合水县

【现任主要领导】

中共合水县委书记：

田雁青（9月止）

柴　春（9月任）

合水县人大常委会主任：谢守成

合水县人民政府县长：

柴　春（9月止）

沈文祥（10月任）

政协合水县委员会主席：

邓文涛（10月止）

朱克勤（10月任）

中共合水县纪律检查委员会书记：

张　强

【基本情况】合水县位于甘肃东部，东临陕西富县，西连庆阳县，南接宁县，北靠华池县及陕西志丹县，总土地面积2941.78平方公里，现有森林面积251.01万亩，森林覆盖率为56.88%。境内海拔1298.4米，年平均降雨量为560～590毫米，平均气温7.4℃～9.1℃，无霜期151～160天，有马莲河、县川河、固城河、苗村河、葫芦河5条河流，年平均总径流5950万立方米。全县共辖3镇9乡，80个行政村，498个自然村，5.24万户，总人口17.52万人，常住人口14.59万人，其中城镇常住人口3.33万人，城镇化率22.82%。

【资源优势】合水地处子午岭山麓，境内地势东北高，西南低，子午岭斜贯全境。岭上有穿境而过的"秦直道"闻名遐迩；岭下有"小江南"之称的太白川，林草茂密。县内物华天宝，沃野千里，资源丰富，植被良好，稻田如茵，绿水如镜，光照充足，雨量充沛，四季分明，气候宜人。苹果、草畜、黄花菜、白瓜籽、黑木耳、鹿茸久负盛名，誉满中外；秦艽、甘草、麻黄、柴胡、远志、枣仁等150多种贵重中药材及核桃仁、花椒、槐米、稻米等土特产品倍受客商青睐；梅花鹿、狐、黄羊、野猪等140余种野生动物与200多万亩森林依栖相伴，生息繁衍。目前发掘出土古遗址196处，出土文物2600余件，国家级文物44件。千年酸枣树、碧落霞天这些古文物与新开辟的森林公园、秦直山庄等成为人们旅游观光的新亮点。1973年春，在板桥乡穆旗村挖掘出土的第四季早期完整的黄河剑齿象化石，曾轰动世界，书写了合水历史上最有价值、最辉煌的一页。

【国民经济】2011年合水县经济社会发展呈现出增长较快、结构优化、效益提高、民生改善的良好态势。生产总值完成30.32亿元，比上年增长21.4%；农业增加值完成5.21亿元，增长15.1%；规模以上工业增加值完成6127万元，增长10.3%；全社会固定资产投资完成47.2亿元，增长69.4%；大口径财政收入完成1.36亿元，增长63.9%；社会消费品零售总额完成5.75亿元，增长13.6%。

【"三农"工作】种植全膜双垄沟播玉米5.16万亩，完成太白水稻机械化种植980亩，全年全县粮食总产达9.53万吨。新栽苹果2.3万亩，全县苹果产量达15.2万吨，实现产值3.04亿元，建成国家级苹果标准化示范园1处，省级标准化示范园4处。种植各类瓜菜11.16万亩，其中设施蔬菜1.4万亩，全县蔬菜产量达到15.8万吨，实现产值1.65亿元。为800户群众投放扶贫绒山羊3200只，全县新增规模养殖户412户，规模养殖场11个。建成乡镇林权综合服务中心6个，种植林下经济作物1000多亩。输转农村富余劳动力4.9万人次，实现劳务收入5.2亿元。

【项目建设】全年完成项目前期40个，项目库储备项目172个，总投资达到42亿元；争取到位县城污水处理、县城中心敬老院等国家、省市投资347项4.68亿元；开工实施500万元以上建设项目181个，完成投资47.2亿元。雷西高速公路、县城污水处理厂、西吉供水工程等一批重点项目相继开工和建成。招商引资工作实现了重大突破，落实招商引资及启动民资项目82个，签约窑煤集团煤矿机械维修制造、旭晟源果蔬保鲜贮藏等亿元以上项目3个，签约资金15.9亿元，到位资金突破了10亿元。

【优势产业】大力推行石油开发"一站式"服务，支持油田企业新打油（水）井593口，原油产量达到55.5万吨，产能突破70万吨；争取油田支地资金1940万元，实现税收1500万元。合水东煤田详查即将结束，共布设探井40口，目前已完钻30口，合水西煤田普查全面结束。大力发展地方工业，新办各类企业15户，非公经济完成增加值5.43亿元，实现税金2400万元，完成出口供货值5070万元，出口创汇105万美元。工业集中区完成投资3800万元，实施了弱电、排水工程，硬化人行道1.5万平方米，拓展道路2.7公里，振海塑业整体搬迁至工业集中区。

【人民生活】全年农民人均纯收入为3556元，增长16.59%。生活消费支出2228.18元，增长22.24%。其中：工资性收入1110.08元，增长22.44%；人均家庭经营收入为2026.29元，增长12.5%；人均财产性收入54.59元，增长174.05%；人均转移性收入为365.04元，增长13.35%。全年城镇居民人均可支配收入14024元，增长20.90%。其中：经营性净收入1368.79元，增长17.76%，转移性收入1998.08元，增长1.17%。家庭人均总支出12133元，增长6.68%，人均消费性支出10207.33元，增长19.87%。其中，教育文化娱乐服务类消费支出1281.70元，增长34.74%；衣着类消费支出1572.48元，增长49.03%。

【扶贫开发】全年共扶持贫困人口1.19万人，稳定解决温饱3100人，占计划的106.7%。基础设施项目：新修梯田1000亩，新修村组砂石道路5条29公里、建涵洞13处，新建漫水桥1座，新建沟边上水工程1处、压设供水管道3.7公里。增收项目：新建优质苹果园1475亩、果窖180座、扶持贫困户266户（科技示范户75户），引进良种基础母牛266头、建暖棚266座；扶持贫困户480户（科技示范户95户），引进良种绒山羊1920只；扶持贫困户138户（科技示范户25户），引进良种猪210头，建圈舍52座。科技扶贫项目：村文化卫生培训设施6处，开展农业实用技术培训2950人次。在固城乡董家寺村种植高原夏菜500亩，引进中甘16号，中甘17号和中甘18号三个甘蓝新品种，新建蔬菜钢架大棚160座。先后在太白、板桥、吉岘和店子4乡镇14个项目村确定养殖户800户，建成简易棚舍800座（新建508座，改建292座），与环县养羊合作社等2家养羊合作组织签订了购羊合同，共购回羊只3200只（其中种公羊800只），并对800户养殖户建立档案资料2400份。

【环境保护】坚持"先评价、后开发"，"四个不批、三个严格"等规定，禁止"高耗能"、"高污染"及不符合产业政策的企业入境合水。全年共削减二氧化硫24.35吨，完成减排任务10.6吨的230%；削减氮氧化物15.71吨，完成减排任务13.69吨的115%；削减化学需氧量14.43吨，完成减排任务10.3吨的140%；削减氨氮5.26吨，完成减排任务4.79吨的109.8%。新增联片供热面积2.4万平方米。全年为117个井场386口油（水）井，29个非工业建设项目进行环评审批，环评执行率为100%。

【基础建设】县城北区控制性详规全面完成，开工建设重点城镇建设项目28项，完成投资4.97亿元，人行道硬化、路灯更换、弱电管网建设等县城提升改造工程全面完成。吉岘、肖咀、太莪、太白4个小城镇全面实施了街道铺油罩面、供排水、路灯安装等工程。新建和续建的新农村建设试点工作完成年度任务，新建小康农宅720户，改造农村危旧房1200户。

雷西高速公路完成征地 4845.57 亩、82.54 公里；建成通村水泥路（油路）25 条 187.7 公里，砂石路 23 条 146 公里。全面完成了县城供水工程扫尾、莲花寺护岸、川台区提灌等工程，解决了 1.9 万人的安全饮水问题，新增有效灌溉面积 2400 亩。

【财政金融】强化税收征管，狠抓增收节支，全年争取各类专项资金 5.48 亿元，完成财政支出 9.64 亿元。筹资 2200 万元，兑现了国家、省市规定的调标工资和津贴补贴，保证了国债、扶贫、社保等重点支出，干部职工工资按月足额发放；大力支持基层政权建设，太莪、吉岘、店子、肖咀 4 乡镇建起了办公大楼，太白镇太白村等 12 个村建起了村部，财政直接用于民生工程、社会保障方面的资金达到 2.8 亿元。加强政府非税收入和国有资产集中管理，扎实推进各项财政改革，财税工作呈现出预算执行水平提高、增收潜力增加、保障能力增强的良好运行态势。继续推行农户小额信用贷款和“三农”小额贷款等金融服务，金融部门各项存款余额达到 25.46 亿元，增长 33.66%；贷款余额达到 10.15 亿元，增长 18.84%，有力支持了地方经济社会发展。

【社会事业】完成了太白、老城、板桥、肖咀 4 乡镇教育布局调整整乡推进，合水职中成功晋升为职业中专。医药卫生体制改革逐步深化，公立医院改革为全市探索了经验。深入开展了学校周边环境及食品安全专项整治活动，确保了群众饮食用药安全。积极筹备参加中国庆阳农耕文化节等节会活动 11 次，组织开展“广场文化月”等文化活动 15 次，生产民俗文化产品 2500 多万件，实现产值 9100 万元。《合水县旅游发展总体规划》全面完成，五一山休闲森林公园、陕甘红军纪念馆等景点建设进展顺利。开展“安全生产大排查大整治”等专项行动 16 次，排查整治各类隐患 891 项。积极开展“重大社会矛盾和积案化解攻坚行动”，排查调处各类矛盾纠纷 1611 起，全县社会治安大局稳定。

【社会保障】集中财力全面完成了省市县确定的各项实事，通过“一册明、一折统”方式，发放各类惠农资金 7309 万元。妥善安排群众生产生活，共发放城乡低保、农村五保供养、救灾救济、大病救助、临时救助等社会救助资金 5529.26 万元。启动实施了城乡居民社会养老保险，参保率达到 95%，征缴社会保险基金 5328.72 万元，发放五项社会保险 2076.88 万元；为 70219 名参合农民报销医药费 1933.12 万元。开工建设各类保障性住房 794 套，480 套廉租住房通过公开摇号全部分配到户。

正宁县

【现任主要领导】

中共正宁县委书记：

白振海（9 月止）

吴丽华（9 月任）

正宁县人大常委会主任：郭亚宁

正宁县人民政府县长：张龙杰

政协正宁县委员会主席：袁喜言

中共正宁县纪律检查委员会书记：

梁运通（9 月止）

柴世伟（9 月任）

【基本情况】正宁县位于甘肃省庆阳市东南部、子午岭西麓，属陇东黄土高塬沟壑区。东与陕西省黄陵县以子午岭为界，南与陕西省旬邑县，西南与陕西省彬县相邻，西与陕西省长武县以泾河为界，北与本省宁县相接。全县辖 4 镇 6 乡、94 个行政村、7 个社区居委会、677 个村民小组，2011 年末全县常住人口 18.13 万人，其中城镇人口 4.57 万人。东西长 63.5 千米，南北宽 40.2 千米；县域总面积 1319.5 平方公里，其中林区 375 平方公里，农区 944.5 平方公里；现有耕地 43 万亩。

全县海拔 880 米～1756 米，平均海拔 1443 米；黄土层厚 90 米～150 米，地形东高西低、东宽西窄，略呈三角形；按地貌特征可分为东北部子午岭林区、西南部塬面和沟壑区。有宫河、永和、三嘉、月明 4 条塬，较大的宫河塬耕地面积 19 万多亩。属大陆性季风半湿润气候，西南部气温较高，东北部气温较低。冬季多西北风，较寒冷干燥；夏季多东南风，较湿润温和；春季为过渡季节，冷热交替，变化频繁。年均气温 9℃，降水量 694.8 毫米，无霜期 173 天左右。

【资源优势】历史古县。西汉置阳周县，隋朝改为罗川县，唐朝改为真宁县，清朝更名为正宁县，距今有 2000 多年的历史。产业大县。果、烟、菜等特色产业格局明显，苹果面积 19.82 万亩，烤烟稳定在 3 万亩，蔬菜发展到 8 万亩，特色产业提供的收入占到人均纯收入的 70%以上。资源富县。已探明煤炭储量 19 亿多吨，核桃峪年产 800 万吨矿井正在建设之中，石油、天然气储量丰富，勘探开发工作有序推进。目前完成的探井达到 39 眼。生态优县。东依子午岭绿色屏障“天然氧吧”，森林覆盖率达到 45.1%，气候温和、降水充沛，环境无污染。

【国民经济】2011 年，全县生产总值完成 18.2 亿元，比上年增长 9.2%；大口径财政收入 1.17 亿元，增长 50.2%，一般预算支出 8.59 亿元，下降 3.3%；固定资产投资完成 62.86 亿元，增长 58.3%；社会消费品零售总额完成 7.97 亿元，增长 13.4%；城镇居民人均可支配收入 14418 元，增长 20.2%；农民人均纯收入 4036.39 元，增长 17.2%。年末金融机构各项存款余额 28.7 亿元，增长 21.5%；金融机构贷款余额 7.7 亿元，增长 32.8%。

规模以上工业增加值完成 1651.6 万元，增长 14.2%。新建扩建农产品加工企业 11 个，完成投资 1.1 亿元。全年实现出口创汇 1912 万美元，增长 47.7%。招商引资县外引资 7.66 亿元，增长 13.1%。建办循环经济示范企业 2

户，万元工业增加值用水量27立方米。

【“三农”工作】全年农业增加值完成6.67亿元，比上年增长6.85%。粮食总产量9万吨，全膜双垄沟播面积5.15万亩，瓜菜种植面积8.71万亩，其中设施瓜菜1.55万亩，肉牛、生猪、肉绒羊饲养量分别达到2.11万头、4.81万头、3.17万只。新建农民专业合作经济组织11个，农民教育培训3.13万人次，建成农牧业示范点32个，推广农业新机具90台。人工造林0.45万亩，流域治理26.2平方公里。

产业开发成效明显，优质苹果基地规模扩大，新栽苹果3万亩、补植2.2万亩，新建科技管理示范园20处，推广适用新技术10多项。规范化种植烤烟3.3万亩，收购烟叶5.13万担，税收954.36万元。新建水泥骨架大棚300座、日光温室40座，中小拱棚种菜10293亩，种植大葱3万亩。新建五顷塬龙咀子肉牛、西坡高红肉羊等规模养殖场4个，新增规模养殖户320户。输转劳务6.6万人，劳务收入6.4亿元，富裕劳动力首次实现了向境外有序组织输转。

新农村建设集中推进，县财政优先安排580万元优势产业扶持资金和500万元集中推进试点专项资金，新建和巩固试点村36个，建成产业示范点22个、集中住宅点9处577户；45处村容村貌整治成效显著，配套建设户用沼气2559户、卫生厕所3500座。惠农支农政策落实到位，累计发放惠农资金6904万元，农民人均受益329元。

【项目建设】争取项目资金增加，论证储备各类项目235个，上报国家部委和省上有关部门项目28个；安排项目前期经费500万元，争取到通村油路、土地复垦整理、农业综合开发等各类项目60个，资金及经费补助3.62亿元，比上年增长9%。招商引资稳中有进，先后与北京汇源集团、陕西海升公司就浓缩果汁加工、苹果产业示范园项目进行了洽谈，与荷兰迪卡公司签订了投资8000万元的苹果产业开发项目合作协议。签约实施奥神洲果品气调库、锦运建材水泥粉磨站等招商引资项目47个，总投资达25.4亿元，到位资金11.6亿元，增长16.3%。项目建设规模扩大，严格建设程序，规范项目管理，组织实施城北广场道路建设、保障性住房、县医院整体搬迁等500万元以上重点项目145个，累计完成投资62.86亿元。房地产开发房屋施工面积60792平方米，商品房新开工面积33052平方米，销售面积45021平方米，销售额6857万元。完成经济适用住房72套7088平方米；廉租住房210套12052平方米；公共租赁房40套2400平方米；限价商品房100套10000平方米。实施危旧房改造2090平方米。

【基础建设】公路建设实现晋等升级，坚持新修改建并举、提质晋等并重，建设养管并抓，总投资1.88亿元，组织实施公路建设项目16个、114.39公里，宁长二级公路正宁段全线竣工通车，新修通村水泥路15条73.24公里，新栽补植公路行道树20条81.7公里，公路养护和路政管理工作持续加强。农田水利建设全面加强，新增有效灌溉面积1100亩，解决了14000人的饮水安全和1200名回族群众的饮水困难；新修梯田3.29万亩，改造中低产田2000亩，复垦整理土地9390亩，新增耕地1689亩，基本农田保护率达到85.12%。生态环境有了新的改观，创建省级生态乡1个、生态村1个，环境优美乡镇创建率达到100%，生态文明村创建率达到85%。完成补植补造4.31万亩，建成千亩示范林9000亩，义务植树60万株，集体林权制度改革顺利通过省市验收。全面落实饮用水源保护措施，地表水水质达标率87%，饮用水源水质达标率100%。污染物排放均控制在约束指标之内。电力通讯建设提质扩容，完成农网升级改造工程49个，实施移动基站、动力监控改造、光纤到户、“光进铜退”等工程124处，新建乡镇邮政所2个。全县完成邮政通讯业务总量7271万元。年末固定电话用户2.65万户；移动电话用户15.77万户，其中移动12万户，联通1.98万户，电信用户1.79万户。有线宽带网用户达5729户。

【就业与社会保障】围绕创建创业型城市，发放小额贷款2423万元，扶持成功创业1450人，城镇新增就业5916人，城镇失业人员再就业1276人，招考安置高校毕业生245人。城市低保标准由167元提高到184元，农村低保标准由950元提高到1096元。启动实施了城乡居民社会养老保险，新农保参保率96.1%，城镇居民养老金发放率100%。严格落实房地产政策调控措施，新建、续建保障性住房422套31540平方米。完成农村危旧房改造2000户，发放廉租住房租赁补贴658户、1902人、114.2万元。

【社会事业】建成四郎河川、宫河王录市级现代农业科技示范园区2个，引进推广新品种、新技术30个，被命名为“全国科普示范县”。县财政列支870万元用于发展教育事业，撤并农村小学3所，实施山河初中、正宁三中等校安工程6处；筹措1492万元，用于乡镇公立幼儿园建设，2所已完成维修改造，7所正在进行基础施工或前期工作。2011年，全县小学适龄儿童入学率、毕业率、升学率均达到100%，辍学率控制在0.06‰以内；初中阶段入学率99.5%，毕业率达到99.7%，升学率达到87.1%，辍学率控制在1.36%，初中毕业会考合格率达到34%；高考二本以上进线546人，录取667人，进线率为23.17%，比2010年提升了2个百分点；高考总进线人数达到2158人，进线率91.6%。成立了黄帝文化研究学会，县财政列支100万元扶持民俗文化产业发展，建成乡镇综合文化站6个，完成县博物馆提升改造工程和移动多媒体数字电视设备调试；编制完成了罗川古城旅游景区开发总体规划及调令关森林公园开发续建规划；举办了全县群众运动会，组团参加全国第二届红运会并取得良好成绩。医药卫生体制改革顺利推进，县级公立医院改革启动实施，新建标准化村卫生室28所，零差价药品销售让利群众182.4万元；基本公共卫生服务人均补助标准由15元提高到25元，新农合人均筹资标准由150元提高到240元，参合率达到97%以上；发放城乡医疗救助金1266人、687.07万元。新建改建乡镇计生服务所7所、村计生服务室33所。

宁县

【现任主要领导】

中共宁县县委书记：马　斌

宁县人大常委会主任：李百选

宁县人民政府县长：侯昌明

政协宁县委员会主席：刘　政

中共宁县纪律检查委员会书记：

邓莉娟（9月止）

梁运通（9月任）

【基本情况】宁县位于甘肃省庆阳市东南部，总土地面积2653.72平方公里，耕地94.96万亩，共辖8镇10乡，270个村民（社区）委员会，1805个村民小组，总人口54.9万人，常住人口40.63万人，其中农村人口51.2万人。年均气温10.3℃，年均降水量433.3㎜，全年无霜期150天左右，属典型大陆性季风气候，四季分明，光照充足。地势自东北向西南倾斜，海拔最高处1760米，最低处860米。城北河，九龙河，马莲河、泾河及其小支流流经境内。宁县交通便利，公路四通八达。国道银西公路，西长凤高速公路，省道吴凤、铜眉公路横贯全境，西平铁路宁县段、宁长二级公路正在建设当中。

【资源优势】宁县地处鄂尔多斯盆地腹地，境内矿藏资源储量丰富。已探明的有石油、煤炭、煤层气等化石性矿产能源资源。石油资源预测含油面积1000平方公里，预测石油储量超过1亿吨。煤炭资源总储量1027亿吨，其中1000米以浅的预测储量为77亿吨，煤质优良，地质构造简单，具有良好的开发前景。煤层气资源也十分丰富，预测储量2150亿立方米，是宁县极具工业价值的资源，开发前景十分广阔。

【国民经济】2011年，全县实现生产总值37.2亿元，比上年增长21.3%。分产业看，第一产业增加值11.12亿元，增长6.98%；第二产业增加值11.65亿元，增长44.9%；第三产业增加值14.46亿元，增长15.5%，三次产业结构29.8∶31.3∶38.9。全社会固定资产投资完成90.66亿元，增长72.95%。实现工业增加值4.92亿元，比上年增长27.7%，其中规模以上工业企业实现增加值1.38亿元。完成社会消费品零售总额15.67亿元，增长14.9%。完成大口径财政收入3.16亿元，首次突破3亿元大关。对外出口大幅增长。完成出口创汇总额2028万美元，实现出口供货值10030万元，增长31.97%。

【“三农”工作】认真贯彻中央1号文件精神，全面落实小麦良种补贴、农机具购置补贴、粮食直补等支农惠农政策。全年粮食作物播种面积98.57万亩，比上年增加6.36万亩。全年粮食产量24.15万吨，与上年基本持平，其中夏粮10.26万吨，秋粮13.89万吨。油料播种面积24.78亩（油菜籽15.04万亩），增加4.26万亩；油料产量2.85万吨（油菜籽1.66万吨），增长7.6%。

积极调整产业区域布局，优化农业结构，持续发展“果、畜、菜”三大支柱产业。草畜产业，大家畜存栏9.04万头，其中牛存栏8.92万头，当年新增养牛1.1万头，规模牛场达到24个；猪存栏9.06万头；羊存栏9.52万只，增长2.8%，种植饲料型苜蓿3.56万亩。果品产业，围绕建设“塬面果、川区菜、全县畜产”的发展思路和“壮大规模、扩张总量、提升质量、打造品牌”的总体要求，狠抓优质苹果基地建设，苹果园面积达到19.49万亩，苹果产量1.5万吨，当年新栽苹果树7.7万亩，建成万亩乡镇8个，新栽曹杏树1万亩，枣树0.2万亩。瓜菜产业，种植蔬菜14.3万亩，产量12.7万吨，实现产值23848.49万元；种植瓜类8.5万亩，产量29.06万吨，实现产值33419万元。同时，大力发展劳务产业，新开辟劳务基地6个，完成培训0.82万人次，全年共输转劳务人员15.91万人次，创劳务收入13.76亿元，劳务人员人均收入达到8646元。

【项目建设】坚持把发展抓项目贯穿于经济工作的始终，积极实施项目带动战略，持续开展“项目突破年”活动，全面加强了项目前期谋划、储备论证、衔接争取、实施监管等重点环节的工作，形成了投产一批、续建一批、新建一批、前期储备一批的项目流动发展格局。全年共储备各类项目374个，新入库项目211个，开工实施500万元以上项目157个。西长风高速公路建成通车，西平铁路建设加速推进，长庆桥工业集中区建设、县城马坪新区开发、宁长二级公路建设、“三江两岸”综合景观建设、县城污水处理厂和良平330千伏变电工程、天通水泥粉磨厂等一批重大项目按期扎实推进，为全县经济社会发展奠定了坚实的基础。

【人民生活】坚持以人为本，高度关注民生，认真落实政府承诺的民生实事，人民生活进一步改善。城镇居民人均可支配收入12016元，比上年增长20.51%，城镇居民人均生活消费支出8785元，增长93%。农民人均纯收入3701元，增长16.94%。“平安宁县”、“和谐宁县”创建工作成效显著，各类案件侦破率90%以上，矛盾纠纷调处成功率95%以上。6.14万贫困人口温饱问题得到解决。农村危旧房改造和灾后重建1.35万户。办理各类民生实事67件，群众住房、就医、就学、行路问题明显改观，群众的衣食住行条件极大改善，生活水平明显提高。

【社会保障】新型农村合作医疗、城镇居民基本医疗保险、农村低保制度全面建立，和谐宁县建设不断推进。新型农村合作医疗参合人数达到482447人，参合率97.83%，发放新农合补贴资金1.76亿元、城乡低保资金1.73亿元、农资综合补贴资金1.58亿元、农村危旧房改选资金6553万元，粮食直补、良种补贴、农机具补贴、家电摩托车小汽车补贴、村级干部报酬补贴、计生补助奖励等34项惠农资金，累计补贴资金12.8亿元。社会保障面不断扩大。年末61814户城镇家庭居民得到政府最低生活保障，保障人数达15万人次。年末全县参加城镇养老保险人数6167人，参加城镇医疗保险人数16626人，参加失业保险人数8119人。新增城镇就业8617人，城镇登记失业率3.38%，招考安置大中专以上毕业生600多人，安置退役士兵50名。全年新建老年福利中心一处、乡镇敬老院14个、农村社区服务中心7个，农家店、农资店共213个。积极实施整村推进和新农村建设项目，加大廉租房建设力度，解决了290户下岗职工的住房问题。

【社会事业】随着经济社会的向好发展和各项政策全面落实，文化教育、医疗卫生等各项社会事业已步入蓬勃发展的健康轨道。全年共向省市申报争取科技项目33个，其中省级项目8个，市级项目25个；全年共组织实施项目62个，积极组织科技下乡活动，共举办各类专题培训班343期，普及培训11万人次，骨干培训8200多人次，举办科技特派员培训班158期，培训1.2万人次；在示范园内推广引进实验瓜菜新品种13种，各种实用新技术15项，荣获“全国科技进步县”称号。

校园环境日新月异，学校面貌焕然一新，学生公寓楼，教育综合楼等设施拔地而起，新校区建设稳步推进，校园文化氛围浓厚，全县中小升学率、高考二本以上进线录取率连续多年位于全市前列，教育质量明显提高。建成早胜、和盛2所寄宿制学校并投入使用，整合中小学12所，改造D级危房3.8万平方米；建成多媒体教室100个，为18所初中配备了图书、仪器及音体美器材。至2011年末，全县拥有各类中小学校322所，教学班级2276个，拥有校舍建筑面积541744平方米，各级学校共有在校学生72620人，有专任教师5201人，其中大学本科及以上学历教师1835人，大学专科2203人。

全县卫生机构25个，实有床位785个，在岗职工926人，比上年增加384人。

（安斐）

镇原县

【现任主要领导】

中共镇原县委书记：周　伟

镇原县人大常委会主任：

王维东（10月止）

薛　渊（10月任）

镇原县人民政府县长：李崇暄

政协镇原县委员会主席：黄清文

中共镇原县纪律检查委员会书记：

王文剑

【基本情况】镇原位于甘肃省庆阳市西南部，东临庆城县、西峰区，西接宁夏回族自治区彭阳县，南界平凉市泾川县、崆峒区，北靠环县。镇原县地处黄河中游黄土高原沟壑区，是陇东黄土高原的主要组成部分。南北长91.24公里，东西宽78.3公里，境内平均海拔1500米，最高点海拔1767米，最低点海拔1011米，相对高差756米。属北温带大陆性气候。年平均气温10.3℃，日照率为56%，历年降雨量450～570毫米，无霜期150天左右。全县土地总面积3500平方公里，总耕地面积169万亩，人均3.5亩。境内山川塬兼有，以山地居多，占总耕地的68%以上。辖7镇12乡，215个行政村，5个居民委员会，1991个自然村。年末总人口51.78万人，其中：农村人口49.38万人，全年人口自然增长率为6.95‰。人口密度为每平方公里148人。

【国民经济】2011年全县实现生产总值36.0亿元，比上年增长20.5%。其中：第一产业增加值10.8亿元，增长6.7%；第二产业增加值10.8亿元，增长43.8%；第三产业增加值14.4亿元，增长17.8%。三次产业结构比为30：30：40。全县大口径财政收入完成2.03亿元，比上年增长17.4%，其中，一般预算收入完成1.52亿元，增长18.1%。年末金融机构各项存款余额42.68亿元，增长21.11%，其中，储蓄存款余额33.98亿元，增长26.29%；各项贷款余额23.20亿元，增长50.94%。

2011年，全县累计投入农业生产和建设资金2236万元，农业和农村经济在大灾之年保持了较好的发展态势，粮食总产量达到25.64万吨，减产4.47%。“杏果、瓜菜、草畜”三大特色产业区域逐步集中，果园面积累计达到34.04万亩，水果总产量7.45万吨，增长19.01%，其中苹果面积15.22万亩，产量5.3万吨，增长22.69%。建成了百亩设施瓜菜种植示范点6个，新建设施菜棚893座，设施蔬菜面积累计达到5975亩，露地瓜菜规模扩大，蔬菜产量9.16万吨，增长10.76%，瓜菜收入占到农民人均纯收入的18%。大力推广秸秆青贮氨化，舍饲养畜、畜禽疫病防治等技术，种草25.3万亩，建成规模养殖场6个，新增规模养殖1200户，牛、羊存栏分别达到11.21万头、22.63万只。

积极实施“工业突破”、“工业强县”战略，坚持新办与技改齐抓，使工业经济保持了较快增长。2011年，规模以上工业增加值达到3.88亿元，比上年增长16.10%。全年实现社会消费品零售总额13.65亿元，比上年增长14%。出口供货较快增长，全县实现出口供货总值4545万元，增长25.8%。旅游事业蓬勃发展，接待各类旅游人数15.8万人次，实现旅游收入6760万元。

【基础建设】依托项目支撑，加大筹资力度，组织实施了一批城建、交通、水利、生态等基础设施建设项目，基础设施建设快速推进。2011年，全县固定资产投资完成42.74亿元，比上年增长93.83%。县城东西区大开发、大建设、大发展的局面已经形成。2011年开工实施各类市政基础建设项目17项，完成投资16.8亿元。县城西区、东区路网框架基本成型，建成道路9条10.23公里，东、西区滨河路、南区主干道全面建成，城区建成框架面积扩大了1倍，规划面积扩大了3倍。实施了城区集中供热续建工程，新增供热面积10.8万平方米，垃圾处理场、新供排水管网等公共设施基本建成。新建镇原饭店、客运中心完成了主体工程。茹河四号大桥全面通车，五号大桥已开工，新开的所有道路完成了亮化，东部分路段完成了绿化，新安装河提护栏7公里。进一步完善了城区卫生清洁保洁、市场服务、车辆通行等城市管理机制，城市服务功能不断完善，管理水平进一步提升。平泉、孟坝、屯字、三岔、武沟、方山、新集等小城镇建设创新思路，稳步推进。

【人民生活与社会保障】城镇居民人均可支配收入13584元，比上年增长18.52%；农村居民人均纯收入3356元，增长15.63%。年内有2612名下岗失业人员通过各种渠道实现了再就业，年末城镇登记失业率为3.70%。社会保障日益完善。全县参加基本养老保险参保人员20.37万人。基本养老保险基金收入2692万元，失业保险基金收入469.76万元，城镇职工基本医疗保险基金收入2155万元。共有46.94万农民参加农村新型合作医疗，参合率达到97.02%，共为68.52万人次报销各种医疗费用10761.93万元。全县城镇居民共有3084户、6132人得到政府最低生活保障救济。农村共有19824户、37014人得到政府最低生活保障救济。

【社会事业】教育事业全面发展。2011年，全县各类在校学生84857人，其中：职中招生1375人，在校学生3336人；普通高中招生4856人，在校学生15069人；初中招生7225人，在校学生25101人；小学在校学生41351人。适龄儿童入学率100%，13～15岁儿童初等教育普及率达到100%，小学学生巩固率达到100%。全县大专以上（含高职）高考进线人数1763人，其中本科进线人数达1373人。文化事业持续活跃，全县共有专业文化艺术表演团体1个，全年演出260场（次），观众达15万人次；有公共图书馆1个，藏书5.4万册；博物馆1个，文物藏量3551件；乡镇文化站19个，建成农家书屋215个。体育事业蓬勃发展。2011年，在全国第二届红色运动会上，全县单独组队共派出15名队员参加，荣获1金1银1铜奖牌，获得"全国第四名"。2011年末，全县有线电视用户增加到3082户。广播人口覆盖率达到93.2%，电视人口覆盖率达到93.69%。卫生事业全面加强。2011年末，全县医疗卫生机构总数26个，年末实有医疗床位752张，共有卫生技术人员972人。

定西市

【现任主要领导】

中共定西市委书记：杨子兴

定西市人大常委会主任：

秦素梅（11月止）

牛兴民（11月任）

定西市人民政府市长：常正国

政协定西市委员会主席：

牛兴民（11月止）

成柏恒（11月任）

中共定西市纪律检查委员会书记：

陈尊峰

【基本情况】定西市位于甘肃省中部，取"安定西边"之意而得名，通称"陇中"，东接天水、西靠兰州、北邻白银，南连陇南，并与甘南、临夏接壤，距省会兰州98公里，具有承东启西，南连北展的区位优势。全市总面积20330平方公里，耕地面积771.45万亩，农民人均2.9亩。现辖1区6县；辖119个乡镇、2个街道办。市政府所在地安定区。居住着汉、回、藏等18个民族。定西地处黄土高原西部边缘地带和西秦岭末端，以渭河为界，形成中北部黄土丘陵干旱区和南部高寒阴湿的两种独特自然气候。地势南高北低，全市海拔在1420～3941米之间，年平均气温7℃左右，年总降水量400～600毫米，无霜期100～160天。

【资源优势】农业资源：这里的土壤气候极适合中药材、马铃薯生长。所产马铃薯形整、质优、储存期长、淀粉含量高，产量和质量在全省及全国均处于一流水平。产薯大县安定区被中国农学会命名为"中国马铃薯之乡"，渭源县被中国农学会评为"中国马铃薯良种之乡"，并已成为全省各地乃至周边省区的良种马铃薯供应中心。定西是地道的中药材主产地，中药材资源十分丰富，已查明的中药材有300多种，尤以岷归、党参驰名中外，当归、党参产量分别占全国的70%和40%。处于洮河上游的岷县自古就有"千年药乡"之称，所产当归世称"岷归"，被列为国家原产地认证保护产品。渭源县被称为党参"故里"，种植的党参体胖梢长，皮肉坚实，质量优良，功能与人参近似。临洮县由于光照充足，昼夜温差大，所产花卉色泽艳丽，香气宜人，也极适宜生产各种食用菌。

旅游资源：定西历史悠久，文化灿烂，是华夏文明的发祥地之一。国家级、省级森林公园贵清山、遮阳山、莲峰山等享誉国内外；新石器时代著名的马家窑、齐家、寺洼等文化遗址，西起临洮绵延300公里的战国秦长城遗址，海内外李氏寻根敬祖的“李氏堂”和通渭温泉等极具开发价值；有汉代新莽权衡、唐明皇御笔“哥舒翰记功碑”、元代墓葬群、明代铜钟等国家重点文物；有独具风格的渭源灞陵桥、气势雄伟的陇西威远楼。

【国民经济】2011年，定西市以实现跨越式发展为目标，继续坚持“兴农强工、做大城镇、扩充总量、提升水平”的总体要求，努力克服严重干旱等自然灾害造成的不利影响，通过强化农业基础地位，不断加大工业建设力度，加快发展第三产业，促进了经济总量的较快增长。2011年，全市实现生产总值186.94亿元，比上年增长12.7%，增速比上年加快2.2个百分点。其中：第一产业增加值52.89亿元，增长5.5%；第二产业增加值51.8亿元，增长20.7%；第三产业增加值82.25亿元，增长13.1%。三次产业结构比由31：25：44调整为28：28：44。全市完成全社会固定资产投资总额281.66亿元，增长55.8%。实现社会消费品零售总额63.43亿元，增长19.0%。完成大口径财政收入17.76亿元，增长30.7%；完成一般预算收入10.0亿元，增长38.1%；一般预算支出117.71亿元，增长29.75%。

【农业经济】2011年，全市以转变农业发展方式为主线，全力落实各项强农惠农政策和促农增收“六大行动”，围绕打造中国“两都”，突出发展旱作农业、特色农业和设施农业，积极应对干旱等不利因素，千方百计调结构、促增产，农业经济呈现出持续稳定发展的良好态势。全年完成农业增加值52.89亿元，增长5.5%。全市粮食总产量达123.57万吨，较上年增加3.51万吨。基本形成了高寒区以马铃薯、中药材、蚕豆为主，川水区以蔬菜、各种间套带模式和设施农业为主，干旱区以马铃薯、全膜玉米、各种特色小杂粮为主的区域化种植格局，特色农产品优势产业带逐步形成，农业种植结构趋于合理。

【产业开发】全市按照“科学布局、合理轮作、规范种植”的要求，认真落实马铃薯、中药材、蔬菜标准化生产实施方案，积极创建标准化生产基地312.39万亩，其中马铃薯标准化基地242.3万亩，中药材标准化基地44.72万亩，蔬菜标准化基地25.4万亩。全市种植马铃薯、中药材、蔬菜等特色农作物475.08万亩，占农作物播种面积的56%，较上年净增25.38万亩，其中马铃薯323.45万亩，净增8.1万亩；中药材108.91万亩，净增7.84万亩；蔬菜42.72万亩，净增9.44万亩。

2011年新认定省级农业产业化重点龙头企业13家，全市省级重点龙头企业累计达到41家，国家级重点龙头企业3家。陇西县清吉公司被农业部认定为第二批全国农产品加工业示范企业。2011年全市以46家市级农民专业合作社示范社建设为重点，新发展农民专业合作社136个，各类农民专业合作经济组织累计达到1132个。农民专业合作经济组织成员总数达到6.99万人，带动非成员农户22万户，占到总农户数的35.39%。马铃薯种薯企业发展到27家，万吨以上马铃薯加工龙头企业发展到20家，精淀粉及其制品生产能力达到35万吨，产品发展到变性淀粉、全粉、薯条、膨化食品等10多个品种系列。

【工业强市】全市认真贯彻“工业强市”发展战略，以项目建设为突破口，扎实推进“工业发展十大行动计划”，工业经济呈现快速增长态势。2011年，全市完成全部工业增加值33.21亿元，增长21.7%，增速比上年加快7.7个百分点，对经济增长的贡献率为26.89%，拉动经济增长3.52个百分点。规模以上工业企业完成工业增加值16.24亿元，增长25.1%，增速比上年加快7.4个百分点。

【项目建设】2011年，定西市坚持把项目建设作为加快发展的重要举措，筹措落实项目前期费4000万元，新论证储备项目1020个；多次召开项目建设推进会和现场办公会，协调解决存在的困难和问题，项目建设步伐进一步加快，投资保持了高速增长。全年争取国家和省上预算内资金56.5亿元，比上年增加12亿元。全市实施项目874个，其中新开工项目597个，新开工亿元以上项目83个，增加49个。完成全社会固定资产投资总额281.66亿元，增长55.8%。

2011年，定西市招商引资项目227项，到位资金86.39亿元，增长38.1%。按投资区域看：省外境外项目139项，到位资金56.09亿元，增长55.9%。省内项目88项，到位资金30.3亿元。

【人民生活】2011年，定西市城镇居民人均可支配收入12290元，增长13.9%，增速比上年加快4.44个百分点；农民人均纯收入3074元，增长13.8%。城乡居民人均消费支出分别为8982元和3005元，分别增长11.2%和24.22%。在岗职工平均工资32717元，增长17.9%。年内全市共输转城乡劳动力65.25万人，创劳务收入64.34亿元。

【就业与社会保障】坚持以人为本，着力保障改善民生，积极解决群众最关心、最直接、最现实的利益问题，全面落实就业扶持政策。全市新增小额担保贷款基金2240万元，发放小额担保贷款41359万元，支持11393人走上了创业之路，直接带动就业28000多人。全市公益性岗位安置就业7172人，享受灵活就业社保补贴的下岗失业人员累计达到9862人，3798户零就业家庭实现就业3859人。年内全市城镇新增就业人数13600人，城镇登记失业率为3.65%。普通高校应届毕业生就业率为85.30%。养老、失业、医疗、工伤、生育保险参保人数分别达到8.4万人、8.33万人、30.76万人、7.01万人和6.24万人。完成城镇基本养老保险费收入 40383 万元，完成失业保险费收入 3246 万元，完成基本医疗保险费收入 23595 万元，完成工伤保险费收入 889 万元，完成生育保险费收入 460 万元。城镇职工、居民基本医疗保险总参保人数达到 30.76 万人。

【惠民实事】全面完成了为民承诺办理的 10 件 24 项实事。实施中小学校舍安全工程 69 个，建成特殊教育学校 5 所，建成农家书屋 300 个、乡镇综合文化站 53 个。新建乡镇卫生院 5 所、村卫生室 255 所，筹资 2650 万元为县区医院、乡镇卫生院和村卫生室配备了医疗设备。城市低保补助标准提高 10%，农村低保补助标准提高到 1096 元。新建廉租住房 7557 套、经济适用房 1025 套、限价商品房 608 套、公共租赁房 1132 套，完成棚户区改造 4109 套、农村危旧房改造 1.8 万户。改造市区供热管网 12 处，硬化背街小巷 10 条。加强食品药品监管，创建食品安全示范店 105 个、农资放心店 10 个，建成市级食品安全快速检测中心 1 个、县级检测室 7 个。不断加强和创新社会管理，办理各类法律援助案件 363 件，在 40 个乡镇安装了视频监控系统。

【社会事业】教育事业：2011 年底，全市有各级各类学校 1783 所。其中：普通高校 1 所，在校学生 4628 人；成人高校 1 所，在校（册）学生 4783 人；中等职业学校 25 所，在校学生 33269 人。各级各类学校共有教职工 34375 人，其中专任教师 31318 人。小学入学率达到 99.84%，初中入学率达到 98.66%。全市有 50 名高中学生在全国高中数学物理竞赛中获奖；有 393 名初中学生在全国初中数学、物理、化学竞赛中获奖；有 514 名小学生在全国小学英语竞赛中获奖。全市高考本科上线率达 23.4%，比上年提高 2.1 个百分点。

科技事业：2011 年，全市共组织申报国家、省级科技计划项目 182 项，其中：国家级科技计划项目 75 项，省级科技计划项目 107 项。共批复立项各类项目 54 项，争取经费 3799.65 万元，较上年增长 8%。全市科技特派员总数达到 680 名。组织实施科技特派员试验示范项目 15 个，建立科技成果示范基地 14 个，带动农民推广应用新技术、新产品 12 项，引进新品种 20 多个，创建经济利益共同体 5 个。全市专利申请受理 235 件，授权 105 件。

文化事业：2011 年，定西市组织 13 个剧目参加了第三届甘肃省“红梅奖”大赛，创排的大型现代秦剧《百合花开》捧得剧目最高奖“红梅大奖”，定西秦剧团演员毛玲、谭强二人问鼎个人表演最高奖“红梅大奖”，定西市获奖等级和数量位居全省地州市院团第一。书画创作方面，田向农、王盛祥创作的《红色南梁－连环画》丛书全国发行，张卫平创作的《榜罗会议》、赵晓玲创作的《黄河铁桥》入选甘肃省重大革命历史题材美术作品展，包少茂等多人参加全省文化系统美术书法展并获奖。

广播电视事业：2011 年，全市有线电视数字化整体转换 4.3 万户，发展双向用户 3600 多户。完成对通渭、渭源、临洮、漳县、岷县等 5 个县“十一五”广播电视村村通 195108 套设备的检查验收。全年完成了 22884 场的公益放映任务，实现了每村每月放映一场电影的目标。全市广播覆盖率达到 90.4%，电视覆盖率达到 90.85%。

卫生事业：2011 年，全市医改工作稳步推进，卫生各项事业健康快速发展。全市共有 232.07 万农民参合，参合率 95.07%，较上年提高 3.29 个百分点。全市住院分娩率 96.72%。2011 年底，全市有卫生机构 542 个（不包括村卫生室），有床位 9052 张；有卫生技术人员 7498 人，其中，执业医师 2209 人。全市有村卫生室 1947 个，村卫生室从业人员 2124 人，其中乡村医生 1983 人。

体育事业：2011 年，全市投资 3000 多万元，新增公共体育场地面积 10 万多平方米，增长 16%。全民健身事业发展开创新局面。全市经常参加体育锻炼的人数达到 80 万人，占全市总人口的 27%；学校实施《国家学生体质健康标准》的施标率、达标率分别达到 100%和 94.2%。全年组织开展市级以上群体竞赛活动 50 多次，参加人数达 1 万多人。组队参加省级以上比赛 16 次，共获得奖牌 71 枚，其中金牌 19 枚；组织参加全省第六届农民运动会，名列奖牌榜第七；有全国高水平体育后备人才基地 1 所，业余体校 7 所，体育传统校 100 所，常年在训学生 1000 多人。

（张桂琴　陈益民）

安定区

【现任主要领导】

中共安定区委书记：位志荣

安定区人大常委会主任：

王仲谦（10 月止）

郭景虎（10 月任）

安定区人民政府区长：赵众炜

政协安定区委员会主席：

郭景虎（10 月止）

景利军（10 月任）

中共安定区纪律检查委员会书记：

柳生坚（ 5 月止）

杨振军（ 9 月止）

贾记贤（ 9 月任）

【基本情况】安定区地处甘肃省中部、定西市北部，距省会兰州 90 公里，东北及东部邻会宁，东南接通渭，南部与陇西、渭源毗连，西南连临洮，西部至西北与榆中接壤。城区所在地海拔为 1898.7 米。气候属中温带干旱、半干旱区，大陆性气候显著。年平均太阳辐射量 141.4 千卡/平方厘米，年平均日照 2500.1 小时。年均气温 6.3℃，无霜期 141 天。正常年降水量 400 毫米左右，多集中在秋季，蒸发量高达 1500 多毫米，是一个干旱、冰雹、霜冻、低温等自然灾害频繁的农业区。安定区是定西市委、市政府所在地，是全市政治、经济、文化中心。陇海铁路、宝兰铁路及国道 310、312、定兰高速公路穿境而过，自古就有“甘肃咽喉”、“兰州门户”之称。独特的区位、便利的交通是发展经济得天独厚的优越条件。全区辖 12 个镇 7 个乡和 2 个办事处，有 317 个村（居）委会，2389 个社（组），年末常住人口 42.15 万人，其中乡村人口 25.78 万人。总流域面积 3638.7 平方公里，其中耕地 171.54 万亩，是“中国马铃薯之乡”。

【国民经济】2011 年，全区完成生产总值 39.34 亿元，比上年增长 13.8%。其中：第一产业增加值 8.34 亿元，增长 5.21%；第二产业增加值 10.90 亿元，增长 20.7%；第三产业增加值 20.10 亿元，增长 14.4%。三次产业结构比为 21∶28∶51，产业结构不断优化。完成大口径财政收入 4.1 亿元，完成一般预算收入 1.83 亿元，分别增长 30.95%和 33.01%。财政支出达到 18.56 亿元，增长 31.68%。年末各类金融机构存、贷款余额分别达到 103.88 亿元和 60.32 亿元，分别增长 12.3%和 27.02%。

【特色产业】马铃薯产业：一是加快了种植规模化。通过行政推动、技术保障、物资配套，全区共种植马铃薯 107.51 万亩，连续 5 年保持在百万亩以上。2011 年全区马铃薯平均亩产达 1120 公斤，总产达 120 万吨。建立良种扩繁、优质商品薯和专用加工薯标准化基地 71.44 万亩，占全区马铃薯种植面积的三分之二。

二是实现了良种脱毒化。区政府筹措 1300 万元，在全区范围内统一调运原种 6477 吨、一级种 2671.7 吨。以香泉网棚扩繁、高峰高山隔离扩繁为主，建立原种扩繁基地 7000 亩，比 2010 年增加 2000 亩，扩繁原种 10050.72 吨。在 19 个乡镇建立一级种扩繁基地 6.4 万亩，是 2010 年的 2.1 倍，生产马铃薯一级种 10 万吨，二级种扩繁基地 45 万亩，推广二级种 53.15 万亩，在全省率先实现了脱毒种薯全覆盖，比 2010 年提高 35 个百分点。

三是创新了种植高效化。把“黑色地膜+脱毒种薯+配方施肥+病虫害防治”的马铃薯高效化栽培技术推广作为转变马铃薯产业发展方式的关键措施，完成以黑色全膜为主的地膜马铃薯 44.36 万亩，占马铃薯种植面积的 40%以上。在遭受特大自然灾害影响下，采取黑膜全覆盖和脱毒薯种植的马铃薯苗齐、苗壮，与露地作物形成极大反差，抗旱优势十分明显。黑色全膜马铃薯平均亩产达 1521.5 公斤，较露地平均亩产 839 公斤增产 682.5 公斤，增幅达 81.3%。特别以黑色全膜为主，配套新品种、新技术展示的南川马铃薯标准化种植示范观摩基地，成为全省马铃薯高效化种植的成功范例，创出了马铃薯高效种植的安定模式。

畜草产业：全区畜草产业发展整体运行势态良好，保持了持续快速发展的势头。年底各类畜禽存栏量达到 193.5 万头（只、匹），较上年增长 6.97%。新建养殖场（小区）30 个，在规模养殖场（小区）的辐射带动下，新发展适度规模养殖户 1507 户，全区适度规模养殖户达到 4230 户。规模养殖场（户、小区）存栏各类畜禽 114.65 万头（只），出栏达到 108.62 万头（只）。规模养殖比重达到 36.7%。同时，狠抓玉米秸秆转化利用，全年新建青贮氨化池 5040 座，累计建成永久性青贮氨化池 12348 座，年青贮饲草能力达 35 万吨以上，氨化饲草达 5 万吨以上，秸秆利用率达 50%以上，推动了畜牧业生产方式的转变。

【项目建设】2011 年，全区完成全社会固定资产投资 56.76 亿元，较上年增长 66.7%。共争取国家政策性项目 124 项，到位资金 5.2 亿元；引进招商项目 26 项，到位资金 5.5 亿元，全面实现了“两个五亿元”的目标。全面落实重点项目建设三级领导责任制，项目建设稳步推进。全区开工建设投资 100 万元以上项目 138 项，当年完成投资 34.16 亿元。一是推进特色产业升级方面抓项目。旱作农业、马铃薯良种基地、设施农业、中辰公司奶牛场二期及育耕公司优质肉用种羊产业化等特色产业项目 17 项，总投资 3.7 亿元，当年完成投资 2.57 亿元。二是加强基础设施建设方面抓项目。天定高速安定段水土保持综合治理、引洮农村供水工程、土地整理、房地产开发、农网改造等城乡基础设施建设项目 72 项，总投资 86 亿元，当年完成投资 25.5 亿元。三是加快地方工业发展方面抓项目。螺钉公司出城入园、正立公司 50 万立方米商品混凝土搅拌站、长津公司节能电机生产线等工业项目 29 项，总投资 15.6 亿元，当年完成投资 4 亿元。四是全力推进商贸流通业发展方面抓项目。木材市场搬迁、荣芳公司汽配城、鑫路通公司 3.2 万吨沥青库、百森公司家居会展中心 4 个项目，总投资 6.7 亿元，当年完成投资 1.4 亿元。五是发展社会各项事业方面抓项目。保障性住房、福台中学教学楼、精神卫生防治中心、看守所迁建等社会事业项目 16 项，总投资 1.2 亿元，当年完成投资 6652 万元。

【城乡建设】坚持把城乡基础设施建设作为增强发展后劲的重要举措，以打造“五宜”城市为目标，不断改善城乡居民生产生活条件。实施城建项目 37 项，当年完成投资 10.89 亿元，比上年增长 117.8%。投资 6116.06 万元，完成了西川园区道路硬化、永定东路等背街小巷硬化及排水管网建设、玉湖公园湖维修改造、旧城区公厕改造、中华路中段绿化及人行道改造、新盘旋路花坛改造、交通路北段东侧绿化、城区绿化补植补造、西川临街建筑物提升改造、立交桥广场改造 10 个项目。

年内主要实施了新城区廉租房续建、新城区安置楼建设、南山根保障性住房建设、农村危旧房改造等 4 个项目，总投资 4.06 亿元，年内累计完成投资 2.56 亿元。新城区 412 套廉租住房全面建成，房屋配售工作全面结束；新城区 3 栋、264 套拆迁安置楼建设全部封顶；南山根 1640 套、9.5 万平方米保障性住房建设完成主体工程的 40%以上；3000 户农村危旧房改造全面完成，已通过省、市验收；为城市低收入住房困难家庭发放廉租住房租赁补贴 5012 户，844 万元。共实施棚户区改造（旧城区改造）及房地产开发项目 8 个，项目总投资 12.88 亿元，已累计完成投资 3.31 亿元。

【人民生活】全区城镇居民人均可支配收入达到 12302 元，较上年增长 13.91%；农民人均纯收入达到 3101 元，增长 14.99%。群众购买力显著增强，城乡市场十分活跃。社会消费品零售总额 20.96 亿元，增长 19.15%。全年共培训城乡劳动力 3.5 万人次，输转 10.35 万人次，新建劳务基地 5 个，申报"薯都保安"和"薯乡牛肉拉面师"两个劳务品牌，创劳务收入 10.15 亿元。

【就业与社会保障】坚持把保障和改善民生作为一切工作的出发点和落脚点，解决了一大批人民群众最关心的热点和难点问题。全区城镇新增就业 2165 人，新增小额担保贷款 800 万元。完成职业技能培训 1255 人，创业能力培训 400 人，职业技能鉴定 1068 人。城镇登记失业率为 3.1%。参加居民基本医疗保险 52032 人，职工医疗保险 18902 人，失业保险 13940 人，工伤保险人数 9675 人，基本养老保险人数 9681 人，生育保险 8080 人。城镇职工基本养老保险缴费人数增长 25.59%，失业保险缴费人数增长 12.9%，城镇职工基本医疗保险缴费人数增长 8.44%，城镇居民基本医疗保险缴费人数增长 49.21%，工伤保险缴费人数增长 140.3%，生育保险缴费人数增长 187.04%。城镇基本医疗保险参保率达到 98%，社会保险市级统筹落实率达到 100%，社会保险配套政策落实率达到 100%。全区企业普遍建立了劳动合同基础台帐，劳动合同签订率达到 90.3%，集体合同制度覆盖率达到 81.5%，小企业劳动合同签订率达到 90%。

【环境保护】全区环境主要指标趋于良好，可吸入颗粒物日平均值 0.061mg/m^3，二氧化硫日平均值 0.035 mg/m^3，二氧化氮日平均值 0.034 mg/m^3，饮用水源水质达标率 100%。区域环境噪声平均值 50.09 分贝，交通干线噪声平均值 64.8 分贝，均控制在范围目标之内；采取结构调整措施，削减化学需氧量 372.6 吨、氨氮 3.66 吨、二氧化硫 4.00 吨、氮氧化物 0.73 吨。定西城市生活垃圾填埋场运行率为 100%。出厂水质达标率为 100%，日平均处理量为 0.9 万立方米，负荷率为 90%。

【社会事业】教育事业：2011 年全区新建、改扩建学校 7 所，完成投资 2118 万元。新建和改扩建幼儿园 6 所，小学适龄儿童入学率、初中毛入学率分别为 100%、121.6%；7～15 周岁三残儿童少年入学率 83.5%；初等教育、初级中等教育完成率分别为 99.8%、97%；城市流动人口子女和农村留守儿童入学率为 100%，非服务区小学、初中阶段适龄儿童少年都能上学。完成普通高中招生 5739 人，普通高中入学率为 64.6%。高中阶段毛入学率为 85.4%。高考本科上线人数达到 2436 人，再创历史新高。

科技事业：2011 年顺利通过"2009～2010 年度全国科技进步县（区）"考核验收，并获得全国科技进步先进县（区）称号。争取到中国科协与联合国儿基会项目等各类国家、省级批复立项项目 17 项，争取到位资金 892.5 万元。评定区级科技进步奖 14 项，有 6 项获市科技进步奖。共申请专利 50 件，其中，发明专利 13 件，实用新型 34 件，外观设计 3 件，有 24 件专利获得国家知识产权局授权。选派 94 名科技特派员，建立了以马铃薯和旱作高效农业为主的农业示范基地 19 个、各类养殖小区 30 个、示范企业 5 户，培训科技人员 1200 多人次。

卫生事业：全区共有医疗卫生机构 29 家，其中区级医院 3 家、疾病预防控制中心 1 所、妇幼保健院（所）1 所、中心卫生院 6 家、乡镇卫生院 16 家、社区服务中心 2 所，床位 1389 张。全区儿童"四苗"全程接种率 99.79%，农村新型合作医疗参合率 95.18%。

（郑　鹏）

通渭县

【现任主要领导】

中共通渭县委书记：

赵　爱（9 月止）

令续鹏（9 月任）

通渭县人大常委会主任：吕裕民

通渭县人民政府县长：

令续鹏（9 月止）

邵志刚（10 月任）

政协通渭县委员会主席：裴少锋

中共通渭县纪律检查委员会书记：

王振中（9 月止）

王亚伟（9 月任）

【基本情况】通渭县位于甘肃省东南部，定西市东侧，海拔高度为 2521～1410 米。东西长约 78 公里，南北宽约 64 公里，总面积 2908.5 平方公里。东南、南分别与秦安、甘谷县接壤，西南、西分别与武山、陇西县相邻，西北、北、东北分别与安定、会宁和静宁县毗连。全县现辖 6 镇、12 乡，332 个村民委员会、10 个社区居委会，2440 个村民小组。

通渭县地处黄土高原南部边缘地带，为黄土丘陵沟壑区，地势西北高，东南低。全县属温带半湿润向半干旱过渡区。年平均风速 1.7 米／秒，年平均气温 7.6℃，总降水量 300～600 毫米，年无霜期 120～170 天，年总日照时数 2100～2430 小时。全县现有耕地面积 183.03 万亩，县内主要河流牛谷河、金牛河、安逸河、清溪河、苦水河，由于干旱少雨，加之地下水位下降，部分河流出现断流。全县地表水资源9542万立方米，地下水资源1478万立方米。

全县的矿藏资源主要有花岗岩、硅石矿、汉白玉、高岭土、硫铁矿、地热温泉和煤等。花岗岩仅露地储量在6亿立方米以上，高岭土开采贮量187万吨，硅铁矿总储量300万立方米，地热资源3处，距县城8公里处的地热温泉有“陇上神泉”之美誉，“浴可治百病，饮可提神美容”。

全县适宜于多种农作物的生长，粮食作物以冬小麦、春小麦为主，其次为玉米、马铃薯、豆类（扁豆、豌豆、蚕豆）、糜子、谷子、莜麦、荞麦等；经济作物主要有油料（胡麻、油菜）、蔬菜、甜菜等；药材主要有党参、柴胡、黄芪、甘草、板蓝根等。

通渭历史悠久。县内建有榜罗红军长征纪念馆、义岗红军烈士陵园、红军长征纪念碑等革命纪念建筑。距县城8公里处有一温泉，山幽泉雅，可供人们治病、疗养、休闲。鹿鹿山、尖岗山、清凉山是避暑、游玩的理想场所。

【国民经济】2011年，全县完成生产总值21.63亿元，比上年增长13.2%，其中一、二、三产业增加值分别完成8.03亿元、2.57亿元和11.02亿元，分别增长6.7%、23.9%和15.6%，三次产业结构比为37.1：11.9：51.0。全社会固定资产投资22.70亿元，增长51.5%。社会消费品零售总额4.67亿元，增长18.7%。城镇居民人均可支配收入达10950元，比上年增长12.16%；农民人均纯收入为2883元，增长13.06%。大口径财政收入8087万元，增长28.04%；财政支出15.01亿元，增长33.74%。金融机构存款余额21.93亿元，增长0.18%；贷款余额11.96亿元，增长27.8%。

【“三农”工作】2011年，全县投入资金9921万元，狠抓玉米、马铃薯、草畜等特色产业发展。推广全膜双垄沟播103万亩，其中种植玉米81万亩，平均亩产达557公斤，全县粮食稳定增产。种植马铃薯46.8万亩，建设良种繁育基地10万亩，生产脱毒苗3000万株、原原种5000万粒。加快草畜转化，新建养殖场6个、养殖小区5个，引进基础母牛6850头，青贮氨化玉米秸秆18万吨。新建日光温室156座、塑料大棚416亩，促进了城郊蔬菜产业较快发展。

【项目建设】2011年，县上建立完善了重点项目和招商引资领导责任制，主动衔接争取项目，争取国家政策性资金2.1亿元。实施各类项目112个、总投资50.4亿元，完成投资6.79亿元，其中实施千万元以上项目39个，增加15个。64个县级领导责任制重点建设项目和重点前期项目进展顺利。招商引资取得重大突破，新签约项目10个，到位资金3.72亿元，特别是总投资42亿元的华家岭50万千瓦风电场一期工程已正式奠基。

【园区建设】2011年，县工业集中区发展规划通过省级评审，启动建设滨河路东段，规划改造北街东段，不断完善水、电、路等基础设施，为企业入园发展创造了较好条件。新建工业项目4个，总投资1.72亿元，完成投资5700万元，浩丰公司60万件皮具、震宇公司65万件皮具加工项目建成投产，金仕通圣达制衣公司400万件服装加工、百源成公司小麦面粉生产线技改项目正在加紧建设。续建工业项目11个，完成投资1.45亿元，乐百味公司1000吨苦荞麦天然有机成分开发等10个项目建成投产。

【城乡建设】2011年，县上编制了县城控制性详规，实施重点城建项目22个，完成投资5.2亿元，温泉路、城区污水处理、宋堡住宅小区、射堡亭改造等项目进展顺利，书画城、牛谷河陇中书画风情线等项目正在开展前期工作。小城镇建设有序推进，马营镇道路改拓建及排水等项目进展顺利。加强农村基础设施建设，新建通村水泥路51公里，靖天公路通渭段批复立项。新修梯田5.77万亩，治理水土流失60平方公里。完成锦屏水库水源地生态环境治理等重点林业工程2.9万亩。实施整村推进项目12个、易地扶贫搬迁项目7个、农村危旧房改造3800户。

【就业与社会保障】2011年年末全县新型农村合作医疗参合农民达37.57万人，参合率达95.12%，比上年提高3.12%，为39.19万人报销医疗费5868.69万元；全县农村低保人数7.04万人，发放人口保障资金8808万元；农村五保户人数2491人，发放保障资金610.86万元；累计发放城镇低保资金2308万元，保障对象达到9958人。参加城镇基本医疗保险的人数3.27万人，其中，参加城镇职工基本医疗保险人数1.52万人，参加城镇居民基本医疗保险人数1.76万人。发放企业离退休人员基本养老金1887万元，失业保险金237万元，按时足额和社会发放率达到100%。城镇新增就业人数2572人，城镇登记失业率控制在2.88%以内。同时认真落实最低工资制度，全面提高了代课教师、环卫工人、文化专干、社区工作人员、聘用制工勤人员工资和企业离退休人员津贴、干部职工津补贴标准。

【惠民实事】2011年，全县进一步健全惠农惠民政策落实机制，各项民生政策全面落实。10件实事进展顺利，即：争取资金2404万元，通过实施温泉引水工程、启动备用水源、拉水补给等措施，确保了城乡居民的基本生活用水；引洮一期陇通农村供水工程和城区应急供水工程开工建设。投资700万元的县第二幼儿园建设进展顺利，年内可完成综合楼主体工程。投资987万元建成了县温泉路中学学生宿舍楼及食堂5275平方米。筹资150万元为150户农村计划生育“两户”家庭实施了安居工程。新增养牛担保贷款3640万元，扶持农户1537

户；新增小额担保贷款7565万元，扶持创业2912人。投资2355万元的农村电网改造升级示范工程全面竣工。筹资160万元建成农村党员干部远程教育培训基地1个、村培训室30个。投资5700万元开工建设城区集中供热工程，完成了部分管网敷设。投资1.98亿元开工建设城镇保障性住房1673套，年内完成60%的主体工程。投资6378万元开工建设温泉路，完成了地下管网敷设及路基工程。

【社会事业】2011年，大力实施中小学校舍安全工程，稳步推进学校布局调整，全面落实义务教育经费保障机制，全县教育资源配置不断优化，教育教学质量稳步提升。中等职业教育较快发展，在校学生2875人；普通中学在校学生14643人；幼儿园数达到12所，在园幼儿数达到1184人。医疗卫生条件明显改善，基层医药卫生体制改革全面推进，乡镇卫生院工作人员工资实现了财政全额供给；完成平襄镇卫生院搬迁，卫生业务用房增加到7.55万平方米。人口和计划生育工作全面加强，开展了党员干部职工违法生育清查清理工作，逐步健全综合治理和利益导向机制，为“两户”家庭落实了奖励扶助政策，通过了省级优质服务县验收。

（赵亮亮）

陇西县

【现任主要领导】

中共陇西县委书记：

张懿笃（9月止）

鲁　泽（9月任）

陇西县人大常委会主任：包志宏

陇西县人民政府县长：

鲁　泽（9月止）

陈彦吉（9月任）

政协陇西县委员会主席：张小平

中共陇西县纪律检查委员会书记：

何凤琴（9月止）

马栩健（9月任）

【基本情况】陇西县位于甘肃省东南部，定西市中部，渭河上游，东接通渭县，南连武山县、漳县，西邻渭源县，北靠安定区，东西宽52公里，南北长46公里，总面积2408平方公里。辖9个镇，8个乡，215个行政村，11个社区，1292个村民小组。

陇西县因在陇山以西而得名，自古为“四塞之国”，兵家必争之地。陇西以古老的文化和悠久的历史彪炳华夏文明史册。陇西是天下李氏的“郡望”，陇西李氏文化是与敦煌文化、天水伏羲文化、拉布楞寺藏传佛教文化齐名的甘肃四大文化之一。2002年，省、市确定要把陇西建成西北最大的中药材信息、交易中心，甘肃重要的铝工业基地和中药材生产、加工基地，使之成为东接天水、西承兰州的现代化中等城市。

全县地形西北高，东南低，海拔1612～2778米，构成南山、城川、北山三块条状狭长地带，北山为黄土梁峁沟壑区，城川为渭河河谷平原，南山为中低丘陵。全县为温带大陆性季风气候，多属温和半干旱区，年平均气温7.7℃，日照时数2254.2小时，降雨量436.6毫米，无霜期155天，适宜药材、洋芋、食用菌、大葱、大麻、胡麻、油菜、小麦、扁豆等多种作物生长。

【名优特产】陇西已基本形成了以首阳为中心的黄红芪、以马河为中心的柴胡、以福星为中心的党参和板蓝根、以菜子为中心的黄芩、以渭河沿川和南山二阴区为中心的种苗繁育等五个中药材规模种植繁育基地和北山淀粉型商品薯、南部山区菜用型商品薯、渭河沿川早熟型地膜薯三大种植区域。红（黄）芪、党参、当归等中药材素以质优量大走俏国内外市场，形成地方拳头产品；土特产品金钱肉、口条、火腿被誉为“陇原三绝”；腊羊肉、荞粉、腌驴肉、烧鸡粉被列为全省“名特小吃”。17个名优农产品在国家工商部门登记注册，大白菜、青椒、甘蓝、大葱、马铃薯通过无公害产地认定和产品认证，党参、黄芪、腊肉通过原产地标识认证，并被命名为中国“黄芪之乡”和“腊肉之乡”。

【国民经济】2011年，全县国内生产总值达到41.49亿元，比上年增长13.6%。其中，第一、二、三产业增加值分别达到8.84亿元、15.84亿元和16.82亿元，分别增长5.2%、19.9%和13.0%。三次产业结构比由23.7∶34.9∶41.4调整为21.3∶38.2∶40.5。固定资产投资达到56.93亿元，增长63.7%。社会消费品零售总额14.83亿元，增长19.2%。大口径财政收入3.37亿元，增长28.04%；财政一般预算支出16.78亿元，增长28.64%。金融机构存、贷款余额分别达到62.70亿元和42.39亿元，分别增长20.6%和25.8%。

【基础设施】2011年，全县城镇建成区面积达21.3平方公里，较2006年增加7平方公里，城镇化率达37.05%，较2006年提高了6.2个百分点。新建改造通乡公路9条241.9公里，通村公路119条672.1公里，实现了乡乡通油路、村村通公路的目标。引洮一期配套工程进展顺利，马河水厂基本竣工，其它工程有序推进。新增有效灌溉面积5100亩，新修梯田24万亩，新建农村沼气1.5万户，解决17.6万农村人口饮水安全问题，农村自来水普及率达到55%。电力、通讯等设施进一步完善，城乡群众生产生活条件不断夯实。

【项目建设】2011年全县共争取到位国家和省上项目资金6.6亿元，引进外商投资17.7亿元，启动民间资本22.7亿元；累计投入城市建设资金25.96亿元，实施各类城建项目50多项，新建和改建城区道路12条12.6公里，新增城区商住面积83.8万平方米，人居和发展环境得到明显改善，城市的平台辐射作用凸显；扎实推进甘肃陇西经济开发区“一区四园”建设，新引进总投资39亿元的企业15

家，当年完成投资15.8亿元，开发区共实现产值28亿元，销售收入26亿元，上缴税金2.1亿元。新的经济增长平台已初具雏形，全县的发展后劲不断增强。

【主导产业】2011年全县共实施重点工业及产业开发项目33个，总投资达69.75亿元。作为主导产业的工业实现总产值48.5亿元，销售收入46.7亿元，上缴税金1.23亿元，对财政的贡献份额达到36.5%。其中，铝产业实现产值33.65亿元，销售收入32.57亿元，上缴税金1539.8万元，对财政的贡献份额为4.58%；中医药加工业实现产值4.5亿元，销售收入4.8亿元，上缴税金3146.7万元，对财政的贡献份额为9.34%。

【科技创新】大力推进科技创新，2011年，实施省级以上科技项目18项，国家专利授权12项，获市级以上科技进步奖7项，科技对经济增长的贡献率达到42%，连续五年被评为“全国科技进步先进县”。

【人民生活】2011年，全县城镇居民人均可支配收入达到11740元，比上年增长13.9%；千方百计拓宽增收渠道，挖掘农民增收潜力，农民人均纯收入达到3345元，增长16.9%；消费理念不断转型升级，新型消费和现代物流促进城乡经济的格局初步形成。2011年人均储蓄金额达到1.2万元，创历史新高。

【民生保障】2011年县财政用于教育、卫生、社会保障等改善民生方面的支出达到9.6亿元，占财政总支出的60%。县上确定的10件为民实事全部办理完毕，各项强农惠农富农政策全面落实。切实加大物价监控和市场秩序整顿力度，全县居民消费价格指数（CPI）为5.6%，实现了省、市下达的预期控制目标；加快建立健全社会保障体系，新增就业人数2360人，城乡居民医疗、养老保险实现全覆盖，新农合参合率及新农保参保率分别达到95.2%和96.26%，城乡居民最低生活保障面分别达到12.27%和16.63%，开工建设各类保障性住房2080套。全面加强安全生产工作，高度重视群众来信来访，深入开展平安创建、严打整治等活动，社会秩序保持和谐稳定。

【民主法制】政府决策科学化、民主化进程加快，对涉及群众切身利益的事项实行公示和听证制度。健全行政执法责任制，政府依法行政水平明显提高。应急管理体系基本建立，处置突发公共事件的能力进一步增强。支持人大代表、政协委员围绕重点工作视察调研，办理人大代表建议528件、政协委员提案423件。认真落实党风廉政建设责任制，加强行政监察和审计监督，惩治和预防腐败体系进一步完善。加强社会管理创新，严格落实信访工作领导责任制，强化安全生产，推进平安陇西建设，有力保障了全县社会和谐稳定。

（阎雨露）

渭源县

【现任主要领导】

中共渭源县委书记：吉　秀

渭源县人大常委会主任：

景忠义（10月止）

张亚农（10月任）

渭源县人民政府县长：

彭双彦（ 9月止）

蔺红军（10月任）

政协渭源县委员会主席：

张亚农（10月止）

杨　谦（10月任）

中共渭源县纪律检查委员会书记：

赵　华

【基本情况】渭源县位于甘肃省中部，定西市西南部，顾名思义为古老渭河之发源地。这里山清水秀，气候凉爽，是旅游观光、避暑纳凉的好去处；这里土地肥沃，出产丰富，是文明全国的“马铃薯良种之乡”、“中国党参之乡”。中药材资源享誉陇上。

渭源县地处西秦岭山脉南动地槽与黄土高原台地的交汇地带，也是渭河与洮河两大水系的分水岭，海拔在1930~3941米之间，总土地面积2065平方公里，辖8镇8乡，217个行政村，1560个社，2011年年末常住人口32.48万人，其中乡村人口27.41万人。耕地面积80.07万亩。年降雨量363.2毫米左右，年平均气温6.8℃，无霜期166天。全县气候分为三类：北部干旱区，干旱少雨，植被稀少，土地面积大，农作物产量低；川沿河谷区，海拔较低，光热资源相对丰富，水肥条件较好，全县11万亩水浇地大部分集中在这个区域；南部高寒阴湿区，雨量较多，低温寡照，植被良好，首阳山、天井峡、太白山等旅游景点分布在这个区域，渭源县是定西市气候差异较为明显的县区。

【旅游资源】渭源县风景秀丽，文物古迹众多，旅游资源得天独厚，是定西市旅游大县。境内有始建于明洪武年间（公元1368~1398年）的灞陵桥，有葬着孤竹国二圣伯夷、叔齐的首阳山，有渭河源国家级森林公园，有鸟鼠同穴渭水源，有十里“画廊”天井峡，有云端仙境太白山，有三国古道双十门以及秦长城遗址等16处旅游景点。这里气候湿润、凉爽，夏天蚊不叮虫不咬，是纳凉避暑胜地。2011年，县上继续加大旅游区的建设及宣传推介力度，完成了首阳山国家3A级景区创建，举办了西安旅游资源推介会，建成大型旅游宣传牌3个，不断提高旅游景点知名度。全年共接待游客22.5万人，创社会效益8100万元。

【国民经济】2011年，全县完成生产总值16.12亿元，比上年增长12.8%。其中：第一产业增加值6.72亿元，增长5.5%；第二产业增加值2.01亿元，增长33.8%；第三产业增加值7.39亿元，增长15.7%。完成固定资产投资27.56亿元，增长62.4%；社会消费品零售总额3.95亿元，增长18.6%；完成大口径财政收入1.23亿元，增长

33.07%，财政支出 12.68 亿元，增长 39.73%；全县金融机构各项存款余额达到 26.30 亿元，增长 36.08%，贷款余额达到 9.54 亿元，增长 26.68%。

【产业开发】马铃薯产业：渭源县是“中国马铃薯良种之乡”，年种植面积 40 万亩，年产量 62.8 万吨以上。成功培育出渭薯、陇薯系列优质品种 20 多个，品种选育、良种繁殖、组织协调、质量检测、种薯运营五大体系已建立健全。2011 年，新建马铃薯原原种生产温室 200 座，建成良种繁育示范基地 18 个，达到年产脱毒瓶苗 6000 万株，原原种 9000 万粒，原种 2.1 万吨，一、二级良种 56 万吨的生产能力。

中医药产业：渭源县有“千年药乡”的美誉，被中国农学会评为“中国党参之乡”。由于海拔高、气候凉爽、昼夜温差大等因素，出产的中药材以品质好、无污染、药用价值高而久负盛名，自古就有“渭水当归传两广”和“党参故里”之说。野生药材多达 400 种，家种药材主要有当归、党参、红芪、黄芪等，还种植生地、大黄、板蓝根、防风、柴胡、甘草、秦艽等 10 多种名贵药材。2011 年，种植各类中药材 25 万亩，建成中药材标准化种植示范基地 9 个，推广中药材标准化种植 20 万亩，建成种子种苗基地 1 万亩。新发展中医药企业 3 家，年加工能力达到 3 万吨。

畜草产业：畜牧业是渭源县的支柱产业之一，近年来有了长足发展。全县畜牧业产值达 1.74 亿元，占第一产业总产值的 18.85%，肉类总产量 0.81 万吨。全县有天然草场 81.4 万亩，人工种植多年生牧草留床面积 16 万亩，为发展畜牧业创造了良好的条件。2011 年共完成优质牧草种植 5.4 万亩，新发展养殖企业 8 个，养殖小区 7 个，规模养殖户 905 户。建成南山放养虫草鸡规模放养点 55 个，蛋产量达到 2774.9 吨。

【项目建设】坚持把项目建设作为经济工作的第一抓手，投入项目前期费用 400 万元，完成了总投资 52.3 亿元的 125 个项目的前期工作，年内争取下达投资计划项目 221 项，总投资 6.0 亿元，其中国家投资 4.3 亿元。加强项目监督管理，严格执行建设项目管理办法，年内共组织实施各类项目 120 项，总投资 23.1 亿元，完成投资 10.1 亿元。签约招商项目 20 项，实施 20 项，到位资金 6.8 亿元。兰渝铁路、引洮工程等重大项目建设进展顺利。

【城乡建设】在编制完成城区控制性详规的同时，完成小城镇和村庄规划编制 49 个。组织实施县城建设项目 18 项，当年完成投资 2.5 亿元，其中：县城集中供热、蔬菜市场和渭河南路绿化工程全面完工，872 套保障性住房建成主体工程，首阳路西段拆迁改造有序推进，新增城市住房面积 19.5 万平方米，新增城市绿地面积 3 万平方米。会川、莲峰等小城镇建设稳步推进，城镇化率达到 15.62%。实施土地开发整理项目 3 个，新增耕地 1230 亩，完成农村道路养护 220 公里；峡口水库除险加固和北寨灌区田间配套工程全面完工，北部农村安全供水和西南部农村供水工程完成年度建设任务。

【人民生活】2011 年，全县农民人均纯收入达到 2993 元，增长 13.03%；城镇居民人均可支配收入达到 11185 元，增长 14.0%。培训劳务人员 2 万人，累计输转劳动力 7.3 万人，实现劳务收入 5.7 亿元。年末全县城镇单位从业人员 8981 人，全年劳动报酬 29637.2 万元，比上年增长 26.04%。

【就业与社会保障】2011 年，全县新增城镇就业人数 1631 人，城镇登记失业率 3.73%。城镇职工参加基本养老保险人数达到 3089 人、医疗保险人数达到 10879 人、失业保险人数达到 7565 人。参加新型农村合作医疗 294543 人，参合率达到 95.03%，报销住院及门诊费用 5625.85 万元。参加城乡居民社会养老保险 173145 人，参保率 82.4%。全县五保供养对象达到 1774 人，发放五保供养金 365.8 万元。城乡低保提标扩面，新增城镇低保对象 676 人、农村低保对象 38087 人，使享受城镇最低生活保障的居民达到 4678 人，发放保障金 995.5 万元；享受农村最低生活保障的居民达到 79467 人，发放保障金 7313.97 万元。发放廉租住房补贴 190.06 万元，发放医疗救助资金 698.64 万元，安排救灾资金 636 万元，妥善解决了困难群众的生产生活问题。

【社会事业】社会事业投入力度不断加大，总投资 9000 万元的第三高中完成一期工程，龙亭中学整体搬迁、特殊教育学校和锹峪一小、锹峪中学、北寨兰渭希望小学校安工程建设进展顺利。年内本科上线人数 895 人，本科录取率 28.88%。全面完成了县医院整体搬迁，县二院整体搬迁已建成主体工程。全县卫生机构床位数达到 1036 张，卫生技术人员 742 人。孕产妇住院分娩率 94.37%，婴儿死亡率控制在 11.15‰以内。年内共获得专利授权 4 件，科技计划项目获得批准立项 4 项，其中：国家级 1 项，省级 3 项。全年累计下派科技特派人员 42 名。广播和电视综合人口覆盖率分别为 93.1%和 92.4%。

（朱增贵）

临洮县

【现任主要领导】

中共临洮县委书记：郭维团

临洮县人大常委会主任：王耀洲

临洮县人民政府县长：石　琳

政协临洮县委员会主席：陈永寿

中共临洮县纪律检查委员会书记：

贾记贤（9 月止）

李作明（9 月任）

【基本情况】临洮县位于甘肃省中部，定西市西部，东临安定区，北接兰州市，南连渭源县，西与临夏回族自治州东乡、广河、康乐县接壤。县城距省城兰州80公里，是兰州的南大门。全县总面积2851平方公里，辖12个镇、6个乡，6个社区、323个村委会，2376个村民小组，年末常住人口50.88万人，其中城镇人口12.98万人，城镇化率25.51%。全县耕地面积108万亩，海拔1732～3670米，年平均气温7℃，年降水量317～760毫米，无霜期80～190天。

【资源优势】水电资源充裕。黄河上游最大的支流——洮河，流经县内9个乡镇115公里，年过境水量53亿立方米，水质优良，无污染，属国家一级保护水系，水能资源可开发蕴藏量达32万千瓦。依托得天独厚的水力资源，已建成和在建水电站达24座，总装机容量达23万千瓦。

产业特色鲜明。依托洮河谷地良好的气候条件和33万亩水浇地，大力发展马铃薯、蔬菜、花卉、畜牧等特色优势产业，培育形成了60万亩马铃薯、17万亩蔬菜、6万亩中药材、3万亩花卉种的种植基地，农业产业化经营格局初具雏形。临洮花卉先后在各类花博会上获得70多个奖项。

【文化旅游】旅游业发展势头较好，全年县内旅游人数56.6万人次，比上年增长25.7%，旅游收入2.08亿元，增长35%。组建成立了洮美文化旅游投资开发公司和博艺广告经营公司，注册发布了"貂蝉"、"貂蝉故里"商标，启动建设了卧龙寺、白塔乐园等8个景区景点，正在规划建设马家窑文化产业园、"三馆"和巍雅斯五星级大酒店。

【国民经济】2011年，全县生产总值完成36.38亿元，比上年增长15.1%，其中：第一、二、三产业增加值分别完成10.42亿元、12.36亿元和13.6亿元，分别增长5.8%、25%和15%。完成固定资产投资50.87亿元，增长58.6%。社会消费品零售总额10.58亿元，增长19.1%。大口径财政收入2.86亿元，增长29.8%；一般预算支出16.29亿元，增长36.72%。

【"三农"工作】2011年，全年农作物播种面积125.68万亩，比上年增加3.85万亩，其中：粮食作物播种面积98.2万亩，经济作物播种面积26.97万亩，粮经比调整为78：22。粮食总产量达到20.71万吨，比上年减少3%。新建日光温室220座、塑料大棚6475亩，推广旱作农业25.3万亩；引进建设了甘肃农垦马铃薯脱毒原种培育中心，生产组培脱毒瓶苗2800万株。

全县年末大牲畜存栏6.46万头，减少5.7%；猪存栏17.61万头，增长8.6%，牛存栏4.68万头，增长7.6%；羊存栏24.78万只，增长6.9%；鸡存栏108.06万只，增长7.9%。畜牧业增加值达3.52亿元，占农业增加值的33.89%。争取实施了全省养羊大县项目，引进基础母牛1540头、母羊9681只，新建规模养殖小区16个。

【地方工业】工业生产增长迅速，全年13家规模以上工业企业完成工业增加值4.58亿元，比上年增长33%。完成产品销售收入15.66亿元，增长40.59%。中铺工业园当年完成基础设施建设投资7000万元，引进金浦集团丁基橡胶、大连易三喷灌设备制造等项目7个。

【项目建设】项目建设成效明显。安排项目前期费1000万元，储备项目231个、总投资57亿元，争取各类项目136个、资金3.15亿元，实施重点项目99个，完成投资32亿元；签约合同、协议项目22个、资金49.8亿元，续建和新建项目到位资金11亿元。

【城乡建设】规划实施了南大门、北大门、线市街改造和小巷道硬化工程，当年完成城建工作量7.5亿元；实施各类基础设施建设项目53个，完成投资15.7亿元，定临、临康二级公路建设进展顺利，边家湾、王马家洮河大桥即将建成通车，新增荒山造林1.6万亩、面山绿化4068亩，新修梯田5万亩，建成"一池三改"户用沼气池1200口。

【人民生活】人民生活水平稳步提高，年末单位从业人员18870人，比上年增长0.6%，单位从业人员平均工资32684元；城镇居民人均可支配收入11955元，增长12.84%；农民人均纯收入3282元，增长13.09%。输出城乡剩余劳动力11万人次，其中组织输出6.6万人次，自谋输出4.4万人次，实现劳务收入11.02亿元，增长8.25%。

【就业与社会保障】社会保障覆盖面逐步扩大，养老、失业、城镇职工基本医疗、工伤保险和生育保险参保人数分别达到8451人、12092人、20038人、10963人和11128人，比上年分别增长了2.6%、8.8%、1.5%、64.66%和15.48%。享受城镇最低生活保障的居民为6575人，发放保障金1788万元；享受农村最低生活保障的居民73361人，发放保障金7428万元。城镇新增就业人数2015人，城镇登记失业人数1189人，城镇登记失业率3.96%。深入开展省级创业型城市创建活动，发放小额担保贷款1236万元，新增城镇就业1662人，失业人员再就业572人。认真实施城乡低保和农村五保提标工作，发放各类保障金5066万元。

【十件实事】一是筹资3000万元，通过开展村级公益事业建设一事一议财政奖补试点，硬化农村道路82.6公里、砂化108.8公里，建成小型农田水利设施78个；二是免费开放了岳麓山公园，筹资50万元修缮了健身广场和登山台阶等基础设施；三是筹资3500万元，规划建设城市道路5条，高标准硬化城区小巷道18条；四是完成农村自来水入户3008户，解决了1.2万人的饮水安全问题；五是筹资900万元，改善了83所学校的食宿和教学条件；六是筹资260万元，为3218名农村糖尿病患者免费发放了药品，为5518名农村新婚夫妇进行了免费婚检；七是筹资100万元，规划建设了覆盖城乡重点路段的视频监控体系；

八是新建收购廉租房881套4.4万平方米、经济适用房150套1.3万平方米、公共租赁房和限价房255套3万平方米，改造农村危旧房3000户；九是筹资600万元，为符合条件的农村中小学代课教师发放了养老补助和工龄补贴，为县聘临时人员、社区工作人员和公益性岗位人员等低收入人群人均每月增加补助310元；十是筹资4200万元，调整提高了离退休人员补贴水平，为财政供养人员人均每月增加津补贴225元，将干部职工住房公积金和社会保险财政缴费基数分别按全额工资的5%和6%进行了计提。

【社会事业】教育事业发展较快，年末共有各级各类学校263所，其中普通完全中学7所（民办1所），独立初中24所，九年一贯制学校13所，小学192所（不含173个小学教学点及13个九年制小学部），职业高中6所（其中民办1所），职业初中1所，幼儿园68所（幼儿园20个，附设幼儿园48个）。全县共有教职工5671人，其中专任教师5397人。共有中小学在校学生86614人。全县小学、初中阶段适龄儿童入学率分别达到100%、99.79%。高考本科上线人数1579人，上线率为24.3%。

科学技术成果丰硕，年内获得全国科技进步先进县、全国科普示范县称号。组织申报各类科技项目18项，立项7项，其中国家级项目4项，省级项目3项。评定县级科技进步奖7项，获得市级科技进步二等奖1项。申报专利62项，受理41项，其中外观设计9项，发明12项，实用新型41项。选派科技特派员132名。

文化事业稳步向前，全县有文化馆、图书馆、博物馆、文化中心、画院各1所，文联组织1个，县级艺术表演团体1个，广播电视台、有线电视台各1个，群众文化团体30多个。电视覆盖率达到89.5%，广播覆盖率达到86.24%，全县拥有数字电视用户13860户，数字电视转播节目达到95套。城乡人民文化生活丰富多彩，文化艺术创作和群众性的文化娱乐活动活跃繁荣。

卫生事业发展势头良好，年末全县共有卫生机构31个，编制床位1526张，实有床位1944张。年末各类卫生技术人员1956人，其中：执业医师547人。参加农村新型合作医疗的人数达41.92万人，比上年同期减少0.4万人，全年为41242位参合农民报销住院医药费6429.66万元，人均报销1559元。

体育事业蓬勃发展，全县以贯彻落实《全民健身计划（2011～2015）》为契机，以群众体育为重点，上下互动，大小结合，群众体育蓬勃发展，全年开展活动26次，体育人口占全县总人口的26%；体育彩票销售额720万元，创历史新高。体育竞技方面，向国家竞走队输送2人，各体育大中专院校输送35人，市体校输送5人。

（周桂花）

漳县

【现任主要领导】

中共漳县县委书记：

杨发升（10月止）

党建忠（10月任）

漳县人大常委会主任：贾占渊

漳县人民政府县长：

郭世杰（10月止）

刘　静（10月任）

政协漳县委员会主席：包早福

中共漳县纪律检查委员会书记：

陈炳章（10月止）

谢占武（10月任）

【基本情况】漳县位于定西地区南部，地处西秦岭和黄土高原过渡地带，东连武山，西邻卓尼，南靠岷县，北与陇西、渭源接壤，地势东高西低，版图呈琵琶型。东汉章帝元年始设县治，因战略地位重要被认为汉王朝的“西陲屏障”，古称障县，唐武后天授二年更名武阳县，明洪武年间，因“漳水潆回润地，宝井便民裕国”而改为漳县至今。全县辖4镇9乡136村，5个社区，2011年常住人口19.35万人。总土地面积2164.4平方公里，海拔1640～3941米。年平均气温8.3℃，无霜期161天，日照时数2313小时，年降雨量在500毫米左右，属湿润半湿润气候。

【资源优势】农业资源：全县有耕地面积46.77万亩，土壤以淀土、黑垆土为主，土质肥沃。农作物品种繁多，主要农作物有25科、68种，其中粮食作物以小麦、蚕豆、洋芋、玉米为主。经济作物以油料和当归、党参、红（黄）芪等中药材为主。

林业资源：全县宜林地面积83万亩，森林面积39万亩，现有木寨岭林场和石川林场两个国有林场，进行林木改造和林业管理。经济林以苹果、沙棘为主，主要品种“红元帅”曾多次荣获部优、省优产品奖。全县现有果园面积1.2万亩，果品年产量达4916吨以上。

畜牧业资源：全县有天然草场131万亩，占总面积的40.4%，产草量为55万吨，载畜量为60万个羊单位，畜禽主要有牛、马、羊、猪、鸡、鸭等。

药材及野生蔬菜资源：药材共约440个品种，主要有当归、党参、冬虫夏草、大黄、贝母、元胡、红芪、黄芪等。漳县所产当归俗称“岷归”，由于气候条件适宜，土质较好，产量达到5000吨左右。另有蕨菜、羊肚菌、乌龙头等野生蔬菜质纯味美，餐用极佳，远销韩国和东南亚等地。

水利水力资源：境内有漳河、龙川河、榜沙河三条主要河流，河道总长154.2里，年径流量3.582立方米，入境水1.661立方米，共计5.243立方米。水力资源丰富，各河PH值在7.0～7.6之间，适宜水电水产开发及人畜饮用。

矿产资源：非金属矿有十九种，金属矿有六种。岩盐是漳县优势最大的一种矿产资源，已探明储量达3.5

亿吨。石灰石是漳县得天独厚的又一矿产资源，储量在80亿立方米以上。红柱石作为高级耐火材料适用于冶金、建材、陶瓷等行业，漳县境内的红柱石矿属亚洲第五、国内第二的大型矿床，远景储量约1亿吨，精矿品位达56%，耐火度大于1830度，精矿质量达到国家标准，开发利用价值极高。大理石储量约15亿立方米，氧化钙含量为54%，方解石含量95%。硫铁矿储量309万吨，品位达到30%。菱铁矿储量为21.9砘。金矿为中型矿床，品位为15克/吨。

旅游资源：现有国家级森林公园一处、新石器文化遗迹三处、省级文物保护单位三处。贵清山森林公园坐落于漳县城南70公里处。景区面积62平方公里，由贵清山、贵清峡两部分组成，史称“贵清仙境，”被游人誉为“兼有华山之险，黄山之奇、峨眉之秀、九寨沟之美”，是镶嵌在丝绸之路黄金旅游线的一颗璀璨明珠。已一次性通过了国家旅游局4A级旅游风景区终评。

【国民经济】2011年，全县完成生产总值10.92亿元，比上年增长13.8%。其中：第一产业增加值3.78亿元,增长6.2%;第二产业增加值1.94亿元，增长35.4%，其中，工业增加值1.2亿元，增长56.3%；第三产业增加值5.19亿元，增长13.4%。全社会固定资产投资22.40亿元，增长50.6%；社会消费品零售总额2.2亿元，增长18.66%。大口径财政收入8986万元，增长41.7%。

【“三农”工作】促进农民增收，不断改善农村基础条件，优化农业内部结构，全县农村经济持续健康发展。完成播种面积46.64万亩，中药材、蚕豆、果莱等特色优势作物种植面积达到38万亩，完成顶凌覆膜4万亩，建立农业科技综合示范点132个6.75万亩。设施农牧业建设强势推进，落实补助资金1800万元，建成日光温室1125座902亩、塑料大棚11430座4010亩。完成“四山两路一园”绿化1.3万亩。加强沙棘资源保护、开发和利用，成功争创“中国沙棘之乡”。劳务经济快速增长，培训城乡劳动力2.29万人，输转劳动力5.65万人，其中组织输出赴疆拾花工1.67万人，实现劳务收入5.2亿元。

【城乡建设】完成县乡土地利用总体规划和县城总体规划修编，县城规划区由4.5平方公里增加到12平方公里。实施城镇建设项目41项，完成投资10.86亿元，城镇化率提高到20.6%。人民公园、商贸街南段、文化广场、城区供水扩建、3个集中供热站等项目建成并投入使用，东一路商贸旅游综合开发、体育馆、城区生活垃圾处理、城区生活污水处理、东二北路道路工程等项目有序推进，商贸街、贵清路整体开发和贵清润苑住宅小区等房地产项目进展良好，开发面积达到42万平方米，城区“三横九纵”道路框架趋于成型，城市基础设施日益完善，辐射带动功能明显增强。投资2547万元,完成三岔镇镇区道路管网、路基及亮化工程。全面启动新寺、金钟、大草滩、殪虎桥等乡镇小城镇建设。投资1.46亿元,实施交通项目153项，建成通乡油路132公里、农村公路525公里，乡镇和行政村通油路率分别达到92.3%和50%。建成农电线路572.7公里，完成投资3015万元。组织干部群众义务植树3.2万亩406万株，合作造林13.8万亩，完成退耕还林、天然林保护、三北防护林等重点工程造林14万亩，封山禁牧185万亩，森林覆盖率达到22.5%，荣获“中国绿色名县”称号。

【项目建设】2011年，全县实施了一批事关全县长远发展的重点项目，项目建设呈现出规模、质量和效益同步提升的良好态势，有效改善了发展条件。落实项目前期经费653万元，论证储备项目115项，争取到位国家预算内资金6.18亿元。实施各类项目129项，完成投资16.5亿元。文殪二级公路改造项目路基工程基本完工，完成投资2019亿元。招商引进项目49项，引进资金60.4亿元，到位资金11.9亿元。

【人民生活】城乡居民收入继续增加，生活水平进一步改善，城镇居民人均可支配收入达到10980元，比上年增长11.4%;农民人均纯收入达到2960元，增长13.1%。就业再就业工作扎实推进，积极争取编制，全县城镇新增就业1607人，开发公益性岗位234个，发放小额担保贷款6000万元，城镇登记失业率控制在4%以内。

【社会保障】社会保障体系不断健全，新型农村社会养老保险全国试点工作成效明显，全县参保人数10.6万人，参保率95.4%，全县累计发放养老金2075万元。城乡低保提标扩面工作全面完成，城市低保标准由每人每月167元提高到184元，农村低保标准由年人均纯收入850元提高到1096元，保障面分别达到21%、27.5%，农村低保保障面为全市最高，全县5.6万城乡困难群众基本生活得到有效保障。农村五保集中供养年人均标准提高到2618元，分散供养年人均标准提高到2194元，建成养老院5所。发放救灾面粉4.2万袋、大病医疗和救灾救助资金455万元，困难群众生产生活得到妥善安排。

【十件实事】一是解决农村1万人的饮水安全问题；二是新增保障性住房680套,改造农村危旧房2100户；三是新增城镇就业1600人，发放小额担保贷款6000万元，支持1500人创业，带动3000人就业；四是硬化通村公路100公里，筹措资金1000万元建设村内道路、环卫设施和文体活动设施，努力改善农村基础条件；五是全面启动事业单位和社会组织在职职工工伤保险；六是开工建设武阳民俗文化活动中心，不断丰富广大人民群众文化生活；七是新改扩建幼儿园1所以上，改造中小学校舍3000平方米以上；八是美化亮化城区主街道和泰山公园，改造拓宽滨河路，完成东一路、西一南路路基管网工程；九是在城区武阳路、贵清路、东一路、东三路、滨河路设立公交站点、配建公厕；十是加大漳河综合治理，建设护岸堤防工程，规范河道采砂行为，加强沿岸生态保护。

【环境保护】人民居住环境质量进一步提高，大气环境质量中总悬浮微粒年日均值控制在国家标准之内，二氧化硫、氮氧化物年日均值控制在国家一级标准之内。城镇、农村饮用水水质达标率继续保持在100%。区域环境噪声和交通干线噪声分别控制在了国家规定的排放限值之内。

【社会事业】教育事业稳步发展，教育教学质量明显提高，全县高考本科上线398人，上线率20.6%。县幼儿园成功创建为省级一类幼儿园。加强教师队伍建设，对县城及周边学校教师进行了公开竞聘上岗。办学条件明显改善，武阳西小整体搬迁、县职教中心建设、校舍安全工程等项目全面完工，独立高中教学楼、综合楼基本完工，新寺幼儿园开工建设。免除义务教育阶段学生学杂费和书本费，落实寄宿制学生补助资金2438.5万元。

医疗卫生事业：医疗卫生保障全面加强，新型农村合作医疗参合率达到95.06%，累计受益农民84.7万人次，补偿金额7401万元，县医院改扩建和中医院整体搬迁项目竣工，建成村卫生室30个。医药卫生体制改革不断深化，国家基本药物目录药品二次议价工作全面完成，基层医疗机构药品实行零差价销售，年让利患者46万元。为白内障患者实施复明手术70例。

（成春江）

岷县

【现任主要领导】

中共岷县县委书记：

陈国栋（9月止）

郭世杰（9月任）

岷县人大常委会主任：

郭永龙（9月止）

杨水涛（9月任）

岷县人民政府县长：

党建中（9月止）

梁德铭（9月任）

政协岷县委员会主席：

杨水涛（9月止）

梅彦忠（9月任）

中共岷县纪律检查委员会书记：

杜万忠

【基本情况】岷县古称岷州，位于甘肃西南部。岷县地理位置优越，区位优势明显，是定西、天水、甘南三市州的几何中心，全县辖9乡9镇、300个行政村，10个居委会。居住着汉、回、藏、东乡、蒙古族等7个民族。总土地面积3500平方公里，耕地面积64.49万亩。岷县气候属于高原性大陆气候，年平均日照时数2214.9小时，年平均气温4.9℃～7.0℃，年平均相对湿度68%，年平均无霜90～120天，年平均降水量596.5毫米。

【资源优势】草畜资源：岷县有天然草场290万亩，占全县总土地面积的72.5%，主要以岷山红三叶草、岷山猫尾草为两大特色优质草种。岷县有黑紫羔羊、牦牛、存栏牛、羊、猪等牲畜50多万头。

药材资源：岷县盛产当归，红芪、黄芪、党参、大黄、贝母等中药材238种，素有“当归之乡”、“千年药乡”之称，尤以“岷归”驰名中外，被欧洲人誉为“中国妇科人参”，岷县年种植当归、红芪、黄芪、党参等各种中药材20多万亩，是重点外贸产品。

矿产资源：探明金属，非金属矿30种，矿点、矿化点40多个，其中金、锑、铅、锌、锰、花岗岩、汉白玉、大理石、硅石、泥炭等矿储藏量大，开发前景广阔。

水电资源：岷县水资源丰富，境内水系分长江、黄河两大流域，3个水系。有大小河流22条，年平均径流量42.09亿立方米。地下水总储量2.36亿立方米。水能蕴藏量32.56万千瓦，年发电量28.5亿度。黄河上游最大的支流洮河流经县内13个乡83.5公里。可开发梯级电站6座，总装机容量可达10万千瓦。

旅游资源：岷县文物殊多，古迹遍地，主要有“彩陶之乡”马家窑文化、寺洼文化、齐家文化等文化遗迹6处。明代建于县城的真武庙至今保存完好。岷县又称“花儿”故乡，在省内外颇有名气。被誉为中国“四大名砚”之一“归一砚”闻名中外，1997年，甘肃省政府作为特殊礼物，赠给香港特别行政区政府珍藏。

【国民经济】2011年，全县完成生产总值19.41亿元，比上年增长13.9%。其中：第一产业增加值6.75亿元，增长7.2%；第二产业增加值5.06亿元，增长25.4%；第三产业增加值7.60亿元，增长13.5%。三次产业结构比为35：26：39。全社会固定资产投资完成34.5亿元，增长63.1%；规模以上工业增加值完成1.61亿元，增长31.1%；社会消费品零售总额6亿元，增长18.93%；城镇居民人均可支配收入11535元，增长14.2%；农民人均纯收入2890元，增长13.8%；全县实现大口径财政收入1.66亿元，增长32.14%，其中，一般预算收入1亿元，增长50.83%；财政支出14.74亿元，增长31.26%。

【产业开发】中药材产业：全县中药材总产量5.3万吨（其中当归2万吨），建成了3个区域布局明显的标准化生产基地片带，标准化生产面积达到了10.54万亩；建设以当归为主的中药材标准化药源基地15个、2.54万亩，全县中药材仓储能力达到4.5万吨；岷阳、梅川、茶埠3个乡镇的标准化中药材饮片加工园区建设进展顺利。

草畜产业：种植岷山红三叶、岷山猫尾草等优质牧草9.1万亩。建成规模化养殖企业8个，养殖小区29个，养殖各类畜禽2.6万头（只）；新发展规模养殖户1100户，累计达到4960户；全县大牲畜存栏近60万头（只），出栏36万多头（只）；禽存栏27.5万只，出栏16.5万只；肉类总产量达2.17万吨。特别是岷县蕨麻猪取得国家农产品地理标志认证，岷县蕨麻猪、岷县黑裘皮羊取得国家工商总局证明商标以及无公害产品认证，从而为特色畜牧业深度开发奠定了基础。

马铃薯产业：引进马铃薯良种15个，调运良种5.64万吨，种植马铃薯30.21万亩，产量达到63.4万吨；建成面积在1000亩以上的良种扩繁示范基地6个；新建和改造提升户用马铃薯贮藏窖3600眼，建成500吨马铃薯贮藏库3座。

设施农业：建设日光温室186座，建成塑料大棚1000座（300亩）；生产各类蔬菜5500吨、食用菌100万棒。

【新农村建设】编制完成了《六盘山连片特困地区岷县区域发展与扶贫攻坚规划（2010～2020年）》，涉及基础设施建设、重点产业发展、改善农村基本生产生活条件、公共服务和环境保护等方面的项目609个，总投资2750亿元。实施12个整村推进项目，编制了9个乡镇扶贫开发规划。争取实施了闾井镇“县为单位、整合资金、整村推进、连片开发”省级试点项目和锁龙乡整乡推进项目，共投资1361万元。

【地方工业】年内重点实施了21个工业项目，完成工业固定资产投资5.12亿元，增长220%；岷海制药公司年产2000吨中药材提取物及干燥生产线、茶埠铅锌矿开发等8个项目已建成投产，其余13个项目进展顺利。全县规模以上工业企业达到4家，完成工业增加值2.96亿元，增长25.6%；乡镇企业共完成增加值1.63亿元，增长15.6%；新增私营企业30户，累计达到370户；新增个体工商户660户，累计达到15805户。

【项目建设】2011年，全县共谋划重点项目208项，其中完成可研、规划等前期编制的项目72项。确定责任制建设项目205项，总投资66.6亿元，其中500万元以上项目170项。当年已建成71项，累计完成投资5.89亿元；在建113项，累计完成投资17.08亿元；项目开工率达到89.76%。通过各类渠道争取到中央预算内和其它专项资金3.88亿元，增长23.17%。共实施招商引资项目52项，投资总额52.65亿元，当年总到位资金13.94亿元。

【城乡建设】全面完成西城区修建性详规和梅川等6个镇的总体规划编制。大巷子商业步行街、西城区行政服务区建设等续建项目完成年度建设任务；开展了洮河、迭藏河风情线建设前期工作，完成了城区生活污水处理工程、人民公园等24个重点城建项目年度建设任务，累计完成投资11.29亿元，当年完成投资7.23亿元。根据县人大视察意见和干部群众愿望，县委、县政府对旧城区改造工作进行了集中调研，进一步理清了政府主导、群众参与、有序推进的旧城区改造工作思路，确定了岷县212线生态文化长廊建设方案。

交通方面：重点实施了结转2010年农村公路通畅工程、青年林洮河大桥、秦许西河桥等31个交通项目，总投资7698.5万元，当年完成投资4109万元；结转2010年29.4公里和2011年10条39.4公里农村公路通畅工程全面完成建设任务，乡镇通油路率、行政村通油（水泥）路率分别达到94%、42.3%；县公用型汽车站建成投入运营。

水利方面：重点实施了北部农村饮水安全工程、中小河流治理堤防工程、洮河治理堤防工程、山洪灾害防治工程和水电站开发建设等7个水利项目，解决农村2万人饮水安全问题，新建各类堤防16.37公里，节水改造灌溉面积2.4万亩。

生态方面：《巩固退耕还林成果补植补造实施方案》、《三北防护林五期规划》、《天然林保护工程二期实施方案》已通过省、市审批；完成退耕还林工程荒山补植补造7000亩、三北防护林人工造林7500亩、天然林保护工程封山育林5000亩、幼林抚育1万亩。

【招商引资】全年共实施招商引资项目52项，投资总额52.65亿元，总到位资金13.94亿元。在定西召开了“岷县与中央、省属驻定金融机构项目合作座谈会”，签订19.6亿元贷款协议。为进一步促进岷县中医药产业转型升级，与甘肃中医学院签订了院地合作协议。与华电新能源发展有限公司甘肃分公司签订能源合作协议，规划在岷县水电领域投资12.6亿元，使水电站总装机规模达到17万千瓦，同时开发东山区风能和光能资源，规划建设装机20万千瓦的风电场项目和装机10万千瓦的光伏发电项目，目前，测风塔和测光塔已建成运行，华电集团岷县项目筹备处正在筹建。

【就业与社会保障】城镇新增就业1838人，发放小额担保贷款434户2021万元。城镇基本医疗保险参保率98%。增加了干部职工津补贴，对农村、城市低保标准进行了提标，农村低保标准从850元增加到1096元，城市低保标准从167元提高到184元。为4400名农村群众发放医疗救助资金1025.86万元，为253名城市居民发放救助资金52.56万元。改造农村危旧房2400户，新增廉租房82套、经济适用房125套、限价商品房74套、公共租赁房60套，完成城市棚户区改造175户，发放租赁补贴2133户。

【社会事业】教育事业：实施中小学校舍安全工程、岷州中学宿舍楼等16个项目，已建成15个；2008年以前鉴定的中小学校舍D级危房全部排除；全县高考本科录取778人。“两基”迎国检工作顺利通过验收，全县小学适龄儿童入学率达到100%、辍学率为0.07%，初中阶段适龄少年入学率达到97.8%，辍学率为0.07%，全县青壮年非文盲率为97.8%。在组团赴外考察、深入调查研究、广泛征求意见的基础上制定出台了《关于实施教育兴县战略的意见》和《教育工程实施方案》。

卫生事业：县医院、县中医院完成了整体搬迁，全面执行基本药物制度，实现了基本药物零差价销售；认真落实医改“包保”责任制，全面完成了2011年医药卫生体制改革试点工作任务。

科技文化广电事业：实施科技项目4项，总投资2745万元，累计完成投资1589万元。开工建设了岷阳镇等12个乡镇综合文化站，为115个农家书屋发放设备配套资金34.5万元。加大非物质文化遗产挖掘、保护力度，“巴当舞”被列入国家级非物质文化遗产名录，“岷县点心加工技艺”等3项非物质文化遗产被列入省级名录。组织开展了以“歌唱岷县”为主题的“月月喜相逢”系列文艺演出活动；岷县被省政府授予“甘肃民间文化艺术之乡”称号。城区有线电视数字化整体转换8250余户；实施了通乡镇有线电视工程，新增农村有线电视用户10093户。

（包建科）

陇南市

【现任主要领导】

中共陇南市委书记：王玺玉

陇南市人大常委会主任：

王玺玉（11月止）

黄泽元（11月任）

陇南市人民政府市长：

许文海（ 8月止）

孙雪涛（11月任）

政协陇南市委员会主席：

邱正保（11月止）

杨全社（11月任）

中共陇南市纪律检查委员会书记：

李学春（ 6月止）

李东新（ 7月任）

【基本情况】陇南市位于甘肃南部，东邻陕西，南接四川，地处秦巴山区、青藏高原、黄土高原三大地形交汇区域，西部向青藏高原边缘过渡，北部向陇中黄土高原过渡，东部与西秦岭和汉中盆地连接，南部向四川盆地过渡，整个地形西北高东南低，西秦岭和岷山两大山系分别从东西两方伸入全境，境内形成了高山峻岭与峡谷盆地相间的复杂地形，是甘肃省唯一的长江流域地区。全市共195个乡镇，其中130个乡、61个镇、4个民族乡，3201个村委会，其中86个居委会。分布着汉、回、藏、蒙等29个民族。总面积2.79万平方公里（合4187万亩），其中耕地面积431.18万亩，园地45.27万亩，水田7.8万亩，旱地423.38万亩，林地424.61万亩，牧草地213.77万亩，建设用地0.89万亩。总人口283.17万人，其中农业人口245.19万人。

陇南处于北亚热带向暖温带的过渡地区，年平均气温10～15℃，年降雨量400～1000毫米之间，无霜期120～260天。海拔在550～4187米之间。全市9县区中有7个县区为国家扶贫重点县，是全国、全省最贫困的地区之一。

【资源优势】矿产资源富集。全市由北至南分布有三个大的成矿带：北秦岭海西期成矿带、中部印支期成矿带、南秦岭加里东期成矿带。现已发现和探明矿产34种，矿产地445处，其中有铅、锌、金、锑、铜、锰、汞、石灰岩、白云岩、重晶石、硅石、熔剂大理岩、冰洲石、石膏等14种优势矿种。

水力资源丰裕。境内水量充沛，江河众多，有嘉陵江、白龙江、白水江、西汉水四大水系，大小河流3760条，年径流量279亿立方米，水能蕴藏量425.76万千瓦，水力可开发量260.42万千瓦，约占全省的三分之一。

生物资源多样。全市森林覆盖率达到42%，比全国平均水平高14个百分点，树种多达1300多种，中药材1200多种。油橄榄、茶叶、银杏、木耳、红芪、纹党等闻名省内外。野生动物619种，其中大熊猫、金丝猴等国家一级保护动物16种，植物2500种，其中珙桐、银杏等国家一级保护植物6种。

旅游资源独特。国家4 A级旅游景区4个（武都万象洞、宕昌官鹅沟、康县阳坝、成县西狭颂），著名人文景观有礼县先秦文化、祁山三国古战场，西和仇池国遗址，成县西狭摩崖石刻，康县阳坝原生态风光，徽县三滩高山草甸，文县洋汤天池，武都万象洞，宕昌官鹅沟国家级森林公园等，构成了绿色陇南、山水陇南、人文陇南、民俗陇南的地方风情图。

【国民经济】2011年，陇南市实现生产总值197.68亿元，比上年增长12.5%。其中：第一产业实现增加值50.53亿元，增长6.5%；第二产业实现增加值60.57亿元，增长18.2%；第三产业实现增加值86.58亿元，增长12.4%。三次产业结构比为25.56：30.64：43.80。完成全社会固定资产投资额290.82亿元，增长36.2%。实现社会消费品零售总额48.86亿元，增长18.6%。完成大口径财政收入27.2亿元，增长31.7%，其中，市县级收入为13.1亿元，增长39.9%；财政支出109.5亿元，下降20.1%。

【“三农”工作】陇南市坚持以科学发展观为指导，认真贯彻落实2011年中央一号文件、省委一号、二号文件精神，立足抗旱保增长，着眼全局促增收，强化支农惠民生，积极应对各种困难、挑战和自然灾害，全市农业农村工作取得明显成效。2011年，粮食生产呈现夏粮增产、秋粮丰收的良好局面，全市粮食播种面积468.9万亩，总产102.61万吨，比上年增长4.83%。全市粮食生产实现了“五连增”，粮食总产首次突破百万吨大关，再创历史新高。新农村建设工作取得重大进展，全市把新农村建设与灾后重建相结合，与扶贫整村推进相结合，共创建以生态文明村为标志的新农村553个，占全市村庄总数的17%。在新农村建设中形成了农业特色产业型、旅游产业型、劳务经济型、异地集中重建型、商贸流通型、扶贫整村推进型六种主要创建模式。通过采取选点试点示范、总结试点乡镇典型经验推广和督查调研等一系列积极措施，全市土地流转面积逐年增加。目前，全市有承包耕地401.9万亩，实行家庭承包经营的农户55.32万户。其中：参与土地流转的农户8.94万户，占土地承包经营总农户的16.2%；土地流转总面积为15.96万亩，占承包耕地总面积的3.97%，土地流转工作全面推进。集体林权制度主体改革任务全面完成，配套改革进展顺利。市委、市政府在宕昌县先行试点，在试点的基础上，制订出台了《陇南市全面推进集体林权制度改革工作方案》，全面推进林改工作。目前，全市共完成确权面积1132.08万亩，占应改面积的100%。此外，农村综合改革不断深化，为农服务手段进一步强化；农村金融改革逐步深化，"三农"信贷投放力度进一步加大。

【项目建设】陇南市确定的重点建设项目共195项，总投资880亿元，2011年投资计划188亿元。其中，工业项目21项，总投资112.2亿元，2011年投资计划27.2亿元；农业项目24项，总投资4.97亿元，2011年投资计划3.8亿元；基础设施项目93项，总投资743.2亿元，2011年投资计划142.1亿元；生态保护项目6项，总投资0.76亿元，2011年投资计划0.68亿元；社会事业项目51项，总投资18.8亿元，2011年投资计划14.2亿元。

195个项目中，新建117项，续建78项；市直69项，县区126项。2011年1～12月累计完成投资145.2亿元，占当年投资计划的77.2%。

【特色产业】陇南各级党政组织和广大干部围绕增加农民收入、发展农村经济，立足资源，认真探索，不断更新观念、完善思路、调整结构，使农业特色产品由零星种植、附带性种植发展到大面积种植、规模种植，逐步形成了农业特色产业。一批特色产品发展成为名优地方品种，如陇南橄榄油、"大红袍"花椒、茶叶，宕昌"岷归"，文县"纹党"，礼县铨水大黄、苹果，西和半夏，武都冬播洋芋、米仓红芪，康县木耳、天麻，两当狼牙蜜，徽县银杏等等，具有一定市场影响力和竞争优势，使农业特色产业成为农民的生财之道，致富之路。特别是近年来，市委、市政府坚持深入调查研究，尊重自然规律，充分发挥资源优势，提出了"特色产业规模效益最大化，土地综合开发利用效益最大化"的目标和把"优势做优、特色做特"的指导思想，采取有效措施，大力开发农业特色产业，将农业特色产业发展推向了新的阶段。形成了以核桃、花椒、油橄榄、茶叶为主的经济林果产业，以红芪、当归、党参、大黄、半夏为主的中药材产业，以牛羊为主的草畜产业，以"三蒜"、冬播洋芋等反季节冬春蔬菜为主的蔬菜产业等四大支柱产业和以苹果、食用菌、水产养殖、蚕桑、银杏、蜂蜜、烤烟、鲜果等为主的区域性特色产业和特色产品。为帮助农民增收、农业增效和促进农村经济的发展发挥了积极的作用。也为进一步发展农业特色产业奠定了坚实的基础。

【人民生活与社会保障】2011年，全市城镇居民人均可支配收入12123.59元，比上年增长14.1%。人均消费性支出8933元，增长15.8%。农民人均纯收入2621元，增长14%。城乡居民储蓄存款余额达到220.48亿元。参加失业保险4.42万人，下降8.64%；城镇职工医疗保险13.84万人，增长3.12%；城镇居民医疗保险16.37万人，增长0.01%；养老保险5.11万人，下降25.61%；工伤保险4.11万人，增长14.97%。城镇居民最低生活保障对象6.21万人，发放低保金1.02亿元；农村低保对象46.92万人，发放低保金4.40亿元。

【社会事业】教育事业健康发展。年末学校总数达2338所，教职工27362人。其中，专任教师25923人。学龄儿童入学率99.2%，适龄初中入学率91.42%。小学、初中、高中专任教师合格率分别为98.52%、97.22%、81.42%。

文化事业蓬勃发展。全市共有艺术表演团体9个，全年演出136场，观众达90万人次；文化馆10个；公共图书馆9个，藏书72万册；博物馆10个；文物古迹294处，其中：国家级4处、省级22处、市级18处；文物藏量8387件。广播和电视综合覆盖率分别为92%和93.7%，均比上年提高0.3个百分点。有线电视用户5.42万户，比上年下降39.1%。

医疗卫生条件不断改善。全市有公立医疗卫生机构1843个，其中县级以上综合医院11个，中医院8个，疾病防控中心9个，专科医院2个，社区服务中心（站）8个，妇幼保健院（站）9个，卫生监督所9个，采供血机构1个，乡镇卫生院215个。医院、卫生院拥有病床位5973张。共有卫生技术人员7607人，其中执业医师和执业助理医师2490人，注册护士1512人，药师（士）342人，技师（士）340人，其他2923人。

【环境保护】城市环境质量进一步提高。全市有环保机构10个，环境监测站2个，二氧化硫排放量控制在12757吨内，降低1.4%；化学需氧量控制在36218吨内，下降2.39%。区域内环境噪声平均值为56.7分贝，交通干线噪声平均值69.1分贝。

（李荣）

武都区

【现任主要领导】

中共武都区委书记：

李旺泽（5月止）

田广慈（ 9月任）
武都区人大常委会主任：
王旭武（10月止）
景学书（10月任）
武都区人民政府区长：李平生
政协武都区委员会主席：
王淑英（ 6月止）
曹永先（10月任）
中共武都区纪律检查委员会书记：
王文全

【基本情况】武都区地处甘肃东南部，白龙江中游，东与康县、成县、陕西省宁强县为邻；南与文县、四川省青川县接壤；西与宕昌、舟曲县相靠，北与西和、礼县毗连。公路交通东距陕西略阳县 184 公里，南抵四川成都 524 公里，西到省会兰州 458 公里，北至天水市 286 公里，全区南北极长为 100.8 公里，东西最宽为 76.2 公里，总土地面积 4683 平方公里，辖 36 个乡镇 684 村 12 万户 55 万人。耕地面积 70.34 万亩，属南秦岭山系，地形复杂，素以“山大沟深”而著称。白龙江自区西北入境，向东南流过。地势西北高，东南低，山脉多呈西北一东南走向，境内峰峦起伏，群山环绕，沟壑纵横，山势陡峻，平均海拔 998 米，境内由于群山丛错，山高谷深，构成了气候、土壤的垂直差异，农业生产条件也随平均海拔、坡向的不同，有明显的垂直变化，呈现“立体农业”的特点，自古就有着“天旱收高山，雨涝收半山，不涝不旱收沿川”和“一眼望四季”的说法。境内海拔 600～3600 米之间，年平均气温 14.7℃，年日照时数 1911.3 小时，年降雨量 400 毫米左右，无霜期 210～240 天，属亚热带半湿润气候。

【资源优势】武都区气候条件得天独厚，温暖湿润，光热资源比较充足，适宜多种农作物生长。有各类动物 1300 多种，有各类中药材 1200 多种，其中“米仓红芪”、“武都黄连”饮誉中外。有核桃、花椒、桔柑、油橄榄、茶叶等经济林果百余种，其中“武都大红袍花椒”品质优良，畅销国内外，白龙江河谷地带则被专家认为是全国油橄榄最佳适生地。水资源总量 53.7 亿立方米，水能资源蕴藏量 70.62 万千瓦，可开发利用 19.53 万千瓦。境内有神奇的万象洞、朝阳仙洞、水濂瀑布、千坝草原、太白积雪、五凤彩云、六月冰泉、南宋古建筑广严院和红桐河自然保护区等。

【国民经济】国民经济保持快速健康发展，主要经济指标保持两位数增长，综合经济实力明显增强。2011 年，全区完成生产总值 59.97 亿元，比上年增长 13.5%。其中：第一产业增长 5.96%，第二产业增长 18.1%，第三产业增长 13.9%。农民人均纯收入达到 2528 元，增长 14.1%；城镇居民可支配收入 12057 元，增长 13.5%。社会消费品零售总额 16.5 亿元，增长 18.22%。旅游业接待游客 90 万人次，实现旅游综合收入 3.28 亿元，分别比上年增长 13.2%和 6.17%。

农村经济保持全面发展势头，农村经济呈现出持续稳定增长的良好势头。全区共完成粮食播种面积 82.02 万亩，全年粮食总产量达 16.54 万吨，完成蔬菜播种面积 15 万亩；完成退耕还林 0.64 万亩，荒山造林 3.68 万亩，新植核桃 2.5 万亩；全年肉类总产量 15013.5 吨；水产品产量 348 吨。全年新增有效灌溉面积 0.64 万亩，增长 6.7%；农业机械总动力达到 28.6 万千瓦，增长 13.2%；劳务输转 14.8 万人次，劳务创收 13.1 亿元，人均劳务收入达到 8851 元，当年减少贫困人口 1.235 万人。

工业经济提质增效。在积极推进国企改革，调整所有制结构的同时，加大企业技术改造力度，经济效益明显回升。全区工业企业完成增加值 4 亿元，其中规模以上工业企业完成增加值 2.36 亿元，比上年增长 26.9%。规模以上工业企业盈亏相抵后，实现利税总额 1.32 亿元，增长 78.6%。

非公经济持续增长。以城区商贸中心、沿川经济带为重点，通过放宽政策、优化环境、加强指导、规范管理、协调服务，乡镇企业和非公有制企业完成总产值 4.62 亿元，比上年增长 19%；实现增加值 1.03 亿元，增长 20.4%；实现利润 3239 万元，增长 24.6%。新发展乡镇企业和非公有制经济企业 826 户，新增从业人员 2478 人，新建扩建续建项目 40 个，完成投资 2654 万元，增长 7%。

招商引资工作取得了突破性进展。积极组团出外招商，参加“兰洽会”、“西交会”和“全国乡镇企业东西合作经贸洽谈会”，累计签约资金 4.33 亿元，其中履约资金 2.62 亿元。

财政金融稳中有增。狠抓增收节支和“三保一挂”责任制的落实，全面实现了财政增收目标，确保了全区干部职工工资的按时足额发放，兑现了政策性增资。全年实现大口径财收入 5.72 亿元，比上年增长 43.4%。地方财政收入为 2.44 亿元，增长 74.4%。财政支出 18.06 亿元，下降 19.3%。全年金融机构各项存款余额 123.43 亿元，较年初增长 2.94%；全年金融机构各项贷款余额 66.88 亿元，较年初增长 21.94%。

【城乡建设】城乡基础设施建设不断加快。全年共确定 130 项重点建设项目，68 个续建项目进展顺利，62 个项目全面竣工。全区完成固定资产投资 75.8 亿元，比上年增长 16.68%。按城乡分，城镇固定资产投资完成 71.48 亿元，增长 27%；农村固定资产投资完成 0.32 亿元，下降 12.3%。城镇固定资产投资中，第一产业完成投资 1.82 亿元，增长 98%；第二产业完成投资 62.93 亿元，增长 90%，第三产业完成投资 6.73 亿元，增长 9.8%。

“万村千乡”市场工程物流配送中心项目即将建成，全区商贸流通体系得到扩展。交通建设步伐明显加快，兰渝铁路和武灌高速、成武高速公路相继开工建设，国省干线公路灾后恢复重建工程全面竣工。拓宽改造县道 7

条226公里、乡道18条250公里，新建旅游公路5条65.9公里，维修改造乡村公路408条3004公里，公路通村率达到96%。水电能源建设加速推进，实施农村供电工程10项，供电通村率达到100%。农田水利建设成效明显，实施农村安全饮水工程123项，解决了7.45万人的饮水困难。城区南北长江大道、钟楼滩路网等一批市政设施相继建成，城区集中供热工程正在抓紧建设。

【社会保障】社会保障工作稳步推进。全区累计参加社会养老保险的人数达到10572人，参保企业37户，供养离退休人员1236人，共发放企业离退休人员养老金2913万元；缴纳养老金2196万元，征缴失业金222万元。通过各种途径城镇新增就业2790人，实现下岗失业人员再就业1038人。发放城镇居民最低生活保障金2825.62万元，城镇居民最低生活保障制度运行良好。

【社会事业】各项社会事业保持协调发展。教育工作以“两基”攻坚为重点，加快实施农村寄宿制学校、中小学危房改造等建设项目，办学条件明显改善，顺利实现“两基”达标。当年新开工重建学校25所，竣工交付使用23所；科技工作以农村经济结构调整为突破口，围绕“万元田”、“多千田”建设和特色产业开发，开展多种形式的技术服务和科技培训工作。新建各类科技示范点120多个，培训乡村干部和农民技术人员2.8万人次。计划生育工作以巩固优质服务区为基础，积极实施“少生快富”扶贫工程建设，全区人口出生率为11.07‰。计划生育率为90.88%，人口自然增长率为7.63‰。卫生工作以建立新型农村合作医疗制度为重点，不断加强公共卫生体系建设，35所基层卫生院重建工程基本完工，医疗卫生体制改革全面实施，基层卫生院全部实行了国家基本药物零差率销售。

（宗春荣）

宕昌县

【现任主要领导】

中共宕昌县委书记：朱宝莹

宕昌县人大常委会主任：陈社忠

宕昌县人民政府县长：

李廷俊（9月止）

李建功（9月任）

政协宕昌县委员会主席：孙书诚

宕昌县纪律检查委员会书记：

刘景原（9月止）

刘永成（9月任）

【基本情况】宕昌县位于甘肃南部，陇南地区西北部，东接礼县，南连武都，西邻舟曲，北靠岷县。属青藏高原边缘和西秦岭、岷山两大山系支脉的交错地带，加之受岷江、白龙江等河流的长期冲刷、切割，境内山峦起伏，沟壑纵横，地形地貌异常复杂，山岳特征显著。地势由西北向东南倾斜，地形由山地、丘陵、河谷三大单元构成，南部多深山峡谷，北部多黄土梁峁。县境海拔在1138～4154米之间，平均海拔2300米，年平均气温10.0°C，年平均无霜期180天，年平均降水量635.5毫米，年蒸发量1180.9毫米，年平均日照时数2085.1小时，境内气候温和，光照充足，冬无严寒，夏无酷暑，属大陆温带季风气候区。全县辖19个乡、6个镇、334个行政村，总面积3331平方公里，2011年总人口31.31万人，其中农业人口28.38万人。

【资源优势】一是驰名中外的中药材，有当归、大黄、党参、红芪、丹参、柴胡等636种，尤以当归、党参、红芪、大黄四大药材质优量大，远销中外。二是种类繁多的矿产资源，已探明的矿产有锑、铜、铅、锌、金、铁等金属，石灰石、石膏、重晶石、煤、泥、炭、玛瑙等非金属。三是有珍稀动物金钱豹、香獐、鹿、熊、狐等。四是林副特产主要有野生蕨菜、松花蜂蜜、生漆、羊肚菌、花椒、核桃、柳编工艺品、手工地毯等。五是丰富的旅游资源，主要旅游景点有：哈达铺红军长征纪念馆、素有“小九寨沟”之称的大河坝森林公园、官鹅自然风景区、南阳牛头寺、高庙山公园等。

【国民经济】2011年，宕昌县生产总值达到12.74亿元，比上年增长12.8%。其中：第一产业实现增加值3.25亿元，增长6.5%；第二产业实现增加值3.4亿元，增长20.3%；第三产业实现增加值6.09亿元，增长12.8%。农民人均纯收入达到2121元，增长13.2%；全年粮食总产量达到8.19万吨，增长6.2%；完成社会固定资产投资19.2亿元，增长33.7%；完成社会消费品零售总额4.3亿元，增长15%；大口径财政收入达到1.61亿元，增长31%。

【“三农”工作】争取财政扶贫资金2402万元，整合部门帮扶资金2955万元，扎实推进了车拉整乡扶贫综合开发工作；累计完成灾后重建及贫困户危房改建1042座；新修护庄河堤3630米；新修改建通村公路2条6公里、通社公路16条31.2公里，硬化村内道路7条9.5公里，新建便民桥3座。争取财政扶贫资金2025万元，组织实施了18个整村推进项目。启动实施了沙湾镇沙湾村等18个生态文明新农村建设工作。建成了4处万亩中药材标准化种植示范片带，宕昌党参、哈达铺当归通过国家原产地地理标志认证。大力开展植树造林工作，完成212国道绿色长廊建设60公里，城区三山和哈达铺北山绿化1360亩，建成生态林2.5万亩、经济林3.1万亩。完成花椒基地建设2万亩，优质核桃嫁接苗栽植1.29万亩；实施暖棚养畜项目7个。完成212线沙湾至阿坞绿色通道建设90公里、城区三山和哈达铺北山绿化1360亩、生态林建设2.6万亩。完成劳务培训5.3万人，向外输转劳务工9.98万人，创劳务收入9.4亿元，向新疆输送劳务移民981户3413

人。积极深化集体林权制度主体改革，宕昌县被授予“全省集体林权制度主体改革先进县”。完成了25个乡镇114个村的惠农政策落实改革试点工作和草原生态保护补助奖励政策落实工作。

【工业经济】协调金融部门为工业企业发放贷款3000万元，大力支持了企业技改。建成了三昌矿业公司尾矿技改扩建综合治理、宏发矿业公司干式堆放压滤系统扩建、竹院北金矿新建细矿焙烧系统等重点工业项目，加快了以沙湾电站为主的水电站建设步伐。全年工业增加值达到1.8亿元，比上年增长28%；工业实现利税3300万元，增长25%。规模以上工业企业完成增加值1.23亿元，增长31.1%；

【项目建设】全年开工实施各类重点建设项目185项，竣工146项，在建39项，累计完成投资12.3亿元。争取国家投资项目27项，总投资达到3.4亿元。按照“东扩西进，南北同步，出口畅通”的工作思路，大力实施城区扩容、旧城区改造、路网建设、供排水、安居、生态绿化、美化亮化等工程，以“六路四桥”建设为重点，谋划各类城区建设项目62项，建成了新城区南滨河路、山水雅园滨河路、旧城区北滨河路、小堡子桥、大堡子桥、新岷江桥、山水雅园桥、县体育中心、文化传媒中心等一批重点工程。特别是城区供水工程、大河坝公路硬化工程等一批大项目得到立项批复，累计下达投资计划1.26亿元。加强旅游景区景点建设，建成了官鹅沟景区盘龙峡瀑布、花儿滩人工湖、通天门游客服务中心、官鹅沟中药材示范园展厅，硬化景区道路2公里，完成了哈达铺红军广场大门建设，大力实施了民居风貌改造工程，在大河坝景区建成了独具特色的岳藏铺民俗文化村，启动了南阳牛头寺景区建设。全年接待游客62万人次，实现旅游综合收入2.9亿元。建成了通畅公路9项24.3公里，建成便民桥14座，完成通村通组公路改建50条。完成以城区为主的防洪工程7处，启动了城区供水项目建设。完成了宕昌110KV变电站增容改造工程。新增移动基站23个，架设备用光缆212杆公里。建成了两河口万福祥农资物流配送中心、新寨物流配送中心，新建农家店34户。修订完善了《宕昌县招商引资优惠政策》，先后两次组团赴浙江等地上门招商，全年共签约招商引资项目14项，签约资金18.3亿元，到位资金4.1亿元。

【社会事业】扎实开展了教育“两基”迎国检工作并顺利通过验收；大力改善办学条件，建成了县一中综合楼及教学实验楼等重点项目，新建校舍1万平方米，配备教学实验仪器107万件。建成了县医院门诊急诊综合楼，完成了40所村卫生室建设任务；进一步提高了新农合报销范围和比例，全县参合率达到96%，住院平均报销比达到60.46%；深入推进医药卫生体制改革，全面实施了国家基本药物制度。扎实开展了以核实人口底数、落实节育措施为主要内容的专项治理活动，全县人口和计划生育工作形势持续好转。新建了18个乡镇综合文化站，完成了85个农家书屋和207个村文化资源共享建设项目。实施了3乡镇300户村村通工程，全县广播电视综合覆盖率达到96.5%。

【法制建设】认真执行人大及其常委会的各项决议、决定，办理人大代表建议93件、政协委员提案64件。广泛开展法制宣传教育活动，全民法制意识进一步增强。开展了政府行政权力公开透明运行试点工作，完成了县乡政府机构改革任务，依法行政工作有了新的进展。加强社会治安视频监控系统建设，新建城乡视频监控点101个，社会治安防控体系更加完善。狠抓禁种铲毒工作，禁毒工作形势持续平稳。深入开展安全生产专项整治活动，全面落实各项安全监管措施，安全生产形势保持平稳。

【灾后重建】全面完成了全县13798户农村重建户、753户城镇居民重建户住房重建扫尾工作，进一步规范完善了重建户档案信息资料。切实加快重建项目建设进度，全县123项灾后重建项目全部建成，累计完成投资4.78亿元。

（韩黎明）

成县

【现任主要领导】

中共成县县委书记：

郭建博（10月止）

李　祥（10月任）

成县人大常委会主任：段志俊

成县人民政府县长：

李　祥（10月止）

李鹏军（10月任）

政协成县委员会主席：张启仁

中共成县纪律检查委员会书记：

朱惠兰（10月止）

吕红菊（10月任）

【基本情况】成县位于甘肃省南部的陇南市，东北与徽县接壤，西与西和相邻，南以西汉水为界与康县相望，东南与陕西省略阳县毗邻。属西秦岭余脉，地势呈西北高，东南低，海拔在750～2377米之间，境内多高山峡谷，地貌特征南北为山地，中部为丘陵。属暖温带半湿润气候，四季分明，冷暖适度，年均气温11.7℃。无霜期200天，年日照时数1625.5小时。年均降雨量620.8毫米左右，相对湿度75%。境内有犀牛江、东河、南河、洛河等“一江三河”丰厚的水资源。全县辖12镇5乡，15个居民委员会，245个村民委员会，1472个合作社。总户数7.32万户，总人口26.35万人，常住人口为24.34万人，人口自然增长率为5.32‰。土地总面积1676.54平方公里，其中耕地41.03万亩，林地118.65万亩，天然草场15.5万亩。

【资源优势】成县自然资源丰富，是国家生态环境建设示范县和全省重要的商品粮生产基地。县内已知植物种类达 1958 种，动物种类 54 种。粮食作物主要为冬小麦、玉米、大豆、荞麦、薯类等；经济作物以冬油菜、大蒜和多种四季蔬菜为主；经济林果主要有核桃、柿子、樱桃、板栗等，还有天麻、茯苓、杜仲等名贵药材及千余种药用植物；有梅花鹿、豹、熊、画眉、红腹锦鸡等十余种珍稀野生动物。

成县矿产资源富集。境内初步探明的金属矿藏有铅、锌、黄金、白银、铁、锰等 17 种，尤以铅锌储量较大，居全国第二大铅锌矿带，其地质储量约 1100 万金属吨，目前已初步形成了以铅锌为主导，建筑建材、酒类酿造、农副产品加工、能源化工等为支撑的工业体系。

成县历史悠久，文化底蕴厚重。这里曾先秦设道，东汉置郡，唐、宋、元设州，治同谷县，明初降州为县，始称成县，相沿至今。县域生态环境良好，自然景观奇特，文化胜迹众多，风光秀丽，山水有致。有国家级重点保护文物汉隶《西狭颂》摩崖石刻，古西汉栈道，风光峻奇；诗圣杜甫流寓同谷纪念地“杜少陵祠”，合山环水，景幽文蕴；南宋抗金名将吴挺陵园，历史蕴藏丰富；以及国家级森林公园鸡峰山和唐韵遗风裴公莲沼等人文景观，是处于麦积山、九寨沟、西安、汉中等多条黄金旅游链上的重要“驿站”。

【国民经济】2011 年，成县实现生产总值 32.88 亿元，比上年增长 13.2%。其中：第一产业实现增加值 7.03 亿元，增长 5.76%；第二产业实现增加值 13.69 亿元，增长 17.5%；第三产业实现增加值 12.16 亿元，增长 12.7%。

一是农业经济较快发展。2011 年，全县农业总产值达到 9.79 亿元，较上年增长 14.24%。粮食总产量达到 14.4 万吨，肉类总产量达到 8647.4 吨，水产品产量达到 198 吨，禽蛋产量达到 1420.8 吨。初步形成了以核桃为主的主导产业和以草畜、蔬菜、中药材、蚕桑、烤烟为主的区域特色产业发展格局。

二是工业经济快速发展。2011 年全县完成工业增加值 9.90 亿元，比上年增长 27.8%。其中规模以上工业企业完成工业增加值 8.22 亿元，增长 33.92%。建成了以铅锌采选冶、白酒酿造、新型建材、农产品加工为主的工业体系，培育了一批销售过亿元的大企业。

三是消费需求稳步增长。全县城乡居民收入的增加，社会保障覆盖面的不断扩大，干部职工津贴补贴的大幅提高，家电下乡及各项惠农政策的落实，促使消费需求稳步增长。全年实现社会消费品零售总额 5.84 亿元，比上年增长 18.81%。

四是财政收入不断增加。2011 年全县完成大口径财政收入 4.66 亿元，比上年增长 45.0%；完成县本级财政收入 2.40 亿元，增长 90.7%；全县完成财政支出 10.35 亿元，下降 3.4%。县内金融机构各项存款余额 53.53 亿元，增长 10.1%；贷款余额 26.84 亿元，增长 12.5%。

【项目建设】2011 年，全县完成固定资产投资 25.07 亿元，比上年增长 37.9%。在灾后重建方面，完成了 10462 户“8.12”暴洪城乡居民住房维修加固、779 户农村居民住房和 39 户城镇居民住房重建任务，受灾群众居住条件显著改善。在城乡建设方面，全面攻坚完成了历时八年之久的东大街拓宽改造拆迁任务和八一路、成州高中、县医院等重点项目征地拆迁工作；启动了 5 个小城镇建设规划编制工作，建成了东河大桥、南河大桥、城区生活垃圾处理场等 12 项重点项目；开工建设了南街中路、南河二桥、城区饮食专业市场、城关畜禽市场、城区供排水工程等 9 项重点项目；积极实施了江武路城区过境段汉文化特色改造工程；完成了 3 条通乡油路工程、6 座便民桥，改造硬化了 67 条城乡小巷道和村庄道路，城乡环境发生了新变化。

【“三农”工作】成县素享“陇上江南”、“陇右粮仓”之盛誉，是全省重要的商品粮生产基地。2011 年，成县粮食播种面积 50.71 万亩，人工种草 2.6 万亩，生猪饲养量达到 20.24 万头，出栏商品猪 10.6 万头；牛饲养量 2.96 万头，出栏商品牛 0.76 万头；羊饲养量 1.74 万只，出栏商品羊 0.65 万只；蔬菜种植面积达到 6.04 万亩，蔬菜总产量达到 98394 吨。大力发展柴胡、党参、辛荑、天麻、黄芪、桔梗等药材品种，全县中药材种植面积达到 1.75 万亩，中药材总产量达到 7000 吨。发展各类中药材示范点 5 个，示范面积 0.62 万亩，带动面积 1.05 万亩。加大“3+1”和“511”养蚕新技术、新模式引进推广力度，切实提高技术入户率，提高蚕茧质量水平，新建、维修“3+1”和“511”模式的养蚕大棚 112 座。完成桑园综合管理 5000 亩，养蚕 862 张，产鲜茧 198 吨。烤烟产业上。全县发展烤烟 4400 亩，主要分布在 6 乡镇 26 村 533 户，总产量达到 704 吨。精品鲜果上。引育西洋樱桃、油桃、金太阳杏、李子、葡萄、梨等优质果树苗木 10 万多株，新发展果园 648 亩，全县鲜果面积达到 1.09 万亩，鲜果总产量达到 7291.45 吨。对樱桃鲜果进行了包装，通过外销，提高了本县樱桃产品的知名度。

【民生保障】城镇单位从业人员年平均工资达到 27284 元，比上年增长 8.44%；城镇居民人均可支配收入 11890 元，增长 11.3%；农民人均纯收入达到 3682 元，增长 12.1%。市场商品丰富，人民群众的物质文化生活水平进一步提高。

全面完成了 8.12 暴洪灾后城乡居民住房维修，争取落实了困难重建户重建贴息贷款政策，779 户农村居民已搬入新居；17 所 8.12 暴洪灾后学校重建项目已全部开工；培训城乡劳动力2.48万人次，输转劳动力5.85万人次；投资1360万元硬化改造了67条城乡小巷道和村庄道路；投资95万元新建地埋式垃圾箱300个，购置更新了一批环卫设备，免费开放了城区9所公厕；惠及1.23万人的13项农村饮水项目全部竣工，完成了东河、南河堤防建设工程；167套、1万平方米经济适用住房已在房地产开发项目中规划建设；完成了东河生态环境治理绿化、人行道地砖铺设等扫尾工程；完成了支伏路、翻马路、小李路通乡油路工程，开工建设了6座便民桥；建成沼气池3655座，为2000户农户配备安装了太阳灶，建成农村卫生厕所5200座。

【社会事业】足额拨付历年拖欠的2264万元教育附加资金，配齐了中小学实验仪器和图书，集中力量开展了“两基”迎国检工作，并通过验收；完成了43个教育地震灾后重建项目。医药卫生体制改革扎实推进，县、乡医院新农合住院报销比例分别达到80%、90%；建成卫生地震灾后重建项目23个。将乡镇卫生院中医药治疗常见病费用纳入了新农合门诊统筹资金全额报销。县、乡医院新农合住院报销比例显著提高，妇幼卫生工作多次得到省、市的充分肯定，疾病预防工作走在了全市前列。建成了非物质文化遗产博物馆和15个乡镇综合文化站等一批文体项目。投资364万元完善了县、乡计生服务机构配套设施，人口和计生“国优”创建工作顺利通过省、市初验。安全生产、环境保护、群众信访、社会治安综合治理等方面工作得到进一步加强，人民群众安居乐业。民族宗教、工商、税务、金融、气象、民兵预备役等工作取得了明显进步，全县社会大局和谐稳定。

（张宏军）

康县

【现任主要领导】

中共康县县委书记：

王　钧（8月至）

李廷俊（9月任）

康县人大常委会主任：

候进国（8月止）

杜登芳（9月任）

康县人民政府县长：文元旦

政协康县委员会主席：

田生才（8月止）

黄义成（9月任）

中共康县纪律检查委员会书记：

张立平（8月至）

易红斌（满族）（9月任）

【基本情况】康县位于甘肃省东南部，地处秦巴山区南麓，陕甘川三省交汇地带，东邻陕西略阳县，南接陕西宁强县，西邻武都区，北隔西汉水（犀牛江）同成县相望。全县总面积2958.46平方公里，地质构造为昆仑秦岭地槽褶邹地带，地势西高东低，起伏大，中部高，南北低；地貌形态上，山势陡峻，居中高山地。最高海拔2483米，最低海拔560米，平均海拔1426米。境内气候属典型亚热带向暖温带过渡气候，温和湿润，雨量充沛；年平均气温11.2℃，无霜期193天，日照时数1310.7小时，年降水量765.7毫米。全县共有21个乡镇、350个村、8个社区居委会，总人口19.7万人，以汉族为主，占总人口的99.7%，有回、满、壮、藏、蒙、瑶、维吾尔等少数民族，占全县总人口的0.3%。

【资源优势】物产优势。境内有高等植物172科1000余种，各种菌类100多种；有天麻、杜仲等野生药材570多种；国家野生保护动物数百种，农特产品300多种，是中国核桃之乡、中国有机茶之乡、中国黑木耳之乡、中国绿色名县、中国西北蚕桑重点基地县和全国经济林建设先进县、食用菌行业先进县。其中，康县茶叶、黑木耳、薇菜、核桃仁等上百种山野食品在国内外享有盛誉。

生态优势。境内植被良好，现有森林约339万亩，活立木蓄积量1267.3多万立方米，全县森林覆盖率达到66.7%，林木绿化率高达70.4%，被中国绿色名县推介委员会、中国县镇绿色发展论坛组委会授予“中国绿色名县”称号；有国家和省列珍贵树种如香樟、银杏、红豆杉等28种。

旅游资源。茶园、竹海、灵山、秀水、幽谷、茂林、飞瀑、流泉、构成了康县独具特色自然生态风光，这里山川秀美，风光旖旎，千峰叠翠，万峡溢绿，悬泉飞瀑，百鸟争鸣，是西北天然生物园和野生动物园，已成为西北地区较有名的生态旅游胜地。旅游景点主要有白云山森林公园、梅园沟、幽梦谷、海棠谷、龙神沟、红豆谷、清河、响水泉、白马关古城遗址、托河溶洞等等，县内有近百处自然和人文景观。距县城84公里的阳坝亚热带生态旅游风景区，已被国家旅游局评为4A级景区，被省旅游协会和广电集团评为全省十大旅游景点之一，其风光具有“陇上版纳”之赞誉，其中的梅园沟、红豆谷、清河原始森林更是景区之精华，现已形成主要景点14处。另外有位于县城燕子河南岸的白云山省级森林公园，名列陇南市十大重点景区之中。旅游就业人数现已达1300多人，具备资质旅行社2个；全年共接待各类游客52.08万人次，实现旅游综合收入2.24亿元。

矿产资源。目前已探明的矿种有20余种，金矿是县内优势资源，黄金储量丰富，岩金矿在境内大部分地区均有分布。铜矿主要分布在康南的阳坝—太平一带地区，已探明阳坝铜矿铜矿石资源储量269.54万吨；铁矿探明矿区资源量为43.61万吨。其他矿产，铬、铅、锌、钒、铀、锰、钼等金属矿产和硅石、蛇纹岩、石英砂，大理石、冰洲石、水晶石、花岗岩、滑石、磷等非金属矿产亦具有一定开发潜力。

水利资源。全县共有一江十四河，其中：跨境河流7条，境内河流8条。水能蕴藏量（理论）9.98万kw，可开发量约为3.68万kw。

【国民经济】2011年，康县实现生产总值11.20亿元，比上年增长12.0%。其中：第一产业实现增加值3.28亿元，增长6.23%；第二产业实现增加值3.22亿元，增长16.2%；第三产业实现增加值4.69亿元，增长13.3%。三次产业结构比为29.3：28.8：41.9。实现社会消费品零售总额3.9亿元，增长18.6%。完成固定资产投资30亿元，增长27.6%。完成大口径财政收入1.73亿元，增长37.5%，其中一般预算收入7580万元，增长59.7%。年末各项存款余额28.10亿元，比年初增长8.39%，其中，储蓄存款余额13.33亿元，增长29.7%。

【项目建设】全县共争取国家投资项目50项，安排中央预算内投资2.19亿元。成武高速、中贵天然气管线等过境重点建设项目进展顺利；城区供水管网改造、各类水利建设项目前期工作进展良好；王坝（双水磨）至城关镇（石猫峡）公路项目已完成路基工程；南街经济适用住房、三官558套廉租住房建设项目已完成主体工程；以城关中学为代表的一批中小学校灾后重建项目和以周家坝农贸市场为代表的一批市场项目已相继建成投用。完成了阳坝、阴坝、上坝及龙神沟沿线6村331户（其中机关单位25家）房屋风貌改造工程；完成了阳坝景区景点设施建设工程。2011年，新开工市县重点项目50项，竣工38项，完成投资4.34亿元。其中，17项市列重点项目竣工7项，完成投资3.12亿元。签约招商引资项目16个，完成签约资金6.5亿元，到位资金1.82亿元。

【“三农”工作】全县新增核桃面积2.77万亩、茶园面积0.08万亩、蚕桑0.2万亩、花椒2.12万亩，中药材、蔬菜、食用菌等产业长足发展，特色农业产业基地面积累计达到100.6万亩，特色农业总产值达到2.85亿元。认真落实各项强农惠农政策，累计发放良种推广、农机具补贴等惠农资金811万元。全面实施了以核桃“双十”工程为重点的经济林综合管理工作，完成核桃树管理54.28万亩；组织完成了康县秦巴山区特殊贫困片带扶贫项目建设规划，全面实施了长坝镇李庄等10个整村推进项目和黑马关流域4个村的片区开发项目，全年减少贫困人口7030人；大力发展劳务经济，输转城乡富余劳动力5.98万人，创劳务收入5.99亿元；进一步加强农业基本条件建设，全年新增集雨节灌0.45万亩，节水灌溉0.29万亩，新修梯田0.7万亩，完成水土流失治理38.8平方公里，实施了大堡至寺台11个村和云台至大南峪15个村的集中供水工程；加强生态环境建设，全年完成造林7.2万亩，完成了江武路康县段32公里绿化美化及白望路、康阳路130公里绿化带整修和种草工作。高标准完成了集体林权制度改革任务。围绕“建生态村、走富裕路、做文明人”的目标任务，切实加快生态文明新农村建设，规划创建的118个重点村（19个精品村、49个示范村、50个达标村），已完成67个村，集中力量打造了阳坝镇庄科村、岸门口镇青岗坝村、望关乡徐罗村等一批群众生活宽裕、村容村貌整洁、乡村文化繁荣的生态文明新农村，农村面貌发生了根本性变化。

【工业经济】扎实推进重点工业项目建设，独一味系列产品新药研发、生产线和药材基地建设项目，已建成巴布膏剂生产线，其它新药或在研发或在申报新药批文，药材基地建设项目进展良好；恒丰核桃加工、兴源农特产品加工、益人中药材加工等特色产业龙头企业项目建设取得重大突破，江家湾金矿启动恢复建设，神龙复合肥生产项目已完成厂房建设，太平茶厂茶叶加工技改项目、鑫虹丝绸公司蚕茧深加工项目、富强木业公司木制品加工项目、天一混凝土项目已建成投产；恒康公司黑木耳精加工项目建设进展顺利。独一味公司、阳坝铜业公司跻身“2010年甘肃省100强私营企业”，分别位居全省第25名和第34名。工业园区建设步伐加快，节能减排措施进一步落实，节能节水降耗工作基本达标。全部工业实现增加值2.96亿元，比上年增长16.8%。其中，规模以上工业企业实现增加值2.47亿元，增长18.4%；实现利润总额2.50亿元，增长27.1%。

【人民生活】年初承诺办理的十六件民生实事基本完成，人民群众得到更多实惠。农村沼气、太阳灶推广和人畜饮水工程全面完成，农网改造工程进展良好。实施整村推进村17个，完成劳动技能和两后生培训2540人。阳坝至太平公路改造工程、托河至两河公路拓宽改造工程已开工建设，进展良好；阳坝大沟村、望关徐罗村等六条通村公路全面完成；建成便民桥10座，城区四座桥梁正在加紧建设。4处农贸市场和西街饮食市场建设进展顺利，其中大堡大青、碾坝田坝已经建成。阳坝加油站已经建成，阳坝三级客运站已开工建设，出租车公司组建已基本完成。176个农村文化信息资源共享工程和50个村级农家书屋已全部建成，20所规范化村级卫生室完成标准化创建任务，其它各项实事正在加快实施。县财政支出各类民生资金2.68亿元（其中县级配套资金2800万元），占财政总支出的31.2%。2011年，康县城镇居民人均可支配收入8243元，比上年增长12.0%；农民人均纯收入2458元，增长14.1%。全县单位从业人员年平均工资32407元，增长6.2%。

【社会保障】各项社会保险制度全面落实，保险资金按时足额征收拨付，全面启动城镇居民社会养老保险试点工作，农村居民社会养老保险工作进展顺利，弱势群体和低收入人群基本生活得到有效保障；全县参加基本养老保险的职工人数2944人，参加基本医疗保险的职工人数12534人，参加失业保险人数1130人；城镇居民最生活保障已保4096人，发放保障资金827.7万元；农村贫困低保已保35645人；发放保障资金4257.3万元；农村五保供养1351人；全年新型农村合作医疗参合率达97.12%，新农保参保率达96.0%，基础养老金发放率为100%。

【社会事业】科技工作取得新进展，全年共申请专利7件，已得到授权6件；共鉴定登记县级科技成果4项，组织协调农技推广部门引进推广各类农林牧新品种12个，引进推广新技术5项。坚持优先发展教育，“两基”迎国检工作顺利完成，教学质量进一步提高。城乡医疗卫生条件不断得到改善，全县乡镇卫生院和部分村卫生室基本配齐了常用医疗设备。食品药品质量和卫生监管措施全面落实，群众饮食、用药安全得到有效保障。文化体育活动扎实开展，城乡文化设施建设得到加强。积极实施商标战略，“康县黑木耳”、“森沁”、“梅园”3件商标获得了“甘肃省著名商标”。人口和计划生育工作摆脱了落后被动局面。

（肖平）

文县

【现任主要领导】

中共文县县委书记：

徐世林（5月止）

苏彦君（9月任）

文县人大常委会主任：

李同文（5月止）

韩平松（9月任）

文县人民政府县长：

苏彦君（5月止）

张立新（9月任）

政协文县委员会主席：

杜生虎（5月止）

马克武（9月任）

中共文县纪律检查委员会书记：

高玉龙

【基本情况】文县位于甘肃南陲，坐落在陕甘川三省交界处，地处秦巴山地，素有“陇上江南”、“甘肃西双版纳”、“大熊猫故乡”之美誉，既有北国之雄奇，又有南疆之灵秀。地理位置处于亚热带向暖温带过渡地带，素有“一山有四季，十里不同天”的特征，年平均气温15.2℃，无霜期264天，年均降雨450~800毫米，海拔550~4187米。全县辖3镇17乡，305个村民委员会，7个社区，1305个村民小组。全县总人口24.69万人，其中农业人口20.90万人，居住着汉、藏、回等7个民族，少数民族人口5743人。全县总土地面积4994平方公里，有耕地面积30.76万亩，其中水田1.17万亩，旱地29.59万亩。全年农作物播种面积达到50.26万亩，其中粮食作物达到36.08万亩。粮食作物主要以小麦、水稻、玉米、薯类为主，经济作物及林果产品以蔬菜、纹党、花椒、核桃、茶叶为主。

【资源优势】文县资源丰富，发展潜力大。一是水力资源富甲陇原，境内有“两江八河”和360多条溪流，年径流总量90多亿立方米，水能理论蕴藏量303万千瓦，其中可开发利用的达210万千瓦，目前已开发利用65.16万千瓦，仅占可开发利用水能的31%。二是矿产资源富集，金属和非金属矿藏达20多种，种类多，储量大，品位高，已探明黄金储量300余吨，硅矿1亿多吨，铜金属储量5万多吨，重晶石矿3200多万吨，锰矿储量119万吨，其中阳山金矿为我国最大的金矿。三是旅游资源独特，有洋汤天池、白马藏族民俗村、阴平古道、白水江自然保护区等一批旅游景点，发展旅游业前景广阔，可与九寨沟、黄龙连成一条黄金旅游线。

【国民经济】2011年，文县国民经济运行呈现出经济总量不断增长，经济实力不断增强，质量效益稳步提高的较好态势。全县生产总值达到15.11亿元，比上年增长10.2%。其中：第一产业实现增加值3.99亿元，增长6.2%；第二产业实现增加值5.43亿元，增长10%；第三产业实现增加值5.69亿元，增长12.6%。

一是农业经济较快发展。2011年，全县完成农、林、牧、渔业现价总产值5.71亿元，比上年增长10.4%。完成造林面积达到3.15万亩，栽植行道树45公里；肉类总产量达7722吨，增长4.8%；水产品产量达1000吨，增长10.5%。

二是工业经济总量下降。2011年，全县完成工业总产值13.14亿元，比上年下降5.2%，其中规模以上工业总产值10.85亿元，下降8.5%。规模以上工业企业实现增加值3.76亿元，下降0.9%。规模以上工业经济总量下降的主要原因是6月份以来硅铁企业因生产用电提价（由原来的每度0.33元提至0.41元），加之10月底硅铁价格下滑（由月初的每吨7000元减少到月底的每吨6500元），导致6家硅铁企业停产，硅铁产量仅为5.62万吨，下降25.7%。

三是消费需求稳步增长。全县城乡居民收入的增加，社会保障覆盖面的不断扩大，干部职工津贴补贴的大幅提高，家电下乡及各项惠农政策的落实，促使消费需求稳步增长。2011年，全县社会消费品零售总额达到3.99亿元，比上年增长19.4%。

四是财政收入不断增加。2011年，全县完成大口径财政收入2.77亿元，比上年增长24%；完成地方财政收入1.32亿元，增长35.2%；财政支出9.67亿元，下降47.1%。金融机构各项存款余额为40.66亿元，下降10%；贷款余额为25.0亿元，增长14.9%。

【项目建设】2011年，全县500万元以上项目74个（续建46项、新建28项），完成固定资产投资43.42

亿元，比上年增长25.7%。投资增长的主要原因：一是重点建设项目进展较快，全年完工项目51个，项目竣工率达到68.9%，建成了80万吨干法水泥厂、柳园水电站、临江330KV千伏送变电工程、石坊110KV千伏送变电工程、文县路兴高纯碳酸钡加工厂、文县中排高纯碳酸钡加工厂、文县宁氏钡盐化工厂、文县新关金矿浮选尾矿金泥氰化选矿厂等一批重点项目；二是灾后重建力度较大，灾后重建项目完成投资18.29亿元，占全县固定资产投资总额的42.1%；三是各级政府狠抓项目建设的信心不减，有力推动了投资的较快增长。

【“三农”工作】2011年，全县粮食总产量达到6.78万吨，比上年增长4%。农业基础建设成效显著，全县大搞农田水利建设，兴修水平梯田0.62万亩，新增集雨节灌面积0.44万亩，新增有效灌溉面积0.12万亩；新建沼气池1778个，太阳灶5185个；人饮解困工程得到较好实施，解决了271个村4.10万户15.65万人的饮水困难问题。农业特色产业得到发展，全年农业特色产业总产值达到2.40亿元，农业特色产业对农民人均纯收入的贡献率为39.5%。扶贫开发稳步推进，实施了52个贫困村产业重建项目，完成了11个整村推进村建设任务，全年减少贫困人口0.79万人。

【人民生活与社会保障】民生保障水平有了新提高，全年投入改善和保障民生方面的资金达到2.43亿元，其中发放强农惠农资金1.63亿元，落实家电下乡补贴231万元。全面落实再就业各项优惠政策，城镇新增就业人员1875人，安置高校毕业生292名。2011年，全县职工平均工资达到27219元，增长2.5%；城镇居民人均可支配收入达到9751元，增长19.5%；农民人均纯收入达到2268元，增长14.2%。社会保障得到完善，年末参加城镇基本养老保险的职工人数为4349人，参加基本医疗保险的职工人数为14760人，参加失业保险的人数为4250人，城镇居民最低生活保障人数8507人，农村居民最低生活保障人数45962人，五保户供养人数1385人，参加农村合作医疗的人数18.46万人，参加农村养老保险的人数12.20万人。

【社会事业】社会事业协调发展，各项工作得到较好落实。一是教育工作稳步推进，“两基”迎国检工作通过省市抽查，县一中西元新校区正式投用；二是扎实推进25所基层卫生院标准化建设，努力完善县乡村三级卫生网络建设；三是全面落实计划生育各项奖励优惠政策，累计发放奖励445万元扶助6794人次；四是广播电视“村村通”工程全面建成，完成了碧口数字电视转换工作；五是文化事业得到新发展，建成20个乡镇文化站和6个非物质文化传习所，发展农家书屋100个。

【灾后重建】扎实开展灾后重建“回头看”工作，狠抓项目进度、审计整改、设施配套、竣工验收等扫尾工作。截止2011年底，全县652项重建项目已经全面开工，其中竣工644项，验收606项，累计完成投资61.63亿元，总体上实现了全面完成灾后重建任务的目标。通过灾后重建，全县城乡居民住房条件显著改善，基础设施进一步完善，公共服务水平大幅提升，发展空间进一步拓展。

（崔耀文）

西和县

【现任主要领导】

中共西和县委书记：

辛海生（9月止）

周子强（9月任）

西和县人大常委会主任：

韩　锐（9月止）

宋小平（9月任）

西和县人民政府县长：

周子强（9月止）

郝爱龙（9月任）

政协西和县委员会主席：

宋小平（9月止）

年高龄（9月任）

中共西和县纪律检查委员会书记：

辛晓宏（9月止）

王　辉（9月任）

【基本情况】西和县位于甘肃省东南部，西秦岭南侧，系长江流域西汉水上游。东临徽县、成县，南依武都、康县，西北与礼县交界，东北与礼县、天水秦州区接壤。行政区域面积为1861平方公里。境内地形由西北向南倾斜，南部为土石质山原峡谷区，北部为沟壑梁峁区，平均海拔1692米。平均气温8.4℃，无霜期149～214天，日照时数1500～1800小时，年降水量451～734.7毫米。属大陆性季风气候。辖6个建制镇14个乡。行政村384个，2011年底全县人口40.43万人。

【资源优势】西和资源富集，被著名地质学家李四光称为“宝贝的复杂地带”。金属矿产资源丰富，有色金属有铅、锌、金、铜、铁等。县境东南部属全国铅锌矿第二大矿产带的西成矿带，探明储量521.7万吨，金属量14.93万吨；黄金矿散布全县。非金属矿产有大理石、冰洲石、陶土等。农副特产品有洋芋、柴胡，野生药材西贝母、淫阳霍等。是久负盛名的“中国半夏之乡”。加工业产品有亚麻、粉条、粉丝等，编织业产品有背篓、席等，手工艺品有泥塑、根雕及剪纸、刺绣等。

【旅游景点】西和县是中华人文始祖伏羲的诞生地。在这片古老神奇的土地上，仰韶文化寺洼文化、齐家文化交相辉映，晋魏时仇池立国四百余年，称雄一时；诗圣杜甫由陇入蜀，咏诗致志，天下流传；抗金的烽火，拒元义勇，近代的风云，哺育了这里灿烂的自然与人文景观。主要景点有绚丽别致的仇池胜境、有“圭峰秋月”之称的八佛崖、有“九眼鼎沸”之称的九眼泉。新建旅游景点：晚霞湖（晚家峡水库），湖光山色，景色宜人。2007年西和县被中国民间文艺家协会命名为“中国乞巧文化之乡”。全力推进“一湖九园”十大景区开发建设，建成了仇池碑林、晚霞湖环湖景观带、湿地观赏区、隍城休闲广场、观山杏林山庄等景观设施，成功开发了仇池石、绣花保健枕、西和麻纸等系列文化旅游产品，成功举办了三届中国乞巧文化旅游节，极大地提高了西和的对外知名度。

【**国民经济**】2011年，面对复杂多变的经济形势，艰巨繁重的灾后重建和经济社会发展任务，全县各级党政组织和广大干部群众竭尽全力控物价、稳增长、保民生、促稳定，经济社会发展呈现发展快、支点实、变化大的良好态势。全年全县完成生产总值19.16亿元，比上年增长12.9%。其中：第一产业实现增加值4.85亿元，增长6.9%；第二产业实现增加值4.71亿元，增长19.3%；第三产业实现增加值9.59亿元，增长12.8%。实现工业增加值3.63亿元，增长21.7%，其中规模以上工业企业实现工业增加值3.16亿元。增长31.5%；完成社会消费品零售总额4.1亿元，增长18.1%；完成大口径财政收入2.1亿元，增长36.3%。全县金融机构各项存款余额达到41.98亿元，各项贷款余额13.50亿元。

【**“三农”工作**】农业和农村工作迈出坚实步伐，农村生产条件进一步改善，全膜双垄沟播技术进一步推广，粮食产量稳步提高，总产量达到16.83万吨，比上年增长3.3%。全县以马铃薯为主的优势主导产业，以八盘梨、猪苓、食用菌、大鲵等为主的地方特色产品蓬勃发展，特色产业规模进一步扩大，2011年全县马铃薯、蔬菜、中药材面积分别达到36.68万亩、5.88万亩、5.6万亩。为有效解决全县农业产业化发展贷款难、担保难的问题，组建成立了西和县农业产业化信用担保公司。不断完善新农村建设长效机制，制定出台了《西和县新农村建设阶段性标准（试行）》，完成各类新农村建设投资9954.07万元，集中实施了一批产业发展、公共设施项目和文化墙等基础设施建设，全县九大新农村示范长廊层次和水平进一步提升。实施整村推进项目12个，减少贫困人口1.17万人。大力发展劳务产业，输转劳动力11.52万人次，创劳务收入11.64亿元。农业基础条件不断完善，新修梯田3.15万亩、治理水土流失面积40平方公里；整理开发土地6025亩，新增耕地1458.8亩；新建沼气池3913座，配发太阳灶1917个、省柴节煤灶2168座，近6000户群众用上了清洁能源。新建安全人饮工程20处，解决了1.2万人的安全饮水问题，新增有效灌溉面积4650亩、集雨节灌面积5800亩，完成各类造林3.86万亩。

【**项目建设**】项目建设强势推进。坚持把项目建设摆在事关全县经济社会发展的重要战略位置，项目建设迈出坚实步伐。始终把灾后重建作为全县最大的项目来抓，采取超常规措施，狠抓项目进度、审计整改、设施配套、竣工验收工作，灾后重建任务基本完成。以年初确定的61个重点建设项目和12件实事为重点，全年开工建设各类项目149项，完成投资39.3亿元，比上年增长21.7%。签约招商引资合同项目16个，签约资金15.5亿元，到位资金6.5亿元。

基础设施全面提升。全力加快交通建设，省道S219线西和段灾后重建工程基本完成，西峪至马元、兴隆至晒经、石峡至西高山、大桥至蒿林、十里到安峪、大桥至太石河六条通乡油路工程全面完成，西高山至大桥通乡水泥路完成建设，建成便民桥10座，改建通乡路58公里，完成通村水泥路18条82公里，2011年全县公路总里程达到1233.5公里，“三纵六横”的公路交通网络基本形成，城乡道路通行能力进一步提高。城镇居民住房维修和重建全面启动。县以下59所学校和24所卫生院重建项目全部开工建设并高质量完成主体工程。深入推进电力建设，西和变至青羊峡配电线路工程、西峪变至循环经济园区配电线路工程建成投用，城区10千伏开关站电工程进展顺利，全县电网结构进一步完善。新建移动通讯基站18个，光缆杆路120公里，全县通信信号覆盖率达到98.96%。

狠抓工业项目建设。10万立方米加气混凝土砌块生产项目建成投用，大桥南金矿、后川坝金矿、马元乱石金矿、1500吨山野菜加工等项目正在加快建设。论证上报了10大类31个循环经济发展项目，其中两个被省工信委列入省级循环经济项目资金支持计划。

【**人民生活与社会保障**】2011年全县人民生活持续改善。城镇居民人均可支配收入达到9435元，比上年增长13.3%；农民人均纯收入达到2406元，增长14.5%，农村人均住房面积17平方米，农民文化娱乐消费比重达22%。建成13个乡（镇）惠农服务大厅，全面落实各项支农惠农政策，全年共发各类惠民资金2.75亿元。新增城镇就业人员1218人，城镇下岗失业人员再就业531人，城镇登记失业率控制在4.5%以内。

社会保障体系建设加快推进，全县城镇居民基本医疗保险参保率达到95%，参加养老保险、失业保险、工伤保险的人数分别达到8536人、5403人和3437人，6694名城镇居民和67087名农村居民纳入城乡最低生活保障，基本实现了动态管理下的应保尽保。城南216套保障性住房加快建设，城北186套保障性住房配售工作有序推进。

【**社会事业**】启动实施“教育质量提升工程”，制定出台了一系列促进教育事业发展的政策措施。2011年，全县儿童入学率99.18%。学校基础设施建设加快推进，累计完成投资3.73亿元，新建改建各类校舍20.88万平方米。医疗卫生条件不断改善，23所乡镇卫生院灾后重建基本完成，世行项目县医院门诊大楼、中医院业务用楼、灾后重建项目县妇幼保健站等项目正在加快建设。启动实施了卫生医疗体制改革，城镇居民基本医疗保险和新型农村合作医疗进一步完善和深化，参保率、参合率分别达到90%和96.85%。文化旅游事业蓬勃发展，成功举办了第三届中国乞巧文化旅游节，全年接待游客24万人，创旅游综合收入4817万元。加大文化公共服务建设投入，文化广场基本建成，累计建成村级文化室54个、农家书屋295个，设立城乡阅报栏662个。召开了首届“仇池文学艺术奖”颁奖大会，新编大型民俗秦腔剧《七月七》获得全省“红梅杯”戏剧大赛剧目一等奖，《西和乞巧歌舞》在央视播出。人口计划生育工作实现新突破，实现了省级计划生育优质服务县创建目标。2011年人口出生率10.8‰，人口自增率7.1‰，农村节能育措施落实率82.8%。

（孙玉峰）

礼县

【现任主要领导】

中共礼县县委书记：方新生

礼县人大常委会主任：

张志义（9月止）

李　明（9月任）

礼县人民政府县长：曹　勇

政协礼县委员会主席：王作斌

中共礼县纪律检查委员会书记：

朱建西

【基本情况】礼县秦为天嘉、北魏称兰仓、西魏改汉阳、隋谓长道、宋建大谭、明成化九年始置礼县至今。地处甘肃省东南部、陇南市西北部、长江流域嘉陵江水系西汉水上游，东邻天水、西和，西接宕昌、岷县，南连武都，北与武山、甘谷接壤。全县总面积4263.58平方公里，辖4镇25个乡，11个社区，568个村，总人口52.08万人。民族构成以汉族人口为主，占全县总人口的98.2%，另外还有回、藏、满、蒙、苗、彝等6个少数民族。境内海拔最高3312米，最低1080米，年均气温13.0℃，年降水量567毫米，全年日照1663.5小时，无霜期200天。礼县是国家扶贫开发工作重点县，有乡村人口47.68万人，占总人口91.6%，有耕地103.24万亩。礼县是全国60个苹果重点生产县、全省无公害苹果生产基地、牛羊产业大县和梯田建设大县，是省财政直管县和全省“双拥”模范县。

【资源优势】礼县矿产资源丰富，主要矿藏有金、锑、铅、锌和花岗岩等，黄金探明金属贮量130吨，远景储量200吨以上，花岗岩大理石地质储量400万立方米，远景储量1200万立方米以上。礼县有天然草场144万亩，载畜量达800多万个羊单位，畜牧产业开发优势得天独厚。礼县经济林果优势明显，现有苹果28.62万亩、核桃31万亩、花椒9.2万亩，产业初具规模。礼县境内生物资源丰富，有大黄、当归、红芪、党生、半夏等中药材534种，礼县的大黄出口量曾占全国的56%，被誉为“中国铨黄”。

旅游资源开发前景广阔。礼县是先秦文化与中华原生文明的摇篮，也是世界首个国家制度诞生地和黄河仰韶文化与长江巴蜀文化的交汇点，历史悠久，文化底蕴深厚。境内不仅有秦皇湖、大香山和上坪草原等自然景观，以秦人第一陵园大堡子山秦西垂陵园、诸葛亮“六出祁山”遗址祁山武侯祠、发祥于周代的卤城古盐井为代表的先秦、三国等历史遗存珍贵。其中大堡子山秦西垂陵园被国务院列为第5批全国重点文物保护单位，大堡子山遗址考古发现被评为“2006年全国十大考古发现之一”。

【国民经济】2011年，礼县实现生产总值19.78亿元，比上年增长10.3%。其中：第一产业实现增加值6.92亿元，增长6.3%；第二产业实现增加值5.18亿元，增长11.4%，其中工业实现增加值3.98亿元，增长10.4%；第三产业实现增加值7.68亿元，增长13.7%。三次产业结构比为34.14：26.20：39.66。完成大口径财政收入1.63亿元，增长2.69%，其中一般预算收入1.12亿元，下降4.54%；完成财政总支出16.03亿元，增长11.98%。全县金融机构存款余额完成44.85亿元，增长16.4%；金融机构贷款余额完成12.10亿元，增长22%。

【“三农”工作】农村经济持续健康发展。2011年全县全年完成农业总产值10.80亿元，较上年增长7.87%。全年粮食总产量为14.21万吨，增长5.69%，小麦、玉米、洋芋等各项作物较上年均有所增长。农业特色产业开发势头强劲，全年苹果产量达5.66万吨，增长0.74%；花椒产量达2031吨，增长48%；核桃产量达3639吨，增长63.5%，林果产业成为农民增收的重要途径。畜牧业生产稳步增长，全县畜牧业总产值完成3.17亿元。肉类总量达1.45万吨，增长2.25%。劳务经济成效显著，全县劳务输出13.43万人次，增长4.76%；实现劳务收入14.34亿元，增长27.7%。劳务输转已成为农民增收主要渠道。

【项目建设】全县上下抢抓重大政策与投资机遇，积极主动地争项目、上项目、抓项目、促项目，项目建设成效显著，全社会固定资产投资高速增长。2011年完成全社会固定资产投资28.37亿元，比上年增长35.9%。其中：城镇和农村投资分别增长为38.85%、9.27%。甘肃秦文化博物馆、秦人广场、图书馆、西汉水风情线、清水河公路等一批重点项目竣工，县一中、县医院、县实验中学、县二中、盐官小城镇建设等重大项目进展顺利，有力地拉动了全县经济增长和城乡基础设施改善。

【人民生活与社会保障】2011年，

全县深入开展“惠农政策落实年”活动，全面落实各项强农惠民政策，全力保障和改善民计民生，农村居民和城镇居民生活水平得到明显改善。2011年，全县职工平均工资23461元，比上年增长11.6%。农民人均纯收入2525元，增长14.8%。健全完善社会保障体系。加强社会就业保障，实施积极的就业政策，多方拓宽就业渠道，鼓励支持自主创业，积极稳妥解决大中专毕业生择业与城镇零就业家庭就业问题。加强医疗卫生与养老失业保障，完善城镇职工、居民基本医疗保险、新型农村合作医疗保障、大病医疗救助等制度。2011年农村最低生活保障人数达10.42万人，城镇最低生活保障人数达8533人，参加基本养老保险的职工数达8642人，参加基本医疗保险的职工数达3.70万人，参加农村合作医疗保险的人数达46.57万人。

【社会事业】2011年，科技事业取得新进展，承包科研项目8项，已验收6项。科技推广户达4513户，科技示范户达2443户。

教育事业加快发展。全县共有学校461所，教师5119人，在校学生95337人，以“两基”迎国检为契机，加大教育投入，改善办学条件，教育教学质量不断提高，基础教育普及水平稳步提升，初中、高中升学率均比上年同期有所提高，高考再创佳绩。

文化事业较快发展。全县有乡镇文化站24个，100个农家书屋，甘肃秦文化博物馆，秦人广场建成投用，图书馆正式开馆，藏各类书籍13万册，建筑面积达3652平方米。广播和电视人口综合覆盖率有了较大提高，电视人口覆盖率为60.5%。

医疗卫生事业不断发展，全县共有医疗机构38个，乡镇卫生院29个。病床680张，卫生技术人员840人，其中执业医师268人。落实各项节育措施3922例，计划生育率86.22%。其他各项社会事业也都取得新成就。

（苏麟）

两当县

【现任主要领导】

中共两当县委书记：

郭　平（9月止）

梁　英（9月任）

两当县人大常委会主任：唐启荣

两当县人民政府县长：孙根林

政协两当县委员会主席：丁考顺

中共两当县纪律检查委员会书记：

田　鸿（9月止）

刘小研（9月任）

【基本情况】两当县位于甘肃省东南部，地处陕甘川交界的秦岭山区，属长江上游嘉陵江水系。北靠天水，西邻徽县，东南二面与陕西宝鸡、汉中相连。全县辖3镇9乡，118个行政村，4个社区。全县总面积1374平方公里，总耕地面积12.01万亩。最高海拔2738米，最低海拔773米，年平均气温11.3℃，年平均降雨量630毫米，无霜期193天，有一江七河八大水系，全长209.93公里。年径流量3377.2万立方米。粮食作物主要以小麦、玉米、黄豆为主；经济作物主要以油菜、葵花、瓜果、蔬菜为主；经济林果主要以核桃、板栗、苹果为主。

【资源优势】县境内有丰富的矿产资源，已探明的有金、银、铜、煤炭、陶土、大理石等10多种；有羚羊、獐子、水獭、大鲵、麝、锦鸡等珍稀动物；有红豆杉、铁杉、银杏、香樟、合欢、白皮松等珍稀树种；有油松、华山松、落叶松、红桦等用柴树种；出产鹿茸、麝香、猪苓、五灵脂、天麻、杜种、黄姜等中药材400多种。县内生态良好，植被覆盖率达73.3%，森林覆盖率达49.3%。

旅游资源得天独厚。文化旅游有张果老“登真洞”、《王羲之家谱》，红色旅游有“两当兵变”遗址，绿色自然景观有“琵琶秋水”、“天门锁云”、“香泉望月”等八大景观和灵官峡省级白皮松自然保护区、张家黑河省级自然保护区和云屏三峡自然风景区，风景秀丽，景色怡人。

【国民经济】2011年，全县实现生产总值4.30亿元，比上年增长9.8%。其中：第一产业实现增加值1.61亿元，增长7%；第二产业实现增加值0.49亿元，增长12.4%，其中工业实现增加值0.37亿元，增长17.3%；第三产业实现增加值2.21亿元，增长11.5%。三次产业结构比为37.4：11.3：51.3。完成固定资产投资11亿元，增长31%；实现社会消费品零售总额1.30亿元，比上年增长24%。完成大口径财政收入0.44亿元，增长33.8%。全年金融机构本外币各项存款余额13.51亿元，增长7.23%；金融机构本外币各项贷款余额5.12亿元，增长18.12%。

【“三农”工作】结合灾后恢复重建大力推进新农村建设，加快发展农业和农村经济。一是认真贯彻省市指示精神，采取一系列有力有效措施，对全县所有在建项目，严格倒排工期，积极推行一站式办理制度。抽调了8个部门的业务骨干，定期在县重建办联合办公，强化协调配合，狠抓了项目档案资料完善和重建工作进度。聘请有资质的会计事务所、审计事务所等社会中介组织，积极开展财务决算和审计工作，加快了项目竣工验收进度。认真组织开展了灾后重建项目“回头看”检查活动，狠抓了各类问题的整改，保证了重建工作的质量和效率。二是结合两当县实际，制订了《全县2011年新农村建设实施意见》，县财政筹集1300万元资金，按照“建设突破型、配套完善型、巩固提高型”三个层次，确定细化了27个建设项目、76个分项目，对全县55个村进行配套设施建设，使55个生态文明新村的村容村貌得到显著改善，公共服务水平得到显著提升。三是以改土改水为依托的农田基建为主，提高农业生产科技含量，为农民增产增收。2011年全县粮食总产量达到3.46万吨，比上年增长4.65%。水平梯田总面积8.35万亩，增长 5.3%；农业机械总动力达到 5.38 万千瓦，增长 12.08%。核桃完成高接换优 25 万株、补植 20 万株。新建蔬菜大棚 347 座，规划建设了杨左河流域蔬菜产业科技示范园区。

【项目建设】以工业升级改造、城镇交通发展和生态文明长廊建设为主，有力地推动项目实施和加快工程进度。招金矿业、会成矿业进入试产，玉润建材完成投资 5200 万元，中金公司完成投资 9600 万元，果老仙酒厂完成灾后重建升级改造投资 1600 万元。对 4 个乡镇、5 个村庄进行了交通建设规划编制，城区 9 条道路新建、改建及排水工程建设，两太路、云广路、两西战备路及两站路改造项目完成路基工程，两党路、姚张路可研报告得到批复，广金坝至放马坪公路施工图设计及预算得到批复。完成了国道 316 线过境段及站云路生态文明长廊行道树补植补造 40 公里，在两杨段、两徽段公路沿线新建以展示果老文化、红色旅游、两当风光、新风新貌等为主要内容的文化墙 12 处 3500 平方米，建成绿化板块 22 个、面积 1.4 万平方米。

【人民生活与社会保障】2011 年末常住人口 4.54 万人，其中城镇人口 1.33 万人，城镇化率为 29.72%。城镇居民人均可支配收入达 12123.59 元，比上年增长 14.13%；农民人均纯收入 2065 元，增长 13.8%。全县参加失业保险 3170 人，下降 6.67%；城镇职工医疗保险 5960 人，增长 80.1%；城镇居民医疗保险 3673 人，增长 41.8%；养老保险 1590 人，减少 60.3%；工伤保险 1519 人，增长 65.1%；城镇居民最低生活保障对象 2120 人，发放低保金 546 万元；农村低保对象 6790 人，发放低保金 778 万元。增加了城区环境保洁公益性岗位，开展了社会保险扩面、小额信贷、城乡居民基本养老保险、职工大额补充医疗保险及团体人身意外伤害保险工作，提高了农村家庭财产统保标准。

【社会事业】扎实开展了“两基”迎国检工作，举办了全县首届全民运动会。县财政筹资 100 万元，修建便民桥。在县城主街道设立了路牌，在农贸市场附近新建了公厕。认真办理人大代表议案，完成了城区 36 户住宅小区巷道硬化、亮化工程。为老年大学增添了设备，解决了实际问题。对全县在册正式干部职工进行了健康体检。截止 2011 年底学校总数 57 所，教职工 579 人，学龄儿童入学率 99.61%，初中升学率 65%，高中升学率 64.43%。全县有公立医疗卫生机构 14 个，医院、卫生院床位数 244 张，技术人员 174 人。共有艺术表演团体 1 个，全年演出 36 场，观众达 2.5 万人次；文化馆 1 个；公共图书馆 1 个，藏书 41000 册，博物馆 1 个；文物古迹 57 处。

（刘小林）

徽县

【现任主要领导】

中共徽县县委书记：

余东鹏（9 月止）

王　强（9 月任）

徽县人大常委会主任：王瀚东

徽县人民政府县长：

王　强（9 月止）

肖庆康（9 月任）

政协徽县委员会主席：辛晓尧

中共徽县纪律检查委员会书记：

田　鸿（9 月止）

马智（回族）（9 月任）

【基本情况】徽县位于甘肃省东南部，西秦岭南麓，嘉陵江上游，东邻秦川，南通巴蜀，素有“陇上江南”之美誉。全县辖 15 个乡镇、213 个村民委员会，总面积 2722 平方公里，总人口 22 万人。主要有汉族、回族、藏族、蒙古族、壮族、锡伯族、满族、畲族、土家族、苗族 10 个少数民族，以汉族为主。境内海拔在 700～2500 米之间，南北为山地，中部为浅山丘陵，属北暖温带向亚热带过渡性气候，年均气温 12.2℃，无霜期 218 天，全年降雨量 782 毫米。国道 316 线、省道江武公路及宝成铁路从县境内穿过。

【资源优势】徽县自然资源丰富。全县森林面积 189 万亩，森林覆盖率 48%。境内有大小河流 600 多条，属长江流域嘉陵江水系，年径流量 19.86 亿立方米，水能资源蕴藏量 14.76 万千瓦，可开发量 8.46 万千瓦。现已探明的矿藏有铅、锌、铁、金、铜、汞、硫、砷石、大理石、石灰石等 4 大类 22 种矿产资源，储量丰富。盛产核桃、银杏、板栗、柿子、生漆、狼牙蜜等林副产品，出产杜仲、柴胡、黄芩、金银花、天麻等 100 多种中药材。全县有各类野生植物 250 多种，百年以上银杏树遍布全县。有野生动物 200 多种，其中有羚牛、红腹锦鸡、白唇鹿、长臂猿、梅花鹿、大鲵等珍贵动物 10 多种。

旅游资源丰富独特。境内的三滩风景名胜区总面积约 800 平方公里，森林覆盖率达 80%以上，保持着原始的自然风貌，高山草甸、峡谷溶洞、飞瀑流泉、云海日出、奇花异卉、珍稀动植物和人文古迹融为一体，是徽成盆地的绿色屏障和天然动植物乐园，也是闻名省内外的旅游胜地，被誉为陇上的“西双版纳”。险要的地理位置和优美的自然风光，自古以来就牵引着文人墨客的目光和脚步，形成了徽县厚重的历史文化积淀。南宋名将吴玠抗金的蜀道要塞仙人关、闻名天下的青泥古道和具有重要历史文物价值的“新修白水路记碑”、佛爷崖唐代摩崖石刻、栗川郇庄宋代白塔等众多文物古迹，极具文化研究和旅游开发价值。

【国民经济】2011 年，全县经济运行整体呈现平稳增长态势。全年实现生产总值 29.4 亿元，比上年增长 12.1%。其中：第一产业实现增加值 9.3

亿元，增长 5.6%；第二产业实现增加值 11.98 亿元，增长 16.9%；第三产业实现增加值 8.15 亿元，增长 12.1%。三次产业结构比为 31.6∶40.7∶27.7。规模以上工业企业完成增加值 7.06 亿元，增长 21%；实现利税 2.7 亿元，增长 36.6%。完成社会消费品零售总额 4.0 亿元，增长 17.6%。完成大口径财政收入 5.05 亿元，增长 33.8%；财政支出 9.02 亿元，增长 10.7%。年末全县金融机构各项存款余额 38.22 亿元，下降 1.4%；各项贷款余额为 30.9 亿元，下降 5.3%。全年旅游接待总人次达 39.55 万人次，增长 18.3%；旅游业综合收入达 1.73 亿元，增长 28.1%。

【“三农”工作】认真贯彻中央、省、市农村工作会议精神，以农业增效、粮食增产、农民持续增收为目标，全面落实强农惠农政策，加强基础设施和生态环境建设，不断扩大农业特色产业基地规模，扎实推进农业结构调整和新农村建设，全力抓好农业抗灾和灾后重建农业项目建设工作，农业和农村经济健康快速发展。2011 年，全年完成农业总产值 12.81 亿元，比上年增长 9.6%。其中：种植业 93995 万元，林业 3946 万元，牧业 28999 万元，渔业 246 万元，农林牧渔服务业 950 万元。分别比上年增长 8.2%、-3.4%、16%、24%、6.7%。全年粮食种植面积 55.44 万亩，总产量 15.62 万吨；种植中药材 4.79 万亩，种植烤烟 0.42 万亩，种植蔬菜 10.27 万亩.

【项目建设】县委、县政府突出以项目建设为纲，坚持“项目带动”战略不动摇，在着力打造最佳人居环境，城区品味和功能上下功夫，在创造经济发展的硬环境上取得了新突破。小城镇建设步伐加快，取得了新进展，有力地改善了城镇居民的生产生活环境，完成固定资产投资额明显增加。2011 年，完成全社会固定资产投资 24.1 亿元，比上年增长 63.7%。

【人民生活】人口自然增长率保持稳定。年末全县总人口为 22.01 万人，人口自然增长率为 5.06‰。其中，城镇人口 6.01 万人，乡村人口 16 万人。城乡居民生活水平进一步提高。2011 年，全县城镇居民人均可支配收入 11764 元，比上年增长 11.3%。农民人均纯收入 3737 元，增长 12.6%。单位从业人员年人均劳动报酬达到 32752 元，居民住房条件显著改善。

【社会保障】年末全县参加基本养老 8320 人，年养老金基金征缴额 3733 万元；失业保险人数为 6381 人，全年发放失业金 174 万元。新型农村合作医疗试点工作有序推进，全面参合农民 17.56 万人；共筹集农村合作医疗基金 4038 万元，为 12412 名住院农民报销医药费 2065 万元。特殊困难群众和受灾群众得到及时妥善安置。全县共下拨救灾款 832.8 万元，发放五保供养资金 165.8 万元，发放城乡低保资金 1231.3 万元。

【社会事业】科技创新能力不断增强。2011 年科技进步贡献率达 45.4%，科技成果转化率达到了 53%，推出科研成果 11 项。

各级各类教育全面发展。全县教育工作以巩固“两基”为工作重点，优化教育结构，调整教育布局，狠抓义务教育，提高教学质量，形成了幼教、普教、职教、成教全面协调发展的格局。2011 年，全年适龄儿童入学率和初中入学率分别为 100% 和 98.4%，初中五科合格率达到 17.2%，小学双科合格率达到 84.8%。

文化事业较快发展。全县有文化站 15 个，乡镇广播电视站 15 个，电视人口覆盖率 96%。进一步巩固广播电视“村村通”建设成果，并努力向“社社通”延伸，完善广播电视传输网络，提高传输质量，扩大有效覆盖面。城区有线电视节目增至 114 套，城乡有线电视用户 1.8 万户，城乡人民文化生活水平得到显著提高。

医疗卫生条件不断改善，医务人员队伍素质有所提高。年末全县共有卫生机构 23（不含个体）个，其中：县级卫生机构 2 个，乡镇卫生院 17 个，乡镇防保所 1 个。有病床 506 张，卫生技术人员 482 人，其中执业医师 125 人。每千人拥有卫生技术人员 2.2 人，拥有病床 2 张，村卫生室覆盖率达 100%。

体育事业健康发展。积极开展全民健身活动，增强了全民参与意识，提高了体育事业发展水平。全县共举办各类群众运动会 16 次，参加运动员近 1.1 万人次。

（杨育辉　周　琳）

临夏回族自治州

【现任主要领导】

中共临夏回族自治州州委书记：

冉万祥

临夏回族自治州人大常委会主任：

年仲华（回　族）（6 月止）

韩季安（撒拉族）（10 月任）

临夏回族自治州人民政府州长：

马青林（回　族）

政协临夏回族自治州委员会主席：

戴　耿（10 月止）

吴家白（10 月任）

中共临夏回族自治州纪律检查委员会

书记：马天民（回　族）

【基本情况】临夏回族自治州地处甘肃中部西南，北邻兰州市，南靠甘南藏族自治州，东连定西市，西接青海省，州府仅距省会 150 公里。全州土地面积 8169 平方公里，平均海拔 2000 米，最高处 4636 米，最低处 1563 米。年平均气温 7.6℃，无霜期 150 天，年平均降雨量 440.3 毫米，属温带大陆性气候。全州总人口 213.35 万人，常住人口 196.29 万人，州内聚居回、汉、东乡、保安、撒拉等 31 个民族，其中东乡族、保安族是临夏独有的民族。

【资源优势】一是古动物化石富集。近年发掘出土的和政古动物化石以其数量、品种、规模和完整程度占据了六项世界之最，刘家峡恐龙国家地质公园有世界上最大的恐龙足印化石群地质遗迹，具有重大的古生物地质遗迹保护价值和旅游开发价值，引起了国内外专家学者的广泛关注。二是民族风情浓郁。临夏回族自治州是国内穆斯林群众聚居区，是全国仅有的两个回族自治州之一，伊斯兰文化、儒家文化、道教文化、佛教文化等多元文化在这里交汇融合，特别是伊斯兰文化源远流长，民族风情浓郁，独特的文化背景、鲜明的生活习俗、风格迥异的民族建筑、色香味俱佳的清真小吃，形成了临夏五彩纷呈、极富吸引力的民族风情画卷。三是文化积淀深厚。临夏早在远古时期就有先民居住，州内以“马家窑文化”为代表的各类文化遗址众多，是我国新石器文化最集中、考古发掘最多的地区之一，现有各类文物遗址 584 处，因出土现珍藏于中国国家博物馆的“彩陶王”，被誉为“中国的彩陶之乡”。距今 1600 多年历史的炳灵寺石窟，是我国著名的十大石窟之一，也是第一批国家重点文物保护单位。临夏回族自治州是民歌“花儿”的发源地，被中国民间艺术家协会命名为“中国花儿之乡”。四是黄河风光奇特。临夏是大禹治水的源头，黄河文化在临夏源远流长，我国最早的地理书《禹贡》中记载：“大禹导河自积石，至龙门，入于沧海”。黄河流经临夏回族自治州 102 公里，全州水资源总量达 336.15 亿立方米，是黄河上游重要的水资源补给区，黄河两岸风光瑰丽，景色宜人，境内有国家 4A 级旅游景区黄河三峡，有西北最大的人工湖泊刘家峡水库，有中国第一座百万千瓦级水电站、国家首批工业旅游示范点刘家峡水电站，有甘肃炳灵丹霞地貌省级地质公园炳灵石林，有黄河中上游最大人工湿地太极岛。五是生态资源丰富。临夏回族自治州生态环境优美，自然风光秀丽，有国家 4A 级景区松鸣岩和“莲花山”、“太子山”自然保护区，是甘肃中南部森林生态观光游览的胜地。

【国民经济】2011 年，临夏回族自治州实现生产总值 128.78 亿元，比上年增长 13.1%。其中：第一产业实现增加值 27 亿元，增长 5.2%；第二产业实现增加值 39.94 亿元，增长 15.3%；第三产业实现增加值 61.84 亿元，增长 15.4%。三次产业结构比由 2010 年的 22.6：29.7：47.7 调整为 2011 年的 21：31：48。实现工业企业增加值 27.9 亿元，增长 15.9%。其中规模以上工业企业实现增加值 15.8 亿元，增长 10.8%。全年完成大口径财政收入 13.8 亿元，增长 25.53%。其中地县级财政收入完成 6.84 亿元，增长 23.08%。财政支出 110.95 亿元，增长 38.49%。年末全州金融机构人民币各项存款余额 225.68 亿元，增长 24.27%；金融机构人民币各项贷款余额 127.68 亿元，增长 28.92%。全年居民消费价格总水平比上年上涨 4.3%，其中食品价格上涨 9%。

【“三农”工作】2011 年，全州完成农业总产值 42.13 亿元，比上年增长 4.81%。粮食总产达到 64.35 万吨，增产 3.7%，再创历史新高。完成旱作农业技术推广面积 107.16 万亩，新建高效日光温室 5047 亩，新建塑料大棚 6068 亩。争取到 11 项农业建设项目，合计投资 1.27 亿元，争取到农村户用沼气项目 3 万户。新建立农民专业合作社 47 家，农民专业合作经济组织达到 160 个，加入农户 9412 户，带动农户 88388 户。完成造林面积 15.24 万亩，封山育林 2.8 万亩。新栽植花椒 2.18 万亩，啤特果 3.7 万亩，育苗 2.37 万亩。新建特色经济林示范基地 3.79 万亩。新建规模养殖场 104 个，发展规模养殖户 1106 户。肉类总产量 5 万吨，增长 3.66%；禽蛋产量 0.59 万吨，增长 5.19%；牛奶产量 2.23 万吨，增长 8.58%。累计输出各类劳务人员 48.63 万人次，增长 2.37%；实现劳务收入 37 亿元，增长 19.12%。

【项目建设】2011 年，临夏回族自治州完成固定资产投资 139.74 亿元，比上年增长 50.7%。共列 1000 万元以上重点项目 68 项，总投资 526.4 亿元，其中：实施 49 项，总投资 411.99 亿元；续建项目 26 项，总投资 54.7 亿元；新开工项目 23 项，总投资 357.29 亿元；储备项目 19 项，总投资 114.41 亿元。

续建项目中，临夏市城区供水水源工程、临夏市前河沿东路、庆胜东路、光华东路拓宽改造工程等项目已建成投入使用；折达二级公路、临大二级公路、州职业技术学校、州中医院整体搬迁、州彩陶博物馆等项目进展顺利，完成了年度建设任务。

新开工项目中，临合高速公路、兰州—永靖沿黄快速通道、积石山县引水工程等项目现已开工建设；临夏市解放路、团结路、滨河南路中段、环城东路、刘临路临夏过境段改造工程、东门什字过街天桥、州检察院业务用房等项目当年开工，当年建成投入使用；太子山水泥厂一期工程已点火运行。

【优势产业】州委、州政府十分重视培育临夏特色优势产业发展，不断营造发展环境，制定出台了一系列加快特色优势产业发展的政策措施，培育了一批特色龙头骨干企业，在一些行业和产品上取得了突破，形成了特色。形成了神韵和能成公司为重点的砖雕，宏良公司为重点的皮革，八坊清河源、康美牛业为龙头的清真食品，学和为龙头的民族服饰，昌盛铸钢为骨干的机械零部件加工业，兴强和雪羚公司为重点的手工地毯，刘化公司为重点的精细化工，中天公司为重点的氯碱化工龙头骨干企业。初步形成了以永靖县为中心的水电能源、机械零部件加工，以临夏市为中心的清真食品、民族服饰、手工地毯生产，以广河县为中心的皮革毛纺加工，以临夏县为中心的砖雕、农产品加工生产区，东乡县、和政县、康乐县、积石山县在农畜产品加工、建筑建材、酿造等行业开始形成加工优势。

【人民生活与社会保障】2011 年，全州城镇居民人均可支配收入 9759 元，比上年增长 18.2%；农民人均纯收入 2693 元，增长 13.4%。城镇居民人均消费性支出 6720 元，增长 13.87%；农村居民人均消费支出 2374 元，增长 20.1%。年末本地电话用户 14.12 万户，移动电话用户 122.65 万户，每百人移动电话拥有量 57 部。积极改善困难群众住房条件，投资 3.38 亿元建设廉租房 4160 套 20.8 万平方米，发放租赁补贴 4566 万元；投资 8449 万元建设公共租赁住房 779 套 4.69 万平方米。2011 年末全州参加失业保险的人数 4.84 万人，领取失业保险金的人数 311 人；参加基本养老保险的人数 3.98 万人；参加基本医疗保险的人数 24.83 万人；新型农村合作医疗参合人数 162.90 万人，参合率达 98.2%。全社会低保户数 16.09 万户，其中农村 11.90 万户，城镇 4.19 万户；低保人数 54.81 万人，其中农村 43.23 万人，城镇 11.58 万人。

【社会事业】全年共组织实施各类科技计划项目 90 项，其中国家级、省级 21 项，州级 69 项；全年共取得科技成果 26 项，其中 10 项达到国内领先水平，14 项达到国内先进水平；1 项达到省内领先水平，1 项达到省内先进水平。全年申请专利 92 项。

全州共有中学 103 所，小学 1138 所，中专及职业技术学校 13 所，农民技术培训学校 82 所，幼儿园 82 所。普通中学在校学生数比上年增加 541 人，小学在校学生数比上年减少 12535 人。学龄儿童入学率 100%，提高 1.64 个百分点。

全州拥有州级文化单位民族歌舞团、博物馆、文化馆、图书馆、美术馆、影剧院、民族文化艺术研究所、文化稽查大队各 1 个；县（市）文化馆 8 个，公共图书馆 8 个，博物馆（纪念馆）12 个，文物管理所 4 所，乡镇综合文化站 123 个，农家书屋 1149 个；建成文化信息资源共享工程县级支中心 8 个。全州广播发射台和转播台 11 座，千瓦以上电视发射台和转播台 10 座，广播人口覆盖率 92.66%，电视人口覆盖率 94%。

全州共有医疗单位 184 个，其中县级以上医院 13 个，乡（镇）卫生院 129 个，病床 5969 张，专业卫生技术人员 4377 人。

竞技体育取得良好成绩。在全省青少年年度比赛中，射击、抬拳道、篮球、柔道、田径项目上共获得金牌 1 枚、银牌 7 枚、铜牌 4 枚，四至八名 27 个，获得个人体育道德风尚奖 8 个。组织参加甘肃省第六届农民运动会，获得中国象棋、武术项目第三名 2 个，男子篮球第六名，临夏回族自治州代表团获体育道德风尚奖。

【扶贫开发】围绕种养特色产业培育，突出解决贫困群众“五难”问题，争取各类扶贫资金 2.58 亿元，争取到 3 个“县为单位、整合资金、整村推进、连片开发”试点项目。投资 1.02 亿元的 86 个整村推进、投资 3600 万元的 8 个整乡推进、投资 1800 万元的 4 个连片开发试点三大重点项目按计划顺利实施。投资 1.39 亿元，新修梯田 0.85 万亩，新建暖棚圈舍 7091 座，改造贫困户危房 3100 户，治理河堤 14.43 公里，拓宽改造村组道路 389.92 公里，修建贫困村文化卫生培训设施 48 处。投资 8519.5 万元，继续扶持发展畜牧养殖、马铃薯、双低杂交油菜、花椒啤特果经济林、蔬菜、中药材六大特色优势扶贫产业。安排扶贫企业贷款贴息资金 319 万元，扶持 15 家扶贫龙头企业，引导贷款 1.06 亿元以上，带动贫困户 0.3 万户。投资 293 万元，全面完成了 1660 名农村贫困家庭“两后生”和 899 名短期技能培训任务，培训扶贫系统干部、重点乡村干部、扶贫龙头企业管理人员、贫困村产业发展带头人 1.64 万人，培训农牧业实用技术人员 2.12 万人、普通技能 0.24 万人。投资 330 万元，向新疆生产建设兵团和青海同仁、湟源等地省外劳务移民 3325 人。全州近千个各级帮扶单位进村入户开展了社会帮扶工作，捐助帮扶的资金达到 3291.42 万元，其中现金 2450.31 万元、物资折价 841.11 万元，较上年净增 790.42 万元。

【环境保护】2011 年，全州化学需氧量、氨氮、二氧化硫和氮氧化物的排放总量均控制在省上下达的指标以内。年末全州共有环境监测站 9 个，环境监测人员 128 人，境内自然保护区 5 处，面积达到 1182.24 平方公里。建成烟尘控制区 1 个，控制面积 14 平方公里，城市污水集中处理率 75%，城市生活垃圾无害化处理率 100%。全年完成工业污染治理项目 18 个，工业污染治理总投资 3027.5 万元。

（马百平）

临夏市

【现任主要领导】

中共临夏市委书记：马学礼（回族）

临夏市人大常委会主任：

马尚坤（回族）（9 月止）

马　锋（回族）（9 月任）

临夏市人民政府市长：

安华山（9 月止）

吴国峻（9 月任）

政协临夏市委员会主席：边旭东

中共临夏市纪律检查委员会书记：

张爱廷（回族）（9 月止）

谭得胜（回族）（9 月任）

【基本情况】临夏市地处黄河上游，距省会兰州 117 公里，临夏回族自治州州府所在地和全州政治、经济、文化和交通中心，是古丝绸之路的南道重镇，素有“茶马互市”、西部“旱码头”和“河湟雄镇”之称，享有“中国小麦加”、“花儿之乡”、“彩陶之乡”和“牡丹之乡”的美誉。临夏市地狭人稠，区域总面积 88.6 平方公里，总人口 24.19 万，是全国人口高密度县市之一；有汉、回、东乡、土族、保安、撒拉等18个民族，少数民族占总人口的55.3%，穆斯林风情浓郁。

临夏市域内已经发现古文化遗址6处，其中省级以上文物保护单位4个，馆藏文物2000多件。独具特色的八坊民俗文化住宅区和中阿艺术相结合的清真寺建筑风格别致；清真文化历史悠久、独具一格；回族砖雕、汉族木刻、藏族彩绘、葫芦雕刻和回族武术“天启棍”等非物质文化遗产丰富；紫斑牡丹冠绝国内，“花儿”艺术自成一脉、源远流长；东郊公园、万寿山公园、枹罕山庄等旅游景点，地势开阔，风景别致，秀色宜人，各具特色；东公馆、蝴蝶楼、清真老王寺、南关清真大寺、大拱北、万寿观等10多处名胜古迹及其砖雕、木雕艺术闻名遐迩。临夏市相继获得过“全国卫生城市”、“全国城市环境综合整治优秀城市”、“全国扫盲工作先进市”、“全国科技进步先进县（市）”等一系列荣誉称号。

【国民经济】近年来，临夏市认真贯彻州委、州政府“依托藏区大市场、融入兰州都市圈”的发展战略、“强基础、抓教育、兴商贸、育产业、保民生、促和谐”的发展思路和“统筹临夏市临夏县建设全州区域经济中心”的发展布局，狠抓各项措施的落实，各项工作均取得了一定的成效，全市经济社会呈现出跨越式发展的良好态势。2011年全年实现生产总值32.18亿元，比上年增长13.0%。其中：第一产业实现增加值2.71亿元，增长4.4%；第二产业增加值7.20亿元，增长4.6%；第三产业增加值22.27亿元，增长17.1%。三次产业结构比由2005年的13.6∶19.8∶66.6调整为2011年的8.4∶22.4∶69.2；第一产业比重下降5.2个百分点，第二、三产业增加值比重均上升2.6个百分点。全市工业企业实现增加值4.17亿元，增长16.3%，其中规模以上工业企业实现增加值1.83亿元，增长15.1%。完成社会消费品零售总额20.56亿元，增长19.4%。旅客周转量增长7.0%，货物周转量增长24.0%。全年旅游总收入达1.73亿元，增长25.5%；旅游接待总人数47.3万人次，增长21.2%。全年完成财政收入4.58亿元，增长26.5%，其中地方财政收入完成1.72亿元，增长24.9%。全年财政支出12.74亿元，增长36.0%。

【“三农”工作】坚持“农业稳市”战略和“产业富民”思路，大力发展花卉和养殖两大主导产业，促进农民增收。以社会主义新农村建设为动力，全面加强“三农”工作的组织领导和资金支持，整合各方资源，形成全社会共同参与和支持新农村建设的良好局面。全年完成农业总产值3.39亿元，比上年增长4.3%。全年粮食种植面积3.30万亩，增长1.2%；粮食产量2.20万吨，增长0.9%。水果产量0.88万吨，增长9.3%；蔬菜产量9.61万吨，增长3.5%。全年肉类总产量4150吨，增长6.3%；禽蛋产量113吨，增长4.3%。

【项目建设】积极争取项目，重点工程进展顺利。东区建设和大夏河南岸开发取得实质性进展，南滨河中路、南滨河东路、前河沿东路、光华东路、庆胜东路全面贯通，东城区五条纵向路网基本建成；建成了第三大桥、集中供热工程等25个项目，三易住宅小区、新建污水厂等35个在建项目进展顺利。老城区基础设施日趋完善，建设秩序更加规范，拓通了团结北路、新西路延伸段，综合改造了红园路、团结路、解放路、环城东路等城区主干道，硬化城区小街巷26条，铺设通乡通村道路152公里，在全州率先实现了村村通油路，村社道路硬化率达到93%，社户道路硬化率达到87%；启动实施了天然气综合利用工程、医疗垃圾处理工程，临夏市供水水源工程基本建成，新敷设改造城市供排水管网146公里。大力推进“两山”、“三河”生态环境综合治理，实施了南山造林绿化工程、天然林保护工程、红水河分洪工程。2011年全市投资项目100个，其中新建项目48个，续建项目52个；总投资亿元以上项目14个。全年完成固定资产投资26.14亿元，比上年增长71.8%。

【扶贫开发】全面落实各项扶贫惠民措施，纳入城乡最低生活保障7.6万人，发放低保金3.88亿元，农村养老保险参保5.6万人，参保率达到95%，发放养老保险金916万元，4080人失地农民参加了养老保险，全面启动了城乡一体化养老保险试点工作；致力解决困难群众住房问题，投资2712万元累计改造农村危旧房3700户，建成经济适用房798套、廉租房1316套，发放廉租补贴1842万元，保障对象达到4111户1.3万人；重视解决就业问题，大力实施转移就业和劳务输转，开辟公益性岗位966个，新增城镇就业4.8万人，安置下岗人员0.7万人；实施农村饮水安全工程，解决了农村6.8万人的饮水安全问题。

【优势产业】商贸流通优势不断巩固，相继建成了富临农贸市场、临夏畜禽农贸市场、华璘汽车交易市场、民安粮油批发市场、品牌新天地等一批专业市场、商场，启动实施了中国临夏穆斯林商贸物流园区建设，商贸流通业的档次和整体竞争力不断增强。清真食品、民族特需用品、手工地毯等优势产业较快发展，兴强、学和、八坊清河源等一批骨干企业不断壮大。

【人民生活】2011年，临夏市城镇居民人均可支配收入达9759元，比上年增长18.2%；城镇居民人均消费支出6720元，增长13.9%。农民人均纯收入为5369元，增长13.1%，其中农民从畜牧业得到的纯收入为648元，占总收入的12.1%；农民人均消费支出4449元，增长11.3%。全市单位从业人员数达3.27万人，发放工资总额9.99亿元。

【环境保护】2011年，全市工业废水排放量20.3万吨，工业废气排放量13.85亿标立方米，烟粉尘排放量2811吨，二氧化硫（SO_2）排放量3834

吨，化学需氧量（COD）排放量 8092 吨。工业固体废物倾倒丢弃量 20 吨，区域环境噪声平均值为 54.5 分贝。饮用水源水质达标率为 100%。可吸入颗粒物 0.107 mg/m^3。现有集中联片供热站 15 座，集中供暖面积 352 万平方米。城市绿化率达 17.3%。

【社会保障】2011 年新增城镇就业人数 2013 人，开发公益性岗位 906 个，城镇登记失业率为 3.79%。全市参加失业保险的职工 0.43 万人，养老保险的职工 0.56 万人；参加职工医疗保险人数为 1.33 万人。参加农村合作医疗的人数达 7.28 万人，参合率 97.06%；享受医疗保险的人数达 0.63 万人，群众受益面达 33.2%。参加城市居民医疗保险的人数达 7.31 万人，参保率 98.0%；享受医疗保险的人数达 0.56 万人，报销率 61.0%。全市累计发放低保资金 1.38 亿元，保障对象达 2.35 万户，7.86 万人。

【社会事业】全市共有各类学校 101 所。其中：中专及职业技术学校 6 所，在校学生 3615 人，专任教师 483 人；普通中学 9 所，在校学生 20200 人，专任教师 1324 人；小学 46 所；在校学生 19879 人，专任教师 1160 人；幼儿园 40 所，在园幼儿 6595 人，专任教师 317 人。适龄儿童入学率达 100%，巩固率达 100%。

全市拥有各级各类医疗卫生机构 20 个，其中：医院 4 所，疾控中心 2 所，妇幼保健站 2 所，镇卫生院 4 所，卫生监督所 2 所，社区卫生服务中心 4 所，采供血机构 1 个，医学科学研究机构 1 个。所有卫生机构拥有床位数 1591 张，卫生技术人员 1685 人。

（刘旭光）

临夏县

【现任主要领导】

中共临夏县委书记：

魏贺生（9 月止）

安华山（9 月任）

临夏县人大常委会主任：

王国忠（9 月止）

高建平（9 月任）

临夏县人民政府县长：

马正业（回　族）

政协临夏县委员会主席：

周　钰（回　族）（9 月止）

王英山（东乡族）（9 月任）

中共临夏县纪律检查委员会书记：

时宁春（9 月止）

唐　芳（土族）（9 月任）

【基本情况】临夏县位于甘肃省中部，临夏回族自治州西南部，黄河南岸。县境东西宽 53.1 公里，南北长 59.85 公里，总面积 1212.4 平方公里。地貌为青藏、黄土高原参半，多山沟，兼有塬、川。地势东北低、西南高，海拔 1735～4636 米之间。临夏县地处温带半湿润区和高寒湿润区的过渡带，属温带半湿润气候，具有大陆性、季风性山地气候特点，气候因素随地势高度变化十分明显。年均日照时数为 2030.5 小时，日照率为 52%，全年太阳总辐射量 128.4 千卡/平方厘米，年平均气温 7.6℃，无霜期 170 天左右，年降水量 628.5 毫米。

【名优特产】临夏砖雕、葫芦雕刻、民间刺绣、草莓、人参果、花椒、蕨菜、当归、柴胡等产品产量高、品质好，临夏黄酒、虫草黄酒、虫草、鹿茸等药膳食品在国内外市场享有盛誉。

【国民经济】2011 年，临夏县实现生产总值 18.82 亿元，比上年增长 14.10%。其中：第一产业实现增加值 5.22 亿元，增长 5.99%；第二产业实现增加值 2.93 亿元，增长 17.80%；第三产业实现增加值 10.67 亿元，增长 17.60%。全县共有工业企业 834 个，实现工业增加值 1.49 亿元，增长 18.00%。完成社会消费品零售总额 3.65 亿元，增长 20.06%。完成大口径财政收入 0.97 亿元，增长 82.07%；财政支出 13.73 亿元，增长 41.72%。年末金融机构各项存款余额达到 21.17 亿元，增长 33.30%；各项贷款余额为 8.52 亿元，增长 49.71%。旅游人数增幅较大，全年旅游接待人数达 10.2 万人次，增长 28.30%；实现旅游收入 3647.47 万元，增长 33.02%。

【“三农”工作】以农民增收、农业和农村经济发展为目标，大力调整农业内部结构，积极培育优质玉米、中药材、双低杂交油菜、优质蚕豆、优质洋芋五大特色种植业，农村经济稳步发展，2011 年实现农业总产值 7.99 亿元，比上年增长 6.19%。年末实有耕地面积 37.55 万亩，完成农作物播种面积 48.73 万亩。全年粮食总产量达到 13.48 万吨，比上年增长 3.49%。全县完成造林合格面积 4.5 万亩，新育苗木 2840 亩，促进了林业生产的进一步发展。全年花椒产量达到 1581.35 吨，增长 8.58%。全年肉类总产量达到 0.80 万吨，增长 4.0%。牛奶产量 1.57 万吨，增长 8.79%。禽蛋产量 0.23 万吨，增长 4.22%。

旱作农业。2011 年，临夏县在井沟、红台、榆林、路盘、民主、新集、漫路、黄泥湾、南塬、坡头 10 个旱作农业区乡镇的 73 个行政村完成玉米全膜双垄沟播栽培 8.56 万亩。完成集中连片示范面积 5.10 万亩，建立高标准示范点 36 个。项目总投资 487 万元，主要用于试验示范和超额面积补贴。由于天气持续干旱和冻害，部分冬油菜拆种为全膜双垄沟播玉米，同时由于种子价格上涨，预留马铃薯地块改种为全膜双垄沟播玉米，共发放补贴地膜 513.4 吨，发放相配套的人畜力起垄机 690 台。经测产，全膜双垄沟播玉米平均亩产为 669.8 公斤，而半覆膜玉米（对照）平均亩产为 536.4 公斤，全膜双垄沟播玉米较半覆膜玉米亩增产 133.4 公斤，增产率为 24.9%，共增产粮食 1.13 万吨，增产效益十分显著。

【项目建设】2011 年，全县重点项目 61 个，全年完成固定资产投资 12.75 亿万元，比上年增长 69.40%。其中：国有单位投资 8.89 亿元，增长 31.04%；城乡居民个人投资 2.86 亿元，增长 90.14%。重点项目：一是农业方面 3 个项目，投资 0.50 亿元；二是基础设施建设项目 17 个，投资 4.04 亿元；三是水利设施建设项目 1 个，投资 952 万元；四是工业生产项目 16 个，投资 2.54 亿元；五是商贸旅游项目 2 个，投资 0.48 亿元；六是改善群众生活项目 13 个，投资 2.86 亿元；七是其他方面的项目 9 个，投资 2.24 亿元。以上这 61 个重点项目进展顺利，完成了当年投资计划，有力地推动了临夏县的城镇建设和经济发展。

【交通运输】2011 年，抢抓中央扩大内需加快基础建设和民生工程建设的机遇，紧紧围绕提高“三个服务”能力水平为目标。全年共实施的重点项目 5 个，总投资达 3973 万元，公路建设里程 62.82 公里；完成通畅项目 129 个，建设里程 400.28 公里，完成投资 2016 万元，并通过交通部门的验收，乡村道路得到进一步改善。全年公路运输完成货运量 98.4 万吨，货物周转量 4392 万吨公里；客运量 469.60 万人，旅客周转量 4696 万人公里。水路运输完成货运量 15.57 万吨，货物周转量 124.54 万吨公里，客运量 17.39 万人，旅客周转量 139.10 万人公里，交通运输业得到了全面快速发展。

【人民生活与社会保障】城乡居民收入不断增加，人民生活条件进一步得到改善。全县职工年人均工资为 31123.93 元，比上年增长 9.42%。农民人均纯收入为 2660 元，比上年增长 13.20%。

紧紧围绕“266”的扶贫开发思路，突出抓好整村推进、种养业基地建设、基础设施建设、社会帮扶、两项制度有效衔接试点工作，进一步强化措施，狠抓落实，全面推进扶贫开发工作的开展。

全县年末优抚对象 1043 人；得到政府最低生活保障的城镇居民 1.35 万人，占城镇人口的 28.10%；得到政府最低生活保障的农村居民 9.77 万人，占农村人口的 27.10%。

参加新型农村合作医疗的人数达到 34.12 万人，占全县农业常住人口的 98.94%，全县养老保险、失业保险、城镇残疾居民保险等参保达到 9073 人，参加城镇基本医疗保险人数达到 18462 人，其中，城镇职工参加基本医疗保险人数 11339 人，城镇居民参加基本医疗保险人数 7123 人。

【社会事业】全县自来水受益村占总村数的 97.26%；农村自来水受益户占农村总户数的 85.68%；农村自来水受益人口占农村人口的 93.72%。全县各乡镇、各村全部通电、通公路、通汽车、通邮、通电话，实现了“五通”，其中通电的户数占总农户的 97.07%。全县共有各类学校 219 所，教职工 3688 人，在校学生 5.40 万人；共有医疗机构 38 个，床位 1095 张，专业卫生技术人员 823 人，其中乡镇卫生院 28 所，床位 553 张，专业卫生技术人员 341 人。

【环境保护】进一步加大了环境保护工作力度，加强了县域内的环境整治工作，工商部门与各集镇商铺签订了“门前三包”环境整治责任书，城建部门加强了县城环境卫生监管和宣传工作力度，环保部门及时跟踪监测全县工业企业环境污染和保护情况，从而使全县的环境保护工作力度进一步得到加强，工作成效明显。2011 年，临夏县化学需氧量排放量为 3360 吨，二氧化硫排放量为 140 吨，排放量进一步减少。

（李红卫）

康乐县

【现任主要领导】

中共康乐县委书记：乔跃俭

康乐县人大常委会主任：

马廷昌（回　族）（9 月止）

马学义（回　族）（9 月任）

康乐县人民政府县长：

赵廷林（东乡族）（9 月止）

雍桂英（回　族）（9 月任）

政协康乐县委员会主席：

苏国树（9 月止）

郭亚林（9 月任）

中共康乐县纪律检查委员会书记：

郭亚林（9 月止）

赵玉海（9 月任）

【基本情况】康乐县位于甘肃省中南部，临夏回族自治州东南端，洮河下游西侧。地势自西南向东北倾斜，海拔在 1898 ~ 3908 米之间，境内峰峦突兀，河谷相间，山川交错，蔚为壮观。西南部的莲花山、白石山、尖石山为秦岭西延部分，其支脉延伸全境。地貌以黄土丘陵和河谷阶地为主。全年平均气温 7.3℃，年降雨量 426.3 毫米，无霜期 155 天，年日照百分率 49%。全县总面积 1083 平方公里，辖 5 镇 10 乡，总人口 26.63 万人。

【资源优势】康乐县种植党参、柴胡等中药材 300 余种；松、柏、杨柳等 200 多个树种；金钱豹、鹿、猞猁等近百种；蓝马鸡、鹰、雁等珍禽 60 多种。矿产资源丰富，现已探明的有方解石储量 1800 万吨、海洋古生物化石储量 300 万立方米，铜、金、石蜡矿产资源等储量大。

旅游资源极为丰富，主要有药水峡森林风景区、莲花山国家森林公园、麻山峡、后墩湾风景区、西蜂窝寺、亥姆寺、白云寺、西拱北、赵家湾拱北等自然和人文景区。药水峡由于受地质变化的影响，群峰突兀，山势陡峭，峡谷幽深，四季分明，气候凉爽湿润，孕育了典型而丰富的生物种群。位于县境内的莲花山古称西崆峒，主峰海拔 3578 米，具有华山之险、泰山之雄、黄山之奇、青城之幽、峨眉之秀。

【国民经济】2011 年，康乐县实现生产总值 10.76 亿元，比上年增长 14%。其中：第一产业实现增加值 3.63 亿元，增长 5.5%；第二产业实现增加值 1.42 亿元，增长 25.2%；第三产业实现增加值 5.70 亿元，增长 17.6%。全年全部工业企业实现增加值 0.65 亿元，增长 23.9%，其中规模以上工业实现增加值 0.34 亿元，增长 30.2%。完成社会消费品零售总额 3.02 亿元，增长 20.88%。完成大口径财政收入 0.56 亿元，增长 41.96%；财政支出 10.18 亿元，增长 29.88%。年末全县金融机构各项存款余额达到 18.59 亿元，增长 37.79%；各项贷款余额达到 8.26 亿元，增长 46.19%。

【“三农”工作】县委县政府十分重视“三农”工作，认真贯彻落实中央一号文件精神，积极调整种植业结构，提高农业综合生产能力，拓宽农民增收渠道，农村面貌发生较大变化。2011 年，完成农业总产值 5.24 亿元，比上年增长 4.75%。全年农作物播种面积为 33.22 万亩，增长 0.52%。南部乡镇重点推广以当归为主的中药材种植，北部乡镇大力发展旱作农业，西部乡镇加大双低油菜种植面积。粮食作物播种面积为 26.8 万亩，粮食总产量 8.79 万吨，增长 3.4%；完成中药材种植 5.15 万亩，全膜双垄沟播玉米 5.63 万亩，油菜种植 2.68 万亩，种植业结构趋于合理。新建出栏 100 头以上的 13 个标准化肉牛养殖场（小区），已累计建成标准化肉牛养殖场（小区）118 家。其中年出栏肉牛 1000 头以上的标准化养殖场（小区）10 家，年出栏肉牛 500 头以上的标准化养殖场（小区）30 家，年出栏肉牛 200 头以上的标准化养殖场（小区）31 家，年出栏肉牛 100 头以上的标准化养殖场（小区）47 家。肉类总产量 5245.55 吨，增长 4.86%。荒山造林 6000 亩，“三北”四期工程造林 6000 亩，经济林建设 1000 亩。经济林建设树种为啤特果，采用 2×3 的造林标准进行栽植，在五户乡的丁沟村造林 400 亩，鸣鹿乡的蜂窝寺造林 600 亩。共输转农村劳动力 6.62 万人，劳务收入达 4.9 亿元。

【项目建设】全年完成全社会固定资产投资 10.01 亿元，比上年增长 61.32%。新建项目 36 项，总投资 12.81 亿元，完成投资 5.86 亿元。其中，2011 年农村危房改造、苏集河流域“县为单位、整合资金、整村推进、连片开发”国家级试点项目完成年度投资任务，临洮—康乐—和政二级公路建设正在路基施工，滨河庭院住宅小区、龙宝苑住宅小区、城中苑住宅小区正在主体建设；貂蝉大酒店正在基础施工。

续建项目 23 项，其中，中斜路至小沟桥公路改造、丰台灌区续建配套及节水改造、纳沟电站、鸣鹿电站、良友小区等 9 个项目已完工。其它 14 个续建项目加快建设。

【优势产业】把培育优势产业作为增加农民收入，发展农村经济的重要抓手，做大做强以肉牛为龙头的草食畜牧业、育苗、劳务三大支柱产业。在以肉牛为龙头的草食畜牧业和育苗产业上，继续强化政府扶持，修订完善了《关于进一步做大做强以肉牛为龙头的草食畜牧业的意见》和《康乐县 2011 年育苗产业发展实施意见》，兑现 2011 年肉牛养殖奖励补助资金 403.2 万元，兑现 2010 年育苗奖金 177.76 万元。拿出财政资金 70 万元，建立了 4 个村级扶贫发展基金会，流动发放借款 219.6 万元。做大做强担保平台，2011 年，康乐县金融系统共发放各项涉农贷款 8.76 亿元，其中金牛资产担保公司、妇女小额贷款担保资金和村级扶贫发展基金担保贷款达 1.72 亿元，占涉农贷款的 19.6%，有效解决了企业和农户融资难、流动资金缺乏的问题。加强基础母牛繁育和饲草料开发，基础母牛存栏达到 3.67 万头，玉米秸秆饲草利用率达到 65%以上。在育苗产业上提升育苗的科学化水平，加大育苗繁育基地建设，建立林木种苗繁育试点基地 80 亩。2011 年，育苗产业新增投资 8000 多万元，新育各类苗木 1 万亩，留床面积达 3.1 万亩；全县 93%的农户参与畜牧养殖，1 万多户群众从事育苗产业。在劳务产业上全年培训农民工 2.37 万人，输转务工人数 6.62 万人，其中组织输转 3.12 万人，劳务创收 4.81 亿元，被省政府命名为全省劳务经济先进集体。

【人民生活和社会保障】2011 年，康乐县农民人均纯收入 2667 元，比上年增长 13.3%。参加养老、失业保险的单位有 115 户（其中国有企业 7 户，行政事业单位 108 户），参加基本养老保险人数 1876 人，失业保险人数 2077 人。基本养老保险费征缴 394 万元；为 319 名企业退休人员支出基本养老保险费 395 万元。失业保险费征缴 40 万元，为 60 名下岗失业人员发放失业金 5 万元。2011 年，新农合参合率 97.13%，共为 2.24 万（人次）参合患者报销住院医药费用 2973.7 万元，为 32.66 万（人次）门诊病人报销医药费 1175.5 万元。

【社会事业】实施各类教育项目 41 个，总投资达 5258 万元，教育基础设施进一步改善，学校已成为城乡一道最亮丽的风景线；“两基”工作代表甘肃省接受了国家教育督导组的检查验收，得到了专家组的一致好评，并顺利通过验收；加大教师培训力度，与江苏南通开展教育合作交流，分批组织康乐县教师到南通、上海接受高层次、高水平的培训；坚持凡进必考，为县城公开选调教师 36 名；提高代课教师待遇，在县上财力相当拮据的情况下，拿出 150 万元资金，为全县 368 名长期在基层、在一线、在偏远山区授课的代课教师增加了工资，使他们工资最低每月能拿到 750 元，最高能拿到 1100 多元；大力发展高中教育，康乐一中已通过州级示范性高中评估；加强职业技术教育，在办好县职校的基础上，成功引进了全州第一家高等职业技术学院——甘肃建筑职业技术人才培育学习实训（康乐）基地项目，标志着康乐县的教育体系不断完善，职业教育又迈上一个新的台阶。全县广播发射台和转播台 60 座，广播人口覆盖率 76.30%，电视人口覆盖率 84.42%。

大力加强卫生基础设施建设，投资7448万元的县医院整体搬迁项目已完成主体工程，投资 379.2 万元的 60 个标准化卫生室建设进展顺利，投资 120 万元的上湾中心卫生院建设项目全面完工；认真实施医药卫生体制综合试点工作，以加强卫生服务体系建设为重点，全面落实国家基本药物制度，乡镇卫生院、村卫生室全面实行了药品零差率销售，共销售药品 580 万元，群众受益 87 万元，乡镇卫生院门诊、住院次均费用分别下降 32.56% 和 23.57%；以乡镇卫生院院长公开竞聘为突破口，稳步推进基层医药卫生体制综合改革，在临夏州率先完成了第二轮乡镇卫生院院长公开竞聘工作，全面开展基本公共卫生服务，规范新农合运行。

巩固省级优质服务县成果，以稳定低生育水平为重点，严格落实人口计生目标管理责任制，制定出台了《2011 年度人口和计划生育目标管理责任制考核奖惩办法》，加大了奖惩力度，使广大计生干部的工作积极性进一步增强。对全县计生干部进行了 4 期培训，进一步提高了业务素质和服务能力；大力改善基层计划生育硬件设施条件，投资 122 万元的县计划生育服务中心已立项，莲麓、五户、康丰 3 个基层计生服务所正在积极争取，年终考核时，被省上授予人口和计划生育工作进步奖。同时，科技、文化、体育、广播电视、电力、通讯等社会事业协调发展。

【环境保护】新建日处理生活垃圾 35 吨、总库容 37 万立方米的垃圾填埋场一座，购置垃圾收运送系统设备，有效改善城区基础设施条件，提高综合服务功能，优化环境，方便群众生产生活。对 21 家电磁辐射涉源单位每月进行一次定期现场监察和执法检查，检查后未发现有重大环境事件及安全事故。对石板沟、药水峡饮用水源地水质在 3、6、9 月邀请州环境监测站进行监测，经监测各项指标均符合国家饮用水标准，并安装了标志牌和警示牌，对一二级保护区采取拉网保护措施。联合环委会成员单位开展环保专项行动，关闭四家非法采沙场，整治了 12 家证照不全的建材厂，及时办结州环保局批转的信访案件一件。

（马金花）

永靖县

【现任主要领导】

中共永靖县委书记：赏进孝

永靖县人大常委会主任：赵贤章

永靖县人民政府县长：尹宝山

政协永靖县委员会主席：康建才

中共永靖县纪律检查委员会书记：

包继红（藏族）（9 月止）

拜淑玲（回族）（9 月任）

【基本情况】永靖县位于甘肃省中部西南，临夏回族自治州以北，素称“河州北乡”，东界兰州市西固区、临洮县，南濒黄河，与东乡、临夏、积石山县为邻，西毗青海省民和县，北滨湟水，与兰州市红古区相望，县域海拔 1560～2851 米，年降水量 260 毫米左右，蒸发量 1500 毫米以上，属大陆性温带半干旱气候。全县东西长 68.04 公里，南北宽 51.17 公里，总面积 1863.6 平方公里。现辖 10 镇 7 乡，10 个居委会，140 个行政村。2011 年末，全县总人口为 20.46 万人，其中，农业人口 16.12 万人，占总人口的 78.80%。

永靖县是国家扶贫开发重点县，也是刘家峡、盐锅峡、八盘峡三座水库的重点移民县。境内公路、水路、铁路齐全，国道 109 线、213 线、309 线穿境而过，县城刘家峡距兰州市西固区 44 公里，距中川机场 117 公里，距西宁市 210 公里，距临夏市 89 公里，贴近欧亚大陆桥，是古丝绸之路的主要通道，已被纳入陇海兰新线经济带甘肃段开发规划和兰州市 1 小时都市经济圈。

【资源优势】永靖县是黄河上游古文化积淀最密集的地域，遗存有仰韶文化、齐家文化和辛甸文化遗迹，被列为“中国傩文化研究基地”、“联合国教科文组织民歌考察采录基地”，“花儿”列入首批国家非物质文化遗产名录，被誉为中国彩陶之乡、傩文化之乡、花儿之乡、恐龙之乡。

旅游资源富集。境内黄河呈“S”穿境而过，形成炳灵峡、刘家峡、盐锅峡三大峡谷景观，构成了黄河三峡国家 4A 级风景名胜区，区内旅游景点星罗棋布，古今文化交相辉映。以国家重点文物保护单位炳灵寺石窟为代表的佛教文化历史悠久，有炳灵寺、罗家洞等庙宇古刹 10 多处；以恐龙足印群化石地质遗迹为代表的史前文化，堪称世界之最；以炳灵石林为代表的石林丹霞地貌面积达 30 多平方公里；以炳灵湖为代表的“高峡平湖”水域面积达 32.7 万亩；黄河上游最大的自然湿地太极岛芦苇丛生，栖息着 38 种、2 万多只珍禽益鸟；以吧咪山为代表的原始森林景区，是避暑旅游的绝好之地；刘家峡水电站被确定为全国工业旅游示范点。2011 年累计接待中外游客 129.05 万人次，比上年增长 18.6%；旅游总收入达 47035 万元，比上年增长 21.70%。旅游收入占生产总值的比重达 16.37%。

永靖县水电资源充沛，是西北地区水资源大县。黄河流经县域 107 公里，三条支流（大夏河、湟水河、洮河）与之交汇，水域总面积 32.7 万亩，三大水库总库容 59.7 亿立方米，人均占有水量 2.9 万立方米，分别是全国、全省平均水平的 68 倍和 128 倍，是西北重要的水电能源基地、中国水电事业的摇篮。

【国民经济】2011 年，全县实现生产总值 287245 万元，比上年增长 13.0%。其中：第一产业实现增加值

4.43亿元，增长3.9%；第二产业实现增加值18.31亿元，增长12.7%；第三产业实现增加值5.99亿元，增长17.5%。三次产业结构比为15.4∶63.8∶20.8。全年实现社会消费品零售总额3.59亿元，比上年增长20.72%。

【“三农”工作】永靖县充分利用县内丰富的水资源和山、塬、川等多样性的地理及气候环境，不断优化农业产业结构，形成了境内农产品的多样化，有以洋芋、百合、胡麻、优质牧草等为主的旱作农产品；有以黄河珍珠米、优质小麦、玉米、大豆等为主的灌溉农产品；有以珍珠西红柿、草莓、西瓜、甜瓜等无公害蔬菜为主的高效农产品；有以红枣、花椒、红富士、早酥梨等优质果品为主的特色林果产品；有以黄河鲤鱼、虹鳟鱼、金鳟鱼、鲟鱼、鲢鱼、鳙鱼、草鱼、鮰鱼、黄辣丁、武昌鱼、鲫鱼、池召公鱼、中华绒螯蟹、河蟹等为主的水产品。其中西红柿、黄瓜等14个农产品取得国家无公害农产品产地认定和产品认证。2011年，全县农村经济稳步健康发展，粮食生产能力逐步提高，旱作农业技术推广成效显著，特色农业规模、效益明显提升，农业产业化的进程进一步加快，农村生产生活条件不断改善。全年完成农业增加值4.43亿元，比上年增长3.9%。全年粮食种植面积28.77万亩，增长3.13%；粮食产量10.23万吨，增长3.55%。蔬菜播种面积5.4万亩，下降1.10%。肉类总产量8781吨，增长0.50%。共完成植树造林3.11万亩，增长22.92%；育苗面积0.39万亩，增长11.43%。全县年末拥有农业机械总动力14.92万千瓦，增长8.98%；当年新修水平梯田6.11万亩；新增有效灌溉面积0.03万亩。

【项目建设】2011年，全县上下牢固树立“发展抓项目，项目重争取”的思想，大力实施项目拉动战略，千方百计引进建设资金。2011年500万元以上项目97个，比上年增长31个，完成投资32.12亿元，增长40.23%。其中：亿元以上项目17个，完成投资17.82亿元，增长101.15%；5000万元～1亿元项目23个，完成投资8.01亿元，下降1.29%；500万元～5000万元项目57个，完成投资6.29亿元，增长5.64%。分别占全县投资总额的55.49%、24.93%和19.58%。亿元以上大项目的顺利实施有力带动了投资总量的快速增长。

【人民生活与社会保障】城乡人民生活水平稳步提高。全年城镇居民人均可支配收入9300元，比上年增长13.14%；农民人均纯收入2698元，增长13.27%。年末全县城镇单位从业人员为14100人，增长3.91%；从业人员年平均工资40498元，净增5902元。

社会保障和社会福利事业取得新的成效。年末全县参加城镇职工基本养老保险人数为3614人，参加城镇职工基本医疗保险人数为11256人，参加城镇居民基本医疗保险人数为17594人，参加失业保险人数为9737人，参加工伤保险人数为1320人；全县参加农村社会养老保险人数为9.50万人，参加新型合作医疗农民人数13.72万人，参合率为98.50%。全县城市医疗救助309人，农村医疗救助1670人，全县城镇居民得到政府最低生活保障的人数为7372人，农村居民得到政府最低生活保障的人数为38160人。年末全县各种社会敬老院5个，敬老院拥有床位89张，收养人员21人。

【社会事业】全县共有各级各类学校161所，其中：完全小学89所，教学点54个，独立高中2所，完全中学2所，独立初中10所，职业中学1所，九年一贯制学校3所。在校学生人数29250人，其中：高中6133人，初中8019人，小学15098人。全县适龄儿童入学率100%。2011年高考上省定二本线考生247人。举办扫盲班40个，脱盲人数510人。加强卫生基础设施建设，年末全县共有医院、卫生院23所，病床数600张，专业卫生技术人员1040人。儿童建卡率97.18%，单苗单针次接种率95%以上。

（潘尚科）

广河县

【现任主要领导】

中共广河县委书记：马宗明（回　族）

广河县人大常委会主任：

马富荣（东乡族）（9月止）

马绍先（回　族）（9月任）

广河县人民政府县长：

马东升（回　族）

政协广河县委员会主席：

马绍先（回　族）（9月止）

马学成（回　族）（9月任）

中共广河县纪律检查委员会书记：

马应才（东乡族）（9月止）

马志勇（东乡族）（9月任）

【基本情况】广河古称太子寺，广河县位于甘肃省中部西南方，临夏回族自治州东南部，整个版图宛如一只奔兔。地理特征可概括为“一川两山，一路两河”，即中部广通河沿线为川区，南北为山地，平均海拔1953米，属温带半干旱气候，年平均气温7.4℃，年平均降雨量349.7毫米，全年无霜期112天，平均日照2221.2小时。四季分明，气候宜人。康临高速纵贯全境，广通河、洮河流经辖区，水能资源相对丰富。全县总面积538平方公里，辖3乡6镇，年末总人口24.67万人，人口密度459人/平方公里。

【旅游资源】境内自然遗存丰富，文物古迹众多，是我国新石器时代与夏商过渡期典型文化——齐家文化的发祥地，有马家窑文化遗址和蕴藏丰富的古动物化石遗迹，在国内外享有一定声誉，有“齐家文化摇篮”的美称。

广河县民族特色鲜明，穆斯林风情浓郁。回族、东乡族等少数民族占全县总人口的97.85%，婚丧嫁娶、民俗礼仪、饮食起居、节日盛会等别具特色。全县有530余处清真寺和拱北，有中国式殿堂建筑，也有仿中亚或阿拉伯式，还有中西合璧式，集古典、现代和阿拉伯风格于一身，融汇回族砖雕、汉族木刻、藏族彩绘为一体，形成了独特的清真寺艺术风格，享誉西北，有“穆斯林风情大观园”的美誉。

【国民经济】2011年，广河县实现生产总值10.89亿元，比上年增长13.7%。其中：第一产业实现增加值2.41亿元，增长4.1%；第二产业实现增加值3.24亿元，增长17.1%；第三产业实现增加值5.24亿元，增长16.6%。三次产业结构比由上年的23.9：25.5：50.6调整为22.2：29.7：48.1。实现工业增加值2.58亿元，增长20.7%，其中规模以上工业增加值1.51亿元，增长36.3%。实现社会消费品零售总额3.75亿元，增长19.04%。完成大口径财政收入1亿元，增长40.7%；财政支出8.86亿元，增长31.9%。年末全县金融机构各项存款余额达到14.04亿元，比年初增长21.4%；各项贷款余额达到11.59亿元，增长38.1%。全年累计发放农信社支农再贷款2.05亿元，余额达1.5亿元。

【“三农”工作】农业经济整体运行平稳。全年完成农林牧渔业总产值3.91亿元，比上年增长4.5%。完成粮食总产量达9.01万吨，增长3.6%。完成造林面积8000亩，其中防护林5000亩，经济林3000亩。肉类总产量达2241吨，比上年增长6.7%。

农村生产生活条件继续改善。以开发扶贫为重点，实施了庄禾集等6个村的整村推进项目。中南部农村饮水安全工程全线通水，解决了全县19万多人的吃水困难。并着眼解决北部山区一线3万多群众的吃水难题，启动建设北部人饮工程，已完成投资1280万元，全面建成后全县自来水入户率将达到100%。新修水平梯田2.77万亩，现有农田有效灌溉面积10.50万亩。农业机械总动力达到13.63万千瓦，比上年增长8.9%；农村用电量3521.7万千瓦时，增长4.3%。

始终把旱作农业推广作为全县工作的第一个硬仗，积极开展高产创建，全膜玉米在大旱之年仍然保持了稳定高产，全县旱作农业总增效益1.87亿元。加大秸秆综合利用力度，通过青贮氨化、揉丝打包、流动粉碎作业等方式，综合利用玉米秸秆41.2万吨，玉米秸秆利用率达到60.5%。进一步延伸产业链条，按照“以千家万户为基础，以联户养殖为方向，以秸秆利用为重点，以科技服务为支撑，以金融支持为动力”的思路，从政策、资金、贷款、服务等方面集中倾斜扶持，大力发展草食畜牧业，促进了群众持续稳定增收。全县累计投入扶持资金2300多万元，协调发放养殖贷款3.59亿元，新建联户养殖小区29个，累计达到104个。

深入推进集体林权制度改革，全面完成了“明晰产权，承包到户”的林改主体改革任务。投资1230万元，造林4810亩，栽植云杉、榆树、刺槐等苗木共计64.2万株对县城面山、行道树、生态林等重点造林工程进行承包绿化，有效提高了苗木成活率。投资320万元，完成绿色通道建设40公里及县城绿化10公里。加大梯田建设力度，在6个乡镇13个村实施梯田建设；积极推广农村户用沼气技术，建成户用沼气池1.6万个。

【项目建设】全县共实施100万元以上重点项目64项，总投资30.45亿元。其中，新开工项目44项，总投资19.21亿元；续建项目20项，总投资11.24亿元。项目建设坚持“集中精力、集中财力，抓重点、保重点”的原则，行政中心、临达公路、广通湖公园、县城污水处理厂、十个重点村建设等44个新开工项目按期动工建设，完成投资7.85亿元，其中临园集镇改造、农村特困户危旧房改造、校舍安全工程等19个项目已全面完成建设任务；中南部农村饮水安全工程、经济适用房、廉租房等20个续建项目进展顺利，其中“三馆一中心”、县城垃圾处理厂、集中供热等8个项目已全面竣工，累计完成投资10.43亿元，有力带动了县域经济发展。

【人民生活】2011年，农民人均纯收入2893元，比上年增长13.8%。城乡居民储蓄存款余额达到10.67亿元，增长31.7%。实施“民居、通达、清源、市场”四大民生工程，不断改善生存条件，夯实发展基础。

“民居工程”，实施农村危旧房改造9143户，对摸排出的703户农村极度贫困户，按照每户2万元的标准进行补助；将500套廉租房无偿配租给城镇住房困难家庭，将388套廉租房分配给困难教师家庭，全县特困户住房保障率达100%。

“通达工程”，以通乡通村道路建设为重点，总投资6560万元，实施通村道路硬化工程21条164公里。全县等级公路达170条866.6公里。全县9乡镇全部通油路，102个行政村通油路或水泥路，形成了五纵（康临高速公路、兰郎路、三合路、城齐路、糜临路）四横（马庄路、城吊路、临排路、祁水路）四通八达的交通网，实现了全县102个行政村道路硬化率达到100%的目标，通社道路硬化率达到65%。

“清源工程”，全面推进中南部人饮工程建设，总投资1.08亿元、惠及8个乡（镇）72个村17万人的中南部农村饮水安全工程建成引水枢纽和净水厂各1座，埋设输水管道13.9公里、供水管道550公里，新建蓄水池12座，基本实现了各乡镇通水。北部人饮工程全面启动建设。

“市场工程”，树立“市场就是群众饭碗”的理念，按照“政府主导扶持、社会资本为主体，市场化运作”的原则，建成了三甲集物流中心、中国三甲集茶城、蓝水河市场，启动了县城滨河商贸城、齐家镇集镇改造，逐步形成了“五大商贸平台”，全县累计建成各类专业市场40多处，年交易额达6亿多元，全县专业市场不断健全，为城乡群众增收创造了有利条件。

【扶贫开发】2011年，广河县争取省州下达扶贫资金总计2481万元，扶贫资金总量首次突破了2000万元，比上年净增1155万元，增幅为87%。经过实施整村推进扶贫开发项目和产业化扶持项目，使全县6000人口稳定解决温饱，贫困面比上年下降了2.91个百分点。

全县8个整村推进项目完成项目投资362.36万元。其中基础设施建设项目投资173.2万元；增收项目投资198万元；科技扶贫项目投资16.69万元，完成8个整村推进项目村农业实用技术培训3200人次。

加大了科技扶贫力度。加大对旱作农业的投入力度，投入旱作农业450万元，完成全膜双垄沟播玉米技术推广22.5万亩，使近7万贫困户受益；投资11万元，完成脱毒马铃薯种植550亩；投资10万元，完成庄禾集镇啤特果种植1000亩；科技培训项目投资39.7万元，培训乡村干部、农民技术员1750人次。

【就业与社会保障】2011年新增城镇就业1256人，城镇下岗失业人员再就业290人，开发公益性就业岗位621个，城镇登记失业率控制在4%以内。着力实施转移就业工程，大力开展技能培训，推动农村劳动力特别是大中专毕业生和“两后生”转移就业。以大中专毕业生和“两后生”为主的转移就业工作，初步走出了一条以“政府为主体、政策为导向、协会为纽带、培训为基础、服务为平台”的新型转移就业工作路子，转移就业人数达到1627名，其中，大中专毕业生234名，“两后生”1393名。

全县城镇企业职工基本养老保险参加人数2255人，参加失业保险人数3316人，参加医疗保险人数14036人。企业离退休人员养老金发放率达100%。全县城镇参加低保2643户、4697人，发放最低生活保障金988.6万元；农村贫困户参加低保1.55万户、5.49万人，发放最低生活保障金4687.8万元。新型农村合作医疗工作正常运行，共有19.55万人参加新型农村合作医疗，参合率达到98.21%。城乡养老保险开局良好。审核通过60岁以上城乡居民养老待遇领取人员共计2.07万人，发放养老金739.18万元。

【社会事业】 围绕巩固提高“两基”成果，制定了《关于进一步加快教育事业发展的若干意见》，狠抓学校班子、教学管理、师德师风、控辍保学和硬件设施建设，全县教育教学质量有了全面提升。2011年，全县高中招生考试五科合格率、高考上线率、录取率均居临夏回族自治州第二位。着力解决贫困生上学难的问题，为全县六所中学配置了标准化餐厅设备，安排了专门炊事人员，对1609名贫困家庭寄宿生按照每年880元的标准发放了生活补助，有效巩固了“两基”成果。

文化、广播电视事业进一步发展。全县有线广播放大站5个，电视覆盖率达到92%；电视卫星地面接收站3座。拥有电视网络42公里，有线电视用户4723户，其中数字电视用户4400户。农村电影放映范围覆盖了全县102个行政村。建成了齐家文化博物馆、“三馆一中心”和体育场，陈列各类文物1600多件，各类藏书25000多册。全力实施农家书屋和乡镇综合文化站等项目，建成农家书屋102家，实现了行政村农家书屋全覆盖。

医疗卫生体制改革不断深入，疾病预防控制体系和城乡医疗卫生服务体系基本建立。共有医疗卫生单位14个，村卫生室69所。县内10家公立医疗机构共设置床位534张，卫生技术人员329人。在临夏回族自治州率先实行县医院药品零差率销售，实现了药品零差率销售“全覆盖”。

【环境保护】 狠抓了工业污染源达标工作，对广河县银河毛纺织有限公司13家企业实行限期治理，全面完成了节能减排目标任务。全社会综合能源消费量12.42万吨标准煤(当量值，下同)，比上年增长10.2%；万元生产总值能耗下降3.2%，万元生产总值电耗下降16.9%。

（马占元）

和政县

【现任主要领导】

中共和政县委书记：李国辉

和政县人大常委会主任：

马　锋（回　族）（9月止）

马相辉（东乡族）（9月任）

和政县人民政府县长：

丁光东（回　族）

政协和政县委员会主席：

沈志平（9月止）

蔡映山（9月任）

中共和政县纪律检查委员会书记：

常全科（9月止）

张丰忠（9月任）

【基本情况】和政县古称“宁河”，位于甘肃省南部，平均海拔2200米，年降雨量592.8毫米，年平均气温5.8℃。总面积960平方公里，全县公路里程达983.1公里，其中二级以上公路23.2公里，县城距省城兰州市120公里，距州府临夏市30公里。全县辖5镇8乡，122个村民委员会，2011年末总人口20.81万人，人口城镇化率17.36%。名优特产有啤特果汁，大禹、迎宾系列名酒，大红蒜、蕨菜、乌龙头，党参、当归、黄芪，蚕豆、双低杂交油菜等。

【旅游资源】境内比较有名的旅游景点有：国家4A级风景名胜区松明岩、肋巴佛纪念馆；古动物化石博物馆，铁沟风景区，三岔沟风景区，柳梅滩风景区，南阳山森林公园，滴珠山公园，清虚观等。被联合国教科文卫组织评为世界民俗（花儿）采录基地，每年举行"花儿"演唱比赛，特别是农历四月二十六至二十八3天，到处是"花儿"的海洋。全年接待游客83.4万人次，其中海外游客1650人次，实现旅游业总收入2.998亿元，比上年增长27.5%，

【国民经济】2011年，和政县实现生产总值8.47亿元，比上年增长7.3%。其中：第一产业实现增加值2.90亿元，增长5.1%；第二产业实现增加值1.82亿元，增长20.1%，第三产业实现增加值3.75亿元，增长3.8%。完成消费品零售总额1.77亿元，增长19.03%。实现大口径财政收入8882万元。年末全县金融机构各项存款余额为13.32亿元，增长32.31%；各项贷款余额为7.10亿元，增长32.74%。保险事业健康发展，全年保险费收入928万元。

【"三农"工作】以农业内部结构调整为中心，大力发展特色农业，走农业产业化道路，实现农业总产值2.69亿元。旱作农业不断推广，全膜双垄沟播500亩以上示范点12个，1000亩以上示范点4个，粮食产量达到5.49万吨；双低油菜产业不断壮大，杂交油菜种子远销新疆、内蒙等地，出口加拿大、蒙古、哈萨克斯坦、阿根廷等国家。畜牧业得到长足发展，全县规模养殖场（小区）85个，规模养殖户3721户，肉类总产量达5688吨。全县完成造林1.59万亩，森林覆盖率达到21.7%，植被覆盖率达到90%以上。啤特果产业经过多年发展，逐步形成了"种植、销售、加工"和"公司加基地，基地联农户"的产业链条。

建成买大路、和铁路、林马路等县乡道路8条118公里，通畅道路42条160公里，实现了乡乡通油路的目标，行政村通硬化道路达到43%；完成北部农村饮水安全工程、南部人饮水源点改造、6个小型人饮等工程，农村自来水入户率达79%，解决了10.79万人的安全饮水问题。

【项目建设】全社会固定资产投资完成17.82亿元，比上年增长32.53%。全年在建5000万元重大项目25个，本年完成投资10.80亿元，占全社会固定资产投资的60.6%。本年完成5000万元以上的重大项目有：金德物业有限责任公司太子山水泥厂改扩建、2011年农村危旧房改造项目、和政建材产业园区项目、和政县富强花苑住宅小区项目、华龙公司微生物凝乳酶制剂高技术产业化项目、博物馆化石征集保护项目等。

【人民生活与社会保障】全县农民人均纯收入为2520元，比上年增长13%；农村居民人均消费支出2106元，增长0.63%。年末参加城镇基本养老保险人数为2540人，增长3.5%；参加城镇医疗保险人数1.58万人，增长5.7%；参加农村合作医疗人数16.44万人，参合率97.7%；报销医疗费用3600万元；参加失业保险职工804人；享受城镇最低生活保障的居民3182户、6046人；享受农村最低生活保障的居民1.58万户、5.05万人；发放低保4663.43万元；累计救济2.13万人次，累计投入救济资金884万元。

【社会事业】教育事业稳步发展，教学质量不断提高，办学条件得到极大改善，全县共有各级各类学校127所，适龄儿童入学率达到99.8%，巩固率99.8%。

医疗、卫生条件继续改善，加强了乡村卫生基础设施建设，启动新型合作医疗，完善了县、乡、村三级卫生服务网络，卫生体系不断完善，全县共有医疗单位19个，病床681张，专业卫生技术人员564人。

成功举办了"西北五省区花儿歌手邀请赛"。全年举办各种运动会21次，参加人员5000余人次。

【环境保护与自然灾害】全县共有环境监测工作人员10人，境内有自然保护区1个。对1个企业污水进行集中处理，处理率100%。城市生活垃圾无害化处理率100%。全年发生风雹灾1次，旱灾2次，直接经济损失2134.65万元。

（杨亮红）

东乡族自治县

【现任主要领导】

中共东乡县委书记：高世太（回　族）

东乡县人大常委会主任：

马　彪（东乡族）（9月至）

马福荣（东乡族）（9月任）

东乡县人民政府县长：

张忠学（东乡族）

政协东乡县委员会主席：刘玉源

中共东乡县纪律检查委员会书记：

马雪青（东乡族）（9月止）

马振华（东乡族）（9月任）

【基本情况】东乡族自治县是全国唯一的以东乡族为主的少数民族自治县，是国列省扶的重点县。境内现辖5镇19乡，总人口达到28.72万人，农业人口27.65万人。总面积1510平方公里，其中陆地面积1462平方公里。最高海拔2664米，最低海拔1735米，年平均气温为5～9℃，年降水量216～600毫米，年蒸发量1400多毫米，无霜期138天，气候特征是冬长夏短，春秋相连，无霜期短，日照丰富，降水量少，蒸发量大。全县经济以农业为主，主要农作物有春小麦、洋芋、玉米、油菜等，名牌产品有东乡洋芋，东乡手抓羊肉，唐汪大接杏，唐汪葵花籽，唐汪大红枣，河滩花椒，东乡天然地耳等。

【国民经济】2011年，全县生产总值达到9.79亿元，比上年增长15.5%。其中：第一产业实现增加值3.18亿元，增长5.3%；第二产业实现增加值2.09亿元，增长26.2%；第三产业实现增加值4.52亿元，增长19.1%。实现工业增加值0.98亿元，增长18.8%，其中规模以上工业增加值为0.60亿元，增长38.4%。完成社会消费品零售总额1.29亿元，增长20.88%。

完成大口径财政收入6005万元，增长30.7%；财政支出17.57亿元，增长66.47%。年末各项存款余额10.68亿元，增长8.28%；各项贷款余额5.11亿元，增长15.79%。年末从业人员年平均工资额29495元，在岗职工年平均工资额29567元；农民人均纯收入达到2602元，增长13.7%。

【项目建设】县城特大地质灾害发生后，积极向中央、省、州汇报衔接，编制了《东乡县城特大滑坡地质灾害灾后恢复重建总体规划》和《东乡县城特大滑坡地质灾害治理和灾后恢复重建规划实施指导方案》，结合东乡县特大滑坡地质灾害灾后恢复重建总体规划，申报了19.87亿元的县城综合治理和灾后重建项目资金。

新建项目、续建项目全面实施，项目数量和规模大幅增长，项目建设成效显著，园区和县城建设持续推进。全社会固定资产投资达到11.92亿元，比上年增长52.5%。

城镇化建设步伐加快。坚持把城镇化建设作为带动区域经济发展的战略支撑，按照“三点一线、带动全县”的发展布局，突出县城、河滩、达板三个中心带动点，全力推进河滩小城镇建设和达板园区基础设施建设进程，大力推进城镇化建设。在达板园区集中实施了总投资达4.79亿元的达板水电站项目、天福型材公司、佳赐清真食品有限公司、幸福苑商住楼项目和钢结构生产线项目5个招商引资项目，项目进展顺利。在河滩小城镇建设中，集中实施总投资2.57亿元的镇政府办公楼、廉租住房、综合福利服务中心等10个重点项目开工建设。

全面加快基础设施建设步伐，交通运输基础设施不断改善，交通运输能力进一步提高。全县交通公路建设累计投资3.97亿元，先后实施了二级公路一项，改建工程四项，通达通畅工程90个项目，建设公路里程240公里，30个行政村实现了公路路面硬化。2011年末，全县实际拥有公路182条1165.6公里，全县229个行政村中，有148个行政村通等级公路，81个行政村通水泥公路。

【“三农”工作】粮食生产获得大丰收。立足县情实际，突出农业增效、农民增收这个重点，以市场为导向，注重发展洋芋支柱产业，县上通过采取积极引导群众调整种植结构、大力推广旱作农业技术、保墒保肥等一系列抗旱保粮措施，农业生产喜获丰收。2011年末全年粮食播种面积为37.44万亩，粮食总产量达到7.30万吨，比上年增长4.59%。粮食播种面积中洋芋播种面积为25.37万亩，洋芋产量达到4.79万吨，增长10.87%。

造林绿化工作成效显著。把造林绿化工作作为改善生态环境、加强农业基础条件、建设生态文明的主要举措来抓，按照统一规划、合理布局、集中连片、规模治理、注重实效的原则，狠抓了造林绿化工作，全县当年共完成各类造林面积4.03万亩，育苗1300亩，其中本年新育1030亩。

畜牧业生产得到了较快发展。畜牧业生产紧紧围绕“东乡手抓”品牌优势，以实现优质肉羊产业化经营为目标，以增加农民收入为目的，以稳定存栏，扩大出栏，提高商品率，增加农民收入为目标，坚持分散养殖和规模养殖相结合，通过政府扶持，采取以奖代补的有效措施，大力发展规模养殖。通过政策引导、奖励扶持、项目带动，投资476万元为全县18个整村推进村1587户补助改造暖棚圈舍，投入416.1万元引进小尾寒羊5061只，建成了一批规模养羊场和养牛场，规模养殖快速发展，使畜牧业生产得到了较快发展。2011年，全县肉类总产量达到1.23万吨，增长4.1%；农牧民人均畜牧业收入765元，增长14.01%，占全县农民人均纯收入的37.1%。

【优势产业】2011年，全县上下认真贯彻州委《关于培育壮大特色经济的意见》，按照州委提出的“强基础、抓教育、兴商贸、育产业、保民生、促和谐”的发展思路，制定出台了《东乡县培育壮大四大支柱产业奖励扶持暂行办法》、《羊产业“富民强县”工程实施意见》等扶持政策，着力培育壮大羊、洋芋、花椒林果、劳务四大支柱产业，加大支柱产业奖励扶持力度，全县基本实现了人均种植1亩脱毒洋芋，户均输转劳务1人、种草3亩、出栏羊10只的阶段性目标，群众增收步伐明显加快。2011年全县四大支柱产业人均收入达到1813元，占纯收入比重达到88%，支柱产业发展有力地促进了农民增收。在洋芋产业方面，合理调整种植结构，大力推广脱毒洋芋良种，加快品种改良步伐，建成了总投资3600多万元的县城综合交易市场，全县25.37万亩洋芋种植实现了良种化，人均洋芋收入为409元，占农民人均纯收入的19.84%。在养羊产业方面，规模养殖快速发展，规模养殖户不断增加，养羊规模进一步扩大，“东乡手抓”商标成功注册，品牌优势进一步增强，人均养羊收入729元，增长16.64%，占农民人均纯收入的35.35%。在劳务产业方面，进一步拓展劳务产业发展空间，加大劳务技能培训力度，突出技能培训和两后生转移，加大劳务培训和输出力度，开展劳务培训2.84万人次，输转劳务6.63万人次，组织输转3.17万人次，实现劳务收入5.1亿元。劳务收入占工资性收入的比例高达90%，人均劳务收入621元，增长17.84%，占农民人均纯收入的30.12%。在花椒林果产业方面，按照州委、州政府提出的特色经济林发展战略要求，在巩固经济林基地规模的基础上，坚持适地适树、集中连片、稳步推进，对花椒、啤特果、大接杏基地进行了补植补栽，花椒林果基地面积不断扩大，花椒林果人均收入54元，占农民人均纯收入的2.62%，增长12.5%。

【扶贫开发】2011年，共争取财政扶贫资金5068万元，比2010年增长 53.25%（不包括以工代赈资金），在县、乡、村的共同努力下，全面完成了 16 个整村推进项目。同时，对生存条件差、实施扶贫开发投入成本高、居住分散的锁南镇苜叶村、龙泉乡何汪村、春台乡大方村、河滩镇苏孟村、大树乡乔鲁村和百和乡刘家村 6 个安置点实施了易地扶贫搬迁工程。通过项目的实施，农村基础条件明显改善，扶贫开发的层次和水平显著提高，全县面貌发生较大变化，群众生活水平不断提高，农村经济社会持续快速发展，整村推进项目户基本实现了户户“有安全住房、有自来水、有暖棚圈舍、有太阳灶、有沼气灶、有科技明白人”的“六有”目标。2011 年底，农民人均纯收入达到 2062 元，比上年增长 13.7%；贫困人口下降到 7.55 万人（原贫困标准），减贫 1.11 万人，农村贫困面下降到 27.3%。

【民生与社会保障】一是投资 6330 万元实施中西部农村饮水安全工程和董岭农村饮水安全后续延伸工程，当年延伸管网 51.2 公里，全县自来水入户率达到 88%，解决了 10.64 万人的饮水安全问题，解决 2000 户、1 万农村人口饮水安全问题，缓解改善了 6.27 万人、18 万头（只）牲畜的饮水困难。二是投资 2835 万元完成五唐路、达三路等重点道路建设项目，完成县乡公路铺油 46 公里，乡村道路硬化 25 条、50 公里，解决群众行路难问题。三是 5000 户农村户用沼气池建成使用，既解决了 5000 户农户生活用能紧缺的问题，又改善了农村卫生条件和生态环境。四是加强农村危旧房改造和保障性住房建设，投资 5875 万元实施河滩、达板廉租住房项目，整合资金 4932.5 万元改造危旧房 5713 户，建设廉租房 6.81 万平方米，均已完成主体工程，有效解决了城镇困难家庭和部分农户住房难问题。五是进一步完善城乡低保、五保供养、城镇养老保险、失业保险、医疗保险、工伤保险等各项制度，全县纳入城镇低保 1.24 万人、农村低保 10.15 万人、农村五保供养 3560 人，共发放保障金 1.39 亿元，工伤保险应参保人数 2622 人，生育保险参保人数 4937 人，全县应参保城镇居民基本医疗保险 1.08 万人，其中城镇职工基本医疗保险参保人数 0.90 万人，基本实现了应保尽保，均按政策标准落实了补助金。六是全面启动实施了城乡养老保险试点工作，城镇参保率达到 60.37%、农村参保率 76.88%，对全县 60 周岁以上的农村老龄人口发放养老金 1076 万元。七是狠抓水库移民后期扶持工作，累计发放扶持资金 972.4 万元。全县粮食直补、农资综合补贴、五保供养等 23 项惠民财政补贴累计落实惠民资金达 2.83 亿元，通过“一折统”发放惠民资金 2.29 亿元，使广大群众得到了更多的实惠。

【社会事业】教育教学质量稳步提高。进一步加大基础设施建设力度，积极落实“两免一补”政策资金，并筹资 1500 万元制定实施了提高教育教学质量十五项措施，健全教育教学工作质量考核评价体系，有效激发了教育教学活力，办学条件明显改善，教育质量明显提高。2011 年全县现有各级各类学校 211 所，其中完全中学 3 所，初级中学 5 所，九年制学校 9 所，各类小学 190 所，全县现有教职工 2258 人，现有在校生 49900 人，适龄儿童入学率达到 98.5%，初中生入学率达到 95.3%。

卫生事业稳步发展。卫生事业以项目建设为突破口，以加快农村卫生事业发展为主题，投资 750 多万元改扩建卫生院 5 所，新建村卫生室 45 个，实行基本药物集中采购和零差率销售，不断提升基本医疗和公共卫生服务水平。全县共有医疗机构 32 个，医务人员 357 人，病床 527 张；参加新型农村合作医疗农民人数为 27.25 万人，参合率达 98.55%。

文体广电事业繁荣发展。2011 年底，全县新建乡镇综合文化站 17 个，完成县城有线电视数字化换户 680 户，大力实施卫星广播“村村通”工程和农村数字无线微波工程，进一步提高广播电视节目覆盖率，广播和电视覆盖率分别达到 91.23%和 92.25%。同时组织开展多形式的群众体育活动，不断丰富农村文化生活，加强了非物质文化遗产的挖掘、整理和保护工作。“东乡族擀毡工艺”和东乡族民间文学《米拉尕黑》被列为第二批国家级非物质文化遗产保护项目，《古兰经》手抄本作为国家一级文物进行保护。

计生优质服务水平不断提高。继续深化人口计生综合改革，全面推进人口计生利益导向示范县创建，提高优质服务水平，狠抓节育措施落实，加强了人口信息化平台建设，全面实现州、县、乡三级人口信息资源共享，全县共确认“少生快富”资金项目户 1545 户，落实奖励金 463.5 万元，为 2.44 万户计生家庭落实优先优惠资金 1214.5 万元，出生率为 15.36‰，计划生育率为 94.75%，自增率为 9.23‰，有力地促进了人口与资源环境的和谐发展。

【环境保护】一是切实加强县城垃圾处理场监管，城区生活垃圾全部收集后输送到垃圾填埋场，垃圾填埋符合环保要求，运行基本规范，运行率为 100%。二是全县所有医疗机构射线装置操作人员的培训工作，培训率达到 100%；三是对全县所有重点核技术应用单位和输变电与广电通信类设施及时进行现场监督检查，检查率达到了 100%，对存在的问题提出了整改要求，整改率达 100%。四是饮用水达标率为 100%；五是全县共有 29 个建设项目，全部进行了环境影响评价，环评执行率 100%，“三同时”执行率 100%。

（唐占英）

积石山保安族东乡族撒拉族自治县

【现任主要领导】

中共积石山县委书记：

马国兴（东乡族）（9月任）

马明杰（回　族）（9月止）

积石山县人大常委会主任：

喇正彪（回　族）（9月任）

马占山（东乡族）（9月止）

积石山县人民政府县长：

马邦才（保安族）（9月任）

马丽云（保安族）（9月止）

政协积石山县委员会主席：李耀林

中共积石山县纪律检查委员会书记：

张文梅（东乡族）

【基本情况】积石山保安族东乡族撒拉族自治县是国列省扶贫困县，自治县成立于1981年，是甘肃省唯一的多民族自治县。位于黄河上游，黄土高原与青藏高原交汇处，属中温带寒冷地区。东南与临夏县相连，西与青海省循化县接壤，北与青海省民和县隔河相望，东北与永靖县以黄河为界。全县地势西南高、东北低，西南部为高寒阴湿地区，中部为二阴山区，东北部为高寒干旱山区。年降水量467～734毫米，无霜期为107～160天，海拔1735～4309米，年平均气温6.3℃，东西长37公里，南北宽33公里，总面积909.97平方公里。全县共有4个镇，13个乡，6个居委会，145个村民委员会。总人口25.80万人，有保安、东乡、撒拉、回、汉、土、藏、维吾尔、羌、蒙古等10个少数民族，少数民族人口占总人口的53.9%，其中保安族是本县独有的稀有民族，总人口1.96万人，占全国保安族人口的95%以上。

【资源优势】旅游资源独具特色。境内有享誉中外的积石雄关、禹王庙遗址、临津古渡、鲁班石等历史古迹。与青海的塔尔寺、孟达天池近在咫尺。三坪遗址汇集了马家窑、马厂、齐家、辛家四种类型的古文化层，现珍藏于中国历史博物馆的“彩陶王”出土于积石山县安集乡三坪村。被联合国教科文组织评为世界民俗（花儿）采录基地，每年举行“花儿”演唱比赛，特别是五月端阳这一天，到处是“花儿”的山场。香水坪、吊水峡瀑布、盖新坪、黄草坪、积石民俗村等自然景观，别具一格的清真寺建筑的砖雕艺术，保安族特有的民族风情具有很大的开发价值。

水能资源丰富。全县水资源总量达228.5亿立方米，黄河贯穿积石山县流程达40多公里，对发展电站、提灌有得天独厚的条件。已建成沿黄河的81处提灌，为全县经济建设发挥着巨大作用，境内的大小河流具有很高的开发价值。

矿产资源丰富。县内的石英石、花岗岩储量大、品位高，花岗岩储量达12亿立方米，石英石储量达300万吨。中药材种类繁多。野生和种植的药材达40余种，当地的当归、党参、黄芪、大黄、甘草被誉为“五大宝”，驰名全国，远销海外。进军药业公司生产的虫草王、精品虫草、雪莲花、黄芪等高级医药保健品，发展前景很大，为积石山县的中药材生产填补了空白。

土特产和工艺品。保安族传统的手工艺品——保安腰刀驰名中外，迄今有几百年的发展历史，是积石山县的拳头产品，系列产品有什样锦、雅吾其、波日季等，新开发的景泰蓝手杖剑、将军剑已获得国家专利，远销尼泊尔、印度、巴基斯坦等国家。黄河沿岸干旱山区栽植的花椒，产量高、品质好、香味浓，已成为积石山县农村经济的支柱和特色产业，累计栽植量达23万亩。沿积石山麓的蕨菜资源丰富，质地脆嫩、色味俱佳，是纯天然的无公害绿色食品，年出口量达60吨以上。大河家生产的“鸡蛋皮核桃”皮薄、仁多、营养丰富，具有一定的知名度和发展前景。

【国民经济】2011年，积石山县生产总值达8.48亿元，比上年增长15.2%。其中：第一产业实现增加值2.45亿元，增长4.3%；第二产业实现增加值0.98亿元，增长16.7%；第三产业实现增加值5.05亿元，增长21.3%。完成财政收入0.63亿元，增长84.02%；财政支出13.02亿元，增长49.87%。金融机构各项存款余额13.74亿元，增长30.92%；金融机构各项贷款余额5.90亿元，增长31.82%，积极支持了地方经济建设。

【“三农”工作】积极调整种植业结构，以在山阴、二阴地区种植膜侧油菜为主，在干旱半干旱地区发展全膜玉米、马铃薯种植为主，在川水地区发展半膜玉米、蔬菜种植为主，继续巩固和拓展“三带两基地”发展格局。完成农作物种植面积34.29万亩（复种5.5万亩）。狠抓旱作农业推广技术力度，确保农民增收。全县共完成全膜双垄沟播技术推广面积12.96万亩，其中秋覆膜1.1万亩、顶凌覆膜11.86万亩；建成旱作农业千亩以上示范点25个，建成千亩以上膜侧油菜示范点8个，完成膜侧油菜种植2.1万亩，全县旱作农业基本实现了适宜地区全覆盖。全县粮食总产量达7.85万吨，增长4.62%；农民人均纯收入2279元，增长13.3%。肉类总产量3566.04吨，增长0.61%。

【项目建设】2011年，积石山县以30周年县庆为契机，以大建设、大开发、大发展的原则，抢抓国家扩大内需、促进经济增长的一系列政策措施，以重大项目为支撑，积极调整投资结构，投资规模适度扩大。完成固定资产投资10.92亿元，增长42.7%。总投资12.35亿元的大河家水电站、总投资7.4亿元的临大二级公路等一批重大项目取得突破性进展，为推动全县经济的发展起到了积极作用。

通过采取盘活土地存量、进行土地置换、多方筹资等方法，建设步伐明显加快。集镇建设亮点频现，强化经营城镇的理念，按照“一线五点”的城镇发展思路，以临大二级公路为主线，统筹推进别藏、居集、吹麻滩、肖红坪集镇建设。县城建设坚持“向南拓展、东西延伸、改建并举”的思路，多渠道筹措资金，大力加强基础设施建设，重点实施了县城中心商贸城、振兴路步行一条街、庙山公园等项目，着力打造全县政治、经济、文化中心。投资7.42亿元，对大河家集镇进行开发建设，实施东、西、南、北街和刘集河两岸5条街道改造项目。拆除旧商铺356户3.61万平方米，新建3层以上商铺8.5万平方米；配套实施道路硬化、给排水及亮化工程；建设综合、瓜果蔬菜、牲畜交易、粮油等6个专业市场；在新城区建设四星级酒店一座，民族风情街一条，综合商场一座；建设仓储物流区，新建中心市场3个，仓储3个。

【社会事业】全面落实教育优先发展战略，坚持把教育摆在优先发展的战略地位，聚全县之力发展教育事业。对全县所有学生实行了“包吃、包住、包学习费用”的“三包”优惠政策，对中小学生实行营养早餐供应，有效解决了贫困学生上不起学的问题和农村学生营养跟不上的问题，对教育发展产生了重大而深远的影响。2011年底，全县适龄儿童入学率达到98.5%，顺利通过了“两基”验收。

卫生事业长足发展。全面推进公共卫生体系建设，完善医疗救治体系，医疗卫生工作进一步加强。全县共有医疗卫生机构21个，医务人员307名，病床数622张。大力发展乡村医疗机构，医疗卫生条件进一步得到改善。

积极开展医疗保险，解决人民群众看病难的问题。新型农村合作医疗参合人数达215669万人，参合率达98.34%。城镇居民参加医疗保险14334人。

【社会保障与扶贫开发】养老、失业、职工基本医疗、工伤、生育保险覆盖面逐步扩大。确定城市低保对象1668户5000人、农村低保对象15708户60085人。2011年坚持把保障和改善民生作为一切工作的出发点和落脚点，围绕改善农村基础条件，加大投入实施农村道路、饮水、住房等民生工程，最大限度地让广大群众享受到改革发展的成果。道路建设按照基本实现村村通水泥路的目标，加大农村道路建设力度，重点实施永积公路炳灵寺黄河大桥建设项目、中咀岭至小关公路改建、刘安至三二家公路硬化、寨子沟至银川公路改建等工程。安全饮水方面，全力实施好积石山引水工程和县城城区供水水源改扩建工程，争取实施南部农村饮水安全工程，着力提高水源保障能力，解决县城及山区群众吃水难问题。

通过一年的努力，农村最困难的农户危旧房改造已基本完成，结合整村推进和新农村建设，通过给予适当补助，鼓励有条件的群众创新建房理念，提高建设标准，改善住房条件。进一步加快推进廉租房、公共租赁房等保障性住房建设，解决低收入群众的住房困难。争取国家和省上的扶持，重点争取实施省级整县推进试点县、贫困片带开发等项目。继续按照“大扶贫”的思路，相对集中项目和资金，结合新农村建设，全力实施16个整村推进项目，争取建成整村推进的样板和亮点，真正体现扶贫开发效果。

（韩英明）

甘南藏族自治州

【现任主要领导】

中共甘南藏族自治州州委书记：

陈建华（9月止）

魏建荣（9月任）

甘南藏族自治州人大常委会主任：

楚才元（11月止）

李　钰（11月任）

甘南藏族自治州人民政府州长：

毛生武（藏族）

政协甘南藏族自治州委员会主席：

丹智草（女，藏族）（11月止）

安锦龙（藏族）（11月任）

中共甘南藏族自治州纪律检查委员会书记：

扎西草（藏族）（10月止）

王　勇（回族）（10月任）

【基本情况】甘南藏族自治州是全国十个藏族自治州之一，地处青藏高原东北边缘，甘肃省西南部，甘、青、川交界处。全州总面积4.5万平方公里，处于青藏高原和黄土高原过渡地带，地势西北部高，东南部低。境内海拔1100～4900米，大部分地区在3000米以上。全州分为三个自然类型区，南部为岷迭山区，山大沟深，气候比较温和，是全省重要林区之一；东部为丘陵山地，高寒阴湿，农林牧兼营；西北部为广阔的草甸草原，是全省主要牧区。2011年，全州总人口73.07万人，州内有藏、汉、回、土、蒙等24个民族，其中：藏族人口39.59万人，占总人口的54.2%。州府合作市海拔2960米，年平均气温3.1℃，年降雨量582.7毫米，没有绝对无霜期。自治州成立于1953年，现下辖7县1市，95个乡镇、4个街道办。

【国民经济】2011年，全州实现生产总值81.33亿元，比上年增长10.9%。其中：第一产业增加值18.98亿元，增长6.7%，对生产总值的贡献率为14.5%，拉动生产总值增长1.6个百分点；第二产业增加值20.48亿元，增长14.7%，对生产总值的贡献率为32.0%，拉动生产总值增长3.5个百分点；第三产业增加值41.87亿元，增长11.0%，对生产总值的贡献率为53.5%，拉动生产总值增长5.8个百分点。三次产业结构比由上年的23.5∶23.7∶52.8调整为23.3∶25.2∶51.5，第一产业比重降低0.2个百分点，第二产业比重上升1.5个百分点，第三产业比重降低1.3个百分点。完成固定资产投资123.74亿元，增长53.2%。实现社会消费品零售总额22.69亿元，增长17.2%。完成大口径财政收入9.39亿元，增长40.8%，其中，一般预算收入5.42亿元，增长41.3%；完成一般预算支出89.54亿元，增长3.7%。金融机构各项存款余额为167.96亿元，增长21.9%；贷款余额为85.18亿元，增长34.4%。

【“三农”工作】2011年，全州加快推进农区设施农业建设，建成日光温棚2000座，大棚蔬菜种植对带动群众增收和保障城镇供应的作用初步显现，蔬菜产量15313吨，增长16.5%。全州粮食总产量为84058吨，油料总产量21064吨，药材产量20698吨。结合黄河重要水源补给区生态保护与建设项目，全州建成养畜暖棚3050座，发展牛羊育肥产业。通过退牧还草工程的实施，完成禁牧休牧56667公顷，补播改良32000公顷，投入草原生态保护补助奖励资金2.80亿元，有效地促进了草原生态环境的保护和畜牧业的发展，“一特四化”的步伐显著加快。全州大牲畜存栏133.41万头，绵山羊存栏235.22万只，猪存栏22.19万头；各类牲畜总增达123.35万头（只），出栏牲畜154.39万头（只），商品畜132.29万头（只）；肉类总产量6万吨，牛奶产量8.35万吨。

【项目建设】2011年，全州加大招商引资力度，共签约招商引资合同项目39项，签约总投资47.35亿元，当年到位资金5.25亿元，实现当年开工的29项。各类在建招商引资项目114项，当年到位资金31.09亿元。在交通、能源、城镇基础设施以及灾后重建等重点建设项目的拉动下，固定资产投资规模和速度创历史最高。全州共组织施工项目626个，比上年增长28.8%。其中：新开工项目428个，增长42.7%。投产项目297个，增长1.7%。

全州实施交通大会战。夏河机场完成投资2.5亿元。岷合二级公路路基工程基本完成，累计完成投资6.78亿元；尕秀至玛曲公路累计完成投资2.69亿元；冶木峡隧道及接线工程完成投资1.21亿元。临夏至合作高速公路及夏河县城至机场二级公路开工建设。能源基础设施不断完善。洛迭二回送电线路等骨干送出电网和农村电网进一步完善。中石油天然气入甘南援藏项目完成投资3.17亿元。城镇基础设施建设力度加大。完成了一批续建的重点项目，一批新项目落实投资开工建设，城镇基础设施条件不断改善。

【优势产业】甘南的优势在生态，良好的生态环境，造就了甘南境内自然风光秀丽，民族特色浓郁，风土人情独特。甘南还是古丝绸之路唐蕃古道的重要通道，也是离内地最近的雪域高原。全州有国家A级景区14处，其中：4A级4处，为拉卜楞寺、冶力关景区、大浴沟景区、拉尕山景区；3A级1处，为腊子口景区；2A级9处。2011年，全州加大旅游重点建设项目的投入，共实施各类旅游建设项目61个，总投资达21.96亿元。同时，通过各种媒体，多种方式加大旅游宣传促销力度，使全州旅游业发展全面提速，综合收入大幅增加，旅游业也逐步成为甘南的优势产业。全年全州共接待国内外游客243.9万人次，比上年实际增长32.0%，实现旅游综合收入9.56亿元，增长43.0%，旅游综合收入占生产总值的比重由上年的9.9%，提高到11.8%，提高了1.9个百分点。

【人民生活】2011年，全州城乡居民收入增加，生活质量提高。城镇居民人均可支配收入12063元，比上年增长16.6%。城镇居民人均消费支出9265元，增长25.9%。全州农牧民人均纯收入突破3000元，达到3106元，增长15.5%。生活消费支出2414元，增长6.2%。城乡居民储蓄存款余额保持了高增长态势，为72.40亿元，增长26.1%。年末全州农、市话用户7.08万户；移动电话用户42.53万户，增长16.2%；计算机互联网用户2.35万户。

【扶贫开发】2011年，以资金投入为根本保障，全州减贫任务全面完成，实现了“十二五”扶贫开发工作的良好开局。全州落实财政扶贫资金23469万元，比上年增长39%。在原标准下，预计农牧村贫困人口减少到13.22万人，下降13.1%。扶贫民生工程建设成效显著。投入财政扶贫资金7526万元，64个整村推进项目全面完成建设任务。4个连片开发试点扶贫项目完成投资1478万元。全国首个扶贫开发与防灾减灾试点项目——舟曲县拱坝河流域扶贫开发与防灾减灾试点项目投入扶贫资金808万元，整合资金994万元，在5乡10村开展项目建设。着力组织实施高原生态畜牧产业提升工程、无畜户济困工程、龙头企业扶持工程、农牧民合作示范村创建工程、农畜产品加工流通业推进工程和设施农业培育工程，有力地促进了高原生态畜牧业和设施农业发展。全面完成了“5.12”地震贫困村灾后恢复重建扶贫项目各项建设任务。扶贫开发和新农村建设相结合试点有序推进。借鉴西藏自治区整乡推进试点工作经验，全州在8个乡镇安排整乡推进试点项目8个，下达财政扶贫资金投资计划4478万元。开展“雨露计划”，完成“两后生”培训3800人，完成“一村一名大学生”培训274人，完成劳务技能培训8300人、农牧业实用技术培训3万人。临潭、舟曲两县完成劳务移民1800人。不断加大扶贫信贷力度，贫困群众发展生产的资金需求得到基本保障。

【环境保护】全州有自然保护区9个，其中：国家级自然保护区2个，省级保护区5个，县级保护区2个。全年造林面积5.03万亩，比上年增长3.7%。零星（四旁）植树180.27万株，增长1.0%。封山育林面积108627公顷，增长6.5%。州府所在地合作市地面水水质达标率为100%。饮用水水源水质达标率为100%。空气环境质量方面，总悬浮颗粒物年日平均为0.175mg/m^3；二氧化硫年日平均为0.005 mg/m^3；二氧化氮年日平均为

0.005 mg/m³。区域环境噪声年均值为48.4分贝通干线噪声年均值为64.4分贝。以上指标值均在控制范围之内。

【社会保障】全州城乡居民参加各项社会保险人数62.82万人，增长10.0%，参保率91.0%。其中：城镇参加各项保险人数25.45万人，增长5.6%，参保率93.6%。在城镇各项参保人数中，城镇基本养老保险参保人数1.71万人；城镇职工基本医疗保险参保人数6.18万人；城镇居民基本医疗保险参保人数9.16万人；失业保险参保人数3.28万人；工伤保险参保人数2.21万人；生育保险参保人数2.92万人。全年城镇各项社会保险基金征缴3.14亿元，增长31.9%，各项社会保险费支出2.38亿元，增长39.2%。全州城乡居民社会养老保险参保人数37.38万人，增长13.2%，参保率95.3%。全年征缴个人养老保险费1.55亿元，增长4.5倍，为6.56万60周岁以上人员领取养老金6672万元。

年末新型农村合作医疗保险参保人数50.7万人，下降1.2%，参合率97.0%。全年新型农村合作医疗筹集基金总额11750万元，增长50.0%；新型农村合作医疗基金累计支出7906万元，增长61.3%；受益参合患者58.88万人次，增长1.1倍。

全州城市低保人数37476人，增加3700人，发放补助金8245万元，增长13.5%。农牧村低保人数160138人，增加7000人，发放补助金13836万元，增长39.0%。农牧村五保对象4436人，发放供养资金847万元，重点优抚对象1751人，发放补助资金532万元。

全年城市医疗救助24340人，发放救助资金496万元。农村医疗救助67379人，发放救助资金1730万元。临时救助6816人，发放救助资金89万元。对14名先天性心脏病患者和12名脑瘫患儿进行了手术康复治疗。

【社会事业】教育：全州共有各级各类学校588所，在校学生149951名，教职工10744名。各级各类学校中，中小学及幼儿园少数民族在校学生110561名，其中：藏族儿童入学率99.01%。实行藏汉“双语”教学的中小学154所，占全州中小学数的30.86%，在校学生43865名。寄宿制学校186所，寄宿学生91720名。全州小学适龄儿童入学率100%，初中阶段入学率99.87%，高中阶段毛入学率71%，15周岁人口中初等义务教育完成率99%，17周岁人口中初级中等义务教育完成率91.34%。青壮年文盲率下降到1.18%。国家二类城市甘南州语言文字工作顺利达标。全州录取到普通高校的考生4106人，录取率85.72%。普通中专录取1256人，录取率95.44%。各类成人高校录取2237人，录取率90.5%。

科技：全年向科技部组织申报科技项目9项，落实4项，落实投入3430万元。向省科技厅组织申报科技项目45项，已立项14项，落实资金562万元。49项专利获得国家知识产权局的申请受理。《甘南藏绵羊冷季补饲育肥试验及配套技术研究》项目获得省科技进步二等奖。

文化：年末全州有艺术表演团体8个，演出1309场，观众29.47万人次；全州群艺（文化）馆9个；博物馆（纪念馆）3个；艺术表演场馆1个；综合档案馆9个；公共图书馆9个，藏书34.46万册，接待读者68421人次。广播和电视人口综合覆盖率分别达到89.31%和94.33%，分别比上年提高0.50和0.51个百分点。全年出版发行藏汉两文报纸290.85万份，增长0.4%。

卫生：年末全州共有各类卫生机构766个，比上年增加52个。卫生机构实有床位2164张，增加50张。拥有卫生技术人员3515人，增加169人。

体育：成功举办了甘南州首届农牧民运动会，第四届中学生田径运动会，“冶力关杯”中国拔河公开赛，第五届格萨尔赛马大会等一系列体育竞赛活动。组团参加了全省体育赛事。为10个村级农民健身点、4个县配送了体育器材。全年全州体育彩票销售额1123万元，增长17.5%。

（王立宏）

合作市

【现任主要领导】

中共合作市委书记：

冯文戈（9月止）

杨　雄（藏族）（9月任）

合作市人大常委会主任：

党　智（藏族）

合作市人民政府市长：

杨　雄（藏族）（9月止）

周　梅（藏族）（9月任）

政协合作市委员会主席：周恒亮

中共合作市纪律检查委员会书记：

赵文英（藏族）（9月止）

才项当智（藏族）（9月任）

【基本情况】合作市地处甘南藏族自治州北部。东连卓尼，南靠碌曲，西接夏河，北倚临夏州和政、临夏两县，距省府兰州265公里，国道213线，省道306线中贯合作，形成了甘青川藏区与内地联系较为便捷的公路网络，是内地通往青海、西藏的枢纽。境内大部分地区海拔在3000～4000米之间，平均海拔2936米，年均气温3.8℃，没有绝对无霜期，属高寒阴湿地区，夏季受印度洋暖湿气流的影响，形成湿润凉爽的气候特征。市区四周山阜罗列、山清水秀，是西北高原一颗璀璨的明珠。合作藏语为“黑措”，意为羚羊聚居的地方，确是一方吉祥的热土，是夏季旅游避暑的圣地。全市总面积2670平方公里，辖6乡4个街道办，38个村民委员会，249个村民小组，8个社区（居委会）。2011年，全市总人口9.14万人，其中：藏族人口4.84万人，占总人口的53%。

【资源优势】合作市境内水力资源丰富，水能蕴藏量27.7万千瓦，可开发利用11万千瓦。矿产资源蕴藏丰富，已查明现有矿种20余种，其中：金属矿石储量345.6万吨；非金属矿石储量中查明泥炭28万立方米、花岗岩292万立方米。可利用草场面积13.85万公顷，是甘南州主要牧区之一，素有高原之舟的牦牛、藏羊和“蕨麻猪”品种优良，驰名省内外。林地面积13267公顷。

【国民经济】2011年，全市实现生产总值19.08亿元，比上年增长15.3%。其中：第一产业增加值1.41亿元，增长6.4%；第二产业增加值3.78亿元，增长17.7%；第三产业增加值13.89亿元，增长15.6%。三次产业结构比为7.4：19.8：72.8。全部工业增加值3.19亿元，增长16.1%。全年生产干酪素5538吨，增长8.65%；奶粉995吨，增长33.02%；黄金912千克，增长30.1%。实现社会消费品零售总额7.49亿元，增长16.2%。完成大口径财政收入1.82亿元，增长66.3%，其中，一般预算收入8032万元，增长70.7%；一般预算支出7.88亿元，增长56.8%。年末金融机构各项存款余额44.17亿元，增长6.1%；各项贷款余额为34.46亿元，增长50.0%。

【“三农”工作】巩固完善2009、2010年“一特四化”25个犏雌牛养殖和繁育试点村畜种畜群结构调整、杂畜淘汰成果，年内新增2个试点村，购进犏雌牛763头，培育专业养殖户259户，平均每户存栏10头以上，共存栏犏雌牛3584头；投资15万元，建养畜暖棚50座3000平方米；新扶持农牧民专业合作社6个，组织联户牧场19个，种植紫花苜蓿400公顷。各类牲畜总增、出栏和商品头数分别为10万头（只）、11.92万头（只）和11.3万头（只），总增率、出栏率、商品率分别达31.2%、37.2%和35.3%。粮食总产量7616吨；油料总产量2253吨。加强技能化培训，培训农牧民2448人次，劳务输转5600人次，创劳务收入4368万元。投资660万元完成了整村推进项目7个，共举办培训班27期，年内全市减少贫困人口400人。

【项目建设】2011年，全市完成固定资产投资21.35亿元，比上年增长84.4%。全市重点项目前期工作共计20个；争取重点项目共计10个，其中：引洮（博）济合工程已报国家发改委待批；旅游集散服务中心建设项目可研报告上报省发改委，并列入2012年藏区专项资金计划；保障性住房建设项目开工建设；西城区集中供热建设项目完成6350万元的建设任务；天然气入合工程完成线路选择和管网敷设及城郊母站征地建设工作，正在着手开始敷设城区管网；异地搬迁工程实施方案已通过省级审查；生态林业建设项目，完成全年建设任务；黄河重要水源补给区生态保护建设项目子项目正在编制实施方案，游牧民定居工程开工建设；合作至冶力关二级公路（合作段）开工建设；勒秀乡博拉河仁占道至安果河村堤防工程可研通过省级审查。

【优势产业】甘南合作循环经济产业园区以其区位优势将逐步成为甘南州优势产业的园区。园区位于合作城区东北部约5公里处，毗邻夏河机场、兰合高速、国道213线、省道306线，交通便捷。园区占地总面积267公顷。划分为畜产品加工、中藏药研发加工、民族特色用品加工、农林产品生产加工、绿色物流五大产业区和一个综合服务区。集生产加工、产品研发、物流集散、产业展示于一体，是全州最大的产业园区。园区建成运营后，可实现年工业增加值20亿元以上，利税5亿元以上，新增就业岗位5000多个，具有良好的生态效益、经济效益和社会效益。

【人民生活】城乡居民收入继续增加，人民生活不断改善。全市城镇居民人均可支配收入11801元，比上年增长16.3%；人均消费支出9234元，增长13.9%。农牧民人均纯收入3185元，增长15.2%；人均生活消费支出2284元，增长13.4%。人居环境进一步改善。城镇居民人均住房面积28.97平方米，增长11.3%；农村居民人均住房面积18平方米，增长8.6%。城乡居民储蓄存款44.17亿元，增长6.1%。

【扶贫开发】全年减贫目标全面完成，年内减少贫困人口400人。全年共实施整村推进项目7个，扶贫资金总投资660万元，修河堤1671米，农用桥（涵洞）9座，拓宽维修村组道路23.8公里，贫困户危旧房改造56户。围绕整村推进项目的实施，认真落实农牧互补战略。投资364万元，投放犏（牦）雌牛651头。建扶贫互助社1个，农牧户养殖业贷款进一步扩大，完成到户贴息42万元。全年举办农牧业实用技术培训800人次，普通技能培训400人。培训“两后生”133人，完成投资20万元；培训一村一名大学生13名；全年共举办培训班27期，培训农牧民2550（次）。全市劳务输出人数达4300人，人均创收5200元，全年共创劳务经济收入2236万元。

【社会保障】社会保障全面有力。全市城乡居民参加各项社会保险人数7.82万人。其中：城镇参加基本养老、失业、基本医疗、工伤、生育保险人数4.45万人；农牧村参加新型农村社会养老保险人数3.37万人。年末全市城镇基本养老保险参保人数0.20万人；城镇职工基本医疗保险参保人数0.44万人，覆盖率100%；城镇居民基本医疗保险参保人数2.98万人，参保率为99%；失业保险参保人数0.23万人；工伤保险参保人数0.27万人；生育保险参保人数0.33万人。年内新型农村社会养老保险参保人数2.36万人，参保率97.3%。全年征缴个人养老保险费265.47万元，有0.67万人领取养老金519万元。年末新型农村合作医疗保险参保人数3.18万人，参合率98.7%。全年新型农村合作医疗筹集基金总额735万元，增长52.4%；新型农村合作医疗基金累计支出421万元，增长20.1%；受益参合患者0.2万人次，增长 2.9%。

全年城镇居民享受政府最低生活保障人数 1.19 万人，增长 2.6%，发放低保金 2687 万元，增长 13.3%。农牧村居民享受作政府最低生活保障人数 2.9 万人，发放低保金 30 万元。

【环境保护】全市地面水水质达标率为 100%。饮用水水源水质达标率为 100%。空气环境质量方面，总悬浮颗粒物年日平均为 0.144mg/m^3；二氧化氮年日平均为 0.007mg/m^3，二氧化硫年日平均为 0.007mg/m^3。区域环境噪声年均值为 45.2 分贝，交通干线噪声年均值为 59.8 分贝。

生态环境建设不断加强。投资 850 万元完成了退牧还草项目，总投资 2500 万元完成了甘南重要水源补给区生态功能保护与建设项目规划、草原鼠害综合治理等建设项目。筹资 1865 万元完成面山退耕造林 333 公顷，栽植各类苗木 72 万株。投资 91 万元建设卡加曼乡依毛村至派来桥绿色长廊 2.36 公里，投资 300 万元实施当周草原旅游景区和面山部分绿化区景观造林工程。扎实开展森林草原防火工作，完善各项应急预案，加强防火队伍和设施建设。1.28 万公顷的集体林权制度主体改革任务全面完成，并已通过省级验收。2011 年被全国绿化委员会授予“全国绿化先进集体”荣誉称号。

【社会事业】社会事业全面协调发展。坚持优先发展教育事业，调整优化学校布局结构，扎实开展“两基”迎国检工作。筹资 1.2 亿元实施校园安全和校园建设工程，在各类学校设立了校医室、配备了校医校警，学校办学条件和安全问题得到基本改善。开展国家二类城市语言文字达标创建工作。加强科普宣传、科技培训和农牧村适用技术推广工作，科技对经济发展的贡献率达到 29%。加快医疗卫生服务体系建设。新型农村合作医疗提标扩面，看病难、看病贵问题得到有效缓解。稳定低生育水平，强化计划生育日常服务管理，落实优生、优惠政策，“省级计划生育优质服务市”创建目标顺利实现。加快发展文体广电事业，坚持开展“三下乡”和全民健身活动，建成乡文化站 4 个、农牧民书屋 47 个，广播、电视覆盖率分别达到 90.8%和 94.3%。

临潭县

【现任主要领导】

中共临潭县委书记：房和平

临潭县人大常委会主任：

安兴虎（藏族）（10 月止）

何子彪（藏族）（10 月任）

临潭县人民政府县长：李生文

政协临潭县委员会主席：牛汝霖

中共临潭县纪律检查委员会书记：

何子彪（藏族）（10 月止）

陈玉兰（10 月任）

【基本情况】临潭县位于甘肃省南部，甘南藏族自治州东部，北接临夏回族自治州康乐县和定西市渭源县，东临定西市岷县与甘南州卓尼县，西南两侧均与卓尼县接壤。总面积 1557.7 平方公里，地貌大致可分为河谷川塬、低山丘陵、高山深谷三种类型，海拔在 2209 ~ 3926 米之间，平均海拔 2825 米。基本气候特征是春季回暖慢，降雨量少，夏季多雷暴和冰雹，秋季降温迅速，冬季寒冷，四季不分明，属典型的高寒阴湿地区。年均气温 4.3℃；全年降水量 495 毫米，总日照时数为 2456 小时。辖 3 镇 13 乡，3 个社区居委会，141 个村委会，716 个村民小组，全县常住人口 13.59 万人，有汉、回、藏、蒙古等 10 个民族，善长手工竹柳编制、首饰及马拢头、银铜器加工铸造工艺。常用耕地 17677 公顷，主要种植小麦、青稞、蚕豆、豌豆、洋芋、油菜、药材等农作物；林地蕴藏着蕨菜、人参果、鹿角菜、羊肚菌、木耳、当归、党参、秦艽、羌活等丰富的野生菜、药材等。境内蕴藏着丰富的水和矿产资源。

【国民经济】2011 年，全县实现生产总值 10.15 亿元，比上年增长 13.3%。其中：第一产业增加值 2.19 亿元，增长 7.6%，对经济贡献率 17.6%，拉动生产总值增长 1.7 个百分点；第二产业增加值 1.64 亿元，增长 24.2%，对经济贡献率 22.4%，拉动生产总值增长 3.6 个百分点；第三产业增加值 6.32 亿元，增长 15.2%，对经济贡献率 60%，拉动生产总值增长 8 个百分点。三次产业结构比由上年的 22.4∶14.9∶62.7 调整为 21.6∶16.1∶62.3。全部工业增加值达到 1.36 亿元，增长 28.3%。社会消费品零售总额 2.4 亿元，增长 16.2%。实现大口径财政收入 5075 万元，增长 25%，其中，一般预算收入 2765 万元，增长 28.5%；一般预算支出 9.9 亿元，增长 6.6%。金融机构各项存款余额 17.85 亿元，增长 19.1%；各项贷款余额 7.64 亿元，增长 17.5%。

【“三农”工作】2011 年，全县农作物播种面积为 17773 公顷，粮、经、饲的比例为 31∶56∶13；粮食总产量 14603 吨，增长 0.5%；油料产量 8550 吨，下降 4%；蔬菜产量 1070 吨，增长 143.2%。年末各类牲畜存栏 23.45 万头（只），总增率、出栏率、商品率分别为 37.9%、61.6%、38.5%；肉类总产量 5582 吨，增长 4.7%；牛奶产量 6240 吨，增长 1.6%；绵羊毛产量 97 吨。

农业技术服务方面，以提高肥料利用率为重点，对 200 户农牧民进行了施肥情况调查；完成油菜“3414”田间试验 10 项次；建立 5 个测土施肥示范区；创建 1000 户科技示范户；完成土样采集 600 个，植物样品 80 个，完成土样化验 2100 个 12600 项次。建设“种—养—沼气”三位一体农牧业循环经济示范点 2 处共 40 户。

农村基础建设方面，2011 年新建“一池三改”沼气池 1500 座；日光温室 100 座，塑料大棚 100 座；堤防工程 17.53 公里；农村饮水安全和小水利工程 89 处，解决了 4.6 万人的安全饮水问题；通乡油路和水泥路 137 公里、通村水泥路 287 公里、桥梁 4 座。行政村通电率 100%，通电话率 95%，移动网络覆盖率 100%，通公路 100%。

【项目建设】2011 年，固定资产投资 12.58 亿元，增长 14.8%。全年共组织实施项目 61 个，增长 5.2%。其中：农牧业、生态保护及移民项目 17 个，续建农村户用沼气建设等 7 个项目，均已建设完工。新建整村推进建设等 10 个项目总投资共计 14039 万元，4 个项目完成前期筹备工作，4 个项目当年建设完工，2 个项目投资过半。易地搬迁、以工代赈及灾后重建项目 3 个，续建 2009 年震后农民住房建设项目总投资 8302 万元，已竣工；新建 2 个项目总投资共计 1662 万元，易地扶贫搬迁试点工程完工，冶木河治理工程进展顺利。水利水电项目 5 个，续建上川水电站、青石山电站扩容改造建设项目总投资共计 14800 万元，已竣工；新建的 3 个项目总投资共计 42034 万元，“引洮入潭”工程资金到位 1000 万元，2012 年开工，资堡水电站建设积极筹备，莲峰水电站建设完成 11.2%。电网建设项目 2 个，2010 年电信公司通信工程建设项目总投资 1514 万元，续建竣工，10 千伏及以下项目总投资 850 万元，新建完工。交通项目 3 个，续建岷县至合作二级公路临潭段建设等 3 个项目，总投资 59246 万元，牙池公路建设完工，其它工程即将完工。工商项目 14 个，续建日产 2500 吨新型干法水泥生产线建设项目总投资 24685 万元，当年建设 30%，进展顺利；华敏公司明清风格商住楼等 4 个项目总投资 20315 万元，2 个项目已竣工，2 个项目接近完工。新建高原绿色食品厂年产 2000 吨小杂粮方便食品加工项目总投资 2286 万元，当年建设 80.9%；馨洮商住楼等 9 个项目总投资共计 20852 万元，进展顺利。社会事业项目 10 个，续建广播电影电视局广播影视综合业务楼建设等 5 个项目总投资共计 4886 万元，民族中学宿舍楼、县教育机关综合业务楼已建成使用，其它项目进展顺利。新建县中医院建设等 5 个项目，总投资共计 9488 万元，其中 2 个项目已完工，其它项目进展顺利。城镇基础设施项目 4 个，续建县城区道路改扩建等建设 2 个项目，总投资共计 6396 万元，均已接近完工；新建县城区集中供热工程建设总投资共计 7572 万元，工程完成过半。廉租住房项目 3 个，续建城关镇高崖小区廉租房建设等 2 个项目总投资共计 18784 万元，均已竣工；新建廉租住房配建商品房项目总投资 10195 万元，完成前期工作。

【优势产业】临潭县旅游资源丰富，有抑韵文化、齐家文化、马家窑文化，辛甸文化等文化遗产；有东晋吐谷浑所筑古战牛头城遗址；明洪武十二年所筑洮州卫城、新城苏维埃遗址；有绿涛茫茫的国家森林公园、波光潋滟的天池冶海、神态逼真的十里睡佛、峰峦叠嶂的石林佳境、神气隐秘的阴阳石、怪异幽静的赤壁幽谷等自然景观。旅游业逐步成为全县的优势产业。2011 年全县共接待游客 56.17 万人次，创旅游综合收入 2.15 亿元，分别增长 8.0%、20.8%。其中：2011“冶力关杯”中国拔河公开赛暨第三届甘肃•临潭洮州拔河节活动期间，景区接待游客 14.65 万人次，增长 49.5%；创旅游综合收入 5627 万元，增长 66.4%。

【人民生活】2011 年，全县劳务输出 5.2 万人次，比上年增长 10.6%，输转率达 101.5%，创劳务收入 5.13 亿元；城乡居民人均储蓄存款 7457 元，增长 61.7%。城镇居民家庭人均可支配收入 11536 元，增长 20.3%；人均消费性支出 8854 元，增长 49.7%；教育文化娱乐服务支出占消费支出比重为 10.7%。通过种粮直补、农资综合补贴、农作物良种补贴政策对农民种植业直接补贴资金人均受益 44 元；最低生活保障、新型农村养老保险两项惠民政策人均增收 394 元。农业机械购置补贴、农牧业保险保费补贴人均间接获益 31 元。农牧民人均纯收入达 2801 元，增长 15.7%；人均消费性支出 2143 元，增长 12.7%；教育文化娱乐服务支出占消费性总支出比重 2.6%。

【扶贫开发】2011 年，全县 0.7 万人贫困人口解决了温饱。落实各类财政扶贫资金 4180 万元，增长 30%。资金拨付到位率达到 100%。2010 年省州下达的城关镇左拉村等 13 个整村推进项目已全部竣工，通过了省、州、县三级验收。当年省州下达的羊永乡白土村等 15 个整村推进项目竣工，其中财政扶贫资金投资 1725 万元；组织在 15 个整村推进项目村实施了“少生快富”工程，扶持贫困计生户 267 户，落实扶持资金 93 万元。王旗乡马旗村等村级发展互助资金试点村资金累计达到 113 万元，发展协会会员 226 户，发放贷款 35 万元。当年安排的三岔乡直沟村等 6 村的村级发展互助资金试点工作已全面展开。“雨露计划”实施方式改革试点累计扶持 1723 人。分批向新疆有关农牧团场输送劳务移民 303 户 1272 人，输送的劳务移民年人均总收入 4000 多元。投入财政到户贴息资金 45 万元，扶持带动 480 多户农牧户，组建了养殖专业合作社。单位和个人共落实帮扶物资折合人民币 269 万元。

【环境保护】2011 年，全县以全面协调可持续发展的思路出发，严格控制排污单位的排放量。全年 SO_2 排放量为 213 吨，增长 1.6%，COD 排放量为 414 吨，增长 6.5%，氨氮排放量为 46 吨，增长 8.2%，氮氧化物排放量为 294 吨，增长 13%。通过实施黄河生态项目以及游牧民定居工程，累计 2945 户 14322 人实现定居，治理水土流失 621 公顷，建成沼气池 9890 座，建成草场围栏 3 万公顷，禁牧 0.67 万公顷，休牧 2.33 万公顷，封山育林 1160 公顷。当年完成造林 387 公顷，增长 23.4%；零星植树 38.4 万株，增长 1.1%。

【社会保障】城镇职工基本养老保险参保人数2030人，比上年增长11.2%；城镇职工基本医疗保险参保人数7160人，增长3.2%，覆盖率为100%；失业保险参保人数3736人；生育保险参保人数1451人，增长28.9%；工伤保险参保人数1702人，增长34.8%；城镇居民医疗保险参保人数15417人，增长1.5%，覆盖率为99%。上述六项社会保险基金当年征缴2870万元，增长14.5%；当年支出社会保险费2477万元，增长22.9%。城镇登记失业率控制在3.68%左右。享受城镇居民最低生活保障的有5760人，发放生活费1420万元。

新型农村合作医疗保险参保人数11.99万人，由于移民因素，比上年下降2.3%，参合率96.7%；新型农村合作医疗筹集基金总额2758万元，增长49.1%，基金累计支出2316万元，增长117.8%。农村社会养老保险参保人数8.46万人，增长5.1%，参保率为95%；当年征缴个人养老保险费709万元，增长2.6%；全年发放养老金1088万元，增长115.2%，年底累计基金余额2452万元。农村五保供养1054人，下降8%，供养支出236万元，增长14.3%；享受农村最低生活保障的有4.21万人，供养支出4169万元，增长19.7%。农村医疗救助21581人，下降0.27%，发放资金646万元，增长85.9%。全县有社会福利收养性单位1个，床位40张。

【社会事业】教育事业方面，2011年末全县各级各类学校128所，减少3所。其中：小学114所，九年制学校5所，初级中学3所，完全中学1所，高级中学1学，职业技术中学1所，幼儿园3所。在校学生31999人，在校教职工1888人。全县小学适龄儿童入学率达到100%，九年义务教育阶段巩固率为100%，毕业率为100%。初中阶段入学率为99.67%，残疾儿童少年入学率为93.82%。农村留守儿童和流动人口子女入学率均为100%。全年共有1022名学生考入各类高等院校。组织培训农民工1761人，职业技能鉴定1252人，招收开放教育学员718名，“一村一名大学生计划”培养105人。为1353名农村贫困大学生办理生源地信用助学贷款690万元。

公共卫生方面，2011年末各类卫生机构32个，其中：综合医院3个，卫生院17个；卫生医疗机构实有床位465张；拥有卫生技术员435人。国家免疫规划类疫苗接种率达到98%，乙肝疫苗全程接种率达85%以上。农村安全饮水覆盖率达到90%。

文化传媒方面，2011年末全县艺术团体1个，演出84场，观众约22万人次，对外交流3次，新创节目4个，获得奖项2项；博物馆、纪念馆2个；公共图书馆1个，藏书2.8万册；全县放映队6支，全年放映1692场次；全县农家书屋82个，藏书15多万册；17个乡镇综合文化站组织群众文化活动20多次。广播和电视人口综合覆盖率分别达到91.5%和98.5%。

（李爱君　焦振华）

卓尼县

【现任主要领导】

中共卓尼县委书记：

张世虎（藏族）（9月止）

杨晓楠（藏族）（9月任）

卓尼县人大常委会主任：王　忠

卓尼县人民政府县长：

杨　武（藏族）（9月止）

韩明生（藏族）（9月任）

政协卓尼县委员会主席：

朱凤翔（藏族）

中共卓尼县纪律检查委员会书记：

李耀东（藏族）

【基本情况】卓尼县位于甘肃省南部，甘南藏族自治州东部，东邻定西市岷县、漳县和渭源县，北靠临夏回族自治州康乐县、和政县，西连本州合作市、碌曲县和夏河县，南接迭部县和四川省若尔盖县。海拔高度2000～4972米，年均气温6.7℃，全年降水量461.9毫米，属大陆性气候。现辖3个镇，12个乡，3个居委会，97个村委会，461个村民小组。全县总面积5419.68平方公里，耕地面积11333公顷，林地面积24.07万公顷，草场面积27.40万公顷。2011年，全县总人口10.82万人，其中：藏族人口7.56万人，占全部人口的69.9%。

【国民经济】2011年，全县完成生产总值8.91亿元，比上年增长9.8%，其中：第一产业增加值2.66亿元，增长6.7%；第二产业增加值2.50亿元，增长15.2%；第三产业增加值3.75亿元，增长8.8%。全部工业增加值2.46亿元，增长15.3%。大口径财政收入1.11亿元，增长28.36%，其中，一般预算收入0.59亿元，增长40.94%；一般预算支出10.60亿元，增长47.5%。社会消费品零售总额2.17亿元，增长16%。金融机构各项存款余额为12.9亿元，增长15.3%，各项贷款余额为7.78亿元，增长96.9%。

【“三农”工作】2011年，在全州率先探索发展高原高效设施农业，建成日光温室1537座。大力发展中藏药材产业，建成生产基地5个，种植面积达到1687公顷。全县粮食产量12412吨；油料产量4228吨；蔬菜产量1821吨；药材产量4225吨。全县狠抓“一特四化”建设、牲畜疫病防治和良种畜引进及畜种改良工作，走科技兴牧之路，抢抓市场，扩大出栏，使畜牧业生产再创佳绩。各类牲畜总增14.39万头（只），总增率32.43%；各类牲畜出栏20.05万头（只），出栏率44.06%；各类牲畜商品畜15.64头万（只），商品率34.37%。千方百计争取国家各项支农惠农政策，积极衔接并全力落实草原生态保护补助奖励、全省牛羊大县补助、青稞、牦牛和藏羊政策性保险等各项支农惠农政策，使全县8.7万名农牧民受益，畜牧业增加值达到1.58亿元。积极落实草原生态补助奖励政策，扶持发展专业养殖户 4776 户，发展联户牧场 51 个，扶持成立牧民专业合作社 16 个，入社农户达到 2000 户。全县草食畜牧业得到快速发展，无公害畜产品认证工作全面展开，畜产品市场准入问题逐步解决。

【项目建设】全年共实施固定资产投资项目 62 项，其中续建项目 25 项，新开工 37 项，完工 27 项。完成全社会固定资产投资 10.94 亿元，增长 15.6%。旅游项目：一是总投资 3635 万元的大峪沟景区公路提升建设项目，列为兰州市对口帮扶项目，完成投资 1000 万元。二是县城景区综合开发项目中投资 2500 万元的洮河南、北滨河路 10 公里洮河风情线续建项目全部竣工；投资 2043 万元的东、西两座环城大桥建设项目已竣工；投资 2900 万元的洮河风情线防洪河堤延伸续建工程和北滨河路东街道路延伸工程已竣工。三是总投资 1400 万元的大峪沟游客中心已投入使用，附属设施供水工程、化粪池和简易厕所已建成。四是康多峡景区开发项目完成了 440 万元的杓哇寺连接景区公路，洮局冶力关森林公园对黑河、太河景点投资 100 万元进行了开发建设。五是九甸峡库区旅游综合开发项目已完成投资 135 万元的规划文本，并已通过省级评审。水电资源开发方面：投资 2.3 亿元的扭子电站、投资 4.5 亿元的录巴寺电站全部建成并试发电。投资 1.3 亿元的如吾水电站已基本建成。恰盖水电站扩容改建，小河口电站、联柱桥电站已基本完工。交通方面：勺哇沟口至康多公路，木耳和叶耳两座洮河大桥已竣工通车，岷合二级路已基本完成主体，进展顺利。

【优势产业】卓尼县地域辽阔，历史悠久，人杰地灵，物产丰富。境内有马家窑文化、齐家文化和寺洼文化遗址；有历史悠久、环境清幽的安多古刹——禅定寺、旗布寺、杓哇寺、贡巴寺等十多处寺院，灿烂的古文化源远流长。民族风情五彩缤纷，独特的“觉乃藏族三格毛”头饰和服饰别具一格，多姿多彩，具有浓郁的地方特色。自然景观雄浑壮美、独具特色、景色迷人。有 8 大景区，100 多处主要景点，其中：精心打造的大峪沟森林生态游、九天石门览胜游、麻路佳境多彩游、觉乃藏俗体验游、康多奇峡画廊游等为五大精品景区旅游产品。卓尼还是中国三大名砚之一的洮砚的出产地。这里的天然草场广袤无垠，浩瀚的森林郁郁葱葱，奇峰峻崖雄伟壮观。这些人文和自然景观成就了卓尼县为甘南州旅游资源大县，同时也是甘南新崛起的旅游胜地。2011 年全县旅游人数 17.61 万人次，增长 22.6%，旅游综合收入 6764 万元，增长 161.1%。

【人民生活】2011 年，全县城镇居民人均可支配收入为 11650 元，比上年增长 17.1%。其中，城镇居民人均工薪收入 11282 元，增长 21.1%，占家庭总收入的 85.3%。城镇居民家庭人均消费性支出为 9071 元，增长 36.7%。全县农牧民人均纯收入 2805 元，增加 382 元，增长 15.77%，其中，家庭经营现金收入 1912 元，增长 20.0%。生活消费支出 1521 元，增长 1.06%。

【扶贫工作】2011 年，投资 190 万元，修建了扎古录镇下尕多村等 9 个贫困村的防洪河堤和拦洪坝。第一批整村推进工程项目投资 108 万元，修建防洪河堤 5 处 2160 米；投资 39 万元修建人畜饮水工程 2 处；投资 50 万元修建 1000 米灌溉渠；投资 50 万元藏区专项资金，修建杓哇乡闹缠村防洪河堤。省级试点项目投资 27 万元，修建阿子滩乡下阿子滩村和足子村、扎古录镇立主沟防洪河堤，投资 26 万元修建完冒乡地古后村等 3 处贫困村人畜饮水安全项目工程；投资 19 万元修建申藏乡木当村、扎古录镇扎古录村人饮到户工程。这些工程的投入使用有效解决了人畜安全饮水问题。

【就业与社会保障】2011 年末，全县享受城镇最低生活保障的有 3537 人，农村最低生活保障的有 26810 人；职工养老保险参保人数 1571 人，城镇医疗保险参保人数 8439 人，其中：居民医疗保险参保人数 6005 人，参保率达到 98.2%，受益居民达到 5991 人；失业保险参保人数 3656 人，工伤保险参保人数 1483 人，生育保险参保人数 1166 人；参加新型农村合作医疗保险人数 79611 人，参合率达到 96.8%，受益农牧民达到 7.69 万人。新型农牧村社会养老保险试点工作扎实推进，60 岁以下人口参保率达到 90.8%，60 岁以上人口参保率达到 93.3%，受益农牧民达到 5.6 万人。坚持不懈地做好就业工作，千方百计拓宽就业渠道，全力以赴解决大中专毕业生、复退军人就业安置问题，共安置大中专毕业生 1515 名。积极落实干部职工工资待遇和带薪休假制度，全面落实老干部待遇和村组干部报酬，民生保障水平得到持续提升。保障性住房建设力度加大，几年来共有 1 万户危房得到改造，2155 套廉租住房全面完成，低收入群众住房压力逐步缓解。高度重视人畜饮水问题，全县实现了 1.36 万户 6 万人的安全饮水。农牧村义务教育“两免一补”政策全面落实，为全县 14221 名寄宿生发放生活补助 5106 万元。生源地国家信用助学贷款力度加大，及时为 1273 名贫困大学生办理贷款 500 万元。

【环境保护】2011 年全县森林覆盖率达到 33.7%，比 2006 年提高 3.7 个百分点，造林面积 133.3 公顷，零星植树达 19.8 万株，封山育林面积 1.53 万公顷，全年出售树苗 189 万株，生态环境逐步得到改善与恢复。严格落实耕地保护制度，基本农田保护面积控制在 1.90 万公顷，实现了生态保护与经济建设的协调发展。

【社会事业】2011 年，全县各类学校 117 所，其中：普通中学 11 所，小学 95 所，幼儿园 11 所。全县在校学生 20481 人，其中：小学生 11711

人，初中生5803人，高中生2967人。各类学校教职工人数721人，其中：专任教师854人。适龄儿童入学率100%，小学升学率100%，小学巩固率99.97%。

全县有卫生机构52个，卫生机构床位264张，卫生技术人员484人，其中：执业医生116人。

全县共有文化馆1个，公共图书馆1个，纪念馆1个，博物馆1个，艺术表演团体1个，广播电台1座，电视台1座，档案馆1个。中短波广播发射台和转播台1座，有线电视用户1600户；有线数字电视用户160户。广播综合覆盖率达到87.2%，电视综合覆盖率达到93.3%。

（刘永和　邓慧春）

舟曲县

【现任主要领导】

中共舟曲县委书记：

范武德（10月止）

冯文戈（11月任）

舟曲县人大常委会主任：

杨永海（藏族）

舟曲县人民政府县长：

迭目江腾（藏族）（8月止）

石华雄（9月任）

政协舟曲县委员会主席：

杨　加（藏族）（10月止）

梁吉效（藏族）（11月任）

中共舟曲县纪律检查委员会书记：

罗长胜（藏族）（5月止）

俞春广（藏族）（6月任）

【基本情况】舟曲县地处青藏高原东端南秦岭山区，东西至西北走向的岷山山系贯穿全境。位于甘肃省南部，甘南藏族自治州东南部，东邻陇南市武都区，北接宕昌县，西南与迭部县、文县以及四川省九寨沟县接壤。气候属暖温带区，海拔高度在1173～4504米之间。地势西北高，东南低，境内山大沟深，地形复杂，沟壑纵横，高差悬殊，是典型的高山峡谷区，气候垂直变化明显，“一山有四季，十里不同天”的气温特征十分显著。年平均气温14.1℃，年降雨量400～800毫米，年日照时数1842小时，土地总面积3010平方公里。辖17个乡，2个建制镇，有210个村委会，3个社区居委会，532个村民小组，分布在403个自然村。全县总人口14.12万人，其中：藏族人口5.05万人，占总人口的35.8%，是新阶段国列重点扶持的贫困县。

【国民经济】2011年，全县实现生产总值8.97亿元，比上年增长15.3%。其中：第一产业增加值2.67亿元，增长6.8%；第二产业增加值1.49亿元，增长13.7%；第三产业增加值4.81亿元，增长20.7%。实现大口径财政收入1.38亿元，增长139.1%，其中，地方财政收入0.80亿元，增长216.6%；财政一般预算支出17.25亿元，下降20.4%，财政自给率4.6%。金融机构各项存款余额46.93亿元，增长44.1%，金融机构各项贷款余额9.57亿元，增长24.0%。社会消费品零售总额2.09亿元，增长28.4%。

【“三农”工作】全县上下认真贯彻落实中央一号文件精神和国家一系列支农惠农政策，加大农牧业产业结构调整力度，大力发展农牧业特色产业，农业结构不断优化，“农牧互补”战略和“一特四化”建设进展顺利。切实加强重大动物疫病防治和农畜产品质量安全监管，积极应对春季旱灾，全力开展生产自救，努力将救灾损失降到最低。全县集体林权制度改革进展顺利，多数乡镇完成林权证颁发。全县粮食产量30717吨，增长1.1%，油料产量2796吨，增长3.92%，药材产量2666吨，下降0.97%，水果产量7386吨，增长0.5%。完成造林面积1560公顷，四旁植树39.78万株。各类牲畜年末存栏11.69万头（只），其中：大牲畜4.98万头、羊2.39万只、猪3.32万头，肉类总产量5169吨，增长3.0%。

【项目建设】2011年，全县固定资产投资38.36亿元，增长101.2%。按照省委发展抓项目的总体思路，在“项目带动”和“项目促县”战略的推动下，盘活资源优势，积极招商引资，项目建设规模扩大，投资总量增加。全年新签约招商引资项目6项，合同引资15.32亿元，续建项目到位资金7.18亿元。其中第十七届兰洽会上签约3个，合同引资14.16亿元，新签约灾后重建项目3个，合同引资1.16亿元。灾后重建扎实推进，170个重建项目建设步伐加快，城乡面貌换新颜。2008年易地扶贫搬迁试点工程、第二批易地扶贫搬迁试点工程、2009年廉租住房（二期）建设、城关镇东街小区廉租住房、西街小区廉租住房、驼骆坝二级水电站、35千伏及以下、巴藏至曲瓦公路等8个项目已完成。2009年易地扶贫搬迁试点工程、沙湾至插岗公路、巴藏水电站、喜儿沟水电站、沙川坝水电站、凉风壳水电站、南峪水电站等项目加快建设。2011年峰迭新区廉租住房、沙川小区廉租住房、城北小区廉租住房建设项目已开工建设。110千伏插岗送变电工程、110千伏博峪送变电工程、35千伏及以下项目由省、州电力公司纳入电力发展“十二五”规划一并实施。这些项目的实施将极大地加快改变全县基础设施落后的局面，为实现经济跨越式发展奠定基础。

【优势产业】全县把水电、药材、林果、特色农产品、山野珍品、劳动力六大资源优势通过强化基础产业发展、基础设施建设、基础工作落实来努力打造为优势产业。通过灾后重，加快工农业发展，扩大经济总量，大力发展现代农业，积极推进高半山地带中藏药材、畜牧业、草产业发展步伐，扩大全膜双垄沟播为主的旱作农业种植推广，在河川地带大力发展精品高效设施农业，巩固扩大“一特四化”成果，农村经济得到不断壮大，第一产业增加值增长6.8%。加快了电力输送网络配套建设力度，最大限度地把水电资源优势转化为经济优势，加大了农产品加工龙头企业建设的扶持力度，畅通物流和销售渠道，延长产业链，加快了工业发展，全县全部工业增加值1.36亿元，增长15.3%。以江苏宜兴每年万人劳务输转和三年万人培训工作为重点，坚持技能培训和引导培训、县内务工和向外输转相结合，劳务经济不断增强，全年劳务输转3.77万人，创收2.95亿元。

【人民生活】进一步加大本级投入，全年共投入1.67亿元（其中县本级财政投入5268万元），在全面落实州上10件民生实事的同时，全力组织实施了县上确定的一大批民生实事，使一些群众最关心、最直接、最现实的民生问题得到了有效解决。通过“一册明，一折统”方式，足额兑现各类支农惠民政策，使人民群众进一步得到实惠。2011年，全县农村居民人均纯收入达到3046元，比上年增长16.3%，其中：工资性收入1613元，增长36.3%；家庭经营纯收入1018元，增长6.0%。转移性纯收入392元，下降1.25%。期内人均总支出2604元，下降0.65%。其中，生产费用支出294元，增长33.03%；生活消费支出2217元，下降5.18%。城镇居民人均可支配收入12587元，增长23.0%，城镇居民人均总支出11933元，增长45.30%。其中：生活消费支出8876元，增长40.27%。全县通公路乡镇19个，通汽车村202个，通电乡镇19个，村210个，通电户2.96万户，通电话乡镇19个，村210个，用户1.15万户，通电视的村210个，19个乡镇35个村开通了有线电视。农村使用太阳能器（灶）数14848户，燃气灶户13043户。城乡人民生活有了显著改善。

【扶贫开发】积极落实中央新一轮扶贫开发攻坚与灾后恢复重建、防灾减灾、新农村建设政策，深入研究和统筹谋划区域发展，将全县19个乡镇整体考虑，进行集中连片扶贫开发，争取资金4264万元，着力改善全县210个行政村农村面貌，不断提升群众生产生活质量。结合农牧互补、“一特四化”战略的实施，大力发展以养牛、养猪为主，养羊为辅的养殖业项目和以中藏药材为主、大棚蔬菜为辅的种植业项目，全力促进农民增收。

【就业与社会保障】以保民生、保增长、保稳定、促和谐为目标，社会保障各有关部门积极参与，社会保障覆盖进一步扩大。狠抓社会就业工作，2011年，城镇新增就业人数607人，城镇登记失业率3.47%。其中：安置2010年招录的事业单位工作人员330名、公务员25名，招录普通高校毕业生194名、选调生4人，对37名县聘代课教师进行了正式分配，将符合条件的18名退伍军人招聘到县交警大队工作，顺利完成州政府下达400名事业单位工作人员的招考工作，完成51名白龙江林管局舟曲林业局所属中小学在职职工和退休人员的安置工作，将县九二三林场134名在职职工全部转为公益性事业单位管理。开展技能培训941人，技能鉴定194人。创业能力培训113人，劳动合同签订率95%。县财政落实担保基金34万元，发放小额担保贷款500万元，协助省就业促进中心为“8•8”受灾个体工商户发放小额担保贷款558户3912万元。新农保工作进展顺利，参保人数7.93万人。全县新农合参合人数11.06万人，参合率达97.0%，全年共为参合农民报销医疗费用86203人次，报销补偿住院医疗费1611万元。参加失业保险4142人，城镇职工基本养老保险2609人，工伤保险3212人。进一步加大社会保障工作力度，将全县城市低保标准从月人均167元提高到183元，农村低保标准从年人均850元提高到1200元，全县城镇低保人数6268人，农村低保人数33878人，做到了应保尽保。

【环境保护】大力推进生态文明，大打“环保牌”。有效实施了78933公顷天保工程，18667公顷重点公益林，600公顷退耕还林工程的管护和补裁补植，义务植树造林32万株。“两江一水”项目前期工作进展顺利。大力实施生态保护项目，农村环境综合整治工程，集中清理整治了白龙江和沿岸生活垃圾。严格执行建设项目环境评价制度和“三同时”制度，极力控制新污染源的产生。加强了以水源保护、生态环境、辐射安全、生活环境等方面的环保宣传和管理，人居环境不断改善。

【社会事业】全县社会事业全面协调发展。教育方面：年末各级各类学校数93所，其中：普通中学5所。全年在校中小学生32085人，教职工1731人。“两基”成果继续巩固扩大，全县小学适龄儿童入学率为100%，九年义务教育巩固率为100%，初中阶段入学率为99.39%；残疾儿童少年入学率为90.18%，初级中等义务教育学业完成率为97.59%，810名高考学生被大专院校录取。卫生方面：全县有医疗机构26个，医务人员583人，病床数367张。村级和个体医疗服务站(所)197个，全县儿童计划免疫入保率100%，“四苗”覆盖率达100%。计划生育：全县计生优质服务水平进一步巩固和提高，政策生育率98.71%，人口自然增长率5.88‰。

（马志文　高忠明　尹云海）

迭部县

【现任主要领导】

中共迭部县委书记：

赵凌云（9月止）

仁青东珠（藏族）（9月任）

迭部县人大常委会主任：段青发

迭部县人民政府县长：

仁青东珠（藏族）（9月止）

焦维忠（10月任）

政协迭部县委员会主席：

杨正才（12月止）

宝　珠（12月任）

中共迭部县纪律检查委员会书记：

王红云（ 9月止）

乔　梅（ 9月任）

【基本情况】迭部县位于甘肃省南部，地处白龙江上游的甘肃和四川两省结合部，土地总面积5108平方千米。古称“叠州”，藏语的意思是“大拇指”，被称为是山神“摁”开的地方，境内重峦叠嶂，群山连绵，森林广袤，河流纵横，冬无严寒，夏无酷暑。矿产资源20余种；木本植物种类60科、123属、314种；野生山野菜菌类130种；野生珍稀动物27种；药用植物有545种，其中：著名的藏中药药用植物127种，主要有红景天、雪莲、冬虫夏草、贝母、猪苓、羌活、大黄、黄芪等。可供开发利用的水能、矿产、森林、旅游、山野珍品等资源十分丰富。全县辖11个乡镇、52个村委会、233个村民小组。2011年总人口5.91万人，其中：藏族人口4.82万人，占总人口的81.6%，人口自然增长率7.13‰。

【国民经济】2011年全县实现生产总值6.57亿元，比上年增长12.7%。其中：第一产业增加值1.63亿元，增长6.3%；第二产业增加值2.03亿元，增长15.8%；第三产业增加值2.91亿元，增长14.5%。固定资产投资14.75亿元，增长15.5%；全部工业增加值1.33亿元，增长10.9%；社会消费品零售额1.83亿元，增长16.4%。大口径财政收入7.81亿元，增长17.1%，其中，一般预算收入0.54亿元，增长59.4%；一般预算支出7.75亿元，增长45.1%。金融机构年末各项存款余额12.64亿元，增长19.3%；贷款余额12.04亿元，增长13.4%。

【“三农”工作】一是进一步加大了淘汰退化劣质畜种工作力度，组织专业技术人员对全县17头优质种公牛投放点进行了跟踪调查。二是完成了7563头公畜去势和劣质能繁母畜的淘汰工作，完成全年劣质畜种淘汰总量的106%。进一步完善畜种改良和良种繁育体系建设，建立了旺藏、达拉2个乡级改良点，推行人工授精技术，完成犏雌牛冻配4008头。三是落实良种补贴资金8万元，解决化肥、农药补贴资金4万元。落实牦牛保险保费补贴资金72万元。完成迭部县龙江源无公害苹果产地认定，正在申报迭部县蕨麻猪无公害畜产品产地及产品认证。四是在电尕、旺藏、洛大等3乡选点建设牦牛（犏牛）育肥养殖小区3个，新建暖棚30座1500平方米。立足地方特色品种资源优势，发展人无我有、人有我优的特色产业，建设蕨麻猪、土鸡特色养殖示范基地13个，修建50平方米圈舍130座6500平方米。

【项目建设】全年累计完成固定资产投资14.75亿元。主要完成了农牧村、交通、水利、城镇基础设施、社会事业基础设施、能源、通信等一大批重点建设项目。近年来，全县共建设道路122项1026.52千米，改造通乡等级公路3项66.62千米，总投资3.56亿元；累计投入水利建设资金3201万元，完成农牧村饮水安全工程138项，解决2.43万人、3.1万头（匹、只）牲畜饮水安全问题；完成农田水利26项，改善和解决灌溉面积263.2公顷；防洪河堤工程32项，保障11个村108.7公顷农田防洪安全。开工建设了总投资6.5亿元的县城中心区综合开发项目；建成了2008年和2009年廉租住房共计1029套；以配建形式开工建设了2011年廉租房868套；完成了县城垃圾填埋场建设，开工建设了县城污水处理厂、电尕镇道路排水工程和县城集中供热工程；投资316万元完成了路灯改造工程建设。全县乡镇、村通电率分别达到100%和99.6%，供电可靠率提高至99.2%，有效改善了城乡基础设施条件。

【优势产业】白龙江横贯全境110千米，落差700米，大小支流30多条，水能蕴藏量80.74万千瓦。以水电工业为主的新的支柱产业体系正在形成，已建成发电的水电站19座、总装机容量21.36万千瓦、总投资16.1亿元；在建水电站9座、总装机容量28.9万千瓦、总投资26.4亿元；已签约正在做前期工作的水电站有7座。

境内旅游资源丰富。举世闻名的天险腊子口、俄界会议遗址、次日那毛主席旧居、崔古仓开仓放粮遗址、巧夺天工的大峡谷等人文、自然景观以及浓厚纯朴的民族风情形成了一道熠熠生辉的风景线。并与驰名中外的九寨沟山水相连，是得天独厚的天然“氧吧”。2011年，全县接待国内外游客70.19万人次，旅游综合收入达到1.02亿元，旅游业已成为全县的支柱产业。连续举办了四届迭部县腊子口红色旅游艺术节，成功承办了两届甘南香巴拉旅游艺术节和三届中国生态文明腊子口论坛，迭部县被评为“中国最佳旅游休闲目的地”，扎尕那被中国《国家地理》杂志评为中国十大“非著名山峰”之一。

【人民生活】2011年，全县城镇居民人均可支配收入达12137元，比上年增长18.6%；城镇居民家庭人均生活消费支出9437元，增长12.1%。家庭总支出为12138元，消费支出9437元，占总支出的77.7%。其中：人均食品消费支出3747元，增长29.4%，占消费支出的39.7%。农民人均纯收入3136元，增长15.3%。生活消费支出2385元，增长16.0%。食品消费支出1348元，增长9.12%，食品消费支出占生活消费支出的56.5%。年末农、市话用户数0.52万户，下降6.0%。移动电话用户3.37万户，增长5.4%。互联网用户数0.23户。

【扶贫开发】2011年，全县通过贫困户良种牛、羊引进繁育、大面积种植优质蚕豆、发展经济林等项目的实施，加上农牧民采集山野菜、劳动力输转等自身的努力，完成减贫923人。六个参与式整村推进村投资444万元，基础设施建设已全部完成建设任务。投资 217 万元的群众增收项目已全面实施，其中：六个整村推进村工养殖良种牛 110 头，蜂 59 槽，猪 2490 头，培训农牧民 1800 人次，支付培训费 30 万元。列入互助资金试点村的腊子口乡久里才村级发展互助协会已成立，15 万元的互助资金已拨付至腊子口乡久里才村互助资金专户。投资 500 万元的达拉乡流域连片开发项目已启动实施，投资 300 万元的基础设施建设项目已全部开工建设，项目已完成总工程量的 90%以上。投资 180 万元的种养业项目正在实施当中。投入扶贫到户贴息资金 40 万元、项目贴息 10 万元，通过扶贫贴息资金的扶持，拉动农户小额信贷资金达到 586 万元，扶持贫困户 283 户，实现户均增收 800 元。培训农牧民实用技术人员 3672 人次，支付培训费 35 万元。补助 37 万元，资助农牧村贫困大学生 140 名，资助一村一名大学生 13 人。为 2010 年 140 名贫困学生发放 21 万元第二年补助学费。

【就业与社会保障】就业和再就业工作得到进一步加强。全县累计投入再就业补助资金 1056 万元，发放小额担保贷款 868 万元，新增就业人员 1361 人，下岗失业人员再就业 343 人，安置城镇零就业家庭 1120 人，劳务输转 3 万多人次；基本养老保险、失业保险、医疗保险、工伤保险和生育保险参保人数逐年上升，参保范围逐年扩大；新型农牧村社会养老保险参保人数达 24018 人，参保率达 91.65%；启动了城镇居民社会养老保险试点工作。全面实施了新型农牧村合作医疗补助制度，参合农牧民年均达到 3.8 万人、参合率为 98.72%，住院补偿费总额达 1192 万元；城乡低保人员和五保户供养标准进一步提高，保障范围进一步扩大，全县 683 名僧侣全部纳入农牧村低保、五保和医保范围，五保对象实现了应保尽保。寄宿制学校大灶炊事员工资从每月 700 元上调至 1500 元。村、组干部年报酬分别提高到 6000 元和 1800 元，村办公经费提高到 5000 元。林业总场职工全部纳入事业单位管理。防灾救灾工作扎实有效，累计发放救灾资金 3955 万元。

【环境保护】全县累计投入水土保持资金 872 万元，小流域水土流失治理工作初见成效。认真落实各项节能减排措施，淘汰落后产能 1.07 万吨；积极推广太阳能热水器、太阳能灶、节柴灶等新技术和新产品。大力普及新型节能建筑材料，全县新型墙体材料使用率达到了 80%以上。万元生产总值能耗从 2010 年 0.455 吨标准煤下降至 0.444 吨标准煤，能耗降低 3.29%。全县工业企业基本实现了主要污染物达标排放，固废综合利用率达到 94.77%。

【社会事业】全县累计投入 1.18 亿元，排除中小学危房 6.25 万平方米，新建校舍 6.15 万平方米，修建标准化学生宿舍 10 栋、多功能大灶餐厅 6 个，绿化、美化校园 2 万平方米。中小学校布局调整全面完成，学校总数由 102 所整合为 59 所。面向全国招录了 58 名初高中紧缺学科教师，对 46 名代课教师进行了妥善安置。“两基”迎国检工作已经通过了省级督查评估。2011 年全县小学阶段入学率为 100%，初中阶段入学率为 100%，分别比 2006 年提高 2.72 和 38.31 个百分点，青壮年人口文盲率逐年下降。全面落实义务教育阶段“两免一补”政策，共下拨学生公用经费 1941 万元，义务教育阶段学生全部免费享受教科书，免收住宿费并拨付贫困寄宿生生活补助 3713 万元，资助农牧村寄宿制贫困学生 32420 人次，基本保证了贫困生入学。为 1167 人次贫困大学生发放助学贷款 512 万元，解决了贫困大学生的“上学难”。医疗卫生条件显著改善，五年来总投入 8880 万元，一批县、乡级医疗卫生基础设施建成使用，更新了医疗器械设备，每千人拥有床位数达到 2.1 张。全面推进医药卫生体制改革，切实加强中藏医工作，编撰了《藏药炮制和加工》、《藏药方剂》等书籍，成功研制了“二十五味松石丸”等八个专科制剂，填补了全县无珍贵藏药的空白。实施了“广播电视村村通工程”及“西新工程”，建成一大批乡村级电视卫星地面接收站，全县广播、电视综合覆盖率分别达到 87.66%、93.42%。

（王学军　桑杰次力）

玛曲县

【现任主要领导】

中共玛曲县委书记：张正雄

玛曲县人大常委会主任：

索　拜（藏族）（10 月止）

贡保闹日（藏族）（10 月任）

玛曲县人民政府县长：

张志红（藏族）（10 月止）

王　力（藏族）（10 月任）

政协玛曲县委员会主席：

尕　考（藏族）（10 月止）

华　艺（藏族）（10 月任）

中共玛曲县纪律检查委员会书记：

贡保闹日（藏族）（10 月止）

姜鸿信（藏族）（10 月任）

【基本情况】玛曲县位于甘南藏族自治州西南部，青藏高原东端，甘、青、川三省结合部，境内海拔 3300～4806 米，年降水量 592.7 毫米，日照时间为 2663.4 小时，年平均气温 3.0℃，全年没有绝对的无霜期。境内河流纵横，黄河从青海久治县门堂乡流入县境木西合乡，经西、南、东、北环流全县，最后返流至青海河南蒙古族自治县，形成久负盛名的“天下黄河第一弯”，全境流程 433.7 公里，流域面积 10190 平方公里，入境流量 137 亿立方米/年，出境流量 164.1 亿立方米/年。全县辖 7 乡 1 镇，2 个居民委员会，36 个村民委员会。总人口 5.52 万人，其中：藏族人口 4.82 万人，占总人口的 93.2%。

【资源优势】全县土地总面积 10191 平方公里，有天然草场 85.87 万公顷，其中：可利用草场面积 83.03 万公顷，占草场面积的 96.7%。天然草场植被覆盖良好，植物种类丰富，素有“亚洲第一草场”美誉。畜牧业是玛曲县的传统产业，主要畜种有牦牛、欧拉羊和河曲马，均为适应高寒草场放牧条件的世栖土种畜。

生态环境优越，高寒草原特有的野生动植物种类丰富。境内栖息着梅花鹿、马鹿、白唇鹿、棕熊、香獐、麝香、雪豹、猞猁、水獭、白天鹅、黑颈鹤、白肩雕、蓝马鸡、雪鸡、藏原羚等 10 多种珍禽异兽；伴生有 47 科、413 种优生野生植物，其中 39 科，151 种具有良好的药用价值，特别是分布面积广、数量多，药用和经济价值较高的有冬虫夏草、水母雪莲、红景天、甘肃贝母等 20 多种。

矿产资源丰富，已探明的有金、铁、铜、汞、锡、钼、钨等金属矿和大量的泥炭、大理石等非金属矿。黄金冶炼是玛曲县的支柱产业，2011 年生产黄金 2300 公斤。地表水、地下水丰富，初步统计，年自产地表水 27.1 亿立方米，地下水 9.2 亿立方米，水能理论蕴藏量 89 万千瓦。风力资源及太阳能资源也十分丰富。

【国民经济】2011 年，全年实现生产总值 11.50 亿元，比上年增长 5.5%。其中：第一产业增加值 3.3 亿元，增长 6.5%；第二产业增加值 4.51 亿元，增长 1.2%；第三产业增加值 3.69 万元，增长 9.2%。全部工业增加值 4.48 亿元，增长 1.2%。大口径财政收入完成 1.95 亿元，增长 12.4%。社会消费品零售总额 2.01 亿元，增长 16.3%。金融机构各项存款余额 9.59 亿元，增长 26.19%；贷款余额 3.5 亿元，增长 11.93%。2011 年全县各类性畜存栏 104 万头（只），肉类总产量 1.45 万吨，比上年增长 8.7%。其中：牛肉产量 1.13 万吨，羊肉产量 3222 万吨，羊毛产量 507.2 吨，牛奶产量 3.49 万吨。

【项目建设】2011 年全县完成固定资产投资 6.63 亿元，比上年增长 8.7%。其中：第一产业完成投资 1659 万元，下降 85.37%；第二产业完成投资 4.58 亿元，增长 54.53%，其中：工业完成投资 1.38 亿元，增长 5 倍；第三产业完成投资 1.89 亿元，下降 24.28%。县城道路改造、雨污水管道铺设、集中供热、工业园区污染治理等城市基础设施建设有了新进展，各乡镇实现了通电、通路和通讯畅通目标，城乡面貌发生了较大变化。

【人民生活与社会保障】城乡居民收入继续增加。全县农民人均纯收入 4283 元，比上年增长 14.67%，人均消费性支出 4496 元，增长 0.4%；城镇居民人均可支配收入 13918 元，增长 18.1%；人均消费性支出 9879 元，下降 10.6%。城乡居民储蓄存款余额为 3.68 亿元，增长 18.1%。

全面落实各类民生实事 52 件，人民群众最关心、最现实、最直接的利益问题得到较好解决。2011 年，牧村群众新农保参保率达到 96%，城镇职工基本医疗保险参保率达到 99%，城镇居民基本医疗保险参保率达到 98%。住房公积金缴存比例从 7%提高到 12%，发放购买建房贷款 1 亿元。残疾人事业支出 190 万元，投入残疾人危房改造资金 152 万元，改造贫困残疾人危房 367 户。将寺院纳入社会化管理范畴，投资 900 万元完善了基础设施，寺管会主任报酬和公用经费参照村干部报酬和村委会公用经费标准执行，将全县 1642 名僧侣纳入牧村低保，落实了低保金 128 万元，生活补助 301 万元。2011 年各项社会保险基金总收入 3041 万元，比上年增长 16%，各项社会保险基金总支出 1960 万元，增长 27%。城镇居民得到政府最低生活保障的人数为 1831 人，发放低保金 404 万元，增长 10%；农村居民得到政府最低生活保障的人数为 10108 人，发放低保金 829 万元，增长 8.6%；农村居民得到政府五保救济的人数为 433 人，发放救济金 91 万元，增长 31.3%。

【扶贫开发】2011 年，全县完成 4 个整村推进村抗灾保畜暖棚建设 160 座 9600 平方米，扶持贫困户 160 户，完成投资 160 万元。其中：整村推进项目资金 128 万元，牧户自筹 32 万元；引进基础母牛 300 头，扶持贫困户 300 户，完成投资 90 万元；种植牧草 193 公顷，扶持贫困户 290 户，完成投资 29 万元；贫困户危房改造 280 间 4200 平方米，扶持贫困户 140 户，完成投资 700 万元；完成贫困户到户贷款贴息投资 20 万元；培训村组干部及牧民防疫、检疫技术员 800 人/次，普通劳务技能培训 400 人/次，完成投资 20 万元。全面完成“一特四化”种养业基地建设项目，在齐哈玛乡哇尔义村引进基础母牛 67 头，扶持贫困户 33 户，完成投资 20 万元。在曼日玛乡尕加村引进良种牛 80 头，完成投资 24 万元。扶持“少生快富”户 103 户，其中：曼日玛乡强茂村 43 户；阿万仓乡贡赛村 21 户；采日玛乡秀昌村 24 户；河曲马场赛祥村 15 户。扶持资金 38 万元。在基础母牛引进项目中户均发放基础母牛 2～3 头，户均投资 3000～6000 元。在其他贫困户户均补助 3000 元的基础上得到再奖励补助 3000～6000 元。

【环境保护】大力实施“生态立县”战略，甘南黄河重要水源补给生态功能区生态保护与建设项目启动实施，建成游牧民定居点 12 个，4340 户牧民实现定居；“三化”草场、格萨尔采矿区、湿地、天然林、重点公益林管护等一批生态保护项目进展顺利，完成禁牧 17.7 万公顷，休牧 48.7 万公顷，划区轮牧 6667 公顷，草原灭鼠 33.3 万公顷，人工种草 1 万公顷。全面禁止“白色污染”，认真执行环境影响评价制度和“三同时”制度，从源头上把好了环境保护准入关，完成了节能减排逐年下降指标任务。

【文化旅游】完成了《天下黄河第一弯重点旅游景区修建性详规》，组织实施了旅游业跨越式发展“六个一”

工程（即：树立一批旅游形象品牌，制作一套旅游发展规划，制定、完善一套旅游规章制度，建设一批旅游形象工程，培养造就一批旅游行业明星），新建格萨尔发祥地、阿万仓贡赛喀木道和天下黄河第一弯旅游景点，扭转了玛曲旅游有景无点的局面。成功推介了“天下黄河第一弯”、“格萨尔发祥地”、“世界最美湿地草原”、“藏民歌弹唱故里”、“中国赛马之乡”五大旅游品牌。

【社会事业】大力推进素质教育，狠抓教育教学质量，教育发展活力和后劲进一步增强，“两基”工作高标准通过省级验收。

扎实推进医药卫生体制五项重点改革，实行药品零差率销售，药价较医改前平均下降了36.6%；先后投入资金7044万元，健全基层医疗卫生机构补偿机制，更新医疗设备，改善就医条件，县乡医疗机构实现了房屋、设备、人员三配套，国家免疫规划疫苗接种率保持在97%以上，严重危害人民健康的各种地方病、传染病得到有效控制，人民健康水平进一步提高。2011年，新型牧村合作医疗覆盖率达100%，参合率保持在97%以上。

成功举办了第三届、第四届“中国•玛曲格萨尔赛马大会”，赛马大会被甘肃省体育局评为甘肃丝绸之路体育健身长廊建设五大品牌体育赛事之一，玛曲县被国家体育总局、中国马术协会命名为“中国赛马之乡”。大型歌舞剧《游牧时光》在合作、兰州成功演出，荣获省级多项殊荣。广播覆盖率达88.7%，电视覆盖率达92.05%。

（马彪）

碌曲县

【现任主要领导】

中共碌曲县委书记：

才让当智（藏族）（9月止）

梁明光（藏族）（9月任）

碌曲县人大常委会主任：

山清秀（10月止）

张　忠（10月任）

碌曲县人民政府县长：

梁明光（藏族）（9月止）

杨永华（藏族）（9月任）

政协碌曲县委员会主席：

尕藏南杰（藏族）

中共碌曲县纪律检查委员会书记：

李忠文（藏族）（9月止）

陈锁平（9月任）

【基本情况】碌曲县地处青藏高原东部，位于甘南藏族自治州西南部，在甘、青、川三省交界处，南邻四川省若尔盖县，西界青海省河南县，西南与本州玛曲县接壤，东连本州卓尼县，北部与本州夏河县毗邻。地势西高东低，东西长126公里，南北宽93公里，海拔最高处额日宰4483米，最低处吾乎扎滩2860米，相对高差1623米，平均海拔在3000米以上，年均气温3.2℃，极端高温28℃，极端低温-23.2℃，年降水量583.8毫米。气候特征是：高寒、阴湿、降温频繁，全年无夏。全县总面积5299平方公里。境内水源充沛，长江水系的白龙江、黄河水系的洮河，均发源于县境内，水能蕴藏量达32.05万千瓦，目前已建成5座水电站。境内矿产资源丰富，已探明的有金、铁、汞、锑、煤、泥炭、石灰岩、白云岩等十几种矿产。现辖5乡2镇、24个村委会、95个村民小组。全县总人口3.49万人，其中：牧业人口2.80万人，藏族人口3.08万人，是一个多民族杂居的纯牧业县。

【国民经济】2011年，全县实现生产总值5.87亿元，比上年增长10.1%。其中：第一产业增加值1.89亿元，增长6.5%；第二产业增加值2.12亿元，增长15.2%；第三产业增加值1.86亿元，增长8.0%。全部工业增加值1.89亿元，增长15.6%。实现大口径财政收入6800万元，增长15.1%，其中，地方财政收入4989万元，增长15.6%；财政总支出70305万元，增长99.0%。社会消费品零售总额14288万元，增长16.3%。金融机构各项存款余额6.64亿元，增长34.79%；各项贷款余额3亿元，增长7.99%。

【“三农”工作】认真落实各项“三农”政策，全面推进农牧互补、“一特四化”牛羊产业大县建设工作。在巩固14个试点村的基础上，新增2个专业化布局试点村，共淘汰杂畜14.8万头（只），培育半人工刈割草场253.3公顷，圈滩种草133.3公顷，新培育牦牛繁育专业户256户、联户牧场6个。李恰如种公畜基地得到无公害农产品产地认定。全面完成投资2492万元的牛羊育肥小区、奶牛养殖小区、草原鼠害综合防治建设任务。引进良种牦牛250头，种公羊300只，全部投放到专业养殖户和牧户饲养。完成青稞基地1333公顷，青稞良种繁育200公顷，推广青稞良种50吨；完成油菜基地480公顷，良种繁育田133公顷，推广油菜良种2.50吨；建成蔬菜大棚50座；完成天保工程管护3.09万公顷，封育267公顷；公益林管护2.70万公顷，义务植树4万株、20公顷；集体林权制度改革全面完成并通过省级验收。全年通过“一折通”发放各类涉农资金1369万元。

【优势产业】畜牧业是碌曲的支柱和优势产业，草场总面积39.35万公顷，其中，可利用草场面积35.74万公顷。天然牧草共计67科253属，630种，其中：牲畜可食牧草566种。年末全县各类牲畜存栏68.5万头（只），其中：大牲畜20.3万头（匹），绵山羊47.6万只，猪0.9万头。各类牲畜总增率26.58%，出栏率30.98%，商品率29.46%。全县肉类总产量6428吨，其中：牛肉3180吨，羊肉3184吨，猪肉64吨。全县牛奶产量14628吨，绵羊毛产量474吨。

碌曲县旅游资源得天独厚，优势产业特征显著，境内集雪山、草地、森林、石林、河流等自然景观和以藏传佛教为主的人文景观为一体，特色独具。高原翡翠尕海湖，是候鸟栖息的乐园。则岔石林以“险”、“峻”、“奇”著称，造就了“青天一线”、“灵猿望月”等数十处景点。被誉为“东方小瑞士”之称的中国魅力名镇郎木寺更是风光秀美。投资368万元，编排了《碌曲神韵》大型歌舞。全年共接待国内外游客20.7万人次，增长41.7%，实现旅游综合收入9864万元，增长37.6%。

【项目建设】固定资产投资在重点项目的支撑和带动下，继续保持增长。2011年，全县完成全社会固定资产投资5.71亿元，增长21.8%。第一产业完成投资0.67亿元，增长106.4%；第二产业完成投资3.48亿元，增长213.9%；第三产业完成投资1.56亿元，下降52.1%。全年实施建设项目60个，新建项目19个，续建项目10个，竣工项目31个。

【人民生活】县委、县政府高度重视民生工作，积极改善居民的生产生活条件。筹措资金2.59亿元，其中：县筹资金5189万元，实施民生项目61个，完成了省、州12项29件和县列13项32件民生实事。城镇居民人均可支配收入达12140元，城镇居民人均生活消费支出11750元。农牧民人均纯收入达到3825元，农村居民人均生活消费支出2274元。对150户人均住房面积不足10平方米住房困难家庭，每人每月每平方米给予5.5元的补贴，累计发放补贴资金35万元。输转农村富余劳动力1680人，创劳务经济收入1421万元。投资258万元饮水工程，解决了1101户5000人的饮水问题。改造提升农村连锁超市6户，新增就业12人，新增销售收入180万元。举办摩托车维修培训人员110人次，农技推广与应用技术技能培训人员384人。全年发放各类救助资金169万元、面粉3216袋，救助12971人。

【扶贫开发】全力推进扶贫工作，加大扶贫救助力度，投资500万元扶贫连片开发项目和投资480万元整村推进项目全面完成。全年共解决贫困人口400人；投资115万元，修防洪河堤1400米、排洪水渠900米；投资210万元，拓宽村组道路13.5公里、硬化村道3公里；投资114万元，引进良种牦牛380头；养殖业贷款贴息21万元；科技培训费用20万元，完成8期2000人次的培训任务。连片开发项目共完成投资385万元，涉及5个行政村，780户农户，4231人。在双岔乡青科村、洛措村共完成贫困户危旧房改造200户；扶持贫困户275户，其中：科技示范户126户，引进良种犏雌牛230头，引进良种羊1400只。完成农牧业实用技术培训600人次。

【就业与社会保障】2011年，全县累计安置大中专毕业生就业240名，城镇新增就业人员255人，城镇登记失业率控制在3.47%。新增小额担保贷款额400万元，职业技能培训人数494人，创业能力培训33人。全县职工养老保险参保人数807人，缴费人数574人，实际征缴基本养老金648万元，支出养老金462万元。全县失业保险参保职工1861人，新增缴费人数126人，实际征缴失业保险基金71万元，为26名失业人员发放失业保险金15万元。全县城镇职工基本医疗保险参保职工达2500人，新增缴费人数92人，实际征缴医疗保险基金618万元，城镇居民基本医疗保险参保人数达2600人，新增缴费人数420人。全县工伤保险参保职工人数2220人，新增缴费人数148人，实际征缴工伤保险基金11万元。全县1650名城镇职工纳入到生育保险范围，征缴生育保险基金17万元。新农保参保人数15892人，参保率达到95%以上，并对2940名60周岁以上农牧民发放养老金195万元。全县农牧村新农合参合人数26266人，参合率为98.79%；全县累计发放各类补偿支出263万元，参合农牧民受益人数13998人次。对城镇干部职工报销比例提高到80%，最高支付限额提高到10万元；城镇居民报销比例提高到55%，最高支付限额达到4.5万元。基本公共卫生经费人均补助水平由15元提高到了25元，到位资金99万元。免费为城乡居民提供健康教育、预防接种、传染病防治、儿童保健、孕产妇保健等10项基本公共卫生服务。全年发放城市低保金及物价补贴309万元，471户1356人收益；发放农村低保金747万元，2655户7607人受益。发放城乡低保户一次性临时价格补贴40万元。农牧村医疗救助7759人次，支出资金74万元。城市医疗救助1263人次，支出资金11万元。为全县70名孤儿发放基本生活费37万元。完成45户残疾人危旧房改造任务。

【环境保护】加大环境监测力度，二氧化硫排放量和化学需氧量均控制在200吨以内，氮氧化物排放量控制在560吨，氨氮排放量控制在10吨。对全县实施的基础设施建设项目实行严格的环境影响评价，环评执行率达到100%，有效地防止了新污染源的产生。在环境保护方面投入资金3170多万元，保障了年度各项环保工作的顺利实施。城市生活垃圾填埋场运行率达100%；医疗废物收集处理率达到100%；污染减排监察系数达到1.8以上；伴生放射性矿、输变电与广电通信类设施监督率、整改达标率均达到90%以上。

【社会事业】教育工作以实现“两基”目标为重点，共投入1.3亿元资金，强化教育软硬件建设，教育教学水平得到全面提升。“两基”工作代表全州高标准通过国家检查验收。医疗卫生体制改革工作稳步推进，县藏医院住院部楼和妇幼保健站住院部楼建设项目已竣工即将投入使用，儿童基础免疫“五苗”合格接种率达96.2%以上，建卡率为100%。县藏医院制剂品种达198种，已注册87个品种，年产量2000余千克，产值46万元；结合临床研制出肝胆病专科方剂12种，风湿专科方剂6种。全县各医疗单位共接诊各类病人3.1万人次。广播影视综合业务楼项目已竣工投入使用，投资120万元的5个乡镇综合文化站已竣工使用，建筑面积达1500平方米；共发放“村村通”设备833套，切实解决了农牧民群众看电视难的问题；全年电影放映288场次。积极开展“食品安全示范店”创建活动，有4户和8户个体户分别获得省级和州级“食品安全示范店”称号。积极开展矛盾纠纷排查调处活动，共排查各类矛盾纠纷18起，调处率100%，解决积案1件。高度重视信访工作，共接待来信来访8起，结案率为100%。

（刘鹏）

夏河县

【现任主要领导】

中共夏河县委书记：唐志峰

夏河县人大常委会主任：

仁青东知（藏族）

夏河县人民政府县长：

杨晓楠（藏族）（9月止）

张志红（藏族）（9月任）

政协夏河县委员会主席：

才　高（藏族）

中共夏河县纪律检查委员会书记：

更藏吉（藏族）（9月止）

李青为（9月任）

【基本情况】夏河县位于甘肃省西南部，甘南藏族自治州西北部，地处青藏高原的东部边缘，处于青藏高原和黄土高原的过渡带，东南面分别与州属合作市、碌曲县相邻，北依临夏州临夏县及青海省循化县、同仁县，全县土地面积为6274平方公里，大部分地区海拔高度在3000～4200米之间，最高点为甘加达里加山主峰，海拔4636米，最低点在夏临交界处的土门关一带，海拔2200米，气候寒冷湿润，境内既有高山雪峰，又有河谷流川；既有高山湖泊，又有草原牧场。天然草场类型多样，品优质高，是甘南藏族自治州的主要牧业县之一。畜种以牦牛、藏系绵羊、甘加型羊为主，农作物以青稞为主。野生植物73科709种，矿产资源丰富。2011年，年平均温度4.4℃，年均降水量410毫米，平均无霜期56天，全年日照时间2296小时。辖10个乡，3个镇，65个村委会，4个社区（居委会），436个村民小组，有藏、汉、回、撒拉、蒙古、朝鲜、土等14个民族。全县总人口8.78万人，其中：藏族人口6.95万人，占总人口的79.2%。

【国民经济】2011年，全县实现生产总值10.47亿元，比上年增长13.5%。其中：第一、二、三产业分别实现增加值3.2亿元、2.41亿元和4.82亿元，分别增长6.7%、22.1%和12.8%。实现工业增加值2.39亿元，增长24.4%。完成大口径财政收入6797万元，增长35.2%，其中，一般预算收入3853万元，增长40.9%；一般预算支出99271万元，增长32.2%。金融机构年末各项存款余额14.5亿元，增长21.2%，贷款余额7.13亿元，增长19.8%。实现社会消费品零售总额3.27亿元，增长16.2%。

【“三农”工作】落实专项资金800万元，巩固和完善“一特四化”专业化布局试点村工作成果。草原鼠害治理、牛羊育肥小区、奶牛养殖小区及农牧户养殖设施建设扎实推进。积极开展了动物疫病防治工作。全县各类牲畜总增率、出栏率、商品率分别为35.1%、43.2%和39.9%。农业生产稳步发展，建成青稞基地2333公顷，粮食、油料总产量分别达到9479吨和2454吨。进一步加强对设施农业的规划指导，成立了设施蔬菜生产管理办公室。开展了7个整村推进项目、34个村级公益事业“一事一议”财政奖补项目，政策性农业保险工作全面实施，产业扶持力度进一步加大；完成了林改工作任务，勘界确权面积1.49万公顷，确权到户6143户，开展了森林资源二类调查和一类清查。完成了各乡镇土地利用总体规划的编制，并顺利通过了州级评审。

【项目建设】2011年，全县完成固定资产投资13.80亿元，增长47.20%。20个重点项目的前期工作和10个重点项目的争取工作进展顺利，县城至机场二级公路项目初设已批复。年内开工85个建设项目，夏河飞机场完成投资1.3亿元，保障性住房完成投资2095万元。庆阳援建的4个项目到位资金3300万元，已完成投资5953万元，其中：拉卜楞民俗文化中心即将竣工，拉卜楞游客接待中心、拉卜楞小学教学楼、县医院传染病房完成主体工程；游牧民定居、易地扶贫搬迁、电网改造、农牧村危旧房改造、通畅公路、市政基础设施、基层政权建设等重点建设项目均按计划实施。

【优势产业】夏河县旅游资源得天独厚，人文资源有全国重点文物保护单位、我国六大佛教寺院之一的拉卜楞寺，以及西夏古城八角城，明代边墙遗址土门关，藏族原始笨教甘加作海寺等。自然景观有景色如画的桑科草原、甘加草原、甘加白石崖溶洞、达里加翠湖、达尔宗湖和曲奥林峡谷等。2011年接待中外游客45.6万人次，增长21%，实现各项旅游收入1.8亿元，增长43.1%。

【人民生活】2011年，全县全力开展了省州承诺的为民办实事17件。积极推进劳务经济和就业援助工作，城镇新增就业507人，新增小额担保贷款711万元。将185名城镇零就业家庭人员安置到城建、环保等公益性岗位就业，招考、聘用公务员、大学生村官等69名，事业单位招考180名。输转各类劳务人员8320人，实现劳务收入6864万元。全面落实强农惠农政策，累计发放惠农财政补贴2750万元。全县城镇居民人均可支配收入11350元，增长16.2%；城镇居民家庭人均生活消费支出8778元，增长23.5%；农牧民人均纯收入3195元，增加420元，增长 14.4%,农村居民家庭人均生活消费支出 3089 元，增长 18%。

【扶贫开发】2011 年全县继续坚持开发式扶贫战略，紧紧围绕农牧业增效，农牧民增收这个扶贫开发工作目标，以产业开发和基础设施建设为重点，理清工作思路，创新工作机制，全面推进整村推进、新农村建设、产业化扶贫、扶贫贷款贴息、贫困村互助资金等重点建设项目。一是全县当年解决贫困人口 0.14 万人；二是实施基础设施建设项目 6 项。乡村道路 26.22 公里，农用桥梁 2 座，农田灌溉水渠 1100 米，建设沼气 50 座，危房改造 1079 户，安全饮水 3 处；三是实施种养业项目 4 项。修建 50 平米养畜暖棚 235 座,养殖良种犏雌牛 1521 头，良种羊 8620 只，猪 150 头；四是实施科技项目 1 项。太阳能光伏电源 312 套；五是雨露计划 4 项。完成农牧民使用技术及扶贫帮扶干部培训 5950 人，普通劳动力劳务技能培训 800 人，“两后生”培训 280 人，一村一名大学生 13 名。

【社会保障】年末全县城镇基本养老保险参保人数 2147 人，增长 8.43%，覆盖率为 100%。城镇职工基本医疗保险参保人数 5358 人，增长 3.34%，覆盖率为 100%。城镇居民基本医疗保险参保人数 7638 人，增长 9.11%，参保率为 99.04%。失业保险参保人数 2960 人，覆盖率为 100%。工伤保险参保人数 2540 人，增长 1.06 倍，覆盖率为 100%。生育保险参保人数 1261 人，增长 16.11%，参保率为 100%。征缴医疗保险基金 1295 万元、失业保险基金 50 万元、城镇基本养老保险基金 656 万元。新型农村社会养老保险参保人数 41860 人，参保率 98.4%，全年征缴个人养老保险费 341 万元,有 8095 人领取养老金 574 万元。年末新型农村合作医疗保险参保人数 64869 人，增长 4%，参合率 99.85%。全年新型农村合作医疗筹集基金总额 973 万元，增长 56%；新型农村合作医疗基金累计支出 653 万元，下降 13%；受益参合患者 3864 人次。

全年城镇居民享受政府最低生活保障人数 4170 人，发放低保金 1226 万元，增长 17%。农牧村居民享受政府最低生活保障人数 20699 人，增长 0.6%，发放低保金 2755 万元，增长 62%。五保户供养人数 361 人，支出资金 83 万元。农村敬老院 3 所，供养有 42 人。

民政部门开展城乡医疗救助。全年城市医疗救助 4552 人，救助资金累计支出 36 万元，增长 51.4%。农牧村医疗救助 24465 人，救助资金累计支出 396 万元，增长 98%。

【环境保护】黄河生态项目子项目游牧民定居、优质牧草种植、草产业基地建设、鼠虫害治理、易地搬迁项目完成年度建设任务。集中对县城曼克尔、门乃合、洒哈尔沟生态环境进行了综合治理。投资 2250 万元的安多公司环境综合治理项目部分子项目建成投入运行。认真实施退牧还草工程，完成草原鼠害综合防治 3.5 万公顷；投入经费 182 万元，开展草原生态补助奖励机制前期工作，进一步明确了草原权属和监管责任主体，为争取补助和全面落实政策奠定了坚实基础。

【社会事业】扎实推进“两基”迎国检工作,落实专项资金 1348 万元，高标准、高质量开展了校园“四化”建设、音体美器材购置、控辍保学、“两基”建档和扫盲工作。援藏项目、校安工程、帮扶援建等教育项目累计完成投资 1877 万元,教育事业稳步发展。2011 年全县各类学校 50 所，其中：普通中学 4 所，小学校 38 所，幼儿园 8 所。全县共招收各类学生 3390 人，各类学校在校人数 14669 人。各类学校教职工人数 1066 人，其中专职教师 1015 人。学龄儿童入学率达 100%，其中女童入学率 100%。学生升学率 100%。

医疗卫生体制改革工作稳步推进，医疗基础设施条件明显改善。加大了食品药品安全检查工作力度，保障了人民群众的饮食用药安全。卫生事业形成具有一定规模、门类齐全的医疗卫生服务体系，县、乡镇卫生防疫及医疗网络已基本健全。2011 年全县拥有各类卫生机构 21 所，其中：医院 2 所，疾控中心 1 个，乡镇卫生院 13 所。全县拥有村卫生室 23 所。儿童计划免疫四苗覆盖率达到 99.35%。乙肝首针及时接种率达到 90%以上。

文化事业快速发展。2011 年，县艺术团赴西安参加世界园艺博览会，演出场次 15 余场，得到了各级领导的好评。到 2011 年底全县建设乡镇综合文化站 14 个、农牧民书屋 48 个，实施了广播电视村村通工程和“西新”工程，数字电视转换工作全面推进，全县广播、电视综合覆盖率分别达到 79.8%、87.2%。

（祁荣龙）

1

综合

General Survey

简要说明

一、本篇资料主要内容

本篇资料主要包括甘肃省行政区划、河流基本情况、国民经济和社会发展综合资料及私营个体经济基本情况资料。

二、本篇资料来源

本篇国民经济和社会发展综合资料由省统计局国民经济综合处搜集、加工整理。

1.甘肃行政区划资料是截止 2011 年末全省行政区划变更情况汇总，由省民政厅提供。

2.河流基本情况资料由省水利厅提供。

3.国民经济和社会发展综合资料是由省统计局国民经济综合处抽取全书的精华，通过对各篇章主要统计指标及其速度、结构、比例和效益等加工计算，来反映国民经济和社会发展的总体情况。

4.全省私营个体经济基本情况资料来自省工商行政管理局。

1-1 行政区划（2011）
Divisions Administrative Areas in Gansu （2011）

单位：个 (unit)

地级区划名称	Prefectural Regions and Autonomous Regions	地级 City	县级 County Level 合计 Numbers of Regions at County Level	县 Counties	自治县 Autonomous Counties	市 Cities	市辖区 Districts under the Jurisdiction of Cites	乡镇级 Townships Level 合计 Number of Regions at Townships Level	镇 Towns	乡 Townships	#民族乡 Ethnic Community Townships	街道办事处 Street Communites
甘肃省	**Gansu**	**14**	**86**	**58**	**7**	**4**	**17**	**1353**	**468**	**759**	**34**	**125**
兰州市	Lanzhou	1	8	3			5	113	35	26		52
嘉峪关市	Jiayuguan	1						10	3			7
金昌市	Jinchang	1	2	1			1	18	8	4		6
白银市	Baiyin	1	5	3			2	78	21	48	1	9
天水市	Tianshui	1	7	4	1		2	123	47	66		10
武威市	Wuwei	1	4	2	1		1	101	43	50		8
张掖市	Zhangye	1	6	4	1		1	65	30	30	4	5
平凉市	Pingliang	1	7	6			1	105	32	70	9	3
酒泉市	Jiuquan	1	7	2	2	2	1	76	30	36	7	10
庆阳市	Qingyang	1	8	7			1	119	36	80	1	3
定西市	Dingxi	1	7	6			1	121	60	59		2
陇南市	Longnan	1	9	8			1	195	62	133	4	
临夏州	Linxia	1	8	5	2	1		129	46	77	4	6
甘南州	Gannan	1	8	7		1		99	15	80	4	4

1-2 河流基本情况
Major Rivers

名 称	River	流域面积（万平方公里）Drainage Area (10 000 sq.km)	河流长度（公里）Length (km)	年径流量（亿立方米）Annual Flow (100 million cu.m)
长 江	Yangtze River	3.85	3484.66	108.90
#白龙江	Bailong River	1.81	450.00	108.37
黄 河	Huanghe River (Yellow River)	14.59	7752.46	96.61
#洮 河	Taohe River	2.52	673.00	36.36
内陆河	Inland Rivers	27.00	4691.00	69.11
#疏勒河	Shulehe River	17.00	583.00	29.74
黑 河	Heihe River	5.94	413.00	24.23
石羊河	Shiyanghe River	4.07	179.60	15.10

1-3 国民经济和社会发展总量与速度指标

指 标	Item	1995	2000
人口与就业	**Population and Employment**		
人口	**Population**		
年底总人口（万人）	Population at the Year-end (10 000 persons)	2437.95	2515.31
城镇人口	Urban	562.06	603.93
乡村人口	Rural	1875.89	1911.38
就业	**Employment**		
从业人员数（万人）	Employees (10 000 persons)	1483.32	1476.45
#在岗职工人数	Staff and Workers		201.20
城镇登记失业人数（万人）	Urban Registration Unemployment (10 000 persons)	9.13	7.35
宏观经济	**Macro Economy**		
国民经济核算	**National Accounting**		
生产总值（亿元）	Gansu Gross Product (100 million yuan)	557.76	1052.88
第一产业	Primary Industry	110.65	194.10
第二产业	Secondary Industry	256.83	421.65
#工业	Industry	226.29	327.60
第三产业	Tertiary Industry	190.28	437.13
支出法生产总值（亿元）	Gansu Gross Product by Expenditure Approach (100 million yuan)	557.76	1052.88
#最终消费	Final Consumption Expenditure	385.35	635.71
居民消费	Household Consumption Expenditures	291.08	496.35
政府消费	Government Consumption Expenditures	94.27	139.37
资本形成总额	Gross Capital Formation	221.20	453.44
固定资本形成	Gross Fixed Capital Formation	146.35	373.90
存货增加	Changes in Inventories	74.84	79.54
固定资产投资	**Investment in Fixed Assets**		
固定资产投资总额（亿元）	Total Investment in Fixed Assets (100 million yuan)	194.67	441.35
城镇	Urban		
#房地产开发	Real Estate Development		
非农户	Non-Farm Households		
财政	**Finance**		
财政收入（亿元）	Revenue (100 million yuan)	68.41	108.38
财政支出（亿元）	Expenditures (100 million yuan)	81.39	188.23
物价总指数（上年=100）	**Price Indices (preceding year=100)**		
商品零售价格指数	Retail Price Index	116.5	99.1
居民消费价格指数	Consumer Price Index	119.8	99.5
工业生产者出厂价格指数	Ex-factory Price Indices of Industrial Products	115.0	107.2
农业生产资料价格指数	General Index	129.6	103.9
能源生产与消费（万吨标煤）	**Production and Consumption of Energy (10 000 tons of SCE)**		
能源生产总量	Total Energy Production	2276.89	1914.59
能源消费总量	Total Energy Consumption	2737.59	3011.62

注：1.2010年度以前（含2010年）固定资产投资数据为全社会口径，全社会口径中包含农户投资和跨区域项目投资，与2011年数据不可比（下表同）。

2.从2011年起，固定资产投资的起点标准从计划总投资50万元提高到500万元，500万元以下项目不再纳入固定资产投资统计范围（下表同）。

Principal Aggregate Indicators on National Economic and Social Development and Their Related Indices and Growth Rates

总 量 指 标 Aggregate Data			速度指标（%） Indices and Growth Rates						
			指 数（2011年为以下各年%） Index (2010 as Percentage of the Following Years)				年平均增长速度 Average Annual Growth Rate		
2005	2010	2011	1995	2000	2005	2010	"十五"时期 2001-2005	"十一五"时期 2006-2010	"十七大"时期 2008-2011
2545.10	2559.98	2564.19	105.18	101.94	100.75	100.16	0.24	0.12	0.16
764.04	924.66	952.60	169.48	157.73	124.68	103.02	4.82	3.89	4.30
1781.06	1635.32	1611.59	85.91	84.32	90.48	98.55	-1.40	-1.69	-1.94
1391.36	1499.56	1500.26	101.14	101.61	107.83	100.05	-1.18	1.51	1.48
188.49	187.96	188.33		93.60	99.92	100.20	-1.30	-0.06	-0.29
9.26	10.72	10.80	118.29	146.94	116.63	100.75	4.73	2.97	3.23
1933.98	4120.75	5020.37	510.66	318.60	191.30	112.52	10.74	11.20	11.18
308.06	599.28	678.75	212.02	185.24	137.57	105.90	6.12	5.37	5.90
838.56	1984.97	2377.83	576.79	365.39	213.30	115.21	11.37	13.11	12.44
685.80	1602.87	1923.95	556.80	395.32	218.58	116.30	12.58	13.45	12.96
787.36	1536.50	1963.79	639.76	333.69	189.39	111.63	11.99	11.15	11.46
1933.98	4120.75	5020.37	510.66	318.60	191.30	112.52	10.74	11.20	11.18
1217.63	2462.03	2967.02	474.75	323.57	187.69	111.90	11.51	10.37	10.85
893.15	1594.37	1919.68	381.60	268.06	166.34	111.80	10.01	7.53	8.30
324.48	867.66	1047.34	824.43	522.00	245.66	112.10	16.27	16.99	16.17
916.96	2343.52	2872.27	769.89	439.47	237.95	116.30	13.05	15.39	20.78
874.52	2177.89	2685.76	1022.30	498.05	234.24	117.50	16.29	14.80	20.17
42.44	165.63	186.51	177.70	170.10	319.21	101.40	-11.83	25.78	25.56
874.53	3378.10	4180.24				140.16	14.66	31.03	
790.22	2808.55	3873.72				140.25		28.87	
85.75	266.41	362.88				136.21		25.45	
84.31	349.78	306.52				139.03		32.92	
254.57	745.25	933.62	1364.74	861.43	366.74	125.28	18.62	23.97	24.24
429.35	1468.58	1791.24	2200.81	951.62	417.20	121.97	17.93	27.88	27.62
99.9	104.6	105.4							
101.7	104.1	105.9							
109.6	115.0	111.0							
109.00	101.7	107.6							
3605.12	4640.88	4898.34	215.13	255.84	135.87	105.55	13.49	5.18	5.29
4367.67	5923.13	6495.78	237.28	215.69	148.72	109.67	7.72	6.28	6.19

a) Before 2010(including 2010),data of fixed asset investment are the caliber of total society. Farm households investment and cross-regional project investment is included in the caliber of total society, and different from the data of 2011 (The same applies to all tables following).

b)Since 2011, the standards of starting point of investment in fixed assets statistics is changed from a planned total investment of 500,000 yuan to 500 million.Project of below 500 million is no longer included in the investment in fixed assets statistics range (The same applies to all tables following).

1-3续表 1

指 标	Item	1995	2000
产 业	**Industry**		
农业	**Agriculture**		
耕地面积（千公顷）	Cultivated Areas (1 000 hectares)	3482.49	3433.20
农林牧渔业从业人员（万人）	Employed Persons of Agriculture, Forestry, Animal, Husbandry & Fishery (10 000 persons)	667.45	697.53
农林牧渔业总产值（亿元）	Gross Output Value of Agriculture Forestry, Animal Husbandry and Fishery (100 million yuan)	269.45	320.12
主要农产品产量（万吨）	Output of Major Farm Products (10 000 tons)		
粮食	Grain	626.78	713.48
棉花	Cotton	2.29	5.75
油料	Oil-bearing Crops	31.69	41.68
甜菜	Beet Roots	107.01	37.90
水果	Fruits	80.36	121.59
肉类	Meat	47.33	57.33
猪牛羊肉	Pork,Beef,Mutton	44.02	52.77
工业	**Industry**		
规模以上工业增加值（亿元）	Gross Industrial Output Value of above Designated Size (100 million yuan)		263.42
主要工业产品产量	Output of Major Industrial Products		
原煤（万吨）	Coal (10 000 tons)	2466.13	1632.71
天然原油（万吨）	Natural Crude Oil (10 000 tons)	267.83	250.15
发电量（亿千瓦小时）	Electricity (100 million kwh)	237.75	280.27
粗钢（万吨）	Crude Steel (10 000 tons)	131.95	229.94
水泥（万吨）	Cement (10 000 tons)	561.48	732.10
乙烯（万吨）	Ethene (10 000 tons)	7.28	16.72
卷烟（万箱）	Cigarettes (10 000 pack)	28.75	28.99
建筑业	**Construction**		
建筑业企业人数（万人）	Number of Employed Persons (10 000 persons)		33.17
建筑业总产值（亿元）	Gross Output Value (100 million yuan)	60.81	126.40
施工房屋面积（万平方米）	Floor Space of Buildings under Construction (10 000 sq.m)	958.98	1914.12
竣工房屋面积（万平方米）	Floor Space of Buildings Completed (10 000 sq.m)	408.68	1066.18
交通运输	**Transportation**		
货运量（万吨）	Freight Traffic (10 000 tons)	20275.00	22722.09
#铁路	Railways	2555	2885
公路	Highways	17719	19800
空运	Civil Aviation	1.00	1.09

注：从2011年开始，规模以上工业统计范围的工业企业起点标准从年主营业务收入在500万元提高到2000万元(下表同)。

continued

总量指标 Aggregate Data			速度指标（%） Indices and Growth Rates						
			指数（2011年为以下各年%） Index (2010 as Percentage of the Following Years)				年平均增长速度 Average Annual Growth Rate		
2005	2010	2011	1995	2000	2005	2010	"十五"时期 2001-2005	"十一五"时期 2006-2010	"十七大"时期 2008-2011
3421.05	3493.81	3503.01	100.59	102.03	102.40	100.26	-0.07	0.42	0.39
761.37	724.82	715.42	107.19	102.56	93.96	98.70	1.77	-0.98	-0.89
549.71	1057.02	1187.76	258.75	191.02	138.02	105.38	6.72	5.54	6.05
836.89	958.30	1014.60	161.87	142.20	121.23	105.87	3.24	2.75	5.33
11.05	7.56	7.60	331.70	132.10	68.74	100.49	13.96	-7.31	-12.47
50.31	64.05	63.52	200.44	152.40	126.26	99.17	3.84	4.95	8.19
14.54	22.02	18.08	16.90	47.71	124.37	82.14	-17.44	8.65	-10.19
172.45	299.46	330.84	411.70	272.09	191.85	110.48	7.24	11.67	9.74
69.81	86.78	88.46	186.91	154.30	126.72	101.93	4.02	4.45	-1.11
64.09	80.77	82.49	187.40	156.32	128.71	102.13	3.96	4.74	-0.94
601.80	1376.34	1782.85				116.20	13.83	14.17	
3619.84	4547.20	4700.65					17.26	4.67	
304.55	382.14	502.66					4.01	4.64	
506.17	791.53	1027.91					12.55	9.35	
458.44	662.25	819.80					14.80	7.63	
1553.29	2414.11	2746.82					16.23	9.22	
24.57	69.48	69.39					8.00	23.11	
71.00	80.00	82.00					19.62	2.42	
42.77	45.76	46.00		138.68	107.55	100.52	5.22	1.36	1.19
314.17	751.99	925.68	1522.25	732.34	294.64	123.10	19.97	19.07	20.65
3008.48	5032.63	5925.09	617.85	309.55	196.95	117.73	9.47	10.84	11.83
1455.17	2013.88	2409.80	589.65	226.02	165.60	119.66	6.42	6.71	13.10
25843.07	29008.83	34179.15	168.58	150.42	132.26	117.82	2.61	2.34	3.74
3274	4926	5355	209.59	185.62	163.56	108.71	2.56	8.51	6.74
22520	24050	28790	162.48	145.40	127.84	119.71	2.61	1.32	3.26
1.08	1.13	1.22	122.00	111.93	112.96	107.96	-0.18	0.91	-2.14

a) Since 2011,the cut-off point of Industrial enterprises covered by statistics of industrial enterprises above designated size are raised from revenue from principal business of 5 million yuan to 20 million yuan. (The same applies to the tables following).

1-3续表 2

指　标	Item	1995	2000
客运量（万人）	Passenger Traffic (10 000 persons)	10547	12907
铁路	Railways	942	1039
公路	Highways	9563	11600
民航	Civil Aviation	42	76
邮电通信业	**Postal and Telecommunication Services**		
邮电业务总量（亿元）	Total Business Revenue (100 million yuan)	7.08	42.10
函件（万件）	Number of Letters Delivered (10 000 pieces)	9104	9919
报刊期发数（万份）	Number of Newspapers and Magazines Distributed (10 000 copies)	496	679
移动电话年末用户（万户）	Number of Mobile Telephone Subscribers at Year-end(10 000 subscribers)	1.85	65.00
固定电话年末用户（万户）	Telephone Subscribers at Year-end (10 000 subscribers)	43.32	180.17
局用交换机容量（万门）	Capacity of Office Telephone Exchanges (10 000 lines)		
国内商业	**Domestic Trade**		
社会消费品零售总额（亿元）	Total Retail Sales of Consumer Goods (100 million yuan)	240.65	379.61
对外经济贸易	**Foreign Trade**		
进出口总额（万美元）	Total Value of Exports and Imports (USD 10 000)	30494	56953
进口额	Imports	8542	15458
出口额	Exports	21951	41495
利用外资额	**Utilization of Foreign Capital**		
签订利用外资协议额（万美元）	Foreign Capital Signed by Contracts (USD 10 000)	44199	32250
实际利用外资额（万美元）	Utilization of Foreign Capital (USD 10 000)	35854	20122
金融业	**Financial Intermediation**		
金融机构人民币各项存款（亿元）	Total Deposits of Financial Institutions (100 million yuan)	628.28	1402.93
金融机构人民币各项贷款（亿元）	Total Loans of Financial Institutions (100 million yuan)	681.08	1171.14
证券交易额（亿元）	Value of Securitys Exchange (100 million yuan)		745.87
保险公司保费收入（亿元）	Amount Insured of Insurance Companies (100 million yuan)	6.42	19.05
保险公司赔付支出（亿元）	Indemnity Expenditure and Payment of Insurance Companies (100 million yuan)	3.90	6.49
教育、科技、文化	**Education, Science and Technology and Culture**		
教育	**Education**		
专任教师数（人）	Number of Full-time Teachers (person)		
#普通高等学校	Institutions of Higher Education	6284	7208
普通中学	Secondary Schools	62669	74082
普通小学	Primary Schools	130032	125172
在校学生数（万人）	Students Enrollment (10 000 persons)		
#普通高等学校	Institutions of Higher Education	4.55	8.17
普通中学	Secondary Schools	91.53	131.47
普通小学	Primary Schools	273.71	316.46
地方财政用于教育的支出（亿元）	Government Expenditures on Education (100 million yuan)	14.68	31.15
科技	**Science and Technology**		
R&D经费内部支出（亿元）	Internal Expenditures on R & D (100 million yuan)		
各类专业技术人员（万人）	Scientific and Technical Personnel (10 000 persons)	34.64	40.44

注：1.邮电业务总量2010年按2000年可比价格计算，2011年按2010年可比价格计算。

2.2011年起，取消原“各项存款”下的企业存款、农业存款等存款分类项目，重新设置了具有主题分类标志的单位存款、个人存款、财政性存款和临时存款等项目，2011年数据与历年数据不可比（下表同）。

continued

总 量 指 标 Aggregate Data			速度指标（%） Indices and Growth Rates						
			指 数（2011年为以下各年%） Index (2010 as Percentage of the Following Years)				年平均增长速度 Average Annual Growth Rate		
2005	2010	2011	1995	2000	2005	2010	"十五"时期 2001-2005	"十一五"时期 2006-2010	"十七大"时期 2008-2011
17803	53776	60906	577.47	471.88	342.11	113.26	6.64	24.74	31.39
1230	2178	2353	249.79	226.47	191.30	108.03	3.43	12.11	10.72
16247	51404	58355	610.22	503.06	359.17	113.52	6.97	25.91	33.25
85	100	102	242.86	134.21	120.00	101.79	2.26	3.35	-2.53
135.92	453.29	195.37					26.42	27.24	
5071	3806	3277	36.00	33.04	64.63	86.11	-12.56	-5.58	-1.56
175	210	201	40.56	29.62	114.97	95.76	-23.76	3.72	1.58
408.44	1390.08	1614.00	87243.24	2483.08	395.16	116.11	44.43	27.76	23.83
548.04	411.90	396.43	915.12	220.03	72.34	96.24	24.92	-5.55	-9.29
712	439	438			61.52	99.77		-9.22	-14.36
638.08	1394.50	1648.00	684.81	434.13	258.27	118.18	10.95	16.93	18.59
263136	736975	875059	2869.61	1536.46	332.55	118.74	35.81	22.87	12.33
154038	573178	656526	7685.86	4247.16	426.21	114.54	58.38	30.06	14.37
109098	163797	218533	995.55	526.65	200.31	133.42	21.33	8.47	7.13
53996	44015	60222	136.25	186.73	111.53	136.82	10.86	-4.01	15.16
25639	51921	38524	107.45	191.45	150.26	74.20	4.97	15.16	0.21
2895.86	7115.37	8394.04					15.60	19.70	
1923.46	4433.05	5468.81					10.43	18.17	
467.68	5229.95	3723.21		499.18	796.10	71.19	-8.91	62.07	-3.92
48.24	146.34	140.93	2195.12	739.77	292.14	96.30	20.42	24.85	
11.83	31.18	38.20	979.39	588.54	322.88	122.49	12.76	21.39	
14816	20761	22066	351.15	306.13	148.93	106.29	15.50	6.98	6.06
99150	120689	123055	196.36	166.11	124.11	101.96	6.00	4.01	2.80
130841	140381	141324	108.68	112.90	108.01	100.67	0.89	1.42	0.75
22.95	38.15	40.53	890.78	496.09	176.60	106.23	22.95	10.70	8.17
194.38	203.10	194.25	212.22	147.75	99.93	95.64	8.13	0.88	-1.18
303.58	237.04	220.07	80.40	69.54	72.49	92.84	-0.83	-4.83	-6.23
75.22	228.23	284.33	1937.16	912.82	378.03	124.58	19.28	24.86	23.06
19.49	41.59	48.53			248.95	116.68		16.37	
46.61	50.67	52.69	152.10	130.28	113.04	103.98	2.88	1.68	2.17

a) Business volume of telecommunication services in 2010 was calculted at 2000 constant prices,and that in 2011 was calculated at 2010 constant prices.

b) Since 2011,canceled the original "Total Deposits" of corporate deposits, deposits and other deposits classification items,reseted the items of corporate Deposits,personal deposits,Fiscal Deposits and temporary deposits etc. which have the subject classification flag.Data of 2011 are uncomparable with historical data.

1-3续表 3

指 标	Item	1995	2000
文化	**Culture**		
图书（万册）	Number of Books Published (10 000 Volumes)	6180	7218
杂志（万册）	Number of Magazines Issued (10 000 Volumes)	6214	8064
报纸（万份）	Number of Newspapers Issue (10 000 Copies)	22556	25661
家庭、生活、环境	**Family, People's livehood, Environment**		
家庭	**Family**		
家庭总户数（万户）	Total Number of Households (10 000 households)	554.26	615.27
城镇居民平均每户家庭人口（人）	Average Household Size in Urban Areas (person)	3.29	3.08
农村居民平均每户家庭人口（人）	Average Household Size in Rural Areas (person)	5.14	4.73
婚姻	**Marriages and Divorces**		
结婚登记总数（对）	Registered Number of Marriages (couples)	155553	127799
离婚数（对）	Number of Divorces (couples)		
居住	**Housing**		
城市居民人均居住面积（平方米）	Per Capita Net Floor Space of Urban Residents (sq.m)	10.74	15.21
农村居民人均居住面积（平方米）	Per Capita Net Floor Space of Rural Residents (sq.m)	15.64	18.00
生活	**People's Livelihood**		
城镇居民人均可支配收入（元）	Per Capita Annual Disposable Income of Urban Households (yuan)	3152.52	4916.25
农村居民人均纯收入（元）	Per Capita Net Income of Rural Residents (yuan)	880.34	1428.70
城乡储蓄存款余额（亿元）	Outstanding Amount of Saving Deposits in Urban and Rural Areas (100 million yuan)	380.17	818.76
工资	**Wages**		
在岗职工工资总额（亿元）	Total Wages of Fully-employed staff and workers(100 million yuan)	136.70	179.98
在岗职工平均工资（元）	Average Wage of Fully-employed Staff and Workers (yuan)		
卫生	**Health Care**		
卫生机构数（个）	Number of Health Care Institutions (unit)	4131	7191
#医院、卫生院	Number of Hospitals	1843	1867
卫生机构床位数（张）	Number of Bed in Health Care Institutions (unit)	56378	59441
#医院、卫生院	Number of Hospital Beds	52788	56557
卫生技术人员（人）	Number of Medical Tenchnical Personnel (person)		
#执业（助理）医师	Number of Doctors		

continued

总 量 指 标 Aggregate Data			速度指标（%） Indices and Growth Rates						
			指 数（2011年为以下各年%） Index (2010 as Percentage of the Following Years)				年平均增长速度 Average Annual Growth Rate		
2005	2010	2011	1995	2000	2005	2010	"十五"时期 2001-2005	"十一五"时期 2006-2010	"十七大"时期 2008-2011
5895	6737	6747	109.17	93.47	114.45	100.15	-3.97	2.71	-0.80
14766	11082	11152	179.46	138.29	75.52	100.63	12.86	-5.58	-4.99
37900	40714	45776	202.94	178.39	120.78	112.43	8.11	1.44	5.21
682.79	690.04	792.92	143.06	128.87	116.13	114.91	2.10	0.21	2.51
2.89	2.76	2.81	85.41	91.23	97.23	101.81	-1.27	-0.92	-0.18
4.65	4.60	4.40	85.60	93.02	94.62	95.65	-0.34	-0.22	-1.21
114554	142294	169112	108.72	132.33	147.63	118.85	-2.16	4.43	9.94
22260	27926	30473			136.90	109.12		4.64	8.46
24.16	27.89	28.04	261.08	184.35	116.06	100.54	9.70	2.91	0.91
18.71	20.96	23.70	151.53	131.67	126.67	113.07	0.78	2.30	5.05
8086.82	13188.55	14988.68	475.45	304.88	185.35	113.65	10.47	10.28	10.61
1980.00	3424.70	3909.40	444.08	273.63	197.44	114.15	6.74	11.58	13.83
1586.66	3598.24	4231.41	1113.03	516.81	266.69	117.60	14.15	17.79	21.92
290.22	560.63	624.02	456.49	346.71	215.01	111.31	10.03	14.07	11.90
	29588	32906				111.21			
11849	10267	10065	243.65	139.97	84.94	98.03	10.50	-2.83	-4.31
1741	1728	1769	95.98	94.75	101.61	99.25	-1.39	-0.15	0.75
63638	94883	101108	179.34	170.10	158.88	106.56	1.37	8.32	9.49
59856	82422	89576	169.69	158.38	149.65	108.68	1.14	6.61	7.73
66926	97387	106252			158.76	109.10		7.79	5.59
29701	38249	41121			138.45	107.51		5.19	4.00

1-4 国民经济和社会发展结构指标
Structural Indicators on National Economic and Social Development

单位：%　　(%)

指　标	Item	1995	2000	2005	2010	2011
人口与就业	**Population and Employment**					
人口	**Population**					
城乡结构	Urban and Rural Composition					
城镇	Urban	23.17	24.01	30.02	36.12	37.15
乡村	Rural	76.83	75.99	69.98	63.88	62.85
性别结构	Sexual Composition					
男	Male	51.54	51.83	51.44	51.08	51.05
女	Female	48.46	48.17	48.56	48.92	48.95
就业	**Employment**					
产业结构	Industrial Composition					
第一产业	Primary Industry	63.53	59.64	63.67	61.61	61.26
第二产业	Secondary Industry	18.97	18.95	14.66	15.36	15.43
第三产业	Tertiary Industry	17.50	21.41	21.67	23.03	23.31
国民经济核算	**National Accounting**					
生产总值产业结构	Industrial Composition					
第一产业	Primary Industry	19.84	18.44	15.93	14.54	13.52
第二产业	Secondary Industry	46.05	40.05	43.36	48.17	47.36
第三产业	Tertiary Industry	34.12	41.52	40.71	37.29	39.12
投资	**Investment in Fixed Assets**					
固定资产投资结构	Composition of Total Investment in Fixed Assets					
城乡结构	Urban and Rural Composition					
城镇	Urban			90.36	83.14	92.67
乡村	Rural			9.64	10.35	7.33
资金来源结构	Composition of Funding Sources					
国家预算内资金	State Budget	4.23	12.33	9.62	17.19	17.49
国内贷款	Domestic Loans	31.11	26.37	19.90	19.25	11.69
利用外资	Foreign Investment	5.00	1.74	1.65	0.56	0.42
自筹资金	Self-raising Funds	44.36	44.67	55.31	55.06	57.65
其他投资	Other Investments	15.30	14.89	13.52	12.74	9.95
产业经济	**Industry**					
农业	**Agriculture**					
农林牧渔业产值结构	Composition of Gross Output Value of Agriculture					
农业	Agriculture	69.97	69.60	66.01	71.67	71.43
林业	Forestry	2.41	3.48	2.89	1.75	1.45
牧业	Animal Husbandry	22.98	21.50	20.80	17.20	17.73
渔业	Fishery	0.29	0.37	0.19	0.11	0.13
农林牧渔服务业	Service for Agriculture,Forestry, Animal Husbandry and Fishery			10.11	9.27	9.25
工业	**Industry**					
规模以上工业总产值结构	Composition of Gross Industrial Output Value					
轻工业	Light Industry	25.25	24.03	18.77	14.09	10.84
重工业	Heavy Industry	74.75	75.97	81.23	85.91	89.16

1-4 续表 1 continued

单位：% (%)

指　标	Item	1995	2000	2005	2010	2011
建筑业	**Construction**					
建筑业总产值结构	Composition of Gross Output Value of Construction Industry					
国有经济	State-owned Enterprise		42.13	37.22	17.33	24.44
城镇集体经济	Collective-owned Enterprises		27.43	11.97	7.72	8.04
其他	Others		30.44	50.81	74.95	67.52
运输业	**Transportation**					
货运量结构	Composition of Freight Traffic					
铁路	Railways	12.60	12.70	12.67	16.98	15.67
公路	Highways	87.39	87.14	87.14	82.91	84.23
国内商业	**Domestic Trade**					
社会消费品零售总额构成	Composition of Retail Sales of Consumer Goods					
城镇	Urban				80.55	80.28
#城区	# City Subdivision				59.86	60.20
乡村	Rural				19.45	19.72
对外经济贸易	**Foreign Trade**					
进出口总值构成	Composition of Imports and Exports					
进口	Imports	28.01	27.14	58.54	77.77	75.03
出口	Exports	71.99	72.86	41.46	22.23	24.97
教育、科技	**Education,Science and Technology**					
教育	**Education**					
普通学校在校学生结构	Composition of Student Enrollment in Regular Schools					
大学生	College and University Students	1.23	1.79	4.40	7.98	8.91
中学生	Secondary School Students	24.75	28.82	37.32	42.46	42.71
小学生	Primary School Students	74.02	69.38	58.28	49.56	48.38
普通学校专任教师结构	Composition of Full-time Teachers in Regular Schools					
大学	Colleges and Universities	3.16	3.49	6.05	7.37	7.70
中学	Secondary Schools	31.49	35.88	40.50	42.82	42.96
小学	Primary Schools	65.35	60.63	53.45	49.81	49.34
科技	**Science and Technology**					
R&D经费内部支出结构	Composition of Intramural Expenditure on R&D by Sources					
基础研究	Basic Research				13.58	14.10
应用研究	Applied Research				21.05	18.93
试验发展	Experimental Development				65.37	66.97

1-4 续表 2 continued

单位：% (%)

指　标	Item	1995	2000	2005	2010	2011
生活	**People's Living Conditions**					
农村居民消费结构	Consumption Composition of Urban Residents					
食品类	Food	70.94	48.45	47.20	44.71	42.24
衣着类	Clothing	4.97	5.58	5.07	6.25	6.73
居住	Residence	10.20	15.79	13.23	18.75	16.28
家庭设备用品及服务	Household Appliances and Service	3.38	3.90	4.07	5.00	5.40
医疗保健	Health Care and Medical Services	3.19	6.51	6.26	6.90	9.26
交通通讯	Transport and Communications	1.48	4.04	8.52	8.73	10.00
文教娱乐用品及服务	Education, Cultural and Recreation Services	5.01	13.27	14.17	8.09	7.99
其他商品和服务	Miscellaneous Goods and Services	0.83	2.46	1.48	1.57	2.10
城镇居民消费结构	Consumption Composition of Urban Residents					
食品类	Food	51.69	37.63	36.04	37.41	37.38
衣着类	Clothing	14.14	12.53	12.35	12.69	13.14
居住	Residence	5.96	7.33	10.43	9.20	10.19
家庭设备用品及服务	Household Appliances and Services	6.70	9.74	5.61	6.04	5.90
交通通讯	Transport and Telecommunications		6.43	9.78	8.37	11.53
教育文化娱乐服务	Education, Cultural and Recreation and Services		13.65	14.44	10.88	10.35
医疗保健	Health Care and Medical Services	3.93	6.60	7.54	11.49	7.81
其他商品及服务	Other Goods and Services		6.09	3.82	3.92	3.69
卫生	**Health Care**					
卫生机构人员结构	Composition of Health Agency Personnel					
#执业医师	Certified Doctors			28.65	27.14	22.82
执业助理医师	Certified Assistant Doctors			7.99	6.02	5.29
注册护士	Registered Nurses			27.64	25.70	23.05
药师（士）	Pharmacist			6.20	4.38	3.63
检验技师（士）	Laboratory Technician			4.27	4.79	3.97
医院床位结构	Composition of Hospital Beds					
#医院	Hospitals	72.84	73.20	73.97	64.25	66.57
卫生院	Health Centers	20.79	21.95	20.09	22.62	22.03
环境保护	**Environment Protection**					
工业污染投资治理结构	Composition of Investment in the Treatment of Industrial Pollution					
治理废水	Waste Water Treatment		18.87	35.57	17.87	23.43
治理废气	Waste Gas Treatment		56.29	52.50	71.34	54.46
治理固体废物	Solid Waste Treatment		19.33	5.80	3.82	0.30
治理噪声	Noise Abatement		0.08	0.31	0.01	0.08
治理其他	Others		5.43	5.82	6.96	21.73

1-5 国民经济和社会发展比例及效益指标
Indicators on Proportions and Efficiency in National Economic and Social Development

指　标	Item	1995	2000	2005	2010	2011
人口与就业	**Population**					
出生率（‰）	Birth Rate (‰)	20.65	14.38	12.59	12.05	12.08
死亡率（‰）	Death Rate (‰)	6.49	6.41	6.57	6.02	6.03
自然增长率（‰）	Natural Growth Rate (‰)	14.16	7.97	6.02	6.03	6.05
城镇登记失业率（%）	Registered Urban Unemployment Rate(%)	3.11	2.70	3.26	3.21	3.11
国民经济核算	**National Accounting**					
全社会劳动生产率（元／人）	Overall Labor Productivity (yuan/person)	3760	7131	13900	27480	33463
第一产业	Primary Industry	1174	2204	3478	6487	7385
第二产业	Secondary Industry	9124	15071	41114	86179	102718
第三产业	Tertiary Industry	7332	13828	26108	44491	56155
人均生产总值（元）	Per Capita Gross Regional Product (yuan)	2316	4129	7477	16113	19595
固定资产投资	**Investment in Fixed Assets**					
固定资产投资相当于生产总值比例（%）	Proportion of Investment in Fixed Assets to Gross Regional Product (%)	34.90	41.92	45.22	81.98	83.27
全社会房屋建筑面积竣工率（%）	Rate of Total Floor Space of Buildings Completed in Construction (%)	68.29	61.00	45.82	25.59	23.65
财政	**Finance**					
财政收入相当于生产总值比例（%）	Proportion of Government Revenue to Gross Regional Product (%)	12.27	10.29	13.16	18.09	18.60
财政支出相当于生产总值比例（%）	Proportion of Government Expenditures to Gross Regional Product (%)	14.59	17.88	22.20	35.64	35.68
农业	**Agriculture**					
人均耕地面积（公顷）	Per Capita Cultivated Land (hectare)	0.15	0.14	0.13	0.14	0.14
每公顷耕地用电量（千瓦小时）	Electric Consumption Per Hectare of Cultivated Land (kwh)	634	857	989	1226	1286
每公顷耕地化肥施用量（千克）	Chemical Fertilizer Consumption Per Hectare of Cultivated Land (kg)	67	188	222	244	249
每公顷耕地生产的农业产值（元）	Agricultural Output Value Per Hectare of Cultivated Land (yuan)	7737	9324	16068	30254	33907
农业从业者人均农产品产量（千克）	Output of Farm Corps Per Agricultural Laborer (kg)					
粮食	Grain	939.07	1022.87	1099.19	1322.12	1418.19
棉花	Cotton	3.43	8.24	14.51	10.43	10.62
油料	Oil-bearing Crops	47.47	59.75	66.08	88.37	88.79
猪牛羊肉	Pork,Beef and Mutton	86.51	75.65	84.18	111.44	115.31
每公顷播种面积农产品产量（千克）	Output of Farm Crops Per Hectare of Sown Area (kg)					
粮食	Grain	2140	2550	3235	3423	3581
棉花	Cotton	1270	1657	1728	1578	1585
油料	Oil-bearing Crops	960	1336	1530	1816	1809

1-5续表 continued

指 标	Item	1995	2000	2005	2010	2011
工业	**Industry**					
总资产贡献率（%）	Ratio of Total Assets to Industrial Output Value (%)	7.45	5.10	8.37	11.01	10.61
资产负债率（%）	Assets-Liability Ratio (%)	65.03	65.05	58.70	62.32	64.04
流动资产周转次数（次/年）	Number of Times of Annual of Turnover Circulating Funds (times/year)	1.32	1.08	1.96	2.05	2.19
成本费用利润率（%）	Ratio of Profits to Industrial Cost (%)	1.03	1.35	3.49	4.73	4.38
产品销售率（%）	Proportion of Products Sold (%)				95.15	95.48
建筑业	**Construction**					
技术装备率（元／人）	Value of Machinery Per Laborer (yuan/person)	3047	4748	9018	7814	9465
产值利税率（%）	Ratio of Pre-tax Profits to Gross Output Value (%)	2.20	5.52	3.80	8.10	7.40
全员劳动生产率（元／人）（按总产值计算）	Overall Labor Productivity (yuan/person) (By Gross Output Value)	28887	38234	73456	164323	183754
对外经济贸易	**Foreign Trade**					
进出口总额相当于生产总值比例（%）	Proportion of Total Value of Imports & Exports to Gross Product (%)	4.54	4.48	11.16	11.84	10.98
金融	**Finance and Insurance**					
金融机构存款相当于生产总值比例（%）	Bank Deposits as Percentage of Gross Product (%)	112.64	133.25	149.74	172.67	167.20
金融机构贷款相当于生产总值比例（%）	Bank Loans as Percentage of Gross Product (%)	122.11	111.23	99.46	107.57	108.93
教育	**Education**					
学龄儿童净入学率（%）	Rate of School-age Children Enrollment (%)	96.92	98.83	98.87	99.46	99.56
小学升学率（%）	Rate of Graduates of Primary Schools Entering Junior Secondary Schools (%)	86.20	90.98	96.67	95.67	95.41
初中升学率（%）	Rate of Graduates of Junior Secondary Schools Entering Senior Secondary Schools (%)	39.80	33.48	48.58	48.31	48.35
学校教师负担系数（%）	Student-teacher Ratio (in percentage)(%)					
普通高等学校	Colleges and Universities	7	12	15	18	19
普通中等学校	Trade Schools	9	12	20	23	21
普通中学	Secondary Schools	15	18	20	17	16
普通小学	Primary Schools	21	25	23	17	15
科技	**Science and Technology**					
R&D经费内部支出相当于生产总值比例 (%)	Proportion of Intramural Expenditure on R&D to GDP (%)			1.01	1.01	0.97
卫生	**Health Care**					
每万人医院、卫生院数（个）	Number of Hospitals Per 10 000 Persons (unit)	0.76	0.73	0.67	0.68	0.69
每万人口执业(助理)医师（人）	Number of Doctors Per 10 000 Persons (person)		15	14	15	16
每万人医院、卫生院床位数（张）	Number of Beds of Hospitals and Health Centers Per 10 000 Population(unit)	23	23	25	32	35
婚姻	**Marriages and Divorces**					
离婚率（‰）	Divorce Rate (‰)	0.38	0.43	1.72	2.18	2.38

1-6 甘肃国民经济主要指标占全国比重（2011）
Percentage of Gansu's National Economy in the Whole Nation （2011）

指 标	Item	全 国 Whole Nation	甘 肃 Gansu	甘肃省占全国 % As Percentage of the Whole Nation
年底总人口（万人）	Population at the Year-end (10 000 persons)	134735.0	2564.2	1.90
从业人员（万人）	Employment at the Year-end (10 000 persons)	76420.0	1500.3	1.96
国内生产总值（亿元）	Gross Regional Product (100 million yuan)	471563.7	5020.4	1.06
第一产业	Primary Industry	47712.0	678.8	1.42
第二产业	Secondary Industry	220591.6	2377.8	1.08
第三产业	Tertiary Industry	203260.1	1963.8	0.97
固定资产投资（亿元）	Total Investment in Fixed Assets (100 million yuan)	301932.8	4180.2	1.38
财政收入（亿元）	Government Revenue (100 million yuan)	103740.0	933.6	0.90
财政支出（亿元）	Government Expenditures (100 million yuan)	108929.7	1791.2	1.64
在岗职工平均工资（元）	Average Wage of Fully Employed Staff and Workers (yuan)	42452	32906	-9546
城镇居民人均可支配收入（元）	Per Capita Disposable Income of Urban Residents (yuan)	21810	14989	-6821
农民人均纯收入（元）	Per Capita Net Income of Rural Residents (yuan)	6977	3909	-3068
主要农产品产量（万吨）	Output of Major Agricultural Products (10 000 tons)			
粮 食	Grain	57120.8	1014.6	1.78
棉 花	Cotton	658.9	7.6	1.15
油 料	Oil-Bearing Crops	3306.8	63.5	1.92
肉 类	Output of Meat	7957.8	88.5	1.11
主要工业产品产量	Output of Major Industry Products			
农用化肥（万吨）	Chemical Fertilizers (10 000 tons)	6217.2	62.2	1.00
原 煤（亿吨）	Coal (100 million tons)	35.2	0.5	1.34
天然原油（万吨）	Natural Crude Oil (10 000 tons)	20287.6	502.7	2.48
发电量（亿千瓦小时）	Electricity (100 million kwh)	47000.7	1027.9	2.19
粗 钢（万吨）	Steel (10 000 tons)	68388.3	819.8	1.20
水 泥（万吨）	Cement (10 000 tons)	208500.0	2746.8	1.32
邮电业务总量（亿元）	Total Business Revenue of Post and Telecommunication (100 million yuan)	13379.2	195.4	1.46
社会消费品零售总额（亿元）	Total Retail Sales of Consumer Goods (100 million yuan)	183918.6	1648.0	0.90
进出口总额（亿美元）	Totel Exports and Imports (USD 100 million)	36420.6	87.5	0.24
#出口额	Exports	18986.0	21.9	0.12
普通高等学校在校学生数（万人）	Students Enrollment in Institutions of Higher Education (10 000 persons)	2308.5	40.5	1.76
医疗卫生机构数（万个）	Number of Medical and Health Institutions(10 000 units)	95.4	1.0	1.06
医疗卫生机构床位数（万张）	Number of Medical and Health Institutions Beds(10 000 units)	516.0	10.2	1.97
执业（助理）医师（万人）	Licensed (Assistant) Doctors (10 000 persons)	246.6	4.1	1.67

1-7 甘肃的一天
One Day in Gansu

指　标	Item	1995	2000	2005	2010	2011
每天创造的财富	**Daily Production**					
生产总值（万元）	Gross Regional Product (10 000 yuan)	15281	28846	52986	112897	137544
第一产业	Primary Industry	3032	5318	8440	16419	18596
第二产业	Secondary Industry	7036	11552	22974	54383	65146
#工业	Industry	6200	8975	18789	43914	52711
第三产业	Tertiary Industry	5213	11976	21572	42096	53802
财政收入（万元）	Government Revenue (10 000 yuan)	1874	2969	6974	20418	25579
财政支出（万元）	Government Expenditures (10 000 yuan)	2230	5157	11763	40235	49075
粮食（万吨）	Grain (10 000 tons)	1.72	1.95	2.29	2.63	2.78
棉花（吨）	Cotton (ton)	62.74	157.53	302.74	207.10	208.11
油料（吨）	Oil-bearing Crops (ton)	868.22	1141.92	1378.36	1754.90	1740.26
肉类（吨）	Meat (ton)	1296.71	1566.39	1912.60	2377.66	2423.64
原煤（万吨）	Coal (10 000 tons)	6.76	4.47	9.92	12.46	14.24
发电量（万千瓦小时）	Electricity (10 000 kwh)	6514	7679	13868	21686	28162
卷烟（箱）	Cigarette (pack)	788	794	1945	2192	2247
粗钢（吨）	Crude Steel (ton)	3615	6300	12560	18144	22460
水泥（吨）	Cement (ton)	15383	20058	42556	66140	75255
每天消费量	**Daily National Consumption**					
最终消费（万元）	Final Consumption Expenditure (10 000 yuan)	10558	17417	33360	66722	81288
居民消费	Resident Consumption	7975	13599	24470	42951	52594
农村居民	Rural Households	4148	5646	9075	13898	17688
城镇居民	Urban Households	3827	7953	15395	29053	34906

1-7 续表 continued

指　标	Item	1995	2000	2005	2010	2011
政府消费	Government Consumption Expenditure	2583	3818	8890	23772	28694
城镇居民每人生活消费支出（元）	Per Capita Living Expenditare of Urban Residents (yuan)	7.17	11.31	17.89	27.11	30.65
#食品消费	Food Consumption	3.71	4.25	6.45	10.14	11.46
农民每人生活消费支出（元）	Per Capita Living Expenditare of Rural Residents (yuan)	2.51	2.97	4.99	8.06	10.04
#食品消费	Food Consumption	1.78	1.44	2.35	3.60	4.24
社会消费品零售总额（万元）	Total Retail Sales of Consumer Goods (10 000 yuan)	6593	10400	17482	38205	45151
每天其他经济活动	**Other Daily Economic Activities**					
房屋建筑竣工面积（万平方米）	Floor Space of Buildings (10 000 sq.m)	4.27	5.03	6.53	6.31	6.47
# 住宅	Residential Buildings	3.20	3.68	4.40	3.61	4.10
货运量（万吨）	Freight Traffic (10 000 tons)	55.55	62.25	70.80	79.48	93.64
客运量（万人）	Passenger Traffic (10 000 persons)	28.90	35.36	48.78	147.33	166.87
函件（万件）	Letters Delivered (10 000 copies)	24.94	27.17	13.89	10.43	8.98
出版报纸（万份）	Newspaper Published (10 000 copies)	61.80	70.30	103.84	111.55	125.41
居民储蓄额（万元）	Amount of Savings Deposit (10 000 yuan)	10416	22432	43470	98582	115929
每天人口变动和婚姻	**Daily Population Changes and Marriages**					
出　生（人）	Births (person)	1379	1007	892	845	849
死　亡（人）	Deaths (person)	433	449	466	422	424
结　婚（对）	Marriages (couples)	426	350	314	390	463
离　婚（对）	Divorces (couples)	12	15	61	77	83

1-8 人均国民经济主要指标
Per Capita Major Indicators of National Economy

指 标	Item	1995	2000	2005	2010	2011
人均生产总值（元）	Per Capita Gross Regional Product (yuan)	2316	4129	7477	16113	19595
第一产业	Primary Industry	459	768	1211	2343	2649
第二产业	Secondary Industry	1065	1667	3297	7762	9281
第三产业	Tertiary Industry	789	1729	3096	6008	7665
主要工农业产品产量	Output of Major Industry and Agricultural Products					
粮食（千克）	Grain (kg)	260	280	329	375	396
棉花（千克）	Cotton (kg)	1	2	4	3	3
油料（千克）	Oil-Bearing (kg)	13	16	20	25	25
禽蛋（千克）	Eggs (kg)	3	4	4	4	4
牛奶（千克）	Milk (kg)	4	5	12	17	18
粗钢（千克）	Crude Steel (kg)	55	90	180	259	320
原煤（千克）	Coal (kg)	1111	640	1423	1778	1835
发电量（千瓦小时）	Electricity (1 000 kw·h)	987	1099	1990	3095	4012
固定资产投资额（元）	Total Investment in Fixed Assets (yuan)	807	1745	3439	13209	16316
社会消费品零售总额（元）	Total Retail Sales of Consumer Goods (yuan)	997	1501	2509	5453	6432
财政收入（元）	Financial Revenue (yuan)	284	429	1001	2914	3644
财政支出（元）	Financial Expenditare (yuan)	337	744	1688	5742	6991
职工平均工资（元）	Average Annual Wage of Staff and Workers (yuan)	5493	7913	14172	28963	32906
城镇居民人均可支配收入（元）	Per Capita Disposable Income of Urban Residents (yuan)	3153	4916	8087	13189	14989
农民人均纯收入（元）	Per Capita Net Income of Rural Residents (yuan)	880	1429	1980	3425	3909
城乡居民储蓄存款余额（元）	Saving Depositin Urban and Rural Areas (yuan)	1579	3238	6239	14070	16515

注：2011年职工平均工资为在岗职工平均工资。
a) Average annual wage of staff and workers of 2011 are average wage of staff and workers.

1-9 个体工商业基本情况（2011）
Basic Statistics on Individual Industrial and Commercial Business （2011）

行业	Itme	户数（户） Number of Household (household)	从业人员（人） number of Engaged Persons (person)	资金数额（万元） Amount of Funds (10 000yuan)
合计	**Total**	**620085**	**1148768**	**2106111**
农林牧渔业	Agriculture, Forestry, Animal Husbandry and Fishery	3237	12508	73864
采矿业	Mining	643	3452	24149
制造业	Manufacturing	33036	75622	149196
电力、燃气及水的生产和供应业	Production and Distribution of Electricity, Gas and Water	69	223	3437
建筑业	Construction	625	3457	6599
交通运输、仓储和邮政业	Transport, Storage and Post	2734	4573	20063
信息传输、计算机服务和软件业	Information Transmission, Computer Services and Software	3456	6497	19862
批发和零售业	Wholesale and Retail Trade	417434	697022	1186137
住宿和餐饮业	Hotels and Catering Services	73985	186996	344437
金融业	Financial Intermediation			
房地产业	Real Estate	208	282	609
租凭和商务服务业	Leasing and Business Services	4446	10599	26629
科学研究、技术服务和地质勘查业	Scientific Research, Technical Services and Geologic Prospecting	43	82	213
水利、环境和公共设施管理业	Management of Water Conservancy, Environment and Public Facilities	12	73	332
居民服务和其他服务业	Services to Households and Other Services	69330	124466	197362
教育	Education	25	87	544
卫生、社会保障和社会福利业	Health, Social Security and Social Welfare	5453	11121	18414
文化、体育和娱乐业	Culture, Sports and Entertainment	3533	8595	29001
其他行业	Others	1816	3113	5265

1–9 续表 continued

行业	Itme	总产值(万元) Total Output Value (10 000yuan)	销售总额(或营业收入)(万元) Total Sales Value (10 000yuan)	社会消费品零售额(万元) Retail Sales Value of Consumer Goods (10 000yuan)
合计	**Total**	**777023.54**	**4902839.54**	**3907814.31**
农林牧渔业	Agriculture, Forestry, Animal Husbandry and Fishery	43146.59	36059.37	18490.23
采矿业	Mining	67532.71	17709.04	20075.38
制造业	Manufacturing	626301.63	211861.32	229385.19
电力、燃气及水的生产和供应业	Production and Distribution of Electricity, Gas and Water	9624.00	2020.00	3614.60
建筑业	Construction	30418.61	10586.30	7845.20
交通运输、仓储和邮政业	Transport, Storage and Post		175266.27	137166.92
信息传输、计算机服务和软件业	Information Transmission, Computer Services and Software		199961.76	119839.48
批发和零售业	Wholesale and Retail Trade		2460655.04	2152676.50
住宿和餐饮业	Hotels and Catering Services		856527.56	647776.44
金融业	Financial Intermediation		5560.00	4100.00
房地产业	Real Estate		2952.52	1346.20
租凭和商务服务业	Leasing and Business Services		33058.79	22696.88
科学研究、技术服务和地质勘查业	Scientific Research, Technical Services and Geologic Prospecting		183.40	78.70
水利、环境和公共设施管理业	Management of Water Conservancy, Environment and Public Facilities		590.00	413.00
居民服务和其他服务业	Services to Households and Other Services		760495.83	437468.09
教育	Education		5964.80	552.60
卫生、社会保障和社会福利业	Health, Social Security and Social Welfare		59274.15	28018.84
文化、体育和娱乐业	Culture, Sports and Entertainment		52169.94	70928.96
其他行业	Others		11943.45	5341.10

1-10 私营企业基本情况（2011）
Basic Conditions of Private Enterprises（2011）

行　业	Item	户 数（户）Number of Enterprises (unit)	投资者人 数（人）Number of Investor (person)	雇工人数（人）number of Engaged Persons (person)	注册资本（金）（万元）Registered Capital (10 000 yuan)
合　计	**Total**	**88741**	**174022**	**735756**	**18691494**
农林牧渔业	Agriculture, Forestry, Animal Husbandry and Fishery	3874	7676	35144	891044
采矿业	Mining	1232	2711	21227	571514
制造业	Manufacturing	10142	22803	136183	2341460
电力、燃气及水的生产和供应业	Production and Distribution of Electricity, Gas and Water	788	2517	9444	502236
建筑业	Construction	5186	10709	85874	1995167
交通运输、仓储和邮政业	Transport, Storage and Post	2408	5226	21571	332826
信息传输、计算机服务和软件业	Information Transmission, Computer Services and Software	3592	5725	16717	358629
批发和零售业	Wholesale and Retail Trade	40809	77869	261398	6017480
住宿和餐饮业	Hotels and Catering Services	2480	4008	38291	278526
金融业	Financial Intermediation	341	1532	2382	686946
房地产业	Real Estate	3818	7713	34874	2404360
租赁和商务服务业	Leasing and Business Services	7622	13961	31511	1385473
科学研究、技术服务和地质勘查业	Scientific Research, Technical Services and Geologic Prospecting	1455	2812	7393	403010
水利、环境和公共设施管理业	Management of Water Conservancy, Environment and Public Facilities	326	662	2236	92142
居民服务和其他服务业	Services to Households and Other Services	3149	5662	20443	291162
教育	Education	279	347	2085	16731
卫生、社会保障和社会福利业	Health, Social Security and Social Welfare	176	251	1410	22974
文化、体育和娱乐业	Culture, Sports and Entertainment	801	1358	4954	82556
其他行业	Others	263	480	2619	17258

1-10续表 continued

行　业	Item	总产值 (万元) Gross Output Value (10 000 yuan)	销售总额 (或营业收入) (万元) Sales Revenue (10 000 yuan)	社会消费品零售额 (万元) Retail Sales Value of Consumer Goods (10 000 yuan)
合　计	**Total**	**307507.18**	**616769.42**	**226737.09**
农林牧渔业	Agriculture, Forestry, Animal Husbandry and Fishery	8357.77	5769.40	1257.00
采矿业	Mining	80548.48	7264.40	443.00
制造业	Manufacturing	102348.68	46677.00	22275.00
电力、燃气及水的生产和供应业	Production and Distribution of Electricity, Gas and Water	12553.25	10312.00	1155.00
建筑业	Construction	103699.00	106279.00	15518.00
交通运输、仓储和邮政业	Transport, Storage and Post		4035.26	1701.00
信息传输、计算机服务和软件业	Information Transmission, Computer Services and Software		2847.66	866.00
批发和零售业	Wholesale and Retail Trade		298734.02	149098.09
住宿和餐饮业	Hotels and Catering Services		11891.00	6272.00
金融业	Financial Intermediation		67.00	
房地产业	Real Estate		88959.00	3540.00
租凭和商务服务业	Leasing and Business Services		4841.00	2785.00
科学研究、技术服务和地质勘查业	Scientific Research, Technical Services and Geologic Prospecting		241.00	36.00
水利、环境和公共设施管理业	Management of Water Conservancy, Environment and Public Facilities			
居民服务和其他服务业	Services to Households and Other Services		28249.68	21537.00
教育	Education		43.00	
卫生、社会保障和社会福利业	Health, Social Security and Social Welfare		172.00	147.00
文化、体育和娱乐业	Culture, Sports and Entertainment		387.00	107.00
其他行业	Others			

1-11 各地区私营企业从业人数 (2011)

Number of Engaged Persons in Private Enterprises at Year-end by Region (2011)

地　区	Region	户　数　（户） Number of Enterprises (unit)	从业人员　（人） number of Engaged Persons(person)
兰州市	Lanzhou	45383	363621
嘉峪关市	Jiayuguan		
金昌市	Jinchang	1804	30452
白银市	Baiyin	4547	54850
天水市	Tianshui	5659	74962
武威市	Wuwei	3666	37834
张掖市	Zhangye	3879	55328
平凉市	Pingliang	2772	32373
酒泉市	Jiuquan	5033	54342
庆阳市	Qingyang	3748	42688
定西市	Dingxi	2994	48880
陇南市	Longnan	3156	42868
临夏州	Linxia	2566	44945
甘南州	Gannan	882	10971

1-12 各地区个体从业人数 (2011)

Number of Self-employed Individuals at Year-end by Region (2011)

地　区	Region	个体户数（户） Number of Households (unit)	个体从业人员（人） Number of Engaged Persons (person)
兰州市	Lanzhou	117287	275755
嘉峪关市	Jiayuguan	11457	14918
金昌市	Jinchang	14934	25341
白银市	Baiyin	37912	59262
天水市	Tianshui	58643	137624
武威市	Wuwei	56632	116538
张掖市	Zhangye	36900	70763
平凉市	Pingliang	44332	69151
酒泉市	Jiuquan	35921	57232
庆阳市	Qingyang	45988	81394
定西市	Dingxi	59276	88472
陇南市	Longnan	52876	78253
临夏州	Linxia	32553	52226
甘南州	Gannan	15374	21839

主要统计指标解释

行政区划 指国家对行政区域的划分。根据有关法规规定，我国的行政区域划分如下：(1)全国分为省、自治区、直辖市；(2)省、自治区分为自治州、县、自治县、市；(3)自治州分为县、自治县、市；(4)县、自治县分为乡、民族乡、镇；(5)直辖市和较大的市分为区、县；(6)国家在必要时设立的特别行政区。

平均增长速度 平均增长速度表明社会经济现象在一个较长的时期内逐期平均增长变化的程度，它不能根据各个环比增长速度直接求得，但与平均发展速度之间存在着一定的数量关系：平均增长速度 = 平均发展速度 – 1。

平均发展速度是一种根据环比发展速度计算的序时平均数,由于各时期对比的基础不同，所以计算平均发展速度不能采用一般的序时平均数的计算方法，计算方法分为水平法和累计法。水平法，又称几何平均法，即将环比发展速度按连乘法用几何平均数公式计算。累计法，也称方程法，根据一段时期内各年发展水平总和与基期水平的关系，列出方程式计算平均发展速度。水平法着重考虑最后一年所达到的发展水平；累计法着重考虑整个时期累计发展水平的总量。

企业(单位)登记注册类型 是以在工商行政管理机关登记注册的各类企业为划分对象，以工商行政管理部门对企业登记注册的类型为依据，将企业登记注册类型分为内资企业、港澳台商投资企业和外商投资企业三大类。内资企业包括国有企业、集体企业、股份合作企业、联营企业、有限责任公司、股份有限公司、私营公司和其他企业；港澳台商投资企业和外商投资企业分别包括合资经营企业、合作经营企业、独资经营企业和股份有限公司。对不在工商行政管理部门进行登记注册的行政机关、事业单位和社会团体，主要按其经费来源和管理方式进行划分。

国有企业 指企业全部资产归国家所有，并按《中华人民共和国企业法人登记管理条例》规定登记注册的非公司制的经济组织。不包括有限责任公司中的国有独资公司。

集体企业 指企业资产归集体所有，并按《中华人民共和国企业法人登记管理条例》规定登记注册的经济组织。

股份合作企业 指以合作制为基础，由企业职工共同出资入股，吸收一定比例的社会资产投资组建，实行自主经营，自负盈亏，共同劳动，民主管理，按劳分配与按股分红相结合的一种集体经济组织。

联营企业 指两个及两个以上相同或不同所有制性质的企业法人或事业单位法人，按自愿、平等、互利的原则，共同投资组成的经济组织。联营企业包括国有联营企业、集体联营企业、国有与集体联营企业和其他联营企业。

有限责任公司 指根据《中华人民共和国公司登记管理条例》规定登记注册，由两个以上、五十个以下的股东共同出资，每个股东以其所认缴的出资额对公司承担有限责任，公司以其全部资产对其债务承担责任的经济组织。有限责任公司包括国有独资公司以及其他有限责任公司。

股份有限公司 指根据《中华人民共和国公司登记管理条例》规定登记注册，其全部注册资本由等额股份构成并通过发行股票筹集资本，股东以其认购的股份对公司承担有限责任，公司以其全部资产对其债务承担责任的经济组织。

私营企业 指由自然人投资设立或由自然人控股，以雇佣劳动为基础的营利性经济组织。包括按照《公司法》、《合伙企业法》、《私营企业暂行条例》规定登记注册的私营有限责任公司、私营股份有限公司、私营合伙企业和私营独资企业。

其他企业 指上述企业之外的其他内资经济组织。

与港澳台商合作经营企业 指港澳台地区投资者与内地企业依照《中华人民共和国中外合作经营企业法》及有关法律的规定，依照合作合同的约定进行投资或提供条件设立、分配利润和分担风险的企业。

港澳台商独资经营企业 指依照《中华人民共和国外资企业法》及有关法律的规定，在内地由港澳台地区投资者全额投资设立的企业。

港澳台商投资股份有限公司 指根据国家有关规定，经原外经贸部依法批准设立，其中港、澳、台商的股本占公司注册资本的比例达 25% 以上的股份有限公司。凡其中港、澳、台商的股本占公司注册资本的比例小于 25%的，属于内资企业中的股份有限公司。

中外合资经营企业 指外国企业或外国人与中国内地企业依照《中华人民共和国中外合资经营企业法》及有关法律的规定，按合同规定的比例投资设立、分享利润和分担风险的企业。

中外合作经营企业 指外国企业或外国人与中国内地企业依照《中华人民共和国中外合作经营企业法》及有关法律的规定，依照合作合同的约定进行投资或提供条件设立、分配利润和分担风险的企业。

外资企业 指依照《中华人民共和国外资企业法》及有关法律的规定，在中国内地由外国投资者全额投资设立的企业。

2

国民经济核算

National Accounts

简要说明

一、本篇资料主要内容

本篇资料主要包括甘肃省国民经济核算基本情况资料。

二、本篇资料来源

本篇资料由省统计局国民经济核算处汇总、加工整理。

1.地区生产总值数据是由省统计局国民经济核算处根据不同产业部门、不同支出构成的特点和资料来源情况而采用不同方法计算的。如果遇到普查，在能够获得更详细的基础资料的情况下，地区生产总值的历史数据还会发生变动。

2.由于采取分级核算，各地区数据相加不等于全省总计。

2-1 历年生产总值
Gansu Gross Regional Product

单位：亿元　　本表按当年价格计算。Data in this table are caculated at current prices.　　(100 million yuan)

年　份 Year	生产总值 Gross Regional Product	第一产业 Primary Industry	第二产业 Secondary Industry	工　业 Industry	建筑业 Construction	第三产业 Tertiary Industry	人均生产总值（元） Per Capita Gross Regional Product (yuan)
1978	64.73	13.21	39.04	34.66	4.38	12.48	348
1979	67.51	12.89	40.98	36.90	4.08	13.64	359
1980	73.90	16.46	39.85	35.25	4.60	17.59	388
1981	70.89	17.63	35.30	31.33	3.97	17.96	367
1982	76.88	19.68	38.54	33.63	4.91	18.66	393
1983	91.50	27.65	42.92	37.52	5.40	20.93	462
1984	103.17	27.83	49.98	43.65	6.33	25.36	515
1985	123.39	33.08	58.81	50.54	8.27	31.50	608
1986	140.74	38.02	65.27	56.01	9.26	37.45	684
1987	159.52	45.27	68.40	58.26	10.14	45.85	764
1988	191.84	52.77	81.33	67.28	14.05	57.74	905
1989	216.84	59.01	91.79	77.62	14.17	66.04	1007
1990	242.80	64.06	98.33	83.93	14.40	80.41	1099
1991	271.39	66.55	111.91	97.19	14.72	92.93	1204
1992	317.79	74.20	128.66	110.21	18.45	114.93	1384
1993	372.24	87.43	159.96	136.74	23.22	124.85	1600
1994	453.61	103.87	198.67	174.56	24.11	151.07	1921
1995	557.76	110.65	256.83	226.29	30.54	190.28	2316
1996	722.52	188.12	311.98	276.37	35.61	222.42	2946
1997	793.57	190.21	337.79	286.70	51.09	265.58	3199
1998	887.67	202.76	373.43	311.25	62.17	311.48	3541
1999	956.32	191.84	410.07	326.99	83.08	354.42	3778
2000	1052.88	194.10	421.65	327.60	94.04	437.13	4129
2001	1125.37	207.96	458.08	355.51	102.56	459.34	4386
2002	1232.03	215.51	501.69	389.38	112.31	514.83	4768
2003	1399.83	237.91	572.02	448.23	123.78	589.91	5429
2004	1688.49	286.78	713.30	574.00	139.30	688.41	6566
2005	1933.98	308.06	838.56	685.80	152.76	787.36	7477
2006	2277.35	334.00	1043.19	868.13	175.06	900.16	8945
2007	2703.98	387.55	1279.32	1063.84	215.48	1037.11	10614
2008	3166.82	462.27	1470.34	1188.78	281.56	1234.21	12421
2009	3387.56	497.05	1527.24	1203.70	323.54	1363.27	13269
2010	4120.75	599.28	1984.97	1602.87	382.10	1536.50	16113
2011	5020.37	678.75	2377.83	1923.95	453.88	1963.79	19595

注：1.1994年起为经普调整数。

2.2003年及以前年份第一产业不包括农林牧渔服务业；交通运输仓储和邮政业包括电信业，不包括城市公共交通业；批发与零售业包括餐饮业 (下表同)。

3.2006年、2007年根据农业普查结果进行了数据调整。

4.2008年、2009年根据第二次经济普查结果进行了数据调整。

a) Data are economic census adjustment data since 1994.

b) In 2003 and preceding years, the primary industry did not include service of agriculture, forestry, animal husbandry and fishery; Transport, storage and post included telecommunication services, but did not include urban public transport; Wholesale and retail trades included catering services. The same as the following table.

c) Data of 2006 and 2007 are adjusted according to the Second National Agricultural Census.

d)Data of 2008 and 2009 are adjusted again according to the Second National Economic Census.

2-2 历年生产总值构成
Composition of Gansu Gross Regional Product

单位：% 本表按当年价格计算。Data in this table are caculated at current prices. (%)

年份 Year	生产总值 Gross Regional Product	第一产业 Primary Industry	第二产业 Secondary Industry	工业 Industry	建筑业 Construction	第三产业 Tertiary Industry
1978	100	20.41	60.31	53.55	6.77	19.28
1979	100	19.09	60.70	54.66	6.04	20.20
1980	100	22.27	53.92	47.70	6.22	23.80
1981	100	24.87	49.80	44.20	5.60	25.34
1982	100	25.60	50.13	43.74	6.39	24.27
1983	100	30.22	46.91	41.01	5.90	22.87
1984	100	26.97	48.44	42.31	6.14	24.58
1985	100	26.81	47.66	40.96	6.70	25.53
1986	100	27.01	46.38	39.80	6.58	26.61
1987	100	28.38	42.88	36.52	6.36	28.74
1988	100	27.51	42.39	35.07	7.32	30.10
1989	100	27.21	42.33	35.80	6.53	30.46
1990	100	26.38	40.50	34.57	5.93	33.12
1991	100	24.52	41.24	35.81	5.42	34.24
1992	100	23.35	40.49	34.68	5.81	36.17
1993	100	23.49	42.97	36.73	6.24	33.54
1994	100	22.90	43.80	38.48	5.31	33.31
1995	100	19.84	46.05	40.57	5.48	34.12
1996	100	26.04	43.18	38.25	4.93	30.78
1997	100	23.97	42.57	36.13	6.44	33.47
1998	100	22.84	42.07	35.06	7.00	35.09
1999	100	20.06	42.88	34.19	8.69	37.06
2000	100	18.44	40.05	31.11	8.93	41.52
2001	100	18.48	40.70	31.59	9.11	40.82
2002	100	17.49	40.72	31.60	9.12	41.79
2003	100	17.00	40.86	32.02	8.84	42.14
2004	100	16.99	42.24	33.99	8.25	40.77
2005	100	15.93	43.36	35.46	7.90	40.71
2006	100	14.67	45.81	38.12	7.69	39.53
2007	100	14.33	47.31	39.34	7.97	38.35
2008	100	14.60	46.43	37.54	8.89	38.97
2009	100	14.67	45.08	35.53	9.55	40.24
2010	100	14.54	48.17	38.90	9.27	37.29
2011	100	13.52	47.36	38.32	9.04	39.12

2-3 历年生产总值指数（上年=100）
Indices of Gansu Gross Regional Product (preceding year=100)

本表按不变价格计算。Data in this table are caculated at constant prices.

年份 Year	生产总值 Gross Regional Product	第一产业 Primary Industry	第二产业 Secondary Industry	工业 Industry	建筑业 Construction	第三产业 Tertiary Industry	人均生产总值 Per Capita Gross Regional Product
1978	113.21	95.97	115.05	109.61	129.24	131.00	112.05
1979	101.41	87.43	104.89	106.45	97.21	108.88	100.04
1980	109.08	123.87	98.00	95.92	112.14	127.91	107.79
1981	91.56	93.83	85.90	84.07	86.29	102.79	90.32
1982	108.92	116.13	108.25	107.21	113.28	103.39	107.09
1983	114.86	112.64	113.14	112.07	119.42	110.13	113.41
1984	113.76	111.18	112.91	111.96	110.92	118.66	112.73
1985	113.19	108.13	113.51	110.30	129.78	118.20	111.81
1986	111.03	106.88	106.16	106.08	113.21	124.86	109.66
1987	108.92	106.54	102.41	101.94	103.42	122.05	107.21
1988	113.65	107.64	113.94	111.20	118.77	117.84	112.21
1989	108.75	105.99	109.75	108.79	108.23	109.33	106.52
1990	105.63	104.97	105.36	106.10	102.40	106.45	103.43
1991	106.57	101.61	108.99	108.90	108.90	107.70	104.49
1992	109.89	105.80	110.22	109.10	109.90	112.78	107.88
1993	111.57	108.81	113.58	114.10	110.20	111.09	110.08
1994	110.78	106.08	111.02	111.25	109.42	113.99	109.28
1995	110.36	103.15	109.99	110.09	109.29	115.87	108.23
1996	111.96	109.90	110.41	110.48	109.91	115.14	114.45
1997	109.08	98.06	110.02	110.26	108.31	114.52	103.59
1998	109.72	105.13	108.83	107.46	118.60	113.05	108.57
1999	109.03	99.48	108.48	97.67	178.65	114.15	107.99
2000	109.70	101.56	110.08	110.16	109.80	112.67	108.89
2001	109.76	107.56	109.51	109.99	107.84	110.99	109.07
2002	109.86	105.86	110.22	110.86	107.94	111.25	109.11
2003	110.74	105.48	111.73	112.86	107.62	111.96	110.98
2004	111.51	105.92	112.26	114.03	105.47	112.97	111.80
2005	111.84	105.80	113.15	115.25	104.47	112.82	111.20
2006	111.51	105.18	114.25	115.25	109.77	111.06	111.39
2007	112.30	104.18	116.80	116.50	118.50	110.50	112.28
2008	110.14	107.12	108.43	109.45	103.70	113.17	110.05
2009	110.29	105.10	111.02	110.46	113.79	111.18	110.15
2010	111.77	105.48	115.25	115.79	112.69	109.88	111.57
2011	112.52	105.90	115.21	116.30	110.63	111.63	112.32

2-4 历年生产总值指数 (1978=100)
Indices of Gansu Gross Regional Product （year of 1978=100）

本表按不变价格计算。Date in this table are calculated at constant prices.

年 份 Year	生产总值 Gross Regional Product	第一产业 Primary Industry	第二产业 Secondary Industry	工业 Industry	建筑业 Construction	第三产业 Tertiary Industry	人均生产总值 Per Capita Gross Regional Product
1979	101.41	87.43	104.89	106.45	97.21	108.88	100.04
1980	110.62	108.30	102.79	102.11	109.01	139.27	107.79
1981	101.28	101.62	88.30	85.84	94.07	143.15	97.39
1982	110.32	118.01	95.58	92.03	106.56	148.01	104.30
1983	126.71	132.92	108.14	103.14	127.25	163.00	118.29
1984	144.14	147.79	122.10	115.47	141.15	193.42	133.34
1985	163.16	159.80	138.60	127.37	183.18	228.62	149.08
1986	181.15	170.79	147.14	135.11	207.38	285.45	163.48
1987	197.31	181.96	150.68	137.73	214.47	348.39	175.26
1988	224.25	195.87	171.69	153.16	254.73	410.55	197.54
1989	243.87	207.60	188.43	166.62	275.69	448.85	210.42
1990	257.60	217.92	198.53	176.79	282.31	477.80	217.65
1991	274.52	221.43	216.38	192.52	307.43	514.59	227.41
1992	301.67	234.27	238.49	210.04	337.87	580.36	245.32
1993	336.57	254.91	270.88	239.65	372.33	644.72	270.05
1994	372.85	270.40	300.73	266.63	407.40	734.89	295.10
1995	411.47	278.92	330.76	293.52	445.24	851.50	319.40
1996	460.70	306.53	365.20	324.29	489.38	980.43	365.55
1997	502.53	300.58	401.79	357.58	530.03	1122.79	378.69
1998	551.38	316.01	437.26	384.26	628.61	1269.37	411.15
1999	601.19	314.36	474.33	375.31	1123.01	1448.94	444.00
2000	659.51	319.24	522.13	413.42	1233.08	1632.51	483.49
2001	723.91	343.37	571.80	454.73	1329.81	1811.86	527.32
2002	795.32	363.48	630.23	504.11	1435.41	2015.76	575.34
2003	880.74	383.39	704.17	568.93	1544.75	2256.85	638.53
2004	982.12	406.08	790.48	648.76	1629.28	2549.45	713.90
2005	1098.47	429.88	894.45	747.71	1702.06	2876.38	793.86
2006	1224.87	452.14	1021.89	861.71	1868.29	3194.61	884.29
2007	1375.50	470.23	1193.60	1004.00	2214.00	3530.00	992.86
2008	1514.98	503.71	1294.22	1098.88	2295.92	3994.90	1092.62
2009	1670.87	529.40	1436.84	1213.82	2612.53	4441.53	1203.54
2010	1867.53	558.41	1655.96	1405.48	2944.06	4880.35	1342.81
2011	2101.34	591.36	1907.83	1634.57	3257.01	5447.93	1508.24

2-5 历年第三产业增加值
Value-added of the Tertiary Industry

单位：亿元　　本表按当年价格计算。Data in this table are calculated at current prices.　　(100 million yuan)

年份 Year	第三产业 Tertiary Industry	#交通运输、仓储和邮政业 Transport,Storage and Post	#批发和零售业 Wholesale and Retail Trades	#住宿和餐饮业 Hotels and Catering Services	#金融业 Financial Intermediation	#房地产业 Real Estate
1978	12.48	3.23	4.55			
1979	13.64	3.26	4.83			
1980	17.59	3.27	6.86			
1981	17.96	3.50	7.07			
1982	18.66	3.74	7.18			
1983	20.93	4.07	8.63			
1984	25.36	5.14	10.16			
1985	31.50	7.36	11.40			
1986	37.45	9.33	12.71			
1987	45.85	10.67	15.67			
1988	57.74	10.94	22.55			
1989	66.04	11.82	29.08			
1990	80.41	12.01	30.64			
1991	92.93	12.45	31.17			
1992	114.93	14.18	39.15			
1993	124.85	15.03	43.11			
1994	151.07	21.40	50.17			
1995	190.28	28.72	66.99			
1996	222.42	33.66	78.86			
1997	265.58	43.74	89.54			
1998	311.48	52.20	98.34			
1999	354.42	60.26	107.15			
2000	437.13	78.38	112.81			
2001	459.34	89.00	121.28			
2002	514.83	107.01	129.91			
2003	589.91	124.99	140.18			
2004	688.41	121.91	117.54			
2005	787.36	144.70	130.78	53.53	44.73	63.78
2006	900.16	169.58	145.89	59.56	50.51	73.21
2007	1037.11	181.24	166.85	68.21	61.60	83.52
2008	1234.21	211.11	196.93	77.21	72.49	93.80
2009	1363.27	213.64	231.21	88.52	88.27	101.37
2010	1536.50	227.18	272.13	97.40	100.54	110.02
2011	1963.79	280.33	351.97	123.61	145.05	134.25

2-6 历年第三产业增加值构成
Composition of Value-added of the Tertiary Industry

单位：% 本表按当年价格计算。Data in this table are calculated at current prices. (%)

年 份 Year	第三产业 Tertiary Industry	#交通运输、仓储和邮政业 Transport,Storage and Post	#批发和零售业 Wholesale and Retail Trades	#住宿和餐饮业 Hotels and Catering Services	#金融业 Financial Intermediation	#房地产业 Real Estate
1978	100.00	25.88	36.46			
1979	100.00	23.90	35.41			
1980	100.00	18.59	39.00			
1981	100.00	19.49	39.37			
1982	100.00	20.04	38.48			
1983	100.00	19.45	41.23			
1984	100.00	20.27	40.06			
1985	100.00	23.37	36.19			
1986	100.00	24.91	33.94			
1987	100.00	23.27	34.18			
1988	100.00	18.95	39.05			
1989	100.00	17.90	44.03			
1990	100.00	14.94	38.10			
1991	100.00	13.40	33.54			
1992	100.00	12.34	34.06			
1993	100.00	12.04	34.53			
1994	100.00	14.16	33.21			
1995	100.00	15.09	35.20			
1996	100.00	15.14	35.46			
1997	100.00	16.47	33.72			
1998	100.00	16.76	31.57			
1999	100.00	17.00	30.23			
2000	100.00	17.93	25.81			
2001	100.00	19.38	26.40			
2002	100.00	20.79	25.23			
2003	100.00	21.19	23.76			
2004	100.00	17.71	17.07			
2005	100.00	18.38	16.61	6.80	5.68	8.10
2006	100.00	18.84	16.21	6.62	5.61	8.13
2007	100.00	17.48	16.09	6.58	5.94	8.05
2008	100.00	17.10	15.96	6.26	5.87	7.60
2009	100.00	15.67	16.96	6.49	6.47	7.44
2010	100.00	14.79	17.71	6.34	6.54	7.16
2011	100.00	14.27	17.92	6.29	7.39	6.84

2-7 历年第三产业增加值指数（上年＝100）
Indices of Value-added of the Tertiary Industry (preceding year=100)

本表按不变价格计算。Data in this table are calculated at constant prices.

年 份 Year	第三产业 Tertiary Industry	#交通运输、仓储和邮政业 Transport,Storage and Post	#批发和零售业 Wholesale and Retail Trades	#住宿和餐饮业 Hotels and Catering Services	#金融业 Financial Intermediation	#房地产业 Real Estate
1978	131.00	105.47	122.01			
1979	108.88	99.98	104.99			
1980	127.91	104.36	136.72			
1981	102.79	105.21	106.03			
1982	103.39	102.97	101.84			
1983	110.13	113.70	112.24			
1984	118.66	120.99	117.92			
1985	118.20	129.54	112.04			
1986	124.86	109.69	150.03			
1987	122.05	110.21	135.24			
1988	117.84	111.10	124.30			
1989	109.33	112.20	114.20			
1990	106.45	97.30	105.60			
1991	107.70	105.40	109.20			
1992	112.78	108.00	120.10			
1993	111.09	109.60	116.70			
1994	113.99	121.07	115.19			
1995	115.87	122.91	116.16			
1996	115.14	121.77	115.38			
1997	114.52	124.56	109.34			
1998	113.05	119.04	109.61			
1999	114.15	116.58	111.29			
2000	112.67	119.80	108.21			
2001	110.99	114.42	108.51			
2002	111.25	121.77	108.74			
2003	111.96	121.77	108.13			
2004	112.97	122.88	108.86			
2005	112.82	114.28	111.02	111.90	102.10	107.80
2006	111.06	107.57	110.23	110.00	110.20	110.70
2007	110.50	106.40	109.50	104.90	107.50	110.10
2008	113.17	107.99	109.38	99.11	109.38	101.38
2009	111.18	100.81	115.33	108.94	120.13	107.03
2010	109.88	103.75	112.73	103.72	109.56	103.47
2011	111.63	111.93	113.30	108.11	110.49	105.30

2-8 历年第三产业增加值指数（1978年＝100）
Indices of Value-added of the Tertiary Industry (year of 1978=100)

本表按不变价格计算。Data in this table are calculated at constant prices.

年份 Year	第三产业 Tertiary Industry	#交通运输、仓储和邮政业 Transport,Storage and Post	#批发和零售业 Wholesale and Retail Trades	#住宿和餐饮业 Hotels and Catering Services	#金融业 Financial Intermediation	#房地产业 Real Estate
1979	108.9	100.0	105.0			
1980	139.3	104.3	143.5			
1981	143.2	109.8	152.2			
1982	148.0	113.0	155.0			
1983	163.0	128.5	174.0			
1984	193.4	155.5	205.1			
1985	228.6	201.4	229.8			
1986	285.5	221.0	344.8			
1987	348.4	243.5	466.4			
1988	410.5	270.5	579.7			
1989	448.9	303.5	662.0			
1990	477.8	295.3	699.1			
1991	514.6	311.3	763.4			
1992	580.4	336.2	916.8			
1993	644.7	368.5	1069.9			
1994	734.9	446.1	1232.5			
1995	851.5	548.3	1431.7			
1996	980.4	667.7	1651.9			
1997	1122.8	831.7	1806.1			
1998	1269.4	990.0	1979.7			
1999	1448.9	1154.2	2203.2			
2000	1632.5	1382.6	2384.0			
2001	1811.9	1582.0	2586.7			
2002	2015.8	1926.4	2812.9			
2003	2256.8	2345.8	3041.5			
2004	2549.4	2882.4	3310.9			
2005	2876.4	3294.1	3675.9	100.0	100.0	100.0
2006	3194.6	3543.3	4051.9	110.0	110.2	110.7
2007	3530.0	3770.1	4436.9	115.4	118.5	121.9
2008	3994.9	4071.3	4853.0	114.4	129.6	123.6
2009	4441.5	4104.3	5597.0	124.6	155.7	132.3
2010	4880.4	4258.2	6309.5	129.2	170.6	136.9
2011	5448.0	4766.2	7148.7	139.7	188.5	144.2

注：住宿和餐饮业、金融业、房地产业均以2005年为不变价格计算。（2005年=100）。
a) Hotels and catering services, financial intermediation, real estate are all calculated at constant prices of 2005.

2-9 生产总值项目构成（2011）
Composition of Gansu Gross Regional Product by Item （2011）

单位：亿元　　　　(100 million yuan)

项　目	Item	增加值 Added Value	劳动者报酬 Compensa-tion of Employees	生产税净额 Net Taxes on Production	固定资产折旧 Depreciation of Fixed Asset	营业盈余 Operating Surplus
生产总值	**Gross Regional Product**	**5020.37**	**2307.07**	**909.98**	**855.36**	**947.95**
第一产业	Primary Industry	678.75	644.05		34.70	
第二产业	Secondary Industry	2377.83	690.39	676.52	451.04	559.88
工业	Industry	1923.95	486.18	602.81	414.80	420.16
建筑业	Construction	453.88	204.20	73.71	36.24	139.73
第三产业	Tertiary Industry	1963.79	972.64	233.46	369.62	388.07
交通运输、仓储及邮政业	Transport,Storage and Post	280.33	130.76	23.04	55.04	71.48
信息传输、计算机服务和软件业	Information Transmission,Computer Services and Software	136.99	25.41	9.96	72.37	29.25
批发和零售业	Wholesale and Retail Trades	351.97	37.54	140.24	12.45	161.74
住宿和餐饮业	Hotels and Catering Services	123.61	59.30	22.15	16.18	25.97
金融业	Financial Intermediation	145.05	44.30	20.43	5.92	74.41
房地产业	Real Estate	134.25	15.75	6.32	114.27	-2.08
科学研究、技术服务和地质勘查业	Scientific Research,Technical Services and Geologic Prospecting	65.90	37.52	2.49	20.49	5.40
水利、环境和公共设施管理业	Management of Water Conservancy, Environment and Public Facilities	27.75	18.08	0.18	6.91	2.58
教育	Education	180.50	168.04	0.24	12.22	0.00
卫生、社会保障和社会福利业	Health,Social Security and Social Welfare	87.57	80.25	0.25	4.64	2.42
文化、体育和娱乐业	Culture, Sports and Entertainment	27.83	20.03	1.61	3.94	2.25
公共管理和社会组织	Public Management and Social Organizatio	278.42	246.92	0.56	26.38	4.56

注：本表按新的国民经济行业划分标准统计。
a) Data in this table are counted according to the new classification criteria of national economy sector .

2-10 三次产业贡献率
Share of the Contributions of the Three Strata of Industry to the Increase of Gross Regional Product

单位：%　　本表按不变价格计算。Date in this table are calculated at constant prices.　　(%)

年 份 Year	生产总值 Gross Regional Product	第一产业 Primary Industry	第二产业 Secondary Industry	#工 业 Industry	第三产业 Tertiary Industry
1995	100	7.12	41.52	36.66	51.36
1996	100	18.10	37.35	32.90	44.55
1997	100	-4.59	46.70	41.88	57.89
1998	100	10.20	38.76	28.75	51.05
1999	100	-1.07	39.74	-9.46	61.33
2000	100	2.71	43.75	34.40	53.54
2001	100	14.27	39.02	31.84	46.71
2002	100	10.72	41.39	34.32	47.89
2003	100	8.88	43.78	37.67	47.34
2004	100	8.52	43.07	39.08	48.41
2005	100	7.89	45.20	42.21	46.91
2006	100	7.17	53.69	46.98	39.14
2007	100	4.87	60.57	48.93	34.56
2008	100	9.77	38.42	35.43	51.81
2009	100	6.81	48.69	38.34	44.50
2010	100	6.01	59.32	50.74	34.67
2011	100	6.86	58.51	50.64	34.63

注：产业贡献率指各产业增加值增量与生产总值增量之比。

a) Share of the contributions of the three strata of industry to the increase of gross regional product refers to the proportion of the increment of the value-added of each industry to the increment of GDP.

2-11 三次产业对生产总值增长的拉动
Contribution of the Three Strata of Industry to GDP Growth

单位：百分点　　本表按不变价格计算。Date in this table are calculated at constant prices.　　(perecentage points)

年 份 Year	生产总值 Gross Regional Product	第一产业 Primary Industry	第二产业 Secondary Industry	#工 业 Industry	第三产业 Tertiary Industry
1995	10.36	0.74	4.30	3.80	5.32
1996	11.96	2.17	4.47	3.94	5.33
1997	9.08	-0.42	4.24	3.80	5.26
1998	9.72	0.99	3.77	2.79	4.96
1999	9.03	-0.10	3.59	-0.85	5.54
2000	9.70	0.26	4.24	3.34	5.19
2001	9.76	1.39	3.81	3.11	4.56
2002	9.86	1.06	4.08	3.39	4.72
2003	10.74	0.95	4.70	4.05	5.08
2004	11.51	0.98	4.96	4.50	5.57
2005	11.84	0.93	5.35	5.00	5.55
2006	11.51	0.82	6.18	5.41	4.51
2007	12.30	0.60	7.45	6.02	4.25
2008	10.14	0.99	3.90	3.59	5.25
2009	10.29	0.70	5.01	3.95	4.58
2010	11.77	0.71	6.98	5.97	4.08
2011	12.52	0.86	7.32	6.34	4.34

注：三次产业拉动指生产总值增长速度与各产业贡献率之乘积。

a) Contribution of the three strata of industry to GDP growth refers to the growth rate of GDP multiplied by the contribution share of every industry.

2-12 历年按支出法计算的生产总值
Gansu Gross Regional Product by Expenditure Approach

本表按当年价格计算。Data in this table are caculated at current prices .

年 份 Year	支出法生产总值（亿元） Gross Regional Product by Expenditure Approach	最终消费 Final Consumption Expenditures	资本形成总额 Gross Capital Formation	货物和服务净出口 Net Exports of Goods and Services	投资率（%） Capital Formation Rate (%)	消费率（%） Final Corsumption Rate (%)
1978	64.73	43.12	30.73	-9.12	47.47	66.62
1979	67.51	46.57	30.04	-9.10	44.50	68.98
1980	73.90	53.77	24.38	-4.25	32.99	72.76
1981	70.89	57.24	22.32	-8.67	31.49	80.74
1982	76.88	61.32	25.34	-9.78	32.96	79.76
1983	91.50	68.10	31.58	-8.18	34.51	74.43
1984	103.17	73.43	35.46	-5.72	34.37	71.17
1985	123.39	86.23	47.16	-10.00	38.22	69.88
1986	140.74	104.24	60.02	-23.52	42.65	74.07
1987	159.52	119.56	62.02	-22.06	38.88	74.95
1988	191.84	139.60	77.57	-25.33	40.43	72.77
1989	216.84	158.00	90.06	-31.22	41.53	72.86
1990	242.80	170.20	104.91	-32.31	43.21	70.10
1991	271.39	195.73	113.17	-37.51	41.70	72.12
1992	317.79	227.96	130.90	-41.07	41.19	71.73
1993	372.24	263.00	152.27	-43.03	40.91	70.65
1994	453.61	322.59	177.10	-46.09	39.04	71.12
1995	557.76	385.35	221.20	-48.78	39.66	69.09
1996	722.52	503.16	277.46	-58.10	38.40	69.64
1997	793.57	543.95	323.18	-73.56	40.72	68.54
1998	887.67	563.03	366.34	-41.70	41.27	63.43
1999	956.32	592.61	413.12	-49.41	43.20	61.97
2000	1052.88	635.71	453.44	-36.27	43.07	60.38
2001	1125.37	702.29	523.05	-99.97	46.48	62.41
2002	1232.03	770.54	586.44	-124.95	47.60	62.54
2003	1399.83	863.46	672.98	-136.61	48.08	61.68
2004	1688.49	1047.66	817.23	-176.40	48.40	62.05
2005	1933.98	1217.63	916.96	-200.61	47.41	62.96
2006	2277.35	1367.12	1090.73	-180.50	47.89	60.03
2007	2703.98	1593.89	1322.52	-212.43	48.91	58.95
2008	3166.82	1897.06	1621.28	-351.52	51.20	59.90
2009	3387.56	2127.01	1915.97	-655.42	56.56	62.79
2010	4120.75	2462.03	2343.52	-684.80	56.87	59.75
2011	5020.37	2967.02	2872.27	-818.92	57.21	59.10

2-13 历年最终消费及构成
Final Consumption Expenditures and Its Composition

本表按当年价格计算。Data in this table are caculated at current prices .

年份 Year	最终消费（亿元） Final Consumption Expenditure (100 million yuan)	居民消费 Household Consumption	农村居民 Rural Household	城镇居民 Urban Household	政府消费 Government Consumption	最终消费=100 Final Consumption Expenditures=100		居民消费=100 Resident Consumption Expenditure=100	
						居民消费 Household Consumption	政府消费 Government Consumption	农村居民 Rural Household	城镇居民 Urban Household
1978	43.12	31.90	17.98	13.92	11.22	73.98	26.02	56.36	43.64
1979	46.57	34.98	19.74	15.24	11.59	75.11	24.89	56.43	43.57
1980	53.77	39.81	21.82	17.99	13.96	74.04	25.96	54.81	45.19
1981	57.24	42.74	24.50	18.24	14.50	74.67	25.33	57.32	42.68
1982	61.32	47.05	26.52	20.53	14.27	76.73	23.27	56.37	43.63
1983	68.10	51.54	29.44	22.10	16.56	75.68	24.32	57.12	42.88
1984	73.43	55.99	31.73	24.26	17.44	76.25	23.75	56.67	43.33
1985	86.23	66.10	37.98	28.12	20.13	76.66	23.34	57.46	42.54
1986	104.24	77.82	42.84	34.98	26.42	74.65	25.35	55.05	44.95
1987	119.56	90.63	49.94	40.69	28.93	75.80	24.20	55.10	44.90
1988	139.60	107.43	58.73	48.70	32.17	76.96	23.04	54.67	45.33
1989	158.00	120.26	67.34	52.92	37.74	76.11	23.89	56.00	44.00
1990	170.20	130.36	72.14	58.22	39.84	76.59	23.41	55.34	44.66
1991	195.73	147.60	82.55	65.05	48.13	75.41	24.59	55.93	44.07
1992	227.96	170.10	96.85	73.25	57.86	74.62	25.38	56.94	43.06
1993	263.00	194.69	105.48	89.21	68.31	74.03	25.97	54.18	45.82
1994	322.59	239.33	127.98	111.35	83.26	74.19	25.81	53.47	46.53
1995	385.35	291.08	151.39	139.69	94.27	75.54	24.46	52.01	47.99
1996	503.16	397.93	197.35	200.59	105.23	79.09	20.91	49.59	50.41
1997	543.95	430.74	196.38	234.37	113.21	79.19	20.81	45.59	54.41
1998	563.03	437.87	194.33	243.54	125.16	77.77	22.23	44.38	55.62
1999	592.61	460.49	195.83	264.66	132.13	77.70	22.30	42.53	57.47
2000	635.71	496.35	206.07	290.28	139.37	78.08	21.92	41.52	58.48
2001	702.29	538.73	218.26	320.46	163.57	76.71	23.29	40.51	59.49
2002	770.54	594.61	220.11	374.50	175.92	77.17	22.83	37.02	62.98
2003	863.46	668.37	244.85	423.52	195.08	77.41	22.59	36.63	63.37
2004	1047.66	775.53	277.09	498.44	272.13	74.02	25.98	35.73	64.27
2005	1217.63	893.15	331.22	561.93	324.48	73.35	26.65	37.08	62.92
2006	1367.12	970.01	332.90	637.11	397.11	70.95	29.05	34.32	65.68
2007	1593.89	1094.83	356.57	738.26	499.06	68.69	31.31	32.57	67.43
2008	1897.06	1261.14	424.29	836.85	635.92	66.48	33.52	33.64	66.36
2009	2127.01	1406.38	465.83	940.55	720.63	66.12	33.88	33.12	66.88
2010	2462.03	1594.37	515.54	1078.83	867.66	64.76	35.24	32.34	67.66
2011	2967.02	1919.68	645.60	1274.08	1047.34	64.70	35.30	33.63	66.37

2-14 历年资本形成及构成
Gross Capital Formation and Its Composition

本表按当年价格计算。Data in this table are caculated at current prices .

年 份 Year	资本形成总额（亿元） Gross Capital Formation (100 million yuan)	固定资本形成总额 Gross Fixed Capital Formation	存货增加 Change in Inventories	构成（资本形成总额为100） Composition（Total=100） 固定资本形成总额 Gross Fixed Capital Formation	存货增加 Change in Inventories
1978	30.73	28.16	2.57	91.64	8.36
1979	30.04	27.42	2.62	91.28	8.72
1980	24.38	22.18	2.2	90.98	9.02
1981	22.32	19.79	2.53	88.66	11.34
1982	25.34	21.87	3.47	86.31	13.69
1983	31.58	26.84	4.74	84.99	15.01
1984	35.46	29.65	5.81	83.62	16.38
1985	47.16	39.17	7.99	83.06	16.94
1986	60.02	45.83	14.19	76.36	23.64
1987	62.02	52.19	9.83	84.15	15.85
1988	77.57	53.64	23.93	69.15	30.85
1989	90.06	59.78	30.28	66.38	33.62
1990	104.91	67.19	37.72	64.05	35.95
1991	113.17	76.47	36.7	67.57	32.43
1992	130.9	85.73	45.17	65.49	34.51
1993	152.27	98.42	53.85	64.64	35.36
1994	177.10	116.57	60.54	65.82	34.18
1995	221.20	146.35	74.84	66.16	33.84
1996	277.46	188.67	88.79	68.00	32.00
1997	323.18	229.49	93.69	71.01	28.99
1998	366.34	258.10	108.24	70.45	29.55
1999	413.12	310.90	102.22	75.26	24.74
2000	453.44	373.90	79.54	82.46	17.54
2001	523.05	463.13	59.91	88.55	11.45
2002	586.44	534.75	51.70	91.18	8.82
2003	672.98	617.62	55.37	91.77	8.23
2004	817.23	756.02	61.21	92.51	7.49
2005	916.96	874.52	42.44	95.37	4.63
2006	1090.73	1027.78	62.95	94.23	5.77
2007	1322.52	1221.96	100.56	92.40	7.60
2008	1621.28	1493.47	127.81	92.12	7.88
2009	1915.97	1788.34	127.63	93.34	6.66
2010	2343.52	2177.89	165.63	92.93	7.07
2011	2872.27	2685.76	186.51	93.51	6.49

2-15 居民消费支出
Household Consumption Expenditure

单位：亿元　　本表按当年价格计算。Data in this table are caculated at current prices.　　(100 million yuan)

指　标	Item	2005	2008	2009	2010	2011
居民消费	**Resident Consumption**	**893.15**	**1261.14**	**1406.38**	**1594.37**	**1919.68**
农村居民	Rural Household	331.22	424.29	465.83	515.54	645.60
食　品	Food	157.04	193.73	191.77	216.90	242.77
衣　着	Clothing	16.88	23.03	26.41	30.38	38.68
居　住	Residence	20.32	32.01	34.81	52.65	39.69
家庭设备、用品及服务类	Household Facilities,Articles and Services		16.35	24.66	27.12	33.42
医疗保健	Health Care	20.84	37.88	58.71	65.27	89.20
交通和通讯类	Transportation and Communications		40.14	39.95	18.97	57.49
文教娱乐用品及服务	Recreation,Education,Culture Articles	47.15	37.61	36.50	39.25	45.90
银行中介服务消费支出	Financial Service		13.04	14.20	13.64	14.53
保险服务消费	Insurance Service		4.07	7.25	9.28	9.77
其他	Others		26.43	31.57	42.08	74.15
城镇居民	Urban Household	561.93	836.85	940.55	1078.83	1274.08
食　品	Food	178.43	267.10	293.52	336.16	400.90
衣　着	Clothing	61.14	85.80	102.20	114.02	140.93
居　住	Residence	51.63	70.99	70.01	82.63	109.26
家庭设备、用品及服务类	Household Facilities,Articles and Services		45.83	48.85	54.31	64.40
医疗保健	Health Care	37.33	81.85	92.73	102.56	88.76
交通和通讯类	Transportation and Communications		68.55	78.14	97.80	123.63
文教娱乐用品及服务	Recreation,Education,Culture Articles	71.49	78.55	89.60	103.25	111.03
银行中介服务消费支出	Financial Service		39.11	40.35	41.03	46.51
保险服务消费	Insurance Service		9.95	18.35	22.76	25.10
其他	Others		89.12	106.80	124.31	163.56

2-16 历年居民消费水平及指数
Household Consumption Level and Indices

本表绝对数按当年价格计算，指数按不变价格计算。

Level in this table are calculated at current prices, while indices are calculated at constant prices.

年 份 year	居民消费水平（元/人） Household Consumption Level (yuan/person)	农村居民 Rural Household	城镇居民 Urban Household	指数（1978年=100） Index (1978=100)	农村居民 Rural Household	城镇居民 Urban Household	指数（上年=100） Index (precceding year=100)	农村居民 Rural Household	城镇居民 Urban Household
1978	168.00	112.00	535.00	100.00	100.00	100.00	112.77	103.33	102.23
1980	208.00	133.00	647.00	115.09	120.43	122.03	111.59	103.70	114.74
1985	323.00	220.00	881.00	171.72	192.46	150.19	105.41	109.15	102.57
1990	590.00	392.00	1608.00	194.27	226.95	160.22	99.44	99.27	98.55
1991	655.00	440.00	1730.00	203.57	234.30	170.62	104.79	103.24	106.49
1992	741.00	508.00	1888.00	218.27	244.21	186.84	107.22	104.23	109.51
1993	837.00	547.00	2241.00	231.37	251.54	201.42	106.00	103.00	107.80
1994	1013.38	685.95	2245.06	248.37	278.20	206.85	107.35	110.60	102.70
1995	1208.76	817.05	2515.96	268.46	303.50	208.20	108.09	109.09	100.65
1996	1622.62	1049.18	3510.23	298.86	334.19	233.42	111.33	110.11	112.12
1997	1736.50	1035.69	4010.13	307.70	319.42	259.48	102.96	95.58	111.16
1998	1746.73	1016.87	4087.98	310.37	313.92	267.10	100.87	98.28	102.94
1999	1819.41	1017.46	4365.14	330.75	290.01	319.83	106.57	92.38	119.74
2000	1946.66	1063.96	4735.77	360.95	305.97	356.74	109.13	105.50	111.54
2001	2099.43	1123.04	5147.58	384.67	315.90	385.82	106.57	103.25	108.15
2002	2301.22	1139.42	5742.92	424.91	322.73	433.57	110.46	102.16	112.38
2003	2592.36	1295.01	6160.18	473.50	361.68	460.84	111.43	112.07	106.29
2004	3015.85	1496.51	6923.35	523.21	396.65	492.01	110.50	109.67	106.76
2005	3452.80	1811.55	7409.81	573.34	447.18	512.09	109.58	112.74	104.08
2006	3810.00	1883.00	8190.00	624.37	458.36	559.20	108.90	102.50	109.20
2007	4298.00	2048.00	9150.00	667.45	468.90	593.87	106.90	102.30	106.20
2008	4947.00	2480.00	9975.00	709.50	522.35	599.21	106.30	111.40	100.90
2009	5509.00	2774.00	10765.00	779.74	571.46	641.16	109.90	109.40	107.00
2010	6234.00	3126.00	11881.00	847.57	621.74	677.70	108.70	108.80	105.70
2011	7493.00	3977.00	13574.00	945.89	734.28	719.04	111.60	118.10	106.10

2-17 各地区生产总值（2011）
Gross Regional Product by Region（2011）

单位：万元 (10 000 yuan)

地 区	Region	地区生产总值 Gross Regional Product	第一产业 Primary Industry	第二产业 Secondary Industry	工业 Industry	建筑业 Construc-tion	第三产业 Tertiary Industry	#交通运输、仓储及邮政业 Transport, Storage and Post	#信息传输、计算机服务和软件业 Information Transmission, Computer Services and Software	#批发和零售业 Wholesale and Retail Trades
兰州市	Lanzhou	13600322	400023	6565480	4972480	1593000	6634819	890068	259796	1339461
嘉峪关市	Jiayuguan	2355352	30990	1929800	1870000	59800	394562	94982	38816	99451
金昌市	Jinchang	2323556	116011	1824012	1638630	185382	383533	41453	13042	67674
白银市	Baiyin	3758317	421455	2157212	1847687	309525	1179650	218549	66351	230552
天水市	Tianshui	3575508	670248	1421611	1019004	402607	1483649	260611	87103	284579
武威市	Wuwei	2728506	670000	1155346	810001	345345	903160	197960	24835	142761
张掖市	Zhangye	2568376	715533	960058	717800	242258	892785	143429	46290	160244
平凉市	Pingliang	2761872	570003	1333961	1089061	244900	857908	101375	69163	79537
酒泉市	Jiuquan	4815447	590075	2519593	2100000	419593	1705779	255825	59509	327348
庆阳市	Qingyang	4543451	582632	2879514	2636514	243000	1081305	113586	74524	148853
定西市	Dingxi	1869420	528863	518048	332148	185900	822509	123062	35432	97689
陇南市	Longnan	1976822	505295	605680	435577	170103	865847	119643	35059	83748
临夏州	Linxia	1287846	269313	399454	279254	120200	619079	36264	36027	60885
甘南州	Gannan	813356	189832	204801	184601	20200	418723	28570	8886	36176

2-17续表 continued

单位：万元 (10 000 yuan)

地 区	Region	#住宿和餐饮业 Hotels and Catering Services	#金融业 Financial Intermedia-tion	#房地产业 Real Estate	#科学研究、技术服务和地质勘查业 Scientific Research, Technical Services and Geologic Prospecting	#水利、环境和公共设施管理业 Management of Water Conservancy, En-vironment and Public Facilities	#教育 Education	#卫生、社会保障和社会福利业 Health, Social Security and Social Welfare	人均生产总值（元） Per Capita Gross Regional Product (yuan)
兰州市	Lanzhou	337112	521672	406288	348404	56462	524543	177689	37570
嘉峪关市	Jiayuguan	9398	33884	26074	1749	2874	15664	9521	101306
金昌市	Jinchang	22078	45408	21208	2515	3970	32603	16226	49974
白银市	Baiyin	61496	71520	61680	19482	14099	120036	94776	21956
天水市	Tianshui	65149	46420	134029	36820	10547	184515	54421	10931
武威市	Wuwei	22247	22822	97376	18550	18851	118168	46432	14994
张掖市	Zhangye	35874	51860	62685	11986	17600	90116	37374	21357
平凉市	Pingliang	34073	82957	88118	27417	7000	98197	41141	13320
酒泉市	Jiuquan	105572	101308	292675	41276	59640	95482	123355	43825
庆阳市	Qingyang	108456	54339	66879	9972	11266	161260	36512	20506
定西市	Dingxi	38650	34805	85906	10864	4475	120151	43078	6916
陇南市	Longnan	38964	61937	64273	13486	5749	126649	58110	7603
临夏州	Linxia	36148	31884	52193	9035	7255	83115	24467	6584
甘南州	Gannan	23994	29463	15834	5445	2476	59404	20732	11801

2-18 各地区生产总值构成（2011）

Composition of Gross Regional Product by Region（2011）

单位：%　　　　(%)

地　区	Region	地区生产总值 Gross Regional Product	第一产业 Primary Industry	第二产业 Secondary Industry	工业 Industry	建筑业 Construction	第三产业 Tertiary Industry	交通运输、仓储和邮政业 Transport, Storage and Post	批发和零售业 Wholesale and Retail Trades	住宿餐饮业 Hotels and Catering Services
兰州市	Lanzhou	100	2.94	48.28	36.56	11.72	48.78	6.54	9.85	2.48
嘉峪关市	Jiayuguan	100	1.32	81.93	79.39	2.54	16.75	4.03	4.22	0.40
金昌市	Jinchang	100	4.99	78.50	70.52	7.98	16.51	1.78	2.91	0.95
白银市	Baiyin	100	11.21	57.40	49.16	8.24	31.39	5.82	6.13	1.64
天水市	Tianshui	100	18.75	39.76	28.50	11.26	41.49	7.29	7.96	1.82
武威市	Wuwei	100	24.56	42.34	29.69	12.65	33.10	7.26	5.23	0.82
张掖市	Zhangye	100	27.86	37.38	27.95	9.43	34.76	5.58	6.24	1.40
平凉市	Pingliang	100	20.64	48.30	39.43	8.87	31.06	3.67	2.88	1.23
酒泉市	Jiuquan	100	12.26	52.32	43.61	8.71	35.42	5.31	6.80	2.19
庆阳市	Qingyang	100	12.82	63.38	58.03	5.35	23.80	2.50	3.28	2.39
定西市	Dingxi	100	28.29	27.71	17.77	9.94	44.00	6.58	5.23	2.07
陇南市	Longnan	100	25.56	30.64	22.04	8.60	43.80	6.05	4.24	1.97
临夏州	Linxia	100	20.91	31.02	21.69	9.33	48.07	2.82	4.73	2.81
甘南州	Gannan	100	23.34	25.18	22.70	2.48	51.48	3.51	4.45	2.95

2-19 各地区生产总值指数（2011）

Indices of Gross Regional Product by Region（2011）

（上年=100）　　　　(preceding year=100)

地　区	Region	地区生产总值 Gross Regional Product	第一产业 Primary Industry	第二产业 Secondary Industry	工业 Industry	建筑业 Construction	第三产业 Tertiary Industry	交通运输、仓储和邮政业 Transport, Storage and Post	批发和零售业 Wholesale and Retail Trades	住宿餐饮业 Hotel and Restaurants	人均生产总值 Per Capita Gross Regional Product
兰州市	Lanzhou	115.0	105.2	116.3	115.2	119.6	114.3	116.3	113.4	107.8	114.9
嘉峪关市	Jiayuguan	117.4	108.0	118.8	119.0	112.0	112.2	115.0	112.3	106.4	111.0
金昌市	Jinchang	115.7	105.5	117.1	117.6	112.2	112.0	120.7	114.2	110.1	115.4
白银市	Baiyin	113.6	106.6	115.5	117.4	105.8	113.0	109.1	110.6	106.4	115.1
天水市	Tianshui	112.0	107.6	114.8	114.6	115.2	111.5	112.0	113.3	112.3	111.7
武威市	Wuwei	113.1	105.3	118.6	124.3	107.6	112.9	112.0	117.0	111.1	119.1
张掖市	Zhangye	113.2	105.9	119.7	122.0	113.2	112.6	112.0	109.7	108.2	117.2
平凉市	Pingliang	114.0	106.6	118.3	119.7	112.3	112.6	111.6	108.0	111.9	113.8
酒泉市	Jiuquan	115.5	106.2	118.2	120.4	105.4	115.3	112.2	112.5	119.3	111.1
庆阳市	Qingyang	116.8	106.8	121.1	122.8	106.2	112.4	120.8	117.1	117.3	124.9
定西市	Dingxi	112.7	105.5	120.7	121.7	119.1	113.1	111.3	117.2	114.9	117.6
陇南市	Longnan	112.5	106.5	118.2	122.1	109.4	112.4	113.4	108.5	119.6	112.5
临夏州	Linxia	113.1	105.2	115.3	115.9	113.9	115.4	114.2	115.0	111.3	113.0
甘南州	Gannan	110.9	106.7	114.7	114.2	119.8	111.0	105.5	110.1	108.3	110.3

2-20 各地县生产总值（2011）

Gross Regional Product by Prefecture, County （2011）

单位：万元 (10 000 yuan)

地 区	Region	地区生产总值 Gross Regional Product	第一产业 Primary Industry	第二产业 Secondary Industry	工 业 Industry	建筑业 Construction
兰州市	**Lanzhou**	**13600322**	**400023**	**6565480**	**4972480**	**1593000**
城关区	Chengguan	4505743	11700	971000	441000	530000
七里河区	Qilihe	2444232	35200	1306001	1016149	289852
西固区	Xigu	2560004	29153	1913469	1666100	247369
安宁区	Anning	881615	2600	527500	409000	118500
红古区	Honggu	803283	60290	562671	483800	78871
永登县	Yongdeng	893990	98872	451266	353264	98002
皋兰县	Gaolan	322955	50114	190718	155118	35600
榆中县	Yuzhong	584502	112116	352384	302584	49800
嘉峪关市	**Jiayuguan**	**2355352**	**30990**	**1929800**	**1870000**	**59800**
金昌市	**Jinchang**	**2323556**	**116011**	**1824012**	**1638630**	**185382**
金川区	Jinchuan	1877976	22554	1604560	1445801	158759
永昌县	Yongchang	445578	93456	219452	192829	26623
白银市	**Baiyin**	**3758317**	**421455**	**2157212**	**1847687**	**309525**
白银区	Baiyin	1802903	42698	1144093	1005772	138321
平川区	Pingchuan	651797	20395	525646	491206	34440
靖远县	Jingyuan	472979	158670	140720	76774	63946
会宁县	Huining	401207	122477	130190	64000	66190
景泰县	Jingtai	433393	77216	224156	175386	48770
天水市	**Tianshui**	**3575508**	**670248**	**1421611**	**1019004**	**402607**
秦州区	Qinzhou	1203245	85430	599590	439075	160515
麦积区	Maiji	952743	90867	460327	386523	73804
清水县	Qingshui	244431	77174	54751	34683	20068
秦安县	Qinan	353326	125433	89201	49333	39868
甘谷县	Gangu	367803	109452	137071	66504	70567
武山县	Wushan	332373	128862	78476	44892	33584
张家川县	Zhangjiachuan	177129	42680	44065	32858	11207
武威市	**Wuwei**	**2728506**	**670000**	**1155346**	**810001**	**345345**
凉州区	Liangzhou	1761846	395717	754100	544299	209801
民勤县	Minqin	392805	154606	118669	75000	43669
古浪县	Gulang	284129	78462	121943	71014	50929
天祝县	Tianzhu	289880	40966	160800	119586	41214
张掖市	**Zhangye**	**2568376**	**715533**	**960058**	**717800**	**242258**

2-20续表 1 continued

单位：万元 (10 000 yuan)

地 区	Region	地区生产总值 Gross Regional Product	第一产业 Primary Industry	第二产业 Secondary Industry	工业 Industry	建筑业 Construction
甘州区	Ganzhou	1155362	295479	397316	282276	115040
肃南县	Sunan	193927	31433	128364	117844	10520
民乐县	Minle	269686	92536	92449	76313	16136
临泽县	Linze	314390	104824	114202	82927	31275
高台县	Gaotai	317304	126750	110905	81672	29233
山丹县	Shandan	320553	64510	131491	90632	40859
平凉市	**Pingliang**	**2761872**	**570003**	**1333961**	**1089061**	**244900**
崆峒区	Kongtong	860065	103537	347160	278386	68774
泾川县	Jingchuan	367021	118562	118834	80234	38600
灵台县	Lingtai	211000	79146	46854	27997	18857
崇信县	Chongxin	256370	44191	180045	174440	5605
华亭县	Huating	600910	50354	478140	470190	7950
庄浪县	Zhuanglang	213035	80844	49051	29201	19850
静宁县	Jingning	251319	93368	89541	55349	34192
酒泉市	**Jiuquan**	**4815447**	**590075**	**2519593**	**2100000**	**419593**
肃州区	Suzhou	1521782	191550	818519	715824	102695
金塔县	Jinta	458158	136533	136176	88410	47766
瓜州县	Guazhou	497002	68301	273384	156348	117036
肃北县	Subei	250528	3608	207672	200632	7040
阿克塞县	Akesai	87427	3551	54421	49814	4607
玉门市	Yumen	1247372	70063	848035	772297	75738
敦煌市	Dunhuang	628704	116467	182862	114316	68546
庆阳市	**Qingyang**	**4543451**	**582632**	**2879514**	**2636514**	**243000**
西峰区	Xifeng	1449225	89657	960000	816139	143861
庆城县	Qingcheng	652924	61304	505406	473158	32248
环 县	Huanxian	357640	53811	204065	191580	12485
华池县	Huachi	658659	35229	544397	519121	25276
合水县	Heshui	303237	52062	200067	199316	751
正宁县	Zhengning	182000	66730	17691	14374	3317
宁 县	Ningxian	372354	111239	116482	89670	26812
镇原县	Zhenyuan	364262	112599	108067	105748	2319
定西市	**Dingxi**	**1869420**	**528863**	**518048**	**332148**	**185900**
安定区	Anding	393381	83425	108990	70165	38825
通渭县	Tongwei	216287	80311	25746	11249	14497

2-20续表 2 continued

单位：万元 (10 000 yuan)

地 区	Region	地区生产总值 Gross Regional Product	第一产业 Primary Industry	第二产业 Secondary Industry	工业 Industry	建筑业 Construction
陇西县	Longxi	414939	88356	158372	129632	28740
渭源县	Weiyuan	161171	67187	20112	8250	11862
临洮县	Lintao	363783	104234	123586	67404	56182
漳 县	Zhangxian	109163	37840	19379	11972	7407
岷 县	Minxian	194085	67510	50551	29615	20936
陇南市	**Longnan**	**1976822**	**505295**	**605680**	**435577**	**170103**
武都区	Wudu	599686	103431	123888	48788	75100
成 县	Chengxian	328820	70291	136929	98966	37963
文 县	Wenxian	151077	39888	54332	44951	9381
宕昌县	Tanchang	127399	32518	34039	19339	14700
康 县	Kangxian	112015	32848	32246	29560	2686
西和县	Xihe	191579	48239	47100	36300	10800
礼 县	Lixian	197811	69184	51833	39813	12020
徽 县	Huixian	294153	92829	119828	80640	39188
两当县	Liangdang	43013	16068	4868	3821	1047
临夏州	**Linxia**	**1287846**	**269313**	**399454**	**279254**	**120200**
临夏市	linxia	321766	27107	71964	41659	30305
临夏县	linxia	188183	51986	29250	14944	14306
康乐县	Kangle	107582	36359	14208	6491	7717
永靖县	Yongjing	287279	44292	183129	158642	24487
广河县	Guanghe	108878	24196	32355	25761	6594
和政县	Hezheng	84689	29037	18188	7773	10415
东乡县	Dongxiang	97882	31812	20911	9831	11080
积石山县	Jishishan	84808	24535	9751	9751	
甘南州	**Gannan**	**813356**	**189832**	**204801**	**184601**	**20200**
合作市	Hezuo	190772	14100	37781	31878	5903
临潭县	Lintan	101453	21879	16367	13600	2767
卓尼县	Zhuoni	89149	26604	25019	24609	410
舟曲县	Zhouqu	89724	26746	14871	13605	1266
迭部县	Diebu	65673	16299	20328	13333	6995
玛曲县	Maqu	115028	32973	45118	44763	355
碌曲县	Luqu	58698	18939	21160	18911	2249
夏河县	Xiahe	104660	32290	24157	23902	255

2-20续表 3 continued

单位：万元 (10 000 yuan)

地　区	Region	第三产业 Tertiary Industry	#交通运输、仓储和邮政业 Transport,Storage and Post	#批发和零售业 Wholesale and Retail Trades	#住宿餐饮业 Hotels and Catering Services	人均生产总值（元） Per Capita Gross Regional Product (yuan)
兰州市	**Lanzhou**	**6634819**	**890068**	**1339461**	**337112**	**37570**
城关区	Chengguan	3523043	266837	817850	201115	46575
七里河区	Qilihe	1103031	216895	230938	48829	44032
西固区	Xigu	617382	98585	174709	37356	70137
安宁区	Anning	351515	2040	57491	16102	30900
红古区	Honggu	180322	60103	21030	13928	56769
永登县	Yongdeng	343852	139221	24006	17921	21358
皋兰县	Gaolan	82123	21647	8773	4551	17670
榆中县	Yuzhong	120002	17678	17448	13616	13383
嘉峪关市	**Jiayuguan**	**394562**	**94982**	**99451**	**9398**	**101306**
金昌市	**Jinchang**	**383533**	**41453**	**67674**	**22078**	**49974**
金川区	Jinchuan	250862	26776	50783	17252	81900
永昌县	Yongchang	132670	14677	16892	4826	18896
白银市	**Baiyin**	**1179650**	**218549**	**230552**	**61496**	**21956**
白银区	Baiyin	616112	113892	133568	43819	61053
平川区	Pingchuan	105756	15992	20708	5609	33792
靖远县	Jingyuan	173589	28129	30516	11652	10359
会宁县	Huining	148540	12549	17391	5038	7331
景泰县	Jingtai	132021	30303	34013	6995	19309
天水市	**Tianshui**	**1483649**	**260611**	**284579**	**65149**	**10931**
秦州区	Qinzhou	518225	31006	102585	40454	18641
麦积区	Maiji	401549	104650	102916	18207	17030
清水县	Qingshui	112506	21499	10992	3971	9121
秦安县	Qinan	138692	22378	31232	5144	6834
甘谷县	Gangu	121280	27251	35911	10915	6560
武山县	Wushan	125035	45840	17542	6134	7641
张家川县	Zhangjiachuan	90384	13623	12099	2513	6108
武威市	**Wuwei**	**903160**	**197960**	**142761**	**22247**	**14994**
凉州区	Liangzhou	612029	199297	78501	12287	17398
民勤县	Minqin	119530	10511	20835	4504	14299
古浪县	Gulang	83724	9486	8202	2381	7137
天祝县	Tianzhu	88114	9763	17485	2088	16506
张掖市	**Zhangye**	**892785**	**143429**	**160244**	**35874**	**21357**

2-20续表 4 continued

单位：万元 (10 000 yuan)

地 区	Region	第三产业 Tertiary Industry	#交通运输、仓储和邮政业 Transport,Storage and Post	#批发和零售业 Wholesale and Retail Trades	#住宿餐饮业 Hotels and Catering Services	人均生产总值（元） Per Capita Gross Regional Product (yuan)
甘州区	Ganzhou	462567	70014	92329	26664	22717
肃南县	Sunan	34130	2602	5194	1803	57375
民乐县	Minle	84701	6109	12795	1793	12231
临泽县	Linze	95364	24465	10875	4866	23357
高台县	Gaotai	79649	6251	11328	4208	22089
山丹县	Shandan	124552	24743	14669	4913	19799
平凉市	**Pingliang**	**857908**	**101375**	**79537**	**34073**	**13320**
崆峒区	Kongtong	409368	58464	45057	26193	16910
泾川县	Jingchuan	129625	16435	20830	7918	12916
灵台县	Lingtai	85000	15700	5114	1753	11581
崇信县	Chongxin	32134	3935	3356	756	25048
华亭县	Huating	72416	6725	13800	3118	31511
庄浪县	Zhuanglang	83140	9732	7056	2945	5564
静宁县	Jingning	68410	8158	6698	431	5927
酒泉市	**Jiuquan**	**1705779**	**255825**	**327348**	**105572**	**43825**
肃州区	Suzhou	511713	124750	100621	40704	35325
金塔县	Jinta	185448	32547	25189	9058	30957
瓜州县	Guazhou	155317	41769	30184	11865	38379
肃北县	Subei	39248	14846	4038	525	167019
阿克塞县	Akesai	29455	5291	3462	1300	100491
玉门市	Yumen	329274	21477	79061	14494	77766
敦煌市	Dunhuang	329375	61841	83669	37706	44306
庆阳市	**Qingyang**	**1081305**	**113586**	**148853**	**108456**	**20506**
西峰区	Xifeng	399568	56307	56062	44347	38349
庆城县	Qingcheng	86214	7385	6847	10408	24851
环 县	Huanxian	99764	7590	9846	9008	10113
华池县	Huachi	79033	8193	4741	5547	54435
合水县	Heshui	51108	4132	4863	4435	20784
正宁县	Zhengning	97579	8323	10695	9162	9597
宁 县	Ningxian	144633	11127	32904	12019	9167
镇原县	Zhenyuan	143596	13906	21254	10347	8650
定西市	**Dingxi**	**822509**	**123062**	**97689**	**38650**	**6916**
安定区	Anding	200966	31795	13834	5509	9340
通渭县	Tongwei	110230	14974	14878	3783	6180

2-20续表 5 continued

单位：万元 (10 000 yuan)

地　区	Region	第三产业 Tertiary Industry	#交通运输、仓储和邮政业 Transport,Storage and Post	#批发和零售业 Wholesale and Retail Trades	#住宿餐饮业 Hotel and Restaurants	人均生产总值（元） Per Capita Gross Regional Product (yuan)
陇西县	Longxi	168211	34725	32365	10159	9137
渭源县	Weiyuan	73872	7849	9413	4108	4966
临洮县	Lintao	135963	14323	19086	5842	7157
漳　县	Zhangxian	51944	4915	3268	1586	5648
岷　县	Minxian	76024	6963	7293	4039	4299
陇南市	**Longnan**	**865847**	**119643**	**83748**	**38964**	**7603**
武都区	Wudu	372366	60527	92617	18653	10249
成　县	Chengxian	121600	20406	23072	7164	13509
文　县	Wenxian	56857	4036	4985	2054	6119
宕昌县	Tanchang	60842	3891	9684	2542	4143
康　县	Kangxian	46921	4587	4748	1952	5993
西和县	Xihe	96240	12310	10278	3562	4625
礼　县	Lixian	76794	5623	9373	3864	4324
徽　县	Huixian	81496	13218	8156	6256	13250
两当县	Liangdang	22077	1100	1763	603	8551
临夏州	**Linxia**	**619079**	**36264**	**60885**	**36148**	**6584**
临夏市	linxia	222695	11725	26990	17229	11677
临夏县	linxia	106947	5872	7200	2015	5744
康乐县	Kangle	57015	4130	4516	3431	4570
永靖县	Yongjing	59858	5367	7565	6067	15905
广河县	Guanghe	52326	2742	7720	2633	4752
和政县	Hezheng	37464	2486	4268	1415	4551
东乡县	Dongxiang	45159	3259	719	887	3419
积石山县	Jishishan	50522	2653	5436	1770	3583
甘南州	**Gannan**	**418723**	**28570**	**36176**	**23994**	**11801**
合作市	Hezuo	138891	9109	9341	6916	20964
临潭县	Lintan	63207	6613	6220	2720	7432
卓尼县	Zhuoni	37526	2092	3321	2078	8783
舟曲县	Zhouqu	48107	5186	5076	2181	6849
迭部县	Diebu	29046	1680	2814	1774	10801
玛曲县	Maqu	36937	656	2876	2423	20895
碌曲县	Luqu	18599	1117	1773	1117	16396
夏河县	Xiahe	48213	5610	5297	3816	12029

2-21 各地县生产总值指数（2011）

Indices of Gross Regional Product by Prefecture, County （2011）

（上年=100） (preceding year=100)

地 区	Region	地区生产总值 Gross Regional Product	第一产业 Primary Industry	第二产业 Secondary Industry	工 业 Industry	建筑业 Construction
兰州市	**Lanzhou**	**115.0**	**105.2**	**116.3**	**115.2**	**119.6**
城关区	Chengguan	115.3	105.2	114.5	114.0	115.0
七里河区	Qilihe	115.6	104.9	117.0	118.4	112.2
西固区	Xigu	113.2	105.2	112.4	112.1	115.0
安宁区	Anning	119.7	104.9	122.9	125.6	116.0
红古区	Honggu	115.2	105.4	116.4	119.3	102.0
永登县	Yongdeng	116.6	105.1	120.6	121.6	117.0
皋兰县	Gaolan	116.6	105.6	120.5	121.4	116.6
榆中县	Yuzhong	115.2	105.2	119.6	121.7	110.8
嘉峪关市	**Jiayuguan**	**117.4**	**108.0**	**118.8**	**119.0**	**112.0**
金昌市	**Jinchang**	**115.7**	**105.5**	**117.1**	**117.6**	**112.2**
金川区	Jinchuan	116.3	105.3	117.1	117.6	111.5
永昌县	Yongchang	113.3	105.6	117.5	117.6	116.6
白银市	**Baiyin**	**113.6**	**106.6**	**115.5**	**117.4**	**105.8**
白银区	Baiyin	114.9	103.8	116.2	117.8	104.6
平川区	Pingchuan	114.5	105.5	115.2	115.9	107.2
靖远县	Jingyuan	113.4	106.4	118.8	117.6	120.4
会宁县	Huining	113.0	106.7	119.8	117.6	122.5
景泰县	Jingtai	114.6	106.4	119.6	118.7	122.8
天水市	**Tianshui**	**112.0**	**107.6**	**114.8**	**114.6**	**115.2**
秦州区	Qinzhou	113.0	107.8	115.6	115.3	116.5
麦积区	Maiji	111.7	107.5	112.3	112.1	113.5
清水县	Qingshui	110.5	107.2	115.0	116.0	113.2
秦安县	Qinan	110.5	107.6	116.8	116.3	117.4
甘谷县	Gangu	110.7	108.2	114.3	116.6	112.2
武山县	Wushan	111.8	108.5	117.0	116.8	117.3
张家川县	Zhangjiachuan	112.3	108.0	114.7	115.9	111.6
武威市	**Wuwei**	**113.1**	**105.3**	**118.6**	**124.3**	**107.6**
凉州区	Liangzhou	113.0	105.3	118.3	123.5	106.1
民勤县	Minqin	113.0	105.3	125.3	125.0	125.8
古浪县	Gulang	107.5	105.3	105.5	108.4	102.7
天祝县	Tianzhu	117.0	105.3	124.2	135.6	102.7
张掖市	**Zhangye**	**113.2**	**105.9**	**119.7**	**122.0**	**113.2**

2-21 续表 1 continued

（上年=100） (preceding year=100)

地 区	Region	地区生产总值 Gross Regional Product	第一产业 Primary Industry	第二产业 Secondary Industry	工业 Industry	建筑业 Construction
甘州区	Ganzhou	113.4	106.0	119.9	124.1	111.1
肃南县	Sunan	115.6	105.5	119.8	122.0	101.0
民乐县	Minle	113.0	105.5	118.5	118.0	121.5
临泽县	Linze	113.5	106.0	123.0	125.6	115.6
高台县	Gaotai	113.5	105.9	124.3	126.3	118.6
山丹县	Shandan	113.5	105.5	119.9	122.1	114.9
平凉市	**Pingliang**	**114.0**	**106.6**	**118.3**	**119.7**	**112.3**
崆峒区	Kongtong	114.1	106.6	120.4	126.5	99.1
泾川县	Jingchuan	114.0	106.7	127.5	132.8	117.5
灵台县	Lingtai	115.1	106.6	133.7	131.2	137.7
崇信县	Chongxin	122.0	106.6	129.8	131.0	104.7
华亭县	Huating	120.0	106.6	122.3	121.2	274.5
庄浪县	Zhuanglang	114.0	106.8	128.6	134.9	120.0
静宁县	Jingning	114.6	106.9	123.4	126.4	117.9
酒泉市	**Jiuquan**	**115.5**	**106.2**	**118.2**	**120.4**	**105.4**
肃州区	Suzhou	112.3	106.6	114.4	117.0	98.0
金塔县	Jinta	115.1	105.7	138.4	138.7	137.9
瓜州县	Guazhou	116.7	106.1	125.2	132.0	118.1
肃北县	Subei	115.8	107.1	117.7	119.3	97.0
阿克塞县	Akesai	117.0	104.6	116.9	128.5	78.6
玉门市	Yumen	112.4	106.3	112.6	116.3	82.6
敦煌市	Dunhuang	115.2	105.9	121.2	129.1	110.2
庆阳市	**Qingyang**	**116.8**	**106.8**	**121.1**	**122.8**	**106.2**
西峰区	Xifeng	130.3	106.2	140.5	140.8	138.7
庆城县	Qingcheng	113.7	105.8	115.0	116.9	95.7
环 县	Huanxian	127.2	106.4	145.0	148.3	116.7
华池县	Huachi	109.5	107.6	108.8	107.7	147.6
合水县	Heshui	121.4	106.8	130.2	141.2	7.4
正宁县	Zhengning	115.2	106.9	82.9	102.8	72.5
宁 县	Ningxian	121.3	107.0	130.0	131.8	141.3
镇原县	Zhenyuan	120.2	107.1	130.0	131.3	15.9
定西市	**Dingxi**	**112.7**	**105.5**	**120.7**	**121.7**	**119.1**
安定区	Anding	113.8	105.2	120.7	121.7	119.0
通渭县	Tongwei	113.2	106.7	123.9	127.5	121.4

2-21 续表 2 continued

（上年=100） (preceding year=100)

地　区	Region	地区生产总值 Gross Regional Product	第一产业 Primary Industry	第二产业 Secondary Industry	工业 Industry	建筑业 Construction
陇西县	Longxi	113.5	105.2	119.9	119.6	121.4
渭源县	Weiyuan	112.8	105.5	133.8	131.5	135.4
临洮县	Lintao	115.1	105.8	125.0	129.2	120.4
漳　县	Zhangxian	113.8	106.2	135.4	156.3	112.1
岷　县	Minxian	113.9	107.2	125.4	125.6	125.1
陇南市	**Longnan**	**112.5**	**106.5**	**118.2**	**122.1**	**109.4**
武都区	Wudu	113.5	106.0	118.6	131.2	115.2
成　县	Chengxian	113.2	105.8	117.5	120.4	111.3
文　县	Wenxian	110.2	106.2	110.0	109.3	116.4
宕昌县	Tanchang	112.8	106.3	119.9	129.7	108.6
康　县	Kangxian	112.0	106.2	116.2	116.8	110.0
西和县	Xihe	112.9	106.2	119.3	121.7	109.3
礼　县	Lixian	110.3	106.3	111.4	110.4	115.0
徽　县	Huixian	112.1	105.6	116.9	124.3	105.4
两当县	Liangdang	109.8	107.0	112.4	109.6	122.9
临夏州	**Linxia**	**113.1**	**105.2**	**115.3**	**115.9**	**113.9**
临夏市	linxia	113.0	104.4	104.6	116.3	92.2
临夏县	linxia	114.1	105.5	117.8	118.0	117.7
康乐县	Kangle	114.0	105.5	125.2	123.9	126.4
永靖县	Yongjing	113.1	104.0	112.8	111.0	125.2
广河县	Guanghe	113.8	104.4	117.1	120.7	105.3
和政县	Hezheng	107.3	105.1	120.1	128.1	115.0
东乡县	Dongxiang	115.6	105.3	126.2	118.8	133.3
积石山县	Jishishan	115.3	104.3	116.7	116.7	
甘南州	**Gannan**	**110.9**	**106.7**	**114.7**	**114.2**	**119.8**
合作市	Hezuo	115.3	106.4	117.7	116.1	127.9
临潭县	Lintan	113.3	107.6	124.2	128.3	107.0
卓尼县	Zhuoni	109.8	106.7	115.2	115.3	109.4
舟曲县	Zhouqu	115.3	106.8	113.7	115.3	100.4
迭部县	Diebu	112.7	106.3	115.8	110.9	124.2
玛曲县	Maqu	105.5	106.5	101.2	101.2	101.2
碌曲县	Luqu	110.1	106.5	115.2	115.6	111.4
夏河县	Xiahe	113.5	106.7	124.5	124.4	133.8

2-21 续表 3 continued

（上年=100） (preceding year=100)

地 区	Region	第三产业 Tertiary Industry	#交通运输、仓储和邮政业 Transport,Storage and Post	#批发和零售业 Wholesale and Retail Trades	#住宿餐饮业 Hotels and Catering Services	人均生产总值 Per Capita Gross Regional Product
兰州市	**Lanzhou**	**114.3**	**116.3**	**113.4**	**107.8**	**114.9**
城关区	Chengguan	115.5	111.5	117.5	110.0	115.4
七里河区	Qilihe	114.2	111.8	127.6	114.1	113.8
西固区	Xigu	115.5	110.0	121.7	107.3	111.6
安宁区	Anning	115.3	112.1	122.4	109.7	120.0
红古区	Honggu	115.0	116.7	113.7	109.2	115.2
永登县	Yongdeng	115.1	114.8	116.7	120.6	116.0
皋兰县	Gaolan	115.0	120.9	110.2	117.3	115.4
榆中县	Yuzhong	114.8	104.5	119.6	119.7	114.0
嘉峪关市	**Jiayuguan**	**112.2**	**115.0**	**112.3**	**106.4**	**111.0**
金昌市	**Jinchang**	**112.0**	**120.7**	**114.2**	**110.1**	**115.4**
金川区	Jinchuan	112.4	127.4	115.1	108.7	115.8
永昌县	Yongchang	111.2	110.1	111.5	115.5	113.2
白银市	**Baiyin**	**113.0**	**109.1**	**110.6**	**106.4**	**115.1**
白银区	Baiyin	113.4	109.4	113.3	111.4	113.0
平川区	Pingchuan	113.1	123.7	105.0	110.0	114.1
靖远县	Jingyuan	116.2	115.8	116.2	106.9	113.0
会宁县	Huining	113.0	112.4	111.3	118.5	117.1
景泰县	Jingtai	113.0	110.9	116.7	115.8	116.6
天水市	**Tianshui**	**111.5**	**112.0**	**113.3**	**112.3**	**111.7**
秦州区	Qinzhou	111.2	110.8	114.2	111.7	112.8
麦积区	Maiji	112.1	110.1	113.4	117.0	111.2
清水县	Qingshui	110.9	113.6	109.6	111.7	110.5
秦安县	Qinan	109.6	109.4	119.1	116.3	110.3
甘谷县	Gangu	109.1	110.8	111.0	116.0	110.0
武山县	Wushan	112.5	111.3	111.5	115.9	111.7
张家川县	Zhangjiachuan	113.5	110.8	109.8	113.4	110.8
武威市	**Wuwei**	**112.9**	**112.0**	**117.0**	**111.1**	**119.1**
凉州区	Liangzhou	112.0	111.9	112.8	108.5	116.6
民勤县	Minqin	113.0	116.3	115.7	112.7	119.4
古浪县	Gulang	112.4	114.3	110.1	109.3	115.0
天祝县	Tianzhu	112.5	112.4	122.1	114.1	121.6
张掖市	**Zhangye**	**112.6**	**112.0**	**109.7**	**108.2**	**117.2**

2-21 续表 4 continued

（上年=100）　　(preceding year=100)

地　区	Region	第三产业 Tertiary Industry	#交通运输、仓储和邮政业 Transport, Storage and Post	#批发和零售业 Wholesale and Retail Trades	#住宿餐饮业 Hotels and Catering Services	人均生产总值 Per Capita Gross Regional Product
甘州区	Ganzhou	113.5	113.0	111.6	107.8	112.8
肃南县	Sunan	110.5	111.9	104.1	105.5	120.2
民乐县	Minle	113.0	101.6	104.2	103.8	113.0
临泽县	Linze	110.4	107.1	103.8	105.4	115.5
高台县	Gaotai	113.0	116.1	109.5	113.7	112.1
山丹县	Shandan	113.0	117.7	114.6	106.1	125.7
平凉市	**Pingliang**	**112.6**	**111.6**	**108.0**	**111.9**	**113.8**
崆峒区	Kongtong	110.9	111.9	107.1	112.7	113.3
泾川县	Jingchuan	110.4	103.0	149.4	116.7	122.0
灵台县	Lingtai	114.6	112.0	109.4	109.9	114.0
崇信县	Chongxin	113.8	114.5	113.1	112.1	120.1
华亭县	Huating	115.9	116.0	109.0	109.1	117.8
庄浪县	Zhuanglang	112.8	113.5	109.4	113.6	114.0
静宁县	Jingning	115.2	111.2	108.6	111.8	115.0
酒泉市	**Jiuquan**	**115.3**	**112.2**	**112.5**	**119.3**	**111.1**
肃州区	Suzhou	111.1	114.0	113.0	115.7	105.3
金塔县	Jinta	111.3	122.1	111.0	106.6	113.6
瓜州县	Guazhou	113.7	118.2	112.5	121.7	116.0
肃北县	Subei	112.5	114.2	110.1	101.0	115.8
阿克塞县	Akesai	117.9	112.3	104.9	109.7	114.3
玉门市	Yumen	113.6	103.8	106.2	120.7	112.1
敦煌市	Dunhuang	116.0	114.3	122.1	119.5	114.8
庆阳市	**Qingyang**	**112.4**	**120.8**	**117.1**	**117.3**	**124.9**
西峰区	Xifeng	115.8	114.1	118.2	115.3	125.4
庆城县	Qingcheng	113.0	114.2	116.5	112.9	113.0
环　县	Huanxian	112.1	107.5	120.5	129.4	114.9
华池县	Huachi	113.9	110.1	114.9	115.6	130.3
合水县	Heshui	113.4	105.1	108.8	112.4	122.0
正宁县	Zhengning	115.9	133.9	124.5	124.6	109.2
宁　县	Ningxian	115.5	115.4	119.9	115.5	118.9
镇原县	Zhenyuan	137.9	137.4	138.6	138.3	125.9
定西市	**Dingxi**	**113.1**	**111.3**	**117.2**	**114.9**	**117.6**
安定区	Anding	114.4	114.1	116.5	110.6	113.7
通渭县	Tongwei	115.6	112.6	117.6	113.5	136.2

2-21 续表 5 continued

（上年=100） (preceding year=100)

地 区	Region	第三产业 Tertiary Industry	#交通运输、仓储和邮政业 Transport,Storage and Post	#批发和零售业 Wholesale and Retail Trades	#住宿餐饮业 Hotels and Catering Services	人均生产总值 Per Capita Gross Regional Product
陇西县	Longxi	113.0	110.6	112.8	110.4	117.6
渭源县	Weiyuan	115.7	112.6	113.5	113.5	112.8
临洮县	Lintao	115.0	114.8	118.0	117.3	120.7
漳 县	Zhangxian	113.4	113.9	114.9	114.4	113.4
岷 县	Minxian	113.5	113.1	116.0	111.4	112.9
陇南市	**Longnan**	**112.4**	**113.4**	**108.5**	**119.6**	**112.5**
武都区	Wudu	114.3	113.9	113.2	112.3	122.0
成 县	Chengxian	112.7	98.1	115.8	111.5	119.0
文 县	Wenxian	113.4	112.0	111.8	121.3	113.0
宕昌县	Tanchang	112.8	117.6	112.7	118.0	116.0
康 县	Kangxian	113.3	115.1	112.6	114.0	115.0
西和县	Xihe	113.2	112.0	115.4	116.2	108.0
礼 县	Lixian	113.7	113.0	117.1	116.6	110.0
徽 县	Huixian	121.1	117.1	116.8	116.4	112.1
两当县	Liangdang	111.5	112.1	109.2	108.1	110.2
临夏州	**Linxia**	**115.4**	**114.2**	**115.0**	**111.3**	**113.0**
临夏市	linxia	117.1	112.3	111.7	108.4	113.0
临夏县	linxia	117.3	116.4	116.8	108.2	114.3
康乐县	Kangle	117.6	119.9	112.8	110.5	114.0
永靖县	Yongjing	117.8	109.7	109.6	112.1	116.0
广河县	Guanghe	116.4	113.1	110.7	112.7	114.8
和政县	Hezheng	103.8	116.3	111.8	123.6	107.0
东乡县	Dongxiang	119.1	109.9	103.8	78.2	116.0
积石山县	Jishishan	121.1	111.4	113.7	142.6	114.7
甘南州	**Gannan**	**111.0**	**105.5**	**110.1**	**108.3**	**110.3**
合作市	Hezuo	115.6	103.4	105.4	103.0	114.2
临潭县	Lintan	112.8	104.1	105.0	115.2	117.0
卓尼县	Zhuoni	108.8	102.1	109.0	96.4	110.0
舟曲县	Zhouqu	120.7	104.6	105.3	143.5	116.6
迭部县	Diebu	114.5	102.1	111.2	113.3	112.7
玛曲县	Maqu	109.2	103.0	105.5	102.3	104.7
碌曲县	Luqu	108.0	102.7	104.3	97.0	110.1
夏河县	Xiahe	112.8	102.6	105.6	100.4	113.5

主要统计指标解释

国内生产总值(GDP) 指按市场价格计算的一个国家(或地区)所有常住单位在一定时期内生产活动的最终成果。国内生产总值有三种表现形态，即价值形态、收入形态和产品形态。从价值形态看，它是所有常住单位在一定时期内生产的全部货物和服务价值超过同期投入的全部非固定资产货物和服务价值的差额，即所有常住单位的增加值之和；从收入形态看，它是所有常住单位在一定时期内创造并分配给常住单位和非常住单位的初次收入之和；从产品形态看，它是所有常住单位在一定时期内最终使用的货物和服务价值减去货物和服务进口价值。在实际核算中，国内生产总值有三种计算方法，即生产法、收入法和支出法。三种方法分别从不同的方面反映国内生产总值及其构成。

对于一个地区来说，称为地区生产总值或地区 GDP。

三次产业 三产业的划分是世界上较为常用的产业结构分类，但各国的划分不尽一致。我国的三次产业划分是：

第一产业是指农业、林业、畜牧业、渔业和农林牧渔服务业。

第二产业是指采矿业，制造业，电力、煤气及水的生产和供应业，建筑业。

第三产业是指除第一、二产业以外的其他行业。

劳动者报酬 指劳动者因从事生产活动所获得的全部报酬。包括劳动者获得的各种形式的工资、奖金和津贴，既包括货币形式的，也包括实物形式的，还包括劳动者所享受的公费医疗和医药卫生费、上下班交通补贴、单位支付的社会保险费、住房公积金等。

生产税净额 指生产税减生产补贴后的余额。生产税指政府对生产单位从事生产、销售和经营活动以及因从事生产活动使用某些生产要素(如固定资产、土地、劳动力)所征收的各种税、附加费和规费。生产补贴与生产税相反，指政府对生产单位的单方面转移支出，因此视为负生产税，包括政策亏损补贴、价格补贴等。

固定资产折旧 指一定时期内为弥补固定资产损耗按照规定的固定资产折旧率提取的固定资产折旧，或按国民经济核算统一规定的折旧率虚拟计算的固定资产折旧。它反映了固定资产在当期生产中的转移价值。各类企业和企业化管理的事业单位的固定资产折旧是指实际计提的折旧费；不计提折旧的政府机关、非企业化管理的事业单位和居民住房的固定资产折旧是按照统一规定的折旧率和固定资产原值计算的虚拟折旧。原则上，固定资产折旧应按固定资产当期的重置价值计算，但是目前我国尚不具备对全社会固定资产进行重估价的基础，所以暂时只能采用上述办法。

营业盈余 指常住单位创造的增加值扣除劳动者报酬、生产税净额和固定资产折旧后的余额。它相当于企业的营业利润加上生产补贴，但要扣除从利润中开支的工资和福利等。

支出法国内生产总值 是从最终使用的角度反映一个国家(或地区)一定时期内生产活动最终成果的一种方法，包括最终消费支出、资本形成总额及货物和服务净出口三部分。计算公式为：

支出法国内生产总值=最终消费支出+资本形成总额+货物和服务净出口

最终消费支出 指常住单位为满足物质、文化和精神生活的需要，从本国经济领土和国外购买的货物和服务的支出。它不包括非常住单位在本国经济领土内的消费支出。最终消费支出分为居民消费支出和政府消费支出。

居民消费支出 指常住住户在一定时期内对于货物和服务的全部最终消费支出。居民消费支出除了直接以货币形式购买的货物和服务的消费支出外，还包括以其他方式获得的货物和服务的消费支出，即所谓的虚拟消费支出。居民虚拟消费支出包括如下几种类型：单位以实物报酬及实物转移的形式提供给劳动者的货物和服务；住户生产并由本住户消费了的货物和服务，其中的服务仅指住户的自有住房服务和付酬的家庭雇员提供的家庭和个人服务；金融机构提供的金融媒介服务。

政府消费支出 指政府部门为全社会提供的公共服务的消费支出和免费或以较低的价格向居民住户提供的货物和服务的净支出，前者等于政府服务的产出价值减去政府单位所获得的经营收入的价值，后者等于政府部门免费或以较低价格向居民住户提供的货物和服务的市场价值减去向住户收取的价值。

资本形成总额 指常住单位在一定时期内获得减去处置的固定资产和存货的净额，包括固定资本形成总额和存货增加两部分。

固定资本形成总额 指常住单位在一定时期内获得的固定资产减处置的固定资产的价值总额。固定资产是通过生产活动生产出来的，且其使用年限在一年以上、单位价值在规定标准以上的资产，不包括自然资产。可分为有形固定资本形成总额和无形固定资本形成总额。有形固定资本形成总额包括一定时期内完成的建筑工程、安装工程和设备工器具购置(减处置)价值，以及土地改良、新增役、种、奶、毛、娱乐用牲畜和新增经济林木价值。无形固定资本形成总额包括矿藏的勘探、计算机软件等获得减处置。

存货增加 指常住单位在一定时期内存货实物量变动的市场价值，即期末价值减期初价值的差额，再扣除当期由于价格变动而产生的持有收益。存货增加可以是正值，也可以是负值，正值表示存货上升，负值表示存货下降。存货包括生产单位购进的原材料、燃料和储备物资等存货，以及生产单位生产的产成品、在制品和半成品等存货。

货物和服务净出口 指货物和服务出口减货物和服务进口的差额。出口包括常住单位向非常住单位出售或无偿转让的各种货物和服务的价值；进口包括常住单位从非常住单位购买或无偿得到的各种货物和服务的价值。由于服务活动的提供与使用同时发生，一般把常住单位从非常住单位得到的服务作为进口，非常住单位从常住单位得到的服务作为出口。货物的出口和进口都按离岸价格计算。

3 人口

Population

简要说明

一、本篇资料主要内容

本篇资料主要包括甘肃省 2011 年及历年人口方面的基本情况；计划生育情况。

二、本篇资料来源

1.本篇资料由省统计局人口与就业处整理。

2.总人口指当地户籍人口与户口待定人口之和，包括户籍外出人口，不包括外来人口。

3.常住人口是指实际经常居住在某地区半年以上的人口，包括离开户籍地半年以上的外来人口，不包括当地户籍外出半年以上的外出人口。常住人口包括：居住在本乡镇街道、户口在本乡镇街道或户口待定的人；居住在本乡镇街道、离开户口所在乡镇街道半年以上的人；户口在本乡镇街道、外出不满半年或在境外工作学习的人。

4.家庭户是指以家庭成员关系为主、居住一处共同生活的人组成的户。

5.城乡人口是指居住在城镇、乡村地域上的人口，城镇、乡村是按 2008 年国家统计局《统计上划分城乡的规定》划分的。

6.计划生育情况资料来源于省人口和计划生育委员会。

3-1 历年人口数及构成
Population and Its Composition

单位：万人 (10 000 persons)

年 份 Year	年末总人口 Total Population (year-end)	按性别分 By Sex				按城乡分 By Urban and Rural			
		男 Male		女 Female		城镇人口 Urban		乡村人口 Rural	
		人口数 Population	比重 (%) Proportion	人口数 Population	比重 (%) Proportion	人口数 Population	比重(%) Proportion	人口数 Population	比重 (%) Proportion
1978	1870.05	965.88	51.65	904.17	48.35	269.44	14.41	1600.61	85.59
1979	1893.79	977.39	51.61	916.40	48.39	279.89	14.78	1613.90	85.22
1980	1918.43	989.72	51.59	928.71	48.41	290.65	15.15	1627.78	84.85
1981	1941.40	1004.29	51.73	937.11	48.27	304.72	15.70	1636.68	84.30
1982	1974.88	1021.41	51.72	953.47	48.28	305.83	15.49	1669.05	84.51
1983	1999.84	1034.52	51.73	965.32	48.27	324.91	16.25	1674.93	83.75
1984	2025.88	1047.58	51.71	978.30	48.29	345.18	17.04	1680.70	82.96
1985	2052.89	1063.19	51.79	989.70	48.21	366.71	17.86	1686.18	82.14
1986	2085.39	1078.36	51.71	1007.03	48.29	389.58	18.68	1695.81	81.32
1987	2115.73	1093.41	51.68	1022.32	48.32	413.88	19.56	1701.85	80.44
1988	2148.15	1110.38	51.69	1037.77	48.31	439.69	20.47	1708.46	79.53
1989	2184.86	1128.92	51.67	1055.94	48.33	467.12	21.38	1717.74	78.62
1990	2254.67	1151.95	51.09	1102.72	48.91	496.25	22.01	1758.42	77.99
1991	2284.92	1180.85	51.68	1104.07	48.32	508.76	22.27	1776.16	77.73
1992	2314.19	1197.59	51.75	1116.60	48.25	521.59	22.54	1792.60	77.46
1993	2345.23	1194.25	50.92	1150.98	49.08	534.75	22.80	1810.48	77.20
1994	2387.25	1222.27	51.20	1164.98	48.80	548.23	22.96	1839.02	77.04
1995	2437.95	1256.49	51.54	1181.46	48.46	562.06	23.05	1875.89	76.95
1996	2466.86	1276.67	51.75	1190.19	48.25	572.07	23.19	1894.79	76.81
1997	2494.20	1278.57	51.26	1215.63	48.74	582.26	23.34	1911.94	76.66
1998	2519.37	1289.16	51.17	1230.21	48.83	592.63	23.52	1926.74	76.48
1999	2542.58	1292.05	50.82	1250.53	49.18	603.18	23.72	1939.40	76.28
2000	2515.31	1303.69	51.83	1211.62	48.17	603.93	24.01	1911.38	75.99
2001	2523.35	1307.85	51.83	1215.50	48.17	618.47	24.51	1904.88	75.49
2002	2530.76	1311.95	51.84	1218.81	48.16	656.99	25.96	1873.77	74.04
2003	2537.19	1313.00	51.75	1224.19	48.25	694.68	27.38	1842.51	72.62
2004	2541.48	1314.45	51.72	1227.03	48.28	727.12	28.61	1814.36	71.39
2005	2545.10	1309.20	51.44	1235.90	48.56	764.04	30.02	1781.06	69.98
2006	2546.79	1308.54	51.38	1238.25	48.62	791.80	31.09	1754.99	68.91
2007	2548.19	1308.50	51.35	1239.69	48.65	804.97	31.59	1743.22	68.41
2008	2550.88	1309.11	51.32	1241.77	48.68	820.11	32.15	1730.77	67.85
2009	2554.91	1310.16	51.28	1244.75	48.72	834.18	32.65	1720.73	67.35
2010	2559.98	1307.64	51.08	1252.34	48.92	924.66	36.12	1635.32	63.88
2011	2564.19	1309.02	51.05	1255.17	48.95	952.60	37.15	1611.59	62.85

注：1.2001—2009年数据根据2010年人口普查数据做了调整。
2.2000年及以后数据按常住人口口径统计。
a) Data of 2001 to 2009 are adjusted according to the results of 2010 National Population Census.
b) Data since 2000 are obtained from the standand of permanent population.

3-2 历年人口自然变动情况
Natural Changes of Population

单位：‰ （‰）

年 份 Year	出生率 Birth Rate	死亡率 Death Rate	自然增长率 Natural Growth Rate
1978	17.77	5.87	11.90
1980	16.53	5.15	11.38
1985	18.31	5.46	12.85
1986	21.14	5.91	15.23
1987	20.55	5.71	14.84
1988	20.41	5.06	15.35
1989	22.57	5.60	16.97
1990	20.68	6.08	14.60
1991	19.38	6.05	13.33
1992	19.37	6.64	12.73
1993	20.16	6.84	13.32
1994	20.82	6.84	13.98
1995	20.65	6.49	14.16
1996	18.43	6.64	11.79
1997	17.22	6.20	11.02
1998	16.45	6.41	10.04
1999	15.61	6.44	9.17
2000	14.38	6.41	7.97
2001	13.58	6.43	7.15
2002	13.16	6.45	6.71
2003	12.58	6.46	6.12
2004	12.43	6.52	5.91
2005	12.59	6.57	6.02
2006	12.86	6.62	6.24
2007	13.14	6.65	6.49
2008	13.22	6.68	6.54
2009	13.32	6.71	6.61
2010	12.05	6.02	6.03
2011	12.08	6.03	6.05

3-3 六次人口普查基本情况
Basic Statistics on National Population Census in 1953, 1964, 1982, 1990, 2000 and 2010

指　标	Item	1953	1964	1982	1990	2000	2010
总人口（万人）	**Total population (10 000 persons)**	**1109.36**	**1263.06**	**1956.93**	**2237.11**	**2512.43**	**2557.53**
男	Male	580.80	657.17	1012.37	1159.28	1302.17	1306.41
女	Female	528.56	605.89	944.56	1077.83	1210.26	1251.11
性别比（以女性为100）	Sex ratio (female=100)	109.88	108.46	107.18	107.56	107.59	104.42
家庭户规模（人/户）	**Average Family Household Size (person/household)**	**5.40**	**4.95**	**5.17**	**4.58**	**3.99**	**3.49**
各年龄组人口（%）	**Population by Age Group (%)**						
0-14岁	Aged 0-14	39.56	40.18	36.32	27.97	27.00	18.16
15-64岁	Aged 15-64	57.35	57.75	60.19	67.97	68.00	73.61
65岁及以上	Aged 65 and over	3.09	2.07	3.49	4.06	5.00	8.23
民族人口	**Population by Ethnicity**						
汉族（万人）	Han (10 000 persons)	1013.18	1167.50	1802.03	2051.50	2292.51	2316.48
占总人口比重（%）	Percentage to Total Population (%)	91.33	92.43	92.08	91.70	91.25	90.57
少数民族（万人）	Ethnic Minorities (10 000 persons)	96.18	95.56	154.90	185.61	219.92	241.05
占总人口比重（%）	Percentage to Total Population (%)	8.67	7.57	7.92	8.30	8.75	9.43
每十万人拥有的各种受教育程度人口（人）	**Population with Various Education Attainmentsp Per 100 000 Persons (person)**						
大专及以上	Junior College and above			551	1104	2665	7520
高中和中专	Senior Secondary School and Technical Secondary School			6246	7825	9863	12686
初　中	Junior Secondary School			12190	16851	23925	31213
小　学	Primary School			27679	29127	36907	32504
文盲人口及文盲率	**Illiterate Population and Illiterate Rate**						
文盲人口（万人）	Illiterate Population (10 000 persons)			634.48	631.06	361.32	222.22
文盲率（%）	Illiterate Rate (%)			50.91	39.17	19.68	8.69
城乡人口（万人）	**Population by Residence (10 000 persons)**						
城镇人口	Urban Population	111.27	140.58	300.19	493.06	603.23	923.66
乡村人口	Rural Population	998.09	1122.48	1656.74	1744.05	1909.20	1633.87
平均预期寿命（岁）	**Life Expectancy (year old)**			**65.75**	**68.25**	**70.39**	**72.23**
男	Male			65.05	67.42	69.28	70.60
女	Female			66.49	69.17	71.88	74.06

注：2000年、2010年总人口为常住人口。

a) Total population of 2000 and 2010 are permanent population.

3-4 各地区人口年龄构成和抚养比（2011）
Age Composition and Dependency Ratio of Population by Region (2011)

地区	Region	年末常住人口（万人） Permanent Population at Year-end (10 000 persons)	0-14岁 Aged 0-14	15-64岁 Aged 15-64	65岁及以上 Aged 65 and Over	总抚养比（%） Gross Dependency Ratio (%)	少年儿童抚养比（%） Children Dependency Ratio（%）	老年人口抚养比（%） Old Dependency Ratio（%）
甘肃省	**Gansu**	**2564.19**	**454.63**	**1896.22**	**213.34**	**35.23**	**23.98**	**11.25**
兰州市	Lanzhou	362.09	47.05	282.78	32.26	28.05	16.64	11.41
嘉峪关市	Jiayuguan	23.32	3.44	18.09	1.79	28.91	19.02	9.89
金昌市	Jinchang	46.59	7.85	35.06	3.68	32.89	22.39	10.50
白银市	Baiyin	171.33	27.62	129.99	13.72	31.80	21.25	10.55
天水市	Tianshui	327.47	66.74	234.46	26.27	39.67	28.47	11.20
武威市	Wuwei	181.97	31.47	137.36	13.14	32.48	22.91	9.57
张掖市	Zhangye	120.46	20.73	91.09	8.64	32.24	22.76	9.49
平凉市	Pingliang	207.67	41.32	147.43	18.92	40.86	28.03	12.83
酒泉市	Jiuquan	110.07	18.45	83.56	8.06	31.73	22.08	9.65
庆阳市	Qingyang	221.48	41.02	160.97	19.49	37.59	25.48	12.11
定西市	Dingxi	270.51	49.72	197.39	23.4	37.04	25.19	11.85
陇南市	Longnan	256.09	49.29	184.48	22.32	38.82	26.72	12.10
临夏州	Linxia	196.29	42.59	137.65	16.05	42.60	30.94	11.66
甘南州	Gannan	68.85	16.03	48.51	4.31	41.93	33.04	8.88

3-5 各地区城乡人口数及构成（2011）
Population of Urban and Rural and Its composition by Region (2011)

单位：万人 (10 000 persons)

地区	Region	年末常住人口（万人） Permanent Population at Year-end (10 000 persons)	城镇人口 Urban Population		乡村人口 Rural Population	
			人口数 Population (person)	比重(%) Proportion	人口数 Population (person)	比重(%) Proportion
甘肃省	**Gansu**	**2564.19**	**952.60**	**37.15**	**1611.59**	**62.85**
兰州市	Lanzhou	362.09	280.04	77.34	82.05	22.66
嘉峪关市	Jiayuguan	23.32	21.77	93.35	1.55	6.65
金昌市	Jinchang	46.59	29.40	63.10	17.19	36.90
白银市	Baiyin	171.33	69.39	40.50	101.94	59.50
天水市	Tianshui	327.47	97.98	29.92	229.49	70.08
武威市	Wuwei	181.97	52.52	28.86	129.45	71.14
张掖市	Zhangye	120.46	43.34	35.98	77.12	64.02
平凉市	Pingliang	207.67	62.63	30.16	145.04	69.84
酒泉市	Jiuquan	110.07	56.23	51.09	53.84	48.91
庆阳市	Qingyang	221.48	57.50	25.96	163.98	74.04
定西市	Dingxi	270.51	66.09	24.43	204.42	75.57
陇南市	Longnan	256.09	54.80	21.40	201.29	78.60
临夏州	Linxia	196.29	49.66	25.30	146.63	74.70
甘南州	Gannan	68.85	16.99	24.67	51.86	75.33

3-6 各地、县人口（2011）
Population by Region,County（2011）

单位：万人 (10 000 persons)

地　区	Region	年末常住人口 Permanent Population at Year-end	#女　性 Female	人口自增率（‰） Natural Growth Rate (‰)
兰州市	**Lanzhou**	**362.09**	**176.87**	**4.93**
城关区	Chengguan	128.53	63.35	5.41
七里河区	Qilihe	56.41	26.75	4.74
西固区	Xigu	36.56	17.78	3.49
安宁区	Anning	28.19	13.69	3.78
红古区	Honggu	13.62	6.61	4.89
永登县	Yongdeng	41.86	20.85	7.42
皋兰县	Gaolan	13.18	6.49	7.41
榆中县	Yuzhong	43.74	21.34	5.12
嘉峪关市	**Jiayuguan**	**23.32**	**10.87**	**5.58**
金昌市	**Jinchang**	**46.59**	**22.32**	**4.75**
金川区	Jinchuan	22.97	11.06	3.92
永昌县	Yongchang	23.62	11.27	5.57
白银市	**Baiyin**	**171.33**	**83.30**	**5.57**
白银区	Baiyin	29.59	14.22	4.72
平川区	Pingchuan	19.28	9.14	5.07
靖远县	Jingyuan	45.78	22.34	5.81
会宁县	Huining	54.39	26.70	5.99
景泰县	Jingtai	22.29	10.91	5.48
天水市	**Tianshui**	**327.47**	**162.33**	**6.87**
秦州区	Qinzhou	64.65	31.78	5.97
麦积区	Maiji	55.71	27.17	6.31
清水县	Qingshui	26.95	13.39	7.28
秦安县	Qinan	51.84	26.01	7.50
甘谷县	Gangu	56.14	28.54	6.99
武山县	Wushan	43.21	20.94	6.97
张家川县	Zhangjiachuan	28.97	14.51	7.59
武威市	**Wuwei**	**181.97**	**88.38**	**5.28**
凉州区	Liangzhou	101.41	49.11	5.35
民勤县	Minqin	24.11	11.75	3.86
古浪县	Gulang	38.89	19.01	6.71
天祝县	Tianzhu	17.56	8.51	6.17
张掖市	**Zhangye**	**120.46**	**58.94**	**5.23**

3-6 续表 1 continued

单位：万人 (10 000 persons)

地　区	Region	年末常住人口 Permanent Population at Year-end	#女　性 Female	人口自增率（‰） Natural Growth Rate (‰)
甘州区	Ganzhou	50.93	24.96	5.15
肃南县	Sunan	3.39	1.59	6.47
民乐县	Minle	22.05	10.61	6.20
临泽县	Linze	13.49	6.62	5.01
高台县	Gaotai	14.38	7.10	4.22
山丹县	Shandan	16.22	8.07	6.50
平凉市	**Pingliang**	**207.67**	**103.17**	**5.92**
崆峒区	Kongtong	51.19	25.05	6.26
泾川县	Jingchuan	28.21	14.23	5.47
灵台县	Lingtai	18.22	9.04	5.95
崇信县	Chongxin	10.25	4.83	6.61
华亭县	Huating	19.18	9.09	5.92
庄浪县	Zhuanglang	38.25	19.64	5.84
静宁县	Jingning	42.37	21.27	5.65
酒泉市	**Jiuquan**	**110.07**	**53.24**	**4.64**
肃州区	Suzhou	43.08	21.32	5.66
金塔县	Jinta	14.80	7.19	3.83
瓜州县	Guazhou	14.95	6.97	5.17
肃北县	Subei	1.50	0.59	4.75
阿克塞县	Akesai	1.04	0.44	8.60
玉门市	Yumen	16.04	7.56	5.13
敦煌市	Dunhuang	18.66	9.17	3.93
庆阳市	**Qingyang**	**221.48**	**109.05**	**7.12**
西峰区	Xifeng	37.82	18.64	6.91
庆城县	Qingcheng	26.23	12.71	6.14
环　县	Huanxian	30.34	14.72	7.06
华池县	Huachi	12.10	5.81	6.81
合水县	Heshui	14.59	7.10	6.65
正宁县	Zhengning	18.13	9.02	7.31
宁　县	Ningxian	40.63	20.46	6.80
镇原县	Zhenyuan	41.64	20.60	6.95
定西市	**Dingxi**	**270.51**	**132.86**	**5.56**
安定区	Anding	42.15	20.67	4.77
通渭县	Tongwei	35.02	17.62	4.94

3-6续表 2 continued

单位：万人 (10 000 persons)

地　区	Region	年末常住人口 Permanent Population at Year-end	#女　性 Female	人口自增率（‰） Natural Growth Rate (‰)
陇西县	Longxi	45.45	22.19	5.72
渭源县	Weiyuan	32.48	15.75	4.90
临洮县	Lintao	50.88	25.26	5.81
漳　县	Zhangxian	19.35	9.35	6.09
岷　县	Minxian	45.18	22.03	6.51
陇南市	**Longnan**	**256.09**	**122.75**	**6.25**
武都区	Wudu	55.76	26.59	6.79
成　县	Chengxian	24.34	11.81	5.32
文　县	Wenxian	21.39	10.28	6.50
宕昌县	Tanchang	26.99	12.87	6.92
康　县	Kangxian	17.96	8.42	1.02
西和县	Xihe	39.56	19.26	7.21
礼　县	Lixian	45.53	21.68	6.84
徽　县	Huixian	20.07	9.74	5.06
两当县	Liangdang	4.49	2.10	0.40
临夏州	**Linxia**	**196.29**	**96.95**	**7.79**
临夏市	linxia	27.64	13.65	6.32
临夏县	linxia	32.87	16.28	7.91
康乐县	Kangle	23.54	11.78	7.96
永靖县	Yongjing	18.08	8.82	4.09
广河县	Guanghe	23.02	11.44	10.39
和政县	Hezheng	18.67	9.23	8.39
东乡县	Dongxiang	28.74	13.94	9.42
积石山县	Jishishan	23.73	11.80	7.02
甘南州	**Gannan**	**68.85**	**33.36**	**7.69**
合作市	Hezuo	9.10	4.40	6.46
临潭县	Lintan	13.59	6.64	6.52
卓尼县	Zhuoni	10.15	4.90	10.22
舟曲县	Zhouqu	12.99	6.32	5.88
迭部县	Diebu	5.21	2.54	7.13
玛曲县	Maqu	5.52	2.58	11.24
碌曲县	Luqu	3.59	1.74	9.41
夏河县	Xiahe	8.70	4.23	8.96

3-7 各地、县总户数及农业、非农业人口（2011）

Number of Households and Agriculture, Non-agricultural Population by Region,County （2011）

单位：人 (person)

地　区	Region	年末总户数(户) Number of Households (household)	农业人口 Agricultural Population	非农业人口 Non-Agricultural Population
甘肃省	**Gansu**	**7929200**	**20143022**	**7145770**
兰州市	**Lanzhou**	**1020027**	**1206334**	**2026660**
城关区	Chengguan	305196	14083	918537
七里河区	Qilihe	156928	85566	387336
西固区	Xigu	112371	57929	271325
安宁区	Anning	60576	12938	200341
红古区	Honggu	50473	47612	94932
永登县	Yongdeng	156133	447786	75165
皋兰县	Gaolan	58705	151895	30841
榆中县	Yuzhong	119645	388525	48183
嘉峪关市	**Jiayuguan**	**62634**		**194506**
金昌市	**Jinchang**	**160924**	**235035**	**225798**
金川区	Jinchuan	75847	47694	159489
永昌县	Yongchang	85077	187341	66309
白银市	**Baiyin**	**535407**	**1323451**	**487040**
白银区	Baiyin	97862	70620	217021
平川区	Pingchuan	66508	103759	110334
靖远县	Jingyuan	138832	426195	54905
会宁县	Huining	162495	531664	54948
景泰县	Jingtai	69710	191213	49832
天水市	**Tianshui**	**992882**	**2679892**	**1015930**
秦州区	Qinzhou	194367	345790	341081
麦积区	Maiji	177908	315373	307781
清水县	Qingshui	84440	294263	28762
秦安县	Qinan	159073	473129	143231
甘谷县	Gangu	166617	573870	60389
武山县	Wushan	124665	374895	83199
张家川县	Zhangjiachuan	85812	302572	51487
武威市	**Wuwei**	**553428**	**1570672**	**349776**
凉州区	Liangzhou	300481	797396	230989
民勤县	Minqin	78175	237370	40550
古浪县	Gulang	109802	363993	34043
天祝县	Tianzhu	64970	171913	44194
张掖市	**Zhangye**	**435661**	**946112**	**363002**

注：本表为2011年省公安厅户籍统计人口数据。
a)Data from household registration in 2011.

3-7 续表 1 continued

单位：人 (person)

地 区	Region	年末总户数(户) Number of Households (household)	农业人口 Agricultural Population	非农业人口 Non-Agricultural Population
甘州区	Ganzhou	171016	327581	189455
肃南县	Sunan	14301	25397	11887
民乐县	Minle	77239	207349	37898
临泽县	Linze	51347	125003	25078
高台县	Gaotai	54429	130909	27856
山丹县	Shandan	67329	129873	70828
平凉市	**Pingliang**	**676086**	**1895690**	**426300**
崆峒区	Kongtong	158991	345932	172556
泾川县	Jingchuan	103261	318189	34289
灵台县	Lingtai	72809	208351	23861
崇信县	Chongxin	30288	81944	17393
华亭县	Huating	62026	95417	91282
庄浪县	Zhuanglang	118589	410995	34696
静宁县	Jingning	130122	434862	52223
酒泉市	**Jiuquan**	**333413**	**655935**	**358990**
肃州区	Suzhou	129984	229710	176682
金塔县	Jinta	49198	118868	31373
瓜州县	Guazhou	39942	101634	26492
肃北县	Subei	4905	5801	5807
阿克塞县	Akesai	15247	2984	29773
玉门市	Yumen	44894	95670	48188
敦煌市	Dunhuang	49243	101268	40675
庆阳市	**Qingyang**	**762085**	**2294807**	**324805**
西峰区	Xifeng	111522	255984	109757
庆城县	Qingcheng	90272	241941	44692
环 县	Huanxian	93494	321729	27375
华池县	Huachi	40870	111480	18889
合水县	Heshui	52430	150484	22034
正宁县	Zhengning	72922	212304	28896
宁 县	Ningxian	154178	514830	37356
镇原县	Zhenyuan	146397	486055	35806
定西市	**Dingxi**	**836308**	**2663684**	**359240**
安定区	Anding	138054	373098	96733
通渭县	Tongwei	118768	400610	42401

3-7 续表 2 continued

单位：人 (person)

地 区	Region	年末总户数（户）Number of Households (household)	农业人口 Agricultural Population	非农业人口 Non-Agricultural Population
陇西县	Longxi	142111	433908	80240
渭源县	Weiyuan	101342	331058	24856
临洮县	Lintao	156148	493881	55179
漳　县	Zhangxian	54525	187281	20255
岷　县	Minxian	125360	443848	39576
陇南市	**Longnan**	**790450**	**2358966**	**455593**
武都区	Wudu	169728	441326	137850
成　县	Chengxian	79692	161481	100969
文　县	Wenxian	81444	209908	37000
宕昌县	Tanchang	78800	278274	25144
康　县	Kangxian	60740	177952	19975
西和县	Xihe	109333	387657	46186
礼　县	Lixian	127670	475902	44861
徽　县	Huixian	66172	187406	32726
两当县	Liangdang	16871	39060	10882
临夏州	**Linxia**	**562618**	**1750907**	**388970**
临夏市	linxia	71271	88516	149652
临夏县	linxia	101440	366769	25993
康乐县	Kangle	67792	248305	22066
永靖县	Yongjing	63278	160213	44335
广河县	Guanghe	56171	221938	25431
和政县	Hezheng	60119	158990	50488
东乡县	Dongxiang	77981	274004	46249
积石山县	Jishishan	64566	232172	24756
甘南州	**Gannan**	**207277**	**561537**	**169160**
合作市	Hezuo	27600	35458	55936
临潭县	Lintan	44795	135579	20849
卓尼县	Zhuoni	29874	90793	17373
舟曲县	Zhouqu	41343	120382	20843
迭部县	Diebu	16852	40798	18275
玛曲县	Maqu	15580	42199	9453
碌曲县	Luqu	9405	26603	8335
夏河县	Xiahe	21828	69725	18096

3-8 计划生育情况
Statistics of Family Planning

项　目	Item	2005	2008	2009	2010	2011
全省计划生育状况	**Family Planning**					
政策计划内生育（万人）	Births under Control (10 000 persons)	21.85	23.89	23.79	24.48	25.31
符合政策计划生育率（%）	Family Planning Rate (%)	87.29	90.07	90.45	91.36	91.76
已婚育龄妇女人数（万人）	Married Women at Childbearing Age (10 000 persons)	524.08	531.63	540.11	562.33	562.99
实际采取节育措施的人数（万人）	Number of Married People Adopting Birth Control Measures (10 000 persons)	472.83	473.35	478.52	490.28	494.03
独生子女领证率（%）	Coverage of One-child Certificate (%)	11.77	12.80	12.40	9.75	11.36
城市计划生育状况	**Urban Areas**					
政策 计划内生育（万人）	Births Under Control (10 000 persons)	3.53	3.67	3.49	3.75	4.42
符合政策计划生育率（%）	Family Planning Rate (%)	99.39	99.18	99.07	99.03	98.65
已婚育龄妇女人数（万人）	Married Women at Childbearing Age (10 000 persons)	93.99	99.19	103.30	113.69	114.31
实际采取节育措施的人数（万人）	Number of Married People Adopting Birth Control Measures (10 000 persons)	82.62	86.91	88.97	93.89	95.30
独生子女领证率（%）	Coverage of Only-child Certificate (%)	57.29	54.38	49.49	33.06	38.38
农村计划生育状况	**Rural Areas**					
政策计划内生育（万人）	Births under Control (10 000 persons)	18.12	20.03	20.01	20.65	20.89
符合政策计划生育率（%）	Family Planning Rate (%)	85.24	88.52	89.00	90.08	90.42
已婚育龄妇女人数（万人）	Married Women at Childbearing Age (10 000 persons)	422.33	420.50	425.43	436.70	434.48
实际采取节育措施的人数（万人）	Number of Married People Adopting Birth Control Measures (10 000 persons)	383.42	376.41	380.07	388.58	388.16
独生子女领证率（%）	Coverage of Only-child Certificate (%)	1.83	3.33	3.72	3.93	4.40

主要统计指标解释

人口数 指一定时点、一定地区范围内有生命的个人总和。年末统计的年末人口数指每年12月31日24时的人口数。

城镇人口和乡村人口 城镇人口是指居住在城镇范围内的全部常住人口；乡村人口是除上述人口以外的全部人口。

出生率(又称粗出生率) 指在一定时期内(通常为一年)一定地区的出生人数与同期内平均人数(或期中人数)之比，用千分率表示。本资料中的出生率指年出生率，其计算公式为：

$$出生率=\frac{年出生人数}{年平均人数}\times 1000‰$$

式中：出生人数指活产婴儿，即胎儿脱离母体时(不管怀孕月数)，有过呼吸或其他生命现象。年平均人数指年初、年底人口数的平均数，也可用年中人口数代替。

死亡率(又称粗死亡率) 指在一定时期内(通常为一年)一定地区的死亡人数与同期内平均人数(或期中人数)之比，用千分率表示。本资料中的死亡率指年死亡率，其计算公式为：

$$死亡率=\frac{年死亡人数}{年平均人数}\times 1000‰$$

人口自然增长率 指在一定时期内(通常为一年)人口自然增加数(出生人数减死亡人数)与该时期内平均人数(或期中人数)之比，用千分率表示。

总抚养比 也称总负担系数。指人口总体中非劳动年龄人口数与劳动年龄人口数之比。通常用百分比表示。说明每100名劳动年龄人口大致要负担多少名非劳动年龄人口。用于从人口角度反映人口与经济发展的基本关系。计算公式为：

$$GDR=\frac{P_{0\sim14}+P_{65^+}}{P_{15\sim64}}\times 100\%$$

其中：GDR为总抚养比；

$P_{0\sim14}$为0~14岁少年儿童人口数；

P_{65+}为65岁及65岁以上的老年人口数；

$P_{15\sim64}$为15~64岁劳动年龄人口数。

老年人口抚养比 也称老年人口抚养系数。指某一人口中老年人口数与劳动年龄人口数之比。通常用百分比表示。用以表明每100名劳动年龄人口要负担多少名老年人。老年人口抚养比是从经济角度反映人口老化社会后果的指标之一。计算公式为：

$$ODR=\frac{P_{65^+}}{P_{15\sim64}}\times 100\%$$

其中：ODR为老年人口抚养比；

P_{65+}为65岁及65岁以上的老年人口数；

$P_{15\sim64}$为15~64岁的劳动年龄人口数。

少年儿童抚养比 也称少年儿童抚养系数。指某一人口中少年儿童人口数与劳动年龄人口数之比。通常用百分比表示。以反映每100名劳动年龄人口要负担多少名少年儿童。计算公式为：

$$CDR=\frac{P_{0\sim14}}{P_{15\sim64}}\times 100\%$$

其中：CDR为少年儿童抚养比；

$P_{0\sim14}$为0~14岁少年儿童人口数；

$P_{15\sim64}$为15~64岁劳动年龄人口数。

4

就业人员和职工工资

Employment and Wages

简要说明

一、本篇资料主要内容

本篇资料反映甘肃省劳动经济方面基本情况，主要包括经济活动人口数、就业人员及职工人数，城镇登记失业人数，职工工资总额，平均工资及指数变化等情况。

二、本篇资料来源

本篇资料来源于劳动工资统计年报，由省统计局人口与就业处整理提供。

4-1 就业基本情况
Employment

项　目	Item	2005	2008	2009	2010	2011
经济活动人口 (万人)	**Economically Active Population (10 000 persons)**	**1400.61**	**1455.77**	**1498.91**	**1510.28**	**1511.06**
就业人员（万人）	**Total Number of Employed Persons (10 000 persons)**	1391.36	1446.34	1488.63	1499.56	1500.26
第一产业	Primary Industry	885.82	901.79	923.09	923.88	919.06
第二产业	Secondary Industry	203.96	218.63	227.16	230.33	231.49
第三产业	Tertiary Industry	301.58	325.92	338.38	345.35	349.71
就业人员构成（合计=100）	**Composition of Employed Persons (total=100)**					
第一产业	Primary Industry	63.67	62.35	62.01	61.61	61.26
第二产业	Secondary Industry	14.66	15.12	15.26	15.36	15.43
第三产业	Tertiary Industry	21.67	22.53	22.73	23.03	23.31
按城乡分就业人员（万人）	**Number of Employed Persons by Urban and Rural Areas (10 000 persons)**					
城镇就业人员	Urban Employed Persons	364.07	397.74	413.84	433.64	452.24
单位就业人员	Unit Employed Persons	194.26	192.55	192.98	194.29	199.29
国有单位	State-owned Units	158.98	145.38	147.24	147.36	150.05
城镇集体单位	Urban Collective-owned Units	12.60	6.94	7.32	6.88	7.46
股份合作单位	Cooperative Units	4.49	1.05	1.01	1.03	0.87
联营单位	Joint Ownership Units	2.36	0.24	0.27	0.46	1.68
有限责任公司	Limited Liability Corporations	9.31	25.00	23.79	23.84	23.96
股份有限公司	Share-holding Corporations Ltd.	3.50	1.95	9.57	10.36	11.16
其他	Others	1.78	9.19	2.27	3.12	2.93
港澳台商投资单位	Units with Funds from Hong Kong, Macao & Taiwan	0.62	2.38	0.54	0.47	0.29
外商投资单位	Foreign Funded Units	0.62	0.42	0.97	0.77	0.89
私营企业	Privite Enterprises	67.70	77.93	79.24	79.96	80.64
个　体	Self-employed Individuals	102.11	127.26	141.62	159.39	172.31
乡村就业人员	Rural Employed Persons	1027.29	1048.60	1074.79	1065.92	1048.02
在岗职工人数（万人）	**Number of Staff and Workers (10 000 persons)**	**188.49**	**188.20**	**187.50**	**187.96**	**188.33**
国有单位	State-owned Units	154.73	142.96	143.04	142.46	142.44
城镇集体单位	Urban Collective-owned Units	11.92	6.47	6.79	6.76	6.98
其他单位	Units of Other Types of Ownership	21.84	38.76	37.68	38.74	38.91
城镇单位女性就业人员（万人）	**Number of Female Employed Persons in Urban Units (10 000 persons)**	**64.34**	**64.54**	**62.56**	**63.56**	**67.43**
城镇新增就业人员（万人）	**New Increased Urban Employed Persons (10 000 persons)**		**25.60**	**27.80**	**29.30**	**30.00**
城镇登记失业人数（万人）	**Number of Registered Unemployed Persons in Urban Areas (10 000 persons)**	**9.26**	**9.43**	**10.28**	**10.72**	**10.80**
城镇登记失业率（%）	**Registered Unemployment Rate in Urban Areas (%)**	**3.26**	**3.20**	**3.25**	**3.21**	**3.11**

注：从业人员按常住人口口径统计。

a) Data are obtained from the standand of permanent population.

4-2 从业人员
Employed Persons

单位：万人 (10 000 persons)

年 份 Year	经济活动人口 Economically Active Population	从业人员 Employed Persons	按三次产业分 By Three Strata of Industry			按城乡分 By Urban and Rural Areas	
			第一产业 Primary Industry	第二产业 Secondary Industry	第三产业 Tertiary Industry	城 镇 Urban Areas	乡 村 Rural Areas
1978		694.00				160.40	533.60
1979		713.00				164.00	549.00
1980	804.60	796.00				172.90	623.10
1981	852.80	842.00				182.30	659.70
1982	879.00	870.00				186.80	683.20
1983	998.90	993.80	797.10	108.10	88.60	191.00	802.80
1984	1051.30	1047.00	803.30	124.30	119.40	205.30	841.70
1985	1088.60	1081.40	785.90	153.00	142.50	211.30	870.10
1986	1106.00	1098.90	789.50	178.70	130.70	221.00	877.90
1987	1150.50	1139.70	753.70	171.20	214.80	231.20	908.50
1988	1190.80	1178.80	798.30	188.90	191.60	236.30	942.50
1989	1227.70	1214.00	824.20	183.60	206.20	237.30	976.70
1990	1304.90	1292.40	899.40	186.30	206.70	240.20	1052.20
1991	1313.70	1302.40	900.00	197.60	204.80	257.10	1045.30
1992	1315.40	1305.90	898.50	205.00	202.40	264.10	1041.80
1993	1427.90	1417.80	973.94	232.26	211.60	271.10	1146.70
1994	1449.20	1438.81	936.37	256.80	245.64	281.81	1157.00
1995	1492.40	1483.32	942.30	281.50	259.52	283.33	1199.99
1996	1531.00	1521.46	961.30	288.80	271.36	288.28	1233.18
1997	1538.70	1530.32	945.55	308.47	276.30	284.47	1245.85
1998	1548.10	1539.80	922.30	310.50	307.00	320.10	1219.70
1999	1496.80	1489.00	878.50	297.80	312.70	336.00	1153.00
2000	1484.19	1476.45	880.56	279.78	316.11	320.19	1156.26
2001	1496.33	1488.93	886.66	274.85	327.42	324.37	1164.56
2002	1509.25	1500.59	888.80	278.36	333.43	326.91	1173.68
2003	1520.15	1510.85	890.04	282.23	338.58	332.71	1178.14
2004	1529.99	1520.46	890.61	284.63	345.22	339.27	1181.19
2005	1400.61	1391.36	885.82	203.96	301.58	364.07	1027.29
2006	1411.05	1401.36	886.08	207.26	308.02	371.73	1029.63
2007	1424.27	1414.76	886.48	212.26	316.02	382.73	1032.03
2008	1455.77	1446.34	901.79	218.63	325.92	397.74	1048.60
2009	1498.91	1488.63	923.09	227.16	338.38	413.84	1074.79
2010	1510.28	1499.56	923.88	230.33	345.35	433.64	1065.92
2011	1511.06	1500.26	919.06	231.49	349.71	452.24	1048.02

注:2005年及以后从业人员是按常住人口口径统计的。

a) Data of Employed Persons since 2005 are obtained from the standard of permanent population.

4-3 按登记注册类型和行业分城镇单位就业人员数（2011）

Number of Employed Persons in Urban Units at Year-end by Status of Registration and Sector in Detail (2011)

单位：万人 (10 000 persons)

项 目	Item	合 计 Total	国有单位 State-owned Units	城镇集体单位 Urban Collective-owned Units	其他单位 Units of Other Types of Ownership
城镇单位就业人员	**Urban Unit Employed Persons**	**199.29**	**150.05**	**7.46**	**41.79**
农、林、牧、渔业	Agriculture, Forestry, Animal Husbandry and Fishery	5.22	5.10	0.03	0.10
采矿业	Mining	9.69	3.45	0.43	5.81
制造业	Manufacturing	33.86	16.02	1.56	16.29
电力、燃气及水的生产和供应业	Production and Distribution of Electricity, Gas and Water	7.05	6.02	0.04	0.98
建筑业	Construction	19.05	7.48	2.91	8.66
交通运输、仓储和邮政业	Traffic, Transport, Storage and Post	10.40	8.61	0.09	1.71
信息传输、计算机服务和软件业	Information Transmission, Computer Services and Software	1.80	1.06		0.74
批发和零售业	Wholesale and Retail Trades	5.60	2.38	0.46	2.76
住宿和餐饮业	Hotels and Catering Services	1.86	1.01	0.15	0.70
金融业	Financial Intermediation	6.90	3.04	1.18	2.68
房地产业	Real Estate	1.64	0.81	0.03	0.80
租赁和商务服务业	Leasing and Business Services	1.87	1.41	0.28	0.18
科学研究、技术服务和地质勘查业	Scientific Research, Technical Service and Geologic Prospecting	4.99	4.78	0.02	0.19
水利、环境和公共设施管理业	Management of Water Conservancy, Environment	3.98	3.98		
居民服务和其他服务业	Services to Households and Other Services	0.37	0.32	0.03	0.01
教育	Education	35.18	35.12	0.02	0.05
卫生、社会保障和社会福利业	Health, Social Security and Social Welfare	10.97	10.67	0.23	0.07
文化、体育和娱乐业	Culture, Sports and Entertainment	2.47	2.43	0.01	0.03
公共管理和社会组织	Public Management and Social Organization	36.38	36.37		0.02

4-4 按行业分年底在岗职工人数
Number of Staff and Workers at Year-end by Sector

单位：万人　　　　(10 000 persons)

行　业	Sector	2009	2010	2011
在岗职工人数	**Number of Staff and Workers**	**187.50**	**187.96**	**188.33**
农、林、牧、渔业	Agriculture,Forestry,Animal Husbadry and Fishery	5.19	5.19	5.13
采矿业	Mining	8.60	8.87	9.29
制造业	Manufacturing	38.09	34.54	31.53
电力、燃气及水的生产和供应业	Production and Supply of Electricity,Gas and Water	6.57	6.60	6.67
建筑业	Construction	13.15	14.32	17.20
交通运输、仓储和邮政业	Traffic, Transport, Storage and Post	10.10	9.93	9.93
信息传输、计算机服务和软件业	Information Transmission,Computer Service and Software	2.16	1.66	1.49
批发和零售业	Wholesale and Retail Trade	5.50	5.59	5.39
住宿和餐饮业	Hotels and Catering Services	1.94	1.82	1.76
金融业	Financial Intermediation	6.33	6.59	6.38
房地产业	Real Estate	1.68	1.68	1.54
租赁和商务服务业	Leasing and Business Services	1.44	1.33	1.34
科学研究、技术服务和地质勘查业	Scientific Research,Technical Service and Geologic Prospecting	4.88	5.01	4.78
水利、环境和公共设施管理业	Management of Water Conservancy, Environment Services to Households and Other Services	3.14	3.05	3.63
居民服务和其他服务业	Services to Households and Other Services	0.34	0.22	0.36
教　育	Education	32.81	33.40	34.26
卫生、社会保障和社会福利业	Health, Social Security and Social Welfare	8.87	9.66	10.36
文化、体育和娱乐业	Culture, Sports and Entertainment	2.43	2.76	2.34
公共管理和社会组织	Public Management and Social Organization	34.28	35.73	34.92

4-5 按登记注册类型和细行业分年底在岗职工人数（2011）

Number of Staff and Workers at Year-end by Status of Registration and Sector in Detail （2011）

单位：人 (person)

项 目	Item	合 计 Total	国有单位 State-owned Units	城镇集体单位 Urban Collective-owned Units	其他单位 Units of Other Types
在岗职工人数	**Number of Staff and Workers**	**1883268**	**1424384**	**69772**	**389112**
按企、事业和机关分	**By Enterprises, Institutions and Agencies**				
企业	Enterprises	943131	490916	66092	386123
事业	Institutions	644150	639885	2962	1303
机关	Agencies & Organizations	293283	293251	15	17
民间非盈利组织	Folk Non-profit Organization	143			143
其他	Other	2561	332	703	1526
按国民经济行业分	**By Sector**				
农、林、牧、渔业	**Agricultrue,Forestry,Animal Husbadry and Fishery**	**51305**	**50059**	**229**	**1017**
农业	Agricultrue	18574	18083	64	427
林业	Forestry	13785	13728	57	
畜牧业	Animal Husbadry	767	659	108	
渔业	Fishery	21	21		
农、林、牧、渔服务业	Services	18158	17568		590
采矿业	**Mining**	**92922**	**33284**	**4252**	**55386**
煤炭开采及洗选业	Mining and Washing of Coal	70028	27919	3898	38211
石油和天然气开采业	Extraction of Petroleum and Natural Gas	10706	72		10634
黑色金属矿采选业	Mining and Processing of Ferrous Metal Ores	1468			1468
有色金属矿采选业	Mining and Processing of Non-Ferrous Metal Ores	10059	4742	306	5011
非金属矿采选业	Mining and Processing of Non-metal Ores	430	320	48	62
其他采矿业	Mining of Other Ores	231	231		
制造业	**Manufacturing**	**315309**	**148585**	**14087**	**152637**
农副食品加工业	Processing of Food from Agricultural Products	10771	4279	136	6356
食品制造业	Manufacture of Foods	2930			2930
饮料制造业	Manufacture of Beverages	11559	1340	413	9806
烟草加工业	Processing of Tobacco	1596	1596		
纺织业	Manufacture of Textile	4317	100	7	4210
纺织服装·鞋·帽制造业	Manufacture of Textile Wearing Apparel, Footware and Caps	901		264	637
皮革、毛皮、羽毛(绒)及其制品业	Manufacture of Leather, Fur, Feather and Related Products	1092	885	114	93
木材加工及木·竹、藤、棕、草制品业	Processing of Timber, Manufacture of Wood, Bamboo, Rattan, Palm and Straw Products	611			611
家具制造业	Manufacture of Furniture	570	41	32	497
造纸及纸制品业	Manufacture of Paper and Paper Products	1430	205	210	1015
印刷业和记录媒介的复制	Printing, Reproduction of Recording Media	2831	2022	196	613

4-5 续表1 continued

单位：人 (person)

项 目	Item	合 计 Total	国有单位 State-owned Units	城镇集体单位 Urban Collective-owned Units	其他单位 Units of Other Types
文教体育用品制造业	Manufacture of Articles For Culture, Education and Sport Activities	21		21	
石油加工炼焦及核燃料加工业	Processing of Petroleum, Coking, Processing of Nucleus Fuel	8034	3928	4106	
化学原料及化学制品制造业	Manufacture of Raw Chemical Materials and Chemical Products	44320	26902	191	17227
医药制造业	Manufactare of Medicines	7801	2699		5102
化学纤维制造业	Manufacture of Chemical Fibres	1674	1616		58
橡胶制品业	Manufacture of Rubber	331		259	72
塑料制品业	Manufacture of Plastics	5638	1367	282	3989
非金属矿物制品业	Manufacture of Non-metallic Mineral Products	26473	6023	813	19637
黑色金属冶炼及压延加工业	Smelting and Pressing of Ferrous Metals	42418	37160	1592	3666
有色金属冶炼及压延加工业	Smelting and Pressing of Non-ferrous Metals	72394	38463	3667	30264
金属制品业	Manufacture of Metal Products	2859	901	187	1771
通用设备制造业	Manufacture of General Purpose Machinery	17765	6096	911	10758
专用设备制造业	Manufacture of Special Purpose Machinery	12760	2643	7	10110
交通运输设备制造业	Manufacture of Transport Equipment	11626	7106	69	4451
电气机械及器材制造业	Manufacture of Electrical Machinery and Equipment	12759	2444	362	9953
通讯设备·计算机及其他电子设备制造业	Manufacture of Communication Equipment, Computers and Other Electronic Equipment	8018	579		7439
仪器仪表及文化、办公用机械制造业	Manufacture of Measuring Instruments and Machinery for Cultural Activity and Office Work	784	173		611
工艺品及其他制造业	Manufacture of Artwork and Other Manufacturing	1026	17	248	761
废弃资源和废旧材料回收加工业	Recycling and Disposal of Waste				
电力、燃气及水的生产和供应业	**Electric Power, Gas and Water Production and Supply**	**66749**	**57130**	**401**	**9218**
电力、热力的生产和供应业	Production and Supply of Electric Power and Heat Power	53776	44882	363	8531
燃气生产和供应业	Production and Supply of Gas	1712	1386		326
水的生产和供应业	Production and Supply of Water	11261	10862	38	361
建筑业	**Construction**	**171968**	**67997**	**26335**	**77636**
房屋和土木工程建筑业	Construction of Buildings and Civil Engineering	154082	55995	23425	74662

4–5 续表2 continued

单位：人 (person)

项　目	Item	合　计 Total	国有单位 State-owned Units	城镇集体单位 Urban Collective-owned Units	其他单位 Units of Other Types
建筑安装业	Building Installation	15017	9884	2884	2249
建筑装饰业	Building Decoration	1767	1245		522
其他建筑业	Other Construction	1102	873	26	203
交通运输、仓储和邮政业	**Transport, Storage and Post**	**99344**	**82088**	**867**	**16389**
铁路运输业	Railway Transport	47052	46979	55	18
道路运输业	Road Transport	24071	19544	501	4026
城市公共交通业	Urban Public Transport	12492	871	104	11517
水上运输业	Water Transport	69	69		
航空运输业	Air Transport	1128	1128		
管道运输业	Transport Via Pipelines				
装卸搬运与其他运输服务业	Loading, Unloading and Other Transport Services	3334	2834		500
仓储业	Storage	3537	3081	207	249
邮政业	Post	7661	7582		79
信息传输、计算机服务和软件业	**Information Transmission,Computer Services and Software**	**14916**	**9094**		**5822**
电信和其他信息传输服务业	Telecommunication and Other Information Transmission Services	14253	8640		5613
计算机服务业	Computer Services	650	454		196
软件业	Software	13			13
批发和零售业	**Wholesale and Retail Trades**	**53921**	**22976**	**4536**	**26409**
批发业	Wholesale Trade	26357	13078	2024	11255
零售业	Retail Trade	27564	9898	2512	15154
住宿和餐饮业	**Hotels and Catering Services**	**17599**	**9507**	**1474**	**6618**
住宿业	Hotels	14293	9089	1174	4030
餐饮业	Catering Services	3306	418	300	2588
金融业	**Financial Intermediation**	**63830**	**27172**	**11580**	**25078**
银行业	Bank	47930	23888	11340	12702
证券业	Security Activities	40	40		
保险业	Insurance	15333	3051	6	12276
其他金融活动	Other Financial Activities	527	193	234	100
房地产业	**Real Estate**	**15402**	**7636**	**172**	**7594**
租赁和商务服务业	**Leasing and Business Services**	**13384**	**8828**	**2717**	**1839**
租赁业	Leasing	187	2	40	145
商务服务业	Business Services	13197	8826	2677	1694

4-5 续表3 continued

单位：人 (person)

项　目	Item	合　计 Total	国有单位 State-owned Units	城镇集体单位 Urban Collective-owned	其他单位 Units of Other Types
科学研究、技术服务和地质勘查业	**Scientific Research,Technical Service and Geological Prospecting**	**47814**	**45843**	**202**	**1769**
研究与试验发展	Research and Experimental Development	12423	11836	154	433
专业技术服务业	Professional Technical Services	15707	14392	41	1274
科技交流和推广服务业	Services of Science and Technology Exchanges and Promotion	9757	9688	7	62
地质勘查业	Geologic Prospecting	9927	9927		
水利、环境和公共设施管理业	**Management of Water Conservancy, Environment and Public Facilities**	**36347**	**36347**		
水利管理业	Management of Water Conservancy	18822	18822		
环境管理业	Environmental Management	10131	10131		
公共设施管理业	Management of Public Facilities	7394	7394		
居民服务和其他服务业	**Services to Households and Other Services**	**3631**	**3154**	**347**	**130**
居民服务业	Services to Households	2746	2411	331	4
其他服务业	Other Services	885	743	16	126
教育	**Education**	**342639**	**342017**	**182**	**440**
卫生、社会保障和社会福利业	**Health, Social Security and Social Welfare**	**103584**	**100612**	**2288**	**684**
卫　生	Health	100721	97749	2288	684
社会保障业	Social Security	1571	1571		
社会福利业	Social Welfare	1292	1292		
文化、体育和娱乐业	**Culture,Sports and Entertainment**	**23376**	**23020**	**103**	**253**
新闻出版业	Journalism and Publishing Activities	3260	3177	63	20
广播、电视、电影和音像业	Broadcasting, Movies, Television and Audiovisual Activities	8122	8122		
文化艺术业	Cultural and Art Activities	10025	9947	40	38
体　育	Sports Activities	1409	1399		10
娱乐业	Entertainment	560	375		185
公共管理和社会组织	**Public Management and Social Organization**	**349228**	**349035**		**193**
中国共产党机关	Organs of Communist Party of China	26912	26912		
国家机构	Government Agencies	313848	313848		
人民政协和民主党派	People's Political Consultative Conference and Democratic Parties	3255	3255		
群众团体、社会团体和宗教组织	Non-Governmental Organizations, Social Organizations and Religion Organizations	5213	5020		193

4-6 城镇登记失业人数及失业率

Number of Registered Unemployment Persons and Unemployment Rate in Urban Area

单位：人 (person)

年 份 Year	本年失业人员就业人数 Number of Reemployment Persons This Year	城镇登记失业人数 Number of Registered Unemployed Persons in Urban Area	城镇登记失业率（%） Registered Unemployment Rate in Urban Area (%)
2000	97724	73518	2.70
2001	97879	74414	2.80
2002	96969	86559	3.20
2003	103372	93095	3.40
2004	103221	95256	3.40
2005	126865	92554	3.26
2006	123175	96866	3.63
2007	135566	95101	3.34
2008	145302	94308	3.20
2009	183157	102826	3.25
2010	196919	107224	3.21
2011	176028	108000	3.11

4-7 就业再就业工作情况

Work Situation of Employment and Re-employment

单位：万人 (10 000 persons)

年 份 Year	城镇新增就业人员 New Increased Urban Employee	城镇下岗失业人员实现再就业人数 Number of Re-employment of Urban Laid-off Workers	城镇就业困难对象再就业人数 Number of Re-employment of the Object of Urban Employment	年末城镇登记失业人数 Number of Registered Unemployed Persons in Urban Areas
2006	18.4	7.4	2.5	9.7
2007	22.7	9.2	3.6	9.5
2008	25.6	11.7	4.8	9.4
2009	27.8	10.9	4.4	10.3
2010	29.3	10.9	4.7	10.7
2011	29.6	11.7	4.6	10.8

4-8 各地区就业再就业工作情况（2011）

Work Situation of Employment and Re-employment by Region (2011)

单位：人 (person)

地 区	Region	城镇新增就业人员 New Increased Urban Employee	城镇下岗失业人员再就业人数 Number of Re-employment of Urban Laid-off Workers	城镇就业困难对象再就业人数 Number of Re-employment of the Object of Urban Employment Difficulties	城镇登记失业率（%）Registered Unemployment Rate in Urban Areas (%)
兰州市	Lanzhou	58500	27227	12300	2.94
嘉峪关市	Jiayuguan	9545	266	486	2.70
金昌市	Jinchang	5814	3116	731	3.58
白银市	Baiyin	28931	8779	3153	3.01
天水市	Tianshui	45012	16146	7043	3.50
武威市	Wuwei	15366	6946	2760	3.21
张掖市	Zhangye	18916	10558	3655	2.88
平凉市	Pingliang	27498	11156	6177	3.73
酒泉市	Jiuquan	16109	5567	1944	3.33
庆阳市	Qingyang	47648	7804	2289	3.63
定西市	Dingxi	14200	5284	2092	3.60
陇南市	Longnan	15141	3843	652	3.56
临夏州	Linxia	11916	2856	1492	3.63
甘南州	Gannan	4208	1629	510	3.09

4-9 各地区按行业分城镇单位就业人员数（2011）

Number of Employed Persons in Urban Units at Year-end by Sector and Region（2011）

单位: 万人 (10 000 persons)

地 区	Region	合 计 Total	农、林、牧、渔业 Agriculture,Forestry,AnimalHusbandryand Fishery	采矿业 Mining	制造业 Manufacturing	电力、燃气及水的生产和供应业 Production and Distribution of Electricity,Gas and Water	建筑业 Construction
甘肃省	**Gansu**	**199.29**	**5.22**	**9.69**	**33.86**	**7.05**	**19.05**
兰州市	Lanzhou	56.76	0.14	1.42	11.11	1.46	11.63
嘉峪关市	Jiayuguan	5.73	0.01		4.23	0.09	0.03
金昌市	Jinchang	8.07	0.33	0.09	4.68	0.33	0.53
白银市	Baiyin	15.41	0.19	2.61	3.55	0.59	0.60
天水市	Tianshui	19.50	0.51	0.03	3.84	0.61	1.83
武威市	Wuwei	10.46	0.20	0.13	1.12	0.45	1.15
张掖市	Zhangye	11.01	1.07	0.37	1.46	0.59	0.59
平凉市	Pingliang	16.28	2.17	2.73	0.86	0.42	1.54
酒泉市	Jiuquan	10.26	0.53	1.36	0.98	0.42	0.56
庆阳市	Qingyang	9.65	0.07		0.06	0.33	0.04
定西市	Dingxi	10.93	0.13		0.86	0.39	0.59
陇南市	Longnan	11.38	0.52	0.78	0.46	0.56	0.37
临夏州	Linxia	9.70	0.16		0.58	0.54	0.28
甘南州	Gannan	6.16	1.04	0.09	0.18	0.18	0.06

4–9 续表 1 continued

单位：万人　　　　　　　　　　　　　　　　　　　　　　　　　　　　　　(10 000 persons)

地 区	Region	交通运输、仓储和邮政业 Transport,Storage and Post	信息传输、计算机服务和软件业 Information Transmission, Computer Service and Software	批发和零售业 Wholesale and Retail Trades	住宿和餐饮业 Hotels and Catering Services	金融业 Financial Intermediation	房地产业 Real Estate	租赁和商务 Leasing and Business Services
甘肃省	**Gansu**	**10.40**	**1.80**	**5.60**	**1.86**	**6.90**	**1.64**	**1.87**
兰州市	Lanzhou	3.69	0.48	1.93	0.58	2.16	0.67	2.11
嘉峪关市	Jiayuguan	0.04	0.04	0.05	0.04	0.12	0.01	0.04
金昌市	Jinchang	0.10	0.05	0.11	0.03	0.14	0.01	0.03
白银市	Baiyin	0.26	0.10	0.24		0.57	0.02	0.05
天水市	Tianshui	0.54	0.27	0.76	0.25	0.42	0.18	0.10
武威市	Wuwei	0.43	0.12	0.25	0.11	0.39	0.22	0.01
张掖市	Zhangye	0.28	0.10	0.31	0.06	0.54	0.06	0.04
平凉市	Pingliang	0.25	0.09	0.66	0.10	0.42	0.10	0.02
酒泉市	Jiuquan	0.32	0.09	0.32	0.23	0.58	0.05	0.19
庆阳市	Qingyang	0.19	0.15	0.16	0.12	0.47	0.04	0.02
定西市	Dingxi	0.36	0.12	0.21	0.05	0.32	0.01	0.02
陇南市	Longnan	0.42	0.02	0.26	0.34	0.04	0.01	0.03
临夏州	Linxia	0.19	0.11	0.19	0.06	0.27	0.01	0.04
甘南州	Gannan	0.16	0.08	0.06	0.02	0.17		

4–9 续表 2 continued

单位：万人　　　　　　　　　　　　　　　　　　　　　　　　　　　　　　(10 000 persons)

地 区	Region	科学研究、技术服务和地质勘查业 Scientific Research, Technical Services, and Geological Prospecting	水利、环境和公共设施管理业 Management of Water Conservancy, Environment and Public Facilities	居民服务和其他服务业 Services to Households and Other Services	教育 Education	卫生、社会保障和社会福利业 Health,Social Securities and Social Welfare	文化、体育和娱乐业 Culture,Sports and Entertainment	公共管理和社会组织 Public Management and Social Organization
甘肃省	**Gansu**	**4.99**	**3.98**	**0.37**	**35.18**	**10.97**	**2.47**	**36.38**
兰州市	Lanzhou	2.59	0.91	0.17	6.20	2.30	1.01	6.22
嘉峪关市	Jiayuguan	0.02	0.12	0.01	0.23	0.12	0.06	0.47
金昌市	Jinchang	0.02	0.16		0.44	0.20	0.04	0.78
白银市	Baiyin	0.15	0.24	0.01	2.73	0.59	0.04	2.87
天水市	Tianshui	0.48	0.23		4.09	1.12	0.27	3.99
武威市	Wuwei	0.22	0.38	0.01	2.54	0.89	0.05	1.80
张掖市	Zhangye	0.44	0.33	0.01	2.10	0.65	0.13	1.88
平凉市	Pingliang	0.18	0.26	0.01	3.10	0.88	0.12	2.37
酒泉市	Jiuquan	0.25	0.43	0.12	1.41	0.57	0.20	1.65
庆阳市	Qingyang	0.15	0.17	0.00	3.23	0.76	0.11	3.60
定西市	Dingxi	0.11	0.30	0.03	3.63	0.94	0.11	2.77
陇南市	Longnan	0.10	0.11	0.01	3.03	0.82	0.11	3.40
临夏州	Linxia	0.13	0.25	0.01	2.31	0.78	0.13	3.66
甘南州	Gannan	0.07	0.07		1.25	0.46	0.09	2.17

4-10 各地县在岗职工人数（2011）
Number of Staff and Workers by Region,County （2011）

单位：人 (person)

地　区	Region	在岗职工人数 Number of Staff and Workers	国有单位 State-owned Units	城镇集体单位 Urban Collective-owned Units	其他单位 Units of Other Types
兰州市	**Lanzhou**	**489965**	**321319**	**18162**	**150484**
城关区	Chengguan	197666	142627	6505	48534
七里河区	Qilihe	104718	52075	862	51781
西固区	Xigu	87427	65040	5088	17299
安宁区	Anning	32216	21777	1310	9129
红古区	Honggu	23739	6907	228	16604
永登县	Yongdeng	19695	12731	795	6169
皋兰县	Gaolan	8299	6814	637	848
榆中县	Yuzhong	16205	13348	2737	120
嘉峪关市	**Jiayuguan**	**48576**	**44332**	**1885**	**2359**
金昌市	**Jinchang**	**70874**	**59579**	**4110**	**7185**
金川区	Jinchuan	51691	44456	3689	3546
永昌县	Yongchang	19183	15123	421	3639
白银市	**Baiyin**	**149530**	**76488**	**9165**	**63877**
白银区	Baiyin	61327	24460	2572	34295
平川区	Pingchuan	41661	10161	4867	26633
靖远县	Jingyuan	15968	13697	1038	1233
会宁县	Huining	17589	16779	523	287
景泰县	Jingtai	12985	11391	165	1429
天水市	**Tianshui**	**180648**	**125000**	**5547**	**50101**
秦州区	Qinzhou	71389	39991	1243	30155
麦积区	Maiji	46219	28951	1099	16169
清水县	Qingshui	8834	8271	117	446
秦安县	Qinan	13444	12820	370	254
甘谷县	Gangu	18007	13980	1705	2322
武山县	Wushan	12250	12023	121	106
张家川县	Zhangjiachuan	10505	8964	892	649
武威市	**Wuwei**	**99884**	**78773**	**6496**	**14615**
凉州区	Liangzhou	66872	48444	5737	12691
民勤县	Minqin	10611	9461	67	1083
古浪县	Gulang	12509	11777	167	565
天祝县	Tianzhu	9892	9091	525	276
张掖市	**Zhangye**	**99926**	**77432**	**2160**	**20334**

4-10 续表 1 continued

单位：人 (person)

地　区	Region	在岗职工人数 Number of Staff and Workers	国有单位 State-owned Units	城镇集体单位 Urban Collective-owned Units	其他单位 Units of Other Types
甘州区	Ganzhou	51979	36990	1376	13613
肃南县	Sunan	4074	3262	87	725
民乐县	Minle	9256	6443		2813
临泽县	Linze	8366	6724	187	1455
高台县	Gaotai	8016	7264	288	464
山丹县	Shandan	18235	16749	222	1264
平凉市	**Pingliang**	**137784**	**119824**	**6808**	**11152**
崆峒区	Kongtong	37732	35164	1010	1558
泾川县	Jingchuan	12323	10202	289	1832
灵台县	Lingtai	8378	8051	150	177
崇信县	Chongxin	7380	7296	84	
华亭县	Huating	32420	29881	2400	139
庄浪县	Zhuanglang	16291	16276	15	
静宁县	Jingning	23260	12954	2860	7446
酒泉市	**Jiuquan**	**96638**	**57480**	**2075**	**37083**
肃州区	Suzhou	38055	22859	427	14769
金塔县	Jinta	8539	6141	507	1891
瓜州县	Guazhou	8073	5675	152	2246
肃北县	Subei	3031	1738	43	1250
阿克塞县	Akesai	1951	1690	26	235
玉门市	Yumen	24357	9713	482	14162
敦煌市	Dunhuang	12632	9664	438	2530
庆阳市	**Qingyang**	**94687**	**89183**	**1574**	**3930**
西峰区	Xifeng	28853	25363	497	2993
庆城县	Qingcheng	9124	9006	118	
环　县	Huanxian	8229	8003	168	58
华池县	Huachi	6844	6712	120	12
合水县	Heshui	6719	6548	171	
正宁县	Zhengning	8195	7683	133	379
宁　县	Ningxian	13192	12485	219	488
镇原县	Zhenyuan	13531	13383	148	
定西市	**Dingxi**	**104431**	**92643**	**1429**	**10359**
安定区	Anding	25763	23307	437	2019
通渭县	Tongwei	15222	12319	177	2726

4-10 续表 2 continued

单位: 人 (person)

地 区	Region	在岗职工人数 Number of Staff and Workers	国有单位 State-owned Units	城镇集体单位 Urban Collective-owned Units	其他单位 Units of Other Types
陇西县	Longxi	20442	20094	330	18
渭源县	Weiyuan	8726	8510	216	
临洮县	Lintao	18870	13775		5095
漳 县	Zhangxian	6100	5512	94	494
岷 县	Minxian	9308	9126	175	7
陇南市	**Longnan**	**110643**	**92670**	**6084**	**11889**
武都区	Wudu	20321	19929	312	80
成 县	Chengxian	15169	12001	2324	844
文 县	Wenxian	14101	9102	1034	3965
宕昌县	Tanchang	9903	9763	126	14
康 县	Kangxian	6372	5634	140	598
西和县	Xihe	14947	11532	595	2820
礼 县	Lixian	16494	13459	519	2516
徽 县	Huixian	9240	8144	361	735
两当县	Liangdang	4096	3106	673	317
临夏州	**Linxia**	**93436**	**83618**	**4429**	**5389**
临夏市	linxia	30387	23496	2866	4025
临夏县	linxia	10729	10161	245	323
康乐县	Kangle	8624	8207	357	60
永靖县	Yongjing	13271	12219	296	756
广河县	Guanghe	7085	6980	105	
和政县	Hezheng	5695	5508	163	24
东乡县	Dongxiang	9358	9017	246	95
积石山县	Jishishan	8287	8030	151	106
甘南州	**Gannan**	**59164**	**55210**	**686**	**3268**
合作市	Hezuo	13974	12307	104	1563
临潭县	Lintan	8017	7626	102	289
卓尼县	Zhuoni	8620	8537	83	
舟曲县	Zhouqu	8015	7870	130	15
迭部县	Diebu	7352	7205	79	68
玛曲县	Maqu	4821	3741	62	1018
碌曲县	Luqu	3505	3142	48	315
夏河县	Xiahe	4860	4782	78	

4-11 城镇单位就业人员工资总额
Total Wage Bill of Employed Persons in Urban Units

单位：万元 (10 000 yuan)

年 份 Year	工 资 总 额 Total Wage Bill	国有单位 State-owned Units	城镇集体单位 Urban Collective-owned Units	其他单位 Units of Other Types of Ownership
2004	2534312	2167233	122895	244185
2005	2838270	2450917	117662	269691
2006	3296705	2552452	104095	640158
2007	3925014	3104484	107857	712673
2008	4610436	3613034	116787	880615
2009	5177207	4129160	139368	908679
2010	5689458	4443116	155806	1090536
2011	6240152	4775310	197167	1267675

4-12 城镇单位就业人员工资总额指数
Indices of Total Wage Bill of Employed Persons in Urban Units

(上年=100) (preceding year=100)

年 份 Year	工资总额指数 Indices of Total Wage Bill	国有单位 State-owned Units	城镇集体单位 Urban Collective-owned Units	其他单位 Units of Other Types of Ownership
2005	111.99	169.56	95.74	110.45
2006	108.01	939.17	88.47	237.38
2007	128.04	13.49	103.61	111.32
2008	109.22	107.48	108.28	123.57
2009	120.77	123.76	119.34	103.19
2010	109.89	107.60	111.79	120.01
2011	109.68	107.48	126.55	116.24

4-13 城镇单位就业人员平均工资
Average Wage of Employed Persons in Urban Units

单位：元 (yuan)

年 份 Year	平均工资 Average Wage				
	合计 Total	在岗职工 Staff and Workers	国有单位 State-owned Units	城镇集体单位 Urban Collective-owned Units	其他单位 Units of Other Types of Ownership
2004	13328	13623	14393	8191	11495
2005	14654	14939	15840	9089	11626
2006	16843	17246	17108	11411	15313
2007	20657	20987	21968	12858	17681
2008	23524	24017	24625	15761	20801
2009	26743	27177	28082	18914	23191
2010	29096	29588	29889	22084	27375
2011	32092	32906	33232	28129	32565

4-14 城镇单位就业人员平均工资指数
Indices of Average Wage of Employed Persons in Urban Units

(上年=100) (preceding year=100)

年 份 Year	平均工资指数 Indices of Average Wage					平均实际工资指数 Indices of Average Real Wage				
	合 计 Total	在岗职工 Staff and Workers	国有单位 State-owned Units	城镇集体单位 Urban Collective-owned Units	其他单位 Units of Other Types of Ownership	合 计 Total	#在岗职工 Staff and Workers	国有单位 State-owned Units	城镇集体单位 Urban Collective-owned Units	其他单位 Units of Other Types of Ownership
2005	109.95	109.66	110.05	110.96	101.14	108.11	107.83	108.21	109.11	99.45
2006	114.94	115.44	108.01	125.55	131.71	113.46	113.96	106.62	123.94	130.02
2007	122.64	121.69	128.41	112.68	115.46	116.25	115.35	121.72	106.81	109.44
2008	113.88	114.44	112.09	122.58	117.65	105.25	105.77	103.60	113.29	108.73
2009	113.68	113.16	114.04	120.01	111.49	112.22	111.71	112.58	118.47	110.06
2010	108.80	108.87	106.43	116.76	118.04	104.51	104.58	102.24	112.16	113.39
2011	110.30	111.21	111.18	127.37	118.96	104.15	105.01	104.99	120.27	112.33

4-15 按行业分城镇单位就业人员平均工资（2011）

Average Wage of Employed Persons in Urban Units by Sector in Detail (2011)

单位：元 (yuan)

项 目	Item	合 计 Total	国有单位 State-owned Units	城镇集体单位 Urban Collective-owned Units	其他单位 Units of Other Types of Ownership
甘肃省	**Gansu**	**32092**	**32366**	**27826**	**31869**
农、林、牧、渔业	Agriculture, Forestry, Animal Husbandry and Fishery	20409	20255	18553	28376
采矿业	Mining	54103	50525	29881	58062
制造业	Manufacturing	36312	44849	39100	27644
电力、燃气及水的生产和供应业	Production and Distribution of Electricity, Gas and Water	35797	35611	22430	37506
建筑业	Construction	25334	25963	22875	25629
交通运输、仓储和邮政业	Traffic, Transport, Storage and Post	37272	39468	17774	27142
信息传输、计算机服务和软件业	Information Transmission, Computer Services and Software	25181	25593		24579
批发和零售业	Wholesale and Retail Trades	23676	29140	14358	20492
住宿和餐饮业	Hotels and Catering Services	19653	20047	18741	19275
金融业	Financial Intermediation	38163	34577	33903	44133
房地产业	Real Estate	26660	28961	18852	24572
租赁和商务服务业	Leasing and Business Services	23143	23064	22859	24174
科学研究、技术服务和地质勘查业	Scientific Research, Technical Service and Geologic Prospecting	34475	34274	16439	41807
水利、环境和公共设施管理业	Management of Water Conservancy,Environment and Public Facilities	24072	24072		
居民服务和其他服务业	Services to Households and Other Services	22916	24039	16363	12664
教育	Education	31635	31657	21769	17758
卫生、社会保障和社会福利业	Health, Social Security and Social Welfare	28579	28589	30517	19983
文化、体育和娱乐业	Culture, Sports and Entertainment	28503	28654	19835	17189
公共管理和社会组织	Public Management and Social Organization	29806	29810		23410

4-16 按行业分城镇私营单位就业人员平均工资
Average Wage of Employed Persons in Urban Private Units by Sector

单位：元 (yuan)

项　目	Item	2009	2010	2011
甘肃省	**Gansu**	**12975**	**14318**	**16731**
农、林、牧、渔业	Agriculture, Forestry, Animal Husbandry and Fishery	13707	14289	15722
采矿业	Mining	15323	17881	21272
制造业	Manufacturing	11916	13517	14369
电力、燃气及水的生产和供应业	Production and Distribution of Electricity, Gas and Water	15903	17889	19360
建筑业	Construction	12353	13533	18834
交通运输、仓储和邮政业	Traffic, Transport, Storage and Post	14069	15523	17207
信息传输、计算机服务和软件业	Information Transmission,Computer Services and Software	17636	20892	21060
批发和零售业	Wholesale and Retail Trades	13748	14208	15464
住宿和餐饮业	Hotels and Catering Services	11549	13410	15259
金融业	Financial Intermediation	6667	16864	15577
房地产业	Real Estate	20161	19243	17297
租赁和商务服务业	Leasing and Business Services	13792	16315	18595
科学研究、技术服务和地质勘查业	Scientific Research, Technical Service and Geological Prospecting	16222	17057	19531
水利、环境和公共设施管理业	Management of Water Conservancy,Environment and Public Facilities	10226	16972	17083
居民服务和其他服务业	Services to Households and Other Services	9685	13066	14895
教育	Education	13537	14576	16090
卫生、社会保障和社会福利业	Health, Social Security and Social Welfare	14242	15614	19065
文化、体育和娱乐业	Culture, Sports and Entertainment	16303	15364	16193
公共管理和社会组织	Public Management and Social Organization	17284	9248	11059

4-17 历年职工平均工资及指数
Average Wage of Staff and Workers and Related Indices

年 份 Year	平均货币工资（元） Average Money Wage (yuan)				指 数（上年=100） Indices (preceding year=100)							
					货币工资 Average Money Wage				实际工资 Average Real Wage			
	合计 Total	国有单位 State-Owned Units	城镇集体单位 Urban Collective -Owned Units	其他单位 Other Owner-ship Units	合计 Total	国有单位 State-Owned Units	城镇集体单位 Urban Collective -Owned Units	其他单位 Other Owner-ship Units	合计 Total	国有单位 State-Owned Units	城镇集体单位 Urban Collective -Owned Units	其他单位 Other Owner-ship Units
1978	708	751	437									
1979	792	824	557		111.8	109.7	127.5		110.7	108.6	126.2	
1980	875	896	676		110.5	108.7	121.4		105.0	103.3	115.4	
1981	878	904	676		100.3	100.9	100.0		98.1	98.7	97.8	
1982	907	937	649		103.3	103.6	96.0		102.2	102.5	95.0	
1983	944	973	702		104.1	103.8	108.2		103.7	103.4	107.8	
1984	1200	1251	866		127.1	128.6	123.4		123.0	124.5	119.5	
1985	1363	1400	1116	1640	113.6	111.9	128.9		102.7	101.2	116.5	
1986	1555	1630	1090	1848	114.1	116.4	97.7	112.7	106.6	108.8	91.3	105.3
1987	1680	1761	1188	1880	108.0	108.0	109.0	101.7	99.6	99.6	100.6	93.8
1988	1949	2040	1400	2331	116.0	115.8	117.8	124.1	96.2	96.0	97.7	102.9
1989	2207	2317	1577	1927	113.2	113.5	112.6	82.7	95.8	96.0	95.3	70.0
1990	2407	2546	1675	2058	109.1	109.9	106.2	106.8	107.1	107.9	104.2	104.8
1991	2566	2706	1918	2155	106.6	106.3	114.5	104.7	100.9	100.6	108.3	99.1
1992	2902	3077	2127	2205	113.1	113.7	110.9	102.3	105.4	106.0	103.4	95.3
1993	3422	3627	2457	3389	117.9	117.9	115.5	153.7	102.3	102.3	100.3	133.4
1994	4796	5059	3506	4409	140.2	139.5	142.7	130.1	112.5	112.0	114.5	104.4
1995	5493	5747	3944	6534	114.5	113.6	112.5	148.2	96.3	95.5	94.6	124.6
1996	5882	6131	4471	6734	107.1	106.7	113.4	103.1	97.1	96.7	102.8	93.5
1997	6182	6445	4598	6703	105.1	105.1	102.8	99.5	102.2	102.2	100.0	96.8
1998	6418	6757	4774	5528	103.8	104.8	103.8	82.5	104.8	105.9	104.8	83.3
1999	6928	7311	5118	5837	107.9	108.2	107.2	105.6	111.0	111.3	110.3	108.6
2000	7913	8278	6228	6504	114.2	113.2	121.7	111.4	115.1	114.1	122.7	112.3
2001	9177	9690	5929	8244	116.0	113.2	95.2	126.8	112.6	109.9	92.4	123.1
2002	10272	10925	6127	8712	111.9	112.7	103.3	105.7	112.7	113.5	104.0	106.4
2003	11419	12079	6674	10115	111.2	110.6	108.9	116.1	110.2	109.6	107.9	115.1
2004	12711	13427	7676	10957	111.3	111.2	115.0	108.3	109.9	109.8	113.5	106.9
2005	14939	15840	9291	11827	117.5	118.0	121.0	107.9	116.1	116.6	119.6	106.6
2006	17246	18108	11514	15515	115.4	114.3	123.9	131.2	114.1	112.9	122.4	129.6
2007	20987	22314	12979	17948	121.7	123.2	112.7	115.7	115.7	117.1	107.1	110.0
2008	24017	25284	16179	20966	114.4	113.3	124.7	116.8	105.9	104.9	115.5	108.1
2009	27177	28565	19453	23360	113.2	113.0	120.2	111.4	112.2	112.0	119.1	110.4
2010	29588	30475	22249	27616	108.9	106.7	114.4	118.2	104.3	102.2	109.6	113.2
2011	32906	33232	28129	32565	111.2	109.0	126.4	117.9	104.9	102.8	119.2	111.2

注：2005年起数据为在岗职工平均工资。

a) Since 2005,data in this table are average wage of staff and workers.

4-18 在岗职工工资总额（2011）

Total Wages of Staff and Workers（2011）

单位：万元 (10 000 yuan)

项　目	Item	合 计 Total	国有单位 State -owned	城镇集体单位 Urban Collective Ownership	其 他 Others
工资总额	**Total**	**6240152**	**4775310**	**197167**	**1267675**
按国民经济行业分	**Grouped by Sector**				
农、林、牧、渔业	Agriculture, Forestry, Animal Husbandry and Fishery	104536	101187	422	2927
# 农业	Agriculture	30686	29077	85	1523
采矿业	Mining	505189	170342	12478	322368
制造业	Manufacturing	1173507	689033	57119	427355
电力、燃气及水的生产和供应业	Electric Power, Gas and Water Production and Supply	244079	208015	906	35158
电力、热力的生产与供应业	Production and Supply of Electric Power and Heat Power	206250	171982	860	33408
燃气生产和供应业	Production and Supply of Gas	7798	6884		913
水的生产和供应业	Production and Supply of Water	30032	29149	46	837
建筑业	Construction	450168	183582	60864	205721
交通运输、仓储和邮政业	Transport, Storage and Post	377603	330941	1512	45149
信息传输、计算机服务和软件业	Information Transmission,Computer Services and Software	38638	24165		14473
电信和其他信息传输服务业	Telecommunication and Other Imfomation Transmission Service	36650	22661		13989
批发和零售业	Wholesale and Retail Trades	128608	68124	6618	53867
批发业	Wholesale Trade	71640	43871	3376	24393
零售业	Retail Trade	56968	24253	3242	29473
住宿和餐饮业	Hotels and Catering Services	34912	19364	2761	12788
餐饮业	Catering Services	5647	826	455	4366
金融业	Financial Intermediation	251282	97954	39463	113865
# 银行业	Bank	203040	91067	38812	73161
证券业	Security Activities	108	108		
保险业	Insurance	46758	6341	25	40392
房地产业	Real Estate	42243	22861	407	18975
租赁和商务服务业	Leasing and Business Services	33816	23213	6240	4364
科学研究、技术服务和地质勘查业	Scientific Research, Technical Service and Geological Prospecting	168790	160879	349	7562
# 研究与试验发展	Research and Experimental Development	49322	47638	205	1479
专业技术服务业	Professional Technical Services	55213	49228	119	5866
水利、环境和公共设施管理业	Management of Water Conservancy, Environment and Public Facilities	91509	91509		
居民服务和其他服务业	Services to Households and Other Services	8342	7612	568	162
教育	Education	1130668	1129498	396	774
卫生、社会保障和社会福利业	Health, Social Security and Social Welfare	301063	292918	6861	1285
# 卫生	Health	292565	284419	6861	1285
文化、体育和娱乐业	Culture, Sports and Entertainment	68680	68048	204	428
#新闻出版业	Journalism and Publishing Activities	12359	12131	166	62
广播、电视、电影和音像业	Broadcasting, Movies, Television and Audiovisual Activities	21613	21613		
公共管理和社会组织	Public Management and Social Organization	1086520	1086066		453

4-19 在岗职工平均工资（2011）
Average Wage of Staff and Workers （2011）

单位：元 (yuan)

项 目	Item	合计 Total	国有单位 State-owned	城镇集体单位 Urban Collective Ownership	其他 Others
职工平均工资	**Per Capita Wage of Staff and Workers**	**32906**	**33232**	**28129**	**32565**
按国民经济行业分	**Grouped by Sector**				
农、林、牧、渔业	Agriculture, Forestry, Animal Husbandry and Fishery	20541	20387	18586	28392
#农业	Agriculture	16262	15834	13281	34466
采矿业	Mining	54970	50964	29881	59366
制造业	Manufacturing	37315	46453	40287	28120
电力、燃气及水的生产和供应业	Electric Power, Gas and Water Production and Supply	36726	36520	22305	38661
电力、热力的生产与供应业	Production and Supply of Electric Power and Heat Power	38473	38363	23359	39720
燃气生产和供应业	Production and Supply of Gas	48402	53449		28279
水的生产和供应业	Production and Supply of Water	26719	26886	12105	23239
建筑业	Construction	25674	26905	22768	25596
交通运输、仓储和邮政业	Transport, Storage and Post	38348	40714	17771	27645
信息传输、计算机服务和软件业	Information Transmission,Computer Services and Software	25780	26558		24577
电信和其他信息传输服务业	Telecommunication and Other Imfomation Transmission Service	25634	26237		24715
批发和零售业	Wholesale and Retail Trades	23922	29570	14465	20601
批发业	Wholesale Trade	27309	33382	16761	22021
零售业	Retail Trade	20695	24508	12659	19556
住宿和餐饮业	Hotels and Catering Services	19947	20525	18767	19384
餐饮业	Catering Services	16943	20095	15120	16658
金融业	Financial Intermediation	39595	36188	34182	45821
银行业	Bank	42638	38239	34331	58534
证券业	Security Activities	26900	26900		
保险业	Insurance	30595	20956	41500	32970
房地产业	Real Estate	27671	29990	23674	25398
租赁和商务服务业	Leasing and Business Services	25653	26687	23275	24204
科学研究、技术服务和地质勘查业	Scientific Research, Technical Service and Geological Prospecting	35024	34821	16439	42530
研究与试验发展	Research and Experimental Development	39269	39911	13076	31679
专业技术服务业	Professional Technical Services	35273	34291	24708	
水利、环境和公共设施管理业	Management of Water Conservancy, Environment and Public Facilities	25208	25208		
居民服务和其他服务业	Services to Households and Other Services	23114	24288	16363	12664
教育	Education	32188	32210	21769	18344
卫生、社会保障和社会福利业	Health, Social Security and Social Welfare	29463	29497	30682	19983
#卫生	Health	29454	29488	30682	19983
文化、体育和娱乐业	Culture, Sports and Entertainment	29170	29340	19835	17189
新闻出版业	Journalism and Publishing Activities	38191	38474	26397	30750
广播、电视、电影和音像业	Broadcasting, Movies, Television and Audiovisual Activities	26529	26529		
公共管理和社会组织	Public Management and Social Organization	30560	30564		23487

4-20 各地区在岗职工平均工资 (2011)
Average Wage of Staff and Workers by Region (2011)

单位：元 (yuan)

地　区	Region	合计 Total	国有单位 State-Owned Units	城镇集体单位 Urban Collective-Owned Units	其他单位 Other Owner-ship Units
甘肃省	**Gansu**	**32906**	**33232**	**28129**	**32565**
兰州市	Lanzhou	38965	41816	31636	33858
嘉峪关市	Jiayuguan	53750	54334	51537	44531
金昌市	Jinchang	46730	48576	48836	30161
白银市	Baiyin	39818	34898	26985	47608
天水市	Tianshui	28322	31544	19722	21163
武威市	Wuwei	27345	29337	22732	18664
张掖市	Zhangye	26690	28698	24231	19303
平凉市	Pingliang	37868	39915	22038	24544
酒泉市	Jiuquan	37100	35276	33335	40115
庆阳市	Qingyang	34645	34819	37373	29549
定西市	Dingxi	32717	34030	32077	22011
陇南市	Longnan	29292	30675	20430	18691
临夏州	Linxia	32936	34105	22523	22773
甘南州	Gannan	36976	37815	30446	25401

4-21 各地区按行业分在岗职工平均工资 (2011)
Average Wage of Staff and Workers by Sector and Region (2011)

单位：元 (yuan)

地　区	Region	合计 Total	农、林、牧、渔业 Agriculture,Forestry,Animal Husbandry and Fishery	采矿业 Mining	制造业 Manufacturing	电力、燃气及水的生产和供应业 Production and Distribution of Electricity, Gas and Water	建筑业 Construction	交通运输、仓储和邮政业 Transport,Storage and Post
甘肃省	**Gansu**	**32906**	**20541**	**54970**	**37315**	**36726**	**25674**	**38348**
兰州市	Lanzhou	38965	23345	46096	43474	55266	30111	31515
嘉峪关市	Jiayuguan	53750	35931		59011	62669	32356	26297
金昌市	Jinchang	46730	11424	63785	57187	42856	29629	24123
白银市	Baiyin	39818	27254	65467	34436	52855	25849	21630
天水市	Tianshui	28322	28192	41295	22905	33015	27341	22289
武威市	Wuwei	27345	29100	25858	27826	33533	18424	20758
张掖市	Zhangye	26690	20417	22076	20646	28985	19590	23359
平凉市	Pingliang	37868	24656	66027	28456	30296	19449	23420
酒泉市	Jiuquan	37100	23113	68262	24379	34095	27359	24016
庆阳市	Qingyang	34645	34556		22550	37800	27078	25329
定西市	Dingxi	32717	30191	42278	24130	31187	23355	28598
陇南市	Longnan	29292	27772	18422	19160	31099	20594	23073
临夏州	Linxia	32936	32921		30516	52504	20408	28484
甘南州	Gannan	36976	19642	38959	23128	29414	22155	32935

4-21 续表 1 continued

单位：元 (yuan)

地　区	Region	信息传输、计算机服务和软件业 Information Transmission, Computer Service and Software	批发和零售业 Wholesale and Retail Trades	住宿和餐饮业 Hotels and Catering Services	金融业 Financial Intermediation	房地产业 Real Estate	租赁和商务服务业 Leasing and Business Services	科学研究、技术服务和地质勘查业 Scientific Research, Technical Services and Geological Prospecting
甘肃省	**Gansu**	**25780**	**23922**	**19947**	**39595**	**27671**	**25653**	**35024**
兰州市	Lanzhou	32727	25270	21871	56285	28920	27373	45625
嘉峪关市	Jiayuguan	44100	41331	22783	71975	57406	28478	35953
金昌市	Jinchang	22305	34229	19737	42693	29309	12419	32741
白银市	Baiyin	28926	23157		42700	17132	22256	41624
天水市	Tianshui	18081	15233	14839	29384	22927	31187	25631
武威市	Wuwei	28914	22437	19548	36209	19448	35092	28932
张掖市	Zhangye	22712	19366	19817	25467	24353	19124	28143
平凉市	Pingliang	24022	24898	19186	30215	24104	30768	33679
酒泉市	Jiuquan	28347	25434	18888	31232	26930	26075	39020
庆阳市	Qingyang	29299	48828	18467	35395	30781	30679	35419
定西市	Dingxi	38847	27954	19738	43226	20720	32155	36120
陇南市	Longnan	20023	37456	15156	30920	30500	24306	33088
临夏州	Linxia	35959	28260	19212	39453	24405	19876	32496
甘南州	Gannan	26191	24238	15077	36270		21021	44312

4-21 续表 2 continued

单位：元 (yuan)

地　区	Region	水利、环境和公共设施管理业 Management of Water Conservancy,Environment and Public Facilities	居民服务和其他服务业 Services to Households and Other Services	教　育 Education	卫生、社会保障和社会福利业 Health,Social Securities and Social Welfare	文化、体育和娱乐业 Culture,Sports and Entertainment	公共管理和社会组织 Public Management and Social Organization
甘肃省	**Gansu**	**25208**	**23114**	**32188**	**29463**	**29170**	**30560**
兰州市	Lanzhou	33507	23167	43843	41454	36311	38762
嘉峪关市	Jiayuguan	17619	42406	40293	39253	28153	34924
金昌市	Jinchang	30156	28083	33912	34003	32071	34430
白银市	Baiyin	26708	15531	37431	30116	28973	32480
天水市	Tianshui	28179	29703	34910	29051	25003	31210
武威市	Wuwei	26825	19421	29923	23487	32195	31568
张掖市	Zhangye	29006	13256	30217	31418	28350	33434
平凉市	Pingliang	25598	28431	37297	34429	29181	33946
酒泉市	Jiuquan	28996	29714	41804	35304	34654	38273
庆阳市	Qingyang	24127	39529	36193	32641	33868	34624
定西市	Dingxi	24773	33185	35907	32914	32901	34183
陇南市	Longnan	28196	22247	32139	29039	27178	31728
临夏州	Linxia	28790	16979	32844	30844	32882	32050
甘南州	Gannan	40189	15837	42394	40803	41081	44704

主要统计指标解释

经济活动人口 指在16周岁及以上，有劳动能力，参加或要求参加社会经济活动的人口。包括就业人员和失业人员。

从业人员 指在16周岁及以上，从事一定社会劳动并取得劳动报酬或经营收入的人员。这一指标反映了一定时期内全部劳动力资源的实际利用情况，是研究我国基本国情国力的重要指标。

单位从业人员 指在各级国家机关、政党机关、社会团体及企业、事业单位中工作，取得工资或其他形式的劳动报酬的全部人员。包括在岗职工、再就业的离退休人员、民办教师以及在各单位中工作的外方人员和港澳台方人员、兼职人员、借用的外单位人员和第二职业者。不包括离开本单位仍保留劳动关系的职工。各单位的就业人员反映了各单位实际参加生产或工作的全部劳动力。

城镇私营和个体从业人员 城镇私营从业人员指在工商管理部门注册登记，其经营地址设在县城关镇(含县城关镇)以上的私营企业从业人员，包括私营企业投资者和雇工。城镇个体就业人员指在工商管理部门注册登记，并持有城镇户口或在城镇长期居住，经批准从事个体工商经营的就业人员，包括个体经营者和在个体工商户劳动的家庭帮工和雇工。

职工 指在国有、城镇集体、联营、股份制、外商和港、澳、台投资、其他单位及其附属机构工作，并由其支付工资的各类人员。不包括下列人员：(1)乡镇企业就业人员；(2)私营企业就业人员；(3)城镇个体劳动者；(4)离休、退休、退职人员；(5)再就业的离、退休人员；(6)民办教师；(7)在城镇单位中工作的外方及港、澳、台人员；(8)其他按有关规定不列入职工统计范围的人员。

在岗职工 指在本单位工作并由单位支付工资的人员，以及有工作岗位，但由于学习、病伤产假等原因暂未工作，仍由单位支付工资的人员。

城镇登记失业人员 指有非农业户口，在一定的劳动年龄内(16周岁至退休年龄)，有劳动能力，无业而要求就业，并在当地就业服务机构进行求职登记的人员。

城镇登记失业率 城镇登记失业人员与城镇单位就业人员(扣除使用的农村劳动力、聘用的离退休人员、港澳台及外方人员)、城镇单位中的不在岗职工、城镇私营业主、个体户主、城镇私营企业和个体就业人员、城镇登记失业人员之和的比。计算公式为：

$$\text{城镇登记失业率}=\frac{\text{城镇登记失业人数}}{\begin{array}{l}\text{(城镇单位就业人员 使用的农村劳动力 -聘用的离退休人员 -聘用}\\\text{的港澳台及外方人员)+不在岗职工+城镇私营业主+城镇个体户主+}\\\text{城镇私营企业及个体就业人员+城镇登记失业人数}\end{array}}\times100\%$$

工资总额 指各单位在一定时期内直接支付给本单位全部就业人员的劳动报酬总额。工资总额的计算原则应以直接支付给就业人员的全部劳动报酬为根据。各单位支付给就业人员的劳动报酬以及其他根据有关规定支付的工资，不论是计入成本的还是不计入成本的，不论是按国家规定列入计征奖金税项目的，还是未列入计征奖金税项目的，不论是以货币形式支付的还是以实物形式支付的，均包括在工资总额内。

平均工资 指企业、事业、机关单位的就业人员在一定时期内平均每人所得的货币工资额。它表明一定时期职工工资收入的高低程度，是反映就业人员工资水平的主要指标。计算公式为:

$$\text{平均工资}=\frac{\text{报告期实际支付的全部就业人员工资总额}}{\text{报告期全部就业人员平均人数}}$$

平均工资指数 指报告期就业人员平均工资与基期就业人员平均工资的比率，是反映不同时期就业人员货币工资水平变动情况的相对数。计算公式为:

$$\text{平均工资指数}=\frac{\text{报告期就业人员平均工资}}{\text{基期就业人员平均工资}}\times100\%$$

平均实际工资指数 就业人员平均实际工资指扣除物价变动因素后的就业人员平均工资。就业人员平均实际工资指数是反映实际工资变动情况的相对数，表明就业人员实际工资水平提高或降低的程度。计算公式为：

$$\text{平均实际工资指数}=\frac{\text{报告期就业人员平均工资指数}}{\text{报告期城镇居民消费价格指数}}\times100\%$$

5

固定资产投资

Investment in Fixed Assets

简要说明

一、本篇资料主要内容

本篇资料主要内容包括：固定资产投资及其主要分组；2011 年分地区城镇项目施工、竣工房屋建筑面积和价值以及城镇能源工业投资情况；2011 年全省重点项目建设情况；农村非农户固定资产投资情况；房地产开发企业基本情况等。

二、本篇资料的统计范围

固定资产投资的统计范围包括：城乡 500 万元及以上固定资产投资项目投资（不含军工、国防、人防建设项目）、房地产开发投资。从 2011 年起，固定资产投资的起点标准从计划总投资 50 万元提高到 500 万元，500 万元以下项目不再纳入固定资产投资统计范围。

三、本篇资料来源

本篇资料由省统计局固定资产投资处汇总、加工整理。

5-1 固定资产投资
Investment in Fixed Assets

指　标	Item	2005	2008	2009	2010	2011	2011年比上年增长（%）Growth Rate in 2011 over 2010（%）
固定资产投资（亿元）	**Investment in Fixed Assets (100 million yuan)**	**874.53**	**1735.79**	**2479.60**	**3378.10**	**4180.24**	**40.16**
城　镇	Urban	790.22	1495.64	2076.38	2808.55	3873.72	40.25
#房地产开发	Real Estate Development	85.75	170.69	204.14	266.41	362.88	36.21
非 农 户	Non-Farm Households					306.52	39.03
按隶属关系分	**By Subordination**						
中央项目	Central	138.66	239.11	406.03	515.82	280.95	-4.81
地方项目	Local	735.87	1496.68	2073.57	2862.28	3899.29	45.09
按构成分	**Group by Structure**						
建筑安装工程	Construction and Installation	595.15	1192.19	1684.46	2409.13	3077.78	48.14
设备工具器具购置	Purchase of Equipment and Instruments	187.37	324.72	492.56	628.92	716.34	18.97
其他费用	Others	92.01	218.88	302.58	340.05	386.12	27.51
按产业分	**By Industry**						
第一产业	Primary Industry	41.87	84.24	129.09	137.99	191.45	70.07
第二产业	Secondary Industry	350.15	834.38	1206.31	1597.61	2032.99	33.61
第三产业	Tertiary Industry	482.51	817.17	1144.20	1642.50	1955.80	45.05
按资金来源分	**By Source of Funds**						
国家预算资金	State Budget	84.09	198.10	442.15	580.81	731.12	38.56
国内贷款	Domestic Loans	174.06	304.10	369.80	650.17	488.68	-2.21
利用外资	Foreign Investment	14.43	13.26	17.62	18.79	17.63	-4.94
自筹资金	Self-raising Funds	483.71	955.83	1385.39	1860.08	2410.08	44.97
其他资金	Others	118.24	264.51	330.95	430.45	416.08	16.51

注：1.2010年度以前（含2010年）固定资产投资数据为全社会口径，全社会口径中包含农户投资和跨区域项目投资。

2.2011年起，固定资产投资的起点标准从计划总投资50万元提高到500万元，500万元以下项目不再纳入固定资产投资统计范围（下表同）。

3.2011年度固定资产投资由城镇固定资产投资和农村非农户固定资产投资组成。

a) Before 2010(including 2010),data of fixed asset investment are the caliber of total society. Farm households investment and cross-regional project investment is included in the caliber of total society.

b) Since 2011, the standards of starting point of investment in fixed assets statistics is changed from a planned total investment of 500,000 yuan to 500 million.Project of below 500 million is no longer included in the investment in fixed assets statistics range (The same applies to all tables following).

c) Investment in fixed assets of 2011 are composed by urban fixed asset investment and rural non-farm households fixed asset investment.

5-1续表 continued

指 标	Item	2005	2008	2009	2010	2011	2011年比上年增长(%) Growth Rate in 2011 over 2010 (%)
按登记注册类型分	**By Registration Categories**						
内 资	Domestic Funded Enterprises	789.67	1609.98	2313.62	3212.93	4127.66	41.28
国 有	State-owned Enterprises	505.92	899.56	1379.41	1903.06	2186.61	33.95
集 体	Collective-owned Enterprises	50.26	43.58	56.33	59.10	128.88	134.90
股份合作	Cooperative Enterprises	6.73	6.88	5.00	11.16	11.12	0.76
联营企业	Joint Ownership Enterprises	3.36	7.51	5.55	9.01	9.13	3.33
国有联营	State Joint Ownership Enterprises	1.18	0.32	0.32	0.62	0.50	-15.99
集体联营	Collective Joint Ownership Enterprises	1.16	2.95	1.53	1.02	3.25	217.55
国有与集体联营	Joint State-collective Enterprises	0.53	0.01	0.24	0.09		
其他联营	Other Joint Ownership Enterprises	0.49	4.23	3.45	7.29	5.39	-24.49
有限责任公司	Limited Liability Corporations	129.80	329.36	463.24	625.65	861.87	38.28
国有独资公司	State Sole Funded Corporations	3.66	61.45	51.21	50.20	48.57	-3.04
其他有限责任公司	Other Limited Liability Corporations	126.14	267.91	412.03	575.45	813.30	41.90
股份有限公司	Share-holding Corporations Limited	31.08	81.61	103.70	168.14	295.40	76.41
私 营	Private Enterprises	52.54	198.26	229.68	321.83	498.96	59.60
其 他	Other Enterprises	9.98	43.22	70.72	114.98	135.67	22.01
港澳台商投资	Enterprises with Funds from Hong Kong ,Macao and Taiwan	13.74	15.76	28.72	36.29	19.28	-46.88
外商投资经济	Foreign Funded Enterprises	17.12	12.84	12.77	17.97	19.52	9.11
个体经营	Individual	54.00	97.21	124.49	110.91	13.79	106.91
房屋建筑面积（万平方米）	**Floor Space of Buildings (10 000 sq.m)**						
施工面积	Floor Space under Construction	5200.53	6808.00	7848.87	8994.68	9980.70	14.94
#住 宅	Residential Buildings	2759.88	4436.92	5637.52	5278.01	6686.04	26.68
竣工面积	Floor Space Completed	2382.68	1632.00	1599.84	2302.00	2360.92	9.26
#住 宅	Residential Buildings	1604.86	1008.00	916.07	1316.72	1496.24	17.53

5-2 历年固定资产投资
Investment in Fixed Assets

单位：亿元 (100 million yuan)

指 标 Item	固定资产投资 Investment in Fixed Assets		国有经济 State-owned Units	集体经济 Collective-owned Units	个体经济 Individuals	其他经济 Others
	绝对数 Absolute Number	比上年增长 Growth Rate in 2011 over 2010 (%)				
1978	9.30		9.26	0.04		
1979	11.22	20.63	11.15	0.07		
1980	12.65	12.74	12.57	0.08		
1981	14.10	11.52	11.73	0.76	1.61	
1982	15.69	11.23	13.36	1.07	1.26	
1983	18.91	20.53	16.42	0.92	1.57	
1984	24.51	29.62	19.98	1.71	2.81	
1985	33.90	38.32	25.97	3.95	3.97	
1986	40.42	19.26	31.09	3.99	5.34	
1987	47.91	18.51	38.39	3.11	6.41	
1988	59.54	24.29	47.00	4.76	7.78	
1989	51.19	-14.02	40.65	3.33	7.22	
1990	59.35	15.93	49.27	3.06	7.02	
1991	68.59	15.57	57.03	3.48	8.09	
1992	85.13	24.11	71.76	4.45	8.93	
1993	122.08	43.41	95.70	14.17	12.21	
1994	159.05	30.28	125.18	9.93	13.66	10.29
1995	194.67	22.39	156.61	7.71	17.71	12.65
1996	214.83	10.36	153.90	12.70	21.68	26.55
1997	264.39	23.07	186.03	13.58	35.07	29.70
1998	331.01	25.20	224.67	16.74	50.68	38.92
1999	384.08	16.03	255.85	23.36	51.77	53.10
2000	441.35	14.91	297.30	27.70	54.13	62.21
2001	505.42	14.52	337.88	28.33	56.31	82.90
2002	575.83	13.93	382.12	35.48	50.94	107.29
2003	655.07	13.76	407.18	41.32	50.90	155.67
2004	756.01	15.41	468.53	49.68	53.48	184.31
2005	874.53	15.68	510.76	58.06	54.00	251.71
2006	1024.87	17.19	567.67	25.25	62.33	369.61
2007	1310.38	27.86	700.09	48.29	67.06	494.93
2008	1735.79	32.47	961.33	53.41	97.21	623.85
2009	2479.60	42.85	1430.94	62.86	124.49	861.31
2010	3378.10	36.24	1953.88	71.28	110.91	1242.03
2011	4180.24	40.16	2235.68	143.25	13.79	1787.52

注：1. 本表国有经济为大口径，含国有、国有联营和国有独资公司；集体经济为大口径，含集体、集体联营和股份合作。

2. 2010年度以前（含2010年）固定资产投资数据为全社会口径，包括城镇投资和农村投资,与2011年数据口径不同。

3. 2011年固定资产投资包括500万元及以上城镇项目、非农户项目和房地产开发投资，未包含农村农户投资。

a) Data of state-owned units in this table are based on wide coverage,including state-owned, state joint ownership and state sole funded corporations; collective-owned enterprises are based on wide coverage,including collective-owned enterprises, collective joint ownership enterprises and cooperative enterprises.

b) Before 2010(including 2010), data of investment in fixed asset are the caliber of total society including investment of urban and rural area,and different from the data of 2011.

c) Data of investment in fixed assets in this table are the caliber of urban ,rural non-farm households and real estate development investment in fixed assets with the standard of more than 5 million yuan, not include farm households of rural area.

5-3 按主要行业分的固定资产投资
Investment in Fixed Assets by Sector

单位：万元 (10 000 yuan)

指　标	Item	2010	2011
农、林、牧、渔业	Agriculture,Forestry,Animal Husbandry and Fishery	1125728	1914486
采矿业	Mining	1414124	2232626
制造业	Manufacturing	5206706	7871541
电力、燃气及水的生产和供应业	Production and Supply of Electricity,Gas and Water	5521322	5086109
建筑业	Construction	3073700	5139575
交通运输、仓储和邮政业	Transport,Storage and Post	1952900	2377927
信息传输、计算机服务和软件业	Information Transmission,Computer Services and Software	222728	361002
批发和零售业	Wholesale and RetailTrades	623167	1036512
住宿和餐饮业	Hotels and Catering Services	257800	433821
金融业	Financial Intermediation	30097	88868
房地产业	Real Estate	1608711	2780664
租赁和商务服务业	Leasing and Business Services	255707	182087
科学研究、技术服务和地质勘查业	Scientific Research,Technical Service, and Geological Prospecting	236789	263222
水利、环境和公共设施管理业	Management of Wate Conservancy,Environment and Public Facilities	1353379	2816518
居民服务和其他服务业	Services to Households and Other Services	100313	120075
教　育	Education	616341	705734
卫生、社会保障和社会福利业	Health,Social Securitie and Social Welfare	389001	529219
文化、体育和娱乐业	Culture,Sports and Entertainment	252722	390894
公共管理和社会组织	Public Management and Social Organization	2920140	3842739
国际组织	International Organizations		

注：本表固定资产投资口径为500万元及以上城镇和非农户项目投资（不含房地产开发投资），2010年与2011年为可比口径。

a) Data of investment in fixed assets in this table are the caliber of urban and rural non-farm households investment in fixed assets with the standard of more than 5 million yuan(excluding investment in real estate development).The caliber of 2010 and 2011 are comparable.

5-4 各地区固定资产投资（2011）
Investment in Fixed Assets by Region (2011)

单位：万元　　(10 000 yuan)

地　区	Region	固定资产投资额 Investment in Fixed Assets	城镇投资额 Investment in Urban Area	#房地产开发投资 Investment in Real Estate Development	非农户投资额 Non-farm Households Investment
甘肃省	**Gansu**	**41802439**	**38737217**	**3628820**	**3065222**
兰州市	Lanzhou	8705683	8563531	1596724	142152
嘉峪关市	Jiayuguan	652426	624814	122804	27612
金昌市	Jinchang	1268816	1211991	64407	56825
白银市	Baiyin	2213745	2173307	152188	40438
天水市	Tianshui	2921018	2662423	278806	258595
武威市	Wuwei	2857868	2773521	148258	84347
张掖市	Zhangye	1452986	1443520	153865	9466
平凉市	Pingliang	2895452	2689884	165080	205568
酒泉市	Jiuquan	5394001	4445336	258351	948665
庆阳市	Qingyang	5176917	4594205	174689	582712
定西市	Dingxi	2720508	2346390	236057	374118
陇南市	Longnan	2908167	2810111	54625	98056
临夏州	Linxia	1397422	1329185	222966	68237
甘南州	Gannan	1237430	1068999		168431

注：城镇投资和农村非农户口径为500万元及以上固定资产项目投资;庆阳市不含长庆油田数据。

a) The caliber of urban and rural non-farm households investment in fixed assets refer to construction projects over 5 million yuan.Investment in Qingyang city is not including data of Changqing oilfield.

5-5 城镇固定资产投资（含房地产开发投资）
Investment in Fixed Assets in Urban Area (Including Investment in Real Estate Development)

指　标	Item	2005	2008	2009	2010	2011
投资额（亿元）	**Total Investment (100 million yuan)**	**790.22**	**1495.64**	**2076.38**	**2808.55**	**3873.72**
#房地产开发	Real Estate Development	85.75	170.69	204.14	266.41	362.88
按产业分	**By Industry**					
第一产业	Primary Industry	24.02	56.52	74.59	82.56	135.39
第二产业	Secondary Industry	342.65	744.83	1089.20	1448.51	1915.25
#工　业	Industry	303.38	637.93	906.07	1168.87	1451.60
第三产业	Tertiary Industry	423.54	694.29	912.59	1277.48	1823.08
按资金来源分	**By Source of Funds**					
国家预算内资金	State Budgetary Appropriation	72.62	169.86	331.50	491.20	676.16
国内贷款	Domestic Loans	163.31	275.19	337.20	490.12	478.76
债　券	Bonds	8.27	0.20	1.72		
利用外资	Foreign Investment	13.97	12.78	16.55	18.38	17.42
自筹资金	Self-raising Funds	411.75	792.05	1143.87	1559.23	2211.90
其他资金	Others	120.29	207.43	264.36	334.41	380.09
按构成分	**By Structure**					
建筑安装工程	Construction and Installation	547.38	1008.09	1369.81	1940.28	2834.58
设备工具器具购置	Purchase of Equipment and Instruments	164.36	294.54	462.38	584.07	684.62
其他费用	Others	78.48	193.01	244.19	284.20	354.52
按隶属关系分	**By Subordination**					
中央	Central	110.21	201.11	289.45	294.50	278.42
地方	Local	680.01	1294.53	1786.93	2514.05	3595.30

5-5续表 continued

指 标	Item	2005	2008	2009	2010	2011
按登记注册类型分	**By Registration Categories**					
内 资	Domestic Funded Enterprises	751.80	1455.27	2024.33	2748.71	3822.66
国 有	State-owned Enterprises	495.35	796.02	1160.49	1540.07	2025.37
集 体	Collective-owned Enterprises	17.32	34.91	45.64	46.55	106.87
股份合作	Cooperative Enterprises	6.74	6.85	4.76	10.63	10.68
联营企业	Joint Ownership Enterprises	3.36	7.08	2.30	5.72	7.22
国有联营	State Joint Ownership Enterprises	1.18	0.32	0.27	0.62	0.50
集体联营	Collective Joint Ownership Enterprises	1.16	2.90	1.50	0.80	2.56
国有与集体联营	Joint State-collective Enterprises	0.53				
其他联营	Other Joint Ownership Enterprises	0.49	3.87	0.52	4.31	4.16
有限责任公司	Limited Liability Corporations	130.72	323.78	452.84	601.67	828.69
国有独资公司	State Sole Funded Corporations	4.58	61.45	51.21	50.20	48.42
其他有限责任公司	Other Limited Liability Corporations	126.14	262.33	401.63	551.47	780.27
股份有限公司	Share-holding Corporations Limited	31.07	80.94	101.16	165.87	290.61
私 营	Private Enterprises	52.36	171.57	202.17	285.05	443.90
其 他	Other Enterprises	14.88	34.12	54.97	93.15	109.32
港澳台商投资	Enterprises with Funds from Hong Kong ,Macao and Taiwan	13.74	15.76	28.58	36.29	19.17
外商投资经济	Foreign Funded Enterprises	17.13	12.79	12.77	17.96	19.52
个体经营	Individual	7.55	11.82	10.70	5.59	12.37
房屋建筑面积（万平方米）	**Floor Space of Buildings (10 000 sq.m)**					
施工面积	Floor Space under Construction	4087.25	6357.39	7848.87	8077.96	9449.01
#住 宅	Residential Buildings	2274.38	4150.02	4980.60	4905.19	6340.94
竣工面积	Floor Space Completed	1207.11	1446.37	1599.84	2025.80	2176.28
#住 宅	Residential Buildings	626.68	915.84	916.07	1179.38	1403.72

5-6 按建设性质分的城镇项目固定资产投资（2011）
Investment in Fixed Assets in Urban Area by Type of Construction (2011)

单位:万元 (10 000 yuan)

行 业	Sector	投资额 Total Investment	#新 建 New Construction	#扩 建 Expansion	#改 建 Reconstruction
总 计	**Total**	**35108397**	**26098857**	**4569882**	**3104729**
农、林、牧、渔业	Agriculture,Forestry,Animal Husbandry and Fishery	1353930	1068136	242156	38089
采矿业	Mining	2138322	1453665	263439	401010
制造业	Manufacturing	7569786	4516534	1616198	1129438
电力、燃气及水的生产和供应业	Production and Supply of Electricity,Gas and Water	4807886	4023354	426153	307729
建筑业	Construction	4636470	4100668	253621	158506
交通运输、仓储和邮政业	Transport,Storage and Post	2279002	1435858	514223	223998
信息传输、计算机服务和软件业	Information Transmission,Computer Services and Software	341909	132947	12402	181957
批发和零售业	Wholesale and RetailTrades	973465	677596	174128	77027
住宿和餐饮业	Hotels and Catering Services	407921	223988	102349	69586
金融业	Financial Intermediation	87508	21345	25276	23987
房地产业	Real Estate	2589791	2265508	49818	53274
租赁和商务服务业	Leasing and Business Services	172017	81050	65660	11616
科学研究、技术服务和地质勘查业	Scientific Research,Technical Service, and Geological Prospecting	243230	152403	39859	8855
水利、环境和公共设施管理业	Management of Wate Conservancy,Environment and Public Facilities	2624971	2032598	283835	199170
居民服务和其他服务业	Services to Households and Other Services	68343	48906	15820	1463
教 育	Education	664381	491525	103337	25210
卫生、社会保障和社会福利业	Health,Social Securitie and Social Welfare	500263	320408	75286	17250
文化、体育和娱乐业	Culture,Sports and Entertainment	306509	216010	33012	32467
公共管理和社会组织	Public Management and Social Organization	3342693	2836358	273310	144097

注：本表数据不含房地产开发投资。

a) Data in this table don't contain real estate investment.

5-7 按构成分城镇项目固定资产投资（2011）
Investment in Fixed Assets in Urban Area by Structure (2011)

单位:万元 (10 000 yuan)

行 业	Sector	投资额 Investment	建筑工程 Construction	安装工程 Installation	设备工器具购置 purchase of Equipment and Instrument	其他 Others
总 计	**Total**	**35108397**	**22760118**	**2694041**	**6825538**	**2828700**
农、林、牧、渔业	Agriculture,Forestry,Animal Husbandry and Fishery	1353930	997507	43021	65843	247559
采矿业	Mining	2138322	1248951	222090	532437	134844
制造业	Manufacturing	7569786	3158623	961758	2975136	474269
电力、燃气及水的生产和供应业	Production and Supply of Electricity,Gas and Water	4807886	1856136	697670	2003531	250549
建筑业	Construction	4636470	4087944	146091	147153	255282
交通运输、仓储和邮政业	Transport,Storage and Post	2279002	1845960	48112	208841	176089
信息传输、计算机服务和软件业	Information Transmission,Computer Services and Software	341909	104712	31778	180558	24861
批发和零售业	Wholesale and RetailTrades	973465	742531	64545	86838	79551
住宿和餐饮业	Hotels and Catering Services	407921	282143	50966	50656	24156
金融业	Financial Intermediation	87508	65066	6584	11918	3940
房地产业	Real Estate	2589791	2270608	81607	34515	203061
租赁和商务服务业	Leasing and Business Services	172017	135729	5865	18531	11892
科学研究、技术服务和地质勘查业	Scientific Research,Technical Service, and Geological Prospecting	243230	129655	34203	46613	32759
水利、环境和公共设施管理业	Management of Wate Conservancy, Environment and Public Facilities	2624971	2041702	90754	42706	449809
居民服务和其他服务业	Services to Households and Other Services	68343	61883	550	3240	2670
教 育	Education	664381	587865	23298	37077	16141
卫生、社会保障和社会福利业	Health,Social Securitie and Social Welfare	500263	359228	21071	107765	12199
文化、体育和娱乐业	Culture,Sports and Entertainment	306509	211029	20033	34147	41300
公共管理和社会组织	Public Management and Social Organization	3342693	2572846	144045	238033	387769

注：本表数据不含房地产投资。

a) Data in this table don't contain real estate investment.

5-8 城镇固定资产投资项目个数及新增固定资产（2011）

Number of Urban Investment Projects in Fixed Assets and Newly Increased Fixed Assets (2011)

行业	Sector	施工项目（个）Number of Projects under Construction (unit)	全部建成投产项目（个）Number of Projects Completed and Put into Use (unit)	建成项目投产率（%）Rate of Projects Completed and Put into Use (%)	新增固定资产（万元）Newly Increased Fixed Assets (10 000 yuan)
总　计	**Total**	**8623**	**5327**	**61.78**	**25213856**
农、林、牧、渔业	Agriculture,Forestry,Animal Husbandry and Fishery	554	436	78.70	975144
采矿业	Mining	329	200	60.79	1404640
制造业	Manufacturing	1601	916	57.21	4550952
电力、燃气及水的生产和供应业	Production and Supply of Electricity,Gas and Water	596	314	52.68	5737348
建筑业	Construction	1252	857	68.45	3326207
交通运输、仓储和邮政业	Transport,Storage and Post	392	231	58.93	1269431
信息传输、计算机服务和软件业	Information Transmission,Computer Services and Software	80	56	70.00	229417
批发和零售业	Wholesale and RetailTrades	301	171	56.81	584548
住宿和餐饮业	Hotels and Catering Services	139	100	71.94	287975
金融业	Financial Intermediation	37	22	59.46	47278
房地产业	Real Estate	493	262	53.14	1441502
租赁和商务服务业	Leasing and Business Services	46	20	43.48	73901
科学研究、技术服务和地质勘查业	Scientific Research,Technical Service, and Geological Prospecting	71	48	67.61	190745
水利、环境和公共设施管理业	Management of Wate Conservancy,Environment and Public Facilities	717	404	56.35	1304405
居民服务和其他服务业	Services to Households and Other Services	34	16	47.06	46022
教　育	Education	390	219	56.15	475178
卫生、社会保障和社会福利业	Health,Social Securitie and Social Welfare	228	132	57.89	363005
文化、体育和娱乐业	Culture,Sports and Entertainment	157	88	56.05	222530
公共管理和社会组织	Public Management and Social Organization	1206	835	69.24	2683628

5-9 各地区城镇固定资产投资项目个数及新增固定资产（2011）

Number of Urban Construction Project Putting into Use and Newly Increased Fixed Assets by Region (2011)

地　区	Region	施工项目（个）Number of Projects under Construction (unit)	全部建成投产项目（个）Number of Projects Completed and Put into Use (unit)	建成项目投产率（%）Rate of Projects Completed and Put into Use (%)	新增固定资产（万元）Newly Increased Fixed Assets (10 000 yuan)	固定资产交付使用率（%）Rate of Projects of Fixed Assets Completed and Put into Use(%)
甘肃省	**Gansu**	**8623**	**5327**	**61.78**	**25213856**	**71.82**
兰州市	Lanzhou	956	460	48.12	3508022	50.35
嘉峪关市	Jiayuguan	134	45	33.58	279045	55.59
金昌市	Jinchang	254	110	43.31	1000322	87.17
白银市	Baiyin	545	308	56.51	1624694	80.39
天水市	Tianshui	840	587	69.88	1949716	81.80
武威市	Wuwei	514	194	37.74	1220105	46.48
张掖市	Zhangye	553	414	74.86	1380317	100.00
平凉市	Pingliang	685	501	73.14	1384420	54.83
酒泉市	Jiuquan	621	396	63.77	4381081	100.00
庆阳市	Qingyang	1088	904	83.09	3252452	73.59
定西市	Dingxi	697	365	52.37	999341	47.35
陇南市	Longnan	815	582	71.41	2402781	87.20
临夏州	Linxia	423	248	58.63	1222970	100.00
甘南州	Gannan	498	213	42.77	608590	56.93

注：庆阳市新增固定资产中含长庆油田数据。

a) Data of Qingyang newly increased fixed assets including Changqing oilfield.

5-10 各地区城镇项目施工、竣工房屋建筑面积和价值（2011）

Value and Floor Space of Buildings under Construction and Buildings Completed in Urban Area by Region (2011)

地　区	Region	施工房屋建筑面积（万平方米）Floor Space of Buildings under Construction (10 000 sq.m)	#住　宅 Residential Buildings	竣工房屋建筑面积（万平方米）Floor Space of Buildings Completed (10 000 sq.m)	#住　宅 Residential Buildings	竣工房屋价值（万元）Value of Buildings Completed (10 000 yuan)	#住　宅 Residential Buildings
甘肃省	**Gansu**	**5639.01**	**3199.68**	**1520.29**	**849.57**	**2342672**	**1003120**
兰州市	Lanzhou	1854.47	1079.06	289.59	108.72	579545	209050
嘉峪关市	Jiayuguan	16.07	10.61	4.28	0.60	6434	500
金昌市	Jinchang	142.64	81.15	31.80	9.51	55280	18260
白银市	Baiyin	323.11	219.77	98.26	54.06	122180	80614
天水市	Tianshui	618.18	235.55	241.62	40.34	496444	57019
武威市	Wuwei	260.84	120.16	51.64	30.17	81894	48907
张掖市	Zhangye	205.73	96.28	73.19	41.84	102940	44904
平凉市	Pingliang	463.48	317.81	174.44	136.48	291372	204691
酒泉市	Jiuquan	155.13	71.51	76.38	43.26	121835	65637
庆阳市	Qingyang	302.53	209.40	195.17	177.99	58760	26710
定西市	Dingxi	263.14	156.16	42.51	26.76	118250	62853
陇南市	Longnan	408.52	245.74	175.73	142.32	226663	145374
临夏州	Linxia	408.16	229.39	9.92	8.19	21427	16497
甘南州	Gannan	217.00	127.10	55.75	29.35	59648	22104

5-11 各地区城镇固定资产投资项目计划总投资（2011）

Urban Investment in Fixed Assets Projects with Total Planned Investment by Region (2011)

单位：万元 (10 000 yuan)

地 区	Region	施工项目计划总投资 Total Planned Investment of Projects under Construction		新开工项目计划总投资 Total Planned Investment of Newly Started Projects		新开工项目占施工项目比重(%) Newly Started Projects as Percentage of Projects under Construction(%)	
		2011	比上年增长 (%) Growth Rate (%)	2011	比上年增长 (%) Growth Rate (%)	2010	2011
甘肃省	**Gansu**	**78237239**	**32.63**	**38719213**	**70.88**	**38.41**	**49.49**
兰州市	Lanzhou	17589027	48.03	9186667	134.05	33.03	52.23
嘉峪关市	Jiayuguan	1058742	-5.51	520826	-12.69	53.24	49.19
金昌市	Jinchang	3833460	22.99	1168225	35.57	27.65	30.47
白银市	Baiyin	4579953	-2.83	1766061	-13.85	43.49	38.56
天水市	Tianshui	5105128	7.17	2173579	-6.96	49.04	42.58
武威市	Wuwei	6257023	97.16	4103574	95.94	65.99	65.58
张掖市	Zhangye	2655884	64.46	1203519	13.70	65.55	45.32
平凉市	Pingliang	4444624	2.06	2468554	106.51	27.45	55.54
酒泉市	Jiuquan	8683992	25.54	3303909	100.92	23.77	38.05
庆阳市	Qingyang	9034294	36.17	4718065	94.81	36.51	52.22
定西市	Dingxi	4246757	32.87	2276050	39.80	50.94	53.60
陇南市	Longnan	5448710	45.19	3145122	88.96	44.35	57.72
临夏州	Linxia	2986922	39.81	1480379	204.37	22.77	49.56
甘南州	Gannan	2312723	43.34	1204683	73.00	43.16	52.09

注：庆阳市新增固定资产中含长庆油田。
a) Data of Qingyang newly increased fixed assets including Changqing oilfield.

5-12 各地区计划总投资上亿元重大项目 （2011）

Number of Urban Construction Project Putting into Use and Newly Increased Fixed Assets by Area（2011）

地 区	Region	投资额（万元）Total Investment（10 000 yuan)	占城镇项目投资的比重（%）As Percentage of Investment of Projects in Urban Area
甘肃省	**Gansu**	**17505877**	**49.86**
兰州市	Lanzhou	4498627	64.57
嘉峪关市	Jiayuguan	315600	62.87
金昌市	Jinchang	802941	69.97
白银市	Baiyin	964114	47.70
天水市	Tianshui	538125	22.58
武威市	Wuwei	1839530	70.07
张掖市	Zhangye	318347	24.68
平凉市	Pingliang	1225843	48.55
酒泉市	Jiuquan	3129701	74.75
庆阳市	Qingyang	1087497	24.61
定西市	Dingxi	970367	45.98
陇南市	Longnan	1035112	37.57
临夏州	Linxia	359264	32.48
甘南州	Gannan	420809	39.36

5-13 各地区城镇能源工业投资（2011）

Investment in Energy Industry in Urban Area by Region (2011)

单位：万元 (10 000 yuan)

地区	Region	合计 Total	煤炭开采及洗选业 Mining and Washing of Coal	石油及天然气开采业 Extraction of Petroleum and Natural Gas	石油加工、炼焦及核燃料加工业 Processing of Petroleum, Coking, Processing of Nucleus Fuel	电力、热力及燃气的生产和供应业 Production and Supply of Electricity,Gas and Water
甘肃省	**Gansu**	**6649602**	**1195102**	**206635**	**709864**	**4538001**
兰州市	Lanzhou	998270	86920	3650	637264	270436
嘉峪关市	Jiayuguan	75913			1370	74543
金昌市	Jinchang	188498	5000		37320	146178
白银市	Baiyin	380740	97263		3800	279677
天水市	Tianshui	184741	28266	13200		143275
武威市	Wuwei	489991	138532	17200	3300	330959
张掖市	Zhangye	177434	74294			103140
平凉市	Pingliang	535442	379947	10000		145495
酒泉市	Jiuquan	2285055	67783	49565	18100	2149607
庆阳市	Qingyang	533140	317097	96400	8710	110933
定西市	Dingxi	92812				92812
陇南市	Longnan	381586		15948		365638
临夏州	Linxia	173146		672		172474
甘南州	Gannan	152834				152834

5-14 农村非农户固定资产投资情况（2011）
Rural Non-farm Households Investment in Fixed Assets (2011)

单位:万元 (10 000 yuan)

行 业	Sector	投资额 Total Investment	#新建 New construction	#扩建 Expansion	#改建 Reconstruction
总 计	**Total**	**3065222**	**2475173**	**418261**	**126790**
农、林、牧、渔业	Agriculture,Forestry,Animal Husbandry and Fishery	560556	457346	85324	13338
采矿业	Mining	94304	67400	15567	5537
制造业	Manufacturing	301755	195193	81325	18587
电力、燃气及水的生产和供应业	Production and Supply of Electricity,Gas and Water	278223	201639	62043	12069
建筑业	Construction	503105	437457	28817	24100
交通运输、仓储和邮政业	Transport,Storage and Post	98925	48026	28670	22229
信息传输、计算机服务和软件业	Information Transmission,Computer Services and Software	19093	19093		
批发和零售业	Wholesale and RetailTrades	63047	54702	7240	565
住宿和餐饮业	Hotels and Catering Services	25900	25700		200
金融业	Financial Intermediation	1360	1360		
房地产业	Real Estate	190873	180425	968	2480
租赁和商务服务业	Leasing and Business Services	10070	8910		560
科学研究、技术服务和地质勘查业	Scientific Research,Technical Service, and Geological Prospecting	19992	19992		
水利、环境和公共设施管理业	Management of Wate Conservancy, Environment and Public Facilities	191547	131518	47510	12519
居民服务和其他服务业	Services to Households and Other Services	51732	27547	23310	875
教育	Education	41353	29937	5181	5535
卫生、社会保障和社会福利业	Health,Social Securitie and Social Welfare	28956	24650	3552	293
文化、体育和娱乐业	Culture,Sports and Entertainment	84385	80845	3540	
公共管理和社会组织	Public Management and Social Organization	500046	463433	25214	7903

5-15 农村非农户固定资产投资项目个数及新增固定资产（2011）
Number of Construction Projects and Newly Increased Fixed Assets in Rural Area with Non-Agriculture Households (2011)

行　业	Sector	施工项目（个）Number of Projects under Construction (unit)	全部建成投产项目（个）Number of Projects Completed and Put into Use (unit)	建成项目投产率（%）Rate of Projects Completed and Put into Use (%)	新增固定资产（万元）Newly Increased Fixed Assets (10 000 yuan)
总　计	**Total**	**1618**	**1169**	**72.25**	**2445762**
农、林、牧、渔业	Agriculture,Forestry,Animal Husbandry and Fishery	379	312	82.32	482025
采矿业	Mining	40	27	67.50	68686
制造业	Manufacturing	165	105	63.64	198657
电力、燃气及水的生产和供应业	Production and Supply of Electricity,Gas and Water	93	57	61.29	310213
建筑业	Construction	257	196	76.26	419230
交通运输、仓储和邮政业	Transport,Storage and Post	71	47	66.20	63942
信息传输、计算机服务和软件业	Information Transmission,Computer Services and Software	14	12	85.71	18853
批发和零售业	Wholesale and RetailTrades	40	28	70.00	43143
住宿和餐饮业	Hotels and Catering Services	12	8	66.67	19339
金融业	Financial Intermediation	1	1	100.00	1360
房地产业	Real Estate	52	35	67.31	146399
租赁和商务服务业	Leasing and Business Services	9	7	77.78	5270
科学研究、技术服务和地质勘查业	Scientific Research,Technical Service, and Geological Prospecting	11	9	81.82	10740
水利、环境和公共设施管理业	Management of Wate Conservancy, Environment and Public Facilities	119	85	71.43	130083
居民服务和其他服务业	Services to Households and Other Services	17	12	70.59	22275
教育	Education	49	38	77.55	34640
卫生、社会保障和社会福利业	Health,Social Securitie and Social Welfare	16	12	75.00	26402
文化、体育和娱乐业	Culture,Sports and Entertainment	21	15	71.43	71309
公共管理和社会组织	Public Management and Social Organization	252	163	64.68	373196

5-16 重点项目建设情况（2011）
Key Project Plan Achievement Situation (2011)

单位：万元 (10 000 yuan)

项目名称	Project	计划总投资 Total Plan Investment	至2011年底累计完成投资 Accumulative Investment by 2011	本年计划投资 Plan Investment	本年完成投资 Achieved Investment
总计	**Total**	**42881416**	**13654926**	**9617999**	**7007513**
续建项目	**Continued Construction Project**	**23045039**	**11754272**	**5410293**	**5139906**
引洮供水一期工程	Water Supply from Taohe River(First Phase)	372167	359910	70290	90900
石羊河流域重点治理工程	Key Emergency Harnessing Projects of Shiyang River Basin	474886	360041	13626	65841
陕甘宁盐环定扬黄续建甘肃专用工程	Yan Huan Ding Yang Huang Special Projects of Continued Construction in Gansu	46692	50379	4538	8225
引洮供水一期定西市配套工程	Water Supply from Taohe River(First Phase) of Conveyance System Dingxi City	121221	79878	46346	59878
甘南黄河重要水源补给生态功能区生态保护与建设项目	Ecological Protection and Construction Projects Gannan Yellow Important Source of Water Supply Ecological Functional Zones	173268	145963	20000	18579
西峰至长庆桥至凤翔路口高速公路	Xifeng to Changqing Bridge to Fengxiang Junction Highway	328689	311942	73689	56942
宝天高速公路天水过境段	Baoji-Tianshui Highway of Tianshui Transit Section	222196	203855	32536	26795
永登（徐家磨）至古浪高速公路	Highway of Line-Yongdeng (Xujiamo) to Gulang	586902	478672	279490	200260
青兰国家高速雷家角（陕甘界）至西峰高速公路	Dracocephalum National High-speed Leijia Corner (Shaanxi-Gansu Border) to Xifeng Highway	818000	373760	138700	273760
定武国家高速营盘水(宁甘界)至双塔	Ding Wu National High-speed Yingpanshui (Ningxia and Gansu border) to Shuangta	744000	285000	210000	200000
连霍公路瓜州至猩猩峡高速公路	Lianhuo Highway - Guazhou to Xingxingxia Highway	220000	246000	84300	132000
武都至罐子沟高速公路	Highway of Wudu to Guanzigou	1171342	682000	221000	300000
成县至武都高速公路	Highway of Cheng County to Wudu	1200000	430000	350000	330000
通县二级公路（10条）	Secondary Road of Tong County (10)	831634	362610	300000	241264
兰渝铁路（甘肃段，含兰州北编组站）	Lanzhou-Chongqing Railway (Gansu Section, Including Partial Hub Project)	4200000	2547603	1000000	865903
天水至平凉铁路	Tianshui-Pingliang Railway	511000	313000	135000	50000
西安至平凉铁路（甘肃段）	Xi'an-Pingliang Railway (Gansu Section)	293000	186000	80000	36000

5-16续表1 continued

单位：万元 (10 000 yuan)

项目名称	Project	计划总投资 Total Plan Investment	至2011年底累计完成投资 Accumulative Investment by 2011	本年计划投资 Plan Investment	本年完成投资 Achieved Investment
兰新铁路第二双线（甘肃段）	Lanzhou-Xinjiang Railway Second Double (Gansu Section)	5800000	2559756	1276000	1559756
兰州至中川城际铁路	Lanzhou to Zhongchuan Intercity Rail	1290000	10500	100000	
新建金昌机场	Jinchang Airport of Newly Build	34313	31839	16313	13839
张掖军民合用机场改扩建工程	Renovation and Expansion Project of Zhangye Military - civil Airports	29577	31324	13577	15324
新建夏河机场	Xiahe Airport of Newly Build	67753	17887	26000	12887
兰州中川机场二期扩建工程	Lanzhou Zhongchuan Airport Expansion Project(Second Phase)	148600	15848	57500	5848
庆阳机场扩建工程	Qingyang Airport Expansion Project	22157	11018	12000	7018
酒泉热电联产工程	Jiuquan Thermal Power Cogeneration Project	279692	273498	123201	117007
白龙江橙子沟水电站	Chengzi Ditch Hydropower Station of Bailongjiang River	121423	63576	25000	27911
黄河河口水电站	Hydropower Station at Hekou of Yellow River	89803	91902	25000	27099
兰州原油商业储备库	Lanzhou Commercial Crude Oil Reserve Library	208348	133000	78348	3000
兰州国家石油储备基地	The National Oil Reserve Base of Lanzhou	253512	223389	118512	88389
核桃峪煤矿及选煤厂	Walnut Valley Coal and It's Coal Preparation Plant	1066876	196226	104658	51948
马福川煤矿	Mafuchuan Mine	330000	16985	20000	1461
中铝连城分公司淘汰落后环保节能技改项目	Citylink Branch of Aluminum Corporation of China Eliminated Backward Green Energy Technology Projects	443634	310000	243624	110000
金川集团20万吨/年铜系统改造工程	200,000 t/y Copper System Improvement Project of Jinchuan Group Co., Ltd.	98000	75595	24000	39595
金川公司6万吨/年电解镍扩能改造工程	60,000 t/y Electrolytic Nickel Expansion and Reconstruction Project of Jinchuan Group Co., Ltd.	160000	32498	30000	31498
甘肃省中医院门诊医技综合楼	Provincial Hospital Outpatient Medical Technology General Building	14124	17647	1000	6067
甘肃省妇幼保健院保健医疗综合楼	Provincial MCH Health Care General Building	31590	27476	5000	11096
敦煌莫高窟保护利用设施项目	Protection and Utilization of Facilities Projects of Dunhuang Mogao Grottoes	26100	23100	6530	4530
甘肃黄河剧院拆除重建项目	Demolition and Reconstruction Projects of Gansu Huanghe Theater	10540	11239	200	4639
甘肃会展中心建筑群项目	Buildings Project of Convention and Exhibition Center in Gansu	152400	138633	36600	36924
天水甘泉物流园区建设项目	Construction Projects of Tianshui Ganquan Logistics Park	51600	24723	7715	7723

5-16续表2 continued

单位：万元 (10 000 yuan)

项目名称	Project	计划总投资 Total Plan Investment	至2011年底累计完成投资 Accumula-tive Investment by 2011	本年计划投资 Plan Investment	本年完成投资 Achieved Investment
新开工项目	**Newly-commenced Projects**	**19836377**	**1900654**	**4207706**	**1867607**
敦煌水资源合理利用与综合保护规划项目	Rational Utilization of Water Resources and Comprehensive Conservation Planning Projects of Dunhuang	475900		10000	
引洮供水一期会宁北部供水工程	Water Supply from Taohe River (First Phase)Water Supply Project in the North of Huining	85991	2000	10000	
石羊河流域防沙治沙及生态恢复项目	Anti-desertification and Ecological Restoration Projects in Shiyang River Basin	45000		1500	
宝鸡至兰州铁路客运专线（甘肃段）	Baoji-Lanzhou Passenger Railway Line (Gansu Section)	5760000	1000	500000	
十堰至天水高速公路徽县大石碑至天水段公路	Highway of Dashibei Cheng County to Tianshui Section	2120000		80000	
临洮至渭源高速公路	Linzhao to Weiyuan Highway	500700		50000	
兰州至永靖快速通道	Lanzhou to Yongjing Fast Track	700000	5416	55416	
酒泉风电基地二期工程	Second Phase of Jiuquan Wind Power Base	5000000	1720	2000000	1720
正泰酒泉光伏并网发电工程	PV Grid Power Generation Project of Zhengtai in Jiuquan	200000	150000	66700	150000
750千伏兰州东至天水变线路工程	750 KV Power Transmission Project-East of Lanzhou to Tianshui	114545		60000	
长庆油田产能建设项目	Changqing Oilfield Capacity Building Project	3000000	1100515	650000	1100515
中卫至贵阳天然气联络线（甘肃段）	Zhongwei to Guiyang Gas Contact Line (Gansu Section)	530000	220000	200000	220000
中石油兰州石化公司300万吨/年柴油加氢精制装置项目	300 t / y of Diesel Oil Hydrogenation Refining Unit Project of CNPC Lanzhou Petrochemical Company	93510	83812	43000	83812
白银公司铜冶炼技术提升改造项目	Upgrade and Construction of Copper Smelting Technology of Baiyin Nonferrous Metals Group Co., Ltd.	180000	46391	169369	36760
酒钢集团榆钢支持灾后恢复重建项目	Jiuquan Steel Group Yuzhong Steel Company Support Post-disaster Restoration and Reconstruction Project	550000	262000	180000	247000
华亭煤业集团公司年处理60万吨甲醇制20万吨聚丙烯（FMTP）科技示范项目	600,000 t/y Methanol Project of Coal and 200,000 t/y of Polypropylene (FMTP) Technology Demonstration Projects of Huating Zhongxu Coal Chemical Co., Ltd.	254031		53021	
天水星火机床有限公司“数控重型机床产业园”建设项目	"Heavy-duty CNC Machine Tool Industrial Park" Construction Projects of Tianshui Spark Machine Tool	200000	27800	68700	27800
甘肃科技馆建设项目	Construction Project of Gansu Science and Technology Museum	26700		10000	

5-17 房地产开发企业基本情况
Basic Conditions of Real Estate Development Enterprises

指 标	Item	2005	2008	2009	2010	2011
开发企业个数（个）	Number of Enterprises (unit)	843	1058	1110	1185	1249
内资	Domestic Funded	787	1031	1083	1158	1222
#国有	State-owned Enterprises	73	58	57	60	56
集体	Collective-owned Enterprises	37	28	32	24	25
港澳台投资经济	Funded by Entrepreneurs from Hong Kong, Macao and Taiwan	35	17	16	16	16
外商投资经济	Foreign Funded	21	10	11	11	11
资产总计（亿元）	Total Assets (100 million yuan)	303.32	540.57	625.11	866.84	1174.05
固定资产累计折旧（亿元）	Total Depreciation (100 million yuan)	6.60	11.63	12.77	13.39	12.79
# 本年折旧	Depreciation This Year	0.96	2.46	2.49	1.97	2.68
负债合计（亿元）	Total Liabilities (100 million yuan)	216.10	383.49	444.40	639.29	882.78
所有者权益合计（亿元）	Creditors Equity (100 million yuan)	87.22	157.08	180.71	227.55	291.28
资产负债率（%）	Ratio of Asset-liability(%)					
主营业务收入（亿元）	Main Business Revenue (100 million yuan)	51.76	123.52	134.06	190.68	219.27
土地转让收入	Land Transferred	1.16	1.37	1.02	1.14	1.78
商品房屋销售收入	Commercial Houses Sold	46.83	117.20	122.11	180.89	209.07
房屋出租收入	Houses Leased	1.01	1.44	0.63	3.90	2.54
其他收入	Others	2.76	3.52	10.30	4.75	5.88
经营税金及附加	Business Taxes and Surcharges					
营业利润（亿元）	Business Profits (100 million yuan)	1.93	15.54	16.87	11.12	6.99
利润总额（亿元）	Total Profits (100 million yuan)	2.98	3.10	3.26	10.09	3.81
本年购置土地面积（万平方米）	Purchase Area of Land in This Year (10 000sq.m)	188.23	311.67	344.75	286.71	287.57
#地 方	Local	188.23	311.67	344.75	286.71	280.57
竣工房屋造价（元/平方米）	Value of Buildings Completed (yuan/sq.m)	1293	1489	1623	1828	2250

5-18 房地产开发投资完成情况
The Completion of Real Estate Development Investment

指　标	Item	2005	2008	2009	2010	2011
房地产开发投资（亿元）	**Real Estate Development Investment (100 million yuan)**	**85.75**	**170.69**	**204.14**	**266.41**	**362.88**
#地　方	Local	85.29	170.69	202.60	263.69	350.45
按构成分	**By Composing**					
建筑工程	Construction	62.76	116.41	136.17	190.26	255.68
安装工程	Installation	7.35	14.34	14.74	17.80	33.49
设备工器具购置	Purchase of Equipment and Instruments	1.53	1.84	1.14	1.86	2.07
其他费用	Others	14.11	38.10	52.09	56.49	71.65
按工程用途分	**By Purpose**					
住　宅	Residential Buildings	60.31	124.19	137.32	187.93	258.06
办公楼	Office Buildings	3.13	4.67	2.90	5.61	6.38
商业营业用房	Houses for Business Use	11.05	10.41	21.40	27.02	36.88
其　他	Others	11.26	31.42	42.52	45.85	61.57
按资金来源分	**By Source of Funds**					
国内贷款	Domestic Loans	15.69	32.35	41.32	56.60	67.02
利用外资	Foreign Investment		0.13			
自筹资金	Self-raising Funds	39.70	78.45	96.72	132.80	169.81
其　他	Others	37.27	70.15	107.45	128.17	153.82
新增固定资产（亿元）	**Newly Increased Fixed Assets (100 million yuan)**	**47.48**	**61.41**	**105.23**	**143.35**	**169.41**
#地　方	Local	44.95	61.41	105.23	143.35	165.50
房屋施工面积（万平方米）	**Floor Space under Construction (10 000 sq.m)**	**1449.43**	**1914.52**	**2536.32**	**3130.40**	**3810.00**
房屋竣工面积（万平方米）	**Floor Space of Buildings Completed (10 000 sq.m)**	**338.88**	**349.09**	**540.56**	**598.66**	**655.99**
商品房屋销售面积（万平方米）	**Floor Space of Selling Commerical Houses (10 000 sq.m)**	**340.37**	**471.32**	**696.26**	**756.51**	**815.89**
#住　宅	Residential Buildings	299.17	451.03	657.33	692.07	734.38
商品房屋销售额（亿元）	**Total Sales of Commerical Houses (100 million yuan)**	**64.11**	**102.23**	**174.59**	**227.81**	**276.95**
#住　宅	Residential Buildings	50.98	95.01	159.50	201.47	235.55

5-19 房地产施工、竣工面积及价值（2011）
Value and Floor Space of Buildings under Construction and Completed (2011)

项 目	Item	施工房屋面积（万平方米）Floor Space under Construction (10 000 sq.m)	#新开工 Started This Year	竣工房屋面积（万平方米）Floor Space of Buildings Completed (10 0000 sq.m)	竣工房屋价值（万元）Value of Buildings Completed (10 000 yuan)
总 计	**Total**	**3810.00**	**1546.59**	**655.99**	**1475835**
住宅	Residential Buildings	3141.26	1289.98	554.15	1195543
#别墅、高档公寓	Villas and Good Apartments	4.12			
经济适用房	Economical Houses	325.40	131.47	36.74	52984
办公楼	Office Buildings	60.68	23.03	7.91	27022
商业营业用房	Houses for Business Use	391.25	157.51	82.03	225530
其他	Others	216.81	76.07	11.90	27740

5-20 各地区房地产开发企业建设投资总规模及完成情况（2011）
General Scale of Construction and Actually Completed Investment of Enterprises for Real Estate Development by Region (2011)

单位：万元 (10 000 yuan)

地 区	Region	计划总投资 Total Planned Investment	自开始建设至本年底累计完成投资 Accumulative Investment Actually Completed Since the Start of Construction to the End of This Year	#本年完成投资 Investment Completed This Year
甘肃省	**Gansu**	**15784176**	**8257505**	**3628820**
兰州市	Lanzhou	9616930	4796613	1596724
嘉峪关市	Jiayuguan	340179	234420	122804
金昌市	Jinchang	295919	190993	64407
白银市	Baiyin	464763	252483	152188
天水市	Tianshui	791699	578274	278806
武威市	Wuwei	313401	212125	148258
张掖市	Zhangye	382392	222923	153865
平凉市	Pingliang	560461	322135	165080
酒泉市	Jiuquan	706904	295765	258351
庆阳市	Qingyang	788930	279897	174689
定西市	Dingxi	824068	461050	236057
陇南市	Longnan	71495	64295	54625
临夏州	Linxia	627035	346532	222966
甘南州	Gannan			

5-21 各地区按用途分房地产开发企业(单位)投资完成额（2011）
Investment Actually Completed by Enterprises for Real Estate Development by Use for Real Estate Development by Use,Region (2011)

单位：万元 (10 000 yuan)

地 区	Region	本年完成投资额 Investment Completed This Year	住 宅 Residential Buildings	#别 墅、高档公寓 Villas,High-grade Apartments	办公楼 Office Buildings	商业营业用房 Houses for Business Use	其 他 Others
甘肃省	**Gansu**	**3628820**	**2580623**	**977**	**63774**	**368756**	**615667**
兰州市	Lanzhou	1596724	890499	65	53964	117243	535018
嘉峪关市	Jiayuguan	122804	97872			18468	6464
金昌市	Jinchang	64407	61250			2504	653
白银市	Baiyin	152188	128863		350	15283	7692
天水市	Tianshui	278806	250130		92	27192	1392
武威市	Wuwei	148258	105385		50	11783	31040
张掖市	Zhangye	153865	135754	912	1330	10734	6047
平凉市	Pingliang	165080	135010		1600	26934	1536
酒泉市	Jiuquan	258351	202957		999	52266	2129
庆阳市	Qingyang	174689	135515		1747	36366	1061
定西市	Dingxi	236057	198434		1822	29966	5835
陇南市	Longnan	54625	32845		150	10080	11550
临夏州	Linxia	222966	206109		1670	9937	5250
甘南州	Gannan						

5-22 各地区商品房屋销售情况（2011）
Sales of Commercialized Buildings (2011)

地　区	Region	商品房销售面积（万平方米）Floor Space of Commercialized Buildings Sold (10 000 sq.m)	#住 宅 Residential Buildings	商品房销售额（万元）Total Sale of Commercialized Buildings (10 000 yuan)	#住 宅 Residential Buildings
甘肃省	**Gansu**	**815.89**	**734.38**	**2769489**	**2355473**
兰州市	Lanzhou	184.61	164.22	823719	665163
嘉峪关市	Jiayuguan	74.52	68.16	189389	176755
金昌市	Jinchang	37.30	35.50	80740	76193
白银市	Baiyin	68.87	64.64	224647	205282
天水市	Tianshui	80.36	70.84	340550	281541
武威市	Wuwei	14.35	12.06	46663	39771
张掖市	Zhangye	64.99	60.67	190990	168691
平凉市	Pingliang	32.84	30.91	114349	103409
酒泉市	Jiuquan	75.33	66.79	229798	203453
庆阳市	Qingyang	45.48	34.03	166420	116801
定西市	Dingxi	60.07	57.36	161954	143486
陇南市	Longnan	7.27	4.09	16868	8468
临夏州	Linxia	69.89	65.11	183402	166460
甘南州	Gannan				

5-23 各地区房地产开发企业建设房屋面积和造价（2011）
Floor Space and Cost of Buildings Developed by Enterprises for Real Estate Development by Region (2011)

地　区	Region	施工房屋面积（万平方米）Floor Space of Buildings under Construction (10 000 sq.m)	竣工房屋面积（万平方米）Floor Space of Buildings Completed (10 000 sq.m)	房屋建筑面积竣工率(%) Rate of Floor Space of Buildings Completed (%)	竣工房屋价值（万元）Value of Buildings Completed (10 000 yuan)	竣工房屋造价（元/平方米）Cost of Buildings Completed (yuan/sq.m)
甘肃省	**Total**	**3810.00**	**655.99**	**17.22**	**1475835**	**2250**
兰州市	Lanzhou	1686.72	175.97	10.43	410714	2334
嘉峪关	Jiayuguan	141.87	3.04	2.14	4837	1591
金昌市	Jinchang	101.38	37.31	36.80	58481	1567
白银市	Baiyin	174.17	78.32	44.97	140763	1797
天水市	Tianshui	312.74	39.38	12.59	86201	2189
武威市	Wuwei	60.20	12.72	21.13	32344	2543
张掖市	Zhangye	141.23	48.30	34.20	92054	1906
平凉市	Pingliang	177.20	33.37	18.83	79807	2392
酒泉市	Jiuquan	245.93	53.33	21.69	119707	2245
庆阳市	Qingyang	198.26	81.30	41.01	209012	2571
定西市	Dingxi	212.68	60.27	28.34	174803	2900
陇南市	Longnan	19.22				
临夏州	Linxia	338.40	32.68	9.66	67112	2054
甘南州	Gannan					

5-24 各地县固定资产投资和城镇新增固定资产（2011）

Total Investment in Fixed Assets and Newly Increased Fixed Assets in Urban Area by Region, County (2011)

单位：万元 (10 000 yuan)

地 区	Region	投资总额 Total Investment	第一产业 Primary Industry	第二产业 Secondary Industry	第三产业 Tertiary Industry	#住 宅 Residential Buildings	城镇新增固定资产 Newly Increased Fixed Assets in Urban Area
兰州市	**Lanzhou**	**8705683**	**53421**	**2722631**	**5929631**	**1996932**	**3992786**
城关区	Chengguan	2532888	1100	167794	2363994	830488	1589207
七里河区	Qilihe	1150282	8200	363914	778168	263289	653775
西固区	Xigu	1308185	9800	676641	621744	311476	218248
安宁区	Anning	1021610		196646	824964	303329	474140
红古区	Honggu	359646	22347	194672	142627	89192	185488
永登县	Yongdeng	309163	2310	198478	108375	15690	74537
皋兰县	Gaolan	169625	2364	93785	73476	16950	117671
榆中县	Yuzhong	446991	3300	332739	110952	31881	140035
兰州新区	Lanzhou New Area	1407293	4000	497962	905331	134637	539685
嘉峪关市	**Jiayuguan**	**652426**	**10015**	**470434**	**171977**	**110298**	**221853**
金昌市	**Jinchang**	**1268816**	**35259**	**945060**	**288497**	**145969**	**1000322**
金川区	Jinchuan	933286	15483	715388	202415	81732	713299
永昌县	Yongchang	335530	19776	229672	86082	64237	287023
白银市	**Baiyin**	**2213745**	**73919**	**1442095**	**697731**	**389843**	**1765492**
白银区	Baiyin	1105006	15576	713099	376331	98917	1051365
平川区	Pingchuan	322010	5400	197079	119531	129135	159770
靖远县	Jingyuan	188773	15898	93403	79472	63686	154227
会宁县	Huining	147471	6153	98055	43263	21852	83234
景泰县	Jingtai	450485	30892	340459	79134	76253	316896
天水市	**Tianshui**	**2921018**	**298757**	**1027386**	**1594875**	**363389**	**1876522**
秦州区	Qinzhou	775502	36842	269878	468782	122743	334544
麦积区	Maiji	482010	69742	100625	311643	70950	275711
清水县	Qingshui	293371	46495	45417	201459	58860	185724
秦安县	Qinan	223294	21592	93991	107711	5720	203006
甘谷县	Gangu	424344	57952	186262	180130	12910	344084
武山县	Wushan	381073	53300	145433	182340	49935	296115
张家川县	Zhangjiachuan	240572	12834	119990	107748	32971	146361
天水经济开发技术开发区	Tianshui Economic and Technological Development Zone	100852		65790	35062	9300	90977
武威市	**Wuwei**	**2857868**	**397405**	**1237959**	**1222504**	**132806**	**1300347**
凉州区	Liangzhou	1492570	218414	504794	769362	14049	147851
民勤县	Minqin	630623	103843	430943	95837	61739	572508
古浪县	Gulang	336276	36622	92462	207192	14788	310978
天祝县	Tianzhu	398399	38526	209760	150113	42230	269010
张掖市	**Zhangye**	**1452986**	**122470**	**609178**	**721338**	**277907**	**1477344**

5-24 续表 1 continued

单位：万元 (10 000 yuan)

地　区	Region	投资总额 Total Investment	第一产业 Primary Industry	第二产业 Secondary Industry	第三产业 Tertiary Industry	#住　宅 Residential Buildings	城镇新增固定资产 Newly Increased Fixed Assets in Urban Area
甘州区	Ganzhou	511073	27086	330814	153173	111573	706422
肃南县	Sunan	282386	13473	116675	152238	13732	259411
民乐县	Minle	163574	15928	23519	124127	58612	155324
临泽县	Linze	174156	35285	42331	96540	50893	159564
高台县	Gaotai	152100	12272	47532	92296	19223	102057
山丹县	Shandan	169697	18426	48307	102964	23874	94566
平凉市	**Pingliang**	**2895452**	**160796**	**1469849**	**1264807**	**336494**	**1509629**
崆峒区	Kongtong	909952	12696	510562	386694	277025	566434
泾川县	Jingchuan	306000	19331	145099	141570		267534
灵台县	Lingtai	195000	26851	116555	51594	19819	104270
崇信县	Chongxin	267000		169622	97378	1070	134808
华亭县	Huating	671000	46670	402110	222220	29798	87920
庄浪县	Zhuanglang	217500	15976	41974	159550	7012	204945
静宁县	Jingning	329000	39272	83927	205801	1770	143718
酒泉市	**Jiuquan**	**5394001**	**245221**	**3837604**	**1311176**	**148499**	**5440962**
肃州区	Suzhou	985001	32908	527032	425061	24965	713463
金塔县	Jinta	290434	53355	185306	51773	33884	271534
瓜州县	Guazhou	1992082	25513	1775450	191119	19487	3499841
肃北县	Subei	237444	7695	219785	9964		97471
阿克塞县	Akesai	107708	3931	91448	12329	738	89218
玉门市	Yumen	1309233	84572	801923	422738	26932	381817
敦煌市	Dunhuang	472099	37247	236660	198192	42493	387618
庆阳市	**Qingyang**	**5176917**	**266620**	**2095762**	**2814535**	**60169**	**3252452**
西峰区	Xifeng	1229315	24598	488582	716135		671094
庆城县	Qingcheng	456704	56497	306901	93306	3996	250187
环　县	Huanxian	556138	23106	388489	144543		143600
华池县	Huachi	500098	103727	356091	40280		439827
合水县	Heshui	472016	10464	113234	348318	12280	189897
正宁县	Zhengning	628634	29028	209760	389846	8529	454385
宁　县	Ningxian	906600	8000	152873	745727		630977
镇原县	Zhenyuan	427412	11200	79832	336380	35364	472485
定西市	**Dingxi**	**2720508**	**114477**	**1088533**	**1517498**	**106733**	**999341**
安定区	Anding	567067	26783	72710	467574	4350	183495
通渭县	Tongwei	226985	4754	64134	158097	23700	73648

5-24 续表 2 continued

单位：万元 (10 000 yuan)

地 区	Region	投资总额 Total Investment	第一产业 Primary Industry	第二产业 Secondary Industry	第三产业 Tertiary Industry	#住 宅 Residential Buildings	城镇新增固定资产 Newly Increased Fixed Assets in Urban Area
陇西县	Longxi	555187	5000	357070	193117		123395
渭源县	Weiyuan	255677	21303	160025	74349	20407	151900
临洮县	Lintao	487489	39800	258236	189453	1000	71345
漳 县	Zhangxian	226954		1188	225766	30531	135938
岷 县	Minxian	337885	16837	175170	145878	26745	259620
省属项目	Provincial Project	63264			63264		
陇南市	**Longnan**	**2908167**	**53692**	**2155361**	**699114**	**377040**	**2402781**
武都区	Wudu	748436	18299	632279	97858	135161	343888
成 县	Chengxian	250679	5412	158938	86329	20040	269226
文 县	Wenxian	444156	3648	422898	17610		736429
宕昌县	Tanchang	192000	13850	44136	134014	41302	174723
康 县	Kangxian	300464	1000	275363	24101	22820	186462
西和县	Xihe	335631	3141	321624	10866	67729	320037
礼 县	Lixian	283689	5971	66325	211393	88982	174942
徽 县	Huixian	241187	2371	121873	116943		192157
两当县	Liangdang	111925		111925		1006	4917
临夏州	**Linxia**	**1397422**	**36594**	**531521**	**829307**	**109279**	**1282602**
临夏市	linxia	261410	2700	67269	191441	15661	122654
临夏县	linxia	127527	5342	55236	66949		57862
康乐县	Kangle	100122	8217	27462	64443	2792	54008
永靖县	Yongjing	321215	10049	146503	164663	14286	401873
广河县	Guanghe	180511	5523	61555	113433	40979	195632
和政县	Hezheng	178246	3368	79512	95366	35561	120635
东乡县	Dongxiang	119231	1395	46030	71806		93385
积石山县	Jishishan	109160		47954	61206		236553
甘南州	**Gannan**	**1237430**	**45840**	**684191**	**507399**	**208697**	**608590**
合作市	Hezuo	213494	6722	136787	69985	26800	102455
临潭县	Lintan	125826	5101	63165	57560	21551	120853
卓尼县	Zhuoni	109386	4348	98087	6951	39344	52531
舟曲县	Zhouqu	383562	16147	163148	204267	70168	102897
迭部县	Diebu	147509	500	93447	53562	9981	93113
玛曲县	Maqu	79821	1659	45767	32395	24265	41048
碌曲县	Luqu	39812	5208	20274	14330	2858	22643
夏河县	Xiahe	138020	6155	63516	68349	13730	73050

主要统计指标解释

固定资产投资 是以货币形式表现的在一定时期内建造和购置固定资产的工作量以及与此有关的费用的总称。该指标是反映固定资产投资规模、结构和发展速度的综合性指标,也是观察工程进度和考核投资效果的重要依据。固定资产投资按登记注册类型可分为国有、集体、个体、联营、股份制、外商、港澳台商、其他等。

城镇固定资产投资 指城镇各种登记注册类型的企业、事业、行政单位及个体户进行的计划总投资500万元及500万元以上的建设项目投资和房地产开发投资。县城及以上区域内发生的投资，县及县以上各级政府及主管部门直接领导、管理的建设项目和企业事业单位的投资均为城镇固定资产投资。

房地产开发投资 指各种登记注册类型的房地产开发公司、商品房建设公司及其他房地产开发法人单位和附属于其他法人单位实际从事房地产开发或经营活动的单位统一开发的包括统代建、拆迁还建的住宅、厂房、仓库、饭店、宾馆、度假村、写字楼、办公楼等房屋建筑物和配套的服务设施，土地开发工程（如道路、给水、排水、供电、供热、通讯、平整场地等基础设施工程）的投资；不包括单纯的土地交易活动。

固定资产投资的资金来源 根据固定资产投资的资金来源不同，分为国家预算资金、国内贷款、利用外资、自筹资金和其他资金。

国家预算资金 包括中央预算资金和地方预算资金,分为一般预算、政府性基金预算、国有资本经营预算和社保基金预算。各类预算中用于固定资产投资的资金全部作为国家预算资金,其中一般预算中用于固定资产投资的部分包括基建投资、车购税、灾后恢复重建基金和其他财政投资。各级政府债券也应归入国家预算资金。中央预算资金指上述各类财政资金中来源于中央财政的部分。

国内贷款 指报告期固定资产投资项目单位向银行及非银行金融机构借入的用于固定资产投资的各种国内借款，包括银行贷款、非银行金融机构贷款等。

银行贷款:是指向各商业银行、政策性银行借入的用于固定资产投资的各项贷款。

非银行金融机构贷款:是指向除上述银行之外从事金融业务的机构借入的用于固定资产投资的各项贷款。

投资项目单位从上级部门、总公司或公司股东处取得的用于固定资产投资的资金中,来源于银行或非银行金融机构贷款的部分，也应归入国内贷款。

债券 指企业或金融机构为筹集用于固定资产投资的资金向投资者出具的承诺按一定发行条件还本付息的债务凭证，包括金融债券和企业债券。

利用外资 指报告期收到的用于固定资产建造和购置的国外资金(包括设备、材料、技术在内)。包括对外借款(外国政府贷款、国际金融组织贷款、出口信贷、外国银行商业贷款、对外发行债券和股票)、外商直接投资、外商其他投资(包括利用外商投资收益在国内进行固定资产再投资活动的资金)。不包括我国自有外汇资金(国家外汇、地方外汇、留成外汇、调济外汇和国内银行自有资金发放的外汇贷款等)。

自筹资金 指固定资产投资单位在报告期收到的,由各企事业单位筹集用于固定资产投资的资金,包括各类企事业单位的自有资金和从其他单位筹集的用于固定资产投资的资金,但不包括各类财政性资金、从各类金融机借入资金和国外资金。自筹资金包括以下三项内容：企、事业单位自有资金、股东投入资金、借入资金。

其他资金来源 指在报告期收到的除以上各种资金之外的用于固定资产投资的资金。包括社会集资、个人资金、无偿捐赠的资金及其他单位拨入的资金等。

固定资产投资按国民经济行业分 根据建设项目建成投产后的主要产品种类或主要用途及社会经济活动种类来划分国民经济行业。一般情况下，一个建设项目只能属于一种国民经济行业。

固定资产投资按隶属关系分 是按建设单位或企业、事业、行政单位的主管上级机关确定的。

(1) 中央：是指中共中央、人大常委会和国务院各部、委、局、总公司以及直属机构直接领导的建设项目和企业、事业、行政单位。这些单位的固定资产投资计划由国务院各部门直接编制和下达，建设中所需物资、主要设备以及建设中的问题都由中央有关部门安排和解决。

(2) 地方：是由省（自治区、直辖市）、地区（州、盟、省辖市）、县（旗、县级市）三级政府及业务主管部门直接领导和管理的建设项目、企业、事业、行政单位。地方项目还包括不隶属以上各级政府及主管部门的建设项目和企业、事业单位，如外商投资企业和无主管部门的企业等。

固定资产投资按建设性质分 建设项目的性质指固定资产再生产的性质，按照整个建设项目情况来确定，一个建设项目只能有一种建设性质。一般分为新建、扩建、改建和技术改造、单纯建造生活设施、迁建、恢复、单纯购置。

(1) 新建:是指从无到有“平地起家”开始建设的项目。现有企业、事业、行政单位投资的项目一般不属于新建。但如有的单位原有基础很小,经过建设后新增的固定资产价值超过该企业、事业、行政单位原有固定资产价值（原值）三倍以上的，也应作为新建。

(2) 扩建：是指在厂内或其他地点，为扩大原有产品的生产能力（或效益）或增加新的产品生产能力，而增建的生产车间（或主要工程）、分厂、独立的生产线的企业、事业单位。行政、事业单位在原单位增建业务性用房（如学校增建教学用房、医院增建门诊部、病房等）也作为扩建。

现有企、事业单位为扩大原有主要产品生产能力或增加新的产品生产能力，增建一个或几个主要生产车间(或主要工程)、分厂，同时进行一些更新改造工程的，也应作为扩建。

(3) 改建和技术改造：是指现有企业、事业单位对原有设施进行技术改造或更新（包括相应配套的辅助性生产、生活福利设施）的建设项目。改建项目包括现有企业、事业单位为适应市场变化的需要，而改变企业的主要产品种类（如军工企业转民产品等）的建设项目，原有产品生产作业线由于各工序（车间）之间能力不平衡，为填平补齐充分发挥原有生产能力而增建不增加本企业主要产品设计能力的车间的建设项目。技术改造是指企业、事业单位在现有基础上，用先进的技术代替落后的技术，用先进的工艺和装备代替落后的工艺和装备，以改变企业落后的技术经济面貌，实现以内涵为主的扩大再生产，达到提高产品质量、促进产品更新换代、节约能源、降低消耗、扩大生产规模、全面提高社会经效益的目的。技术改造具体包括以下内容：机器设备和工具的更新改造；生产工艺改革、节约能源和原材料的改造；厂房建筑和公共设施的改造；保护环境进行的“三废”治理改造；劳动条件和生产环境的改造等。

固定资产投资按构成分 固定资产投资活动按其工作内容和实现方式分为建筑安装工程，设备、工具、器具购置，其他费用三个部分。

(1) 建筑工程 是指各种房屋、建筑物的建造工程，又称建筑工作量。这部分投资额必须兴工动料，通过施工活动才能实现，是固定资产投资额的重要组成部分。建筑工程包括：①各种房屋如厂房、仓库、办公室、住宅、商店、学校、医院、俱乐部、食堂、招待所等工程。包括房屋的土建工程；列入房屋工程预算内的暖气、卫生、通风、照明、煤气等设备的价值及装设油饰工程；列入建筑工程预算内的各种管道（如蒸汽、压缩空气、石油、给排水等管道）、电力、电讯电缆导线等的敷设工程。②设备基础、支柱、操作平台、梯子、烟囱、凉水塔、水池、灰塔等建筑工程；炼焦炉、裂解炉、蒸汽炉等各种窨炉的砌筑工程及金属结构工程。③为施工而进行的建筑场地的布置、工程地质勘探，原有建筑物和障碍物的拆除，平整场地、施工临时用水、电、汽、道路工程，以及完工后建筑场地的清理、环境绿化美化工作等。④矿井的开凿，井巷掘进延伸，露天矿的剥离，石油、天然气钻井工程和铁路、公路、港口、桥梁等工程。⑤水利工程，如水库、堤坝、灌溉以及河道整治等工程。⑥防空、地下建筑等特殊工程及其他建筑工程。

安装工程 是指各种设备、装置的安装工程，又称安装工作量。安装工程包括：

①生产、动力、起重、运输、传动和医疗、实验等各种需要安装设备的装配和安装，与设备相连的工作台、梯子、栏杆等装设工程，附属于被安装设备的管线敷设工程，被安装设备的绝缘、防腐、保温、油漆等工作。

②为测定安装工程质量，对单个设备、系统设备进行单机试运、系统联动无负荷试运工作（投料试运工作不包括在内）。

在安装工程中，不包括被安装设备本身价值。

(2) 设备、工具、器具购置 指建设单位或企、事业单位购置或自制的，达到固定资产标准的设备、工具、器具的价值。新建单位及扩建单位的新建车间，按照设计或计划要求购置或自制的全部设备、工具、器具，不论是否达到固定资产标准均计入“设备、工具、器具购置”中。

(3) 其他费用 指在固定资产建造和购置过程中发生的，除上述几项内容以外的各种应分摊计入固定资产的费用。

房屋施工面积 指报告期内施工的全部房屋建筑面积。包括本期新开工的面积、上期跨入本期继续施工的房屋面积、上期停缓建在本期恢复施工的房屋面积、本期竣工的房屋面积以及本期施工后又停缓建的房屋面积。多层建筑应填各层建筑面积之和。

房屋竣工面积 指在报告期内房屋建筑按照设计要求已全部完工，达到住人和使用条件，经验收鉴定合格或达到竣工验收标准，可正式移交使用的各栋房屋建筑面积的总和。竣工面积以房屋单位工程（栋）为核算对象，在整栋房屋符合竣工条件后按其全部建筑面积一次性计算，而不是按各栋施工房屋中已完成的部分或层次分割计算。

房屋竣工价值 指在报告期内按规定已经上报竣工的房屋本身的建造价值。一般按房屋设计和预算规定的内容计算。包括竣工房屋本身的基础、结构、房屋、装修以及水、电、卫等附属工程的建造价值，也包括作为房屋建筑组成部分而列入房屋建筑工程预算内的设备(如电梯、通风设备等)的购置和安装费用。竣工房屋价值不仅包括该竣工房屋在报告期内完成的价值，也包括跨年施工的房屋在本期以前完成的价值，一般按结算价格计算。

商品房销售面积 指报告期内出售商品房屋的合同总面积(即双方签署的正式买卖合同中所确定的建筑面积)。由现房销售建筑面积和期房销售建筑面积两部分组成。

商品房销售额 指报告期内出售商品房屋的合同总价款(即双方签署的正式买卖合同中所确定的合同总价)。该指标与商品房销售面积同口径，由现房销售额和期房销售额两部分组成。

6

对外经济贸易

Foreign Trade and Economic Cooperation

简要说明

一、本篇资料主要内容

本篇综合反映甘肃省对外贸易、利用外资、对外经济合作的历年概况，重点反映对外经济贸易的近期发展状况。

二、本篇资料来源

本篇资料由省统计局贸易外经处搜集整理。数据来源于兰州海关、省商务厅、省工商局。

6-1 对外经济贸易
Foreign Trade and Economic Cooperation

指　标	Item	2005	2008	2009	2010	2011
进出口总额（万美元）	**Total Imports and Exports (USD 10 000)**	**263136**	**609355**	**386175**	**736975**	**875059**
出口总额	Total Exports	109098	160217	73551	163797	218533
进口总额	Total Imports	154038	449138	312624	573178	656526
进出口差额	Balance	-44940	-288921	-239073	-409381	-437993
对外签订利用外资协议（合同）项目（个）	**Number of Projects for Utilization of Foreign Capital in the Signed Agreements or Contracts (unit)**	**51**	**49**	**32**	**32**	**34**
对外借款	Foreign Borrowing	17	12	6	4	6
外商直接投资	Foreign Direct Investments	34	37	26	28	28
对外签订利用外资协议（合同）金额（万美元）	**Total Amount of Foreign Capital to be Utilized in the Signed Agreements or Contracts (USD 10 000)**	**53996**	**35776**	**79533**	**44015**	**60222**
对外借款	Foreign Borrowing	40600	6840	45000	25000	33500
外商直接投资	Foreign Direct Investments	13396	28936	34533	19015	26722
外商其他投资	Other Foreign Investments					
实际利用外资额（万美元）	**Total Amount of Foreign Investment Actually Utilized (USD 10 000)**	**25639**	**47642**	**51383**	**51921**	**38524**
对外借款	Foreign Borrowing	23595	34800	38000	38400	31500
外商直接投资	Foreign Direct Investments	2044	12842	13383	13521	7024
外商其他投资	Other Foreign Investments					
外商投资企业基本情况	**Registered Foreign-funded Enterprises**					
年底登记户数（户）	Number of Registered Enterprises (household)	658	408	397	399	381
投资总额（万美元）	Total Investment (USD 10 000)	316957	382693	491972	628872	639371
注册资本（万美元）	Registered Capital (USD 10 000)	198853	184735	225819	276599	285702
# 外方	Capital from Foreign Investors	137173	116198	147327	185949	190615
对外经济合作（万美元）	**Economic Cooperation with Foreign Countries & Regions (USD 10 000)**					
合同金额	Contracted Value	9626	10115	28928	40710	54691
# 对外承包工程	Contracted Projects	9626	9950	28877	40710	54691
对外劳务合作	Labor Services		165	51		
完成营业额	Value of Turnover Fulfilled	5789	30322	28383	19143	29664
# 对外承包工程	Contracted Projects	5723	30247	28332	19140	29664
对外劳务合作	Labour Services	66	75	51	3	

6-2 历年进出口贸易总额
Total Imports and Exports

年 份 Year	人民币（万元） RMB 10 000				美 元（万元） USD 10 000			
	进出口总额 Total Imports & Exports	出口总额 Total Exports	进口总额 Total Imports	差 额 Balance	进出口总额 Total Imports & Exports	出口总额 Total Exports	进口总额 Total Imports	差 额 Balance
1978	5941	5941		5941	3454	3454		3454
1979	5905	5905		5905	3972	3972		3972
1980	5883	5883		5883	3927	3927		3927
1981	8871	7683	1188	6495	5129	4336	793	3543
1982	8850	7743	1107	6636	5069	4330	739	3591
1983	10151	8529	1622	6907	5695	4612	1083	3529
1984	20638	15849	4789	11060	6631	4573	2058	2515
1985	37917	29382	8535	20847	10004	7098	2906	4192
1986	59353	47126	12227	34899	13648	10107	3541	6566
1987	68291	57706	10585	47121	15504	12660	2844	9816
1988	67085	61837	5248	56589	16624	15205	1419	13786
1989	103668	87955	15713	72242	18674	15338	3336	12002
1990	102965	95208	7757	87451	20221	18574	1647	16927
1991	144052	131730	12322	119408	27649	25284	2365	22919
1992	231656	195936	35720	160215	41590	35177	6413	28764
1993	275937	161578	114359	47129	48435	28347	20088	8259
1994	431631	316295	115336	200959	50960	37343	13617	23726
1995	253405	182413	70984	111429	30494	21951	8542	13409
1996	395553	225972	169581	56391	47135	26778	20356	6422
1997	398636	299860	98776	201084	51169	37778	13392	24386
1998	378081	292517	85564	206953	45574	35261	10313	24948
1999	336358	262468	73890	188578	40623	31699	8924	22776
2000	471570	343578	127992	215586	56953	41495	15458	26037
2001	644789	394279	250510	143769	77887	47631	30256	17375
2002	726263	454328	271935	182393	87740	54893	32847	22046
2003	1098872	726322	372550	353772	132714	87720	44994	42726
2004	1459880	825003	634877	190126	176314	99638	76676	22962
2005	2157715	894604	1263111	-368507	263136	109098	154038	-44940
2006	3059600	1207400	1852200	-644800	382450	150925	231525	-80600
2007	4176914	1260999	2915915	-1654916	549594	165921	383673	-217752
2008					609355	160217	449138	-288921
2009					386175	73551	312624	-239073
2010					736975	163797	573178	-409381
2011					875059	218533	656526	-437993

注：货物进出口差额负数为逆差。

a) A negative balance indicates trade deficit. That is, imports surpassing exports.

6-3 海关进出口商品分类金额（2011）
Value of Imports and Exports by Category of Commodities (Customs Statistics)(2011)

单位：万美元 (USD 10 000)

商品类别	Categories of Commodities	进出口总额 Total of Imports and Exports	#出口 Exports
总　额	**Total Value**	**875059**	**218533**
活动物、动物产品	Live Animals & Animal Products	1733.7	1728.1
植物产品	Vegetable Products	20577.9	19450.5
动、植物油、脂及分解产品；精制食用油脂；动、植物蜡	Animal or Vegetable Fats and Oils and their Cleavage Products; Prepared Edible Fats; Animal or Vegetable Waxes	35.8	4.6
食品；饮料、酒及醋；烟草及烟草代用品的制品	Prepared Foodstuffs; Beverages,Spirits And Vinegar; Tobacco and Manufactured Tobacco Substitutes	8352.1	8318.3
矿产品	Mineral Products	436981.4	114.6
化学工业及其相关工业的产品	Products of The Chemical or Industries Allied	37474.5	33396.3
塑料及其制品；橡胶及其制品	Plastics and Articles Thereof Rubber and Articles Thereof	10104.8	9612.5
生皮、皮革、毛皮及其制品；鞍具及挽具；旅行用品、手提包及类似品；动物肠线(蚕胶丝除外)制品	Raw Hides and Skins, Leather, Fur Skins and Articles Thereof; Saddlery and Harness; Travel Goods, Handbags and Similar Containers;Articles of Animal Gut (Other Than Silk-Worm Gut)	4988.5	4988.5
木及木制品；木炭；软木及软木制品；稻草、秸秆、针茅或其他编结材料制品；篮筐及柳条编结品	Wood and Articles of Wood; Wood Charcoal; Cork and Articles of Cork; Manufactures of Straw, of Esparto or of Other Plaiting Materials; Basket Ware and Wickerwork	167.7	141.6
木浆及其他纤维状纤维素浆；纸及纸板的废碎品；纸、纸板及其制品	Pulp of Wood or of Other Fibrous Cellulosic Material; Waste and Scrap of Paper or Paperboard; Paper and Paperboard and Articles Thereof	2384.6	2140.4
纺织原料及纺织制品	Textiles and Textile Articles	16438.3	16178
鞋、帽、伞、杖、鞭及其零件；已加工的羽毛及其制品；人造花；人发制品	Footwear, Headgear, Umbrellas, Sun Umbrellas, Walking-Sticks, Seat-Sticks, Whips, Riding-Crops and Parts Thereof; Prepared Feathers and Articles Made	7963.9	7963.6
石料、石膏、水泥、石棉、云母及类似材料的制品；陶瓷产品；玻璃及其制品	Articles of Stone, Plaster, Cement, Asbestos, Mica or Similar Materials; Ceramic Products; Glass and Glassware	8567.6	8284.4
天然或养殖珍珠、宝石或半宝石、贵金属、包贵金属及其制品；仿首饰硬币	Natural or Cultured Pearls, Precious or Semi-Precious Stones, Precious Metals, Metals Clad With Precious Metal and Stones, Precious Metals, Metals Clad With Precious Metal and Articles Thereof; Imitation Jewellery; Coin	31.1	31
贱金属及其制品	Base Metals and Articles of Base Metal	235176.5	46822
机器、机械器具、电气设备及其零件；录音机及放声机、电视图像、声音的录制和重放设备及其零件、附件	Machinery and Mechanical Appliances; Electrical Equipment; Parts Thereof; Sound Recorders and Reproducers,Television Image and Sound Recorders and Reproducers; and Parts and Accessories of Recorders and Reproducers; and Parts and Accessories of Such Artic	65173.3	44000.5
车辆、航空器、船舶及有关运输设备	Vehicles, Aircraft, Vessels And Associated Transport Equipment	1096.7	769.5
光学、照相、电影、计量、检验、医疗或外科用仪器及设备、精密仪器及设备；钟表；乐器；上述物品的零附件	Optical, Photographic, Cinematographic, Measuring, Checking, Precision, Medical or Surgical Instruments and Apparatus; Clocks And Watches; Musical Instruments; Parts and Accessories Thereof	7429	4221.6
武器、弹药及其零件、附件	Arms and Ammunition; Parts an Accessories Thereof	3	3
杂项制品	Miscellaneous Manufactured Articles	10368.6	10355.4
艺术品、收藏品及古物	Works of Art, Collectors' Pieces and Antiques	10.1	9

6-4 甘肃省同主要国家（地区）海关进出口总额
Gansu's Foreign Trade with Main Countries and Territories (Customs Statistics)

单位：万美元 (USD 10 000)

国 别（地 区）	Coutry (Territory)	2010 进出口总额 Total Imports & Exports	2010 出口总额 Total Exports	2010 进口总额 Total Imports	2011 进出口总额 Total Imports & Exports	2011 出口总额 Total Exports	2011 进口总额 Total Imports
总 计	**Total**	**736975**	**163797**	**573178**	**875059**	**218533**	**656526**
#中国香港	Hongkong,China	8199.7	7862.6	337.1	10125	9588	537
中国台湾	Taiwan,China	5799.5	3328.5	2471	7070	4018	3052
印度尼西亚	Indonesia	9762.1	1514.7	8247.3	14675	2474	12201
日本	Japan	11573.5	9762.5	1811	26442	25131	1311
马来西亚	Malaysia	7957.3	2814.4	5142.9	20098	5248	14850
新加坡	Singapore	2943.7	1276.3	1667.4	3920	1644	2276
韩国	Korea	18446.2	17548.9	897.3	21738	20600	1138
泰国	Tailand	3717.8	3656.7	61.1	5602	5407	195
英国	United Kingdom	2645.6	2418.5	227.1	3855	3355	500
法国	France	1729	1159.7	569.3	1937	1519	418
比利时	Belgium	1887	1621.2	265.8	1691	1175	516
德国	Germany	12059.5	5940.4	6119.2	15746	7720	8026
意大利	Italy	4586.3	2723.4	1862.9	5495	4456	1039
荷兰	Netherlands	4713	3943.7	769.3	5241	4987	254
瑞士	Switzerland	651.7	95.7	556.1	247	44	203
俄罗斯	Russia	11639.7	1115.5	10524.2	21727	3519	18208
巴西	Brazil	6544.6	3752.9	2791.7	3069	2996	73
智利	Chile	113192.3	1141.8	112050.6	53383	1518	51865
加拿大	Canada	6969.3	798.1	6171.2	10711	2254	8457
美国	United States	38855.8	25036.6	13819.2	33616	23636	9980
澳大利亚	Australia	123694.3	1738.9	121955.4	177841	1493	176348
新西兰	New Zealand	252.3	252.3		454	454	

6-5 海关出口主要商品金额
Main Export Commodities(Customs Statistics)

单位：万美元 (USD 10 000)

品　名	Item	2010	2011
炉用碳电极	Furnace with Carbon Electrodes	298.7	12935.6
其他未锻轧非合金镍	Other Unwrought Non-alloy of Nickel	11185.6	10374.0
电池级稀土金属、钪及钇，已相互混合或熔合	Battery Grade Rare Earth Metals, Scandium and Yttrium, Intermixed or Fusion	258.3	9406.4
其他苹果汁	Other Apple Juice	4477.7	6556.6
其他集成电路	Other Integrated Circuit	4335.2	6348.0
钴及其制品	Cobalt and its Products	8757.8	6156.3
厚介于3毫米与4.75毫米之间经酸洗的其他热轧不锈钢卷板	The Pickling of the Other Hot-rolled Stainless Steel Coil with Thickness between 3 mm and 4.75 mm	1842.4	4839.2
硅铁,按重量计含硅量在55%以上	Ferrosilicon, Silicon Content More than 55% by Weight	7782.8	4123.0
塑料制人造花、叶、果实及其零件和制品	Plastic Artificial Flowers, Leaves, Fruits and Parts and its Products	884.6	3697.1
非自推进的钻探或凿井机械	Non-self-propelled Drilling or Drilling Machinery	1162.5	3355.5
鲜苹果	Apple	1833.4	3353.0
蔬菜种子	Vegetable Seeds	2352.6	3184.8
镧	Lanthanum		3160.2
处理器及控制器，不论是否带有存储转换器，逻辑电路，放大器，时钟及其他电路	Processor and controller	2488.9	2923.9
锥形滚子轴承，包括锥形滚子组件	Tapered Roller Bearings, Including Tapered Roller Components	2694.5	2744.6
塑料制小雕塑品及其他装饰品	Plastic Small Sculptures and Other Decorations	1916.8	2571.0
未列名食用植物产品	Unlisted Edible Plants Product	2543.4	2383.0
塑料或纺织材料作面的提箱、小手袋等	Suitcase and Small Handbag Etc with Plastic or Textile Materials for Surface	1446.4	2157.0
碳化硅	Silicon Carbide	1493.5	2028.9
柠檬酸	Citric Acid	2083.9	2006.2
其他未搪瓷钢铁餐桌、厨房等家用器具及零件	Other Non-enamel Steel Table, Kitchen Etc Household Appliances and Parts	1222.7	1910.4
其他稀土金属、钪及钇，已相互混合或相互熔合	Other Rare Earth Metals, Scandium and Yttrium,Intermixed or Fusion	274.6	1820.1
未列名塑料制品	Not Elsewhere Specified Plastic Products	1249.9	1750.5
酪蛋白	Casein	1777.8	1582.2
未列名往复式排液泵	Nes Reciprocating Drain Pumps	728.4	1529.4
其他玻璃杯	Other Glass Cup	990.7	1524.7
硬质橡胶或塑料制梳子、发夹及类似品	Hard Rubber or Plastic Combs, Hairpins and Similar Products	877.5	1365.0
盐渍绵羊肠衣	Salted Sheep Casings	1095.1	1350.0
8525至8528其他设备的天线及其反射器及零件	8525-8528 Other Equipment Antenna Reflector and Parts	494.9	1327.6
锑的氧化物	Oxide of Antimony	706.3	1256.7
测量、检验液体流量或液位的仪器及装置	Measurement, Inspection Instruments and Apparatus of the Liquid Flow or Level	319.6	1207.9
未列名氧化稀土	Not Elsewhere Specified or Rare Earth Oxide	1370.9	1202.7
其他天然或合成再制的苷（配糖物）及其盐，醚，酯和其他衍生物	Other Natural or Reproduced by Synthesis of Glycosides and Their Salts, Ethers, Esters and Other Derivatives	1008.7	1188.8
塑料片或纺织材料作面的手提包	Handbag with Plastic Sheeting or of Textile Materials Outer Surface	778.1	1141.6
热轧不锈钢卷材,4.75mm≤厚≤10mm	Hot Rolling of Stainless Steel Coil(4.75mm ≤ thickness ≤ 10mm)	19.3	1117.8
其他冷轧普通钢铁卷材，0.5mm≤厚≤1mm	Other Cold-rolled Coil of Ordinary Steel (0.5mm ≤ thickness ≤ 1mm)		1079.9
重量大于5kg的番茄酱罐头	Canned Tomato Sauce and its Weight is Greater than 5kg	2585.7	1076.3

6-6 海关进口主要商品金额
Main Import Commodities(Customs Statistics)

单位：万美元 (USD 10 000)

品 名	Item	2010	2011
铜矿砂及其精矿	Copper Ores	222098.9	234829.5
镍矿砂及其精矿	Nickel Ores and Concentrates	58424.0	81655.6
镍锍	Nickel Matte	71188.6	74737.2
未精炼铜; 电解精炼用的铜阳极	Unrefined Copper; Copper Anodes for Electrolytic Refining	39681.5	49689.5
其他精炼铜的阴极（未锻轧的）	Other Refined Copper Cathode (Unwrought)	37053.2	39556.3
已烧结的铁矿砂及其精矿	Iron Ore and Concentrates been Sintered	41370.2	34878.0
5-7号燃料油	Fuel Oil of No. 5 to 7	6430.8	29701.1
未烧结的铁矿砂及其精矿	Not Sintered Iron Ore and Concentrates	10569.8	24124.9
钴湿法冶炼中间品	Intermediate Products of Cobalt Hydrometallurgical	23720.6	14386.5
未烧结铁矿砂及其精矿（平均粒度小于0.8mm的，焙烧黄铁矿除外）	Not Sintered Iron Ore and Concentrates (Excluding Average Particle Size of Roasted Iron Pyrites is Less than 0.8mm)	8514.8	10145.9
未列名处理金属的机械	Nes Processing Metal Mechanical	217.9	6544.5
锌矿砂及其精矿	Zinc Ores and Concentrates	5932.3	6296.0
铅矿砂及其精矿	Lead Ores and Concentrates	1487.0	4983.6
钴矿砂及其精矿	Cobalt Ores and Concentrates	5630.5	4099.7
按重量计铜含量超过99.9935%的精练铜阴极	Copper Content of Refined Copper Cathode is	2883.7	3719.9
平均粒度大于6.3mm的未烧结铁矿砂及其精矿	More than Not Sintered Iron Ore and Concentrates（Its Average Particle Size is Greater than 6.3mm）	2173.8	3468.4
其他集成电路	Other Integrated Circuit	2521.9	2755.9
镍铁	Nickel-iron	528.3	2522.3
钴及其制品	Cobalt and its Products	2499.7	2077.2
处理器及控制器，不论是否带有存储器，转换器，逻辑电路，放大器，时钟及其他电路	Processors and Controllers (Whether or not contain the memory, converters, logic circuits, amplifiers, clock and other circuitry)	1077.6	1432.5
含石油或从沥青矿物提取油类的润滑油添加剂	Lubricant Additives Contain Oil or Oils Obtained from	665.3	1078.0
其他载体催化剂	Other Carrier Catalysts	910.5	969.2
引线键合装置（主要用于或专用于装配与封装半导体器件和 集成电路的设备）	Lead Bonding Equipment (Mainly used for or dedicated to assembly and packaging equipment, semiconductor devices and	645.0	968.9
锰矿砂及其精矿	Manganese Ores	1872.2	883.7
矿砂或金属的焙烧、熔化等热处理用炉及烘箱	Heat Treatment Furnaces and Ovens with Ore or Metal Roasting, Melting, etc.		668.7
其他润滑油添加剂	Other Lubricant Additives Bituminous Minerals	802.3	595.1
钛矿砂及其精矿	Titanium Ores and Concentrates		574.9

6-7 海关出口货物数量和金额

Export Commodities in Volume and Value (Customs Statistics)

单位：万美元 (USD 10 000)

品 名	Item	2010 数 量 Volume	2010 金 额 Value	2011 数 量 Volume	2011 金 额 Value
盐渍绵羊肠衣（吨）	Sheep Casings (ton)	200	1095	203	1350
蕨菜干（吨）	Dried Tterribothyte (ton)	120	83	54	43
干扁豆（吨）	Dried Haricot (ton)	7455	561	8075	672
干蚕豆（吨）	Dried Horsebean (ton)	4374	444	3291	525
荞麦（吨）	Buckwheat (ton)	5100	331	4419	457
当归（吨）	Angelica (ton)	56	24	25	18
黄芪（吨）	Root of Menbianous Mile Wetch (ton)	35	13	8	6
苦杏仁（吨）	Bitter Apricot Kernel (ton)	1329	417	1367	539
黑瓜子（吨）	Black Melon Seeds (ton)	1972	454	1395	350
番茄酱罐头（吨）	Ketchup Tin (ton)	43350	2669	15842	1147
硫化钠（吨）	Sulfuration Natrium (ton)	3950	153	5597	252
氧化铈（吨）	Oxygenation Cerium (ton)	117	108		
已梳无毛山羊绒（吨）	Non-Hair Cashmere (ton)	24	185	52	506
交流发电机（台）	Altermator (unit)	85	11	147	16
滚珠轴承（万套）	Ball Bearing (10 000 sets)	1122	741	1443	1217

6-8 利用外资
Utilization of Foreign Capital

单位：个、万美元 (unit,USD 10 000)

年 份 Year	总 计 Total		对外借款 Foreign Loans		外商直接投资 Direct Foreign Investments	
	项目 Number of Projects	金额 Value	项目 Number of Projects	金额 Value	项目 Number of Projects	金额 Value
签订利用外资协议（合同）额 Total Amount of Foreign Capital to be Utilized through the Signed Agreements and Contracts						
1995	177	44199	21	25224	156	18975
1996	138	34365	16	25813	122	8552
1997	69	30882	7	20160	62	10722
1998	72	27995	4	19631	68	8364
1999	73	28592	5	19150	68	9442
2000	84	32250	8	19910	76	12340
2001	78	26230	6	10720	72	15510
2002	63	32026	12	21000	51	11026
2003	73	69464	14	45000	59	24464
2004	92	57031	29	24467	63	32564
2005	51	53996	17	40600	34	13396
2006	49	53533	11	44977	38	8556
2007	44	34242	9	19080	35	15162
2008	49	35776	12	6840	37	28936
2009	32	79533	6	45000	26	34533
2010	32	44015	4	25000	28	19015
2011	34	60222	6	33500	28	26722
实际利用外资额 Total Amount of Foreign Capital Actually Used						
1995		35854		24900		10954
1996		29317		20315		9002
1997		21638		16368		5270
1998		14552		10688		3864
1999		20746		16642		4104
2000		20122		13887		6235
2001		20558		13119		7439
2002		22620		17392		5228
2003		24609		20722		3887
2004		26297		22758		3539
2005		25639		23595		2044
2006		27241		24287		2954
2007		38202		26400		11802
2008		47642		34800		12842
2009		51383		38000		13383
2010		51921		38400		13521
2011		38524		31500		7024

6-9 外商直接投资项目和投资额（2011）
Foreign Investment Through Signed Contract and It's Value (2011)

单位：万美元　　　　(USD 10 000)

项　目	Rtem	签订合同项目（个）Number of Contracts (unit)	签订合同投资额 Contracted Value	实际吸收外资金额 Amount of Foreign Capital Actually Used
合　计	**Total**	**28**	**26722**	**7024**
按登记注册类型分	**By Investment Manner**			
合资经营	Equity Jonint Venture	19	18334	1760
合作经营	Contractural Jonint Venture	2	1104	
外资经营	Wholly Foreign-owned Enterprise	7	7284	5264
外商投资股份制	FDI Shareholding Inc.			
其他	Others			
按行业分	**By Sector**			
农、林、牧、渔业	Agriculture, Forestry, Animal Husbandry and Fishery	6	10949	1084
采矿业	Mining	2	2632	141
制造业	Manufacturing	9	4139	773
电力、燃气及水的生产和供应业	Electric Power, Gas and Water Production and Supply	2	1297	3734
建筑业	Construction			
交通运输、仓储和邮政业	Transport, Storage and Post			45
信息传输、计算机服务和软件业	Information Transmission,Computer Services and Software			
批发和零售业	Wholesale and Retail Trade	5	7408	643
住宿和餐饮业	Hoteling and Catering Services	1	51	51
金融业	Financial Intermediation			
房地产业	Real Estate		-339	
租赁和商务服务业	Leasing and Business Servicess	2	198	24
科学研究、技术服务和地质勘查业	Scientific Research, Technical Service and Geological Prospecting	1	387	528
水利、环境和公共设施管理业	Management of Water Conservancy, Environment and Public Facilities			
居民服务和其他服务业	Services to Households and Other Services			
教育	Education			
卫生、社会保障和社会福利业	Health, Social Security and Social Welfare			
文化、体育和娱乐业	Culture, Sports and Entertainment			1
公共管理和社会组织	Public Management and Social Organization			
其他	Others			
按国别(地区)分	**by Countries or Regions**			
文莱	Brunei		-4	
中国香港	Hong Kong, China	19	18290	1032
日本	Japan			8
新加坡	Singapore			2
中国台湾	Taiwan, China		-40	170
毛里求斯	Mauritius			
塞舌尔	Seychelles			
南非	South Africa			
丹麦	Denmark	1	471	161
法国	France			
希腊	Greece			44
瑞士	Switzerland			
斯洛伐克	Slovakia			
伯利兹	Belize		-274	
开曼群岛	Cayman Islands			
维尔京群岛	Virgin Islands			50
加拿大	Canada			
美国	United States	1	4723	131

6-10 年末登记外商投资企业行业分布情况（2011）

Sector Distribution Registered of Foreign-Funded Enterprises at the Year-end (2011)

行 业	Sector	企业数（户）Number of Registered Enterprises (unit)	投资总额（万美元）Total Investment (USD 10 000)	注册资本（万美元）Registered Capital (USD 10 000)	#外方 Capital Invested by Foreign Partner
合 计	Total	381	639371	285702	190615
农、林、牧、渔业	Agriculture, Forestry, Animal Husbandry and Fishery	30	20556	11474	9050
采矿业	Mining	9	10357	5071	4079
制造业	Manufacturing	139	115844	69239	45651
电力、燃气及水的生产和供应业	Electric Power, Gas and Water Production and Supply	20	351612	112175	62339
建筑业	Construction	16	4517	3813	2975
交通运输、仓储和邮政业	Transport, Storage and Post	3	681	618	421
信息传输、计算机服务和软件业	Information Transmission,Computer Services and Software	10	38484	21100	21100
批发和零售业	Wholesale and Retail Trade	60	33844	21646	14862
住宿和餐饮业	Hoteling and Catering Services	22	12150	7670	5228
金融业	Financial Intermediation				
房地产业	Real Estate	27	24395	15317	10716
租赁和商务服务业	Leasing and Business Servicess	18	9651	6074	4849
科学研究、技术服务和地质勘查业	Scientific Research, Technical Service and Geological Prospecting	12	12047	7601	6023
水利、环境和公共设施管理业	Management of Water Conservancy, Environment and Public Facilities	3	2209	1183	964
居民服务和其他服务业	Services to Households and Other Services	7	799	714	648
教育	Education	2	19	19	16
卫生、社会保障和社会福利业	Health, Social Security and Social Welfare				
文化、体育和娱乐业	Culture, Sports and Entertainment	3	2207	1988	1694
公共管理和社会组织	Public Management and Social Organization				
其他	Others				

6-11 各地区外商直接投资合同项目和投资额（2011）

Foreign Investment Through Signed Contract and It's Value by Region（2011）

地　区	Region	签订合同项目（个）Number of Contracts (unit)	签订合同投资额（万美元）Contracted Value (USD 10 000)	实际吸收外资金额（万美元）Amount of Foreign Capital Actually Used (USD 10 000)
甘肃省	**Gansu**	28	26722	7024
兰州市	Lanzhou	12	7984	1391
嘉峪关市	Jiayuguan			
金昌市	Jinchang			50
白银市	Baiyin	5	7225	64
天水市	Tianshui	1	5	337
武威市	Wuwei	1	436	
张掖市	Zhangye	2	6970	
平凉市	Pingliang	1	609	465
酒泉市	Jiuquan	4	2802	4298
庆阳市	Qingyang	2	691	396
定西市	Dingxi			13
陇南市	Longnan			
临夏州	Linxia			
甘南州	Gannan			10
构成（%）	**Constitute (%)**			
兰州市	Lanzhou	42.86	29.88	19.80
嘉峪关市	Jiayuguan			
金昌市	Jinchang			0.71
白银市	Baiyin	17.86	27.04	0.91
天水市	Tianshui	3.57	0.02	4.80
武威市	Wuwei	3.57	1.63	
张掖市	Zhangye	7.14	26.08	
平凉市	Pingliang	3.57	2.28	6.62
酒泉市	Jiuquan	14.29	10.49	61.19
庆阳市	Qingyang	7.14	2.59	5.64
定西市	Dingxi			0.19
陇南市	Longnan			
临夏州	Linxia			
甘南州	Gannan			0.14

6-12 各地区进出口及外商投资企业进出口商品总值（2011）
Import and Export Value and that of Foreign Funded Enterprises by Region (2011)

单位：万美元 (USD 10 000)

地区	Region	进出口商品总值 Total value of Imports and Exports Commodities		
		进出口 Total	出口 Exports	进口 Imports
甘肃省	**Gansu**	**875059**	**218533**	**656526**
兰州市	Lanzhou	187718	122901	64817
嘉峪关市	Jiayuguan	94333	10258	84076
金昌市	Jinchang	436646	12521	424125
白银市	Baiyin	95654	20029	75624
天水市	Tianshui	26182	19279	6903
武威市	Wuwei	5778	5591	186
张掖市	Zhangye	1837	1829	7
平凉市	Pingliang	1364	1219	145
酒泉市	Jiuquan	1285	848	437
庆阳市	Qingyang	1377	1355	23
定西市	Dingxi	2492	2336	157
陇南市	Longnan	6379	6353	26
临夏州	Linxia	1879	1879	
甘南州	Gannan	12136	12136	

6-12 续表 continue

单位：万美元 (USD 10 000)

地区	Region	外商投资企业进出口商品总值 Total value of Imports and Exports Commodities of Foreign-funded Enterprises		
		进出口 Total	出口 Exports	进口 Imports
甘肃省	**Gansu**	**13870**	**10782**	**3088**
兰州市	Lanzhou	11227	8332	2895
嘉峪关市	Jiayuguan			
金昌市	Jinchang	25		25
白银市	Baiyin	58	58	
天水市	Tianshui	40	5	35
武威市	Wuwei	29	29	
张掖市	Zhangye	36	29	7
平凉市	Pingliang			
酒泉市	Jiuquan	2415	2288	127
庆阳市	Qingyang	41	41	
定西市	Dingxi			
陇南市	Longnan			
临夏州	Linxia			
甘南州	Gannan			

主要统计指标解释

进出口总额 指实际进出我国国境的货物总金额。包括对外贸易实际进出口货物，来料加工装配进出口货物，国家间、联合国及国际组织无偿援助物资和赠送品，华侨、港澳台同胞和外籍华人捐赠品，租赁期满归承租人所有的租赁货物，进料加工进出口货物，边境地方贸易及边境地区小额贸易进出口货物(边民互市贸易除外)，中外合资企业、中外合作经营企业、外商独资经营企业进出口货物和公用物品，到、离岸价格在规定限额以上的进出口货样和广告品(无商业价值、无使用价值和免费提供出口的除外)，从保税仓库提取在中国境内销售的进口货物，以及其他进出口货物。该指标可以观察一个国家在对外贸易方面的总规模。我国规定出口货物按离岸价格统计，进口货物按到岸价格统计。

商品经营单位所在地进、出口额 指在所在地海关注册登记的有进出口经营权的企业实际进、出口额。

利用外资 指我国各级政府、部门、企业和其他经济组织通过对外借款、吸收外商直接投资以及用其他方式筹措的境外现汇、设备、技术等。

对外借款 指通过对外正式签订借款协议，从境外筹措的资金，包括外国政府贷款、国际金融组织贷款、外国银行商业贷款、出口信贷以及对外发行债券等。1996 年及以前还包括对外发行股票。该指标是我国利用外资的重要部分。

外商直接投资 指外国企业和经济组织或个人(包括华侨、港澳台胞以及我国在境外注册的企业)按我国有关政策、法规，用现汇、实物、技术等在我国境内开办外商独资企业、与我国境内的企业或经济组织共同举办中外合资经营企业、合作经营企业或合作开发资源的投资(包括外商投资收益的再投资)，以及经政府有关部门批准的项目投资总额内企业从境外借入的资金。

外商其他投资 指除对外借款和外商直接投资以外的各种利用外资的形式。包括企业在境内外股票市场公开发行的以外币计价的股票（目前主要是在香港证券市场发行的H股和在境内证券市场发行的B股）发行价总额，国际租赁进口设备的应付款，补偿贸易中外商提供的进口设备、技术、物料的价款，加工装配贸易中外商提供的进口设备、物料的价款。

对外承包工程 指我国境内企业法人或者其他经济组织按照国际通行做法，在国外及港澳台地区承揽、实施工程建设项目的勘察、设计、施工、监理、设备材料采购、安装调试、工程咨询、工程管理等经营活动。

对外劳务合作 指我国境内企业法人与国（境）外允许招收或雇用外籍劳务人员的公司、中介机构或私人雇主签订合同，并按合同约定的条件有组织地招聘、选拔、派遣我国公民到国（境）外为外方雇主提供劳务服务并进行管理的经济活动。

7 能源

Energy

简要说明

一、本篇资料主要内容

本篇资料主要包括：能源生产量、能源消费量，能源消费的行业构成和品种构成，综合能源平衡表和主要能源品种的单项平衡表，能源生产和消费弹性系数，分主要能源品种的消费量及万元生产总值能耗、电耗数据。

二、本篇资料的统计范围

本篇资料的统计范围为全社会。

三、本篇资料来源

本篇资料由省统计局能源处搜集、加工整理，7-1 表来自工业产品产量统计，并以此为依据计算，其他表数据均来自历年能源平衡表。

7-1 能源生产总量及构成
Total Production of Energy and Its Composition

年 份 Year	能源生产总量(万吨标准煤) Total Energy Production (10 000 tons of SCE)	占能源生产总量的比重 (%) As Percentage of Total Energy Production (%)			
		原 煤 Coal	原 油 Crude Oil	天然气 Natural Gas	水电、风电 Hydro-power, Wind Power
2005	3605.12	71.72	12.07	0.57	15.64
2006	3798.83	71.88	12.50	0.52	15.10
2007	3985.59	70.78	12.61	0.49	16.13
2008	4069.28	68.71	12.82	0.42	18.06
2009	4232.34	67.10	12.15	0.46	20.29
2010	4640.88	68.17	11.76	0.28	19.79
2011	4898.34	64.47	14.66	0.21	20.66

注：1.电力折算标准煤的系数根据当年平均发电煤耗计算(下表同)。

2.2008年以前数据根据经济普查年份调整(下表同)。

a) The coefficient for conversion of electric power into SCE (standard coal equivalent) is calculated on the basis of the data on average coal consumption in generating electric power in the same year. The same applies to the tables following.

b) Some data were revised before 2008 according to the Second National Economic Census.The same applies to the relevant tables.

7-2 能源消费总量及构成
Total Consumption of Energy and Its Composition

年 份 Year	能源消费总量(万吨标准煤) Total Energy Consumption (10 000 tons of SCE)	占能源消费总量的比重 (%) As Percentage of Total Energy Consumption (%)			
		煤 炭 Coal	石 油 Crude Oil	天然气 Natural Gas	水电、风电 Hydro-power,Wind Power
2005	4367.67	68.32	15.93	2.84	12.91
2006	4743.05	69.56	15.07	3.28	12.09
2007	5109.29	69.26	14.86	3.30	12.58
2008	5346.33	69.03	14.31	2.92	13.74
2009	5481.60	66.66	14.72	2.95	15.67
2010	5923.13	67.03	14.36	3.11	15.50
2011	6495.78	67.13	14.12	3.17	15.58

7-3 综合能源平衡表
Overall Energy Balance Sheet

单位：万吨标准煤 (10 000 tons of SCE)

项　目	Item	2005	2008	2009	2010	2011
可供消费的能源总量	**Total Energy Available for Consumption**	**4367.67**	**5346.39**	**5481.60**	**5923.13**	**6495.70**
一次能源生产量	Primary Energy Output	3605.12	4069.28	4232.34	4640.88	4898.34
回收能源	Recovery of Energy	133.83	128.69	167.76	179.85	
进口量	Imports	2793.02	3476.27	3519.16	4065.14	5456.91
出口量（-）	Exports (-)	-2124.21	-2083.44	-2449.00	-2981.37	-3706.58
年初年末库存差额	Stock Changes in the Year	-40.09	-244.42	11.34	18.64	-152.97
能源消费总量	**Total Energy Consumption**	**4367.67**	**5346.33**	**5481.60**	**5923.13**	**6495.78**
在总量中:	Consumption by Sector					
农、林、牧、渔业	Agriculture,Forestry,Animal Husbandry, Fishery	240.24	257.53	264.63	261.16	269.14
工　业	Industry	3195.43	3989.39	4022.40	4376.64	4827.42
建筑业	Construction	58.17	68.50	70.97	79.44	91.23
交通运输、仓储和邮政业	Transportation,Storage and Post	282.51	341.42	364.10	395.78	414.48
批发、零售业和住宿、餐饮业	Wholesale and Retail Trades,Hotels and Catering Services	53.18	60.19	69.23	77.17	86.52
其他	Others	69.50	92.67	107.85	122.04	145.14
生活消费	Household Consumption	468.64	536.63	582.37	610.90	661.84
在总量中:	Consumption by Usage					
终端消费	End-use Consumption	4111.51	5057.53	5185.92	5576.22	6086.04
#工　业	Industry	2939.30	3700.59	3726.77	4029.73	4417.69
加工转换损失量	Losses During the Process of Energy Conversion	182.65	168.31	175.20	209.02	271.11
#炼　焦	Coking	7.40	20.72	23.33	45.46	41.21
炼　油	Petroleum Refining	172.74	133.74	142.36	99.88	183.08
损失量	Other Losses	73.48	120.49	120.48	137.89	138.62
#输变电损失量	Losses in Transmission and Subelectricity	72.87	119.96	120.48	137.89	133.89
平衡差额	**Balance**		**0.06**			**-0.08**

7-4 石油平衡表
Petroleum Balance Sheet

单位：万吨 (10 000 tons)

项　目	Item	2005	2008	2009	2010	2011
可供量	**Total Energy Available for Consumption**	**472.8**	**533.8**	**572.0**	**607.54**	**622.21**
生产量	Output	304.6	365.2	359.9	382.14	502.66
进口量	Imports	1032.2	1033.9	1072.8	1062.56	1936.01
出口量(-)	Exports (-)	-847.4	-815.8	-839.1	-875.23	-1769.45
年初年末库存差额	Stock Changes in the Year	-25.7	-49.5	-21.6	38.07	-7.01
消费量	**Total Energy Consumption**	**472.8**	**533.8**	**572.0**	**607.54**	**662.21**
在消费量中：	Consumption by Sector					
农、林、牧、渔、水利业	Agriculture, Forestry, Animal Husbandry, Fishery and Water Conservancy	25.41	29.28	30.22	32.9	34.04
工　业	Industry	281.5	326.2	353.4	357.15108	396.77
建筑业	Construction	18.7	18.5	19.3	22.8	24.1
交通运输、仓储和邮政业	Transport, Storage and Post	130.86	137.77	145.4	163.91	176.5
批发、零售业和住宿、餐饮业	Wholesale and Retail Trades, Hotels and Catering Services	4.5	5.39	5.8	7.71	7.35
其他行业	Other Sectors	6.0	8.7	9.1	11.21	11.2
生活消费	Household Consumption	5.9	7.9	8.8	11.86	12.25
在消费量中：	Consumption by Usage					
终端消费	End-use Consumption	374.0	436.5	465.4	502.68	492.77
#工　业	Industry	182.7	229.0	246.8	252.29	227.33
中间消费	Intermediate Consumption	98.4	96.9	106.7	104.86	169.44
(用于加工转换)	(Consumed in Conversion)					
发　电	Power Generation	1.0	1.3	0.8	0.59	0.62
供　热	Heating	10.0	15.9	10.4	11.35	13.04
制　气	Gas Production					
炼油损失量	Losses in Petroleum Refining	87.4	79.6	95.5	92.92	155.78
损失量	Other Losses	0.4	0.4			
平衡差额	**Balance**					

注：1.生产量为原油产量。

2.进口量包括我国飞机、轮船在国外加油量；出口量包括外国飞机、轮船在我国加油量。

a) Data on output refer to the output of crude oil.

b) The refueling by Chinese ships and airplanes abroad is included in imports. The refueling by foreign ships and airplanes in China is included in exports.

7-5 煤炭平衡表
Coal Balance Sheet

单位：万吨 (10 000 tons)

项　目	Item	2005	2008	2009	2010	2011
可供量	**Total Energy Available for Consumption**	**3750.67**	**4682.87**	**4478.50**	**5389.57**	**6303.37**
生产量	Outputs	3620.00	3952.37	3975.96	4688.25	4700.65
进口量	Imports	1107.45	1921.99	2152.20	2353.75	2963.84
出口量（-）	Exports (-)	-980.3	-950.0	-1721.7	-1610.9	-1162.6
年初年末库存差额	Stock Changes in the Year	3.54	-241.49	72.01	-41.56	-198.54
消费量	**Total Energy Consumption**	**3750.67**	**4682.87**	**4478.50**	**5389.57**	**6303.37**
在消费量中:	Consumption by Sector					
农、林、牧、渔业	Agriculture,Forestry,Animal Husbandry, Fishery	35.01	40.00	43.00	58.80	60.99
工　业	Industry	3215.01	4089.92	3870.50	4691.07	5603.98
建筑业	Construction	23.80	24.50	25.00	28.00	27.20
交通运输、仓储和邮政业	Transportation,Storage and Post	48.07	53.00	53.00	50.00	50.20
批发、零售业和住宿、餐饮业	Wholesale and Retail Trades,Hotels and Catering Services	21.08	25.00	28.00	33.00	30.00
其他	Others	12.00	17.46	19.50	22.00	23.00
生活消费	Household Consumption	395.70	433.00	439.50	506.70	508.00
在消费量中:	Consumption by Usage					
终端消费	End-use Consumption	1480.80	1640.36	1573.65	1748.95	1907.21
#工　业	Industry	945.14	1047.40	965.65	1050.45	1207.82
中间消费	Intermediate Consumption	2269.87	3042.51	2904.85	3640.62	4396.16
（用于加工转换）	(Consumed in Conversion)					
发　电	Power Generation	1597.00	2216.90	2060.00	2771.89	3427.40
供　热	Heating	293.70	385.88	376.85	439.89	496.02
炼　焦	Coking	372.30	428.85	433.16	388.55	413.24
制　气	Gas Production	8.46	4.94	6.75	9.29	7.61
洗选损耗	Losses in Coal Washing and Dressing	13.50	19.94	28.09	31.00	51.89
平衡差额	**Balance**					

7-6 电力平衡表
Electricity Balance Sheet

单位：亿千瓦小时 (100 million kw·h)

项 目	Item	2005	2008	2009	2010	2011
可供量	**Total Energy Available for Consumption**	**489.48**	**677.76**	**705.51**	**804.43**	**923.45**
生产量	Output	506.17	690.39	703.25	874.51	1027.91
水 电	Hydropower	166.47	222.35	262.10	283.16	318.00
火 电	Thermal Power	339.70	468.04	441.15	591.35	709.91
进口量	Imports	51.14	58.86	2.26	119.73	
出口量（-）	Exports (-)	-67.83	-71.49		-189.81	-104.46
消费量	**Total Energy Consumption**	**489.48**	**677.76**	**705.51**	**804.43**	**923.45**
在消费量中:	Consumption by Sector					
农、林、牧、渔业	Agriculture,Forestry,Animal Husbandry, Fishery	51.70	55.26	56.38	54.37	55.89
工 业	Industry	364.46	520.43	534.43	617.13	712.53
建筑业	Construction	4.08	5.82	5.83	8.33	11.55
交通运输、仓储和邮政业	Transportation,Storage and Post	15.34	27.71	28.92	32.57	31.89
批发、零售业和住宿、餐饮业	Wholesale and Retail Trades,Hotels and Catering Services	6.72	8.44	10.12	11.41	14.83
其他	Others	14.72	19.47	23.50	27.11	34.31
生活消费	Household Consumption	32.46	40.63	46.33	53.52	62.45
在消费量中:	Consumption by Usage					
终端消费	End-use Consumption	467.96	641.46	668.74	761.91	881.38
#工 业	Industry	342.94	484.13	497.66	574.61	670.46
输配电损失量	Losses in Transmission	21.52	36.30	36.77	42.52	42.07
平衡差额	**Balance**					

7-7 分行业能源消费总量和主要能源品种消费量（2011）

行 业	Sector	能源消费总量（万吨标准煤）Total Energy Consumption (10000 tons of SCE)	煤 炭（万吨）Coal (10 000 tons)
消 费 总 量	**Total Consumption**	**6495.78**	**6303.37**
农、林、牧、渔业	Agriculture,Forestry,Animal Husbandry,Fishery	269.14	60.99
工业	Industry	4827.42	5603.98
采掘业	Mining	251.68	219.01
煤炭开采和洗选业	Mining and Washing of Coal	142.87	198.45
石油和天然气开采业	Extraction of Petroleum and Natural Gas	63.95	1.90
黑色金属矿采选业	Mining and Processing of Ferrous Metal Ores	13.81	7.04
有色金属矿采选业	Mining and Processing of Non-Ferrous Metal Ores	23.23	6.25
非金属矿采选业	Mining and Processing of Non-metal Ores	7.82	5.37
其他采矿业	Mining of Other Ores		
制造业	Manufacturing	4043.52	1914.24
农副食品加工业	Processing of Food from Agricultural Products	40.07	25.81
食品制造业	Manufacture of Foods	19.72	16.60
饮料制造业	Manufacture of Beverages	31.03	26.89
烟草制品业	Manufacture of Tobacco	2.17	0.64
纺织业	Manufacture of Textile	4.39	1.17
纺织服装、鞋、帽制造业	Manufacture of Textile Wearing Apparel, Footware and Caps	0.61	0.40
皮革、毛皮、羽毛(绒)及其制品	Manufacture of Leather, Fur, Feather and Related Products	1.92	2.00
木材加工及木、竹、藤、棕、草制品业	Processing of Timber, Manufacture of Wood, Bamboo, Rattan, Palm, and Straw Products	0.07	0.10
家具制造业	Manufacture of Furniture	0.03	
造纸及纸制品业	Manufacture of Paper and Paper Products	14.05	12.61
印刷业和记录媒介的复制	Printing, Reproduction of Recording Media	0.95	0.73
文教体育用品制造业	Manufacture of Articles For Culture, Education and Sport Activities	0.04	0.01
石油加工、炼焦及核燃料加工业	Processing of Petroleum, Coking, Processing of Nuclear Fuel	663.57	117.11
化学原料及化学制品制造业	Manufacture of Raw Chemical Materials and Chemical Products	523.21	200.82
医药制造业	Manufacture of Medicines	14.65	9.47
化学纤维制造业	Manufacture of Chemical Fibres	15.33	18.63
橡胶制品业	Manufacture of Rubber	0.84	0.19
塑料制品业	Manufacture of Plastics	6.36	2.38
非金属矿物制品业	Manufacture of Non-metallic Mineral Products	506.15	422.03
黑色金属冶炼及压延加工业	Smelting and Pressing of Ferrous Metals	1193.76	560.89
有色金属冶炼及压延加工业	Smelting and Pressing of Non-ferrous Metals	938.65	466.46
金属制品业	Manufacture of Metal Products	6.25	1.53
通用设备制造业	Manufacture of General Purpose Machinery	16.77	8.69
专用设备制造业	Manufacture of Special Purpose Machinery	10.25	5.75
交通运输设备制造业	Manufacture of Transport Equipment	5.31	4.60
电气机械及器材制造业	Manufacture of Electrical Machinery and Equipment	7.17	2.91
通信设备、计算机及其他电子设备制造业	Manufacture of Communication Equipment, Computers and Other Electronic Equipment	5.74	2.62
仪器仪表及文化、办公用机械制造业	Manufacture of Measuring Instruments and Machinery for Cultural Activity and Office Work	0.56	0.31
工艺品及其他制造业	Manufacture of Artwork and Other Manufacturing	13.26	2.88
废弃资源和废旧材料回收加工业	Recycling and Disposal of Waste	0.64	
电力煤气及水生产供应业	Electric Power, Gas and Water Production and Supply	532.23	3470.73
电力、热力的生产和供应业	Production and Supply of Electric Power and Heat Power	525.24	3470.46
燃气生产和供应业	Production and Supply of Gas	1.78	
水的生产和供应业	Production and Supply of Water	5.21	0.27
建筑业	Construction	91.23	27.20
交通运输、仓储及邮电通信业	Transport, Storage and Post	414.48	50.20
批发和零售贸易餐饮业	Wholesale and Retail Trades, Hotels and Catering Services	86.52	30.00
其他行业	Others	145.14	23.00
生活消费	Household Consumption	661.84	508.00

Consumption of Total Energy and Its Main Varieties by Sector（2011）

焦 炭 （万吨 ） Coke (10 000 tons)	原 油 （万吨） Crude Oil (10 000 tons)	汽 油 （万吨 ） Gasoline (10 000 tons)	煤 油 （万吨） Kerosene (10 000 tons)	柴 油 （万吨） Diesel Oil (10 000 tons)	燃料油 （万吨 ） Fuel Oil (10 000 tons)	液化石油气 （万吨） Liquefied Petroleum Gas (10 000 tons)	天然气 （亿立方米） Natural Gas (100 million cu.m)	电 力 （亿千瓦小时） Electricity (100 million kw·h)
601.28	**1635.77**	**58.77**	**3.720**	**222.68**	**9.420**	**5.820**	**15.560**	**923.45**
		3.92	0.020	30.10				55.89
601.28	1635.77	6.60	0.200	21.21	9.420	0.240	12.050	712.53
0.06	18.13	1.72		6.68			0.490	29.93
		0.35		1.42				13.69
	18.13	0.52		2.15			0.490	8.29
0.06		0.30		1.00				2.10
		0.22		1.01				5.29
		0.33		1.10				0.56
599.84	1617.64	4.04	0.200	13.02	9.320	0.240	11.560	550.12
		0.90		1.10				5.71
		0.10		0.06				2.29
		0.15		0.27			0.190	2.57
				0.02			0.050	0.32
		0.01		0.01			0.010	0.81
								0.10
								0.14
								0.01
		0.02		0.03				1.48
		0.02						0.12
								0.01
	1617.64	0.37		1.30	3.490	0.020	4.210	29.10
67.23		0.36		1.05	0.230	0.170	4.670	71.49
0.18		0.14		0.10			0.150	1.63
		0.03		0.05				1.17
								0.22
0.24		0.06		0.05				1.32
13.45		0.36	0.010	2.90			0.980	48.58
491.37		0.51		1.70				143.92
23.60		0.47	0.130	3.62	5.590	0.050	0.930	231.04
		0.15		0.17			0.020	1.06
3.59		0.15	0.020	0.17	0.010		0.010	1.97
0.01		0.09	0.010	0.05			0.160	1.11
0.01		0.03	0.030	0.12			0.010	0.48
0.11		0.04		0.02			0.160	0.85
		0.01		0.01			0.010	1.15
0.05								0.09
		0.04		0.05				1.27
		0.03		0.17				0.11
1.38		0.84		1.51	0.100			132.48
1.38		0.75		1.49	0.100			130.45
		0.04						0.54
		0.05		0.02				1.49
		9.30		12.10				11.55
		19.00	3.500	154.00			1.430	31.89
		4.55		2.80			0.500	14.83
		9.00		2.20			0.200	34.31
		6.40		0.27		5.580	1.380	62.45

7-8 能源生产弹性系数

Elasticity Ratio of Energy Production

年 份 Year	能源生产比上年增长（%） Growth Rate of Energy Production over Preceding Year (%)	电力生产比上年增长（%） Growth Rate of Electricity Production over Preceding Year (%)	甘肃生产总值比上年增长（%） Growth Rate of Gansu Gross Product over Preceding Year (%)	能源生产弹性系数 Elasticity Ratio of Energy Production	电力生产弹性系数 Elasticity Ratio of Electricity Production
2000	-13.06	6.83	9.70		0.70
2001	5.39	8.26	9.76	0.55	0.85
2002	37.66	12.53	9.86	3.82	1.27
2003	16.84	18.71	10.74	1.57	1.74
2004	17.71	13.18	11.51	1.54	1.15
2005	7.29	10.70	11.84	0.62	0.90
2006	5.39	5.08	11.51	0.47	0.44
2007	4.92	16.33	12.30	0.40	1.33
2008	2.10	11.58	10.14	0.21	1.14
2009	4.01	1.86	10.29	0.39	0.18
2010	9.65	24.35	11.77	0.82	2.07
2011	5.55	17.54	12.52	0.44	1.40

7-9 能源消费弹性系数

Elasticity Ratio of Energy Consumption

年 份 Year	能源消费比上年增长（%） Growth Rate of Energy Consumption over Preceding Year (%)	电力消费比上年增长（%） Growth Rate of Electricity Consumption over Preceding Year (%)	甘肃生产总值比上年增长（%） Growth Rate of Gross Product of Gansu over Preceding Year (%)	能 源 消 费 弹 性 系 数 Elasticity Ratio of Energy Consumption	电 力 消 费 弹 性 系 数 Elasticity Ratio of Electricity Consumption
2000	3.23	1.29	9.70	0.33	0.13
2001	1.88	1.58	9.76	0.19	0.16
2002	4.36	11.84	9.86	0.44	1.20
2003	11.82	16.36	10.74	1.10	1.52
2004	15.78	13.47	11.51	1.37	1.17
2005	11.77	8.29	11.84	0.99	0.70
2006	8.59	9.57	11.51	0.75	0.83
2007	7.73	14.62	12.30	0.63	1.19
2008	4.64	10.25	10.14	0.46	1.01
2009	2.53	4.09	10.29	0.25	0.40
2010	8.05	14.02	11.77	0.68	1.19
2011	9.67	14.79	12.52	0.77	1.18

7-10 能源加工转换效率
Efficiency of Energy Conversion

单位：% (%)

年 份 Year	总效率 Total Efficiency	火力发电效率 Generation efficiency of Thermal Power	炼 焦 Coking	炼 油 Petroleum Refining
2005	72.97	36.30	97.74	90.13
2006	73.11	36.78	84.54	91.67
2007	73.40	37.17	97.70	89.31
2008	72.81	37.29	94.76	93.25
2009	73.61	37.53	94.00	93.06
2010	70.36	37.95	87.02	94.88
2011	69.28	38.62	89.05	92.07

7-11 分品种生活能源年消费总量
Average Annual Energy Consumption for Households by Variety

能 源 品 种	Item	2005	2008	2009	2010	2011
合计（万吨标准煤）	**Total (10 000 tons of SCE)**	**468.64**	**536.63**	**582.37**	**610.90**	**661.84**
煤炭（万吨）	Coal (10 000 tons)	395.70	433.00	439.50	506.70	508.00
煤油（万吨）	Kerosene (10 000 tons)	0.01	0.01	0.01		
液化石油气（万吨）	Liquefied Petroleum Gas (10 000 tons)	4.92	5.45	5.53	5.62	5.58
焦炉煤气（亿立方米）	Gas (100 million cu.m)	0.37	0.55	0.70	1.09	0.15
天然气（亿立方米）	Natural Gas (100 million cu.m)	0.40	0.76	0.78	1.35	1.38
热力（万百万千焦）	Heat (10 billion kilo-joule)	1681.01	1874.76	1890.00	1877.16	2020.00
电力（亿千瓦小时）	Electricity (100 million kw·h)	32.46	40.63	46.33	53.52	62.45

7-12 平均每天各种能源消费量
Average Daily Energy Consumption by Type of Energy

能 源 品 种	Item	2005	2008	2009	2010	2011
合计（万吨标准煤）	**Total (10 000 tons of SCE)**	**11.97**	**14.65**	**15.02**	**16.23**	**17.80**
煤炭（万吨）	Coal (10 000 tons)	10.28	12.83	12.27	14.77	17.27
焦炭（万吨）	Coke (10 000 tons)	1.16	1.49	1.48	1.48	1.65
原油（万吨）	Crude Oil (10 000 tons)	3.37	3.82	3.94	3.84	4.48
燃料油（万吨）	Fuel Oil (10 000 tons)	0.04	0.03	0.04	0.04	0.03
汽油（万吨）	Gasoline (10 000 tons)	0.24	0.14	0.14	0.15	0.16
煤油（万吨）	Kerosene (10 000 tons)	0.01	0.02	0.01	0.01	0.01
柴油（万吨）	Diesel Oil (10 000 tons)	0.32	0.46	0.51	0.58	0.61
天然气（亿立方米）	Natural Gas (100 million cu.m)	0.03	0.03	0.03	0.04	0.04
电力（亿千瓦小时）	Electricity (100 million kw·h)	1.34	1.86	1.93	2.20	2.53

7-13 每人年平均生活用能源消费量
Annual Average Per Capita Energy Consumption of Households

年 份 Year	平均每人生活消费能源（千克标准煤）Annual Per Capita Consumption for Households (kg of SCE)	# 煤 炭（千克）Coal (kg)	# 电 力（千瓦小时）Electricity (kw·h)	# 液化石油气（千克）Liquefied Petroleum Gas (kg)	# 天燃气（立方米）Natrual Gas (cu.m)	#煤气（立方米）Coal Gas (cu.m)
2000	164.00	155.00	84.00	2.09		
2001	174.00	152.00	88.31	1.60		
2002	156.00	150.00	89.49	1.50		
2003	172.00	149.00	91.34	1.62		
2004	169.00	147.00	105.29	1.61		
2005	184.13	155.48	127.54	1.93	1.57	1.53
2006	186.52	156.71	132.32	1.96	2.75	1.61
2007	198.58	159.72	142.45	1.96	2.83	1.73
2008	210.37	169.75	159.28	2.14	2.98	2.27
2009	227.94	172.02	181.34	2.16	3.05	2.86
2010	238.63	197.93	209.06	2.20	5.27	4.45
2011	258.11	198.11	243.55	2.18	5.38	0.58

7-14 能源消耗
Energy Consumption

年 份 Year	单位生产总值能耗 Energy Consumption per Unit of GRP		单位生产总值电耗 Electricity Consumption Per Unit of GRP		单位工业增加值能耗 Energy Consumption Per Unit of Industrial Value-added	
	绝对值（吨标准煤/万元）Absolute Value (ton of SCE/10 000 yuan)	上升或下降(±%) Change(±%)	绝对值（千瓦小时/万元）Absolute Value (kw·h/10 000yuan)	上升或下降(±%) Change(±%)	绝对值（吨标准煤/万元）Absolute Value (ton of SCE/10 000 yuan)	上升或下降(±%) Change(±%)
2000	2.86		2805			
2001	2.72		2720			
2002	2.57		2779			
2003	2.52		2846			
2004	2.31		2677			
2005	2.26		2531		4.99	
2006	2.20	-2.61	2487	-1.74	4.59	-3.03
2007	2.11	-4.09	2537	2.02	4.29	-6.53
2008	2.00	-5.00	2539	0.09	4.05	-5.66
2009	1.86	-6.97	2399	-5.55	3.53	-12.84
2010	1.80	-3.40	2445	2.01	3.25	-7.94
2011	1.40	-2.51	1993	2.07	2.82	-1.96

注：1.2000-2004年地区生产总值和工业增加值是按当年价格计算，2005-2010年地区生产总值和工业增加值按2005年价格计算，2011年地区生产总值和工业增加值按2010年价格计算。

2.工业增加值为规模以上工业增加值。

a) GDP and industrial added value of 2000-2004 is based on current prices.GDP and industrial added value of 2005-2010 is based on price of 2005.GDP and industrial added value of 2011 is based on price of 2010.

b) Industrial added value refers to the scale industrial added value.

主要统计指标解释

能源生产总量 指一定时期内，一次能源生产量的总和。该指标是观察能源生产水平、规模、构成和发展速度的总量指标。一次能源生产量包括原煤、原油、天然气、水电、核能及其他动力能(如风能、地热能等)发电量，不包括低热值燃料生产量、生物质能、太阳能等的利用和由一次能源加工转换而成的二次能源产量。

能源消费总量 指一定时期内，各行业和居民生活消费的各种能源的总和。该指标是观察能源消费水平、构成和增长速度的总量指标。能源消费总量包括原煤和原油及其制品、天然气、电力，不包括低热值燃料、生物质能和太阳能等的利用。能源消费总量分为终端能源消费量、能源加工转换损失量和能源损失量三部分。

(1)终端能源消费量：指一定时期内，全国（省）生产和生活消费的各种能源在扣除了用于加工转换二次能源消费量和损失量以后的数量。

(2)能源加工转换损失量：指一定时期内，全国（省）投入加工转换的各种能源数量之和与产出各种能源产品之和的差额。该指标是观察能源在加工转换过程中损失量变化的指标。

(3)能源损失量：指一定时期内，能源在输送、分配、储存过程中发生的损失和由客观原因造成的各种损失量，不包括各种气体能源放空、放散量。

能源生产弹性系数 是研究能源生产增长速度与国民经济增长速度之间关系的指标。计算公式：

$$能源生产弹性系数=\frac{能源生产总量年平均增长速度}{国民经济年平均增长速度}$$

电力生产弹性系数 是研究电力生产增长速度与国民经济增长速度之间关系的指标。一般来说，电力的发展应当快于国民经济的发展，也就是说电力应超前发展。计算公式为：

$$电力生产弹性系数=\frac{电力生产量年平均增长速度}{国民经济年平均增长速度}$$

能源消费弹性系数 反映能源消费增长速度与国民经济增长速度之间比例关系的指标。计算公式为：

$$能源消费弹性系数=\frac{能源消费量年平均增长速度}{国民经济年平均增长速度}$$

电力消费弹性系数 反映电力消费增长速度与国民经济增长速度之间比例关系的指标。计算公式为：

$$电力消费弹性系数=\frac{电力消费量年平均增长速度}{国民经济年平均增长速度}$$

能源加工转换效率 指一定时期内，能源经过加工、转换后，产出的各种能源产品的数量与同期内投入加工转换的各种能源数量的比率。该指标是观察能源加工转换装置和生产工艺先进与落后、管理水平高低等的重要指标。计算公式为：

$$能源加工转换效率=\frac{能源价格转换产出率}{能源加工转换投入量}\times100\%$$

单位国内生产总值能耗 指一定时期内，一个国家或地区每生产一个单位的国内（地区）生产总值所消耗的能源。

单位国内生产总值电耗 指一定时期内，一个国家或地区每生产一个单位的国内生产总值所消耗的电力。计算公式为：

$$单位国内生产总值电耗=\frac{全社会用电量}{国内生产总值}$$

单位工业增加值能耗 指一定时期内，一个国家或地区每生产一个单位的工业增加值所消耗的能源。

8

财政、金融、保险

Government Finance, Financial, Insurance

简要说明

一、本篇资料主要内容

本篇反映甘肃省财政收支状况；金融业的发展情况。主要包括地方财政收支、政府性基金收支资料；金融机构存贷及现金收支等活动；保险业务情况。

二、本篇资料来源

本篇资料由省统计局国民经济核算处搜集、加工整理：

1.财政收支状况资料来源于省财政厅。

2.金融资料来源于中国人民银行兰州中心支行。

3.保险数据来源于中国保监会甘肃监管局。

8-1 历年财政收支

Financial Revenue and Expenditure

单位：万元 (10 000 yuan)

年 份 Year	财政收入 Total Revenue	#地方一般预算收入 General Budgetary Revenue	各项税收 Taxes	#附：上划中央税收 Turn over Revenue to the Central Government	地方一般预算支出 General Budgetary Expenditure
1978	205280		79168		143429
1979	184606		79407		141810
1980	149348		44606		123045
1981	129859		43143		111955
1982	124713		82870		127857
1983	109003		92004		155256
1984	132338		114322		211510
1985	163814		189074		239971
1986	197635		210832		300125
1987	225831		235266		317747
1988	249786		267766		363835
1989	315242		317768		412645
1990	342065		341541		459395
1991	399801		359225		513188
1992	399736		393208		534786
1993	521132		520393		631676
1994	626198	290797	270086	335401	723817
1995	684142	339211	302594	344931	813908
1996	822714	433733	367663	388981	909538
1997	919259	494108	416575	425151	1067215
1998	974793	540253	465578	434540	1253382
1999	1030025	583657	490034	446368	1477868
2000	1083752	612849	516624	470903	1882322
2001	1241396	699485	587853	541911	2354643
2002	1503365	762432	654283	740933	2740111
2003	1771750	876561	722434	895189	3000070
2004	2158581	1041600	823382	1104105	3569366
2005	2545665	1235026	919615	1310639	4293479
2006	2949750	1412152	1108360	1537598	5285946
2007	3918687	1909107	1420532	2009580	6753372
2008	4709361	2649650	1628049	2059711	9684336
2009	6039849	2865898	1760411	3173951	12462817
2010	7452511	3535833	2202883	3916678	14685810
2011	9336165	4501188	2840435	4834977	17912432

注：财政收入为大口径财政收入，不含基金收入。

a) Revenue refers to the large-caliber financial income, does not include the fund's income.

8-2 各项税收
Taxes

单位 ：万元　　(10 000 yuan)

年 份 Year	各项税收 Taxes	#增值税 Value-added Tax	#营业税 Business Tax	#企业所得税 Corporate Income Tax	#个人所得税 Individual Income Tax
1994	270086	86783	63912	27011	4471
1995	302594	90356	77345	33393	6242
1996	367663	93094	101939	32494	8706
1997	416575	104079	120340	39864	10271
1998	465578	108318	142508	44537	14399
1999	490034	111778	147031	66686	18349
2000	516624	119471	158995	60957	25921
2001	587853	133758	173483	104045	38788
2002	654283	150720	209747	66054	40920
2003	722434	181230	240705	53111	36776
2004	823382	216152	270531	63182	43112
2005	919615	253337	315890	84320	51793
2006	1108360	314071	372674	106902	57884
2007	1420532	403624	434006	179740	71513
2008	1628049	379120	531536	206233	81306
2009	1760411	371096	652494	169511	89876
2010	2202883	440902	868425	199868	111253
2011	2840435	489460	1100499	285861	140563

注：“各项税收”为一般预算收入中的税收收入。

a) "Taxes" refers to the tax revenue of the general budget revenue .

8-3 财政收入情况

Financial Revenue

单位:万元 (10 000 yuan)

项　目	Item	2009	2010	2011
财政收入	**Government Revenue**	**6039849**	**7452511**	**9336165**
一般预算收入	**General Budgetary Revenue**	**2865898**	**3535833**	**4501188**
税收收入	Tax Revenue	1760411	2202883	2840435
国内增值税	Value Added Tax	371096	440902	489460
营业税	Business Tax	652494	868425	1100499
企业所得税	Company Income Tax	169511	199868	285861
企业所得税退税	Tax Rebate for Company Income Tax	-37	-52	-124
个人所得税	Individual Income Tax	89876	111253	140563
资源税	Resource Tax	51265	61833	143586
城市维护建设税	City Maintenance and Construction Tax	182536	212182	236219
房产税	House Property Tax	77317	83574	89644
印花税	Stamp Tax	38360	44211	46099
城镇土地使用税	Urban Land Use Tax	41106	44208	100087
土地增值税	Land Value Added Tax	4220	30227	54596
车船税	Tax on Vehicles and Boat Operation	18699	25753	32752
耕地占用税	Farm Land Occupation Tax	18290	19457	31656
契税	Deed Tax	44127	59847	88214
烟叶税	Tobacco Leaf Tax	1551	1195	1323
其他税收收入	Other Tax Revenue			
非税收收入	Non-tax Revenue	1105487	1332950	1660753
专项收入	Special Program Receipts	467475	590249	848417
行政事业性收费收入	Charge of Administrative and Institutional Units	163550	190170	376888
罚没收入	Penalty Receipts	73371	81211	105620
国有资本经营收入	Profit from Stat-owned Assets	162513	233807	49831
# 利润收入	Revenue of Profit	17546	11318	
产权转让收入	Property Rights Transfer	148345	191454	
国有企业计划亏损补贴	Planning Subsidies to Loss-suffering Stated-owned Enterprises	-8253	-8266	
国有资源(资产)有偿使用收入	Paid Use of State-owned Resources (Assets)	56754	90957	130247
其他收入	Other Income	181824	146556	149750
上划中央税收收入	**Revenue Turned over to the Central Government**	**3173951**	**3916678**	**4834977**
# 国内增值税	Value Added Tax	1238578	1438530	1660425
消费税	Consumption Tax	1324049	1385862	1839848
企业所得税	Company Income Tax	261357	304935	453617
个人所得税	Individual Income Tax	134811	166875	210843
车辆购置税	Vehicle Purchase Tax	122374	181665	202238

8-4 财政支出情况
Financial Expenditures

单位：万元　　　　(10 000 yuan)

项　目	Item	2009	2010	2011
一般预算支出	**General Budgetary Expenditure**	**12462817**	**14685810**	**17912432**
一般公共服务	General Public Pervices	1500716	1457540	1749150
#人大事务	People's Congress Affairs	37840	44560	56235
政协事务	Political Consultative Conference Affairs	31166	38741	43142
政府办公厅（室）及相关机构事务	Government Office (Room) and Related Agencies Affairs	358207	435337	526566
外交	Foreign Affairs	241		
国防	National Defense	16531	17739	18539
公共安全	Public Security	575194	704526	803139
#公安	Police	307311	372659	428142
检察	Procuratorate	59137	82458	81575
法院	Court	88903	103175	117076
监狱	Prison	43307	51299	52635
教育	Education	2063573	2282329	2843320
#教育管理事务	Education Management Affairs	30204	39849	52107
普通教育	General Education	1726656	1890353	2363686
科学技术	Science and Technology	101833	108879	132215
文化体育与传媒	Culture, Sport and the Media	244968	297753	330710
#文化	Culture	89598	105401	105427
体育	Sport	29912	46724	38618
广播影视	Broadcasting, Film and Television	74924	65847	80506
新闻出版	News and Pubulsh	11682	20247	16241
社会保障和就业	Social Safety Net and Employment Effort	1997489	2150927	2792219
#行政事业单位离退休	Administrative Institutions Retired	524082	586691	728072
就业补助	Employment Subsidies	104229	141623	184055
城市居民最低生活保障	Urban Minimum Living Standard	175211	185232	252003
农村最低生活保障	Minimum Living Allowance in Rural Areas	187097	231057	413029
自然灾害生活救助	Natural Disaster Living Relief	61312	292022	247107
医疗卫生	Medical and Health Care	883735	1004018	1431803
#医疗保障	Medical Security	380468	472121	696451
食品药品监督管理事务	Food and Drug Regulatory Affairs	15670	22920	24935
节能环保	Energy Saving and Environmental Protection	531503	683070	849919
#污染防治	Pollution Prevention	95501	156980	164396
城乡社区事务	Urban and Rural Communities Affairs	454735	568208	658825
农林水事务	Agriculture, Forestry and Water Conservancy Affairs	1589535	1962667	2376560
#农业	Agriculiture	751906	760584	900828
林业	Forestry	165263	188094	254795
水利	Water Conservancy	414001	544998	670368
扶贫	Poverty Alleviation	196676	219173	267833
交通运输	Transportation	611736	665767	1589122
资源勘探电力信息等事务	Exploration, Electric Power Information and Other Affairs		278850	293099
商业服务业等事务	Commerce, Services and Other Affairs		176575	169520
金融监管等事务	Financial Regulatory and Other Affairs		72439	24653
地震灾后恢复重建支出	Post-earthquake Reconstruction Spending	1153902	941459	87665
国土资源气象等事务	Land Resources, Weather and Other Affairs		367685	410584
住房保障支出	Expenditure for Affordable Houses		580978	925756
粮油物资管理事务	Expenditure for Affairs of Management of Grain & Oil Reserves	190497	98063	79195
国债还本付息支出	Interest payment for domestic and foreign debts	20095	55321	88301
其他支出	Other Expenditures	526534	211017	258138

8-5 政府性基金收支情况（2011）
Renvenue and Expenditure of Government Fund (2011)

单位：万元 (10 000 yuan)

项 目	Item	2011
政府性基金收入合计	**Total Renvenue of Government Funds**	**1864486**
地方教育附加收入	Additional Revenue of Local Education	76044
新增建设用地土地有偿使用费收入	Add the Land Compensation for the Use of Land for Building Fee Income	85125
地方水利建设基金收入	Revenue of Local Water Conservancy Construction Funds	9931
残疾人就业保障金收入	Income of Disabled Person Employment Security Payments	8614
政府住房基金收入	Government Housing Fund Income	40507
城市公用事业附加收入	Additional Income of Urban Public Utilities	9959
国有土地收益基金收入	Fund Revenue Receipts of State-owned Land	6479
农业土地开发资金收入	Revenue of Agricultural Land Development Capital	6161
国有土地使用权出让收入	Income of State-owned Land Use Right Transfer	1287481
彩票公益金收入	Lottery and public welfare funds Revenue	38682
城市基础设施配套费收入	Revenue of Urban infrastructure Fee	58088
车辆通行费	Revenue of Vehicle Tolls	168203
其他各项政府性基金收入	Other funds Revenue	69212
政府性基金支出合计	**Total Expenditure of Government Fund**	**1913415**
地方教育附加安排的支出	Additional Arrangements Expenditures of Local Education	68099
新增建设用地有偿使用费安排的支出	Arrangements Expenditures for the Use of Land for Building Fee Income	122746
地方水利建设基金支出	Expenditures of Local Water Conservancy Construction Funds	8679
残疾人就业保障金支出	Expenditures of Disabled Person Employment Security Payments	8721
政府住房基金支出	Government Housing Fund Expenditures	42668
城市公用事业附加安排的支出	Additional Arrangements Expenditures of Urban Public Utilities	12189
国有土地收益基金支出	Fund Expenditures Receipts of State-owned Land	1556
农业土地开发资金支出	Expenditures of Agricultural Land Development Capital	4919
国有土地使用权出让收入安排的支出	Arrangements Expenditures for State-owned Land Use Right Transfer	1203135
彩票公益金安排的支出	Lottery and public welfare funds Expenditures	54693
城市基础设施配套费安排的支出	Arrangements Expenditures of Urban infrastructure Fee	57225
车辆通行费安排的支出	Expenditures of Vehicle Tolls	215101
其他各项政府性基金支出	Other funds Expenditures	113684

8-6 各地区财政收入（2011）
Financial Revenue by Region（2011）

单位：万元 (10 000 yuan)

地 区	Region	一般预算收入 General Budgetary	#税收收入 Tax Revenue	#国内增殖税 #Value Added Tax	#营业税 Business Tax	#企业所得税 Company Income Tax	#个人所得税 Individual Income Tax
兰州市	Lanzhou	864897	699729	96466	225601	63866	25422
嘉峪关市	Jiayuguan	110111	99895	23640	25775	8443	2941
金昌市	Jinchang	113826	96303	18691	23698	3528	2227
白银市	Baiyin	171166	126399	27423	33577	10836	6473
天水市	Tianshui	186329	125206	25153	42764	4840	3184
武威市	Wuwei	101714	68982	15017	26201	4341	2846
张掖市	Zhangye	102670	77209	14548	31252	5790	3212
平凉市	Pingliang	285935	127291	41304	33099	7681	3003
酒泉市	Jiuquan	165018	105805	12582	42329	7549	4272
庆阳市	Qingyang	443401	251702	50627	48194	2739	7272
定西市	Dingxi	100043	69618	9329	33000	2899	2173
陇南市	Longnan	130594	90673	20197	36318	4432	3206
临夏州	Linxia	68365	43891	9724	17461	3056	1678
甘南州	Gannan	54199	28082	4439	15359	2630	1312

8-7 各地区财政支出（2011）
Financial Expenditure by Region（2011）

单位：万元 (10 000 yuan)

地 区	Region	一般预算支出 General Budgetary Expenditure	#一般公共服务 General Public Service	#教育 Education	#社会保障和就业 Social Security and Emploment Effort	#医疗卫生 Medical and Health Care	#农林水利事务 Agriculture,Forestry and Water Conservancy
兰州市	Lanzhou	1754806	191937	339636	221973	172782	135491
嘉峪关市	Jiayuguan	167839	14796	20048	19589	12176	13408
金昌市	Jinchang	286949	27420	43299	38920	23771	34199
白银市	Baiyin	844129	73357	169359	140509	75054	104764
天水市	Tianshui	1328374	109984	259015	277205	155053	183622
武威市	Wuwei	972707	67152	170111	161604	95725	213810
张掖市	Zhangye	748245	70640	108085	137618	67959	134178
平凉市	Pingliang	1020505	82676	206254	176722	109342	143322
酒泉市	Jiuquan	754091	83343	106840	102462	66284	119003
庆阳市	Qingyang	1351335	199632	255580	209872	125422	203379
定西市	Dingxi	1177050	101304	225318	200549	125082	222236
陇南市	Longnan	1101301	128647	196142	191517	125924	167109
临夏州	Linxia	1109528	163265	148907	218487	103320	161008
甘南州	Gannan	895413	107222	119702	161508	59443	153634

8-8 各地县财政收支（2011）

Financial Revenue and Expenditure by Perfecture ,County（2011）

单位：万元 (10 000 yuan)

地 区	Region	一般预算收入 General Budgetary Revenue	一般预算支出 General Budgetary Expenditure
兰州市	**Lanzhou**	**864897**	**1754806**
城关区	Chengguan	137858	255324
七里河区	Qilihe	52413	122082
西固区	Xigu	45831	97716
安宁区	Anning	53883	84335
红古区	Honggu	13495	85849
永登县	Yongdeng	29617	133216
皋兰县	Gaolan	16172	79668
榆中县	Yuzhong	25334	132929
嘉峪关市	**Jiayuguan**	**110111**	**167839**
金昌市	**Jinchang**	**113826**	**286949**
金川区	Jinchuan	24403	65861
永昌县	Yongchang	18122	92952
白银市	**Baiyin**	**171166**	**844129**
白银区	Baiyin	39445	104300
平川区	Pingchuan	31030	92073
靖远县	Jingyuan	15208	152008
会宁县	Huining	5855	191472
景泰县	Jingtai	13569	114089
天水市	**Tianshui**	**186329**	**1328374**
秦州区	Qinzhou	48306	201912
麦积区	Maiji	21433	173872
清水县	Qingshui	7798	111808
秦安县	Qinan	8960	163844
甘谷县	Gangu	17353	153122
武山县	Wushan	7342	130889
张家川县	Zhangjiachuan	6996	123913
武威市	**Wuwei**	**101714**	**972707**
凉州区	Liangzhou	37594	315000
民勤县	Minqin	12252	173546
古浪县	Gulang	8661	174601
天祝县	Tianzhu	16809	177188
张掖市	**Zhangye**	**102670**	**748245**
甘州区	Ganzhou	27762	170728
肃南县	Sunan	19355	88330
民乐县	Minle	9216	110018
临泽县	Linze	8529	86175
高台县	Gaotai	9846	80163
山丹县	Shandan	10350	100971
平凉市	**Pingliang**	**285935**	**1020505**
崆峒区	Kongtong	22468	154504
泾川县	Jingchuan	6906	105673
灵台县	Lingtai	5250	112815
崇信县	Chongxin	19067	64266
华亭县	Huating	66010	123065
庄浪县	Zhuanglang	4969	145210
静宁县	Jingning	6550	155026
酒泉市	**Jiuquan**	**165018**	**754091**
肃州区	Suzhou	23815	142544
金塔县	Jinta	6304	84624
瓜州县	Guazhou	18021	99973
肃北县	Subei	19596	51715
阿克塞县	Akesai	4615	28972
玉门市	Yumen	20229	121840
敦煌市	Dunhuang	21022	95034
庆阳市	**Qingyang**	**443401**	**1351335**
西峰区	Xifeng	65186	177252
庆城县	Qingcheng	24602	127716
环 县	Huanxian	18988	173879
华池县	Huachi	17760	99066
合水县	Heshui	9718	96458
正宁县	Zhengning	8909	85895
宁 县	Ningxian	26217	169711
镇原县	Zhenyuan	15176	149041
定西市	**Dingxi**	**100043**	**1177050**
安定区	Anding	18309	185597
通渭县	Tongwei	5249	150087
陇西县	Longxi	18054	167807
渭源县	Weiyuan	7058	126793
临洮县	Lintao	15584	162855
漳 县	Zhangxian	5346	78383
岷 县	Minxian	10024	147428
陇南市	**Longnan**	**130594**	**1101301**
武都区	Wudu	24367	180631
成 县	Chengxian	24009	103519
文 县	Wenxian	13238	96704
宕昌县	Tanchang	8548	113486
康 县	Kangxian	7580	85830
西和县	Xihe	10607	123445
礼 县	Lixian	11183	160337
徽 县	Huixian	18707	90166
两当县	Liangdang	2464	44780
临夏州	**Linxia**	**68365**	**1109528**
临夏市	linxia	17242	127434
临夏县	linxia	6351	131709
康乐县	Kangle	3119	101770
永靖县	Yongjing	17905	128555
广河县	Guanghe	4963	88646
和政县	Hezheng	6306	95696
东乡县	Dongxiang	2797	168651
积石山县	Jishishan	4267	130163
甘南州	**Gannan**	**54199**	**895413**
合作市	Hezuo	8032	78781
临潭县	Lintan	2765	98949
卓尼县	Zhuoni	5901	106047
舟曲县	Zhouqu	7971	172041
迭部县	Diebu	5416	77518
玛曲县	Maqu	11881	76273
碌曲县	Luqu	4989	70305
夏河县	Xiahe	3853	99271

8-9 金融机构本外币信贷资金平衡表

Balance Sheet of Credit Funds of Financial Institutions (in RMB and Foreign Currency)

单位：万元　　（年末余额）(year-end balance)　　(10 000 yuan)

项　目	Item	2005	2009	2010	2011
资金来源合计	**Funds Sources**	**20162940**	**38994569**	**48083513**	**85644684**
#各项存款	Total Deposits	29313714	59031258	71466602	84609427
单位存款	Corporate Deposits				39419275
#活期存款	Demand Deposits				26471125
定期存款	Time Deposits				8187013
个人存款	Personal Deposits				42587883
#储蓄存款	Savings Deposits				42500258
财政性存款	Fiscal Deposits				1878727
临时性存款	Temporary Deposits				170593
委托存款	Designated Deposits				195831
其他存款	Other Deposits				357118
金融债券	Financial Bond				99561
各项准备	Total Reserve Fund				1623019
所有者权益	Creditor's Equity				2798869
#实收资本	Paid-in Capital				1413262
资金运用合计	**Funds Uses**	**20162940**	**38994569**	**48083513**	**85644684**
各项贷款	Total Loans	19428318	37398995	45766780	57361994
境内贷款	Domestic Loans				57183069
#短期贷款	Short-term Loans	9389532	16155450	16903197	19705434
#个人贷款及透支	Personal Loan and Overdraft				4329083
单位普通贷款及透支	Unit Ordinary Loans and Overdraft				14305378
中长期贷款	Medium-term & Long-term Loans	8951126	18727902	27287077	35113732
#个人贷款	Personal Loan and Overdraft				7995435
单位普通贷款	Corporate Ordinary Loans and Overdraft				26224950
境外贷款	Foreign Loans				178926

注：1.2005、2009、2010、2011年的汇率分别为 8.0702、6.8282、6.6227、6.3009。

2.2011年起人民银行以原人民币“全科目”统计指标为基础，在资产方和负债及所有者权益方取消第一层次按期限划分的分类方式。新的第一层次以金融工具、金融产品为主线，增设境外或非居民交易对手，调整了“全科目”统计指标顺序，同时对部分指标的名称

3.2011年起，“汇出汇款”、“汇入汇款”和“银行本票保证金”项目纳入“各项存款”统计（下表同）。

4.2011年起，取消原“各项存款”下的企业存款、农业存款等存款分类项目，重新设置了具有主题分类标志的单位存款、个人存款、财政性存款和临时存款等项目，2011年数据与历年数据不可比（下表同）。

5.2011年起调整了部分信贷表中委托存款、委托投资基金、委托贷款、委托投资项目归属（下表同）。

b) Since 2011, the People's Bank of China canceled the classification of the first level which divided by deadline at the asset side and the liabilities and equity side,which based on "Total Subject" statistical indicators of original RMB.The new first level made the financial instruments and financial products as the main line, increased the counterparty of outside or non-resident, adjusted the order of "Total Subject" statistical indicators,at the same time,made specification to the name of part indexs and the statistical content.

c) Since 2011,"outward remittance","inward remittance" and "bank draft security deposit" were included in the statistics of the total deposits.(The same applies to the tables following.)

d) Since 2011,canceled the original "Total Deposits" of corporate deposits, deposits and other deposits classification items,reseted the items of corporate Deposits,personal deposits,Fiscal Deposits and temporary deposits etc. which have the subject classification flag.Data of 2011 are uncomparable with historical data.

e) Since 2011,attribution of entrusted deposits,entrusted investment funds, entrusted loans and entrusted investment in some credit tables are made adjust.

8-10 金融机构人民币信贷资金平衡表
Balance Sheet of Credit Funds of Financial Institutions（RMB）

单位：万元　　（年末余额）(year-end balance)　　(10 000 yuan)

项　目	Item	2005	2009	2010	2011
资金来源合计	**All Sources**	**28980441**	**55367627**	**70329227**	**84174786**
#各项存款	Total Deposits	28958610	58818151	71153682	83940441
单位存款	Corporate Deposits				38927064
#活期存款	Demand Deposits				25995917
定期存款	Time Deposits				8185563
个人存款	Personal Deposits				42399473
#储蓄存款	Savings Deposits				42314086
财政性存款	Fiscal Deposits				1900069
临时性存款	Temporary Deposits				160890
委托存款	Designated Deposits				195831
其他存款	Other Deposits				357114
金融债券	Financial Bond				99561
各项准备	Total Reserve Fund				1614192
所有者权益	Creditor's Equity				2744032
#实收资本	Paid-in Capital				1413262
资金运用合计	**Funds Uses**	**28980441**	**55367627**	**70329227**	**84174768**
#各项贷款	Total Loans	19234608	36496154	44330455	54688112
境内贷款	Domestic Loans			44330455	54687923
#短期贷款	Short-term Loans	9362352	15895973	16167653	17617397
#个人贷款及透支	Personal Loan and Overdraft			4228156	4328958
单位贷款及透支	Unit Ordinary Loans and Overdraft			11459989	12402210
中长期贷款	Medium-term & Long-term Loans	8949730	18421716	27009392	34706768
#个人贷款	Personal Loan and Overdraft			5327347	7995435
单位贷款	Corporate Ordinary Loans and Overdraft			21073797	25886789
境外贷款	Foreign Loans				189

8-11 金融机构外汇信贷资金平衡表

Balance Sheet of Financial Institutions Foreign Exchange Credit Funds

单位：万美元　　（年末余额）(year-end balance)　　(USD 10 000)

项　目	Item	2005	2009	2010	2011
资金来源合计	**All Sources**	**49358**	**136426**	**220158**	**528293**
#各项存款	Total Deposits	44002	31210	47250	106173
单位存款	Corporate Deposits				78118
#活期存款	Demand Deposits				75419
定期存款	Time Deposits				230
个人存款	Personal Deposits				29902
#储蓄存款	Savings Deposits				29547
财政性存款	Fiscal Deposits				-3387
临时性存款	Temporary Deposits				1540
委托存款	Designated Deposits				
其他存款	Other Deposits				1
金融债券	Financial Bond				
各项准备	Total Reserve Fund				1401
所有者权益	Creditor's Equity				8703
#实收资本	Paid-in Capital				
资金运用合计	**Funds Uses**	**49358**	**136426**	**220158**	**528293**
各项贷款	Total Loans	24003	132222	216879	424365
境内贷款	Domestic Loans			196887	395998
#短期贷款	Short-term Loans	3368	38001	111064	331387
#个人贷款及透支	Personal Loan and Overdraft				20
单位普通贷款及透支	Unit Ordinary Loans and Overdraft				302047
中长期贷款	Medium-term & Long-term Loans	173	28201	21937	64588
#个人贷款	Personal Loan and Overdraft				
单位普通贷款	Corporate Ordinary Loans and Overdraft				53669
境外贷款	Foreign Loans		16640	19993	28367

注：2005、2009、2010、2011年的汇率分别为 8.0702、6.8282、6.6227、6.3009。

a) The exchange rate of 2005,2009,2010,2011-year were 8.0702,6.8282,6.6227、6.3009.

8-12 各地区金融机构人民币存款（2011）

Deposits of Banking Institutions by Prefecture（RMB）（2011）

单位：万元 (10 000 yuan)

地 区	Region	各项存款 Total Deposits	#单位存款 Corporate Deposits	活 期 Demand Deposits	定 期 Time Deposits	#个人存款 Personal Deposits	储蓄存款 Savings Deposits	#财政性存款 Fiscal Deposits
兰州市	Lanzhou	38335471	21884124	12508837	5929309	14880995	14801626	980766
嘉峪关市	Jiayuguan	2145134	1219940	538591	215364	872484	872481	39032
金昌市	Jinchang	2021983	861690	446071	251513	1141598	1141216	17480
白银市	Baiyin	3934228	1696222	1256716	336812	2212250	2211838	24119
天水市	Tianshui	5418284	1671420	1444857	128775	3670802	3668585	48884
武威市	Wuwei	3953672	1267655	1111214	83596	2644816	2644770	37087
张掖市	Zhangye	3194848	1072448	893650	140660	2013917	2013710	104580
平凉市	Pingliang	3960312	1301384	1149872	132065	2428887	2428454	208561
酒泉市	Jiuquan	5588746	2369193	1536543	618005	3170218	3168756	25385
庆阳市	Qingyang	4108780	1232093	1141897	76669	2790537	2790079	82568
定西市	Dingxi	3240176	1072458	955651	46715	2118862	2118862	34809
陇南市	Longnan	4102377	1793976	1671150	104948	2205117	2204831	96261
临夏州	Linxia	2256783	669335	575424	78409	1524996	1524884	61920
甘南州	Gannan	1679647	815128	765445	42725	723994	723994	138617

8-13 各地区金融机构人民币贷款（2011）

Loans of Banking Institutions by Perfecture（RMB）（2011）

单位：万元 (10 000 yuan)

地 区	Region	各项贷款 Total Loans	境内贷款 Domestic Loans	#短期贷款 Short-term Loans	#个人贷款及透支 Personal Loan and Overdraft	#单位普通贷款及透支 Unit Ordinary Loans and Overdraft	#中长期贷款 Medium-term & Long-term Loans	#个人贷款 Personal Loan	#单位普通贷款 Unit Ordinary Loans	境外贷款 Foreign Loans
兰州市	Lanzhou	29178762	29178595	7261536	909305	5888186	19721700	2001166	16969720	167
嘉峪关市	Jiayuguan	2123245	2123245	1463973	40485	1268501	585856	122655	463201	
金昌市	Jinchang	1517133	1517133	1106047	136719	942728	390714	196450	194264	
白银市	Baiyin	2252614	2252614	1309702	395777	861372	922126	372693	549432	
天水市	Tianshui	2706810	2706810	627627	195924	420513	2073725	581781	1491944	
武威市	Wuwei	2029025	2029013	675123	196391	466652	1349668	588701	760967	11
张掖市	Zhangye	1652250	1652250	692686	348887	336549	953956	490351	461705	
平凉市	Pingliang	2342552	2342552	783215	234514	429521	1537548	691538	845190	
酒泉市	Jiuquan	3178959	3178959	1166020	317709	838042	1996589	437297	1523122	
庆阳市	Qingyang	1765910	1765899	563259	326153	230276	1202639	646938	554701	11
定西市	Dingxi	1789056	1789056	723878	387973	331817	1065007	546497	518509	
陇南市	Longnan	2023226	2023226	541734	332334	195243	1481492	732067	717085	
临夏州	Linxia	1276804	1276804	560661	406902	150760	715916	326877	387540	
甘南州	Gannan	851767	851767	141935	99885	42049	709832	260423	449409	

8-14 保险事业发展情况
Insurance Business Development

项　目	Item	2005	2006	2007	2008	2009	2010	2011
保险事业机构（个）	**Number of Insurance Institution(unit)**	**650**	**691**	**763**	**990**	**1206**	**1242**	**1276**
省　级	Province	12	13	17	19	20	21	23
地市级	Prefecture	42	54	77	118	131	146	156
县　级	County	596	624	669	853	1055	1075	1097
财产保险	Property Insurance	181	211	263	293	481	491	512
人身保险	Personal Insurance	469	480	500	697	725	751	764
年末实有职工人数（人）	**Number of Staff and Worker at Year-end (person)**	**25998**	**35401**	**40860**	**48354**	**53630**	**53787**	**57497**
财产保险	Property Insurance	4974	6635	6622	8636	9075	10357	12700
人身保险	Personal Insurance	21024	28766	34238	39718	44555	43430	44797

注：以上指标均按公司类型划分。
a)The above indicators are divided on the type of companies.

8-15 保险业务情况
Major Indicators of Insurance Business

单位：万元　　(10 000 yuan)

项　目	Item	2005	2006	2007	2008	2009	2010	2011
保费收入	**Premium Income**	**482372**	**568564**	**703560**	**974504**	**1143842**	**1463354**	**1409270**
财产保险	Property Insurance	129667	151786	187812	226151	270538	388224	464949
#机动车辆险	Motor Vehicle Insurance	89142	108677	140094	165005	213075	314573	369357
企业财产险	Enterprise Property Insurance	26891	24078	24924	29144	27526	30129	36633
家庭财产险	Family Property Insurance	848	747	815	795	896	1165	1248
人身保险	Life Insurance	352705	416777	515748	748353	873305	1075130	944321
寿　险	Life Insurance	309786	370744	463620	688207	803374	989821	841570
健康险	Health Insurance	13905	30826	35190	42874	49107	58756	68436
意外伤害险	Accidents Insurance	29014	15207	16938	17272	20823	26553	34315
赔付支出	**Payment**	**118321**	**142279**	**287250**	**312541**	**318460**	**311829**	**381962**
财产保险	Property Insurance	71458	85717	113713	140086	144288	163246	193968
#机动车辆险	Motor Vehicle Insurance	51575	63760	87289	101238	112579	132848	156905
企业财产险	Enterprise Property Insurance	15230	16024	16044	24367	15810	14974	16223
家庭财产险	Family Property Insurance	318	326	376	407	342	253	241
人身保险	Life Insurance	46863	56562	173537	172455	174172	148583	187994
寿　险	Life Insurance	29984	39117	152619	149889	149122	118911	156872
健康险	Health Insurance	12338	12216	14617	17441	19217	21221	21399
意外伤害险	Accidents Insurance	4542	5229	6302	5125	5834	8451	9723

主要统计指标解释

财政收入 指国家财政参与社会产品分配所取得的收入，是实现国家职能的财力保证。主要包括：

(1) 各项税收：包括国内增值税、国内消费税、进口货物增值税和消费税、出口货物退增值税和消费税、营业税、企业所得税、个人所得税、资源税、城市维护建设税、房产税、印花税、城镇土地使用税、土地增值税、车船税、船舶吨税、车辆购置税、关税、耕地占用税、契税、烟叶税等。

(2) 非税收入：包括专项收入、行政事业性收费、罚没收入和其他收入。

财政支出 指国家财政将筹集起来的资金进行分配使用，以满足经济建设和各项事业的需要。主要包括：

(1) 一般公共服务：指政府提供基本公共管理与服务的支出，包括人大事务、政协事务、政府办公厅（室）及相关机构事务、发展与改革事务、统计信息事务、财政事务、税收事务、审计事务、海关事务、人力资源事务、纪检监察事务、人口与计划生育事务、商贸事务、知识产权事务、工商行政管理事务、国土资源事务、海洋管理事务、测绘事务、地震事务、气象事务、民族事务、宗教事务、港澳台侨事务、档案事务、共产党事务、民主党派事务及工商联事务、群众团体事务、彩票事务等。

(2) 外交：指政府外交事务支出，包括外交行政管理、驻外机构、对外援助、国际组织、对外合作与交流、边界勘界联检等方面的支出。

(3) 国防：指政府用于国防方面的支出，包括用于现役部队、预备役部队、民兵、国防科研事业、专项工程、国防动员等方面的支出。

(4) 公共安全：指政府维护社会公共安全方面的支出，包括武装警察、公安、国家安全、检察、法院、司法行政、监狱、劳教、国家保密、缉私警察等。

(5) 教育：指政府教育事务支出，包括教育行政管理、学前教育、小学教育、初中教育、普通高中教育、普通高等教育、初等职业教育、中专教育、技校教育、职业高中教育、高等职业教育、广播电视教育、留学生教育、特殊教育、干部继续教育、教育机关服务等。

(6) 科学技术：指用于科学技术方面的支出，包括科学技术管理事务、基础研究、应用研究、技术研究与开发、科技条件与服务、社会科学、科学技术普及、科技交流与合作等。

(7) 文化教育与传媒：指政府在文化、文物、体育、广播影视、新闻出版等方面的支出。

(8) 社会保障和就业：指政府在社会保障与就业方面的支出，包括社会保障和就业管理事务、民政管理事务、财政对社会保险基金的补助、补充全国社会保障基金、行政事业单位离退休、企业改革补助、就业补助、抚恤、退役安置、社会福利、残疾人事业、城市居民最低生活保障、其他城镇社会救济、农村社会救济、自然灾害生活救助、红十字事务等。

(9) 医疗卫生：指政府医疗卫生方面的支出，包括医疗卫生管理事务支出、医疗服务支出、医疗保障支出、疾病预防控制支出、卫生监督支出、妇幼保健支出、农村卫生支出等。

(10) 环境保护：指政府环境保护支出，包括环境保护管理事务支出、环境监测与监察支出、污染治理支出、自然生态保护支出、天然林保护工程支出、退耕还林支出、风沙荒漠治理支出、退牧还草支出、已垦草原退耕还草、能源节约利用、污染减排、可再生能源和资源综合利用等支出。

(11) 城乡社区事务：指政府城乡社区事务支出，包括城乡社区管理事务支出、城乡社区规划与管理支出、城乡社区公共设施支出、城乡社区住宅支出、城乡社区环境卫生支出、建设市场管理与监督支出等。

(12) 农林水事务：指政府农林水事务支出，包括农业支出、林业支出、水利支出、扶贫支出、农业综合开发支出等。

(13) 交通运输：指政府交通运输和邮政业方面的支出，包括公路运输支出、水路运输支出、铁路运输支出、民用航空运输支出、邮政业支出等。

信贷资金 指金融机构以信用方式积聚和分配的货币资金。金融机构信贷资金的来源有各项存款、金融债券、对国际金融机构负债、流通中现金、其他项目等；信贷资金的运用有各项贷款、有价证券及投资、金银占款、外汇占款、财政借款及在国际金融机构中的资产等。

存款 指企业、机关、团体或居民根据资金必须收回的原则，把货币资金存入银行或其他信贷机构保管并取得一定利息的一种信用活动形式。根据存款对象或性质的不同可划分为企业存款、财政存款、机关团体存款、城乡储蓄存款、农业存款、信托及委托类存款、其他存款等科目。它是银行信贷资金的主要来源。

贷款 指银行或其他信贷机构根据资金必须归还的原则，按一定利率，为企业、个人等提供资金的一种信用活动形式。我国银行贷款分为短期贷款、委托及信托类贷款、其他类贷款等。

保险公司 在中国境内的、经过保险监督管理部门批准设立，并依法登记注册的各类商业保险公司。

保险金额 指保险人承担赔偿或者给付保险金责任的最高限额。

保费 指投保人为取得保险人在约定范围内所承担赔偿

责任而支付给保险人的费用。

赔款 指保险人根据保险合同的规定,向被保险人支付的赔偿保险责任损失的金额。

给付 包括死伤医疗给付和满期给付。死伤医疗给付是指保险人根据人寿保险及长期健康保险合同的规定,因被保险人在保险期内发生保险责任范围内的保险事故支付给被保险人(或受益人)的金额。满期给付是指被保险人生存期满,保险人按人寿保险合同规定支付给被保险人的满期保险金额。

9

物价

Commodities Price

简要说明

一、本篇资料的主要内容

本篇资料反映了全省生产、投资、流通、消费等环节价格变动状况，主要包括居民消费、商品零售、生产资料、工业生产者、固定资产投资、房地产等价格指数。

二、本篇资料的来源

1.居民消费、商品零售和农业生产资料价格指数来源于消费价格统计调查年报，由国家统计局甘肃调查总队消费价格调查处整理提供。

2.工业品出厂、原材料燃料动力购进、固定资产投资、房地产等价格指数来源于生产投资价格统计调查年报，由国家统计局甘肃调查总队生产投资价格调查处整理提供。

9-1 历年各种价格指数
Price Indices

(上年=100) (preceding year=100)

年 份 Year	居民消费价格指数 Consumer Price Index	城 市 Urban Areas	农 村 Rural Areas	商品零售价格指数 Retail Price Index	农业生产资料价格指数 Price Indices for Means of Agricultural Production	工业生产者出厂价格指数 Industrial Producer Price Index	工业生产者购进价格指数 Industrial Producer Purchase Price Index	固定资产投资价格指数 Price Index for Investment in Fixed Assets
1978	100.6	100.8		100.5	100.2			
1979	101.1	101.1	101.0	100.8	100.2			
1980	104.2	105.2	102.7	104.1	100.2			
1981	101.7	102.2	100.7	101.6	99.8			
1982	101.1	101.1	101.1	101.2	101.3			
1983	100.4	100.4	100.4	100.6	104.4			
1984	102.5	103.3	101.5	103.0	108.3			
1985	109.2	110.6	107.1	108.5	104.6			
1986	106.6	107.0	106.0	106.0	100.6			
1987	107.6	108.4	106.5	107.4	104.8			
1988	119.1	120.6	116.0	118.6	114.3			
1989	117.9	118.2	117.6	116.4	113.7			
1990	103.2	101.9	104.7	103.4	111.2			105.6
1991	104.9	105.7	104.5	104.6	104.5	104.2		109.0
1992	107.2	107.3	106.4	105.8	106.7	110.3		117.4
1993	115.4	115.2	115.8	113.0	120.1	125.3		126.2
1994	123.7	124.6	123.5	122.5	123.2	121.2		112.6
1995	119.8	118.9	120.3	116.5	129.6	115.0	113.7	109.4
1996	110.2	110.3	109.7	106.6	110.7	104.4	107.6	104.9
1997	102.9	102.8	102.9	101.6	101.4	105.0	102.2	102.7
1998	99.0	99.0	98.9	98.2	96.3	95.2	96.4	100.3
1999	97.6	97.2	98.2	97.2	95.8	98.2	98.3	101.0
2000	99.5	99.2	100.1	99.1	103.9	107.2	111.8	102.5
2001	104.0	103.0	105.5	99.6	98.6	98.5	101.4	102.0
2002	100.0	99.3	100.9	98.9	100.4	97.9	98.4	100.2
2003	101.1	100.9	101.4	100.2	101.8	110.0	105.6	101.7
2004	102.3	101.3	104.3	102.1	107.4	114.3	112.5	105.5
2005	101.7	101.2	103.0	99.9	109.0	109.6	109.9	102.2
2006	101.3	101.2	101.4	101.2	104.4	109.8	108.8	104.1
2007	105.5	105.2	106.3	104.4	107.1	105.5	104.3	102.8
2008	108.2	108.0	108.7	107.9	114.7	104.9	110.2	106.7
2009	101.3	100.9	102.2	101.8	99.0	91.0	90.5	101.5
2010	104.1	104.4	103.6	104.6	101.7	115.0	114.4	103.5
2011	105.9	106.0	105.7	105.4	107.6	111.0	115.1	104.7

注：2011年以前工业生产者出厂价格指数为工业品出厂价格指数；工业生产者购进价格指数为原材料、燃料和动力购进价格指数。（下表同）

a) Before 2011,data of industrial producer price index data refer to producer price index for manufactured goods;data of industrial producer purchase price index refer to purchasing price index for raw material,fuel and power,and uncomparable to history data.

9-2 历年各种价格定基指数
Fixed-based Price Indices

(1978 =100) (year of 1978 =100)

年 份 Year	居民消费价格指数 Consumer Price Index	城 市 Urban Areas	农 村 Rural Areas	商品零售价格指数 Retail Price Index	农业生产资料价格指数 Price Indices for Means of Agricultural Production
1978	100.0	100.0	100.0	100.0	100.0
1979	101.1	101.1	101.0	100.8	100.2
1980	105.3	106.4	103.7	104.9	100.4
1981	107.1	108.7	104.5	106.6	100.2
1982	108.3	109.9	105.6	107.9	101.5
1983	108.7	110.3	106.0	108.5	106.0
1984	111.5	113.9	107.6	111.7	114.8
1985	121.7	126.1	115.3	121.2	120.0
1986	129.8	134.9	122.2	128.5	120.8
1987	139.6	146.2	130.1	137.9	126.6
1988	166.3	176.3	150.9	163.6	144.7
1989	196.1	208.4	177.5	190.5	164.5
1990	202.3	212.4	185.8	196.9	182.9
1991	212.2	224.5	194.2	206.0	191.1
1992	227.5	240.9	206.6	217.9	203.9
1993	262.6	277.5	239.3	246.4	244.9
1994	324.8	345.7	295.5	301.8	301.8
1995	389.1	411.1	355.5	351.6	391.1
1996	428.8	453.4	389.9	374.8	432.9
1997	441.2	466.1	401.3	380.8	439.0
1998	436.8	461.5	396.9	373.9	422.7
1999	426.3	448.5	389.7	363.2	405.0
2000	424.2	444.9	390.1	360.2	420.8
2001	441.2	458.3	411.6	358.8	414.9
2002	441.2	455.1	415.3	354.9	416.5
2003	446.1	459.2	421.1	355.6	424.0
2004	456.4	465.2	439.2	363.1	455.4
2005	464.2	470.8	452.4	362.7	496.4
2006	470.2	476.4	458.7	367.1	518.2
2007	496.1	501.2	487.1	383.4	555.0
2008	536.8	541.3	529.5	413.7	636.6
2009	543.8	546.2	541.2	421.2	630.2
2010	566.1	570.2	560.7	440.6	640.9
2011	599.5	604.4	592.7	464.4	689.6

9-3 居民消费价格分类指数（2011）

Consumer Price Indices by Category（2011）

（上年=100） (preceding year =100)

项 目	Item	全 省 Provincal	城 市 Urban Areas	农 村 Rural Areas
居民消费价格指数	**Consumer Price Index**	**105.9**	**106.0**	**105.7**
食品	**Food**	**111.4**	**111.9**	**110.5**
粮食	Grain	110.5	111.9	108.5
#大米	Rice	111.5	112.1	110.8
面粉	Flour	108.4	110.1	106.7
淀粉	Starches	120.2	113.0	129.7
干豆类及豆制品	Beans and Bear Products	105.8	105.1	106.9
油脂	Oil or Fat	114.1	114.3	113.9
肉禽及其制品	Meal, Poultry and Their Products	122.4	123.5	120.6
蛋	Eggs	116.0	116.9	114.0
水产品	Aquatic Products	109.1	109.5	107.5
菜	Vegetables	103.4	104.6	101.0
#鲜菜	Fresh Vegetables	103.3	104.7	100.3
调味品	Flavoring	105.4	107.1	104.4
糖	Sugar	115.3	112.6	118.9
茶及饮料	Tea and Beverages	102.6	103.8	101.1
茶叶	Tea	104.3	107.5	101.2
饮料	Beverages	101.2	101.3	101.1
干鲜瓜果	Dried and Fresh Melons and Fruits	115.1	116.9	111.4
#鲜果	Fresh Vegetable	115.1	117.1	110.9
糕点饼干面包	Cake， Biscuit and Bread	109.8	110.8	108.1
液体乳及乳制品	Milk and Its Products	102.8	102.1	104.8
在外用膳食品	Outward Dinner Food	110.1	110.1	110.2
其它食品	Other Foods	105.3	105.8	104.2
烟酒及用品	**Tobacco,Liquor and Articles**	**101.8**	**103.2**	**100.6**
烟草	Tobacco	100.0	100.0	100.0
酒	Liquor	105.0	108.4	101.9
吸烟、饮酒用品	Article for Smoking and Articles			
衣着	**Clothing**	**101.3**	**100.6**	**102.6**
服装	Garments	101.2	100.5	102.5
衣着材料	Clothing Material	105.7	108.9	102.1
鞋袜帽	Footgear and Hats	101.1	100.0	102.9
# 鞋	Shoes	101.1	100.0	103.0
衣着加工服务费	Clothing Manufacturing Services	103.0	103.7	100.7
家庭设备用品及维修服务	**Household Facilities,Articles and Services**	**101.6**	**101.1**	**102.7**
耐用消费品	Durable Consumer Goods	99.6	99.1	100.6
家具	Furniture	100.7	100.4	101.2
家庭设备	Household Facilities	98.8	98.2	100.0

9-3续表 continued

（上年=100） (preceding year =100)

项目	Item	全省 Province	城市 Urban Areas	农村 Rural Areas
室内装饰品	Interior Room Decorations	100.0	100.1	100.0
床上用品	Bed Articles	99.7	98.4	102.9
家庭日用杂品	Household Articles for Daily Use	103.9	103.6	105.1
家庭服务及加工维修服务	Household Services and Maintenance and Renovation	107.5	108.8	107.0
医疗保健和个人用品	**Health Care and Personal Articles**	**105.8**	**104.5**	**108.1**
医疗保健	Health Care	106.5	104.6	109.3
医疗器具及用品	Medical Instrument and Articles	102.3	104.0	99.0
中药材及中成药	Traditional Chinese Medicine	119.4	116.3	123.7
西药	Western Medicine	101.6	101.3	102.1
保健器具及用品	Health Care Appliances and Articles	100.9	100.8	101.1
医疗保健服务	Health Care Services	102.6	99.9	105.6
个人用品及服务	Personal Articles and Services	103.9	104.3	102.8
化妆美容用品	Cosmetics	101.2	101.4	100.9
清洁化妆用品	Sanitation Articles	104.3	106.3	100.8
个人饰品	Personal Ornaments	103.6	103.8	102.5
个人服务	Personal Services	106.9	106.4	107.9
交通和通信	**Transportation and Communication**	**101.1**	**100.5**	**102.0**
交通	Transportation	103.5	102.7	104.5
交通工具	Transportation Facility	100.5	100.6	100.5
车用燃料及零配件	Fuels and Parts	112.9	111.6	113.5
车辆使用及维修费	Fees for Vehicles Use and Maintenance	102.1	102.9	100.9
市区公共交通费	Incity Traffic Fare	101.9	102.6	98.5
城市间交通费	Intercity Traffic Fare	102.0	101.7	102.6
通信	Communication	98.9	98.8	99.1
通信工具	Communication Facility	92.8	89.6	97.3
通信服务	Communication Service	100.1	100.3	99.5
娱乐教育文化用品及服务	**Recreation, Education and Culture Articles**	**102.9**	**102.1**	**104.1**
文娱用耐用消费品及服务	Durable Consumer Goods for Cultural and Recreational Use and Services	97.2	96.2	99.2
教育	Education	104.4	102.8	105.8
教材及参考书	Teaching Materials and Reference Books	104.8	107.3	101.9
学杂托幼费	Tuition and Child Care			
文化娱乐	Cultural and Recreational Articles	104.2	105.5	100.1
文化娱乐用品	Cultural and Recreational Articles	99.9	99.8	99.9
书报杂志	Newspapers and Magazines	101.0	101.8	99.7
文娱费	Expenditure of Culture and Recreation	106.8	107.3	101.4
旅游	Touring and Outing	102.5	102.3	104.0
居住	**Residence**	**105.7**	**107.4**	**102.7**
建房及装修材料	Building and Building Decoration Materials	102.4	102.7	102.3
租房	Renting	105.1	101.9	110.2
自有住房	Private Housing	107.9	109.4	103.2
水、电、燃料	Water, Electricity and Fuels	103.4	104.2	102.0

9-4 历年居民消费价格指数
Consumer Price Index

（上年=100）　　(preceding year =100)

项　目	Item	2005	2008	2009	2010	2011
居民消费价格指数	**Consumer Price Index**	**101.7**	**108.2**	**101.3**	**104.1**	**105.9**
食品	**Food**	**101.2**	**116.2**	**103.5**	**109.4**	**111.4**
#粮食	Grain	102.1	107.2	105.2	120.8	110.5
油脂	Oil or Fat	96.9	138.8	85.1	101.0	114.1
肉禽及其制品	Meat, Poultry and Their Products	102.3	126.6	93.2	105.2	122.4
蛋	Eggs	104.8	101.2	103.3	109.1	116.0
水产品	Aquatic Products	103.0	116.2	103.1	108.8	109.1
菜	Vegetables	100.7	108.5	120.3	109.8	103.4
干鲜瓜果	Dried and Fresh Melons and Fruits	102.7	109.6	109.9	117.1	115.1
烟酒及用品	**Tobacco,Liquor and Articles**	**97.9**	**104.4**	**102.6**	**102.8**	**101.8**
衣着	**Clothing**	**97.1**	**100.6**	**99.8**	**100.0**	**101.3**
家庭设备用品及维修服务	**Household Facilities and Maintenance Services**	**99.4**	**103.1**	**101.4**	**100.6**	**101.6**
医疗保健个人用品	**Medicine,Medical Services and Personal Articles**	**103.3**	**103.5**	**101.4**	**103.5**	**105.8**
交通和通信	**Transportation and Communication**	**97.3**	**99.6**	**97.5**	**99.3**	**101.1**
#交通工具	Means of Transportations	99.7	100.1	98.9	99.5	100.5
通信工具	Means of Communications	85.1	79.0	77.4	84.1	92.8
通信服务	Communication Services	95.0	99.3	99.6	99.7	100.1
娱乐教育文化用品及服务	**Recreation, Education and Culture Articles**	**104.1**	**100.5**	**100.3**	**100.4**	**102.9**
#教材及参考书	Teaching Materials and Reference Books	103.0	103.5	98.7	105.0	104.8
文化娱乐用品	Cultural and Recreational Articles	100.4	101.1	100.3	99.8	99.9
居住	**Residence**	**109.1**	**111.3**	**101.0**	**104.1**	**105.7**

9-5 各地区居民消费价格指数（2011）

Consumer Price Indices by Prefecture (2011)

(上年=100) (preceding year =100)

地 区	Region	居民消费价格指数 Consumer Price Index	食 品 Food	烟酒及用品 Tobacco, Liquor and Recreational Article	衣 着 Clothing	家庭设备用品及维修服务 Household Facilities,Articles and Repair	医疗保健和个人用品 Health Care and Personal Articles	交通和通讯 Transportation & Communication	娱乐教育文化用品及服务 Recreation ,Education & Culture Articles	居 住 Residence
兰州市	Lanzhou	105.4	113.2	105.3	97.7	99.3	101.8	99.7	100.8	107.0
嘉峪关市	Jiayuguan	105.3	112.2	104.0	101.6	104.0	104.2	99.3	100.4	103.7
金昌市	Jinchang	105.6	113.5	104.6	103.9	100.0	99.9	100.8	101.0	102.3
白银市	Baiyin	105.1	113.2	98.6	96.8	98.4	103.7	98.8	100.3	108.7
天水市	Tianshui	105.7	111.9	101.9	100.3	102.1	106.6	101.6	101.9	103.2
武威市	Wuwei	105.3	109.0	100.0	108.2	100.0	105.5	99.2	102.9	103.6
张掖市	Zhangye	105.6	112.1	101.4	100.5	104.4	109.4	100.1	101.0	101.6
平凉市	Pingliang	106.3	113.8	103.1	101.1	102.5	107.1	100.9	101.5	103.0
酒泉市	Jiuquan	105.6	110.2	103.3	101.3	101.2	103.7	101.7	104.3	106.8
庆阳市	Qingyang	105.0	110.3	101.0	102.7	101.6	106.7	100.7	100.9	102.7
定西市	Dingxi	105.6	110.6	102.6	100.6	101.1	107.7	100.9	105.2	101.8
陇南市	Longnan	104.8	111.4	99.3	101.3	105.1	106.0	96.7	98.9	104.6
临夏州	Linxia	104.3	109.0	100.4	103.4	103.3	101.9	102.0	97.5	104.8
甘南州	Gannan	105.8	109.5	102.2	104.1	111.9	106.0	102.3	102.3	102.3

注:本表数据为各市、州调查点数据，不完全代表各市、州价格总水平。

a) Data in this table are obtained from the sampling points in municipalities and prefectures, not entirely represent the general level of prices of them .

9-6 商品零售价格分类指数（2011）

Retail Price Indices by Category of Commodities（2011）

（上年=100） (preceding year =100)

项 目	Item	全省 Provincal	城市 Urban Indices	农村 Rural Indices
商品零售价格指数	**Retail Price Index**	**105.4**	**105.6**	**104.9**
食品	**Food**	**111.3**	**111.9**	**109.7**
粮食	Grain	110.8	111.9	109.7
#大米	Rice	112.2	112.6	111.7
面粉	Flour	109.6	110.0	109.4
淀粉	Starches	113.9	109.9	121.8
干豆类及豆制品	Beans and Bean Products	106.1	105.4	107.9
油脂	Oil or Fat	112.5	112.8	111.6
#食用植物油	Plant Oil	114.4	113.5	116.6
植物油制品	Plant Oil Products	108.7	109.9	105.9
肉禽及其制品	Meats, Poultry and Related Products	122.5	123.9	118.3
食用畜肉及副产品	Meat and Sideline Product	128.8	130.0	123.5
#猪肉	Pork	138.2	139.0	133.7
牛肉	Beef	113.9	114.5	111.1
羊肉	Mutton	119.8	120.5	118.1
禽	Poultry	113.3	112.0	115.9
肉禽加工制品	Meat Poultry and Their Products	109.0	107.7	111.3
蛋	Eggs	114.5	117.5	108.4
#鲜蛋	Fresh Eggs	115.4	117.8	109.7
水产品	Aquatic Products	108.7	108.8	108.2
鱼	Fish	109.7	109.7	109.6
其它水产品	Other Aquatic Products	106.0	106.6	102.8
菜	Vegetables	103.6	104.5	100.6
#鲜菜	Fresh Vegetables	104.2	105.4	99.7
干菜及菜制品	Dry Vegetables and Their Products	109.1	108.5	109.9
调味品	Condiments	105.5	106.5	104.0
糖	Sugar	115.2	112.8	119.4
干鲜瓜果	Dried and Fresh Melons and Fruits	116.1	117.1	112.5
鲜瓜果	Fresh	116.0	117.1	111.8
干（坚）果	Dried	116.4	117.1	114.1
糕点饼干面包	Cake, Biscuit and Bread	109.9	110.5	107.9
液体乳及乳制品	Milk and Its Products	102.3	102.1	103.3
#巴氏杀菌奶或消毒奶	Pasteurized Milk or Processed Milk	102.7	102.2	105.2
在外用膳食品	Outward Dinner Food	110.0	110.2	109.4
主食	Staple Food	109.7	110.0	109.0
炒菜	Fried Dishes	106.8	107.7	103.9

9-6 续表1 continued

（上年=100）　　(preceding year =100)

项　目	Item	全 省 Provincal	城 市 Urban Indices	农 村 Rural Indices
地方小吃	Local Snack	124.5	126.3	122.3
其他食品	Other Food	104.0	104.6	102.3
饮料、烟酒	**Beverages, Tobacco and Liquor**	**103.2**	**104.0**	**101.0**
茶及饮料	Tea and Beverages	103.5	104.2	101.2
烟草	Tobacco	100.1	100.1	100.0
酒	Liquor	108.4	110.4	102.8
服装、鞋帽	**Garments, Shoes and Hats**	**100.5**	**99.7**	**102.2**
#服装	Garments	100.5	99.7	102.3
鞋袜帽	Footgear and Hats	100.6	99.9	102.1
纺织品	**Textiles**	**102.1**	**101.1**	**104.1**
衣着材料	Clothing Material	106.6	108.3	102.8
床上用品	Bed Articles	99.2	96.4	104.8
家用电器及音像器材	**Household Appliances,Music and Video Equipment**	**98.1**	**97.3**	**99.9**
家庭设备	Household Appliances	98.4	97.6	100.4
洗衣机	Washing Machine	98.9	98.7	99.4
电风扇	Electric Fan	99.7	98.5	100.7
电冰箱(柜)	Refrigerator and Freezer	98.1	96.9	101.2
吸排油烟机	Smoke Absorber	99.1	98.7	99.9
空调器	Air Conditioner	100.0	99.2	106.0
热水器	Water Heater	95.7	93.9	101.4
微波炉	Oven	98.0	98.4	96.1
电炊具	Electric Cooking Appliances			
文娱用耐用消费品	Durable Consumer Goods for Recreational Use	97.3	96.3	99.3
#电视机	Television Set	96.5	95.3	98.7
摄像机	Pickup Camera	98.6	98.7	98.2
家用音响设备	Music Center	101.1	102.2	100.0
专业音像器材	Household Appliances and Hifi	99.5	99.5	99.7
文化办公用品	**Cultural Articles for Office Use**	**99.7**	**99.6**	**100.1**
日用品	**Articles for Daily Use**	**102.9**	**103.0**	**102.5**
日用百货	Articles for Daily Use	102.9	105.0	101.0
日用杂品	Sundries for Daily Use	104.9	103.9	108.2

9-6 续表2 continued

（上年=100）　　(preceding year =100)

项　目	Item	全省 Provincal	城市 Urban Indices	农村 Rural Indices
洗涤用品	Articles for Washing	104.9	104.7	108.1
体育娱乐用品	**Sports and Entertainment**	**100.1**	**100.1**	**100.0**
体育用品	Sports Goods	99.8	99.7	100.1
娱乐用品	Recreation Articles	100.5	100.8	99.9
交通、通信用品	**Transportation and Communication Equipments**	**95.7**	**94.2**	**98.9**
交通运输机械	Transportation Equipments	99.7	99.6	100.2
#轿车	Cars	99.0	99.0	99.7
通信器材	Communication Equipments	93.1	89.8	98.5
# 固定电话机	Regular Telephone	98.2	98.7	98.1
移动电话机	Mobile Telephone	91.7	88.7	98.8
家具	**Furniture**	**100.5**	**100.2**	**101.0**
化妆品	**Cosmetics**	**101.5**	**102.0**	**100.4**
金银珠宝	**Jewelry**	**114.5**	**114.4**	**114.8**
#金饰品	Gold	121.5	122.9	117.1
中西药品及医疗保健用品	**Chinese Traditional and Western Medicine, Medical Care Product**	**108.7**	**107.5**	**111.4**
医疗器具及用品	Medical Instruments and Articles	103.1	103.8	99.3
中药材及中成药	Traditional Chinese Medicine	119.8	116.7	127.4
西药	Western Medicine	101.9	101.8	102.1
保健器具及用品	Health Care Articles and Appliances	100.5	100.4	102.8
书报杂志及电子出版物	**Book,Magazines and E-journals**	**104.4**	**106.2**	**101.5**
教材及参考书	Teaching Materials and Reference Books	106.9	110.5	102.0
书报杂志	Newspapers and Magazines	101.9	102.3	101.0
电子音像制品	E-journal	99.8	99.7	100.1
燃料	**Fuels**	**110.7**	**112.9**	**104.7**
煤炭及制品	Coal and Coal Products	106.1	110.0	102.5
石油及制品	Petroleum and Related Products	112.9	113.7	108.3
# 液化石油气	Liquefied Petroleum Gas	112.8	113.9	106.4
管道燃气	Pipeline Gas	114.2	114.7	100.0
建筑材料及五金电料	**Building Materials and Hardware**	**101.8**	**101.3**	**102.8**
建筑装璜材料	Building Decoration Materials	101.8	101.3	102.8
五金电料	Hardware	100.6	100.1	103.9

9-7 历年商品零售价格指数
Retail Price Indices

(上年=100) (preceding year =100)

项 目	Item	2005	2008	2009	2010	2011
商品零售价格指数	**Retail Price Index**	**99.9**	**107.9**	**101.8**	**104.6**	**105.4**
食品	**Food**	**101.2**	**116.5**	**103.3**	**109.7**	**111.3**
#粮食	Grain	102.8	107.6	104.8	122.2	110.8
油脂	Oil or Fat	96.1	144.6	86.6	99.4	112.5
肉禽及其制品	Meat, Poultry and Their Products	103.8	127.6	93.2	104.6	122.5
蛋	Eggs	104.5	101.0	103.0	109.3	114.5
水产品	Aquatic Products	103.6	116.1	104.0	108.3	108.7
菜	Vegetables	99.4	107.6	120.5	110.8	103.6
调味品	Condiments	101.1	109.2	104.7	105.2	105.5
糖	Sugar	102.3	112.9	101.2	109.3	115.2
干鲜瓜果	Dried and Fresh Melons and Fruits	100.3	109.7	109.2	117.0	116.1
糕点饼干面包	Cake, Biscuit and Bread	101.7	111.3	104.0	102.9	109.9
液体乳及乳制品	Milk and Its Products	100.3	110.3	102.3	102.4	102.3
在外用餐食品	Outward Dinner Food	100.6	115.9	104.3	106.2	110.0
饮料、烟酒	**Beverages, Tobacco and Liquor**	**98.2**	**105.1**	**103.3**	**103.6**	**103.2**
茶及饮料	Tea and Beverages	99.7	105.9	104.8	102.0	103.5
烟草	Tobacco	97.1	100.6	100.6	100.2	100.1
酒	Liquor	98.4	109.2	104.9	108.3	108.4
服装、鞋帽	**Garments, Shoes and Hats**	**96.9**	**100.4**	**99.8**	**99.7**	**100.5**
#服装	Garments	98.0	99.6	98.2	100.4	100.5
鞋袜帽	Footgear and Hats	93.8	102.8	103.7	97.9	100.6
纺织品	**Textiles**	**100.1**	**98.9**	**101.2**	**100.8**	**102.1**
衣着材料	Clothing Material	100.2	100.6	102.0	101.7	106.6
床上用品	Bed Articles	100.0	96.5	100.5	100.1	99.2
家用电器及音像器材	**Household Appliances,Music and Video Equipment**	**95.9**	**97.5**	**97.8**	**98.0**	**98.1**
文化办公用品	**Cultural Goods**	**97.6**	**98.6**	**97.9**	**98.6**	**99.7**
日用品	**Articles for Daily Use**	**98.4**	**104.6**	**102.9**	**100.2**	**102.9**
# 日用百货	Articles for Daily Use	100.0	105.0	103.8	100.7	102.9
日用杂品	Sundries for Daily Use	95.4	102.1	100.7	100.7	104.9
体育娱乐用品	**Sports and Entertainment**	**99.5**	**100.0**	**100.8**	**100.1**	**100.1**
交通、通信用品	**Transportation and Communication Equipments**	**93.8**	**95.0**	**100.9**	**103.4**	**95.7**
家具	**Furniture**	**100.0**	**103.3**	**102.3**	**100.2**	**100.5**
化妆品	**Cosmetics**	**100.6**	**101.0**	**100.7**	**100.4**	**101.5**
金银珠宝	**Jewelry**	**104.0**	**124.2**	**93.9**	**111.4**	**114.5**
中西药品及医疗保健用品	**Chinese Traditional and Western Medicine, Medical Care Product**	**97.7**	**104.0**	**100.9**	**103.6**	**108.7**
#中药材及中成药	Traditional Chinese Medicine	94.6	108.5	100.7	106.9	119.8
西药	Western Medicine	99.3	101.0	100.9	101.9	101.9
书报杂志及电子出版物	**Book,Magazines and E-journals**	**98.6**	**101.1**	**100.9**	**102.3**	**104.4**
燃料	**Fuels**	**113.0**	**119.1**	**101.4**	**111.1**	**110.7**
建筑材料及五金电料	**Building Materials and Hardware**	**102.4**	**109.6**	**103.3**	**102.3**	**101.8**

9-8 各地区商品零售价格指数（2011）
Retail Price Indices by Region (2011)

(上年=100) (preceding year =100)

地 区	Region	商品零售价格指数 Retail Price Indices	食 品 Food	饮料烟酒 Beverage,Cigarette and Alcohol	服装鞋帽 Clothing, Shoes and Hats	纺织品 Textiles	家用电器及音像器材 Household Appliance and Audiovideo Material	文化办公用品 Office Supplies	日用品 Articles for Daily Use	体育娱乐用品 Sport and Entertainment Goods
兰州市	Lanzhou	105.4	113.4	105.6	97.7	96.3	97.1	95.2	100.8	99.3
嘉峪关市	Jiayuguan	105.9	112.4	104.4	101.0	111.1	99.4	98.8	104.6	100.4
金昌市	Jinchang	106.2	114.6	104.7	106.3	100.0	103.9	98.5	100.0	100.0
白银市	Baiyin	105.1	113.2	97.9	96.9	90.8	98.2	99.9	101.0	101.6
天水市	Tianshui	105.5	112.1	101.8	98.9	104.6	100.0	102.7	102.0	100.0
武威市	Wuwei	105.3	109.4	100.1	107.6	102.2	98.9	102.5	100.4	100.5
张掖市	Zhangye	105.8	112.4	100.7	99.8	105.9	100.5	97.0	101.3	85.3
平凉市	Pingliang	106.1	113.0	105.2	100.6	103.9	98.6	100.1	101.2	100.0
酒泉市	Jiuquan	105.5	110.1	105.1	100.6	107.5	95.0	98.1	109.1	102.0
庆阳市	Qingyang	105.5	110.3	100.9	102.8	102.9	99.2	99.6	101.5	99.9
定西市	Dingxi	104.4	108.6	101.5	100.6	100.0	100.0	100.3	101.4	100.0
陇南市	Longnan	105.7	112.5	99.6	101.6	100.9	100.4	101.5	104.4	100.1
临夏州	Linxia	104.9	109.6	100.1	101.8	114.6	91.9	100.5	102.9	105.9
甘南州	Gannan	106.2	109.2	101.9	102.4	107.4	99.5	99.0	117.2	100.1

注:本表数据为各市、州调查点数据，不完全代表各市、州价格总水平。

a) Data in this table are obtained from the sampling points in municipalities and prefectures, not entirely represent the general level of prices of them.

9-8 续表 continued

(上年=100) (preceding year =100)

地 区	Region	交通、通信用品 Traffic & Communication Goods	家 具 Furniture	化妆品 Cosmetics	金银珠宝 Gold,Sliver and Jewellery	中西药品及医疗保健用品 Chinese Traditional Medicine and Western Medicine and Health Product	书包杂志及电子出版物 Book&Newspaper,Megazine and E-publication	燃 料 Fuels	建筑材料及五金电料 Architectural and Hardware Material
兰州市	Lanzhou	95.8	100.0	100.9	112.0	103.5	109.3	116.2	99.3
嘉峪关市	Jiayuguan	91.3	102.5	101.4	112.5	107.0	110.7	108.0	104.7
金昌市	Jinchang	100.0	100.0	101.8	103.5	99.8	100.0	106.9	100.0
白银市	Baiyin	93.7	99.2	101.5	114.0	103.6	102.5	111.8	100.0
天水市	Tianshui	96.0	100.2	100.3	108.2	110.6	102.5	104.8	104.0
武威市	Wuwei	93.6	100.0	100.8	122.6	109.9	101.9	108.4	101.9
张掖市	Zhangye	92.8	97.6	112.9	133.5	111.3	112.5	100.6	101.1
平凉市	Pingliang	98.1	100.0	107.0	117.9	110.4	99.5	105.8	101.9
酒泉市	Jiuquan	98.8	101.1	105.1	117.9	105.6	102.2	110.0	106.2
庆阳市	Qingyang	98.8	103.6	103.5	110.7	109.0	100.1	108.6	102.4
定西市	Dingxi	100.0	100.7	100.0	109.7	112.0	101.3	102.4	101.5
陇南市	Longnan	100.0	104.1	96.1	117.2	104.4	100.8	109.6	103.5
临夏州	Linxia	94.9	105.1	113.1	126.5	99.3	100.0	107.8	103.8
甘南州	Gannan	98.8	96.9	100.0	124.8	110.5	102.6	104.9	105.2

9-9 农业生产资料价格指数

Price Indices of Agricultural Means of Production

(上年=100) (preceding year =100)

项　目	Item	2005	2008	2009	2010	2011
农业生产资料价格指数	**General Index**	**109.0**	**114.7**	**99.0**	**101.7**	**107.6**
# 农用手工工具	Small Farm Tools	105.7	106.2	106.6	104.4	104.3
饲料	Forage	100.3	106.7	111.0	126.3	114.5
产品畜	Young Livestock & Fowls	113.6	150.6	91.7	82.6	117.3
半机械化农具	Semi-mechanized Farm Tools	100.8	101.1	101.7	98.6	100.1
机械化农具	Mechanized Farm Machinery	96.9	99.0	100.5	101.8	101.1
化学肥料	Chemical Fertilizer	114.3	120.9	95.3	97.8	110.5
农药及农药器械	Pesticide & Its Appliances	103.6	101.9	101.7	102.1	103.5
农用机油	Oil for Farm Machinery	115.1	116.6	97.4	108.1	107.4
其他农业生产资料	Other Means of Agricultural Production		104.4	99.7	103.8	103.2
农业生产服务	Service for Agrculture Production		104.5	103.7	101.8	104.0

9-10 固定资产投资价格指数

Price Indices for Investment in Fixed Assets

(上年 =100) (preceding year =100)

项　目	Item	2005	2008	2009	2010	2011
固定资产投资价格指数	**Indices for Investment in Fixed Assets**	**102.2**	**106.7**	**101.5**	**103.5**	**104.7**
建筑安装工程	Construction and Installtion	102.4	111.8	100.7	105.0	106.7
# 人工费	Labour Cost	106.5	114.9	108.2	108.0	112.2
材料费	Materials	101.4	112.1	97.9	104.2	105.2
机械使用费	Usage in Machinary	101.3	108.0	104.7	103.7	105.6
设备、工器具购置	Purchase of Equipment, Tools and Instruments	102.2	103.5	101.0	100.8	99.0
其他费用	Others	100.6	103.0	103.4	103.1	103.3

9-11 农产品生产价格指数
Price Indices of Farm Products

(上年=100) (preceding Year =100)

指 标	Item	2005	2008	2009	2010	2011
农产品生产价格指数	**Price Indices of Farm Produce**	**103.1**	**114.0**	**100.2**	**113.8**	**112.9**
种植业产品	**Planting Products**	**103.3**	**107.9**	**104.9**	**119.5**	**111.7**
谷物（原粮）	Cereal (Unprocessed Food Grains)	105.1	107.8	100.4	110.8	117.7
# 小麦	Wheat	106.4	109.6	106.1	106.8	116.9
稻谷	Rice					
玉米	Corn	101.4	108.2	96.6	119.4	109.9
豆类	Beans	101.1	123.5	93.3	109.4	104.8
# 大豆	Beans	100.0	125.7	92.8	106.3	105.4
蚕豆	Broad Bean	110.5	100.8	96.9	154.8	106.6
薯类	Tubers	105.4	94.2	108.2	185.0	99.5
油料	Oil-bearing Crops	101.1	123.0	90.3	107.1	104.7
# 油菜籽	Rapeseeds	97.3	116.7	95.1	103.9	109.3
胡麻籽	Benne	107.4	127.5	83.3	104.9	99.6
棉花（籽棉）	Cotton (Unginned Cotton)	98.2	94.6	98.1	176.2	113.1
糖料	Sugar					
蔬菜	Vegetable	101.6	105.0	124.0	114.2	103.3
水果（含果用瓜）	Fruit (Fruit Included Melons)	107.5	111.2	95.4	127.6	109.3
# 苹果	Apple	103.9	101.8	98.3	142.9	108.5
梨	Pears	113.3	114.1	98.7	105.8	93.3
桃	Peach	116.0	124.0	110.6	151.9	120.0
杏	Apricot	98.7	122.9	75.5	116.3	93.1
西瓜	Water Melon	106.9	115.3	86.2	103.3	121.6
中药材	Chinese Herbal Medicine Material	96.7	121.1	60.7	124.1	145.3
# 党参	Codonopsis	94.2	90.2	76.3	156.9	154.7
当归	Chinese Anglica	98.9	153.1	38.0	92.7	194.4
黄芪	Roof of Membranous Milk Vetch	97.9	105.4	100.9	127.9	160.3
甘草	Licorice Root	83.9	116.5	81.2	122.9	123.1
林业产品	**Forestry Products**	**99.7**	**115.9**	**92.9**	**144.9**	**123.5**
畜牧业产品	**Animal Husbandry Products**	**102.7**	**125.8**	**91.1**	**101.6**	**117.8**
# 牛的饲养	Cattle Raising	99.5	131.6	102.2	104.6	103.6
羊的饲养	Sheep Raising	101.5	126.3	97.5	103.5	118.8
猪的饲养	Pig Raising	103.0	134.2	85.4	92.1	122.2
鸡	Chicken	103.6	121.0	95.1	118.7	104.0
奶产品	Milk Products	102.2	117.2	92.3	129.2	114.4
鸡蛋	Eggs	103.6	101.5	102.6	110.1	110.1
渔业	**Fishing Products**	**101.4**	**113.8**	**108.2**	**115.5**	**120.3**

9-12 工业生产者购进价格指数
Industrial Producer Purchase Price Index

（上年 =100） (preceding year =100)

类　别	Types	2005	2008	2009	2010	2011
工业生产者购进价格指数	**Industrial Producer Purchase Price Index**	**109.9**	**110.2**	**90.5**	**114.4**	**115.1**
燃料、动力类	Fuel and Power	113.7	114.3	91.3	118.4	110.0
黑色金属材料类	Ferrous Metals	107.3	110.3	89.4	109.4	108.3
# 钢材	Rolled-steel	105.9	109.5	89.7	103.7	105.7
有色金属材料和电线类	Nonferrous Metals and Electric Wire	112.6	95.0	78.5	118.8	109.3
化工原料类	Raw Chemical Materials	113.3	103.1	76.4	112.0	112.8
木材及纸浆类	Timber and Paper Pulp	102.1	98.0	95.2	104.4	103.8
建筑材料及非金属矿类	Building Materials and Nonmetal Mine	103.2	108.9	100.5	102.3	110.8
其他工业原材料及半成品类	Other Industrial Raw and Processed Materials	103.1	105.1	98.5	103.6	111.5
农副产品类	Farm and Sideline Products	104.6	104.3	98.9	111.5	116.3
纺织原料类	Textile Raw Material	100.4	95.8	101.7	108.0	128.5

9-13 工业生产者出厂价格指数
Industrial Producer Price Index

（上年=100） (preceding year =100)

项 目	Item	2005	2008	2009	2010	2011
工业生产者出厂价格指数	**Industrial Producer Price Index**	**109.6**	**104.9**	**91.0**	**115.0**	**111.0**
按轻重工业分	**Grouped by Light & Heavy Industry**					
轻工业	Light Industry	102.2	106.2	101.6	104.0	105.6
以农产品为原料	Using Farm Products as Raw Materials	100.6	104.7	101.6	103.2	106.2
以非农产品为原料	Using Non-farm Products as Raw Materials	104.3	108.2	101.6	105.1	101.9
重工业	Heavy Industry	112.0	104.7	89.3	116.7	111.5
采掘工业	Mining and Quarrying	118.8	117.1	83.7	116.3	127.7
原料工业	Raw Materials Industry	112.5	100.3	89.2	118.5	111.6
加工工业	Manufacturing Industry	102.4	114.3	93.3	102.4	104.8
按两大部类分	**Grouped by Division**					
生产资料	Means of Production	110.9	104.9	90.1	116.1	111.6
采掘	Mining & Quarrying Industry	118.3	117.4	84.1	113.6	127.7
原料	Raw Materials Industry	112.5	100.2	89.2	118.8	111.6
加工	Manufacturing Industry	103.1	112.6	95.1	103.9	105.2
生活资料	Consumer Goods	101.0	105.4	101.8	102.4	104.5
食品	Food	100.7	104.1	102.0	102.7	104.9
衣着	Clothing	103.2	109.2	108.7	105.4	112.1
一般日用品	Articles for Daily Use	101.9	114.6	100.7	102.9	103.1
耐用消费品	Durable Consumer Goods	100.4	100.9	99.3	90.5	97.6
按工业部门分	**Grouped by Sector**					
冶金工业	Metallurgical Industry	108.2	97.5	81.7	122.0	107.4
电力工业	Power Industry	103.6	101.3	100.2	100.7	105.2
煤炭及炼焦工业	Coal Industry	108.6	122.5	108.5	101.7	120.6
石油工业	Petroleum Industry	120.0	114.6	90.5	120.1	121.4
化学工业	Chemical Industry	112.1	108.6	91.5	107.9	113.7
机械工业	Machine Buiding Industry	103.9	104.8	102.9	101.4	99.0
建筑材料工业	Building Materials Industry	100.1	106.8	111.8	104.6	99.9
森林工业	Timber Industry	100.9	103.2	106.2	102.1	101.0
食品工业	Food Industry	100.4	104.5	102.0	103.0	105.5
纺织工业	Textile Industry	99.8	107.8	93.7	111.4	120.5
缝纫工业	Tailoring Industry	103.0	113.9	110.4	104.2	111.4
皮革工业	Leather Industry	105.8	106.0	98.1	103.6	103.4
造纸工业	Paper Industry	100.2	107.0	98.5	104.7	110.2
文教艺术用品工业	Cultural,Educational & Handicrafts Articles	100.5	103.7	103.0	102.6	107.3
其他工业	Others	105.3	115.3	99.7	108.5	101.8

9-14 按行业分工业生产者出厂价格指数
Industrial Producer Price Index by Sector

(上年＝100) (preceding year =100)

行 业	Sector	2005	2008	2009	2010	2011
工业生产者出厂价格指数	**Industrial Producer Price Index**	**109.6**	**104.9**	**91.0**	**115.0**	**111.0**
煤炭开采和洗选业	Mining and Washing of Coal	108.8	122.3	109.1	101.2	120.8
石油和天然气开采业	Extraction of Petroleum and Natural Gas	124.9	115.3	66.3	122.6	137.1
黑色金属矿采选业	Mining and Processing of Ferrous Metal Ores	138.5	141.5	87.4	110.6	106.6
有色金属矿采选业	Mining and Processing of Non-Ferrous Metal Ores	111.7	111.8	85.9	113.0	111.5
非金属矿采选业	Mining and Processing of Nonmetal Ores	106.3	105.9	99.5	98.0	107.6
农副食品加工业	Processing of Food from Agricultural Products	100.4	105.5	103.2	104.3	108.2
食品制造业	Processing of Foodstuff	101.6	108.6	95.0	104.6	104.3
饮料制造业	Manufacture of Beverages	100.9	104.2	100.1	102.4	106.6
烟草制品业	Manufacture of Tobacco	99.2	100.8	104.7	101.4	100.0
纺织业	Manufacture of Textile	99.9	108.4	94.1	111.3	120.6
纺织服装、鞋、帽制造业	Manufacture of Textile Wearing Apparel, Footware, and Caps	102.6	109.8	110.9	103.8	109.6
皮革、毛皮、羽毛(绒)及其制品业	Manufacture of Leather, Fur, Feather and Related Products	105.8	106.0	98.1	103.6	103.4
木材加工及木、竹、藤、棕、草制品业	Processing of Timber, Manufacture of Wood, Bamboo, Rattan, Palm and Straw Products	101.9	101.7	106.5	100.3	102.4
家具制造业	Manufacture of Furniture	100.1	105.7	105.9	103.3	100.6
造纸及纸制品业	Manufacture of Paper and Paper Products	100.2	107.0	98.5	104.7	110.2
印刷业和记录媒介的复制	Printing, Reproduction of Recording Media	100.7	103.9	103.0	102.6	107.3
文教体育用品制造业	Manufacture of Articles for Culture, Education and Sport Activities	98.9	100.6	100.3	99.9	
石油加工、炼焦及核燃料加工业	Processing of Petroleum, Coking, Processing of Nuclear Fuel	118.2	114.7	96.6	119.8	117.3
化学原料及化学制品制造业	Manufacture of Raw Chemical Materials and Chemical Products	111.3	109.3	89.8	109.0	116.6
医药制造业	Manufacture of Medicines	101.0	102.5	100.2	106.0	102.9
化学纤维制造业	Manufacture of Chemical Fibers	91.4	116.0	108.7	103.5	
橡胶制品业	Manufacture of Rubber	99.3	99.1	99.7	106.6	121.4
塑料制品业	Manufacture of Plastics	118.8	106.6	91.2	101.4	106.4
非金属矿物制品业	Manufacture of Non-metallic Mineral Products	100.0	108.7	107.8	109.2	100.6
黑色金属冶炼及压延加工业	Smelting and Pressing of Ferrous Metals	100.5	120.6	87.4	107.5	107.4
有色金属冶炼及压延加工业	Smelting and Pressing of Non-ferrous Metals	111.3	83.3	78.0	133.1	107.4
金属制品业	Manufacture of Metal Products	100.0	115.1	92.5	105.0	106.4
通用设备制造业	Manufacture of General Purpose Machinery	100.3	105.4	102.7	100.9	106.6
专用设备制造业	Manufacture of Special Purpose Machinery	115.0	106.7	115.2	93.0	81.4
交通运输设备制造业	Manufacture of Transport Equipment	100.7	103.3	100.4	96.1	94.1
电气机械及器材制造业	Manufacture of Electrical Machinery and Equipment	105.2	102.9	97.2	111.8	104.3
通信设备、计算机及其他电子设备制造业	Manufacture of Communication Equipment, Computers and Other Electronic Equipment	96.7	104.1	94.8	100.0	113.2
仪器仪表及文化、办公用机械制造业	Manufacture of Measuring Instruments and Machinery for Cultural Activity and Office Work	99.6	100.5	104.7	101.8	96.5
工艺品及其他制造业	Manufacture of Artwork and Other Manufacturing	105.6	122.7	112.5	96.6	100.0
废弃资源和废旧材料回收加工业	Recycling and Disposal of Waste		109.7	84.5	106.9	
电力、热力的生产和供应业	Production and Supply of Electric Power and Heat Power	103.6	101.3	100.2	100.7	105.2
燃气生产和供应业	Production and Supply of Gas	102.4	100.9	100.1	106.9	114.2
水的生产和供应业	Production and Supply of Water	105.0	106.9	109.5	98.6	96.3

9-15 房地产价格指数
Price Indices of Real Estate

(上年=100) (preceding year =100)

项 目	Item	2001	2002	2003	2004	2005
房屋销售价格指数	**Selling Price Indices of Houses**	**103.4**	**104.3**	**101.8**	**108.8**	**105.6**
# 新建住宅	Newly Built Residential Building	106.5	107.9	103.0	111.4	106.8
二手住宅	Second-hand House					101.7
房屋租赁价格指数	**Renting Price Indices of Houses**	**99.7**	**100.3**	**97.8**	**97.8**	**100.0**
# 住宅租赁	Renting Price Indices of Residential Buildings	100.3	100.1	100.0	99.9	101.6
物业管理价格指数	**Property Management Price Indices**					**101.4**
土地交易价格指数	**Transactions Price Indices of Land**	**100.0**	**100.0**	**100.0**	**100.0**	**100.0**

9-15续表 continued

项 目	Item	2006	2007	2008	2009	2010	2011
房屋销售价格指数	**Selling Price Indices of Houses**	**104.7**	**106.0**	**109.8**	**104.1**	**107.3**	
# 新建住宅	Newly Built Residential Building	105.7	107.7	109.8	104.0	106.5	107.1
二手住宅	Second-hand House	102.1	103.5	113.2	105.1	110.5	101.1
房屋租赁价格指数	**Renting Price Indices of Houses**	**99.7**	**100.3**	**101.5**	**102.7**	**102.3**	
# 住宅租赁	Renting Price Indices of Residential Buildings	100.4	100.5	102.8	104.6	103.0	117.6
物业管理价格指数	**Property Management Price Indices**	**100.2**	**101.7**	**100.1**	**101.4**	**101.0**	**101.4**
土地交易价格指数	**Transactions Price Indices of Land**	**100.0**	**100.0**	**100.0**	**100.0**	**100.0**	**100.0**

注：房地产价格指数为兰州市城市房地产价格数据。
a) Data of the price indices of real estate come from Lanzhou city.

主要统计指标解释

居民消费价格指数 是反映一定时期内城乡居民所购买的生活消费品价格和服务项目价格变动趋势和程度的相对数，是对城市居民消费价格指数和农村居民消费价格指数进行综合汇总计算的结果。该指数可以观察和分析消费品的零售价格和服务价格变动对城乡居民实际生活费支出的影响程度。

城市居民消费价格指数 是反映一定时期内城市居民家庭所购买的生活消费品价格和服务项目价格变动趋势和程度的相对数。该指数可以观察和分析消费品的零售价格和服务项目价格变动对城镇职工货币工资的影响，作为研究职工生活和确定工资政策的依据。

农村居民消费价格指数 是反映一定时期内农村居民家庭所购买的生活消费品价格和服务项目价格变动趋势和程度的相对数。该指数可以观察农村消费品的零售价格和服务项目价格变动对农村居民生活消费支出的影响，直接反映农民生活水平的实际变化情况，为分析和研究农村居民生活问题提供依据。

商品零售价格指数 是反映一定时期内城乡商品零售价格变动趋势和程度的相对数。商品零售物价的变动直接影响到城乡居民的生活支出和国家的财政收入，影响居民购买力和市场供需的平衡，影响到消费与积累的比例关系。因此，该指数可以从一个侧面对上述经济活动进行观察和分析。

农业生产资料价格指数 指反映一定时期内农业生产资料价格变动趋势和程度的相对数。农业生产资料价格指数分为小农具、饲料、幼禽家畜、半机械化农具、机械化农具、化学肥料、农药及农药械、农机用油等八大类。其编制目的是了解农业生产中物质资料投入价格的变动状况，服务于国民经济核算。1994 年以前，农业生产资料价格指数仅仅是商品零售价格指数的一个类别，此后，从商品零售价格指数中分离出来，单独编制。

农产品生产价格指数 是反映一定时期内，农产品生产者出售农产品价格水平变动趋势及幅度的相对数。该指数可以客观反映全国农产品生产价格水平和结构变动情况，满足农业与国民经济核算需要。其中某代表品生产价格指数是通过对全部有出售该产品行为的调查单位的个体指数进行几何平均求得的，类价格指数是通过对其所属的类(或代表品)的价格指数进行加权平均求得的。季度累计价格指数的计算方法与分季指数的计算方法相同。

工业生产者价格指数 是工业企业产品第一次出售时的出厂价格和企业为中间投入的原材料、燃料、动力购进价格在某个时期内变动的相对数，反映全部工业生产者出厂和购进价格变化趋势和变动幅度。中国的工业生产者价格指数有工业生产者出厂价格指数和工业生产者购进价格指数两部分组成。通常我们把工业生产者出厂价格指数称为 PPI。

固定资产投资价格指数 是反映一定时期内固定资产投资品及项目的价格变动趋势和程度的相对数。固定资产投资额是由建筑安装工程投资完成额、设备工器具购置投资完成额和其他费用投资完成额三部分组成的。编制固定资产投资价格指数应首先分别编制上述三部分投资的价格指数，然后采用加权算术平均法求出固定资产投资价格总指数。

房地产价格指数 是反映一定时期内房地产价格变动趋势和程度的相对数，包括房屋销售价格指数、房屋租赁价格指数、土地交易价格指数和物业管理价格指数。这四套指数的计算方法相似，均采用由下到上逐级汇总的方法。

10

人民生活

People's Living Conditions

简要说明

一、本篇资料的主要内容

本篇资料反映了城乡居民储蓄存款；城镇、农村居民的家庭收支、居住、耐用消费品拥有、生产和生活等方面的情况。

二、本篇资料的来源

1.城乡居民储蓄存款数据取自中国人民银行兰州中心支行，由省统计局国民经济核算处提供。

2.城镇居民家庭相关资料来源于城镇住户调查年报，由国家统计局甘肃调查总队城镇住户调查处整理提供。

3.农民家庭相关资料来源于农村住户调查年报，由国家统计局甘肃调查总队农村住户调查处整理提供。

10-1 人民物质文化生活情况
People's Material and Cultural Living Conditions

项　目	Item	2005	2008	2009	2010	2011
就　业	**Employment**					
每一农村劳动力负担人数（人）	Number of Dependents per Rural Laborer (person)	1.67	1.59	1.57	1.56	1.50
每一城镇就业者负担人数（人）	Number of Dependents per Urban Employee (person)	1.90	2.00	1.99	2.01	2.07
城镇登记失业率（%）	Registered Urban Unemployment Rate (%)	3.26	3.20	3.25	3.21	3.11
收　入	**Income of Rural and Urban Residents**					
农村居民家庭人均纯收入（元）	Annual per Capita Net Income of Rural Households (yuan)	1980	2724	2980	3425	3909
城镇居民家庭人均可支配收入（元）	Annual per Capita Disposable Income of Urban Households (yuan)	8087	10969	11930	13189	14989
在岗职工平均工资（元）	Average Wage of Staff and Workers （yuan)	14939	24017	27177	29588	32906
消费水平（元）	**Annual per Capita Consumption (yuan)**					
全体居民	Per Capita Consumption of All Residents	3453	4947	5509	6234	7493
农村居民	Rural Households	1812	2480	2774	3126	3977
城镇居民	Urban Households	7410	9975	10765	11881	13574
储　蓄	**Savings Deposit**					
城乡居民年底储蓄存款余额（亿元）	Balance of Savings Deposit of Rural and Urban Households (year-end)(100 million yuan)	1587	2462	3027	3598	4231
人均储蓄存款余额（元）	Per Capita Balance of Saving Deposit (yuan)	6134	9656	11857	14070	16515
住房面积（平方米）	**Per Capita Floor Space of Residential Buildings (sq.m)**					
农村居民人均居住面积	Per Capita Living Space in Rural Areas	18.71	19.87	20.55	20.96	23.70
城镇居民人均居住面积	Per Capita Living Space in Urban Areas	24.16	27.19	27.35	27.89	28.04

10–1 续表 continued

项 目	Item	2005	2008	2009	2010	2011
文 化	**Culture**					
城镇每百户有彩色电视机（台）	Number of Color TV Sets per 100 Households in Urban Areas (set)	118.0	107.4	108.9	110.0	106.7
农村每百户有彩色电视机（台）	Number of TV Sets per 100 Households in Rural Areas (set)	86.4	99.9	103.7	104.0	104.4
广播人口覆盖率（%）	Broadcast Covering Rate of Population (%)	90.50	91.95	92.63	93.47	93.70
电视人口覆盖率（%）	TV Covering Rate of Population (%)	90.80	91.94	92.91	93.72	94.05
教 育	**Education**					
学龄儿童入学率（%）	Enrollment Ratio of School-age Children (%)	98.87	99.14	99.45	99.46	99.56
每万人口中在校大学生数（人）	Number of University Students per 10 000 Persons (person)	88	126	137	149	158
卫 生	**Public Health**					
每万人口医院、卫生院床位数（张）	Number of Hospital Beds per 10 000 Persons (bed)	25	29	29	32	35
每万人口执业(助理)医师数（人）	Number of Doctors per 10 000 Persons (person)	14	14	14	15	16

10–2 城乡居民人民币储蓄存款年底余额

Savings Deposit Balance of Urban and Rural Areas at Year-end

单位：万元 (10 000 yuan)

年 份	年底余额 Balance at Year-end			年增加额 Year-on-year Increase		
Year	总 计 Total	城 镇 Urban	农 户 Rural	总 计 Total	城 镇 Urban	农 户 Rural
2000	8187607	7093513	1094094	814000	675776	138224
2001	9207078	7995286	1211792	1020647	902950	117697
2002	10422181	8979129	1443052	1213625	984936	228689
2003	12173882	10517505	1656377	1749967	1536641	213326
2004	13831098	11914297	1916801	1657216	1396792	260424
2005	15866560	13520146	2346414	2035462	1605849	429613
2006	18254366	15388163	2866203	2387806	1868017	519789
2007	19152386	15532987	3619399	898020	144824	753196
2008	24618977	19548344	5070633	5466591	4015357	1451234
2009	30269418	23420414	6849004	5650441	3872070	1778371
2010	35982361	27355167	8627194	5712943	3934753	1778190
2011	42314086	31343529	10970557	6331725	3988362	2343363

10-3 各地县金融机构城乡居民人民币储蓄存款（2011）
Savings Deposit of Financial Institutions in Urban and Rural Areas by Region, County（2011）

单位：万元 (10 000 yuan)

地区	Region	城乡居民储蓄存款 Savings Deposit of Urban and Rural Households	地区	Region	城乡居民储蓄存款 Savings Deposit of Urban and Rural Households
兰州市	**Lanzhou**	**14801626**	瓜州县	Guazhou	246516
城关区	Chengguan	7881445	肃北县	Subei	23789
七里河区	Qilihe	2295755	阿克塞县	Akesai	26363
西固区	Xigu	1645094	玉门市	Yumen	370483
安宁区	Anning	962029	敦煌市	Dunhuang	884574
红古区	Honggu	392644	**庆阳市**	**Qingyang**	**2790079**
永登县	Yongdeng	537839	西峰区	Xifeng	895752
皋兰县	Gaolan	319119	庆城县	Qingcheng	443228
榆中县	Yuzhong	593321	环　县	Huanxian	184985
嘉峪关市	**Jiayuguan**	**872481**	华池县	Huachi	132076
金昌市	**Jinchang**	**1141216**	合水县	Heshui	150977
金川区	Jinchuan	782963	正宁县	Zhengning	239180
永昌县	Yongchang	358253	宁　县	Ningxian	404096
白银市	**Baiyin**	**2211838**	镇原县	Zhenyuan	339785
白银区	Baiyin	917345	**定西市**	**Dingxi**	**2118862**
平川区	Pingchuan	444664	安定区	Anding	547051
靖远县	Jingyuan	282703	通渭县	Tongwei	165110
会宁县	Huining	311673	陇西县	Longxi	423175
景泰县	Jingtai	255453	渭源县	Weiyuan	162171
天水市	**Tianshui**	**3668585**	临洮县	Lintao	477601
秦州区	Qinzhou	1511335	漳　县	Zhangxian	97008
麦积区	Maiji	724164	岷　县	Minxian	246746
清水县	Qingshui	173764	**陇南市**	**Longnan**	**2204831**
秦安县	Qinan	411317	武都区	Wudu	511940
甘谷县	Gangu	414931	成　县	Chengxian	335419
武山县	Wushan	267181	文　县	Wenxian	196894
张家川县	Zhangjiachuan	165893	宕昌县	Tanchang	151415
武威市	**Wuwei**	**2644770**	康　县	Kangxian	133250
凉州区	Liangzhou	1742443	西和县	Xihe	294799
民勤县	Minqin	444904	礼　县	Lixian	295352
古浪县	Gulang	256183	徽　县	Huixian	228305
天祝县	Tianzhu	201240	两当县	Liangdang	57457
张掖市	**Zhangye**	**2013710**	**临夏州**	**Linxia**	**1524884**
甘州区	Ganzhou	1072490	临夏市	linxia	657473
肃南县	Sunan	56693	临夏县	linxia	143092
民乐县	Minle	186414	康乐县	Kangle	114407
临泽县	Linze	222869	永靖县	Yongjing	257075
高台县	Gaotai	230201	广河县	Guanghe	106699
山丹县	Shandan	245043	和政县	Hezheng	104461
平凉市	**Pingliang**	**2428454**	东乡县	Dongxiang	59963
崆峒区	Kongtong	839979	积石山县	Jishishan	81714
泾川县	Jingchuan	333660	**甘南州**	**Gannan**	**723994**
灵台县	Lingtai	207164	合作市	Hezuo	187988
崇信县	Chongxin	120290	临潭县	Lintan	101787
华亭县	Huating	374893	卓尼县	Zhuoni	65042
庄浪县	Zhuanglang	277865	舟曲县	Zhouqu	175633
静宁县	Jingning	274604	迭部县	Diebu	65717
酒泉市	**Jiuquan**	**3168756**	玛曲县	Maqu	40062
肃州区	Suzhou	1217947	碌曲县	Luqu	25725
金塔县	Jinta	243221	夏河县	Xiahe	62040

10-4 历年城镇居民家庭生活基本情况
Basic Conditions of Urban Households

年 份 Year	每一城镇就业者负担人数（人） Number of Dependents per Urban Employee (person)	城镇居民人均可支配收入（元） Annual per Capita Disposable Income of Urban Households (yuan)	城镇居民人均消费性支出（元） Per Capita Annual Consumption Expenditures (yuan)	#食 品 Food	恩格尔系数（%） Engle Modulus (%)	人均居住面积（平方米） Average Living Floor Space per Capita (sq.m)
1978		407.53				
1979		418.07				4.63
1980	2.64	403.44	399.00	211.88	53.10	4.82
1981	1.80	447.73	433.38	238.20	54.96	5.60
1982	1.75	473.52	447.40	252.36	56.41	6.01
1983	1.74	490.62	482.30	273.84	56.78	6.74
1984	1.70	571.89	552.16	310.44	56.22	7.11
1985	1.83	640.77	625.21	316.32	50.59	7.44
1986	1.83	776.76	737.11	375.66	50.96	7.51
1987	1.82	870.52	828.94	430.83	51.97	7.65
1988	1.84	978.92	1026.53	501.71	48.87	8.29
1989	1.82	1132.70	1065.36	586.45	55.05	8.55
1990	1.87	1196.72	1030.54	556.73	54.02	8.86
1991	1.85	1368.80	1234.86	665.77	53.91	9.09
1992	1.75	1707.78	1457.40	765.22	52.51	8.99
1993	1.73	2002.56	1679.74	851.76	50.71	8.96
1994	1.84	2658.13	2209.08	1117.20	50.57	10.44
1995	1.86	3152.52	2617.74	1353.01	51.69	10.74
1996	1.82	3353.94	2838.52	1443.01	50.84	11.10
1997	1.89	3592.43	2946.27	1439.30	48.85	12.70
1998	1.91	4009.61	3099.36	1432.76	46.23	13.30
1999	1.71	4475.23	3681.50	1525.57	41.44	15.16
2000	1.80	4916.25	4126.47	1552.77	37.63	15.21
2001	1.86	5382.91	4420.31	1639.17	37.08	15.54
2002	1.96	6151.42	5064.22	1792.60	35.40	21.55
2003	1.98	6657.24	5298.91	1908.10	36.01	22.27
2004	1.85	7376.74	5937.30	2204.04	37.12	22.90
2005	1.90	8086.82	6529.20	2352.82	36.04	24.16
2006	1.92	8920.59	6974.21	2408.37	34.53	25.60
2007	1.87	10012.34	7875.78	2824.42	35.86	27.04
2008	2.00	10969.41	8308.62	3183.79	38.32	27.19
2009	1.99	11929.78	8890.79	3359.30	37.78	27.35
2010	2.01	13188.55	9895.35	3702.18	37.41	27.89
2011	2.07	14988.68	11188.57	4182.47	37.38	28.04

注：2002年以后人均居住面积口径为建筑面积。
a) The living floor space refers to the usable floor area since 2002.

10-5 城镇居民家庭生活基本情况
Basic Conditions of Urban Households

指 标	Item	2005	2008	2009	2010	2011
调查户数（户）	**Number of Households Surveyed (household)**	**880**	**880**	**880**	**880**	**880**
平均每户家庭人口（人）	Average Household Size (person)	2.89	2.80	2.79	2.76	2.81
平均每户就业人口（人）	Average Number of Employed Persons per Household (person)	1.52	1.40	1.40	1.37	1.36
平均每户就业面（%）	Percentage of Employment per Household (%)	52.60	50.00	50.18	49.64	48.40
平均每一就业者负担人数（含就业者本人）（人）	Number of Dependents Per Employee (including the employee himself or herself)(person)	1.90	2.00	1.99	2.01	2.07
平均每人全部年收入（元）	**Per Capita Annual Income (yuan)**	**8738.11**	**11669.33**	**12918.04**	**14307.28**	**16267.37**
工资性收入	Income From Wages	6486.84	8354.63	9182.24	9882.50	11195.26
工资及补贴收入	Wage and Subsidies	6314.79	8064.15	8861.48	9507.91	10857.87
其它劳动收入	Other Income from Work	172.05	290.48	320.76	374.59	337.39
经营净收入	Net Business Income	373.84	638.76	690.41	687.96	914.30
财产性收入	Income from Properties	39.58	65.33	59.49	72.23	161.66
# 利息收入	Interest Income	9.63	13.23	24.27	23.42	21.34
股息与红利收入	Capital Bonus Income	5.84	4.55	7.78	10.74	15.07
转移性收入	Income from Transfer	1837.84	2610.61	2985.90	3664.59	3996.15
#养老金或离退休金	Endowment Insurance or Pension	1594.64	2269.00	2641.55	3208.63	3509.06
人均可支配收入（元）	**Disposable Income (yuan)**	**8086.82**	**10969.41**	**11929.78**	**13188.55**	**14988.68**
平均每人借贷收入（元）	**Average per Capita Borrowing (yuan)**	**2677.74**	**2636.46**	**2458.37**	**4350.25**	**3735.28**
平均每人家庭总支出（元）	**Per Capita Actual Expenditures (yuan)**	**8631.90**	**10241.06**	**11259.98**	**12551.98**	**14311.11**
平均每人消费性支出（元）	**Per Capita Annual Consumption Expenditure (yuan)**	**6529.20**	**8308.62**	**8890.79**	**9895.35**	**11188.57**
食 品	Food	2352.82	3183.79	3359.30	3702.18	4182.47
衣 着	Clothing	806.26	1022.62	1169.70	1255.69	1470.26
居 住	Residence	680.78	846.26	801.21	910.34	1139.85
家庭设备用品及服务	Household Facilities, Articles and Services	366.20	546.23	559.06	597.72	660.48
医疗保健	Health Care and Medical Services	492.23	654.82	746.77	828.57	874.05
交通通信	Transport and Communication	638.63	817.17	894.35	1076.63	1289.80
教育文化娱乐服务	Education, Cultural and Recreation Services	942.75	936.33	1025.47	1136.70	1158.30
其他商品和服务	Miscellaneous Goods and Services	249.46	301.40	334.95	387.53	413.37
平均每人借贷支出（元）	**Average per Capita Lending (yuan)**	**2641.15**	**3734.90**	**3949.71**	**5982.09**	**5169.12**

10-6 按收入等级分城镇居民家庭平均每人全部年收入及构成（2011）

Per Capita Annual Income of Urban Households and Its Composition by Income Percentile（2011）

指 标	Item	全省平均 Average	最低收入户 Lowest Income Households	低收入户 Low Income Households	较低收入户 Lower Middle Income Households	中等收入户 Middle Income Households	较高收入户 Upper Middle Income Households	高收入户 High Income Households	最高收入户 Highest Income Households
平均每人全部年收入（元）	**Per Capita Annual Income (yuan)**	**16267.37**	**5889.43**	**8352.34**	**11378.46**	**15782.46**	**21453.31**	**26385.64**	**37409.20**
工资性收入	Income from Wages	11195.26	3813.56	5283.18	7789.07	12159.87	15867.55	16544.24	22945.11
#工资及补贴收入	Wage and Subsidies	10857.87	3483.72	4609.79	7309.65	11964.48	15745.88	16367.86	22452.04
经营净收入	Net Business Income	914.30	526.37	1065.66	918.69	784.79	592.01	1779.53	1438.38
财产性收入	Property Income	161.66	49.62	21.42	112.04	237.95	227.55	285.56	220.38
转移性收入	Transfer Income	3996.15	1499.88	1982.08	2558.66	2599.85	4766.20	7776.31	12805.33
#可支配收入	Disposable Income	14988.68	5359.67	7751.85	10608.07	14567.93	19535.83	24564.37	34352.78
平均每人全部年收入构成（%）	**Composition of Annual Total Income (%)**								
工资性收入	Income from Wages	68.82	64.75	63.25	68.45	77.05	73.96	62.70	61.34
# 工资及补贴收入	Wage and Subsidies	66.75	59.15	55.19	64.24	75.81	73.40	62.03	60.02
非工资性收入	Income From Non-wages	31.18	35.25	36.75	31.55	22.95	26.04	37.30	38.66

10-7 城镇居民家庭平均每人总支出

Per Capita Annual Expenditure of Urban Households

单位：元 (yuan)

指 标	Item	2005	2008	2009	2010	2011
平均每人总支出	**Per Capita Actual Expenditure**	**8631.90**	**10241.06**	**11259.98**	**12551.98**	**14311.11**
消费性支出	Consumption Expenditure	6529.20	8308.62	8890.79	9895.35	11188.57
# 服务性消费支出	Service Consumption Expenditure	1794.00	2110.66	2225.35	2585.66	2874.59
财产性支出	Expenses on Properties	0.61	15.98	20.95	16.95	25.12
转移性支出	Expenses on Transfer	856.09	1095.47	1221.90	1298.01	1568.00
#交纳所得税	Income Tax Payment	40.40	41.76	27.25	44.79	41.61
捐赠支出	Gift Expenditure	450.01	618.35	731.43	814.91	926.89
赡养支出	Support Expenditure	316.85	350.60	340.26	364.13	479.84
社会保障支出	Social Security Expenditure	583.96	608.80	904.93	1008.92	1175.79
# 个人交纳的养老基金	Annuities	204.51	226.80	335.28	386.78	454.22
个人交纳的住房公积金	Housing Accumulation Fund	254.33	265.31	403.54	445.16	516.33
个人交纳的医疗基金	Iatrical Accumulation Fund	71.26	83.33	122.81	133.57	159.14
购房与建房支出	Expenditures on Purchasing and Building	662.04	212.18	221.42	332.75	353.63
# 购房	House Purchase	653.78	212.18	221.42	332.75	353.63
借贷支出	**Debit and Credit Expenditure**	**2641.15**	**3734.90**	**3949.71**	**5892.09**	**5169.12**
# 存入储蓄款	Deposit Money in Bank	2131.27	3075.99	3475.83	5622.46	4679.93
归还借款	Returning Loans	103.15	151.54	111.65	72.65	113.30
储蓄性保险支出	Save up Premiums	137.08	120.42	107.57	111.87	159.93
购买有价证券	Buy Nogotiable Securities	63.19	78.53	9.53	2.75	10.66
归还住房贷款	Return the Housing Provide a Loan	94.05	215.68	153.59	136.66	136.39

10-8 按收入等级分城镇居民家庭平均每人全年消费支出（2011）

Per Capita Annual Living Expenditure of Urban Households by Income Percentile （2011）

单位：元 (yuan)

指标	Item	全省平均 Average	最低收入户 Lowest Income Households	低收入户 Low Income Households	较低收入户 Lower Middle Income Households	中等收入户 Middle Income Households	较高收入户 Upper Middle Income Households	高收入户 High Income Households	最高收入户 Highest Income Households
消费性支出	**Total Consumption Expenditure**	**11188.57**	**5695.70**	**6844.00**	**8387.54**	**11086.88**	**14488.68**	**16365.49**	**21692.00**
食品	**Food**	**4182.47**	**2420.66**	**2800.87**	**3377.46**	**4263.56**	**5177.13**	**5569.13**	**7458.20**
# 粮食	Grain	380.56	380.66	347.22	354.95	366.06	389.15	420.10	473.55
淀粉及薯类	Starches and Tubers	42.97	42.40	40.00	42.18	39.95	45.35	48.26	46.70
干豆类及豆制品	Beans and Bean Products	46.64	39.91	43.07	45.40	43.47	48.43	59.11	56.87
油脂类	Oil and Fats	148.66	158.31	134.41	132.47	153.48	150.11	159.75	169.86
肉禽蛋水产品类	Meat, Poultry and Related Products	786.67	483.25	554.25	709.67	776.61	944.74	999.69	1297.00
# 猪肉	Pork	290.01	196.04	226.71	277.71	276.35	339.68	344.00	441.89
蛋类	Eggs	85.68	69.50	68.89	83.55	79.08	90.48	102.92	131.85
水产品类	Aquatic Products	79.64	39.52	50.62	67.67	83.92	100.43	103.73	139.91
蔬菜类	Vegetables	462.58	329.37	384.77	394.57	468.84	557.71	530.76	681.75
# 鲜菜	Fresh Vegetables	441.11	313.02	369.87	375.53	451.29	528.69	504.29	648.25
烟草类	Tobacco	250.87	116.12	133.54	187.94	288.40	299.82	307.90	565.28
酒类	Liquor	160.66	69.44	64.85	94.96	165.05	185.67	268.99	454.62
饮料	Beverages	74.05	40.57	38.05	64.35	82.33	95.49	93.37	121.47
干鲜瓜果类	Dried and Fresh Melons and Fruits	384.88	191.40	258.73	322.52	392.13	493.52	525.64	652.25
糕点	Cake	64.65	35.76	39.08	52.01	69.30	83.04	82.90	113.22
奶及奶制品	Milk and Dairy Products	200.05	91.97	116.83	157.94	193.55	279.16	349.70	290.22
其他食品	Other Food	188.84	99.98	131.67	136.52	202.88	256.66	267.60	288.43
食品加工服务费	Food Processing Service Fees	1.31	0.40	0.90	0.44	2.52	2.17	0.34	1.95
在外用餐	Dining out	890.58	254.90	436.49	590.38	925.79	1239.76	1325.36	2112.16

10-8 续表 1 continued

单位：元 (yuan)

指 标	Item	全省平均 Average	最低收入户 lowest Income Households	低收入户 Low Income Households	较低收入户 Lower Middle Income Household	中等收入户 Middle Income Households	较高收入户 Upper Middle Income Household	高收入户 High Income Households	最高收入户 Highest Income Households
衣着	**Clothing**	**1470.26**	**675.79**	**740.05**	**1080.74**	**1559.75**	**2003.39**	**2111.40**	**2834.93**
#服装	Garments	1049.68	462.63	517.50	731.29	1088.47	1445.67	1534.79	2180.78
衣着材料	Clothing Materials	14.01	9.59	10.15	11.07	18.60	19.23	15.39	10.15
鞋类	Shoes	332.36	171.08	165.33	275.11	379.61	439.58	448.98	524.07
居住	**Residence**	**1139.85**	**691.61**	**839.31**	**917.94**	**1042.20**	**1161.20**	**1546.84**	**2729.95**
住房	Housing	266.16	104.43	87.03	188.54	136.20	239.73	396.06	1287.45
#租赁房房租	Rent	70.37	101.40	71.01	42.30	64.82	71.09	156.89	3.88
水电燃料及其他	Water, Electricity, Fuels and Others	778.84	540.38	700.79	649.12	781.40	821.87	1019.79	1284.01
#水	Water	59.22	45.58	46.86	50.83	61.08	67.98	69.16	88.34
电	Electricity	244.09	169.20	194.89	199.78	248.49	287.44	305.44	387.82
家庭设备用品及服务	**Houshold Facilities, Articles and Services**	**660.48**	**375.20**	**288.39**	**385.04**	**625.55**	**772.35**	**1296.96**	**1584.38**
耐用消费品	Durable Consumer Goods	267.14	125.72	74.55	131.86	267.18	277.59	639.77	731.93
室内装饰品	Room Decorations	27.35	16.76	2.45	5.84	24.01	28.62	86.65	80.80
床上用品	Bed Articles	46.91	34.85	26.80	30.54	48.54	54.53	75.90	88.59
家庭日用杂品	Household Articles for Daily Use	272.75	176.18	165.86	194.35	237.92	335.45	472.26	532.58
家具材料	Furniture Materials	9.86	16.78	3.73	2.06	11.16	16.29	0.43	21.01
家庭服务	Household Services	36.46	4.91	15.00	20.39	36.75	59.89	21.96	129.47
医疗保健	**Medical Services**	**874.05**	**386.83**	**619.70**	**767.65**	**664.81**	**1193.24**	**1478.54**	**1489.80**
#药品费	Medication	461.98	255.29	342.66	440.29	343.59	570.64	872.52	638.83
滋补保健品	Invigorant	41.28	5.13	9.57	15.81	40.49	78.41	48.31	129.24
医疗费	Medical Treatment	336.02	121.27	243.76	299.00	258.82	465.70	492.52	664.12

10-8 续表 2 continued

单位：元 (yuan)

指 标	Item	全省平均 Average	最低收入户 Lowest Income Households	低收入户 Low Income Households	较低收入户 Lower Middle Income Household	中等收入户 Middle Income Households	较高收入户 Upper Middle Income Household	高收入户 High Income Households	最高收入户 Highest Income Households
交通和通讯	**Transportation and Communications**	**1289.80**	**425.79**	**643.94**	**791.29**	**1342.79**	**2040.03**	**2146.29**	**2263.92**
交通	Transportation	605.41	130.48	206.51	245.99	607.30	1161.56	1162.28	1069.31
#交通费	Traffic	297.56	120.22	151.85	205.47	326.18	406.00	428.39	606.08
通信	Communications	684.39	295.31	437.44	545.30	735.49	878.47	984.01	1194.61
教育文化娱乐服务	**Education,Culture and Recreation Services**	**1158.30**	**603.31**	**688.86**	**837.14**	**1180.60**	**1556.62**	**1533.44**	**2304.72**
文化娱乐用品	Recreational Durable Consumer Goods	339.92	167.86	160.28	220.93	325.26	451.31	589.33	732.26
#彩色电视机	Color TV	75.58	28.24	49.02	23.44	58.71	87.60	191.82	221.97
家用电脑	Computer	85.54	67.98	17.40	63.46	95.38	111.57	140.62	133.67
书报杂志	Newspapers and Magazines	40.00	17.65	19.85	28.44	36.94	55.57	51.36	99.94
文化娱乐服务	Recreation	371.36	98.00	94.22	238.38	360.77	565.22	591.95	959.61
# 参观游览	Sightseeing	59.03	48.12	16.08	39.07	70.80	42.05	116.86	144.30
团体旅游	Team Tour	177.76	3.80	23.55	95.68	165.28	302.50	274.60	571.60
教育	Education	447.01	337.45	434.36	377.82	494.58	540.10	352.16	612.85
#非义务教育学杂费	Nobligation Tuition	137.14	133.86	158.18	105.80	151.91	128.64	106.99	212.16
义务教育学杂费	Tuition	28.59	37.60	42.78	29.30	23.83	33.43	2.82	18.70
托幼费	Child Care	32.23	27.83	37.00	30.16	43.47	41.99	17.73	2.81
家教费	Home Tutor	32.63	15.38	12.85	33.54	45.05	50.06	17.13	36.40
其他商品和服务	**Miscellaneous Goods and Services**	**413.37**	**116.53**	**222.86**	**230.27**	**407.62**	**584.72**	**682.88**	**1026.11**
#金银珠宝饰品	Jewelry	61.47	6.36	3.56	12.83	48.38	106.09	72.63	295.77
理发美容用具	Bathing and Haircut	4.28	2.57	3.57	2.96	4.20	5.76	7.92	4.37
化妆品	Cosmetics	109.33	35.48	49.93	72.84	122.09	148.01	171.37	235.35
旅馆住宿费	Hotel Charges	21.30	1.05	5.46	4.98	38.08	19.04	43.39	63.43
理发洗澡费	Haircut & Bathing Costs	37.76	10.45	22.39	28.32	42.40	56.28	52.66	62.35
美容费	Beauty Treatment Costs	15.44	2.65	4.10	5.83	17.26	26.84	15.89	49.56
其他服务费	Other Services	44.69	9.80	83.11	24.32	17.97	42.21	109.90	98.41

10-9 按收入等级分城镇居民家庭平均每人全年购买主要商品数量（2011）

Per Capita Annual Purchases of Major Commodities of Urban Households by Income Percentile （2011）

指 标	Item	全省平均 Average	最低收入户 Lowest Income Households	低收入户 Low Income Households	较低收入户 Lower Middle Income Households	中等收入户 Middle Income Households	较高收入户 Upper Middle Income Households	高收入户 High Income Households	最高收入户 Highest Income Households
粮食 （千克）	Grain (kg)	87.96	97.15	83.54	82.76	82.68	85.81	94.97	103.48
#大米（千克）	Rice (kg)	19.66	19.07	16.04	18.05	20.91	20.94	19.76	24.51
面粉（千克）	Flour (kg)	38.03	51.68	38.34	35.83	33.53	33.08	40.26	40.36
鲜菜（千克）	Fresh Vegetables (kg)	110.26	86.20	97.14	101.83	111.09	124.93	118.59	149.31
食用植物油（千克）	Edible Vegetable Oil (kg)	9.94	10.98	9.09	8.93	10.38	10.00	10.49	10.26
猪肉（千克）	Pork (kg)	11.17	7.89	8.94	10.85	10.66	12.89	13.04	16.32
牛肉（千克）	Beef (kg)	2.26	1.86	1.42	1.76	2.73	2.52	2.59	3.46
羊肉（千克）	Mutton (kg)	1.51	0.65	0.62	1.20	1.52	2.05	2.15	3.19
禽类 （千克）	Poultry (kg)	5.24	3.02	4.13	4.93	5.08	6.20	7.04	7.72
鲜蛋（千克）	Fresh Eggs (kg)	8.71	7.35	7.14	8.56	7.94	9.08	10.31	13.23
水产品(千克)	Aquatic Products (kg)								
#鱼	Fish	3.14	1.63	2.34	2.81	3.22	3.73	4.07	5.21
白酒（千克）	Liquor (kg)	1.59	0.83	0.82	1.11	1.87	2.34	2.15	2.24
啤酒（千克）	Beer (kg)	3.47	2.01	1.90	2.75	3.97	3.34	6.89	5.63
碳酸饮料（千克）	Soda Pop and Coke (kg)	1.03	0.41	0.68	1.20	1.00	1.30	1.08	1.50
鲜果（千克）	Fresh Fruits (kg)	35.58	20.71	26.34	32.62	35.78	44.00	45.32	52.36
鲜瓜（千克）	Fresh Melons (kg)	20.36	11.88	15.19	20.18	21.94	22.53	21.87	32.87
糕点（千克）	Cake (kg)	3.76	2.28	2.48	3.23	3.86	4.43	5.18	6.28
鲜乳品（千克）	Fresh Milk (kg)	16.71	10.84	12.19	16.00	15.87	19.20	22.97	25.05
奶粉（千克）	Milk Powder (kg)	0.67	0.53	0.42	0.26	0.76	1.28	0.99	0.40
服装（件）	Garments (piece)	7.59	4.66	5.25	6.74	8.13	9.15	9.91	10.93
鞋类（双）	Shoes (pair)	2.85	2.34	2.01	2.70	3.09	3.32	3.35	3.21
水（吨）	Water (ton)	26.37	18.04	19.28	21.24	27.36	30.78	32.98	45.45
电（度）	Electricity (kw.h)	463.71	319.02	366.53	378.66	473.51	547.23	583.64	739.03
煤炭（千克）	Coal (kg)	42.93	98.58	70.77	32.08	31.12	33.01	26.24	3.94
灌装液化石油气（千克）	Liquefied Petroleum Gas(kg)	9.63	12.23	13.79	9.28	9.63	5.60	10.83	7.68
管道天然气(立方米)	Piped Natural Gas (cubic meters)	27.62	18.56	9.95	19.86	23.36	37.59	40.67	64.55

10-10 按收入等级分城镇居民家庭平均每百户年底耐用消费品拥有量(2011)

Ownership of Durable Consumer Goods Per 100 Urban Households at Year-end by Income Percentile (2011)

指 标	Item	全省平均 Average	最低收入户 Lowest Income Households	低收入户 Low Income Households	较低收入户 Lower Middle Income Households	中等收入户 Middle Income Households	较高收入户 Upper Middle Income Households	高收入户 High Income Households	最高收入户 Highest Income Households
摩托车（辆）	Motorcycle (unit)	10.19	10.18	6.64	9.31	8.84	17.23	7.19	7.92
助力车（辆）	Hand Car (unit)	11.14	9.73	11.29	7.67	11.96	12.04	11.91	14.91
家用汽车（辆）	Automobile (unit)	7.33	1.56	4.21	1.23	6.38	11.52	15.06	14.42
洗衣机（台）	Washing Machine (set)	97.94	99.08	94.51	93.00	96.80	98.62	105.98	102.35
电冰箱（台）	Refrigerator (set)	87.80	68.38	68.39	86.62	94.25	93.83	94.41	101.37
彩色电视机（台）	Color TV Set (set)	106.66	101.56	101.25	102.53	105.51	110.64	113.08	113.78
家用电脑（台）	Computer (set)	56.14	16.57	28.77	47.91	62.03	74.71	74.19	78.97
组合音响（套）	Hi-Fi Stereo Component System (set)	18.78	8.63	7.50	17.02	19.96	27.57	17.76	27.20
摄像机（架）	Pickup Camera (set)	5.38		2.19	3.00	6.64	6.44	10.52	9.42
照相机（架）	Camera (set)	23.99	4.39	7.49	14.26	22.75	34.10	43.23	44.80
钢琴（架）	Piano (set)	1.20		1.27	0.72	0.53	0.45	3.25	3.92
其他中高档乐器（件）	Other Medium and High Grade Musical Instrument (unit)	3.77	2.35	1.25	3.44	5.80	4.59	2.53	4.45
微波炉（台）	Oven (unit)	36.23	10.08	20.73	25.29	35.74	49.54	56.83	56.48
空调器（台）	Air Conditioner (unit)	5.16	0.94	1.27	1.56	5.83	6.34	9.60	12.63
淋浴热水器（台）	Shower (unit)	64.61	36.21	41.11	53.48	70.29	78.41	78.52	90.17
消毒碗柜（台）	Disinfection Cupboard (unit)	1.52			1.15	2.14	3.27	1.91	0.57
洗碗机（台）	Dishwasher (unit)	0.37			0.84		0.54		1.01
健身器材（台）	Health Equipment (set)	2.17			1.56	2.38	3.19	5.08	2.70
固定电话（部）	Local Telephone (unit)	55.28	47.24	41.20	52.21	54.69	60.44	62.35	68.96
移动电话（部）	Mobile Telephone (unit)	186.54	137.38	169.78	183.71	198.85	209.05	189.80	193.71

10-11 城镇居民家庭平均每人全年购买的主要商品数量
Per Capita Annual Purchases of Major Commodities in Urban Households

项　目	Item	2005	2008	2009	2010	2011
粮食（千克）	Grain（kg）	80.59			91.7	87.96
#大米（千克）	Rice (kg)	18.83	24.23	22.01	21.7	19.66
#面粉（千克）	Flour (kg)	33.81	41.66	39.37	37.61	38.03
食用植物油（千克）	Edible Vegetable Oil (kg)	9.88	11.35	11.03	10.34	9.94
猪肉（千克）	Pork (kg)	12.33	10.30	11.6	11.73	11.17
牛肉（千克）	Beef (kg)	1.71	1.89	2.27	2.28	2.26
羊肉（千克）	Mutton (kg)	2.17	1.35	1.51	1.48	1.51
禽类（千克）	Poultry (kg)	4.84			4.96	5.24
鲜蛋（千克）	Fresh Eggs (kg)	9.38	8.47	8.28	8.27	8.71
水产品(千克)	Aquatic Products（kg)					
#鱼（千克）	Fish (kg)	3.35	3.10	3.28	3.22	3.14
鲜菜（千克）	Fresh Vegetables (kg)	110.31	114.07	108.41	115.3	110.26
酒　（千克）	Liquor（kg）	4.67			4.56	5.24
啤酒（千克）	Beer (kg)	2.73	2.47	2.93	3.14	3.47
鲜果（千克）	Fresh Fruits (kg)	42.40	38.19	40.23	34.69	35.58
鲜瓜（千克）	Fresh melons (kg)	28.88	21.37	20.69	25.29	20.36
鲜乳品（千克）	Fresh Dairy Products (kg)	32.39	20.16	20.72	19.8	16.71
服装（件）	Clothing (piece)	6.74	6.72	7.37	7.68	7.59
煤炭（千克）	Coal (kg)	56.35	70.44	35.85	39.53	42.93
灌装液化石油气（千克）	Liquefied Petroleum Gas(kg)	13.64	8.52	7.59	8.21	9.63
管道天然气（立方米）	Piped Natural Gas (cubic meters)	24.29	19.09	20.64	26.57	27.62
水（吨）	Water (ton)	22.99	20.22	17.37	22.33	26.37
电（千瓦时）	Electricity (kw·h)	284.67	318.74	325.24	410.91	463.71

注："灌装液化石油气"在2007年以前为"液化石油气"，"管道天然气"在2006之前为"管道煤气"。

a) Before 2007,filling liquefied petroleum gas is liquefied petroleum gas. Before 2006, pipeline natural gas is pipeline gas.

10-12 城镇居民家庭平均每百户年底耐用消费品拥有量
Number of Major Durable Consumer Goods Owned Per 100 Urban Households at Year-end

项　目	Item	2005	2008	2009	2010	2011
摩托车（辆）	Motorcycle (unit)	10.83	6.12	7.14	7.75	10.19
助力车（辆）	Hand Car (unit)	5.60	6.05	7.77	8.21	11.14
家用汽车（辆）	Automobile (unit)	0.46	2.15	2.53	3.53	7.33
洗衣机（台）	Washing Machine (set)	98.35	94.94	96.92	98.09	97.94
电冰箱（台）	Refrigerator (set)	89.08	82.84	85.11	85.84	87.80
彩色电视机（台）	Color TV Set (set)	117.98	107.39	108.85	109.99	106.66
照相机（架）	Camera (set)	42.83	21.90	24.27	26.49	23.99
家用电脑（台）	Computer (set)	22.99	35.18	38.24	42.90	56.14
摄像机（架）	Video Camera (unit)	2.06	2.39	2.71	3.40	5.38
微波炉（台）	Microwave Oven (unit)	28.13	31.34	35.01	36.18	36.23
空调器（台）	Air Conditioner (unit)	3.61	6.03	5.28	5.43	5.16
淋浴热水器（台）	Water Heater (unit)	59.93	57.38	61.41	62.34	64.61
健身器材（台）	Health Equipment (set)	1.78	1.62	1.90	2.34	2.17
固定电话（部）	Local Telephone (unit)	82.38	59.30	60.82	61.30	55.28
移动电话（部）	Mobile Phone (unit)	120.52	146.04	152.87	159.58	186.54

10-13 各地区城镇居民家庭平均每人全年总收入（2011）
Urban Households Average Annual Income Per Person by Region (2011)

单位：元 (yuan)

地 区	Region	总收入 Total Income	工资性收入 Income from Wages and Salaries	经营净收入 Net Business Income	财产性收入 Income from Properties	转移性收入 Income from Transfer	可支配收入 Disposable Income
兰州市	Lanzhou	17313.98	11037.25	663.36	228.18	5385.19	15952.57
嘉峪关市	Jiayuguan	21496.60	15844.87	1460.14	702.49	3489.10	18931.30
金昌市	Jinchang	24171.79	18414.18	1260.00	181.96	4315.64	20074.41
白银市	Baiyin	18053.40	14056.54	601.38	89.27	3306.22	15959.94
天水市	Tianshui	14040.63	10144.67	911.12	46.48	2938.36	13051.05
武威市	Wuwei	14210.35	9259.28	1679.86	60.53	3210.68	13261.04
张掖市	Zhangye	13307.99	9694.70	1077.99	110.16	2425.14	12399.60
平凉市	Pingliang	13931.97	9931.11	1159.71	61.75	2779.40	13354.59
酒泉市	Jiuquan	19052.37	12836.73	2964.03	107.95	3143.66	17265.20
庆阳市	Qingyang	15188.84	11752.27	489.79	167.81	2778.97	14388.13
定西市	Dingxi	13282.45	9773.77	315.41	24.70	3168.56	12289.64
陇南市	Longnan	13107.28	10596.23	726.40	0.74	1783.90	12123.59
临夏州	Linxia	9949.59	6303.96	1558.68	4.46	2082.48	9759.15
甘南州	Gannan	13552.55	12268.39	638.51	0.82	644.82	11801.03

注：数据为各地区调查点数据。
a) Data in this table are survey data from regions.

10-14 各地区城镇居民家庭平均每人全年消费性支出 (2011)
Per Capita Annual Consumption Expenditure of Urban Households by Region (2011)

单位：元 (yuan)

地 区	Region	消费性支出 Consumption Expenditures	食 品 Food	衣着 Clothing	居住 Residence	家庭设备用品及服务 Household Facilities, Articles and Services	医疗保健 Health Care and Medical Services	交通通信 Transport and Communications	教育文化娱乐服务 Education, Culture and Recreation Services	其他商品和服务 Miscellaneous Goods and Services	恩格尔系数（%） Engle Modulus (%)
兰州市	Lanzhou	12352.09	4714.47	1518.37	1206.39	758.10	986.29	1455.82	1301.33	411.32	38.17
嘉峪关市	Jiayuguan	12983.97	4511.63	1577.75	1622.39	1005.97	552.03	1564.10	1639.40	510.72	34.75
金昌市	Jinchang	16697.73	6046.77	2193.72	1327.11	1141.61	1070.65	1672.39	2604.32	641.17	36.21
白银市	Baiyin	12523.62	4337.56	2220.61	1218.56	1063.54	470.25	1440.93	1248.98	523.19	34.64
天水市	Tianshui	9279.69	3503.28	1223.79	855.01	415.02	605.01	1307.87	997.55	372.16	37.75
武威市	Wuwei	10101.26	4129.81	1401.55	1279.28	469.55	683.37	813.97	1062.82	260.91	40.88
张掖市	Zhangye	11024.09	3527.04	1908.09	1250.18	775.16	928.78	863.85	1284.49	486.51	31.99
平凉市	Pingliang	8408.06	3377.65	1193.09	839.40	445.94	707.09	873.68	648.98	322.22	40.17
酒泉市	Jiuquan	14237.47	4740.66	1998.43	1441.58	723.07	1229.97	1920.56	1418.22	764.98	33.30
庆阳市	Qingyang	10681.44	3732.36	1540.70	964.68	601.55	1172.08	1192.41	964.63	513.03	34.94
定西市	Dingxi	8981.84	3154.44	1301.99	1342.85	626.63	596.92	874.67	840.09	244.25	35.12
陇南市	Longnan	8933.08	4035.09	1632.15	696.84	771.65	334.52	724.26	527.96	210.61	45.17
临夏州	Linxia	6720.07	3146.96	933.45	712.14	346.64	356.26	588.07	417.37	219.18	46.83
甘南州	Gannan	9233.76	3424.31	1659.16	1066.10	607.63	435.01	905.55	823.40	312.61	37.08

10-15 历年农村居民家庭生活基本情况
Basic Conditions of Rural Households

年 份 Year	每个农村劳动力负担人数（人）Average Number of Persons Supported by a Laborer (person)	农民人均纯收入（元）Per Capita Annual Net Income (yuan)	农民人均生活消费支出（元）Per Capita Annual Expenditure for Consumption (yuan)	#食 品 Food	恩格尔系数（%）Engle Modulus (%)	人均居住面积（平方米）Per Capita Net Living Space (sq.m)
1978	2.42	100.93	88.18	65.98	74.82	
1979	2.36	111.57	96.69	69.69	72.08	
1980	2.32	153.41	125.54	81.35	64.80	13.87
1981	2.25	158.63	135.23	92.99	68.76	12.75
1982	2.14	174.16	141.05	95.65	67.81	13.53
1983	1.95	213.06	162.68	103.62	63.70	12.95
1984	1.91	221.05	178.39	113.01	63.35	12.96
1985	1.75	257.00	204.61	123.52	60.37	13.24
1986	1.73	282.89	232.79	137.84	59.21	13.44
1987	1.73	302.82	252.84	144.42	57.12	13.93
1988	1.70	345.14	276.98	152.24	54.96	14.32
1989	1.69	375.80	296.38	163.80	55.27	14.67
1990	1.67	430.99	339.24	205.22	60.49	11.88
1991	1.68	446.42	403.41	238.21	59.05	12.85
1992	1.69	489.47	419.68	247.76	59.04	13.13
1993	1.67	550.83	537.76	297.20	55.27	13.77
1994	1.57	723.73	674.17	443.92	65.85	14.54
1995	1.66	880.34	915.25	649.29	70.94	15.64
1996	1.63	1100.59	986.34	669.36	67.86	14.15
1997	1.67	1210.00	976.27	561.40	57.50	14.56
1998	1.65	1393.05	939.55	556.85	59.27	16.47
1999	1.65	1412.98	944.90	531.27	56.22	18.22
2000	1.72	1428.70	1084.00	525.17	48.45	18.00
2001	1.69	1508.61	1127.37	519.78	46.11	17.58
2002	1.69	1590.30	1153.29	531.37	46.07	17.58
2003	1.66	1673.00	1336.85	586.38	43.86	17.60
2004	1.64	1852.00	1464.34	703.41	48.04	17.88
2005	1.67	1980.00	1819.58	858.89	47.20	18.71
2006	1.64	2134.00	1855.49	865.99	46.67	19.12
2007	1.60	2328.92	2017.21	944.14	46.80	19.46
2008	1.59	2723.80	2400.95	1132.53	47.17	19.87
2009	1.57	2980.10	2766.45	1142.05	41.28	20.55
2010	1.56	3424.70	2941.99	1315.25	44.71	20.96
2011	1.50	3909.40	3664.91	1548.19	42.24	23.70

10-16 农村居民家庭生活基本情况
Basic Conditions of Rural Households

指　标	Item	2005	2008	2009	2010	2011
调查户数（户）	**Number of Households Surveyed (household)**	**1800**	**1800**	**1800**	**1800**	**1800**
平均每户常住人口（人）	Average Number of Permanent Residents Per Household (person)	4.7	4.6	4.6	4.6	4.4
平均每户整半劳动力（人）	Average Number of Able-bodied and Semi-able-bodied Laborers Per Household (person)	2.8	2.9	2.9	2.9	2.9
平均每个劳动力负担人口（含本人）（人）	Average Number of Persons Supported by a Laborer (including the laborer himself or herself) (person)	1.7	1.6	1.6	1.6	1.5
平均每人年收入（元）	**Per Capita Annual Income (yuan)**					
总收入	Total Revenue	2888.0	3959.2	4291.0	4771.9	5878.0
工资性收入	Income from Wages and Salaries	586.7	868.0	994.9	1199.5	1562.0
家庭经营收入	Income from Household Operations	2159.4	2766.2	2878.6	3193.8	3778.5
财产性收入	Income from Properties	20.6	19.5	34.1	39.9	82.5
转移性收入	Income from Transfer	121.3	305.6	383.5	338.8	455.0
现金收入	Cash Income	2217.4	2986.3	3517.2	3856.0	4914.0
工资性收入	Income from Wages and Salaries	586.2	866.5	992.5	1198.5	1558.4
家庭经营收入	Income from Household Operations	1496.6	1806.8	2105.0	2290.5	2835.8
财产性收入	Income from Properties	14.8	19.5	38.6	31.9	71.4
转移性收入	Income from Transfer	119.8	293.5	381.1	335.1	448.5
农民人均纯收入	Per Capita Net Income of Rural Households	1980.0	2723.8	2980.1	3424.7	3909.4
平均每人年支出（元）	**Per Capita Annual Expenditure (yuan)**					
总支出	Total Expenditure	2828.9	3784.8	4255.0	4528.5	5932.3
家庭经营费用支出	Expenditure for Household Operations	790.7	1096.7	1164.5	1192.4	1625.9
购置生产性固定资产	Purchase of Productive Fixed Assets	115.5	128.9	158.6	176.3	215.4
税费支出	Taxes and Fees	4.5	4.6	1.4	4.4	3.9
生活消费支出	Expenses on Household Consumption	1819.6	2401.0	2766.5	2942.0	3664.9
财产性支出	Expenses on Properties	3.9	4.7	5.7	7.8	7.6
转移性支出	Expenses on Transfer	93.1	146.0	157.2	204.9	414.0
现金支出	Cash Expenditure	2170.1	3003.4	3540.8	3734.5	5208.1
家庭经营费用支出	Expenditure for Household Operations	656.8	900.7	985.9	1012.6	1419.9
购置生产性固定资产	Purchase of Productive Fixed Assets	115.5	128.9	158.6	176.3	215.4
税费支出	Taxes and Fees	4.2	4.6	1.3	4.4	3.9
生活消费支出	Expenses on Household Consumption	1295.7	1816.3	2231.9	2329.4	3151.1
财产性支出	Expenses on Properties	3.9	4.7	5.7	7.8	7.6
转移性支出	Expenses on Transfer	92.4	145.3	156.4	203.3	409.6

10-17 农村住户总收入及构成
Gross Income of Rural Households and its Composition

指 标	Item	2005	2008	2009	2010	2011
总收入（元）	**Gross Income(yuan)**	**2888.0**	**3959.2**	**4291.0**	**4771.9**	**5878.0**
工资性收入	Income from Wage	586.7	868.0	994.9	1199.5	1562.0
在非企业组织中的劳动收入	Working in Non-enterprise	108.0	151.7	160.5	186.7	149.6
在本地劳动得到收入	Working in Local Enterprise	169.4	235.2	296.4	343.8	538.8
外出从业得到收入	Income from Outworker	309.3	481.1	538.1	669.0	873.6
家庭经营收入	Income from Household Business	2159.4	2766.2	2878.6	3193.8	3778.5
农业收入	Agriculture	1440.0	1917.6	1958.3	2294.1	2491.2
林业收入	Forestry	43.7	82.4	84.9	42.0	90.3
牧业收入	Animal Husbandry	372.1	462.1	486.9	499.6	693.5
渔业收入	Fishery	0.7	1.3	2.8	1.3	0.3
工业收入	Industry	34.8	22.0	22.3	14.4	30.8
建筑业收入	Construction	38.6	42.6	52.3	49.6	24.7
交通、运输、邮电业收入	Transportation and Communications	81.4	104.8	111.0	114.2	140.5
批发和零售贸易、餐饮业收入	Wholesale and Retail,Catering Trades	93.8	78.5	91.7	105.1	207.4
社会服务业收入	Social Services	18.1	18.8	29.2	38.4	34.6
文教卫生业收入	Culture,Education and Health	7.8	12.6	12.5	12.8	30.5
其它产品和行业收入	Others	28.4	23.4	26.7	22.3	34.8
财产性收入	Income from Properties	20.6	19.5	34.1	39.9	82.5
转移性收入	Income from Transfer	121.3	305.6	383.5	338.8	455.0
构成(总收入=100）	**Composition (Total Income = 100)**					
工资性收入	Income from Wage	20.3	21.9	23.2	25.1	26.6
家庭经营收入	Income from Household Business	74.8	69.9	67.1	66.9	64.3
财产性收入	Income from Properties	0.7	0.5	0.8	0.8	1.4
转移性收入	Income from Transfer	4.2	7.7	8.9	7.2	7.7

10-18 农村居民家庭人均纯收入及构成
Per Capita Net Income of Rural Households and Its Composition

指　标	Item	2005	2008	2009	2010	2011
农民人均纯收入（元）	**Net Income(yuan)**	**1980.00**	**2723.80**	**2980.10**	**3424.70**	**3909.37**
工资性收入	Income from Wage	586.71	867.98	994.94	1199.45	1561.97
在非企业组织中的劳动收入	Working in Non-enterprise	107.96	151.66	160.47	186.70	149.57
在本地劳动得到收入	Working in Local Enterprise	169.41	235.21	296.40	343.78	538.80
外出从业得到收入	Income from Outworker	309.34	481.11	538.07	668.97	873.59
家庭经营纯收入	Income from Household Business	1263.42	1543.24	1583.23	1855.99	1866.77
第一产业纯收入	Net Income from Primary Industry	1080.21	1321.84	1347.20	1585.80	1563.82
农业收入	Agriculture	871.95	1089.06	1100.16	1376.60	1247.88
林业收入	Forestry	30.19	55.12	60.47	27.06	60.86
牧业收入	Animal Husbandry	177.54	176.80	184.37	181.93	255.21
渔业收入	Fishery	0.53	0.86	2.20	0.21	-0.14
第二产业纯收入	Net Income from Secondary Industry	38.11	52.02	54.28	52.01	34.85
工业收入	Industry	14.63	15.41	16.46	8.70	19.33
建筑业收入	Construction	23.48	36.61	37.82	43.32	15.52
第三产业纯收入	Net Income from Tertiary Industry	145.09	169.38	181.75	218.18	268.11
交通、运输、邮电业收入	Transportation and Communications	42.98	74.74	75.14	72.13	67.80
批发和零售贸易、餐饮业收入	Wholesale and Retail,Catering Trades	58.36	57.88	57.80	85.22	128.09
社会服务业收入	Social Services	13.49	11.25	17.16	30.68	25.34
文教卫生业收入	Culture,Education and Health Care	6.24	10.21	11.44	11.67	20.54
其它行业收入	Others	24.02	15.30	20.21	18.48	26.32
财产性纯收入	Income from Properties	20.57	19.49	34.06	39.87	82.46
转移性纯收入	Income from Transfer	109.18	293.09	367.87	329.34	398.18
构成（农民人均纯收入=100）	**Composition (Per Capita Net Income of Rural Households = 100)**					
工资性收入	Income from Wage	29.6	31.9	33.4	35.0	40.0
家庭经营收入	Income from Household Business	63.8	56.7	53.1	54.2	47.8
财产性收入	Income from Properties	1.0	0.7	1.1	1.2	2.1
转移性收入	Income from Transfer	5.5	10.8	12.3	9.6	10.2

10-19 农村居民按纯收入分组的户数占调查户比重
Percentage of Rural Households Grouped by Per Capita Annual Net Income

项 目	Item	2005	2008	2009	2010	2011
按纯收入分组户数占调查户比重 (%)	**Percentage of Households Grouped by Per Capita Annual Net Income (%)**					
100元以下	100 yuan and below		0.06	0.22	0.06	
100-200 元	100-200 yuan	0.44	0.11	0.17	0.06	0.17
200-300 元	200-300 yuan	0.17	0.28	0.06	0.11	0.06
300-400 元	300-400 yuan	0.72	0.00	0.22	0.17	0.33
400-500 元	400-500 yuan	0.89	0.33	0.28	0.06	0.17
500-600 元	500-600 yuan	1.28	0.39	0.28	0.22	0.28
600-800 元	600-800 yuan	4.67	1.28	0.83	1.44	0.50
800-1000 元	800-1000 yuan	7.50	3.11	2.61	1.94	1.22
1000-1200 元	1000-1200 yuan	9.00	4.94	6.06	3.83	2.06
1200-1300 元	1200-1300 yuan	3.89	2.44	2.33	1.78	1.28
1300-1500 元	1300-1500 yuan	9.39	6.94	4.50	3.33	3.17
1500-1700 元	1500-1700 yuan	9.89	6.89	6.22	4.22	3.22
1700-2000 元	1700-2000 yuan	12.22	10.83	8.39	6.61	7.67
2000-2500 元	2000-2500 yuan	12.94	15.33	13.50	13.10	19.89
2500-3000 元	2500-3000 yuan	8.61	12.06	12.17	12.94	5.28
3000-3500 元	3000-3500 yuan	4.39	7.83	9.22	9.06	6.00
3500-4000 元	3500-4000 yuan	4.00	6.00	7.11	7.17	5.78
4000-4500 元	4000-4500 yuan	3.56	5.72	5.11	6.17	6.33
4500-5000 元	4500-5000 yuan	2.00	4.33	5.33	5.17	4.83
5000元以上	5000 yuan and over	4.44	11.11	15.39	22.56	31.78

10-20 农村住户总支出及构成
Gross Expenditure of Rural Households and Its Composition

指　标	Item	2005	2008	2009	2010	2011
总支出（元）	**Gross Expenditure(yuan)**	**2828.88**	**3784.83**	**4255.03**	**4528.50**	**5932.29**
家庭经营费用支出	Expenditure for Household Business	790.73	1096.68	1164.54	1192.36	1625.93
农业生产支出	Expenditure of Agricultural Production	490.04	738.18	764.11	817.02	1086.68
林业生产支出	Forestry	13.05	26.38	24.09	14.64	27.43
牧业生产支出	Animal Husbandry	183.95	269.69	286.64	299.31	409.52
渔业生产支出	Fishery	0.13	0.36	0.53	0.96	0.40
工业生产支出	Industry	18.73	5.65	4.97	2.83	7.50
建筑业生产支出	Construction	15.05	4.67	13.17	4.83	8.51
交通、运输、邮电业支出	Transportation and Communications	27.97	20.14	24.70	27.90	34.49
批发和零售贸易、餐饮业支出	Wholesale and Retail Trade and Catering Trades	33.56	17.53	30.46	15.41	33.19
社会服务业支出	Social Services	4.13	6.09	10.73	6.47	6.00
文教卫生业支出	Culture, Education and Health Care		1.80	0.41	0.45	7.50
其他家庭经营支出	Others	4.12	6.19	4.73	2.52	4.71
购置生产性固定资产支出	Expenditure on Purchasing Productive Fixed Assets	115.53	128.90	158.60	176.25	215.44
税费支出	Taxes Paid	4.45	4.64	1.41	4.36	3.91
生活消费支出	Living Expenditure	1819.58	2400.95	2766.45	2941.99	3664.91
财产性支出	Expenses on Properties	3.86	4.72	5.72	7.76	7.64
转移性支出	Expenses on Transfer	93.07	145.95	157.23	204.87	413.96
构成（总支出=100）	**Composition (Total Expenditure = 100)**					
家庭经营费用支出	Expenditure for Household Business	27.95	28.98	27.37	26.33	27.41
购置生产性固定资产支出	Expenditure on Purchasing Productive Fixed Assets	4.08	3.41	3.73	3.89	3.63
税费支出	Taxes Paid	0.16	0.12	0.03	0.10	0.07
生活消费支出	Living Expenditure	64.32	63.44	65.02	64.97	61.78
财产性支出	Expenses on Properties	0.14	0.12	0.13	0.17	0.13
转移性支出	Expenses on Transfer	3.29	3.86	3.70	4.52	6.98

10-21 农村居民家庭平均每人生活消费支出

Per Capita Living Expenditure of Rural Households

单位：元　　　　(yuan)

指　标	Item	2005	2008	2009	2010	2011
生活消费支出	**Living Expenditure by Category of Consumption**	**1819.6**	**2401.0**	**2766.5**	**2942.0**	**3664.9**
#服务性支出	Services	495.5	612.6	722.3	778.3	943.9
食　品	Food Consumption Expenditures	858.9	1132.5	1142.1	1315.3	1548.2
食品消费品支出	Consumption Expenditure on Food	802.4	1031.2	1027.7	1189.5	1369.2
谷　物	Cereal	310.4	360.9	347.9	384.8	353.3
薯　类	Tubers	34.1	44.5	44.4	78.4	42.7
豆　类	Beans	9.2	16.7	14.4	14.6	7.9
食用油	Edible Oil	29.9	58.9	47.9	52.3	76.1
蔬菜及制品	Vegetables and Their Products	41.8	55.3	63.9	81.6	106.1
肉、禽、蛋、奶及制品	Meat,Poultry,Eggs and Their Products	202.3	233.8	217.8	255.2	345.9
水产品及制品	Aquatic Products	2.0	3.8	4.1	4.2	6.2
烟、酒	Cigarette,Liquor	86.6	122.1	144.7	155.5	199.1
茶叶、饮料	Tea,Beverages	10.5	18.4	21.3	25.0	27.1
其它类食品	Other Food	75.6	116.8	121.4	138.0	204.7
食品消费服务性支出	Expenditure of Food Consumption	56.5	101.4	114.3	125.7	179.0
在外饮食	Outdoor Dinner	42.1	88.9	101.3	110.4	163.1
食品加工费	Food Process	12.9	11.6	12.0	14.0	14.9
其他服务性支出	Other Services	1.5	0.8	1.0	1.3	1.0
衣　着	Expenditure of Clothing Consumption	92.3	134.7	157.3	184.2	246.7
衣着消费品支出	Consumption Expenditure on Clothing	91.1	133.5	156.3	183.4	245.1
衣着消费服务性支出	Closthing Services	1.2	1.1	1.0	0.8	1.6
居　住	Expenditure of Residence Consumption	240.7	387.8	648.6	551.6	596.6
居住消费品支出	Consumption Expenditure on Residence	189.8	313.0	508.4	378.6	457.4
居住消费服务性支出	Residence Services	51.0	74.8	140.2	173.0	139.2
家庭设备、用品及服务	Expenditure of Household Facilities and Articles Consumption	74.1	95.6	142.7	146.9	198.1
家庭设备用品支出	Consumption Expenditure on Household Facilities and Articles	60.8	78.7	115.8	139.4	191.5
家庭设备服务消费支出	Household Facilities and Articles Services	13.3	16.9	26.9	7.5	6.6
交通和通讯	Expenditure of Traffic and Communication Comsumption	155.0	234.7	237.9	256.7	366.6
交通和通讯用品支出	Consumption Expenditure on Transport and Communication	69.2	108.1	97.7	115.4	190.4
交通和通讯服务消费支出	Traffic and Communication Services	85.9	126.6	140.2	141.4	176.1
文化教育、娱乐用品及服务	Expenditure of Culture,Education and Recreation Consumption	257.9	219.9	217.4	238.0	292.7
文化教育、娱乐用品	Consumer Goods for Culture, Education and Recreation	43.5	37.7	41.1	52.1	79.0
教育服务消费支出	Education Services	211.3	176.6	170.3	178.1	200.9
文化、体育、娱乐服务消费支出	Culture,Sport and Recreation Services	3.1	5.6	6.0	7.8	12.8
医疗保健	Expenditure of Medical and Medical Services	114.0	164.7	180.1	203.1	339.3
医疗保健用品	Consumer Goods for Health Care and Medical	53.3	68.7	73.4	79.6	134.5
医疗保健服务消费支出	Medical and Medical Services	60.7	96.0	106.7	123.5	204.7
其他商品和服务	Expenditure of Other Commodities and Serveics	26.7	31.1	40.4	46.1	76.8
其他商品支出	Other Expenditure on Commodities	14.0	17.5	23.8	25.7	53.9
其他消费服务支出	Other Expenditure on Consume Services	12.7	13.6	16.6	20.4	22.9

10-22 农村居民家庭平均每人生活消费支出构成
Composition of Per Capita Living Expenditure of Rural Households

单位：% (%)

指 标	Item	2005	2008	2009	2010	2011
生活消费支出	**Living Expenditure**	**100.00**	**100.00**	**100.00**	**100.00**	**100.00**
食品	Food	47.20	47.17	41.28	44.71	42.24
衣着	Clothing	5.07	5.61	5.69	6.25	6.73
居住	Residence	13.23	16.15	23.45	18.75	16.28
家庭设备用品及服务	Household Facilities, Articles and Services	4.07	3.98	5.16	5.00	5.40
交通和通讯	Transportation and Communication	8.52	9.77	8.60	8.73	10.00
文教娱乐用品及服务	Cultural,Educational and Recreational Articles and Services	14.17	9.16	7.86	8.09	7.99
医疗保健	Medicines and Medical Services	6.26	6.86	6.51	6.90	9.26
其他商品和服务	Other Commodities and Services	1.46	1.29	1.46	1.57	2.10
生活消费现金支出	**Cash Consumption Expenditure**	**100.00**	**100.00**	**100.00**	**100.00**	**100.00**
食品	Food	26.80	30.56	27.59	30.58	33.66
衣着	Clothing	7.11	7.41	7.05	7.90	7.83
居住	Residence	17.67	20.96	28.69	23.26	18.10
家庭设备用品及服务	Household Facilities, Articles and Services	5.70	5.26	6.39	6.32	6.29
交通通讯	Transportation and Communication	11.97	12.11	9.74	11.02	11.63
文教娱乐用品及服务	Cultural,Educational and Recreational Articles and Services	19.90	9.07	8.07	10.22	9.29
医疗保健	Medicines and Medical Services	8.80	12.92	10.66	8.72	10.77
其他商品及服务	Other Commodities and Services	2.05	1.71	1.81	1.98	2.44

10-23 按收入五等份分农村居民家庭基本情况 (2011)
Basic Conditions of Rural Households by Income Quintile (2011)

指 标	Item	全省平均 Average	低收入户 Low Income Households	中低收入户 Lower Middle Income Households	中等收入户 Middle Income Households	中高收入户 Upper Middle Income Households	高收入户 High Income Households
平均每户常住人口 (人)	Average Number of Usual Residents Per Household (person)	4.40	5.07	4.93	4.61	4.19	3.43
平均每户整半劳动力 (人)	Average Number of Full/Semi Labour Force Per Household (person)	2.90	3.08	3.03	3.03	2.76	2.52
平均每个劳动力负担人口 (人)	Average Number of Dependents Per Labour Force (person)	1.50	1.64	1.62	1.52	1.52	1.36
平均每人总收入 (元)	Per Capita Annual Income (yuan)	5877.98	2744.43	3752.87	4747.58	7572.14	13007.45
# 现金收入	Cash Income	4913.98	1983.05	2833.47	3818.16	6537.65	11719.74
平均每人总支出 (元)	Per Capita Annual Expenditures (yuan)	5932.29	3771.47	4330.83	4734.36	7138.38	11559.75
# 现金支出	Cash Expenditures	5208.06	3061.17	3573.34	4103.29	6441.49	10704.17
平均每人纯收入 (元)	Per Capita Annual Net Income (yuan)	3909.37	1465.62	2213.86	3371.19	5233.53	9059.49
工资性收入	Income from Wages and Salaries	1561.97	546.38	928.56	1509.41	2190.16	3274.97
家庭经营纯收入	Income from Household Operations	1866.77	672.43	923.83	1497.31	2433.97	4788.63
财产性收入	Income from Properties	82.46	31.35	23.59	57.18	124.15	225.49
转移性收入	Income from Transfer	398.18	215.46	337.88	307.29	485.25	770.40

10-24 按收入五等份分农村居民家庭平均每人生活消费支出 (2011)
Per Capita Consumption Expenditure of Rural Households by Income Quintile (2011)

单位：元 (yuan)

指 标	Item	全省平均 Average	低收入户 Low Income Households	中低收入户 Lower Middle Income Households	中等收入户 Middle Income Households	中高收入户 Upper Middle Income Households	高收入户 High Income Households
生活消费总支出	**Consumption Expenditure**	**3664.91**	**2489.95**	**2727.16**	**3257.02**	**4431.61**	**6358.50**
食品	Food	1548.19	1200.98	1293.77	1406.45	1776.77	2337.60
衣着	Clothing	246.67	152.19	168.60	238.27	319.56	420.58
居住	Residence	596.58	443.02	437.98	548.60	676.87	1017.60
家庭设备用品及服务	Household Facilities, Articles and Services	198.08	126.31	143.49	165.88	252.89	358.74
交通通讯	Transport and Communications	366.56	194.60	227.80	291.65	514.48	739.71
文教娱乐用品及服务	Education, Cultural and Recreation and Services	292.71	119.18	159.43	207.08	423.44	695.75
医疗保健	Health Care and Medical Services	339.28	221.44	253.62	342.51	360.05	606.67
其他商品及服务	Miscellaneous Goods and Services	76.85	32.23	42.46	56.57	107.55	181.86
生活消费现金支出	**Cash Consumption Expenditure**	**3151.10**	**1980.37**	**2187.84**	**2801.39**	**3940.33**	**5769.40**
食品	Food	1060.68	727.39	787.53	971.33	1306.22	1765.36
衣着	Clothing	246.67	152.19	168.60	238.27	319.56	420.55
居住	Residence	570.31	407.03	404.98	528.09	656.16	1000.77
家庭设备用品及服务	Household Facilities, Articles and Services	198.05	126.31	143.40	165.88	252.88	358.74
交通通讯	Transport and Communications	366.56	194.60	227.80	291.65	514.48	739.71
文教娱乐用品及服务	Education, Cultural and Recreation and Services	292.71	119.18	159.43	207.08	423.44	695.75
医疗保健	Health Care and Medical Services	339.28	221.44	253.62	342.51	360.05	606.67
其他商品及服务	Miscellaneous Goods and Services	76.85	32.23	42.46	56.57	107.55	181.86

10-25 农村居民家庭平均每人主要消费品消费量
Per Capita Consumption of Major Consumer Goods in Rural Households

单位：千克 (kg)

品 名	Item	2005	2008	2009	2010	2011
粮食（原粮）	Grain (Unprocessed)	265.69	248.49	233.91	229.03	192.02
豆类及豆制品	Beans and Bean Products	5.31	5.76	5.59	5.15	3.14
蔬菜	Vegetables	43.57	42.37	39.06	43.14	49.43
食油	Edible Oil	3.61	3.94	4.14	4.13	5.99
猪肉	Pork	14.87	11.56	11.17	12.30	12.71
牛肉	Beef	0.41	0.21	0.21	0.35	0.42
羊肉	Mutton	1.28	0.74	0.87	0.80	1.27
家禽	Poultry	0.81	1.15	1.04	1.29	1.41
蛋及蛋制品	Eggs and Related Products	1.66	2.17	2.51	2.58	3.42
奶和奶制品	Milk and Processed Products	1.36	2.38	2.24	2.72	4.67
水产品	Fish and Shrimp	0.21	0.29	0.37	0.30	0.42
瓜果	Fruits	12.56	16.82	16.61	16.39	18.97
食糖	Sugar	0.75	1.00	0.99	0.97	1.08
酒	Liquor	4.88	6.66	7.29	7.28	8.24

10-26 农村居民家庭平均每百户年底耐用消费品拥有量
Number of Durable Consumer Goods Owned Per 100 Rural Households at Year-end

品 名	Item	2005	2008	2009	2010	2011
洗衣机（台）	Washing Machine (set)	39.06	52.11	56.78	60.06	73.72
电冰箱（台）	Refrigerator (set)	7.06	10.94	14.39	17.39	26.50
热水器（台）	Waterheater (units)	2.27	3.06	5.50	8.30	12.61
自行车（辆）	Bicycle (set)	102.50	99.56	100.44	71.56	71.11
摩托车（辆）	Motorcycle (set)	37.05	51.33	53.94	55.22	67.94
黑白电视机（台）	Black and White TV Set (set)	19.67	9.83	7.39	6.44	1.83
彩色电视机（台）	Color TV Set (set)	86.44	99.89	103.72	104.00	104.44
影碟机（台）	Video Disc Player (set)	31.78	34.39	35.44	37.94	29.56
照相机（架）	Camera (set)	2.78	2.50	2.44	2.05	1.67
固定电话（部）	Local Telephone (unit)	54.56	67.11	60.56	54.89	30.39
移动电话（部）	Mobile Phone (unit)	42.56	70.78	95.11	112.39	177.44
家用电脑（台）	Computer (set)		1.94	2.72	4.42	9.00

10-27 农村住户建房和居住情况
Housing Condition of Rural Housholds

指 标	Item	2005	2008	2009	2010	2011
建房情况（户均）	**Conditions of Built Houses (per household)**					
年内新建(购)房屋面积（平方米）	Floor Space of Newly Built(Purchased) Residential Buildings within the Year (sq.m)	2.5	2.5	5.7	1.6	3.8
# 砖木结构面积	Brick and Wood Structure	1.3	1.5	1.5	0.6	1.9
钢筋混凝土结构面积	Reinforced Concrete Structure	0.8	0.8	4.1	0.9	1.5
年内新建(购)房屋价值（元）	Value of Newly Built (Purchased) Houses This Year (yuan)	776.0	1633.5	4128.3	1057.4	3119.2
新建(购)楼房面积（平方米）	Floor Space of Newly Built (Purchased) Storied Houses (sq.m)	0.4	0.5	0.7	0.6	0.8
居住情况（户均）	**Living Rooms (Per Household)**					
年末住房面积（平方米）	Living Floor Space at Year-end (sq.m)	87.0	91.6	94.4	95.6	105.1
# 砖木结构面积	Brick and Wood Structure	30.5	32.6	31.5	31.8	41.3
钢筋混凝土结构面积	Reinforced Concrete Structure	5.0	7.7	11.6	13.0	18.3
年末住房价值（万元）	Value of Rooms at Year-end (10 000 yuan)	1.59	1.90	2.26	2.45	5.65
人均指标（平方米）	**Per Capita Indices (sq.m)**					
平均每人年末住房面积	Living Floor Space at Year-end	18.7	19.9	20.6	21.0	23.7
平均每户本年新建(购)房屋	Newly Built (purchased) Residential Buildings Per Household This Year	2.5	2.5	5.7	1.6	3.8
平均每人年内新建(购)房屋面积	Floor Space of Newly Built (Purchased) Residential Buildings Per Household This Year	0.5	0.5	1.3	0.4	0.9
平均每户新建(购)楼房面积	Floor Space of Newly Built (Purchased) Storied Houses Per Household	0.4	0.5	0.7	0.6	0.8

10-28 各地县农民人均纯收入（2011）
Per Capita Net Income of Farmers by Region, County （2011）

单位：元 (yuan)

地 区 Region		农民人均纯收入 Annual Per Capita Net Income of Rural Residents	工资性收入 Income from Wages and Salaries	家庭经营纯收入 Income from Household Operations	财产性收入 Income from Properties	转移性收入 Income from Transfer
兰州市	**Lanzhou**	**5252.13**	**2642.90**	**1963.09**	**331.36**	**314.77**
城关区	Chengguan	14175.88	5320.29	2136.55	5712.96	1006.08
七里河区	Qilihe	7899.37	3781.32	3666.07	327.54	124.44
西固区	Xigu	8702.16	5219.03	2058.54	254.78	1169.81
安宁区	Anning	9033.94	6347.45	645.12	1080.06	961.31
红古区	Honggu	8504.82	2877.66	5116.71	335.19	175.26
永登县	Yongdeng	4053.05	2356.18	1449.09	73.21	174.56
皋兰县	Gaolan	4257.21	1366.77	2632.78	107.49	150.17
榆中县	Yuzhong	3581.83	1861.54	1366.03	47.84	306.42
嘉峪关市	**Jiayuguan**	**9304.40**	**3873.11**	**5174.90**	**-19.44**	**275.83**
金昌市	**Jinchang**	**6709.16**	**1811.85**	**3864.81**	**632.94**	**399.56**
金川区	Jinchuan	7779.54	1884.21	4562.59	996.33	336.40
永昌县	Yongchang	6438.17	1793.53	3688.15	540.94	415.55
白银市	**Baiyin**	**3813.48**	**1503.08**	**1894.14**	**16.05**	**400.21**
白银区	Baiyin	6323.31	2084.98	4094.25	0.00	144.08
平川区	Pingchuan	4086.73	2449.76	1381.21	26.02	229.75
靖远县	Jingyuan	4108.34	1472.71	2345.39	4.91	285.33
会宁县	Huining	2986.86	1279.04	1061.89	29.85	616.08
景泰县	Jingtai	4439.00	1491.99	2713.60	2.66	230.75
天水市	**Tianshui**	**3265.82**	**1607.88**	**1353.63**	**45.06**	**259.24**
秦州区	Qinzhou	3595.60	2090.52	1348.23	18.84	138.00
麦积区	Maiji	3225.69	1612.13	1266.08	174.24	173.24
清水县	Qingshui	3151.43	1718.83	1062.79	21.16	348.63
秦安县	Qinan	3294.24	937.87	2103.25	30.86	222.26
甘谷县	Gangu	3324.94	1821.99	1046.64	21.11	435.21
武山县	Wushan	3220.88	1673.65	1290.86	30.23	226.15
张家川县	Zhangjiachuan	2852.79	1619.00	955.06	1.59	277.15
武威市	**Wuwei**	**5193.41**	**1509.22**	**3365.83**	**122.06**	**196.30**
凉州区	Liangzhou	6428.69	2078.25	4062.32	211.73	76.38
民勤县	Minqin	5908.08	625.34	4722.74	29.54	530.46
古浪县	Gulang	2966.15	979.19	1715.62	41.28	230.05
天祝县	Tianzhu	3199.00	1223.92	1752.50	6.08	216.50
张掖市	**Zhangye**	**6467.18**	**1786.52**	**4377.42**	**35.69**	**267.56**

10–28 续表 1 continued

单位：元 (yuan)

地　区	Region	农民人均纯收入 Annual Per Capita Net Income of Rural Residents	工资性收入 Income from Wages and Salaries	家庭经营纯收入 Income from Household Operations	财产性收入 Income from Properties	转移性收入 Income from Transfer
甘州区	Ganzhou	6870.03	1485.16	5126.08	28.30	230.49
肃南县	Sunan	8062.02	1818.36	5702.18	216.90	324.58
民乐县	Minle	5503.28	1796.17	3321.31	40.40	345.41
临泽县	Linze	6875.00	1282.35	5322.56	22.18	247.91
高台县	Gaotai	6499.00	2048.38	4243.06		207.56
山丹县	Shandan	6298.18	2633.11	3307.79	57.68	299.61
平凉市	**Pingliang**	**3580.55**	**1531.35**	**1650.03**	**36.56**	**362.62**
崆峒区	Kongtong	4586.00	2037.70	1754.99	195.05	598.26
泾川县	Jingchuan	3714.23	1463.81	1981.46	9.19	259.77
灵台县	Lingtai	3631.19	1324.48	1902.05	31.21	373.44
崇信县	Chongxin	3726.25	2081.49	1489.24	2.80	152.72
华亭县	Huating	4243.85	2278.35	1500.54	52.36	412.60
庄浪县	Zhuanglang	2977.17	1619.77	1156.57	28.23	172.60
静宁县	Jingning	3062.70	906.24	1745.46	-47.23	458.23
酒泉市	**Jiuquan**	**8157.69**	**1725.63**	**5968.43**	**211.37**	**252.26**
肃州区	Suzhou	7909.50	1203.89	6118.11	501.73	85.78
金塔县	Jinta	8200.00	1798.10	6162.41	43.35	196.14
瓜州县	Guazhou	8029.95	1824.25	5620.54	20.52	564.64
肃北县	Subei	9350.00	2234.37	6193.03	12.92	909.68
阿克塞县	Akesai	10000.06	2551.67	6799.85	140.99	507.55
玉门市	Yumen	8060.00	2169.07	5534.00	59.38	297.55
敦煌市	Dunhuang	8702.56	2129.79	6184.41	148.82	239.54
庆阳市	**Qingyang**	**3673.58**	**1605.96**	**1623.62**	**97.47**	**346.53**
西峰区	Xifeng	4752.20	2311.31	2104.02	176.06	160.81
庆城县	Qingcheng	3700.28	1617.27	1630.37	149.13	303.51
环　县	Huanxian	3086.71	1253.43	1332.67	161.31	339.29
华池县	Huachi	3579.48	1322.68	1476.84	177.73	602.23
合水县	Heshui	3556.00	1110.08	2026.29	54.59	365.04
正宁县	Zhengning	4036.39	1353.03	2158.59	185.24	339.52
宁　县	Ningxian	3700.87	1917.28	1252.96	31.38	499.25
镇原县	Zhenyuan	3355.85	1475.90	1620.38	11.81	247.77
定西市	**Dingxi**	**3074.42**	**1132.64**	**1584.21**	**47.57**	**310.00**
安定区	Anding	3101.11	1155.51	1478.04	44.92	422.64
通渭县	Tongwei	2883.09	1229.34	1122.08	1.42	530.25

10–28 续表 2 continued

单位：元 (yuan)

地 区	Region	农民人均纯收入 Annual Per Capita Net Income of Rural Residents	工资性收入 Income from Wages and Salaries	家庭经营纯收入 Income from Household Operations	财产性收入 Income from Properties	转移性收入 Income from Transfer
陇西县	Longxi	3345.43	1476.61	1533.66	75.81	259.35
渭源县	Weiyuan	2992.58	952.15	1608.08	191.29	241.07
临洮县	Lintao	3282.35	645.68	2395.98	36.29	204.40
漳 县	Zhangxian	2960.05	1481.06	1254.78	10.34	213.87
岷 县	Minxian	2890.15	1200.69	1445.00		244.46
陇南市	**Longnan**	**2620.80**	**1182.56**	**1156.13**	**53.92**	**228.19**
武都区	Wudu	2528.00	918.47	1350.81	44.34	214.38
成 县	Chengxian	3681.94	1755.79	1697.29	9.25	219.62
文 县	Wenxian	2267.55	973.05	1084.49	23.15	186.86
宕昌县	Tanchang	2120.63	1063.68	785.40	67.29	204.26
康 县	Kangxian	2458.00	1159.80	1033.00	31.22	233.98
西和县	Xihe	2405.72	1566.34	677.64	35.66	126.08
礼 县	Lixian	2524.64	911.23	1182.14	18.47	412.81
徽 县	Huixian	3737.00	1677.92	1640.46	307.34	111.29
两当县	Liangdang	2064.96	664.77	1306.19	1.93	92.08
临夏州	**Linxia**	**2693.40**	**1051.85**	**1309.15**	**53.69**	**278.71**
临夏市	linxia	5369.43	1636.92	2892.07	394.54	445.90
临夏县	linxia	2660.18	1096.36	1350.91	70.74	142.17
康乐县	Kangle	2667.35	1217.05	1309.83	7.22	133.25
永靖县	Yongjing	2698.50	640.94	1073.78	14.60	969.19
广河县	Guanghe	2893.02	1364.18	1359.81	-1.70	170.74
和政县	Hezheng	2520.40	970.59	1299.93	98.12	151.76
东乡县	Dongxiang	2061.65	559.17	1240.44	29.68	232.36
积石山县	Jishishan	2278.60	1196.06	750.48	0.93	331.13
甘南州	**Gannan**	**3106.23**	**958.70**	**1800.85**	**49.86**	**296.83**
合作市	Hezuo	3184.57	712.12	2328.85		143.60
临潭县	Lintan	2801.14	1241.02	1189.53		370.59
卓尼县	Zhuoni	2805.30	730.13	1912.58	120.76	41.83
舟曲县	Zhouqu	3045.99	1612.82	1018.38	22.50	392.30
迭部县	Diebu	3136.13	767.92	2027.30	35.51	305.40
玛曲县	Maqu	4282.57		4282.57		
碌曲县	Luqu	3824.60	493.83	3162.48	70.01	98.29
夏河县	Xiahe	3194.86	480.99	1920.76	158.33	634.77

10-29 各地县农民平均每人生活消费性支出（2011）
Per Capita Living Expenditure of Rural Households by Region, County （2011）

单位：元 (yuan)

地　区	Region	生活消费支出 Living Expenditures	食品 Food	衣着 Clothing	居住 Residence	家庭设备用品及服务 Household Facilities, Articles and Services	医疗保健 Medicines and Medical Services	交通和通讯 Transportation and Communication	文教娱乐用品及服务 Cultural, Educational and Recreational Articles and Services	其他商品和服务 Other Commodities and Services
兰州市	**Lanzhou**	**4330.68**	**1831.10**	**413.09**	**695.11**	**267.43**	**451.74**	**367.28**	**214.55**	**90.38**
城关区	Chengguan	13053.44	4258.41	1324.06	4021.28	809.20	789.89	1039.48	563.64	247.49
七里河区	Qilihe	6048.24	2370.63	639.91	939.32	350.01	714.49	190.34	766.73	76.82
西固区	Xigu	7377.64	3075.97	755.86	1177.89	460.09	588.53	534.97	581.47	202.86
安宁区	Anning	7402.34	3110.61	802.68	1022.39	408.91	625.94	645.27	565.08	221.46
红古区	Honggu	4223.33	2002.41	413.40	558.75	270.10	375.82	235.94	309.74	57.18
永登县	Yongdeng	3257.01	1451.38	347.78	391.11	211.98	335.98	115.08	339.77	63.95
皋兰县	Gaolan	3113.19	1509.43	263.51	461.68	201.90	205.86	208.62	245.78	16.41
榆中县	Yuzhong	3605.13	1540.64	261.72	577.20	215.94	235.00	133.55	535.48	105.60
嘉峪关市	**Jiayuguan**	**10149.34**	**3840.17**	**657.95**	**1862.92**	**475.56**	**566.29**	**1482.15**	**953.49**	**310.80**
金昌市	**Jinchang**	**7939.42**	**2256.91**	**550.25**	**2366.01**	**274.87**	**824.38**	**848.69**	**618.37**	**199.94**
金川区	Jinchuan	13739.76	2907.47	775.40	6665.43	431.76	1191.50	814.36	706.77	247.07
永昌县	Yongchang	6470.92	2092.21	493.25	1277.50	235.15	761.90	568.75	854.16	188.01
白银市	**Baiyin**	**3821.07**	**1790.85**	**236.66**	**620.86**	**239.03**	**249.32**	**396.82**	**233.21**	**54.30**
白银区	Baiyin	4844.78	1840.27	357.80	1130.51	192.98	265.66	475.47	248.39	333.69
平川区	Pingchuan	3774.21	1624.50	241.97	714.78	264.18	229.98	338.17	326.98	33.65
靖远县	Jingyuan	3200.19	1265.17	292.75	531.63	261.59	406.39	201.92	171.15	69.58
会宁县	Huining	3916.50	2313.61	138.41	485.64	209.41	317.27	167.79	273.46	10.92
景泰县	Jingtai	4690.52	1590.63	343.27	995.04	276.10	756.23	353.33	325.92	50.00
天水市	**Tianshui**	**3155.89**	**1433.26**	**232.76**	**545.34**	**197.98**	**231.28**	**291.71**	**158.06**	**65.50**
秦州区	Qinzhou	2366.91	1151.24	231.27	396.01	136.42	196.29	57.53	163.61	34.54
麦积区	Maiji	3900.43	1933.33	326.03	531.94	281.27	319.54	175.76	244.88	87.69
清水县	Qingshui	3466.12	1064.89	202.02	726.04	218.54	578.45	101.04	473.44	101.69
秦安县	Qinan	2640.34	1321.72	175.51	386.04	160.09	285.30	122.71	154.07	34.90
甘谷县	Gangu	3699.42	1822.28	268.35	594.99	159.50	280.90	267.10	211.63	94.66
武山县	Wushan	3778.27	1495.51	263.91	754.92	331.18	285.57	263.56	302.95	80.68
张家川县	Zhangjiachuan	2073.58	868.54	128.74	551.77	108.66	155.21	63.04	168.66	28.96
武威市	**Wuwei**	**2875.86**	**1389.49**	**187.87**	**442.08**	**171.49**	**209.62**	**222.87**	**192.96**	**59.48**
凉州区	Liangzhou	2754.48	1573.21	156.82	419.83	168.43	102.80	72.86	200.48	60.05
民勤县	Minqin	5107.73	1903.69	395.16	727.25	200.93	644.11	657.85	426.27	152.47
古浪县	Gulang	1980.27	769.05	134.65	384.41	184.54	243.31	142.35	105.51	16.45
天祝县	Tianzhu	2239.33	1140.95	156.91	271.02	116.87	150.78	211.65	172.17	18.98
张掖市	**Zhangye**	**5210.39**	**2035.15**	**364.69**	**819.66**	**401.59**	**381.55**	**656.09**	**406.29**	**145.39**

10–29 续表 1 continued

单位：元 (yuan)

地　区	Region	生活消费支出 Living Expenditures	食品 Food	衣着 Clothing	居住 Residence	家庭设备用品及服务 Household Facilities, Articles and Services	医疗保健 Medicines and Medical Services	交通和通讯 Transportation and Communication	文教娱乐用品及服务 Cultural, Educational and Recreational Articles and Services	其他商品和服务 Other Commodities and Services
甘州区	Ganzhou	5608.41	2149.07	359.98	546.72	593.24	725.37	514.29	470.51	249.25
肃南县	Sunan	8421.85	3229.35	485.39	1992.60	330.52	1328.40	469.76	461.74	124.09
民乐县	Minle	4182.64	1695.41	373.22	825.72	309.61	372.63	241.52	336.75	27.78
临泽县	Linze	5766.27	2191.65	341.84	1031.63	419.73	825.49	416.00	459.84	80.10
高台县	Gaotai	5484.94	2226.39	426.41	1241.22	243.89	509.72	305.09	322.91	209.31
山丹县	Shandan	4557.68	1774.70	309.90	716.23	225.87	777.93	460.36	216.63	76.06
平凉市	**Pingliang**	**4363.68**	**1655.39**	**243.50**	**943.17**	**278.04**	**410.30**	**481.63**	**276.44**	**75.21**
崆峒区	Kongtong	4436.37	1706.91	276.98	650.79	263.00	463.75	297.43	700.68	76.82
泾川县	Jingchuan	3972.84	1440.46	207.37	790.76	198.67	542.02	286.48	469.38	37.71
灵台县	Lingtai	4375.47	1772.91	165.60	1196.02	210.45	330.64	151.53	341.52	206.79
崇信县	Chongxin	4729.72	1295.48	261.86	2020.42	212.67	259.29	142.99	458.19	78.83
华亭县	Huating	4528.98	1531.30	257.56	866.16	201.51	890.54	180.57	537.80	63.54
庄浪县	Zhuanglang	4328.00	1764.72	288.09	888.41	462.99	465.21	204.30	179.25	75.03
静宁县	Jingning	4500.00	1717.64	233.49	1018.33	242.42	458.04	432.96	356.11	41.01
酒泉市	**Jiuquan**	**7062.54**	**2603.39**	**608.94**	**1244.57**	**386.22**	**634.85**	**867.33**	**577.20**	**140.03**
肃州区	Suzhou	6853.64	2715.94	490.32	1529.92	261.39	657.17	358.34	730.72	109.84
金塔县	Jinta	6526.95	2709.30	548.41	956.02	283.43	682.73	547.19	745.96	53.91
瓜州县	Guazhou	6183.52	2218.75	547.52	919.15	327.64	932.58	551.82	528.60	157.46
肃北县	Subei	6314.33	2437.50	595.74	628.54	651.99	814.07	787.33	329.84	69.32
阿克塞县	Akesai	5982.76	2960.48	491.83	672.18	267.90	789.02	245.16	457.74	98.45
玉门市	Yumen	7502.25	3086.24	539.88	789.11	459.77	1251.06	587.07	665.58	123.54
敦煌市	Dunhuang	8553.99	2230.90	1027.29	1751.47	714.03	1057.91	1049.05	437.05	286.29
庆阳市	**Qingyang**	**3112.87**	**1231.98**	**250.03**	**463.13**	**198.73**	**324.93**	**440.38**	**123.98**	**79.70**
西峰区	Xifeng	3408.41	1434.67	346.43	272.60	193.57	585.83	224.34	251.64	99.34
庆城县	Qingcheng	3613.35	1433.02	288.64	745.10	111.98	428.31	122.02	414.59	69.70
环　县	Huanxian	3490.26	1554.61	225.22	536.11	223.32	462.60	129.57	293.93	64.89
华池县	Huachi	2998.47	1669.91	277.25	257.38	127.46	357.64	118.63	152.02	38.18
合水县	Heshui	2328.01	917.45	160.37	263.62	208.30	326.46	137.45	278.70	35.65
正宁县	Zhengning	3246.59	1382.17	270.54	528.18	207.27	399.77	136.79	275.21	46.67
宁　县	Ningxian	3151.49	1018.94	245.61	452.72	178.56	560.90	109.58	426.26	158.91
镇原县	Zhenyuan	2628.86	958.57	213.98	468.52	259.14	302.18	74.56	311.98	39.94
定西市	**Dingxi**	**3004.81**	**1293.24**	**207.59**	**611.88**	**203.43**	**219.79**	**261.70**	**160.22**	**46.96**
安定区	Anding	3956.60	1790.61	211.25	948.48	225.11	304.09	182.67	248.97	45.41
通渭县	Tongwei	2502.48	1235.89	127.71	307.12	134.63	224.42	196.63	211.43	64.66

10–29 续表2 continued

单位：元 (yuan)

地 区	Region	生活消费支出 Living Expenditures	食品 Food	衣着 Clothing	居住 Residence	家庭设备用品及服务 Household Facilities, Articles and Services	医疗保健 Medicines and Medical Services	交通和通讯 Transportation and Communication	文教娱乐用品及服务 Cultural,Educational and Recreational Articles and Services	其他商品和服务 Other Commodities and Services
陇西县	Longxi	3255.45	1714.39	204.60	451.84	165.36	229.58	202.22	230.05	57.41
渭源县	Weiyuan	3535.18	1632.79	256.79	591.12	175.77	320.85	211.62	259.81	86.43
临洮县	Lintao	2889.28	814.18	182.79	787.71	385.27	227.18	156.15	308.31	27.69
漳 县	Zhangxian	1976.30	962.09	119.25	447.35	77.05	239.72	27.28	91.55	12.02
岷 县	Minxian	2791.54	1018.56	327.26	714.60	172.35	303.78	95.77	129.84	29.38
陇南市	**Longnan**	**2667.43**	**1312.21**	**226.86**	**413.42**	**121.55**	**226.98**	**231.52**	**100.20**	**34.68**
武都区	Wudu	2788.00	1574.75	234.32	289.58	143.74	221.28	87.54	217.94	18.85
成 县	Chengxian	4241.68	1444.86	378.44	1060.37	190.27	362.20	195.85	505.51	104.18
文 县	Wenxian	2317.80	1325.98	168.68	244.02	149.16	228.28	71.92	109.13	20.63
宕昌县	Tanchang	2053.88	1223.23	155.49	259.31	97.41	161.29	39.74	106.13	11.30
康 县	Kangxian	2531.05	1324.30	159.41	235.60	113.30	263.51	95.15	280.59	59.20
西和县	Xihe	2594.63	1302.26	284.64	470.19	96.59	213.32	54.94	156.62	16.07
礼 县	Lixian	2336.92	1179.12	148.65	388.98	95.36	194.61	73.48	234.84	21.88
徽 县	Huixian	3069.51	1003.64	374.09	545.67	107.74	308.73	318.59	316.26	94.80
两当县	Liangdang	2139.65	964.44	124.18	309.39	145.39	276.59	65.03	222.97	31.66
临夏州	**Linxia**	**2727.01**	**1250.54**	**197.33**	**513.30**	**177.70**	**246.13**	**238.92**	**68.53**	**34.56**
临夏市	linxia	4449.25	1827.74	368.31	902.48	262.12	364.23	231.10	417.79	75.49
临夏县	linxia	3219.83	1541.18	240.24	547.77	258.17	266.17	127.65	192.01	46.65
康乐县	Kangle	3148.65	1142.03	218.78	531.97	257.45	303.55	44.33	618.32	32.23
永靖县	Yongjing	3189.57	1480.54	233.83	656.91	207.66	215.92	108.73	233.90	52.08
广河县	Guanghe	2296.49	1338.06	180.09	293.89	109.21	244.56	10.46	97.64	22.60
和政县	Hezheng	2515.83	1015.67	233.76	446.84	188.24	331.85	11.98	262.84	24.64
东乡县	Dongxiang	1638.08	815.43	80.90	393.15	87.06	135.56	12.10	93.27	20.59
积石山县	Jishishan	2249.55	1088.48	136.20	551.98	71.20	144.73	58.06	177.22	21.68
甘南州	**Gannan**	**2414.52**	**1390.36**	**179.17**	**360.14**	**90.46**	**70.25**	**219.52**	**57.28**	**47.34**
合作市	Hezuo	2283.90	1323.20	228.01	243.22	82.79	251.78	40.08	92.19	22.61
临潭县	Lintan	2142.94	1212.95	124.60	416.10	48.43	211.99	54.86	55.98	18.04
卓尼县	Zhuoni	1790.69	1074.64	70.02	412.80	47.87	103.07	9.04	63.16	10.10
舟曲县	Zhouqu	2217.48	1329.43	129.07	363.89	116.64	156.85	36.09	65.05	20.46
迭部县	Diebu	2385.17	1348.39	132.58	328.27	127.84	179.98	132.60	49.45	86.06
玛曲县	Maqu	4509.41	2658.54	544.74	252.13	196.47	405.62	106.00	88.83	257.08
碌曲县	Luqu	2274.26	1289.86	258.37	167.55	29.90	291.70	153.50	63.91	19.49
夏河县	Xiahe	3089.18	1651.15	285.15	393.03	128.26	373.90	61.38	110.27	86.05

主要统计指标解释

一、城镇住户

城镇家庭人口 指居住在一起，经济上合在一起共同生活的家庭成员。凡计算为家庭人口的成员其全部收支都包括在本调查表中。

城镇就业者负担人数 指家庭人口与就业人口之比。

城镇家庭总收入 指家庭成员得到的工薪收入、经营净收入、财产性收入、转移性收入之和，不包括出售财物收入和借贷收入。

城镇家庭可支配收入 指家庭成员得到可用于最终消费支出和其它非义务性支出以及储蓄的总和，即居民家庭可以用来自由支配的收入。它是家庭总收入扣除交纳的所得税、个人交纳的社会保障支出以及记账补贴后的收入。计算公式为：

可支配收入=家庭总收入-交纳所得税-个人交纳的社会保障支出-记帐补贴

城镇家庭总支出 指除借贷支出以外的全部家庭支出。包括消费性支出、购房建房支出、转移性支出、财产性支出、社会保障支出。

城镇家庭消费性支出 指家庭用于日常生活的支出，包括食品、衣着、家庭设备用品及服务、医疗保健、交通和通信、娱乐教育文化服务、居住、杂项商品和服务等八大类支出。

城镇家庭收入分组方法 将所有调查户依户人均可支配收入由低到高排队，按10%，10%，20%，20%，20%，10%，10%的比例依次分成：最低收入户、低收入户、中等偏下收入户、中等收入户、中等偏上收入户、高收入户、最高收入户等七组。总体中最低5%的户为困难户。

恩格尔系数 指食物支出金额在消费性总支出金额中所占的比例。计算公式为：

$$恩格尔系数=\frac{食品支出金额}{生活消费总支出金额}\times 100\%$$

二、农村住户

农村住户 指农村常住户。农村常住户指长期(一年以上)居住在乡镇(不包括城关镇)行政管理区域内的住户，以及长期居住在城关镇所辖行政村范围内的农村住户。户口不在本地而在本地居住一年及以上的住户也包括在本地农村常住户范围内；有本地户口，但举家外出谋生一年以上的住户，无论是否保留承包耕地都不包括在本地农村住户范围内。

常住人口 指全年经常在家或在家居住6个月以上，而且经济和生活与本户连成一体的人口。外出从业人员在外居住时间虽然在6个月以上，但收入主要带回家中，经济与本户连为一体，仍视为家庭常住人口；在家居住，生活和本户连成一体的国家职工、退休人员也为家庭常住人口。但是现役军人、中专及以上(走读生除外)的在校学生、以及常年在外(不包括探亲、看病等)且已有稳定的职业与居住场所的外出从业人员，不算家庭常住人口。家庭常住人口主要作为计算农村住户平均每人收入、消费和积累水平及分析家庭人口状况的依据。

整、半劳动力 整劳动力指男子18周岁到50周岁，女子18周岁到45周岁；半劳动力指男子16周岁到17周岁，51周岁到60周岁；女子16周岁到17周岁，46周岁到55周岁，同时具有劳动能力的人。虽然在劳动年龄之内，但已丧失劳动能力的人，不应算为劳动力；超过劳动年龄，但能经常参加劳动，计入半劳动力数内。常住人口中的职工，若这些职工为劳动力，就包括在本户的整半劳动力中。

总收入 指调查期内农村住户和住户成员从各种来源渠道得到的收入总和。按收入的性质划分为工资性收入、家庭经营收入、财产性收入和转移性收入。

家庭经营收入 指农村住户以家庭为生产经营单位进行生产筹划和管理而获得的收入。农村住户家庭经营活动按行业划分为农业、林业、牧业、渔业、工业、建筑业、交通运输业邮电业、批发和零售贸易餐饮业、社会服务业、文教卫生业和其他家庭经营。

财产性收入 指金融资产或有形非生产性资产的所有者向其他机构单位提供资金或将有形非生产性资产供其支配，作为回报而从中获得的收入。

转移性收入 指农村住户和住户成员无须付出任何对应物而获得的货物、服务、资金或资产所有权等，不包括无偿提供的用于固定资本形成的资金。一般情况下，是指农村住户在二次分配中的所有收入。

现金收入 指农村住户和住户成员在调查期内得到以现金形态表现的收入。按来源分成工资性收入、家庭经营现金收入、财产性收入、转移性收入。

纯收入 指农村住户当年从各个来源得到的总收入相应地扣除所发生的费用后的收入总和。计算方法：

纯收入=总收入-税费支出-家庭经营费用支出-生产性固定资产折旧-赠送农村亲友支出

纯收入主要用于再生产投入和当年生活消费支出，也可用于储蓄和各种非义务性支出。“农民人均纯收入”按人口平均的纯收入水平，反映的是一个地区或一个农户农村居民的平均收入水平。

总支出 指农村住户用于生产、生活和再分配的全部支出。家庭经营费用支出、购置生产性固定资产支出、生产性固定资产折旧、税费支出、生活消费支出、财产性支出和转移性支出。

11

城市概况

General Survey of Cities

简要说明

一、本篇资料的主要内容

本篇资料反映了甘肃省各城市主要社会经济和城市公用事业基本情况。城市公用事业基本情况包括市政建设、设施水平、供水、供气、供热、公共交通、园林绿化、环境卫生等。

二、本篇资料的来源

本篇资料中11-1、11-8表数据资料由省统计局社会科技处依据国家统计局制定的《市、县社会经济基本情况统计报表制度》提供，其余各表数据的资料来源于省住房和城市建设厅《城市建设统计年报》，由省统计局社会科技处整理提供。

三、本篇资料的统计范围

本篇资料的统计范围是12个地级城市，为市辖区数据。

11-1 分城市主要社会经济指标（2011）
Main Social and Economic Indicators by Cities (2011)

指标	Item	兰州市 Lanzhou	嘉峪关市 Jiayuguan	金昌市 Jinchang
年底人口数（万人）	Population (year-end)(10 000 persons)	209.1	19.45	22.97
年底单位从业人员（万人）	Number of Employed Persons (year-end) (10 000 persons)	47.48	5.73	5.96
生产总值（亿元）	Gross Regional Product (100 million yuan)	1089.47	235.54	188.35
第一产业	Primary Industry	13.90	3.10	2.81
第二产业	Secondary Industry	498.07	192.98	160.46
第三产业	Tertiary Industry	577.50	39.46	25.09
人均生产总值（元）	Per Capita Gross Regional Product (yuan)	42536	101306	82160
生产总值增长率（%）	Growth Rate of GDP (%)	15.80	17.50	16.32
地方财政一般预算内收入（亿元）	General Budgetary Revenue (100 million yuan)	79.38	11.01	2.44
地方财政一般预算内支出（亿元）	General Budgetary Expenditure(100 million yuan)	140.90	16.78	6.59
年末金融机构存款余额（亿元）	Deposits of Financial Institution(year-end)(100 million yuan)	3383.00	218.32	161.11
#城乡居民储蓄存款	Savings Deposits of Urban and Rural Households	1317.70	87.68	78.73
年末金融机构贷款余额（亿元）	Loans of Financial Institutions(year-end) (100 million yuan)	1907.49	229.36	114.15
规模以上工业总产值（亿元）	Gross Industrial Output Value of Industrial Enterprises above Designated Size (100 million yuan)	1607.91	720.44	602.11
规模以上工业企业	Industrial Enterprises above Designated Size			
主营业务收入（亿元）	Revenue from Principal Business (100 million yuan)	1500.37	889.63	1243.21
利润总额（亿元）	Total Profit(100 million yuan)	-9.96	30.80	41.31
邮电局所数（个）	Number of Post and Telecommunication Offices (unit)	94	16	9
年末固定电话用户数（万户）	Number of Subscribers of Fixed Telephones at Year-end (10 000 households)	83.93	8.05	3.71
年末移动电话用户（万户）	Nember of Mobile Phone Sets (year-end) (10 000 households)	117.66	36.08	20.94
国际互联网用户（万户）	Internet Service Users (10 000 households)	37.81	5.44	4.27
综合能源消费量（万吨标准煤）	Comprehensive Energy Consumption(10 000 tons of SCE)	1483	793	
全社会用电量（万千瓦时）	Electricity Consumption in the Whole Society (10 000 kw·h)	1504368	747851	
#工业用电量	Electricity Consumption of Industry	1092931	676816	
社会消费品零售总额（亿元）	Total Retail Sales of Consumer Goods (100 million yuan)	560.36	30.01	30.29
外商直接投资	Foreign Direct Investment			
当年新签项目（合同）的数（个）	Numbers of New Signed Project(Contract) of Current Year(unit)	7		
当年实际使用外资金额（万美元）	Amount of Foreign Capital Actually Utilized of Current Year(10000 USD)	1708		
固定资产投资额（亿元）	Total Investment in Fixed Assets (100 million yuan)	858.00	65.24	92.97
#城镇固定资产投资额	Investment in Urban Area			
#房地产开发投资额	Total Investment in Real Estate Development	155.59	12.28	3.42
#住宅	Residential Buildings	85.57	9.83	2.94
在校学生数（万人）	Student Enrollment (10 000 persons)			
普通高等学校	Regular Institutions of Higher Education	29.27	0.29	0.08
中等职业技术学校	Specialized Secondary Schools	8.45	0.58	0.23
普通中学	Number of Regular Secondary Schools	11.83	1.45	1.47
小学	Number of Primary Schools	14.37	1.65	1.27
医院、卫生院数（个）	Number of Hospitals (unit)	96	8	7
医院、卫生院床位数（张）	Number of Beds in Hospitals (bed)	24334	1352	1126
执业（助理）医师（人）	Licensed (Assistant) Doctors (person)	9424	777	669
在岗职工工资总额（万元）	Total Wages of Staff and Workers (10 000 yuan)	1755683	261094	278

11-1 续表 1 continued

指 标	Item	白银市 Baiyin	天水市 Tianshui	武威市 Wuwei	张掖市 Zhangye	平凉市 Pingliang
年底人口数（万人）	Population (year-end)(10 000 persons)	50.17	131.00	102.84	51.70	53.56
年底单位从业人员（万人）	Number of Employed Persons (year-end) (10 000 persons)	10.63	12.50	7.17	5.45	4.09
生产总值（亿元）	Gross Regional Product (100 million yuan)	245.40	216.20	176.18	115.54	86.01
第一产业	Primary Industry	6.34	18.23	39.60	29.55	10.35
第二产业	Secondary Industry	166.87	105.99	75.41	39.73	34.72
第三产业	Tertiary Industry	72.19	91.98	61.17	46.26	40.94
人均生产总值（元）	Per Capita Gross Regional Product (yuan)	48122	18002	17400	22717	16910
生产总值增长率（%）	Growth Rate of GDP (%)	14.79	12.50	13.00	13.40	14.10
地方财政一般预算内收入（亿元）	General Budgetary Revenue (100 million yuan)	13.65	7.62	3.76	4.54	2.25
地方财政一般预算内支出（亿元）	General Budgetary Expenditure(100 million yuan)	38.66	39.03	31.50	28.26	15.44
年末金融机构存款余额（亿元）	Deposits of Financial Institution(year-end) (100 million yuan)	269.99	342.06	254.82	171.90	151.35
#城乡居民储蓄存款	Savings Deposits of Urban and Rural Households	136.20	223.55	174.25	107.32	84.00
年末金融机构贷款余额（亿元）	Loans of Financial Institutions(year-end) (100 million yuan)	149.20	191.50	136.33	94.51	108.00
规模以上工业总产值（亿元）	Gross Industrial Output Value of Industrial Enterprises above Designated Size (100 million yuan)	484.33	166.58	158.48	78.44	61.96
规模以上工业企业	Industrial Enterprises above Designated Size					
主营业务收入（亿元）	Revenue from Principal Business(100 million yuan)	518.38	109.52	104.43	60.86	59.73
利润总额（亿元）	Total Profit(100 million yuan)	24.07	4.20	2.35	3.57	-1.61
邮电局所数（个）	Number of Post and Telecommunication Offices (unit)	28	57	42	36	20
年末固定电话用户数（万户）	Number of Subscribers of Fixed Telephones at Year-end (10 000 households)	15.47	24.09	14.70	13.76	8.41
年末移动电话用户（万户）	Nember of Mobile Phone Sets (year-end) (10 000 households)	58.71	49.89	66.57	64.23	29.80
国际互联网用户（万户）	Internet Service Users (10 000 households)	5.99	7.16	3.69	4.99	3.23
综合能源消费量（万吨标准煤）	Comprehensive Energy Consumption (10 000 tons of SCE)	412	99	142	218	324
全社会用电量（万千瓦时）	Electricity Consumption in the Whole Society (10 000 kw·h)	841558	219398	89306	238046	113929
#工业用电量	Electricity Consumption of Industry	817220	70739	75452	85632	87694
社会消费品零售总额（亿元）	Total Retail Sales of Consumer Goods (100 million yuan)	64.83	95.58	53.39	49.55	43.13
外商直接投资	Foreign Direct Investment					
当年新签项目（合同）数（个）	Numbers of New Signed Project(Contract) of Current Year(unit)	1	82			
当年实际使用外资金额（万美元）	Amount of Foreign Capital Actually Utilized of Current Year(10000 USD)	2000	254			
固定资产投资额（亿元）	Total Investment in Fixed Assets (100 million yuan)					
#城镇固定资产投资额	Investment in Urban Area	142.70	135.84	149.26	51.11	92.12
#房地产开发投资额	Total Investment in Real Estate Development	7.93	15.00	11.99	6.80	11.31
# 住宅	Residential Buildings	6.61	12.94	8.11	5.60	9.31
在校学生数（万人）	Student Enrollment (10 000 persons)					
普通高等学校	Regular Institutions of Higher Education	0.13	3.49	1.26	1.78	0.65
中等职业技术学校	Specialized Secondary Schools	0.79	6.15	0.65	0.58	1.35
普通中学	Number of Regular Secondary Schools	4.59	8.31	7.49	3.71	3.16
小学	Number of Primary Schools	3.78	11.22	8.01	3.55	4.48
医院、卫生院数（个）	Number of Hospitals (unit)	32	65	120	35	31
医院、卫生院床位数（张）	Number of Beds in Hospitals (bed)	3044	5147	5210	2176	2779
执业（助理）医师（人）	Licensed (Assistant) Doctors (person)	1289	2077	2515	1083	730
在岗职工工资总额（万元）	Total Wages of Staff and Workers (10 000 yuan)	430316	297590	177231	121565	112827

11-1 续表 2 continued

指　标	Item	酒泉市 Jiuquan	庆阳市 Qingyang	定西市 Dingxi	陇南市 Longnan
年底人口数（万人）	Population (year-end) (10 000 persons)	40.64	36.57	46.98	58.16
年底单位从业人员（万人）	Number of Employed Persons (year-end) (10 000 persons)	3.94	2.89	2.69	2.08
生产总值（亿元）	Gross Regional Product (100 million yuan)	152.47	144.92	39.34	59.97
第一产业	Primary Industry	19.44	8.97	8.34	10.34
第二产业	Secondary Industry	81.85	96.00	10.90	12.39
第三产业	Tertiary Industry	51.17	39.96	20.10	37.24
人均生产总值（元）	Per Capita Gross Regional Product (yuan)	35392	38349	9340	10249
生产总值增长率（%）	Growth Rate of GDP (%)	12.40	30.30	13.80	13.50
地方财政一般预算内收入（亿元）	General Budgetary Revenue (100 million yuan)	2.38	32.20	1.83	5.72
地方财政一般预算内支出（亿元）	General Budgetary Expenditure(100 million yuan)	14.25	44.96	18.56	18.06
年末金融机构存款余额（亿元）	Deposits of Financial Institution(year-end) (100 million yuan)	214.70	143.99	103.64	123.43
#城乡居民储蓄存款	Savings Deposits of Urban and Rural Households	121.79	89.58	54.71	51.56
年末金融机构贷款余额（亿元）	Loans of Financial Institutions(year-end) (100 million yuan)	134.23	67.16	60.32	66.88
规模以上工业总产值（亿元）	Gross Industrial Output Value of Industrial Enterprises above Designated Size (100 million yuan)	239.53	239.94	17.39	7.83
规模以上工业企业	Industrial Enterprises above Designated Size				
主营业务收入（亿元）	Revenue from Principal Business(100 million yuan)	149.89	234.12	14.81	7.30
利润总额（亿元）	Total Profit(100 million yuan)	9.79	33.00	0.23	0.97
邮电局所数（个）	Number of Post and Telecommunication Offices (unit)	27	10	21	23
年末固定电话用户数（万户）	Number of Subscribers of Fixed Telephones at Year-end (10 000 households)	9.63	10.53	6.00	8.40
年末移动电话用户（万户）	Nember of Mobile Phone Sets (year-end) (10 000 households)	41.43	20.81	13.91	5.41
国际互联网用户（万户）	Internet Service Users (10 000 households)	4.55	2.56	1.70	1.09
综合能源消费量（万吨标准煤）	Comprehensive Energy Consumption (10 000 tons of SCE)	149	106	35	30
全社会用电量（万千瓦时）	Electricity Consumption in the Whole Society (10 000 kw·h)	85274	31200	11108	14410
#工业用电量	Electricity Consumption of Industry	46272	19000	1920	2710
社会消费品零售总额（亿元）	Total Retail Sales of Consumer Goods (100 million yuan)	44.37	39.16	21.19	16.50
外商直接投资	Foreign Direct Investment				
当年新签项目（合同）数（个）	Numbers of New Signed Project(Contract) of Current Year(unit)		1		
当年实际使用外资金额（万美元）	Amount of Foreign Capital Actually Utilized of Current Year(10000 USD)		300		
固定资产投资额（亿元）	Total Investment in Fixed Assets (100 million yuan)				
#城镇固定资产投资额	Investment in Urban Area	102.36	122.93	57.76	75.84
#房地产开发投资额	Total Investment in Real Estate Development	11.59	15.93	11.61	4.04
# 住宅	Residential Buildings	9.67	12.16	0.44	1.79
在校学生数（万人）	Student Enrollment (10 000 persons)				
普通高等学校	Regular Institutions of Higher Education	0.65	1.26	0.82	
中等职业技术学校	Specialized Secondary Schools	0.85	1.85	1.36	0.25
普通中学	Number of Regular Secondary Schools	2.35	3.45	3.94	2.83
小学	Number of Primary Schools	3.06	3.12	2.48	4.92
医院、卫生院数（个）	Number of Hospitals (unit)	35	13	25	41
医院、卫生院床位数（张）	Number of Beds in Hospitals (bed)	2199	2109	1093	952
执业（助理）医师（人）	Licensed (Assistant) Doctors (person)	1054	804	501	431
在岗职工工资总额（万元）	Total Wages of Staff and Workers (10 000 yuan)	118426	107731	94273	65520

11-2 城市公用事业基本情况
Basic Statistics on City Public Utilities

指 标	Item	2009	2010	2011
城市建设	**City Areas and Floor Space of Buildings**			
建成区面积（平方公里）	Area of Built Districts (sq.km)	604	633	656
城市建设用地面积（平方公里）	Area of Land Used for Urban Construction (sq.km)		594	615
城市人口密度（人/平方公里）	Population Density of Citt Districts (person/sq.km)	3814	3793	3824
城市供水、燃气	**Water Supply and Gas Supply**			
全年供水总量（万吨）	Annual Volume of Total Water Supply (10 000 tons)	60618	62713	55703
# 居民家庭用水	Water Consumption for Residential Use	20214	20662	20291
人均日生活用水量(升)	Per Capita Daily Water Consumption for Residential Use (liter)	159	155	146
用水普及率（%）	Coverage Rate of Urban Population with Access to Tap Water (%)	89.66	91.57	92.50
供气总量（人工、天然气）（万立方米）	Volume of Gas Supply（Coal Gas,Natural Gas）（10 000cu.m）	68900	82400	89717
#家庭用量	Consumption of Gaswork Gas for Residential Use	17400	19200	18958
液化石油气供气总量（万吨）	Volume of Liquefied Petroleum Gas（10 000 ton）	18.57	18.55	15.17
#家庭用量	Consumption of Gaswork Gas for Residential Use	6.96	14.32	7.04
燃气普及率（%）	Coverage Rate of Urban Population with Access to Gas (%)	73.03	74.29	75.62
城市公共交通	**Public Traffic**			
年末实有公共汽(电)车营运车辆数（辆）	Number of Bus (Trolle Bus) under Operation at Year-end (unit)	3986	4296	4457
全年公共汽(电)车客运总量（万人次）	Bus,Trolley Bus（10000 person-times）	81037	92030	95115
年末实有出租汽车数（辆）	Number of Taxi at Year-end (unit)	21103	20480	16825
城市市政建设	**Municipal Infra-structure**			
年末实有道路长度（公里）	Length of Paved Roads at Year-end (km)	3302	3399	3503
城市排水管道长度（公里）	Length of City Sewaeg Pipes (km)	3053	3092	3144
城市绿化和园林	**City Greening**			
城市绿地面积（公顷）	Area of Urban Green Land (hectare)	14702	15275	18260
人均拥有公园绿地面积（平方米）	Per Capita Area of Parks and Green Land (sq.m)	7.99	8.12	8.32
公园数（个）	Number of Parks (unit)	81	83	92
公园面积（公顷）	Area of Parks (hectare)	2394	2451	2572
城市环境卫生	**Environmental Sanitation**			
生活垃圾清运量（万吨）	Volume of Garbage Disposal (10 000 tons)	263.59	278.25	276.18
粪便清运量（万吨）	Volume of Disposal of Excrement and Urine (10 000 tons)	23.41	20.97	16.22
生活垃圾无害化处理率（%）	Harmless Treatment Rate of Garbage (%)	32.37	37.95	41.71

11-3 各地区城市建设情况（2011）
Statistics on City Construction by Region (2011)

地 区	Region	城区面积（平方公里）Urban Area(sq.km)	建成区面积(平方公里) Area of Build Disticts(sp.km)	城市建设用地面积(平方公里) Area of Land Used for Urban Construction (sq.km)	征用土地面积(平方公里) Land Put in Requisition for State Construction Projects (sq.km)	城市人口密度(人/平方公里) Population Density of Urban Area (persons/sq.km)
甘肃省	**Gansu**	**1436.55**	**655.63**	**615.37**	**33.62**	**3824**
兰州市	Lanzhou	212.07	196.97	206.77	11.79	9325
嘉峪关市	Jiayuguan	120.00	55.00	54.45		1720
金昌市	Jinchang	42.00	39.36	39.35	0.63	4519
白银市	Baiyin	99.24	55.50	46.52	0.68	4071
天水市	Tianshui	58.61	42.50	42.50		11602
武威市	Wuwei	30.50	30.50	25.35	5.00	9784
张掖市	Zhangye	35.59	35.59	22.55	2.35	5431
平凉市	Pingliang	255.00	36.00	33.19	0.62	1133
酒泉市	Jiuquan	232.00	40.00	39.05		1328
庆阳市	Qingyang	25.44	22.50	21.69	2.13	7115
定西市	Dingxi	200.00	23.41	13.55	2.28	860
陇南市	Longnan	40.00	10.40	9.20		3855
临夏州	Linxia	27.50	20.00	19.89	8.14	6982
甘南州	Gannan	12.44	8.98	5.79		4445

注：临夏州、甘南州数据为临夏市、合作市数据。（下表同）
a) Data of Linxia State, Gannan State refer to data of Linxia City,Hezuo City.(The same applies to the table following.)

11-4 各地区城市供水情况（2011）
Basic Statistics on Tap Water Supply in Cities by Region (2011)

地 区	Region	年末供水综合生产能力(万立方米/日) Production Capacity of Tap Water Supply(year-end)(10 000cu.m/day)	年末供水管道长度(公里) Length of Water Supply Pipelines (year-end)(km)	全年供水总量(万立方米) Total Annual Volume of Water Supply (10 000 cu.m)	#居民家庭用水 Water for Households Use	#生产运营用水 Water for Production Operations Use	用水人口(万人) Number of Residents with Access to Tap Water (10 000 persons)	人均日生活用水量(升) Per Capita Daily Consumption of Tap Water for Residential Use (liter)
甘肃省	**Gansu**	**373.81**	**4690.15**	**55702.59**	**20291.42**	**18155.85**	**508.13**	**146**
兰州市	Lanzhou	157.97	881.70	29401.14	10078.89	11812.05	187.10	196
嘉峪关市	Jiayuguan	48.64	736.45	3328.30	447.32	266.73	20.64	156
金昌市	Jinchang	33.00	342.04	3032.00	734.00	429.00	18.98	158
白银市	Baiyin	48.40	286.60	5414.30	2549.00	1961.10	40.27	178
天水市	Tianshui	11.00	202.70	3261.00	1798.50	286.50	53.17	136
武威市	Wuwei	10.38	217.50	1815.66	778.52	398.98	28.79	102
张掖市	Zhangye	12.00	176.99	1752.75	819.85	718.49	19.33	123
平凉市	Pingliang	4.60	297.43	1426.60	522.00	506.00	28.10	74
酒泉市	Jiuquan	14.40	249.05	2123.34	768.34	760.00	30.80	103
庆阳市	Qingyang	5.32	356.80	679.60	370.00	83.00	17.51	74
定西市	Dingxi	5.00	154.69	510.00	214.00	123.00	15.40	47
陇南市	Longnan	1.57	63.10	386.40	184.00	43.00	8.64	87
临夏州	Linxia	5.00	133.60	640.50	359.00	82.00	15.63	76
甘南州	Gannan	1.53	57.50	359.00	120.00	160.00	4.50	87

11-5 各地区城市燃气情况（2011）

Basic Statistics on Supply of Gas in Cities by Region (2011)

地 区	Region	人工煤气生产能力(万立方米/日) Production Capacity of Gaswork Gas (10 000 cu.m/day)	管道长度（公里） Length of Gas Pipelines (km)			全年供气总量 Volume of Gas Supply			用气人口（万人） Population with Access to Gas (10 000 persons)		
			人工煤气 Coal Gas	液化石油气 Liquefied Petroleum Gas	天然气 Natural Gas	人工煤气(万立方米) Coal Gas (10 000cu.m)	液化石油气(吨) Liquefied Petroleum Gas(ton)	天然气(万立方米) Natural Gas(10 000 cu.m)	人工煤气 Coal Gas	液化石油气 Liquefied Petroleum Gas	天然气 Natural Gas
甘肃省	**Gansu**	**9.9**	**392.7**		**1128.7**	**1617.2**	**151714.5**	**88099.7**	**15.4**	**178.9**	**221.1**
兰州市	Lanzhou				469.4		101330.1	80750.0		12.7	163.3
嘉峪关市	Jiayuguan	9.9	392.7		27.1	1617.2	40.0	129.1	15.4	0.1	5.1
金昌市	Jinchang				39.1		980.0	28.6		9.0	1.7
白银市	Baiyin				180.0		1849.0	614.0		9.7	17.3
天水市	Tianshui				80.0		6705.0	620.0		29.2	13.7
武威市	Wuwei						3360.0	1395.0		13.3	3.1
张掖市	Zhangye				35.1		4068.0	8.5		17.9	1.4
平凉市	Pingliang				39.5		3265.0	13.0		15.0	3.2
酒泉市	Jiuquan				31.0		15400.0	365.5		30.0	0.7
庆阳市	Qingyang						7958.0	1441.0		13.9	0.1
定西市	Dingxi						602.0			8.2	
陇南市	Longnan						557.4			4.5	
临夏州	Linxia				41.2		720.0	831.5		1.7	1.1
甘南州	Gannan						1365.0			5.0	

11-6 各地区城市集中供热情况（2011）

Basic Statistics on Heating in Cities by Region (2011)

地 区	Region	供应能力 Heating Capacity		供热总量 Quantity of Heat Supplied		管道长度 Length of Heating Pipelines		供热面积（万平方米） Area of Centralized Heating (10 000 sq.m)
		蒸 汽(吨/小时) Steam (ton/hour)	热 水(兆瓦) Hot Water (mega watts)	蒸 汽(万吉焦) Steam (10 000 gigajoules)	热 水(万吉焦) Hot Water (10 000 gigajoules)	蒸 汽(公里) Steam (km)	热 水(公里) Hot Water (km)	
甘肃省	**Gansu**		**11137**		**6151**		**3718**	**12162.3**
兰州市	Lanzhou		3463		2248		793	4334.9
嘉峪关市	Jiayuguan		1115		720		503	979.0
金昌市	Jinchang		137		175		206	492.0
白银市	Baiyin		1300		393		559	1025.9
天水市	Tianshui		348		324		92	530.0
武威市	Wuwei		1500		390		170	900.0
张掖市	Zhangye		232		149		30	380.0
平凉市	Pingliang		360		215		556	712.0
酒泉市	Jiuquan		840		600		290	869.0
庆阳市	Qingyang		274		130		36	309.3
定西市	Dingxi		450		153		48	480.0
陇南市	Longnan							
临夏州	Linxia		340		221		43	314.2
甘南州	Gannan		58		48		42	96.0

11-7 各地区城市市政设施（2011）

Basic Statistics on Municipal Infrastructure in Cities by Region (2011)

地 区	Region	年末实有道路长度（公里） Length of Paved Roads (year-end) (km)	年末实有道路面积（万平方米） Area of Paved Roads (year-end) (10 000 sq.m)	城市桥梁（座） Number of City Bridges (unit)	城市排水管道长度（公里） Length of City Sewage Pipes (km)	城市污水处理厂日处理能力（万立方米） Daily Disposal Capacity of City Sewage (10 000 cu.m)	城市道路照明灯（盏） Number of Street Lights (units)
甘肃省	**Gansu**	**3503.4**	**6913.1**	**379**	**3144**	**109.6**	**216031**
兰州市	Lanzhou	909.8	2168.4	202	765	47.9	75678
嘉峪关市	Jiayuguan	290.0	352.3	7	350	5.0	19270
金昌市	Jinchang	173.4	431.3	13	90	8.0	16371
白银市	Baiyin	401.9	581.3	21	153	4.0	11400
天水市	Tianshui	304.6	597.3	36	315	12.0	12322
武威市	Wuwei	149.6	273.4	4	146	9.0	6628
张掖市	Zhangye	118.5	383.7	1	124	4.0	8233
平凉市	Pingliang	165.7	546.2	31	292	5.0	17073
酒泉市	Jiuquan	279.5	430.6	6	263	4.0	12330
庆阳市	Qingyang	148.0	230.4	2	180	2.0	6929
定西市	Dingxi	78.0	186.7	9	120	1.0	6907
陇南市	Longnan	41.3	64.2	13	56	1.5	2888
临夏州	Linxia	97.0	179.3	19	66	1.5	10864
甘南州	Gannan	23.2	72.0	13	32	0.7	2315

11-8 各地区城市公共交通情况（2011）

Basic Statistics on Public Transportation in Cities by Region (2011)

地 区	Region	年末实有公共汽(电)车营运车辆数（辆） Number of Public Vehicles under Operation at Year-end(unit)	全年公共汽(电)车客运总量（万人次） Passengers Transported by Public Vehicles(10 000 person-times)	年末实有出租汽车数(辆) Number of Taxi(unit)
甘肃省	**Gansu**	**4457**	**95115**	**16825**
兰州市	Lanzhou	2163	62050	6738
嘉峪关市	Jiayuguan	88	1274	637
金昌市	Jinchang	199	1200	510
白银市	Baiyin	265	5886	1880
天水市	Tianshui	323	7989	1055
武威市	Wuwei	292	2581	1131
张掖市	Zhangye	185	868.16	1266
平凉市	Pingliang	210	3200	666
酒泉市	Jiuquan	281	5933	815
庆阳市	Qingyang	350	3080	1300
定西市	Dingxi	72	369.8	527
陇南市	Longnan	29	684	300
临夏州	Linxia			
甘南州	Gannan			

11-9 各地区城市绿地和园林（2011）

Basic Statistics on Parks and Green Areas in Cities by Region (2011)

地　区	Region	城市园林绿地面积（公顷）Area of Parks and Green Land(hectare)	#公园绿地 Park Green Areas	公园（个）Number of Parks (unit)	公园面积（公顷）Area of Parks(hectare)	建成区绿化覆盖率（%）Green Covered Area as % of Completed Area (%)
甘肃省	**Gansu**	**15750**	**4570**	**92**	**2572**	**27.85**
兰州市	Lanzhou	4361	1720	14	551	25.08
嘉峪关市	Jiayuguan	1946	345	6	374	36.80
金昌市	Jinchang	1113	271	2	68	30.49
白银市	Baiyin	1321	328	13	260	26.63
天水市	Tianshui	1317	426	18	326	36.05
武威市	Wuwei	600	97	4	96	20.03
张掖市	Zhangye	957	290	2	140	30.60
平凉市	Pingliang	997	232	6	133	31.94
酒泉市	Jiuquan	1300	303	5	234	36.03
庆阳市	Qingyang	540	84	2	23	27.78
定西市	Dingxi	254	170	3	164	25.80
陇南市	Longnan	25	21	4	6	2.79
临夏州	Linxia	122	70	3	69	15.95
甘南州	Gannan		32	2	17	6.46

注：公园全省合计数不含玉门、敦煌公园数。
a) Total number of province's parks doesn't contain the number of parks of Yumen and Dunhuang.

11-10 各地区城市市容环境卫生情况（2011）

Basic Statistics on Urban Sanitation in Cities by Region (2011)

地　区	Region	清扫保洁面积（万平方米）Area under Cleaning Program (10 000 sq.m)	生活垃圾清运量（万吨）Volume of Garbage Disposal (10 000 tons)	粪便清运量（万吨）Volume of Excrement and Urine Disposal (10 000 tons)	市容环卫专用车辆设备总数(台) Number of Special Vehicles for Environmental Sanitation (unit)	公共厕所(座) Number of Public Lavatories (unit)	#三类以上 Third Grade and above
甘肃省	**Gansu**	**5904**	**276.18**	**16.22**	**1231**	**1286**	**896**
兰州市	Lanzhou	1411	125.88	5.81	712	436	291
嘉峪关市	Jiayuguan	454	8.10	0.20	39	97	77
金昌市	Jinchang	610	13.11	0.44	52	77	61
白银市	Baiyin	505	15.22	0.17	68	90	79
天水市	Tianshui	290	21.17		27	48	29
武威市	Wuwei	234	16.59		50	96	70
张掖市	Zhangye	388	7.40	1.67	15	69	38
平凉市	Pingliang	490	12.00	6.50	16	65	50
酒泉市	Jiuquan	535	10.50	0.50	57	60	55
庆阳市	Qingyang	230	12.20		71	66	48
定西市	Dingxi	150	7.00		26	33	28
陇南市	Longnan	57	5.86		24	42	
临夏州	Linxia	147	10.90	0.55	38	25	25
甘南州	Gannan	51	3.03	0.11	7	12	

11-11 各地区城市设施水平（2011）
Level of Public Facilities in Cities by Region (2011)

地 区	Region	城市用水普及率（%）Coverage Rate of Urban Population with Access to Tap Water (%)	城市燃气普及率（%）Coverage Rate of Urban Population with Access to Gas (%)	人均城市道路面积（平方米）Per Capita Area of Paved Roads (sq.m)	人均公园绿地面积（平方米）Per Capita Public Green Areas (sq.m)
甘肃省	**Gansu**	**92.50**	**75.62**	**12.58**	**8.32**
兰州市	Lanzhou	94.61	88.98	10.97	8.70
嘉峪关市	Jiayuguan	100.00	100.00	17.07	16.72
金昌市	Jinchang	100.00	56.53	22.72	14.28
白银市	Baiyin	99.68	66.73	14.39	8.12
天水市	Tianshui	78.19	62.96	8.78	6.26
武威市	Wuwei	96.48	54.99	9.16	3.25
张掖市	Zhangye	100.00	100.00	19.85	15.00
平凉市	Pingliang	97.30	63.02	18.91	8.03
酒泉市	Jiuquan	100.00	99.51	13.98	9.84
庆阳市	Qingyang	96.74	77.46	12.73	4.64
定西市	Dingxi	89.59	47.70	10.86	9.89
陇南市	Longnan	56.03	29.05	4.16	1.36
临夏州	Linxia	81.41	14.58	9.34	3.65
甘南州	Gannan	81.37	90.42	13.02	5.79

主要统计指标解释

建城区面积　指市政区范围内经过征用的土地和实际建设发展起来的非农业生产建设地段，包括市区集中连片的部分以及分散在近郊区与城市有着密切联系，具有基本完善的市政共用设施的城市建设用地（如机场、污水处理厂、通讯电台）。

供水综合生产能力　指城建部门系统自来水公司所属自来水厂及各单位自备水源取水、净化、送水、出厂输水干管等环节的综合生产能力，以四个环节中最薄弱的环节为主确定能力，超负荷运行增加的能力不应计算。

年末供水管道长度　指从送水泵至用户水表之间所有管道的长度。不包括新安装尚未使用、水厂内以及用户建筑物内的管道。

全年供水总量　指报告期供水企业(单位)供出的全部水量。包括有效供水量和损失水量。

生活用水量　包括公共服务用水和居民家庭用水。公共服务用水指为城市社会公共生活服务的用水。包括行政事业单位、部队营区和公共设施服务、社会服务业、批发零售贸易业、旅馆饮食业以及其他公共服务业等单位的用水。居民家庭用水指城市范围内所有居民家庭的日常生活用水。包括城市居民、农民家庭、公共供水站用水。

用水普及率　指城市用水人口数与城市人口总数的比率。

人工煤气生产能力　指报告期末人工煤气生产厂制气、净化、输送等环节的综合生产能力，不包括备用设备能力。一般按设计能力计算，如果实际生产能力大于设计能力时，应按实际测定的生产能力计算。测定时应以制气、净化、输送三个环节中最薄弱的环节为主。

供气管道长度　指报告期末从气源厂压缩机的出口或门站出口至各类用户引入管之间的全部已经通气投入使用的管道长度。不包括煤气生产厂、输配站、液化气储存站、灌瓶站、储配站、气化站、混气站、供应站等厂(站)内的管道。

全年供气总量　指全年燃气企业(单位)向用户供应的燃气数量。包括销售量和损失量。

燃气普及率　指报告期末使用燃气的城市人口数与城市人口总数的比率。

年末道路长度　指年末道路长度和与道路相通的桥梁、隧道的长度，按车行道中心线计算。在统计时只统计路面宽度在3.5米(含3.5米)以上的各种铺装道路，包括开放型工业区和住宅区道路在内。

年末运营车数　指年末城市用于公共交通运营业务的全部车辆数。新购、新制和调入的运营车辆，自投入之日起开始计算；调出、报废和调作他用的运营车辆，自上级主管机关批准之日起不再计入。

城市园林绿地面积　指报告期末用作园林和绿化的各种绿地面积。包括公园绿地、生产绿地、防护绿地、附属绿地和其他绿地的面积。

公园绿地面积　指开放的各级各类公园绿地。

清扫保洁面积　指报告期末对城市道路和公共场所（主要包括城市行车道、人行道、车行隧道、人行过街地下通道、道路附属绿地、地铁站、高架路、人行过街天桥、立交桥、广场、停车场及其他设施等）进行清扫保洁的面积。一天清扫多次的，按清扫保洁面积最大的一次计算。

市容环卫专用车辆　指用于环境卫生作业、监察的专用车辆和设备，包括用于道路清扫、冲洗、洒水、除雪、垃圾粪便清运、市容监察以及与其配套使用的车辆和设备。

每万人拥有公共交通车辆　指报告期末城区内每万人平均拥有的公共交通车辆标台数。

12

Resources and Environment

简要说明

一、本篇资料主要内容

本篇资料主要反映甘肃省自然资源状况和环境保护事业发展情况。自然资源状况包括气候情况、矿产储量、水资源情况、土地情况、生态环境、大气环境等内容。环境保护事业发展情况包括工业废水和生活污水的排放及治理情况；城市空气质量、废气排放及处理情况；工业固体废物的产生、处理及利用情况、环境污染与破坏事故情况；环境污染治理投资等情况。

二、本篇资料来源

本篇资料中气候情况由省气象局提供；矿产、土地情况由省国土资源厅提供；水资源、供水用水情况由省水利厅提供；其余资料由省环境保护厅提供。

12-1 气候情况
Climate Conditions

指　标	Indicators	2011	指　标	Indicators	2011
年平均气温（℃）	Annual Average Temperature (℃)	8.3	年蒸发量（毫米）	Annual Exaporation (mm)	1564.2
年最高气温（℃）	Annual Utmost Highest Air Temperature (℃)	15.0	年降水量（毫米）	Annual Preciptation (mm)	419.6
年最低气温（℃）	Annual Utmost Lowest Air Temperature (℃)	3.0	年降雨日数（天）	Annual Rainy Days (day)	7318.0
年日照时数（小时）	Annual Sunshine Time (hour)	2316.5	年无霜期（天）	Annual Frost-free Period(day)	12743.0

月　份	Month	平均气温（℃） Monthly Average Temperature(℃)	日照时数（小时） Sunshine Time (hour)	降雨量（毫米） Preciptation (mm)
1 月	Jan.	-9.5	172.6	4.5
2 月	Feb.	-0.8	158.7	4.8
3 月	Wen.	0.9	223.9	8.4
4 月	Apr.	11.7	247.8	8.7
5 月	May.	14.7	228.7	44.9
6 月	Jun.	19.5	221.3	44.5
7 月	Jul.	20.4	226.8	81.6
8 月	Aug.	19.9	226.3	70.7
9 月	Sep.	13.7	132.9	94.3
10 月	Oct.	9.0	167.4	27.3
11 月	Nov.	4.0	140.0	27.5
12 月	Dec.	-4.3	170.1	2.3
年（平均）	Annual Total (Average)	8.3	2316.5	419.6

12-2 主要矿产保有资源储量
Identified Reserves of Major Mineral

项　目	Item	2009	2010
石油(万吨)	Petroleum (10 000 tons)	13798.8	16085.4
天然气(亿立方米)	Natural Gas (100 million cu.m)	163.6	191.8
煤炭(亿吨)	Coal (100 million tons)	140.5	150.7
铁矿（矿石，亿吨)	Iron (Ore, 100 million tons)	9.0	8.7
锰矿（矿石，万吨)	Manganese (Ore, 10 000 tons)	433.3	920.0
铬矿(矿石，万吨)	Chromium Ore (Ore, 10 000 tons)	189.4	212.1
钒矿（万吨)	Vanadium (10 000 tons)	156.3	157.2
原生钛铁矿(万吨)	Titanium Ore (10 000 tons)	0.1	0.1
铜矿（铜，万吨)	Copper (Metal, 10 000 tons)	352.7	355.2
铅矿（铅，万吨)	Lead (Metal, 10 000 tons)	300.3	342.0
锌矿（锌，万吨)	Zinc (Metal, 10 000 tons)	948.5	1068.5
铝土矿（矿石，万吨)	Bauxite (Ore, 10 000 tons)		
镍矿（镍，万吨)	Nickel (Metal, 10 000 tons)	426.1	426.9
钨矿(WO_3，万吨)	Tungsten (WO_3, 10 000 tons)	39.3	39.3
锡矿（锡，万吨)	Tin (Metal, 10 000 tons)	0.7	0.7
钼矿(钼，万吨)	Molybdenum (Metal, 10 000 tons)	12.4	12.5
锑矿（锑，万吨)	Antimony (Metal, 10 000 tons)	23.1	22.8
金矿(金，吨)	Gold (Metal, ton)	511.8	564.9
银矿(银，吨)	Silver (Metal, ton)	6850.4	7268.7
稀土矿(氧化物，万吨)	Rare Earths (REO, 10 000 tons)	2.4	2.6
菱镁矿(矿石，万吨)	Magnesite Ore (Ore, 10 000 tons)	467.3	466.5
普通萤石(矿物，万吨)	Fluorspar Mineral (Mineral, 10 000 tons)	14.1	14.1
硫铁矿(矿石，万吨)	Pyrite Ore (Ore, 10 000 tons)	500.0	500.0
磷矿（矿石，亿吨)	Phosphorus Ore (Ore,100 million tons)	0.5	0.5
钾盐 (KCl，万吨)	Potassium KCl (KCl, 10 000 tons)	25.9	25.2
盐矿(NaCl，亿吨)	Sodium Salt NaCl (NaCl, 100 million tons)	0.1	0.1
芒硝(Na_2SO4，亿吨)	Mirabilite (Na_2SO4, 100 million tons)	0.6	0.6
重晶石(矿石，万吨)	Barite Ore (Ore, 10 000 tons)	4228.9	4219.0
玻璃硅质原料(矿石，万吨)	Silicon Materials for Glass Ore (Ore, 10 000 tons)	4072.7	4064.5
石墨（矿物，万吨)	Graphite Mineral (Crystal) (Mineral, 10 000 tons)	102.2	102.2
滑石（矿石，万吨)	Talc Ore (Ore, 10 000 tons)	10.4	10.4
高岭土（矿石，万吨)	Kaolin Ore (Ore, 10 000 tons)	2937.0	2937.0

注：石油和天然气的数据为剩余技术可采储量。

a) The data for petroleum and natural gas are the remaining technical recoverable reserves. The same applies to the table following.

12-3 水资源情况
Water Resources

年 份 Year	水资源总量 (亿立方米) Total Amount of Water Resources (100 million cu.m)	地 表 水资源量 Surface Water Resources	地 下 水资源量 Groundwater Resources	地表水与地下 水资源重复量 Duplicated Measurement Between Surface Water and Groundwater	人均水资源量 (立方米/人) Per Capita Water Resources (cu.m/person)
2000	218.7	207.1	145.8	134.1	855.5
2001	221.7	210.5	136.5	125.3	861.1
2002	190.4	178.6	139.5	127.7	734.2
2003	279.5	269.6	136.9	126.9	1073.8
2004	199.7	191.0	105.2	96.5	762.4
2005	304.4	295.2	150.2	140.9	1173.5
2006	220.9	212.2	128.8	120.1	846.8
2007	268.9	259.2	136.9	127.3	1027.4
2008	217.7	210.6	113.2	106.2	828.4
2009	244.1	236.9	123.6	116.4	926.3
2010	254.4	245.9	124.2	115.7	987.8
2011	272.1	263.8	128.4	120.1	1061.3

12-4 供水用水情况
Water Supply and Water Use

年 份 Year	供水总量 (亿立方米) Water Supply (100 million cu.m)	地表水 Surface Water	地下水 Groundwater	其 他 Others	用水总量 (亿立方米) Water Use (100 million cu.m)	农 业 Agriculture	城镇公共 Urban Public	工 业 Industry	生 活 Consumption	生 态 Ecological Protection	人均用水量 (立方米/人) Per Capita Water Use (cu.m/person)
2000	123.1	93.9	28.8	0.4	123.1	97.8	1.4	17.2	6.3		481.3
2001	121.8	93.5	27.8	0.5	121.8	96.7	1.7	16.5	6.7		473.0
2002	122.6	94.0	28.2	0.5	122.6	97.2	1.7	16.6	6.8		473.1
2003	122.0	93.4	28.2	0.4	122.0	97.5	1.6	16.7	5.9	0.2	468.5
2004	121.5	92.8	28.3	0.4	121.5	97.8	1.6	16.8	6.1	0.2	463.8
2005	123.0	92.4	28.9	1.7	123.0	97.5	1.7	14.7	6.2	3.1	474.0
2006	123.4	93.0	28.8	1.6	123.4	98.4	1.8	14.4	6.3	2.7	473.0
2007	123.1	93.3	27.9	2.0	123.1	98.5	1.9	13.4	6.4	2.9	470.4
2008	121.5	93.7	25.9	1.9	121.5	97.0	1.9	13.2	6.5	3.0	462.3
2009	120.6	95.2	24.0	1.4	120.6	95.6	2.0	13.1	7.0	3.0	457.7
2010	121.8	96.1	24.2	1.5	121.8	95.8	2.0	13.9	7.2	3.0	473.0
2011	122.9	97.0	24.4	1.5	122.9	95.3	2.0	15.4	7.2	3.0	479.0

12-5 土地状况
Land Characteristics

项　目	Item	面积 Area	占总面积% Percentage to Total Area%
总面积（万平方公里）	**Total Land Area （10 000 sq.km)**	**45.40**	
按特征分（万公顷）	By Land Use (10 000 hectares)		
农用地	Agricultural Land	2541.22	55.97
建设用地	Construction Land	98.17	2.16
居民点及工矿	Settlements and Mining	88.57	1.95
交通运输	Transportation	6.73	0.15
水利设施	Water Conservation Facilities	2.87	0.06
未利用地	Unused Land	1900.61	41.86
森林覆盖率（%）	**Forest Coverage Rate （%）**	**13.42**	

注：森林数据为全省第六次森林资源清查数。
a) Figures on forest resources were the figures of the Sixth Province's Forestry Survey.

12-6 土地利用情况
Land Use

单位：万公顷　　　　(10 000 hectares)

年份 Year	土地调查面积 Area under Land Survey	农用地 Land for Agriculture Use	#园地 Garden Land	#牧草地 Grazing and Pasture Land	建设用地 Land for Construction	居民点及工矿用地 Land for Inhabitation, Mining and Manufacturing	交通运输用地 Land for Transport Facilities	水利设施用地 Land for Water Conservancy Facilities
2003	4540	2536.38	19.10	1417.87	95.76	87.01	5.95	2.80
2004	4540	2540.89	20.17	1412.68	96.37	87.30	6.25	2.82
2005	4540	2541.44	20.46	1411.29	96.66	87.41	6.41	2.83
2006	4540	2541.73	20.54	1410.99	96.93	87.60	6.47	2.86
2007	4540	2541.79	20.54	1410.84	97.19	87.81	6.51	2.87
2008	4540	2541.66	20.60	1410.69	97.67	88.17	6.63	2.88
2009	4540	2541.66	20.60	1410.69	97.67	88.17	6.63	2.88
2010	4540	2541.22	20.56	1410.53	98.17	88.57	6.73	2.87
2011	4540	2541.22	20.56	1410.53	98.17	88.57	6.73	2.87

12-7 自然保护情况

Basic Statistics on of Natural Protection

指　标	Item	2009	2010	2011
自然保护区情况	**Nature Reserves**			
自然保护区个数(个)	Number of Nature Reserves (unit)	58	59	60
# 国家级	National Level	15	15	16
省　级	Provincal Level	39	40	41
自然保护区面积（万公顷）	Area of Nature Reserves (10 000 hectare)	976	976	976
# 国家级	National Level	720	720	724
省　级	Provincal Level	245	245	244
生态功能保护区个数（个）	Number of Region of Ecological Function (unit)	2	2	2
生态功能保护区面积（万公顷）	Area of Region of Ecological (10 000 hectare)	766	766	766
集中式饮用水水源情况	**Centralized Drinking Water Sources**			
地表水集中式饮用水源保护区个数（个）	Number of Protected Areas of Surface Water Source for Centralized Drinking Water (unit)	170	166	166
地表水集中式饮用水源保护区面积（平方公里）	Protection Area of Surface Water Source for Centralized Drinking-water (sq.km)	2484	2565	2565
地下水集中式饮用水源保护区个数（个）	Number of Protected Areas of Groundwater Source for Centralized Drinking Water (unit)	192	198	198
地下水集中式饮用水源保护区面积（平方公里）	Protection Area of Groundwater Source for Centralized Drinking-water (sq.km)	1057	1962	1962
集中式饮用水源服务人口（万人）	Service Population of Centralized Drinking Water Source (10 000 persons)	895	1188	1188

12-8 "三废"排放、处理及综合利用情况
Discharge,Treatment and Comprehensive Utilization of Waste Water, Waste Gas and Solid Wastes

项　目	Item	2005	2008	2009	2010	2011
废水	**Waste Water**					
废水排放量（万吨）	Waste Water Discharge Amount (10 000 tons)	43728	47469	49270	51241	59232
工业	Industry	16798	16405	16364	15352	19720
生活	Consumption	26930	31064	32907	35889	39491
工业废水排放达标量（万吨）	Industrial Waste Water Meeting Discharge Standards (10 000 tons)	12301	9669	13266	12791	
工业废水排放达标率（%）	Percentage of Industrial Waste Water Meeting Discharge Standards (%)	73.00	58.94	81.07	83.32	
工业废水治理设施数（套）	Number of Facilities for Treatment Of Waste Water (set)				672	553
工业废水处理量（万吨）	Treatment Capacity of Industrial Waste Water (10 000 tons)				32745.96	22546
生活污水处理量（万吨）	Treatment Capacity of Consumption Waste Water (10 000 tons)				20599.51	25148
化学需氧量排放量（万吨）	Discharge Amount of COD (10 000 tons)	18.23	17.05	16.81	16.76	39.66
工业	Industry	5.88	4.78	4.87	4.51	9.60
生活	Consumption	12.35	12.27	11.94	12.25	15.23
氨氮排放量（万吨）	Ammonia Nitrogen Discharge (10 000 tons)	3.44	2.21	2.67	2.35	4.26
工业	Industry	2.14	0.88	1.19	0.76	1.40
生活	Consumption	1.30	1.34	1.48	1.60	2.25
废气	**Waste Gas**					
工业废气排放量（亿标立方米）	Industrial Waste Gas Emission (100 million cu.m)	4250	5685	6314	6252	12891
二氧化硫排放量（万吨）	Sulphur Dioxide Emission (10 000 tons)	56.25	50.15	50.03	55.18	62.39
工业	Industry	51.68	41.24	40.09	45.25	52.77
生活	Consumption	4.57	8.92	9.94	9.93	9.60
烟（粉）尘排放量（万吨）	Soot (Dust) Emission (10 000 tons)	16.17	13.65	16.18	16.31	23.62
工业	Industry	12.36	8.79	9.16	9.81	18.78
生活	Consumption	3.81	4.85	7.02	6.50	4.06

12-8续表1 continued

项　目	Item	2005	2008	2009	2010	2011
工业二氧化硫去除量（万吨）	Industrial Sulphur Dioxide Removed (10 000 tons)	67.21	139.05	191.34	173.50	205.41
固体废物	**Solid Wastes**					
工业固体废物产生量（万吨）	Industrial Solid Wastes Produced (10 000 tons)	2249.0	3199.1	3150.2	3745.5	6523.8
#危险废物	Hazardous Wastes	2.90	22.38	20.94	34.00	24.68
工业固体废物排放量（万吨）	Industrial Solid Wastes Discharged (10 000 tons)	41.00	11.63	12.31	11.38	6.59
工业固体废物综合利用量（万吨）	Industrial Solid Wastes Utilized (10 000 tons)	678.2	1124.3	1072.7	1783.0	3341.8
工业固体废物处置量（万吨）	Volume of Industrial Solid Wastes Treated (10 000 tons)				1150.25	2041.16
环境污染	**Pollution**					
突发环境事件次数（次）	Number of Environmental Emergencies (times)	135	37	20	10	4
环境污染治理投资总额（亿元）	Investment in Pollution Treatment (100 million yuan)	10.60	42.66	40.04	53.23	19.04
工业污染源治理投资	Control Investment for Pollution Source of Inderstry	6.66	11.84	12.33	14.65	12.84
建设项目“三同时”环保投资	Environmental Investment for Construction Projects of "Three Simultaneous"	3.94	30.82	27.71	38.58	6.20
工业污染治理项目及投资情况	**Industrial Pollution Treatment Projects**					
当年施工污染治理项目数（个）	Projects under Construction of the Year (unit)	193	270	171	133	78
污染治理项目本年完成投资（万元）	Investment Completed in Pollution Treatment Projects (10 000 yuan)	276445	118436	123302	146620	128395
治理废水	Waste Water	98322	46778	56649	26200	30085
治理废气	Waste Gas	145146	61522	51173	104600	69925
治理固体废物	Solid Wastes	16026	8044	13314	5600	389
治理噪声	Noise Pollution	866	17	511	20	98
治理其他	Others	16085	2074	1656	10200	27898

12-9 各地区城市空气质量指标（2011）

Ambient Air Quality in Major Cities (2011)

单位：毫克/立方米 (mg/m³)

地 区	Region	可吸入颗粒物 Particulate Matters	二氧化硫 Sulphur Dioxide	二氧化氮 Nitrogen Dioxide	空气质量达到及好于二级的天数(天) Days of Air Quality Equal to or Above Grade II (days)	空气质量达到二级以上天数占全年比重(%) Proportion of Days of Air Quality Equal to or above Grade II in the Whole Year (%)
兰州市	Lanzhou	0.138	0.048	0.042	244	66.8
嘉峪关市	Jiayuguan	0.104	0.038	0.019	302	82.7
金昌市	Jinchang	0.090	0.059	0.020	334	91.5
白银市	Baiyin	0.129	0.073	0.031	223	61.1
天水市	Tianshui	0.070	0.027	0.025	351	96.7
武威市	Wuwei	0.083	0.029	0.029	350	95.9
张掖市	Zhangye	0.080	0.032	0.014	342	93.7
平凉市	Pingliang	0.091	0.028	0.024	353	96.7
酒泉市	Jiuquan	0.087	0.035	0.024	330	90.4
庆阳市	Qingyang	0.074	0.024	0.016	350	95.9
定西市	Dingxi	0.062	0.031	0.027	358	98.1
陇南市	Longnan	0.090	0.019	0.017	319	87.4
临夏州	Linxia	0.099	0.042	0.033	316	86.6
甘南州	Gannan	0.141	0.006	0.006		

注：甘南州空气质量自动化监测站未建成，故无相关数据。
a) Air quality automated monitoring stations of Gannan state was uncompleted, so there is no relevant data.

12-10 各地区工业固体废物产生及处理利用情况（2011）

Production, Treatment and Utilization of Industrial Solid Wastes by Region (2011)

单位：万吨 (10 000 tons)

地 区	Region	工业固体废物产生量 Volume of Industrial Solid Wastes Produced	#危险废物 Hazardous Wastes	工业固体废物综合利用量 Volume of Industrial Solid Wastes Utilized	工业固体废物贮存量 Volume of Industrial Solid Wastes in Stocks	工业固体废物处置量 Volume of Industrial Solid Wastes Treated	工业固体废物排放量 Volume of Industrial Solid Wastes Discharged
甘肃省	**Gansu**	**6523.79**	**24.68**	**3341.77**	**1095.79**	**2041.16**	**6.59**
兰州市	Lanzhou	604.55	10.10	561.16	0.04	43.40	
嘉峪关市	Jiayuguan	660.25	1.36	224.01		436.24	
金昌市	Jinchang	1149.61	1.76	183.29	138.13	828.19	
白银市	Baiyin	635.11	5.67	255.86	262.57	116.92	
天水市	Tianshui	55.22	0.01	43.20	10.80	0.21	1.01
武威市	Wuwei	46.45		33.60	18.68	1.59	0.77
张掖市	Zhangye	859.62		591.44	56.93	201.15	
平凉市	Pingliang	556.13		261.44	123.89	164.43	2.92
酒泉市	Jiuquan	1211.85	0.09	594.64	361.54	239.69	0.58
庆阳市	Qingyang	15.14	0.09	14.48		0.49	
定西市	Dingxi	13.66	0.12	9.64	4.02		
陇南市	Longnan	586.42	5.45	522.22	37.91	8.45	0.02
临夏州	Linxia	14.53	0.02	14.09			0.45
甘南州	Gannan	97.44		26.39	69.88	0.40	0.78

12-11 各地区废水排放及处理情况（2011）

Discharge and Treatment of Industrial Waste Water by Region (2011)

单位：万吨 (10 000 tons)

地 区	Region	废水治理设施数（套）Number of Facilities for Treatment of Waste Water (set)	工业废水排放总量 Total Volume of Waste Water Discharge	工业废水中化学需氧量排放量 COD Discharge from Industrial Waste Water	工业废水中氨氮排放量 Ammonia Nitrogen Discharge from Industrial Waste Water	生活污水排放量 Consumption Waste Water Discharge	生活污水中化学需氧量排放量 COD Discharge from Consumption Waste Water	生活污水中氨氮排放量 Ammonia Nitrogen Discharge from Consumption
甘肃省	**Gansu**	**553**	**19720.26**	**9.61**	**1.404**	**39491.47**	**15.23**	**2.251**
兰州市	Lanzhou	89	4094.28	0.46	0.243	12000.00	4.45	0.720
嘉峪关市	Jiayuguan	2	1907.72	0.21	0.065	814.57	0.05	0.004
金昌市	Jinchang	62	1964.19	0.45	0.480	1402.66	0.20	0.048
白银市	Baiyin	60	1508.39	0.49	0.467	3088.60	1.24	0.163
天水市	Tianshui	41	630.59	0.10	0.002	3622.80	1.68	0.243
武威市	Wuwei	20	718.53	0.87	0.017	2209.44	0.51	0.105
张掖市	Zhangye	69	1782.05	1.95	0.024	1810.80	0.79	0.103
平凉市	Pingliang	32	2486.41	1.53	0.052	2720.19	1.14	0.151
酒泉市	Jiuquan	31	823.84	1.16	0.012	2413.38	0.72	0.102
庆阳市	Qingyang	20	353.23	0.12	0.010	2019.60	0.96	0.141
定西市	Dingxi	41	338.20	0.72	0.003	2465.10	1.13	0.152
陇南市	Longnan	69	1058.17	0.29	0.002	2355.49	1.06	0.147
临夏州	Linxia	9	1153.57	0.98	0.022	1869.49	0.94	0.125
甘南州	Gannan	5	26.63	0.02	0.001	699.34	0.36	0.048

12-12 各地区废气及主要污染物排放及治理情况（2011）

Emission and Treatment of Waste Gas and Major Pollutants by Region (2011)

地 区	Region	工业废气排放量（亿立方米）Emission of Industrial Waste Gas (100 million cu.m)	二氧化硫（吨）Sulfur Dioxide (ton)	#工业二氧化硫 Soot	烟（粉）尘（吨）Soot (Dust) (ton)	#工业烟（粉）尘 Industrial Dust
甘肃省	**Gansu**	**12891.93**	**623902.18**	**527688.72**	**236190.79**	**187754.88**
兰州市	Lanzhou	3183.02	104558.00	92721.77	42205.21	39710.24
嘉峪关市	Jiayuguan	1716.25	45486.00	45386.00	20302.00	19921.35
金昌市	Jinchang	696.53	116363.00	112342.24	17720.16	15459.05
白银市	Baiyin	1369.00	121963.36	119912.31	18972.24	16361.25
天水市	Tianshui	322.83	10243.08	6876.70	10644.25	7402.95
武威市	Wuwei	458.91	30928.30	14625.30	16990.94	9756.67
张掖市	Zhangye	862.45	46491.00	29490.00	19293.90	14595.99
平凉市	Pingliang	2422.63	61150.30	54457.60	15782.00	10149.82
酒泉市	Jiuquan	853.03	30191.00	18279.95	23439.39	19129.26
庆阳市	Qingyang	171.03	14428.29	6091.52	10626.67	5442.15
定西市	Dingxi	303.20	11477.28	6268.65	12138.29	9439.47
陇南市	Longnan	167.98	11804.82	7502.82	9217.16	6379.69
临夏州	Linxia	176.68	11919.37	8011.07	7349.55	4751.04
甘南州	Gannan	63.78	2990.40	1814.82	3275.80	1022.72

主要统计指标解释

气候 指地球与大气之间长期能量交换与质量交换所形成的一种自然环境状态，它是多种因素综合作用的结果。气候既是人类生活和生产的环境要素之一，又是供给人类生活和生产的重要资源。气温、降水、湿度等气象要素的多年平均值是用来描述一个地区气候状况的主要参数，而各种气象要素某年、某月的平均值(或总量)则可以反映出该时期天气气候状况的重要特征。

自然资源 指人类可以直接从自然界获得，并用于生产和生活的物质资源。自然资源一般可以分成可再生资源和非再生资源两大类。可再生资源指在较短时间内可以再生、可以循环利用的资源，包括土地资源、水资源、气候资源、生物资源和海洋资源等。非再生资源指在使用后不能再生的资源，包括矿产资源和地热能源。

土地资源 土地指陆地的表层部分，它主要由岩石、岩石的风化物和土壤构成。土地资源按利用类型可以分为农用地、建筑用地和未利用地。农用地包括耕地、园地、林地、牧草地和水面。建筑用地包括居民点及工矿用地、交通用地和水利设施用地。未利用地指农用地和建筑用地以外的土地，包括滩涂、荒漠、戈壁、冰川和石山等。

矿产资源 矿产资源指由地质作用形成的，具有利用价值的，呈固态、液态、气态的自然资源，是社会生产发展的重要物质基础。目前我国已发现矿种有170多种，按其特点和用途，可分为能源矿产(如煤炭、石油、天然气、地热)、金属矿产(如铁矿、锰矿、铜矿、铅矿、铝土矿)、非金属矿产(如金刚石、石灰岩、粘土)和水气矿产(如地下水、矿泉水、二氧化碳气)四大类。其中：金属矿产按其物质成份和性质又可分为：黑色金属矿产、有色金属矿产、贵金属矿产、稀有金属矿产、稀土金属矿产、分散元素金属矿产六类。

矿产基础储量 基础储量是查明矿产资源的一部分。它能满足现行采矿和生产所需的指标要求，是控制的、探明的并通过可行性或预可行性研究认为属于经济的、边界经济的部分，用未扣除设计、采矿损失的数量表示。

气温 指空气的温度，我国一般以摄氏度(℃)为单位表示。气象观测的温度表是放在离地面约1.5米处通风良好的百叶箱里测量的，因此，通常说的气温指的是离地面1.5米处百叶箱中的温度。其统计计算方法为：

月平均气温是将全月各日的平均气温相加，除以该月的天数而得。

年平均气温是将12个月的月平均气温累加后除以12而得。

相对湿度 指空气中实际所含水蒸气密度和同温度下饱和水蒸气密度的百分比值。其统计方法与气温相同。

降水量 指从天空降落到地面的液态或固态(经融化后)水，未经蒸发、渗透、流失而在地面上积聚的深度。其统计计算方法为：

月降水量是将全月各日的降水量累加而得。

年降水量是将12个月的月降水量累加而得。

日照时数 指太阳实际照射地面的时间。其统计方法与降水量相同。

水资源总量 指评价区内降水形成的地表和地下产水总量，即地表产流量与降水入渗补给地下水量之和，不包括过境水量。

地表水资源量 指评价区内河流、湖泊、冰川等地表水体中可以逐年更新的动态水量，即当地天然河川径流量。

地下水资源量 指评价区内降水和地表水对饱水岩土层的补给量，包括降水入渗补给量和河道、湖库、渠系、渠灌田间等地表水体的入渗补给量。

地表水与地下水资源重复量 指地表水和地下水相互转化的部分，即天然河川径流量中的地下水排泄量和地下水补给量中来源于地表水的入渗补给量。

供水总量 指各种水源工程为用户提供的包括输水损失在内的毛供水量之和，不包括海水直接利用量。

地表水源供水量 指地表水体工程的取水量，按蓄、引、提、调四种形式统计。从水库、塘坝中引水或提水，均属蓄水工程供水量；从河道或湖泊中自流引水的，无论有闸或无闸，均属引水工程供水量；利用扬水站从河道或湖泊中直接取水的，属提水工程供水量；跨流域调水指水资源一级区或独立流域之间的跨流域调配水量，不包括在蓄、引、提水量中。

地下水源供水量 指水井工程的开采量，按浅层淡水、深层承压水和微咸水分别统计。城市地下水源供水量包括自来水厂的开采量和工矿企业自备井的开采量。

其他水源供水量 包括污水处理再利用、集雨工程、海水淡化等水源工程的供水量。

用水总量 指分配给各类用户的包括输水损失在内的毛用水量之和，不包括海水直接利用量。

农业用水 指农田灌溉用水、林果地灌溉用水、草地灌溉用水和鱼塘补水。

工业用水 指工矿企业在生产过程中用于制造、加工、冷却、空调、净化、洗涤等方面的用水，按新水取用量计，不包括企业内部的重复利用水量。

生活用水 包括城镇生活用水和农村生活用水。城镇生活用水由居民用水和公共用水（含第三产业及建筑业等用水）组成；农村生活用水除居民生活用水外，还包括牲畜用水在内。

森林覆盖率 指一个国家或地区森林面积占土地总面积的百分比。森林覆盖率是反映森林资源的丰富程度和生态平衡状况的重要指标。在计算森林覆盖率时，森林面积包括郁闭度0.2以上的乔木林地面积和竹林地面积，国家特别规定的灌木林地面积、农田林网以及四旁(村旁、路旁、水旁、宅旁)林木的覆盖面积。计算公式为：

$$\text{森林覆盖率}(\%)=\frac{\text{森林面积}}{\text{土地总面积}}\times 100\%$$

环境污染与破坏事故 指由于违反环境保护法规的经济、社会活动与行为，以及意外因素的影响或不可抗拒的自然灾害等原因，致使环境受到污染，国家重点保护的野生动植物、自然保护区受到破坏，人体健康受到危害，社会经济和人民财产受到损失，造成不良社会影响的突发性事件。

环境污染治理投资 指在工业污染源治理和城市环境基础设施建设的资金投入中，用于形成固定资产的资金。包括工业新老污染源治理工程投资、建设项目“三同时”环保投资，以及城市环境基础设施建设所投入的资金。

工业废水排放量 指经过企业厂区所有排放口排到企业外部的工业废水量。包括生产废水、外排的直接冷却水、超标排放的矿井地下水和与工业废水混排的厂区生活污水，不包括外排的间接冷却水(清污不分流的间接冷却水应计算在内)。

工业废水排放达标量 指报告期内废水中各项污染物指标都达到国家或地方排放标准的外排工业废水量，包括未经处理外排达标的，经废水处理设施处理后达标排放的，以及经污水处理厂处理后达标排放的。

工业废水排放达标率 指工业废水排放达标量占工业废水排放量的百分率，计算公式为：

$$\text{工业废水排放达标率}=\frac{\text{工业废水排放达标量}}{\text{工业废水排放量}}\times 100\%$$

生活污水排放量 指城镇居民每年排放的生活污水。用人均系数法测算。测算公式为：

$$\text{生活污水排放量}=\text{城镇生活污水排放系数}\times\text{市镇非农业人口}\times 365$$

生活污水中化学需氧量(COD)排放量 指城镇居民每年排放的生活污水中的COD的量。用人均系数法测算。测算公式为：

$$\text{城镇生活污水中}COD\text{排放量}=\text{城镇生活污水中}COD\text{产生系数}\times\text{市镇非农业人口}\times 365$$

化学需氧量(COD) 指用化学氧化剂氧化水中有机污染物时所需的氧量。COD值越高，表示水中有机污染物污染越重。

工业废气排放量 指报告期内企业厂区内燃料燃烧和生产工艺过程中产生的各种排入大气的含有污染物的气体的总量，以标准状态(273K，101325Pa)计算。测算公式为：

$$\text{工业废气排放量}=\text{燃料燃烧过程中废气排放量}+\text{生产工艺过程中废气排放量}$$

生活及其他 SO_2 排放量 以生活及其他煤炭消费量和其含硫量为基础，根据以下公式计算：

$$\text{生活及其他}SO_2\text{排放量}=\text{生活及其他煤炭消费量}\times\text{含硫量}\times 0.8\times 2$$

工业 SO_2 排放量 指报告期内企业在燃料燃烧和生产工艺过程中排入大气的 SO_2 总量，计算公式为：

$$\text{工业}SO_2\text{排放量}=\text{燃料燃烧过程中}SO_2\text{排放量}+\text{生产工艺过程中}SO_2\text{排放量}$$

工业固体废物产生量 指报告期内企业在生产过程中产生的固体状、半固体状和高浓度液体状废弃物的总量，包括危险废物、冶炼废渣、粉煤灰、炉渣、煤矸石、尾矿、放射性废物和其他废物等；不包括矿山开采的剥离废石和掘进废石(煤矸石和呈酸性或碱性的废石除外)。酸性或碱性废石指采掘的废石其流经水、雨淋水的pH值小于4或pH值大于10.5者。

危险废物 指列入国家危险废物名录或根据国家规定的危险废物鉴别标准和鉴别方法认定的，具有爆炸性、易燃性、易氧化性、毒性、腐蚀性、易传染疾病等危险特性之一的废物。

工业固体废物综合利用量 指报告期内企业通过回收、加工、循环、交换等方式，从固体废物中提取或者使其转化为可以利用的资源、能源和其他原材料的固体废物量(包括当年利用往年的工业固体废物贮存量)，如用作农业肥料、生产建筑材料、筑路等。综合利用量由原产生固体废物的单位统计。

工业固体废物处置量 指报告期内企业将固体废物焚烧或者最终置于符合环境保护规定要求的场所，并不再回取的工业固体废物量(包括当年处置往年的工业固体废物贮存量)。处置方式有填埋(其中危险废物应安全填埋)、焚烧、专业贮存场(库)封场处理、深层灌注、回填矿井及海洋处置(经海洋管理部门同意投海处置)等。

工业固体废物排放量 指报告期内企业将所产生的固体废物排到固体废物污染防治设施、场所以外的数量，不包括矿山开采的剥离废石和掘进废石(煤矸石和呈酸性或碱性的废石除外)。

13

农业

Agriculture

简要说明

一、本篇资料的主要内容

本篇资料反映了全省农业生产和农村经济的基本情况，主要包括农林牧渔业总产值、增加值、农村劳动力、耕地、主要农产品产量、农业机械年末拥有量、农村电气化和农业化学化情况以及农田水利建设等方面的内容。

二、本篇资料的来源

本篇资料来源于农村社会经济统计年报，由省统计局农村处整理提供。

三、本篇资料的统计范围和统计口径

农村社会经济统计报表制度的统计范围包括省内全部农村社会经济情况，以及国营、机关单位农林牧渔场的农林牧渔业生产情况。农业科研单位的农业实验研究生产、军队系统的军马场生产以及军队和公安司法部门的警犬生产除外。

本篇资料中 2003 年及以后年份的农林牧渔业总产值、增加值按新口径计算。即调整了农业中种植业和其他农业的分类，将原属于其他农业的农民家庭兼营商品性工业剔除，作为附记指标统计，增加农林牧渔服务业统计。

根据第一、二次农业普查结果，对部分历史数据进行了调整。

13-1 农村基层组织情况
Basic Conditions of Rural Grass-roots Unit

项 目	Item	2005	2008	2009	2010	2011
村民委员会（个）	Number of Villagers' Committees (unit)	16585	16178	16165	16162	16103
村民小组（个）	Villagers Group (unit)	97647	96378	96559	96998	97190
农村户数（万户）	Number of Rural Households (10 000 households)	463.69	469.39	474.06	480.63	482.39
农村人口（万人）	Rural Population (10 000 persons)	2074.76	2081.76	2085.21	2087.61	2080.33
农村从业人员（万人）	Number of Rural Laborers (10 000 persons)	1084.25	1101.89	1106.16	1113.99	1119.95
按性别分	By Sex					
男	Male	570.79	581.76	585.45	591.75	594.21
女	Female	513.46	520.13	520.71	522.24	525.74
按行业分	By Sector					
农林牧渔业	Agriculture, Forestry, Animal Husbandry & Fishery	761.37	727.57	732.90	724.82	715.42
工 业	Industry	35.28	37.88	39.09	43.68	42.59
建筑业	Construction	63.34	77.01	80.35	86.13	89.77
交通运输仓储和邮政业	Transport, Storage and Post	23.07	25.32	25.86	26.92	27.03
信息传输、计算机服务和软件业	Information Transmission,Computer Services and Software		1.76	2.01	2.34	2.58
批发与零售业	Wholesale and Retail Trades	25.62	27.44	27.87	29.66	29.53
住宿和餐饮业	Hotels and Catering Serices	13.15	15.92	16.57	17.57	18.21
科学研究事业和综合技术服务	Scientific Research，Polytechnic Services	2.53	1.95	1.71	1.92	1.70
教育、文化艺术和广播电视事业	Education,Culture and Arts, Radio,Film and Television	5.96	6.14	6.10	6.03	6.16
卫生、体育和社会福利事业	Health, Social Security and Social Welfare	3.46	3.72	3.63	3.52	3.55
乡镇经济组织（乡务）管理	Villages and Towns Economic Organizations (Country Affairs) Management	0.60	0.74	0.86	0.81	0.79
金融保险事业	Finance and Insurance	0.80	1.01	1.06	1.53	1.22
其 他	Others	149.07	175.43	168.15	169.06	181.40

13-2 各地区农村基本情况（2011）

Basic Conditions of Rural by Region (2011)

地　区	Region	村民委员会（个） Number of Villagers' Committees (unit)	村民小组（个） Villagers Group (unit)	农村户数（万户） Number of Rural Households (10 000 households)	农村人口（万人） Rural Population (10 000 persons)
兰州市	Lanzhou	789	4287	34.32	131.91
嘉峪关市	Jiayuguan	17	117	0.61	2.10
金昌市	Jinchang	138	1080	6.44	23.90
白银市	Baiyin	699	4483	31.09	133.94
天水市	Tianshui	2491	11519	65.76	307.41
武威市	Wuwei	1125	8305	36.26	155.40
张掖市	Zhangye	835	5978	26.95	100.01
平凉市	Pingliang	1470	9122	44.54	193.49
酒泉市	Jiuquan	435	2438	17.41	64.16
庆阳市	Qingyang	1261	9107	52.57	229.37
定西市	Dingxi	1829	12687	61.50	265.07
陇南市	Longnan	3201	14044	57.55	245.19
临夏州	Linxia	1150	11090	35.59	172.91
甘南州	Gannan	663	2933	11.80	55.47

13-3 各地区农村从业人员（2011）

Rural Laborers by Region（2011）

单位：万人　　(10 000 persons)

地　区	Region	总　计 Total	农林牧渔业 Agriculture, Forestry, Animal Husbandry & Fishery	工　业 Industry	建筑业 Construction	交通运输仓储业和邮政业 Transport, Storage and Post	批发零售贸易 Wholesale, Retail Sale and Catering Trades	其他非农行业 Other Non-agricultural Trades
兰州市	Lanzhou	71.91	40.88	6.00	4.66	3.82	2.65	13.90
嘉峪关市	Jiayuguan	1.41	0.95	0.13	0.06	0.06	0.03	0.18
金昌市	Jinchang	13.96	9.18	0.66	1.45	0.58	0.30	1.79
白银市	Baiyin	71.24	51.48	2.40	4.71	1.71	1.74	9.20
天水市	Tianshui	164.11	101.75	6.41	15.61	3.19	3.89	33.26
武威市	Wuwei	85.28	53.34	3.61	6.36	2.36	2.25	17.36
张掖市	Zhangye	60.98	37.23	1.98	6.46	2.18	1.88	11.25
平凉市	Pingliang	102.71	61.25	3.85	10.20	2.55	2.97	21.89
酒泉市	Jiuquan	36.17	23.48	1.20	2.61	1.17	1.20	6.51
庆阳市	Qingyang	116.96	70.16	5.46	7.80	2.37	3.69	27.48
定西市	Dingxi	140.14	92.00	4.15	13.88	2.06	3.22	24.83
陇南市	Longnan	131.81	90.50	2.41	6.15	2.08	2.53	28.14
临夏州	Linxia	92.27	59.99	3.66	8.61	2.22	2.52	15.27
甘南州	Gannan	31.00	23.23	0.67	1.21	0.68	0.66	4.55

13-4 各地县农村户数及农村人口（2011）

Number of Rural Households and Population by Region, County（2011）

地 区	Region	农村户数（万户）Number of Rural Households (10 000 households)	农村人口（万人）Rural Population (10 000 persons)	地 区	Region	农村户数（万户）Number of Rural Households (10 000 households)	农村人口（万人）Rural Population (10 000 persons)
兰州市	**Lanzhou**	**34.32**	**131.91**	瓜州县	Guazhou	2.69	10.56
城关区	Chengguan	1.34	4.39	肃北县	Subei	0.22	0.58
七里河区	Qilihe	2.62	10.95	阿克塞县	Akesai	0.12	0.30
西固区	Xigu	2.31	7.83	玉门市	Yumen	2.62	9.97
安宁区	Anning	1.23	4.08	敦煌市	Dunhuang	2.71	9.84
红古区	Honggu	1.42	5.94	**庆阳市**	**Qingyang**	**52.57**	**229.37**
永登县	Yongdeng	11.46	45.49	西峰区	Xifeng	6.18	25.56
皋兰县	Gaolan	4.24	15.33	庆城县	Qingcheng	5.57	24.00
榆中县	Yuzhong	9.70	37.90	环 县	Huanxian	7.01	32.61
嘉峪关市	**Jiayuguan**	**0.61**	**2.10**	华池县	Huachi	2.61	11.51
金昌市	**Jinchang**	**6.44**	**23.90**	合水县	Heshui	3.64	15.26
金川区	Jinchuan	1.53	4.80	正宁县	Zhengning	5.02	21.47
永昌县	Yongchang	4.91	19.10	宁 县	Ningxian	11.36	50.57
白银市	**Baiyin**	**31.09**	**133.94**	镇原县	Zhenyuan	11.18	48.39
白银区	Baiyin	2.14	6.94	**定西市**	**Dingxi**	**61.50**	**265.07**
平川区	Pingchuan	2.24	10.08	安定区	Anding	9.03	36.26
靖远县	Jingyuan	10.32	43.50	通渭县	Tongwei	8.89	40.40
会宁县	Huining	11.52	54.55	陇西县	Longxi	9.86	44.07
景泰县	Jingtai	4.87	18.87	渭源县	Weiyuan	7.72	32.16
天水市	**Tianshui**	**65.76**	**307.41**	临洮县	Lintao	12.29	49.66
秦城区	Qincheng	9.63	45.16	漳 县	Zhangxian	4.01	18.45
北道区	Beidao	10.07	45.37	岷 县	Minxian	9.70	44.07
清水县	Qingshui	6.28	29.76	**陇南市**	**Longnan**	**57.55**	**245.19**
秦安县	Qinan	12.47	57.32	武都区	Wudu	11.54	48.99
甘谷县	Gangu	12.05	56.59	成 县	Chengxian	5.55	21.84
武山县	Wushan	9.02	42.16	文 县	Wenxian	5.65	21.43
张家川县	Zhangjiachuan	6.24	31.05	宕昌县	Tanchang	6.21	28.38
武威市	**Wuwei**	**36.26**	**155.40**	康 县	Kangxian	4.60	17.42
凉州区	Liangzhou	18.60	78.30	西和县	Xihe	7.83	37.29
民勤县	Minqin	5.75	23.80	礼 县	Lixian	10.47	47.68
古浪县	Gulang	7.75	36.01	徽 县	Huixian	4.72	18.46
天祝县	Tianzhu	4.16	17.29	两当县	Liangdang	0.98	3.70
张掖市	**Zhangye**	**26.95**	**100.01**	**临夏州**	**Linxia**	**35.59**	**172.91**
甘州区	Ganzhou	9.63	35.01	临夏市	linxia	2.00	9.01
肃南县	Sunan	0.81	2.49	临夏县	linxia	7.90	36.13
民乐县	Minle	5.49	21.79	康乐县	Kangle	4.97	24.45
临泽县	Linze	3.40	12.26	永靖县	Yongjing	3.73	16.12
高台县	Gaotai	3.73	13.01	广河县	Guanghe	3.61	20.78
山丹县	Shandan	3.89	15.45	和政县	Hezheng	3.59	15.47
平凉市	**Pingliang**	**44.54**	**193.49**	东乡县	Dongxiang	5.28	27.65
崆峒区	Kongtong	7.82	32.59	积石山县	Jishishan	4.51	23.30
泾川县	Jingchuan	7.58	31.90	**甘南州**	**Gannan**	**11.80**	**55.47**
灵台县	Lingtai	5.23	21.37	合作市	Hezuo	0.57	3.47
崇信县	Chongxin	1.93	8.25	临潭县	Lintan	3.08	13.31
华亭县	Huating	3.40	13.35	卓尼县	Zhuoni	1.83	8.90
庄浪县	Zhuanglang	9.01	41.19	舟曲县	Zhouqu	2.97	12.38
静宁县	Jingning	9.57	44.84	迭部县	Diebu	0.83	4.01
酒泉市	**Jiuquan**	**17.41**	**64.16**	玛曲县	Maqu	0.76	3.84
肃州区	Suzhou	6.07	21.88	碌曲县	Luqu	0.53	2.80
金塔县	Jinta	2.98	11.03	夏河县	Xiahe	1.23	6.76

13-5 各地县农村从业人员（2011）

Rural Laborers by Region, County（2011）

单位：万人 (10 000 person)

地　区	Region	农村从业人员 Number of Rural Laborers	#农、林、牧、渔业 Agriculture,Forestry, Animal Husbandry and Fishery	地　区	Region	农村从业人员 Number of Rural Laborers	#农、林、牧、渔业 Agriculture,Forestry, Animal Husbandry and Fishery
兰州市	**Lanzhou**	**71.91**	**40.88**	瓜州县	Guazhou	6.10	4.68
城关区	Chengguan	2.28	0.86	肃北县	Subei	0.34	0.28
七里河区	Qilihe	5.93	3.45	阿克塞县	Akesai	0.17	0.12
西固区	Xigu	4.40	1.85	玉门市	Yumen	5.80	3.66
安宁区	Anning	2.15	0.63	敦煌市	Dunhuang	5.43	3.39
红古区	Honggu	3.18	1.95	**庆阳市**	**Qingyang**	**116.96**	**70.16**
永登县	Yongdeng	25.38	13.92	西峰区	Xifeng	13.29	8.51
皋兰县	Gaolan	8.28	5.00	庆城县	Qingcheng	12.84	8.60
榆中县	Yuzhong	20.31	13.22	环　县	Huanxian	17.24	8.35
嘉峪关市	**Jiayuguan**	**1.41**	**0.95**	华池县	Huachi	6.43	5.38
金昌市	**Jinchang**	**13.96**	**9.18**	合水县	Heshui	8.24	5.32
金川区	Jinchuan	2.90	1.89	正宁县	Zhengning	11.85	7.56
永昌县	Yongchang	11.06	7.29	宁　县	Ningxian	25.92	14.53
白银市	**Baiyin**	**71.24**	**51.48**	镇原县	Zhenyuan	21.15	11.91
白银区	Baiyin	3.35	1.89	**定西市**	**Dingxi**	**140.14**	**92.00**
平川区	Pingchuan	5.17	3.48	安定区	Anding	19.85	12.36
靖远县	Jingyuan	22.41	17.03	通渭县	Tongwei	22.46	13.93
会宁县	Huining	29.38	21.81	陇西县	Longxi	22.97	14.98
景泰县	Jingtai	10.93	7.27	渭源县	Weiyuan	16.60	12.33
天水市	**Tianshui**	**164.11**	**101.75**	临洮县	Lintao	26.01	17.78
秦城区	Qincheng	23.50	16.07	漳　县	Zhangxian	9.35	4.52
北道区	Beidao	23.09	13.26	岷　县	Minxian	22.90	16.10
清水县	Qingshui	15.11	10.45	**陇南市**	**Longnan**	**131.81**	**90.50**
秦安县	Qinan	29.96	20.81	武都区	Wudu	24.94	20.98
甘谷县	Gangu	30.82	16.00	成　县	Chengxian	11.54	7.06
武山县	Wushan	23.06	13.59	文　县	Wenxian	11.69	7.07
张家川县	Zhangjiachuan	18.57	11.57	宕昌县	Tanchang	16.33	11.88
武威市	**Wuwei**	**85.28**	**53.34**	康　县	Kangxian	10.21	7.52
凉州区	Liangzhou	43.90	23.50	西和县	Xihe	19.92	13.93
民勤县	Minqin	11.84	9.16	礼　县	Lixian	24.74	15.35
古浪县	Gulang	20.00	14.06	徽　县	Huixian	10.21	5.15
天祝县	Tianzhu	9.54	6.62	两当县	Liangdang	2.23	1.56
张掖市	**Zhangye**	**60.98**	**37.23**	**临夏州**	**Linxia**	**92.27**	**59.99**
甘州区	Ganzhou	22.51	12.09	临夏市	linxia	4.61	2.14
肃南县	Sunan	1.28	0.98	临夏县	linxia	19.88	11.79
民乐县	Minle	12.97	10.39	康乐县	Kangle	12.70	9.93
临泽县	Linze	7.17	3.89	永靖县	Yongjing	8.67	5.46
高台县	Gaotai	8.22	6.11	广河县	Guanghe	10.88	7.72
山丹县	Shandan	8.83	3.77	和政县	Hezheng	9.69	6.25
平凉市	**Pingliang**	**102.71**	**61.25**	东乡县	Dongxiang	13.49	8.97
崆峒区	Kongtong	17.77	10.48	积石山县	Jishishan	12.35	7.73
泾川县	Jingchuan	17.11	10.09	**甘南州**	**Gannan**	**31.00**	**23.23**
灵台县	Lingtai	11.27	6.73	合作市	Hezuo	2.09	1.80
崇信县	Chongxin	4.99	2.59	临潭县	Lintan	7.58	5.35
华亭县	Huating	6.89	3.15	卓尼县	Zhuoni	5.05	4.26
庄浪县	Zhuanglang	22.11	11.67	舟曲县	Zhouqu	6.82	4.01
静宁县	Jingning	22.57	16.54	迭部县	Diebu	2.13	1.61
酒泉市	**Jiuquan**	**36.17**	**23.48**	玛曲县	Maqu	2.00	1.86
肃州区	Suzhou	12.15	6.60	碌曲县	Luqu	1.56	1.43
金塔县	Jinta	6.18	4.75	夏河县	Xiahe	3.77	2.91

13-6 农村劳动力转移构成情况
Transference of Rural Laborers

单位：% (%)

指 标	Indicators	2005	2008	2009	2010
当年转移的劳动力	**Labor Force Transferred in This Year**				
按文化程度分组	**By Educational Level**	**100.00**	**100.00**	**100.00**	**100.00**
不识字或识字很少	Illiterate and Semi-illiterate	3.89	3.39	2.87	2.73
小学程度	Primary School	20.86	18.97	16.62	15.64
初中程度	Junior School	55.97	54.50	53.18	53.00
高中程度	Senior School	12.15	15.20	17.76	17.75
中专程度	Specialized Secondary School	4.61	5.13	5.74	6.02
大专程度	Three Years College	2.52	2.81	3.83	4.86
按转向行业分组	**By Industrial Sectors of Laborers Transfer to**	**100.00**	**100.00**	**100.00**	**100.00**
转移到二产业就业劳动力	Transferred to Secondary Industry	45.39	49.95	47.08	48.55
采矿业	Mining	2.41	2.61	2.18	1.95
制造业	Manufacturing	15.20	18.01	18.36	18.76
电力煤气及水的生产供应业	Electric Power, Gas and Water Production and Supply	0.84	0.87	0.78	1.33
建筑业	Construction	26.94	28.46	25.76	26.51
转移到三产业就业劳动力	Transferred to Tertiary Industry	54.61	48.31	51.61	49.96
交通运输仓储及邮电通讯业	Transport, Storage, Post and Telecommunication Services	7.34	6.20	7.66	10.16
批发和零售贸易业	Wholesale and Retail Trade	7.34	5.42	5.40	6.80
住宿和餐饮业	Hotel and Catering Services	10.48	10.16	10.79	9.70
居民服务和其他服务业	Resident and Other Services	9.85	11.71	14.71	12.82
教育	Education	4.93	4.55	5.05	4.53
卫生.社会保障和社会福利业	Health, Social Security and Social Welfare	2.20	2.42	2.09	1.80
文化.体育和娱乐业	Culture,Sports and Entertainment	1.57	0.77	0.70	1.33
其他	Other	10.90	7.07	5.22	2.81
按转向地域分组	**By Location of Transferred Laborers**	**100.00**	**100.00**	**100.00**	**100.00**
转向东部地区	Transferred to East Area	24.57	35.85	30.94	29.45
转向中部地区	Transferred to Middle Area	5.67	5.41	4.80	4.18
转向西部地区	Transferred to West Area	69.76	58.74	64.03	66.37

13-7 历年农林牧渔业总产值
Gross Output Value of Agriculture,Forestry, Animal Husbandry and Fishery

单位：万元 (10 000 yuan)

年 份 Year	农林牧渔业总产值 Gross Output Value of Agriculture,Forestry, Animal Husbandry and Fishery	农 业 Agriculture	林 业 Forestry	牧 业 Animal Husbandry	渔 业 Fishery	农林牧渔服务业 Service for Agriculture,Forestry ,Animal Husbandry and Fishery
1978	224533	180494	6153	37871	15	
1979	232810	184626	6020	42142	22	
1980	273886	219964	6509	47391	22	
1981	280174	223290	9850	47008	26	
1982	305248	234548	16903	53768	29	
1983	400865	311151	21158	68525	31	
1984	403253	298431	32261	72533	28	
1985	488182	347073	36296	104723	90	
1986	563960	404031	34052	125629	248	
1987	655161	450855	34509	169234	563	
1988	847166	564748	38231	242954	1233	
1989	891232	604026	33209	252186	1811	
1990	1024993	732425	32679	257733	2156	
1991	1065704	763191	35284	264560	2669	
1992	1194970	871291	41310	279057	3312	
1993	1353978	991439	47260	311061	4218	
1994	2121949	1579087	57959	479308	5595	
1995	2694508	2002403	65048	619212	7845	
1996	3073203	2352458	65780	646457	8508	
1997	2992411	2230749	74206	678147	9309	
1998	3346943	2525451	87791	722056	11645	
1999	3199866	2492555	96697	600261	10352	
2000	3201176	2389656	111534	688108	11878	
2001	3396579	2539927	86471	759285	10896	
2002	3528583	2572554	138735	807290	10004	
2003	4278433	2758234	198140	854917	9571	457571
2004	5035034	3313663	161915	1057696	9863	491898
2005	5497110	3628896	158959	1143231	10237	555787
2006	5937000	3958383	149934	1182928	10369	635386
2007	6860990	4587283	194286	1311680	10469	757272
2008	8080990	5295644	224366	1682607	10112	868261
2009	8762818	5872679	242400	1718887	11130	917722
2010	10570174	7575568	185445	1818017	11714	979430
2011	11877562	8484540	172413	2105997	15940	1098672

注：1.农业总产值和牧业总产值根据第一、二次农业普查结果对部分历史数据进行了调整。

2.2003年起执行新国民经济行业分类标准，总产值包括农林牧渔服务业产值。

a)Part of historical data of gross output value of agriculture, animal husbandry was adjusted according to the First and Second National Agricultural Census.

b)The new classification for national standard of industry classification has been implemented since 2003 and the gross output value includes the serivces in support of agriculture, forestry, animal husbandry and fishery.

13-8 历年农林牧渔业总产值指数
Indices of Gross Output Value of Agriculture, Forestry, Animal Husbandry and Fishery

(1978=100) (year of 1978=100)

年 份 Year	农林牧渔业总产值 Gross Output Value of Agriculture,Forestry, Animal Husbandry and Fishery	#农 业 Agriculture	#林 业 Forestry	#牧 业 Animal Husbandry	#渔 业 Fishery
1979	93.52	91.55	88.71	101.35	120.24
1980	103.88	105.36	101.95	99.35	100.00
1981	95.82	96.63	87.43	95.16	104.76
1982	108.56	105.20	122.59	116.45	116.67
1983	123.57	121.14	147.28	125.91	125.00
1984	134.67	127.34	203.93	142.20	172.62
1985	153.04	138.22	230.30	183.93	273.81
1986	164.14	148.43	196.74	209.07	397.62
1987	168.21	152.33	181.01	218.37	795.24
1988	180.21	169.50	160.58	220.78	1069.05
1989	193.14	178.46	150.63	252.58	1458.33
1990	203.30	190.57	152.81	257.99	1713.10
1991	205.41	191.27	155.92	264.46	1941.67
1992	219.02	208.32	166.85	266.87	2229.76
1993	236.02	228.23	174.28	276.13	2586.90
1994	246.26	238.12	181.41	288.07	2951.19
1995	246.03	234.70	176.62	299.20	3789.29
1996	275.54	271.45	178.74	310.89	4039.29
1997	276.65	272.61	170.68	313.78	4453.57
1998	320.71	324.64	168.83	341.76	5241.32
1999	317.64	319.23	189.46	339.94	6311.08
2000	333.26	330.22	232.02	364.14	6913.68
2001	359.27	363.01	165.18	390.14	7210.06
2002	380.01	376.61	270.27	414.01	7241.61
2003	402.37	388.59	400.97	444.70	7038.81
2004	430.94	419.87	324.10	489.70	7535.05
2005	461.23	450.14	294.45	524.13	7981.12
2006	482.50	466.26	251.90	571.51	8403.32
2007	503.29	485.70	329.89	553.39	9005.84
2008	540.29	528.86	361.15	569.63	9110.40
2009	571.57	556.25	419.69	612.35	9205.15
2010	604.09	593.74	374.99	641.99	9688.42
2011	636.59	630.38	395.06	653.74	10598.16

注：本表按可比价格计算。
a)The indices in this table are calculated at comparable prices.

13-8 续表 continued

（上年=100） (preceding year=100)

年 份 Year	农林牧渔业总产值 Gross Output Value of Agriculture,Forestry,Animal Husbandry and Fishery	农 业 Agriculture	林 业 Forestry	牧 业 Animal Husbandry	渔 业 Fishery	农林牧渔服务业 Service for griculture, Forestry, Animal Husbandry and Fishery
1978	105.19	104.32	96.75	110.95	84.62	
1979	93.52	91.55	88.71	101.35	120.24	
1980	111.08	115.08	114.92	98.03	83.17	
1981	92.24	91.71	85.76	95.79	104.76	
1982	113.30	108.87	140.21	122.37	111.36	
1983	113.83	115.15	120.15	108.13	107.14	
1984	108.98	105.12	138.46	112.93	138.10	
1985	113.64	108.54	112.93	129.35	158.62	
1986	107.25	107.39	85.43	113.67	145.22	
1987	102.48	102.63	92.00	104.45	200.00	
1988	107.14	111.27	88.71	101.10	134.43	
1989	107.17	105.29	93.81	114.40	136.41	
1990	105.26	106.78	101.45	102.14	117.47	
1991	101.04	100.37	102.04	102.51	113.34	
1992	106.62	108.91	107.01	100.91	114.84	
1993	107.76	109.56	104.46	103.47	116.02	
1994	104.34	104.33	104.09	104.33	114.08	
1995	99.91	98.56	97.36	103.86	128.40	
1996	112.00	115.66	101.20	103.91	106.60	
1997	100.40	100.43	95.49	100.93	110.26	
1998	115.93	119.08	98.92	108.92	117.69	
1999	99.04	98.33	112.22	99.47	120.41	
2000	104.92	103.44	122.46	107.12	109.55	
2001	107.81	109.93	71.19	107.14	104.29	
2002	105.77	103.75	163.62	106.12	100.44	
2003	105.88	103.18	148.36	107.41	97.20	
2004	107.10	108.05	80.83	110.12	107.05	105.00
2005	107.03	107.21	90.85	107.03	105.92	111.30
2006	104.61	103.58	85.55	109.04	105.29	112.99
2007	104.31	104.17	130.96	96.83	107.17	112.76
2008	107.35	108.89	109.48	102.93	101.16	105.24
2009	105.79	105.18	116.21	107.50	101.04	103.57
2010	105.69	106.74	89.35	104.84	105.25	103.02
2011	105.38	106.17	105.35	101.83	109.39	105.83

13-9 各地县农林牧渔业总产值（2011）
Gross Output Value of Agriculture,Forestry, Animal Husbandry and Fishery by Region, County（2011）

单位：万元 (10 000 yuan)

地 区	Region	农林牧渔业总产值 Gross Output Value of Agriculture Forestry, Animal Husbandry Fishery	农 业 Agriculture	林 业 Forestry	牧 业 Animal Husbandry	渔 业 Fishery	农林牧渔服务业 Service for Agriculture, Forestry,Animal Husbandry and Fishery	农林牧渔业总产值指数（上年=100） Indices (preceding year=100)
兰州市	**Lanzhou**	**639860.29**	**503983.19**	**6629.17**	**94783.35**	**1043.03**	**33421.55**	**102.08**
城关区	Chengguan	21820.75	14710.35	2191.39	2416.81		2502.20	100.87
七里河区	Qilihe	55719.43	34816.04	149.19	11420.61		9333.59	106.36
西固区	Xigu	48758.59	39526.35	26.31	8522.33	155.10	528.50	101.80
安宁区	Anning	4208.41	2266.27	573.98	1368.16			107.09
红古区	Honggu	97489.32	87359.75	231.77	8725.34	131.18	1041.28	101.81
永登县	Yongdeng	148583.89	113572.96	669.25	31783.05	661.65	1896.98	100.36
皋兰县	Gaolan	80576.73	64023.27	2659.71	8638.95	25.80	5229.00	100.30
榆中县	Yuzhong	182703.17	147708.20	127.57	21908.10	69.30	12890.00	103.29
嘉峪关市	**Jiayuguan**	**51803.59**	**41592.91**	**78.81**	**7501.52**	**130.35**	**2500.00**	**112.92**
金昌市	**Jinchang**	**216387.39**	**171470.90**	**2772.50**	**34235.32**	**856.26**	**7052.41**	**103.55**
金川区	Jinchuan	49717.04	39055.41	508.15	6878.48		3275.00	102.36
永昌县	Yongchang	166670.35	132415.49	2264.35	27356.84	856.26	3777.41	103.90
白银市	**Baiyin**	**675932.90**	**425723.08**	**22289.37**	**210491.95**	**1420.10**	**16008.40**	**105.61**
白银区	Baiyin	68028.86	44065.35	1522.30	19574.21	660.00	2207.00	102.71
平川区	Pingchuan	33313.15	21352.50	2710.45	8183.10	67.10	1000.00	105.15
靖远县	Jingyuan	248689.28	186848.76	6444.24	50778.73	618.75	3998.80	102.29
会宁县	Huining	200278.99	101035.47	4119.69	91733.83		3390.00	109.75
景泰县	Jingtai	125622.62	72421.00	7492.69	40222.08	74.25	5412.60	107.63
天水市	**Tianshui**	**1104227.46**	**915625.46**	**23960.80**	**158784.69**	**909.41**	**4947.10**	**106.76**
秦州区	Qinzhou	140065.26	123635.53	1219.02	14796.41	181.50	232.80	107.02
麦积区	Maiji	149616.46	127877.10	1738.69	19402.79	193.88	404.00	106.88
清水县	Qingshui	127323.97	95881.80	1179.58	29740.84	120.45	401.30	107.94
秦安县	Qinan	209598.51	178723.15	1278.51	29392.56	4.29	200.00	106.56
甘谷县	Gangu	180620.40	146660.65	1252.97	30179.65	136.13	2391.00	106.68
武山县	Wushan	210478.14	187413.81	1265.45	20706.97	231.91	860.00	106.90
张家川县	Zhangjiachuan	71792.32	55433.42	1294.18	14565.47	41.25	458.00	107.81
武威市	**Wuwei**	**1086791.52**	**759875.49**	**8983.38**	**295339.83**	**232.55**	**22360.27**	**105.82**
凉州区	Liangzhou	617560.19	429738.72	2607.44	175872.90	202.13	9139.00	106.07
民勤县	Minqin	260333.49	207283.74	2105.20	44454.60	24.75	6465.20	104.01
古浪县	Gulang	140641.59	95373.23	2970.64	38473.72		3824.00	108.97
天祝县	Tianzhu	68256.25	27479.80	1300.10	36538.61	5.67	2932.07	104.19
张掖市	**Zhangye**	**1200719.14**	**762192.67**	**17155.67**	**272012.94**	**1826.08**	**147531.78**	**104.00**

13-9 续表 1 continued

单位：万元 (10 000 yuan)

地　区	Region	农林牧渔业总产值 Gross Output Value of Agriculture Forestry, Animal Husbandry Fishery	农　业 Agriculture	林　业 Forestry	牧　业 Animal Husbandry	渔　业 Fishery	农林牧渔服务业 Service for Agriculture, Forestry,Animal Husbandry and Fishery	农林牧渔业总产值指数（上年=100） Indices (preceding year=100)
甘州区	Ganzhou	489750.28	274452.57	4241.81	104711.52	563.48	105780.90	101.97
肃南县	Sunan	50291.05	12762.46	824.21	34936.38		1768.00	107.37
民乐县	Minle	157705.86	115138.19	4765.17	32206.80		5595.70	106.78
临泽县	Linze	181847.19	109278.26	3351.92	38870.78	523.23	29823.00	103.62
高台县	Gaotai	204325.29	158346.03	2219.82	39691.60	699.36	3368.48	107.09
山丹县	Shandan	94654.81	71056.98	1752.74	20609.38	40.01	1195.70	106.33
平凉市	**Pingliang**	**921128.16**	**699951.45**	**15483.03**	**195983.11**	**1349.87**	**8360.70**	**104.90**
崆峒区	Kongtong	167099.23	120662.79	1803.33	43024.36	420.75	1188.00	102.39
泾川县	Jingchuan	172331.33	128967.40	6837.38	34755.30	503.25	1268.00	106.21
灵台县	Lingtai	109538.65	86014.35	1155.04	21081.01	173.25	1115.00	102.94
崇信县	Chongxin	65848.59	44872.62	1962.30	18334.17	82.50	597.00	102.57
华亭县	Huating	78342.92	50709.21	651.31	25932.08	21.62	1028.70	108.28
庄浪县	Zhuanglang	136619.38	106119.59	2014.81	27896.48	148.50	440.00	107.31
静宁县	Jingning	191348.06	162605.49	1058.86	24959.71		2724.00	105.02
酒泉市	**Jiuquan**	**1129925.67**	**652371.79**	**21109.91**	**187145.67**	**1575.90**	**267722.40**	**106.20**
肃州区	Suzhou	395692.15	194116.98	5143.85	79757.17	785.65	115888.50	107.55
金塔县	Jinta	261577.87	150847.31	10263.93	38227.23	379.40	61860.00	106.30
瓜州县	Guazhou	131043.74	91076.49	2004.01	17045.49	123.75	20794.00	106.22
肃北县	Subei	7464.62	1859.93	10.92	5503.77		90.00	102.05
阿克塞县	Akesai	5285.82	847.63	23.30	4354.89		60.00	98.87
玉门市	Yumen	118285.40	87933.06	1885.16	22657.03	74.25	5735.90	105.22
敦煌市	Dunhuang	210576.07	125690.39	1778.74	19600.09	212.85	63294.00	104.54
庆阳市	**Qingyang**	**1024548.91**	**799388.05**	**14957.89**	**133332.81**	**651.23**	**76218.93**	**103.78**
西峰区	Xifeng	168288.19	106764.50	735.61	13125.00	102.30	47560.78	105.10
庆城县	Qingcheng	112576.92	93153.44	2244.58	12261.77	37.13	4880.00	101.31
环　县	Huanxian	98196.73	67015.86	1642.00	28957.01	59.81	522.05	99.32
华池县	Huachi	57517.75	43534.06	2184.60	11449.51	68.48	281.10	108.45
合水县	Heshui	98842.06	83635.45	3783.63	10775.80	102.18	545.00	106.49
正宁县	Zhengning	109040.19	95127.81	1467.04	6356.96	78.38	6010.00	106.29
宁　县	Ningxian	193205.98	162594.40	1342.34	25786.54	62.70	3420.00	102.79
镇原县	Zhenyuan	186881.09	147562.53	1558.09	24620.22	140.25	13000.00	103.41
定西市	**Dingxi**	**856791.96**	**633198.39**	**8950.30**	**173963.23**	**1289.04**	**39391.00**	**105.99**
安定区	Anding	152563.47	120991.27	1376.89	28591.02	4.29	1600.00	104.27
通渭县	Tongwei	136505.12	112999.06	653.00	21744.72	4.34	1104.00	109.86

13–9 续表 2 continued

单位：万元 (10 000 yuan)

地 区	Region	农林牧渔业总产值 Gross Output Value of Agriculture Forestry, Animal Husbandry Fishery	农 业 Agriculture	林 业 Forestry	牧 业 Animal Husbandry	渔 业 Fishery	农林牧渔服务业 Service for Agriculture, Forestry,Animal Husbandry and Fishery	农林牧渔业总产值指数（上年=100） Indices (preceding year=100)
陇西县	Longxi	149420.73	98949.43	411.27	25154.43	105.60	24800.00	107.25
渭源县	Weiyuan	92309.01	73169.89	1071.35	17385.77	231.00	451.00	105.35
临洮县	Lintao	172539.80	114923.60	720.57	45702.33	465.30	10728.00	103.36
漳 县	Zhangxian	56532.40	40016.30	3751.57	12167.90	416.63	180.00	105.73
岷 县	Minxian	96921.43	72148.84	965.65	23217.06	61.88	528.00	107.99
陇南市	**Longnan**	**802958.79**	**594113.97**	**22264.11**	**176275.60**	**1887.11**	**8418.00**	**106.51**
武都区	Wudu	189279.73	150450.86	5424.27	32270.50	287.10	847.00	112.11
成 县	Chengxian	97880.47	73558.71	3175.86	19279.55	163.35	1703.00	101.27
文 县	Wenxian	59644.37	39716.76	2120.27	16802.34	825.00	180.00	103.35
宕昌县	Tanchang	61779.82	47083.88	792.22	13593.72		310.00	104.00
康 县	Kangxian	47980.64	32756.85	2114.09	12378.62	108.08	623.00	104.17
西和县	Xihe	80865.66	61006.73	2292.44	16327.39	89.10	1150.00	108.58
礼 县	Lixian	109613.89	74421.40	1158.67	31693.39	40.43	2300.00	106.56
徽 县	Huixian	128135.64	93994.54	3946.31	28998.94	245.85	950.00	101.28
两当县	Liangdang	27778.57	21124.24	1239.98	4931.15	128.20	355.00	125.73
临夏州	**Linxia**	**421269.04**	**285609.89**	**7391.34**	**112514.71**	**1893.51**	**13859.59**	**104.81**
临夏市	linxia	33848.62	22437.41	49.37	9245.46	144.38	1972.00	104.26
临夏县	linxia	79862.80	53631.30	1478.22	22375.91	72.37	2305.00	106.19
康乐县	Kangle	52444.91	36508.13	1251.19	12129.75	56.84	2499.00	104.75
永靖县	Yongjing	71359.00	49847.13	1361.84	16751.03	1355.41	2043.59	103.90
广河县	Guanghe	39075.60	31223.93	652.78	6066.89		1132.00	104.45
和政县	Hezheng	40700.69	26869.59	1087.49	11366.68	56.93	1320.00	104.97
东乡县	Dongxiang	56611.18	28254.47	673.35	26155.94	135.42	1392.00	105.57
积石山县	Jishishan	47366.24	36837.93	837.10	8423.05	72.16	1196.00	103.62
甘南州	**Gannan**	**241358.73**	**55759.65**	**22369.88**	**160256.01**	**67.01**	**2906.18**	**102.98**
合作市	Hezuo	17174.20	3226.73	982.68	12729.79		235.00	102.55
临潭县	Lintan	32344.41	17259.40	465.34	14158.43	32.01	429.23	104.17
卓尼县	Zhuoni	34362.57	9602.10	2922.27	21483.20		355.00	101.75
舟曲县	Zhouqu	34086.06	16753.14	7635.67	9077.25		620.00	101.87
迭部县	Diebu	21805.15	3563.99	7061.21	11110.60		69.35	100.97
玛曲县	Maqu	40653.28		251.30	40076.73	35.00	290.25	105.76
碌曲县	Luqu	22493.95	842.44	511.45	20673.06		467.00	102.91
夏河县	Xiahe	38439.11	4511.85	2539.96	30946.95		440.35	102.70

13-10 农林牧渔业增加值
Value-added of Agriculture,Forestry,Animal Husbandry,Fishery

指 标	Item	2005	2008	2009	2010	2011
绝对数（万元）	**Absolute Number (10 000 yuan)**					
农林牧渔业增加值	**Increased Value(10 000 yuan)**	**3080566**	**4622710**	**4970399**	**5992754**	**6787455**
农 业	Agriculture	2107314	3117643	3450069	4413030	4980411
林 业	Forestry	63743	97090	100474	78084	75727
牧 业	Animal Husbandry	756026	1175393	1173679	1239021	1434704
渔 业	Fishery	7378	6836	7570	7967	10959
农林牧渔服务业	Service for Agriculture, Forestry,Animal Husbandry and Fishery	146105	225748	238608	254652	285655
指数（上年=100）	**Indices (preceding year =100)**					
农林牧渔业增加值	**Increased Value**	**105.8**	**107.1**	**105.1**	**105.5**	**105.9**
农 业	Agriculture	105.7	107.2	105.0	106.4	107.0
林 业	Forestry	86.8	120.7	111.3	92.3	109.9
牧 业	Animal Husbandry	107.3	106.8	105.1	104.6	101.8
渔 业	Fishery	106.2	101.8	101.7	105.2	110.6
农林牧渔服务业	Service for Agriculture,Forestry,Animal Husbandry and Fishery	113.3	101.7	103.6	103.0	105.8

13-11 各地区农林牧渔业增加值（2011）

Value-added of Agriculture, Forestry, Animal Husbandry and Fishery by Region（2011）

单位：万元 (10 000 yuan)

地 区	Region	农林牧渔业增加值 Increased Value	农 业 Agriculture	林 业 Forestry	牧 业 Animal Husbandry	渔 业 Fishery	农林牧渔服务业 Service for griculture,Forestry, Animal Husbandry and Fishery
兰州市	Lanzhou	400023.13	324825.17	3864.68	62003.54	640.14	8689.60
嘉峪关市	Jiayuguan	30990.02	26985.30	0.09	3279.56	75.07	650.00
金昌市	Jinchang	116010.78	88797.49	806.00	24106.00	467.66	1833.63
白银市	Baiyin	421455.20	245246.60	13321.37	157703.54	1021.50	4162.19
天水市	Tianshui	670247.71	561822.46	14164.78	92173.82	800.40	1286.25
武威市	Wuwei	669753.58	445450.74	2687.39	215617.90	183.88	5813.67
张掖市	Zhangye	715533.05	488056.90	12307.64	175562.77	1247.46	38358.28
平凉市	Pingliang	570002.95	434005.28	6437.32	126415.97	970.60	2173.78
酒泉市	Jiuquan	590075.02	392189.67	11050.49	116312.38	914.67	69607.81
庆阳市	Qingyang	582631.67	465453.34	6254.77	90575.21	531.43	19816.92
定西市	Dingxi	528863.19	385764.48	5147.70	126523.55	1185.80	10241.66
陇南市	Longnan	505294.54	361342.17	14539.16	125618.05	1606.48	2188.68
临夏州	Linxia	269313.06	177084.65	3394.27	83680.41	1550.24	3603.49
甘南州	Gannan	189831.70	39059.01	17871.29	132110.77	35.03	755.60

13-12 各地区农林牧渔业增加值指数（2011）

Indices of Value-added of Agriculture, Forestry, Animal Husbandry and Fishery by Region（2011）

（上年=100） (preceding year=100)

地 区	Region	农林牧渔业增加值指数 Increased Value	农 业 Agriculture	林 业 Forestry	牧 业 Animal Husbandry	渔 业 Fishery	农林牧渔服务业 Service for Agriculture,Forestry, Animal Husbandry and Fishery
兰州市	Lanzhou	105.18	104.35	119.38	104.65	118.54	139.21
嘉峪关市	Jiayuguan	108.02	107.76	-11.54	105.50	119.57	132.59
金昌市	Jinchang	105.50	106.07	115.18	102.37	150.41	104.15
白银市	Baiyin	106.63	106.74	103.24	106.75	105.78	107.49
天水市	Tianshui	107.60	108.62	92.34	103.73	110.53	113.64
武威市	Wuwei	105.30	104.11	109.31	107.83	115.37	105.61
张掖市	Zhangye	105.93	106.42	83.37	106.98	103.52	104.96
平凉市	Pingliang	106.61	107.29	74.56	106.52	123.88	106.86
酒泉市	Jiuquan	106.20	106.43	103.79	102.18	104.96	112.30
庆阳市	Qingyang	106.77	106.84	124.18	105.07	101.87	107.72
定西市	Dingxi	105.52	105.15	117.72	105.14	118.59	118.53
陇南市	Longnan	106.54	107.41	102.84	104.17	107.72	105.87
临夏州	Linxia	105.20	105.10	116.56	104.61	109.21	111.49
甘南州	Gannan	106.72	101.02	116.97	107.27	113.51	113.98

13-13 耕地面积
Cultivated Area

单位：公顷 (hectare)

指　标	Indicators	2005	2006	2007	2008	2009	2010	2011
年初耕地面积	**Cultivated Area (Year-beginning)**	**3403893**	**3421047**	**3441353**	**3448993**	**3468353**	**3485187**	**3493807**
当年增加的耕地面积	**Increase in the Year**	**35573**	**27100**	**16013**	**27027**	**23140**	**16433**	**19407**
#新开荒地面积	Newly Developed Wasteland	23713	12013	12047	7027	10253	9073	6940
河造田面积	Cultivated River Land	453	793	487	113	173	273	180
当年减少的耕地面积	**Decrease in the Year**	**18420**	**6793**	**8373**	**7667**	**6306**	**7813**	**10207**
国家征用	Government Requisition	998	1426	1172	2544	2947	2785	3359
农村基建	Rural Capital Construction	228	220	306	364	266	528	271
农民个人建房	Private Building	366	307	266	618	852	866	610
还林还牧	Give Back to Forest and Herd Area	15440	1940	641	54	787	822	3662
其他	Others	1387	2900	5988	4087	1454	2812	2305
年末耕地面积	**Cultivated Area (Year-end)**	**3421047**	**3441353**	**3448993**	**3468353**	**3485187**	**3493807**	**3503007**
水田	Paddy Fields	10920	12560	10573	10187	10920	13187	12720
旱地	Dry Fields	3410127	3428793	3438420	3458166	3474267	3480620	3490287

13-14 各地区耕地面积（2011）
Cultivated Area by Region（2011）

单位：公顷 (hectare)

地　区	Region	年初耕地面积 Cultivated Area (Year-beginning)	当年增加耕地面积 Increased Area of Cultivated Land in the Year	当年减少耕地面积 Decreased Area of Cultivated Land in the Year	年末耕地面积 Cultivated Area (Year-end)
兰州市	Lanzhou	209480	147	287	209340
嘉峪关市	Jiayuguan	2840			2840
金昌市	Jinchang	67680	100	240	67540
白银市	Baiyin	301420	427	153	301693
天水市	Tianshui	381353	87	1693	379747
武威市	Wuwei	254713	233	2153	252793
张掖市	Zhangye	234560	11053	913	244700
平凉市	Pingliang	372187	660	513	372333
酒泉市	Jiuquan	157213	1953	113	159053
庆阳市	Qingyang	445933	1980	2133	445780
定西市	Dingxi	514320	180	200	514300
陇南市	Longnan	287893	273	713	287453
临夏州	Linxia	143740	507	140	144107
甘南州	Gannan	66880	33	153	66760

13-15 农业机械拥有量
Number of Agricultural Machinery Owned

指 标	Item	2005	2008	2009	2010	2011
农业机械总动力合计（万千瓦）	Total Power of Agricultural Machinery Power (10 000 kw)	1406.92	1686.32	1822.65	1977.55	2136.5
#柴油发动机动力	Diesel Motor	1117.73	1360.70	1472.74	1579.07	1725.8
汽油发动机动力	Petrolic Motor	50.55	49.16	25.39	24.21	27.04
电动机动力	Electromotor	237.41	275.66	323.95	360.07	383.26
农业机械原值（亿元）	Original Value of Agricultural Machinery (100 million yuan)	90.40	108.07	116.30	124.15	141.55
农业机械净值（亿元）	Net Value of Agricultural Machinery (100 million yuan)	63.01	75.42	82.30	87.84	99.14
农用大中型拖拉机（台）	Number of Large and Medium Agricultura Tractors (unit)	18342	38285	58200	73174	92860
大中型拖拉机（万千瓦）	Capacity of Large and Medium Agricultural Tractors (10 000 kw)	57.16	100.30	128.78	180.93	235.58
小型拖拉机（台）	Number of Mini-tractors (unit)	375612	423180	437200	460716	490753
小型拖拉机（万千瓦）	Capacity of Mini-tractors (10 000 kw)	402.74	468.77	480.06	509.82	531.23
大中型拖拉机配套农具（万部）	Number of Large and Medium Tractor Towing Farm Machinery (10 000 units)	2.89	6.45	18.13	20.23	26.24
小型拖拉机配套农具（万部）	Number of Mini-Tractor Towing Farm Machinery (10 000 units)	69.58	80.38	74.72	92.08	99.7
农用排灌柴油机（台）	Number of Diesel Engines (unit)					18947
农用排灌动力机械动力（万千瓦）	Powers of Drainage and Irrigation Machinery (10 000 kw)	130.97	143.20	152.26	157.12	160.15
联合收割机（台）	Combine Harvesters (unit)	1763	2630	2900	3632	4111
机动脱粒机（台）	Motorized Thresher (unit)	64765	93834	107700	134419	143328
种子精选机（台）	Seed Choice Machines (unit)	1131	2143	600	721	899
机动喷雾机（部）	Motorized Nebulizer (unit)	12170	16473	24300	34911	40141
饲料粉碎机（万台）	Fodder Grinder (10 000 units)	6.27	10.18	15.39	14.06	16.73
榨油机（万部）	Oil Mill (10 000 units)	1.84	2.35	2.24	2.26	2.39

13-16 农业生产条件
Agriculture Production Condition

指 标	Item	2005	2008	2009	2010	2011
农业机械化	**Agriculture Mechanization**					
当年机耕地面积（千公顷）	Areas of Motorized Cultivation (1 000 hectares)	1439.38	1608.27	1705.60	1780.29	1904.46
占地面积（%）	Rate in Total (%)	42.28	46.37	49.17	50.96	54.37
当年机播面积（千公顷）	Areas of Motorized Planting (1 000 hectares)	865.78	1020.35	1159.89	1203.11	1291.67
占总面积（%）	Rate in Total (%)	23.24	29.42	29.45	34.44	36.87
农业水利化	**Agriculture Irrigation and Water**					
有效灌溉面积（千公顷）	Effective Irrigated Area (1 000 hectares)	1030.43	1069.17	1075.62	1098.88	1105.85
占耕地面积（%）	Rate in Cultivated Land (%)	30.12	30.83	30.86	31.45	31.57
水平梯田面积（千公顷）	Terrace Area (1 000 hectares)	1705.99	1754.18	1790.81	1840.61	1885.84
占耕地面积（%）	Rate in Cultivated Land (%)	49.87	50.58	51.38	52.68	53.83
条田面积（千公顷）	Strip Area (1 000 hectares)	825.11	850.07	850.23	859.31	862.97
农业电气化	**Agriculture Electrization**					
农村用电量（万千瓦时）	Amount of Electric Power Generation (10 000 kwh)	338510	385599	405669	428511	450541
农村生产用电	For Produce	234958	254382	264038	275651	289965
农民生活用电	For Living	103552	131217	141632	152861	160576
乡村办村水电站（个）	Hydropower in Rural Areas (unit)	234	264	302	304	310
乡村办水电站装机容量（万千瓦）						
已通电村（个）	Electrified Villages (unit)	16176	16118	16112	16115	16056
占全省总数（%）	Rate in Total (%)	97.53	99.63	99.67	99.71	99.71
农业化学化	**Chemical for Agriculture**					
农用化肥施用量（实物量）（万吨）	Chemical Fertilizer Consumption (real)(10 000 tons)	262.92	280.84	289.88	292.92	308.39
农用化肥施用量（折纯量）（万吨）	Chemical Fertilizer Consumption (convert to pure amount)(10 000 tons)	75.92	81.37	86.11	85.26	87.24
氮 肥	Nitro-genousFertilizer				37.93	37.91
磷 肥	PhosphateFertilizer				16.56	17.01
钾 肥	PotashFertilizer				6.09	6.76
复合肥	CompoundFertilizer				24.68	25.56
农药施用量（万吨）	Farm Pesticides Consumption (10 000 tons)	2.28	3.93	4.31	4.46	6.84
农用塑料薄膜使用量（万吨）	Household Plastic Film Consumption (10 000 tons)	7.82	9.07	10.54	12.37	14.34

13-17 各地县农业生产条件（2011）

Agriculture Production Condition by Region,County（2011）

地 区	Region	耕地面积（公顷）Cultivated Area (hectare)	#水 地 Paddy Fields	#旱 地 Dry Fields	农业机械总动力（千瓦时）Total Power of Agricultural Machinery (kw·h)	农村用电量（万千瓦小时）Amount of Electric Power Generation (10 000 kw·h)	化肥施用折纯量（吨）Chemical Fertilizer Consumption (convert to pure amount) (ton)	有效灌溉面积（千公顷）Effective Irrigated Area (1 000 hectares)
兰州市	**Lanzhou**	**209340.00**	**66.67**	**209273.33**	**1451181.32**	**42920.68**	**43931.91**	**76.41**
城关区	Chengguan	1093.33		1093.33	34078.00	2950.42	319.79	0.89
七里河区	Qilihe	10033.33		10033.33	168000.00	2522.50	2494.40	3.98
西固区	Xigu	3586.67		3586.67	135558.00	3736.60	1758.51	2.58
安宁区	Anning	193.33		193.33	1608.30	2345.50	385.82	0.18
红古区	Honggu	4373.33		4373.33	128685.00	4196.10	4234.11	3.70
永登县	Yongdeng	91853.33		91853.33	312032.12	10245.83	9308.70	29.97
皋兰县	Gaolan	28120.00		28120.00	310000.00	11797.84	5761.00	14.79
榆中县	Yuzhong	70086.67	66.67	70020.00	361219.90	5125.89	19669.58	20.32
嘉峪关市	**Jiayuguan**	**2840.00**		**2840.00**	**109180.19**	**2029.00**	**2426.66**	**2.84**
金昌市	**Jinchang**	**67540.00**		**67540.00**	**915709.56**	**17661.52**	**19763.54**	**59.88**
金川区	Jinchuan	14213.33		14213.33	237584.33	7908.13	5123.54	12.52
永昌县	Yongchang	53326.67		53326.67	678125.23	9753.39	14640.00	47.36
白银市	**Baiyin**	**301693.33**	**3266.67**	**298426.67**	**1992719.00**	**40295.65**	**47879.63**	**94.41**
白银区	Baiyin	9253.33	33.33	9220.00	228181.00	4266.06	7051.62	4.88
平川区	Pingchuan	17266.67		17266.67	226039.00	6846.96	1905.79	6.24
靖远县	Jingyuan	77633.33	3026.67	74606.67	589457.00	18693.18	15588.80	37.40
会宁县	Huining	150706.67		150706.67	449945.00	3818.40	11743.66	20.64
景泰县	Jingtai	46833.33	206.67	46626.67	499097.00	6671.05	11589.76	25.25
天水市	**Tianshui**	**379746.67**	**3500.00**	**376246.67**	**1256222.00**	**31391.89**	**75531.15**	**34.34**
秦州区	Qinzhou	61946.67	113.33	61833.33	191828.00	4059.59	7320.97	2.84
麦积区	Maiji	47166.67		47166.67	233205.00	6587.31	14726.61	8.79
清水县	Qingshui	62226.67		62226.67	120802.00	2492.70	6489.79	1.35
秦安县	Qinan	70226.67		70226.67	232254.00	6255.14	19256.93	6.61
甘谷县	Gangu	58326.67		58326.67	171112.00	5423.53	8639.81	6.59
武山县	Wushan	42226.67	3386.67	38840.00	204551.00	4140.49	15982.89	5.84
张家川县	Zhangjiachuan	37626.67		37626.67	102399.00	2433.13	3114.15	2.31
武威市	**Wuwei**	**252793.33**		**252793.33**	**1256222.00**	**62472.33**	**152714.68**	**183.68**
凉州区	Liangzhou	97246.67		97246.67	1452919.80	35194.00	88811.00	89.60
民勤县	Minqin	59586.67		59586.67	1324978.00	11998.64	45017.96	52.71
古浪县	Gulang	74546.67		74546.67	580248.00	14206.00	12801.00	37.87
天祝县	Tianzhu	21413.33		21413.33	243799.00	1073.69	6084.72	3.51
张掖市	**Zhangye**	**244700.00**	**126.67**	**244573.33**	**2169751.89**	**33863.71**	**88154.75**	**166.43**

13-17 续表 1 continued

地 区	Region	耕地面积（公顷） Cultivated Area (hectare)	#水 地 Paddy Fields	#旱 地 Dry Fields	农业机械总动力（千瓦时） Total Power of Agricultural Machinery (kw·h)	农村用电量（万千瓦小时） Amount of Electric Power Generation (10 000 kw·h)	化肥施用折纯量（吨） Chemical Fertilizer Consumption (convert to pure amount) (ton)	有效灌溉面积（千公顷） Effective Irrigated Area (1 000 hectares)
甘州区	Ganzhou	53220.00	73.33	53146.67	655182.65	13307.60	36759.60	53.22
肃南县	Sunan	7260.00		7260.00	69800.00	2098.10	1494.42	3.83
民乐县	Minle	62553.33		62553.33	477911.00	1665.88	20882.05	43.04
临泽县	Linze	22700.00	53.33	22646.67	368350.00	4087.07	10483.18	22.05
高台县	Gaotai	28033.33		28033.33	277100.00	4225.70	6818.52	20.58
山丹县	Shandan	40253.33		40253.33	321408.24	8479.36	7283.28	23.70
平凉市	**Pingliang**	**372333.33**		**372333.33**	**1062490.43**	**27462.50**	**85862.65**	**44.33**
崆峒区	Kongtong	63580.00		63580.00	244586.51	4313.12	11467.63	12.53
泾川县	Jingchuan	45033.33		45033.33	134400.00	5212.64	16341.82	7.97
灵台县	Lingtai	52460.00		52460.00	136486.02	3481.83	9840.78	**3.57**
崇信县	Chongxin	24306.67		24306.67	55906.00	926.20	6696.07	1.78
华亭县	Huating	27693.33		27693.33	71583.20	1783.63	4412.24	2.11
庄浪县	Zhuanglang	61100.00		61100.00	214014.00	4703.25	15369.60	5.38
静宁县	Jingning	98160.00		98160.00	205514.70	7041.83	21734.51	10.99
酒泉市	**Jiuquan**	**159053.33**		**159053.33**	**2188215.00**	**33975.85**	**76196.50**	**157.58**
肃州区	Suzhou	41760.00		41760.00	752600.00	7814.56	22402.07	41.76
金塔县	Jinta	28126.67		28126.67	439960.00	4048.30	14291.87	28.13
瓜州县	Guazhou	36473.33		36473.33	319513.00	9528.52	14360.23	36.47
肃北县	Subei	786.67		786.67	33800.00	126.03	289.68	0.65
阿克塞县	Akesai	213.33		213.33	23397.00	247.00	94.02	0.21
玉门市	Yumen	35033.33		35033.33	326823.00	6511.07	13497.90	33.69
敦煌市	Dunhuang	16660.00		16660.00	292122.00	5700.37	11260.73	16.66
庆阳市	**Qingyang**	**445780.00**	**380.00**	**445400.00**	**1439583.00**	**43555.23**	**92584.91**	**46.45**
西峰区	Xifeng	38960.00		38960.00	262993.00	3841.67	7994.53	12.43
庆城县	Qingcheng	53786.67		53786.67	192009.00	6266.19	12275.28	3.51
环 县	Huanxian	90113.33		90113.33	130700.00	13452.00	13076.98	4.17
华池县	Huachi	34420.00	26.67	34393.33	115000.00	1535.64	4701.58	2.97
合水县	Heshui	23786.67	353.33	23433.33	122000.00	3196.10	6637.69	3.59
正宁县	Zhengning	28626.67		28626.67	137171.00	2937.81	11956.65	2.49
宁 县	Ningxian	63313.33		63313.33	223710.00	5889.82	15540.90	7.52
镇原县	Zhenyuan	112773.33		112773.33	256000.00	6436.00	20401.30	9.77
定西市	**Dingxi**	**514300.00**		**514300.00**	**2216174.30**	**26774.95**	**68730.56**	**60.57**
安定区	Anding	114506.67		114506.67	651343.18	6094.01	8538.87	8.20
通渭县	Tongwei	122180.00		122180.00	271186.20	3442.35	16431.53	2.98

13-17 续表 2 continued

地 区	Region	耕地面积（公顷）Cultivated Area (hectare)	#水 地 Paddy Fields	#旱 地 Dry Fields	农业机械总动力（千瓦时）Total Power of Agricultural Machinery (kw·h)	农村用电量（万千瓦小时）Amount of Electric Power Generation (10 000 kw·h)	化肥施用折纯量（吨）Chemical Fertilizer Consumption (convert to pure amount) (ton)	有效灌溉面积（千公顷）Effective Irrigated Area (1 000 hectares)
陇西县	Longxi	78460.00		78460.00	311700.00	3903.39	12627.00	10.21
渭源县	Weiyuan	53380.00		53380.00	243174.08	3218.51	7000.55	7.32
临洮县	Lintao	71600.00		71600.00	452645.00	6991.00	11503.60	22.25
漳 县	Zhangxian	31180.00		31180.00	136000.00	991.88	5855.30	3.26
岷 县	Minxian	42993.33		42993.33	150125.84	2133.81	6773.71	6.35
陇南市	**Longnan**	**287453.33**	**5200.00**	**282253.33**	**1492779.00**	**31066.61**	**67407.15**	**64.44**
武都区	Wudu	46893.33	1346.67	45546.67	305976.00	11700.00	12412.40	10.45
成 县	Chengxian	27353.33		27353.33	210521.00	3650.87	8884.00	7.97
文 县	Wenxian	20506.67	780.00	19726.67	198773.00	2670.98	3744.33	6.39
宕昌县	Tanchang	28580.00	526.67	28053.33	119055.00	2293.14	2958.28	6.19
康 县	Kangxian	20813.33	33.33	20780.00	95965.00	1237.00	5373.50	4.44
西和县	Xihe	40140.00		40140.00	178549.00	2270.05	8018.84	6.42
礼 县	Lixian	68826.67	2333.33	66493.33	158100.00	3399.00	9717.62	14.14
徽 县	Huixian	26320.00	173.33	26146.67	172000.00	3319.14	14930.42	6.93
两当县	Liangdang	8020.00	6.67	8013.33	53840.00	526.43	1367.76	1.51
临夏州	**Linxia**	**144106.67**		**144106.67**	**822068.80**	**36645.38**	**21590.66**	**56.35**
临夏市	linxia	2266.67		2266.67	49074.00	4101.77	1171.70	2.27
临夏县	linxia	25033.33		25033.33	124627.40	2505.03	4727.23	13.01
康乐县	Kangle	21873.33		21873.33	99809.00	6138.67	2693.65	6.75
永靖县	Yongjing	23486.67		23486.67	149220.35	11822.53	4322.83	8.84
广河县	Guanghe	12860.00		12860.00	136340.00	3521.70	1635.00	7.00
和政县	Hezheng	15693.33		15693.33	69841.00	1070.19	785.06	3.97
东乡县	Dongxiang	24526.67		24526.67	133082.40	6039.58	2762.29	8.35
积石山县	Jishishan	18366.67		18366.67	59976.00	1445.91	3492.90	6.15
甘南州	**Gannan**	**66760.00**	**60.00**	**66700.00**	**350600.00**	**5297.49**	**3183.68**	**6.09**
合作市	Hezuo	9640.00		9640.00	25622.00	241.00	110.00	0.13
临潭县	Lintan	17680.00		17680.00	84004.00	1408.50	1521.91	1.67
卓尼县	Zhuoni	10966.67	46.67	10920.00	49802.00	647.65	532.24	0.93
舟曲县	Zhouqu	9380.00	13.33	9366.67	131989.00	1143.39	864.32	1.56
迭部县	Diebu	5126.67		5126.67	24953.08	632.17	93.44	0.93
玛曲县	Maqu				2093.92	369.04		
碌曲县	Luqu	2773.33		2773.33	3972.00	173.32	14.40	
夏河县	Xiahe	11193.33		11193.33	28164.00	682.42	47.37	0.87

13-18 灌溉、水库和除涝、治水、治碱情况

Reservoirs，Irrigation，Flood Prevention,Water and Soil Conservation, Improvement of Saline- Alkaline Land

指　标	Item	2005	2008	2009	2010	2011
水库数（座）	Number of Reservoirs (unit)	272	288	311	313	318
大型水库	Large-scale Reservoir	7	7	8	8	8
中型水库	Medium-scale Reservoir	26	27	38	38	38
小型水库	Small-scale Reservoir	239	254	265	267	272
水库库容量（亿立方米）	Capacity of Reservoirs (100 million cu.m)	88.65	88.63	103.00	103.07	103.21
大型水库	Large-scale Reservoir	74.95	74.50	83.93	83.93	83.93
中型水库	Medium-scale Reservoir	9.30	9.50	14.20	14.20	14.20
小型水库	Small-scale Reservoir	4.40	4.63	4.88	4.95	5.08
有效灌溉面积（千公顷）	Effective Irrigated Area (1 000 hectares)	1226.85	1254.73	1264.17	1278.45	1077.09
旱涝保收面积（千公顷）	Harvest Area (1 000 hectares)	1007.16	999.77	999.11	1009.00	1002.79
机电灌溉面积（千公顷）	Motorized Irrigation Area (1 000 hectares)	417.65	433.21	446.43	458.41	520.16
固定机电提灌面积（千公顷）	Fixed Area by Electrical Lift Irrigation (1 000 hectares)	244.81	261.55	257.60	265.03	295.47
水利工程年供水量（亿立方米）	Water for Irrigation Engineering in Quantity in a Year (10 000 cu.m)	122.20	122.07	123.16	122.32	144.68
为农业年供水量（亿立方米）	Water for Agriculture in One Year (100 million cu.m)	98.98	97.69	98.07	97.79	95.66
为工业年供水量（亿立方米）	Water for Industry in One Year (100 million cu.m)	13.56	13.67	13.58	12.75	13.45
为城乡生活年供水量（亿立方米）	Water for Living in One Year (100 million cu.m)	7.11	6.88	7.10	7.23	7.69
为生态环境年供水量（亿立方米）	Water for Ecological Environment One Year (100 million cu.m)	3.08	3.84	4.42	3.55	3.91
易涝面积（万公顷）	Flooded or Waterlogged Area (10 000 hectares)	3.42	3.42	3.42	3.42	3.42
除涝面积（万公顷）	Flooded or Waterlogged Area Under Control (10 000 hectares)	1.25	1.25	1.25	1.25	1.25
占易涝面积比重（%）	Ratio in Flooded or Waterlogged Area (%)	36.46	36.46	36.46	36.46	36.46
水土流失面积（万公顷）	Area of Soil Erosion (10 000 hectares)	1361.48	1545.95	1545.95	1545.94	1525.66
水土流失治理面积（万公顷）	Area of Soil Erosion Under Control (10 000 hectares)	774.41	768.38	780.71	794.69	809.64
占流失面积的比重（%）	Ratio of Soil Erosion Area (%)	56.88	49.70	50.50	51.41	53.07
小流域治理面积（万公顷）	Area of Small Valley Under Control (10 000 hectares)	156.53	168.72	186.64	212.62	201.50
堤防长度（公里）	Total Length of Dikes (km)	3002.89	3329.38	3504.83	3671.00	4171.42
堤防保护面积（万公顷）	Area of Land Protected by Dikes (10 000 hectares)	20.95	20.99	21.70	23.81	27.20
盐碱地耕面积（万公顷）	Saline Land Farming Area (10 000 hectares)	12.58	14.55	14.55	14.55	14.55
#治理面积	Harnessing Area	6.28	5.26	5.26	5.26	5.26

注：此表为省水利厅数据。

a) Data of this table come from Water Resources Department of Gansu Province.

13-19 农村居民家庭（平均每户）年末生产性固定资产原值

Original Value of Productive Fixed Assets Per Rural Household at Year-end

单位：元 (yuan)

指 标	Item	2005	2008	2009	2010
平均每户家庭生产性固定资产原值	**Original Value of Productive Fixed Assets Per Rural Household**	**7025.9**	**8408.1**	**8915.3**	**9655.1**
按行业分	**By Sector**				
农 业	Agriculture				
#农业	Agriculture	5234.8	6036.8	6392.2	6630.5
#房屋及建筑物	Houses and Buildings	1609.0	1744.1	1864.4	1909.9
役畜	Draught and Commodity Animals	1087.3	1172.2	1228.5	1213.3
大中型铁木农具	Large and Medium Wood and Iron Farm Tools	458.3	490.6	560.0	550.8
农业机械	Machinery of Farming	1980.7	2411.3	2556.8	2674.2
#牧业	Animal Husbandry	690.9	1020.8	1086.2	1217.9
#房屋及建筑物	Houses and Buildings	237.7	304.8	370.4	371.5
产品畜	Draught and Commodity Animals	413.3	638.7	656.7	761.4
大中型铁木农具	Large and Medium Wood and Iron Farm Tools	13.2	21.7	22.3	27.4
牧业机械	Machinery of Animal Husbandry	24.0	30.4	31.3	41.8
工 业	Industry	93.2	62.7	57.8	198.8
建筑业	Construction	2.9	90.3	90.3	95.7
交通运输业、仓储及邮电业	Transport, Storage and Post	601.4	686.6	769.9	962.6
批发零售贸易及住宿餐饮业	Wholesaleand Retail Trades and Catering Services	113.1	187.7	207.5	222.9
居民服务与其他服务业	Services to Households and Other Services	32.0	74.8	90.3	84.7
卫生、社会保障和福利业	Health, Social Security and Welfare	45.8	41.9	41.7	46.7
其他	Others	54.8	125.8	122.7	87.0

13-20 农村居民家庭(平均每百户)拥有主要生产性固定资产数量

Number of Major Productive Fixed Assets Per 100 Rural Households

指 标	Item	2005	2008	2009	2010
汽车（辆）	Motor Vehicles (set)	0.78	0.72	0.89	1.50
大中型拖拉机（台）	Large and Medium Tractors (unit)	2.30	4.28	3.72	6.56
小型和手扶拖拉机（台）	Mini and Walking Tractors (unit)	33.00	30.56	32.22	30.67
机动脱粒机（台）	Motorized Threshing Machines (unit)	3.00	4.56	5.83	4.22
胶轮大车（辆）	Carts with Rubber Tyres (unit)	18.00	16.22	16.78	15.94
农用水泵（台）	Pumps (unit)	7.00	8.78	10.44	12.11
役畜（头）	Draught Animals (unit)	75.00	68.83	64.83	61.50
产品畜（头）	Commodity Animals (unit)	52.00	48.39	42.94	38.78

13-21 农作物播种面积
Total Sown Areas of Farm Crops

指 标	Item	2005	2008	2009	2010	2011
总播种面积（千公顷）	**Total Sown Area (1 000 hectares)**	**3726.01**	**3868.61**	**3938.64**	**3995.18**	**4069.44**
粮食作物	Sown Area of Grain Crops	2587.19	2682.99	2740.03	2799.78	2833.65
谷物	Cereal	1811.11	1797.67	1889.29	1955.46	1951.97
#稻谷	Rice	5.10	5.53	5.67	5.83	5.61
小麦	Wheat	961.39	903.53	917.38	879.65	861.59
玉米	Corn	503.13	557.21	702.94	835.48	851.69
豆类	Soybeans	245.05	227.93	207.19	198.87	199.94
#大豆	Soja	94.17	99.75	91.27	90.35	93.63
薯类	Tubers	531.03	657.40	643.55	645.45	681.74
油料	Oil-bearing Crops	328.91	331.69	351.87	345.71	351.11
#油菜籽	Rapeseed	157.34	162.09	188.86	182.94	184.76
棉花	Cotton	63.95	72.73	55.68	47.91	47.92
烟叶	Tobacco	14.16	4.01	4.40	4.06	3.72
#烤烟	Fluecured Tobacco	13.33	3.07	3.50	3.13	2.87
中药材	Traditional Chinese Medician Materials	142.83	160.53	165.19	165.41	185.47
蔬菜	Vegetables	306.81	367.79	371.64	394.97	415.40
瓜类	Melon	35.41	46.35	49.44	51.37	50.05
其它	Others	246.75	202.52	200.39	185.97	182.12
占总播种面积比重（%）	**Total Sown Area (%)**					
粮食作物	Sown Area of Grain Crops	69.44	69.35	69.57	70.08	69.63
谷物	Cereal	48.61	46.47	47.97	48.95	47.97
#稻谷	Rice	0.14	0.14	0.14	0.15	0.14
小麦	Wheat	25.80	23.36	23.29	22.02	21.17
玉米	Corn	13.50	14.40	17.85	20.91	20.93
豆类	Soybeans	6.58	5.89	5.26	4.98	4.91
#大豆	Soja	2.53	2.58	2.32	2.26	2.30
薯类	Tubers	14.25	16.99	16.34	16.16	16.75
油料	Oil-bearing Crops	8.83	8.57	8.93	8.65	8.63
#油菜籽	Rapeseed	4.22	4.19	4.80	4.58	4.54
棉花	Cotton	1.72	1.88	1.41	1.20	1.18
烟叶	Tobacco	0.38	0.10	0.11	0.10	0.09
#烤烟	Fluecured Tobacco	0.36	0.08	0.09	0.08	0.07
中药材	Traditional Chinese Medician Materials	3.83	4.15	4.19	4.14	4.56
蔬菜	Vegetables	8.23	9.51	9.44	9.89	10.21
瓜类	Melon	0.95	1.20	1.26	1.29	1.23
其它	Others	6.62	5.23	5.09	4.65	4.48

13-22 各地县农作物播种面积（2011）

Sown Areas of Farm Crops by Region, County（2011）

单位：千公顷 (1 000 hectares)

地 区	Region	农作物播种面积 Total Sown Area	粮 食 Grain Crops	#小 麦 Wheat	#玉 米 Corn	#薯 类 Tubers	棉 花 Cotton	油 料 Oil-bearing Crops	蔬 菜 Vegetables	果园面积 Area of Orchards at Year-end
兰州市	**Lanzhou**	**219.09**	**131.41**	**44.94**	**34.29**	**33.04**		**16.26**	**50.31**	**10.90**
城关区	Chengguan	1.73	0.15	0.01	0.14				1.39	0.49
七里河区	Qilihe	10.47	2.79	0.86	1.62			0.13	7.43	0.61
西固区	Xigu	5.16	0.85	0.32	0.46			0.07	4.10	0.98
安宁区	Anning	0.28							0.27	0.23
红古区	Honggu	6.89	1.57	0.47	1.06			0.13	4.81	1.41
永登县	Yongdeng	87.79	59.64	23.91	8.85	14.71		8.70	7.11	2.17
皋兰县	Gaolan	26.51	12.85	5.20	1.67	3.05		2.45	6.97	4.67
榆中县	Yuzhong	80.25	53.56	14.16	20.49	15.28		4.78	18.24	0.35
嘉峪关市	**Jiayuguan**	**3.87**	**0.86**	**0.40**	**0.38**	**0.08**		**0.27**	**1.67**	**2.31**
金昌市	**Jinchang**	**71.63**	**49.57**	**23.03**	**10.18**	**1.31**		**6.27**	**10.61**	**1.39**
金川区	Jinchuan	14.68	7.03	3.94	2.67	0.25		1.84	3.16	0.79
永昌县	Yongchang	56.95	42.53	19.09	7.51	1.05		4.43	7.45	0.59
白银市	**Baiyin**	**302.14**	**242.10**	**49.26**	**88.12**	**68.49**	**0.07**	**15.61**	**17.41**	**13.83**
白银区	Baiyin	7.51	4.93	2.04	1.32	0.25		0.55	1.92	0.81
平川区	Pingchuan	16.91	13.83	2.68	4.67	3.70	0.03	0.73	0.95	0.49
靖远县	Jingyuan	77.81	52.08	14.87	16.29	9.50	0.05	2.61	9.69	3.25
会宁县	Huining	163.05	143.83	20.68	57.23	51.97		7.41	3.33	6.02
景泰县	Jingtai	36.86	27.43	8.99	8.61	3.06		4.31	1.52	3.26
天水市	**Tianshui**	**446.15**	**315.88**	**134.69**	**85.17**	**69.55**		**50.51**	**53.62**	**80.30**
秦州区	Qinzhou	68.79	47.89	22.72	12.57	8.15		12.34	5.10	11.07
麦积区	Maiji	55.39	42.69	19.59	15.37	3.56		4.97	5.26	14.49
清水县	Qingshui	69.64	45.48	17.63	13.15	9.43		9.35	7.11	11.93
秦安县	Qinan	76.16	56.70	24.01	14.37	14.29		6.99	5.69	24.93
甘谷县	Gangu	69.95	50.97	23.68	14.08	11.99		7.09	8.53	11.66
武山县	Wushan	64.77	40.19	14.01	7.41	15.59		4.61	18.25	3.16
张家川县	Zhangjiachuan	41.47	31.95	13.05	8.22	6.53		5.17	3.69	3.06
武威市	**Wuwei**	**245.23**	**149.31**	**46.81**	**57.41**	**29.20**	**12.83**	**24.28**	**37.99**	**17.74**
凉州区	Liangzhou	113.61	76.40	21.00	42.60	9.63		8.57	21.60	8.71
民勤县	Minqin	48.47	13.09	7.40	5.39	0.31	12.83	7.16	9.10	5.29
古浪县	Gulang	62.16	45.95	13.44	9.40	13.91		6.79	4.13	3.55
天祝县	Tianzhu	20.99	13.87	4.97	0.02	5.35		1.76	3.15	0.20
张掖市	**Zhangye**	**251.45**	**173.66**	**46.01**	**69.03**	**28.89**	**2.96**	**31.51**	**18.73**	**31.70**

13-22续表 1 continued

单位：千公顷 (1 000 hectares)

地　区	Region	农作物播种面积 Total Sown Area	粮　食 Grain Crops	#小　麦 Wheat	#玉　米 Corn	#薯类 Tubers	棉　花 Cotton	油　料 Oil-bearing Crops	蔬　菜 Vegetables	果园面积 Area of Orchards at Year-end
甘州区	Ganzhou	58.19	45.55	5.55	34.81	2.72		0.65	7.89	12.52
肃南县	Sunan	6.89	4.44	1.51	1.61	0.14		0.09	0.31	0.16
民乐县	Minle	61.83	44.96	19.38	3.41	14.67		7.98	1.01	6.81
临泽县	Linze	23.09	18.68	0.79	16.37		0.18	0.03	3.39	6.97
高台县	Gaotai	31.17	19.39	4.05	12.21	1.01	2.78	0.37	5.38	3.89
山丹县	Shandan	39.61	26.79	13.41	0.63	8.34		5.56	0.75	1.35
平凉市	**Pingliang**	**453.05**	**332.09**	**134.59**	**76.50**	**55.28**		**47.28**	**49.15**	**92.31**
崆峒区	Kongtong	77.08	55.18	20.31	13.55	5.61		6.11	12.33	9.45
泾川县	Jingchuan	66.35	47.50	22.45	7.90	3.35		6.94	8.85	20.91
灵台县	Lingtai	71.23	50.33	21.45	13.00	1.47		11.36	7.80	11.78
崇信县	Chongxin	29.45	18.67	7.37	4.67	1.41		5.33	3.91	4.91
华亭县	Huating	36.78	24.26	8.88	7.53	3.29		2.35	3.91	1.58
庄浪县	Zhuanglang	72.31	55.41	22.85	11.99	18.01		7.43	6.50	9.30
静宁县	Jingning	99.84	80.73	31.27	17.86	22.14		7.76	5.85	34.39
酒泉市	**Jiuquan**	**167.22**	**43.23**	**19.70**	**19.59**	**0.59**	**31.44**	**3.48**	**26.57**	**15.63**
肃州区	Suzhou	45.69	19.77	5.11	14.11	0.29		0.79	10.06	2.99
金塔县	Jinta	29.96	7.32	4.36	2.80		8.60	0.65	5.17	2.25
瓜州县	Guazhou	34.91	5.59	4.55	0.76		7.24	0.51	2.16	0.43
肃北县	Subei	0.67	0.57	0.25	0.01	0.29		0.08	0.01	0.01
阿克塞县	Akesai	0.55	0.21	0.07	0.13	0.01			0.01	0.01
玉门市	Yumen	37.77	9.34	5.35	1.38		3.85	1.45	5.82	1.07
敦煌市	Dunhuang	17.67	0.43	0.02	0.39		11.75		3.35	8.86
庆阳市	**Qingyang**	**633.44**	**437.07**	**130.12**	**150.46**	**50.27**		**76.82**	**80.11**	**114.47**
西峰区	Xifeng	52.83	31.15	15.09	3.87	3.41		5.75	12.07	15.91
庆城县	Qingcheng	86.57	53.16	21.17	13.52	4.47		10.35	18.13	20.61
环　县	Huanxian	126.67	110.45	8.33	67.93	14.76		10.07	3.87	6.15
华池县	Huachi	51.77	39.53	3.83	13.84	11.10		5.47	3.92	3.95
合水县	Heshui	47.04	26.49	6.87	7.63	3.79		6.25	12.36	14.70
正宁县	Zhengning	34.83	18.61	6.98	5.07	2.08		6.41	5.31	13.21
宁　县	Ningxian	101.76	65.71	30.01	11.62	4.33		16.52	9.53	17.25
镇原县	Zhenyuan	131.97	91.97	37.85	26.98	6.32		15.99	14.91	22.69
定西市	**Dingxi**	**563.71**	**441.43**	**69.35**	**129.56**	**215.63**		**18.98**	**23.75**	**9.16**
安定区	Anding	114.36	103.05	11.39	20.74	66.83		3.31	4.67	2.05
通渭县	Tongwei	131.14	114.96	25.43	54.01	24.76		8.44	0.71	1.73

13-22 续表 2 continued

单位：千公顷 (1 000 hectares)

地 区	Region	农作物播种面积 Total Sown Area	粮 食 Grain Crops	#小 麦 Wheat	#玉 米 Corn	#薯 类 Tubers	棉 花 Cotton	油 料 Oil-bearing Crops	蔬 菜 Vegetables	果园面积 Area of Orchards at Year-end
陇西县	Longxi	107.97	80.15	10.22	36.67	30.00		3.73	4.00	2.21
渭源县	Weiyuan	53.28	35.91	3.23	5.43	26.67		0.49	0.13	0.77
临洮县	Lintao	83.79	65.47	13.39	10.71	40.57		1.58	11.35	1.45
漳 县	Zhangxian	30.18	17.09	3.09	2.00	6.67		0.76	2.33	0.78
岷 县	Minxian	42.99	24.81	2.61	0.00	20.14		0.67	0.56	0.17
陇南市	**Longnan**	**418.57**	**312.60**	**98.99**	**66.57**	**86.66**	**0.01**	**21.87**	**32.48**	**30.18**
武都区	Wudu	79.93	54.68	12.92	10.58	16.93	0.01	1.81	10.00	1.13
成 县	Chengxian	43.49	33.87	12.37	8.47	2.30		3.71	4.03	0.73
文 县	Wenxian	31.65	24.05	6.33	9.50	4.83		2.02	2.40	0.64
宕昌县	Tanchang	31.94	18.87	4.46	3.00	8.44		1.38	1.11	0.51
康 县	Kangxian	36.24	31.23	10.79	8.23	4.21		0.40	1.67	0.67
西和县	Xihe	57.17	45.84	12.80	5.64	24.45		2.87	3.92	4.76
礼 县	Lixian	69.83	58.65	24.70	7.43	21.89		4.83	1.83	20.01
徽 县	Huixian	54.15	36.96	11.84	10.75	2.98		4.54	6.85	1.21
两当县	Liangdang	14.17	8.45	2.77	2.97	0.62		0.30	0.68	0.52
临夏州	**Linxia**	**163.33**	**129.62**	**36.65**	**49.25**	**37.51**		**16.17**	**10.30**	**6.03**
临夏市	linxia	3.23	2.20	0.41	1.62	0.15		0.03	0.87	0.30
临夏县	linxia	32.49	24.89	10.68	9.27	3.35		1.87	3.35	0.73
康乐县	Kangle	22.55	17.87	8.06	4.45	2.48		1.95	0.23	0.05
永靖县	Yongjing	24.67	19.18	2.95	10.35	4.96		1.24	3.60	2.37
广河县	Guanghe	15.10	12.86	1.31	8.53	3.00		0.67	1.07	0.23
和政县	Hezheng	16.85	10.45	6.01	3.01	1.01		6.05	0.07	1.35
东乡县	Dongxiang	25.59	24.96	3.87	4.01	16.91		0.03	0.27	0.29
积石山县	Jishishan	22.86	17.21	3.37	8.00	5.65		4.33	0.85	0.71
甘南州	**Gannan**	**70.41**	**36.77**	**10.13**	**2.77**	**4.65**		**13.72**	**0.84**	**1.01**
合作市	Hezuo	8.13	4.97	0.28		0.29		1.79	0.07	
临潭县	Lintan	17.77	5.57	2.27		1.21		5.73	0.11	0.09
卓尼县	Zhuoni	10.58	5.09	1.47		0.59		2.63	0.13	0.02
舟曲县	Zhouqu	16.38	12.71	4.21	2.74	2.04		1.11	0.50	0.58
迭部县	Diebu	5.61	3.01	1.35	0.03	0.35		0.13	0.03	0.31
玛曲县	Maqu									
碌曲县	Luqu	2.31	1.15			0.07		0.44		
夏河县	Xiahe	9.62	4.27	0.55		0.09		1.89		0.01

13-23 各地区主要农作物播种面积构成（2011）
Sown Are Structure of Major Farm Crops by Region（2011）

单位：%　　　　　　　　　　　　　　　　　　　　　　　　　　　　　(%)

地 区	Region	农作物播种面积 Total Sown Area	粮 食 Grain Crops	#小 麦 Wheat	#玉 米 Corn	棉 花 Cotton	油 料 Oil-bearing Crops	烟 叶 Tobacco	中药材 Traditional Chinese Medician Materials	蔬 菜 Vegetables	瓜 果 Fruit and Melon
甘肃省	**Total**	**100.00**	**69.63**	**21.17**	**20.93**	**1.18**	**8.63**	**0.09**	**4.56**	**10.21**	**1.23**
兰州市	Lanzhou	100.00	59.98	20.51	15.65		7.42	0.02	2.06	22.97	2.12
嘉峪关市	Jiayuguan	100.00	22.24	10.34	9.83		7.07		0.00	43.28	1.90
金昌市	Jinchang	100.00	69.19	32.15	14.21		8.76		1.63	14.82	0.84
白银市	Baiyin	100.00	80.13	16.30	29.17	0.02	5.17		2.25	5.76	1.30
天水市	Tianshui	100.00	70.80	30.19	19.09		11.32	0.01	2.09	12.02	0.47
武威市	Wuwei	100.00	60.89	19.09	23.41	5.23	9.90		0.65	15.49	1.40
张掖市	Zhangye	100.00	69.06	18.30	27.45	1.18	12.53		2.51	7.45	0.38
平凉市	Pingliang	100.00	73.30	29.71	16.89		10.44	0.01	1.83	10.85	0.92
酒泉市	Jiuquan	100.00	25.85	11.78	11.72	18.80	2.08		8.36	15.89	5.65
庆阳市	Qingyang	100.00	69.00	20.54	23.75		12.13	0.34	1.15	12.65	2.71
定西市	Dingxi	100.00	78.31	12.30	22.98		3.37	0.02	12.88	4.21	0.13
陇南市	Longnan	100.00	74.68	23.65	15.90		5.23	0.31	10.39	7.76	0.48
临夏州	Linxia	100.00	79.36	22.44	30.15		9.90		1.96	6.31	0.00
甘南州	Gannan	100.00	52.22	14.39	3.94		19.49	0.09	9.82	1.19	0.00

13-24 各地区主要农作物播种面积占全省的比重（2011）
Proportion of Major Farm Crops Sown Areas by Region（2011）

单位：%　　　　　　　　　　　　　　　　　　　　　　　　　　　　　(%)

地 区	Region	农作物播种面积 Total Sown Area	粮 食 Grain Crops	#小 麦 Wheat	#玉 米 Corn	棉 花 Cotton	油 料 Oil-bearing Crops	烟叶 Tobacco	中药材 Traditional Chinese Medician Materials	蔬菜 Vegetables	瓜果 Fruit and Melon
甘肃省	**Total**	**100.00**	**100.00**	**100.00**	**100.00**	**100.00**	**100.00**	**100.00**	**100.00**	**100.00**	**100.00**
兰州市	Lanzhou	5.38	4.64	5.22	4.03		4.63	0.90	2.43	12.11	9.28
嘉峪关市	Jiayuguan	0.10	0.03	0.05	0.04		0.08			0.40	0.15
金昌市	Jinchang	1.76	1.75	2.67	1.20		1.79		0.63	2.55	1.20
白银市	Baiyin	7.42	8.54	5.72	10.35	0.15	4.44		3.66	4.19	7.86
天水市	Tianshui	10.96	11.15	15.63	10.00		14.39	0.72	5.02	12.91	4.20
武威市	Wuwei	6.03	5.27	5.43	6.74	26.77	6.92		0.86	9.14	6.87
张掖市	Zhangye	6.18	6.13	5.34	8.11	6.18	8.98		3.40	4.51	1.92
平凉市	Pingliang	11.13	11.72	15.62	8.98		13.47	1.61	4.47	11.83	8.33
酒泉市	Jiuquan	4.11	1.53	2.29	2.30	65.61	0.99		7.54	6.40	18.86
庆阳市	Qingyang	15.57	15.42	15.10	17.67		21.88	57.17	3.93	19.29	34.30
定西市	Dingxi	13.85	15.58	8.05	15.21		5.41	3.23	39.15	5.72	1.45
陇南市	Longnan	10.29	11.03	11.49	7.82	0.03	6.23	34.59	23.45	7.82	4.05
临夏州	Linxia	4.01	4.57	4.25	5.78		4.61		1.73	2.48	0.01
甘南州	Gannan	1.73	1.30	1.18	0.33		3.91	1.79	3.73	0.20	

13-25 主要农产品产量
Yield of Major Farm Crops

指 标	Item	2005	2006	2007	2008	2009	2010	2011
主要农产品产量（万吨）	**Yield of Major Farm Crops (10 000tons)**							
粮食	Grain Crops	836.89	808.05	824.43	888.50	906.20	958.30	1014.60
夏粮	Summer Grain Crops	338.01	339.12	316.75	351.30	341.30	330.80	319.50
秋粮	Autumn Grain Crops	498.88	468.93	507.68	537.20	564.90	627.50	695.10
谷物	Cereal	605.37	580.64	582.18	637.14	681.09	737.65	750.89
#稻谷	Rice	4.11	4.02	3.41	3.82	3.90	4.11	3.69
小麦	Wheat	264.84	260.70	237.42	268.10	261.10	250.90	247.50
玉米	Corn	248.51	218.60	242.65	265.40	312.60	390.40	425.60
豆类	Beans	41.65	39.46	35.61	36.76	33.71	35.45	34.81
薯类	Tubers	189.87	187.95	206.64	214.60	191.40	185.20	228.90
油料	Oil-bearing Crops	50.31	48.99	46.36	53.54	58.54	64.05	63.52
#油菜籽	Rapeseed	26.64	26.70	24.58	28.55	33.11	33.22	33.14
棉花	Cotton	11.05	12.75	12.94	12.32	9.54	7.56	7.60
麻类	Fiber Crops	1.74	1.32	0.88	0.48	0.40	0.26	0.21
甜菜	Beetroots	14.54	19.02	27.80	20.09	20.42	22.02	18.08
烟叶	Tobacco	3.38	3.94	0.99	1.04	1.23	1.23	1.21
#烤烟	Fluecured Tobacco	3.14	3.62	0.80	0.82	1.02	1.01	0.99
中药材	Traditional Chinese Medician Materials							61.94
蔬菜	Vegetables	866.91	933.85	999.92	1082.29	1145.35	1235.46	1320.60
水果	Fruit	172.45	205.09	228.10	248.14	277.56	299.46	330.84
农产品单位面积产量（千克／公顷）	**Yield of Farm Crops Per Hectare (kg/hectare)**							
粮食	Grain Crops	3234.75	3109.27	3068.18	3311.60	3307.26	3422.77	3580.54
谷物	Cereal	3352.86	3236.56	3241.34	3544.29	3604.99	3772.25	3846.82
棉花	Cotton	1728.24	1677.45	1632.60	1693.59	1714.16	1577.90	1585.11
油菜籽	Rapeseed	1692.92	1644.44	1611.91	1761.65	1753.11	1815.99	1793.92
甜菜	Beetroots	32707.29	37519.74	47228.82	43798.76	45717.51	43565.36	37360.91
烟叶	Tobacco	2386.94	2479.81	2066.15	2582.73	2803.77	3017.57	3255.55

13-26 各地县农产品产量（2011）

Yield of Farm Crops by Region,County（2011）

单位：吨 (ton)

地　区	Region	粮　食 Grain Crops	#小　麦 Wheat	#玉　米 Corn	#薯　类 Tubers	棉　花 Cotton	油　料 Oil-bearing Crops	蔬　菜 Vegetables	人均粮食占有量（千克） Per Capita Grain Crops(kg)
兰州市	**Lanzhou**	**423948**	**122457**	**169724**	**82778**		**22262**	**2092273**	**117.08**
城关区	Chengguan	711	23	688				70158	0.55
七里河区	Qilihe	9560	1760	7181			203	182170	16.95
西固区	Xigu	5261	1245	3791			173	215288	14.39
安宁区	Anning							9570	
红古区	Honggu	13481	2751	10563			467	508070	98.98
永登县	Yongdeng	186805	71270	40800	36750		9457	281201	446.26
皋兰县	Gaolan	48055	14118	15643	10356		5498	222150	364.61
榆中县	Yuzhong	160076	31290	91058	35672		6464	603667	365.97
嘉峪关市	**Jiayuguan**	**7415**	**2732**	**4018**	**662**		**737**	**168773**	**31.80**
金昌市	**Jinchang**	**330185**	**135422**	**100507**	**11049**		**21676**	**575398**	**708.70**
金川区	Jinchuan	54836	26330	25369	1980		9309	111430	238.73
永昌县	Yongchang	275349	109092	75138	9069		12367	463968	1165.75
白银市	**Baiyin**	**704000**	**129686**	**350441**	**163799**	**145**	**16512**	**1189592**	**410.90**
白银区	Baiyin	22443	6199	11330	1023		1150	196229	75.85
平川区	Pingchuan	34753	8456	20160	3120	40	935	39020	180.25
靖远县	Jingyuan	190371	50911	75062	37520	105	3822	770427	415.84
会宁县	Huining	309470	25150	172692	103444		2438	77080	568.98
景泰县	Jingtai	146963	38970	71197	18692		8167	106836	659.32
天水市	**Tianshui**	**1111800**	**298941**	**486110**	**256456**		**70117**	**1801968**	**339.51**
秦州区	Qinzhou	190700	57135	90948	32524		19845	162769	294.97
麦积区	Maiji	154160	36822	83511	14227		6850	155817	276.72
清水县	Qingshui	160971	41534	75211	33370		15220	96475	597.29
秦安县	Qinan	197443	46016	76412	65088		8242	145224	380.87
甘谷县	Gangu	174252	55305	79742	36070		8878	370491	310.39
武山县	Wushan	122961	29311	36265	50239		6370	788905	284.57
张家川县	Zhangjiachuan	111312	32819	44020	24937		4712	82287	384.23
武威市	**Wuwei**	**999043**	**268924**	**557584**	**133821**	**20486**	**83296**	**1937603**	**549.01**
凉州区	Liangzhou	673034	145566	454138	62972		20770	1268769	663.68
民勤县	Minqin	107261	52814	52172	2275	20486	41223	456619	444.88
古浪县	Gulang	171645	55244	51199	46536		17913	155122	441.36
天祝县	Tianzhu	47103	15300	75	22038		3390	57093	268.24
张掖市	**Zhangye**	**1217925**	**283452**	**574337**	**236621**	**5228**	**60974**	**1147318**	**1011.06**

13-26 续表 1 continued

单位：吨 (ton)

地 区	Region	粮 食 Grain Crops	#小 麦 Wheat	#玉 米 Corn	#薯 类 Tubers	棉 花 Cotton	油 料 Oil-bearing Crops	蔬 菜 Vegetables	人均粮食占有量（千克） Per Capita Grain Crops(kg)
甘州区	Ganzhou	389797	47450	290300	40190		3175	476199	765.36
肃南县	Sunan	24321	6509	12481	714		174	20700	717.45
民乐县	Minle	275567	104432	28044	109854		23273	25072	1249.74
临泽县	Linze	145313	6955	134534	220	651	270	171412	1077.19
高台县	Gaotai	153165	37558	102868	8693	4577	1758	413063	1065.13
山丹县	Shandan	164257	73502	6110	62550		15906	40873	1012.68
平凉市	**Pingliang**	**1003147**	**364592**	**405596**	**141991**		**69286**	**1023268**	**483.05**
崆峒区	Kongtong	203042	64271	97130	19350		9021	287406	396.64
泾川县	Jingchuan	158100	61534	47531	21330		7985	181258	560.44
灵台县	Lingtai	175002	61686	85369	6190		20919	149200	960.50
崇信县	Chongxin	58172	16293	34018	3550		6837	89047	567.53
华亭县	Huating	86224	17559	50398	12092		4510	65084	449.55
庄浪县	Zhuanglang	151700	63392	45165	41067		7533	161035	396.60
静宁县	Jingning	170906	79857	45986	38413		12480	90238	403.37
酒泉市	**Jiuquan**	**332169**	**128457**	**177129**	**6165**	**50091**	**10596**	**1152509**	**301.78**
肃州区	Suzhou	159298	34758	121296	2512		1989	417479	369.77
金塔县	Jinta	66669	34203	29453		17161	3800	345338	450.47
瓜州县	Guazhou	30681	22923	6894		9515	1498	54983	205.22
肃北县	Subei	6050	2220	172	3616		248	332	403.36
阿克塞县	Akesai	2106	503	1564	37		12	142	202.50
玉门市	Yumen	63199	33724	13723		2537	3049	175976	394.01
敦煌市	Dunhuang	4166	126	4026		20878		158259	22.32
庆阳市	**Qingyang**	**1224098**	**341458**	**604556**	**113488**		**120739**	**756899**	**552.69**
西峰区	Xifeng	120100	49786	31900	14860		11866	124389	317.56
庆城县	Qingcheng	124795	40653	47597	12543		9706	131384	475.77
环 县	Huanxian	181025	7692	142151	15166		12937	30777	596.65
华池县	Huachi	117390	3718	87192	15571		6646	26370	970.16
合水县	Heshui	93406	21630	49446	9417		9095	119117	640.20
正宁县	Zhengning	90005	24919	41041	8057		14136	114784	496.44
宁 县	Ningxian	241546	102623	70260	30290		28544	127101	594.50
镇原县	Zhenyuan	255832	90437	134969	7584		27809	82977	614.39
定西市	**Dingxi**	**1235734**	**83475**	**511443**	**606433**		**24887**	**511345**	**456.82**
安定区	Anding	277906	5688	93392	177272		2797	74051	659.33
通渭县	Tongwei	345983	12576	253503	71858		9135	11975	987.96

13-26 续表 2 continued

单位：吨 (ton)

地 区	Region	粮 食 Grain Crops	#小 麦 Wheat	#玉 米 Corn	#薯 类 Tubers	棉 花 Cotton	油 料 Oil-bearing Crops	蔬 菜 Vegetables	人均粮食占有量（千克） Per Capita Grain Crops(kg)
陇西县	Longxi	144571	7766	83160	50625		4548	107336	318.09
渭源县	Weiyuan	123000	4051	23467	94942		937	4496	378.69
临洮县	Lintao	207137	38670	49341	118041		3610	246144	407.11
漳 县	Zhangxian	58534	7982	8580	26780		2852	58059	302.50
岷 县	Minxian	78603	6742		66915		1008	9285	173.98
陇南市	**Longnan**	**1026080**	**339277**	**324814**	**244600**	**8**	**37964**	**449523**	**400.67**
武都区	Wudu	165409	46493	40299	45116	8	3049	86336	296.65
成 县	Chengxian	143804	52172	63614	9833		7870	98394	590.82
文 县	Wenxian	67781	17224	32966	8749		3432	55301	316.88
宕昌县	Tanchang	81969	15388	20511	37714		2307	18970	303.70
康 县	Kangxian	65946	31276	21688	5090		596	9581	367.18
西和县	Xihe	168326	43162	37266	82713		6169	9871	425.49
礼 县	Lixian	142132	68228	23794	43020		5954	24864	312.17
徽 县	Huixian	156158	53298	67101	11230		8179	137467	778.07
两当县	Liangdang	34556	12038	17575	1135		408	8739	769.61
临夏州	**Linxia**	**643541**	**140003**	**360634**	**123989**		**56718**	**275590**	**327.85**
临夏市	linxia	22000	2417	18668	830		100	96076	79.59
临夏县	linxia	134808	40712	75960	13680		5108	44952	410.13
康乐县	Kangle	87908	36414	29279	10867		7018	5241	373.44
永靖县	Yongjing	102315	9482	76040	15548		4011	83771	565.90
广河县	Guanghe	90100	4775	71600	13676		4000	27968	391.40
和政县	Hezheng	54866	29044	19032	5466		21320	3018	293.87
东乡县	Dongxiang	73033	4691	20215	47899		405	3186	254.12
积石山县	Jishishan	78511	12469	49840	16022		14755	11378	330.85
甘南州	**Gannan**	**84058**	**25867**	**9731**	**13010**		**21064**	**15313**	**122.09**
合作市	Hezuo	7616	521		657		2253	1685	83.70
临潭县	Lintan	14603	6119		3615		8550	1070	107.46
卓尼县	Zhuoni	12412	4239		2168		4228	2734	122.29
舟曲县	Zhouqu	30717	10056	9647	4969		2796	8241	236.47
迭部县	Diebu	7124	2967	84	1098		140	1578	136.74
玛曲县	Maqu								
碌曲县	Luqu	2105			180		343		58.64
夏河县	Xiahe	9479	1965		323		2754	5	108.96

13-27 各地区主要农产品单位面积产量（2011）
Yield of Major Farm Crops Per Hectare by Region（2011）

单位：千克／公顷 (kg／hectare)

地 区	Region	粮 食 Grain Crops	谷 物 Cereal	棉 花 Cotton	油菜籽 Rapeseed	甜 菜 Beetroots	烟 叶 Tobacco	水 果 Fruit
甘肃省	**Total**	3581	3847	1585	1794	37361	3256	7694
兰州市	Lanzhou	3226	3676		1223	14798	3287	12018
嘉峪关市	Jiayuguan	8623	8653		2022			1786
金昌市	Jinchang	6661	6613		2715	36000		4821
白银市	Baiyin	2908	3363	1977	1305			10583
天水市	Tianshui	3520	3533		1358	17499	3113	10914
武威市	Wuwei	6691	7597	1597	2357	49541		6543
张掖市	Zhangye	7013	6789	1766	1787	85347		6923
平凉市	Pingliang	3021	3242		1506		8465	9316
酒泉市	Jiuquan	7684	7603	1593	1905	58896		11022
庆阳市	Qingyang	2801	3066		1626		3809	4162
定西市	Dingxi	2799	2916		1686	19418	3000	5027
陇南市	Longnan	3282	3876	600	1860	1125	2223	3744
临夏州	Linxia	4965	5808		3519			9900
甘南州	Gannan	2286	2231		1534		1349	8558

13-28 各地区主要农产品人均占有量（2011）
Output of Major Farm Corps Per Capita by Region（2011）

单位：千克／人 (kg／person)

地 区	Region	粮 食 Grain Crops	谷 物 Cereal	棉 花 Cotton	油菜籽 Rapeseed	甜 菜 Beetroots	烟 叶 Tobacco	水 果 Fruit
甘肃省	**Total**	395.68	292.84	2.96	12.93	7.05	0.47	129.02
兰州市	Lanzhou	117.08	86.85		1.47	1.42	0.03	36.18
嘉峪关市	Jiayuguan	31.80	28.94		1.33			17.67
金昌市	Jinchang	708.70	684.99		19.74	1.55		14.35
白银市	Baiyin	410.90	306.11	0.08	0.55			85.41
天水市	Tianshui	339.51	252.65		14.11	2.32	0.03	267.63
武威市	Wuwei	549.01	465.39	11.26	13.74	48.82		63.79
张掖市	Zhangye	275.75	267.81	41.58	2.10	16.62		142.98
平凉市	Pingliang	586.47	467.80	2.52	25.02	21.92		105.67
酒泉市	Jiuquan	1122.68	549.13		6.50	3.06	0.33	41.84
庆阳市	Qingyang	463.28	318.08		14.00	0.01	1.29	51.02
定西市	Dingxi	370.84	307.38		7.79		0.19	317.93
陇南市	Longnan	478.00	401.13		21.72		3.16	186.03
临夏州	Linxia	327.85	255.31		26.77	4.25		30.43
甘南州	Gannan	122.09	89.34		30.11	0.75	0.13	12.60

13-29 水果生产
Fruits Production

指　标	Item	2005	2008	2009	2010	2011
园林水果产量（吨）	**Gardens (ton)**	**1724459**	**2481416**	**2775594**	**2994553**	**3308385**
#苹果	Apples	1012568	1641352	1856204	2016609	2279292
梨	Pears	283345	285490	320460	334180	342114
葡萄	Grapes	77506	99601	116185	128370	126300
红枣	Date	75450	82771	94108	117407	119354
柿子	Persimmon	14858	22462	24031	23803	19529
杏子	Apricots	103756	127692	124630	108809	104877
桃子	Peachs	102261	152605	161822	155895	183199
果园面积（千公顷）	**Area of Orchards (1 000 hectares)**	**347.59**	**411.85**	**411.55**	**419.95**	**430.01**
#苹果园	Apples	183.77	246.52	261.59	268.64	274.81
梨园	Pears	49.45	44.43	35.57	34.51	33.30
葡萄园	Grapes					20.78
桃园	Peachs	14.17	13.57	12.88	12.70	12.41
杏园	Apricots					44.84

13-30 各地县水果产量（2011）

Yield of Fruit by Region's County（2011）

单位：吨 (ton)

地 区	Region	水果产量 Fruits	# 苹果 Apples	# 梨 Pears	# 葡萄 Grapes	# 红枣 Dates	# 柿子 Persimmons	# 杏子 Apricots	# 桃子 Peaches
兰州市	**Lanzhou**	**131001**	**62927**	**23136**	**3310**	**4113**		**3898**	**31277**
城关区	Chengguan	17606	14381	1469	391	3			1328
七里河区	Qilihe	10569	3774	2144	5			36	4305
西固区	Xigu	16062	6201	4397	233	2261		65	2092
安宁区	Anning	4001	39	108	60	302			3493
红古区	Honggu	46072	25300	4917	1593	1198		1835	10123
永登县	Yongdeng	7332	2972	1868	884	96		1220	293
皋兰县	Gaolan	25221	8067	6945		254		375	9580
榆中县	Yuzhong	4138	2194	1289	144			367	63
嘉峪关市	**Jiayuguan**	**4120**	**1038**	**809**	**2025**			**212**	**36**
金昌市	**Jinchang**	**6685**	**1591**	**2199**	**2476**	**102**		**315**	**2**
金川区	Jinchuan	4380	814	963	2454	91		57	2
永昌县	Yongchang	2304	777	1236	23	11		258	
白银市	**Baiyin**	**146326**	**74076**	**34991**	**245**	**26758**		**3412**	**6759**
白银区	Baiyin	42733	38947	3135	55	543		12	29
平川区	Pingchuan	3123	1201	380	60	1255		130	85
靖远县	Jingyuan	49178	18565	18756	130	4404		969	6347
会宁县	Huining	12197	5530	4632				1921	60
景泰县	Jingtai	39095	9833	8088		20556		380	238
天水市	**Tianshui**	**876417**	**657931**	**44934**	**28173**	**36**	**1407**	**9750**	**114374**
秦州区	Qinzhou	133040	101644	13880	48			2401	8132
麦积区	Maiji	175688	133816	4739	25422		860	2956	5229
清水县	Qingshui	69181	64150	1562	1325		547	100	225
秦安县	Qinan	353364	238718	11456	218	34		1591	99135
甘谷县	Gangu	73947	68788	3777	75	2		200	472
武山县	Wushan	33470	20281	4585	1085			611	1181
张家川县	Zhangjiachuan	37729	30535	4935				1892	
武威市	**Wuwei**	**116072**	**71593**	**11652**	**22932**	**8259**		**318**	**96**
凉州区	Liangzhou	57645	40443	9269	7500	280		43	58
民勤县	Minqin	23912	753	735	14284	7890		163	38
古浪县	Gulang	33506	30397	1648	139	89		112	
天祝县	Tianzhu	1009			1009				
张掖市	**Zhangye**	**219448**	**58924**	**59095**	**18721**	**61859**		**9153**	**1288**

13-30 续表 1 continued

单位：吨　　(ton)

地　区	Region	水果产量 Fruits	# 苹 果 Apples	# 梨 Pears	# 葡 萄 Grapes	# 红 枣 Dates	# 柿 子 Persimmons	# 杏 子 Apricots	# 桃 子 Peaches
甘州区	Ganzhou	128493	46802	25770	2606	49407		212	800
肃南县	Sunan	995	525	267	202				
民乐县	Minle	41908	5598	21193	158			8621	13
临泽县	Linze	21410	3340	1703	3200	12340		4	64
高台县	Gaotai	22908	2654	7293	12354	112		77	412
山丹县	Shandan	3734	5	2869	200			240	
平凉市	**Pingliang**	**860024**	**800682**	**21567**	**835**	**2829**	**4705**	**11477**	**7689**
崆峒区	Kongtong	73839	62516	3461	343			2528	3714
泾川县	Jingchuan	224385	213880	2070	290	1660	2815	825	900
灵台县	Lingtai	45042	29935	3210	172	1019	1880	4257	1047
崇信县	Chongxin	32181	23432	4154	30	150	10	1610	1263
华亭县	Huating	15731	9747	2875				1513	52
庄浪县	Zhuanglang	104939	101783	2210				320	206
静宁县	Jingning	363907	359389	3587				424	507
酒泉市	**Jiuquan**	**172239**	**18053**	**37767**	**34219**	**5310**		**6497**	**8471**
肃州区	Suzhou	45407	11662	27054	1249	132		2487	2605
金塔县	Jinta	20073	3872	7416	3257	3013		1218	1298
瓜州县	Guazhou	1827	726	579	276	124		36	87
肃北县	Subei	1							
阿克塞县	Akesai								
玉门市	Yumen	4065	1277	1175	878	77		547	111
敦煌市	Dunhuang	100866	517	1543	28560	1965		2209	4370
庆阳市	**Qingyang**	**476409**	**396369**	**3813**	**2164**	**5565**	**1433**	**48924**	**4925**
西峰区	Xifeng	91481	84590	1493	850	104	304	2720	1275
庆城县	Qingcheng	109785	95957	241	1040	1362		6004	995
环　县	Huanxian	18428	10340	121	2	80		7100	180
华池县	Huachi	17186	10600	145		18		5400	
合水县	Heshui	78677	71606	450	180	231		3000	310
正宁县	Zhengning	64245	59235	111		48	310	3100	105
宁　县	Ningxian	26099	15041	240		3600	720	3600	1200
镇原县	Zhenyuan	70507	49000	1013	92	122	99	18000	860
定西市	**Dingxi**	**46048**	**21008**	**15838**	**30**	**185**		**5520**	**1255**
安定区	Anding	7419	1173	4665		3		1505	8
通渭县	Tongwei	8905	5717	2539				521	103

13-30 续表 2 continued

单位：吨 (ton)

地 区	Region	水果产量 Fruits	# 苹 果 Apples	# 梨 Pears	# 葡 萄 Grapes	# 红 枣 Dates	# 柿 子 Persimmons	# 杏 子 Apricots	# 桃 子 Peaches
陇西县	Longxi	10368	3399	4503	21	4		1138	282
渭源县	Weiyuan	2938	395	1141				804	100
临洮县	Lintao	11356	5987	2421	8	178		1433	753
漳 县	Zhangxian	4503	4100	300	1			67	10
岷 县	Minxian	558	237	269				52	
陇南市	**Longnan**	**113009**	**76902**	**6206**	**1720**	**124**	**10298**	**757**	**6364**
武都区	Wudu	9940	2800	1310	750	14	500	16	1700
成 县	Chengxian	8989	2613	530	543		2604	87	940
文 县	Wenxian	4028	1018	695	89	50	350		535
宕昌县	Tanchang	1967	978	432	4		415	12	11
康 县	Kangxian	2976	749	294	13	48	1177	88	164
西和县	Xihe	9855	8344	228	51		174	324	575
礼 县	Lixian	59521	56581	857	56		706	15	1210
徽 县	Huixian	13265	2990	1816	195	12	3741	188	1113
两当县	Liangdang	2468	829	44	20		632	27	116
临夏州	**Linxia**	**59732**	**14663**	**34034**	**205**	**4164**		**4607**	**622**
临夏市	linxia	8774	10	8030	170			380	14
临夏县	linxia	7509	690	6226				523	60
康乐县	Kangle	1074	276	271				383	
永靖县	Yongjing	19546	12523	1463	30	4147		715	278
广河县	Guanghe	1932	422	1076				126	
和政县	Hezheng	9177		9177					
东乡县	Dongxiang	9622	435	6195	5	17		2392	220
积石山县	Jishishan	2100	308	1597				88	50
甘南州	**Gannan**	**8672**	**5555**	**942**	**205**	**18**	**1686**	**37**	**41**
合作市	Hezuo								
临潭县	Lintan	600	250	333				5	13
卓尼县	Zhuoni	70	23	47					
舟曲县	Zhouqu	7386	4792	451	203	18	1686	32	18
迭部县	Diebu	578	490	75	2				11
玛曲县	Maqu								
碌曲县	Luqu								
夏河县	Xiahe	38		37				1	

13-31 林业生产

Forestry Production

指 标	Item	2005	2008	2009	2010	2011
当年造林面积（千公顷）	Total Afforested Area in Current Year (1 000 hectares)	262.23	157.73	177.95	100.79	124.73
人工造林	Artificial Afforested	249.89	157.73	177.95	100.79	124.73
飞机播种造林	Sown by Airplane	12.33				
#防护林	Windbreak Forest	237.95	103.74	125.12	73.35	88.05
用材林	Material Forest	4.59	4.82	5.33	1.11	1.41
经济林	Economic Forest	14.26	47.92	42.45	23.72	30.63
幼林抚育面积（千公顷）	Area of Tending Young Forest (1 000 hectares)	349.59	315.08	319.43	332.14	224.41
成林抚育面积（千公顷）	Area of Tending Adult Forest (1 000 hectares)	181.73	256.98	245.37	291.29	281.09
迹地更新（千公顷）	Area of Slash Reforestation (1 000 hectares)	1.34	1.50	0.43	1.04	1.09
当年零星（四旁）植树（万株）	Odd Planting in Current Year (10 000 unit)	8049.36	6646.45	6832.37	8346.01	6318.31
年末实有育苗面积（千公顷）	Actual Area of Grown Seedlings at Year-end (1 000 hectares)	11.89	10.84	13.25	13.71	16.63
#本年新育面积	Raise Seedlings Areas in Current year	6.58	5.83	6.79	7.78	8.67
林产品产量（吨）	Output of Forest Products (ton)					
#油桐籽	Tung-oil Seeds	545.50	372.90	330.86	340.93	242.90
木耳	Agaric	435.71	224.41	230.44	287.03	434.23
集体和个人采伐的木材（万立方米）	Collective and Individual Harvested Timber (10 000 cu.m)	7.01	9.23	9.75	10.68	10.01

13-32 牲畜饲养情况及畜产品产量

Number of Livestock and Output of Livestock Products

指 标	Item	2005	2008	2009	2010	2011
大牲畜年末头数（万头）	Large Animals (year-end) (10 000 heads)	563.09	597.67	623.22	645.09	657.64
#牛	Cattle	385.77	437.52	464.49	485.06	498.38
马	Horses	15.09	13.70	13.60	13.55	14.16
骡	Mules	47.41	44.00	43.00	42.69	41.91
驴	Donkeys	113.33	101.00	100.68	101.95	101.18
骆驼	Camels	1.50	1.45	1.45	1.84	2.01
肉猪出栏头数（万头）	Slaughtered Fattened Hogs (10 000 heads)	540.10	612.00	638.93	670.88	679.74
猪年末头数（万头）	Hogs (year-end)(10 000 head)	592.54	578.60	600.59	614.40	621.59
羊年末只数（万只）	Sheep and Goats (year-end)(10 000 heads)	1466.19	1647.89	1726.70	1818.40	1898.59
山羊	Goats	322.99	342.14	348.13	339.15	375.40
绵羊	Sheep	1143.20	1305.75	1378.57	1479.25	1523.19
肉类产量（万吨）	Output of Meat (10 000 tons)	69.81	79.21	83.32	86.78	88.46
#猪牛羊肉	Pork,Beef and Mutton	64.09	73.13	77.34	80.77	82.49
猪肉	Pork	38.35	43.21	45.11	47.36	47.99
牛肉	Beef	12.64	14.47	15.85	16.78	17.71
羊肉	Mutton	13.10	15.45	16.38	16.63	16.79
奶类（万吨）	Milk (10 000 tons)	31.69	37.10	38.26	44.79	47.83
#牛奶	Cow Milk	31.19	36.55	37.69	44.21	47.16
绵羊毛（吨）	Sheep Wool (ton)	21134.03	24733.00	26353.30	27545.50	28992.60
山羊毛（吨）	Goat Wool (ton)	1794.12	1711.00	1740.65	1695.75	1877.00
羊绒（吨）	Cashmere (ton)	415.93	342.00	348.13	339.15	375.40
禽蛋（万吨）	Poultry Eggs (10 000 tons)	10.95	10.14	10.55	10.70	11.03
水产品产量（吨）	Aquatic Products (ton)	10370.00	11650.00	11942.00	12330.69	17771.13

注：有关畜牧业及水产品数据根据第一、二次农业普查结果进行了相应衔接调整。

a)According to the First and Second National Agricultural Census, data of animal husbandry and aquatic products were adjusted accordingly.

13-33 各地县牲畜饲养情况（2011）

Number of Livestock by Region,County（2011）

地 区	Region	大牲畜存栏（万头）Large Animals (10 000 heads)	羊存栏数（万只）Sheep and Goats (10 000 heads)	牛出栏数（万头）Cattle (10 000 heads)	猪出栏数（万头）Hogs (10 000 heads)	羊出栏数（万只）Sheep and Goats (10 000 heads)
兰州市	**Lanzhou**	**10.28**	**61.79**	**0.77**	**31.72**	**24.26**
城关区	Chengguan	0.17	0.53	0.01	0.50	0.28
七里河区	Qilihe	1.13	2.06	0.09	1.94	0.75
西固区	Xigu	0.45	1.55	0.03	1.39	0.81
安宁区	Anning	0.05	0.20	0.00	0.41	0.30
红古区	Honggu	0.66	4.05	0.07	2.77	1.52
永登县	Yongdeng	3.16	31.44	0.29	11.73	9.22
皋兰县	Gaolan	0.34	9.58	0.00	3.45	5.33
榆中县	Yuzhong	4.32	12.38	0.28	9.53	6.05
嘉峪关市	**Jiayuguan**	**0.58**	**4.80**	**0.08**	**2.80**	**2.54**
金昌市	**Jinchang**	**4.82**	**76.10**	**0.85**	**6.96**	**31.31**
金川区	Jinchuan	0.77	8.19	0.18	2.07	5.30
永昌县	Yongchang	4.05	67.91	0.67	4.89	26.01
白银市	**Baiyin**	**24.74**	**169.61**	**3.93**	**66.11**	**123.96**
白银区	Baiyin	0.84	8.50	0.05	6.82	5.37
平川区	Pingchuan	1.35	7.40	0.03	3.02	4.09
靖远县	Jingyuan	3.51	35.07	0.04	17.21	24.83
会宁县	Huining	18.22	61.32	3.77	26.70	56.67
景泰县	Jingtai	0.82	57.32	0.04	12.36	33.00
天水市	**Tianshui**	**55.78**	**29.77**	**9.00**	**78.91**	**11.27**
秦州区	Qinzhou	7.25	2.05	0.57	7.24	0.86
麦积区	Maiji	4.37	2.44	0.74	10.05	1.01
清水县	Qingshui	10.54	3.42	2.82	12.95	1.64
秦安县	Qinan	7.01	3.88	0.29	17.46	1.31
甘谷县	Gangu	5.82	1.51	0.46	19.15	0.52
武山县	Wushan	7.05	4.46	0.56	10.61	2.08
张家川县	Zhangjiachuan	13.74	12.01	3.56	1.45	3.85
武威市	**Wuwei**	**62.74**	**299.72**	**19.34**	**111.10**	**147.56**
凉州区	Liangzhou	37.64	89.30	12.02	82.60	44.01
民勤县	Minqin	5.22	93.10	1.53	6.48	49.57
古浪县	Gulang	7.46	50.12	1.61	15.56	24.37
天祝县	Tianzhu	12.42	67.20	4.18	6.46	29.61
张掖市	**Zhangye**	**75.03**	**252.41**	**21.31**	**74.53**	**148.34**

13-33 续表 1 continued

地　区	Region	大牲畜存栏（万头）Large Animals (10 000 heads)	羊存栏数（万只）Sheep and Goats (10 000 heads)	牛出栏数（万头）Cattle (10 000 heads)	猪出栏数（万头）Hogs (10 000 heads)	羊出栏数（万只）Sheep and Goats (10 000 heads)
甘州区	Ganzhou	32.28	58.62	10.42	31.80	29.78
肃南县	Sunan	4.11	67.35	1.38	0.22	52.31
民乐县	Minle	6.89	24.37	0.50	15.29	12.21
临泽县	Linze	12.68	13.44	5.11	11.81	7.25
高台县	Gaotai	13.79	31.14	3.30	12.29	15.78
山丹县	Shandan	4.18	55.54	0.36	3.11	30.31
平凉市	**Pingliang**	**81.41**	**20.83**	**39.36**	**46.89**	**13.03**
崆峒区	Kongtong	16.51	7.36	12.47	2.99	4.53
泾川县	Jingchuan	10.61	2.12	7.69	8.32	1.27
灵台县	Lingtai	11.28	3.82	5.76	1.80	1.45
崇信县	Chongxin	6.51	3.91	4.64	2.88	2.52
华亭县	Huating	10.97	2.61	5.92	6.20	2.71
庄浪县	Zhuanglang	12.68	0.72	1.82	12.80	0.43
静宁县	Jingning	12.85	0.29	1.06	11.90	0.12
酒泉市	**Jiuquan**	**16.70**	**341.92**	**9.45**	**22.82**	**226.01**
肃州区	Suzhou	9.60	72.84	7.55	10.38	58.06
金塔县	Jinta	1.46	76.15	0.45	5.85	58.80
瓜州县	Guazhou	1.73	39.09	0.76	1.91	25.59
肃北县	Subei	1.02	30.44	0.13	0.09	8.22
阿克塞县	Akesai	0.55	16.05	0.01	0.01	8.66
玉门市	Yumen	1.67	72.55	0.22	2.68	35.44
敦煌市	Dunhuang	0.67	34.80	0.33	1.90	31.24
庆阳市	**Qingyang**	**58.75**	**168.53**	**14.41**	**35.61**	**64.66**
西峰区	Xifeng	2.07	10.57	0.62	5.33	3.79
庆城县	Qingcheng	5.98	19.14	1.58	3.18	6.84
环　县	Huanxian	13.51	70.91	1.50	6.20	29.13
华池县	Huachi	4.97	17.59	0.94	3.14	6.38
合水县	Heshui	2.75	16.85	0.83	2.63	6.37
正宁县	Zhengning	1.52	2.32	0.63	2.24	0.85
宁　县	Ningxian	9.04	9.52	4.17	8.04	3.52
镇原县	Zhenyuan	18.91	21.63	4.14	4.85	7.78
定西市	**Dingxi**	**58.17**	**83.83**	**5.98**	**90.01**	**38.09**
安定区	Anding	9.02	15.26	0.90	13.96	9.69
通渭县	Tongwei	12.64	3.45	0.91	10.70	1.68

13-33 续表 2 continued

地 区	Region	大牲畜存栏（万头）Large Animals (10 000 heads)	羊存栏数（万只）Sheep and Goats (10 000 heads)	牛出栏数（万头）Cattle (10 000 heads)	猪出栏数（万头）Hogs (10 000 heads)	羊出栏数（万只）Sheep and Goats (10 000 heads)
陇西县	Longxi	9.21	11.65	0.43	14.78	4.20
渭源县	Weiyuan	6.28	7.19	0.51	9.80	2.26
临洮县	Lintao	6.46	24.78	1.88	20.46	15.21
漳 县	Zhangxian	4.50	7.10	0.11	7.63	0.85
岷 县	Minxian	10.06	14.40	1.24	12.68	4.20
陇南市	**Longnan**	**52.41**	**33.62**	**9.23**	**93.17**	**16.23**
武都区	Wudu	8.05	5.77	0.40	19.20	3.42
成 县	Chengxian	2.35	1.09	0.74	10.60	0.65
文 县	Wenxian	5.45	4.22	0.34	10.00	1.67
宕昌县	Tanchang	9.29	6.23	1.00	6.80	1.99
康 县	Kangxian	2.99	2.23	0.62	6.08	1.07
西和县	Xihe	4.50	2.32	0.78	8.72	1.26
礼 县	Lixian	12.29	9.40	2.40	15.27	4.75
徽 县	Huixian	5.80	1.93	2.49	14.08	1.16
两当县	Liangdang	1.69	0.43	0.46	2.42	0.26
临夏州	**Linxia**	**36.43**	**133.97**	**10.23**	**24.32**	**84.56**
临夏市	linxia	1.01	1.61	1.78	1.91	1.11
临夏县	linxia	5.86	16.25	0.91	6.68	6.53
康乐县	Kangle	6.22	13.28	2.20	2.55	4.03
永靖县	Yongjing	3.15	14.15	0.16	7.74	8.25
广河县	Guanghe	3.98	16.23	1.01		5.22
和政县	Hezheng	3.65	11.92	1.83	2.72	5.26
东乡县	Dongxiang	5.66	44.85	1.17	0.61	50.01
积石山县	Jishishan	6.90	15.68	1.17	2.11	4.15
甘南州	**Gannan**	**133.44**	**235.20**	**33.93**	**18.97**	**93.97**
合作市	Hezuo	10.02	19.76	2.73	1.63	7.50
临潭县	Lintan	5.42	13.72	1.38	4.20	6.88
卓尼县	Zhuoni	14.39	25.52	4.26	4.29	9.79
舟曲县	Zhouqu	4.98	2.39	0.53	4.46	2.10
迭部县	Diebu	9.72	2.06	1.89	3.19	2.95
玛曲县	Maqu	53.27	50.72	13.30	0.00	16.11
碌曲县	Luqu	20.30	47.61	3.80	0.32	17.69
夏河县	Xiahe	15.34	73.42	6.04	0.88	30.95

13-34 各地县畜产品产量（2011）

Output of Livestock Products by Region,County（2011）

单位：吨 (ton)

地　区	Region	肉类 Output of Meat	#猪肉 Pork	#牛肉 Beef	#羊肉 Mutton	奶类 Milk	绵羊毛 Sheep Wool	山羊毛 Goat Wool	禽蛋 Poultry Eggs	水产品 Aquatic Products
兰州市	**Lanzhou**	**30608**	**22838**	**807**	**3701**	**65768**	**945.6**	**53.2**	**18869**	**1263**
城关区	Chengguan	440	360	12	45	4800	5.6	0.5	142	
七里河区	Qilihe	1833	1397	90	128	22470	32.4	1.7	1716	
西固区	Xigu	2068	1001	36	130	8000	22.5	0.3	3560	188
安宁区	Anning	465	295		51	830	4.0		360	
红古区	Honggu	2458	1994	84	258	10865	58.5	1.1	849	159
永登县	Yongdeng	11321	8446	305	1383	11226	536.9	17.7	7590	802
皋兰县	Gaolan	3509	2484		800	6	166.3	4.2	1590	30
榆中县	Yuzhong	8514	6862	280	908	7571	119.6	28.0	3062	84
嘉峪关市	**Jiayuguan**	**2537**	**1960**	**80**	**381**	**5295**	**68.9**	**1.1**	**753**	**158**
金昌市	**Jinchang**	**11338**	**4872**	**850**	**5010**	**15625**	**1294**	**91**	**2226**	**476**
金川区	Jinchuan	2598	1449	180	848	1500	150.6	9.1	460	0
永昌县	Yongchang	8740	3423	670	4162	14125	1143.7	81.7	1766	476
白银市	**Baiyin**	**77509**	**47539**	**3930**	**18594**	**22935**	**2285.7**	**184.6**	**15786**	**1721**
白银区	Baiyin	6460	4910	50	806	6378	95.0	17.3	1186	800
平川区	Pingchuan	2978	2114	30	614	735	71.1	18.0	824	81
靖远县	Jingyuan	18159	12391	40	3725	1418	451.1	42.5	10164	750
会宁县	Huining	35394	19224	3770	8501	8804	897.1	48.6	2320	
景泰县	Jingtai	14518	8899	40	4950	5600	771.4	58.1	1291	90
天水市	**Tianshui**	**71959**	**55237**	**9000**	**1691**	**6925**	**289.4**	**49.4**	**13700**	**1102**
秦州区	Qinzhou	6676	5068	570	129	349	13.2	4.2	1647	220
麦积区	Maiji	8564	7035	740	152	1125	0.0	5.7	2376	235
清水县	Qingshui	13138	9065	2820	246	2536	17.0	5.8	2747	146
秦安县	Qinan	13549	12222	290	197	771	50.0	3.8	2565	5
甘谷县	Gangu	14610	13405	460	78	583	18.4	3.2	1700	165
武山县	Wushan	9602	7427	560	312	708	58.6	11.5	1594	281
张家川县	Zhangjiachuan	5820	1015	3560	578	854	132.2	15.3	1071	50
武威市	**Wuwei**	**124306**	**77770**	**19340**	**22134**	**8830**	**4509.4**	**152.4**	**13869**	**282**
凉州区	Liangzhou	79197	57820	12020	6602	5556	1585.1	46.8	8564	245
民勤县	Minqin	15175	4536	1530	7436	780	1344.3	25.5	2940	30
古浪县	Gulang	16531	10892	1610	3656	706	693.0	24.9	1827	
天祝县	Tianzhu	13404	4522	4180	4442	1788	887.0	55.3	538	7
张掖市	**Zhangye**	**104686**	**50966**	**22145**	**22391**	**57494**	**5948.3**	**139.5**	**15453**	**2215**

13-34 续表 1 continued

单位：吨 (ton)

地 区	Region	肉类 Output of Meat	#猪肉 Pork	#牛肉 Beef	#羊肉 Mutton	奶类 Milk	绵羊毛 Sheep Wool	山羊毛 Goat Wool	禽蛋 Poultry Eggs	水产品 Aquatic Products
甘州区	Ganzhou	44678	22260	11462	4765	14370	1578.2	33.9	10395	683
肃南县	Sunan	9295	154	1173	7847	2630	2225.0	25.4	26	
民乐县	Minle	13837	10703	500	1832	6330	523.3	10.5	1613	
临泽县	Linze	14564	7677	5110	1088	14356	202.0	2.3	1540	635
高台县	Gaotai	14303	7989	3300	2209	17290	555.7	26.8	1168	848
山丹县	Shandan	7657	2177	360	4547	1640	835.0	40.8	711	49
平凉市	**Pingliang**	**77175**	**32823**	**39360**	**1955**	**17104**	**169.5**	**44.8**	**9368**	**1636**
崆峒区	Kongtong	15641	2093	12470	680	11138	93.4	9.6	1220	510
泾川县	Jingchuan	14058	5824	7690	191	866	4.3	7.1	1862	610
灵台县	Lingtai	7527	1260	5760	218	556	19.4	13.4	363	210
崇信县	Chongxin	7233	2016	4640	378	1248	41.7	7.3	521	100
华亭县	Huating	10901	4340	5920	407	2066	10.2	5.8	604	26
庄浪县	Zhuanglang	11675	8960	1820	65	824	0.3	1.4	2700	180
静宁县	Jingning	10141	8330	1060	18	406	0.2	0.4	2100	
酒泉市	**Jiuquan**	**66771**	**15974**	**9450**	**33902**	**36428**	**5887.0**	**291.4**	**9879**	**1910**
肃州区	Suzhou	28093	7266	7550	8709	27300	1759.2	26.8	6603	952
金塔县	Jinta	14560	4095	450	8820	900	1445.8	19.3	1369	460
瓜州县	Guazhou	6280	1337	760	3839	912	637.4	53.8	357	150
肃北县	Subei	1701	63	130	1233	38	248.1	89.7	42	
阿克塞县	Akesai	1427	7	10	1299	300	186.0	19.6	6	
玉门市	Yumen	7865	1876	220	5316	3324	961.8	70.6	796	90
敦煌市	Dunhuang	6844	1330	330	4686	3654	648.8	11.8	706	258
庆阳市	**Qingyang**	**59622**	**26708**	**17292**	**10346**	**11478**	**397.5**	**593.9**	**8930**	**789**
西峰区	Xifeng	5563	3998	744	606	1402	116.8	23.3	599	124
庆城县	Qingcheng	5499	2385	1896	1094	630	3.6	65.6	607	45
环 县	Huanxian	13088	4650	1800	4661		12.8	264.4	1318	73
华池县	Huachi	4973	2355	1128	1021	2000	4.4	58.2	785	83
合水县	Heshui	4123	1973	996	1019	4132	29.0	78.7	802	124
正宁县	Zhengning	2774	1680	756	136	392	15.1	9.0	698	95
宁 县	Ningxian	11862	6030	5004	563	2122	90.4	29.0	1965	76
镇原县	Zhenyuan	11740	3638	4968	1245	800	125.4	66.0	2157	170
定西市	**Dingxi**	**82729**	**65939**	**6000**	**5714**	**5492**	**495.8**	**74.5**	**9555**	**1562**
安定区	Anding	16165	12704	920	1454	302	266.8	11.6	1520	5
通渭县	Tongwei	9474	7490	910	252	396	73.5	3.7	1610	5

13-34 续表 2 continued

单位：吨 (ton)

地　区	Region	肉类 Output of Meat	#猪肉 Pork	#牛肉 Beef	#羊肉 Mutton	奶类 Milk	绵羊毛 Sheep Wool	山羊毛 Goat Wool	禽蛋 Poultry Eggs	水产品 Aquatic Products
陇西县	Longxi	12149	10346	430	630	136		4.3	1200	128
渭源县	Weiyuan	8114	6860	510	339	511	25.7	7.8	1003	280
临洮县	Lintao	19706	14322	1880	2282	3897	129.8	10.0	3242	564
漳　县	Zhangxian	5973	5341	110	128	173		21.5	470	505
岷　县	Minxian	11149	8876	1240	630	78		15.8	510	75
陇南市	**Longnan**	**80155**	**65219**	**9230**	**2435**	**1018**	**21.3**	**96.8**	**10217**	**2287**
武都区	Wudu	15013	13440	400	513	715	7.5	21.0	1682	348
成　县	Chengxian	8647	7420	740	98	260		3.7	1421	198
文　县	Wenxian	7722	7000	340	251	6		20.7	934	1000
宕昌县	Tanchang	6351	4760	1000	299	25		14.5	277	
康　县	Kangxian	5215	4256	620	161			9.3	1224	131
西和县	Xihe	7412	6104	780	189		6.0	1.8	1327	108
礼　县	Lixian	14472	10689	2400	713	12	4.6	15.4	1560	49
徽　县	Huixian	13090	9856	2490	174		3.2	8.7	1598	298
两当县	Liangdang	2232	1694	460	39			2.0	194	155
临夏州	**Linxia**	**49957**	**18322**	**12962**	**16242**	**22824**	**2699.7**	**114.6**	**5907**	**2298**
临夏市	linxia	4150	1528	2314	222	2904	52.2	0.6	113	175
临夏县	linxia	7984	4676	1183	1306	15858	388.8	16.5	2318	88
康乐县	Kangle	5246	1785	2640	605	496	358.0	6.1	803	69
永靖县	Yongjing	8781	6192	208	1650	1212	295.6	26.3	840	1644
广河县	Guanghe	2241		1313	783	834	419.1	5.1	637	
和政县	Hezheng	5688	2176	2379	1052	602	310.5	6.7	259	69
东乡县	Dongxiang	12301	488	1521	10002	282	610.6	29.7	616	165
积石山县	Jishishan	3566	1477	1404	623	636	265.1	23.8	320	88
甘南州	**Gannan**	**59989**	**12315**	**29816**	**17498**	**83535**	**2221.8**	**80.7**	**1047**	**34**
合作市	Hezuo	4078	489	2239	1350	6656	179.8	8.9	11	
临潭县	Lintan	5582	3150	1380	1032	6285	96.7	28.8	48	16
卓尼县	Zhuoni	9330	3218	4260	1762	4860	198.5	30.0	375	
舟曲县	Zhouqu	5169	4014	636	315	90	6.6	11.3	430	
迭部县	Diebu	3494	1117	1890	443	4980	20.6		175	
玛曲县	Maqu	14527		11305	3222	34869	507.2			18
碌曲县	Luqu	6402	64	3154	3184	14627	474.4	0.5		
夏河县	Xiahe	11407	264	4953	6190	11168	738.0	1.3	8	

13-35 各地县中药材种植面积和产量（2011）

Sown Areas and Products of Chinese medicine by Region,County (2011)

地 区	Region	中药材 Chinese medicine		当归 Angelica		党参 Codonopsis		其他 Others	
		面积（万亩）Areas (10 000 mu)	产量（吨）Products (ton)	面积（万亩）Areas (10 000 mu)	产量（吨）Products (ton)	面积（万亩）Areas (10 000 mu)	产量（吨）Products (ton)	面积（万亩）Areas (10 000 mu)	产量（吨）Products (ton)
甘肃省	**Gansu**	**278.20**	**619416.03**	**41.56**	**95168.93**	**53.25**	**78709.30**	**183.39**	**445537.80**
兰州市	**Lanzhou**	**6.76**	**9894.32**	**0.31**	**318.13**	**0.23**	**480.93**	**6.22**	**9095.26**
城关区	Chengguan								
七里河区	Qilihe	0.04	36.00					0.04	36.00
西固区	Xigu	0.04	94.00					0.04	94.00
安宁区	Anning								
红古区	Honggu								
永登县	Yongdeng	1.56	4536.00		15.00	0.03	200.00	1.53	4321.00
皋兰县	Gaolan								
榆中县	Yuzhong	5.12	5228.32	0.31	303.13	0.20	280.93	4.61	4644.26
嘉峪关市	**Jiayuguan**								
金昌市	**Jinchang**	**1.75**	**15613.23**					**1.75**	**15613.23**
金川区	Jinchuan	0.02	254.00					0.02	254.00
永昌县	Yongchang	1.73	15359.23					1.73	15359.23
白银市	**Baiyin**	**10.19**	**19029.00**			**0.04**	**35.00**	**10.15**	**18994.00**
白银区	Baiyin								
平川区	Pingchuan	0.02	12.00					0.02	12.00
靖远县	Jingyuan	6.65	8681.00					6.65	8681.00
会宁县	Huining	0.04	35.00			0.04	35.00		
景泰县	Jingtai	3.48	10301.00					3.48	10301.00
天水市	**Tianshui**	**13.97**	**25947.40**	**0.51**	**1073.00**	**4.41**	**6481.00**	**9.05**	**18393.40**
秦州区	Qinzhou	3.14	4796.00	0.05	90.00	0.13	420.00	2.96	4286.00
麦积区	Maiji	0.69	2011.00			0.20	1080.00	0.49	931.00
清水县	Qingshui	2.69	7147.00	0.01	26.00	0.10	234.00	2.58	6887.00
秦安县	Qinan	1.88	2148.00	0.01	28.00	0.68	914.00	1.19	1206.00
甘谷县	Gangu	3.95	5424.10	0.03	30.00	3.02	3283.00	0.90	2111.10
武山县	Wushan	1.31	3672.00	0.41	899.00	0.28	550.00	0.62	2223.00
张家川县	Zhangjiachuan	0.31	749.30	0.00				0.31	749.30
武威市	**Wuwei**	**2.40**	**14833.00**	**0.29**	**2780.00**	**0.02**	**224.00**	**2.09**	**11829.00**
凉州区	Liangzhou	1.10	9632.00	0.27	2650.00	0.02	224.00	0.81	6758.00
民勤县	Minqin	1.04	1961.00					1.04	1961.00
古浪县	Gulang	0.26	3240.00	0.02	130.00			0.24	3110.00
天祝县	Tianzhu								
张掖市	**Zhangye**	**9.46**	**32711.60**					**9.46**	**32711.60**

13-35 续表 1 continued

地　区	Region	中药材 Chinese medicine		当归 Angelica		党参 Codonopsis		其他 Others	
		面积（万亩）Areas (10 000 mu)	产量（吨）Products (ton)	面积（万亩）Areas (10 000 mu)	产量（吨）Products (ton)	面积（万亩）Areas (10 000 mu)	产量（吨）Products (ton)	面积（万亩）Areas (10 000 mu)	产量（吨）Products (ton)
甘州区	Ganzhou	0.02	79.10					0.02	79.10
肃南县	Sunan	0.24	2384.00					0.24	2384.00
民乐县	Minle	8.29	26542.00					8.29	26542.00
临泽县	Linze	0.06	287.50					0.06	287.50
高台县	Gaotai	0.12	1351.00					0.12	1351.00
山丹县	Shandan	0.73	2068.00					0.73	2068.00
平凉市	**Pingliang**	**12.43**	**34880.46**	**0.05**	**75.00**	**0.66**	**1961.21**	**11.72**	**32844.25**
崆峒区	Kongtong	1.00	2800.00			0.08	220.00	0.92	2580.00
泾川县	Jingchuan	0.05	77.00					0.05	77.00
灵台县	Lingtai								
崇信县	Chongxin	1.00	1780.96	0.04	60.00	0.08	206.50	0.88	1514.46
华亭县	Huating	7.80	21763.50			0.22	290.71	7.58	21472.79
庄浪县	Zhuanglang	2.01	6143.00	0.01	15.00	0.20	724.00	1.80	5404.00
静宁县	Jingning	0.57	2316.00			0.08	520.00	0.49	1796.00
酒泉市	**Jiuquan**	**20.97**	**76231.00**					**20.97**	**76231.00**
肃州区	Suzhou	0.01	152.00					0.01	152.00
金塔县	Jinta	0.07	1849.00					0.07	1849.00
瓜州县	Guazhou	14.33	55895.00					14.33	55895.00
肃北县	Subei								
阿克塞县	Akesai	0.04	350.00					0.04	350.00
玉门市	Yumen	6.52	17985.00					6.52	17985.00
敦煌市	Dunhuang								
庆阳市	**Qingyang**	**10.94**	**53189.65**	**0.41**	**1151.00**	**1.16**	**1758.00**	**9.37**	**50280.65**
西峰区	Xifeng	0.08	89.10					0.08	89.10
庆城县	Qingcheng	0.35	357.55					0.35	357.55
环　县	Huanxian	0.72	6092.00					0.72	6092.00
华池县	Huachi								
合水县	Heshui	0.29	405.00					0.29	405.00
正宁县	Zhengning	2.64	21149.00	0.04	440.00	0.48	584.00	2.12	20125.00
宁　县	Ningxian	5.10	21485.00	0.07	125.00	0.33	500.00	4.70	20860.00
镇原县	Zhenyuan	1.76	3612.00	0.30	586.00	0.35	674.00	1.11	2352.00
定西市	**Dingxi**	**108.91**	**196246.31**	**26.44**	**57104.91**	**34.00**	**50798.70**	**48.47**	**88342.70**
安定区	Anding	5.00	7225.00	0.25	95.00	0.04	996.00	4.71	6134.00
通渭县	Tongwei	2.26	5210.46	0.15	228.67	1.02	3180.59	1.09	1801.20

13-35 续表 2 continued

地 区	Region	中药材 Chinese medicine		当归 Angelica		党参 Codonopsis		其他 Others	
		面积（万亩） Areas (10 000 mu)	产量（吨） Products (ton)	面积（万亩） Areas (10 000 mu)	产量（吨） Products (ton)	面积（万亩） Areas (10 000 mu)	产量（吨） Products (ton)	面积（万亩） Areas (10 000 mu)	产量（吨） Products (ton)
陇西县	Longxi	30.00	52875.00	0.08	68.00	10.45	11280.00	19.47	41527.00
渭源县	Weiyuan	25.01	41262.00	9.00	17361.00	10.00	12136.00	6.01	11765.00
临洮县	Lintao	6.41	11976.37	0.37	998.44	4.76	8328.32	1.28	2649.61
漳 县	Zhangxian	15.00	19987.00	6.34	7820.40	2.20	2320.00	6.46	9846.60
岷 县	Minxian	25.23	57710.48	10.25	30533.40	5.53	12557.79	9.45	14619.29
陇南市	**Longnan**	**65.23**	**102696.79**	**7.28**	**13293.54**	**11.73**	**15070.49**	**46.22**	**74332.76**
武都区	Wudu	19.80	24430.00	0.87	1800.00	3.10	5300.00	15.83	17330.00
成 县	Chengxian	1.75	6999.77	0.20	474.00	0.04	213.00	1.51	6312.77
文 县	Wenxian	4.70	4103.00	0.02	80.00	4.25	3060.00	0.43	963.00
宕昌县	Tanchang	15.13	26307.25	5.61	9462.54	3.11	4309.34	6.41	12535.37
康 县	Kangxian	3.03	1544.00	0.01	2.00	0.04	6.00	2.98	1536.00
西和县	Xihe	5.60	4770.02			0.54	544.15	5.06	4225.87
礼 县	Lixian	3.89	7702.00	0.34	440.00	0.53	715.00	3.02	6547.00
徽 县	Huixian	4.79	14955.10	0.23	1035.00	0.11	921.00	4.45	12999.10
两当县	Liangdang	6.54	11885.65			0.01	2.00	6.53	11883.65
临夏州	**Linxia**	**4.81**	**17185.51**	**3.02**	**12300.26**	**0.16**	**271.95**	**1.63**	**4613.30**
临夏市	linxia	0.01	130.00	0.01	95.00				35.00
临夏县	linxia	0.37	1461.70	0.20	880.00			0.17	581.70
康乐县	Kangle	3.38	12263.11	2.65	10705.26	0.08	114.95	0.65	1442.90
永靖县	Yongjing	0.01	5.00				1.00	0.01	4.00
广河县	Guanghe	0.05	128.70			0.02	47.00	0.03	81.70
和政县	Hezheng	0.26	2080.00	0.05	400.00	0.01	75.00	0.20	1605.00
东乡县	Dongxiang	0.03	130.00	0.03	130.00				
积石山县	Jishishan	0.70	987.00	0.08	90.00	0.05	34.00	0.57	863.00
甘南州	**Gannan**	**10.37**	**20697.76**	**3.25**	**7073.09**	**0.84**	**1628.02**	**6.28**	**11996.65**
合作市	Hezuo								
临潭县	Lintan	6.00	12559.95	2.00	4225.55	0.17	448.63	3.83	7885.77
卓尼县	Zhuoni	1.99	4992.33	1.11	2558.78	0.24	546.85	0.64	1886.70
舟曲县	Zhouqu	2.11	2665.71	0.03	42.20	0.41	594.59	1.67	2028.92
迭部县	Diebu	0.20	459.47	0.11	246.56	0.02	37.95	0.07	174.96
玛曲县	Maqu								
碌曲县	Luqu	0.07	20.30					0.07	20.30
夏河县	Xiahe								

13-36 受灾面积和成灾面积

Areas Covered and Affected by Natural Disaster

单位：千公顷 (1 000 hectares)

年份 Year	受灾面积 Areas Covered	成灾面积 Areas Affected	成灾面积占受灾面积比重（%） Percentage of Disaster Areas Affected to Areas Covered (%)	水灾 Flood		旱灾 Drought	
				受灾面积 Areas Covered	成灾面积 Areas Affected	受灾面积 Areas Covered	成灾面积 Areas Affected
2000	2004.12	1572.91	78.48	55.77	41.82	1622.33	1303.93
2001	1575.59	1180.72	74.94	33.53	24.53	1089.83	833.13
2002	1270.29	913.25	71.89	50.61	35.68	636.83	483.13
2003	1176.41	813.87	69.18	229.70	169.51	562.63	383.31
2004	1243.84	866.83	69.69	80.08	42.44	378.59	286.02
2005	1137.95	739.98	65.03	101.30	76.76	607.03	380.82
2006	1422.13	1061.68	74.65	73.91	48.95	875.49	662.81
2007	1436.16	1040.57	72.45	110.55	77.95	975.71	700.30
2008	1238.71	871.81	70.38	35.05	20.23	731.83	520.05
2009	1299.83	981.59	75.52	38.51	23.23	1008.87	792.49
2010	1167.48	877.71	75.18	101.79	74.66	601.85	499.85
2011	1209.77	881.60	72.87	55.24	37.83	893.77	656.66

13-37 各地区受灾面积和成灾面积（2011）

Areas Covered and Affected by Natural Disaster by Region（2011）

单位：千公顷 (1 000 hectares)

地区	Region	受灾面积 Areas Covered	成灾面积 Areas Affected	成灾面积占受灾面积比重（%） Percentage of Disaster Areas Affected to Areas Covered (%)	水灾 Flood		旱灾 Drought	
					受灾面积 Areas Covered	成灾面积 Areas Affected	受灾面积 Areas Covered	成灾面积 Areas Affected
兰州市	Lanzhou	100.71	75.04	74.51	1.06	0.71	86.85	66.38
嘉峪关市	Jiayuguan							
金昌市	Jinchang	13.67	10.10	73.90	0.23	0.18	8.87	5.98
白银市	Baiyin	173.99	145.23	83.47	2.50	2.01	158.77	135.22
天水市	Tianshui	114.89	64.91	56.50	6.69	4.86	76.23	42.67
武威市	Wuwei	46.73	30.14	64.49	1.55	1.37	27.26	14.76
张掖市	Zhangye	43.49	32.71	75.21	2.26	1.81	29.57	19.98
平凉市	Pingliang	114.27	70.08	61.33	9.97	2.69	64.12	34.83
酒泉市	Jiuquan	4.80	2.85	59.44	0.40	0.34	2.02	0.89
庆阳市	Qingyang	192.11	145.05	75.50	3.03	1.85	138.93	103.95
定西市	Dingxi	249.49	187.45	75.13	1.81	1.50	211.15	159.69
陇南市	Longnan	58.03	43.52	75.00	21.99	17.39	14.49	11.11
临夏州	Linxia	63.85	51.08	80.00	0.36	0.27	61.85	49.97
甘南州	Gannan	10.89	8.97	82.36	2.61	2.32	3.89	2.76

主要统计指标解释

农林牧渔业总产值 指以货币表现的农、林、牧、渔业全部产品和对农林牧渔业生产活动进行的各种支持性服务活动的价值总量，它反映一定时期内农林牧渔业生产总规模和总成果。1957 年以前的农林牧渔业总产值中包括了厩肥和农民自给性手工业(如农民自制衣服、鞋、袜，自己从事粮食初步加工等)。1958 年及以后，林业中增加了村及村以下竹木采伐产值；牧业中取消了厩肥产值；副业中取消了农民自给性手工业产值，增加了村及村以下办的工业产值；渔业中增加了海洋捕捞水产品产值。1980 年及以后，在副业中增加了农民家庭兼营工业商品部分的产值。从 1984 年起村及村以下工业产值划归工业。从 1993 年起取消副业，将野生动物的捕猎划入牧业，野生植物采集和农民家庭兼营商品性工业划归农业。从 2003 年起，执行新的国民经济行业分类标准，农林牧渔业总产值中包括了农林牧渔服务业产值。林业中增加了森林采运业产值。农业中取消了家庭兼营商品性工业产值，将野生林产品的采集划归林业。第一次农业普查以后，由于畜牧业产品年报数据与普查数据之间存在一定的差距，根据农业普查结果，对畜牧业年报数据和畜牧业产值进行了修正。2010 年执行《统计用产品分类目录》，对 2009 年的农业、林业产值做了相应调整。

农林牧渔业总产值的计算方法通常是按农、林、牧、渔业产品及其副产品的产量分别乘以各自单位产品价格求得；少数生产周期较长，当年没有产品或产品产量不易统计的，则采用间接方法匡算其产值；然后将四业产品产值及农林牧渔服务业产值相加即为农林牧渔业总产值。

粮食产量 指全社会的产量。包括国有经济经营的、集体统一经营的和农民家庭经营的粮食产量，还包括工矿企业办的农场和其他生产单位的产量。粮食除包括稻谷、小麦、玉米、高粱、谷子及其他杂粮外，还包括薯类和豆类。其产量计算方法，豆类按去豆荚后的干豆计算；薯类(包括甘薯和马铃薯，不包括芋头和木薯)1963 年以前按每 4 公斤鲜薯折 1 公斤粮食计算，从 1964 年开始改为按 5 公斤鲜薯折 1 公斤粮食计算。城市郊区作为蔬菜的薯类(如马铃薯等)按鲜品计算，并且不作粮食统计。其他粮食一律按脱粒后的原粮计算。1989 年以前全国粮食产量数据主要靠全面报表取得，1989 年开始使用抽样调查数据。

棉花产量 指全社会的产量。包括春播棉和夏播棉。产量 按皮棉计算。3 公斤籽棉折 1 公斤皮棉，不包括木棉。

油料产量 指全部油料作物的生产量。包括花生、油菜籽、芝麻、向日葵籽、胡麻籽（亚麻籽）和其他油料。不包括大豆、木本油料和野生油料。花生以带壳干花生计算。

猪、牛、羊肉产量 指当年出栏并已屠宰、除去头蹄下水后带骨肉(即胴体重)的重量。包括全社会范围内的产量。1996 年前为全面统计并逐级上报数据。1996 年第一次农业普查以后，根据普查结果，对畜牧业主要年报数据进行了修正。1999 年以后，国家统计局在部分地区开展了猪、牛、羊、禽等主要畜禽品种的抽样调查，并用抽样数据作为国家定案数据使用。未开展抽样调查的地区和品种，仍使用各级统计部门逐级上报数据。2007 年，根据第二次农业普查结果，对 2000—2006 年畜牧业主要年报数据进行了修正。2008 年，建立了主要畜禽监测调查制度，猪、牛、羊、禽等主要畜禽数据均以抽样调查数为法定数据。

期初(末)畜禽存栏头(只)数 指报告期初(末)农村各种合作经济组织和国营农场、农民个人、机关、团体、学校、工矿企业、部队等单位以及城镇居民饲养的大牲畜、猪、羊、家禽等畜禽的存栏数。

常用耕地 是指耕地总资源中专门种植农作物并经常进行耕种、能够正常收获的土地。包括当年实际耕种的熟地；弃耕、休闲不满三年，随时可以复耕的地；开荒利用三年以上的土地。在统计口径上包括南方小于 1 米、北方小于 2 米宽的沟、渠、路和田埂。不包括临时种植农作物的坡度在 25 度以上的陡坡地；在河套、湖畔、库区临时开发的成片或零星土地；也不包括已列为国家和省（区、市）退耕计划但临时耕种的土地。

农作物播种面积 指实际播种或移植农作物的面积。凡是实际种植有农作物的面积，不论种植在耕地上还是种植在非耕地上，均包括在农作物播种面积中。在播种季节基本结束后，因遭灾而重新改种和补种的农作物面积，也包括在内。

有效灌溉面积 指具有一定的水源，地块比较平整，灌溉工程或设备已经配套，在一般年景下当年能够进行正常灌溉的耕地面积。在一般情况下，有效灌溉面积应等于灌溉工程或设备已经配备，能够进行正常灌溉的水田和水浇地面积之和。

农用化肥施用量 指本年内实际用于农业生产的化肥数量，包括氮肥、磷肥、钾肥和复合肥。化肥施用量要求按折纯量计算数量。折纯量是指把氮肥、磷肥、钾肥分别按含氮、含五氧化二磷、含氧化钾的百分之百成份进行折算后的数量。复合肥按其所含主要成分折算。公式为：

折纯量=实物量×某种化肥有效成分含量的百分比

农业机械总动力 指主要用于农、林、牧、渔业的各种动力机械的动力总和。包括耕作机械、排灌机械、收获机械、农用运输机械、植物保护机械、牧业机械、林业机械、渔业机械和其他农业机械〔内燃机按引擎马力折成瓦(特)计算、电动机按功率折成瓦(特)计算〕。不包括专门用于乡、镇、村、组办工业、基本建设、非农业运输、科学试验和教学等非农业生产方面用的动力机械与作业机械。

农村户数 指长期(一年以上)居住在乡镇(不包括城关镇)行政管理区域内的住户，还包括居住在城关镇所辖行政村范围内的农村住户。户口不在本地而在本地居住一年及以上的住户也包括在本地农村住户内；有本地户口，但举家外出谋生一年以上的住户，无论是否保留承包耕地都不包括在本地农村住户范围内。不包括乡村地区内的国有经济的机关、团体、学校、企业、事业单位的集体户。

农村人口 指乡村地区常住居民户数中的常住人口数，即经常在家或在家居住6个月以上，而且经济和生活与本户连成一体的人口。外出从业人员在外居住时间虽然在6个月以上，但收入主要带回家中，经济与本户连为一体，仍视为家庭常住人口；在家居住，生活和本户连成一体的国家职工、退休人员也为家庭常住人口。但是现役军人、中专及以上(走读生除外)的在校学生、以及常年在外(不包括探亲、看病等)且已有稳定的职业与居住场所的外出从业人员，不应当作家庭常住人口。

14

工业

Industry

简要说明

一、本篇资料主要内容

本篇反映甘肃省工业经济方面的基本情况。主要包括规模以上工业企业主要经济指标、构成资料；全省主要工业产品产量、规模以上工业主要产品生产能力资料；国有及国有控股工业企业情况；支柱产业情况。

二、本篇资料的统计范围

本篇资料的统计范围 1998 年至 2006 年为全部国有及年主营业务收入在 500 万元以上非国有工业企业。2007 至 2010 年为年主营业务收入在 500 万元以上工业企业（即规模以上工业企业），从 2011 年开始，规模以上工业统计范围的工业企业起点标准从年主营业务收入 500 万元提高到 2000 万元。

三、本篇资料来源

本篇资料是由省统计局工业交通处根据工业统计年报表中有关资料整理汇总。

14-1 规模以上工业企业工业增加值
Industrial Added Value of Industrial Enterprises above Designated Size

单位：亿元 (100 million yuan)

项　目	Item	2005	2008	2009	2010	2011	2011年比2010年增长（%） Increase Rate in 2011 over 2010（%）
工业增加值	**Value Added of Industry**	**601.80**	**1135.17**	**1136.71**	**1376.34**	**1782.85**	**16.20**
#国有及国有控股	State-owned and State Holding Enterprises	475.04	863.98	847.10	1098.64	1450.52	14.50
按登记注册类型分	**By Registration Categories**						
内　资	Domestic Funded Enterprises	590.68	1104.73	1104.63	1347.25	1752.25	16.38
国有企业	State-owned Enterprises	237.21	322.61	305.15	319.06	472.70	21.10
集体企业	Collective-owned Enterprises	29.81	40.40	38.06	34.37	39.67	10.60
股份制企业	Share-holding Corporations	307.16	717.54	736.62	968.41	1213.76	14.70
其他企业	Others	16.51	24.19	24.81	25.41	26.12	28.80
外商及港澳台商投资企业	Enterprises with Investment from Foreign, Hong Kong ,Macao and Taiwan	11.12	30.44	32.08	29.09	30.60	8.40
按企业规模分	**Grouped by Size of Enterprises**						
大型企业	Large Enterprises	360.43	616.92	626.37	805.22	1090.42	13.70
中型企业	Medium-size Enterprises	110.21	257.84	236.05	251.08	328.39	13.30
小型企业	Small Enterprises	131.16	260.41	274.29	320.04	364.03	27.70
按轻重工业分	**Grouped by Light and Heavy Industries**						
轻工业	Light Industry	83.28	149.93	169.62	193.99	224.10	21.90
重工业	Heavy Industry	518.52	985.23	967.10	1182.34	1558.74	15.40
工业增加值指数（可比价）（上年=100）	**Indices of Value-added of Industry (At Comparable Prices,From Annual Statistical Reporting Forms)**	118.55	109.50	110.60	116.60	116.20	

注：1.工业增加值中含长庆油田甘肃部分。

2.从2011年起，规模以上工业统计范围的工业企业起点标准从年主营业务收入500万元提高到2000万元，与上年不可比(以下表均同)。

3.工业增加值速度按可比价计算。

a) The value added of industry included the data of Gansu Part of Changqing oil field.

b) Since 2011,the cut-off point of Industrial enterprises covered by statistics of industrial enterprises above designated size are raised from revenue from principal business of 5 million yuan to 20 million yuan,and are not comparable with the previous year. The same applies to the tables following.

c) Rate of added value of industrial was calculated by comparable prices.

14-2 规模以上工业企业主要经济指标（2011）

单位：万元

类 别	Item	企业单位数（个）Number of Enterprises (unit)	#亏损企业 Loss-making Enterprises	工业总产值 Gross Industrial Output Value
总 计	**Total**	**1371**	**344**	**61752377**
按登记注册类型分	**Grouped by Registration Categories**			
内 资	Domestic Funded Enterprises	1323	335	60643344
国有企业	State-owned Enterprises	163	47	14203546
集体企业	Collective-owned Enterprises	66	11	1537723
股份合作企业	Cooperative Enterprises	17	5	113271
联营企业	Joint Ownership Enterprises	4	2	31423
有限责任公司	Companies with Limited Liabilities	531	142	25982770
股份有限公司	Stock-holding Companies with Limited Liabilties	85	25	14103707
私营企业	Private Enterprises	405	88	4156414
其他企业	Others	52	15	514490
港澳台商投资企业	Enterprises with Investment from Hong Kong ,Macao and Taiwan	19	4	287249
外商投资企业	Enterprises with Investment from Foreign	29	5	821785
按轻重工业分	**Grouped by Light and Heavy Industries**			
轻工业	Light Industry	440	97	6690960
重工业	Heavy Industry	931	247	55061417
按企业规模分	**Grouped by Size of Enterprises**			
大型企业	Large-sized	61	12	42318465
中型企业	Medium-sized	290	74	7708495
小型企业	Small-sized	1020	258	11725417
按行业分	**Grouped by Sector**			
煤炭开采和洗选业	Mining and Washing of Coal	70	10	2407281
石油和天然气开采业	Extraction of Petroleum and Natural Gas	7	1	4503140
黑色金属矿采选业	Mining and Processing of Ferrous Metal Ores	18	8	266899
有色金属矿采选业	Mining and Processing of Non-Ferrous Metal Ores	48	8	594500
非金属矿采选业	Mining and Processing of Nonmetal Ores	17	5	154122
其他采矿业	Mining of Other Ores			
农副食品加工业	Processing of Food from Agricultural Products	179	35	2204045
食品制造业	Manufacture of Foods	51	16	541076
饮料制造业	Manufacture of Beverages	65	14	1011612
烟草制品业	Manufacture of Tobacco	2		952524
纺织业	Manufacture of Textile	21	4	192174
纺织服装、鞋、帽制造业	Manufacture of Textile Wearing Apparel,Footware and Caps	7	2	39749
皮革、毛皮、羽毛（绒）及其制品业	Manufacture of Leather, Fur, Feather and Related Products	7		133121

Main Indicators of Industrial Enterprises above Designated Size (2011)

(10 000 yuan)

工业销售产值 Sales Value of Industry Products	# 出口交货值 Delivery Value for Export	全部从业人员年平均人数（人） Employment (person)	资产总计 Total Assets	# 产成品 Finished Product	流动资产合计 Total Working Capitals	固定资产合计 Total of Fixed Assets
58960725	**668171**	**598404**	**76650054**	**3679316**	**30723278**	**34457466**
57897964	659213	583602	74317639	3625887	30155844	33021949
13753180	3333	122052	18093980	383229	4378958	12317522
1533341	25	21979	1097079	259713	729240	303786
101509		3053	121604	7496	56018	45922
30923		3265	60954	2870	25524	34659
24327049	431009	264132	39206657	1902235	17726455	13641682
13899506	91822	93477	11516461	715576	5135828	5182746
3770185	132905	66726	3690915	323222	1889525	1221671
482272	120	8918	529990	31547	214296	273961
294943	5002	5772	721359	17356	204796	454775
767818	3956	9030	1611056	36074	362639	980742
6268376	139663	106533	8029299	555819	4202533	2469867
52692349	528508	491871	68620755	3123498	26520745	31987599
41694206	492143	302490	48167219	2347372	20208336	20393543
7225849	47213	173900	10149702	512178	4022165	4759696
10040670	128816	122014	18333133	819766	6492776	9304227
2256620	83	61738	3803714	63734	1471212	1704367
4261240		18823	3987942	10253	753328	3229990
237395		3756	290062	16009	175857	107441
567835		13410	1022608	77887	385662	397699
129950		3943	73849	12213	37601	35224
2058859	43181	27202	2026437	252075	1088922	602397
497993	14753	12279	466230	55878	241406	163274
939478	42823	17537	1190520	122411	554859	471121
903967		3215	687094	10033	544136	125962
176442	11486	7344	163732	13808	78574	62294
39092	6599	2975	29597	2959	13266	13318
128995		2502	151662	9824	121448	22613

14–2 续表 1

单位：万元

类别	Item	企业单位数（个）Number of Enterprises (unit)	#亏损企业 Loss-making Enterprises	工业总产值 Gross Industrial Output Value
木材加工及木、竹、藤、棕、草制品业	Processing of Timber, Manufacture of Wood, Bamboo, Rattan, Palm and Straw Products	1		1349
家具制造业	Manufacture of Furniture	1		1215
造纸及纸制品业	Manufacture of Paper and Paper Products	17	6	103746
印刷业和记录媒介的复制	Printing, Reproduction of Recording Media	6	2	34136
文教体育用品制造业	Manufacture of Articles For Culture, Education and Sport Activities	1		4201
石油加工、炼焦及核燃料加工业	Processing of Petroleum, Coking, Processing of Nuclear Fuel	15	4	11980939
化学原料及化学制品制造业	Manufacture of Raw Chemical Materials and Chemical Products	106	32	2892518
医药制造业	Manufacture of Medicines	45	6	623331
化学纤维制造业	Manufacture of Chemical Fibers	4	1	34015
橡胶制品业	Manufacture of Rubber	3		21175
塑料制品业	Manufacture of Plastics	45	6	316428
非金属矿物制品业	Manufacture of Non-metallic Mineral Products	156	42	2070055
黑色金属冶炼及压延加工业	Smelting and Pressing of Ferrous Metals	86	37	8716382
有色金属冶炼及压延加工业	Smelting and Pressing of Non-ferrous Metals	39	5	9859581
金属制品业	Manufacture of Metal Products	41	12	731913
通用设备制造业	Manufacture of General Purpose Machinery	40	8	564463
专用设备制造业	Manufacture of Special Purpose Machinery	44	9	682800
交通运输设备制造业	Manufacture of Transport Equipment	13	1	297255
电气机械及器材制造业	Manufacture of Electrical Machinery and Equipment	46	14	2542906
通信设备、计算机及其他电子设备制造业	Manufacture of Communication Equipment, Computers and Other Electronic Equipment	6	2	250266
仪器仪表及文化、办公用机械制造业	Manufacture of Measuring Instruments and Machinery for Cultural Activity and Office Work	5	2	24397
工艺品及其他制造业	Manufacture of Artwork and Other Manufacturing	6	1	515252
废弃资源和废旧材料回收加工业	Recycling and Disposal of Waste	1		18709
电力、热力的生产和供应业	Production and Supply of Electric Power and Heat Power	138	46	6229751
燃气生产和供应业	Production and Supply of Gas	4		158768
水的生产和供应业	Production and Supply of Water	10	5	76587

continue 1

(10 000 yuan)

工业销售产值 Sales Value of Industry Products	# 出口交货值 Delivery Value for Export	全部从业人员年平均人数（人） Employment (person)	资产总计 Total Assets	#产成品 Finished Product	流动资产合计 Total Working Capitals	固定资产合计 Total of Fixed Assets
1362		95	2408	252	1843	561
1192		280	2598	197	1327	1261
100342		4817	101895	7744	43161	49578
33797		2529	71037	5810	32687	31247
3913		176	1925	222	783	1063
11923198	1647	32242	5478250	259521	2216530	3084594
2734931	22450	50874	2774808	189376	1173487	1209233
580456	20809	10354	1298199	51025	717429	255387
31671		480	286167	2142	160751	18982
21084		548	10244	2628	7466	2550
304907		9321	292427	50368	172312	78031
1923112	77369	37145	2832302	140820	1233806	1214965
8625233	210673	50175	11974857	637219	5547341	3396382
9696707	90993	79765	15087766	1421207	7933375	4404744
640814		8811	704545	40751	408987	191755
535686	35816	16334	784176	36754	473475	234018
627588	40060	17224	930659	39443	559718	320541
285285	165	8112	453854	19942	266479	98486
1457552	13235	14727	1415058	90581	974888	169465
250897	36031	9604	693919	9709	300649	188326
22381		1102	23973	2876	16419	4595
508661		5541	894971	8974	469191	211537
18709		460	31872	825	18142	11126
6199876		56948	15969379	13714	2433877	11884763
159359		1499	208990	133	54931	153486
74151		4517	430331		37954	305088

14-2 续表 2

单位：万元

类 别	Item	固定资产原 价 Original Value of Fixed Assets	固定资产净 值 Net Value of Fixed Assets	负 债 合 计 Total Liabilities
总 计	**Total**	**50330937**	**31156612**	**49082962**
按登记注册类型分	**By Registration Categories**			
内资	Domestic Funded Enterprises	48385565	29828008	47863567
国有企业	State-owned Enterprises	14762702	10423216	12448973
集体企业	Collective-owned Enterprises	374544	244314	605731
股份合作企业	Cooperative Enterprises	73512	31522	83716
联营企业	Joint Owned Enterprises	18096	4951	48248
有限责任公司	Companies with Limited Liabilities	23235233	12928035	25774347
股份有限公司	Stock-holding Companies with Limited Liabilties	7650931	4846178	6426551
私营企业	Private Enterprises	1937716	1092447	2179105
其他企业	Others	332832	257346	296896
港澳台商投资企业	Enterprises with Investment from Hong Kong ,Macao and Taiwan	619892	425659	317002
外商投资企业	Enterprises with Investment from Foreign	1325479	902945	902393
按轻重工业分	**Grouped by Light and Heavy Industries**			
轻工业	Light Industry	4280024	2180087	4271510
重工业	Heavy Industry	46050913	28976525	44811452
按企业规模分	**By Size of Enterprises**			
大型企业	Large-sized	29301028	18196794	30137264
中型企业	Medium-sized	7376053	4293418	6529470
小型企业	Small-sized	13653856	8666401	12416228
按行业分	**By Sector**			
煤炭开采和洗选业	Mining and Washing of Coal	2793386	1508735	2401723
石油和天然气开采业	Extraction of Petroleum and Natural Gas	2213930	1896027	1966203
黑色金属矿采选业	Mining and Processing of Ferrous Metal Ores	141210	99562	235227
有色金属矿采选业	Mining and Processing of Non-Ferrous Metal Ores	616724	377076	511872
非金属矿采选业	Mining and Processing of Nonmetal Ores	61533	22322	48038
其他采矿业	Mining of Other Ores			
农副食品加工业	Processing of Food from Agricultural Products	1376523	522495	1179048
食品制造业	Manufacture of Foods	336362	140333	278260
饮料制造业	Manufacture of Beverages	691636	437135	690013
烟草制品业	Manufacture of Tobacco	232709	120043	158440
纺织业	Manufacture of Textile	98235	53536	85679
纺织服装、鞋、帽制造业	Manufacture of Textile Wearing Apparel,Footware and Caps	25892	12498	16221
皮革、毛皮、羽毛（绒）及其制品业	Manufacture of Leather, Fur, Feather and Related Products	29144	18049	97688

continued 2

(10 000 yuan)

流动负债合 计 Total Working Liabilities	所有者权 益 Owners' Equity	主营业务收 入 Revenue from Principal Business	主营业务成 本 Cost of Principal Business	主营业务税金及附加 Taxes and Other Charges on Principal Business	管 理费 用 Overhead Expenses	利 润总 额 Total Profits	利 税总 额 Total Pre-tax Profits	税 金总 额 Total Taxes	本年应交增值税 Value Added Tax Payable
31074982	**27450316**	**65687477**	**54529872**	**2395140**	**2369577**	**2681028**	**7048650**	**5062073**	**1949460**
30585164	26348651	64676433	53726693	2379974	2324066	2621948	6930603	4996904	1905912
7142997	5629722	12346574	9511963	540313	373209	1247515	2233312	1099774	436991
513798	488955	1713846	1552092	6145	39266	82288	131589	70530	41333
51603	37637	94527	74721	516	4440	4611	8646	5603	3517
16020	12425	47895	35001	903	5775	3220	7148	4873	3000
16528783	13388197	32869427	27158296	676844	1234575	1459806	3199026	2209901	1051100
4449008	5077043	13816566	12180729	1126552	548684		1047547	1465541	281196
1715405	1489941	3358655	2849088	25932	104057	167350	268807	120339	75329
167549	224730	428943	364803	2768	14061	18171	34528	20341	13447
118826	403766	287184	225393	3522	16683	23659	35936	14667	8730
370993	697899	723860	577786	11644	28828	35421	82111	50503	34818
3414671	3722924	5776016	4281210	554498	257429	341014	1122107	840840	220126
27660312	23727391	59911461	50248662	1840642	2112148	2340014	5926543	4221233	1729334
20151148	18029514	49311476	41062494	2280686	1570825	1692400	5306223	4124389	1328043
4429966	3585446	6707715	5545512	44982	408719	361633	660614	389108	240226
6493868	5835355	9668286	7921866	69472	390033	626995	1081814	548576	381191
1774155	1393471	2151295	1497959	45868	233375	303590	594992	419455	242871
1962882	2021739	2805821	1021920	144356	62838	1232128	1508954	355991	124116
202786	54610	165964	108908	2492	9027	23690	38489	22442	12307
393335	504316	452219	286267	5977	39418	83731	121624	54256	31852
32987	24690	123844	96378	1781	4562	8642	14419	6785	3990
984769	834879	1893841	1652767	2045	45056	81854	104832	29548	20421
232398	186282	382397	329714	1064	14345	12743	22651	10966	8816
566468	488765	834236	610470	37339	39249	49447	125778	86851	33669
158440	528655	905518	279429	507850	28320	75981	698067	642960	114236
48229	76005	171000	140715	484	7256	6552	8902	3136	1759
8940	13241	38385	30488	209	3125	1937	2321	823	173
81533	53975	139154	117099	439	5599	10365	13272	4657	2467

14–2 续表 3

单位：万元

类 别	Item	固定资产原价 Original Value of Fixed Assets	固定资产净值 Net Value of Fixed Assets	负债合计 Total Liabilities
木材加工及木、竹、藤、棕、草制品业	Processing of Timber, Manufacture of Wood, Bamboo, Rattan, Palm and Straw Products	783	561	943
家具制造业	Manufacture of Furniture	1537	1261	2210
造纸及纸制品业	Manufacture of Paper and Paper Products	67683	48467	52154
印刷业和记录媒介的复制	Printing, Reproduction of Recording Media	62884	30264	28632
文教体育用品制造业	Manufacture of Articles For Culture, Education and Sport Activities	8432	963	402
石油加工、炼焦及核燃料加工业	Processing of Petroleum, Coking, Processing of Nuclear Fuel	4884494	2874989	2847903
化学原料及化学制品制造业	Manufacture of Raw Chemical Materials and Chemical Products	1743146	1093128	1493974
医药制造业	Manufacture of Medicines	339947	223358	414432
化学纤维制造业	Manufacture of Chemical Fibers	84594	18855	214396
橡胶制品业	Manufacture of Rubber	23058	2550	7894
塑料制品业	Manufacture of Plastics	119488	68266	157805
非金属矿物制品业	Manufacture of Non-metallic Mineral Products	1621045	1139340	1621445
黑色金属冶炼及压延加工业	Smelting and Pressing of Ferrous Metals	5866135	3332872	8549533
有色金属冶炼及压延加工业	Smelting and Pressing of Non-ferrous Metals	5891193	4064695	9632737
金属制品业	Manufacture of Metal Products	384170	156593	354590
通用设备制造业	Manufacture of General Purpose Machinery	377767	218180	498363
专用设备制造业	Manufacture of Special Purpose Machinery	256773	166748	502651
交通运输设备制造业	Manufacture of Transport Equipment	166819	94333	305727
电气机械及器材制造业	Manufacture of Electrical Machinery and Equipment	2144372	155928	879746
通信设备、计算机及其他电子设备制造业	Manufacture of Communication Equipment, Computers and Other Electronic Equipment	334304	186613	390475
仪器仪表及文化、办公用机械制造业	Manufacture of Measuring Instruments and Machinery for Cultural Activity and Office Work	8743	3316	12240
工艺品及其他制造业	Manufacture of Artwork and Other Manufacturing	351169	210232	846872
废弃资源和废旧材料回收加工业	Recycling and Disposal of Waste	15991	10751	15378
电力、热力的生产和供应业	Production and Supply of Electric Power and Heat Power	16420335	11493461	12322658
燃气生产和供应业	Production and Supply of Gas	147628	106037	121673
水的生产和供应业	Production and Supply of Water	391165	247040	139718

continued 3

(10 000 yuan)

流动负债合计 Total Working Liabilities	所有者权益 Owners' Equity	主营业务收入 Revenue from Principal Business	主营业务成本 Cost of Principal Business	主营业务税金及附加 Taxes and Other Charges on Principal Business	管理费用 Overhead Expenses	利润总额 Total Profits	利税总额 Total Pre-tax Profits	税金总额 Total Taxes	本年应交增值税 Value Added Tax Payable
943	1465	2713	2366	13	216	135	257	138	109
2210	363	1763	1134	20	312	28	177	162	129
35522	48031	95751	85225	348	4291	1787	3443	2009	1308
21659	42329	40004	29347	268	9350		1542	2002	1644
402	1524	3624	3321	22	18	145	167	26	
1973280	2624895	11753678	10291640	1481297	449692		1084709	1737596	249436
1099536	1265449	2677459	2399673	10255	120978	26259	108080	102544	71319
291677	881091	552626	331123	2977	46158	92057	120643	41929	25528
209078	71565	13915	12455	35	259		232	248	213
7827	2350	16103	15338	42	981	436	835	489	357
136926	132800	293382	250848	1192	9991	12248	17164	6721	3724
1206083	1207191	1823584	1461298	10860	115606	165152	264322	129569	87511
5867065	3417196	10274006	8953607	62232	396674	302451	622622	443669	257389
6349655	5449557	17377643	15004313	25099	330832	596765	868103	419760	245604
265996	340308	429539	361531	2357	20475	24768	36999	18632	9872
415982	284515	528845	428463	2029	47278	27019	45428	23519	16307
436867	426696	644267	516132	3846	74409	24420	43378	25165	14114
265295	148126	279303	235090	657	28226	11895	14637	4784	2067
724099	530950	1818949	1570279	13577	53958	100053	186086	92189	72036
251680	303443	238545	176050	1554	32501	20645	30643	15136	8443
11625	11559	20612	17178	87	2180	334	1339	1076	895
637925	46423	507853	500165	227	28697	13155	14661	3356	1280
15378	16494	18932	11304	277	557	6375	8697	2342	2046
4249629	3638440	5999203	5528224	24570	85429	435	298056	338038	271679
88624	86339	140492	119847	705	5920	6534	13892	7842	6167
63102	290593	71014	51808	693	12419	3941	8240	5263	3607

14-3 按行业分国有及国有控股企业主要经济指标（2011）

单位：万元

类 别	Item	企业单位数（个） Number of Enterprises (unit)	#亏损企业 Loss-making Enterprises
总 计	**Total**	**349**	**100**
煤炭开采和洗选业	Mining and Washing of Coal	16	4
石油和天然气开采业	Extraction of Petroleum and Natural Gas	4	1
黑色金属矿采选业	Mining and Processing of Ferrous Metal Ores	1	
有色金属矿采选业	Mining and Processing of Non-Ferrous Metal Ores	10	1
非金属矿采选业	Mining and Processing of Nonmetal Ores		
其他采矿业	Mining of Other Ores		
农副食品加工业	Processing of Food from Agricultural Products	15	3
食品制造业	Manufacture of Foods	5	5
饮料制造业	Manufacture of Beverages	11	5
烟草制品业	Manufacture of Tobacco	2	
纺织业	Manufacture of Textile	2	
纺织服装、鞋、帽制造业	Manufacture of Textile Wearing Apparel,Footware and Caps		
皮革、毛皮、羽毛(绒)及其制品业	Manufacture of Leather, Fur, Feather and Related Products	1	
木材加工及木、竹、藤、棕、草制品业	Processing of Timber, Manufacture of Wood, Bamboo, Rattan, Palm and Straw Products		
家具制造业	Manufacture of Furniture		
造纸及纸制品业	Manufacture of Paper and Paper Products	1	1
印刷业和记录媒介的复制	Printing, Reproduction of Recording Media	4	1
文教体育用品制造业	Manufacture of Articles For Culture, Education and Sport Activities		
石油加工、炼焦及核燃料加工业	Processing of Petroleum, Coking, Processing of Nuclear Fuel	7	4
化学原料及化学制品制造业	Manufacture of Raw Chemical Materials and Chemical Products	25	9
医药制造业	Manufacture of Medicines	8	1
化学纤维制造业	Manufacture of Chemical Fibers	1	
橡胶制品业	Manufacture of Rubber		
塑料制品业	Manufacture of Plastics	5	1
非金属矿物制品业	Manufacture of Non-metallic Mineral Products	28	5
黑色金属冶炼及压延加工业	Smelting and Pressing of Ferrous Metals	5	
有色金属冶炼及压延加工业	Smelting and Pressing of Non-ferrous Metals	16	2
金属制品业	Manufacture of Metal Products	14	5
通用设备制造业	Manufacture of General Purpose Machinery	15	2
专用设备制造业	Manufacture of Special Purpose Machinery	13	3
交通运输设备制造业	Manufacture of Transport Equipment	6	
电气机械及器材制造业	Manufacture of Electrical Machinery and Equipment	18	6
通信设备、计算机及其他电子设备制造业	Manufacture of Communication Equipment, Computers and Other Electronic Equipment	2	1
仪器仪表及文化、办公用机械制造业	Manufacture of Measuring Instruments and Machinery for Cultural Activity and Office Work	1	
工艺品及其他制造业	Manufacture of Artwork and Other Manufacturing	2	
废弃资源和废旧材料回收加工业	Recycling and Disposal of Waste		
电力、热力的生产和供应业	Production and Supply of Electric Power and Heat Power	101	35
燃气生产和供应业	Production and Supply of Gas	2	
水的生产和供应业	Production and Supply of Water	8	5

Main Indicators of State-owned and State-holding Industrial Enterprises by Industrial Sector (2011)

(10 000 yuan)

工业总产值 Gross Industrial Output Value	工业销售产值 Sales Value of Industry Products	#出口交货值 Delivery Value for Export	全部从业人员年平均人数（人） Employment (person)	资产总计 Total Assets	#产成品 Finished Product	流动资产合计 Total Working Capitals	固定资产合计 Total of Fixed Assets
49210199	**47259104**	**436926**	**384918**	**63345321**	**2528312**	**24408032**	**29618783**
1873225	1761059		46296	3296221	36964	1281323	1513791
4418431	4178124		15997	3882450	10022	682804	3199646
85277	89445		625	85596	323	35701	49895
281891	279017		5899	509431	30998	160683	202264
208407	201562	4295	2754	314762	34276	229451	70447
57140	46227	2164	945	55811	17064	29649	24038
137729	144446	37823	3021	263090	41150	150848	66174
952524	903967		3215	687094	10033	544136	125962
39688	39572	8210	2325	48016	4906	26392	11370
28545	26541		1478	36549	4480	23535	8819
3890	3894		150	8073	178	3425	4546
28210	28578		2412	65357	5367	29044	29218
11874770	11839628	1647	31693	5438004	255019	2190210	3077222
1908049	1867602	138246	32410	2148435	139959	921430	901801
195746	183114	2810	4278	475989	17325	268331	122303
				257290		144136	7098
47072	46305		2867	44206	10121	27449	11270
807899	745264		12626	1260693	41554	420855	671533
7121210	7074665	64729	32444	10925523	497675	4881930	3086102
8647778	8446405	90993	70843	14280198	1186263	7441275	4173926
503013	461807		6267	572770	28657	336426	145120
350324	337423	33347	11336	501358	16255	287153	189806
516109	478294	39304	10849	647624	20869	404067	226834
219358	210915	165	6992	371155	16488	219344	74547
2123709	1114159	13196	9615	1081300	75902	766133	127636
33801	33934		2427	178185	4112	107560	59828
3632	3632		318	3700	1244	2496	1204
468528	467954		4679	867584	7603	445489	208154
6054094	6027263		54317	14468349	13420	2267254	10789035
157998	158592		1485	199936	85	51895	147468
62154	59717.7		4355	370576.3		27609	291726

14-3续表

单位：万元

类　别	Item	固定资产原价 Original Value of Fixed Assets	固定资产净值 Net Value of Fixed Assets	负债合计 Total Liabilities	流动负债合计 Total Working Liabilities
总　计	**Total**	**43146880**	**27111761**	**41599892**	**25586990**
煤炭开采和洗选业	Coal Mining and Dressing	2292921	1424799	2132592	1639349
石油和天然气开采业	Petroleum and Natural Gas Extraction	2182747	1865683	1959031	1955710
黑色金属矿采选业	Ferrous Metals Mining and Dressing	60380	49895	101927	89668
有色金属矿采选业	Nonferrous Metals Mining and Dressing	316828	189524	203276	140421
非金属矿采选业	Nonmetal Minerals Mining and Dressing				
其他采矿业	Mining and Dressing of Other Minerals				
农副食品加工业	Agriculture and Sideline Food Production	133296	68424	254540	235894
食品制造业	Food Production	34664	24038	39744	37341
饮料制造业	Beverage Production	151257	65615	225350	183944
烟草制品业	Tobacco Processing	232709	120043	158440	158440
纺织业	Textile Industry	44413	11350	13089	11627
纺织服装、鞋、帽制造业	Textile,Garment,Shoes,Caps				
皮革、毛皮、羽毛(绒)及其制品业	Leather, Furs, Down and Related Products	8732	4403	20553	8496
木材加工及木、竹、藤、棕、草制品业	Timber Processing,Bamboo,Cane,Palm Fiberand Straw Products				
家具制造业	Furniture Manufacturing				
造纸及纸制品业	Papermaking and Paper Products	4245	4008	1664	1664
印刷业和记录媒介的复制	Printing and Record Medium Reproduction	59320	28235	23653	16808
文教体育用品制造业	Cultural, Educational and Sports Goods				
石油加工、炼焦及核燃料加工业	Petroleum Processing and Coking	4874493	2868552	2833807	1961027
化学原料及化学制品制造业	Raw Chemical Materials and Chemical Products	1267718	815629	1117385	788012
医药制造业	Medical and Pharmaceutical Products	177521	121789	133186	83380
化学纤维制造业	Chemical Fiber	7985	7098	199920	199920
橡胶制品业	Rubber Products				
塑料制品业	Plastic Products	31343	9999	30364	29070
非金属矿物制品业	Nonmetal Mineral Products	877897	634780	722250	452221
黑色金属冶炼及压延加工业	Smelting and Pressing of Ferrous Metals	5365260	3086061	7860412	5258975
有色金属冶炼及压延加工业	Smelting and Pressing of Nonferrous Metals	5615738	3870668	9184592	6002788
金属制品业	Metal Products	331377	117934	298071	214464
通用设备制造业	General Purpose Equipment Manufacturing	319072	181746	342836	276732
专用设备制造业	Equipment Manufacturing for Special Purposes	166754	103895	338449	311164
交通运输设备制造业	Transport Equipment Manufacturing	137008	72505	246002	205833
电气机械及器材制造业	Electric Equipment and Machinery	2078991	123292	685985	594425
通信设备、计算机及其他电子设备制造业	Telecommunication Equipment,Computer and Other Elctronic Equipment	101755	58587	125716	99119
仪器仪表及文化、办公用机械制造业	Instruments,Meters,Cultural and Office Machinery	4076	1151	822	822
工艺品及其他制造业	Arts and Other Manufacturing	331551	207555	824610	618468
废弃资源和废旧材料回收加工业	Waste Resources and Materials Recycling and Processing				
电力、热力的生产和供应业	Production and Supply of Electric Power and Heat	15416931	10638809	11310663	3891297
燃气生产和供应业	Production and Supply of Gas	142354	102015	118742	86928
水的生产和供应业	Production and Supply of Water	377545	233678	92223	32984

continued

(10 000 yuan)

所有者权益 Owners' Equity	主营业务收入 Revenue from Principal Business	主营业务成本 Cost of Principal Business	主营业务税金及附加 Taxes and Other Charges on Principal Business	管理费用 Overhead Expenses	利润总额 Total Profits	利税总额 Total Taxes	税金总额 Total Taxes	本年应交增值税 Value Added Tax Payable
21716909	**54880650**	**45513557**	**2318571**	**1966834**	**2081661**	**6061011**	**4573847**	**1644235**
1159850	1736017	1202405	41916	215313	238322	497996	368996	215105
1923419	2719770	966634	143881	62387	1210850	1483244	350902	121474
-16331	52143	22315	714	3016	21152	28065	13040	6199
301393	215916	131160	3414	19123	47902	71357	33339	20041
59871	303958	277531	162	7689	9015	13609	4948	4432
16067	33355	32607	73	1662	-2479	-1691	830	714
37740	133779	101027	3825	9270	1113	14367	14164	7303
528655	905518	279429	507850	28320	75981	698067	642960	114236
32879	34869	28862	177	4331	998	1434	607	260
15995	49369	44065	19	2545	1574	1705	460	112
6409	3890	3820	62	229	-480	-419	62	
41704	34784	24436	265	9191	-390	1499	1976	1623
2604197	11674330	10222129	1480519	448699	-651220	1077384	1734974	247825
1023966	1890821	1648054	29201	89950	61617	147594	116186	56772
342714	185136	83309	1645	25462	48446	60986	22550	10878
57370								
13602	55972	47264	291	2029	2195	3334	2105	848
537872	689669	511058	3157	66866	95293	139965	63070	40752
3065110	8806313	7707839	34848	360146	220181	461251	343482	206164
5092252	15947093	13688436	22260	307285	548488	790170	378133	219018
274699	299545	258223	1464	15404	22089	31075	14721	7523
157483	337254	277038	1166	31111	14160	25595	15088	10197
308318	498915	406058	3217	60468	15279	30677	20282	11245
125153	209307	171199	442	24199	11244	13532	3995	1828
393925	1535732	1313550	13059	42313	90280	172272	87516	68534
52469	30760	22984	43	5867	1154	1552	832	355
2878	3122	2930		115	51	260	218	186
41298	459942	455235	171	28080	13069	13770	2550	530
3157402	5838555	5425080	23390	78637	-22251	263301	323637	260876
80217	136486	116155	705	5499	6274	13543	7688	6078
278333	58330	42728	635	11631	1753	5518	4538	3130

14-4 按行业分大中型企业主要经济指标（2011）

单位：万元

类　别	Item	企业单位数（个）Number of Enterprises (unit)	#亏损企业 Loss-making Enterprises
总　计	**Total**	**351**	**86**
煤炭开采和洗选业	Mining and Washing of Coal	32	6
石油和天然气开采业	Extraction of Petroleum and Natural Gas	3	
黑色金属矿采选业	Mining and Processing of Ferrous Metal Ores	3	1
有色金属矿采选业	Mining and Processing of Non-Ferrous Metal Ores	12	1
非金属矿采选业	Mining and Processing of Nonmetal Ores	4	
其他采矿业	Mining of Other Ores		
农副食品加工业	Processing of Food from Agricultural Products	23	4
食品制造业	Manufacture of Foods	12	5
饮料制造业	Manufacture of Beverages	16	1
烟草制品业	Manufacture of Tobacco	2	
纺织业	Manufacture of Textile	9	4
纺织服装、鞋、帽制造业	Manufacture of Textile Wearing Apparel,Footware and Caps	5	1
皮革、毛皮、羽毛(绒)及其制品业	Manufacture of Leather, Fur, Feather and Related Products	2	
木材加工及木、竹、藤、棕、草制品业	Processing of Timber, Manufacture of Wood, Bamboo, Rattan, Palm and Straw Products		
家具制造业	Manufacture of Furniture		
造纸及纸制品业	Manufacture of Paper and Paper Products	6	1
印刷业和记录媒介的复制	Printing, Reproduction of Recording Media	4	1
文教体育用品制造业	Manufacture of Articles For Culture, Education and Sport Activities		
石油加工、炼焦及核燃料加工业	Processing of Petroleum, Coking, Processing of Nuclear Fuel	5	3
化学原料及化学制品制造业	Manufacture of Raw Chemical Materials and Chemical Products	35	12
医药制造业	Manufacture of Medicines	8	2
化学纤维制造业	Manufacture of Chemical Fibers		
橡胶制品业	Manufacture of Rubber		
塑料制品业	Manufacture of Plastics	4	
非金属矿物制品业	Manufacture of Non-metallic Mineral Products	33	6
黑色金属冶炼及压延加工业	Smelting and Pressing of Ferrous Metals	14	3
有色金属冶炼及压延加工业	Smelting and Pressing of Non-ferrous Metals	17	3
金属制品业	Manufacture of Metal Products	7	2
通用设备制造业	Manufacture of General Purpose Machinery	15	2
专用设备制造业	Manufacture of Special Purpose Machinery	11	2
交通运输设备制造业	Manufacture of Transport Equipment	7	
电气机械及器材制造业	Manufacture of Electrical Machinery and Equipment	13	4
通信设备、计算机及其他电子设备制造业	Manufacture of Communication Equipment, Computers and Other Electronic Equipment	5	2
仪器仪表及文化、办公用机械制造业	Manufacture of Measuring Instruments and Machinery for Cultural Activity and Office Work	2	
工艺品及其他制造业	Manufacture of Artwork and Other Manufacturing	1	
废弃资源和废旧材料回收加工业	Recycling and Disposal of Waste	1	
电力、热力的生产和供应业	Production and Supply of Electric Power and Heat Power	35	18
燃气生产和供应业	Production and Supply of Gas	1	
水的生产和供应业	Production and Supply of Water	4	2

Main Indicators of Large and Medium-sized Industrial Enterprises by Industrial Sector (2011)

(10 000 yuan)

工业总产值 Gross Industrial Output Value	工业销售产值 Sales Value of Industry Products	#出口交货值 Delivery Value for Export	全部从业人员年平均人数（人） Employment (person)	资产总计 Total Assets	#产成品 Finished Product	流动资产合计 Total Working Capitals	固定资产合计 Total of Fixed Assets
50026961	**48920055**	**539356**	**476390**	**58316921**	**2859551**	**24230502**	**25153239**
1353253	1237491	83	56358	2212703	29412	885736	899069
4471257	4229695		18443	3961837	8415	749070	3212767
119885	119791		1830	138996	1714	78230	60739
328250	323529		8440	560420	34274	185758	212941
71612	58089		2279	29042	1068	5948	23094
776898	769633	1354	12450	731586	43001	297605	231431
286106	278006	2421	7825	200137	21694	103839	80054
548684	505144	23805	12016	624169	38688	242818	264923
952524	903967		3215	687094	10033	544136	125962
80666	76268	11486	5742	112082	10797	56434	37806
32904	32249	55	2658	27943	2958	12661	12948
96995	93541		2098	126808	5261	101597	18869
56208	56515		3127	54971	6448	19159	32123
28210	28578		2412	65357	5367	29044	29218
11857113	11821758	1647	31438	5422389	252016	2180612	3071205
2248461	2200548	138445	41576	2216718	159199	987103	1055585
266490	246240	2943	5818	573770	23886	323162	115268
68608	69866		4519	112274	27300	66979	19605
1304991	1218613	77249	22373	2027502	76170	808175	901227
7652706	7587952	66507	41709	11340024	542102	5121169	3227533
9675084	9509744	90993	76963	14913367	1409364	7847216	4348446
282999	269808		5632	436610	25200	241650	118410
404971	391992	33347	12331	558057	15217	327064	193486
540411	491851	39615	13214	709222	26478	420027	252225
256167	247725	165	7662	417163	16488	238764	91155
620206	526125	13210	10863	625950	40954	418418	77555
246988	248071	36031	9391	682200	9456	291235	186926
13305	13655		739	15776	2256	10565	3190
37997	32683		481	19461	724	17706	1754
18709	18709		460	31872	825	18142	11126
5122054	5107506		47338	8195549	12787	1528901	5862870
155034	155034		1386	192921		49572	143349
51215	49681		3604	292952		22008	230381

14-4续表

单位：万元

类 别	Item	流动资产合 计 Total Working Capitals	固定资产合 计 Total of Fixed Assets	固定资产原 价 Original Value of Fixed Assets
总 计	**Total**	**24230502**	**25153239**	**36677081**
煤炭开采和洗选业	Mining and Washing of Coal	885736	899069	1568508
石油和天然气开采业	Extraction of Petroleum and Natural Gas	749070	3212767	2201638
黑色金属矿采选业	Mining and Processing of Ferrous Metal Ores	78230	60739	76035
有色金属矿采选业	Mining and Processing of Non-Ferrous Metal Ores	185758	212941	335492
非金属矿采选业	Mining and Processing of Nonmetal Ores	5948	23094	36526
其他采矿业	Mining of Other Ores			
农副食品加工业	Processing of Food from Agricultural Products	297605	231431	838470
食品制造业	Manufacture of Foods	103839	80054	160391
饮料制造业	Manufacture of Beverages	242818	264923	388143
烟草制品业	Manufacture of Tobacco	544136	125962	232709
纺织业	Manufacture of Textile	56434	37806	73355
纺织服装、鞋、帽制造业	Manufacture of Textile Wearing Apparel,Footware and Caps	12661	12948	24820
皮革、毛皮、羽毛(绒)及其制品业	Manufacture of Leather, Fur, Feather and Related Products	101597	18869	20624
木材加工及木、竹、藤、棕、草制品业	Processing of Timber, Manufacture of Wood, Bamboo, Rattan, Palm and Straw Products			
家具制造业	Manufacture of Furniture			
造纸及纸制品业	Manufacture of Paper and Paper Products	19159	32123	40388
印刷业和记录媒介的复制	Printing, Reproduction of Recording Media	29044	29218	59320
文教体育用品制造业	Manufacture of Articles For Culture, Education and Sport Activities			
石油加工、炼焦及核燃料加工业	Processing of Petroleum, Coking, Processing of Nuclear Fuel	2180612	3071205	4866415
化学原料及化学制品制造业	Manufacture of Raw Chemical Materials and Chemical Products	987103	1055585	1512040
医药制造业	Manufacture of Medicines	323162	115268	170729
化学纤维制造业	Manufacture of Chemical Fibers			
橡胶制品业	Manufacture of Rubber			
塑料制品业	Manufacture of Plastics	66979	19605	20395
非金属矿物制品业	Manufacture of Non-metallic Mineral Products	808175	901227	1226929
黑色金属冶炼及压延加工业	Smelting and Pressing of Ferrous Metals	5121169	3227533	5627812
有色金属冶炼及压延加工业	Smelting and Pressing of Non-ferrous Metals	7847216	4348446	5827844
金属制品业	Manufacture of Metal Products	241650	118410	125268
通用设备制造业	Manufacture of General Purpose Machinery	327064	193486	319420
专用设备制造业	Manufacture of Special Purpose Machinery	420027	252225	161105
交通运输设备制造业	Manufacture of Transport Equipment	238764	91155	156644
电气机械及器材制造业	Manufacture of Electrical Machinery and Equipment	418418	77555	125964
通信设备、计算机及其他电子设备制造业	Manufacture of Communication Equipment, Computers and Other Electronic Equipment	291235	186926	331135
仪器仪表及文化、办公用机械制造业	Manufacture of Measuring Instruments and Machinery for Cultural Activity and Office Work	10565	3190	7249
工艺品及其他制造业	Manufacture of Artwork and Other Manufacturing	17706	1754	18520
废弃资源和废旧材料回收加工业	Recycling and Disposal of Waste	18142	11126	15991
电力、热力的生产和供应业	Production and Supply of Electric Power and Heat Power	1528901	5862870	9670628
燃气生产和供应业	Production and Supply of Gas	49572	143349	136844
水的生产和供应业	Production and Supply of Water	22008	230381	299731

continued

(10 000 yuan)

固定资产净值 Net Value of Fixed Assets	负债合计 Total Liabilities	流动负债合计 Total Working Liabilities	所有者权益 Owners' Equity	主营业务收入 Revenue from Principal Business	主营业务成本 Cost of Principal Business	#主营业务税金及附加 Taxes and Other Charges on Principal Business	管理费用 Overhead Expenses	利润总额 Total Profits	利税总额 Total Taxes	税金总额 Total Taxes	本年应交增值税 Value Added Tax Payable
22490211	**36666734**	**24581114**	**21614960**	**56019190**	**46608006**	**2325667**	**1979544**	**2054033**	**5966836**	**4513498**	**1568269**
804299	1504390	1102307	702835	1205882	930362	26042	134892	94781	254606	254240	132858
1884993	1951494	1951494	2010343	2775091	999406	143748	61697	1230499	1504434	353091	121833
60739	136532	118724	2464	70006	34669	1315	4879	19848	29270	15552	8107
202342	230232	172447	325461	261016	151691	3845	18208	62374	89859	39509	23640
13629	18208	9346	10834	63055	49906	694	1286	5247	7883	2785	1936
189235	369777	302670	361675	631129	566389	365	14203	25692	32451	8877	5977
66001	103055	95672	97018	197809	169535	495	7221	9328	14048	5198	4226
236598	382305	298368	238146	451794	295595	31965	25185	38577	99862	67759	24005
120043	158440	158440	528655	905518	279429	507850	28320	75981	698067	642960	114236
32496	59121	45255	52337	69833	61516	349	6435	2165	3695	2057	1102
12128	15708	8427	12099	31706	24322	190	2829	1925	2274	774	159
14307	78075	64074	48733	116369	96159	196	5065	10156	12053	3614	1701
31673	26217	19755	28753	53788	47838	61	1840	1943	2478	536	475
28235	23653	16808	41704	34784	24436	265	9191		1499	1976	1623
2862535	2823683	1958815	2598706	11654707	10203821	1480219	447482		1078503	1734156	247634
960344	1282853	897818	925289	2167111	1876225	28988	100855	60952	169948	137533	79988
99198	232106	162206	341575	247724	117825	1950	31621	57239	72951	28022	13763
13865	56910	44573	55125	80070	62920	674	3903	7070	9403	3429	1658
855588	1108856	783188	918075	1169619	889349	6939	90887	151018	222000	94145	63913
3186980	8135527	5516332	3197627	9310515	8161048	35896	374853	233323	487684	359560	217916
4013399	9547821	6278530	5363721	17214377	14876584	23977	324057	581412	847820	413685	241797
91031	192053	129200	244557	199000	161723	665	12876	14635	19064	8891	3764
180200	381902	311575	175145	390247	322360	1342	32809	16249	28962	16383	11299
112114	372739	321768	336484	505974	399085	3402	61469	20543	36359	21118	11493
89113	281391	241223	135772	246117	207271	553	26520	11336	13781	4276	1875
69995	360907	279555	263896	481896	402918	1447	41200	14013	26693	15923	11211
185213	380592	242132	301608	233755	172228	1537	31813	20625	30482	14976	8318
2337	8451	8451	7325	14010	11713	57	1377	467	1203	794	656
1754	17287	16460	2174	39735	37597	39	298	117	806	689	649
10751	15378	15378	16494	18932	11304	277	557	6375	8697	2342	2046
5782333	6229247	2903688	1966304	4998651	4816537	19323	61044		139933	247385	199546
98261	115366	84952	77555	131237	112488	658	5456	5742	12823	7367	5937
178483	66458	21486	226473	47735	33758	345	9217	3971	7247	3895	2931

14-5 按行业分规模以上工业企业主要经济效益指标（2011）

类　别	Branch	总资产贡献率（%）Ratio of Total Assets to Industrial Output Value (%)
总　计	**Total**	**10.61**
煤炭开采和洗选业	Mining and Washing of Coal	16.25
石油和天然气开采业	Extraction of Petroleum and Natural Gas	37.96
黑色金属矿采选业	Mining and Processing of Ferrous Metal Ores	15.36
有色金属矿采选业	Mining and Processing of Non-Ferrous Metal Ores	13.13
非金属矿采选业	Mining and Processing of Nonmetal Ores	21.02
其他采矿业	Mining of Other Ores	
农副食品加工业	Processing of Food from Agricultural Products	6.53
食品制造业	Manufacture of Foods	6.21
饮料制造业	Manufacture of Beverages	11.85
烟草制品业	Manufacture of Tobacco	102.00
纺织业	Manufacture of Textile	5.95
纺织服装、鞋、帽制造业	Manufacture of Textile Wearing Apparel,Footware and Caps	9.27
皮革、毛皮、羽毛(绒)及其制品业	Manufacture of Leather, Fur, Feather and Related Products	10.95
木材加工及木、竹、藤、棕、草制品业	Processing of Timber, Manufacture of Wood, Bamboo, Rattan, Palm and Straw Products	14.62
家具制造业	Manufacture of Furniture	9.42
造纸及纸制品业	Manufacture of Paper and Paper Products	4.66
印刷业和记录媒介的复制	Printing, Reproduction of Recording Media	2.60
文教体育用品制造业	Manufacture of Articles For Culture, Education and Sport Activities	9.03
石油加工、炼焦及核燃料加工业	Processing of Petroleum, Coking, Processing of Nuclear Fuel	20.10
化学原料及化学制品制造业	Manufacture of Raw Chemical Materials and Chemical Products	8.39
医药制造业	Manufacture of Medicines	9.89
化学纤维制造业	Manufacture of Chemical Fibers	0.19
橡胶制品业	Manufacture of Rubber	9.34
塑料制品业	Manufacture of Plastics	7.14
非金属矿物制品业	Manufacture of Non-metallic Mineral Products	10.77
黑色金属冶炼及压延加工业	Smelting and Pressing of Ferrous Metals	6.23
有色金属冶炼及压延加工业	Smelting and Pressing of Non-ferrous Metals	7.05
金属制品业	Manufacture of Metal Products	6.04
通用设备制造业	Manufacture of General Purpose Machinery	7.11
专用设备制造业	Manufacture of Special Purpose Machinery	5.37
交通运输设备制造业	Manufacture of Transport Equipment	3.96
电气机械及器材制造业	Manufacture of Electrical Machinery and Equipment	13.61
通信设备、计算机及其他电子设备制造业	Manufacture of Communication Equipment, Computers and Other Electronic Equipment	5.78
仪器仪表及文化、办公用机械制造业	Manufacture of Measuring Instruments and Machinery for Cultural Activity and Office Work	5.75
工艺品及其他制造业	Manufacture of Artwork and Other Manufacturing	1.33
废弃资源和废旧材料回收加工业	Recycling and Disposal of Waste	29.28
电力、热力的生产和供应业	Production and Supply of Electric Power and Heat Power	4.47
燃气生产和供应业	Production and Supply of Gas	6.99
水的生产和供应业	Production and Supply of Water	2.31

Main Economic Benefit Index of Industrial Enterprises above Designated Size by Industrial Sector（2011）

资产负债率（%） Assets Liability Ratio (%)	流动资产周转次数（次/年） Number of Times of Annual of Turnover Circulating Funds (times/year)	工业成本费用利润率（%） Ratio of Profits to Industrial Cost (%)	产品销售率（%） Proportion of Products Sold (%)
64.04	**2.19**	**4.38**	**95.48**
63.14	1.56	15.78	93.74
49.30	3.77	109.53	94.63
81.10	0.96	17.11	88.95
50.06	1.18	23.68	95.51
65.05	3.33	8.10	84.32
58.18	1.78	4.49	93.41
59.68	1.63	3.40	92.04
57.96	1.54	6.45	92.87
23.06	1.67	23.49	94.90
52.33	2.18	4.28	91.81
54.80	2.91	5.50	98.35
64.41	1.15	8.05	96.90
39.16	1.47	4.98	100.93
85.06	1.33	1.59	98.16
51.18	2.23	1.93	96.72
40.31	1.27	-0.90	99.01
20.86	4.63	4.29	93.14
51.99	5.34	-5.92	99.52
53.08	2.23	3.11	96.14
31.92	0.77	20.49	93.12
74.92	0.09	-0.12	93.11
77.06	2.16	2.52	99.57
53.96	1.71	4.44	96.36
57.25	1.50	9.51	92.90
71.95	1.96	2.35	98.50
63.84	2.24	3.73	98.35
50.33	1.07	6.03	87.55
63.55	1.14	5.06	94.90
54.01	1.24	3.62	91.91
67.36	1.09	4.31	95.97
62.17	1.89	5.91	57.32
56.27	0.82	8.93	100.25
51.06	1.30	1.64	91.74
94.63	1.09	2.46	98.72
48.25	1.04	50.80	100.00
77.16	2.49	0.01	99.52
58.22	2.89	4.58	100.37
32.47	1.88	5.78	96.82

14-6 按行业分国有及国有控股工业企业主要经济效益指标（2011）

类 别	Branch	总资产贡献率 (%) Ratio of Total Assets to Industrial Output Value (%)
总 计	**Total**	**11.05**
煤炭开采和洗选业	Mining and Washing of Coal	15.75
石油和天然气开采业	Extraction of Petroleum and Natural Gas	38.33
黑色金属矿采选业	Mining and Processing of Ferrous Metal Ores	36.75
有色金属矿采选业	Mining and Processing of Non-Ferrous Metal Ores	15.86
非金属矿采选业	Mining and Processing of Nonmetal Ores	
其他采矿业	Mining of Other Ores	
农副食品加工业	Processing of Food from Agricultural Products	6.62
食品制造业	Manufacture of Foods	-2.00
饮料制造业	Manufacture of Beverages	7.79
烟草制品业	Manufacture of Tobacco	102.00
纺织业	Manufacture of Textile	2.92
纺织服装、鞋、帽制造业	Manufacture of Textile Wearing Apparel,Footware and Caps	
皮革、毛皮、羽毛(绒)及其制品业	Manufacture of Leather, Fur, Feather and Related Products	5.57
木材加工及木、竹、藤、棕、草制品业	Processing of Timber, Manufacture of Wood, Bamboo, Rattan, Palm and Straw Products	
家具制造业	Manufacture of Furniture	
造纸及纸制品业	Manufacture of Paper and Paper Products	-4.27
印刷业和记录媒介的复制	Printing, Reproduction of Recording Media	2.72
文教体育用品制造业	Manufacture of Articles For Culture, Education and Sport Activities	
石油加工、炼焦及核燃料加工业	Processing of Petroleum, Coking, Processing of Nuclear Fuel	20.12
化学原料及化学制品制造业	Manufacture of Raw Chemical Materials and Chemical Products	8.02
医药制造业	Manufacture of Medicines	13.00
化学纤维制造业	Manufacture of Chemical Fibers	
橡胶制品业	Manufacture of Rubber	
塑料制品业	Manufacture of Plastics	7.84
非金属矿物制品业	Manufacture of Non-metallic Mineral Products	12.38
黑色金属冶炼及压延加工业	Smelting and Pressing of Ferrous Metals	6.14
有色金属冶炼及压延加工业	Smelting and Pressing of Non-ferrous Metals	6.86
金属制品业	Manufacture of Metal Products	6.19
通用设备制造业	Manufacture of General Purpose Machinery	6.63
专用设备制造业	Manufacture of Special Purpose Machinery	5.60
交通运输设备制造业	Manufacture of Transport Equipment	4.51
电气机械及器材制造业	Manufacture of Electrical Machinery and Equipment	16.27
通信设备、计算机及其他电子设备制造业	Manufacture of Communication Equipment, Computers and Other Electronic Equipment	1.04
仪器仪表及文化、办公用机械制造业	Manufacture of Measuring Instruments and Machinery for Cultural Activity and Office Work	7.38
工艺品及其他制造业	Manufacture of Artwork and Other Manufacturing	1.25
废弃资源和废旧材料回收加工业	Recycling and Disposal of Waste	
电力、热力的生产和供应业	Production and Supply of Electric Power and Heat Power	4.57
燃气生产和供应业	Production and Supply of Gas	7.13
水的生产和供应业	Production and Supply of Water	1.89

Main Economic Benefit Index of State-owned and State-holding Industrial Enterprises by Industrial Sector （2011）

资产负债率 (%) Assets Liability Ratio (%)	流动资产周转次数 (次/年) Number of Times of Annual of Turnover Circulating Funds (times/year)	工业成本费用利润率 (%) Ratio of Profits to Industrial Cost (%)	产品销售率 (%) Proportion of Products Sold (%)
65.67	**2.30**	**4.08**	**96.04**
64.70	1.47	15.05	94.01
50.46	3.98	114.58	94.56
119.08	1.46	64.96	104.89
39.90	1.35	29.08	98.98
80.87	1.33	2.99	96.72
71.21	1.14	-6.68	80.90
85.65	0.89	0.85	104.88
23.06	1.67	23.49	94.90
27.26	1.32	2.85	99.71
56.24	2.13	3.24	92.98
20.61	1.14	-10.90	100.10
36.19	1.25	-1.08	101.30
52.11	5.37	-6.00	99.70
52.01	2.08	3.39	97.88
27.98	0.69	36.06	93.55
77.70			
68.69	2.04	4.24	98.37
57.29	1.69	14.70	92.25
71.95	1.89	2.46	99.35
64.32	2.19	3.75	97.67
52.04	0.91	7.62	91.81
68.38	1.21	4.08	96.32
52.26	1.36	2.84	92.67
66.28	0.98	5.46	96.15
63.44	2.02	6.46	52.46
70.55	0.29	3.79	100.39
22.21	1.27	1.66	100.00
95.05	1.05	2.68	99.88
78.18	2.60	-0.33	99.56
59.39	2.97	4.54	100.38
24.89	2.13	3.04	96.08

14-7 按行业分大中型工业企业主要经济效益指标（2011）

类　别	Branch	总资产贡献率（%） Ratio of Total Assets to Industrial Output Value (%)
总　计	**Total**	**11.61**
煤炭开采和洗选业	Mining and Washing of Coal	11.92
石油和天然气开采业	Extraction of Petroleum and Natural Gas	38.10
黑色金属矿采选业	Mining and Processing of Ferrous Metal Ores	24.45
有色金属矿采选业	Mining and Processing of Non-Ferrous Metal Ores	17.71
非金属矿采选业	Mining and Processing of Nonmetal Ores	29.08
其他采矿业	Mining of Other Ores	
农副食品加工业	Processing of Food from Agricultural Products	5.52
食品制造业	Manufacture of Foods	8.02
饮料制造业	Manufacture of Beverages	17.27
烟草制品业	Manufacture of Tobacco	102.00
纺织业	Manufacture of Textile	3.42
纺织服装、鞋、帽制造业	Manufacture of Textile Wearing Apparel,Footware and Caps	9.66
皮革、毛皮、羽毛(绒)及其制品业	Manufacture of Leather, Fur, Feather and Related Products	12.02
木材加工及木、竹、藤、棕、草制品业	Processing of Timber, Manufacture of Wood, Bamboo, Rattan, Palm and Straw Products	
家具制造业	Manufacture of Furniture	
造纸及纸制品业	Manufacture of Paper and Paper Products	5.86
印刷业和记录媒介的复制	Printing, Reproduction of Recording Media	2.72
文教体育用品制造业	Manufacture of Articles For Culture, Education and Sport Activities	
石油加工、炼焦及核燃料加工业	Processing of Petroleum, Coking, Processing of Nuclear Fuel	20.19
化学原料及化学制品制造业	Manufacture of Raw Chemical Materials and Chemical Products	8.78
医药制造业	Manufacture of Medicines	13.57
化学纤维制造业	Manufacture of Chemical Fibers	
橡胶制品业	Manufacture of Rubber	
塑料制品业	Manufacture of Plastics	9.93
非金属矿物制品业	Manufacture of Non-metallic Mineral Products	12.43
黑色金属冶炼及压延加工业	Smelting and Pressing of Ferrous Metals	6.21
有色金属冶炼及压延加工业	Smelting and Pressing of Non-ferrous Metals	6.99
金属制品业	Manufacture of Metal Products	5.05
通用设备制造业	Manufacture of General Purpose Machinery	6.58
专用设备制造业	Manufacture of Special Purpose Machinery	5.90
交通运输设备制造业	Manufacture of Transport Equipment	4.06
电气机械及器材制造业	Manufacture of Electrical Machinery and Equipment	4.93
通信设备、计算机及其他电子设备制造业	Manufacture of Communication Equipment, Computers and Other Electronic Equipment	5.80
仪器仪表及文化、办公用机械制造业	Manufacture of Measuring Instruments and Machinery for Cultural Activity and Office Work	7.75
工艺品及其他制造业	Manufacture of Artwork and Other Manufacturing	4.14
废弃资源和废旧材料回收加工业	Recycling and Disposal of Waste	29.28
电力、热力的生产和供应业	Production and Supply of Electric Power and Heat Power	4.44
燃气生产和供应业	Production and Supply of Gas	7.01
水的生产和供应业	Production and Supply of Water	2.81

Main Economic Benefit Index of Large and Medium-sized Industrial Enterprises by Industrial Sector（2011）

资产负债率（%） Assets Liability Ratio (%)	流动资产周转次数（次/年） Number of Times of Annual of Turnover Circulating Funds (times/year)	工业成本费用利润率（%） Ratio of Profits to Industrial Cost (%)	产品销售率（%） Proportion of Products Sold (%)
62.87	**2.37**	**3.94**	**97.79**
67.99	1.43	8.35	91.45
49.26	3.75	111.79	94.60
98.23	0.89	38.44	99.92
41.08	1.41	33.24	98.56
62.70	10.71	9.85	81.12
50.54	2.26	3.97	99.06
51.49	2.00	4.79	97.17
61.25	1.92	9.55	92.06
23.06	1.67	23.49	94.90
52.75	1.25	3.04	94.55
56.22	2.50	6.71	98.01
61.57	1.15	9.49	96.44
47.69	2.81	3.81	100.55
36.19	1.25	-1.08	101.30
52.07	5.39	-6.00	99.70
57.87	2.25	2.90	97.87
40.45	0.77	29.02	92.40
50.69	1.20	9.83	101.83
54.69	1.48	13.70	93.38
71.74	1.92	2.45	99.15
64.02	2.24	3.67	98.29
43.99	0.84	7.65	95.34
68.43	1.23	4.02	96.80
52.56	1.33	3.82	91.01
67.45	1.07	4.61	96.70
57.66	1.21	2.79	84.83
55.79	0.83	9.12	100.44
53.57	1.40	3.44	102.63
88.83	2.24	0.30	86.01
48.25	1.04	50.80	100.00
76.01	3.30	-1.37	99.72
59.80	3.01	4.30	100.00
22.69	2.18	8.89	97.01

14-8 规模以上工业企业经济效益指标（2011）

Indices of Economic Benefit of Industrial Enterprises above Designated Size（2011）

类 别	Items	总资产贡献率（%） Ratio of Total Assets to Industrial Output Value (%)	资产负债率（%） Assets Liability Ratio (%)
总 计	**Total**	**10.61**	**64.04**
#国有及国有控股企业	State-owned and State Holding Enterprises	11.05	65.67
#大中型	Large and Medium Enterprises	11.61	62.87
按轻重工业分	**By Light and Heavy Industries**		
轻工业	Light Industry	14.81	53.20
重工业	Heavy Industry	10.12	65.30

14–8 续表 continued

类 别	Items	流动资产周转次数（次/年） Turnover Times of Circulating Assets (times/year)	工业成本费用利润率（%） Ratio of Profits to Industria Cost (%)	产品销售率（%） Proportion of Products Sold (%)
总 计	**Total**	**2.19**	**4.38**	**95.48**
# 国有及国有控股企业	State owned and State Holding Enterprises	2.30	4.08	96.04
# 大中型	Large and Medium Enterpries	2.37	3.94	97.79
按轻重工业分	**By Light and Heavy Industries**			
轻工业	Light Industry	1.40	6.87	93.68
重工业	Heavy Industry	2.31	4.16	95.70

14-9 主要工业产品产量
Output of Major Industrial Products

产品名称	Product Name	2005	2008	2009	2010	2011
原煤（万吨）	Coal (10 000 tons)	3619.84	3976.99	3975.96	4547.20	4700.65
天然原油（万吨）	Natural Crude Oil (10 000 tons)	304.55	365.15	359.91	382.14	502.66
天然气（万立方米）	Natural Gas (10 000 cu.m)	15987	14773	14850	10344	8146
铁矿石原矿（万吨）	Iron Ore (10 000 tons)	556.80	719.11	950.32	991.62	963.69
小麦粉（万吨）	Wheatmeal (10 000 tons)	83.39	143.09	157.42	151.08	127.51
饮料、酒（万千升）	Drinks (10 000kl)	39.99	57.54	65.50	71.54	69.60
软饮料（万吨）	Soft Drinks (10 000 tons)	11.32	98.86	144.78	138.43	92.99
卷烟（万箱）	Cigarettes (10 000 case)	71.00	77.90	78.40	80.00	82.00
原油加工量（万吨）	Crude Oil Processing (10 000 tons)	1225.17	1384.63	1436.59	1383.54	1613.53
焦炭（万吨）	Coke (10 000 tons)	221.85	241.47	243.13	244.32	263.24
硫酸（万吨）	Sulfuric Acid (10 000 tons)	122.68	203.16	253.26	247.00	258.72
烧碱（万吨）	Caustic Soda (10 000 tones)	7.30	10.55	14.27	21.69	24.75
纯碱（万吨）	Soda Ash (10 000 tons)	18.01	23.10	12.77	13.66	18.98
电石（万吨）	Calcium Carbide (10 000 tons)	31.51	70.55	82.57	97.54	102.10
乙烯（万吨）	Ethene (10 000 tons)	24.57	70.15	69.38	69.48	69.39
农用化肥（万吨）	Chemical Fertilizer (10 000 tons)	113.51	71.34	80.99	81.32	62.17
化学农药（万吨）	Chemical Pesticide (10 000 tons)	0.04	0.13	0.16	0.13	0.14
塑料制品（万吨）	Plastic Products (ton)	10.13	9.50	12.22	13.88	11.81
水泥（万吨）	Cement (10 000 tons)	1553.29	1560.32	1816.10	2414.11	2746.82
平板玻璃（万重量箱）	Plate Glass (10 000 weight cases)	339.62	576.18	508.09	653.89	577.14
生铁（万吨）	Pig Iron (10 000 tons)	468.72	550.79	612.14	625.49	769.28
粗钢（万吨）	Crude Steel (10 000 tons)	458.44	515.78	626.36	662.25	819.80
钢材（万吨）	Rolled Steel (10 000 tons)	452.25	577.30	644.54	699.17	812.75
铁合金（万吨）	Iron Alloy (10 000 tons)	64.34	86.56	93.56	119.49	129.25
十种有色金属（万吨）	Ten Kinds of Nonferrous Metals (10 000 tons)	117.93	162.82	172.65	191.53	219.23
铜（万吨）	Copper (10 000 tons)	23.79	36.72	41.89	44.79	62.54
铅（万吨）	Lead (10 000 tons)	6.07	2.08	3.02	2.69	1.91
锌（万吨）	Zinc (10 000 tons)	22.61	20.77	19.85	23.51	24.42
镍（万吨）	Nickel (10 000 tons)	8.28	10.43	13.00	12.98	12.70
铝（万吨）	Aluminium (10 000 tons)	56.94	95.77	94.79	104.40	117.41
汽车（辆）	Motor Vehicles (set)		9362	18685	20718	20634
发电设备（万千瓦小时）	Power Generating Equipment (10 000 kw·h)		30.31	9.51	3.53	4.15
变压器（万千伏安）	Power Transformer (10 000 kva)	154.89	137.70	209.18	221.95	224.99
集成电路（万块）	Integrated Circuits (10 000 units)	243278	307075	328540	550307	652805
发电量（亿千瓦小时）	Electricity (100 million kw·h)	506.17	690.22	703.25	791.53	1027.91
#火力发电量	Fire Power	339.70	456.37	432.45	502.29	709.91
#水力发电量	Hydraulic Power	145.12	216.05	250.20	262.32	252.03

14-10 规模以上工业企业分行业主要指标构成（2011）

单位：%

行　业	Item	工业总产值 Gross Industrial Output Value	工业销售产值 Value of Industrial Products Sales
全省总计	**Provincal Total**	**100.00**	**100.00**
煤炭开采和洗选业	Mining and Washing of Coal	3.90	3.83
石油和天然气开采业	Extraction of Petroleum and Natural Gas	7.29	7.23
黑色金属矿采选业	Mining and Processing of Ferrous Metal Ores	0.43	0.40
有色金属矿采选业	Mining and Processing of Non-Ferrous Metal Ores	0.96	0.96
非金属矿采选业	Mining and Processing of Nonmetal Ores	0.25	0.22
其他采矿业	Mining of Other Ores		
农副食品加工业	Processing of Food from Agricultural Products	3.57	3.49
食品制造业	Manufacture of Foods	0.88	0.84
饮料制造业	Manufacture of Beverages	1.64	1.59
烟草制品业	Manufacture of Tobacco	1.54	1.53
纺织业	Manufacture of Textile	0.31	0.30
纺织服装、鞋、帽制造业	Manufacture of Textile Wearing Apparel,Footware and Caps	0.06	0.07
皮革、毛皮、羽毛（绒）及其制品业	Manufacture of Leather, Fur, Feather and Related Products	0.22	0.22
木材加工及木、竹、藤、棕、草制品业	Processing of Timber, Manufacture of Wood, Bamboo, Rattan, Palm and Straw Products		
家具制造业	Manufacture of Furniture		
造纸及纸制品业	Manufacture of Paper and Paper Products	0.17	0.17
印刷业和记录媒介的复制	Printing, Reproduction of Recording Media	0.06	0.06
文教体育用品制造业	Manufacture of Articles For Culture, Education and Sport Activities	0.01	0.01
石油加工、炼焦及核燃料加工业	Processing of Petroleum, Coking, Processing of Nuclear Fuel	19.40	20.22
化学原料及化学制品制造业	Manufacture of Raw Chemical Materials and Chemical Products	5.14	5.17
医药制造业	Manufacture of Medicines	1.01	0.98
化学纤维制造业	Manufacture of Chemical Fibers	0.06	0.05
橡胶制品业	Manufacture of Rubber	0.03	0.04
塑料制品业	Manufacture of Plastics	0.51	0.52
非金属矿物制品业	Manufacture of Non-metallic Mineral Products	3.35	3.26
黑色金属冶炼及压延加工业	Smelting and Pressing of Ferrous Metals	13.66	14.10
有色金属冶炼及压延加工业	Smelting and Pressing of Non-ferrous Metals	15.97	16.45
金属制品业	Manufacture of Metal Products	1.19	1.09
通用设备制造业	Manufacture of General Purpose Machinery	0.91	0.91
专用设备制造业	Manufacture of Special Purpose Machinery	1.11	1.06
交通运输设备制造业	Manufacture of Transport Equipment	0.48	0.48
电气机械及器材制造业	Manufacture of Electrical Machinery and Equipment	4.12	2.47
通信设备、计算机及其他电子设备制造业	Manufacture of Communication Equipment, Computers and Other Electronic Equipment	0.41	0.43
仪器仪表及文化、办公用机械制造业	Manufacture of Measuring Instruments and Machinery for Cultural Activity and Office Work	0.04	0.04
工艺品及其他制造业	Manufacture of Artwork and Other Manufacturing	0.83	0.86
废弃资源和废旧材料回收加工业	Recycling and Disposal of Waste	0.03	0.03
电力、热力的生产和供应业	Production and Supply of Electric Power and Heat Power	10.09	10.52
燃气生产和供应业	Production and Supply of Gas	0.26	0.27
水的生产和供应业	Production and Supply of Water	0.12	0.13

Composition of Main Indicators of Industrial Enterprises above Designated Size by Sector (2011)

(%)

年末资产总计 Total Assets	流动资产 Total Assets Current	固定资产 Fixed Assets	流动负债 Total Liquid Liabilities	长期负债 Long-term Liabilities	所有者权益 Creditors' Equity	利润总额 Total Profits	本年应交增值税 Value Added Tax Payable
100.00	**100.00**	**100.00**	**100.00**	**100.00**	**100.00**	**100.00**	**100.00**
4.96	4.79	4.95	5.71	3.64	5.08	11.32	12.46
5.20	2.45	9.37	6.32	0.02	7.37	45.96	6.37
0.38	0.57	0.31	0.65	0.17	0.20	0.88	0.63
1.33	1.26	1.15	1.27	0.51	1.84	3.12	1.63
0.10	0.12	0.10	0.11	0.08	0.09	0.32	0.20
2.64	3.54	1.75	3.17	0.53	3.04	3.05	1.05
0.61	0.79	0.47	0.75	0.20	0.68	0.48	0.45
1.55	1.81	1.37	1.82	0.58	1.78	1.84	1.73
0.90	1.77	0.37	0.51		1.93	2.83	5.86
0.21	0.26	0.18	0.16	0.06	0.28	0.24	0.09
0.04	0.04	0.04	0.03	0.01	0.05	0.07	0.01
0.20	0.40	0.07	0.26	0.09	0.20	0.39	0.13
					0.01	0.01	0.01
			0.01				0.01
0.13	0.14	0.14	0.11	0.09	0.17	0.07	0.07
0.09	0.11	0.09	0.07	0.04	0.15	-0.01	0.08
					0.01	0.01	
7.15	7.21	8.95	6.35	5.19	9.56	-24.11	12.80
3.94	4.43	3.65	3.81	2.29	5.10	3.33	4.97
1.69	2.34	0.74	0.94	0.59	3.21	3.43	1.31
0.37	0.52	0.06	0.67		0.26	0.00	0.01
0.01	0.02	0.01	0.03		0.01	0.02	0.02
0.38	0.56	0.23	0.44	0.07	0.48	0.46	0.19
3.70	4.02	3.53	3.88	1.92	4.40	6.16	4.49
15.31	17.45	9.72	18.60	13.72	11.96	8.93	11.89
19.68	25.82	12.78	20.43	19.66	19.85	22.26	12.60
0.92	1.33	0.56	0.86	0.45	1.24	0.92	0.51
1.02	1.54	0.68	1.34	0.42	1.04	1.01	0.84
1.21	1.82	0.93	1.41	0.33	1.55	0.91	0.72
0.59	0.87	0.29	0.85	0.17	0.54	0.44	0.11
1.85	3.17	0.49	2.33	0.47	1.93	3.73	3.70
0.91	0.98	0.55	0.81	0.83	1.11	0.77	0.43
0.03	0.05	0.01	0.04		0.04	0.01	0.05
1.17	1.53	0.61	2.05	1.25	0.17	0.49	0.07
0.04	0.06	0.03	0.05		0.06	0.24	0.10
20.83	7.92	34.49	13.68	44.15	13.25	0.02	13.94
0.27	0.18	0.45	0.29	0.20	0.31	0.24	0.32
0.56	0.12	0.89	0.20	0.27	1.06	0.15	0.19

14-11 规模以上工业主要产品年末生产能力

Production Capacity of Major Products of the Industrial Enterprises above Designated Size Enterprises above Designated Size（Year-end）

产品名称	Product name	2009	2010	2011
原煤（万吨）	Coal (10 000 tons)	4458.46	5163.65	4964.18
卷烟（万支）	Cigarettes (10 000 piece)	4090500	4650000	5008500
原油加工量（万吨）	Crude Oil Processing (10 000 tons)	1467.00	1600.00	1600.00
焦炭（万吨）	Coke (10 000 tons)	275.00	335.00	435.00
碳化钙（万吨）	Calcium Carbide(10 000 tons)	112.63	120.74	131.10
农用氮、磷、钾化学肥料总计（万吨）	Chemical Fertilizer (10 000 tons)	104.05	99.97	97.28
水泥熟料（万吨）	Cement Clinker(10 000 tons)	2070.74	2366.39	3216.15
水泥（万吨）	Ethene (10 000 tons)	2809.17	3345.77	4523.13
平板玻璃（万重量箱）	Plate Glass (10 000 weight cases)	601.00	654.08	610.68
生铁（万吨）	Chemical Pesticide (10 000 tons)	626.00	809.00	789.00
粗钢（万吨）	Plastic Products (10 000 tons)	780.00	795.00	905.00
钢材（万吨）	Rolled Steel (10 000 tons)	700.84	547.15	883.74
铁合金（万吨）	Plate Glass (10 000 tons)	136.37	159.44	158.92
原铝（万吨）	Primary Aluminium (10 000 tons)	105.00	120.52	191.00
汽车（万辆）	Motor Vehicles(10 000 sets)	5.00	5.00	12.00
#轿车	Cars(10 000 sets)	5.00	5.00	12.00
发电设备容量总计（万千瓦）	Electricity(10 000 kwh)	1692.06	2374.91	2588.45
火电设备容量总计	Fire Power	1047.49	1319.62	1524.30
水电设备容量总计	Hydropower	550.23	571.79	533.91
核电设备容量总计	Nuclear Power			
风电设备容量总计	Wind Power	89.48	477.65	514.76

14-12 国有及国有控股企业主要指标占全省比重（2011）

Major Indicators of State-owned and State-holding Industrial Enterprises Accounting for the Proportion of Gansu Province（2011）

单位：亿元 (100 million yuan)

指 标	Item	全 省 Total	国有及国有控股企业 State-owned and State-holding Industrial Enterprises	占全省比重(%) Proportion	国有及国有控股大中型企业 Large and Medium-sized State-owned and State-holding Industrial Enterprises	占全省比重(%) Proportion
企业单位数（个）	Number of Enterprises (unit)	1371	349	25.46	169	12.33
从业人员（万人）	Year-end Employees (10 000 persons)	59.8	38.5	64.32	35.6	59.52
工业总产值	Gross Output Value	6175.24	4921.02	79.69	4396.25	71.19
年末资产总计	Total Property (year-end)	7665.01	6334.53	82.64	5212.71	68.01
流动资产合计	Total Of Circulating Funds	3072.33	2440.80	79.44	2119.09	68.97
固定资产合计	Total of Fixed Assets	3445.75	2961.88	85.96	2315.86	67.21
年末负债合计	Total Liabilities (year-end)	4908.30	4159.99	84.75	3329.82	67.84
年末所有者权益	Right and Interests (year-end)	2745.03	2171.69	79.11	1881.73	68.55
#实收资本	Paid-up Capital	1705.57	1405.74	82.42	1158.73	67.94
主营业务收入	Revenue from Principal Business	6568.75	5488.07	83.55	5041.40	76.75
主营业务税金及附加	Taxes and Other Charges on Principal Business	239.51	231.86	96.80	227.66	95.05
利润总额	Total After-tax Profits	268.10	208.17	77.64	168.89	63.00
税金总额	Total Tax and Duty	506.21	457.38	90.36	421.71	83.31
亏损企业数（个）	Number of Loss-making Enterprises (unit)	344	100	29.07	47	13.66
亏损企业亏损额	Total Losses Made by Enterprises-in-red	110.45	102.91	93.17	94.54	85.60

14-13 支柱工业主要指标占全省比重

Proportion to Total Industry in Gansu of Main Indicators of Bigboned Industry

单位：% (%)

指 标	Item	2005	2008	2009	2010	2011
单位数	Number of Enterprises	75.36	85.28	75.99	77.11	77.68
从业人员	Year-end Employees	83.20	80.29	82.11	84.64	84.32
工业总产值	Gross Output Value of Industry	93.11	93.81	92.82	92.75	98.52
工业增加值	Value Added	92.88	89.32	91.20	91.84	92.90
年末资产总计	Total Property (year-end)	89.58	89.40	84.98	90.86	90.88
负债合计	Total Liabilities	90.01	90.62	91.33	91.77	92.09
利润总额	Total After-tax Profits	100.44	81.27	77.92	86.78	87.43
利税总额	Total Tax and Duty	96.22	87.23	87.86	92.68	92.83
工业销售产值	Sales Value of Industry Products	93.53	89.32	90.39	92.87	92.99

14-14 支柱工业主要指标
Main Indicators of Bigboned Industry

行 业	Sector	2008	2009	2010	2011
单位数（个）	**Number of (unit)**	**1541**	**1510**	**1543**	**1065**
石化工业	Petrochemical	251	230	248	181
有色工业	Coloured	131	130	116	87
电力工业	Electric Power	210	208	237	138
冶金工业	Metallurgy	180	175	141	103
机械工业	Machine	292	282	300	189
食品工业	Food	401	398	414	297
煤炭工业	Coal Industry	76	87	87	70
从业人员（万人）	**Year-end Employees (10 000 persons)**	**58.17**	**56.68**	**60.45**	**50.46**
石化工业	Petrochemical	13.04	13.33	14.22	11.23
有色工业	Coloured	9.47	9.16	9.47	9.32
电力工业	Electric Power	7.46	7.43	7.33	5.69
冶金工业	Metallurgy	6.05	5.73	6.31	5.39
机械工业	Machine	8.07	5.99	7.77	6.63
食品工业	Food	6.91	7.10	7.22	6.02
煤炭工业	Coal Industry	7.17	7.94	8.14	6.17
年末资产总计（亿元）	**Total Property (100 million yuan)**	**4080.17**	**4495.95**	**5914.27**	**6966.08**
石化工业	Petrochemical	941.87	958.03	1153.75	1307.19
有色工业	Coloured	893.92	1024.57	1304.61	1611.04
电力工业	Electric Power	824.42	847.05	1406.15	1596.94
冶金工业	Metallurgy	624.88	775.61	876.53	1202.28
机械工业	Machine	240.30	263.08	422.00	431.23
食品工业	Food	347.43	375.00	459.14	437.03
煤炭工业	Coal Industry	207.36	252.61	292.09	380.37

14-14续表 continued

行 业	Sector	2008	2009	2010	2011
负债合计（亿元）	**Total Liabilities**	**2267.04**	**2805.43**	**3730.53**	**4520.10**
石化工业	Petrochemical	352.65	516.87	623.47	679.57
有色工业	Coloured	436.29	537.07	776.93	1014.46
电力工业	Electric Power	606.32	735.27	1085.08	1232.27
冶金工业	Metallurgy	421.92	476.95	558.11	867.72
机械工业	Machine	148.96	187.22	257.63	255.33
食品工业	Food	172.26	194.13	246.02	230.58
煤炭工业	Coal Industry	128.64	157.92	183.29	240.17
利润总额（亿元）	**Total Profit (100 million yuan)**	**94.64**	**131.77**	**201.07**	**234.39**
石化工业	Petrochemical	-38.42	72.63	76.62	68.78
有色工业	Coloured	60.89	29.98	48.71	68.05
电力工业	Electric Power	8.89	-7.37	1.02	0.04
冶金工业	Metallurgy	21.61	6.05	19.69	26.31
机械工业	Machine	8.55	8.31	14.11	18.85
食品工业	Food	22.75	12.70	21.40	22.00
煤炭工业	Coal Industry	10.37	9.47	19.53	30.36
利税总额（亿元）	**Total Tax and Duty (100 million yuan)**	**287.27**	**432.32**	**562.32**	**654.31**
石化工业	Petrochemical	-0.11	246.10	253.38	283.21
有色工业	Coloured	93.79	44.67	73.85	98.97
电力工业	Electric Power	38.43	13.94	20.51	29.81
冶金工业	Metallurgy	45.59	28.05	43.08	54.90
机械工业	Machine	15.19	14.61	31.21	32.79
食品工业	Food	70.30	58.59	98.81	95.13
煤炭工业	Coal Industry	24.08	26.36	41.48	59.50
工业销售产值（亿元）	**Sales Value of Industry Products (100 million yuan)**	**3360.98**	**3297.15**	**4374.87**	**5483.02**
石化工业	Petrochemical	1182.44	1163.70	1439.23	1959.09
有色工业	Coloured	726.27	658.23	857.43	1026.45
电力工业	Electric Power	375.01	358.81	508.02	619.99
冶金工业	Metallurgy	506.87	468.34	616.00	854.87
机械工业	Machine	200.07	232.64	408.76	356.93
食品工业	Food	247.39	279.41	373.41	440.03
煤炭工业	Coal Industry	122.92	136.02	172.01	225.66

14-15 支柱工业增加值
The Value-added of Bigboned Industry

行 业	Sector	2008	2009	2010	2011	2011年比2010年增长(%) Increase Rate in 2011 over 2010(%)
工业增加值（亿元）	**Value-added (100 million yuan)**	**1048.69**	**1036.69**	**1261.03**	**1656.33**	**15.80**
石化工业	Petrochemical	291.34	258.86	416.42	560.08	9.97
有色工业	Coloured	214.75	200.55	188.79	265.93	18.11
电力工业	Electric Power	138.74	145.95	155.38	214.69	20.20
冶金工业	Metallurgy	155.59	143.24	141.83	210.70	22.42
机械工业	Machine	76.48	87.08	120.45	107.83	18.72
食品工业	Food	101.72	120.23	140.76	171.32	21.98
煤炭工业	Coal Industry	70.07	80.78	97.40	125.78	6.40
占全省比重（%）	**Proportion to Total Industry in Gansu （%）**	89.32	91.20	91.84	92.90	

14-16 全部独立核算“三资”工业企业主要财务指标（2011）

Main Indicators on Economics Benefit of Foreign-funded Industrial Enterprises（2011）

单位：万元　　(10 000 yuan)

类　别	Item	企业单位数（个） Number of Enterprises (unit)	全部从业人员年平均人数（万人） All the Average Number of Employees (10 000 persons)	工业总产值 Gross Output Value	年末资产总计 Total Assets at Year-end
总　计	**Total**	48	14802	1109033	2332415
港、澳、台商投资企业	Investment Enterprises from Hong Kong, Macao and Taiwan	19	5772	287249	721359
合资经营企业（港或澳、台资）	Joint Venture (with Hong Kong, Macao and Taiwan)	11	3766	230357	611026
港澳台商独资经营企业	Enterprises with Sole Investment	5	1578	43628	89095
港澳台商投资股份有限公司	Share-holding Corporations Ltd.	3	428	13263	21238
外商投资企业	Foreign Funded Enterprises	29	9030	821785	1611056
中外合资经营企业	Joint-venture Enterprises	20	6213	578499	1024657
中外合作经营企业	Cooperation Enterprises	2	505	96765	24418
外资企业	Enterprises with Sole Funds	5	2279	138764	137823
外商投资股份有限公司	Share-holding Corporations Ltd.	2	33	7756	424158
在总计中：	In Total				
轻工业	Light Industry	26	10414	555800	708734
重工业	Heavy Industry	22	4388	553234	1623681
在总计中：	In Total				
大型企业	Large-sized	2	2281	234897	372456
中型企业	Medium-sized	11	8860	471535	540924
小型企业	Small-sized	35	3661	402602	1419035
按行业分	**By Sector**				
农副食品加工业	Processing of Food from Agricultural Products	11	2133	166130	172329
食品制造业	Manufacture of Foods	1	150	2216	2606
饮料制造业	Manufacture of Beverages	9	5262	315132	266484
印刷业和记录媒介的复制	Printing, Reproduction of Recording Media	1	41	2590	2812
化学原料及化学制品制造业	Manufacture of Raw Chemical Materials and Chemical Products	4	1023	165917	90254
医药制造业	Manufacture of Medicines	2	178	25027	30351
塑料制品业	Manufacture of Plastics	3	338	38805	29410
通用设备制造业	Manufacture of General Purpose Machinery	1	271	29245	17453
专用设备制造业	Manufacture of Special Purpose Machinery	2	563	11106	23126
交通运输设备制造业	Manufacture of Transport Equipment	1	435	41000	16364
电气机械及器材制造业	Manufacture of Electrical Machinery and Equipment	1	160	9291	7176
仪器仪表及文化、办公用机械制造业	Manufacture of Measuring Instruments and Machinery for Cultural Activity and Office Work	1	318	3632	3700
电力、热力的生产和供应业	Production and Supply of Electric Power and Heat Power	10	1413	260284	1447753
水的生产和供应业	Production and Supply of Water	1	2517	38658	222597

14–16续表 continued

单位：万元 (10 000 yuan)

类　别	Item	年末负债合计 Total Liabilities at Year-end	主营业务收入 Revenue from Principal Business	利润总额 Total Profits	税金总额 Total Tax and Duty
总　计	**Total**	1219395	1011043	59080	65170
港、澳、台商投资企业	Investment Enterprises from Hong Kong, Macao and Taiwan	317002	287184	23659	14667
合资经营企业(港或澳、台资)	Joint Venture (with Hong Kong, Macao and Taiwan)	251831	223209	19574	11254
港澳台商独资经营企业	Enterprises with Sole Investment	55070	52489	3218	2221
港澳台商投资股份有限公司	Share-holding Corporations Ltd.	10101	11486	868	1192
外商投资企业	Foreign Funded Enterprises	902393	723860	35421	50503
中外合资经营企业	Joint-venture Enterprises	546834	477840	11320	34952
中外合作经营企业	Cooperation Enterprises	11800	96070	5431	1614
外资企业	Enterprises with Sole Funds	68755	143321	18670	13937
外商投资股份有限公司	Share-holding Corporations Ltd.	275003	6629		
在总计中：	In Total				
轻工业	Light Industry	267799	511826	38356	33375
重工业	Heavy Industry	951596	499217	20725	31795
在总计中：	In Total				
大型企业	Large-sized	225179	217963	-8877.6	13491
中型企业	Medium-sized	166709	432388	29373	32723
小型企业	Small-sized	827507	360693	38585	18956
按行业分	**By Sector**				
农副食品加工业	Processing of Food from Agricultural Products	91656	167585	13451	4653
食品制造业	Manufacture of Foods	1972	2136	256	53
饮料制造业	Manufacture of Beverages	117851	279330	17144	24705
印刷业和记录媒介的复制	Printing, Reproduction of Recording Media	2439	1884	-16	26
化学原料及化学制品制造业	Manufacture of Raw Chemical Materials and Chemical Products	10000	158721	5975	20439
医药制造业	Manufacture of Medicines	10429	16811	1782	226
塑料制品业	Manufacture of Plastics	16347	36619	1316	683
通用设备制造业	Manufacture of General Purpose Machinery	6436	29245	9269	2658
专用设备制造业	Manufacture of Special Purpose Machinery	7575	10014	950	552
交通运输设备制造业	Manufacture of Transport Equipment	12513	25723	31	209
电气机械及器材制造业	Manufacture of Electrical Machinery and Equipment	6919	11675	587	80
仪器仪表及文化、办公用机械制造业	Manufacture of Measuring Instruments and Machinery for Cultural Activity and Office Work	822	3122	51	218
电力、热力的生产和供应业	Production and Supply of Electric Power and Heat Power	899493	229520	3292	7481
水的生产和供应业	Production and Supply of Water	34946	38658	4992	3188

14-17 各地区规模以上工业企业主要经济指标（2011）

Main Economic Indicators of Industrial Enterprises above Designated Size by Region（2011）

单位：亿元 (100 million yuan)

指 标	Item	兰州市 Lanzhou	嘉峪关市 Jiayuguan	金昌市 Jinchang	白银市 Baiyin	天水市 Tianshui
企业单位数（个）	**Number of Enterprises (unit)**	**346**	**26**	**37**	**144**	**119**
亏损企业	Loss-making Enterprises	86	7	19	26	31
工业总产值（当年价格）	**Gross Output Value (At Current Prices)**	**2083.74**	**715.39**	**666.54**	**509.29**	**149.71**
按登记注册类型分	Grouped by Registration Categories					
内 资	Domestic Funded Enterprises	2020.07	715.39	666.54	484.61	146.64
港澳台商投资企业	Enterprises with Investment from Hong Kong ,Macao and Taiwan	20.09			1.16	0.57
外商投资企业	Enterprises with Investment from Foreign	43.58			23.52	2.49
按轻重工业分	Grouped by Light and Heavy Industries					
轻工业	Light Industry	222.47	3.64	6.47	26.38	24.50
重工业	Heavy Industry	1861.28	711.75	660.07	482.91	125.21
按企业规模分	Grouped by Size of Enterprises					
大型企业	Large-sized	1606.81	669.67	625.37	371.34	50.23
中型企业	Medium-sized	265.56	35.05	23.80	27.44	56.16
小型企业	Small-sized	211.37	10.67	17.37	110.51	43.32
工业销售产值（当年价格）	Sales Value of Industry Products (At Current Prices)	2019.95	708.27	666.83	491.93	146.32
#出口交货值	Delivery Value for Export	18.34	6.51	9.31	14.06	12.58
全部从业人员年平均人数(人)	Employment（person)	193067	42235	48170	80576	42006
年末资产总计	Total Assets (Year-end)	2034.41	1209.27	1014.53	701.61	218.13
流动资产合计	Total Current Assets	767.69	564.21	562.57	318.56	100.71
#存 货	Stock	285.77	176.68	361.05	151.58	31.37
#产成品	Finished Product	60.35	54.29	93.51	57.04	13.24
固定资产合计	Total Fixed Assets	1010.56	332.27	249.45	297.73	83.55
固定资产原价合计	Total Original Value of Fixed Assets	1511.05	565.47	359.77	428.37	148.08
累计折旧	Accumulative Total Depreciation	581.43	237.27	118.81	136.42	71.46
年末负债合计	Total Liabilities at Year-end	1258.89	819.19	652.97	450.73	134.60
#流动负债	Total Liquid Liabilities	830.95	556.56	397.02	300.32	85.57
长期负债	Long-term Liabilities	417.45	259.55	255.08	147.25	44.14
年末所有者权益	Creditors'Equity at Year-end	773.44	390.08	361.52	249.72	83.28
实收资本	Actural Capital	535.79	147.81	214.79	184.60	44.03
主营业务收入	Revenue from Principal Business	1973.83	881.59	1413.04	536.93	138.01
#主营业务成本	Cost of Principal Business	1697.30	765.76	1211.87	475.37	115.71
主营业务税金及附加	Taxes and Other Charges on Principal Business	147.42	3.79	2.03	5.08	0.70
其他业务利润	Other Bussiness Profits	3.32	5.61	0.74	1.69	0.75
管理费用	Overhead Expenses	80.77	36.90	26.67	18.96	11.39
#税 金	Tax	2.50	2.04	1.92	1.48	0.43
利润总额	Total Profits	-16.46	28.31	42.17	21.39	2.74
利税总额	Total Pre-tax Profits	193.87	54.53	66.29	47.06	7.66
税金总额	Total Tax and Duty	219.80	38.02	36.27	39.76	6.03
工业企业本年应交增值税	Value-added Tax Payable	62.45	22.34	22.08	20.54	4.20

14–17 续表 1 continued

单位：亿元 (100 million yuan)

指 标	Item	武威市 Wuwei	张掖市 Jiuquan	平凉市 Pingliang	酒泉市 Jiuquan	庆阳市 Qingyang
企业单位数（个）	**Number of Enterprises (unit)**	**115**	**121**	**70**	**180**	**53**
亏损企业	Loss-making Enterprises	29	29	18	61	6
工业总产值（当年价格）	**Gross Output Value (At Current Prices)**	**204.26**	**165.84**	**194.33**	**568.35**	**708.89**
按登记注册类型分	Grouped by Registration Categories					
内 资	Domestic Funded Enterprises	204.18	159.83	194.33	561.13	706.20
港澳台商投资企业	Enterprises with Investment from Hong Kong ,Macao and Taiwan	0.08			2.77	0.99
外商投资企业	Enterprises with Investment from Foreign		6.00		4.44	1.70
按轻重工业分	Grouped by Light and Heavy Industries					
轻工业	Light Industry	135.58	87.51	20.51	67.92	17.94
重工业	Heavy Industry	68.68	78.33	173.82	500.43	690.95
按企业规模分	Grouped by Size of Enterprises					
大型企业	Large-sized	38.94	5.56		149.21	665.40
中型企业	Medium-sized	90.01	51.04	88.90	53.84	8.42
小型企业	Small-sized	75.30	109.24	105.42	365.29	35.07
工业销售产值（当年价格）	Sales Value of Industry Products (At Current Prices)	195.02	147.75	189.00	450.54	682.51
# 出口交货值	Delivery Value for Export	0.61	0.57	0.02	1.09	2.59
全部从业人员年平均人数(人)	Employment（person)	35268	25125	21486	42151	27079
年末资产总计	Total Assets (Year-end)	146.70	197.78	354.56	872.31	489.72
流动资产合计	Total Current Assets	60.83	82.42	95.94	286.16	104.12
#存 货	Stock	29.60	30.24	21.12	95.45	9.66
#产成品	Finished Product	8.59	23.67	7.37	28.19	6.22
固定资产合计	Total Fixed Assets	57.53	100.93	227.52	479.60	380.05
固定资产原价合计	Total Original Value of Fixed Assets	170.89	155.99	314.34	809.40	285.84
累计折旧	Accumulative Total Depreciation	128.33	60.09	99.94	354.58	39.61
年末负债合计	Total Liabilities at Year-end	87.56	127.37	247.56	621.65	237.19
#流动负债	Total Liquid Liabilities	60.27	75.50	144.23	311.80	216.51
长期负债	Long-term Liabilities	17.13	35.04	101.11	240.39	17.18
年末所有者权益	Creditors' Equity at Year-end	58.47	67.82	106.35	248.76	252.17
实收资本	Actural Capital	25.34	42.16	54.50	193.67	153.44
主营业务收入	Revenue from Principal Business	163.07	124.67	183.46	436.57	532.51
#主营业务成本	Cost of Principal Business	140.97	101.61	134.09	361.47	311.16
主营业务税金及附加	Taxes and Other Charges on Principal Business	0.53	0.75	2.35	23.13	51.34
其他业务利润	Other Bussiness Profits	0.06	0.15	0.11	0.26	0.19
管理费用	Overhead Expenses	3.30	5.08	14.67	15.59	12.36
#税 金	Tax	0.09	0.16	0.39	0.47	0.21
利润总额	Total Profits	5.83	10.52	19.34	14.87	118.84
利税总额	Total Pre-tax Profits	9.91	17.04	37.01	51.54	189.36
税金总额	Total Tax and Duty	4.89	7.98	22.73	38.95	78.70
工业企业本年应交增值税	Value-added Tax Payable	3.33	5.45	15.13	13.53	18.32

14–17 续表 2 continued

单位：亿元 (100 million yuan)

指 标	Item	定西市 Dingxi	陇南市 Longnan	临夏州 Linxia	甘南州 Gannan
企业单位数（个）	**Number of Enterprises (unit)**	**49**	**59**	**35**	**17**
亏损企业	Loss-making Enterprises	7	10	10	5
工业总产值（当年价格）	**Gross Output Value (At Current Prices)**	**56.06**	**74.08**	**53.49**	**25.26**
按登记注册类型分	Grouped by Registration Categories				
内 资	Domestic Funded Enterprises	53.10	74.08	52.96	25.26
港澳台商投资企业	Enterprises with Investment from Hong Kong ,Macao and Taiwan	2.52		0.53	
外商投资企业	Enterprises with Investment from Foreign	0.43			
按轻重工业分	Grouped by Light and Heavy Industries				
轻工业	Light Industry	21.39	17.62	12.44	4.73
重工业	Heavy Industry	34.67	56.46	41.06	20.53
按企业规模分	Grouped by Size of Enterprises				
大型企业	Large-sized	11.30	15.57	22.42	
中型企业	Medium-sized	18.13	25.83	14.15	12.49
小型企业	Small-sized	26.62	32.68	16.91	12.77
工业销售产值（当年价格）	Sales Value of Industry Products (At Current Prices)	52.30	71.38	52.77	21.50
#出口交货值	Delivery Value for Export			1.01	
全部从业人员年平均人数(人)	Employment（person)	11527	16494	10262	2958
年末资产总计	Total Assets (Year-end)	101.80	168.74	85.83	69.63
流动资产合计	Total Current Assets	35.20	57.65	22.37	13.90
#存 货	Stock	10.73	14.11	8.25	2.56
#产成品	Finished Product	5.48	7.15	2.07	0.77
固定资产合计	Total Fixed Assets	58.34	59.63	57.70	50.88
固定资产原价合计	Total Original Value of Fixed Assets	61.49	78.76	88.26	55.38
累计折旧	Accumulative Total Depreciation	19.43	25.04	35.81	9.21
年末负债合计	Total Liabilities at Year-end	70.76	92.05	57.09	50.68
#流动负债	Total Liquid Liabilities	38.44	46.80	25.29	18.22
长期负债	Long-term Liabilities	30.24	40.96	31.27	31.74
年末所有者权益	Creditors' Equity at Year-end	30.81	75.33	28.54	18.74
实收资本	Actural Capital	21.76	54.36	19.41	13.91
主营业务收入	Revenue from Principal Business	50.74	66.76	46.66	20.90
#主营业务成本	Cost of Principal Business	41.69	44.69	38.84	12.45
主营业务税金及附加	Taxes and Other Charges on Principal Business	0.11	1.97	0.25	0.06
其他业务利润	Other Bussiness Profits	0.18	0.24	0.03	0.15
管理费用	Overhead Expenses	2.01	3.99	3.69	1.59
#税 金	Tax	0.06	0.12	0.16	0.35
利润总额	Total Profits	1.75	9.80	4.13	4.86
利税总额	Total Pre-tax Profits	2.80	16.09	5.87	5.82
税金总额	Total Tax and Duty	1.20	7.89	2.48	1.50
工业企业本年应交增值税	Value-added Tax Payable	0.94	4.32	1.48	0.85

14-18 各地区规模以上工业增加值及效益指标（2011）

Industrial Added Value and Main Indicators on Economic Benefit of Industrial Enterprises above Designated Size by Region（2011）

地　区	Region	工业增加值（亿元）Value-added of Industry (100 million yuan)	工业增加值指数（可比价）（上年=100）Indices of Value-added of Industry （At Comparable Prices,From Annual Statistical Reporting Forms）	总资产贡献率（%）Ratio of Total Assets to Industiral Output Value（%）	资产负债率（%）Assets-Liability Ratio（%）	流动资产周转次数（次/年）Times of Circulating Funds (times/year)	工业成本费用利润率（%）Ratio of Profits to Industrial Cost (%)	产品销售率（%）Proportion of Products Sold (%)
兰州市	Lanzhou	465.08	115.0	11.33	62.22	2.63	-0.89	96.75
嘉峪关市	Jiayuguan	186.27	119.2	4.70	66.65	1.62	3.23	99.06
金昌市	Jinchang	160.26	117.6	7.22	60.55	2.23	3.08	100.99
白银市	Baiyin	164.51	117.2	7.00	64.98	1.68	2.84	97.40
天水市	Tianshui	73.82	114.1	5.50	64.24	1.40	1.86	99.54
武威市	Wuwei	60.54	125.0	10.92	63.76	3.10	3.78	96.82
张掖市	Zhangye	57.78	123.0	10.10	64.81	1.60	8.21	89.88
平凉市	Pingliang	89.51	117.0	12.03	69.61	2.00	9.54	97.16
酒泉市	Jiuquan	158.19	121.5	6.63	67.28	1.52	3.78	78.87
庆阳市	Qingyang	235.66	123.1	8.01	46.27	5.16	33.20	97.60
定西市	Dingxi	16.24	125.1	5.47	69.49	1.56	4.09	95.54
陇南市	Longnan	31.20	116.7	12.69	56.17	1.23	16.29	99.50
临夏州	Linxia	15.80	110.8	9.66	65.52	2.16	9.78	99.50
甘南州	Gannan	10.25	109.4	11.70	71.37	1.75	21.03	85.50

14-19 各地区规模以上工业主要工业产品产量（2011）

Output of Major Industrial Products by Region (2011)

地　区	Region	原煤（万吨）Coal (10 000 tons)	天然原油（万吨）Natural Crude Oil (10 000	原油加工量（万吨）Crude Oil Processing (10 000	发电量（亿千瓦小时）Electricity (100 million kwh)	粗钢（万吨）Crude Steel (10 000 tons)	钢材（万吨）Rolled Steel (10 000 tons)	水泥（万吨）Cement (10 000 tons)	汽车（辆）Motor Vehicles (set)
兰州市	Lanzhou	508.07		1053.36	182.31	102.04	163.17	568.56	20634
嘉峪关市	Jiayuguan				69.03	717.76	638.73	159.56	
金昌市	Jinchang				54.62			191.86	
白银市	Baiyin	1244.18			188.44		5.20	398.92	
天水市	Tianshui				26.48			344.59	
武威市	Wuwei	247.25			2.96		2.17	38.97	
张掖市	Zhangye	100.70			78.45			152.25	
平凉市	Pingliang	2307.28			189.25		1.05	328.08	
酒泉市	Jiuquan	54.48	51.00	210.16	83.55			55.62	
庆阳市	Qingyang		451.66	350.01				28.29	
定西市	Dingxi	3.69			8.31			164.73	
陇南市	Longnan				21.22			214.00	
临夏州	Linxia				92.36		2.42	13.71	
甘南州	Gannan				15.54			87.69	

主要统计指标解释

工业 指从事自然资源的开采，对采掘品和农产品进行加工和再加工的物质生产部门。具体包括：(1)对自然资源的开采，如采矿、晒盐等(但不包括禽兽捕猎和水产捕捞)；(2)对农副产品的加工、再加工，如粮油加工、食品加工、缫丝、纺织、制革等；(3)对采掘品的加工、再加工，如炼铁、炼钢、化工生产、石油加工、机器制造、木材加工等，以及电力、自来水、煤气的生产和供应等；(4)对工业品的修理、翻新，如机器设备的修理、交通运输工具(如汽车)的修理等。

独立核算法人工业企业指从事工业生产经营活动的单位。独立核算法人工业企业应同时具备以下条件：①依法成立，有自己的名称、组织机构和场所，能够承担民事责任；②独立拥有和使用资产，承担负债，有权与其他单位签订合同；③独立核算盈亏，并能够编制资产负债表。

国有及国有控股企业 指国有企业加上国有控股企业。国有企业(即原全民所有制工业或国营工业)指企业全部资产归国家所有，并按《中华人民共和国企业法人登记管理条例》规定登记注册的非公司制的经济组织。包括国有企业、国有独资公司和国有联营企业。1957 年以前的公私合营和私营工业，后均改造为国营工业，1992 年改为国有工业，这部分工业的资料不单独分列时，均包括在国有企业内。国有控股企业是对混合所有制经济的企业进行的“国有控股”分类。它是指这些企业的全部资产中国有资产(股份)相对其他所有者中的任何一个所有者占资(股)最多的企业。该分组反映了国有经济控股情况。

轻工业 指主要提供生活消费品和制作手工工具的工业。按其所使用的原料不同，可分为两大类：(1)以农产品为原料的轻工业，是指直接或间接以农产品为基本原料的轻工业。主要包括食品制造、饮料制造、烟草加工、纺织、缝纫、皮革和毛皮制作、造纸以及印刷等工业；(2)以非农产品为原料的轻工业，是指以工业品为原料的轻工业。主要包括文教体育用品、化学药品制造、合成纤维制造、日用化学制品、日用玻璃制品、日用金属制品、手工工具制造、医疗器械制造、文化和办公用机械制造等工业。

重工业 指为国民经济各部门提供物质技术基础的主要生产资料的工业。按其生产性质和产品用途，可以分为下列三类：(1)采掘(伐)工业，是指对自然资源的开采，包括石油开采、煤炭开采、金属矿开采、非金属矿开采等工业；(2)原材料工业，指向国民经济各部门提供基本材料、动力和燃料的工业。包括金属冶炼及加工、炼焦及焦炭、化学、化工原料、水泥、人造板以及电力、石油和煤炭加工等工业；(3)加工工业，是指对工业原材料进行再加工制造的工业。包括装备国民经济各部门的机械设备制造工业、金属结构、水泥制品等工业，以及为农业提供的生产资料如化肥、农药等工业。

根据上述划分原则，修理业中以重工业产品为修理作业对象的划为重工业，反之划为轻工业。

工业总产值 工业总产值是以货币形式表现的，工业企业在一定时期内生产的工业最终产品或提供工业性劳务活动的总价值量。它反映一定时间内工业生产的总规模和总水平。

工业增加值 指工业企业在报告期内以货币表现的工业生产活动的最终成果。

工业增加值有两种计算方法：一是生产法，即工业总产出减去工业中间投入加上应交增值税；二是收入法，即从收入的角度出发，根据生产要素在生产过程中应得到的收入份额计算，具体构成项目有固定资产折旧、劳动者报酬、生产税净额、营业盈余，这种方法也称要素分配法。本年鉴中的工业增加值是以生产法计算的。

资产总计 指企业拥有或控制的能以货币计量的经济资源，包括各种财产、债权和其他权利。资产按流动性分为流动资产、长期投资、固定资产、无形资产、递延资产和其他资产。该指标根据企业会计“资产负债表”中“资产总计”项目的期末数增列。

流动资产 指企业可以在一年内或者超过一年的一个生产周期内变现或者耗用的资产，包括现金及各种存款、短期投资，应收及预付款项、存货等。

固定资产原价 指企业在建造、购置、安装、改建、扩建、技术改造某项固定资产时所支出的全部货币总额。它一般包括买价、包装费、运杂费和安装费等。

固定资产净值 指固定资产原价减去历年已提折旧额后的净额。计算公式为：

固定资产净值=固定资产原价-累计折旧

负债合计 指企业所承担的能以货币计量，将以资产或劳务偿付的债务，偿还形式包括货币、资产或提供劳务。负债一般按偿还期长短分为流动负债和长期负债。根据会计“资产负债表”中“负债合计”的年末数填列。

所有者权益合计 指企业投资人对企业净资产的所有权。企业净资产为企业全部资产与企业全部负债的差额，包括实收资本、资本公积、盈余公积、未分配利润等。根据会计“资产负债表”中“所有者权益”项的期末数填列。

主营业务收入 指会计“利润表”中对应指标的本年累计数。未执行 2001 年《企业会计制度》的企业，用“产品销售收入”的本期累计数代替。

主营业务成本 指会计“利润表”中对应指标的本年累计数。未执行 2001 年《企业会计制度》的企业，用“产品销售成本”的本期累计数代替。

主营业务税金及附加 指会计“利润表”中对应指标的

本年累计数。未执行 2001 年《企业会计制度》的企业，用“产品销售税金及附加” 的本期累计数代替。

利润总额 指企业在生产经营过程中各种收入扣除各种耗费后的盈余，反映企业在报告期内实现的盈亏总额，包括营业利润、补贴收入、投资净收益和营业外收支净额。根据会计“利润表”中的对应指标的本期累计数填列。

本年应交增值税 指企业按税法规定，从事货物销售或提供加工、修理修配劳务等增加货物价值的活动本期应交纳的税金。指企业在报告期应交增值税额。计算公式为：

本年应交增值税=销项税额-（进项税额-进项税额转出）-出口抵减内销产品应纳税额-减免税款+出口退税

本年进项税额指工业企业在报告期内购入货物或接受应税劳务而支付的、准予从销项税额中抵扣的增值税额。

本年销项税额指工业企业在报告期内销售货物或提供应税劳务应收取的增值税额。

从业人员平均人数 是指报告期内每天拥有的从业人员人数。其计算公式为：

$$月平均人数=\frac{报告月内每天实有人数之和}{报告月日历日数}$$

$$季平均人数=\frac{季内各月平均人数之和}{3}$$

$$年平均人数=\frac{年内各月平均人数之和}{12}$$

总资产贡献率 反映企业全部资产的获利能力，是企业经营业绩和管理水平的集中体现，是评价和考核企业盈利能力的核心指标。计算公式为：

$$总资产贡献率(\%)=\frac{利润总额+税金总额+利息支出}{平均资金总额}\times 100\%$$

公式中：税金总额为产品销售税金及附加与应交增值税之和；平均资产总额为期初期末资产之和的算术平均值。

资产负债率 该指标既反映企业经营风险的大小，也反映企业利用债权人提供的资金从事经营活动的能力。计算公式为：

$$资产负债率(\%)=\frac{负债总额}{资产总额}\times 100\%$$

资产与负债均为报告期期末数。

流动资产周转次数 指一定时期内流动资产完成的周转次数，反映投入工业企业流动资金的周转速度。计算公式为：

$$流动资产周转次数=\frac{产品销售收入}{全部流动资产平均余额}$$

公式中：全部流动资产平均余额为期初和期末的流动资产之和的算术平均值。

成本费用利润率 反映企业投入的生产成本及费用的经济效益，同时也反映企业降低成本所取得的经济效益。计算公式为：

$$成本费用利润率(\%)=\frac{利润总额}{成本费用总额}\times 100\%$$

公式中：成本费用总额为产品销售成本、销售费用、管理费用、财务费用之和。

产品销售率 该指标反映工业产品已实现销售的程度，是分析工业产销衔接情况，研究工业产品满足社会需求的指标。计算公式为：

$$产品销售率(\%)=\frac{工业销售产值}{工业总产值(现价)}\times 100\%$$

15 建筑业

Construction

简要说明

一、本篇资料主要内容

本篇资料反映甘肃省建筑业概况和发展情况。主要包括建筑业企业基本情况和生产经营情况，主要指标有企业个数、从业人员数、建筑业总产值、房屋建筑面积、利润、税金、劳动生产率、主要建筑材料消耗量等。

二、本篇资料的统计范围

建筑业统计范围为具有建筑业资质的独立核算建筑业企业。

三、本篇资料来源

本篇资料由省统计局固定资产投资处根据国家统计局制定的《建筑业统计报表制度》整理、汇总。

15-1 建筑业企业概况
Main Indicators on Construction Enterprises

年 份 Year	总 计 Total	国有企业 State-owned	集体企业 Collective-owned	其 他 Others
企业单位数（个） Number of Enterprises(unit)				
2005	933	148	156	629
2006	951	145	150	656
2007	930	134	147	649
2008	926	111	114	701
2009	919	101	110	708
2010	890	101	98	691
2011	908	92	97	719
从业人员（万人） Number of Persons Employed (10 000 persons)				
2005	42.77	9.25	9.04	24.48
2006	43.67	8.51	9.53	25.63
2007	43.88	7.32	9.40	27.16
2008	42.03	5.66	5.39	30.97
2009	44.98	5.35	5.67	33.97
2010	45.76	6.36	4.86	34.55
2011	46.00	7.31	5.60	33.08
建筑业总产值（万元） Gross Output Value (10 000 yuan)				
2005	3141700	1169235	376213	1596252
2006	3443287	1103154	486291	1853842
2007	4369039	974710	662602	2731727
2008	4812744	900868	529097	3382779
2009	5798859	987574	508935	4302350
2010	7519879	1303237	580351	5636292
2011	9256772	2262570	744144	6250058

注：指标口径为资质以上建筑业企业。
a)Data in this table included construction enterprises over qualification grades.

15-2 建筑业企业主要经济指标（2011）

指 标	Item	合 计 Total Enterprises	内资企业 Domestic Funded
企业单位数（个）	Number of Construction Enterprises (unit)	908	905
从业人员（万人）	Number of Employed Persons (10 000 persons)	46.00	45.96
年末自有施工机械设备总台数（万台）	Number of Construction Machinery and Equipment Owned at Year-end (10 000 sets)	13.14	13.13
年末自有施工机械设备净值（万元）	Net Value of Construction Machinery and Equipment Owned at Year-end (10 000 yuan)	476802	476091
年末自有施工机械设备总功率（万千瓦）	Total Power of Construction Machinery and Equipment Owned at Year-end (10 000 kw)	220	219
建筑业总产值（万元）	Gross Output Value of Construction (10 000 yuan)	9256772	9247644
建筑业增加值（万元）	Value Added of Construction (10 000 yuan)	4529429	4524963
劳动生产率（元/人）	Overall Labor Productivity (yuan/person)		
按总产值计算	In Terms of Gross Output Value	183754	183708
按增加值计算	In Terms of Value-added	89913	89890
主营业务收入（万元）	Revenue from Principal Business(10 000 yuan)	8732233	8723105
主营业务成本（万元）	Cost of Principal Business(10 000 yuan)	7684117	7675577
主营业务税金及附加（万元）	Taxes and Other Charges on Principal Business(10 000 yuan)	318971	318671
营业利润（万元）	Operating Profits(10 000 yuan)	330428	330416
管理费用中的税金（万元）	Taxes in Management Expenses (10 000 yuan)	21077	21077
房屋建筑施工面积（万平方米）	Floor Space of Buildings under Construction (10 000 sq.m)	5925	5920
房屋建筑竣工面积（万平方米）	Floor Space of Buildings Completed (10 000 sq.m)	2410	2405
#住 宅（万平方米）	Residential Housing	1614	1611
利润总额（万元）	Total Profits (10 000 yuan)	292836	292825
税金总额（万元）	Total Tax (10 000 yuan)	392123	391819
技术装备率（元/人）	Value of Machines per Laborer (yuan/person)	9465	9472
动力装备率（千瓦/人）	Power of Machines per Laborer (kw/person)	4.36	4.35
房屋建筑面积竣工率（%）	Rat of Floor Space of Buildings Completed (%)	40.67	40.62
产值利润率（%）	Ratio of Profit to Gross Output Value (%)	3.16	3.17
产值利税率（%）	Ratio of Pre-tax Profit to Gross Output Value (%)	7.40	7.40

Main Economic Indicators on Construction Enterprises（2011）

国有企业 State-owned	集体企业 Collective-owned	股份合作企业 Cooperative Enterprises	联营企业 Joint Owned	有限责任公司 Limited-liability Company	股份有限公司 Share Holding Company with Limited Liabilities	私营企业 Private	其他企业 Others	港、澳、台商投资企业 Funded from Hong Kong,Macao and Taiwan	外商投资企业 Foreign Funded
92	97	9	4	330	54	310	9	1	2
7.31	5.60	0.66	0.04	18.18	3.64	10.39	0.14		0.04
1.66	2.19	0.05		5.11	0.82	3.26	0.04		0.01
96671	47702	3809	171	168148	56272	101882	1437		710
51	26	1		84	13	43	1		1
2262570	744144	97312	3474	3976816	899768	1247128	16432	247	8881
1107097	364117	47616	1700	1945895	440265	610232	8040	121	4346
303473	110440	139077	87727	201967	220062	108925	92680	164467	249478
148492	54039	68052	42926	98825	107679	53298	45349	80475	122072
2399480	670903	93652	2686	3589527	829127	1098756	38974	247	8881
2223095	571644	74222	2454	3135908	739378	895793	33084	101	8439
67660	30506	7494	64	139500	28979	42925	1544	8	293
3592	42758	5424	34	165419	29713	81360	2115	9	3
2141	2226	256	9	9818	2093	4507	27		1
1419	575	63	1	2122	838	893	11		5
382	348	43	1	871	300	451	9		5
222	256	26	1	586	233	277	9		3
4691	44037	5361	34	146183	25520	64883	2115	9	3
73312	38937	9479	77	173296	33704	60897	2117	11	294
12966	7079	5444	4323	8540	13763	8898	8103		19952
6.87	3.80	1.69	1.47	4.27	3.21	3.78	3.82		14.33
26.95	60.59	67.85	100.00	41.04	35.78	50.52	86.68		100.00
0.21	5.92	5.51	0.99	3.68	2.84	5.20	12.87	3.53	0.03
3.45	11.15	15.25	3.21	8.03	6.58	10.09	25.75	7.82	3.34

15-3 建筑施工企业主要财务指标（2011）

单位：万元

项　目	Item	资产总计 Total Assets	#流动资产 Circulation Funds	#固定资产 Fixed Assets
总　计	**Total**	6798104	4962606	1336628
按企业登记注册类型分	**By Type of Enterprises Registered**			
内资企业	Domestic Funded Enterprises	6794080	4959334	1335877
国有企业	State-owned Enterprises	1819952	1410186	320692
集体企业	Collective-owned Enterprises	367886	247245	102943
股份合作企业	Cooperative Enterprises	60765	32084	28302
联营企业	Joint Owned Enterprises	21137	8075	10726
有限责任公司	Limited-liability Company	2949626	2193793	483015
股份有限公司	Share Holding Company	589470	442416	124001
私营企业	Private Enterprises	924772	569005	262645
其他企业	Others	60472	56530	3554
港、澳、台商投资企业	Enterprises with Investment from Hong Kong ,Macao and Taiwan	1223	1181	41
外商投资企业	Foreign Funded Enterprises	2801	2091	710
按行业类别分	**By Sector**			
房屋和土木工程建筑	Building and Civil Engineering	5837704	4290743	1158795
建筑安装业	Construction Installation	651737	472681	152246
建筑装饰业	Construction Decoration	116739	92659	15033
其他建筑业	Other Construction	191923	106522	10554
按隶属关系分	**By Administrative Relationship**			
中　央	Central	853049	737686	91891
地　方	Local	5945055	4224920	1244737
市　属	City Owned	1079697	758222	188119
区县属	District and County	636182	389124	208523

Main Financial Indicators of Construction Enterprises（2011）

(10 000 yuan)

负债合计 Total Liabilities	流动负债 Liquid Liabilities	非流动负债	所有者权益 Creditors	实收资本 Actural Capitals	营业收入 Business Revenue	主营业务收入 Revenue from Principle Business	利税总额 Total Tax Profits	利润总额 Total Profits
4572472	4311133	172600	2225632	1555455	8841098	8732233	684959	292836
4570771	4309432	172600	2223309	1553147	8831970	8723105	684643	292825
1510844	1445311	65532	309108	216812	2446413	2399480	78003	4691
199924	181054	2876	167962	122558	671292	670903	82974	44037
16553	16033	520	44212	36276	93736	93652	14840	5361
17499	8573	4318	3638	2502	2686	2686	112	34
1980363	1866118	56961	969264	635672	3631515	3589527	319479	146183
419310	411399	7812	170160	109409	844632	829127	59224	25520
382141	337669	34582	542631	422551	1102717	1098756	125780	64883
44137	43274		16335	7367	38979	38974	4231	2115
916	916		307	300	247	247	19	9
785	785		2016	2008	8881	8881	297	3
3935475	3725712	122152	1902229	1293256	7843479	7741776	606657	265222
454982	425328	29286	196755	172095	852622	848275	66953	25775
55065	46423	7883	61674	56540	54688	54136	4761	1736
126949	113670	13279	64974	33565	90308	88046	6589	104
729261	705264	23998	123788	80846	1030648	1028034	40466	10270
3843210	3605869	148603	2101845	1474609	7810450	7704199	644494	282566
711582	646185	33949	368115	242885	1049623	1036362	101368	37696
216879	181088	5491	419303	230381	1143882	1142044	157083	93855

15-4 按行业分建筑企业主要指标（2011）

Main Indicators of Construction Enterprises by Sector（2011）

类　别	Items	企业数（个） Number of Enterprises (unit)	年末从业人员（万人） Year-end Employed Persons (10 000 persons)	建筑业总产值（万元） Gross Output Value of Construction (10 000 yuan)	#建筑工程 Construction	#安装工程 Installation
总　计	**Total**	**908**	**46.00**	**9256772**	**7869500**	**1135402**
房屋和土木工程建筑业	Building and Civil Engineering	617	42.23	8255589	7272601	801647
房屋工程建筑	Building	438	35.33	6433722	5679790	616046
土木工程建筑	Civil Engineering	179	6.90	1821867	1592811	185602
铁路、道路、隧道和桥梁工程建筑	Railways,Tunnels,Highways and Bridges Building	74	3.15	860874	823267	18438
水利和港口工程建筑	Water Power and Harbour Building	38	1.09	275672	265091	8128
工矿工程建筑	Mining and Building Industry	22	1.19	401379	295311	92876
架线和管道工程建筑	Pipes and Lines Installation	27	1.40	272281	199780	64096
其他土木工程建筑	Other Civil Engineering	18	0.08	11661	9361	2064
建筑安装业	Construction Installation	138	3.00	866001	481122	329375
建筑装饰业	Construction Decoration	132	0.52	56789	42746	4348
其他建筑业	Other Construction	21	0.25	78392	73031	31
工程准备	Engineering Preparing	7	0.05	16025	14137	31
提供施工设备服务	Providing Service of Construction	2	0.01	384	384	
其他未列明的建筑活动	Other Unindicated Building Industry	12	0.19	61983	58510	

15-4 续表 continued

类　别	Items	竣工产值（万元） Output Value of Construction Completed (10 000 yuan)	房屋建筑施工面积（万平方米） Floor Space of Buildings (10 000 sq.m)		年末自有机械设备 Machines Owned Year-end	
			施工面积 Under Construction	竣工面积 Completed	总台数（万台） Number (10 000 units)	总功率（万千瓦） Capacity (10 000kw)
总　计	**Total**	**5142125**	**5925.09**	**2409.80**	**13.14**	**219.65**
房屋和土木工程建筑业	Building and Civil Engineering	4568706	5680.51	2233.91	11.79	199.43
房屋工程建筑	Building	3855906	5573.82	2192.57	9.72	133.37
土木工程建筑	Civil Engineering	712799	106.69	41.34	2.07	66.05
铁路、道路、隧道和桥梁工程建筑	Railways,Tunnels,Highways and Bridges Building	207146	26.32	17.45	0.68	26.01
水利和港口工程建筑	Water Power and Harbour Building	196271	0.64	0.64	0.49	15.57
工矿工程建筑	Mining and Building Industry	195022	79.54	23.25	0.51	17.29
架线和管道工程建筑	Pipes and Lines Installation	105479	0.18		0.34	6.51
其他土木工程建筑	Other Civil Engineering	8881	0.00		0.06	0.67
建筑安装业	Construction Installation	465036	244.38	174.33	0.96	16.64
建筑装饰业	Construction Decoration	41798	0.20	0.26	0.31	2.07
其他建筑业	Other Construction	66585		1.30	0.08	1.52
工程准备	Engineering Preparing	5531		0.63	0.01	0.29
提供施工设备服务	Providing Service of Construction	384				0.01
其他未列明的建筑活动	Other Unindicated Building Industry	60670		0.68	0.06	1.22

15-5 建筑业材料消耗量（2011）
Consumption of Building Materials（2011）

项 目	Item	钢 材（万吨）Steel (10 000 tons)	木 材（万立方米）Timber (10 000 cu.m)	水 泥（万吨）Cement (10 000 tons)	平板玻璃（万重量箱）Plate Glass (10000 Weight-box)	铝 材（万吨）Aluminum (10 000 tons)
总 计	**Total**	**975.32**	**238.10**	**1939.00**	**56.54**	**18.40**
按行业分	**By Type of Industry**					
房屋和土木工程建筑业	Building and Civil Engineering	954.35	236.06	1910.84	53.05	17.38
房屋工程建筑	Building	923.37	222.70	1725.26	52.41	17.31
土木工程建筑	Civil Engineering	30.99	13.37	185.58	0.65	0.07
铁路、道路、隧道和桥梁工程建筑	Railways,Tunnels,Highways and Bridges Building	15.57	10.15	103.57	0.15	0.03
水利和港口工程建筑	Water Power and Harbour Building	7.01	1.29	41.60	0.01	0.03
工矿工程建筑	Mining and Building Industry	7.56	1.33	39.00	0.48	0.01
架线和管道工程建筑	Pipes and Lines Installation	0.83	0.55	1.24		
其他土木工程建筑	Other Civil Engineering	0.01	0.05	0.18		
建筑安装业	Construction Installation	19.11	1.36	25.91	2.55	0.89
建筑装饰业	Construction Decoration	0.40	0.65	0.99	0.94	0.13
其他建筑业	Other Construction	1.45	0.02	1.26		
工程准备	Engineering Preparing	1.38		1.16		
提供施工设备服务	Providing Servive of Construction					
其他未列明的建筑活动	Other Unindicated Building Industry	0.07	0.02	0.10		
按经济类型分	**By Ownership**					
内资企业	Domestic Funded Enterprises	975.20	238.02	1937.25	56.38	18.40
国有企业	State-owned Enterprises	270.31	47.55	197.78	4.49	0.05
集体企业	Collective-owned Enterprises	19.46	8.39	127.36	23.86	3.80
股份合作企业	Cooperative Enterprises	6.32	1.19	9.30	0.19	1.17
联营企业	Joint Owned Enterprises	0.07	0.01	0.35		
有限责任公司	Companies with Limited Liabilities	124.40	59.91	465.79	14.47	7.85
股份有限公司	Stock-holding Companies with Limited Liabilties	29.95	6.48	57.63	0.71	2.05
私营企业	Private Enterprises	523.72	114.12	1076.88	12.62	3.47
其他企业	Others	0.97	0.37	2.17	0.03	
港、澳、台商投资企业	Enterprises with Investment from Hong Kong ,Macao and Taiwan Funded					
外商投资企业	Foreign Funded Enterprises	0.11	0.08	1.75	0.16	0.01

15-6 建筑业企业技术装备情况
Number and Power of Machinery and Equipment Owned by Construction Enterprises

年 份 Year	自有施工机械设备年末总台数（万台） Number of Machinery and Equipment Owned (10 000 sets)	自有施工机械设备年末总功率（万千瓦） Total Power of Machinery and Equipment Owned (10 000 kw)	自有施工机械设备年末净值（万元） Net Value of Machinery and Equipment Owned (10 000 yuan)	技术装备率（元/人） Value of Machines per Laborer (yuan/person)	动力装备率（千瓦/人） Power of Machines per Laborer (kw/person)
2005	24.00	253.63	385705	9018	5.93
2006	17.00	236.78	400659	9175	5.42
2007	15.00	284.42	355076	8090	6.48
2008	16.00	1150.88	483711	10431	24.82
2009	16.15	847.65	389722	8664	18.84
2010	14.86	246.83	357595	7814	5.39
2011	13.14	219.65	476802	9465	4.36

15-7 建筑业房屋建筑面积
Floor Space of Buildings Constructed by Construction Enterprises

单位：万平方米 (10 000 sq.m)

年 份 Year	房屋建筑面积 Floor Space of Buildings		#国 有 State-owned		#集 体 Collective-owned	
	施工面积 Floor Space under Construction	竣工面积 Floor Space Completed	施工面积 Floor Space under Construction	竣工面积 Floor Space Completed	施工面积 Floor Space under Construction	竣工面积 Floor Space Completed
2005	3008	1455	636	262	583	305
2006	3314	1638	805	311	557	363
2007	3788	1473	838	237	589	270
2008	3791	1843	486	185	424	220
2009	4178	1724	598	215	509	224
2010	5033	2014	805	230	471	257
2011	5925	2410	1419	382	575	348

15-8 各地县建筑业企业情况（2011）

Basic Conditions of Construction Enterprises by Region ,County (2011)

地　区	Region	建筑业企业单位数（个）Number of Construction Enterprises (unit)	从业人员（人）Number of Employed Persons (person)	建筑业总产值（万元）Gross Output Value of Construction (10 000 yuan)	利税总额（万元）Total Pre-tax Profits (10 000 yuan)
兰州市	**Lanzhou**	**327**	**142576**	**4049282**	**172884**
城关区	Chengguan	215	63428	2068382	108621
七里河区	Qilihe	45	37752	892606	37663
西固区	Xigu	39	30076	716564	17516
安宁区	Anning	11	5810	309860	5598
红古区	Honggu	6	775	16269	902
永登县	Yongdeng	4	1272	17978	1221
皋兰县	Gaolan	3	1152	7487	356
榆中县	Yuzhong	4	2311	20136	1007
嘉峪关市	**Jiayuguan**	**19**	**4891**	**219438**	**16765**
金昌市	**Jinchang**	**29**	**18473**	**691923**	**35236**
金川区	Jinchuan	17	16547	688333	33135
永昌县	Yongchang	12	1926	3590	2101
白银市	**Baiyin**	**63**	**29389**	**448798**	**37678**
白银区	Baiyin	31	5259	124852	11466
平川区	Pingchuan	9	8330	151325	5575
靖远县	Jingyuan	3	7735	76715	6607
会宁县	Huining	14	4050	46338	9487
景泰县	Jingtai	6	4015	49568	4543
天水市	**Tianshui**	**71**	**26660**	**456272**	**33292**
秦州区	Qinzhou	35	12960	315051	24853
麦积区	Maiji	12	3307	30012	-307
清水县	Qingshui				
秦安县	Qinan	3	1052	11225	538
甘谷县	Gangu	13	5971	74340	3803
武山县	Wushan	6	2810	17591	4093
张家川县	Zhangjiachuan	2	560	8053	312
武威市	**Wuwei**	**39**	**25975**	**381501**	**38199**
凉州区	Liangzhou	29	18821	253362	24369
民勤县	Minqin	4	1928	39713	3326
古浪县	Gulang	5	2626	34404	475
天祝县	Tianzhu	1	2600	54022	10029
张掖市	**Zhangye**	**67**	**19218**	**280355**	**30588**

15-8 续表 1 continued

地　区	Region	建筑业企业单位数（个）Number of Construction Enterprises (unit)	从业人员（人）Number of Employed Persons (person)	建筑业总产值（万元）Gross Output Value of Construction (10 000 yuan)	利税总额（万元）Total Pre-tax Profits (10 000 yuan)
甘州区	Ganzhou	39	9077	151989	12676
肃南县	Sunan	1	250	5309	411
民乐县	Minle	4	1470	16495	2219
临泽县	Linze	5	1290	18920	2962
高台县	Gaotai	12	2321	39041	6895
山丹县	Shandan	6	4810	48601	5425
平凉市	**Pingliang**	**37**	**37485**	**396107**	**35683**
崆峒区	Kongtong	16	9419	111259	15373
泾川县	Jingchuan	4	3880	31711	5580
灵台县	Lingtai	2	2527	30857	3738
崇信县	Chongxin	2	822	10157	610
华亭县	Huating	2	593	22419	1564
庄浪县	Zhuanglang	5	7446	68370	3307
静宁县	Jingning	6	12798	121334	5511
酒泉市	**Jiuquan**	**46**	**31714**	**813934**	**123560**
肃州区	Suzhou	19	5422	157781	13102
金塔县	Jinta	5	5150	52998	9834
瓜州县	Anxi	3	1091	196862	38768
肃北县	Subei				
阿克塞县	Akesai	2	635	5900	849
玉门市	Yumen	8	19052	219856	31546
敦煌市	Dunhuang	9	364	180536	29461
庆阳市	**Qingyang**	**64**	**38196**	**601910**	**48382**
西峰区	Xifeng	41	23735	356344	21565
庆城县	Qingcheng	9	4416	79878	7172
环　县	Huanxian	2	1895	30925	2246
华池县	Huachi	4	1196	62609	12533
合水县	Heshui	1	460	1860	1401
正宁县	Zhengning	1	1108	8216	686
宁　县	Ningxian	4	4330	56780	2492
镇原县	Zhenyuan	1	1056	5298	285
定西市	**Dingxi**	**44**	**33758**	**493632**	**60523**
安定区	Anding	15	7880	150859	18983
通渭县	Tongwei	6	3195	66817	5348

15-8 续表 2 continued

地 区	Region	建筑业企业单位数（个）Number of Construction Enterprises (unit)	从业人员（人）Number of Employed Persons (person)	建筑业总产值（万元）Gross Output Value of Construction (10 000 yuan)	利税总额（万元）Total Pre-tax Profits (10 000 yuan)
陇西县	Longxi	5	2720	51426	8857
渭源县	Weiyuan	2	1970	13356	1249
临洮县	Lintao	12	15568	189656	23795
漳 县	Zhangxian	1	34	850	109
岷 县	Minxian	3	2391	20668	2182
陇南市	**Longnan**	**45**	**9703**	**91752**	**6547**
武都区	Wudu	28	4611	50535	4312
成 县	Chengxian	3	1921	20654	1014
文 县	Wenxian	2	780	2012	162
宕昌县	Tanchang	3	723	6483	334
康 县	Kangxian				
西和县	Xihe	2	528	6085	164
礼 县	Lixian				
徽 县	Huixian	6	657	5983	431
两当县	Liangdang	1	483		130
临夏州	**Linxia**	**41**	**37834**	**288748**	**43020**
临夏市	linxia	22	9970	101023	8173
临夏县	linxia	3	5850	31631	1992
康乐县	Kangle	4	1306	18538	3046
永靖县	Yongjing	6	8848	69851	12847
广河县	Guanghe	2	1368	15424	2719
和政县	Hezheng	2	8842	22886	6017
东乡县	Dongxiang	2	1650	29395	8226
积石山县	Jishishan				
甘南州	**Gannan**	**16**	**4115**	**43119**	**2602**
合作市	Hezuo	8	844	16761	1320
临潭县	Lintan	1	166	1398	79
卓尼县	Zhuoni				
舟曲县	Zhouqu	1	260	2564	
迭部县	Diebu	4	2045	17609	971
玛曲县	Maqu	1	60	632	276
碌曲县	Luqu	1	740	4155	373
夏河县	Xiahe				

主要统计指标解释

建筑业统计单位　指从事房屋、构筑物建造和设备安装活动的法人企业。建筑业法人企业应具有建筑业资质并能够独立核算，同时其应具备以下条件：①依法成立，有自己的名称、组织机构和场所，能够承担民事责任；②独立拥有和使用资产，承担负债，有权与其他单位签订合同；③独立核算盈亏，能够编制资产负债表。

建筑业总产值　是以货币形式表现的建筑业企业在一定时期内生产的建筑业产品和提供的服务的总和。建筑业总产值包括：

(1) 建筑工程产值　指列入建筑工程预算内的各种工程价值。

(2) 安装工程产值　指设备安装工程价值，不包括被安装设备本身的价值。

(3) 其他产值　建筑业总产值中除建筑工程、安装工程以外的产值。包括房屋构筑物修理产值、非标准设备制造产值、总包企业向分包企业收取的管理费以及不能明确划分的施工活动所完成的产值。

a.房屋构筑物修理产值：指房屋和构筑物修理所完成的产值，但不包括被修理房屋、构筑物本身价值和生产设备的修理价值。

b.非标准设备制造产值：指加工制造没有定型的非标准生产设备的加工费和原材料价值(如化工厂、炼油厂用的各种罐、槽，矿井生产统一使用的各种漏斗、三角槽、阀门等)以及附属加工厂为本企业承建工程制作的非标准设备的价值。

建筑业增加值　指建筑业企业在报告期内以货币形式表现的建筑业生产经营活动的最终成果。

从 2004 年第一次全国经济普查开始，建筑业现价增加值按生产法和分配法(收入法)两种方法计算，以收入法的计算结果为准，即从收入的角度出发，根据生产要素在生产过程中应得的收入份额计算。具体计算方法：经济普查年度建筑业增加值按照《经济普查年度 GDP 核算方案》计算，非经济普查年度建筑业增加值按照《非经济普查年度 GDP 核算方案》计算。

房屋建筑施工面积　指在报告期内施过工的全部房屋建筑面积，包括本期新开工的房屋面积、上期施工跨入本期继续施工的房屋面积、上期停缓建在本期恢复施工的房屋面积、本期竣工的房屋面积及本期施工后又停缓建的房屋面积。

房屋建筑竣工面积　指在报告期内房屋建筑按照设计要求全部完工，达到了使用条件，经验收鉴定合格，正式移交使用单位的房屋建筑面积。

年末自有机械设备净值　指本企业自有机械设备经过使用、磨损后实际存在的价值，即原值减去累计折旧后的净额。

年末自有机械设备总台数　指年末本企业（或单位）自有的直接用于工程施工的各种机械设备的台数。不包括附属辅助生产机械设备、运输机械设备、生产试验机械设备的台数。

年末自有机械设备总功率　指年末本企业（或单位）自有的直接用于工程施工的各种机械设备年末总功率、按设定能力或查定能力计算。包括施工机械本身的动力和为该机械服务的单独动力设备，如电动机等。但不包括附属辅助生产机械设备、运输机械设备、生产试验机械设备的功率。计量单位用千瓦，动力换算可按 1 马力 = 0.735 千瓦折合成千瓦数。电焊机、变压器、锅炉不计算动力。

营业收入　指企业经营主要业务和其他业务所确认的收入总额。营业收入合计包括“主营业务收入”和“其他业务收入”。

主营业务收入　指企业确认的销售商品、提供劳务等主营业务的收入。

主营业务成本　指企业经营主要业务所发生的成本总额。

主营业务税金及附加　指企业经营主要业务应负担的营业税、消费税、城市维护建设税、教育费附加等。

营业利润　指企业从事生产经营活动所取得的利润。

16

交通运输、邮电通信业

Transportation,Post and Telecommunication

简要说明

一、本篇资料主要内容

本篇资料反映甘肃省交通运输业，邮政、通信业发展的基本状况。

交通运输业资料主要包括：四种运输方式的线路里程及完成的货物和旅客运输量、周转量。

邮政、电信业资料主要包括：邮政局（所）及邮路情况，邮电通信主要电路及设备拥有量，主要的邮电业务完成情况及邮电通信发展水平资料。

二、本篇资料来源

本篇资料由省统计局服务业处搜集、加工整理。

1.交通运输资料分别由兰州铁路局、省交通厅、东航甘肃分公司、省公安厅交警大队车管部门提供。

2.邮政、电信业资料由省邮政公司、省通信管理局提供。

16-1 交通运输业基本情况

Basic Conditions of Transport

指　标	Item	2005	2008	2009	2010	2011
运输线路长度（公里）	**Length of Transport Routes (km)**	**47297**	**110860**	**119866**	**124584**	**129401**
铁路营业里程	Length of Railways in Operation	2013	2149	2149	2149	2149
公路里程	Highways	41330	105638	114000	118879	123696
民航航线里程	Total Civil Aviation Routes	2200	2200	2200	2200	2200
客运量总计（万人）	**Total Passenger Traffic (10 000 persons)**	**17803**	**46002**	**49995**	**53776**	**60906**
铁路	Railways	1230	1844	2038	2178	2353
公路	Highways	16247	43962	47755	51404	58355
民航	Civil Aviation	85	103	110	100	102
旅客周转量总计（亿人公里）	**Total Passenger-Kilometers (100 million passenger km)**	**288.3**	**441.3**	**470.0**	**509.6**	**594.6**
铁路	Railways	172.7	232.2	248.2	275.1	314.6
公路	Highways	104.9	196.7	206.6	220.1	265.1
民航	Civil Aviation	10.5	12.2	15.0	14.1	14.7
水运	Waterways					
货运量总计（万吨）	**Total Freight Traffic (10 000 tons)**	**25843**	**22742**	**25489**	**29009**	**34179**
铁路	Railways	3274	4512	4646	4926	5355
公路	Highways	22520	18201	20812	24050	28790
民航	Civil Aviation	1.08	1.44	1.33	1.13	1.22
货物周转量总计（亿吨公里）	**Total Freight Ton-kilometers (100 million tons km)**	**855.1**	**1454.6**	**1477.1**	**1607.2**	**1791.2**
铁路	Railways	717.6	979.6	987.1	1083.0	1143.6
公路	Highways	137.3	474.8	489.7	524.1	647.4
民航	Civil Aviation	0.2	0.2	0.2	0.2	0.2
民用汽车拥有量（万辆）	**Number of Civil Motor Vehicles Owned (10 000 units)**	**45.77**	**62.44**	**105.45**	**126.77**	**148.76**
#载客汽车辆数	Number of Buses and Cars	19.31	32.89	43.86	57.52	73.30
载货汽车辆数	Number of Trucks	13.62	16.36	20.91	26.37	31.00
#普通载货汽车	Ordinary Trucks	10.77	12.16	14.65	17.92	20.94
#公路部门营运汽车	Number of Motor Vehicles Owned by Highway Departments	12.95	14.53	16.84	21.60	24.43
#私人汽车拥有量	Number of Motor Vehicles Owned by Individuals	24.73	35.94	51.18	69.33	87.61

注：1.2008年以后公路客、货运输数据为交通部专项调查数据（包括出租车和公交车）。

2.私人汽车拥有量中含三轮汽车和低速货车。

a) Since 2008,data of passenger traffic and freight traffic of highways refer to special survey data of the Ministry of Communications(including taxis and buses).

b) Number of motor vehicles owned by individuals including three-wheeled vehicles and low-speed trucks.

16-2 运输线路长度
Length of Transportation Routes

单位：公里 (km)

年 份 Year	铁路营业里程 Length of Railways in Operation	#电气化里程 Electrified Railways	公 路 Length of Highways	等级公路 Expressway and Class I to IV Highway	#高速 Express Way	#一级 First Class	#二级 Second Class	等外路 Highway Below Class IV	民 航 Length of Civil Aviation Routes
2000	1962	1766	39344	29393				9951	2166
2001	1962	1766	39844	30283				9561	2166
2002	1961	1766	40223	30806				9417	2166
2003	1962	1766	40293	30947				9346	2198
2004	1938	1748	40751	31614				9137	2200
2005	2013	1754	41330	32792	1006	141	4969	8538	2200
2006	1987	2208	95642	42866	1060	166	4962	52776	2200
2007	2148	2208	100612	50662	1316	144	5076	49950	2200
2008	2149	2213	105638	58381	1316	147	5076	47257	2200
2009	2149	2346	114000	76631	1644	147	5494	37369	2200
2010	2149	2799	118879	85733	1993	161	5768	33147	2200
2011	2149	3054	123696	91692	2343	170	5856	32003	2200

注：电气化里程为兰州铁路局全路局数。2007年起铁路营业里程中包括敦煌铁路161.48公里。

a) Data of electrified railways refer to total railway of Lanzhou Railway Bureau. Since 2007, data in length of railways in operation included 161.48 km of the Dunhuang Railway.

16-3 运输线路质量
Quality of Transportation Routes

单位：公里 (km)

指 标	Item	2005	2006	2007	2008	2009	2010	2011
铁路营业里程	Length of Railways in Operation	2013	1987	2148	2149	2149	2149	2149
#复线里程	Double-Tracking Length	1326	1371	1305	1430	1363	1363	1363
#无缝线路里程	Length of Continuous Welded Rail			3343	3573	3751	3751	3751
公路线路里程	Length of Highways	41330	95642	100612	105638	114000	118879	123696

注：复线里程为兰州铁路局全路局数。2007年起铁路营业里程中包括敦煌铁路161.48公里。

a) Double-Tracking Length refer to total railway of Lanzhou Railway Bureau.Since 2007,data in length of railways in operation included 161.48 km of the Dunhuang Railway.

16-4 历年货运量和货运周转量
Freight Traffic & Freight Ton-Kilometers

年 份 Year	货运量总计（万吨） Total (10 000 tons)	铁 路 Railways	公 路 Highways	民 航 Civil Aviation	货物周转量总计（万吨公里） Total (10 000 tons-km)	铁 路 Railways	公 路 Highways	民 航 Civil Aviation
1978	4422.65	2216	2206	0.65	1755838	1639720	115549	569
1979	4196.80	2112	2084	0.80	1748310	1637919	109522	809
1980	3801.90	2059	1742	0.90	1670043	1581640	87594	809
1981	3184.47	1867	1317	0.47	1471411	1401651	69182	578
1982	3388.16	1904	1484	0.16	1629900	1546783	82556	561
1983	3454.08	2051	1403	0.08	1844799	1756788	87535	476
1984	3883.11	2192	1691	0.11	2067094	1965203	100862	1029
1985	10112.12	2414	7698	0.12	2549908	2198316	350133	1459
1986	10448.19	2384	8064	0.19	2690694	2321373	369231	90
1987	14543.28	2373	12170	0.28	2956050	2467467	488295	288
1988	14585.28	2361	12224	0.28	3307597	2671064	636195	338
1989	14317.26	2397	11920	0.26	3364697	2822220	542184	293
1990	16614.28	2386	14228	0.28	3430561	2867147	563117	297
1991	14726.32	2426	12300	0.32	3642872	3033640	608898	334
1992	17144.30	2501	14643	0.30	3913987	3127573	786101	313
1993	19193.30	2571	16622	0.30	3991162	3180172	810653	337
1994	19921.35	2571	17350	0.35	4166823	3320168	846225	430
1995	20275.00	2555	17719	1.00	4329026	3442644	885896	486
1996	20813.00	2602	18210	1.00	4355906	3427759	927744	403
1997	21236.30	2628	18608	0.30	4481783	3510000	970783	1000
1998	21613.99	2546	19035	0.39	4544182	3532400	1010587	700
1999	22059.97	2691	19333	0.47	4944052	3902035	1040687	800
2000	22722.09	2885	19800	1.09	5414243	4318100	1093800	1798
2001	23207.70	2991	20179	0.90	5731518	4589095	1140253	1615
2002	23540.99	3092	20408	0.99	5914802	4727078	1185412	1707
2003	23915.26	3158	20713	1.26	6329270	5089413	1237113	2089
2004	24776.26	3270	21460	1.26	7463255	6160593	1300096	1883
2005	25843.07	3274	22520	1.08	8550947	7175573	1373122	1532
2006	27512.32	3633	23826	1.32	9236681	7768408	1464606	1598
2007	29505.33	4126	25325	1.33	10248126	8680625	1564847	1896
2008	22742.44	4512	18201	1.44	14546351	9795759	4748432	2130
2009	25489.33	4646	20812	1.33	14770589	9871265	4897214	2076
2010	29008.83	4926	24050	1.13	16072479	10829795	5240872	1776
2011	34179.15	5355	28790	1.22	17912097	11436046	6474126	1885

16-5 历年客运量和客运周转量

Passenger Traffic & Passenger-Kilometers

年 份 Year	客运量总计（万人） Total (10 000 persons)	#铁 路 Railways	#公 路 Highways	#民 航 Civil Aviation	旅客周转量总计（万人公里） Total (10 000 persons-km)	铁 路 Railways	公 路 Highways	民 航 Civil Aviation
1978	3038	686	2324	28	517244	394470	101700	21074
1979	3374	772	2567	34	604842	459070	116453	29319
1980	3865	789	3038	38	615282	462433	137295	15554
1981	3882	751	3123	8	630667	456567	156107	17993
1982	4387	883	3494	10	671083	491181	170374	9528
1983	4871	893	3974	4	747147	551551	192306	3290
1984	5526	1026	4496	4	846471	622656	220324	3491
1985	6355	1094	5256	5	1026714	758260	264594	3857
1986	7053	1131	5910	12	1135579	817713	310882	6984
1987	8010	1173	6819	18	1227471	837559	369660	20252
1988	9550	1244	8286	20	1355410	937992	391904	25514
1989	10101	1083	9001	17	1324260	877921	426463	19876
1990	8712	860	7832	20	1170899	727603	420304	22992
1991	8845	850	7970	25	1270144	799460	442582	28103
1992	9108	874	8208	26	1305117	835667	440311	29139
1993	9580	883	8668	29	1407127	914261	458720	34146
1994	10148	926	9186	36	1506567	978776	485571	42220
1995	10547	942	9563	42	1506159	951327	504754	50078
1996	10748	841	9872	35	1524313	936886	543747	43680
1997	11234	884	10319	31	1609997	970000	575997	64000
1998	11881	886	10796	31	1761177	1079200	617471	63000
1999	12361	923	11223	35	1818744	1093499	659525	64100
2000	12907	1039	11600	76	2061583	1245700	706300	107868
2001	13921	1080	12560	70	2268380	1390319	777658	98504
2002	14750	1038	13420	72	2327182	1387254	840621	97294
2003	15004	948	13732	84	2307861	1327067	871629	106963
2004	16519	1125	15050	109	2683583	1577558	963182	140701
2005	17803	1230	16247	85	2883045	1726990	1048886	104980
2006	19066	1402	17319	100	3199586	1952819	1130009	114463
2007	20435	1566	18510	113	3489326	2135378	1209272	142336
2008	46002	1844	43962	103	4413419	2322174	1967056	122109
2009	49995	2038	47755	110	4699944	2482313	2065849	149732
2010	53776	2178	51404	100	5096087	2751326	2201455	141164
2011	60906	2353	58355	102	5945561	3145705	2650685	146981

16-6 民用汽车拥有量
Possession of Civil Vehicles

单位：万辆 (10 000 units)

年 份 Year	民用汽车总 计 Total	载客汽车 Passenger Vehicles	大 型 Large	中 型 Medium	小 型 Small	微 型 Minicar	载货汽车 Trucks	重 型 Heavy	中 型 Medium	轻 型 Light	微 型 Mini	其他汽车 Others
2006	46.85	22.71	1.50	1.40	17.22	2.59	13.60	2.81	3.58	6.83	0.38	10.54
2007	53.23	27.18	1.57	1.44	21.76	2.42	14.71	2.98	3.72	7.74	0.27	11.34
2008	62.44	32.89	1.64	1.41	27.66	2.18	16.36	3.35	4.01	8.79	0.22	13.19
2009	105.45	43.86	1.74	1.45	38.58	2.08	20.91	4.78	4.46	11.50	0.17	40.68
2010	126.77	57.52	1.85	1.48	52.17	2.01	26.37	6.29	4.75	15.22	0.11	42.88
2011	148.76	73.30	1.97	1.51	67.67	2.14	31.00	7.40	4.88	18.64	0.08	44.46

16-7 私人汽车拥有量
Possession of Private Vehicles

单位：万辆 (10 000 units)

年 份 Year	私人汽车总 计 Private Vehicles	载客汽车 Passenger Vehicles	大 型 Large	中 型 Medium	小 型 Small	微 型 Minicar	载货汽车 Trucks	重 型 Heavy	中 型 Medium	轻 型 Light	微 型 Mini	其他汽车 Others
2006	24.21	8.65	0.22	0.43	6.62	1.38	6.14	1.26	1.80	2.89	0.19	9.42
2007	28.75	11.72	0.18	0.41	9.84	1.29	6.96	1.30	1.90	3.61	0.15	10.07
2008	35.94	16.02	0.16	0.38	14.31	1.18	8.15	1.46	2.08	4.48	0.13	11.77
2009	51.18	25.06	0.14	0.38	23.36	1.18	11.36	1.98	2.44	6.83	0.11	14.76
2010	69.33	36.74	0.13	0.38	35.01	1.22	15.77	2.63	2.79	10.27	0.08	16.82
2011	87.61	50.28	0.12	0.38	48.41	1.38	19.06	3.06	2.93	13.01	0.06	18.26

16-8 邮电通信行业基本情况
Basic Conditions of Post and Telecommunication Services

指 标	Item	2005	2008	2009	2010	2011
邮电业务总量（亿元）	Business Volume of Post and Telecommunications Service (100 million yuan)	135.92	279.81	361.87	453.29	195.37
邮政业务总量	Business Volume of Post	7.02	7.96	8.94	8.49	7.46
电信业务总量	Business Volume of Telecommunication Services	128.90	271.85	352.93	444.81	187.91
函件（万件）	Number of Letters (10 000 pcs)	5071	3769	3811	3806	3277
包裹（万件）	Number of Parcels (10 000 pcs)	111	96	102	90	91
快递（万件）	Pieces of Express Mail Services (10 000 pcs)	227	301	347	421	462
报刊期发数（万份）	Newspapers and Magazines Circulation (10 000 copies)	175	303	200	210	201
集邮业务（万枚）	Philately (10 000 units)	1700	1800	1600	1500	1989
局所及通信网络	**Offices and Network**					
营业网点 (处)	Number of Post Offices (unit)	1280	1269	1269	1270	1325
邮路总长度（公里）	Length of Postal Routes (km)		76826	77471	79639	42989
#汽车邮路总长度	Length of Postal Routes and Rural		33201	31003	30629	33000
铁路邮路总长度	Delivery Routes	5312	5171	6010	6010	6010
农村投递线路总长度（公里）	Rural Delivery Routes (km)	104848	109679	110944	110385	112023
长途电话业务电路（2M）	Long-distance Call Lines (2M)	15388	50700	164543	214867	207351
数据通信网长途电路（2M）	Long-distance Lines of Data Traffic Network (2M)	7501	42937	184944	383959	447834
长途电话（万次）	Number of Long-distance Calls (10 000 times)	66919	108929	42471	31604	23447
移动电话用户期末数（万户）	Number of Mobile Telephones Subscribers at Year-end (10 000 subscribers)	408.44	896.48	1194.37	1390.08	1614.00
#3G移动电话用户数	3G Mobile Phone Subscribers (10 000 subscribers)				52.77	152.75
固定电话年末用户（万户）	Local Telephone Subscribers of at Year-end (10 000 subscribers)	548.04	519.19	453.93	411.90	396.43
#城市	Number of Urban Telephone Subscribers	395.29	334.83	285.94	265.36	269.93
住宅	Residential Telephone Subscribers	252.76	213.93	145.72	160.96	145.93
#乡村	Number of Urban Telephone Subscribers	152.75	184.36	167.99	146.54	126.51
住宅	Residential Telephone Subscribers	135.91	166.93	147.87	126.01	104.86
公用电话（万户）	Public Telephone (10 000 Subscribers)	60.88	56.93	54.55	52.19	50.14
互联网宽带接入用户（万户）	Number of Subscribers of Internet Service (10 000 Subscribers)	56.54	68.04	98.30	109.52	145.63
电信主要通信能力	**Major Capacity of Telecommunication Services**					
长途电话交换机容量（路端）	Capacity of Long-distance Call Exchanges (unit)	166938	230757	243536	253576	337000
局用电话交换机容量（万门）	Capacity of Office Telephone Exchanges (10 000 units)	712	426	439	439	438
移动电话交换机容量（万户）	Capacity of Mobile Telephone Exchanges (10 000 subscribers)	433	1539	1719	1940	2399
长途光缆线路长度（公里）	Length of Long-distance Optical Cable Lines (km)	19729	27772	30106	29939	28259

注：1.邮政业务总量、快递的统计口径2006年以前为中国邮政集团，2007年起为规模以上(年业务收入200万元以上)邮政业法人企业数据(下表同)。

2.电信业务总量2010年按2000年可比价格计算，2011年按2010年可比价格计算。

3.营业网点1998年及以前为邮电局所，1999-2006年为邮政局所；统计口径从2002年起为邮政局所和邮政代办点，2007年起为规模以上 邮政业法人企业办理业务的场所(下表同)。

4.长途电话业务电路包括固定长途电话业务电路和移动长途电话业务电路。

5.长途电话为本地网内区间电话通话量。

a) Statistical coverages of business volume of postal and telecommunication services and pieces of express mail services are China Post Group before 2006, and postal enterprises above designated size (with annual business revenue above 2 million yuan). The same applies to the table following.

b) Business volume of telecommunication services in 2010 was calculted at 2000 constant prices,and that in 2011 was calculated at 2010 constant prices.

c) The indicator of number of postal offices referred to postal and communication offices before 1998, and referred to postal offices from 1999 to 2006; It included postal offices and postal sub-stations since 2002, and was the business sites of postal enterprises above designated size since 2007. The same applies to the table following.

d)Long-distance telephone circuits includes fixed and mobile long-distance telephone circuits.

e)Long-distance telephone is the volume within the range of the local network.

16-9 邮电业务量

Telecommunications Services

年份 Year	邮电业务总量（万元）Business Volume of Post and Telecommunication (10 000 yuan)	邮政业务总量 Business Volume of Post	电信业务总量 Business Volume of Telecommunication	函件（万件）Number of Letters (10 000 pcs)	包裹（万件）Package (10 000 pcs)	快递（万件）Pieces of Express Mail Services (10 000 pcs)	报刊期发数（万份）Number of Newspapers and Magazines (10 000 copies)	集邮业务（万枚）Philately (10 000 copies)	长途电话（万次）Number of Long-distance Calls (10 000 times)
1995	70773			9104		29	496	4161	8736
1996	101699			9716		48	474	4897	11524
1997	141615			8969		61	500	7942	14490
1998	203094			8245		72	502	10997	16850
1999	273767			7817		79	656	11150	20788
2000	421000			9919		101	679	10767	22671
2001	468927			10032		104	672	8110	27562
2002	603679			12215		128	421	4276	47792
2003	760655			10483		196	469	2876	51571
2004	1079503			5645		213	353	2495	57148
2005	1359246	70225	1289021	5071	111	227	175	1700	66919
2006	1674725	87945	1586780	4019	112	233	200	1400	51700
2007	2192824	77052	2115772	3490	103	226	189	1427	106530
2008	2798088	79622	2718466	3769	96	301	303	1800	108929
2009	3618685	89399	3529286	3811	102	347	200	1600	42471
2010	4532936	84871	4448065	3806	90	421	210	1500	31604
2011	1953754	74612	1879142	3277	91	462	201	1989	23447

注：电信业务总量2010年按2000年可比价格计算，2011年按2010年可比价格计算。

a) Business volume of telecommunication services in 2010 was calculted at 2000 constant prices,and that in 2011 was calculated at 2010 constant prices.

16–9 续表 continued

年份 Year	固定电话年末用户（万户）Number of Fixed Telephone Subscribers at Year-end (10 000 subscriber)	城市 Urban	#住宅 Residential	乡村 Rural	#住宅 Residential	公用电话（万户）Public Telephone (10 000 subscribers)	移动电话用户期末数（万户）Number of Mobile Telephones Subscribers at Year-end (10 000 subscribers)	互联网宽带接入用户（万户）Number of Interent Subscribers (10 000 subscribers)
1995	43.32	40.26	26.73	3.06	1.14	0.50		
1996	57.65	53.52	37.75	4.12	2.20	0.95		
1997	73.49	67.29	49.45	6.20	3.23	1.68		
1998	95.23	85.48	70.36	9.75	6.67	2.52		
1999	118.15	100.26	74.74	17.88	13.13	3.52		
2000	180.17	137.97	108.46	42.20	34.65	4.90		
2001	250.43	183.23	135.90	67.21	57.03	5.35		
2002	321.99	233.40	181.63	88.60	80.24	6.75		
2003	402.30	287.30	125.44	115.00	101.54	37.61		
2004	477.25	344.57	232.06	132.68	118.17	56.46		
2005	548.04	395.29	252.76	152.75	135.91	71.18	408.44	56.54
2006	607.49	432.11	280.89	175.38	156.48	67.24	545.37	63.74
2007	585.46	394.41	252.36	191.05	62.57	67.97	686.40	77.77
2008	519.19	334.83	213.93	184.36	166.93	56.93	896.48	68.04
2009	453.93	285.94	145.72	167.99	147.87	54.55	1194.37	98.30
2010	411.90	265.36	160.96	146.54	126.01	52.19	1390.08	109.52
2011	396.43	269.93	145.93	126.51	104.86	50.14	1613.57	145.63

16-10 邮电局所数及邮递线路、邮电通信电路
Number of Postal Offices and Postal Delivery Routes, Telecommunications Services Facilities

年份 Year	营业网点（处）Number of Offices Offices (unit)	邮路及农村投递线路总长度（公里）Length of Postal Routes (km)	农村投递线路（公里）Rural Delivery Routes (km)	长话业务电路（路）Number of Long-distance Calls (line)	长途光缆线路长度（公里）Length of Long Distance Optical Cable Lines(km)
1995	1217	164629	106265	12174	2462
1996	1254	179278	106321	15253	4909
1997	1286	179241	106397	15596	6524
1998	1526	167616	105925	30742	8336
1999	1278	143249	105794	28147	8410
2000	1290	180748	105856	28650	10140
2001	1293	181034	106216	55712	12474
2002	1289	174706	105985	108971	18061
2003	1279	174599	106200	135051	20703
2004	1281	175896	106089	254790	21873
2005	1280	179404	104848	440670	19729
2006	1286	179089	104393	637300	23091
2007	1310	180592	104906	1588192	27122
2008	1269	186505	109679	3042030	27772
2009	1269	188415	110944	5269198	30106
2010	1270	190024	110385	6446010	29939
2011	1325	155012	112023	6220530	28259

16-11 邮电通信服务水平
Level of Postal and Telecommunication Services

指　标	Item	2005	2008	2009	2010	2011
平均每人每年发函件数（件）	Annual Average Number of Letters Mailed Per Capita (copy)	2.00	1.40	1.50	1.40	1.30
平均每百人每年订报刊数（份）	Annual Average Number of Newspaper and Magazine Subscribed Per 100 Persons (copy)	7.00	11.50	7.62	8.00	7.80
固定电话普及率（部／百人）	Popularization Rate of Fixed Telephone (set/100 persons)	21.12	19.80	17.22	15.63	15.5
移动电话普及率（部／百人）	Popularization Rate of Mobile Telephone (set/100 persons)	15.74	34.21	45.32	52.75	63.13
城市固定电话普及率（部／百人）	Popularization Rate of Urban Fixed Telephone (set/100 persons)	50.75	39.61	33.23	30.83	28.34
农村邮电通信水平	Rural Level					
设有邮电局、所的乡（镇）比重(%)	Percentage of Townships with Post and Telecommunication Offices (%)	68.70	71.00	72.00	63.70	67.00

16-12 各地区交通运输业基本情况
Basic Conditions of Transportation by Region

地　区	Item	公路里程（公里）Length of Highways (km)	#等级公路（公里）Expressway and Class I to IV Highway (km)	#高速 Express Way	民用汽车拥有量（万辆）Possession of Civil Vehicles (10 000 units)	#私人汽车 Possession of Private Vehicles
兰州市	Lanzhou	7209.50	4846.95	354.03	30	16
嘉峪关市	Jiayuguan	677.69	648.01	23.30	3	2
金昌市	Jinchang	2188.59	2178.95	114.95	3	3
白银市	Baiyin	9728.76	5037.13	182.40	11	8
天水市	Tianshui	10241.93	8911.47	248.16	8	7
武威市	Wuwei	9112.26	5443.88	135.15	7	6
张掖市	Zhangye	10663.67	8230.90	241.49	6	5
平凉市	Pingliang	9650.23	6251.04	185.64	8	6
酒泉市	Jiuquan	15248.17	14165.88	456.69	8	6
庆阳市	Qingyang	11567.29	5491.70	62.84	10	8
定西市	Dingxi	10232.77	7790.60	268.66	9	7
陇南市	Longnan	14803.33	13241.24		7	5
临夏州	Linxia	5675.90	5049.25	69.25	8	7
甘南州	Gannan	6695.74	4405.44		3	2

16-13 各地区邮电通信行业基本情况
Basic Conditions of Post and Telecommunication Services by Region

指　标	Item	邮政业务总量（万元）Business Volume of Post and Telecommunications Service (10 000 yuan)	邮政业务总量 Business Volume of Post	电信业务总量 Business Volume of Telecommunication	固定电话用户期末数（万户）Local Telephone Subscribers of at Year-end (10 000 subscribers)	移动电话用户期末数（万户）Number of Mobile Telephones Subscribers at Year-end (10 000 subscribers)	互联网用户数（万户）Number of Interent Subscribers (10 000 subscribers)
兰州市	Lanzhou	565183	18443.88	546739	115.03	368.39	50.34
嘉峪关市	Jiayuguan	46566	1909.92	44656	9.00	28.27	5.44
金昌市	Jinchang	50853	2022.29	48831	10.88	39.02	5.45
白银市	Baiyin	111952	3921.31	108031	24.79	96.64	9.28
天水市	Tianshui	163705	8742.91	154962	40.49	154.18	11.68
武威市	Wuwei	103907	5511.85	98395	27.13	99.86	8.59
张掖市	Zhangye	119621	4141.63	115479	21.06	94.02	8.67
平凉市	Pingliang	104025	3856.10	100169	28.92	90.59	9.81
酒泉市	Jiuquan	129204	4440.38	124764	24.21	128.81	6.37
庆阳市	Qingyang	138241	6638.65	131602	19.23	127.47	6.64
定西市	Dingxi	116163	4607.99	111555	22.51	107.79	7.81
陇南市	Longnan	157023	6313.70	150709	27.46	140.77	9.22
临夏州	Linxia	95685	2404.04	93281	17.48	93.80	4.09
甘南州	Gannan	51288	1319.04	49969	8.26	43.95	2.23

主要统计指标解释

铁路营业里程 又称营业长度(包括正式营业和临时营业里程)，指办理客货运输业务的铁路正线总长度。凡是全线或部分建成双线及以上的线路，以第一线的实际长度计算；复线、站线、段管线、岔线和特殊用途线以及不计算运费的联络线都不计算营业里程。该指标可以反映铁路运输业基础设施的发展水平，也是计算客货周转量、运输密度和机车车辆运用效率等指标的基础资料。

铁路电气化里程 指在全部铁路营业里程中已安装了供电线路及设备，可以供电力机车牵引列车运行的区段的总里程。

公路里程 指在一定时期内实际达到《公路工程技术标准 JTG B01-2003》规定的技术等级的公路，并经公路主管部门正式验收交付使用的公路里程数。包括大、中城市的郊区公路，以及公路通过小城镇（指县城、集镇）街道的公路里程和公路桥梁长度、隧道长度、渡口的宽度以及分期修建的公路已验收交付使用的里程，不包括大中城市的街道、厂矿、林区生产用道和农业生产用道的里程。两条或多条公路共同经由同一路段，只计算一次，不得重复计算里程长度。按公路等级分为等级公路和等外公路，其中，等级公路分为高速公路、一级公路、二级公路、三级公路和四级公路。该指标可以反映公路建设的发展规模，也是计算运输网密度等指标的基础资料。

民用航空航线里程 指统计期间内全部民用航空航线的航线总长度。航线长度指民用航空航线的计费距离。计算航线里程可按重复和不重复两种方法，前者是指各航线长度相加的总和；后者则要扣除各航线之间相同航段重复计算的部分。

货(客)运量 指在一定时期内，各种运输工具实际运送的货物(旅客)数量。该指标是反映运输业为国民经济和人民生活服务的数量指标，也是制定和检查运输生产计划、研究运输发展规模和速度的重要指标。货运按吨计算，客运按人计算。货物不论运输距离长短、货物类别，均按实际重量统计。旅客不论行程远近或票价多少，均按一人一次客运量统计；半价票、小孩票也按一人统计。

货物(旅客)周转量 指在一定时期内，由各种运输工具运送的货物(旅客)数量与其相应运输距离的乘积之总和。该指标可以反映运输业生产的总成果，也是编制和检查运输生产计划，计算运输效率、劳动生产率以及核算运输单位成本的主要基础资料。计算货物周转量通常按发出站与到达站之间的最短距离，也就是计费距离计算。计算公式为：

货物（旅客）周转量=∑（货物（旅客）运输量
×运输距离）

民用汽车拥有量 指报告期末，在公安交通管理部门按照《机动车注册登记工作规范》，已注册登记领有民用车辆牌照的全部汽车数量。汽车拥有量统计的主要分类：根据汽车结构分为载客汽车、载货汽车及其他汽车；根据汽车所有者不同，分为个人(私人)汽车、单位汽车；根据汽车的使用性质分为营运汽车、非营运汽车；根据汽车大小规格不同载客汽车分为大型、中型、小型和微型，载货汽车分为重型、中型、轻型和微型。

邮电业务总量 指以价值量形式表现的邮电通信企业为社会提供各类邮电通信服务的总数量。邮电业务量按专业分类包括函件、包件、汇票、报刊发行、邮政快件、特快专递、邮政储蓄、集邮、传真、长途电话、出租电路、移动电话、分组交换数据通信、出租代维等。计算方法为各类产品乘以相应的平均单价(不变价)之和，再加上出租电路和设备、代用户维护电话交换机和线路等的服务收入。该指标综合反映了一定时期邮电业务发展的总成果，是研究邮电业务量构成和发展趋势的重要指标。计算公式为：

邮电业务总量=∑（各类邮电业务量×不变单价）
+出租代维及其他业务收入
=邮政业务总量+电信业务总量

移动电话用户 指通过移动电话交换机进入移动电话网、占用移动电话号码的电话用户。用户数量以报告期末在移动电话营业部门实际办理登记手续进入移动电话网的户数进行计算，一部移动电话统计为一户。

城市电话用户 指直辖市、省辖市、地级市、县级市的市区、市郊区及县城(包括县人民政府所在地的县城关区或行政建制相当于县人民政府所在地的镇)范围内接入局用交换机的电话用户数，包括分布在农村地区的独立工矿区、林区、驻军等接入局用交换机的电话用户数。

农村电话用户 指县城关区以下的集镇和农村接入局用交换机的电话用户数。

住宅电话用户 指安装在居民住宅或农民家里并按照住宅电话用户登记注册和收费的电话用户。包括私人付费、单位付费和按规定免费安装的住宅电话用户。

长途电话交换机容量 指用于接入长途电话网的电话交换机的设备额定容量，包括国际电话交换机容量。

局用交换机容量 指安装在本地电信运营商内用于接续本地固定电话的电话交换机容量，有倍增设备按倍增后的数量计数。包括现用和备用的人工或自动交换机的全部容量。

移动电话交换机容量 指移动电话交换机根据一定话务模型和交换机处理能力计算出来的最大同时服务用户的数量。

17

Wholesale and Retail Trades

简要说明

一、本篇资料主要内容

本篇资料主要包括甘肃省批发和零售业发展与经营状况，同时反映商品流通、商品消费、市场运行态势。主要内容包括：限额以上批发和零售业基本情况、商品流转情况、财务状况；亿元商品交易市场成交情况；社会消费品零售总额等。

二、本篇资料的统计范围

限额以上批发和零售业的法人企业、个体户，成交额在亿元以上的商品交易市场，以及参与商品零售、餐饮经营活动的各行业法人企业和产业活动单位。限额以上批发和零售业统计单位是指：批发业，年主营业务收入 2000 万元及以上；零售业，年主营业务收入 500 万元及以上。

三、本篇资料来源

本篇资料由省统计局贸易外经处加工整理。

17-1 社会消费品零售总额
Total Retail Sales of Consumer Goods

项　目	Item	2009	2010	2011
社会消费品零售总额（万元）	**Total Retail Sales of Consumer Goods (10 000 yuan)**	**11830052**	**13945002**	**16480039**
按城乡分	**By Urban and Rural Area**			
城镇	Urban	9524948	11232785	13229944
#城区	# City Subdivision	7000210	8346899	9920403
乡村	Rural	2305104	2712217	3250094
按行业分	**By Sector**			
#批发业	Wholesalel Trade	1300091	1542376	1937422
零售业	Retail Trade	8338437	9869687	11606098
住宿业	Hotels	158842	172889	198919
餐饮业	Catering Sevices	1797807	2109000	2440514
构成（%）（总额=100）	**Composition (%) （Total=100）**			
按城乡分	**By Urban and Rural Area**			
城镇	Urban	80.51	80.55	80.28
#城区	City Subdivision	59.17	59.86	60.20
乡村	Rural	19.49	19.45	19.72
按行业分	**By Sector**			
# 批发业	Wholesalel Trade	10.99	11.06	11.76
零售业	Retail Trade	70.49	70.78	70.43
住宿业	Hotels	1.34	1.24	1.21
餐饮业	Catering Sevices	15.20	15.12	14.81

17-2 历年社会消费品零售总额
Total Retail Sales of Consumer Goods

年份 Year	社会消费品零售总额（万元）Total Retail Sales of Consumer Goods (10 000 yuan)	批零贸易业 Wholesale and Retail Sale Trades	住宿餐饮业 Hotels and Catering Trades	其他行业 Others	构成（%）Composition (%) 总额=100 Total=100 批零贸易业 Wholesale and Retail Sale Trades	住宿餐饮业 Hotels and Catering Trades	其他行业 Others
1978	207222	155189	12848	39185	74.89	6.20	18.91
1979	226592	169694	14049	42849	74.89	6.20	18.91
1980	264779	198293	16416	50070	74.89	6.20	18.91
1981	291566	218354	18077	55135	74.89	6.20	18.91
1982	311925	233601	19339	58985	74.89	6.20	18.91
1983	344704	258149	21372	65183	74.89	6.20	18.91
1984	402855	301698	24977	76180	74.89	6.20	18.91
1985	518104	390702	31449	95953	75.41	6.07	18.52
1986	619019	463583	38379	117057	74.89	6.20	18.91
1987	721103	540034	44708	136361	74.89	6.20	18.91
1988	927708	694761	57518	175429	74.89	6.20	18.91
1989	1006533	753793	62405	190335	74.89	6.20	18.91
1990	961640	720232	59668	181740	74.90	6.20	18.90
1991	1061667	795148	65874	200645	74.90	6.20	18.90
1992	1282631	960639	79585	242407	74.90	6.20	18.90
1993	1634338	1233090	108365	292883	75.45	6.63	17.92
1994	1964475	1368980	185094	410401	69.69	9.42	20.89
1995	2406481	1614693	227004	564784	67.10	9.43	23.47
1996	2716917	1790886	288744	637287	65.92	10.63	23.46
1997	2915252	1815065	318609	781577	62.26	10.93	26.81
1998	3177625	1967268	371782	838575	61.91	11.70	26.39
1999	3469967	2133353	435523	901091	61.48	12.55	25.97
2000	3796143	2461947	487984	846211	64.85	12.85	22.29
2001	4137796	2710190	542854	884753	65.50	13.12	21.38
2002	4535024	3019494	611360	904170	66.58	13.48	19.94
2003	4965852	4062509	699780	203563	81.81	14.09	4.10
2004	5606447	4557794	829405	219248	81.30	14.79	3.91
2005	6380830	5159539	1005619	215672	80.86	15.76	3.38
2006	7295050	5887835	1179610	227606	80.71	16.17	3.12
2007	8543709	6889136	1401861	252711	80.63	16.41	2.96
2008	10236221	8318334	1693314	224573	81.26	16.54	2.19
2009	11830052	9647593	1947583	234875	81.55	16.46	1.99
2010	13945002	11412062	2281889	251051	81.84	16.36	1.80
2011	16480039	13543520	2639433	297086	82.18	16.02	1.80

注：1.1993-2004年根据第一次经济普查数据调整。

2.2005-2008年根据第二次经济普查数据调整。

a)Figures of 1993 to 2004 have been adjust to the first Economic Census.

b)Figures of 2005 to 2008 have been adjust to the second Economic Census.

17-3 批发和零售业情况
Basic Conditions of Wholesale and Retail Trades

项　目	Item	2005	2008	2009	2010	2011
批发和零售业	**Wholesale and Retail Trades**					
法人企业(个)	Number of Corporation Enterprises (unit)	514	515	521	705	814
年末从业人数(人)	Engaged Persons at Year-end (person)				66546	68919
商品购进额(亿元)	Total Purchases (100 million yuan)	842.73	1428.60	1350.94	1727.21	2400.08
#进口额 (亿元)	Imports (100 million yuan)	0.57	0.93	3.16	1.78	7.96
商品销售额 (亿元)	Total Sales (100 million yuan)	894.76	1525.99	1487.68	2021.40	2642.14
#出口额 (亿元)	Exports (100 million yuan)	8.63	8.38	4.84	4.00	5.67
期末商品库存额 (亿元)	Total Stock (100 million yuan)	61.74	141.88	178.30	205.77	246.89
批发业	**Wholesalel Trade**					
法人企业 (个)	Number of Corporation Enterprises (unit)		256	246	265	294
年末从业人数 (人)	Engaged Persons at Year-end (person)				22404	24328
商品购进额(亿元)	Total Purchases (100 million yuan)		1300.26	1157.91	1391.31	1929.42
#进口额 (亿元)	Imports (100 million yuan)		0.93	3.15	0.99	0.79
商品销售额 (亿元)	Total Sales (100 million yuan)		1364.54	1252.17	1644.99	2117.56
#出口额 (亿元)	Exports (100 million yuan)		8.38	4.84	3.99	5.46
期末商品库存额 (亿元)	Total Stock (100 million yuan)		124.34	144.38	161.28	168.36
零售业	**Retail Trade**					
法人企业 (个)	Number of Corporation Enterprises (unit)		259	275	440	520
年末从业人数 (人)	Engaged Persons at Year-end (person)				44142	44591
商品购进额(亿元)	Total Purchases (100 million yuan)		128.34	193.03	335.91	470.66
#进口额 (亿元)	Imports (100 million yuan)			0.01	0.79	7.16
商品销售额 (亿元)	Total Sales (100 million yuan)		161.45	235.51	376.41	524.58
#出口额 (亿元)	Exports (100 million yuan)				0.01	0.21
期末商品库存额 (亿元)	Total Stock (100 million yuan)		17.55	33.91	44.49	78.54
年末零售营业面积 (万平方米)	Business Area of Retail at Year-end (10 000 sq.m)				302	286

17-4 限额以上批发业企业基本情况（2011）

Basic Conditions of Enterprises above Designated Size in Wholesale Trade (2011)

项　目	Item	法人企业 (个) Number of Corporation Enterprises (unit)	年末从业人数 (人) Engaged Persons at Year-end (persons)
批发业	**Wholesale Trade**	**294**	**24328**
按登记注册类型分	**By Types of Registration**		
内资企业	**Domestic Funded Enterprises**	**291**	**24162**
国有企业	State-owned Enterprises	55	8110
集体企业	Collective-owned Enterprises	8	740
股份合作企业	Cooperative Enterprises	2	61
联营企业	Joint Ownership Enterprises		
国有联营企业	State Joint Ownership Enterprises		
集体联营企业	Collective Joint Ownership Enterprises		
国有与集体联营企业	Joint State-collective Enterprises		
其他联营企业	Other Joint Ownership Enterprises		
有限责任公司	Limited Liability Corporations	99	7306
国有独资公司	State Sole Funded Corporations	2	82
其他有限责任公司	Other Limited Liability Corporations	97	7224
股份有限公司	Share-holding Corporations Ltd.	15	2730
私营企业	Private Enterprises	112	5215
私营独资企业	Private-funded Enterprises	14	458
私营合伙企业	Private Partnership Enterprises	2	57
私营有限责任公司	Private Limited Liability Corporations	91	4555
私营股份有限公司	Private Share-holding Corporations Ltd.	5	145
其他企业	Other Enterprises		
港、澳、台商投资企业	**Enterprises with Funds from Hong Kong, Macao and Taiwan**	**2**	**105**
合资经营企业	Joint-venture Enterprises		
合作经营企业	Cooperative Enterprises		
独资经营企业	Enterprises with Sole Fund	2	105
投资股份有限公司	Share-holding Corporations Ltd.		
外商投资企业	**Foreign Funded Enterprises**	**1**	**61**
中外合资经营企业	Joint-venture Enterprises		
中外合作经营企业	Cooperation Enterprises		
外资企业	Enterprises with Sole Fund	1	61
外商投资股份有限公司	Share-holding Corporations Ltd.		

17-4 续表 continued

项 目	Item	法人企业 (个) Number of Corporation Enterprises (unit)	年末从业人数 (人) Engaged Persons at Year-end (persons)
按行业分	**By Sector**		
农畜产品批发	Wholesale of Farm Produce and Livestock Products	25	1224
食品、饮料及烟草制品批发	Wholesale of Food, Beverages and Tobaccos	52	8091
#米、面制品及食用油批发	Wholesale of Rice, Flour and Edible Oil	11	572
烟草制品批发	Wholesale of Tobaccos	19	4236
纺织、服装及日用品批发	Wholesale of Textiles, Garments and Daily Consumer Articles	6	507
#服装批发	Wholesale of Garments	1	15
文化、体育用品及器材批发	Wholesale of Culture, Sports Appliances and Equipments	2	486
医药及医疗器材批发	Wholesale of Medicines and Medical Appliances	32	2402
矿产品、建材及化工产品批发	Wholesale of Mineral Products, Building Materials and Chemical Products	128	8635
#煤炭及制品批发	Wholesale of Coal and Related Products	12	1063
石油及制品批发	Wholesale of Petroleum and Related Products	21	4047
金属及金属矿批发	Wholesale of Metal Materials	50	1605
建材批发	Wholesale of Building Materials	10	461
化肥批发	Wholesale of Chemical Fertilizer	22	890
机械设备、五金交电及电子产品批发	Wholesale of Machinery, Hardware and Electronic Equipment	42	2544
#汽车、摩托车及零配件批发	Wholesale of Motor Vehicles, Motorcycles and Parts	13	1064
家用电器批发	Wholesale of Household Electrical Appliances	6	381
计算机、软件及 辅助设备批发	Wholesale of Computer, Software and Assistant Appliances	8	183
贸易经纪与代理	Trade Broker and Agency		
其他批发	Other Wholesale not Classified Elsewhere	7	439

17-5 限额以上批发业企业购销存情况（2011）

Total Purchases, Sales and Stock of Enterprises above Designated Size of Wholesale Trade (2011)

单位：万元 (10 000 yuan)

项　目	Item	商品购进额 Total Purchases Value	进口 Imports	商品销售额 Total Sales Value	出口 Exports	期末商品库存额 Stock (year-end)
批发业	**Wholesale Trade**	**19294183**	**7965**	**21175598**	**54566**	**1683562**
按登记注册类型分	**By Status of Registration**					
内资企业	**Domestic Funded Enterprises**	**19286695**	**7965**	**21156158**	**51025**	**1682256**
国有企业	State-owned Enterprises	3645675	4704	4670006	13281	226869
集体企业	Collective-owned Enterprises	114608		120181		13157
股份合作企业	Cooperative Enterprises	30744		36145		7889
联营企业	Joint Ownership Enterprises					
国有联营企业	State Joint Ownership Enterprises					
集体联营企业	Collective Joint Ownership Enterprises					
国有与集体联营企业	Joint State-collective Enterprises					
其他联营企业	Other Joint Ownership Enterprises					
有限责任公司	Limited Liability Corporations	3136483		3447179	20141	289533
国有独资公司	State Sole Funded Corporations	17340		14184		3894
其他有限责任公司	Other Limited Liability Corporations	3119142		3432995	20141	285639
股份有限公司	Share-holding Corporations Ltd.	10543308		10974296		969180
私营企业	Private Enterprises	1815879	3261	1908351	17603	175629
私营独资企业	Private-funded Enterprises	203488		201209	3899	10802
私营合伙企业	Private Partnership Enterprises	12615		13992		4129
私营有限责任公司	Private Limited Liability Corporations	1545142	3261	1634366	13563	157105
私营股份有限公司	Private Share-holding Corporations Ltd.	54634		58785	142	3593
其他企业	Other Enterprises					
港、澳、台商投资企业	**Enterprises with Funds from Hong Kong, Macao and Taiwan**	**3952**		**15830**	**3541**	**564**
合资经营企业	Joint-venture Enterprises					
合作经营企业	Cooperative Enterprises					
独资经营企业	Enterprises with Sole Fund	3952		15830	3541	564
投资股份有限公司	Share-holding Corporations Ltd.					
外商投资企业	**Foreign Funded Enterprises**	**3537**		**3610**		**742**
中外合资经营企业	Joint-venture Enterprises					
中外合作经营企业	Cooperation Enterprises					
外资企业	Enterprises with Sole Fund	3537		3610		742
外商投资股份有限公司	Share-holding Corporations Ltd.					

17-5 续表 continued

单位：万元 (10 000 yuan)

项 目	Item	商品购进额 Total Purchases Value	进口 Imports	商品销售额 Total Sales Value	出口 Exports	期末商品库存额 Stock (year-end)
按行业分	**By Sector**					
农畜产品批发	Wholesale of Farm Produce and Livestock Products	185184		175089	14609	38218
食品、饮料及烟草制品批发	Wholesale of Food, Beverages and Tobaccos	1203196	1300	1772916	2600	128540
#米、面制品及食用油批发	Wholesale of Rice, Flour and Edible Oil	73120		76694		26112
烟草制品批发	Wholesale of Tobaccos	922593	1300	1419676		80794
纺织、服装及日用品批发	Wholesale of Textiles, Garments and Daily Consumer Articles	48760	3261	69005		17412
#服装批发	Wholesale of Garments	3236		4351		2054
文化、体育用品及器材批发	Wholesale of Culture, Sports Appliances and Equipments	118419		103680		19542
医药及医疗器材批发	Wholesale of Medicines and Medical Appliances	297847	3404	428816	3917	36524
矿产品、建材及化工产品批发	Wholesale of Mineral Products, Building Materials and Chemical Products	16540455		17515928	33441	1300705
#煤炭及制品批发	Wholesale of Coal and Related Products	67742		77783		15122
石油及制品批发	Wholesale of Petroleum and Related Products	12610863		13541260		1061039
金属及金属矿批发	Wholesale of Metal Materials	2891351		2886791	13300	148960
建材批发	Wholesale of Building Materials	231808		239756		9193
化肥批发	Wholesale of Chemical Fertilizer	436934		437754		49922
机械设备、五金交电及电子产品批发	Wholesale of Machinery, Hardware and Electronic Equipment	815910		1028473		129664
#汽车、摩托车及零配件批发	Wholesale of Motor Vehicles, Motorcycles and Parts	310868		253324		64348
家用电器批发	Wholesale of Household Electrical Appliances	229837		496244		28298
计算机、软件及辅助设备批发	Wholesale of Computer, Software and Assistant Appliances	50032		51930		3455
贸易经纪与代理	Trade Broker and Agency					
其他批发	Other Wholesale not Classified Elsewhere	84412		81692		12956

17-6 限额以上批发业企业资产及负债（2011）

Assets and Liabilities of Enterprises above Designated Size of Wholesale Trade (2011)

单位：万元 (10 000 yuan)

项　目	Item	资产总计 Total Assets	#流动资产合计 Working Capitals	#固定资产合计 Total Fixed Assets	负债合计 Total Liabilities	所有者权益合计 Total Owners' Equities
批发业合计	**Wholesale Trade**	**5640735**	**4680932**	**401001**	**3202355**	**2438380**
按登记注册类型分	**By Types of Registration**					
内资企业	**Domestic Funded Enterprises**	**5626162**	**4666516**	**400844**	**3188401**	**2437761**
国有企业	State-owned Enterprises	1371874	1188651	108777	698356	673518
集体企业	Collective-owned Enterprises	97635	75229	17977	78567	19068
股份合作企业	Cooperative Enterprises	17800	16760	947	13836	3964
联营企业	Joint Ownership Enterprises					
国有联营企业	State Joint Ownership Enterprises					
集体联营企业	Collective Joint Ownership Enterprises					
国有与集体联营企业	Joint State-collective Enterprises					
其他联营企业	Other Joint Ownership Enterprises					
有限责任公司	Limited Liability Corporations	1816727	1467940	51382	1398819	417908
国有独资公司	State Sole Funded Corporations	8721	7320	1108	6926	1795
其他有限责任公司	Other Limited Liability Corporations	1808007	1460620	50274	1391893	416113
股份有限公司	Share-holding Corporations Ltd.	1398251	1143504	173013	297685	1100566
私营企业	Private Enterprises	923875	774433	48749	701139	222736
私营独资企业	Private-funded Enterprises	76611	59366	7048	55770	20841
私营合伙企业	Private Partnership Enterprises	13847	13648	198	13264	583
私营有限责任公司	Private Limited Liability Corporations	815911	684990	40921	620410	195500
私营股份有限公司	Private Share-holding Corporations Ltd.	17507	16429	582	11695	5812
其他企业	Other Enterprises					
港、澳、台商投资企业	**Enterprises with Funds from Hong Kong, Macao and Taiwan**	**13041**	**12923**	**118**	**12448**	**593**
合资经营企业	Joint-venture Enterprises					
合作经营企业	Cooperative Enterprises					
独资经营企业	Enterprises with Sole Fund	13041	12923	118	12448	593
投资股份有限公司	Share-holding Corporations Ltd.					
外商投资企业	**Foreign Funded Enterprises**	**1532**	**1493**	**39**	**1505**	**27**
中外合资经营企业	Joint-venture Enterprises					
中外合作经营企业	Cooperation Enterprises					
外资企业	Enterprises with Sole Fund	1532	1493	39	1505	27
外商投资股份有限公司	Share-holding Corporations Ltd.					

17-6 续表 continued

单位：万元 (10 000 yuan)

项　目	Item	资产总计 Total Assets	#流动资产 Working Capitals	#固定资产 Total Fixed Assets	负债合计 Total Liabilities	所有者权益合　计 Total Owners' Equities
按行业分	**By Sector**					
农畜产品批发	Wholesale of Farm Produce and Livestock Products	160000	133057	20870	134087	25913
食品、饮料及烟草制品批发	Wholesale of Food, Beverages and Tobaccos	734851	584962	85234	180741	554111
#米、面制品及食用油批发	Wholesale of Rice, Flour and Edible Oil	59321	44614	13289	53534	5787
烟草制品批发	Wholesale of Tobaccos	515010	445345	50607	33589	481421
纺织、服装及日用品批发	Wholesale of Textiles, Garments and Daily Consumer Articles	25473	21824	3649	16812	8661
#服装批发	Wholesale of Garments	2517	2508	9	2722	-205
文化、体育用品及器材批发	Wholesale of Culture, Sports Appliances and Equipments	81854	50516	31028	47742	34113
医药及医疗器材批发	Wholesale of Medicines and Medical Appliances	230457	207485	10741	187500	42957
矿产品、建材及化工产品批发	Wholesale of Mineral Products, Building Materials and Chemical Products	3678435	2991481	228151	2033449	1644986
#煤炭及制品批发	Wholesale of Coal and Related Products	49395	35513	6234	33929	15466
石油及制品批发	Wholesale of Petroleum and Related Products	1993952	1711831	174774	765035	1228917
金属及金属矿批发	Wholesale of Metal Materials	1355438	1002089	24063	1025790	329648
建材批发	Wholesale of Building Materials	51966	47097	3804	39577	12389
化肥批发	Wholesale of Chemical Fertilizer	162748	135207	16784	132466	30282
机械设备、五金交电及电子产品批发	Wholesale of Machinery, Hardware and Electronic Equipment	693336	661705	15175	575375	117961
#汽车、摩托车及零配件批发	Wholesale of Motor Vehicles, Motorcycles and Parts	111624	97843	5294	104161	7464
家用电器批发	Wholesale of Household Electrical Appliances	449491	449018	414	364763	84728
计算机、软件及辅助设备批发	Wholesale of Computer, Software and Assistant Appliances	36631	31076	183	30803	5828
贸易经纪与代理	Trade Broker and Agency					
其他批发	Other Wholesale not Classified Elsewhere	36328	29903	6154	26649	9679

17-7 限额以上批发业企业主要财务指标（2011）
Main Financial Indicators of Enterprises above Designated Size of Wholesale Trade (2011)

单位：万元 (10 000 yuan)

项　目	Item	主营业务收入 Revenue from Principal Business	主营业务成本 Cost of Principal Business	主营业务税金及附加 Taxes and Other Charges on Principal Business
批发业	**Wholesale Trade**	**20639575**	**19716585**	**86483**
按登记注册类型分	**By Status of Registration**			
内资企业	**Domestic Funded Enterprises**	**20620006**	**19699830**	**86424**
国有企业	State-owned Enterprises	4415335	3969858	76970
集体企业	Collective-owned Enterprises	117755	112850	28
股份合作企业	Cooperative Enterprises	28831	27603	
联营企业	Joint Ownership Enterprises			
国有联营企业	State Joint Ownership Enterprises			
集体联营企业	Collective Joint Ownership Enterprises			
国有与集体联营企业	Joint State-collective Enterprises			
其他联营企业	Other Joint Ownership Enterprises			
有限责任公司	Limited Liability Corporations	3329440	3219886	4468
国有独资公司	State Sole Funded Corporations	14184	13780	
其他有限责任公司	Other Limited Liability Corporations	3315256	3206105	4468
股份有限公司	Share-holding Corporations Ltd.	10954062	10684520	2713
私营企业	Private Enterprises	1774583	1685114	2246
私营独资企业	Private-funded Enterprises	193739	184689	222
私营合伙企业	Private Partnership Enterprises	14830	13740	80
私营有限责任公司	Private Limited Liability Corporations	1507217	1429261	1912
私营股份有限公司	Private Share-holding Corporations Ltd.	58798	57423	32
其他企业	Other Enterprises			
港、澳、台商投资企业	**Enterprises with Funds from Hong Kong, Macao and Taiwan**	**15830**	**13598**	**44**
合资经营企业	Joint-venture Enterprises			
合作经营企业	Cooperative Enterprises			
独资经营企业	Enterprises with Sole Fund	15830	13598	44
投资股份有限公司	Share-holding Corporations Ltd.			
外商投资企业	**Foreign Funded Enterprises**	**3739**	**3157**	**15**
中外合资经营企业	Joint-venture Enterprises			
中外合作经营企业	Cooperation Enterprises			
外资企业	Enterprises with Sole Fund	3739	3157	15
外商投资股份有限公司	Share-holding Corporations Ltd.			

17－7 续表 continued

单位：万元 (10 000 yuan)

项　目	Item	主营业务收入 Revenue from Principal Business	主营业务成本 Cost of Principal Business	主营业务税金及附加 Taxes and Other Charges on Principal Business
按行业分	**By Sector**			
农畜产品批发	Wholesale of Farm Produce and Livestock Products	169447	160436	39
食品、饮料及烟草制品批发	Wholesale of Food, Beverages and Tobaccos	1644062	1242289	75701
#米、面制品及食用油批发	Wholesale of Rice, Flour and Edible Oil	69404	64077	563
烟草制品批发	Wholesale of Tobaccos	1301774	977567	73962
纺织、服装及日用品批发	Wholesale of Textiles, Garments and Daily Consumer Articles	66175	58473	120
#服装批发	Wholesale of Garments	5059	4382	7
文化、体育用品及器材批发	Wholesale of Culture, Sports Appliances and Equipments	82385	73640	157
医药及医疗器材批发	Wholesale of Medicines and Medical Appliances	427514	399404	1546
矿产品、建材及化工产品批发	Wholesale of Mineral Products, Building Materials and Chemical Products	17244602	16824701	8104
#煤炭及制品批发	Wholesale of Coal and Related Products	77350	72538	402
石油及制品批发	Wholesale of Petroleum and Related Products	13416328	13074898	4532
金属及金属矿批发	Wholesale of Metal Materials	2767043	2715926	1610
建材批发	Wholesale of Building Materials	236564	230335	95
化肥批发	Wholesale of Chemical Fertilizer	414657	412903	1289
机械设备、五金交电及电子产品批发	Wholesale of Machinery, Hardware and Electronic Equipment	925781	881786	702
#汽车、摩托车及零配件批发	Wholesale of Motor Vehicles, Motorcycles and Parts	253157	243068	193
家用电器批发	Wholesale of Household Electrical Appliances	382437	369381	281
计算机、软件及辅助设备批发	Wholesale of Computer, Software and Assistant Appliances	55218	54008	19
贸易经纪与代理	Trade Broker and Agency			
其他批发	Other Wholesale not Classified Elsewhere	79609	75857	113

17-8 限额以上零售业企业基本情况（2011）
Basic Conditions of Enterprises above Designated Size in Retail Trade (2011)

项　目	Item	法人企业 (个) Number of Corporation Enterprises (unit)	年末从业人数 (人) Engaged Persons at Year-end (person)
零售业	**Retail Trade**	**520**	**44591**
按登记注册类型分	**By Types of Registration**		
内资企业	**Domestic Funded Enterprises**	**517**	**43919**
国有企业	State-owned Enterprises	71	3501
集体企业	Collective-owned Enterprises	19	1053
股份合作企业	Cooperative Enterprises	7	284
联营企业	Joint Ownership Enterprises		
国有联营企业	State Joint Ownership Enterprises		
集体联营企业	Collective Joint Ownership Enterprises		
国有与集体联营企业	Joint State-collective Enterprises		
其他联营企业	Other Joint Ownership Enterprises		
有限责任公司	Limited Liability Corporations	187	14711
国有独资公司	State Sole Funded Corporations	5	143
其他有限责任公司	Other Limited Liability Corporations	182	14568
股份有限公司	Share-holding Corporations Ltd.	20	9374
私营企业	Private Enterprises	202	13946
私营独资企业	Private-funded Enterprises	36	1553
私营合伙企业	Private Partnership Enterprises	8	397
私营有限责任公司	Private Limited Liability Corporations	151	11793
私营股份有限公司	Private Share-holding Corporations Ltd.	7	203
其他企业	Other Enterprises	11	1050
港、澳、台商投资企业	**Enterprises with Funds from Hong Kong, Macao and Taiwan**	**1**	**75**
合资经营企业	Joint-venture Enterprises		
合作经营企业	Cooperative Enterprises		
独资经营企业	Enterprises with Sole Fund	1	75
投资股份有限公司	Share-holding Corporations Ltd.		
外商投资企业	**Foreign Funded Enterprises**	**2**	**597**
中外合资经营企业	Joint-venture Enterprises		
中外合作经营企业	Cooperation Enterprises		
外资企业	Enterprises with Sole Fund	2	597
外商投资股份有限公司	Share-holding Corporations Ltd.		

17-8 续表 continued

项　目	Item	法人企业 (个) Number of Corporation Enterprises (unit)	年末从业人数 (人) Engaged Persons at Year-end (person)
按行业分	**By Sector**		
综合零售	Integrated Retail	121	20875
#百货零售	Retail of General Merchandise	73	15603
超级市场零售	Retail of Supermarkets	38	4469
食品、饮料及烟草制品专门零售	Retail of Food, Beverages and Tobaccos	23	1661
纺织、服装及日用品专门零售	Special Retail of Textiles, Garments and Daily Consumer Articles	10	905
#服装零售	Retail of Garments	8	644
文化、体育用品及器材专门零售	Retail of Culture, Sports Appliances and Equipments	60	2093
#体育用品零售	Retail of Sports Goods		
图书零售	Retail of Books	51	1853
医药及医疗器材专门零售	Retail of Medicines and Medical Appliances	37	4994
#药品零售	Retail of Medicines	36	4983
汽车、摩托车、燃料及零配件专门零售	Retail of Motor Vehicles, Motorcycles, Fuel and Parts	194	10141
#汽车零售	Retail of Motor Vehicles	153	6100
机动车燃料零售	Retail of Fuel of Motor Vehicles	31	3745
家用电器及电子产品专门零售	Special Retail of Household Electric Appliances and Electronic Products	52	3174
#家用电器零售	Retail of Household Electric Appliances	21	2116
计算机、软件及辅助设备零售	Retail of Computer, Software and Assistant Appliances	27	634
通信设备零售	Retail of Communication Equipments	3	398
五金、家具及室内装修材料专门零售	Special Retail of Hardware, Furniture and Decoration Materials	8	294
无店铺及其他零售	Non-shop and Other Retails	15	454
#邮购及电子销售	Distribution of Post and E-commerce		

17-9 限额以上零售业企业购销存情况（2011）
Total Purchases, Sales and Stock of Enterprises above Designated Size of Retail Trade (2011)

单位：万元　　　　(10 000 yuan)

项　目	Item	商品购进额 Total Purchases Value	进口 Imports	商品销售额 Total Sales Value	出口 Exports	期末商品库存额 Stock (year-end)
零售业	**Retail Trade**	**4706577**	**71646**	**5245849**	**2125**	**785362**
按登记注册类型分	**By Types of Registration**					
内资企业	**Domestic Funded Enterprises**	**4618298**	**40983**	**5153460**	**2125**	**777232**
国有企业	State-owned Enterprises	581372		590067		58228
集体企业	Collective-owned Enterprises	79698		74901		11616
股份合作企业	Cooperative Enterprises	10867		75672		204472
联营企业	Joint Ownership Enterprises					
国有联营企业	State Joint Ownership Enterprises					
集体联营企业	Collective Joint Ownership Enterprises					
国有与集体联营企业	Joint State-collective Enterprises					
其他联营企业	Other Joint Ownership Enterprises					
有限责任公司	Limited Liability Corporations	1056152	30862	1088812		195283
国有独资公司	State Sole Funded Corporations	8820		9088		1011
其他有限责任公司	Other Limited Liability Corporations	1047332	30862	1079725		194273
股份有限公司	Share-holding Corporations Ltd.	1783603		1882587		88696
私营企业	Private Enterprises	994134	10122	1298998	2125	205823
私营独资企业	Private-funded Enterprises	195488		187441		16900
私营合伙企业	Private Partnership Enterprises	51092		53395		8364
私营有限责任公司	Private Limited Liability Corporations	729169	10122	1039666	2125	179745
私营股份有限公司	Private Share-holding Corporations Ltd.	18385		18497		814
其他企业	Other Enterprises	112474		142424		13114
港、澳、台商投资企业	**Enterprises with Funds from Hong Kong, Macao and Taiwan**	**46798**	**30663**	**43463**		**3335**
合资经营企业	Joint-venture Enterprises					
合作经营企业	Cooperative Enterprises					
独资经营企业	Enterprises with Sole Fund	46798	30663	43463		3335
投资股份有限公司	Share-holding Corporations Ltd.					
外商投资企业	**Foreign Funded Enterprises**	**41481**		**48926**		**4795**
中外合资经营企业	Joint-venture Enterprises					
中外合作经营企业	Cooperation Enterprises					
外资企业	Enterprises with Sole Fund	41481		48926		4795
外商投资股份有限公司	Share-holding Corporations Ltd.					

17-9 续表 continued

单位：万元 (10 000 yuan)

项 目	Item	商品购进额 Total Purchases Value	进口 Imports	商品销售额 Total Sales Value	出口 Exports	期末商品库存额 Stock (year-end)
按行业分	**By Sector**					
综合零售	Integrated Retail	811546		1022759		126353
#百货零售	Retail of General Merchandise	653779		854460		96654
超级市场零售	Retail of Supermarkets	133661		142979		26156
食品、饮料及烟草制品专门零售	Retail of Food, Beverages and Tobaccos	104575		133428	2125	23023
纺织、服装及日用品专门零售	Special Retail of Textiles, Garments and Daily Consumer Articles	22153		27130		4987
#服装零售	Retail of Garments	10783		15521		3183
文化、体育用品及器材专门零售	Retail of Culture, Sports Appliances and Equipments	110189		107436		22643
#体育用品零售	Retail of Sports Goods					
图书零售	Retail of Books	88655		92207		14544
医药及医疗器材专门零售	Retail of Medicines and Medical Appliances	138803		134943		37406
#药品零售	Retail of Medicines	136993		133229		37310
汽车、摩托车、燃料及零配件专门零售	Retail of Motor Vehicles, Motorcycles, Fuel and Parts	3275330	71646	3468945		471814
#汽车零售	Retail of Motor Vehicles	1244790	71646	1386178		362873
机动车燃料零售	Retail of Fuel of Motor Vehicles	2004455		2056811		106801
家用电器及电子产品专门零售	Special Retail of Household Electric Appliances and Electronic Products	175828		260563		89690
#家用电器零售	Retail of Household Electric Appliances	76901		163473		10464
计算机、软件及辅助设备零售	Retail of Computer, Software and Assistant Appliances	72989		74387		75454
通信设备零售	Retail of Communication Equipments	22607		19409		3735
五金、家具及室内装修材料专门零售	Special Retail of Hardware, Furniture and Decoration Materials	14940		22967		2495
无店铺及其他零售	Non-shop and Other Retails	53213		67678		6950
#邮购及电子销售	Distribution of Post and E-commerce					

17-10 限额以上零售业企业资产及负债（2011）
Assets and Liabilities of Enterprises above Designated Size of Retail Trade (2011)

单位：万元 (10 000 yuan)

项　目	Item	资产总计 Total Assets	#流动资产合计 Working Capitals	#固定资产合计 Total Fixed Assets	负债合计 Total Liabilities	所有者权益合计 Total Owners' Equities
零售业	**Retail Trade**	**2199484**	**1516373**	**329150**	**1463734**	**735750**
按登记注册类型分	**By Types of Registration**					
内资企业	**Domestic Funded Enterprises**	**2165644**	**1495368**	**316365**	**1441958**	**723686**
国有企业	State-owned Enterprises	129969	82402	36758	80419	49550
集体企业	Collective-owned Enterprises	26541	18091	5762	20373	6168
股份合作企业	Cooperative Enterprises	216077	213951	2109	12612	203466
联营企业	Joint Ownership Enterprises					
国有联营企业	State Joint Ownership Enterprises					
集体联营企业	Collective Joint Ownership Enterprises					
国有与集体联营企业	Joint State-collective Enterprises					
其他联营企业	Other Joint Ownership Enterprises					
有限责任公司	Limited Liability Corporations	707785	495812	67125	558062	149723
国有独资公司	State Sole Funded Corporations	5299	2722	2518	2658	2641
其他有限责任公司	Other Limited Liability Corporations	702486	493090	64607	555404	147082
股份有限公司	Share-holding Corporations Ltd.	301444	140315	96222	195681	105763
私营企业	Private Enterprises	717214	511716	99144	521307	195907
私营独资企业	Private-funded Enterprises	93166	53452	15941	71380	21787
私营合伙企业	Private Partnership Enterprises	24132	20524	2673	19933	4199
私营有限责任公司	Private Limited Liability Corporations	586306	427399	79759	421296	165010
私营股份有限公司	Private Share-holding Corporations Ltd.	13609	10341	772	8699	4911
其他企业	Other Enterprises	66614	33082	9245	53504	13110
港、澳、台商投资企业	**Enterprises with Funds from Hong Kong, Macao and Taiwan**	**20101**	**11309**	**8742**	**11461**	**8640**
合资经营企业	Joint-venture Enterprises					
合作经营企业	Cooperative Enterprises					
独资经营企业	Enterprises with Sole Fund	20101	11309	8742	11461	8640
投资股份有限公司	Share-holding Corporations Ltd.					
外商投资企业	**Foreign Funded Enterprises**	**13739**	**9696**	**4043**	**10315**	**3424**
中外合资经营企业	Joint-venture Enterprises					
中外合作经营企业	Cooperation Enterprises					
外资企业	Enterprises with Sole Fund	13739	9696	4043	10315	3424
外商投资股份有限公司	Share-holding Corporations Ltd.					

17-10 续表 continued

单位：万元 (10 000 yuan)

项　目	Item	资产总计 Total Assets	#流动资产合　计 Working Capitals	#固定资产合　计 Total Fixed Assets	负债合计 Total Liabilities	所有者权益合　计 Total Owners' Equities
按行业分	**By Sector**					
综合零售	Integrated Retail	721103	428274	165901	504460	216643
#百货零售	Retail of General Merchandise	597419	344469	143988	423048	174371
超级市场零售	Retail of Supermarkets	107507	76102	17008	74150	33357
食品、饮料及烟草制品专门零售	Retail of Food, Beverages and Tobaccos	83843	50747	12697	64579	19264
纺织、服装及日用品专门零售	Special Retail of Textiles, Garments and Daily Consumer Articles	23812	16999	4514	14278	9534
#服装零售	Retail of Garments	18340	13677	4090	10672	7667
文化、体育用品及器材专门零售	Retail of Culture, Sports Appliances and Equipments	98476	61464	28993	59870	38607
#体育用品零售	Retail of Sports Goods					
图书零售	Retail of Books	89188	53638	27693	55472	33716
医药及医疗器材专门零售	Retail of Medicines and Medical Appliances	73545	54263	10278	61802	11743
#药品零售	Retail of Medicines	73314	54077	10242	61694	11620
汽车、摩托车、燃料及零配件专门零售	Retail of Motor Vehicles, Motorcycles, Fuel and Parts	933215	749334	85517	552915	380300
#汽车零售	Retail of Motor Vehicles	849143	706136	52187	512883	336259
机动车燃料零售	Retail of Fuel of Motor Vehicles	75011	36511	32098	31928	43083
家用电器及电子产品专门零售	Special Retail of Household Electric Appliances and Electronic Products	198287	112820	4873	161103	37184
#家用电器零售	Retail of Household Electric Appliances	67968	60276	3395	46568	21401
计算机、软件及辅助设备零售	Retail of Computer, Software and Assistant Appliances	27124	24859	821	13643	13481
通信设备零售	Retail of Communication Equipments	101135	25765	650	98953	2182
五金、家具及室内装修材料专门零售	Special Retail of Hardware, Furniture and Decoration Materials	24567	13785	6313	18394	6173
无店铺及其他零售	Non-shop and Other Retails	42636	28687	10064	26335	16302
#邮购及电子销售	Distribution of Post and E-commerce					

17-11 限额以上零售业企业主要财务指标（2011）
Main Financial Indicators of Enterprises above Designated Size of Retail Trade (2011)

单位：万元　　　　(10 000 yuan)

项　目	Item	主营业务收入 Revenue from Principal Business	主营业务成本 Cost of Principal Business	主营业务税金及附加 Taxes and Other Charges on Principal Business
零售业	**Retail Trade**	**5121854.4**	**4610982.3**	**20575.0**
按登记注册类型分	**By Types of Registration**			
内资企业	**Domestic Funded Enterprises**	**5031223.6**	**4530819.8**	**20336.9**
国有企业	State-owned Enterprises	579092.5	530487.2	1490.5
集体企业	Collective-owned Enterprises	65988.9	63589.5	33.7
股份合作企业	Cooperative Enterprises	75273.9	47370.6	236.7
联营企业	Joint Ownership Enterprises			
国有联营企业	State Joint Ownership Enterprises			
集体联营企业	Collective Joint Ownership Enterprises			
国有与集体联营企业	Joint State-collective Enterprises			
其他联营企业	Other Joint Ownership Enterprises			
有限责任公司	Limited Liability Corporations	1097861.2	981810.1	4785.5
国有独资公司	State Sole Funded Corporations	8745.5	6934.5	434.6
其他有限责任公司	Other Limited Liability Corporations	1089115.7	974875.6	4350.9
股份有限公司	Share-holding Corporations Ltd.	1817809.2	1682429.3	3642.6
私营企业	Private Enterprises	1250540.3	1095236.2	9804.2
私营独资企业	Private-funded Enterprises	184406.1	153558.4	349.1
私营合伙企业	Private Partnership Enterprises	53432.5	46917.5	1831.3
私营有限责任公司	Private Limited Liability Corporations	993350.2	877147.6	7135.4
私营股份有限公司	Private Share-holding Corporations Ltd.	19351.5	17612.7	488.4
其他企业	Other Enterprises	144657.6	129896.9	343.7
港、澳、台商投资企业	**Enterprises with Funds from Hong Kong, Macao and Taiwan**	**45731.4**	**41337.5**	**0.3**
合资经营企业	Joint-venture Enterprises			
合作经营企业	Cooperative Enterprises			
独资经营企业	Enterprises with Sole Fund	45731.4	41337.5	0.3
投资股份有限公司	Share-holding Corporations Ltd.			
外商投资企业	**Foreign Funded Enterprises**	**44899.4**	**38825.0**	**237.8**
中外合资经营企业	Joint-venture Enterprises			
中外合作经营企业	Cooperation Enterprises			
外资企业	Enterprises with Sole Fund	44899.4	38825.0	237.8
外商投资股份有限公司	Share-holding Corporations Ltd.			

17–11 续表 continued

单位：万元 (10 000 yuan)

项　目	Item	主营业务收入 Revenue from Principal Business	主营业务成本 Cost of Principal Business	主营业务税金及附加 Taxes and Other Charges on Principal Business
按行业分	**By Sector**			
综合零售	Integrated Retail	954976.3	815289.9	8740.9
#百货零售	Retail of General Merchandise	788838.5	670830.4	6671.1
超级市场零售	Retail of Supermarkets	140524.7	121756.8	1917.9
食品、饮料及烟草制品专门零售	Retail of Food, Beverages and Tobaccos	127632.2	102144.1	415.4
纺织、服装及日用品专门零售	Special Retail of Textiles, Garments and Daily Consumer Articles	22119.8	17930.4	168.3
#服装零售	Retail of Garments	10510.8	8185.1	152.2
文化、体育用品及器材专门零售	Retail of Culture, Sports Appliances and Equipments	101102.0	79992.4	1523.5
#体育用品零售	Retail of Sports Goods			
图书零售	Retail of Books	86254.6	67377.1	1193.4
医药及医疗器材专门零售	Retail of Medicines and Medical Appliances	134963.7	104974.7	2174.2
#药品零售	Retail of Medicines	133249.3	103316.7	2174.2
汽车、摩托车、燃料及零配件专门零售	Retail of Motor Vehicles, Motorcycles, Fuel and Parts	3462332.6	3211811.0	5728.1
#汽车零售	Retail of Motor Vehicles	1433267.0	1295400.3	3521.8
机动车燃料零售	Retail of Fuel of Motor Vehicles	2003123.4	1891811.4	2081.7
家用电器及电子产品专门零售	Special Retail of Household Electric Appliances and Electronic Products	228469.8	207209.2	869.8
#家用电器零售	Retail of Household Electric Appliances	132916.0	118233.4	729.2
计算机、软件及辅助设备零售	Retail of Computer, Software and Assistant Appliances	74375.4	70328.3	83.6
通信设备零售	Retail of Communication Equipments	17883.2	15572.1	57.0
五金、家具及室内装修材料专门零售	Special Retail of Hardware, Furniture and Decoration Materials	21147.9	16114.0	656.8
无店铺及其他零售	Non-shop and Other Retails	69110.1	55516.6	298.0
#邮购及电子销售	Distribution of Post and E-commerce			

17-12 限额以上批发零售贸易业商品分类销售额

Total Sales of Enterprises above Designated Size in Wholesale and Refail Trade by Category of Main Commodities

单位：万元 (10 000 yuan)

项目	Item	销售合计 Total Sales		批发 Wholesale Trade		零售 Retail Trade	
		2010	2011	2010	2011	2010	2011
合计	**Total**	**20060959**	**25899541**	**16261063**	**20469922**	**3799896**	**5429619**
粮油、食品、饮料、烟酒	Food, Beverages, Tobacco and Liquor	1706304	2336887	1351573	1847700	354731	489187
#粮油、食品类	Food	325083	518438	129450	217316	195633	301122
粮油	Grain and Vegetable Oil	112327	184914	56561	111648	55766	73266
肉禽蛋	Meat, Poultry and Eggs	25828	30476		285	25828	30191
水产品类	Aquatic Products	5504	9870		41	5504	9829
蔬菜类	Vegetables	6080	47658		6361	6080	41297
干鲜果品	Dried and Fresh Melons and Fruits	9565	26199		3602	9565	22597
#饮料类	Beverages	35404	129660	12957	100814	22447	28846
#烟酒类	Tobacco and Liquor	1345817	1688789	1209166	1529570	136651	159219
服装鞋帽、针、纺织品	Garments, Footwear , Hats	290545	386229	4997	5548	285548	380681
化妆品	Cosmetics	58122	81318	21109	29783	37013	51535
金银珠宝	Gold, Silver and Jewelry	102217	150374	22487	33258	79730	117116
日用品	Articles for Daily Use	84760	127752	15357	23307	69403	104445
五金、电器	Hardware and Electrical Materials	5561	20319	1902	5089	3659	15230
体育、娱乐用品	Sports and Recreation Articles	9073	13281	75	5	8998	13276
书报杂志	Newspapers and Magazines	120443	138800	55730	49416	64713	89384
电子出版物及音像制品	E-journal and Video Products	3357	24514	7	62	3350	24452
家用电器和音像器材	Household Appliances and Video Appliances	937477	703388	800238	551138	137239	152250
中西药品	Traditional Chinese and Western Medicines	469303	558772	386239	442210	83064	116562
文化办公用品	Cultural and Official Goods	114247	131773	52598	47420	61649	84353
家具	Furniture	5376	8747			5376	8747
通讯器材	Communication Appliances	26987	71103	9745	29730	17242	41373
煤炭及制品	Coal and Related Product	147800	163088	134699	136904	13101	26184
木材及制品	Wood and Wooden Product	6867	255	6867	255		
石油及制品	Petroleum and Related Product	12057386	15530280	10371550	13129831	1685836	2400449
化工材料及制品	Raw Chemical Materials	475213	576278	475213	576278		
#化肥	Fertilizer	179172	283329	179172	283329		
金属材料	Metal Materials	1907432	2734876	1907432	2734876		
建筑及装潢材料	Building and Decoration Materials	130837	187128	121591	165807	9246	21321
机电产品及设备	Mechanical and Electrical Products	227593	267442	218512	240105	9081	27337
#农机	Agricultural Mechinery	17659	15560	17659	15560		
汽车	Automobile	1044775	1439491	199403	235779	845372	1203712
种子、饲料	Seed and Feedstuff	29000	35372	29000	35372		
棉麻	Cotton, Hemp	28154	63488	28154	39993		23495
其他	Others	72130	148587	46585	110058	25545	38530

17-13 限额以上批发零售业重要商品购进、销售及库存（2011）
Total Purchases, Sales and Stock of Enterprises above Designated Size of Retail Trade（2011）

项　目	Item	商品购进量 Total Purchases Value	商品销售量 Total Sales Value	期末商品库存量 Stock (year-end)
食用植物油（吨）	Edible Vegetable Oil (ton)	13347811	10256512	2392937
猪肉（吨）	Pork (ton)	6071240	3728572	3231358
牛肉（吨）	Beef (ton)	1088515	578421	727382
羊肉（吨）	Mutton (ton)	1064680	569968	721987
鲜蛋（吨）	Eggs (ton)	4712162	4618444	407751
彩色电视机（台）	Color Television Set (unit)	1953912	1753555	582522
家用电冰箱（台）	Household Refrigerator (unit)	221987	117487	104834
房间空调（台）	Room Air Conditioner (unit)	14561	13879	1154
电脑（微型计算机）（台）	Personal Computer (unit)	240595	230095	15976
汽车（辆）	Automotive (unit)	135740	126905	11703
#轿车	Car	105025	98454	8575
煤炭（吨）	Coal (ton)	1212135	1297819	192597
汽油（吨）	Gasoline (ton)	7315184	6638051	489619
柴油（吨）	Diesel Oil (ton)	20978635	16593824	617019
钢材（吨）	Steel Products (ton)	6726043	6568281	372188
铝（吨）	Aluminum (ton)	16885	16885	
水泥（吨）	Cement (ton)	3062318	1744626	1344107
化学肥料（吨）	Chemical Fertilizers (ton)	1346125	1317796	153023
化学农药（吨）	Chemical Pesticide (ton)	69024	84339	6518

17-14 亿元以上商品交易市场摊位分类情况（2011）
Classification of Commodity Exchange Markets of Transaction Value over 100 Million Yuan (2011)

类别	Classification	年末出租摊位数(个) Number of Booths (unit)	成交额(万元) Turnover (10 000yuan)
总计	**Total**	**30437**	**4194272**
食品、饮料、烟酒类	Food, Beverages, Tobacco and Liquor	8518	1355579
食品类	Food	7593	1210867
#粮油类	Grain and Oil	746	212835
肉禽蛋类	Meat, Poultry and Eggs	639	205187
水产品类	Aquatic Products	661	174040
蔬菜类	Vegetables	4039	367559
干鲜果品类	Dried and Fresh Melons and Fruits	1001	207811
饮料类	Beverages	349	41426
烟酒类	Tobacco and Liquor	576	103286
服装鞋帽、针、纺织品类	Clothing, Shoes, Hats and Textiles	8365	592861
服装类	Clothing	6424	521273
鞋帽类	Footwear and Hats	744	21606
针、纺织品类	Knitwear and Textiles	1197	49982
化妆品类	Cosmetics	422	59362
金银珠宝类	Gold, Silver and Jewellery	32	3613
日用品类	Articles for Daily Use	1249	205518
#洗涤用品类	Washing Articles	433	85444
儿童玩具类	Children Toys	183	50609
五金、电料类	Hardware & Electrical Materials	1781	48646
体育、娱乐用品类	Sports & Recreational Articles	211	42100
书报杂志类	Newspapers and Magazines	327	1221
电子出版物及音像制品类	E-journal and Video Products	279	15404
家用电器和音像器材类	Household Appliances and Video Equipments	534	139102
中西药品类	Traditional Chinese and Western Medicine	435	47442
#西药类	Western Medicine	201	28102
中草药及中成药类	Traditional Chinese	234	19340
文化办公用品类	Cultural and Official Goods	741	265419
家具类	Furniture	1887	91438
通讯器材类	Communication Appliances	72	9201
煤炭及制品类	Coal and Related Products	8	878
木材及制品类	Wood and Wooden Products	443	29695
石油及制品类	Petroleum and Related Products		
化工材料及制品类	Raw Chemical Materials and Related Products	17	301
#化肥类	Fertilizer	6	93
金属材料类	Metal Materials	2002	1038161
建筑及装潢材料类	Building and Decoration Materials	1731	184342
机电产品及设备类	Mechanical & Electrical Products	186	32150
#农机类	Agricultural Machinery		
汽车类	Automobile		
种子饲料类	Seed and Feedstuff	8	98
棉麻类	Cotton and Hemp	55	820
其他类	Others	1134	30921

17-15 各地区限额以上批发业企业基本情况和主要财务指标（2011）

Basic Conditions and Main Financial Indicators of Enterprises above Designated Size of Wholesale Trade by Region（2011）

单位：万元 (10 000 yuan)

地 区	Region	法人企业（个）Number of Corporation Enterprises (unit)	年末从业人数（人）Engaged Persons at Year-end (person)	商品销售额 Total Sales	主营业务收入 Revenue from Principal Business	主营业务成本 Cost of Principal Business	主营业务税金及附加 Taxes and Other Charges on Principal Business
兰州市	Lanzhou	144	10902	15430585	15195590	14736800	22777
嘉峪关市	Jiayuguan	14	572	713573	628076	601082	2307
金昌市	Jinchang	17	678	149266	142819	124273	2011
白银市	Baiyin	14	933	159200	145471	120377	5089
天水市	Tianshui	20	1451	543050	541796	487481	8193
武威市	Wuwei	10	1155	355852	334021	298730	4628
张掖市	Zhangye	16	1180	371449	355089	323262	3703
平凉市	Pingliang	9	1248	423799	389847	352680	5011
酒泉市	Jiuquan	19	2238	1942107	1887610	1811354	6946
庆阳市	Qingyang	5	1030	410649	363932	322590	6487
定西市	Dingxi	11	928	237543	220964	191151	5838
陇南市	Longnan	4	1139	211723	211723	154370	7560
临夏州	Linxia	6	711	182282	182282	158621	4662
甘南州	Gannan	5	163	44522	40356	33814	1271

17-16 各地区限额以上零售业企业基本情况和主要财务指标（2011）

Basic Conditions and Main Financial Indicators of Enterprises above Designated Size of Retail Trade by Region（2011）

单位：万元 (10 000 yuan)

地 区	Region	法人企业（个）Number of Corporation Enterprises (unit)	年末从业人数（人）Engaged Persons at Year-end (person)	商品销售额 Total Sales	主营业务收入 Revenue from Principal Business	主营业务成本 Cost of Principal Business	主营业务税金及附加 Taxes and Other Charges on Principal Business
兰州市	Lanzhou	155	19506	2708763	2634449	2361221	9509
嘉峪关市	Jiayuguan	14	1255	151315	136242	118581	278
金昌市	Jinchang	16	789	145152	144060	137084	169
白银市	Baiyin	43	4575	448946	448330	383052	962
天水市	Tianshui	63	4388	503568	485056	448926	797
武威市	Wuwei	19	865	65664	65063	58692	115
张掖市	Zhangye	31	1795	165338	153142	140836	1573
平凉市	Pingliang	26	2244	75826	72171	65006	384
酒泉市	Jiuquan	74	2884	220547	221829	199462	1664
庆阳市	Qingyang	24	2248	108104	107550	95885	266
定西市	Dingxi	23	1552	287280	287948	269944	352
陇南市	Longnan	16	1445	248277	248668	229895	435
临夏州	Linxia	15	845	33469	32898	23462	3990
甘南州	Gannan	1	200	83600	84449	78936	82

17-17 按城乡分各地县社会消费品零售总额（2011）
Total Retail Sale of Consumer Goods by Urban and Rural Areas（2011）

单位：万元 (10 000 yuan)

地　区	Region	社会消费品零售总额 Total Retail Sales of Consumer Goods	城镇 Urban	城区 City	乡村 Rural
兰州市	**Lanzhou**	**6467093**	**5673443**	**4029166**	**793649**
城关区	Chengguan	3718572	3718572	3623274	
七里河区	Qilihe	1129969	858026	164747	271943
西固区	Xigu	752334	571774	101287	180560
安宁区	Anning	368098	182202	132202	185896
红古区	Honggu	196062	195789	7657	273
永登县	Yongdeng	126055	43589		82466
皋兰县	Gaolan	47905	26104		21801
榆中县	Yuzhong	128097	77387		50710
嘉峪关市	**Jiayuguan**	**300109**	**300109**	**300109**	
金昌市	**Jinchang**	**433227**	**376528**	**372640**	**56699**
金川区	Jinchuan	302880	302880	302880	
永昌县	Yongchang	130347	73648	69760	56699
白银市	**Baiyin**	**1034978**	**870560**	**504736**	**164418**
白银区	Baiyin	538402	538402	289571	
平川区	Pingchuan	119763	119763	118220	
靖远县	Jingyuan	129750	71405	8401	58345
会宁县	Huining	152476	74318	40623	78158
景泰县	Jingtai	94588	66673	47920	27915
天水市	**Tianshui**	**1536354**	**1151302**	**862835**	**385052**
秦州区	Qinzhou	496144	409432	244581	86713
麦积区	Maiji	480866	411190	402509	69676
清水县	Qingshui	48412	23811	13261	24601
秦安县	Qinan	167123	90120	72143	77003
甘谷县	Gangu	175252	94889	75700	80362
武山县	Wushan	125040	91502	35178	33538
张家川县	Zhangjiachuan	43517	30358	19463	13159
武威市	**Wuwei**	**906569**	**599063**	**417374**	**307506**
凉州区	Liangzhou	533910	396612	319553	137298
民勤县	Minqin	132380	72942	5683	59438
古浪县	Gulang	104644	63426	47246	41218
天祝县	Tianzhu	135635	66083	44892	69552
张掖市	**Zhangye**	**802774**	**616897**	**500097**	**185877**

17-17 续表1 continued

单位：万元 (10 000 yuan)

地 区	Region	社会消费品零售总额 Total Retail Sales of Consumer Goods	城镇 Urban	城区 City	乡村 Rural
甘州区	Ganzhou	495529	401107	325710	94421
肃南县	Sunan	25823	13381	10312	12442
民乐县	Minle	79175	47274	47274	31901
临泽县	Linze	62056	41599	41599	20458
高台县	Gaotai	67685	56255	26200	11430
山丹县	Shandan	72506	57281	49002	15225
平凉市	**Pingliang**	**1046549**	**724645**	**480281**	**321905**
崆峒区	Kongtong	437400	378661	350809	58740
泾川县	Jingchuan	132279	62359	14408	69920
灵台县	Lingtai	70051	35733		34317
崇信县	Chongxin	41000	23595	22864	17405
华亭县	Huating	121234	84609	3000	36624
庄浪县	Zhuanglang	100818	54921	36882	45897
静宁县	Jingning	143769	84767	52318	59002
酒泉市	**Jiuquan**	**1067965**	**805263**	**783510**	**262702**
肃州区	Suzhou	454317	336953	336953	117364
金塔县	Jinta	73573	49270	39270	24303
瓜州县	Guazhou	121715	94667	85366	27048
肃北县	Subei	11589	10113	10113	1476
阿克塞县	Akesai	11207	9394	6943	1812
玉门市	Yumen	159569	121044	121044	38525
敦煌市	Dunhuang	235996	183822	183822	52174
庆阳市	**Qingyang**	**1121131**	**848386**	**620895**	**272746**
西峰区	Xifeng	391600	344449	331158	47151
庆城县	Qingcheng	162158	99180	64395	62979
环 县	Huanxian	77541	55200	25945	22342
华池县	Huachi	59502	33965	20552	25537
合水县	Heshui	57441	33685	24013	23756
正宁县	Zhengning	79712	47137	31210	32575
宁 县	Ningxian	156673	116205	65150	40468
镇原县	Zhenyuan	136505	118566	58473	17939
定西市	**Dingxi**	**634270**	**537093**	**468582**	**97177**
安定区	Anding	211922	211922	211922	
通渭县	Tongwei	46737	38674	24129	8063

17-17 续表2 continued

单位：万元 (10 000 yuan)

地 区	Region	社会消费品零售总 额 Total Retail Sales of Consumer Goods	城镇 Urban	城区 City	乡村 Rural
陇西县	Longxi	148300	128608	106524	19693
渭源县	Weiyuan	39530	26351	21667	13179
临洮县	Lintao	105781	81594	58049	24187
漳 县	Zhangxian	21999	14487	12369	7512
岷 县	Minxian	60000	35457	33922	24543
陇南市	**Longnan**	**488609**	**354882**	**216193**	**133727**
武都区	Wudu	165020	139623	125077	25397
成 县	Chengxian	58000	40967		17033
文 县	Wenxian	39903	23798	19328	16105
宕昌县	Tanchang	43125	24403	15862	18722
康 县	Kangxian	39025	23217	14019	15808
西和县	Xihe	40500	27938	10124	12562
礼 县	Lixian	50027	30773	11118	19254
徽 县	Huixian	40004	36362	12864	3642
两当县	Liangdang	13005	7801	7801	5204
临夏州	**Linxia**	**410242**	**339952**	**184607**	**70290**
临夏市	linxia	209549	209549	184607	
临夏县	linxia	36988	26465		10523
康乐县	Kangle	30211	16847		13364
永靖县	Yongjing	36187	27555		8632
广河县	Guanghe	40398	24218		16180
和政县	Hezheng	18227	13190		5037
东乡县	Dongxiang	12895	8786		4109
积石山县	Jishishan	25788	13343		12445
甘南州	**Gannan**	**230169**	**189460**	**186635**	**40709**
合作市	Hezuo	75752	75752	75752	
临潭县	Lintan	24222	17139	16314	7083
卓尼县	Zhuoni	21917	15663	15263	6254
舟曲县	Zhouqu	21342	14745	14345	6597
迭部县	Diebu	18491	14207	14007	4284
玛曲县	Maqu	20402	15543	15243	4859
碌曲县	Luqu	14724	10475	10175	4249
夏河县	Xiahe	33319	25936	25536	7383

17-18 按行业分各地县社会消费品零售总额（2011）
Total Retail Sale of Consumer Goods by Sector and Prefecture, County（2011）

单位：万元 (10 000 yuan)

地　区	Region	社会消费品零售总额 Total Retail Sales of Consumer Goods	批发业 Wholesalel Trade	零售业 Retail Trade	住宿业 Hotels	餐饮业 Catering Sevices	其他 Other
兰州市	**Lanzhou**	**6467093**	**536605**	**4752147**	**47449**	**1061030**	**69862**
城关区	Chengguan	3718572	275097	2923741	29845	439890	50000
七里河区	Qilihe	1129969	175241	782211	11063	161455	
西固区	Xigu	752335	46562	402509	1299	282964	19000
安宁区	Anning	368098	5984	308404		53709	
红古区	Honggu	196062	17428	123740	556	54338	
永登县	Yongdeng	126055	9940	87266	3971	24015	862
皋兰县	Gaolan	47905	330	38307	617	8652	
榆中县	Yuzhong	128097	6023	85969	98	36007	
嘉峪关市	**Jiayuguan**	**300109**	**10439**	**227691**	**5344**	**43774**	**12861**
金昌市	**Jinchang**	**433227**	**58991**	**288242**	**7210**	**78784**	
金川区	Jinchuan	302880	58991	194218	4292	45379	
永昌县	Yongchang	130347		94024	2918	33405	
白银市	**Baiyin**	**1034978**	**70199**	**805159**	**4010**	**140037**	**15574**
白银区	Baiyin	538402	55831	398899	529	75042	8102
平川区	Pingchuan	119763	8186	85769		24006	1802
靖远县	Jingyuan	129750		107897	796	19105	1952
会宁县	Huining	152476	6182	136818	751	6431	2294
景泰县	Jingtai	94588		75777	1933	15454	1423
天水市	**Tianshui**	**1536354**	**100756**	**1104588**	**26254**	**269286**	**35470**
秦州区	Qinzhou	496144	38270	305147	9865	128249	14613
麦积区	Maiji	480866	56079	345285	1659	71289	6554
清水县	Qingshui	48412	3868	29777	3267	5842	5658
秦安县	Qinan	167123	1718	145827	1532	16339	1707
甘谷县	Gangu	175252		139061	7839	23989	4363
武山县	Wushan	125040		108939	1478	14623	
张家川县	Zhangjiachuan	43517	821	30553	613	8955	2574
武威市	**Wuwei**	**906569**	**50690**	**623040**	**2478**	**207985**	**22376**
凉州区	Liangzhou	533910	24811	359453	1064	135608	12974
民勤县	Minqin	132380	22877	80574		23246	5683
古浪县	Gulang	104644	276	87142	1176	14360	1690
天祝县	Tianzhu	135635	2726	95871	238	34771	2029
张掖市	**Zhangye**	**802774**	**210190**	**464930**	**17739**	**109916**	

17–18 续表1 continued

单位：万元 (10 000 yuan)

地　区	Region	社会消费品零售总额 Total Retail Sales of Consumer Goods	批发业 Wholesalel Trade	零售业 Retail Trade	住宿业 Hotels	餐饮业 Catering Sevices	其他 Other
甘州区	Ganzhou	495529	197253	217156	7130	73990	
肃南县	Sunan	25823	640	21332	51	3800	
民乐县	Minle	79175	455	64661	3942	10118	
临泽县	Linze	62056	954	46935	826	13341	
高台县	Gaotai	67685	9756	54147	2102	1681	
山丹县	Shandan	72506	1132	60699	3689	6987	
平凉市	**Pingliang**	**1046549**	**241151**	**659365**	**31327**	**99615**	**15092**
崆峒区	Kongtong	437400	208766	191201	6502	24839	6092
泾川县	Jingchuan	132279	2985	99253	2464	24077	3500
灵台县	Lingtai	70051	10227	50440		9383	
崇信县	Chongxin	41000	752	30943	175	9129	
华亭县	Huating	121234	5923	78539	18678	15094	3000
庄浪县	Zhuanglang	100818	7570	84733	515	8000	
静宁县	Jingning	143769	4927	124256	2993	9093	2500
酒泉市	**Jiuquan**	**1067965**	**341834**	**575772**	**17229**	**117531**	**15600**
肃州区	Suzhou	454317	107161	275542	5048	55985	10582
金塔县	Jinta	73573	35878	31122	553	4782	1239
瓜州县	Guazhou	121715	70859	41690	4829	4173	165
肃北县	Subei	11589	3299	6889	72	1162	167
阿克塞县	Akesai	11207	5602	3162	4	2439	
玉门市	Yumen	159569	77655	60244	679	20991	
敦煌市	Dunhuang	235996	41380	157124	6046	27999	3448
庆阳市	**Qingyang**	**1121131**	**208370**	**738624**	**18892**	**139332**	**15913**
西峰区	Xifeng	391600	156353	156939	9421	64265	4622
庆城县	Qingcheng	162158	5228	121972	1171	28430	5358
环　县	Huanxian	77541	1513	64421	347	10554	707
华池县	Huachi	59502	136	48392	2206	7283	1485
合水县	Heshui	57441	26384	23653	1430	5307	667
正宁县	Zhengning	79712	13018	58476	2071	5361	786
宁　县	Ningxian	156673	21	142807	1353	11254	1238
镇原县	Zhenyuan	136505	5718	121965	893	6879	1050
定西市	**Dingxi**	**634270**	**29136**	**501909**	**19160**	**75033**	**9031**
安定区	Anding	211922		185058	2000	22540	2324
通渭县	Tongwei	46737	10886	28230	682	2981	3959

17-18 续表2 continued

单位：万元 (10 000 yuan)

地　区	Region	社会消费品零售总额 Total Retail Sales of Consumer Goods	批发业 Wholesalel Trade	零售业 Retail Trade	住宿业 Hotels	餐饮业 Catering Sevices	其他 Other
陇西县	Longxi	148300		122378	8843	14331	2748
渭源县	Weiyuan	39530	4029	30948	604	3949	
临洮县	Lintao	105781	4535	74085	4982	22180	
漳　县	Zhangxian	21999	5520	15261	794	424	
岷　县	Minxian	60000	4167	45950	1256	8627	
陇南市	**Longnan**	**488609**	**44745**	**352255**	**25733**	**65876**	
武都区	Wudu	165020	1851	144517	4538	14114	
成　县	Chengxian	58000	6913	37384	3147	10556	
文　县	Wenxian	39903	5165	26231	3399	5108	
宕昌县	Tanchang	43125	12475	10886	9664	10100	
康　县	Kangxian	39025		29194	60	9771	
西和县	Xihe	40500	1147	33461	825	5067	
礼　县	Lixian	50027	3802	39356	3579	3290	
徽　县	Huixian	40004	9717	23159	354	6774	
两当县	Liangdang	13005	3675	8067	167	1096	
临夏州	**Linxia**	**410242**	**89785**	**230365**	**5724**	**76054**	**8315**
临夏市	linxia	209549	72075	91626	2847	39086	3915
临夏县	linxia	36988	4900	25466		6122	500
康乐县	Kangle	30211	464	24198		5549	
永靖县	Yongjing	36187	3029	23951	2808	6099	300
广河县	Guanghe	40398	3696	25621	32	8149	2900
和政县	Hezheng	18227	3785	11089		2853	500
东乡县	Dongxiang	12895	229	8569	4	4093	
积石山县	Jishishan	25788	1607	19845	33	4103	200
甘南州	**Gannan**	**230169**	**5532**	**172011**	**1370**	**47963**	**3293**
合作市	Hezuo	75752	2610	53337	148	18762	895
临潭县	Lintan	24222	1008	16263	735	5984	232
卓尼县	Zhuoni	21917	1000	15742	290	4719	166
舟曲县	Zhouqu	21342	354	17434	38	3058	458
迭部县	Diebu	18491		14142	40	4120	189
玛曲县	Maqu	20402		17165	31	2853	353
碌曲县	Luqu	14724		12310	76	1902	436
夏河县	Xiahe	33319	560	25618	12	6565	564

主要统计指标解释

社会消费品零售总额 指企业（单位、个体户）通过交易直接售给个人、社会集团非生产、非经营的实物商品金额，以及提供餐饮服务所取得的收入金额。个人包括城乡居民和入境人员，社会集团包括机关、社会团体、部队、学校、企事业单位、居委会或村委会等。

批发业 指批发商向批发、零售单位及其他企事业、机关单位批量销售生活用品和生产资料的活动，以及从事进出口贸易和贸易经纪与代理的活动。批发商可以对所批发的货物拥有所有权，并以本单位、公司的名义进行交易活动；也可以不拥有货物的所有权，而以中介身份做代理销售商。还包括各类商品批发市场中固定摊位的批发活动。

零售业 指百货商店、超级市场、专门零售商店、品牌专卖店、售货摊等主要面向最终消费者（如居民等）的销售活动。包括以互联网、邮政、电话、售货机等方式的销售活动，还包括在同一地点，后面加工生产，前面销售的店铺（如前店后厂的面包房）。不包括：谷物、种子、饲料、牲畜、矿产品、生产用原料、化工原料、农用化工产品、机械设备（乘用车、计算机及通信设备等除外）等生产资料的销售（列入批发业）；非零售单位附带的零售活动，如汽车修理单位销售汽车零件（列入单位主业所对应的行业类别中）；商业零售单位所在商厦的物业管理（列入物业管理）；商业零售单位所在的商品市场、商业大厦的市场管理活动（列入市场管理）。

批发和零售业商品购进、销售、库存额 指各种登记注册类型的批发和零售业企业(单位)以本企业(单位)为总体的，从国内、国外市场购进的商品总量，销售和出口的商品总量、库存的商品总量等情况。该指标可以反映商品流转过程中商品的购进、销售、库存之间的比例关系和存在的问题。

商品购进额 指从本企业(单位)以外的单位和个人购进(包括从国外直接进口)作为转卖或加工后转卖的商品金额（含增值税）。商品购进包括：(1) 从工农业生产者、批发和零售业企业、住宿和餐饮业企业、出版社或报社的出版发行部门和其他服务业企业购进的商品；（2）从机关团体、事业单位购进的商品；（3）从海关、市场管理部门购进的缉私和没收的商品；（4）从居民收购的废旧商品等，不包括：（1）企业为本单位自身经营用，不是作为转卖而购进的商品，如材料物资、包装物、低值易耗品、办公用品等；（2）未通过买卖行为而收入的商品，如接受其他部门移交的商品、借入的商品、收入代其他单位保管的商品、其他单位赠送的样品、加工回收的成品等；（3）经本单位介绍，由买卖双方直接结算，本单位只收取手续费的业务；（4）销售退回和买方拒付货款的商品；（5）商品溢余。

商品销售额 指对本单位以外的单位和个人出售的商品金额（包括售给本单位消费用的商品，含增值税）。商品销售包括（1）售给城乡居民和社会集团消费用的商品；（2）售给农业、工业、建筑业、运输邮电业、服务业、公用事业等国民经济各行业用于生产、经营用的商品，包括售予批发和零售业作为转卖或加工后转卖的商品；（3）对国（境）外直接出口的商品，不包括：（1）未通过买卖行为付出的商品，如随机构变动移交给其他企业单位的商品、借出的商品、归还受其他单位委托代保管的商品、付出的加工原料和赠送给其他单位的样品等；（2）经本单位介绍，由买卖双方直接结算，本单位只收取手续费的业务；（3）购货退回的商品；（4）商品损耗和损失；（5）出售本单位自用的废旧物资。

商品库存额 指报告期末各种登记注册类型的批发和零售业企业(单位)已取得所有权的商品。它反映批发和零售业企业(单位)的商品库存情况和对市场商品供应的保证程度。商品库存包括：(1)存放在批发和零售业经营单位(如门市部、批发站、经营处)仓库、货场、货柜和货架中的商品；(2)挑选、整理、包装中的商品；(3)已记入购进而尚未运到本单位的商品，即发货单或银行承兑凭证已到而货未到的商品；(4)寄放他处的商品，如因购货方拒绝承付而暂时存放在购货方的商品和已办完加工成品收回手续而未提回的商品；(5)委托其他单位代销(未作销售或调出)尚未售出的商品；(6)代其他单位购进尚未交付的商品。不包括所有权不属于本单位的商品、委托外单位加工生产尚未收回成品的商品、外贸企业代理其他单位从国外进口尚未付给订货单位的商品、代国家物资储备部门保管的商品等。

18

住宿、餐饮业和旅游业

Hotels, Catering Services and Tourism

简要说明

一、本篇资料主要内容

本篇资料主要反映住宿和餐饮业的基本情况、经营情况和旅游产业的发展状况。主要内容包括：限额以上住宿和餐饮业基本情况、经营情况、财务状况；连锁餐饮业经营情况；旅行社、星级饭店基本情况；入境、出境旅游人数、国内旅游人数，以及国际、国内旅游收入等。

二、本篇资料的统计范围

限额以上住宿和餐饮业的企业、个体户；旅行社、星级饭店和旅游者。限额以上住宿和餐饮业统计单位为：年主营业务收入 200 万元及以上。

三、本篇资料来源

本篇资料由省统计局贸易外经处加工整理；旅游资料由省旅游局提供。

18-1 住宿和餐饮业情况
Basic Conditions of Hotels and Catering Services

指 标	Item	2009	2010	2011
住宿和餐饮业	**Hotels and Catering Services**			
法人企业（个）	Number of Corporation Enterprises (unit)	294	399	439
年末从业人数(人)	Engaged Persons at Year-end (person)	36627	43859	46037
营业额(万元)	Business Revenue (10000 yuan)	279249	370945	475084
#餐费收入(万元)	From Meals (10000 yuan)	173510	238886	302943
年末营业面积（平方米）	Business Area of Hotel and Catering Services at Year-end (sq.m)	509787	727244	975936
住宿业	**Hotels**			
法人企业（个）	Number of Corporation Enterprises (unit)	161	193	203
年末从业人数（人）	Engaged Persons at Year-end (person)	21982	23533	23850
营业额(万元)	Business Revenue (10000 yuan)	151357	192113	232613
#客房收入(万元)	From Hotel Rooms (10000 yuan)	79895	97828	125805
餐费收入(万元)	From Meals (10000 yuan)	55169	76481	84876
客房数（间）	Number of Room (room)	21431	24643	24207
床位数（位）	Number of Beds (bed)	46058	45988	44037
年末餐饮营业面积（平方米）	Business Area of Hotel Services at Year-end (sq.m)	200370	266746	422824
餐饮业	**Catering Services**			
法人企业(个)	Number of Corporation Enterprises (unit)	133	206	236
年末从业人数（人）	Engaged Persons at Year-end (person)	14645	20326	22187
营业额（万元）	Business Revenue (10000 yuan)	127892	178832	242471
#餐费收入（万元）	From Meals (10000 yuan)	118341	162405	218067
年末餐饮营业面积（平方米）	Business Area of Catering Services at Year-end (sq.m)	309417	460498	553112

18-2 限额以上住宿业企业基本情况(2011)

Basic Conditions of Enterprises above Designated Size of Hotels (2011)

项　目	Item	法人企业 (个) Number of Corporation Enterprises (unit)	年末从业人数 (人) Engaged Persons at Year-end (person)
住宿业	**Hotels**	**203**	**23850**
按登记注册类型分	**By Status of Registration**		
内资企业	**Domestic Funded Enterprises**	**200**	**23265**
国有企业	State-owned Enterprises	66	8957
集体企业	Collective-owned Enterprises	6	621
股份合作企业	Cooperative Enterprises	1	120
联营企业	Joint Ownership Enterprises		
国有联营企业	State Joint Ownership Enterprises		
集体联营企业	Collective Joint Ownership Enterprises		
国有与集体联营企业	Joint State-collective Enterprises		
其他联营企业	Other Joint Ownership Enterprises		
有限责任公司	Limited Liability Corporations	49	6644
国有独资公司	State Sole Funded Corporations		
其他有限责任公司	Other Limited Liability Corporations	49	6644
股份有限公司	Share-holding Corporations Ltd.	5	405
私营企业	Private Enterprises	66	5761
私营独资企业	Private-funded Enterprises	20	1469
私营合伙企业	Private Partnership Enterprises	3	204
私营有限责任公司	Private Limited Liability Corporations	40	3882
私营股份有限公司	Private Share-holding Corporations Ltd.	3	206
其他企业	Other Enterprises	7	757
港、澳、台商投资企业	**Enterprises with Funds from Hong Kong, Macao and Taiwan**	**2**	**272**
合资经营企业	Joint-venture Enterprises		
合作经营企业	Cooperative Enterprises		
独资经营企业	Enterprises with Sole Fund	1	170
投资股份有限公司	Share-holding Corporations Ltd.	1	102
外商投资企业	**Enterprises with Foreign Investment**	**1**	**313**
中外合资经营企业	Joint-venture Enterprises	1	313
中外合作经营企业	Cooperation Enterprises		
外资企业	Enterprises with Sole Fund		
外商投资股份有限公司	Share-holding Corporations Ltd.		
按行业分	**By Sector**		
旅游饭店	Tourist Hotel	145	19933
一般旅馆	Fonda	52	3482
其他住宿服务	Others	6	435

18-3 限额以上住宿业企业经营情况（2011）
Business of Enterprises above Designated Size of Hotels (2011)

单位：万元　　　　(10 000 yuan)

项　目	Item	营业额 Business Revenue	#客房收入 From Hotel Rooms	#餐费收入 From Meals
住宿业	**Hotels**	**232613**	**125805**	**84876**
按登记注册类型分	**By Status of Registration**			
内资企业	**Domestic Funded Enterprises**	**223202**	**120619**	**81248**
国有企业	State-owned Enterprises	98126	52846	34704
集体企业	Collective-owned Enterprises	3882	2739	1063
股份合作企业	Cooperative Enterprises	546	319	227
联营企业	Joint Ownership Enterprises			
国有联营企业	State Joint Ownership Enterprises			
集体联营企业	Collective Joint Ownership Enterprises			
国有与集体联营企业	Joint State-collective Enterprises			
其他联营企业	Other Joint Ownership Enterprises			
有限责任公司	Limited Liability Corporations	60289	31301	21752
国有独资公司	State Sole Funded Corporations			
其他有限责任公司	Other Limited Liability Corporations	60289	31301	21752
股份有限公司	Share-holding Corporations Ltd.	3606	2135	1164
私营企业	Private Enterprises	50775	28541	19275
私营独资企业	Private-funded Enterprises	13903	7722	5157
私营合伙企业	Private Partnership Enterprises	1327	614	617
私营有限责任公司	Private Limited Liability Corporations	33500	18423	13337
私营股份有限公司	Private Share-holding Corporations Ltd.	2045	1782	165
其他企业	Other Enterprises	5978	2739	3062
港、澳、台商投资企业	**Enterprises with Funds from Hong Kong, Macao and Taiwan**	**3630**	**2185**	**1294**
合资经营企业	Joint-venture Enterprises			
合作经营企业	Cooperative Enterprises			
独资经营企业	Enterprises with Sole Fund	1941	1345	574
投资股份有限公司	Share-holding Corporations Ltd.	1689	840	721
外商投资企业	**Enterprises with Foreign Investment**	**5781**	**3001**	**2334**
中外合资经营企业	Joint-venture Enterprises	5781	3001	2334
中外合作经营企业	Cooperation Enterprises			
外资企业	Enterprises with Sole Fund			
外商投资股份有限公司	Share-holding Corporations Ltd.			
按行业分	**By Sector**			
旅游饭店	Tourist Hotel	197562	103548	73028
一般旅馆	Fonda	30323	19241	10137
其他住宿服务	Others	4728	3016	1711

18-4 限额以上住宿业企业资产及负债（2011）

Assets and Liabilities of Enterprises above Designated Size of Hotels (2011)

单位：万元 (10 000 yuan)

项目	Item	资产总计 Total Assets	#流动资产合计 Working Capitals	#固定资产合计 Total Fixed Assets	负债合计 Total Liabilities	所有者权益合计 Total Owners' Equities
住宿业	**Hotels**	**594819**	**169220**	**328822**	**350346**	**244473**
按登记注册类型分	**By Status of Registration**					
内资企业	**Domestic Funded Enterprises**	**567879**	**164533**	**306570**	**333921**	**233958**
国有企业	State-owned Enterprises	219264	54736	142312	130116	89148
集体企业	Collective-owned Enterprises	11284	2936	8079	10807	477
股份合作企业	Cooperative Enterprises	524	85	256	21	503
联营企业	Joint Ownership Enterprises					
国有联营企业	State Joint Ownership Enterprises					
集体联营企业	Collective Joint Ownership Enterprises					
国有与集体联营企业	Joint State-collective Enterprises					
其他联营企业	Other Joint Ownership Enterprises					
有限责任公司	Limited Liability Corporations	188527	55839	78864	117421	71106
国有独资公司	State Sole Funded Corporations					
其他有限责任公司	Other Limited Liability Corporations	188527	55839	78864	117421	71106
股份有限公司	Share-holding Corporations Ltd.	9615	2922	6507	3686	5929
私营企业	Private Enterprises	125149	44903	61266	65208	59941
私营独资企业	Private-funded Enterprises	35059	9870	13149	20060	14999
私营合伙企业	Private Partnership Enterprises	3096	531	1861	718	2379
私营有限责任公司	Private Limited Liability Corporations	84712	32707	46133	41432	43279
私营股份有限公司	Private Share-holding Corporations Ltd.	2282	1794	123	2998	-716
其他企业	Other Enterprises	13516	3111	9286	6663	6853
港、澳、台商投资企业	**Enterprises with Funds from Hong Kong, Macao and Taiwan**	**8762**	**2654**	**6108**	**1162**	**7600**
合资经营企业	Joint-venture Enterprises					
合作经营企业	Cooperative Enterprises					
独资经营企业	Enterprises with Sole Fund	5882	2050	3832	810	5072
投资股份有限公司	Share-holding Corporations Ltd.	2880	605	2275	352	2528
外商投资企业	**Enterprises with Foreign Investment**	**18179**	**2033**	**16145**	**15263**	**2915**
中外合资经营企业	Joint-venture Enterprises	18179	2033	16145	15263	2915
中外合作经营企业	Cooperation Enterprises					
外资企业	Enterprises with Sole Fund					
外商投资股份有限公司	Share-holding Corporations Ltd.					
按行业分	**By Sector**					
旅游饭店	Tourist Hotel	529712	149472	289461	316916	212796
一般旅馆	Fonda	55734	18659	32239	30638	25096
其他住宿服务	Others	9373	1089	7122	2792	6581

18-5 限额以上住宿业企业主要财务指标（2011）
Main Financial Indicators of Enterprises above Designated Size of Hotels (2011)

单位：万元 (10 000 yuan)

项 目	Item	主营业务收入 Revenue from Principal Business	主营业务成本 Cost of Principal Business	主营业务税金及附加 Taxes and Other Charges on Principal Business
住宿业	**Hotels**	**230477**	**98959**	**13826**
按登记注册类型分	**By Status of Registration**			
内资企业	**Domestic Funded Enterprises**	**221066**	**96772**	**13304**
国有企业	State-owned Enterprises	96736	44581	5566
集体企业	Collective-owned Enterprises	3882	1216	216
股份合作企业	Cooperative Enterprises	546	159	40
联营企业	Joint Ownership Enterprises			
国有联营企业	State Joint Ownership Enterprises			
集体联营企业	Collective Joint Ownership Enterprises			
国有与集体联营企业	Joint State-collective Enterprises			
其他联营企业	Other Joint Ownership Enterprises			
有限责任公司	Limited Liability Corporations	60139	21389	4112
国有独资公司	State Sole Funded Corporations			
其他有限责任公司	Other Limited Liability Corporations	60139	21389	4112
股份有限公司	Share-holding Corporations Ltd.	3555	1561	130
私营企业	Private Enterprises	50440	23509	2857
私营独资企业	Private-funded Enterprises	13818	9329	602
私营合伙企业	Private Partnership Enterprises	1327	676	75
私营有限责任公司	Private Limited Liability Corporations	33269	13003	2039
私营股份有限公司	Private Share-holding Corporations Ltd.	2026	500	141
其他企业	Other Enterprises	5769	4359	384
港、澳、台商投资企业	**Enterprises with Funds from Hong Kong, Macao and Taiwan**	**3630**	**1031**	**201**
合资经营企业	Joint-venture Enterprises			
合作经营企业	Cooperative Enterprises			
独资经营企业	Enterprises with Sole Fund	1941	214	107
投资股份有限公司	Share-holding Corporations Ltd.	1689	818	94
外商投资企业	**Enterprises with Foreign Investment**	**5781**	**1156**	**321**
中外合资经营企业	Joint-venture Enterprises	5781	1156	321
中外合作经营企业	Cooperation Enterprises			
外资企业	Enterprises with Sole Fund			
外商投资股份有限公司	Share-holding Corporations Ltd.			
按行业分	**By Sector**			
旅游饭店	Tourist Hotel	196021	82667	12031
一般旅馆	Fonda	29729	12912	1611
其他住宿服务	Others	4728	3380	185

18-6 限额以上餐饮业企业基本情况（2011）
Basic Conditions of Enterprises above Designated Size of Catering Sevices (2011)

项　目	Item	法人企业 (个) Number of Corporation Enterprises (unit)	年末从业人数 (人) Engaged Persons at Year-end (person)
餐饮业	**Catering Services**	**236**	**22187**
按登记注册类型分	**By Status of Registration**		
内资企业	**Domestic Funded Enterprises**	**233**	**21427**
国有企业	State-owned Enterprises	15	2106
集体企业	Collective-owned Enterprises	2	191
股份合作企业	Cooperative Enterprises	3	254
联营企业	Joint Ownership Enterprises	1	60
国有联营企业	State Joint Ownership Enterprises		
集体联营企业	Collective Joint Ownership Enterprises	1	60
国有与集体联营企业	Joint State-collective Enterprises		
其他联营企业	Other Joint Ownership Enterprises		
有限责任公司	Limited Liability Corporations	53	5321
国有独资公司	State Sole Funded Corporations		
其他有限责任公司	Other Limited Liability Corporations	53	5321
股份有限公司	Share-holding Corporations Ltd.	5	550
私营企业	Private Enterprises	143	12239
私营独资企业	Private-funded Enterprises	55	3827
私营合伙企业	Private Partnership Enterprises	2	192
私营有限责任公司	Private Limited Liability Corporations	82	7829
私营股份有限公司	Private Share-holding Corporations Ltd.	4	391
其他企业	Other Enterprises	11	706
港、澳、台商投资企业	**Enterprises with Funds from Hong Kong, Macao and Taiwan**	**1**	**159**
合资经营企业	Joint-venture Enterprises		
合作经营企业	Cooperative Enterprises		
独资经营企业	Enterprises with Sole Fund	1	159
投资股份有限公司	Share-holding Corporations Ltd.		
外商投资企业	**Enterprises with Foreign Investment**	**2**	**601**
中外合资经营企业	Joint-venture Enterprises	1	50
中外合作经营企业	Cooperation Enterprises		
外资企业	Enterprises with Sole Fund	1	551
外商投资股份有限公司	Share-holding Corporations Ltd.		
按行业分	**By Sector**		
正餐服务业	Restaurant	230	21107
快餐服务业	Fast Food	3	788
饮料及冷饮服务业	Beverages and Cold Drinks		
其他餐饮服务业	Others	3	292

18-7 限额以上餐饮业企业经营情况（2011）

Business of Enterprises above Designated Size of Catering Services (2011)

单位：万元 (10 000 yuan)

项 目	Item	营业额 Business Revenue	#餐费收入 From Meals
餐饮业	**Catering Services**	**242471**	**218067**
按登记注册类型分	**By Status of Registration**		
内资企业	**Domestic Funded Enterprises**	**214731**	**190326**
国有企业	State-owned Enterprises	20037	13902
集体企业	Collective-owned Enterprises	1271	1053
股份合作企业	Cooperative Enterprises	2568	2087
联营企业	Joint Ownership Enterprises	3925	3925
国有联营企业	State Joint Ownership Enterprises		
集体联营企业	Collective Joint Ownership Enterprises	3925	3925
国有与集体联营企业	Joint State-collective Enterprises		
其他联营企业	Other Joint Ownership Enterprises		
有限责任公司	Limited Liability Corporations	46414	41841
国有独资公司	State Sole Funded Corporations		
其他有限责任公司	Other Limited Liability Corporations	46414	41841
股份有限公司	Share-holding Corporations Ltd.	4926	4772
私营企业	Private Enterprises	129815	117488
私营独资企业	Private-funded Enterprises	44707	38155
私营合伙企业	Private Partnership Enterprises	2357	1572
私营有限责任公司	Private Limited Liability Corporations	81202	76241
私营股份有限公司	Private Share-holding Corporations Ltd.	1550	1520
其他企业	Other Enterprises	5775	5259
港、澳、台商投资企业	**Enterprises with Funds from Hong Kong, Macao and Taiwan**	**711**	**711**
合资经营企业	Joint-venture Enterprises		
合作经营企业	Cooperative Enterprises		
独资经营企业	Enterprises with Sole Fund	711	711
投资股份有限公司	Share-holding Corporations Ltd.		
外商投资企业	**Enterprises with Foreign Investment**	**27030**	**27030**
中外合资经营企业	Joint-venture Enterprises	1068	1068
中外合作经营企业	Cooperation Enterprises		
外资企业	Enterprises with Sole Fund	25961	25961
外商投资股份有限公司	Share-holding Corporations Ltd.		
按行业分	**By Sector**		
正餐服务业	Restaurant	213282	188877
快餐服务业	Fast Food	27964	27964
饮料及冷饮服务业	Beverages and Cold Drinks		
其他餐饮服务业	Others	1226	1226

18-8 限额以上餐饮业企业资产及负债（2011）
Assets and Liabilities of Enterprises above Designated Size of Catering Services (2011)

单位：万元 (10 000 yuan)

项 目	Item	资产总计 Total Assets	#流动资产合 计 Working Capitals	#固定资产合 计 Total Fixed Assets	负债合计 Total Liabilities	所有者权益合 计 Total Owners' Equities
餐饮业	**Catering Services**	**265290**	**107795**	**94111**	**143766**	**121524**
按登记注册类型分	**By Status of Registration**					
内资企业	**Domestic Funded Enterprises**	**253724**	**100601**	**92730**	**140532**	**113192**
国有企业	State-owned Enterprises	25450	6957	14936	17538	7912
集体企业	Collective-owned Enterprises	525	86	298	404	121
股份合作企业	Cooperative Enterprises	10593	5762	3576	8756	1837
联营企业	Joint Ownership Enterprises	64	34	27	41	23
国有联营企业	State Joint Ownership Enterprises					
集体联营企业	Collective Joint Ownership Enterprises	64	34	27	41	23
国有与集体联营企业	Joint State-collective Enterprises					
其他联营企业	Other Joint Ownership Enterprises					
有限责任公司	Limited Liability Corporations	65446	23001	22672	33159	32287
国有独资公司	State Sole Funded Corporations					
其他有限责任公司	Other Limited Liability Corporations	65446	23001	22672	33159	32287
股份有限公司	Share-holding Corporations Ltd.	2833	1246	1522	968	1865
私营企业	Private Enterprises	143582	60254	48038	77057	66525
私营独资企业	Private-funded Enterprises	53574	20138	15043	28944	24630
私营合伙企业	Private Partnership Enterprises	1211	161	115	218	993
私营有限责任公司	Private Limited Liability Corporations	85598	39457	32249	46385	39212
私营股份有限公司	Private Share-holding Corporations Ltd.	3200	498	631	1510	1690
其他企业	Other Enterprises	5231	3262	1660	2610	2621
港、澳、台商投资企业	**Enterprises with Funds from Hong Kong, Macao and Taiwan**	**134**	**130**	**5**	**26**	**108**
合资经营企业	Joint-venture Enterprises					
合作经营企业	Cooperative Enterprises					
独资经营企业	Enterprises with Sole Fund	134	130	5	26	108
投资股份有限公司	Share-holding Corporations Ltd.					
外商投资企业	**Enterprises with Foreign Investment**	**11432**	**7064**	**1377**	**3208**	**8224**
中外合资经营企业	Joint-venture Enterprises	133	82	16	83	50
中外合作经营企业	Cooperation Enterprises					
外资企业	Enterprises with Sole Fund	11299	6982	1360	3125	8174
外商投资股份有限公司	Share-holding Corporations Ltd.					
按行业分	**By Sector**					
正餐服务业	Restaurant	250052	98324	91898	138721	111331
快餐服务业	Fast Food	13399	8682	1449	4333	9066
饮料及冷饮服务业	Beverages and Cold Drinks					
其他餐饮服务业	Others	1839	789	764	712	1128

18-9 限额以上餐饮业企业主要财务指标（2011）

Main Financial Indicators of Enterprises above Designated Size of Catering Services (2011)

单位：万元 (10 000 yuan)

项　目	Item	主营业务收入 Revenue from Principal Business	主营业务成本 Cost of Principal Business	主营业务税金及附加 Taxes and Other Charges on Principal Business
餐饮业	**Catering Services**	**238897**	**127100**	**12671**
按登记注册类型分	**By Status of Registration**			
内资企业	**Domestic Funded Enterprises**	**211157**	**114735**	**11140**
国有企业	State-owned Enterprises	17106	8247	918
集体企业	Collective-owned Enterprises	1228	574	59
股份合作企业	Cooperative Enterprises	2489	1884	187
联营企业	Joint Ownership Enterprises	3925	3885	11
国有联营企业	State Joint Ownership Enterprises			
集体联营企业	Collective Joint Ownership Enterprises	3925	3885	11
国有与集体联营企业	Joint State-collective Enterprises			
其他联营企业	Other Joint Ownership Enterprises			
有限责任公司	Limited Liability Corporations	46257	24312	2682
国有独资公司	State Sole Funded Corporations			
其他有限责任公司	Other Limited Liability Corporations	46257	24312	2682
股份有限公司	Share-holding Corporations Ltd.	4926	2667	176
私营企业	Private Enterprises	129587	69926	6794
私营独资企业	Private-funded Enterprises	44640	22964	1932
私营合伙企业	Private Partnership Enterprises	2357	1145	55
私营有限责任公司	Private Limited Liability Corporations	81040	44528	4717
私营股份有限公司	Private Share-holding Corporations Ltd.	1550	1289	90
其他企业	Other Enterprises	5640	3240	315
港、澳、台商投资企业	**Enterprises with Funds from Hong Kong, Macao and Taiwan**	**711**	**321**	**40**
合资经营企业	Joint-venture Enterprises			
合作经营企业	Cooperative Enterprises			
独资经营企业	Enterprises with Sole Fund	711	321	40
投资股份有限公司	Share-holding Corporations Ltd.			
外商投资企业	**Enterprises with Foreign Investment**	**27030**	**12045**	**1491**
中外合资经营企业	Joint-venture Enterprises	1068	465	34
中外合作经营企业	Cooperation Enterprises			
外资企业	Enterprises with Sole Fund	25961	11580	1457
外商投资股份有限公司	Share-holding Corporations Ltd.			
按行业分	**By Sector**			
正餐服务业	Restaurant	209708	113860	11046
快餐服务业	Fast Food	27964	12781	1542
饮料及冷饮服务业	Beverages and Cold Drinks			
其他餐饮服务业	Others	1226	460	83

18-10 各地区限额以上住宿业企业基本情况和主要财务指标（2011）

Basic Conditions and Main Financial Indicators of Enterprises above Designated Size of Hotels by Region（2011）

单位：万元 (10 000 yuan)

地　区	Region	法人企业(个) Number of Corporation Enterprises (unit)	年末从业人数(人) Engaged Persons at Year-end (person)	营业额 Business Revenue	主营业务收入 Revenue from Principal Business	主营业务成本 Cost of Principal Business	主营业务税金及附加 Taxes and Other Charges on Principal Business
兰州市	Lanzhou	63	9815	103917	103696	36019	5836
嘉峪关市	Jiayuguan	7	841	8837	8728	2530	487
金昌市	Jinchang	4	820	7478	7397	6258	463
白银市	Baiyin	9	802	5926	5926	3760	344
天水市	Tianshui	23	2264	22346	22168	10506	1168
武威市	Wuwei	6	375	4538	4504	2210	241
张掖市	Zhangye	13	706	6846	5953	3548	266
平凉市	Pingliang	12	1643	14656	14568	7774	597
酒泉市	Jiuquan	22	2347	25868	25731	9208	1614
庆阳市	Qingyang	7	687	5386	5150	3285	268
定西市	Dingxi	11	989	8567	8567	5412	407
陇南市	Longnan	12	1104	7834	7682	3306	427
临夏州	Linxia	5	842	6467	6460	3344	1310
甘南州	Gannan	9	615	3947	3947	1799	399

18-11 各地区限额以上餐饮业企业基本情况和主要财务指标（2011）

Main Financial Indicators of Enterprises above Designated Size of Catering Services by Region（2011）

单位：万元 (10 000 yuan)

地　区	Region	法人企业(个) Number of Corporation Enterprises (unit)	年末从业人数(人) Engaged Persons at Year-end (person)	营业额 Business Revenue	主营业务收入 Revenue from Principal Business	主营业务成本 Cost of Principal Business	主营业务税金及附加 Taxes and Other Charges on Principal Business
兰州市	Lanzhou	113	11697	142928	142992	74513	8604
嘉峪关市	Jiayuguan	9	730	7787	7774	3123	431
金昌市	Jinchang	7	561	3905	3871	2098	145
白银市	Baiyin	10	1076	11600	11599	3305	391
天水市	Tianshui	25	1654	22863	22652	17700	503
武威市	Wuwei	11	606	4825	4912	2976	331
张掖市	Zhangye	6	328	2129	2129	1435	166
平凉市	Pingliang	6	762	4823	3134	2056	214
酒泉市	Jiuquan	18	1009	8914	8917	4420	478
庆阳市	Qingyang	12	1842	18416	16965	7252	872
定西市	Dingxi	4	718	3746	3851	2247	22
陇南市	Longnan	3	239	2718	2719	1457	195
临夏州	Linxia	10	818	6759	6323	4074	280
甘南州	Gannan	2	147	1059	1059	444	41

18-12 旅游业发展情况
Development of Tourism

指　标	Item	2009	2010	2011
旅行社数(个)	**Number of Travel Agencies (unit)**	**331**	**408**	**437**
# 出境旅游组团社	Number of Outbound Travel Tour Agencies	9	9	9
星级饭店数(个)	**Number of Star-rated Hotel (unit)**	**305**	**329**	**337**
入境旅游人数(人次)	**Number of Overseas Visitor Arrivals(person-time)**	**60711**	**70167**	**91080**
外国人	Foreigners	45094	49921	54695
港澳同胞	Chinese Compatriots from Hong Kong and Macao	6727	7961	13568
台湾同胞	Chinese Compatriots from Taiwan Province	8890	12285	22817
国内旅游人数(万人次)	**Number of Domestic Visitors (10 000 person-times)**	**3388**	**4284**	**5827**
旅游收入　(亿元)	**Tourism Earnings (100 million yuan)**	**193**	**237**	**334**
国际旅游(外汇)收入(万美元)	Foreign Exchange Earnings from International Tourism (10 000 USD)	1254	1481	1740
国内旅游收入(亿元)	Earnings from Domestic Tourism (100 million yuan)	192	236	333

18-13 国内旅游情况
Domestic Tourism

年　份 Year	旅游人数 (万人次) Domestic Tourists (10 000 person-times)	比上年增长 (%) Growth Rate (%)	旅游总花费 (亿元) Tourism Expenditure (100 million yuan)	比上年增长 (%) Growth Rate (%)
2000	733.00	15.98	18.58	15.98
2001	838.88	14.44	21.26	14.42
2002	1035.00	23.38	26.83	26.20
2003	863.31	-16.59	21.89	-18.41
2004	949.60	10.00	51.62	135.82
2005	1207.85	27.20	57.68	11.74
2006	1574.10	30.32	75.19	30.36
2007	2389.93	51.83	110.64	47.15
2008	2482.30	3.86	136.40	23.28
2009	3387.67	36.47	191.90	40.69
2010	4284.45	26.47	236.21	23.09
2011	5826.48	35.99	332.57	40.79

18-14 接待港澳台同胞和外国旅游人数
Hongkong, Macao and Taiwan Chinese and Foreign Tourists

国　别	Country	2005	2008	2009	2010	2011
旅游人数（人次）	**Total (person-time)**	**288484**	**83196**	**60711**	**70167**	**91080**
港澳台同胞	Hongkong, Macao and Taiwan Chinese	116441	23352	15617	20246	36385
外国人	Foreigner	172043	59844	45094	49921	54695
#日本人	Japanese	39804	10290	11540	14273	12628
韩国人	South Korea	11214	7838	2874	4622	6101
菲律宾人	Filipino	1283	137	264	176	131
新加坡人	Singaporean	6851	2458	2199	2300	3003
泰国人	Thai	2847	1072	509	265	754
印尼人	Indonesian	1352	561	397	696	654
美国人	American	15803	9779	5358	6025	8002
加拿大人	Canadian	6346	1245	1550	1242	1654
英国人	British	9144	3599	2824	1387	1703
德国人	German	9292	4997	2806	2413	2694
法国人	French	10810	3310	2470	2893	2922
意大利人	Italian	4400	793	826	828	806
瑞士人	Swiss	4377	657	571	578	634
瑞典人	Swedish	3202	271	147	180	189
荷兰人	Dutch	1357	326	311	549	459
西班牙人	Spanish	1731	434	413	521	445
澳大利亚人	Australian	8825	3509	1997	2258	2189
新西兰人	New Zealander	1425	319	175	301	512
俄罗斯人	Russian	3264	379	268	355	206
其他	Others	28717	7870	7595	8059	9009

18-15 国际旅游外汇收入及构成

Foreign Exchange Earning from International Tourism and It's Composition

单位：万美元,%　　(USD 10 000, %)

指 标	Item	2010 数额 Value	2010 比重 Percentage	2011 数额 Value	2011 比重 Percentage
总 计	**Total**	**1481.40**	**100.00**	**1739.77**	**100.00**
长途交通	Long-distance Traffic	721.44	48.70	972.53	55.90
民航	Civil Aviation	385.16	26.00	763.76	43.90
铁路	Railway	217.77	14.70	170.50	9.80
汽车	Motor Vehicles	118.51	8.00	38.27	2.20
轮船	Steamship				
游览	Visit	99.25	6.70	90.47	5.20
住宿	Hotels	179.25	12.10	207.03	11.90
餐饮	Catering Service	127.40	8.60	92.21	5.30
商品销售	Commodity	216.28	14.60	172.24	9.90
娱乐	Entertainment	31.11	2.10	92.21	5.30
邮电通讯	Post and Telecommunication	38.52	2.60	19.14	1.10
市内交通	Local Transpotation	14.81	1.00	38.27	2.20
其他服务	Other Service	53.33	3.60	55.67	3.20

18-16 各地区国际旅游外汇及接待国际旅游人数（2011）

Foreign Exchange Earning from Tourism and Number of Foreign Tourists by Region（2011）

地 区	Region	国际旅游外汇收入（万美元） Foreign Exchange Earning from Tourism (USD 10 000)	入境旅游人数（人次） Foreign Tourists (person-time)	#外国人 Foreigner
甘肃省	**Gansu**	**1739.77**	**91080**	**54695**
兰州市	Lanzhou	278.07	12245	7885
嘉峪关市	Jiayuguan	133.64	7416	3556
金昌市	Jinchang	7.22	459	456
白银市	Baiyin	2.12	65	30
天水市	Tianshui	68.89	4130	1842
武威市	Wuwei	125.89	7930	2708
张掖市	Zhangye	81.23	5341	1714
平凉市	Pingliang	11.42	743	192
酒泉市	Jiuquan	864.76	43881	29809
庆阳市	Qingyang	1.21	40	4
定西市	Dingxi	3.97	240	36
陇南市	Longnan	0.44	28	28
临夏州	Linxia	36.51	2367	1513
甘南州	Gannan	124.38	6195	4922

主要统计指标解释

住宿业 指有偿为顾客提供临时住宿的服务活动。不包括：提供长期住宿场所的活动，如出租房屋、公寓等（列入房地产开发经营）。

餐饮业 指在一定场所，对食物进行现场烹饪、调制，并出售给顾客主要供现场消费的服务活动。

营业额 指住宿和餐饮业法人企业（单位）在经营活动中因提供服务或销售商品等取得的收入。包括：客房收入、餐费收入、商品销售额（含增值税）和其他收入。不包括法人企业附营的其他行业产业活动单位的餐费收入、商品销售收入等各项收入。

客房收入 指住宿和餐饮业法人企业（单位）在经营活动中因提供住宿服务取得的收入。不包括法人企业附营的其他行业产业活动单位的客房收入。

餐费收入 指住宿和餐饮业法人企业（单位）因为顾客提供就餐服务取得的收入，包括经烹饪、调制加工后出售的各种食品，如主食、炒菜、凉拌菜等的收入。不包括法人企业附营的其他行业产业活动单位的餐费收入。

住宿和餐饮业年末营业面积 指住宿和餐饮企业对外提供餐饮服务的就餐面积和从事食品加工、烹饪、调制的厨房面积，不包括办公用房和仓库等面积。按年末实有建筑面积统计。

客房数 指住宿和餐饮业连锁门店提供住宿服务的房间数，该指标按报告期内正常情况下的实有数统计。

床位数 指住宿和餐饮业连锁门店供应旅客使用的床位数，不包括临时加床和门店内部工作人员使用的床位。该指标按报告期内正常情况下的实有数统计。

入境旅游人数 指报告期内来我国观光、度假、探亲访友、就医疗养、购物、参加会议或从事经济、文化、体育、宗教活动的外国人、港澳台同胞等入境游客。统计时，外国人、港澳台同胞每入境一次统计 1 人次。

国内旅游人数 指在报告期内在中国（大陆）观光游览、度假、探亲访友、就医疗养、购物、参加会议或从事经济、文化、体育、宗教活动的中国（大陆）居民人数，其出游的目的不是通过所从事的活动谋取报酬。统计时，国内游客按每出游一次统计 1 人次。

国际旅游(外汇)收入 指入境游客在中国（大陆）境内旅行、游览过程中用于交通、参观游览、住宿、餐饮、购物、娱乐等全部花费。

国内旅游收入 又称旅游总花费指国内游客在国内旅行、游览过程中用于交通、参观游览、住宿、餐饮、购物、娱乐等全部花费。

星级饭店 指设备、设施、服务符合《旅游饭店星级的划分与评定》（GB/T14308-2003），通过相关旅游管理部门评定，并取得星级饭店称号的饭店（含预备星级饭店）。

19

教育和科技

Education, Science and Technology

简要说明

一、本篇资料主要内容

本篇主要反映甘肃省教育、科学技术活动的基本情况。

教育资料主要包括：高等教育（研究生教育、普通本专科教育、成人本专科、其他各类高等学历教育）；中等教育（高中阶段、初中阶段）；小学教育；教育经费情况等资料。主要包括学校数、在校学生数、招生数、毕业生数、教职工数和专任教师数；各类学校教育经费情况。

科学技术资料主要内容包括：研究与试验发展（R&D）情况、规模以上工业科技活动情况、大中型工业企业科技活动情况、科学与开发机构科技活动情况、高等学校科技活动情况、科技成果情况、专利申请及授权情况、企事业单位专业技术人员等。

二、本篇资料来源

本篇资料由省统计局社会科技处搜集、整理。

1.教育资料由省教育厅提供。

2.科技资料来源于省统计局《科技统计综合年报》、《大中型工业企业科技统计年报》、省人社厅、省科学技术厅。

19-1 各级各类学校、教职工和专任教师情况 (2011)
Basic Statistics on Schools, Teachers and Staff and Full-time Teachers (2011)

项　目	Item	学校数 (所) Number of Schools (unit)	教职工数 (人) Teachers and Staff (person)	专任教师 (人) Full-time Teachers (person)
高等教育	**Higher Education**	**92**	**34891**	**22657**
研究生培养机构	Institutions Providing Postgraduate Programs	17		
普通高校	Regular Institutions of Higher Education	9		
科研机构	Research Institutions	8		
普通高等学校	Regular Institutions of Higher Education	37	33886	22066
本科院校	Universities with Full Undergraduate Courses	14	21134	12851
专科院校	Colleges with Specialized Courses	23	9739	7005
#职业技术学院	Vocational and Technical Colleges	18	7238	5385
其他机构(教学点)	Other Institutions	(5)	3013	2210
#独立学院	Non-university Tertiary	(5)	3013	2210
成人高等学校	Institutions of Higher Education for Adult	7	593	395
民办的其他高等教育机构	Other Private Institutions of Higher Education	31	412	196
中等教育	**Secondary Education**	**2404**	**170962**	**142646**
高中阶段教育	Senior Secondary Education	785	25822	57668
高　中	Senior Secondary Schools	436	20	38611
普通高中	Regular Senior Secondary Schools	436		38593
成人高中	Adult Senior Secondary Schools		20	18
中等职业教育	Vocational Secondary Education	349	25802	19057
普通中专	Regular Specialized Secondary Schools	90	9675	6566
成人中专	Adult Specialized Secondary Schools	34	1773	943
职业高中	Vocational Senior Secondary Schools	147	9763	8283
技工学校	Technical Schools	78	4468	3171
其他机构(教学点)	Other Institutions	(12)	123	94
初中阶段教育	Junior Secondary Education	1619	145140	84978
普通初中	Regular Junior Secondary Schools	1576	144584	84462
职业初中	Vocational Junior Secondary Schools			
成人初中	Adult Junior Secondary Schools	43	556	516
初等教育	**Primary Education**	**16741**	**151393**	**150308**
普通小学	Regular Primary Schools	10907	135559	141324
成人小学	Adult Primary Schools	5834	15834	8984
#扫盲班	Literacy Courses	5188	13943	7438
工读学校	**Schools for Juvenile Delinquents**			
特殊教育	**Special Education**	**22**	**586**	**484**
学前教育	**Pre-school Education**	**2457**	**22374**	**15009**

注:普通初中教职工数包含普通高中的教职工数，( ) 内数据表示不计校数。

a)Number of staff and teachers in regular junior secondary schools includes regular senior second schools.

Data in "()" indicates that don't count to number of schools.

19-2 各级各类学历教育学生情况 (2011)
Basic Statistics on Students by Level and Type of Education (2011)

单位：人 (person)

项目	Item	招生数 New Enrollment	在校学生数 Total Enrollment	毕业生数 Graduates
高等教育	**Students Received Higher Education**	**181464**	**590229**	**330059**
研究生	Postgraduates	9307	26973	7160
博士	Doctor's Degree	923	3482	729
硕士	Master's Degree	8384	23491	6431
普通本专科	Regular Undergraduates and College Students	124935	405306	99042
本科	Enrolled in Full Undergraduate Courses	69457	255680	51165
专科	Enrolled in Specialized Courses	55478	149626	47877
成人本专科	Adult Undergraduates and College Students	30984	90340	26811
本科	Enrolled in Full Undergraduate Courses	12828	36133	12320
专科	Enrolled in Specialized Courses	18156	54207	14491
其他高等学历教育	Other Degree of Higher Education Employees	16238	82160	204417
在职人员攻读博士、硕士学位	Enrolled in Graduate Programs Leading to Doctor or Master Degrees	1055	4896	
网络本专科生	Students Enrolled in Internet-based Courses	14746	31825	6062
本科	Enrolled in Full Undergraduate Courses	6467	18069	3427
专科	Enrolled in Specialized Courses	8279	13756	2635
学历文凭考试	Students Taking Exam Leading to Diploma			
自学考试	Students Taking Unified Exams after Completing Self-learning Programs		14550	7371
其他	Others	437	30889	190984
中等教育	**Students Received Secondary Education**	**778705**	**2383484**	**794741**
高中阶段教育	Senior Secondary Education	372005	1084677	332724
高中	Senior Secondary Schools	221551	657438	202586
普通高中	Regular Senior Secondary Schools	221551	657086	202234
成人高中	Adult Senior Secondary Schools		352	352
中等职业教育	Vocational Secondary Education	150454	427239	130138
普通中专	Regular Specialized Secondary Schools	51031	152825	46941
成人中专	Adult Specialized Secondary Schools	11366	31790	5234
职业高中	Vocational Senior Secondary Schools	56719	147946	50585
技工学校	Technical Schools	31338	94678	27378
初中阶段教育	Junior Secondary Education	406700	1298807	462017
普通初中	Regular Junior Secondary Schools	406700	1285392	458253
职业初中	Junior Secondary Vocational Schools			
成人初中	Adult Junior Secondary Schools		13415	3764
初等教育	**Students Received Primary Education**	**338176**	**2435452**	**647838**
普通小学	Regular Primary Schools	338176	2200743	426257
成人小学	Adult Primary Schools		234709	221581
#扫盲班	Literacy Courses		200367	166811
工读学校	**Schools for Juvenile Delinquents**			
特殊教育	**Students Received Special Education**	**1457**	**9455**	**708**
学前教育	**Students Received Pre-school Education**	**231830**	**432181**	**168594**

注：特殊教育学生数中包括普通中小学随班就读的学生。

a) Students received special education include those learning in the same classes of formal regular junior and primary schools.

19-3 各级各类学校数
Number of Schools by Level and Type

单位：所 (Unit)

年份 Year	普通高等学校 Regular Institutions of Higher Education	普通中学 Regular Secondary Schools	高中 Senior Secondary Schools	初中 Junior Secondary Schools	职业中学 Vocational Secondary Schools	普通小学 Primary Schools	特殊教育学校 Special Schools	学前教育 Pre-primary Education
1995	17	1626	444	1182	190	23718	11	1235
1996	17	1657	430	1227	180	23658	11	1321
1997	17	1656	427	1229	182	22848	11	1545
1998	17	1666	421	1245	178	22634	10	1803
1999	18	1667	410	1257	177	22560	10	2040
2000	18	1689	419	1270	170	21557	12	2249
2001	25	1979	435	1544	154	17477	11	1992
2002	25	2004	438	1566	156	16648	14	2286
2003	31	2031	453	1578	140	15635	14	2276
2004	31	2054	470	1584	151	15347	14	2377
2005	33	2050	497	1553	153	14963	14	2451
2006	33	2155	495	1660	154	14685	14	2556
2007	34	2130	493	1637	162	14002	14	2457
2008	34	2103	480	1623	181	13424	15	2503
2009	34	2081	463	1618	177	12637	15	2452
2010	35	2038	452	1586	150	11582	17	2407
2011	37	2012	436	1576	147	10907	22	2457

注：职业中学包括职业高中和职业初中(下表同)。
a) Vocational secondary schools include vocational senior and junior secondary schools. The same applies to the tables following.

19-4 各级各类学校专任教师数
Number of Full-time Teachers by Level and Type of School

单位：人 (person)

年份 Year	普通高等学校 Regular Institutions of Higher Education	普通中学 Regular Secondary Schools	高中 Senior Secondary Schools	初中 Junior Secondary Schools	职业中学 Vocational Secondary Schools	普通小学 Primary Schools	特殊教育学校 Special Schools	学前教育 Pre-primary Education
1995	6284	62669	12970	49699	4173	130032	224	9776
1996	6282	63912	13151	50761	4013	129823	235	8758
1997	6403	66124	13723	52401	4190	130628	248	10194
1998	6505	67774	13703	54071	4415	131473	221	10765
1999	6899	70711	14233	56478	4615	128839	297	10669
2000	7208	74082	15200	58882	4549	125172	269	11953
2001	8826	78439	16562	61877	4598	122038	271	10109
2002	10021	82709	18582	64127	4751	124017	279	10115
2003	12274	87753	21754	65999	3945	126740	294	11109
2004	13727	93024	25458	67566	4614	128725	296	9933
2005	14816	99150	29127	70023	5158	130841	303	10221
2006	16105	106106	32081	74025	5803	135491	314	10939
2007	17439	110204	33979	76225	7337	137149	345	10950
2008	18581	114963	35524	79439	7537	141371	341	12589
2009	19629	116883	36450	80433	8256	139966	380	12365
2010	20761	120689	37517	83172	7522	140381	418	13668
2011	22066	123055	38593	84462	8283	141324	484	15009

19-5 各级各类学校招生数
Number of New Students Enrollment by Level and Type of School

单位:人 (person)

年 份 Year	普通高等学校 Regular Institutions of Higher Education	普通中学 Regular Secondary Schools	高 中 Senior Secondary Schools	初 中 Junior Secondary Schools	职业中学 Vocational Secondary Schools	普通小学 Primary Schools	特殊教育学 校 Special Schools
1995	15119	337758	64113	273645	19260	525875	311
1996	15567	354996	63001	291995	19533	548661	281
1997	16313	375656	63782	311874	20593	563443	333
1998	16813	404014	69652	334362	19790	546980	842
1999	23010	455111	75439	379672	21180	538695	1049
2000	33425	508648	90840	417808	21461	552740	1094
2001	45382	547593	109805	437788	20945	601257	1644
2002	53079	590617	143666	446951	23013	609934	1231
2003	60069	621290	168181	453109	19212	572321	975
2004	66182	657600	186561	471039	26738	508787	979
2005	71572	691600	205710	485890	32313	461894	915
2006	90373	711676	207257	504419	52175	481721	1301
2007	98569	678575	204816	473759	71267	435661	1614
2008	110889	696897	210511	486386	72436	411003	2051
2009	112280	699300	216982	482318	72692	372689	1954
2010	114899	673394	219614	453780	70355	361331	2071
2011	124935	628251	221551	406700	56719	338176	1457

19-6 各级各类学校在校学生数
Number of Students Enrollment by Level and Type of School

单位:人 (person)

年 份 Year	普通高等学校 Regular Institutions of Higher Education	普通中学 Regular Secondary Schools	高 中 Senior Secondary Schools	初 中 Junior Secondary Schools	职业中学 Vocational Secondary Schools	普通小学 Primary Schools	特殊教育学 校 Special Schools	学前教育 Pre-primary Education
1995	45480	915263	168589	746674	42747	2737059	1529	409893
1996	47578	966394	176444	789950	45696	2857986	1523	403714
1997	50678	1021024	180035	840989	48111	2992795	1476	398426
1998	54014	1079819	185946	893873	48889	3092488	4003	376575
1999	62637	1185891	201138	984753	49866	3131747	4653	407489
2000	81734	1314710	229500	1085210	52573	3164603	6438	427960
2001	110898	1459845	276573	1183272	52657	3189816	9953	401681
2002	143009	1606592	346294	1260298	56483	3229371	9192	402653
2003	173391	1733035	427011	1306024	49529	3227592	7673	372225
2004	200282	1844406	499609	1344797	62506	3155535	7732	350749
2005	229459	1943839	566168	1377671	73451	3035794	8339	349407
2006	263691	2047847	603358	1444489	100062	2984425	9127	342279
2007	295992	2036640	613906	1422734	131929	2846312	11606	330213
2008	331895	2038447	618253	1420194	155909	2689631	13443	337843
2009	361490	2041628	630654	1410974	167699	2525962	13687	358748
2010	381526	2031002	646975	1384027	170001	2370406	13350	387338
2011	405306	1942478	657086	1285392	147946	2200743	9455	432181

19-7 各级各类学校毕业生数
Number of Graduates by Level and Type of School

单位：人 (person)

年 份 Year	普通高等学校 Regular Institutions of Higher Education	普通中学 Regular Secondary Schools	高 中 Senior Secondary Schools	初 中 Junior Secondary Schools	职业中学 Vocational Secondary Schools	普通小学 Primary Schools	特殊教育学校 Special Schools
1995	14288	252360	46948	205412	14053	319684	141
1996	13314	256098	48060	208038	12993	336205	121
1997	13140	274961	52911	222050	14884	355832	132
1998	13251	291067	54794	236273	14726	383938	258
1999	14007	305292	53867	251425	17030	424250	684
2000	13971	327787	56479	271308	15210	459255	948
2001	17000	351876	62793	289083	16785	488961	900
2002	21647	402829	72295	330534	17021	486101	712
2003	29582	456044	89040	367004	14753	481495	466
2004	39390	506391	109055	397336	16975	488842	612
2005	49886	561654	138165	423489	19144	502605	684
2006	57381	595637	164257	431380	19539	506371	701
2007	63315	628548	179335	449213	24451	478740	1089
2008	75051	645494	194146	451348	29687	485899	1664
2009	84082	655641	192269	463372	39579	492720	1965
2010	92226	649631	195045	454586	44095	474328	1850
2011	99042	660487	202234	458253	50585	426257	708

19-8 研究生数
Number of Postgraduates

单位:人 (person)

年 份 Year	招生数 New Enrollment	博士 Doctor's Degree	硕士 Master's Degree	在校学生数 Total Enrollment	博 士 Doctor's Degree	硕 士 Master's Degree	毕业生数 Graduates	博 士 Doctor's Degree	硕 士 Master's Degree
1995	689			1873	361	1512	416	76	340
1996	780			2146	440	1706	484	71	413
1997	884			2350	495	1855	601	93	508
1998	875			2563	523	2040	623	127	496
1999	1075			2874	597	2277	706	139	567
2000	1558			3579	764	2815	801	130	671
2001	2147			4781	963	3118	1096	283	813
2002	2703	448	2255	6403	1236	5167	940	168	772
2003	3634	583	3051	8555	1594	6961	1349	218	1131
2004	5073	683	4390	11496	1986	9509	1965	290	1675
2005	6146	717	5429	14895	2320	12575	2484	378	2106
2006	6710	747	5963	18069	2583	15486	3201	474	2727
2007	7117	783	6334	20034	2765	17269	4831	595	4236
2008	7502	810	6692	21580	2953	18627	5649	600	5049
2009	8463	887	7576	23469	3153	20316	6122	633	5459
2010	9098	888	8210	25609	3335	22274	6523	669	5854
2011	9307	923	8384	26973	3482	23491	7160	729	6431

19-9 普通本科分学科学生数 (2011)
Number of Students in Undergraduate by Field of Study (2011)

单位：人 (person)

类 别	Item	毕业生数 Graduates	招生人数 New Student Enrollment	在校学生数 Student Enrollment
总 计	**Total**	**51165**	**69457**	**255680**
哲 学	Philosophy	35	78	283
经济学	Economy	2982	4611	17038
法 学	Law	3371	4089	14593
教育学	Education	2544	4189	12779
文 学	Literature	9379	11436	44248
历史学	History	853	1252	4260
理 学	Science	7088	7995	31265
工 学	Engineering	14753	19943	73387
农 学	Agriculture	1194	1969	7116
医 学	Medicine	1583	3308	11636
管理学	Management	7383	10587	39075

19-10 普通专科分学科学生数 (2011)
Number of Students in Junior Colleges by Field of Study (2011)

单位：人 (person)

类　别	Item	毕业生数 Graduates	招生人数 New Student Enrollment	在校学生数 Student Enrollment
总计	**Total**	**47877**	**55478**	**149626**
#农林牧渔大类	Agriculture, Forestry, Animal Husbandry and Fishery Major Categories	1811	2972	7604
交通运输大类	Transport Major Categories	1843	2159	5573
生化与药品大类	Biochemical and Pharmaceutical Major Categories	2277	3392	8934
资源开发与测绘大类	Resource Development and Mapping Major Categories	2743	3549	9184
材料与能源大类	Materials and Energy Major Categories	378	1374	2633
土建大类	Civil Engineering Major Categories	4486	4761	13016
水利大类	Water Conservancy Major Categories	491	668	1716
制造大类	Manufacturing Major Categories	6844	8192	22754
电子信息大类	Electronic Information Major Categories	3755	4118	11578
环保、气象与安全大类	Major Categories of Environmental Protection, Meteorology and Security	938	786	2258
轻纺食品大类	Textile Food Major Categories	473	659	1769
财经大类	Finance Major Categories	4762	6390	16930
医药卫生大类	Medicine and Health Major Categories	3960	5079	12787
旅游大类	Tourism Major Categories	845	1105	2775
公共事业大类	Public Utilities Major Categories	172	192	593
文化教育大类	Culture and Education Major Categories	10347	7365	22453
艺术设计传媒大类	Art Design Media Major Categories	737	1156	3098
公安大类	Public Security Major Categories	705	698	2018
法律大类	Law Major Categories	310	863	1953

19-11 成人本科分学科学生数（2011）

Number of Students in Adult Institutions of Undergraduate by Field of Study (2011)

单位：人　　(person)

类别	Item	毕业生数 Graduates	招生人数 New Student Enrollment	在校学生数 Student Enrollment
总计	**Total**	**12320**	**12828**	**36133**
哲学	Philosophy			
经济学	Economy	153	279	1192
法学	Law	905	916	2085
教育学	Education	563	228	980
文学	Literature	3234	3342	10525
#外语	Foreign Language	450	496	1799
历史学	History	155	43	209
理学	Science	1177	346	1735
工学	Engineering	2721	4111	10252
农学	Agriculture	313	209	588
医学	Medicine	831	1056	2754
管理学	Management	2268	2298	5813

19-12 成人专科分学科学生数（2011）

Number of Students in Adult Institutions of Junior Colleges by Field of Study (2011)

单位：人　　(person)

类别	Item	毕业生数 Graduates	招生人数 New Student Enrollment	在校学生数 Student Enrollment
总计	**Total**	**14491**	**18156**	**54207**
#农林牧渔大类	Agriculture, Forestry, Animal Husbandry and Fishery Major Categories	319	1647	3212
交通运输大类	Transport Major Categories	1432	2873	10604
生化与药品大类	Biochemical and Pharmaceutical Major Categories	411	163	1045
资源开发与测绘大类	Resource Development and Mapping Major Categories	270	241	858
材料与能源大类	Materials and Energy Major Categories	110	207	1003
土建大类	Civil Engineering Major Categories	759	1211	3505
水利大类	Water Conservancy Major Categories	222	121	359
制造大类	Manufacturing Major Categories	2705	2073	7322
电子信息大类	Electronic Information Major Categories	982	678	2323
环保、气象与安全大类	Major Categories of Environmental Protection, Meteorology and Security	26		26
轻纺食品大类	Textile Food Major Categories			
财经大类	Finance Major Categories	2677	2806	8213
医药卫生大类	Medicine and Health Major Categories	2363	3726	9017
旅游大类	Tourism Major Categories	75	234	536
公共事业大类	Public Utilities Major Categories	123	215	452
文化教育大类	Culture and Education Major Categories	1656	1600	4815
艺术设计传媒大类	Art Design Media Major Categories	60	89	318
公安大类	Public Security Major Categories			
法律大类	Law Major Categories	301	272	599

19-13 网络本科分学科学生数 (2011)
Number of Students Enrolled in Internet-based Courses of Undergraduate by Field of Study (2011)

单位：人 (person)

类 别	Item	毕业生数 Graduates	招生人数 New Student Enrollment	在校学生数 Student Enrollment
总 计	**Total**	**3427**	**6467**	**18069**
哲 学	Philosophy			
经济学	Economy	297	454	1727
法 学	Law	476	533	1764
教育学	Education			
文 学	Literature	519	493	1456
#外语	Foreign Language			
历史学	History			
理 学	Science	24	49	159
工 学	Engineering	106	449	1553
农 学	Agriculture			
医 学	Medicine	376	1324	2658
管理学	Management	1629	3165	8752

19-14 网络专科分学科学生数 (2011)
Number of Students Enrolled in Internet-based Courses of Junior Colleges by Field of Study (2011)

单位：人 (person)

类 别	Item	毕业生数 Graduates	招生人数 New Student Enrollment	在校学生数 Student Enrollment
总 计	**Total**	**2635**	**8279**	**13756**
农林牧渔大类	Agriculture, Forestry, Animal Husbandry and Fishery Major Categories			
交通运输大类	Transport Major Categories			
生化与药品大类	Biochemical and Pharmaceutical Major Categories			
资源开发与测绘大类	Resource Development and Mapping Major Categories			
材料与能源大类	Materials and Energy Major Categories			
土建大类	Civil Engineering Major Categories		664	664
水利大类	Water Conservancy Major Categories			
制造大类	Manufacturing Major Categories			
电子信息大类	Electronic Information Major Categories	228	453	781
环保、气象与安全大类	Major Categories of Environmental Protection, Meteorology and Security			
轻纺食品大类	Textile Food Major Categories			
财经大类	Finance Major Categories	823	2420	4113
医药卫生大类	Medicine and Health Major Categories	462	1734	3265
旅游大类	Tourism Major Categories			
公共事业大类	Public Utilities Major Categories	943	2646	4216
文化教育大类	Culture and Education Major Categories			
艺术设计传媒大类	Art Design Media Major Categories			
公安大类	Public Security Major Categories			
法律大类	Law Major Categories	179	362	717

19-15 技工学校数、学生数和教职工数
Number of Technical Schools, Students, Teachers and Staff

单位：人 (person)

年 份 Year	学校数（所） Number of Schools (unit)	毕业生数 Graduates	招生数 New Student Enrollment	在校学生数 Student Enrollment	教职员工 Number of Staff and Teachers	专任教师 Number of Full-time Teachers
2003	56	4881	6169	12356	3260	3260
2004	57	4342	10986	19336	3758	2012
2005	57	4586	11424	23971	3698	2856
2006	62	7068	12878	29781	5206	4415
2007	62	7068	12878	29781	4598	3807
2008	75	11304	24720	57631		4147
2009	78	12549	41016	71060	4205	2928
2010	78	19944	39944	91249	4525	2189
2011	78	27378	31338	94678	4468	3171

19-16 各级各类成人教育基本情况（2011）
Basic Statistics of Adult Education at Various Levels (2011)

单位：人 (person)

类 别	Item	学校数（所） Number of Schools (unit)	毕业生数 Graduates	招生数 New Student Enrollment	在校学生数 Student Enrollment	教职员工 Number of Staff and Teachers	专任教师 Number of Full-time Teachers
成人高等教育	Adult Education Schools	7	2589	2066	7722	593	395
按学校类型分	By Type of School						
广播电视大学	Radio and TV Universities	1	2273	1792	6640	209	111
职工高等学校	Staff Higher Education Schools	5	316	274	1082	384	284
教育学院	Education Academy	1					
按受教育类型分	By Type of Education						
函 授	Correspondence Education				18		
夜 大	Evening College Education				949		
成人脱产	Off-job Adult Education				6755		
成人中等专业学校	Secondary Schools for Adults	34	5234	11366	31790	1773	943
成人中学	Adult Middle School	43	3764		13415	556	516
成人技术培训学校	Adults Technical Secondary Schools	5834	221581		234709	15834	8984

19-17 平均每万人口在校学生数和大中小学学生构成
Number of Students Per 10 000 Population and It's Composition

年 份 Year	平均每万人口在校学生数（人） Students Enrollment Per 10 000 Persons (person)			大、中、小学学生占学生总数（%） Students of Different Levels as Percentage to Total Students (%)		
	大学生 University and College Students	中学生 Secondary School Students	小学生 Primary School Students	大学生 University and College Students	中学生 Secondary School Students	小学生 Primary School Students
1995	19	383	1146	0.88	16.90	50.50
1996	20	398	1177	0.82	16.00	47.20
1997	21	416	1218	0.82	15.80	46.30
1998	22	435	1245	0.88	16.80	48.20
1999	25	466	1232	1.01	18.30	48.30
2000	32	514	1238	1.26	19.40	46.70
2001	42	588	1239	2.09	27.44	59.95
2002	55	681	1246	2.57	28.91	58.13
2003	67	725	1240	3.05	33.26	56.85
2004	76	769	1205	3.73	37.49	58.78
2005	88	818	1170	4.26	39.38	56.36
2006	101	868	1145	4.78	41.06	54.16
2007	113	778	1088	5.72	39.33	54.95
2008	126	776	1023	6.56	40.29	53.15
2009	137	907	1116	6.35	41.98	51.67
2010	149	931	1103	6.83	42.65	50.52
2011	158	888	859	8.30	46.61	45.09

19-18 各级学校教师负担学生数
Student-Teacher Ratio of School by Level of School

单位：人 (person)

年 份 Year	平均每个教师负担学生数 Students Taught Each Teacher			
	普通高等学校 Institutions of Higher Education	普通中等专业学校 Secondary Schools	普通中学 Regular Secondary Schools	普通小学 Primary School
1995	7	9	15	21
1996	8	10	15	22
1997	8	10	15	23
1998	8	11	16	24
1999	9	11	17	24
2000	12	12	18	25
2001	13	14	19	26
2002	14	16	19	26
2003	14	17	20	25
2004	15	18	19	25
2005	15	20	20	23
2006	16	22	19	22
2007	17	22	18	21
2008	18		18	19
2009	18		17	18
2010	18	23	17	17
2011	19	21	16	15

19-19 学龄儿童入学率和各级普通学校毕业生升学率

Net Enrollment Ratio of Primary Schools and Promotion Rate of Various Schools

单位：% (%)

年 份 Year	学龄儿童净入学率 Net Enrollment Ratio of Primary Schools	小学升学率 Promotion Rate from Primary Schools to Junior Secondary Schools	初中升学率 Promotion Rate from Junior Secondary Schools to Senior Secondary Schools	高中升学率 Promotion Rate from Senior Secondary Schools to Higher Education
1996	97.20	86.85		
1997	97.68	87.93		
1998	98.20	87.40		
1999	98.62	89.49		
2000	98.83	90.98		
2001	98.02	89.53	37.98	35.48
2002	98.55	91.95	43.46	38.20
2003	97.99	94.10	45.83	40.33
2004	98.27	96.36	46.95	42.16
2005	98.87	96.67	48.58	42.77
2006	98.89	99.61	48.04	44.50
2007	98.94	98.96	45.59	52.00
2008	99.14	100.10	46.64	60.00
2009	99.45	97.89	46.83	70.00
2010	99.46	95.67	48.31	71.00
2011	99.56	95.41	48.35	75.00

注：1.初中升高级中学包含升入技工学校。

2.高中升学率为普通高校招生数 (含电大普通班)与普通高中毕业生数之比。

a) Data on promotion rate from junior secondary schools to senior secondary schools include those entering into secondary technical

b) Data on promotion rate from senior secondary schools to higher education refer to the ratio of new entrants into regular institutions of higher education (including regular classes of TV universities) to graduates of senior secondary schools.

19-20 小学辍学率和小学五年巩固率
Dropout Rate and Five-year Consolidate Rate of Primary Schools

单位：%　　(%)

年　份 Year	小学辍学率 Dropout Rate of Primary Schools	#女生 Girls	小学五年巩固率 Five-year Consolidate Rate of Primary School	#女生 Girls
2000	1.65	1.96	71.43	72.43
2001	2.57	2.95	73.08	72.96
2002	2.44	2.57	77.67	77.73
2003	2.87	2.99	80.78	80.63
2004	2.66	2.79	83.36	82.49
2005	2.49	2.37	81.20	81.10
2006	1.06	1.26	84.92	85.10
2007	3.17	3.24	86.25	85.87
2008	2.66	2.50	88.26	88.21
2009	1.66	2.02	89.86	88.97
2010	1.60	1.71	82.86	82.07
2011	0.07	0.60	84.82	84.51

19-21 初中辍学率和初中三年巩固率
Dropout Rate and Three-year Consolidate Rate of Junior Secondary School

单位：%　　(%)

年　份 Year	初中辍学率 Dropout Rate of Junior Secondary School	#女生 Girls	初中三年巩固率 Three-year Consolidate Rate of Junior Secondary School	#女生 Girls
2003	3.20	2.64	92.79	93.74
2004	2.42	2.07	95.22	96.37
2005	2.50	1.95	94.66	96.27
2006	0.82	0.50	96.02	97.23
2007	3.31	2.85	93.50	94.25
2008	2.75	2.43	91.55	92.47
2009	2.00	1.67	94.04	95.29
2010	1.88	1.45	93.90	94.50
2011	0.60	0.46	91.56	92.50

19-22 各地县普通小学基本情况（2011）
Basic Statistics of Primary Schools and Kindergartens by Prefecture, County (2011)

单位：人 (person)

地 区	Region	幼儿园数（所） Kindergartens (unit)	在园儿童数 Number Children in Kindergartens	学龄儿童入学率（%） School-age Children Enrollment Rate (%)	学校数（所） Number of Schools (unit)	专任教师数 Number of Full-time Teachers	招生数 New Student Enrollment	在校学生数 Student Enrollment	毕业生数 Graduates
兰州市	**Lanzhou**	**295**	**56210**	**100.00**	**676**	**14635**	**34249**	**208846**	**37047**
城关区	Chengguan	97	20409	100.00	83	3264	11377	67011	11279
七里河区	Qilihe	32	6658	100.00	83	2119	5708	33467	5797
西固区	Xigu	35	5884	100.00	55	1592	3569	21813	4071
安宁区	Anning	27	4757	100.00	18	731	2068	11956	1971
红古区	Honggu	11	3113	100.00	35	946	1604	9497	1634
永登县	Yongdeng	47	6378	100.00	176	2577	4896	29849	5433
皋兰县	Gaolan	12	2289	100.00	44	1017	1567	9389	2159
榆中县	Yuzhong	34	6722	100.00	182	2389	3460	25864	4703
嘉峪关市	**Jiayuguan**	**56**	**7416**	**100.00**	**18**	**874**	**2745**	**16450**	**2900**
金昌市	**Jinchang**	**67**	**12894**	**100.00**	**103**	**2013**	**5206**	**33213**	**6085**
金川区	Jinchuan	25	7139	100.00	23	817	2719	16422	2859
永昌县	Yongchang	42	5755	100.00	80	1196	2487	16791	3226
白银市	**Baiyin**	**115**	**26144**	**100.00**	**716**	**11215**	**18281**	**138831**	**30398**
白银区	Baiyin	28	5217	100.00	39	1474	3399	21767	4113
平川区	Pingchuan	11	3405	100.00	50	1548	2509	15990	3268
靖远县	Jingyuan	35	6278	100.00	200	3065	3757	33535	8052
会宁县	Huining	19	5693	100.00	301	3561	6000	50540	11221
景泰县	Jingtai	22	5551	100.00	126	1567	2616	16999	3744
天水市	**Tianshui**	**180**	**37540**	**99.92**	**1703**	**19234**	**46632**	**366431**	**66397**
秦州区	Qinzhou	35	7491	99.97	269	3417	8138	63507	9854
麦积区	Maiji	47	9382	99.96	166	3374	3038	48651	8630
清水县	Qingshui	27	4631	100.00	200	1712	4391	31582	5699
秦安县	Qinan	15	2703	100.00	331	3126	6820	53939	13500
甘谷县	Gangu	16	2266	99.97	335	3355	11932	82935	13159
武山县	Wushan	37	9077	99.96	198	2121	7293	48787	8800
张家川县	Zhangjiachuan	3	1990	99.45	204	2129	5020	37030	6755
武威市	**Wuwei**	**140**	**42697**	**96.98**	**616**	**10788**	**20633**	**146329**	**27860**
凉州区	Liangzhou	96	30604	98.07	345	5363	12175	80186	13997
民勤县	Minqin	16	3698	88.22	30	1539	2002	16810	4183
古浪县	Gulang	22	5794	97.43	156	2283	4473	36291	7292
天祝县	Tianzhu	6	2601	100.60	85	1603	1983	13042	2388
张掖市	**Zhangye**	**431**	**31989**	**100.00**	**509**	**6212**	**13871**	**86860**	**16369**

19-22 续表 1 continued

单位：人 (person)

地 区	Region	幼儿园数（所）Kindergartens (unit)	在园儿童数 Number Children in Kindergartens	学龄儿童入学率（%）School-age Children Enrollment Rate (%)	学校数（所）Number of Schools (unit)	专任教师数 Number of Full-time Teachers	招生数 New Student Enrollment	在校学生数 Student Enrollment	毕业生数 Graduates
甘州区	Ganzhou	110	13228	100.00	98	2303	5530	35524	6638
肃南县	Sunan	1	595	100.00	6	256	325	2277	448
民乐县	Minle	91	5704	100.00	163	1161	3442	19311	3292
临泽县	Linze	81	3909	100.00	91	706	1266	8237	1852
高台县	Gaotai	68	3490	100.00	56	637	1198	8739	1921
山丹县	Shandan	80	5063	100.00	95	1149	2110	12772	2218
平凉市	**Pingliang**	**194**	**36788**	**100.00**	**1239**	**12272**	**26735**	**182830**	**36897**
崆峒区	Kongtong	40	7544	100.00	195	2468	6742	44833	7541
泾川县	Jingchuan	26	4373	100.00	208	1692	3231	24900	5697
灵台县	Lingtai	42	4147	100.00	142	1159	2079	14634	3493
崇信县	Chongxin	15	2250	100.00	66	519	1189	6052	1165
华亭县	Huating	25	5618	100.00	98	1477	2365	14442	2300
庄浪县	Zhuanglang	10	4752	100.00	252	2436	5290	40051	8548
静宁县	Jingning	36	8104	100.00	278	2521	5839	37918	8153
酒泉市	**Jiuquan**	**266**	**29114**	**100.00**	**247**	**4941**	**12298**	**80888**	**15188**
肃州区	Suzhou	93	13259	100.00	84	1807	4878	30599	5601
金塔县	Jinta	28	4599	100.00	28	826	1825	12905	2743
瓜州县	Guazhou	69	2806	100.00	73	746	1887	12149	2392
肃北县	Subei	1	332	100.00	2	109	116	745	127
阿克塞县	Akesai	1	394	100.00	1	67	143	736	115
玉门市	Yumen	26	3497	100.00	21	666	1582	11370	1955
敦煌市	Dunhuang	48	4227	100.00	38	720	1867	12384	2255
庆阳市	**Qingyang**	**341**	**56091**	**98.77**	**1327**	**14763**	**32230**	**193009**	**37647**
西峰区	Xifeng	59	14116	97.72	113	2526	5506	31201	5685
庆城县	Qingcheng	38	7277	95.33	149	1501	3065	17040	3653
环 县	Huanxian	16	4411	99.49	294	1949	5402	33738	6128
华池县	Huachi	18	4028	98.31	114	795	1606	9010	1855
合水县	Heshui	28	3592	99.56	30	795	1875	11032	2248
正宁县	Zhengning	31	6081	99.25	89	1427	2368	13832	3277
宁 县	Ningxian	76	7228	99.34	247	3018	6393	35805	7247
镇原县	Zhenyuan	75	9358	99.71	291	2752	6015	41351	7554
定西市	**Dingxi**	**160**	**40504**	**99.84**	**1301**	**14940**	**33045**	**218474**	**49360**
安定区	Anding	20	6136	100.00	200	2444	3834	24775	5498
通渭县	Tongwei	12	1514	100.00	248	2325	5079	37925	9462

19-22 续表 2 continued

单位：人 (person)

地 区	Region	幼儿园数（所） Kindergartens (unit)	在园儿童数 Number Children in Kindergartens	学龄儿童入学率（%） School-age Children Enrollment Rate (%)	学校数（所） Number of Schools (unit)	专任教师数 Number of Full-time Teachers	招生数 New Student Enrollment	在校学生数 Student Enrollment	毕业生数 Graduates
陇西县	Longxi	13	7199	100.00	202	3088	5782	36327	9326
渭源县	Weiyuan	26	5446	100.00	177	1944	3784	27246	6379
临洮县	Lintao	21	10631	100.00	192	2415	4981	30686	7182
漳 县	Zhangxian	3	3229	98.19	106	1014	2705	19106	4779
岷 县	Minxian	65	6349	100.00	176	1710	6880	42409	6734
陇南市	**Longnan**	**59**	**34702**	**99.25**	**1144**	**13205**	**41413**	**237397**	**50355**
武都区	Wudu	8	11435	99.85	181	2611	9437	49241	9691
成 县	Chengxian	13	4474	99.78	118	1346	3118	18422	3635
文 县	Wenxian	9	3733	95.18	130	1174	2896	18209	3517
宕昌县	Tanchang	2	1164	100.00	110	1242	5216	27502	4942
康 县	Kangxian	1	2956	98.26	65	914	2623	12291	2468
西和县	Xihe	3	4001	99.18	178	1974	5399	41845	9854
礼 县	Lixian	6	3357	99.70	200	2636	10048	52404	13174
徽 县	Huixian	15	2846	100.00	135	1006	2290	14586	2557
两当县	Liangdang	2	736	99.61	27	302	386	2897	517
临夏州	**Linxia**	**82**	**12439**	**100.04**	**855**	**10285**	**36579**	**206508**	**35400**
临夏市	linxia	40	6595	100.00	46	1160	3413	19879	3798
临夏县	linxia	2	307	100.00	149	1676	3980	30580	6393
康乐县	Kangle	24	2287	99.96	129	1286	6577	27095	3931
永靖县	Yongjing	4	984	100.00	89	1386	2762	15098	2694
广河县	Guanghe	2	212	100.00	96	1261	4411	31017	5612
和政县	Hezheng	2	300	100.44	72	875	2974	20129	3801
东乡县	Dongxiang	3	330	100.00	136	1481	4775	32029	4827
积石山县	Jishishan	5	1424	100.00	138	1160	7687	30681	4344
甘南州	**Gannan**	**71**	**7653**	**99.41**	**453**	**5947**	**14259**	**84677**	**14354**
合作市	Hezuo	11	1597	100.00	23	714	1748	9001	1360
临潭县	Lintan	14	771	100.00	117	1156	3204	19556	3533
卓尼县	Zhuoni	11	979	97.76	99	854	1683	11711	2028
舟曲县	Zhouqu	13	1486	98.96	94	996	3100	18849	3156
迭部县	Diebu	6	677	100.00	51	560	1127	6041	1222
玛曲县	Maqu	4	570	100.00	10	393	1125	6388	830
碌曲县	Luqu	4	798	98.98	21	557	727	4331	678
夏河县	Xiahe	8	775	100.00	38	717	1545	8800	1547

19-23 各地县普通中学基本情况（2011）
Basic Statistics of Regular Primary Schools by Prefecture, County (2011)

单位：人 (person)

地　区	Region	普通中学学校数（所） Number of Schools (unit)	毕业生数 Graduates	招生数 New Student Enrollment	在校学生数 Student Enrollment	高中 Senior Secondary Schools	初中 Junior Secondary Schools	专任教师 Number of Full-time Teachers
兰州市	**Lanzhou**	**125**	**66335**	**60982**	**187426**	**74994**	**112432**	**13723**
城关区	Chengguan	17	16267	18154	53169	20538	32631	3689
七里河区	Qilihe	14	7381	7372	22004	7540	14464	1678
西固区	Xigu	13	7827	7210	21773	9811	11962	1638
安宁区	Anning	5	4068	4283	12818	4893	7925	891
红古区	Honggu	8	3095	2657	8491	3375	5116	842
永登县	Yongdeng	32	12732	9608	30967	12478	18489	2220
皋兰县	Gaolan	12	5140	3728	11875	5572	6303	996
榆中县	Yuzhong	24	9825	7970	26329	10787	15542	1769
嘉峪关市	**Jiayuguan**	**8**	**4811**	**4806**	**14566**	**6142**	**8424**	**975**
金昌市	**Jinchang**	**17**	**12005**	**10235**	**32634**	**13631**	**19003**	**2164**
金川区	Jinchuan	9	5413	4676	14713	5894	8819	1001
永昌县	Yongchang	8	6592	5559	17921	7737	10184	1163
白银市	**Baiyin**	**133**	**64857**	**53040**	**175173**	**64682**	**110491**	**11348**
白银区	Baiyin	8	8665	8454	26100	11881	14219	1635
平川区	Pingchuan	18	6666	6338	19800	6812	12988	1457
靖远县	Jingyuan	39	17171	13730	46817	16955	29862	2946
会宁县	Huining	50	23272	18257	60695	20099	40596	3782
景泰县	Jingtai	18	9083	6261	21761	8935	12826	1528
天水市	**Tianshui**	**216**	**78054**	**87937**	**262547**	**72253**	**190294**	**15892**
秦州区	Qinzhou	27	13416	13781	44707	13468	31239	2875
麦积区	Maiji	36	13706	11970	37874	10524	27350	2821
清水县	Qingshui	27	6109	7573	20449	5443	15006	1362
秦安县	Qinan	31	11831	17697	52014	14610	37404	2613
甘谷县	Gangu	49	16161	17900	51159	16106	35053	2964
武山县	Wushan	30	8297	10603	30694	7065	23629	1923
张家川县	Zhangjiachuan	16	8534	8413	25650	5037	20613	1334
武威市	**Wuwei**	**120**	**53600**	**46284**	**150313**	**55870**	**94443**	**9232**
凉州区	Liangzhou	63	28185	23347	74928	27794	47134	4636
民勤县	Minqin	17	10434	7836	27178	11320	15858	1723
古浪县	Gulang	25	10345	10767	34129	11116	23013	1720
天祝县	Tianzhu	15	4636	4334	14078	5640	8438	1153
张掖市	**Zhangye**	**84**	**30773**	**28053**	**87771**	**32543**	**55228**	**5776**

19-23 续表 1 continued

单位：人 (person)

地 区	Region	普通中学学校数（所） Number of Schools (unit)	毕业生数 Graduates	招 生 数 New Student Enrollment	在校学生数 Student Enrollment	高 中 Senior Secondary Schools	初 中 Junior Secondary Schools	专任教师 Number of Full-time Teachers
甘州区	Ganzhou	31	12682	11771	37069	14532	22537	2571
肃南县	Sunan	6	796	499	1786	451	1335	160
民乐县	Minle	13	6472	5916	18267	6837	11430	973
临泽县	Linze	9	3044	3122	8952	2851	6101	596
高台县	Gaotai	8	3565	3173	10493	3662	6831	770
山丹县	Shandan	17	4214	3572	11204	4210	6994	706
平凉市	**Pingliang**	**129**	**58351**	**55882**	**175330**	**59690**	**115640**	**10945**
崆峒区	Kongtong	26	8315	10281	31617	9255	22362	1923
泾川县	Jingchuan	18	8099	8667	25455	8298	17157	1597
灵台县	Lingtai	16	5465	5339	16948	5637	11311	1129
崇信县	Chongxin	10	2901	2251	7414	2732	4682	514
华亭县	Huating	9	4240	3819	12001	4545	7456	1004
庄浪县	Zhuanglang	22	12893	12806	38443	12340	26103	2201
静宁县	Jingning	28	16438	12719	43452	16883	26569	2577
酒泉市	**Jiuquan**	**48**	**22991**	**22953**	**69591**	**22981**	**46610**	**4542**
肃州区	Suzhou	15	9442	9120	28187	10267	17920	1803
金塔县	Jinta	4	3731	3810	11024	2995	8029	646
瓜州县	Guazhou	7	2886	3617	10362	3264	7098	625
肃北县	Subei	0	217	198	630	285	345	92
阿克塞县	Akesai	0	182	173	516	190	326	60
玉门市	Yumen	9	2971	2692	8623	2602	6021	607
敦煌市	Dunhuang	13	3562	3343	10249	3378	6871	709
庆阳市	**Qingyang**	**146**	**67283**	**59239**	**186726**	**67708**	**119018**	**12164**
西峰区	Xifeng	17	10688	11228	34451	15585	18866	2440
庆城县	Qingcheng	19	5302	4985	14649	4348	10301	1119
环 县	Huanxian	25	10678	9149	28839	9319	19520	1757
华池县	Huachi	11	3176	2569	8106	2380	5726	577
合水县	Heshui	9	4096	3413	10571	3207	7364	706
正宁县	Zhengning	13	6223	4990	16147	6085	10062	1206
宁 县	Ningxian	27	12527	10769	33793	11715	22078	2098
镇原县	Zhenyuan	25	14593	12136	40170	15069	25101	2261
定西市	**Dingxi**	**242**	**77291**	**73138**	**238449**	**83945**	**154504**	**14852**
安定区	Anding	57	17850	11171	39406	18818	20588	2710
通渭县	Tongwei	39	11988	13291	41643	12624	29019	2364

19-23续表 2 continued

单位：人 (person)

地　区	Region	普通中学学校数（所）Number of Schools (unit)	毕业生数 Graduates	招生数 New Student Enrollment	在校学生数 Student Enrollment	高　中 Senior Secondary Schools	初　中 Junior Secondary Schools	专任教师 Number of Full-time Teachers
陇西县	Longxi	44	14489	14395	45467	14937	30530	2809
渭源县	Weiyuan	27	7821	7824	26358	9099	17259	1693
临洮县	Lintao	37	15013	11932	41468	17512	23956	2596
漳　县	Zhangxian	14	3715	5580	15129	3559	11570	823
岷　县	Minxian	24	6415	8945	28978	7396	21582	1857
陇南市	**Longnan**	**194**	**65472**	**59748**	**177037**	**49422**	**127615**	**10750**
武都区	Wudu	31	15315	12410	38632	10312	28320	2327
成　县	Chengxian	24	6942	4939	16029	4726	11303	1067
文　县	Wenxian	20	5609	4443	15328	5022	10306	1003
宕昌县	Tanchang	20	4215	6139	15031	4246	10785	990
康　县	Kangxian	16	3561	3252	10063	3161	6902	706
西和县	Xihe	22	9019	11006	28173	7786	20387	1531
礼　县	Lixian	35	15405	12856	37381	8790	28591	2059
徽　县	Huixian	20	4318	3881	13382	4315	9067	830
两当县	Liangdang	6	1088	822	3018	1064	1954	237
临夏州	**Linxia**	**83**	**43260**	**46984**	**130337**	**35326**	**95011**	**7478**
临夏市	linxia	4	5305	6831	20200	9191	11009	1324
临夏县	linxia	18	8647	7722	22779	5171	17608	1331
康乐县	Kangle	12	4413	5662	15356	3945	11411	836
永靖县	Yongjing	13	6245	4540	14152	6133	8019	1051
广河县	Guanghe	6	4502	5100	13774	2544	11230	714
和政县	Hezheng	7	4866	4990	11476	2604	8872	612
东乡县	Dongxiang	14	5266	6000	17446	1732	15714	610
积石山县	Jishishan	9	4016	6139	15154	4006	11148	1000
甘南州	**Gannan**	**31**	**15404**	**18970**	**54578**	**17899**	**36679**	**3214**
合作市	Hezuo	1	2426	2884	8608	3519	5089	498
临潭县	Lintan	8	3688	3943	12046	3501	8545	637
卓尼县	Zhuoni	7	2280	3076	8770	2967	5803	514
舟曲县	Zhouqu	10	3192	3881	11263	3662	7601	629
迭部县	Diebu	3	1143	1439	3837	1502	2335	338
玛曲县	Maqu	0	535	900	2460	540	1920	174
碌曲县	Luqu	0	568	1002	2500	814	1686	163
夏河县	Xiahe	2	1572	1845	5094	1394	3700	261

19-24 各地区普通高等学校基本情况 (2011年)
Basic Statistics of Higher Education by Region (2011)

单位：人 (person)

地 区	Region	学校数(所) Schools (unit)	专任教师数 Number of Full-time Teachers	招生数 Entrants	本 科 Undergraduate Courses	专 科 Specialized Courses	在校学生数 Enrollment	本 科 Undergraduate Courses	专 科 Specialized Courses
兰州市	Lanzhou	25	16400	86144	56228	29916	293724	213353	80371
嘉峪关市	Jiayuguan	1	179	1190		1190	2934		2934
金昌市	Jinchang	1	46	763		763	765		765
白银市	Baiyin	1	161	615		615	1340		1340
天水市	Tianshui	4	1656	10601	3651	6950	32496	13742	18754
武威市	Wuwei	2	615	4821		4821	12781		12781
张掖市	Zhangye	2	794	5379	3186	2193	17818	11889	5929
平凉市	Pingliang	1	306	2297		2297	6527		6527
酒泉市	Jiuquan	1	318	2368		2368	6541		6541
庆阳市	Qingyang	1	559	4046	3954	92	12606	12514	92
定西市	Dingxi	1	295	1879		1879	4628		4628
陇南市	Longnan	1	302	1930		1930	5082		5082
临夏州	Linxia								
甘南州	Gannan	1	435	2902	2438	464	8064	4182	3882

19-24 续表 continued

单位：人 (person)

地 区	Region	毕(结)业生数 Graduates with Degrees or Diplomas	本 科 Undergraduate Courses	专 科 Specialized Courses	授予学位数 Degrees Conferred
兰州市	Lanzhou	68110	42478	25632	42089
嘉峪关市	Jiayuguan	944		944	
金昌市	Jinchang				
白银市	Baiyin	129		129	
天水市	Tianshui	8920	3392	5528	3243
武威市	Wuwei	3025		3025	
张掖市	Zhangye	4688	2687	2001	2437
平凉市	Pingliang	2213		2213	
酒泉市	Jiuquan	1956		1956	
庆阳市	Qingyang	2070	2068	2	2519
定西市	Dingxi	1823		1823	
陇南市	Longnan	1719		1719	
临夏州	Linxia				
甘南州	Gannan	2905		2905	

19–25 教育经费情况

Basic Statistics on Educational Funds

单位：万元 (10 000 yuan)

年 份 Year	合 计 Total	国家财政性教育经费 Government Appropriation for Education	#预算内教育经费 Budgetary	民办学校办学经费 Funds from Private Schools	社会捐赠经费 Donations and Fund-raising for Running Schools	事业收入 Income from Teaching Research and Other Auxiliary	#学杂费 Tuition and Miscellaneous Fees	其他教育经费 Other Educational Funds
2000	535287	425021	352952	1831	11207	88887	63864	8341
2001	686750	520918	442922	4401	7428	135660	104008	18342
2002	836719	618783	538793	8872	9239	182477	132539	17348
2003	914336	652146	582181	18685	5686	212472	156053	25348
2004	1031445	727916	659017	21274	7037	248453	174186	26765
2005	1195074	847512	785026	34541	5555	273897	198727	33569
2006	1448234	1108365	1024273	41261	5451	260510	188990	32646
2007	1779095	1413920	1342179	2256	6090	326870	244610	29959
2008	2469385	2077502	2009317	1245	11587	354513	272808	24538
2009	2957602	2502298	2426498	2361	28287	395001	311653	29655
2010	3276887	2756965	2644938	7953	19834	450572	359800	41563
2011	3926598	3374222	3179614	4558	8132	482239	399882	57446

19-26 各类学校教育经费情况（2011）
Educational Funds in Various School (2011)

单位：万元 (10 000 yuan)

类别	Item	合计 Total	国家财政性教育经费 Government Appropriation for Education	#预算内教育经费 Budgetary	民办学校中举办者投入 Funds from School Runners of Private Schools	社会捐赠经费 Donations and Fund-raising for Running Schools	事业收入 Income from Teaching Research and Other Auxiliary	#学杂费 Tuition and Miscellaneous Fees	其他教育经费 Other Educational Funds
高等学校	**Institutions of Higher Education**	**931437**	**609092**	**598385**		**1461**	**279476**	**239000**	**41408**
普通高等学校	Regular Institutions of Higher Education	908974	599690	590107		1461	268290	228595	39533
成人高等学校	Institutions of Higher Education for Adults	22462	9401	8278			11186	10404	1875
中等职业学校	**Vocational Secondary Schools**	**257994**	**198394**	**189287**	**1923**	**24**	**52462**	**45961**	**5190**
中等专业学校	Specialized Secondary Schools	177271	134316	129826	637	7	38056	34147	4254
职业高中	Vocational Senior Secondary Schools	68024	56253	52219	1041	17	10524	9396	189
技工学校	Technical Schools	5524	2500	2234			2893	1845	131
成人中专学校	Specialized Secondary Schools for Adults	7176	5325	5009	245		989	573	617
普通中学	**Regular Secondary Schools**	**1303179**	**1203561**	**1092138**	**1418**	**3394**	**89998**	**75985**	**4808**
普通高中	Regular Senior Secondary Schools	494443	403027	341614	1127	2381	86125	72759	1783
普通初中	Regular Junior Secondary Schools	808735	800534	750524	291	1013	3873	3227	3025
#农村	Rural Areas	556571	554832	528682	7	901	113	24	718
普通小学	**Regular Primary Schools**	**1181131**	**1174086**	**1122331**	**65**	**2799**	**771**	**659**	**3411**
#农村	Rural Areas	898744	894887	864761	6	2592	33		1226
特殊教育学校	**Special Education Schools**	**10249**	**10191**	**9131**		**13**			**45**
幼儿园	**Kindergartens**	**101189**	**59204**	**52593**	**1152**	**427**	**39775**	**37565**	**631**
教育行政单位	**Education Administrative Unit**	**27788**	**25032**	**24570**		**13**	**2145**		**599**
教育事业单位	**Education Institution**	**72769**	**59779**	**56430**			**11951**		**1040**
其它	**Others**	**40863**	**34885**	**34750**			**5663**	**713**	**314**

19-27 科技活动基本情况
Basic Statistics on Scientific and Technological Activities

指　标	Item	2005	2009	2010	2011
研究与试验发展(R&D)投入情况	**Statistics on R&D Input**				
有R&D活动的单位数（个）	Number of Units with R & D Activities (unit)	390	353	331	383
R&D人员（人）	R & D Personnel (person)		29490	30321	31819
R&D人员全时当量(人年)	Full-time Equivalent of R&D Personnel (man-years)	15813	21158	20774	21283
R&D经费内部支出（万元)	Intramural Expenditure on R&D (10 000yuan)	194921	372612	415886	485261
R&D经费内部支出相当于生产总值比例 (%)	Proportion of Intramural Expenditure on R&D to GDP (%)	1.01	1.10	1.01	0.97
科技产出及成果情况	**Statistics on S&T Outputs and Results**				
发表科技论文 (篇)	Scientific Papers Issued (pieces)		21287	26016	24199
出版科技著作 (种)	Publication on Science and Technology (kind)		723	645	699
专利申请受理数 (件)	Number of Patents Application Accepted (piece)		1415	1817	1994
#发明专利	Inventions		784	933	1002
专利申请授权数 (件)	Number of Patents Application Granted (piece)			304	426
#发明专利	Inventions			187	281
有效发明专利数（件）	Number of Patents in Force (piece)		1776	1554	2004
专利所有权转让及许可数（件）	Number of Transfer and License of Patent Ownership (piece)		34	138	159
专利所有权转让与许可收入（万元）	Income of Transfer and License of Patent Ownership (10 000 yuan)		740	2015	991
植物新品种权授予数（项）	Number of New Plant Varieties Granted (item)			20	9
形成国家或行业标准数（项）	Number of Form the National or Industry Standards (item)			170	187

19-28 研究与试验发展(R&D)人员
R&D Personnel

单位：人 (person)

指 标	Item	2005	2009	2010	2011
R&D人员	**Total**		**29490**	**30321**	**31819**
按学历分	**By Level of Education**				
博士毕业	Doctor		2068	2096	2331
硕士毕业	Master		3945	4882	5211
本科毕业	Under-graduate		10297	13319	12796
其他人员	Others		13180	10024	11481
女性	Female		6985	7368	7863
研究人员	Researchers		12745	18739	19216
全时人员	Full-time Equivalent	12171	15568	16978	17537

19-29 研究与试验发展(R&D)人员全时当量
Full-time Equivalent of R&D Personnel

单位：人年 (man-year)

指 标	Item	2005	2009	2010	2011
R&D人员全时当量	**Total**	**15813**	**21158**	**20774**	**21283**
#研究人员	Researchers		12745	12771	12967
按活动类型分	**By Type of Activity**				
基础研究	Basic Research	1699	2217	2299	2333
应用研究	Applied Research	6204	5505	4890	5496
试验发展	Experimental Development	7910	13437	13586	13452

19-30 研究与试验发展(R&D)经费情况

Expenditure on R&D

单位：万元 (10 000yuan)

指　标	Item	2009	2010	2011
R&D经费内部支出	**Intramural Expenditure on R&D by Sources**	**372612**	**415886**	**485261**
按活动类型分	**By Type of Activity**			
基础研究	BasicResearch	59999	56498	68419
应用研究	AppliedResearch	91132	87531	91863
试验发展	ExperimentalDevelopment	221482	271858	324978
按执行部门分	**By Execution Departments**			
企业	Enterprises	191855	223202	264063
#大中型工业企业	Large and Medium-sized Industrial Enterprises	184849	208652	229686
研究与开发机构	R&D Institutions	120788	120428	135373
高等学校	Higher Education	44537	62646	68605
其他	Others	15432	9610	17220
按支出用途分	**By Expenditure Use**			
日常性支出	Routine Expenses	304218	355587	392575
#人员劳务费	Labor Cost	91575	95801	114288
资产性支出	Assets Expenditure	68395	60299	92686
#仪器和设备	Equipment	52431	50997	65584
按资金来源分	**By Sources of Funding**			
政府资金	Government Funds	141603	161543	171498
企业资金	Self-raised Funds by Enterprises	208550	238039	290893
国外资金	Foreign Funds	791	1224	376
其他资金	Other Funds	21667	15081	22493
R&D经费外部支出	**External Expenditure on R&D by Performer and Sources**	**38593**	**35208**	**54518**
# 对国内研究机构支出	to Domestic Research Institutions	22698	16414	29403
对国内高等学校支出	to Domestic Higher Education	8235	10888	13778
对国内企业支出	to Domestic Enterprises	3269	3013	4374
对境外机构支出	to Foreign Institutions	4310	4894	6881

19-31 研究与试验发展(R&D)项目（课题）情况

Statistics on R&D Projects

指　标	Item	2009	2010	2011
R&D项目（课题）数（项）	R&D Projects(item)	9075	10126	11545
R&D项目（课题）人员折合全时当量（人年）	R&D Participants(man-year)	18032	17463	18069
R&D项目（课题）经费内部支出（万元）	R&D Intramural Expenditure(10 000 yuan)	257722.7	296797.9	303735

19-32 分行业研究与试验发展（R&D）基本情况 (2011)

Basic Statistics on R&D by Sector (2011)

行 业	Sector	R&D人员合计（人） Total R&D Personnel (person)	R&D人员全时当量（人年） Full-time Equivalent of R&D Personnel (man-years)	R&D经费内部支出合计（万元） Intramural Expenditure on R&D by Sources (10 000 yuan)	项目（课题）数（项） R&D Projects (item)
农、林、牧、渔业	Agriculture,Forestry,Animal Husbandry and Fishery	658	521	2420.0	1016
采矿业	Mining	766	477	14138.0	102
制造业	Manufacturing	12857	8718.0	243273.0	2249
电力、煤气及水的生产和供应业	Production and Supply of Electricity, Gas and Water	209	65.0	506.0	163
建筑业	Construction	343	209.0	1658.0	539
交通运输、仓储和邮政业	Transport, Storage and Post	366	359.0	1130	279
信息传输、计算机服务和软件业	Information Transmission,Computer Services and Software	3	1	6	274
批发和零售业	Wholesale and Retail Trades				10
住宿和餐营业	Hotels and Catering Services				9
金融业	Financial Intermediation	20	20	122	60
房地产业	Real Estate				13
租赁和商务服务业	Leasing and Commercial Services	32	24	94	447
科学研究、技术服务业和地质勘查业	Scientific Research, Technology Services and Geological Prospecting	7112	6424.0	147108	3511
水利、环境和公共设施管理业	Management of Water Conservancy, Environment,and Public Facilities	24	21	57	390
居民服务和其他服务业	Resident and Other Services				36
教育	Education	6518	3091.0	68605	1266
卫生、社会保障和社会福利业	Health Care,Social Security,Social Welface	2893	1353.0	6079	671
文化、体育和娱乐业	Culture, Sports and Entertainment	18	3.0	67	425
公共管理和社会组织	Public Management and Social Organizations Organizations				258

19-33 研究机构情况
Situation of Research Institutions

指 标	Item	机构数（个）Number of Institutions (unit)		R&D人员（人）R & D Personnel (person)		R&D经费支出（万元）R & D Expenditure (10 000yuan)	
		2010	2011	2010	2011	2010	2011
甘肃省	**Gansu Province**	**472**	**475**	**14165**	**16964**	**185945**	**226384**
按执行部门分	**By Execution Departments**						
科研机构	Research Institutions	107	109	6853	6220	120428	135373
高等学校	Higher Education	120	127	969	1205	7930	12203
工业企业	Industrial Enterprises	200	193	5722	8910	54372	71287
其 他	Others	45	46	621	629	3215	7521
按学科分	**By Field of Study**						
自然科学	Natural Science	24	26	3994	2884	92169	74018
农业科学	Agricultural Sciences	79	81	1790	1773	17478	14476
医药科学	Medical Science	54	57	923	1037	3278	3273
工程与技术科学	Engineering and Technology Science	238	238	6459	10065	62691	121930
人文与社会科学	Humanities and Social Sciences	77	73	999	1205	10330	12687
按机构服务的国民经济行业分	**By Sector Agency Serviced**						
农、林、牧、渔业	Agriculture,Forestry,Animal Husbandry and Fishery	83	83	1891	1826	17805	14790
采矿业	Mining	5	11	97	63	430	244
制造业	Manufacturing	174	171	5550	8852	54218	75594
电力、燃气及水的生产和供应业	Production and Supply of Electricity, Gas and Water	14	8	258	96	4142	1787
建筑业	Construction	15	18	119	258	865	1790
交通运输、仓储和邮政业	Transport, Storage and Post	8	9	102	107	217	606
信息传输、计算机服务和软件业	Information Transmission,Computer Services and Software	6	6	47	34	115	52
批发和零售业	Wholesale and Retail Trades						
住宿和餐饮业	Hotels and Catering Services						
金融业	Financial Intermediation						
房地产业	Real Estate	1	1	7	7	21	32
租赁和商务服务业	Leasing and Commercial Services	8	8	56	68	263	771
科学研究、技术服务和地质勘查业	Scientific Research, Technology Services and Geological Prospecting	44	49	4624	4077	100896	123591
水利、环境和公共设施管理业	Management of Water Conservancy, Environment,and Public Facilities	8	9	89	72	908	586
居民服务和其他服务业	Resident and Other Services		2		17		4
教育	Education	39	29	197	205	733	1287
卫生、社会保障和社会福利业	Health Care,Social Security,Social Welface	52	56	907	987	2984	2843
文化、体育和娱乐业	Culture, Sports and Entertainment	14	14	216	290	2350	2408
公共管理和社会组织	Public Management and Social Organizations Organizations	1	1	5	5	1	1
国际组织	International Organizations						

19-34 规模以上工业企业科技活动基本情况
Basic Statistics on Science and Technology Activities of Industrial Enterprises above Designated Size

指 标	Item	2009	2010	2011
企业基本情况	**Statistics on Industrial Enterprises**			
有R&D活动企业数(个)	Number of Enterprises Having R&D Activities (unit)	135	126	138
有R&D活动企业所占比重(%)	Percentage of Enterprises Having R&D Activities to Total Number of Enterprises (%)	6.8	6.3	10.1
研究与试验发展(R&D)活动	**Statitstics on R&D Activities**			
R&D人员全时当量(人年)	Full-time Equivalent of R&D Personnel(man-year)	10234	9561	9307
R&D经费内部支出(万元)	Intramural Expenditure on R&D(10 000 yuan)	189931	218590	257916
R&D项目数(项)	R&D Projects (item)	550	644	1280
R&D项目经费内部支出(万元)	Intramural Expenditure on R&D Projects(10 000 yuan)	140003	152320	165295
企业办研发机构	**Statistics on R&D Institutions**			
机构数(个)	Number of R&D Institutions(unit)	148	161	150
机构人员数(人)	Number of Institution Personnel(person)	10414	5383	8364
机构经费支出(万元)	Expenditure on R&D(10 000yuan)	104032	52792	67777
新产品开发及生产	**Statitstics on New Products Development and Production**			
新产品开发项目数(个)	Number of New Products(unit)	1139	1182	1192
新产品开发经费支出(万元)	Expenditure on New Products Development(10 000 yuan)	163449	212337	273986
新产品销售收入(万元)	Sales Revenue of New Products(10 000 yuan)	2348957	3490621	5026884
#新产品出口	Export	189931	253208	300885
专利	**Statistics on Patent**			
专利申请数(件)	Patent Applications (piece)	693	1043	1053
#发明专利	Inventions	255	328	320
有效发明专利数(件)	Number of Patents in Force(piece)	790	402	493
技术获取和技术改造(万元)	**Statistics on Technology Acquisition and Technology Reconstruction(10 000 yuan)**			
引进国外技术经费支出	Expenditure for Acquisition of Foreign Technology	57429	59956	53317
引进技术消化吸收经费支出	Expenditure for Assimilation of Technology	108052	122099	127331
购买国内技术经费支出	Expenditure for Purchase of Domestic Technology	38190	44929	41682
技术改造经费支出	Expenditure for Technical Renovation	528772	408340	419642

19-35 大中型工业企业科技活动基本情况
Basic Statistics on Science and Technology Activities of Large and Medium-sized Industrial Enterprises

指 标	Item	2009	2010	2011
企业基本情况	**Statistics on Industrial Enterprises**			
有R&D活动企业数(个)	Number of Enterprises having R&D Activities(unit)	75	78	70
有R&D活动企业所占比重(%)	Percentage of Enterprises having R&D Activities to Total Number of Enterprises (%)	27	25	20
研究与试验发展（R&D）活动	**Statitstics on R&D Activities**			
R&D人员全时当量(人年)	Full-time Equivalent of R&D Personnel(man-year)	9799	8673	7886
R&D经费内部支出(万元)	Intramural Expenditure on R&D(10 000 yuan)	184849	208652	229686
R&D项目数(项)	R&D Projects (item)	824	1090	1085
R&D项目经费内部支出(万元)	Intramural Expenditure on R&D Projects(10 000 yuan)	138816	154294	146081
企业办研发机构	**Statistics on R&D Institutions**			
机构数(个)	Number of R&D Institutions(unit)	110	127	102
机构人员数(人)	R&D Personnel(10000 man-year)	9536	5044	7821
机构经费支出(万元)	Expenditure on R&D(10 000 yuan)	101890	50906	63786
新产品开发及生产	**Statitstics on New Products Development and Production**			
新产品开发项目数(个)	Number of New Products(unit)	988	1014	1054
新产品开发经费支出(万元)	Expenditure on New Products Development(10 000 yuan)	154907	197910	258707
新产品销售收入(万元)	Sales Revenue of New Products(10 000 yuan)	2268508	3442373	4977241
#新产品出口	Export	186406	250955	298145
专利	**Statistics on Patent**			
专利申请数(件)	Patent Applications (piece)	415	852	901
#发明专利	Inventions	161	245	261
有效发明专利数(件)	Number of Patents in Force(piece)	254	348	423
技术获取和技术改造(万元)	**Statistics on Technology Acquisition and Technology Reconstruction(10 000 yuan)**			
引进国外技术经费支出	Expenditure for Acquisition of Foreign Technology	57359	59894	53277
引进技术消化吸收经费支出	Expenditure for Assimilation of Technology	107998	121793	127161
购买国内技术经费支出	Expenditure for Purchase of Domestic Technology	37813	42032	41424
技术改造经费支出	Expenditure for Technical Renovation	503343	371699	414236

19-36 按行业分规模以上工业企业R&D项目情况 (2011)
R&D Projects in Large and Medium-sized Industrial Enterprises by Industrial Sector (2011)

行 业	Industry	R&D项目数(项) R&D Projects (item)	R&D项目人员(人) R&D Personnel (person)	R&D项目经费支出(万元) Expenditure on R&D Project (10000 yuan)
总 计	**Total**	**1280**	**12332**	**165296**
煤炭开采和洗选业	Mining and Washing of Coal	32	377	7208
石油和天然气开采业	Extraction of Petroleum and Natural Gas	26	259	622
黑色金属矿采选业	Mining of Ferrous Metal Ores			
有色金属矿采选业	Mining of Non-ferrous Metal Ores	1	37	600
非金属矿采选业	Mining and Processing of Nonmetal Ores			
农副食品加工业	Processing of Food from Agricultural Products	31	297	3273
食品制造业	Manufacture of Foods	8	124	1002
饮料制造业	Manufacture of Beverage	11	81	770
烟草制品业	Manufacture of Tobacco	5	60	170
纺织业	Manufacture of Textile	3	29	140
纺织服装、鞋、帽制造业	Manufacture of Textile Wearing Apparel, Footware and Caps			
皮革、毛皮、羽毛(绒)及其制品业	Manufacture of Leather, Fur, Feather and Its Products	8	46	618
木材加工及木、竹、藤、棕、草制品业	Processing of Timbers,Manufacture of Wood, Bamboo,Rattan,Palm,Straw			
家具制造业	Manufacture of Furniture			
造纸及纸制品业	Manufacture of Paper and Paper Products			
印刷业和记录媒介的复制	Printing,Reproduction of Recording Media			
文教体育用品制造业	Manufacture of Articles for Culture, Education and Sport Activity			
石油加工、炼焦及核燃料加工业	Processing of Petroleum ,Coking,Processing of Nucleus Fuel	56	506	3527
化学原料及化学制品制造业	Manufacture of Chemical Raw Material and Chemical Products	55	693	8737
医药制造业	Manufacture of Medicines	81	586	10366
化学纤维制造业	Manufacture of Chemical Fiber			
橡胶制品业	Manufacture of Rubber	1	4	41
塑料制品业	Manufacture of Plastic	5	115	186
非金属矿物制品业	Manufacture of Non-metallic Mineral Products	21	351	4628
黑色金属冶炼及压延加工业	Manufacture and Processing of Ferrous Metals	102	1790	44005
有色金属冶炼及压延加工业	Manufacture and Processing of Non-ferrous Metals	141	2068	43615
金属制品业	Manufacture of Metal Products	25	154	2561
通用设备制造业	Manufacture of General Purpose Machinery	53	646	5145
专用设备制造业	Manufacture of Special Purpose Machinery	160	1004	7201
交通运输设备制造业	Manufacture of Transport Equipment	26	308	3264
电气机械及器材制造业	Manufacture of Electrical Machinery and Equipment	261	1089	11645
通信设备、计算机及其他电子设备制造业	Manufacture of Communication,Computer, Other Electronic Equipment	133	384	2538
仪器仪表及文化、办公用机械制造业	Manufacture of Measuring Instrument, Machinery for Cultural and Office Work	2	52	66
工艺品及其他制造业	Manufacture of Artwork, Other Manufacture	20	1073	2863
电力、热力的生产和供应业	Production and Supply of Electric Power and Heat Power	10	137	461
燃气生产和供应业	Production and Distribution of Gas			
水的生产和供应业	Production and Distribution of Water	3	62	44

19-37 按登记注册类型分规模以上工业企业新产品开发和生产 (2011)

New Products Development and Production of Large and Medium-sized Industrial Enterprises by Registration Status (2011)

单位：万元 (10000 yuan)

类　型	Type of Registration	新产品开发项目数(项) New Products (unit)	新产品开发经费支出 Expenditure on New Products Development	新产品产值 Output Value of New Products	新产品销售收入 Sales Revenue of New Products
总 计	**Total**	**1192**	**273986**	**5100638**	**5026884**
内资企业	**Domestic Funded**	**1176**	**272254**	**5084835**	**5010230**
国有企业	State-owned Enterprises	152	21792	206958	195489
#大型企业	Large-sized Enterprises				
集体企业	Collective-owned Enterprises	2	1474		
股份合作企业	Cooperative Enterprises	3	495	500	200
联营企业	Joint Ownership Enterprises				
有限责任公司	Limited Liability Corporations	641	198820	3680469	3654806
股份有限公司	Share-holding Corporations Ltd.	315	42367	1145032	1123257
私营企业	Private Enterprises	58	6979	51530	46168
其他企业	Other Enterprises	5	327	346	311
港澳台商投资企业	**Enterprises with Funds from Hong Kong,Macau and Taiwan**	**5**	**558**	**2623**	**3654**
合资经营企业	Joint-venture Enterprises				
合作经营企业	Cooperative Enterprises	2	162	800	42
独资经营企业	Enterprises with Sole Fund	3	396	1823	3612
投资股份有限公司	Share-holding Corporations Ltd.				
外商投资企业	**Foreign Funded Enterprises**	**11**	**1174**	**13180**	**13000**
中外合资经营企业	Joint-venture Enterprises	11	1174	13180	13000
中外合作经营	Cooperation Enterprises				
外资企业	Enterprises with Sole Foreign Funds				
外商投资股份有限公司	Share-holding Corporations Ltd.				

19-38 按行业分规模以上工业企业新产品开发和生产 (2011)
New Products Development and Production of Large and Medium-sized Industrial Enterprises by Industrial Sector (2011)

单位：万元　　(10000 yuan)

行　业	Industry	新产品开发项目数（项）New Products (unit)	新产品开发经费支出 Expenditure on New Products Development	新产品产值 Output Value of New Products	新产品销售收入 Sales Revenue of New Products
总 计	**Total**	**1192**	**273986**	**5100638**	**5026884**
煤炭开采和洗选业	Mining and Washing of Coal	5	608		
石油和天然气开采业	Extraction of Petroleum and Natural Gas	2	91	7658	7622
黑色金属矿采选业	Mining of Ferrous Metal Ores				
有色金属矿采选业	Mining of Non-ferrous Metal Ores				
非金属矿采选业	Mining and Processing of Nonmetal Ores				
农副食品加工业	Processing of Food from Agricultural Products	39	4530	13433	13294
食品制造业	Manufacture of Foods	10	2670	9224	9284
饮料制造业	Manufacture of Beverage	6	1377	5875	4219
烟草制品业	Manufacture of Tobacco	2	1337	3151	3121
纺织业	Manufacture of Textile	7	1023	20158	11059
纺织服装、鞋、帽制造业	Manufacture of Textile Wearing Apparel, Footware and Caps				
皮革、毛皮、羽毛(绒)及其制品业	Manufacture of Leather, Fur, Feather and Its Products	9	568	14801	14801
木材加工及木、竹、藤、棕、草制品业	Processing of Timbers,Manufacture of Wood, Bamboo,Rattan,Palm,Straw				
家具制造业	Manufacture of Furniture				
造纸及纸制品业	Manufacture of Paper and Paper Products				
印刷业和记录媒介的复制	Printing,Reproduction of Recording Media				
文教体育用品制造业	Manufacture of Articles for Culture, Education and Sport Activity				
石油加工、炼焦及核燃料加工业	Processing of Petroleum ,Coking, Processing of Nucleus Fuel	57	6003	321763	321763
化学原料及化学制品制造业	Raw Chemical Materials and Chemical Products	39	10072	116142	112576
医药制造业	Manufacture of Medicines	82	12803	50695	44490
化学纤维制造业	Manufacture of Chemical Fiber				
橡胶制品业	Manufacture of Rubber	2	112	1213	1215
塑料制品业	Manufacture of Plastic	5	1164	14138	13005
非金属矿物制品业	Manufacture of Non-metallic Mineral Products	17	8000	94016	82859
黑色金属冶炼及压延加工业	Manufacture and Processing of Ferrous Metals	67	96298	2100232	2200115
有色金属冶炼及压延加工业	Manufacture and Processing of Non-ferrous Metals	89	49437	1656956	1522646
金属制品业	Manufacture of Metal Products	49	11271	76002	82918
通用设备制造业	Manufacture of General Purpose Machinery	68	10921	118873	118801
专用设备制造业	Manufacture of Special Purpose Machinery	143	19054	112037	95749
交通运输设备制造业	Manufacture of Transport Equipment	21	4191	106005	108447
电气机械及器材制造业	Manufacture of Electrical Machinery and Equipment	302	20005	131201	128708
通信设备、计算机及其他电子设备制造业	Manufacture of Communication,Computer, Other Electronic Equipment	156	9598	123320	126081
仪器仪表及文化、办公用机械制造业	Manufacture of Measuring Instrument, Machinery for Cultural and Office Work	2	145	3545.8	3912
工艺品及其他制造业	Manufacture of Artwork, Other Manufacture				
电力、热力的生产和供应业	Production and Supply of Electric Power and Heat Power	13	2707	200	200
燃气生产和供应业	Production and Distribution of Gas				
水的生产和供应业	Production and Distribution of Water				

19-39 科学研究与开发机构科技活动基本情况
Basic Statistics on Scientific Research and Development Institutions

指 标	Item	2009	2010	2011
机构基本情况	**Basic Statistics on Institutions**			
机构数(个)	Number of R&D Institutions(unit)	104	107	109
研究与试验发展(R&D)投入情况	**Statistics on R&D Input**			
R&D人员(人)	R&D Personnel(persons)	5849	6853	6220
R&D人员全时当量(人年)	Full-time Equivalent of R&D Personnel(man-year)	5313	6340	5635
# 基础研究	Basic Research	1439	1501	1430
应用研究	Applied Research	1581	1701	1525
试验发展	Experimental Development	2293	3138	2680
R&D经费内部支出(万元)	Intramural Expenditure on R&D(10 000 yuan)	120788	120428	135373
按活动类型分	By Type of Activity			
#基础研究	Basic Research	43304	40378	45963
应用研究	Applied Research	29812	22291	25998
试验发展	Experimental Development	47671	57759	63412
按资金来源分	By Sources of Funding			
#政府资金	Government Funds	98804	102976	107417
企业资金	Self-raised Funds by Enterprises	4419	4479	9568
国外资金	Forein Funds	540	447	178
其他资金	Other Funds	17024	12526	18210
研究与试验发展(R&D)项目(课题)情况	**Statistics on R&D Projects**			
R&D项目(课题)数(项)	R&D Projects(item)	1452	1545	1746
R&D项目(课题)人员全时当量(人年)	Participants(man-year)	4307	5033	4338
R&D项目(课题)经费内部支出(万元)	Intramural Expenditure(10 000 yuan)	64623	69683	73399
科技产出及成果情况	**Statistics on S&T Outputs and Results**			
发表科技论文(篇)	Scientific Papers Issued(piece)	3673	5147	4084
#国外发表	Published in Foreign Periodicals	76	67	
出版科技著作(种)	Publication on Science and Technology(kind)			
专利申请受理数(件)	Number of Patents Applications Accepted (piece)	309	345	313
#发明专利	Inventions	238	286	253
专利申请授权数(件)	Number of Patents Applications Granted (piece)	119	155	170
#发明专利	Inventions	54	96	137

19-40 高等学校科技活动情况

Basic Statistics on Higher Education for Science and technology Activities

指　标	Item	2009	2010	2011
高等学校基本情况	**Basic Statistics on Higher Education**			
R&D机构（个）	R&D Institutions(unit)	62	120	47
研究与试验发展(R&D)投入情况	**Statistics on R&D Input**			
R&D人员（人）	R&D Personnel(10000 persons)	4832	5841	6518
R&D人员全时当量（人年）	Full-time Equivalent of R&D Personnel(man-year)	2383	2682	3091
基础研究	Basic Research	760	798	892
应用研究	Applied Research	1584	1727	2020
试验发展	Experimental Development	39	157	178
R&D经费内部支出（万元）	Intramural Expenditure on R&D(10 000 yuan)	44537	62646	68605
按活动类型分	By Type of Activity			
基础研究	Basic Research	16128	16120	22396
应用研究	Applied Research	28017	43441	37017
试验发展	Experimental Development	392	3085	9192
按资金来源分	By Sources of Funding			
#政府资金	Government Funds	25676	32702	34088
企业资金	Self-raised Funds by Enterprises	17545	28086	31551
研究与试验发展(R&D)项目(课题)情况	**Statistics on R&D Projects**			
R&D项目(课题)数（项）	R&D Projects(item)	6185	6986	8016
R&D项目(课题)人员全时当量（人年）	Participants(man-year)	2383	2783	3090
R&D项目(课题)经费内部支出（万元）	Intramural Expenditure(100 million yuan)	40227	60531	56191
科技产出及成果情况	**Statistics on S&T Outputs and Results**			
发表科技论文(篇)	Scientific Papers Issued(piece)	14166	17307	16163
出版科技著作（种）	Publication on Science and Technology(kind)	580	522	526
专利申请受理数（件）	Number of Patents Applications Accepted (piece)	313	351	520
#发明专利	Inventions	241	276	380
专利申请授权数（件）	Number of Patents Applications Granted (piece)		137	232
#发明专利	Inventions		86	141

19-41 科技成果情况
Achievements in Scientific and Technological Research

指　标	Item	2005	2008	2009	2010	2011
基本情况（项）	**Basic Condition (unit)**					
鉴定项目数	Number of Appraisal Projects	577	672	753	972	1031
登记项目数	Number of Book in Projects	634	788	857	1065	1108
奖励项目数	Number of Prized Projects	156	181	176	181	182
成果水平（项）	**Apprais of Scientific Achievenments(unit)**					
国际领先	Keep Ahead at International Level	15	12	21	16	26
国际先进	International Advanced Level	65	95	92	134	139
国内领先	Keep Ahead at Domestically Level	361	442	485	681	734
国内先进	Domestically Advanced Level	145	138	170	152	137
国内一般	Domestically General Level					3
未评价	Unevaluated					9
应用领域（项）	**Applied Field (unit)**					
工业（交通、邮电、建筑、地质）	Industry (Transportation, Post and Telecommunications, Construction, Geology)	163	208	212	282	310
农业（林、牧、渔）	Agriculture (Forestry, Animal Husbandry and Fishery)	185	162	203	294	276
已应用项目数（项）	**Number of Adopted Project (unit)**	497	546	574	790	849

19-42 专利申请及授权情况
Statistics of Patent Application and Grant

单位：项 (unit)

指 标	Item	申请量 Applications Examined		授权量 Applications Granted	
		2010	2011	2010	2011
总 计	**Total**	**3558**	**5287**	**1868**	**2383**
#发明专利	Inventions	1412	2105	349	552
实用新型	Utility Models	1592	2441	1131	1536
外观设计	Designs	554	741	388	295
#职 务	Official	1889	2670	970	1498
大专院校	Universities and Colleges	352	532	162	232
科研单位	Research Institutions	349	408	162	230
企 业	Enterprises	1144	1677	625	1012
机关团体	Government Agencies and Organizations	44	53	21	24
非职务	Non-official	1669	2617	898	885

注：本表由甘肃省专利局提供。
a) Data in this table are provided by Gansu Patent Bureau.

19-43 各类技术合同签订情况 (2011)
Statistics of Signing Technical Contract (2011)

指 标	Item	合同数（项） Number of Contracts (unit)	合同成交金额（万元） Amount of Contracts (10 000 yuan)	#技术交易额 Revenue for Technique Trade
技术开发合同	Technical Development	459	80663.75	40295.20
技术转让合同	Technical Transfer	127	37768.01	22830.46
技术咨询合同	Technical Advisory	950	43951.81	31529.65
技术服务合同	Technical Service	2218	364002.37	269075.75

19-44 各地区研究与试验发展（R&D）情况 (2011)
Basic Statistics on R&D by Region (2011)

地　区	Region	有R&D活动的单位数（个） Number of Units (unit)	R&D人员（人） Total	R&D人员折合全时人员（人年） Full-time Equivalent of R&D Personnel (person,year)	#研究人员 Researchers	按活动类型分R&D人员折合全时人员（人年） Full-time Equivalent of R&D Personnel by Type of Activity(person,year)		
						基础研究 Fundamental Research	应用研究 Applied Research	试验发展 Experimental Development
兰州市	Lanzhou	191	17983	12073	7674	2142	3887	6045
嘉峪关市	Jiayuguan	3	1702	1632	970		570	1063
金昌市	Jinchang	15	1694	1119	1078		12	1108
白银市	Baiyin	17	1670	1140	641		13	1127
天水市	Tianshui	34	2467	1845	993	77	179	1589
武威市	Wuwei	15	636	409	129	0	229	180
张掖市	Zhangye	26	698	428	204	13	65	351
平凉市	Pingliang	9	663	583	322		119	464
酒泉市	Jiuquan	21	2225	1121	497	80	42	999
庆阳市	Qingyang	24	1269	538	224	12	327	199
定西市	Dingxi	9	295	227	122		43	183
陇南市	Longnan	6	106	80	62	2	1	77
临夏州	Linxia	6	194	49	30			49
甘南州	Gannan	7	217	41	23	9	14	17

19-44 续表 continued

地　区	Region	R&D经费内部支出(万元) Number of Units (10 000yuan)	按活动类型分 By Type of Activity			按支出用途分 By Expenditure Use		R&D经费外部支出(万元) Exterior Expenditure (10000yuan)
			基础研究 Basic Research	应用研究 Applied Research	试验发展 Experimental Development	日常性支出 Routine Expenses	资产性支出 Assets Expenditure	
兰州市	Lanzhou	260698	66106	74088	120503	198705	61992	8462
嘉峪关市	Jiayuguan	67295		10758	56537	64574	2720	4714
金昌市	Jinchang	46884		48	46836	45265	1619	28682
白银市	Baiyin	32733		143	32590	19165	13568	5312
天水市	Tianshui	22551	1146	2231	19175	18411	4138	394
武威市	Wuwei	2216		1078	1138	1823	393	45
张掖市	Zhangye	4047	38	318	3690	2873	1174	206
平凉市	Pingliang	13570		1170	12400	13054	516	3709
酒泉市	Jiuquan	18870	1032	926	16913	13234	5635	498
庆阳市	Qingyang	6281	39	883	5359	5854	427	489
定西市	Dingxi	3907		17	3890	3768	139	10
陇南市	Longnan	963	6	6	951	949	14	743
临夏州	Linxia	3800			3800	3681	120	893
甘南州	Gannan	1446	53	197	1197	1217	229	362

19-45 各地区科技项目（课题）情况 (2011)
Statistics of Science and Technology Projiects (Subjects) (2011)

地　区	Region	项目（课题）数(项) Number of Projiects (Subjects)(unit)	项目（课题）参加人数折合全时当量（人年） Projiects (Subjects) Participant (man-year)	#研究人员 Scientists and Engineers	项目（课题）经费内部支出（万元） Internal Expenditure of Projiects (Subjects) (10 000 yuan)
甘肃省	**Total**	**11545**	**18069**	**11118**	**303735**
兰州市	Lanzhou	9488	10323	6209	163202
嘉峪关市	Jiayuguan	92	1524	1052	42367
金昌市	Jinchang	102	955	660	40981
白银市	Baiyin	104	1061	716	11661
天水市	Tianshui	725	1601	997	13730
武威市	Wuwei	64	218	111	696
张掖市	Zhangye	270	388	224	2718
平凉市	Pingliang	73	481	285	7659
酒泉市	Jiuquan	124	932	582	9063
庆阳市	Qingyang	256	290	148	4575
定西市	Dingxi	38	171	67	2218
陇南市	Longnan	32	52	25	190
临夏州	Linxia	24	43	27	3547
甘南州	Gannan	153	32	17	1128

19-46 企业单位分行业各类专业技术人员 (2011)
Professional and Technical Personnel of Enterprises Units by Sector and Type (2011)

单位：人 (person)

行业	Sector	总计 Total	#工程技术人员 Engineering	#农业技术人员 Agriculture	#科学研究人员 Scientific Research	#卫生技术人员 Health Care	#教学人员 Teaching
总计	**Total**	**67333**	**34454**	**1221**	**163**	**4194**	**1722**
农林牧渔业	Agriculture,Forestry,Animal Husbadry and Fishery	4224	1499	1133		187	127
交通运输、仓储和邮政业	Transport, Storage and Post	3853	2239	2		31	20
信息传输计算机服务和软件业	Information Transmission,Computer Service and Software	115	97			15	
金融业	Financial Intermediation	7139	178	1	1		6
租凭和商务服务业	Leasing and Commercial Services	341	56			3	5
科学研究技术服务和地质勘查业	Scientific Research,Technical Services and Geological Prospecting	871	733		8	46	7
水利环境和公共设施管理业	Management of Water Conservancy, Environment and Public Facilities	1139	991	2		14	2
居民服务和其他服务业	Resident and Other Services	424	151	3		1	4
教育	Education	261	88	2		36	104
卫生社会保障和社会福利业	Health, Social Security and Social Welfce	785	280	2		384	50
文化体育和娱乐业	Culture, Sports and Entertainment	879	113			9	1
采矿业	Mining	12383	6685	7		1807	1106
制造业	Manufacturing	14648	8592	67	2	1022	230
电力燃气及水的生产和供应业	Production and Supply of Electricity, Gas and Water	3471	2650			43	25
建筑业	Construction	13577	9386	1	142	563	26
批发和零售业	Wholesale and Retail Trades	2526	487	1		23	6
住宿和餐饮业	Hotels and Catering Services	203	37			3	
房地产业	Real Estate	309	162			7	3
其他行业	Other Sector	185	30		10		

注：此表为公有经济企业专业技术人员数据。
a)Data in this table are data of professional and technical personnel of public economic enterprises.

19-47 事业单位分行业各类专业技术人员 (2011)
Professional and Technical Personnel of Institutional Unit by Sector and Type (2011)

单位：人 (person)

行　业	Sector	总　计 Total	高级岗位 Senior Position	中级岗位 Intermediate Position	初级岗位 Primary Position	其他 Other
总　计	**Total**	**459529**	**32593**	**147293**	**264236**	**15407**
农林牧渔业	Agriculture,Forestry,Animal Husbadry and Fishery	28699	1941	7749	17489	1520
交通运输、仓储和邮政业	Transport, Storage and Post	5481	628	1857	2972	24
信息传输计算机服务和软件业	Information Transmission,Computer Service and Software	347	25	79	233	10
金融业	Financial Intermediation	729	1	33	682	13
租凭和商务服务业	Leasing and Commercial Services	24		7	17	
科学研究技术服务和地质勘查业	Scientific Research,Technical Services and Geological Prospecting	8876	1535	2789	4158	394
水利环境和公共设施管理业	Management of Water Conservancy, Environment and Public Facilities	8514	605	2577	5101	231
居民服务和其他服务业	Resident and Other Services	472	16	87	335	34
教育	Education	315624	21541	107287	178722	8074
卫生社会保障和社会福利业	Health, Social Security and Social Welface	73113	4821	19791	44122	4379
文化体育和娱乐业	Culture, Sports and Entertainment	10341	1310	3404	5330	297
采矿业	Mining	76		9	61	6
制造业	Manufacturing					
电力燃气及水的生产和供应业	Production and Supply of Electricity, Gas and Water	484	6	128	347	3
建筑业	Construction	1318	36	267	986	29
批发和零售业	Wholesale and Retail Trades	7		1	6	
住宿和餐饮业	Hotels and Catering Services	14		5	9	
房地产业	Real Estate	448		44	398	6
公共管理和社会组织	Public Administration and Entertainment Social Organizations	4962	128	1179	3268	387

主要统计指标解释

普通高等学校 指按照国家规定的设置标准和审批程序批准举办的，通过全国普通高等学校统一招生考试，招收高中毕业生为主要培养对象，实施高等教育的全日制大学、独立设置的学院和高等专科学校、高等职业学校和其他机构。

成人高等学校 指按照国家规定的设置标准和审批程序批准举办的，通过全国成人高等学校统一招生考试，招收具有高中毕业或同等学历的在职从业人员为主要培养对象，利用函授、业余、脱产等多种形式对其实施高等学历教育的学校。包括职工高等学校、农民高等学校、管理干部学院、教育学院、独立函授学院、广播电视大学、其他机构等。其他机构是承担国家成人招生计划任务不计校数的机构。

小学学龄儿童净入学率 指调查范围内已入小学学习的学龄儿童占校内外学龄儿童总数(包括弱智儿童，不包括盲聋哑儿童)的比重。

研究与试验发展(R&D) 指在科学技术领域，为增加知识总量，以及运用这些知识去创造新的应用进行的系统的创造性的活动，包括基础研究、应用研究、试验发展三类活动。国际上通常采用 R&D 活动的规模和强度指标反映一国的科技实力和核心竞争力。

基础研究 指为了获得关于现象和可观察事实的基本原理的新知识(揭示客观事物的本质、运动规律，获得新发现、新学说)而进行的实验性或理论性研究，它不以任何专门或特定的应用或使用为目的。其成果以科学论文和科学著作为主要形式。用来反映知识的原始创新能力。

应用研究 指为获得新知识而进行的创造性研究，主要针对某一特定的目的或目标。应用研究是为了确定基础研究成果可能的用途，或是为达到预定的目标探索应采取的新方法(原理性)或新途径。其成果形式以科学论文、专著、原理性模型或发明专利为主。用来反映对基础研究成果应用途径的探索。

试验发展 指利用从基础研究、应用研究和实际经验所获得的现有知识，为产生新的产品、材料和装置，建立新的工艺、系统和服务，以及对已产生和建立的上述各项作实质性的改进而进行的系统性工作。其成果形式主要是专利、专有技术、具有新产品基本特征的产品原型或具有新装置基本特征的原始样机等。在社会科学领域，试验发展是指把通过基础研究、应用研究获得的知识转变成可以实施的计划(包括为进行检验和评估实施示范项目)的过程。人文科学领域没有对应的试验发展活动。主要反映将科研成果转化为技术和产品的能力，是科技推动经济社会发展的物化成果。

R&D 人员 指参与研究与试验发展项目研究、管理和辅助工作的人员， 包括项目(课题)组人员，企业科技行政管理人员和直接为项目(课题)活动提供服务的辅助人员。反映投入从事拥有自主知识产权的研究开发活动的人力规模。

R&D 人员全时当量 指全时人员数加非全时人员按工作量折算为全时人员数的总和。例如：有两个全时人员和三个非全时人员(工作时间分别为 20%、30%和 70%)，则全时当量为 2+0.2+0.3+0.7=3.2 人年。为国际上比较科技人力投入而制定的可比指标。

R&D 经费内部支出合计 指调查单位用于内部开展 R&D 活动（基础研究、应用研究和试验发展）的实际支出。包括用于 R&D 项目（课题）活动的直接支出，以及间接用于 R&D 活动的管理费、服务费、与 R&D 有关的基本建设支出以及外协加工费等。不包括生产性活动支出、归还贷款支出以及与外单位合作或委托外单位进行 R&D 活动而转拨给对方的经费支出。

R&D 项目（课题）数 指在当年立项并开展研究工作、以前年份立项仍继续进行研究的研发项目（课题）数，包括当年完成和年内研究工作已告失败的研发项目（课题），但不包括委托外单位进行的研发项目（课题）数。

R&D 项目（课题）人员全时当量 指实际参加研发项目（课题）活动人员折合的全时当量。

R&D 项目（课题）经费内部支出 指调查单位内部在报告年度进行研发项目（课题）研究和试制等的实际支出。包括劳务费、其他日常支出、固定资产购建费、外协加工费等，不包括委托或与外单位合作进行项目（课题）研究而拨付给对方使用的经费。

研究与试验发展人员 指参与研究与试验发展项目研究、管理和辅助工作的人员，包括项目(课题)组人员，企业科技行政管理人员和直接为项目(课题)活动提供服务的辅助人员。反映投入从事拥有自主知识产权的研究开发活动的人力规模。

专业技术人员 指从事专业技术工作和专业技术管理工作的人员，即企事业单位中已经聘任专业技术职务从事专业技术工作和专业技术管理工作的人员，以及未聘任专业技术职务，现在专业技术岗位上工作的人员。包括工程技术人员，农业技术人员，科学研究人员，卫生技术人员，教学人员，经济人员，会计人员，统计人员，翻译人员，图书资料、档案、文博人员，新闻出版人员，律师、公证人员，广播电视播音人员，工艺美术人员，体育人员，艺术人员及企业政治思想工作人员，共十七个专业技术职务类别。用来反映科技人力资源情况。

专利 是专利权的简称，是对发明人的发明创造经审查合格后，由专利局依据专利法授予发明人和设计人对该项发明创造享有的专有权。包括发明、实用新型和外观设计。反映拥有自主知识产权的科技和设计成果情况。

发明（专利） 指对产品、方法或者其改进所提出的新的技术方案。是国际通行的反映拥有自主知识产权技术的核心指标。

实用新型（专利） 指对产品的形状、构造或者其结合所提出的适于实用的新的技术方案。反映具有一定技术含量的技术成果情况。

外观设计（专利） 指对产品的形状、图案、色彩或者其结合所作出的富有美感并适于工业上应用的新设计。反映拥有自主知识产权的外观设计成果情况。

20

卫生、社会福利及其他

Health ,Social Welfare and Others

简要说明

一、本篇资料主要内容

本篇资料主要包括卫生、民政事业、劳动保障、残疾人事业及其他社会统计情况。

卫生主要包括:卫生机构、卫生技术人员、床位数、医院诊疗人次及入院人数、新型农村合作医疗情况。

民政事业和劳动保障资料主要包括：社会福利事业机构、人员和社会救济情况、社会保障、婚姻登记等情况。

二、本篇资料来源

本篇资料由省统计局社会科技处搜集、加工整理。

1.卫生、新型农村合作医疗资料由省卫生厅提供。

2.民政事业、劳动保障及其他社会统计情况数据来源于省民政厅、省劳动和社会保障厅、省委统战部、省妇联、省总工会、省残联。

20-1 医疗卫生机构基本情况
Basic Statistics of Health Care Institutions

项 目	Item	2010	2011
卫生机构数（个）	**Number of Health Care Institutions (unit)**	**10267**	**10065**
#医院	Hospitals	378	388
#综合医院	General Hospitals	257	261
中医医院	Hospitals Specialized in Traditional Chinese Medicine	69	68
中西医结合医院	Hospital of Integrated Traditional Chinese with Western Medicine	1	3
民族医院	Nationalities Hospitals	11	11
专科医院	Specialized Hospitals	40	45
卫生院	Health Centers	1350	1381
疗养院	Sanatoriums	6	5
社区卫生服务中心(站)	Community Health Service Centers (Stations)	429	575
门诊部	Outpatient Department	64	50
诊所、卫生所、医务室	Clinics	7686	7313
急救中心（站）	First Aid Centers (Stations)	2	2
采供血机构	Blood Collection Agencies	17	17
妇幼保健院(所、站)	Women and Children Care Agencies	100	100
专科疾病防治院(所、站)	Specialized Disease Prevention & Treatment Institute	7	7
疾病预防控制中心（防疫站）	Disease Prevention and Contral Centers	103	103
卫生监督所（中心）	Health Inspection Institution(center)	90	91
医学科学研究机构	Institutions of Medical Science	5	5
医学在职培训机构	Medical-service Training Institutions	14	13
健康教育所	Health Education Institution	6	6
其他卫生机构	Other Health Institutions	10	9
床位（张）	**Beds (unit)**	**94883**	**101108**
#医院	Hospitals	60961	67303
#综合医院	General Hospitals	46798	51316
中医医院	Hospitals Specialized in Traditional Chinese Medicine	10249	11220
中西医结合医院	Hospital of Integrated Traditional Chinese with Western Medicine	116	430
民族医院	Nationalities Hospitals	463	503
专科医院	Specialized Hospitals	3335	3789
卫生院	Health Centers	21461	22273
疗养院	Sanatoriums	690	690
社区卫生服务中心(站)	Community Health Service Centers (Stations)	2117	2713
门诊部	Outpatient Department	7368	5725
诊所、卫生所、医务室	Clinics		
急救中心（站）	First Aid Centers (Stations)	12	12
妇幼保健院(所、站)	Women and Children Care Agencies	2246	2364
专科疾病防治院(所、站)	Specialized Disease Prevention & Treatment Institute	28	28

20-1 续表 continued

项　目	Item	2010	2011
卫生机构人员数(人)	**Number of Health Agency Personnel (person)**	**115368**	**146290**
卫生技术人员(人)	**Medical Technical Personnel (person)**	**97387**	**106252**
#医院	Hospitals	49783	53386
#综合医院	General Hospitals	39963	42489
中医医院	Hospitals Specialized in Traditional Chinese Medicine	6809	7108
中西医结合医院	Hospital of Integrated Traditional Chinese with Western Medicine	111	409
民族医院	Nationalities Hospitals	492	512
专科医院	Specialized Hospitals	2408	2868
卫生院	Health Centers	131	24192
疗养院	Sanatoriums	4285	133
社区卫生服务中心(站)	Community Health Service Centers (Stations)	20937	5852
门诊部	Outpatient Department	580	536
诊所、卫生所、医务室	Clinics	12139	11386
急救中心(站)	First Aid Centers (Stations)	81	89
采供血机构	Blood Collection Agencies	385	389
妇幼保健院(所、站)	Women and Children Care Agencies	3363	3394
专科疾病防治院(所、站)	Specialized Disease Prevention & Treatment Institute	120	115
疾病预防控制中心	Disease Prevention and Contral Centers	3652	3588
卫生监督所(中心)	Health Inspection Institution(center)	1411	1291
医学科学研究机构	Institutions of Medical Science	260	261
医学在职培训机构	Medical-service Training Institutions	195	223
健康教育所	Health Education Institution	23	22
其他卫生机构	Other Health Institutions	42	1395
每万人口执业(助理)医师(人)	Number of Licensed (Assistant) Doctors per 10 000 Population(person)	14.95	16.08
每万人口注册护士(人)	Number of Registered Nurses per 10 000 Population(person)	11.59	13.18

20-2 卫生机构数

Number of Health Care Institutions

单位：个 (unit)

年 份 Year	总 计 Total	#医 院 Hospitals	#卫生院 Health Centers	#疗养院 Sanatoriums	#社区卫生服务中心（站） Community Health Service Centers (Stations)	#门诊部 Outpatient Department
2007	11940	370	1343	6	299	81
2008	10737	371	1342	5	321	82
2009	10011	373	1342	5	340	74
2010	10267	378	1350	6	429	64
2011	10065	388	1381	5	575	50

20-2 续表 continued

单位：个 (unit)

年 份 Year	#诊所、卫生所、医务室 Clinics	急救中心（站） First Aid Centers (Stations)	#专科疾病防治院 Specialized Disease Prevention & Treatment Institute	#疾病预防控制中心 Disease Prevention and Contral Centers	#妇幼保健院（所、站） Women and Children Care Agencies	#卫生监督所 Health Inspection Institution (Center)	#医学科学研究机构 Research Institutes of Medical Sciences
2007	9553	2	7	106	99	87	5
2008	7841		7	104	100	87	5
2009	7523	2	7	103	99	86	5
2010	7686	2	7	103	100	90	5
2011	7313	2	7	103	100	91	5

20-3 卫生机构人员数

Number of Employed Personnel in Health Care Institutions

单位：人 (person)

年 份 Year	总 计 Total	#卫生技术人员 Medical Technical Personnel	# 执业（助理）医师 Licensed (Assistant) Doctors	执业医师 Licensed Doctors	# 注册护士 Registered Nurses	#药师（士） Pharmacist	#检验技师（士） Laboratory Technician	每万人口执业(助理)医师 Number of Doctors per 10 000
2000	85167	69318					2000	14.7
2001	85774	70283			22376		2183	14.5
2002	81177	66799	29947	23007	20232	5407	3454	13.4
2003	81495	67243	29924	23172	22460	5565	3489	13.5
2004	80994	66503	29415	23199	20054	5085	3359	13.2
2005	81049	66926	29701	23222	22403	5023	3463	13.6
2006	82357	68507	30238	23656	20425	4943	33561	11.6
2007	101796	85348	35144	27523	23999	4972	4747	13.4
2008	103982	87436	36176	29015	24950	4859	5148	13.8
2009	107312	89963	36721	29907	26422	4766	5328	13.9
2010	115368	97387	38249	31309	29646	5058	5522	15.0
2011	146290	106252	41121	33382	33713	5317	5802	16.1

20-4 卫生机构床位数

Number of Beds in Health Institutions

单位：张 (unit)

年 份 Year	总 计 Total	医 院 Hospitals	卫 生 院 Health Centers	疗养院 Sanatoriums	社区卫生服务中心（站） Community Health Service Centers (Stations)
2000	59441	43511	13046	985	
2001	60336	44303	13072	913	
2002	61157	44287	13064	702	170
2003	61223	44387	12715	1032	246
2004	61801	45123	12906	950	241
2005	63638	47073	12783	850	323
2006	66197	48779	13672	782	441
2007	70290	50459	15992	540	978
2008	76663	53847	18468	810	1359
2009	87412	56767	20258	690	1607
2010	94883	60961	21461	690	2117
2011	101108	67303	22273	690	2713

20-4 续表 continued

单位：张 (unit)

年 份 Year	门诊部 Outpatient Department	急救中心（站） First Aid Centers (Stations)	妇幼保健院（所、站） Women and Children Care Agencies	专科疾病防治院（所、站） Specialized Disease Prevention & Treatment Institute	每万人口医院、卫生院床位 Number of Beds of Hospitals and Health Centers per 10 000 Population
2000	253		684		23.2
2001	288		695	2	23.4
2002	355	12	1602	26	23.5
2003	545	12	1566	62	23.5
2004	407	12	1739	61	23.6
2005	441	12	1811	12	24.5
2006	516	12	1768	18	25.4
2007	291	12	1804	214	26.9
2008	160	12	1911	14	29.2
2009	6041	12	2021	28	29.2
2010	7368	12	2246	28	32.2
2011	5725	12	2364	28	35.1

20-5 按市县分卫生机构数、床位数和卫生技术人员

Number of Health Institutions, Beds and Health Technicians by City and County

年 份 Year	卫生机构数（个） Number of Health Institutions(unit)		卫生机构床位数(张) Beds (unit)		卫生技术人员（人） Number of Medical Technical Personnel (person)		#执业(助理)医师 Licensed (Assistant) Doctors		#注册护士 Registered Nurses	
	市 City	县 County	市 City	县 County	市 City	县 County	市 City	县 County	市 City	县 County
2000			31287	28154	35977	33341	15037	16614	11924	7526
2001			32146	28190	37069	33214	15485	16885	12440	7780
2002			32317	28619	34808	31806	14494	15331	12518	7647
2003			32877	28346	35344	31899	14692	15232	12318	7846
2004			33455	28346	35004	31499	14697	14718	12296	7758
2005			35673	27965	36444	30482	15357	14344	12470	7611
2006			37327	28870	36876	31631	15633	14605	12707	7718
2007	3771	8169	39480	30837	47418	38172	19859	15349	15958	8039
2008	3413	7324	42447	34216	48824	38875	20507	15669	16524	8426
2009	3289	6722	49327	38092	50541	39422	21003	15718	17676	8746
2010	3229	7038	53823	41060	54078	43309	21875	16374	19788	9858
2011	26762	19805	56163	44945	58569	47683	23334	17787	21933	11780

注：按市县分的卫生机构床位数为医院、卫生院床位数。2011年卫生机构数包括村卫生室数。

a) Number of beds in health care institutions by city and county referred to hospital beds.Number of 2011's health care institutions included number of village clinics.

20－6 医疗机构门诊、住院服务情况 (2011)
Situation of Outpatient and Inpatient Services of Health Institutions (2011)

类 别	Item	诊疗人次（万人次）Visits(10 000 person-times)	#门、急诊 Outpatients with Emergency Treatment	入院人数（万人）Impatients (10 000 persons)	出院人数（万人）Patients Discharged (10 000 persons)	每百门、急诊入院人数（人）Impatients Per 100 Outpatients and Emergency Visits(person)
总计	**Total**	**10578.28**	**9689.13**	**240.13**	**238.56**	2.48
医 院	Hospital	2797.41	2653.33	172.18	170.83	6.49
卫生院	Health Centers	1769.67	1709.34	54.63	54.75	3.20
疗养院	Sanatoriums	0.91	0.90	0.41	0.41	45.56
社区卫生服务中心（站）	Community Health Service Centers (stations)	500.81	462.50	4.43	4.11	0.96
门诊部	Outpatient Department	29.30	36.00	0.02	0.02	0.06
诊所、卫生所、医务室	Clinics	1823.41	1651.09	0.00	0.00	0.00
妇幼保健院（所、站）	Maternity and Child Care Centers (stations)	237.32	230.85	8.45	8.43	3.66
专科疾病防治院（所、站）	Speclalized Disease Prevention and Treatment Centers (stations)	9.85	9.83	0.02	0.02	0.20

20－7 医疗机构病床使用情况（2011）
Utilization of Hospital Beds at and above County Level (2011)

类 别	Item	病床周转次数（次）Turnoverof Beds (times)	病床工作日（日）Number of Days per Bed in Use in a Year (days)	病床使用率（%）Utilization Rate of Beds (%)	出院者平均住院日（日）Average Hospitalization Period(days)
总计	**Total**	**27.1**	**267.9**	**73.4**	**9.2**
医 院	Hospitals	27.2	296.5	81.2	10.3
卫生院	Commune Hospitals	27.0	193.2	52.9	6.4
疗养院	Sanatoriums	7.1	64.7	17.7	9.1
社区卫生服务中心（站）	Community Health Service Centers (stations)	21.4	216.4	59.3	5.6
门诊部	Outpatient Department	2.5	81.4	22.3	7.2
妇幼保健院（所、站）	Maternity and Child Care Centers (stations)	38.8	246.0	67.4	6.0
专科疾病防治院（所、站）	Speclalized Disease Prevention and Treatment Centers(stations)	7.2	278.1	76.2	

20-8 农村乡镇卫生院医疗服务情况
Situations of Medical Services in Township Health Centers

年 份 Year	诊疗人次(万人次) Visits (10 000 person-times)	病床使用率(%) Utilization Rate of Beds(%)	出院者平均住院日(日) Average Stay Days in Hospital (day)
2007	1453	24.03	4.4
2008	1799	51.81	4.9
2009	1653	58.62	6.0
2010	1547	54.44	6.0
2011	1763	52.94	6.4

20-9 社区卫生服务中心(站)医疗服务情况
Medical Services of Community Health Service Centers(Stations)

年 份 Year	入院人数 (人) Inpatients (person)	病床使用率 (%) Utilization Rate of Beds (%)	出院者平均 住院日(日) Average Stay Days in Hospital (day)	医师日均 担负诊疗 人次(人次) Daily Visits Each Doctor (person-time)	医师日均 担负住院 床日(日) Daily Inpatients Each Doctor (day)
2007	19355	58.1	2.0	9.1	0.3
2008	24980	70.3	1.1	10.64	0.5
2009	26585	60.52	1.2	8.89	0.38
2010	25320	51.82	4.7	5.12	0.43
2011	44305	59.3	5.6	7.94	0.45

20-10 医院、卫生院基本情况（2011）

Basic Statistics of Hospital and Rural Township Hospital (2011)

项 目	Item	医院数（个）Hospitals (unit)	床位数（张）Beds (unit)	人员数（人）Personnel (person)	#卫生技术人员 Medical Technical Personnel	执业医师 Practitioner Doctors
总 计	**Total**	**1769**	**89576**	**91398**	**77578**	**23339**
医院	Hospitals	388	67303	64788	53386	18674
市	City	221	41454	44473	36129	12483
县	County	167	25849	20315	17257	6191
卫生院	Health Centers	1381	22273	26610	24192	4665

20-10 续表 continued

项 目	Item	执业助理医师 Assistant Practitioner Doctors	注册护士 Registered Nurses	药剂人员 Pharmacists	检验人员 Laboratory Technicians	其 他 Others
总 计	**Total**	**28186**	**27481**	**4447**	**2439**	**13065**
医院	Hospitals	20606	21743	3233	1993	4257
市	City	13348	15605	2155	1347	2691
县	County	7258	6138	1078	646	1566
卫生院	Health Centers	7580	5738	1214	446	8808

20-11 法定报告传染病发病及死亡情况（2011）

Infectious Diseases Pathogenesis and Death Situation of Statutory Reporting (2011)

疾病名称	Diseases	发病率（1/10万）Incidence (1/100 000)	死亡率（1/10万）Death Rate (1/100 000)	病死率（%）Mortality Rate (%)
鼠疫	Plague			
艾滋病	AIDS	0.2502	0.1095	43.75
病毒性肝炎	Viral Hepatitis	258.6294	0.0587	0.02
麻疹	Measles	3.1085	0.0039	0.13
出血热	Hemorrhagic Fever	0.0196		
流行性乙型脑炎	Encephalitis B	0.8821		
炭疽	Anthrax	0.1525	0.0039	2.56
痢疾	Dysentery	42.9439	0.0039	0.01
肺结核	Pulmonary Tuberculosis	88.0892	0.2856	0.32
伤寒、副伤寒	Typhoid, Paratyphoid	0.2072		
流行性脑脊髓膜炎	Epidemic Cerebrospinal Meningitis	0.0117	0.0039	33.33
百日咳	Pertussis	0.176		
新生儿破伤风	Newborn Tetanus	0.0643		
布病	Brucellosis	0.1955		
猩红热	Scarlet Fever	2.7761		
淋病	Gonorrhea	6.127		
梅毒	Syphilis	19.3703		
血吸虫	Schistosomiasis	0.0039		
疟疾	Malaria	0.0821		

20-12 新型农村合作医疗情况
Statistics on New Cooperative Medical System

指 标	Item	2007	2008	2009	2010	2011
开展新农合县(市、区)(个)	Number of Counties Implementing of NCMS(unit)	78	87	86	86	86
参加新农合人数(万人)	Number of Enrollees(10 000 persons)	1739.84	1869.12	1906.92	1910.32	1918.27
参合率(%)	Rate of Participation(%)	88.42	93.20	95.54	95.92	96.54
当年基金支出(亿元)	Expenditure of Funds this Year(100 million yuan)	6.00	14.85	18.79	22.61	37.89
补偿支出受益人次(万人次)	Number of Beneficiaries from Reimbursement (10 000persons-times)	846.83	1050.45	1296.70	2132.41	3067.99
农村医疗救助人次(万人次)	Person-times Receiving Medical Aid in Rural Areas (10 000persons-times)	66.89	87.39	88.40	123.70	178.16
民政部门资助农村医疗合作人数(万人次)	Civil Affairs Department Subsidized Number of Rural Cooperative Medical (10 000persons-times)	59.49	66.00	62.90	83.50	143.43

20-13 卫生总费用
Total Health Expenditure

年份 Year	卫生总费用(亿元) Total Health Expenditure (100 million yuan)	政府卫生支出 Government Health Expenditure		社会卫生支出 Social Health Expenditure		个人现金卫生支出 Out-of-pocket Health Expenditure		人均卫生总费用(元) Per Capita Health Expenditure (yuan)	卫生总费用相对于GDP比重(%) Health Expenditure as Percentage of GDP (%)
		绝对数(亿元) Level (100 million yuan)	占卫生总费用比重(%) As Percentage of Health Expenditure	绝对数(亿元) Level (100million yuan)	占卫生总费用比重(%) As Percentage of Health Expenditure	绝对数(亿元) Level (100million yuan)	占卫生总费用比重(%) As Percentage of Health Expenditure		
2000	4.37	0.72	16.49	1.23	28.16	2.42	55.34	129.01	5.44
2001	4.61	0.97	21.13	0.85	18.52	2.78	60.35	135.32	5.27
2002	5.83	1.10	18.83	0.88	15.04	3.85	66.13	169.84	5.98
2003	79.85	17.89	22.40	18.93	23.71	43.03	53.89	305.80	6.10
2004	89.92	20.11	22.36	24.02	26.72	45.79	50.92	343.45	5.77
2005	106.61	27.12	25.44	22.07	20.70	57.42	53.86	410.91	5.51
2006	124.41	31.13	25.02	27.31	21.95	65.98	53.03	447.36	5.46
2007	147.15	45.37	30.83	31.53	21.43	70.25	47.74	562.27	5.45
2008	213.89	83.93	39.24	48.18	22.53	81.78	38.24	813.85	6.73
2009	263.98	102.42	38.80	69.80	26.44	91.76	34.76	1001.65	7.79
2010	295.38	116.54	39.45	74.22	24.45	104.62	35.42	1153.86	7.17

20-14 各地区卫生机构基本情况 (2011)

Basic Statistics of Health Institutions by Prefecture ,County (2011)

地　区	Region	卫生机构数（个）Number of Health Institutions (unit)	#医院 Hospitals	#卫生院 Health Centers	卫生机构床位数（张）Number of Hospital Beds (unit)	#医院 Hospitals	#卫生院 Health Centers	卫生机构人员数（人）Number of Persons Engaged in Health Institutions (person)	#医院 Hospitals	#卫生院 Health Centers
兰州市	Lanzhou	2362	96	71	25411	17292	1152	33448	20342	1944
嘉峪关市	Jiayuguan	123	5	3	1464	1300	52	2616	1865	70
金昌市	Jinchang	534	9	12	1910	1655	255	3578	1972	36
白银市	Baiyin	1092	28	74	6171	4251	1473	8712	4157	1827
天水市	Tianshui	3661	33	134	10526	7006	2349	15334	5864	3038
武威市	Wuwei	1812	17	117	6946	4564	2042	9446	3651	2326
张掖市	Zhangye	1350	29	84	5835	3499	1790	7856	3380	1630
平凉市	Pingliang	2700	27	111	7853	5568	2076	11519	4594	2679
酒泉市	Jiuquan	928	34	73	5059	3658	1270	7198	3552	1553
庆阳市	Qingyang	2051	23	124	6355	3836	2239	10549	3991	2441
定西市	Dingxi	2513	23	137	9052	5750	2879	10744	3994	3088
陇南市	Longnan	5096	25	215	6086	3539	2187	13282	3259	2867
临夏州	Linxia	1774	20	126	6396	3903	2092	7503	2641	1641
甘南州	Gannan	766	19	100	2044	1482	417	4505	1526	1070

注：卫生机构数包括村卫生室数

a）Number of health care institutions included number of village clinics.

20-15 各地区卫生技术人员数（2011）

Number of Employed Personnel in Health Care Institutions by Region (2011)

单位：人 (person)

地　区	Region	卫生技术人员 Medical Technical Personnel	执业医师 Licensed Doctors	执业助理医师 Licensed (Assistant) Doctors	注册护士 Registered Nurses	药师（士）Pharmacist	技师 Technician	检验师 Laboratory Technician	其他 Others	见习医师 Trainee Physicians
兰州市	Lanzhou	26363	10745	9656	10230	1365	1561	1038	2462	483
嘉峪关市	Jiayuguan	2172	777	673	940	143	146	87	166	92
金昌市	Jinchang	2962	1179	1016	999	247	153	100	384	139
白银市	Baiyin	6576	2331	1977	2466	346	381	237	1052	627
天水市	Tianshui	9868	3715	3028	2758	486	571	320	2338	601
武威市	Wuwei	6801	2822	2182	2238	351	347	202	1043	306
张掖市	Zhangye	5614	2205	1728	1698	235	277	172	1199	249
平凉市	Pingliang	8481	3046	2451	2541	420	383	236	2091	625
酒泉市	Jiuquan	5747	2223	1777	2092	281	284	181	867	249
庆阳市	Qingyang	6991	2812	2188	2160	307	329	195	1383	459
定西市	Dingxi	7578	3045	2253	2059	444	536	301	1494	479
陇南市	Longnan	8271	2662	1898	1557	385	374	191	3293	439
临夏州	Linxia	5313	2027	1470	1215	180	257	144	1634	109
甘南州	Gannan	3515	1532	1085	760	127	203	128	893	131

20-16 各地区新型农村合作医疗情况（2011）
Statistics on New Rural Cooperative Medical System by Region (2011)

地　区	Region	县(市、区)数 (个) Number of Counties (unit)	开展新农合县(市、区) (个) Number of Counties Implementing of NCMS (unit)	参加新农合人数 (万人) Number of Enrollees (10 000 persons)	补偿受益人次 (万人次) Number of Benificiaries from Reimbursement (10 000 persons-times)	本年度筹资总额 (万元) Funds Raised this Year (10 000 yuan)
甘肃省	**Gansu**	**87**	**86**	**1918.27**	**3067.99**	**446818.39**
兰州市	Lanzhou	8	7	112.50	149.71	27026.47
嘉峪关市	Jiayuguan	1	1	1.95	1.80	527.37
金昌市	Jinchang	2	2	22.16	17.80	5375.05
白银市	Baiyin	5	5	124.04	332.00	28632.82
天水市	Tianshui	7	7	285.54	389.07	65803.63
武威市	Wuwei	4	4	141.88	463.34	32740.17
张掖市	Zhangye	6	6	94.06	247.04	21762.88
平凉市	Pingliang	7	7	182.69	351.79	42131.14
酒泉市	Jiuquan	7	7	60.81	63.82	14136.49
庆阳市	Qingyang	8	8	217.11	295.59	52639.42
定西市	Dingxi	7	7	232.06	213.55	53617.51
陇南市	Longnan	9	9	229.87	239.00	53068.74
临夏州	Linxia	8	8	162.90	243.68	37566.60
甘南州	Gannan	8	8	50.70	59.80	11790.10

20-17 孕产妇及婴儿死亡率
Death Rate of Pregnant Woman and Babies

指　标	Item	2007	2008	2009	2010	2011
孕产妇死亡率（1/10万）	Maternal Mortality Rate (1/100 000)	62.63	61.66	36.24	33.23	30.72
城市	Urban	48.33	29.39	29.28	23.38	25.10
农村	Rural	69.04	47.21	39.27	37.50	33.12
婴儿死亡率（‰）	Infant Mortality Rate(‰)	16.13	13.58	10.97	10.00	8.28
城市	Urban	13.55	11.84	9.28	7.66	6.78
农村	Rural	17.27	14.37	11.71	11.02	8.93
5岁以下儿童死亡率（‰）	Mortality Rate of Children under 5(‰)	18.19	15.27	12.41	11.35	9.53
城市	Urban	15.07	13.34	10.58	8.86	7.97
农村	Rural	19.59	16.14	13.21	12.43	10.20
新生儿死亡率（‰）	Newborn Mortality Rate(‰)	12.96	10.71	8.77	7.81	6.30
城市	Urban	11.23	9.76	7.34	5.90	5.17
农村	Rural	13.76	11.14	9.39	8.64	6.78

20-18 妇联组织及干部基本情况
Basic Conditions of Women's Federation

指　标	Item	2005	2008	2009	2010	2011
乡及乡以上妇联组织机构（个）	Women's Federation Institution of Township and above Township (unit)	2615	1466	2323	2550	1512
乡及乡以上妇联干部（人）	Cadres of Township and Race's above Township (person)	1805	1890	1857	2197	2148
在干部中少数民族干部数（人）	Number of Minority Cadres (person)	254	302	256	276	309
占干部总数（%）	Minority Race's Cadres as Percentage to the Total (%)	14.0	16.0	13.8	12.6	14.4

20-19 各党派党员(成员)数
Number of Different Parties Member

项　目	Item	2005	2008	2009	2010	2011
中国共产党（万人）	Communist Party of China (10 000 persons)	129	139	145	151	158
中国国民党革命委员会（人）	Revolutionary Committee of Kuomingdan (person)	2088	2390	2529	2668	2772
中国民主同盟（人）	Democracy League (person)	5402	5967	6227	6444	6812
中国民主建国会（人）	China Democratic National Construction Association (person)	1867	2186	2351	2341	2430
中国民主促进会（人）	China Association Promoting Democracy (person)	2117	2527	2647	2767	2840
中国农工民主党（人）	Chinese Peasants' and Workers' Democratic Party (person)	1472	1836	1969	2041	2176
九三学社（人）	Jiu San Society (person)	2329	2645	2781	2898	3030

20-20 工会组织情况
Basic Statistics on Trade Unions

年 份 Year	工会基层组织数（个） Number of Grassroots Unions (unit)	已建立工会组织的基层单位的职工与会员人数（万人） Membership and Number of Staff and Workers in Grassroots Unions(10 000 persons)				工会专职干部人员数（人） Number of Full-time Personnel of Unions (person)
		职工人数 Number of Staff and Workers	#女职工 Female	会员人数 Membership	#女会员 Female	
1995	12251	194.29	68.44	173.91	62.31	11532
1996	12052	196.34	71.72	175.78	63.88	10020
1997	10596	173.33	61.80	155.82	54.46	8601
1998	10519	173.68	62.45	159.78	57.14	9073
1999	9788	177.23	60.71	157.06	55.36	9554
2000	10768	168.25	60.86	154.69	55.16	8714
2001	14675	177.76	63.50	163.40	56.00	6257
2002	15320	222.27	75.81	209.00	70.25	5789
2003	24291	206.12	69.16	190.43	63.72	5861
2004	23061	206.42	71.29	195.35	67.31	6279
2005	17522	219.05	75.67	207.14	70.49	5475
2006	19328	238.70	83.80	225.35	79.50	5051
2007	21642	268.76	93.14	256.68	89.44	4895
2008	24366	294.22	102.26	281.12	99.18	4890
2009	26936	312.17	105.12	301.35	102.03	5267
2010	28711	326.68	111.9	316.24	109.52	4998
2011	30422	347.28	122.48	335.97	119.19	5989

20−21 刑事案件发、破案情况

Statistics on Occurance and Clearing up Criminal Cases

年 份 Year	刑事案件发案总数(件) Number of Criminal Cases Occurred (case)	刑事案件破案总数(件) Number of Criminal Cases Cleared (case)	刑事案件破案率(%) Rate of Criminal Cases Cleared (%)
2000	36481	20420	55.97
2001	42881	22546	52.58
2002	36758	19538	53.15
2003	34016	18812	55.30
2004	33099	18216	55.03
2005	31587	18473	58.48
2006	31114	18378	59.07
2007	31203	18325	58.73
2008	43037	20932	48.64
2009	46611	22365	47.98
2010	66472	26404	39.72
2011	78682	30573	38.86

20−22 交通事故情况

Basic Statistics on Traffic Accidents

年 份 Year	交通事故（起） Number of Traffic Accidents(case)	死亡人数（人） Number of Deaths (person)	受伤人数（人） Number of Injuries (person)	直接损失（万元） Direct Property Losses (10 000 yuan)
2000	7520	2078	5637	2927.4
2001	7929	2110	6350	3170.7
2002	7696	2188	6363	3264.9
2003	7659	2090	5948	3498.8
2004	6361	1992	5566	2512.2
2005	5414	1799	5406	2252.8
2006	4822	1695	5311	1737.9
2007	3809	1549	4293	1303.2
2008	3371	1557	3697	1447.9
2009	2937	1553	3353	1224.9
2010	3090	1501	3692	1094.7
2011	3027	1505	3578	2835.5

20-23 火灾事故情况
Basic Statistics on Fire Accidents

年 份 year	火灾事故（起） Number of Fire Accidents(case)	死亡人数(人) Number of Deaths (person)	受伤人数（人） Number of Injuries (person)	直接损失（万元） Direct Property Losses (10 000 yuan)
2000	2291	24	62	2542.4
2001	2736	51	88	2244.1
2002	3276	32	85	2182.8
2003	3137	31	83	1706.2
2004	3030	24	30	1959.1
2005	2599	31	41	2335.7
2006	2673	16	39	1564.5
2007	1658	15	18	1566.5
2008	1235	7	16	1932.9
2009	1198	5	6	1088.2
2010	1140	10	7	1897.2
2011	912	5	5	3773.2

20-24 受灾情况
Disater Situation

指 标	Item	2010	2011
受灾面积（公顷）	Affected Area (hectares)	2630444	1936158
#旱灾	Drought	1007481	1534323
洪涝灾	Flood Disaster	220681	95892
风雹灾	Wind Hail Disaster	461058	246933
台风灾	Typhoon Disaster		
雪灾低温冷冻	Snow Frozen	941196	59010
受灾人次（万人次）	Affected Person-times (10 000 person-times)	2711	1519
直接经济损失（万元）	Direct Economic Losses (10 000 yuan)	2241015	823506

20-25 婚姻登记和离婚情况
Number of Marriages and Divorces

年 份 Year	准予登记结婚（对） Registered Marriages (couples)	初 婚(人) First Marriages (person)	再 婚(人) Remarriages (person)	离 婚（对） Divorces (couples)	离婚率（‰） Divorce Rate (‰)
1995	155553	302938	8168	4541	0.38
1996	170379	331815	8943	4855	0.40
1997	154302	298654	9950	4409	0.36
1998	136978	262488	11468	5061	0.41
1999	133121	255203	11039	5241	0.42
2000	127799	244975	10623	5541	0.43
2001	126045	239734	12656	5790	0.45
2002	122033	227496	16570	6224	0.48
2003	118476	222219	14573	23000	1.77
2004	121187	225150	17008	21499	1.64
2005	114554	209947	19161	22260	1.72
2006	132615	245015	20215	23287	1.76
2007	115761	218565	12957	22017	1.68
2008	118023	223252	12794	22928	1.68
2009	122398	233316	11480	24742	1.88
2010	142294	269585	15003	27926	2.18
2011	169112	316838	21386	30473	2.38

注：从2003年起离婚人数包含法院判决离婚人数。
a)The number of divorce has included the number of divorce sentenced by the courts since 2003.

20-26 社会福利事业单位基本情况（2011）
Basic Statistics on Social Welfare Institutions (2011)

项 目	Item	院 数（个） Number of Homes (unit)	工作人员（人） Number of Staff and Workers (person)	床 位（张） Number of Beds (unit)	收养人员（人） Number of Persons Housed (person)
优抚事业单位	Administration Agencies for Martyrs	6	125		
复退军人精神病院	Asylum for Demobilized Soldiers	3	106	640	248
国家办光荣院	Homes for the Disabled Veterans	3	19	58	19
社会福利事业单位	Social Welfare Enterprises				
社会福利院	Social Welfare Homes	41	439	3928	2302
儿童福利院	Baby Welfare Homes	13	241	1558	1247
社会福利医院	Social Welfare Hospital	2	90	230	165
城市养老服务机构	Urban Pension Services Agency	31	469	3527	1365
农村养老服务机构	Rural Pension Services Agency	599	1485	17132	11637
其他收养性机构	Other Adoption Agency	3	15	440	372

20-27 社会保障基本情况
Basic Statistics of Social Security

项 目	Item	2005	2010	2011
参加保险职工人数（万人）	Number of Employees Participated in Insurance (10 000 persons)			
养老保险	Endowment insurance	142.18	171.10	177.86
失业保险	Unemployment Insurance	159.70	164.50	164.63
医疗保险	Medical Insurance	130.40	204.40	299.77
工伤保险	Work injury insurance	70.07	130.10	150.19
生育保险	Maternity Insurance	40.02	82.00	110.13
城镇低保人数（万人）	Number of Persons Receiving Minimum Living Allowance in Urban Area (10 000 persons)	68.04	87.81	88.12
女性	Female		31.90	32.65
老年人	Old People		9.70	8.36
残疾人	Disabled		4.70	4.56
三无人员	"Three Noes" Personnel		1.80	1.60
在职人员	Serving Officers		3.20	2.94
灵活就业	Flexible Employment		13.90	14.84
登记失业	Registered Unemployed		22.50	21.15
未登记失业	Unregistered Unemployed		13.40	16.10
在校生	School Students		16.60	17.04
城镇居民最低生活保障资金（亿元）	Minimum Living Security Fund of Urban Households (100 million yuan)		18.95	24.92
城市临时救济人次数（万人次）	Number of Persons Receiving Temporary Relief in Urban Areas (10 000 person-times)		2.60	0.20
农村低保人数（万人）	Number of Persons Receiving Minimum Living Allowance in Rural Area (10 000 persons)	2.32	326.74	321.80
女性	Female		104.90	101.33
老年人	Old People		77.70	70.96
未成年人	Minor		70.70	55.13
残疾人	Disabled		22.30	18.77
农村居民最低生活保障资金（亿元）	Minimum Living Security Fund of Rural Households (100 million yuan)		24.27	41.91
农村五保供养人数（万人）	Number of Persons Receiving Livelihood Guaranteed in Five Aspects in Rural Areas (10 000 persons)		13.06	12.44
#女性	Female		3.10	2.71
老年人	Old People		9.32	10.17
残疾人	Disabled		3.22	2.59
农村集中五保供养人数	Centralized		1.00	1.04
农村分散五保供养人数	Decentralized		11.60	11.40
农村传统救济人数（万人）	Number of Persons Receiving Traditional Relief in Rural Areas (10 000 persons)		1.46	2.13
农村临时救济人次数（万人次）	Number of Poor Persons Receiving Temporary Relief in Rural Areas (10 000 person-times)		15.42	5.38
优抚安置	Preferential Treatment and Resettlement			
优待优抚对象户数（万户）	Number of Preferential Treatment Entitled Groups Households (10 000 households)		2.81	2.53
安置义务兵、士官、复员干部人数（万人）	Number of Serviceman and Ex-serviceman Resettled (10 000 persons)		0.29	0.46
接收军队离退休人员人数（万人）	Number of Retired Veterans Resettled (10 000 persons)		0.02	0.03

20-28 抚恤及社会福利救济费用（2011）
Basic Statistics on Pensions and Social Welfare Relief Funds (2011)

单位:万元 (10 000 yuan)

地 区	Region	抚 恤 Pensions	城市居民最低生活保障 Urban Rural and Other Social Relief	农村最低生活保障线救济费 Rural Basic Provision Protection	自然灾害生活救助 Living Relief for Natural Disasters
甘肃省	**Gansu**	**46479.4**	**249052.2**	**419072.6**	**43212.6**
兰州市	Lanzhou	4820.4	39055.0	13076.7	1093.9
嘉峪关市	Jiayuguan	294.7	1792.7	228.0	29.1
金昌市	Jinchang	703.5	6106.4	1616.7	284.0
白银市	Baiyin	3629.3	20839.6	28820.1	4386.6
天水市	Tianshui	6215.7	31303.3	50111.0	4328.0
武威市	Wuwei	3306.1	15724.0	27354.6	2729.0
张掖市	Zhangye	3059.7	16920.5	10657.4	3365.8
平凉市	Pingliang	3953.1	16663.7	27804.3	3382.9
酒泉市	Jiuquan	2302.9	11984.6	14742.0	1875.0
庆阳市	Qingyang	6508.3	17046.0	43706.4	4926.4
定西市	Dingxi	3635.8	15792.7	63280.8	5646.5
陇南市	Longnan	4336.2	15145.4	60757.6	3847.4
临夏州	Linxia	2506.6	29757.9	55887.2	4437.0
甘南州	Gannan	1207.1	10920.4	21029.8	2881.0

20-29 民政基本情况（2011）
Basic Statistics of Civil Administration by Region (2011)

地 区	Region	民政经费（万元） Civil Affairs Funds (10 000 yuan)	农村传统救助人数（人） Number of Persons Receiving Traditional Relief in Rural Areas (person)	收养性单位数（个） Number of Adoption Agency (unit)	收养性年末在院人数（人） Number of Adoption People to be Hospitalized at Year-end (person)	收养性的年末床位数（张） Number of Adoption Beds at Year-end (bed)	社区服务中心（个） Community Service Center (unit)
甘肃省	**Gansu**	**974235**	**21343**	**699**	**17555**	**27830**	**378**
兰州市	Lanzhou	106574	326	44	1921	4097	64
嘉峪关市	Jiayuguan	4880		3	77	180	
金昌市	Jinchang	13087		8	443	615	1
白银市	Baiyin	68903	4399	18	420	897	27
天水市	Tianshui	117000		43	648	2371	25
武威市	Wuwei	62650	247	40	2534	3030	62
张掖市	Zhangye	46703	12159	55	1797	2120	34
平凉市	Pingliang	66797	373	103	1689	2400	12
酒泉市	Jiuquan	38466	43	47	880	1892	8
庆阳市	Qingyang	89520	1085	91	2646	4513	39
定西市	Dingxi	108513	2315	75	1956	2140	26
陇南市	Longnan	100968	39	132	281	719	34
临夏州	Linxia	108357	357	28	1684	2144	13
甘南州	Gannan	41818		9	384	405	33

20-30 各地区参加基本养老保险职工人数
Number of Employees Participated in Basic Pension Insurance by Region

单位：万人 (10 000 persons)

地　区	Region	2005	2008	2009	2010	2011
甘肃省	**Gansu**	**142.2**	**157.0**	**163.4**	**171.1**	**177.8**
兰州市	Lanzhou	19.39	22.68	27.18	30.78	33.82
嘉峪关市	Jiayuguan	4.21	4.58	4.77	5.20	5.80
金昌市	Jinchang	1.83	2.02	2.90	3.64	4.00
白银市	Baiyin	5.25	6.02	6.41	6.97	7.17
天水市	Tianshui	10.25	10.82	11.89	12.64	11.75
武威市	Wuwei	4.80	5.70	6.14	5.24	6.93
张掖市	Zhangye	4.38	5.48	5.92	6.66	6.07
平凉市	Pingliang	5.23	6.15	6.44	4.67	6.73
酒泉市	Jiuquan	4.10	5.12	5.54	7.07	7.44
庆阳市	Qingyang	2.49	4.90	4.39	4.99	5.73
定西市	Dingxi	4.40	5.20	5.61	6.24	6.24
陇南市	Longnan	3.21	3.94	5.53	6.88	5.11
临夏州	Linxia	2.48	2.82	3.04	3.50	3.98
甘南州	Gannan	1.17	1.26	1.41	1.65	1.78

20-31 各地区参加基本医疗保险职工人数
Number of Employees Participated in Basic Medical Care Insurance by Region

单位：万人 (10 000 persons)

地　区	Region	2005	2008	2009	2010	2011
甘肃省	**Gansu**	**130.4**	**180.1**	**194.5**	**204.4**	**202.8**
兰州市	Lanzhou	33.62	45.05	49.87	49.79	49.22
嘉峪关市	Jiayuguan	3.81	5.30	5.30	6.56	5.74
金昌市	Jinchang	5.24	5.89	6.59	6.87	7.29
白银市	Baiyin	11.70	12.49	13.41	13.11	12.73
天水市	Tianshui	10.77	16.30	17.76	19.04	19.21
武威市	Wuwei	6.30	8.17	9.39	9.76	10.26
张掖市	Zhangye	5.55	7.97	8.85	9.42	9.62
平凉市	Pingliang	6.05	8.88	10.06	10.86	10.02
酒泉市	Jiuquan	6.10	8.81	9.70	10.41	10.45
庆阳市	Qingyang	6.44	9.12	8.99	11.52	7.75
定西市	Dingxi	5.38	8.80	9.14	9.28	9.24
陇南市	Longnan	6.15	7.76	9.11	10.67	10.72
临夏州	Linxia	5.82	6.87	7.50	7.84	7.84
甘南州	Gannan	2.64	3.71	4.04	4.32	4.52

20-32 各地区城乡居民最低生活保障情况（2011）

Basic Statistics on Receiving Minimum Living Allowance of Urban and Rural Households by Region (2011)

单位：人 (persons)

地　区	Region	城镇低保人数 Number of Persons Receiving Minimum Living Allowance in Urban Area	#"三无"人员 Personnel of No Identity,No Address and No Source of Income	#登记失业 Registered Unemployed	#未登记失业人员 Unregistered Unemployed	农村低保人数 Number of Persons Receiving Minimum Living Allowance in Rural Area
甘肃省	**Gansu**	**881157**	**15937**	**211494**	**160513**	**3218126**
兰州市	Lanzhou	106227	815	28043	17529	98385
嘉峪关市	Jiayuguan	5453	52	743	1487	852
金昌市	Jinchang	19055	497	4133	2960	12187
白银市	Baiyin	81677	855	28041	3918	227611
天水市	Tianshui	126173	1372	38753	5751	403241
武威市	Wuwei	53417	1556	20495	8176	204437
张掖市	Zhangye	57385	1572	10773	6659	83504
平凉市	Pingliang	57415	2545	12105	9701	215427
酒泉市	Jiuquan	45185	753	9697	3261	123373
庆阳市	Qingyang	61308	1014	19606	7723	344346
定西市	Dingxi	51789	321	11920	16396	439098
陇南市	Longnan	61705	1434	13295	15638	467756
临夏州	Linxia	115810	2712	9593	57047	437584
甘南州	Gannan	37923	432	4210	4263	160325

20-33 各地区城镇社区服务网络情况（2011）

Basic Statistics on Urban Welfare Facilities Network by Region (2011)

地　区	Region	城镇社区服务设施数(个) Number of Urban Welfare Facilities (unit)	从业人员数（人） Number of Employee (person)	城镇便民利民服务网点（个） Number of Urban Service Points for Civilian (unit)	社区服务志愿者组织数(个) Number of Institution of Social Service Volunteer (unit)
甘肃省	**Gansu**	**2109**	**4194**	**11353**	**1289**
兰州市	Lanzhou	442	439	31	
嘉峪关市	Jiayuguan	29		64	
金昌市	Jinchang	1	52	10	
白银市	Baiyin	133	146	698	
天水市	Tianshui	111	449	5104	25
武威市	Wuwei	196	10		
张掖市	Zhangye	274	2940	2678	1212
平凉市	Pingliang	51		300	
酒泉市	Jiuquan	82	34	35	
庆阳市	Qingyang	102	70	11	
定西市	Dingxi	145		47	
陇南市	Longnan	230	30	1240	42
临夏州	Linxia	155	24	575	10
甘南州	Gannan	158		560	

20-34 残疾人事业基本情况
Basic Information of Person with Disabilities

项 目	Item	2007	2008	2009	2010	2011
康复	**Rehabilitation**					
视力残疾康复	Rehabilitation of Persons with Sight Disability					
免费白内障复明手术(例)	Sight-restoring Cataract Surgeries(cases)	6000	4601	6063	7265	7528
低视力者配用助视器(人)	Vision-aids Provided for Persons of Low-vision (person)	1206	860	696	600	1082
盲人定向行走训练数(人)	Blindman Trained with Direction Walking (person)	120	165	170	230	430
聋儿康复	Rehabilitation of Children with Hearing Disability					
年收训聋儿(人)	Hearing and Speech Training(person)	302	336	330	312	447
精神病防治康复	Prevention and Treatment of Psychiatric Diseases					
开展精神病防治康复工作市县数 (个)	Counties/Cities/Districts where PRMI have been Conducted (unit)	31	31	31	31	31
精神病人数(人)	Prevention and Treatment Provided for Patients (person)	59571	62535	62652	64768	62990
监护率(%)	Guardianship Rate(%)	87	87	87	86	84
肢体残疾康复(人)	Rehabilitation of Persons with Sight Disability Physical Disability (person)					
肢体残疾人社区 康复训练数	Persons Rehabilitated at Community	1067	828	986	860	909
肢体残疾儿童机构康复训练数	Children Rehabilitated at Institutions	151	144	221	286	170
智力残疾康复(人)	Rehabilitation of Persons with Sight Disability Intellectual Disability(person)					
智障儿童康复训练数	Children Rehabilitated	289	277	271	332	375
辅助器具供应	Supply of Assistive Devices					
免费发放的辅助器具件数（件）	Pieces of Assistive Devices Free of Charge（piece）	3317	8099	11645	7571	7925
教育	**Education**					
未入学适龄残疾儿童少年(人)	School-age Disabled Children without Schooling (person)	13470	12539	12911	11611	8602

注：根据2006年全国残疾人抽样调查的结果推算，目前全省各类残疾人的总数约187.1万人。
a) According to the calculation from the handicapped survey in 2006, number of total handicapped in Gansu province is about 1.87 million persons now.

20-34续表 continued

项 目	Item	2007	2008	2009	2010	2011
就业	**Employment**					
城镇残疾人就业（万人）	Employment of Urban Handicapped(10 000persons)	12.74	12.91	11.54	11.28	11.61
#当年安排就业(人)	Persons Employed in the Year(person)	8531	5995	5473	6042	9809
农村残疾人就业（万人）	Employment of Rural Handicapped(10 000persons)	44.85	44.89	46.78	47.05	50.03
盲人按摩	**Massage by Persons with Visual Disability**					
按摩机构数（个）	Number of Massage Institutions(unit)	203	196	172	233	282
保健按摩人员培训（人）	Massage Therapists Training(person)	148	233	182	293	254
医疗按摩人员培训(人)	Keep-fit Massager Training (person)	150	58	46	50	35
扶贫	**Poverty Alleviation**					
农村贫困残疾人（万人）	Poor PWDs in Rural Areas(10 000persons)	21.61	39.97	37.54	38.68	100.94
本年度实际脱贫残疾人(人)	Actual Number of Disabled Persons Shake off Poverty in the Year(persons)	100136	98728	98127	95856	102966
社会保障	**Social Security**					
城镇社会保障措施落实情况	Implement Situation of Social Security Measures in Urban Areas					
已纳入最低生活保障范围（人）	Covered by the Baisc Living Allowance System (person)	55375	65898	72344	85554	88475
残疾职工参加养老保险（人）	Disabled Workers Participated in Pension Insurance (person)	4720	4032	6371	8255	11592
残疾居民参加医疗保险（万人）	Disabled Residents Participated in Medical Insurance(10 000persons)			12.62	16.5	18.30
农村社会保障措施落实情况	Implement Situation of Social Security Measures in Rural Areas					
已纳入最低生活保障范围（人）	Covered by the Baisc Living Allowance System (person)	99455	99952	122284	235539	422609
参加新型农村合作医疗（万人）	Covered by the New Types of Cooperative Medical Insurance(10 000persons)			110.84	154.6	156.00
残联组织建设	**Organization of the Disabled Persons' Federation**					
残疾人工作者数(人)	Workers Working for the Disabled (person)	2975	2964	2981	3314	3801
已投入使用的残疾人综合服务设施（个）	Comprehensive Service facilities for Disabled Persons been Put into Use(unit)	73	74	76	83	94

主要统计指标解释

卫生机构 指从卫生行政部门取得《医疗机构执业许可证》，或从民政、工商行政、机构编制管理部门取得法人单位登记证书，为社会提供医疗保健、疾病控制、卫生监督服务或从事医学科研和教育等工作的单位。卫生机构包括医院、疗养院、社区卫生服务中心(站)、卫生院、门诊部、诊所(卫生所、医务室)、急救中心(站)、采供血机构、妇幼保健院(所、站)、专科疾病防治院(所、站)、疾病预防控制中心(防疫站)、卫生监督所、卫生监督检验(监测、检测)机构、医学科研机构、医学在职培训机构、健康教育所(站)等其他卫生机构。

医疗机构 指从卫生行政部门取得《医疗机构执业许可证》的机构，包括医院、疗养院、社区卫生服务中心(站)、卫生院、门诊部、诊所(卫生所、医务室)、妇幼保健院(所、站)、专科疾病防治院(所、站)、急救中心(站)和临床检验中心。

医院 包括综合医院、中医医院、中西医结合医院、民族医院、各类专科医院和护理院。

社区卫生服务中心(站) 指为本社区居民提供预防、医疗、保健、康复、健康教育、计划生育技术服务等的基层卫生机构。包括社区卫生服务中心和社区卫生服务站。

卫生人员 指在医疗、预防保健、医学科研和在职教育等卫生机构工作的职工，包括卫生技术人员、其他技术人员、管理人员和工勤人员。

卫生技术人员 包括执业(助理)医师、注册护士、药剂人员、检验和影像人员等卫生专业人员。不包括从事管理工作的卫生技术人员一律计入管理人员。

执业医师 指具有《医师执业证》及其“级别”为“执业医师”且实际从事医疗、预防保健工作的人员，不包括实际从事管理工作的执业医师。执业医师类别分为临床、中医、口腔和公共卫生。

参加新农合人数 指根据本地新农合实施方案到年内新农合筹资截止时已缴纳新农合资金的人口数。

新农合当年基金支出 指本年度实际从新农合基金帐户中支出用于新农合补偿的资金。

新农合补偿支出受益人次 指年内新农合参合人员因病就医获得补偿的人次数，包括住院、家庭帐户形式、门诊、特殊病种大额门诊、住院正常分娩、体检和其他补偿人次之和。

新农合本年度筹资总额 指为本年度筹集的、实际进入新农合专用帐户的基金数额。包括本年度中央及地方财政配套资金、农民个人交纳资金（含民政部门及其他相关部门代缴的救助资金）、新农合基金本年度产生的全部利息收入及其他渠道实际筹集到的新农合基金额。筹资数额以进入新农合专用帐户的基金数额为准，不含上年结转额资金。

卫生总费用 是反映一个国家或地区在一定时期内（通常为1年）用于医疗卫生保健服务所消耗的资金总量。用筹资来源法测算，分为政府卫生支出、社会卫生支出、个人现金卫生支出三部分。

基本养老保险（参保）职工人数 指报告期末按照国家法律、法规和有关政策规定参加基本养老保险并在社保经办机构已建立缴费记录档案的职工人数，包括中断缴费但未终止养老保险关系的职工人数，不包括只登记未建立缴费记录档案的人数。

基本医疗保险参保人数 指报告期末按国家有关规定参加基本医疗保险的人数。包括参加保险的职工人数和退休人员人数。

失业保险参保人数 指报告期末按照国家法律、法规和有关政策规定参加了失业保险的城镇企业事业单位的职工及地方政府规定参加失业保险的其他人员的人数。

工伤保险参加人数 指报告期末依据国家有关规定参加工伤保险的职工人数。

城镇居民最低生活保障人数 指报告期末家庭平均收入在当地规定的最低生活保障线以下的城镇居民数。包括“三无”对象、失业人员和在职、下岗、退休人员等。

农村居民最低生活保障人数 指报告期末在建立农村最低生活保障制度的地区，得到当地政府或集体给予最低生活保障的农业人口家庭人数。

农村传统救济人数 指未开展最低生活保障制度的农村地区，仍沿用传统救济制度救济的贫困人口数量。

城镇社区服务设施数 指报告期末城镇（街道办事处、居委会）设立的以非盈利为目的，为本社区居民服务，特别是为老年人、残疾人、儿童服务的社区服务中心、活动站、服务站、养老院、老年公寓（托老所），残疾人工疗站、残疾儿童日托所、家务服务站、婚姻介绍所等福利性设施以及职工社会保险管理服务的机构数。几种不同类型的社区服务单位，共用一个场所的，只能统计为一个社区服务设施。成为社区服务设施的条件：（1）是独立核算单位；（2）有固定的从业人员；（3）有一定的服务项目；（4）有一定的场所。

21

文化和体育

Culture and Sports

简要说明

一、本篇资料主要内容

本篇主要反映甘肃省文化、体育、新闻出版、广播电视事业的发展情况。

文化部分主要包括艺术表演团体、艺术表演场所、公共图书馆、博物馆、文化馆、文化站、广播、电影、电视、新闻出版等文化事业的机构、人员、经费和业务活动情况。体育部分主要包括体育系统职工情况。

二、本篇的资料来源

本篇资料由省统计局社会科技处搜集、整理。艺术业、图书馆业、群众文化服务业的资料主要来自省文化厅；广播、电影、电视资料来自省广播电影电视厅；新闻出版资料来自省新闻出版局；体育部分的资料来自省体育局。

21-1 文化事业基本情况
Basic Statistics of Culture

项　目	Item	2005	2008	2009	2010	2011
文化事业机构数（个）	**Number of Institution (unit)**	**7531**	**6149**	**4578**	**4903**	**5097**
文化部门	Culture Institution	1609	1704	1863	1987	2068
其他部门	Other Institution	5922	4445	2715	2916	3029
文化事业人员数（人）	**Number of Persons Engaged (person)**	**30515**	**28592**	**29129**	**32645**	**36556**
文化部门	Culture Institution	11537	13262	14904	15374	17275
其他部门	Other Institution	18978	15330	14225	17271	19281
各类文化艺术事业单位数（个）	**Number of Culture and Art Institution (unit)**	**1588**	**1702**	**1863**	**1987**	**2063**
#文化馆、艺术馆	Cultural Centers and Art Station	100	100	100	102	103
公共图书馆	Public Libraries	92	92	93	94	100
博物馆	Museum	69	81	91	102	145
电影院	Cinema					
艺术表演场馆	Art Performance Places	30	31	30	27	24
艺术表演团体	Art Performance Troupes	76	82	81	82	84

21-2 艺术表演团体、艺术表演场馆演出情况
Statistics on Performance of Art Performance Troupes and Art Performance Places

项　目	Item	2010	2011
艺术表演团体	**Art Performance Troupes**		
国内演出场次(千场次)	Number of Domestic Performances (1000 shows)	16.0	16.2
#农村演出场次	Rural Performances	11.3	11.0
国内演出观众人次(千人次)	Spectators of Domestic Audience (1000 person-times)	22992.0	20198.7
#农村观众人次	Rural Audience	17772.0	15221.1
艺术表演场馆	**Art Performance Places**		
演(映)出场次(千场次)	Number of Performances(1000 shows)	2.7	1.7
#艺术演出场次	Art Performances	0.7	0.7
观众人次(千人次)	Number of Spectators(1000 person-times)	571.0	815.0
#艺术演出观众人次	Art Performances	421.0	345.0

21-3 博物馆基本情况
Statistics on Museums

项　目	Item	2010	2011
机构数(个)	Number of Institutions(unit)	102	145
从业人员(人)	Number of Employed Persons(person)	2015	2503
文物藏品(件/套)	Number of Collections(piece/set)	439654	492348
本年从有关部门接收文物数(件/套)	Accepted Cultural Relics from Department This Year(piece/set)	438	606
本年修复文物数(件/套)	Cultural Relics Repaired This Year(piece/set)	297	297
考古发掘项目(个)	Excavation Projects(unit)		
基本陈列(个)	Displays (unit)	237	276
举办展览(个)	Exhibition (unit)	333	344
参观人次(千人次)	Spectators(1000 person-times)	6467	11130
门票销售总额(千元)	Ticket Sales(1000yuan)	3229	3813

21-4 公共图书馆情况
Statistics on Public Library

项　目	Item	2010	2011
公共图书馆个数(个)	Number of Public Library(unit)	94	100
总藏量(千册件)	Total Collections(1000volumes)	10418	11596
#本年新购藏量	Purchased this Year	260	287
累计发放有效借书证数(个)	Accumulative Number of Library Cards Distributed(units)	202647	218125
总流通人次(千人次)	Number of Circulation(1000person-times)	4683	4730
#书刊文献外借人次	Number of Readers Having Borrowed Books	2203	2342
书刊文献外借册次(千册次)	Number of Books and Magazines Lent to Readers(1000 volume-times)	3450	3892
阅览室座席数(个)	Number of Seats in Reading Room(unit)	13352	14514

21-5 图书、杂志、报纸出版数量
Number of Books, Magazines and Newspapers Published

项　目	Item	2005	2008	2009	2010	2011
图书出版	**Books Published**					
种数（种）	Number of Publications (kind)	1111	1277	1704	2031	2237
#新出版	New Publications	834	775	1704	1259	1365
总印数（万册）	Printed Sheets (10 000 copies)	5895	6463	6525	6737	6747
总印张（千印张）	Printed Sheets (1 000 sheets)	335038	411168	450973	505394	516045
杂志出版	**Magazines Publised**					
种数（种）	Number of Publications (kind)	128	131	123	128	131
平均期印数（万册）	Average Printed Copiesper Issue(10 000 copies)					
总印数（万册）	Printed Volumes (10 000 copies)	14766	12741	11088	11082	11152
总印张（千印张）	Printed Sheets (1 000 sheets)	592000	529901	456366	455806	455728
报纸出版	**Newspapers Publised**					
种数（种）	Number of Publications (kind)	68	56	62	63	63
平均期印数（万份）	Average Printed Copiesper Issue(10 000 copies)					
总印数（万份）	Printed Sheets (10 000 copies)	37900	38379	40326	40714	45776
总印张（千印张）	Printed Sheets (1 000 sheets)	1198299	1149684	1268899	2690631	1049583

21-6 少年儿童读物和课本出版情况
Number of Books Published for Children and Textbooks

项　目	Item	2010	2011
种数(种)	Number of Publications (kind)		
儿童读物	Books for Children	47	45
课 本	Textbooks	58	62
总印数(万册)	Printed Copies (10 000 copies)		
儿童读物	Books for Children	65	63
课 本	Textbooks	3285	3920
总印张(千印张)	Printed Sheets (1 000 sheets)		
儿童读物	Books for Children	2010	1990
课 本	Textbooks	269782	319352

21-7 录像制品出版品种及数量
Number and Volume of Publication of Video Products

项 目	Item	品种（种）Number(kind)		数量（万盒、万张）(10000 cassettes,10000 discs)	
		2010	2011	2010	2011
录像制品	**Total of Video Products**	**33**	**31**	**76.8**	**74.0**
激光数码视盘	VCD	16	14	15.3	13.0
高密度激光视盘	DVD-V	16	18	37.5	38.0
录像带及其他	VT and Others	1	1	24.0	25.0
#新版录像制品	**#New Publication of Video Products**	**33**	**31**	**76.8**	**74.0**
激光数码视盘	VCD	16	14	15.3	13.0
高密度激光视盘	DVD-V	16	18	37.5	38.0
录像带及其他	VT and Others	1	1	24.0	25.0
发行数量	**Number Publicated**			**42.1**	**43.0**

21-8 录音制品出版品种及数量
Number and Volume of Publication of Audio Products

项 目	Item	品种（种）Number(kind)		数量（万盒、万张）(10000 cassettes,10000 discs)	
		2010	2011	2010	2011
录音制品	**Total of Audio Products**	**12**	**13**	**2.0**	**3.0**
录音带	AT				
激光唱盘	CD	10	9	1.4	1.1
高密度激光唱盘及其他	DVD-A and Others	2	3	0.6	0.9
#新版录音制品	**#New Publicationof Video Products**	**12**	**13**	**2.0**	**3.0**
录音带	AT				
激光唱盘	CD	10	9	1.4	1.1
高密度激光唱盘及其他	DVD-A and Others	2	3	0.6	0.9
发行数量	**Volume Issued**			**2.0**	**3.0**

21-9 出版物发行机构数和网点数
Issuing Institutions and Spots of Publication

项　目	Item	2010	2011
发行机构(处)	**Issuing Institutions (unit)**	**2278**	**2210**
国有书店及国有发行点	State-owned BookStore and Issuing Spots	317	323
供销社	Supply and Marketing Cooperatives		
出版社	Press	9	8
网上书店	Online Bookstore	1	1
文化教育广电邮政系统	Cultural, Educational Broadcasting and Postal Systems	82	80
新华书店系统外批发网点	Wholesale Spots Outside Xinhua Bookstore	179	179
集体个体零售	Collective and Personal Retail	1690	1619
新华书店系统出版社	**Persons Engaged in Own Issuance of**		
自办发行从业人数(人)	**Presses of Xinhua Bookstore System(person)**		
全部职工	All Staff	2899	3136
国有书店及国有发行点	State-owned Bookstores and Issuing Spots	2865	3032

21-10 出版印刷生产情况
Conditions of Printing

项　目	Item	2010	2011
企业数(个)	Number of Enterprises(unit)	101	105
工业销售产值	Industrial Sales Value(10 000 yuan)	70581.01	76044.47
印刷产量	Output of Printing		
黑白(万令)	Black and White(10 000 ream)	240.29	251.17
彩色(万对开色令)	Color(10 000 bisect color ream)	435.50	442.33
装订产量(万令)	Output of Bookbinding(10 000 ream)	232.17	238.1
用纸量(万令)	Amout of Paper Used(10 000 ream)	155.31	160.38
用纸量(万吨)	Amout of Paper Used(10 000 tons)	6.57	6.91
新华书店系统出版社	Persons Engaged in Own Issuance of		
自办发行从业人数(人)	Presses of Xinhua Bookstore System(person)		
全部职工	All Staff	2899	3136
国有书店及国有发行点	State-owned Bookstores and Issuing Spots	2865	3032

21-11 各地区文化事业基本情况（2011）
Basic Statistics of Culture （2011）

地 区	Region	文化事业机构数（个） Number of Institution (unit)	#文化部门 Culture Institution	#其他部门 Other Institution	文化事业人员数（人） Number of Persons Engaged (person)	#文化部门 Culture Institution	#其他部门 Other Institution
兰州市	Lanzhou	645	154	491	5452	1554	3898
嘉峪关市	Jiayuguan	101	15	86	855	372	483
金昌市	Jinchang	105	40	65	875	388	487
白银市	Baiyin	358	112	246	2632	862	1770
天水市	Tianshui	394	190	204	3498	1846	1652
武威市	Wuwei	388	138	250	1850	813	1037
张掖市	Zhangye	316	121	195	1716	789	927
平凉市	Pingliang	372	168	204	2068	1138	930
酒泉市	Jiuquan	532	126	406	2458	891	1567
庆阳市	Qingyang	422	181	241	3870	1461	2409
定西市	Dingxi	347	182	165	2230	1188	1042
陇南市	Longnan	475	271	204	2123	1308	815
临夏州	Linxia	319	182	137	2429	1134	1295
甘南州	Gannan	267	152	115	1492	889	603

21-11 续表 1 continue

地 区	Region	各类文化艺术事业单位数（个） Number of Culture and Art Institution (unit)	#文化馆、艺术馆 Cultural Centers and Art Station	#公共图书馆 Public Libraries	#博物馆 Museum	#艺术表演场所 Art Performance Places	#艺术表演团体 Art Performance Troupes	公共图书馆藏书量（万册、件） Total Collections of Public Library(10 000volumes)
兰州市	Lanzhou	154	9	8	12	1	4	88.93
嘉峪关市	Jiayuguan	15	1	1	3	1		11.71
金昌市	Jinchang	40	3	4	4		1	33.29
白银市	Baiyin	112	6	6	8	1	2	69.26
天水市	Tianshui	190	8	8	10	2	8	73.75
武威市	Wuwei	137	5	4	10	1	3	31.80
张掖市	Zhangye	121	8	7	11	1	6	64.24
平凉市	Pingliang	167	8	8	11	4	8	51.63
酒泉市	Jiuquan	126	9	8	10	3	4	73.29
庆阳市	Qingyang	181	9	9	16		9	57.80
定西市	Dingxi	182	8	8	13	1	10	71.10
陇南市	Longnan	271	10	10	12	2	9	75.35
临夏州	Linxia	182	9	9	12	1	3	34.13
甘南州	Gannan	152	9	9	11		8	34.46

21-12 广播电视事业基本情况
Basic Statistics of Broadcasting and Television Industry

项 目	Item	2005	2008	2009	2010	2011
广播	**Radio**					
广播电台（座）	Number of Broadcasting Stations (set)	5	4	4	4	5
中短波广播发射和转播台（座）	Medium and Short Wave Transmission Stations and Relay Stations (set)	26	30	30	30	30
中短波广播发射功率（千瓦）	Medium and Short Wave Transmission Power (kw)	696	701	702	702	702
发射台及转播台（座）	Transmission Stations and Relay Stations (set)	697	807	839	695	697
发射机功率（千瓦）	Power of Transmitters (kw)	146	225	243	234	240
公共广播节目套数（套)	Number of Public Radio Programs (set)	74	84	85	86	87
广播节目制作时间（万小时)	Length of Radio Programs Produced (10 000 hours)	10.06	9.97	10.56	10.78	10.88
#新闻节目	News Programs	2.02	2.03	2.14	2.29	2.27
专题节目	Special Subject Programs	3.19	0.79	3.13	2.77	2.75
文艺节目	Entertainment Programs	3.05	2.86	2.71	3.20	3.17
服务节目	Service Programs	0.59	2.93	0.78	0.66	1.03
县广播电视台（座）	County Broadcasting Stations (set)	72	73	73	76	75
广播节目综合人口覆盖率 (%)	Radio Coverage Rate of the Population (%)	90.47	91.95	92.63	93.47	93.70
电视	**Television**					
电视台（座）	Television Stations (set)	12	9	9	7	8
发射台及转播台（座）	Transmission Stations and Relay Stations (set)	3078	3126	3183	2527	2504
发射机功率（千瓦）	Power of Transmitters (kw)	168	331	355	366	356
电视节目套数(套)	Number of TV Programs (set)	95	103	103	104	106
#公共电视	Public TV (set)	95	103	103	104	106
付费电视	Pay TV (set)					
电视节目制作时间（万小时)	Length of TV Programs Produced (10 000 hours)	7.07	5.94	5.90	5.89	5.94
#新闻节目	News Programs	2.02	1.87	1.88	1.95	2.17
专题节目	Special Subject Programs	1.36	0.72	1.41	1.58	1.67
文艺节目	Entertainment Programs	0.97	0.86	0.84	0.83	0.75
服务节目	Service Programs	1.16	1.50	0.77	0.65	0.51
电视节目综合人口覆盖率 (%)	TV Coverage Rate of Population (%)	90.77	91.94	92.91	93.72	94.05
有线广播电视用户数（万户)	Number of Users of Cable Radio and TV (10 000 households)	172.8	187.9	195.2	206.9	220.5
#农村	Rural		48.42	47.31	51.41	54.38
数字电视用户数	Number of Users of Digital TV	1.13	58.20	90.69	122.85	147.79
有线广播电视入户率(%)	Popularization Rate of Cable Radio and TV (%)	26.50	26.21	26.51	27.37	28.57
#农村	Rural		10.39	10.08	10.84	11.30
其他	**Others**					
广播电视总收入(亿元)	Revenue of Radio and TV (100 million yuan)	6.17	11.98	14.24	14.37	15.77
广播电视从业人员数（万人)	Staff and Workers of Radio and TV (10000 persons)	1.27	1.38	1.38	1.41	1.40

21-13 广播电视节目综合人口覆盖情况
Population Coverage of Radio and TV Programs

项　目	Item	2010	2011
广播节目综合人口覆盖率	Population Coverage Rateof Radio Programs	93.47	93.70
#中央广播节目	Coverage Rate of Central Radio Station	88.95	89.30
#农村广播节目	Rural Population Coverage Rate of Radio Programs	91.86	92.35
电视节目综合人口覆盖率	Population Coverage Rate of TV Programs	93.72	94.05
#中央电视节目	Coverage Rate of CCTV	90.87	91.24
#农村电视节目	Rural Population Coverage Rate of TV Programs	92.43	92.75

21-14 广播节目制作播出情况
Basic Statistics on Radio Programs Produced and Broadcasted

项　目	Item	2010	2011
公共广播节目套数(套)	Number of Public Radio Programs（set)	86	87
全年制作广播节目时间（小时）	Length of Radio Programs Produced(hour)	107782	108777
全年公共广播节目播出时间（小时）	Length of Public Radio Programs(hour)	271809	283157
全年广播剧播出数	Number of Radio Plays Broadcasted		
(部)	(set)	949	
(集)	(part)	22845	

21-15 电视节目制作播出情况
Basic Statistics on TV Program Produced and Broadcasted

项　目	Item	2010	2011
电视节目套数(套)	Number of TV Programs(set)		
公共电视	Public TV	104	106
付费电视	Pay TV		
全年制作电视节目时间(小时)	Length of TV Progarms Produced(hour)	58860	59424
全年公共电视节目播出时间(小时)	Length of Public TV Programs Broadcasted (hour)	414822	423256
全年电视剧播出数	Number of TV Plays Broadcasted (set)		
(部)	(set)	6293	6709
(集)	(part)	172196	186740
#进口电视剧	Imported TV Play Broadcasted		
(部)	(set)	37	54
(集)	(part)	1330	1918
全年动画电视播出数	Number of Cartoons Broadcasted		
(部)	(set)	840	
(集)	(part)	15248	
#进口动画	Imported Cartoons Broadcasted		
(部)	(set)		
(集)	(part)		

21-16 有线广播电视传输干线网络及用户情况
Transmission Trunk and Users of Cable Radios and TVs

项　目	Item	2010	2011
有线广播电视传输干线网络总长(公里)	Total Length of Transmission Trunk for Cable Radios and TVs(km)	43534.17	47161.15
有线广播电视用户数(户)	Users of Cable Radios and TVs (household)	2068928	2204622
#数字电视用户数	Users of Digital TV Programs	1228491	1477853
#付费电视用户数	Users of Pay TV	52659	102783
#农村有线广播电视用户数	Users of Rural Cable Radios and TVs	514063	543844
有线广播电视入户率(%)	Popularization Rate of Cable TV Programs (%)	27.37	28.57
#农村有线广播电视入户率	Rural Areas	10.84	11.30

21-17 广播电视技术情况
Technology Statistics on Radio and TV

项 目	Item	2010	2011
中、短波转播发射台(座)	Transmission and Relaying Stations of Medium and Short Wave Broadcast(unit)	30	30
中波发射机(部)	Medium Wave Transmitters(set)	59	59
短波发射机(部)	Sort Wave Transmitters(set)	2	2
调频转播发射台(座)	Relaying Stations of Frequency Modulation Broadcasting(unit)	695	697
调频转发射机(部)	Frequency Modulation Transmitters(unit)	949	967
电视转播发射台(座)	TV Transmission and Relaying Stations(unit)	2527	2504
电视发射机(部)	TV Program Transmitters(set)	4008	3997
微波实有站(座)	Microwave Stations(unit)	102	108

21-18 各地区广播电视事业基本情况 (2011)
Basic Statistics of Broadcasting and Television by Region (2011)

单位：小时 (hour)

地 区	Region	公共广播节目套数(套) Number of Public Radio Programs(set)	全年制作广播节目时间 Length of Radio Programs Produced	全年公共广播节目播出时间 Length of Public Radio Programs Broadcasted	全年制作电视节目时间 Lengthof TV Progarms Produced	全年公共电视节目播出时间 Length of Public TV Programs Broadcasted
兰州市	Lanzhou	6	21127	28866	5770	45407
嘉峪关市	Jiayuguan	1	3061	5231	978	17432
金昌市	Jinchang	2	3382	8247	2206	17597
白银市	Baiyin	4	4733	11222	6235	21217
天水市	Tianshui	9	7500	30987	4009	33263
武威市	Wuwei	4	5967	20092	4962	28633
张掖市	Zhangye	6	2917	11865	2691	25889
平凉市	Pingliang	8	8432	22778	5646	34903
酒泉市	Jiuquan	7	6788	19619	4127	36114
庆阳市	Qingyang	8	3639	22361	3542	25514
定西市	Dingxi	8	4507	17031	2752	29908
陇南市	Longnan	10	3654	26326	5609	36395
临夏州	Linxia	6	1445	14149	2335	13813
甘南州	Gannan	2	1688	4562	1455	8661

21-19 体育系统机构数、从业人员数 (2011)
Institutions and Engaged Persons of Physical Education System (2011)

单位：个、人 (unit,person)

指 标	Item	合计 Total		省级 Provincial Level		地级 Prefectural Level		县级 County Level	
		机构数 Institutions	人数 Persons	机构数 Institutions	人数 Persons	机构数 Institutions	人数 Persons	机构数 Institutions	人数 Persons
总计	**Total**	**161**	**4255**	**13**	**1421**	**40**	**1450**	**108**	**1384**
体育行政机关	Administrative Agencies of Physical Culture and Sports	101	1842	1	173	14	522	86	1147
运动项目管理部门	Sports Events Management	4	1123	3	965	1	158		
本科院校	Colleges								
职业、运动技术学院	Sports Technical Institutes								
体育运动学校	Physical Education and Sports Schools	10	732	1	155	9	577		
竞技体校	Competitive Sports School								
少儿体育运动学校 (业余体校)	Spare-time Sports School	19	145			5	83	14	62
单项运动学校	Physical Education and Sports Schools								
训练基地	Training Bases								
体育场馆	Stadium and Gymnasium	4	80	1	50	3	30		
科研所	Science and Technology Institute	1	25	1	25				
其他事业单位	Other Institutions	21	293	5	38	8	80	8	175
其他	Others	1	15	1	15				

21-20 分技术等级运动员发展人数
Certified Athletes by Technical Grade

单位：人 (person)

项 目	Item	2010	2011
合计	**Total**	**612**	**343**
#女	Female	191	106
运动健将	Master of Sports		19
#女	Female		7
一级运动员	First Grade	97	99
#女	Female	26	21
二级运动员	Second Grade	515	225
#女	Female	165	78

主要统计指标解释

文化及相关产业 指为社会公众提供文化、娱乐产品和服务的活动以及与这些活动有关联的活动的集合。根据提供文化、娱乐产品和服务活动的属性特点，划分为公益性文化活动和经营性文化活动两大类。

文化及相关产业是第三产业的重要组成部分。是在我国《国民经济行业分类》基础上的派生分类，有文化服务和相关文化服务两大类：

文化服务 主要指新闻服务，出版发行和版权服务，广播、电视、电影服务，文化艺术服务，网络文化服务，文化休闲娱乐服务，其他文化服务。

相关文化服务 主要有文化用品、设备及相关文化产品的生产，文化用品、设备及相关文化产品的销售。

非文化及相关产业 指由文化部门主办的不属于文化及相关产业的其他各类行业活动。

文化事业机构 指从事专业文化工作和为专业文化工作服务的独立建制的单位。不包括这些单位另外举办独立核算的其他机构和各部门的业余文化组织。该指标主要反映文化事业机构发展规模水平。

艺术表演团体 指由文化部门主办或实行行业管理（经文化市场行政部门审批或已申报登记并领取相关许可证），专门从事表演艺术等活动的各类专业艺术表演团体，含民间职业剧团。如话剧团、方言话剧团、滑稽剧团、儿童剧团、歌剧团、木偶团、皮影团等以及由若干剧种组成的综合性专业艺术表演团体。不包括群众业余文艺表演团体。

艺术表演场馆 指由文化部门主办或实行行业管理（经文化市场行政部门审批或已申报登记并领取相关许可证），有观众席、舞台、灯光设备，公开售票、专供文艺团体演出的文化活动场所。附属于文化部门机构内非独立核算的剧场、排演场，公开营业的也应单独统计。

少数民族

Minority

简要说明

一、本篇资料主要内容

本篇资料反映甘肃省 2 个民族自治州、5 个民族自治县的经济社会发展情况。重点反映了民族自治地方农牧业的发展状况；教育、卫生方面的情况。

二、本篇资料来源

本篇资料由省统计局国民经济综合处搜集、加工整理。数据来源于省统计局相关处、省有关部门的统计资料。

22-1 民族自治地方年末人口与人口自然变动情况 (2011)
Total Population at Year-end and It's Natural Changes in Minority Nationality Autonomous Areas (2011)

单位：万人、‰ (10 000 persons,‰)

地 县	Region and County	常住人口 Total Population	按性别分 By Sex		按城乡分 By Residence		自然增长率 Natural Growth Rate
			男 Male	女 Female	城镇人口 Urban	乡村人口 Rural	
民族自治地方合计	**Total**	**317.60**	**161.66**	**155.95**	**81.15**	**236.45**	**7.63**
临夏回族自治州	Linxia	196.29	99.34	96.95	49.66	146.63	7.79
甘南藏族自治州	Gannan	68.85	35.49	33.36	16.99	51.86	7.69
肃北蒙古族自治县	Subei	1.50	0.92	0.59	0.80	0.70	4.75
阿克塞哈萨克族自治县	Akesai	1.04	0.60	0.44	1.01	0.03	8.60
肃南裕固族自治县	Sunan	3.39	1.80	1.59	1.10	2.29	6.47
天祝藏族自治县	Tianzhu	17.56	9.05	8.51	5.90	11.66	6.17
张家川回族自治县	Zhangjiachuan	28.97	14.46	14.51	5.69	23.28	7.59

22-2 民族自治地方财政金融
Finance and Banking in Minority Nationality Autonomous Areas

单位：万元

指 标	Item	2005	2008	2009	2010	2011
财 政	**Public Finance**					
地方财政收入	Local Government Revenue	43701	98975	108740	139453	189935
地方财政支出	Local Government Expenditures	462323	1171001	1520849	2014808	2475059
金 融	**Finance**					
金融机构存款余额	Deposit Balance in Banking	1244463	2390489	3163320	3946959	4894484
金融机构贷款余额	Loan Balance in Banking	659572	1002388	1442901	1844408	2446392
城乡居民储蓄存款	Saving Deposit Balance of Urban and Rural Residents	802981	1408108	1781489	2189572	2722856

22-3 民族自治地方农牧业生产基本情况
Basic Statistic on Farming and Animal Husbandry in Minority Nationality Autonomous Areas

指　标	Item	2005	2008	2009	2010	2011
农业总产值（万元）	**Output Value of Agriculture(10 000 yuan)**	**445735.54**	**599046.60**	**648731.50**	**764729.78**	**865717.83**
农业	Agriculture	223298.52	316013.01	339536.00	405172.25	439752.78
林业	Forestry	13281.80	19114.60	18730.09	26009.55	33213.93
牧业	Animal Husbandry	185226.27	247022.69	271265.30	312463.89	368669.84
渔业	Fishery	1023.83	1520.59	1654.37	1741.47	2007.44
耕地面积（千公顷）	**Cultivated Area (1 000 hectares)**	**274.51**	**275.13**	**275.97**	**276.84**	**278.17**
# 有效灌溉面积	Irrigated Area	71.45	71.69	71.71	72.74	72.96
总播种面积（千公顷）	**Total Sown Area (1 000 hectares)**	**289.61**	**292.25**	**294.39**	**297.45**	**304.31**
# 粮食作物	Sown Area of Grain Crops	209.40	205.73	205.41	212.08	217.43
主要农作物产量（万吨）	**Yield of Major Farm Crops(10 000 tons)**					
粮食	Grain Crops	72.24	77.27	83.04	88.79	91.85
油料	Oil-bearing	6.06	7.11	7.92	8.51	8.63
甜菜	Beetroots	1.04	1.13	1.03	0.34	0.89
畜牧业产品产量（万吨）	**Yield of Stockbreeding Produce (10 000 ton)**					
猪肉产量	Pork	4.04	3.24	3.38	3.63	3.64
牛肉产量	Beef	3.83	3.87	4.35	4.76	5.18
羊肉产量	Mutton	3.71	3.89	4.34	4.71	4.91
牛奶产量	Cow Milk	9.06	9.86	10.23	10.87	11.20
羊毛产量	Wool	0.66	0.81	0.87	0.12	0.90
当年造林面积（公顷）	**Total Afforested Area in the Year (hectare)**	**30366.67**	**26093.33**	**11633.33**	**13913.33**	**17853.33**
农业生产条件	**Agriculture Production Condition**					
农业机械总动力（万千瓦）	Total Power of Agricultural Machinery (10 000 kw)	105.50	120.68	131.01	151.60	164.59
农村用电量（万千瓦时）	Electricity Consumed in Rural Area (10 000 kw·h)	41444.80	45202.00	44855.59	46251.46	47920.82
化肥施用量（万吨）	Chemical Fertilizer Cosumption (10 000 tons)					
按实物量计算	Consumtion of Chemical Fertilizer	10.02	11.51	11.40	11.52	11.91
按折纯量计算	Convert to Pure Amount	2.96	3.27	3.36	3.41	3.59

注：2008年农业总产值数据为农业普查衔接数。

a)Gross output value of agriculture in 2008 was adjusted according to the National Agricultural Census.

22-4 民族自治地方农、林、牧、渔业总产值及增加值（2011）

Gross Output Value and Value-added of Farming,Forestry,Animal Husbandry and Fishery in Minority Nationality Autonomous Area（2011）

单位：万元 (10 000 yuan)

地 县	Region and County	农、林、牧、渔业总产值 Gross Output Value of Agriculture,Forestry,Animal Husbandry and Fishery	农 业 Agriculture	林 业 Forestry	牧 业 Animal Husbandry	渔 业 Fishery	农、林、牧、渔业总产值指数（上年=100） Indices
民族自治地方合计	**Total**	**865718**	**439753**	**33214**	**368670**	**2007**	
临夏回族自治州	Linxia	421269	285610	7391	112515	1894	104.81
甘南藏族自治州	Gannan	241359	55760	22370	160256	67	102.98
肃北蒙古族自治县	Subei	7465	1860	11	5504		102.05
阿克塞哈萨克族自治县	Akesai	5286	848	23	4355		98.87
肃南裕固族自治县	Sunan	50291	12762	824	34936		107.37
天祝藏族自治县	Tianzhu	68256	27480	1300	36539	6	104.19
张家川回族自治县	Zhangjiachuan	71792	55433	1294	14565	41	107.81

22-5 民族自治地方牲畜头数

Number of Domestic Animals in Minority Nationality Autonomous Areas

年 份 Year	大牲畜年末数（百头） Large Animals (year-end)	牛 Cows	马 Horses	驴 Donkeys	骡 Mules	骆驼 Camels	羊年末数（百只） Sheep and Goats(year-end) (hundred) 山羊 Goats	绵羊 Sheep	猪年末数（百头） Hogs (year-end) (hundred)
1990	17009	13949	1379	932	628	121	7166	30920	4474
1991	16887	13864	1353	920	641	109	7179	29405	4575
1992	16994	13917	1359	940	684	94	7410	29754	4802
1993	16954	13862	1367	938	707	80	7578	29915	5048
1994	17022	13914	1368	929	738	73	7958	30472	5198
1995	17119	14016	1362	916	754	71	8204	30462	5333
1996	17126	13995	1366	910	786	69	8325	30559	5410
1997	16985	13878	1360	893	784	70	8555	30633	5542
1998	15522	13180	946	617	717	58	8107	30094	4256
1999	15418	13122	916	573	749	58	8172	28199	4393
2000	15356	13020	902	603	778	53	8444	28001	4648
2001	15137	12804	864	628	789	52	8555	27882	4797
2002	15235	12913	897	641	740	44	8581	28448	5200
2003	15330	13103	877	636	669	45	8491	29602	5464
2004	15619	13371	864	639	698	47	8414	30702	5839
2005	16435	14185	848	648	701	53	8988	32288	6146
2006	16971	14734	835	665	679	58	9368	34027	6232
2007	17776	15522	827	676	690	61	9828	36611	6077
2008	18953	16906	709	633	641	64	9165	41916	4694
2009	19356	17231	719	682	657	67	8413	44552	4863
2010	19994	17819	739	708	658	69	7872	46927	5191
2011	20171	17998	759	736	627	51	7864	48358	5281

注：2008年数据为农业普查衔接数。
a)Data in 2008 was adjusted according to the National Agricultural Census.

22-6 民族自治地方牲畜增长率

Increasing Ratio of Livestock in Minority Nationality Autonomous Areas

单位：% (%)

年 份 Year	大牲畜 Large Animals	牛 Cows	马 Horses	驴 Donkeys	骡 Mules	骆驼 Camels	羊 Sheep and Goats 山羊 Goats	绵羊 Sheep	猪 Hogs
"一五"时期	7.40	9.13	3.79	2.67	4.79	3.19	11.03	3.99	15.28
"二五"时期	-6.59	-4.89	-10.63	-15.96	-6.35	0.36	-3.50	0.04	-8.50
1963-1965年	11.60	11.73	11.08	13.80	0.33	10.94	18.10	15.06	-23.51
"三五"时期	2.89	2.73	5.66		4.21	5.59	-0.27	0.41	4.39
"四五"时期	2.47	2.19	4.53	0.90	5.01	6.37	1.56	5.38	1.87
"五五"时期	2.69	2.96	-0.01	4.35	3.13	1.23	-0.94	3.48	-0.19
"六五"时期	3.95	4.54	1.42	0.91	6.69	-6.96	-1.45	-0.24	3.51
"七五"时期	1.04	1.31	-1.01	1.72	10.17	2.68	3.73	0.88	2.08
"八五"时期	0.13	-0.48	-0.25	-0.35	3.72	-10.11	2.74	-0.30	3.58
"九五"时期	-2.15	-1.46	-7.91	-8.02	0.63	-5.68	0.58	-1.67	-2.71
"十五"时期	1.37	1.73	-1.23	1.45	-2.06	-4.61	1.26	2.89	5.75
"十一五"时期	2.76	4.69	-2.13	-2.09	-2.08	4.17	0.98	5.29	0.73
2011年	0.89	1.00	2.71	3.95	-4.71	-26.09	-0.10	3.05	1.73

22-7 民族自治地方牲畜存栏及畜产品产量占全省比重

Proportion to Whole Gansu of Number of Livestock in Stock and Output of Livestock Products in Minority Nationality Autonomous Areas

单位：% (%)

年 份 Year	存栏数 Amount of Livestock on Hand 大牲畜 Large Animals	羊 Sheep and Goats	猪 Hogs	畜产品产量 Output of Livestock Products 牛肉 Beef	羊肉 Mutton	猪肉 Pork
1990	29.12	34.32	7.52	49.28	36.81	6.70
1991	28.86	35.87	7.66	47.47	33.40	6.52
1992	28.77	36.72	7.66	43.95	35.21	6.74
1993	28.43	36.56	7.83	42.78	32.83	7.88
1994	28.00	35.68	7.73	39.86	35.69	6.54
1995	27.72	34.32	7.75	32.12	32.99	6.39
1996	27.12	33.10	7.66	33.79	33.38	6.29
1997	26.82	33.39	7.93	35.39	31.81	6.83
1998	28.48	32.36	7.51	36.54	31.95	6.11
1999	28.09	32.29	7.78	36.82	33.28	7.29
2000	27.28	31.33	7.85	32.99	31.61	7.74
2001	26.75	31.07	8.05	33.37	32.42	7.40
2002	26.52	31.05	8.37	34.02	31.56	7.40
2003	26.31	29.62	8.53	33.60	30.40	7.48
2004	26.23	27.76	8.90	31.60	29.10	7.54
2005	26.74	26.94	8.96	30.30	28.32	7.51
2006	26.97	27.58	8.78	29.24	27.92	7.84
2007	27.67	28.20	9.00	29.25	28.20	8.16
2008	31.71	31.00	8.11	26.72	25.17	7.50
2009	31.06	30.67	8.10	27.48	26.50	7.50
2010	31.00	30.14	8.45	28.37	28.35	7.66
2011	30.67	29.61	8.50	29.26	29.26	7.58

注：2008年数据为农业普查衔接数。

a)Data in 2008 was adjusted according to the National Agricultural Census.

22-8 民族自治地方社会消费品零售总额（2011）
Total Retail Sale of Consumer Goods in Minority Nationality Autonomous Areas（2011）

单位：万元 (10 000 yuan)

地　区	Region and County	社会消费品零售总额 Total Retail Sales of Consumer Goods	批发业 Wholesalel Trade	零售业 Retail Trade	住宿业 Hotels	餐饮业 Catering Sevices	其他行业 Other
民族自治地方合计	**Total**	**868181**	**108405**	**560182**	**8072**	**175144**	**16378**
临夏回族自治州	Linxia	410242	89785	230365	5724	76054	8315
甘南藏族自治州	Gannan	230169	5532	172011	1370	47963	3293
肃北蒙古族自治县	Subei	11589	3299	6889	72	1162	167
阿克塞哈萨克族自治县	Akesai	11207	5602	3162	4	2439	
肃南裕固族自治县	Sunan	25823	640	21332	51	3800	
天祝藏族自治县	Tianzhu	135635	2726	95871	238	34771	2029
张家川回族自治县	Zhangjiachuan	43517	821	30553	613	8955	2574

22-9 民族自治地方教育情况
Basic Statistics on Education in Minority Nationality Autonomous Areas

单位：所，人 (unit,person)

指　标	Item	2005	2008	2009	2010	2011
高等学校所数	**Institutions of Higher Education**	**1**	**1**	**1**	**1**	**1**
专任教师数	Number of Full-time Teachers	262	358	384	403	435
在校学生数	Student Enrollment	4095	7098	8224	8087	8266
中等学校所数	**Number of Secondary Schools**	**10**	**8**	**7**	**7**	**7**
专任教师数	Number of Full-time Teachers	521	494	482	477	611
在校学生数	Student Enrollment	6029	5725	6498	5819	4986
普通中学数	**Regular Secondary Schools**	**214**	**220**	**157**	**209**	**201**
专任教师数	Number of Full-time Teachers	8897	11057	8198	12963	13491
在校学生数（万人）	Student Enrollment（10 000 persons）	17.46	20.62	21.92	22.52	22.75
小学校所数	**Number of Primary School**	**2015**	**1966**	**1801**	**1641**	**1606**
专任教师数	Number of Full-time Teachers	17313	18708	18837	19080	20396
在校学生数（万人）	Student Enrollment（10 000 persons）	39.04	39.31	38.06	36.44	34.50

22-10 民族自治地方卫生情况
Sanitary Conditions of National Autonomous Areas

指 标	Index	2005	2008	2009	2010	2011
卫生机构数（个）	**Number of Health Institutions (unit)**	**1860**	**1213**	**1091**	**1208**	**1292**
#医院	Hospitals	49	47	47	47	48
卫生院	Health Centers	290	286	287	291	293
社区卫生服务中心（站）	Community Health Service Centers (stations)					37
疾病预防控制中心（防疫站）	Disease Prevention and Control Centers					24
床位（张）	**Beds (unit)**	**5512**	**7824**	**8950**	**9929**	**10451**
#医院	Hospitals	3691	4688	5494	6166	6493
卫生院	Health Centers	1373	2781	2978	3155	3320
社区卫生服务中心（站）	Community Health Service Centers (stations)					195
疾病预防控制中心（防疫站）	Disease Prevention and Control Centers					
卫生机构人员数（人）	**Medical institution Personnel (person)**	**10649**	**10655**	**11204**	**11993**	**15206**
卫生技术人员（人）	**Medical Technical Personnel (person)**	**9241**	**9049**	**9620**	**10392**	**11044**
#医院	Hospitals					4330
卫生院	Health Centers					3413
社区卫生服务中心（站）	Community Health Service Centers (stations)					304
疾病预防控制中心（防疫站）	Disease Prevention and Control Centers					756

22-11 民族自治地方文化情况
Culture Statistics of National Autonomous Areas

指 标	Index	2005	2008	2009	2010	2011
文化事业	**Culture Institution**					
机构数（个）	Number of Institution (unit)	207	257	585	726	722
人员数（人）	Personnel(person)	1187	1461	1533	3611	4560
各类文化艺术事业单位数（个）	**Number of Culture and Art Institution (unit)**	**207**	**257**	**303**	**401**	**415**
#文化馆、艺术馆	Cultural Centers and Art Station	23	23	23	23	23
公共图书馆	Public Libraries	23	23	23	23	23
博物馆	Museum	9	15	17	24	29
艺术表演场馆	Art Performance Places	4	4	3	3	2
艺术表演团体	Art Performance Troupes	10	14	15	16	14

23

企业景气指数

Business Climate Index

简要说明

一、本章资料的主要内容及范围

本篇资料包括企业景气调查。

企业景气调查包括工业、建筑业、交通运输仓储和邮政业、批发和零售业、房地产业、社会服务业、信息传输、计算机服务和软件业、住宿和餐饮业等行业的具有法人资格的企业及其负责人（如厂长、总经理等）以及依照法人单位进行统计的产业活动单位及其负责人。

二、本章资料的来源

本章资料来源于企业景气调查，由国家统计局甘肃调查总队统计监测处提供。

23-1 企业家信心指数（2011）
Entrepreneur Confidence Survey Index（2011）

指　标	Item	一季度 Quarter 1	二季度 Quarter 2	三季度 Quarter 3	四季度 Quarter 4
企业家信心指数	**Entrepreneur Confidence Survey Index**	**129.9**	**130.0**	**122.9**	**111.4**
按登记注册类型分	**Grouped by Type of Enterprises Registered**				
国有企业	State-owned Enterprises	135.0	133.7	132.2	122.0
集体企业	Collective-owned Enterprises	116.2	113.5	102.7	91.9
股份合作企业	Cooperative Enterprises	114.3	128.6	100.0	114.3
有限责任公司	Limited Liability Corporations	127.4	135.0	126.5	113.5
股份有限公司	Share-holding Corporations Ltd.	119.2	101.3	85.9	93.6
私营企业	Private Enterprises	105.9	105.9	94.1	94.1
外商投资企业	Enterprises with Foreign Investment	162.5	156.3	150.0	106.3
按行业门类分	**By Sector**				
工业	Industry	129.2	127.1	121.7	102.6
#采掘业	Mining	106.4	117.0	113.3	106.9
制造业	Manufacturing	129.9	126.6	122.1	103.2
电力、煤气及水的生产和供应业	Production and Supply of Electricity, Gas and Water	147.2	161.7	141.9	130.1
建筑业	Construction	143.5	146.5	132.1	129.6
交通运输业、仓储及邮政业	Transport,Storage and Post	120.0	132.5	132.5	120.0
批发和零售业	Wholesale and RetailTrades	134.3	132.2	122.3	130.1
房地产业	Real Estate	136.4	127.3	115.2	90.9
社会服务业	Social Services	100.0	115.4	92.3	100.0
信息传输、计算机服务软件业	Information Transmission,Computer Services and Software	133.1	123.4	120.2	117.5
住宿和餐饮业	Hotels and Catering Services	121.3	123.4	127.7	121.7
按企业规模分	**Grouped by Size of Enterprises**				
大　型	Large-sized	141.1	133.7	122.1	80.6
中　型	Medium-sized	132.0	138.8	127.4	117.8
小　型	Small-sized	118.5	116.9	114.4	111.0
附：出口企业	Export Enterprises	126.4	129.1	121.2	85.3
上市公司	Share Listed Companies	126.1	127.7	116.2	88.7
国有控股企业	State Share-held Enterprises	131.1	129.0	123.6	107.4

23-2 企业景气指数（2011）
Business Climate Index（2011）

指　标	Item	一季度 Quarter 1	二季度 Quarter 2	三季度 Quarter 3	四季度 Quarter 4
企业景气指数	**Business Climate Index**	**120.4**	**132.9**	**130.2**	**115.9**
按登记注册类型分	**Grouped by Type of Enterprises Registered**				
国有企业	State-owned Enterprises	121.0	138.2	134.5	121.7
集体企业	Collective-owned Enterprises	106.0	119.6	110.8	100.0
股份合作企业	Cooperative Enterprises	85.7	100.0	85.7	100.0
有限责任公司	Limited Liability Corporations	121.0	132.7	128.9	113.6
股份有限公司	Share-holding Corporations Ltd.	123.8	127.1	118.3	125.9
私营企业	Private Enterprises	94.1	100.0	100.0	94.1
外商投资企业	Enterprises with Foreign Investment	118.8	137.5	112.5	125.0
按行业分	**By Sector**				
工业	Industry	120.1	133.0	131.8	109.8
#采掘业	Mining	95.4	113.0	108.9	121.4
制造业	Manufacturing	120.0	131.9	130.0	110.0
电力、煤气及水的生产和供应业	Production and Supply of Electricity, Gas and Water	140.3	164.5	155.8	122.9
建筑业	Construction	123.9	145.3	150.7	136.8
交通运输业、仓储及邮政业	Transport,Storage and Post	112.5	124.9	124.9	112.4
批发和零售业	Wholesale and RetailTrades	143.4	137.8	127.3	136.7
房地产业	Real Estate	109.1	124.2	106.1	84.9
社会服务业	Social Services	76.9	111.5	96.2	96.2
信息传输、计算机服务软件业	Information Transmission,Computer Services and Software	129.5	139.2	119.8	127.1
住宿和餐饮业	Hotels and Catering Services	119.2	119.2	129.8	119.6
按企业规模分	**Grouped by Size of Enterprises**				
大　型	Large-sized	144.8	156.7	164.1	111.6
中　型	Medium-sized	124.2	140.5	133.1	124.1
小　型	Small-sized	105.9	112.7	107.6	104.7
附：出口企业	Export Enterprises	124.2	129.1	133.8	96.6
上市公司	Share Listed Companies	118.9	124.4	169.9	78.0
国有控股企业	State Share-held Enterprises	124.7	136.1	137.4	113.7

23-3 企业生产总量景气指数（2011）
Gross Output Climate Index（2011）

指　标	Item	一季度 Quarter 1	二季度 Quarter 2	三季度 Quarter 3	四季度 Quarter 4
企业生产总量景气指数	**Gross Output Climate Index**	**103.4**	**125.0**	**115.1**	**105.7**
按登记注册类型分	**Grouped by Type of Enterprises Registered**				
国有企业	State-owned Enterprises	112.3	127.9	120.8	114.6
集体企业	Collective-owned Enterprises	66.1	102.7	76.9	66.1
股份合作企业	Cooperative Enterprises	71.4	100.0	100.0	114.3
有限责任公司	Limited Liability Corporations	101.4	121.9	121.2	97.6
股份有限公司	Share-holding Corporations Ltd.	108.3	111.6	75.5	122.6
私营企业	Private Enterprises	76.5	76.5	105.9	88.2
外商投资企业	Enterprises with Foreign Investment	131.3	131.3	106.3	112.5
按行业分	**By Sector**				
工业	Industry	102.8	123.7	116.9	103.6
# 采掘业	Mining	73.5	107.3	108.5	91.1
制造业	Manufacturing	102.1	124.3	116.8	102.8
电力、煤气及水的生产和供应业	Production and Supply of Electricity, Gas and Water	135.8	121.7	125.5	116.0
建筑业	Construction	109.3	167.4	132.1	108.0
交通运输业、仓储及邮政业	Transport,Storage and Post	107.5	110.0	102.5	115.2
批发和零售业	Wholesale and RetailTrades	122.0	112.7	110.4	129.4
房地产业	Real Estate	100.0	118.2	97.0	90.9
社会服务业	Social Services	65.4	103.9	84.6	50.0
信息传输、计算机服务软件业	Information Transmission,Computer Services and Software	92.6	109.6	114.2	131.3
住宿和餐饮业	Hotels and Catering Services	87.2	104.3	125.5	87.0
按企业规模分	**Grouped by Size of Enterprises**				
大　型	Large-sized	126.0	135.9	131.0	125.4
中　型	Medium-sized	105.1	136.5	118.9	112.1
小　型	Small-sized	89.9	99.2	101.3	91.5
附：出口企业	Export Enterprises	99.5	134.4	124.4	94.6
上市公司	Share Listed Companies	175.6	179.3	137.8	65.4
国有控股企业	State Share-held Enterprises	111.1	127.7	122.0	115.8

23-4 企业税后利润景气指数（2011）
After-tax Profits Climate Index（2011）

指　标	Item	一季度 Quarter 1	二季度 Quarter 2	三季度 Quarter 3	四季度 Quarter 4
企业税后利润景气指数	**After-tax Profits Climate Index**	**95.3**	**112.6**	**103.7**	**90.6**
按登记注册类型分	**Grouped by Type of Enterprises Registered**				
国有企业	State-owned Enterprises	100.9	113.8	109.0	109.1
集体企业	Collective-owned Enterprises	83.8	85.9	86.5	78.4
股份合作企业	Cooperative Enterprises	57.1	85.7	57.1	85.7
有限责任公司	Limited Liability Corporations	98.8	119.0	107.9	84.3
股份有限公司	Share-holding Corporations Ltd.	82.6	91.7	93.2	94.9
私营企业	Private Enterprises	64.7	64.7	82.4	52.9
外商投资企业	Enterprises with Foreign Investment	143.8	162.5	125.0	93.8
按行业分	**By Sector**				
工业	Industry	99.9	121.9	106.2	81.2
#采掘业	Mining	126.7	136.5	112.0	97.6
制造业	Manufacturing	96.7	119.4	105.0	79.5
电力、煤气及水的生产和供应业	Production and Supply of Electricity, Gas and Water	134.1	154.2	129.8	118.7
建筑业	Construction	84.3	114.7	109.8	114.4
交通运输业、仓储及邮政业	Transport,Storage and Post	85.2	70.2	77.7	82.5
批发和零售业	Wholesale and RetailTrades	114.3	118.3	110.9	122.1
房地产业	Real Estate	115.2	127.3	100.0	97.0
社会服务业	Social Services	65.4	96.2	92.3	65.4
信息传输、计算机服务软件业	Information Transmission,Computer Services and Software	77.0	103.6	113.5	102.4
住宿和餐饮业	Hotels and Catering Services	76.6	76.6	95.7	73.9
按企业规模分	**Grouped by Size of Enterprises**				
大　型	Large-sized	123.3	143.2	119.5	72.1
中　型	Medium-sized	98.3	127.0	112.6	95.4
小　型	Small-sized	85.7	88.6	90.3	86.4
附：出口企业	Export Enterprises	121.1	155.5	110.6	52.8
上市公司	Share Listed Companies	108.9	176.2	168.8	75.4
国有控股企业	State Share-held Enterprises	102.5	120.6	109.4	90.2

23-5 企业流动资金景气指数（2011）

Liquidity Climate Index（2011）

指　标	Item	一季度 Quarter 1	二季度 Quarter 2	三季度 Quarter 3	四季度 Quarter 4
企业流动资金景气指数	**Liquidity Climate Index**	**75.5**	**76.9**	**68.2**	**69.3**
按登记注册类型分	**Grouped by Type of Enterprises Registered**				
国有企业	State-owned Enterprises	79.1	82.7	75.6	75.9
集体企业	Collective-owned Enterprises	46.0	46.0	48.7	51.4
股份合作企业	Cooperative Enterprises	71.4	85.7	42.9	42.9
有限责任公司	Limited Liability Corporations	80.5	78.4	70.9	68.5
股份有限公司	Share-holding Corporations Ltd.	79.7	87.2	72.9	81.1
私营企业	Private Enterprises	100.0	76.5	88.2	88.2
外商投资企业	Enterprises with Foreign Investment	125.0	125.0	112.5	100.0
按行业分	**By Sector**				
工业	Industry	80.6	85.2	71.3	71.2
# 采掘业	Mining	72.3	84.9	105.3	70.9
制造业	Manufacturing	81.1	83.6	68.0	71.6
电力、煤气及水的生产和供应业	Production and Supply of Electricity, Gas and Water	81.9	121.3	117.3	101.5
建筑业	Construction	45.4	52.6	47.4	52.6
交通运输业、仓储及邮政业	Transport,Storage and Post	52.4	54.9	57.4	57.4
批发和零售业	Wholesale and RetailTrades	107.6	85.8	87.0	98.9
房地产业	Real Estate	69.7	72.7	45.5	33.3
社会服务业	Social Services	65.4	76.9	76.9	88.5
信息传输、计算机服务软件业	Information Transmission,Computer Services and Software	85.2	85.2	76.6	74.0
住宿和餐饮业	Hotels and Catering Services	93.6	78.7	87.2	71.7
按企业规模分	**Grouped by Size of Enterprises**				
大　型	Large-sized	102.3	112.4	81.5	79.3
中　型	Medium-sized	79.8	79.8	69.1	68.4
小　型	Small-sized	71.4	65.8	67.5	67.8
附：出口企业	Export Enterprises	87.6	79.4	54.4	65.4
上市公司	Share Listed Companies	57.5	49.0	47.3	53.9
国有控股企业	State Share-held Enterprises	82.2	85.3	73.9	72.6

23-6 企业货款拖欠景气指数（2011）
Loan Delinquency Climate Index（2011）

指 标	Item	一季度 Quarter 1	二季度 Quarter 2	三季度 Quarter 3	四季度 Quarter 4
企业货款拖欠景气指数	**Loan Delinquency Climate Index**	**102.5**	**97.4**	**92.2**	**98.2**
按登记注册类型分	**Grouped by Type of Enterprises Registered**				
国有企业	State-owned Enterprises	108.0	99.5	99.1	102.1
集体企业	Collective-owned Enterprises	102.7	108.1	110.2	118.3
股份合作企业	Cooperative Enterprises	85.7	85.7	128.6	85.7
有限责任公司	Limited Liability Corporations	105.4	98.3	87.2	100.6
股份有限公司	Share-holding Corporations Ltd.	96.0	91.4	90.1	94.5
私营企业	Private Enterprises	88.2	117.7	100.0	94.1
外商投资企业	Enterprises with Foreign Investment	118.8	93.8	100.0	106.3
按行业分	**By Sector**				
工业	Industry	105.0	102.8	99.3	102.4
# 采掘业	Mining	117.7	94.6	97.4	110.7
制造业	Manufacturing	104.1	99.9	96.9	101.6
电力、煤气及水的生产和供应业	Production and Supply of Electricity, Gas and Water	125.5	150.5	141.2	127.7
建筑业	Construction	87.3	67.8	54.2	61.1
交通运输业、仓储及邮政业	Transport,Storage and Post	110.0	112.5	110.0	102.5
批发和零售业	Wholesale and RetailTrades	110.0	106.6	100.6	115.7
房地产业	Real Estate	127.3	121.2	115.2	127.3
社会服务业	Social Services	80.8	84.6	69.2	100.0
信息传输、计算机服务软件业	Information Transmission,Computer Services and Software	89.8	84.1	83.3	89.4
住宿和餐饮业	Hotels and Catering Services	95.7	72.3	76.6	95.7
按企业规模分	**Grouped by Size of Enterprises**				
大 型	Large-sized	103.2	126.7	100.8	104.2
中 型	Medium-sized	108.4	96.1	85.7	95.4
小 型	Small-sized	101.3	91.6	97.5	103.8
附：出口企业	Export Enterprises	92.2	110.2	89.2	87.9
上市公司	Share Listed Companies	104.6	89.7	94.5	117.0
国有控股企业	State Share-held Enterprises	103.5	102.8	94.1	101.5

23-7 企业用工景气指数（2011）
Labor Climate Index（2011）

指 标	Item	一季度 Quarter 1	二季度 Quarter 2	三季度 Quarter 3	四季度 Quarter 4
企业用工景气指数	**Labor Climate Index**	**111.2**	**118.2**	**115.7**	**96.6**
按登记注册类型分	**Grouped by Type of Enterprises Registered**				
国有企业	State-owned Enterprises	110.2	110.0	107.2	102.5
集体企业	Collective-owned Enterprises	108.1	100.0	110.8	97.3
股份合作企业	Cooperative Enterprises	85.7	100.0	71.4	85.7
有限责任公司	Limited Liability Corporations	113.1	120.0	121.9	96.4
股份有限公司	Share-holding Corporations Ltd.	105.2	118.6	99.0	101.7
私营企业	Private Enterprises	105.9	111.8	129.4	111.8
外商投资企业	Enterprises with Foreign Investment	150.0	125.0	106.3	100.0
按行业分	**By Sector**				
工业	Industry	113.2	114.8	114.8	97.9
# 采掘业	Mining	102.4	108.3	109.1	99.8
制造业	Manufacturing	116.5	116.6	116.3	99.8
电力、煤气及水的生产和供应业	Production and Supply of Electricity, Gas and Water	78.1	85.8	92.2	80.6
建筑业	Construction	107.4	150.9	138.5	77.4
交通运输业、仓储及邮政业	Transport,Storage and Post	112.5	110.0	115.0	112.5
批发和零售业	Wholesale and RetailTrades	108.4	96.8	99.8	106.0
房地产业	Real Estate	100.0	112.1	93.9	87.9
社会服务业	Social Services	84.6	100.0	92.3	53.9
信息传输、计算机服务软件业	Information Transmission,Computer Services and Software	118.3	124.0	115.3	115.8
住宿和餐饮业	Hotels and Catering Services	134.0	140.4	136.2	117.4
按企业规模分	**Grouped by Size of Enterprises**				
大 型	Large-sized	102.9	105.4	117.8	100.6
中 型	Medium-sized	116.9	128.7	118.9	101.7
小 型	Small-sized	111.3	108.9	108.9	97.9
附：出口企业	Export Enterprises	96.0	116.3	118.7	88.2
上市公司	Share Listed Companies	122.0	122.8	148.7	120.2
国有控股企业	State Share-held Enterprises	111.0	112.4	112.0	102.1

23-8 企业固定资产投资景气指数（2011）
Climate Index of Fixed Assets Investment（2011）

指　标	Item	一季度 Quarter 1	二季度 Quarter 2	三季度 Quarter 3	四季度 Quarter 4
企业固定资产投资景气指数	**Fixed Assets Investment Climate Index**	**102.0**	**116.3**	**119.4**	**114.3**
按登记注册类型分	**Grouped by Type of Enterprises Registered**				
国有企业	State-owned Enterprises	112.0	123.8	124.9	124.2
集体企业	Collective-owned Enterprises	90.5	92.5	79.0	105.4
股份合作企业	Cooperative Enterprises	100.0	100.0	100.0	100.0
有限责任公司	Limited Liability Corporations	101.2	111.9	114.1	107.8
股份有限公司	Share-holding Corporations Ltd.	90.0	112.1	139.9	142.8
私营企业	Private Enterprises	88.2	111.8	105.9	94.1
外商投资企业	Enterprises with Foreign Investment	118.8	118.8	106.3	118.8
按行业分	**By Sector**				
工业	Industry	99.3	119.4	128.9	121.8
#采掘业	Mining	102.8	135.7	131.5	107.0
制造业	Manufacturing	97.9	116.1	126.4	121.0
电力、煤气及水的生产和供应业	Production and Supply of Electricity, Gas and Water	138.3	154.3	136.8	140.7
建筑业	Construction	98.1	123.1	114.4	93.4
交通运输业、仓储及邮政业	Transport,Storage and Post	117.4	122.4	122.4	119.9
批发和零售业	Wholesale and RetailTrades	99.5	97.9	88.1	102.9
房地产业	Real Estate	115.2	100.0	90.9	106.1
社会服务业	Social Services	92.3	103.9	103.9	96.2
信息传输、计算机服务软件业	Information Transmission,Computer Services and Software	123.0	126.3	135.9	133.8
住宿和餐饮业	Hotels and Catering Services	93.6	102.1	112.8	110.9
按企业规模分	**Grouped by Size of Enterprises**				
大　型	Large-sized	104.6	133.0	171.7	148.5
中　型	Medium-sized	101.7	116.3	116.0	113.2
小　型	Small-sized	100.4	104.2	100.4	105.9
附：出口企业	Export Enterprises	110.6	134.0	159.6	153.2
上市公司	Share Listed Companies	66.9	165.1	166.6	155.2
国有控股企业	State Share-held Enterprises	105.3	117.5	131.8	126.3

23-9 企业产品订货景气指数（2011）
Product Orders Climate Index（2011）

指 标	Item	一季度 Quarter 1	二季度 Quarter 2	三季度 Quarter 3	四季度 Quarter 4
企业产品订货景气指数	**Product Orders Climate Index**	**99.8**	**119.6**	**111.3**	**90.6**
按登记注册类型分	**Grouped by Type of Enterprises Registered**				
国有企业	State-owned Enterprises	101.3	112.0	100.8	89.4
集体企业	Collective-owned Enterprises	74.2	97.3	79.6	79.6
股份合作企业	Cooperative Enterprises	57.1	100.0	71.4	85.7
有限责任公司	Limited Liability Corporations	101.0	116.1	116.3	85.7
股份有限公司	Share-holding Corporations Ltd.	101.8	116.6	99.1	98.8
私营企业	Private Enterprises	94.1	76.5	88.2	105.9
外商投资企业	Enterprises with Foreign Investment	112.5	106.3	112.5	131.3
按行业分	**By Sector**				
工业	Industry	104.9	126.8	116.2	83.8
#采掘业	Mining	80.8	89.1	79.0	67.2
制造业	Manufacturing	105.4	127.8	117.9	83.5
电力、煤气及水的生产和供应业	Production and Supply of Electricity, Gas and Water	117.0	118.6	102.5	110.4
建筑业	Construction	94.0	155.6	135.1	95.5
交通运输业、仓储及邮政业	Transport,Storage and Post	97.5	100.2	95.0	112.5
批发和零售业	Wholesale and RetailTrades	110.3	94.0	100.9	108.5
房地产业	Real Estate	90.9	78.8	75.8	90.9
社会服务业	Social Services	80.8	100.0	84.6	61.5
信息传输、计算机服务软件业	Information Transmission,Computer Services and Software	74.9	93.5	94.5	91.8
住宿和餐饮业	Hotels and Catering Services	87.2	100.0	112.8	93.5
按企业规模分	**Grouped by Size of Enterprises**				
大 型	Large-sized	104.5	148.9	136.4	81.5
中 型	Medium-sized	111.9	124.7	111.4	97.7
小 型	Small-sized	85.3	92.4	94.9	85.6
附：出口企业	Export Enterprises	98.6	139.6	138.9	77.7
上市公司	Share Listed Companies	122.1	183.6	153.5	71.8
国有控股企业	State Share-held Enterprises	101.3	123.3	116.0	88.2

23-10 企业融资景气指数（2011）
Financing Climate Index（2011）

指 标	Item	一季度 Quarter 1	二季度 Quarter 2	三季度 Quarter 3	四季度 Quarter 4
企业融资景气指数	**Financing Climate Index**	**73.0**	**70.6**	**63.0**	**62.5**
按登记注册类型分	**Grouped by Type of Enterprises Registered**				
国有企业	State-owned Enterprises	74.0	73.9	67.9	69.4
集体企业	Collective-owned Enterprises	56.1	46.0	40.5	40.5
股份合作企业	Cooperative Enterprises	42.9	42.9	28.6	14.3
有限责任公司	Limited Liability Corporations	73.5	68.3	61.6	59.6
股份有限公司	Share-holding Corporations Ltd.	85.4	84.1	77.1	85.4
私营企业	Private Enterprises	58.8	47.1	52.9	47.1
外商投资企业	Enterprises with Foreign Investment	100.0	100.0	87.5	75.0
按行业分	**By Sector**				
工业	Industry	77.0	75.2	63.7	65.2
# 采掘业	Mining	69.9	91.7	109.1	70.9
制造业	Manufacturing	76.6	71.3	60.3	63.9
电力、煤气及水的生产和供应业	Production and Supply of Electricity, Gas and Water	84.4	109.5	84.4	89.7
建筑业	Construction	55.7	61.1	55.3	49.0
交通运输业、仓储及邮政业	Transport,Storage and Post	65.0	60.0	60.0	60.0
批发和零售业	Wholesale and RetailTrades	92.0	81.2	76.4	84.7
房地产业	Real Estate	51.5	57.6	45.5	30.3
社会服务业	Social Services	57.7	50.0	46.2	53.9
信息传输、计算机服务软件业	Information Transmission,Computer Services and Software	90.3	84.7	93.6	70.6
住宿和餐饮业	Hotels and Catering Services	72.3	61.7	57.5	58.7
按企业规模分	**Grouped by Size of Enterprises**				
大 型	Large-sized	107.4	106.8	81.2	82.3
中 型	Medium-sized	74.2	72.5	63.4	66.7
小 型	Small-sized	62.6	55.7	55.3	52.8
附：出口企业	Export Enterprises	86.3	78.1	49.1	56.1
上市公司	Share Listed Companies	45.5	49.4	23.6	44.1
国有控股企业	State Share-held Enterprises	78.1	77.3	65.4	67.9

主要统计指标解释

企业景气调查 也称为经济周期调查或短期经济观测调查，是以企业家为调查对象，采用问卷方式，定期收集有关宏观经济和企业生产经营景气状况变动判断的一种统计调查。简言之，企业景气调查就是调查企业家对宏观经济态势，对企业生产经营状况所做出的判断和预期。调查采用重点调查和抽样调查相结合的方法，调查范围覆盖国民经济八个主要行业，即：工业、建筑业、交通运输仓储和邮政业、批发和零售业、房地产业、社会服务业、信息传输计算机服务和软件业、住宿和餐馆业。

景气指数 又称景气度，它是对企业景气调查中的定性指标通过定量方法加以汇总，综合反映某一特定调查群体或某一社会经济现象所处的状态或发展趋势的一种指标。企业的景气指数是根据调查企业中，选择“好”或“上升”或“乐观”的企业与选择“差”或“下降”或“不乐观”的企业的所占份额(一般以主营业务收入对比重加权，下同)之差来计算的，统一用纯正数形式表示，以 100 作为景气指数的临界值，其数值范围在 0---200 之间；当景气指数大于 100 时，表明经济状况趋于上升或改善，处于景气状态；当景气指数小于 100 时，表明经济状况趋于下降或恶化，处于不景气状态。其具体计算方法为:（选择“好”的企业份额—选择“差”的企业份额）×100+100。

企业家信心指数 是根据企业家对企业外部市场经济环境与宏观政策的认识、看法、判断与预期（通常为对“乐观”、“一般”、“不乐观”的选择）而编制的指数，用以综合反映企业家对宏观经济环境的感受与信心。

企业景气指数 是根据企业家对本企业综合生产经营情况的判断与预期(通常为对“良好”、“一般”、“不佳”的选择)而编制的指数，用以综合反映企业的生产经营状况。

各单项景气指数 是在单项指标名称之后加景气指数四个字表示，如由产品订货指标综合而成的景气指数则称之为“产品订货景气指数”。用来表示各单项指标的景气状况。

《甘肃发展年鉴》电子版说明

《甘肃发展年鉴》2012（电子版）是新型的阅读工具，它界面美观，便于携带，操作简便，功能实用。

《甘肃发展年鉴》2012（电子版）内容分为二部分：第一部分设特载、大事记、概况、政治、法制、国民经济、建设测绘、交通通信邮政、财政金融、经济管理、社会事业、人民生活、地县概况 13 个篇目；第二部分设综合、国民经济核算、人口、就业人员和职工工资、固定资产投资、对外经济贸易、能源、财政、金融、保险、物价、人民生活、城市概况、资源和环境、农业、工业、建筑业、交通运输、邮电通信业、批发和零售业、住宿、餐饮业和旅游业、教育和科技、卫生、社会福利及其他、文化和体育、少数民族、企业景气指数共23个篇章。

运行环境：中文 Windows98 以上版本， 1024×768 象素分辨率。

使用说明：光盘插入驱动器后，自动运行（或直接点击光盘驱动器图标）。

注意：若系统为 WINDOWS XP，补丁为 SP2 以上的用户，在浏览本光盘时出现调用 IE 时出现系统拦截窗口的现象，请按以下方法解决：

具体方法：

打开 IE 浏览器，选择菜单“工具->选项”，在弹出的对话框中选择“高级”选项卡，在其中的“安全”栏下；

将“允许活动内容在我的计算机上的文件中运行”以及“允许来自 CD 的活动内容在我的计算机上运行”两项前的勾打上，点击确定即可。

Gansu development Yearbook 2012 (electric version) is a new type reading tool. It is equipped with beautiful interface, convenient for you to bring and easy to use.

Gansu development Yearbook 2012 (electric version) has two parts. The first part contains special set, events, overview, politics, legal, national economy, construction and mapping , transport, communication and post, fiscal and finance, economy management, social career, people’s livelihood and county profiles 13 contents; The second part contains total 23 sections and chapters with general survey, national accounts, population, employment and wages investment in fixed assets, foreign trade and economic cooperation, energy, government finance , financial , insurance, commodities price, people’s living conditions, general survey of cities, resources and environment, agriculture, industry, construction, transport, post and telecommunication, wholesale and retail trades, hotels, catering services and tourism, education, science and technology, health, social welfare and others, culture and sports, minority ,and business climate index.

Runtime Environment: Windows98 or above versions, 1024×768 resolution suggested.

Use Descriptions: The CD-ROM will run automatically once inserted in to the driver (if not, please click the CD-ROM driver icon).

图书在版编目（C I P）数据

甘肃发展年鉴. 2012 : 汉英对照 / 《甘肃发展年鉴》编委会编. -- 北京 : 中国统计出版社, 2012.10
ISBN 978-7-5037-6714-2

Ⅰ. ①甘… Ⅱ. ①甘… Ⅲ. ①区域经济发展－甘肃省－2012－年鉴－汉、英②社会发展－甘肃省－2012－年鉴－汉、英 Ⅳ. ①F127.42-54

中国版本图书馆 CIP 数据核字(2012)第 229802 号

甘肃发展年鉴-2012

作　　者/ 《甘肃发展年鉴》编委会
责任编辑/ 佘竞雄
封面设计/ 高双增
出版发行/ 中国统计出版社
通信地址/ 北京市西城区月坛南街 75 号　邮政编码/100826
办公地址/ 北京市丰台区西三环南路甲 6 号　邮政编码/100073
电　　话/ 邮购（010）63376909　书店（010）68783171
网　　址/ http://csp.stats.gov.cn
印　　刷/ 香港爱达彩色印刷有限公司
经　　销/ 新华书店
开　　本/ 890mm×1240mm　1/16
字　　数/ 1100 千字
印　　张/ 56 印张
版　　别/ 2012 年 10 月第 1 版
版　　次/ 2012 年 10 月第 1 次印刷
定　　价/ 380.00 元

本书附同版本 CD-ROM 一张，光盘内容以书面文字为准。

如有印装差错，由本社发行部调换。